LES CODES FRANÇAIS

ANNOTÉS

DES OPINIONS DE TOUS LES AUTEURS QUI ONT ÉCRIT SUR NOTRE DROIT, DES LOIS ROMAINES, DES LOIS, DÉCRETS ORDONNANCES ET AVIS DU CONSEIL D'ÉTAT, ET DU TEXTE DES CIRCULAIRES MINISTÉRIELLES ADRESSÉES AUX TRIBUNAUX DEPUIS LEUR PROMULGATION JUSQU'A NOS JOURS,

PAR M. LAHAYE, Président du Tribunal civil de Rochefort (Charente-Inférieure), Chevalier de la Légion d'honneur,

MM. WALDECK-ROUSSEAU (de Rennes), Avocat à Nantes;

GIRAUDIAS et PH.-AUG. DE MORINEAU, aussi Avocats;

L. FAYE, Avocat et Juge suppléant à Rochefort.

(*Réimpression.*)

TROISIÈME LIVRAISON.

Première Partie.

PARIS.

Chez ALEX-GOBELET, rue Soufflot, n° 4, près l'École de Droit.

RENNES.

Chez DUCHESNE, Libraire, rue Royale, n° 4.

L'ouvrage se trouve aussi chez M. VIDECOCQ, Libraire, place du Panthéon, à Paris, et chez les principaux Libraires des départemens.

CODE CIVIL.

TITRE PRÉLIMINAIRE.

De la Publication, des Effets et de l'Application des lois en général.

(Décrété le 5 mars 1803, promulgué le 15 du même mois).

Art. 1er. *Les lois sont exécutoires dans tout le territoire français, en vertu de la promulgation qui en est faite par le Roi. — Elles seront exécutées dnns chaque partie du royaume, du moment où la promulgation en pourra être connue. — La promulgation faite par le Roi sera réputée connue dans le département de la résidence royale, un jour après celui de la promulgation ; et dans chacun des autres départemens, après l'expiration du même délai, augmenté d'autant de jours qu'il y aura de fois dix myriamètres (environ vingt lieues anciennes) entre la ville où la promulgation en aura été faite, et le chef-lieu de chaque département.*

Pour avoir une juste idée du droit et des lois en général, voir Duranton, Cours de droit français, t. 1, p. 1 à 26.

Avis du Conseil d'Etat du 5 pluviôse, an 8 ; *id.*, du 12 prairial, an 13, approuvé le 25 ; ordonnance du 27 novembre 1816 ; autre du 18 janvier 1817, sur la promulgation.

Voir la discussion et les motifs.

Domat, Lois civiles, liv. prélim., n. 9. — Toutes les règles doivent être ou connues ou tellement exposées à la connaissance de tout le monde, que personne ne puisse impunément y contrevenir, sous prétexte de les ignorer. Après que les lois sont publiées, on les tient pour connues, et elles obligent autant ceux qui prétendraient les ignorer, que ceux qui les savent. (*Leg.* 9, Cod. *de legib.*; *leg.* 12, Cod. *de jur et fact. ign.*, § 1, *in prœm. instit.*, *leg.* 2, Cod. *de in jus voc.*)

Malleville. — Le § 1 porte que les lois seront exécutées.... du moment où la promulgation *pourra* en être connue ; et le § 2 ajoute que la promulgation sera *réputée* connue à Paris, etc.

On pourrait conclure de cette différence d'expressions qu'en prouvant que la promulgation a été connue à Bordeaux, par exemple, avant le délai fixé par l'article, la loi y était obligatoire avant ce délai. — Mais il faut tenir pour certain que, quoique connue dans le fait, la loi n'est obligatoire qu'à l'époque fixée après sa promulgation.

Pandectes françaises. — Les actes contraires à la loi nouvelle, qui auraient pu être faits dans l'intervalle du jour de la promulgation à celui auquel elle devient obligatoire sont valables. Ils ne peuvent point être annulés par la nouvelle loi, qui n'a point encore d'empire sur eux. Il ne peut point y avoir de désobéissance, puisqu'il n'y a point encore de commandement. Jusqu'au moment où la loi nouvelle devient obligatoire, les lois anciennes ont conservé toute leur autorité.

Il est défendu d'imprimer les lois et réglemens avant leur publication par la voie du Bulletin des Lois, à peine de confiscation des éditions. (Voy. *Décret* du 6 juillet 1810.)

Delvincourt, t. 1, note 6 de la pag. 9. — Un sénatus-consulte du 15 brumaire an 13 (Bulletin, n. 375), a décidé implicitement que les fractions de 10 à 20, de 20 à 30 myriamètres, ne doivent pas être comptées ; de manière que le délai pour une distance de 36 myriamètres, est le même que pour une distance de 30.

Merlin, R., v. loi, § 5, n. 6. — Comment doit-on entendre le mot *jour* ? — Il n'y a nul doute que dans cet article, le mot *jour* ne soit synonyme de *vingt-quatre* heures.

A. Dalloz, v. loi, n. 85. — Les décrets inconstitutionnels du gouvernement impérial, non contraires à la charte, mais postérieurs à la suppression du Tribunat, ont force de loi : le pouvoir législatif était seul compétent pour prouver l'inconstitutionnalité, et à défaut d'opposition par ce pouvoir, le juge était sans mission pour refuser de les appliquer. La jurisprudence de la Cour de Cassation est maintenant fixée sur ce point. Autrement il y aurait perturbation dans l'État. (Voy. Moniteur du 26 janvier 1819, *id.* du 25 décembre 1825. *Contrà* Cormenin, Quest. de droit administratif, v. appel comme d'abus ; Proudhon, usuf., t. 4, n. 1986 ; Guichard, droits civils, n. 307 ; Rey, Traité de législation. p. 296.) M. Dupin a plusieurs fois soutenu qu'ils n'étaient pas obligatoires, sur-tout en ce qu'ils avaient de pénal. (Voy. Dalloz aîné, année 1831, 1re. partie, p. 172 ; Sirey, t. 24, 1re partie, p. 184, t. 32, 1re. partie, p. 293.)

Quant aux avis du conseil d'état (insérés au Bulletin des lois) interprétatifs des lois, ils sont assimilés aux décrets lorsqu'ils ont reçu l'approbation du chef de l'état. (Merlin, R., v. divorce, sect. 4, § 10. Exception ; Merlin : rente seigneuriale, § 2, n. 6. bis.)

Les ordonnances générales émanées du roi, ne sont obligatoires que lorsqu'elles interviennent pour l'exécution des lois ou la sûreté de l'Etat. (Dalloz, t. 9, p. 803, n. 1.)

Les instructions et circulaires ministérielles n'obligent que les fonctionnaires dans la sphère de leurs fonctions. Elles n'auraient d'autorité pour les tribunaux que si, revêtues de l'approbation royale, elles statuaient sur l'exécution d'une loi. Alors elles rentreraient dans la classe des réglemens généraux. (Toullier, t. 1, n. 56 ; Dalloz, t. 9, p. 805, n. 12.)

Les réglemens administratifs sont toujours obligatoires pour les tribunaux, s'ils ont statué en matière contentieuse. C'est à l'administration supérieure à les réformer, en cas d'excès de pouvoir. (Dalloz, t. 9, p. 805, n. 13 et 14, Merlin, v. préfet, n. 4.)

Quant à la sanction, la promulgation et la publication des lois, voir Dalloz, t. 9, p. 816, n. 1, 2, 3, 4, 5, 6 et suivans, p. 817, 818, *id.* p. 821, n. 39.

(Voir Merlin, R., v. délais, § 3 ; inscript. hyp., sect. 8 bis, n. 1 ; loi, § 5, n. 10 ; mort civile, § 1, art. 5, n. 5 ; prescript., sect. 2, § 2 n. 5 ; Dalloz, t. 9, p. 824, n. 46, p. 832, n. 2.)

Le Bulletin officiel seul est obligatoire. (Dalloz, t. 9, p. 825, n. 48.)

Les usages des lieux doivent encore être observés. (Merlin, Quest. de droit. (v. arrêtés de rég. ; Pardessus, n. 114, et 339, et les art. 663, 671, 674, 675, 1159, 1648, 1715 et 1736.)

On peut encore voir sur cet art. 1, Rolland, v. loi, n. 28 ; Favard, v. loi, sect. 2 ; Dalloz aîné, v° loi, sect. 2, n. 6 ; Toullier, t. 1, n. 71, 76 ; Duranton, t. 1, n. 46 et suivans.

2. *La loi ne dispose que pour l'avenir ; elle n'a point d'effet rétroactif.*

Leg. 27, ff. de usurp. ; 229 et 230, de verb. sign. ; Cod. leg. 7, de legib. ; novell. 115, cap. 1.

Chabot, Quest. transit., verbis Code Nap. démission de biens, § 3 ; droits acquis ; noces (secondes), § 1 et 2.

Massé et L'herbette, Journ. du not., très-bons développemens sur la rétroactivité, t. 1, p. 293 à 374.

Domat, Lois civiles, livre préliminaire, n. 13. — Quoique la justice des lois soit fondée sur l'utilité publique et sur l'équité des motifs qui y donnent lieu, comme elles n'ont leur autorité que par la puissance du législateur qui détermine à ce qu'il ordonne, et qu'elles n'ont leur effet qu'après qu'elles ont été publiées pour être connues, elles ne règlent que l'avenir sans toucher au passé.

N. 15. — Comme les lois nouvelles règlent l'avenir, elles peuvent, selon le besoin, changer les suites que devaient avoir les lois précédentes ; mais c'est toujours sans donner atteinte au droit qui était acquis à quelques personnes.

Portalis, second exposé de motifs au Corps législatif, 23 février 1805, n. 9. — L'office des lois est de régler l'avenir : le passé n'est plus en leur pouvoir.

Partout où la rétroactivité des lois serait admise, non seulement la sûreté n'existerait plus, mais son ombre même.

La loi naturelle n'est limitée ni par le temps, ni par les lieux, parce qu'elle est de tous les pays et de tous les siècles.

Mais les lois positives, qui sont l'ouvrage des hommes, n'existent pour nous que quand on les promulgue, et elles ne peuvent avoir d'effet que quand elles existent.

La liberté civile consiste dans le droit de faire ce que la loi ne prohibe pas : on regarde comme permis tout ce qui n'est pas défendu.

Que deviendrait donc la liberté civile, si le citoyen pouvait craindre qu'après coup il serait exposé au danger d'être recherché dans ses actions, ou troublé dans ses droits acquis, par une loi postérieure ?

Ne confondons pas les jugemens avec les lois. Il est de la nature des jugemens de régler le passé, parce qu'ils ne peuvent intervenir que sur des actions ouvertes, et sur des faits auxquels ils appliquent les lois existantes ; mais le passé ne saurait être du domaine des lois nouvelles, qui ne le régissaient pas.

Le pouvoir législatif est la toute-puissance humaine.

La loi établit, conserve, change, modifie, perfectionne ; elle détruit ce qui est, elle crée ce qui n'est pas encore. La tête d'un grand législateur est une espèce d'Olympe d'où partent ces idées vastes, ces conceptions heureuses qui président au bonheur des hommes et à la destinée des empires ; mais le pouvoir de la loi ne peut s'étendre sur des choses qui ne sont plus, et qui par là même sont hors de tout pouvoir.

L'homme qui n'occupe qu'un point dans le temps comme dans l'espace, serait un être bien malheureux, s'il ne pouvait pas se croire en sûreté, même pour sa vie passée ; pour cette portion de son existence, n'a-t-il pas déjà porté tout le poids de sa destinée ? Le passé peut laisser des regrets ; mais il termine toutes les incertitudes. Dans l'ordre de la nature il n'y a d'incertain que l'avenir, et encore l'incertitude est alors adoucie par l'espérance, cette compagne fidèle de notre faiblesse. Ce serait empirer la triste condition de l'humanité que de vouloir changer, par le système de la législation, le système de la nature, et de chercher, pour un temps qui n'est plus, à faire revivre nos craintes, sans pouvoir nous rendre nos espérances.

Malleville. — Les rédacteurs avaient ajouté à notre article : « Néanmoins la loi interprétative d'une loi précédente, aura son effet du jour de la loi qu'elle explique, sans préjudice des jugemens rendus en dernier ressort, des transactions, des décisions arbitrales et autres, passées en force de chose jugée. »

Ce § fut supprimé comme inutile et non comme faux. Il contient en effet une vérité constante et de grand usage dans la pratique ; et quoiqu'il ne soit pas toujours facile de distinguer une loi simplement interprétative d'une loi précédente, d'avec une autre absolument nouvelle, il n'en est pas moins certain qu'une loi interprétative doit avoir son effet du jour de la loi qu'elle explique, sans qu'il y ait pour cela rétroactivité. (Toullier, t. 1, n. 81, même opinion : Duranton, t. 1, n. 48 et suivans, *idem* ; Dalloz aîné, v° Loi, sect. 3, art. 1, n. 7.)

Merlin, R., v. effet rétroactif, sect. 3, § 1, n. 1. — Pour qu'il y ait rétroactivité dans le sens du Code civil, il faut le concours de deux conditions : la première que la loi revienne sur le passé et le change ; la seconde qu'elle y revienne et le change au préjudice des personnes qui sont l'objet de ces dispositions.

§ 2. Qu'une loi nouvelle ne puisse ni profiter ni nuire aux personnes qui, lorsqu'elle paraît, ne sont pas encore parvenues à l'état qu'elle règle ou modifie, ou ne sont pas encore sorties de cet état, mais sont seulement sur la voie pour y arriver ou pour en sortir : c'est une vérité qui se sent d'elle-même. Rolland, v° effet rétroactif, n. 7, même opinion.

(Voir le même, v. comp., § 3 ; *ibid*, t. 16 ; puiss. marit., sect. 2, § 3, art. 2, n. 19 ; *ibid*, t. 15.)

Favard, effet rétroactif, n. 4. — Les lois personnelles ou qui règlent la capacité civile ou l'état des personnes, saisissent l'individu et ont leur effet du jour de leur promulgation : en cela elles n'ont aucun effet rétroactif, parce que l'état civil des personnes étant subordonné à l'intérêt public, il est au pouvoir du législateur de le changer ou modifier selon les besoins de la société.

Les lois réelles ne régissent que les conventions passées sous leur empire ; elles ne s'appliquent aux conventions antérieures qu'autant qu'elles ne seraient pas irrévocables, soit par l'effet d'une stipulation expresse, soit par l'effet de la loi du temps du contrat.

Dalloz aîné, lois, sect. 3, art. 1, n. 5. — Est-il des lois qu'on doive appliquer d'une manière rétroactive ? La question se résout d'elle-même : si le législateur a rétroagi en termes exprès, il n'est pas au pouvoir des juges de s'opposer à l'exécution d'une telle volonté.

N. 6. — La rétroactivité d'ailleurs peut, dans certains cas, être commandée par le motif même qui fait généralement admettre la règle contraire, par l'utilité sociale.

3. *Les lois de police et de sûreté obligent tous ceux qui habitent le territoire.*

Les immeubles, même ceux possédés par des étrangers, sont régis par la loi française.

Les lois concernant l'état et la capacité des personnes régissent les Français, même résidant en pays étranger. (C. C., art. 47, 170, 2063.)

Cod., leg. 1, de crim. agi opport. authent. quæ in provinciâ ; Cod. eod., leg. 34 ; id., de jur. fisci.

(Avis du Conseil d'État du 4 juin 1806 : Domat, Lois civiles, livre préliminaire, tit. 1, sect. 2, n. 20 ; Merlin, v. renonciation à succession future, § 6 ; consul étranger en France, n. 1 ; ignorance, § 1, n. 3.)

Pothier, Coutume d'Orléans, Introduction générale aux Coutumes, n. 6. — On appelle *statuts personnels* les dispositions coutumières qui ont pour objet principal de régler l'état des personnes. Telles sont celles qui concernent la puissance paternelle, la tutelle des mineurs et leur émancipation, l'âge requis pour tester, la puissance maritale.

Portalis, discours au Corps législatif, 14 décembre 1801, n. 25. — Le rapporteur de la commission du Tribunat conclut de la lettre de notre article que la loi n'oblige pas les Français qui voyagent. Il faut convenir que la conséquence n'est pas juste.

Sans doute les français qui voyagent ne sont pas soustraits à l'empire de toutes les lois françaises ; mais Français et étrangers, habitant le territoire, y sont soumis. Voilà le principe général ; car habiter le territoire, c'est se soumettre à la souveraineté.

On reproche de n'avoir pas parlé des ambassadeurs, de leur famille et de leur suite. Ce qui regarde les ambassadeurs appartient au droit des gens. Nous n'avions pas à nous en occuper dans une loi qui n'est que de régime intérieur. Malleville, même opinion ; Toullier, t. 1, n. 112, *id.*

Les lois diversement prises ont pour objet les relations réciproques entre les particuliers et le gouvernement, droit politique : les relations des particuliers entre eux ; droit civil : les délits contre l'État ou les citoyens, droit de discipline, dit encore de police. Ce dernier droit, qui embrasse la sûreté des personnes et de leurs propriétés, oblige l'étranger comme le citoyen, le voyageur comme l'habitant : ceux-ci demandent sûreté pour eux : il est donc juste que le peuple chez lequel ils se trouvent puisse leur faire pour soi la même demande.

Pandectes françaises. — La loi ne parle point ici des meubles, parce qu'ils n'ont point d'assiette fixe ; cependant ils sont au nombre des choses, et régis en conséquence par les lois réelles.

Delvincourt, t. 1, n. 1er de la p. 11. — Ainsi, quel que soit le propriétaire d'un immeuble situé en France, il ne pourra l'hypothéquer que d'après les formes voulues par la loi française, ni y imposer d'autres servitudes que celles qui sont permises par la même loi. (Toullier, t. 1, n. 114 ; Merlin, R., v. loi, § 6, n. 9 ; Duranton, t. 1, n. 90.)

Rolland de Villargues, v. étranger, n. 1. — La qualité d'étranger admet, dans le droit actuel, plusieurs nuances qu'il importe de tracer.

L'étranger peut être domicilié en France avec l'autorisation du roi ;

Il peut être domicilié sans autorisation ;

Il peut n'avoir pas de domicile en France et s'y trouver accidentellement, soit pour échapper à des poursuites criminelles, soit pour se soustraire à celles de ses créanciers ;

Il peut être momentanément en France, comme voyageur ou autrement, et s'y livrer à des opérations civiles ou commerciales, etc.

Dans ces divers cas, sa personne, ses biens et ses actes sont régis par des règles spéciales qui dérivent de sa qualité bien déterminée.

Dalloz, lois, sect. 4, n. 1. — Les lois *réelles*, à la différence des lois *personnelles*, sont dépourvues de toute autorité au-delà du territoire ; mais, d'un autre côté, elles obligent indistinctement tous ceux qui y résident. Cette différence dans les effets n'a jamais été contestée.

Sect. 5, n. 4. — Il n'est pas de caractères généraux auxquels se reconnaissent précisément toutes les lois de police et de sûreté ; c'est aux magistrats à juger, par l'appréciation du plus ou moins de trouble qui résulterait de son infraction, si telle disposition législative ou réglementaire oblige les étrangers, en vertu de l'art. 3.

Proudhon, t. 1, p. 52. — Un étranger ne peut être régulièrement arrêté ni puni en France, pour délit commis hors du territoire français ; l'on excepte le cas où il se serait rendu coupable de crimes attentatoires à la sûreté de l'État, de contrefaçon du sceau du royaume, des monnaies et papiers ayant cours d'après la loi. (Voir art. 5 et 7 du Code d'instruction criminelle.)

4. *Le juge qui refusera de juger, sous prétexte du silence, de l'obscurité ou de l'insuffisance de la loi, pourra être poursuivi comme coupable de déni de justice. (C. de P., art. 505. — C. P., art. 185.)*

Arg. ex Novell. 15, cap. 1 ; leg. 12 et 13, ff, de legib. ; lib. 7, ff, § 1, de inst. et jure ; leg. 13, de testib.

(Henrion de Pansey, Compétence des juges de paix, p. 75 ; Bavoux, sur le Code pénal, p. 503 ; Le Graverend, t. 2, p. 27, note *in fine* ; Favard, v. équité.)

De l'Interprétation des Lois.

Domat, Lois civiles, liv. préliminaire, tit. 1, sect. 2, des règles du droit en général, n. 9. — Les obscurités, les ambiguïtés et les autres défauts d'expression qui peuvent rendre douteux le sens d'une loi, et toutes les autres difficultés de bien entendre et de bien appliquer les lois, doivent se résoudre par le plus naturel, qui se rapporte le plus au sujet, qui est le plus conforme à l'intention du législateur et que l'équité favorise le plus; ce qui se découvre par les divers points de vue de la nature de la loi, de son motif, de son rapport aux autres lois, des exceptions qui peuvent la restreindre, et des autres semblables réflexions qui peuvent en découvrir l'esprit et le sens. *(Leg. 19, ff, de leg.; 67, de reg. jur.; 7, § 2, in fine, de supell.; 17, 18, de leg.)*

N. 10. — Pour bien entendre le sens d'une loi, il faut en exposer tous les termes et le préambule, lorsqu'il y en a, afin de juger de ses dispositions par ses motifs et par toute la suite de ce qu'elle ordonne, et ne pas borner son sens à ce qui pourrait paraître différent de son intention, ou dans une partie de la loi tronquée, ou dans le défaut d'une expression. Mais il faut préférer à ce sens étranger, d'une expression défectueuse, celui qui paraît d'ailleurs évident par l'esprit de la loi entière. Ainsi, c'est blesser les règles et l'esprit des lois que de se servir, ou pour juger, ou pour conseiller, d'une partie détachée d'une loi, et détournée à un autre sens que celui que lui donne sa liaison au tout. *(Leg. 24, ff, de leg.; 6, § 1, de verb. sign.; 13, § 2, de excus.)*

N. 11. — Si dans quelque loi il se trouve une omission d'une chose qui soit essentielle à la loi, ou qui soit une suite nécessaire de sa disposition, et qui tende à donner à la loi son entier effet, selon son motif, on peut en ce cas suppléer ce qui manque à l'expression, et étendre la disposition de la loi à ce qui étant compris dans son intention, manquait dans les termes. *(Leg. 13, ff, de testib.; leg. 13, de leg.; leg. 11, de præscr. verb.; leg. 17, Cod., de excus. tut.; leg. 7, § 2, ff, de jurisd.)*

N. 12. — Si les termes d'une loi en expriment nettement le sens et l'intention, il faut s'y tenir. Que si le vrai sens de la loi ne peut être assez étendu par les interprétations qui peuvent s'en faire selon les règles qu'on vient d'expliquer, ou que ce sens étant clair il en naisse des inconvéniens contre l'utilité publique, il faut alors recourir au prince, pour apprendre de lui son intention sur ce qui peut être sujet à interprétation, déclaration ou modération, soit pour faire entendre la loi, ou pour y apporter du tempérament.

N. 13. — Si la disposition d'une loi étant bien connue, quoique le motif en soit inconnu, il paraît en naître quelque inconvénient qu'on ne puisse éviter par une interprétation raisonnable, il faut présumer que la loi a d'ailleurs son utilité et son équité par quelque vue du bien public, qui doit faire préférer son sens et son autorité aux raisonnemens qui pourraient y être contraires; car autrement plusieurs lois très utiles et bien établies seraient renversées, ou par d'autres vues de l'équité, ou par la subtilité du raisonnement. *(Leg. 20, ff, de leg.; leg. 21, eodem; leg. 51, § 2, in fine, ad. leg. aquill; leg. 3, Cod., de crim. sacril.)*

N. 14. — Les lois qui favorisent ce que l'utilité publique, l'humanité, la religion, la liberté des conventions et des testamens, et d'autres semblables motifs rendent favorable, et celles dont les dispositions sont en faveur de quelques personnes, doivent s'interpréter avec l'étendue que peut y donner la faveur de ces motifs, jointe à l'équité, et ne doivent pas s'interpréter durement, ni s'appliquer d'une manière qui tourne au préjudice des personnes que leurs dispositions veulent favoriser. *(Leg. 25, ff, de leg.; leg. 19, de lib. et post.; leg. 43, de religiosis et sumpt. funerum; leg. 64, § 1, de condit. et demonst.; leg. 6, Cod., de leg.)*

N. 15. — Les lois qui restreignent la liberté naturelle, comme celles qui défendent ce qui de soi n'est pas illicite, ou qui dérogent autrement au droit commun; les lois qui établissent les peines des crimes et des délits, ou des peines en matière civile; celles qui prescrivent de certaines formalités; les règles dont les dispositions paraissent avoir quelque dureté; celles qui permettent l'exhérédation, et les autres semblables, s'interprètent de sorte qu'on ne les applique pas au-delà de leurs dispositions, à des conséquences, pour des cas où elles ne s'étendent pas, et qu'au contraire on y donne des tempéramens d'équité et d'humanité qu'elles peuvent souffrir. *(Leg. 11 et 42, ff de pœn., 155, § ultim., de reg. jur.; leg. 19, de lib. et post.; leg. 10, de reb. dub.; leg. 14, de legib; leg. 24, de pign. et hyp.)*

N. 18. — Si les lois où il se trouve quelque doute ou quelque autre difficulté ont quelque rapport à d'autres lois qui puissent en éclaircir le sens, il faut préférer à toute autre interprétation celle dont les autres lois donnent l'ouverture. Ainsi, lorsque des lois nouvelles se rapportent aux anciennes, ou les anciennes aux nouvelles, elles s'interprètent les unes par les autres, selon leur intention commune, en ce que les dernières n'ont pas abrogé. *(Leg. 26 et 28, ff, de legib.)*

N. 22. — Dans les lois qui permettent, on tire la conséquence du plus au moins. Ainsi, ceux qui ont le droit de donner leurs biens ont, à plus forte raison, le droit de les vendre; et de même ceux qui ont le droit d'instituer des héritiers par un testament ont, à plus forte raison, le droit de faire des legs.

N. 23. — Dans les lois qui défendent, on tire la conséquence du moins au plus. Ainsi, les prodigues à qui on interdit l'administration de leurs biens ne peuvent les aliéner; ainsi, ceux qui sont déclarés indignes de quelque fonction sont, à plus forte raison, indignes de fonctions plus élevées.

N. 24. — Cette étendue des lois, du moins au plus et du plus au moins, est bornée aux choses qui sont de même genre que celles dont la loi dispose, ou qui sont telles que son motif doive s'y étendre, comme dans les exemples des articles précédens.

Portalis répond aux observations de Regnier et Cambacérès, qu'en matière criminelle le juge ne doit prononcer que lorsque la loi a qualifié de délit le fait qui est déféré à la justice et qu'elle y attache une peine; qu'en matière civile, au contraire, le juge ne peut se refuser à prononcer indistinctement sur toutes les causes qui lui sont présentées, parce que s'il ne trouve pas dans la loi des règles pour décider, il doit recourir à l'équité naturelle. Le juge civil est le ministre de la loi, quand la loi a parlé; il est l'arbitre des différends quand elle se tait. Il s'élèvera toujours beaucoup de contestations qu'on ne pourra juger par la loi écrite. Ce serait trop multiplier les lois que de les faire naître des doutes des juges.

Portalis et Tronchet répondent que le cours de la justice serait interrompu s'il n'était permis aux juges de prononcer que lorsque la loi a parlé. Peu de causes sont susceptibles d'être décidées d'après une loi, d'après un texte précis; c'est par les principes généraux, par la doctrine, par la science du droit, qu'on a toujours prononcé sur la plupart des contestations. Le Code civil ne dispense pas de ces connaissances; au contraire, il les suppose. Malleville, même opinion.

Delvincourt, t. 1, n. 1 de la page 8. — Le juge décide dans ce cas par interprétation, par voie de doctrine. Ainsi, l'art. 1726 porte que le fermier troublé dans sa jouissance ne peut exiger du propriétaire une diminution dans le prix de ferme, qu'autant qu'il lui a dénoncé le trouble. Un fermier n'a pas dénoncé, et cependant il demande une diminution, sous prétexte que sa dénonciation eût été absolument inutile, attendu que, quand même elle eût été faite, le propriétaire n'aurait pas eu de bonnes raisons pour faire cesser le trouble. Le juge devra-t-il admettre ce moyen, l'article n'en disant rien? Oui; d'abord parce qu'il est fondé sur l'équité; 2° parce qu'il est dans l'intention du législateur, qui n'a exigé la dénonciation qu'afin de mettre le propriétaire à portée de faire cesser le trouble; si donc il n'avait aucun moyen pour le faire cesser, le motif de la loi n'existe plus; 3° enfin, et c'est ici le jugement par analogie, parce que cette exception se trouve expressément prévue, pour le cas de vente, par l'art. 1640. Or, il y a une grande ressemblance entre le contrat de vente et celui de louage; il y en a encore une plus grande entre l'espèce proposée et celle de l'art. 1640. Ce dernier article pourra donc servir de base au jugement. Rolland, v. interprétation des lois, n. 3, etc.; Toullier, t. 1, n. 147; Duranton, t. 1, n. 95 et suiv.; Proudhon, t. 1, p. 59, même doctrine.

Duranton, n. 100. — La meilleure manière d'interpréter les lois, c'est de se conformer à l'*usage* suivant lequel elles ont toujours été entendues et appliquées.

(Denegari non debet jus justè deprecantibus; leg. 2, ff, de his qui sui vel alien. jur. sunt.)

A. Dalloz, v. déni de justice, n. 5. — Ce n'est pas seulement pour les causes *en état*, mais pour tous les cas où le juge légalement requis refuse son ministère, qu'il y a déni de justice. (Code de procédure civile, art. 506; Code pénal, art. 185. Carré, Compétence, t. 1, p. 54.

(Voir Cormenin, Questions de droit administratif, prolégomènes) p. 10 à 33, etc.; loi du 16 septembre 1807; avis du Conseil d'État, du 17 décembre 1823.)

5. *Il est défendu aux juges de prononcer par voie de disposition générale et réglementaire sur les causes qui leur sont soumises. (C. P., art. 127.)*

Arg. ex leg. 12, § 1, Cod. de leg.; ff, lib. 2, tit. 14, de legib.

(Loi du 24 août 1790, tit. 2, art. 12; loi du 16 septembre 1807; Favard, v. tribunaux de première instance, § 2, n. 13.)

Delvincourt, t. 1, n. 4 de la p. 8. — Les Cours souveraines avaient autrefois le droit de rendre ce qu'elles appelaient des *arrêts de réglement*, par lesquels elles déclaraient, *sous le bon plaisir du roi*, que, jusqu'à ce qu'il en eût été autrement ordonné par lui, elles jugeraient tel point de droit de telle manière.

Hua. — La disposition générale serait une loi, et il y aurait forfaiture. Chaque affaire a d'ailleurs des nuances qui ne permettent pas d'uniformiser une décision pour plusieurs.

Le réglement suppose dans celui qui le dicte un pouvoir de supériorité qu'aucun corps judiciaire n'a dans l'ordre constitutionnel.

Un tribunal ne peut s'imposer l'obligation de décider à l'avenir d'une manière plutôt que d'une autre. (Voir l'art. 644 du Code des délits et des peines du 3 brumaire an 4.) Toullier, t. 1, n. 145; Duranton, t. 1, n. 98, même doctrine. (Voir les notes de l'article précédent.)

6. *On ne peut déroger, par des conventions particulières, aux lois qui intéressent l'ordre public et les bonnes mœurs. (C. C., art. 686, 900, 1133, 1172, 1387. — Poth. oblig. n. 15.)*

Leg. 28, in princip.; leg. 38, ff, de pact.; leg. 20, in princip., de relig. et sumptib. funer.; leg. 1, § 9, ff, de mag. conven.; leg. 15, § 1°. ad leg. falcid.; leg. 45, § 1°, de diver. reg. jur.; leg. 5, Cod., de leg.

Portalis, discours au Corps législatif. — Un orateur objecte que notre article paraît se réduire aux conventions, tandis qu'il faudrait également annuler tous les autres actes; par exemple des legs, libéralités, auxquels on aurait apposé des conditions contraires à l'ordre public et aux bonnes mœurs. Nous répondons que ce que la volonté de deux ne peut pas faire, la volonté d'un seul le peut bien moins encore, et que si les conventions sont nulles, il faut, par majorité de raison, annuler les autres actes.

Nous ajouterons que l'exemple d'un legs ou d'une libéralité, à laquelle on aurait apposé des conditions contraires à l'ordre public et aux bonnes mœurs, est mal choisi; car, dans ce cas, il n'y a nul doute que la condition seule est annulée et que la libéralité demeure. A cet égard, on a toujours distingué les contrats d'avec les dispositions testamentaires. Les contrats, dont toutes les dispositions sont corrélatives, ne peuvent subsister pour une partie et être annulés pour l'autre, malgré la volonté des contractans. Mais dans un testament, on peut respecter la libéralité et détruire la condition, parce qu'on présume que l'auteur de la libéralité a voulu que l'on exécutât tout ce qui pouvait l'être, et que l'on respectât sa volonté dans toutes les choses qui ne se trouveraient pas en opposition avec la loi.

Il n'eût donc pas été sage, en posant une règle générale, de se jeter dans des détails ou inutiles ou trop contentieux.

Ce n'est que pour maintenir l'ordre public qu'il y a des gouvernemens et des lois. Il est donc impossible qu'on autorise entre les citoyens des conventions capables d'altérer ou de compromettre l'ordre public.

Des jurisconsultes ont poussé le délire jusqu'à croire que des particuliers pouvaient traiter entre eux, comme s'ils vivaient dans ce qu'ils appellent l'état de nature, et consentir tel contrat qui pût convenir à leurs intérêts, comme s'ils n'étaient gênés par aucune loi. De tels contrats, disent-ils, ne peuvent être protégés par des lois qu'ils offensent. Mais comme la bonne foi doit être gardée entre des parties qui se sont engagées réciproquement, il faudrait engager la partie qui refuse d'exécuter le pacte à fournir par équivalent ce que les lois ne permettaient pas d'exécuter en nature.

Toutes ces dangereuses doctrines, fondées sur des subtilités et subversives des maximes fondamentales, doivent disparaître devant la sainteté des lois.

Le maintien de l'ordre public dans une société est la loi suprême. Protéger des conventions contre cette loi, ce serait placer des volontés particulières au-dessus de la volonté générale, ce serait dissoudre l'Etat.

Quant aux conventions contraires aux bonnes mœurs, elles sont proscrites chez toutes les nations policées. Les bonnes mœurs ne peuvent suppléer les bonnes lois; elles sont le véritable ciment de l'édifice social. Si on pouvait les blesser par des conventions, bientôt l'honnêteté publique ne serait plus qu'un vain nom, et toutes les idées d'honneur, de vertu, de justice, seraient remplacées par les lâches combinaisons de l'intérêt personnel et par les calculs du vice.

Pandectes françaises. — A l'égard des lois qui n'ont pour objet que l'intérêt privé des particuliers, il est permis à chacun de renoncer au droit introduit en sa faveur, et de faire sa condition plus mauvaise qu'elle ne le serait, s'il s'en tenait aux termes de la loi.

Il est facile de distinguer les lois d'ordre public de celles privées. — Toutes les lois qui intéressent la société entière prise collectivement, sont de droit public; celles qui ne concernent que l'intérêt des particuliers sont de droit privé.

On désigne par ces expressions, *de bonnes mœurs*, ce qui est d'honnêteté publique. — Ainsi, il est contraire à l'honnêteté publique de stipuler que l'on ne sera pas garant du dol personnel; mais celui qui en est l'objet peut en remettre la peine, car il ne fait que disposer de son droit personnel.

Merlin, R., v. dérogation, n. 2. — Ainsi, dans un contrat, on ne peut point déroger à la loi des prescriptions, pour donner à une obligation plus de durée que ne lui en donne la loi.

Toullier, t. 1, n. 103 et 104. — Cette maxime n'est pourtant pas sans exception. Par exemple, l'ordre des juridictions ou la compétence des tribunaux est de droit public. Cependant les particuliers soumis à la juridiction d'un tribunal ordinaire de première instance peuvent se soumettre à être jugés par un autre; c'est ce qu'on appelle proroger la juridiction.

Mais ils ne pourraient pas porter une affaire directement devant une Cour d'appel, qui ne peut juger en premier ressort; ni convenir que l'appel d'un tribunal de première instance serait porté devant une Cour d'appel qui lui est étrangère, parce qu'ils ne peuvent donner à cette Cour le pouvoir de réformer les jugemens d'un tribunal qui n'est pas situé dans son ressort.

Duranton, t. 1, n. 110. — Quant à ce qui n'est point l'objet d'une *loi impérative* ou *prohibitive*; qui n'est pas contraire à l'ordre public et aux bonnes mœurs; qui n'intéresse, en un mot, que les contractans, ceux-ci peuvent en faire la matière d'une convention particulière et déroger à la loi qui règle cet objet.

TITRE PREMIER.

De la Jouissance et de la Privation des Droits civils.

(Décrété le 8 mars 1803. Promulgué le 18 du même mois.)

CHATITRE PREMIER.

De la jouissance des droits civils.

7. *L'exercice des droits civils est indépendant de la qualité de citoyen, laquelle ne s'acquiert et ne se conserve que conformément à la loi constitutionnelle. (C. P., art. 42, 43, 401, 405 et suivans.)*

Cod., lib. 6, tit. 8, leg. 1; Novell. 74, cap. 2, § 1.

(Décret du 17 mars 1809; Pandectes françaises, t. 2, p. 1 à 104; Traité complet des personnes en général.)

Tronchet soutient que cet article est nécessaire, parce que la législation ancienne confondait les droits civils avec les droits politiques, et attachait aux mêmes conditions l'exercice des uns et des autres.

Boulay, exposé des motifs au Corps législatif, 2 décembre 1801, n. 2. — Il n'est question ici que des droits purement civils et non des droits politiques, lesquels sont d'un ordre différent et plus distingué.

Ceux-ci sont réglés et assignés par la constitution; ils forment le droit de cité; ils composent la liberté publique et constituent le citoyen.

Ceux-là sont décrits et distribués par la loi civile; c'est de leur ensemble que résulte la liberté individuelle, ce droit appelé plus particulièrement par les Romains *jus quiritium*.

La jouissance des droits politiques suppose celle des droits civils; mais la jouissance des droits civils ne suppose pas celle des droits politiques. Ainsi, on ne peut pas être citoyen en France sans être Français; mais on peut être Français sans être citoyen en France. Toullier, t. 1, n. 255, 253; Duranton, n. 136, 137, même doctrine.

Les droits civils sont ici distingués des droits politiques et doivent l'être. Le citoyen, c'est-à-dire celui qui jouit des droits politiques, fait partie intégrante de la société; il a voix dans le gouvernement. Celui qui jouit simplement des droits civils ne fait que nombre: mais en vertu de ces mêmes droits, il peut adopter, contracter mariage, avoir ses enfans sous sa puissance, acquérir par succession ou donation; il stipule, s'oblige; il demande et défend en justice. Mais il peut jouir de ces divers droits et n'être pas admis aux droits de cité, être fort de la force du gouvernement, sans participer aucunement à son action. (G........)

A. Dalloz, v. droits civils, n. 4. — Il est de l'essence des droits civils qu'ils soient personnels et ne puissent être acquis ou perdus sans un fait de la volonté. La loi, en effet, a accordé un bénéfice en faveur de la naissance sur le sol. Ce bénéfice ne peut être enlevé par un fait étranger à celui à qui on prétend le ravir.

N. 6. — Dans les contestations sur les droits civils, on doit adopter l'interprétation qui les conserve à un individu, plutôt que celle qui les lui fait perdre.

8. *Tout Français jouira des droits civils. (C. C., art. 17 et suiv.)*

Leg. 17, de stat. hom.; id., leg. 19.

(Avis du Conseil d'Etat, du 17 septembre 1808.)

Desquiron, mort civile, p. 17, 38, 43, 47.
Procès-verbal du Conseil d'Etat, 25 juillet 1801. — Cambacérès demande si l'enfant né d'une mère française et d'un père inconnu jouira en France des droits civils.
Tronchet répond que lorsque le père est inconnu, l'enfant suit la condition de la mère.

Delvincourt, t. 1, not. 7 de la pag. 14. — *Jouit des droits civils*, et non pas des droits politiques ou de cité; pour en jouir, il ne suffit pas d'être Français, il faut encore être citoyen.

Malleville. — Cela s'entend sous les exceptions portées dans les articles 22 et suivans.

Hua. — Les droits civils se composent de facultés dérivant des diverses lois particulières aux peuples. Leurs principaux effets sont relatifs à la puissance paternelle, aux successions, au mode de transmission des biens par testament, à la capacité de recevoir, etc. L'objet du Code est exclusivement de régler les droits civils.

Merlin, R., droits civils et politiques, n. 3. — Les droits civils étant attachés à la qualité de Français, il est clair qu'on les acquiert et qu'on les perd par les mêmes moyens que l'on acquiert et que l'on perd cette qualité.

Proudhon, t. 1, p. 68. — Les droits civils sont attachés à la qualité de Français, comme les droits politiques sont attachés à celle de citoyen.

Duranton, t. 1, n. 119. — On est *Français* par *trois causes* : 1° par le droit de naissance; 2° par le bienfait de la loi; 3° par la réunion d'un territoire à la France.

9. *Tout individu né en France d'un étranger pourra, dans l'année qui suivra l'époque de sa majorité, réclamer la qualité de* Français, *pourvu que, dans le cas où il résiderait en France, il déclare que son intention est d'y fixer son domicile, et que, dans le cas où il résiderait en pays étranger, il fasse sa soumission de fixer en France son domicile, et qu'il l'y établisse dans l'année, à compter de l'acte de soumission.*

(Voir décret du 17 mars 1809, formalités relatives à la naturalisation; sénatus-consulte du 26 vendémiaire an 11. Voir art. 20 du Code civil; le combiner avec celui-ci.

Gary, discours au Corps législatif, 8 mars 1803. — Un premier système tendait à déclarer Français l'individu né en France d'un étranger. Les vues généreuses qui avaient produit ce système ont cédé à des motifs d'un ordre supérieur. On a reconnu qu'il serait trop injuste et trop peu convenable à la dignité nationale que le fils d'une étrangère, qui lui aurait donné naissance en traversant le territoire français, et qui, emmené aussitôt par ses parens dans le lieu de leur origine, n'aurait ni résidé, ni manifesté le désir de s'établir en France, y pût jouir de tous les bienfaits de la loi civile. Ces bienfaits ne sont dus qu'à ceux qui se soumettent aux charges publiques, et dont la patrie peut, à chaque instant, réclamer les secours et l'appui. C'est un devoir pour quiconque est adopté par la loi d'un pays, de se montrer digne de cette faveur, et d'associer sa destinée à celle de sa patrie adoptive, en y établissant sa résidence.

Delvincourt, t. 1, not. 3 de la pag. 13. — *Né en France d'un étranger, qui n'a pas les droits civils.* Autrement, l'enfant serait Français par droit de naissance, et sans aucune formalité.
Not. 4. — De quelle majorité l'article entend-il parler? De celle fixée par la loi française. (Duranton, t. 1, n. 129; Dalloz aîné, v. droits civils, sect. 2, art. 1, n. 16.)
Le fils de l'étranger, né en France, qui n'a pas réclamé sa qualité de Français dans l'année de sa majorité, est, s'il veut devenir Français par la suite, astreint à toutes les obligations imposées à l'étranger qui veut devenir citoyen français, par l'art. 3 de l'acte constitutionnel. (Malleville; Toullier, t. 1, n. 261.)
Not. 5. — Où doit être faite cette déclaration? Je pense qu'elle doit être faite à la municipalité du lieu où il veut établir son domicile. (Pandectes françaises.)
Celui qui est né d'un Français, soit en France, soit hors de France, est nécessairement Français. Né d'un Français devenu étranger, il réclame le premier titre de son auteur. S'il naît en France, de celui-là même qui ne fut jamais Français, il invoque le génie de la terre natale. (G.......)

Hua. — *Pourra.* Cette expression prouve que sa demande peut être refusée. L'individu né en France d'un étranger a seulement aptitude à devenir Français et à jouir des droits civils attachés à cette qualité; mais le Gouvernement vérifie s'il n'y a point d'inconvénient à lui accorder cet avantage. C'est par cette raison que la réclamation doit lui être adressée.

Rolland de Villargues, v. Français, n. 8. — *Quid*, si l'enfant d'un étranger était né en pays étranger, mais qu'il prétendît avoir été conçu en France? Pourrait-il invoquer la règle *infans conceptus pro nato habetur?* Nous ne le pensons pas. Le fait de la naissance est certain, tandis que rien ne découvre que la conception ait eu lieu en France. (Duranton, n. 130.)

A. Dalloz, v. droits civils, n. 9. — La naissance ne rend Français que l'enfant d'un Français.
N. 10. — L'enfant né en France d'un étranger qui a acquis la qualité de Français, sous les droits de citoyen, n'est pas seulement Français comme son père; il est encore citoyen français, et comme tel, apte à exercer ses droits politiques. (Loi du 5 février 1817, art. 5 et 6.)
L'enfant né en France, où il n'a pas cessé de résider, d'un père qui était devenu Français par la réunion de son pays à la France, est-il resté Français, depuis la séparation des deux pays, si les formalités prescrites par la loi du 14 octobre 1814 n'ont été remplies ni par son père, ni par lui? La Cour de cassation a décidé négativement cette importante question. (Sirey, 34, 1re part., p. 502.)

10. *Tout enfant né d'un Français en pays étranger, est Français.*

Tout enfant né, en pays étranger, d'un Français qui aurait perdu la qualité de Français, pourra toujours recouvrer cette qualité, en remplissant les formalités prescrites par l'art. 9. *(C. C., art. 47 et 48.)*

ff, lib. 1, tit. 5, leg. 18, § 1; leg. 19, 24; Cod., de stat. hom.

(Voir Sirey, t. 34, 1re part., p. 502.)

Pothier, des personnes, p. 590. — *Quid* des enfans qui sont nés dans les provinces qui ont été réunies à la couronne, ou qui en ont été démembrées, ou qui, ayant été conquises, ont été rendues par un traité de paix? Il est certain que, lorsqu'une province est réunie à la couronne, ses habitans doivent être regardés comme Français naturels, soit qu'ils y soient nés avant ou après la réunion. Il y a même lieu de penser que les étrangers qui s'étaient établis dans ces provinces, et y auraient obtenu, suivant les lois qui sont établies, les droits de citoyen, devraient, après la réunion, être considérés comme citoyens, ainsi que les habitans originaires de ces provinces, ou du moins comme des étrangers naturalisés en France.
Lorsqu'au contraire une province est démembrée de la couronne, lorsqu'un pays conquis est rendu par un traité de paix, les habitans changent de domination.

Delvincourt, t. 1, note 2 de la page 14. — *L'enfant né*, c'est-à-dire *conçu*. Si donc l'époque de la conception peut se reporter à un temps antérieur à celui où le père a perdu la qualité de Français, le fils est Français de plein droit, d'après la maxime que, *infans conceptus pro nato habetur, quoties de ejus commodis agitur.* Mais comment déterminer l'époque de la conception? L'art. 315 donne sur ce point une règle sûre.

Rolland de Villargues, v. droits civils, n. 7. — *Quid*, si l'enfant est né d'une Française et d'un père inconnu? Il est Français. L'enfant illégitime suit la condition de sa mère. (*Inst., de ingen.*).

Quid, si le père est étranger, et qu'il le reconnaisse? Il n'est pas Français. Mais si cette reconnaissance est frauduleuse et qu'elle ait pour motif de le priver de ses droits dans la succession de la mère, l'enfant pourra la contester.
Si les lois du pays où se trouve le père Français, permettaient de reconnaître un enfant naturel par acte sous seing privé, une reconnaissance pareille aurait-elle effet en France? Je ne le pense pas.

Toullier, t. 1, n. 263. — L'enfant né à l'étranger, d'un Français qui a perdu la qualité de Français, en recouvrant cette qualité, ne peut s'en prévaloir que pour l'avenir et pour l'exercice des droits échus depuis sa soumission ou déclaration. Avant cette époque, il n'a point de volonté légale qui lui soit propre.

Duranton, t. 1, n. 127. — L'enfant peut toujours *recouvrer* la qualité de Français, soit qu'il soit né France, soit qu'il soit né en pays étranger, bien que l'art. 10, qui régit ce cas, s'explique seulement sur la dernière hypothèse : il n'est point rédigé dans un sens restrictif, et il n'y avait pas de raison pour qu'il le fût.
Nous avons même entendu soutenir que l'enfant *né en France*, d'un Français qui a perdu cette qualité, est Français de *plein droit*; qu'il n'a pas besoin, par conséquent, de remplir les formalités prescrites par l'art. 10 à l'enfant né *en pays étranger*, d'un Français qui a cessé d'être tel : mais cette opinion a plutôt pour motif la bienveillance dont cet enfant est digne, que le véritable esprit de la loi.

A. Dalloz, v. naturalisation, n. 45. — Suffit-il de *réclamer* la qualité de Français, pour l'acquérir dans le cas de nos deux articles? Faut-il que la réclamation soit répondue par des lettres de déclaration de naturalité? Oui, d'après Dalloz, t. 6, p. 507, n. 20 *bis*; Locré; Guichard, Droits civils, n. 72. (Voir décret du 17 mars 1809.)

Procès-verbal du Conseil d'Etat, 25 juillet 1801. — Cambacérès dit qu'il sera difficile pour l'enfant d'un père Français non marié de prouver sa filiation, les enfans nés hors mariage n'étant pas aussi favorisés chez les autres nations qu'en France.
Tronchet répond qu'on obligera le père à remplir en France les formalités qu'il ne peut remplir en pays étranger.
N. 7. — Duchâtel attaque la deuxième partie de l'article; il s'oppose à ce que le fils d'un Français qui a abdiqué sa patrie, soit considéré comme Français. Il se fonde sur ce que celui qui est né d'un père qui n'est plus Français ne peut être qu'un étranger soumis aux conditions imposées aux étrangers pour acquérir la qualité de Français, qu'on ne peut tenir d'un père qui l'a perdue.
Regnaud appuie cette opinion avec passion.
Tronchet et Rœderer répondent que quand on s'occupe de lois civiles, de lois qui sont pour tous les temps, il faut se placer à une grande distance des circonstances où l'on se trouve. La faveur de l'origine doit l'emporter sur toute autre considération. Ce principe est celui de l'Europe entière. Au surplus, il faut ne lui donner ses effets en France qu'autant que l'individu par lequel elle est invoquée est fidèle à la promesse d'établir son domicile sur le territoire français. — Qu'on ne craigne pas la rentrée des enfans d'émigrés; elle ramènera les biens qu'avaient emportés leurs pères.

Question neuve et importante. — Des enfans mineurs nés d'un père étranger et d'une mère Française, mais devenue étrangère par l'effet de son mariage, deviennent-ils Français de plein droit, dans le cas où leur mère, après le décès de son mari et durant la minorité de ses enfans, remplit les formalités voulues par la loi, pour recouvrer la qualité de Française?
L'affirmative de cette question a été soutenue avec un talent remarquable, par M. Duvergier, digne continuateur de Toullier, dans une consultation du 29 octobre 1832, qui est rapportée dans le Journal de la magistrature et du barreau, t. 1, p. 70 à 76.

11. *L'étranger jouira en France des mêmes droits civils que ceux qui sont ou seront accordés aux Français par les traités de la nation à laquelle cet étranger appartiendra. (C. C., articles 726, 912. — C. de P., art. 905. — C. de C., art. 575. — C. d'inst. crim., art. 5 et 6. — C. P., art. 272.)*

Ordonnance du 13 octobre 1814. Avis du Conseil d'Etat, du deuxième jour complémentaire an 13, approuvé le quatrième, effets du mariage des étrangers: autre du 24 ventôse an 11, approuvé le 26, vente des biens des étrangers. Loi du 18 germinal an 10, art. 32. Ordonnance du 17 février 1815; *id.*, du 10 novembre 1815; *id.*, du 26 mai 1824; *id.*, du 5 juin 1816; *id.*, du 29 octobre 1817. Sénatus-consulte du 19 février 1808. Ordonnance du 4 juin 1814. Loi du 14 octobre 1814.
La loi du 14 juillet 1819, en abrogeant les art. 726 et 912 du Code civil, a laissé subsister notre art. 11 qui en contenait le germe. (Voir A. Dalloz, v. étranger, n. 43 et suiv.)

Avis du Conseil d'Etat, 19 septembre 1805, n. 1. — Le *Conseil* est d'avis que les mariages contractés en France par un étranger ou un prisonnier de guerre, doivent produire les effets civils, quant à l'état de la femme et des enfans; mais que la convention matrimoniale, en tout ce qui touche la successibilité, ne produisent d'effet en leur faveur qu'autant que les lois du pays dont est sujet cet étranger accorderaient le même avantage aux Français qui se marient dans ce pays. (Voy. loi du 14 octobre 1814.)

Delvincourt, t. 1, not. 9 de la pag. 14. — Il ne suffirait pas que ces droits fussent accordés aux Français par les lois particulières du pays de l'étranger. On a voulu qu'une nation, en accordant, de sa seule autorité, un droit aux Français, pût forcer la France d'accorder le même droit aux étrangers de cette nation.

Malleville. — Cet article est en opposition avec le décret par lequel l'Assemblée constituante avait aboli le droit d'aubaine. Il fut résolu à l'unanimité que ce décret serait abrogé, parce que l'exemple de l'Assemblée constituante n'avait été suivi par aucun autre Gouvernement, et qu'ainsi la France se trouvait dans une position désavantageuse vis-à-vis des autres Etats: les étrangers venaient recueillir chez nous les successions de leurs parens, et nous en étions exclus chez eux. Il fallait rétablir l'équilibre, et n'accorder à chaque nation que le droit qu'elle nous donnait.

Merlin, R., v. étranger, § 1, n. 8. — Il ne parait pas douteux qu'en rédigeant cet article tel qu'il est, l'intention du Conseil d'Etat n'ait été de restreindre *les droits civils* de l'étranger en France *à ceux dont un Français peut jouir dans les pays étrangers, en vertu des traités diplomatiques.* Mais cet article admet forcément quelques exceptions: il est donc à la fois mal rédigé et incomplet.

A. Dalloz, v. étranger, n. 12. — (Voir loi du 14 juillet 1819. Avis du Conseil d'Etat, approuvé le quatrième jour complémentaire an 13.) Chabot, successions, sur l'art. 726 du Code civil; Toullier, t. 1, p. 212; Proudhon, Cours de droit français, t. 1, p. 79; Duranton, t. 6, n. 81. Sur la question de savoir si l'étranger, prisonnier de guerre en France, peut y contracter un mariage valable, décident qu'un tel mariage produit les effets civils, quant à l'état de la femme et des enfans. Mais que les conventions matrimoniales, en ce qui touche la *successibilité*, n'ont d'effet en faveur de l'étranger prisonnier de guerre, qu'autant que les lois du pays dont il est sujet accorderaient les mêmes avantages aux Français qui se marient en pays étranger.

Rolland de Villargues, v. droits civils, n. 9. — Toullier, t. 1, n. 265; Duranton, t. 1, n. 146, 147, professent les mêmes doctrines que les auteurs ci-dessus cités.

12. *L'étrangère qui aura épousé un Français suivra la condition de son mari. (C. C., art. 19, 2121 et 2135.)*
ff, lib. 50, tit. 1, leg. 22, § 1; Cod., leg. 13, de dignitate.

Merlin, R., v. adoption, § 2 et suiv.

Favard, v. droits civils, sect. 1, § 4.

Duranton, t. 1, n. 40; t. 2, n. 582.

Legraverend, t. 1, p. 98 et 99.

Boulay, exposé des motifs au Corps législatif, 2 décembre 1801. — Une ancienne et constante maxime veut que la femme suive la condition de son mari: maxime fondée sur la nature même du mariage, qui de deux êtres n'en fait qu'un, en donnant la prééminence à l'époux sur l'épouse.

Hua. — Même après sa viduité, à moins qu'elle ne perde cet avantage par l'un des cas prévus par l'art. 17. Cette opinion est fondée sur la disposition de l'art. 19.

A. Dalloz, v. autorisation, n. 48. — L'étrangère dont le mari étranger se fait naturaliser Français ne devient pas Française, car elle n'a pas dû penser que son mari abdiquerait lui-même cette patrie. Elle a donc besoin, pour devenir Française, d'obtenir elle-même sa naturalisation. (Legat, Code des étrangers, p. 402.)

13. *L'étranger qui aura été admis par l'autorisation du Roi à établir son domicile en France, y jouira de tous les droits civils, tant qu'il continuera d'y resider.*

Sénatus-consulte, 19 prairial an 8.
Avis du Conseil d'Etat, du 18 prairial an 11, approuvé le 20.
Gary, discours au Corps législatif, 8 mars 1803. — Vous avez remarqué dans cet art. 13 une amélioration du sort de l'étranger qui veut se fixer parmi nous. Suivant un premier système, il ne pouvait jouir des droits civils qu'après une année de résidence postérieure à sa déclaration, ce qui le plaçait dans une position telle qu'il n'appartenait, pendant cette année, à la loi civile d'aucun pays. La nouvelle disposition de notre article le fait jouir des droits civils, aussitôt après qu'il a été admis à établir son domicile en France: disposition hospitalière, généreuse et conforme à l'intérêt national.

Delvincourt, t. 1, note 8 de la page 14. — *Tant qu'il continuera d'y résider.* Cette disposition a eu principalement pour but d'accorder les droits civils aux étrangers qui veulent devenir Français pendant les dix ans de stage exigés par la constitution. Mais l'on voit que, pour que l'étranger admis par le Roi à établir son domicile en France, y conserve les droits civils, il faut qu'il continue d'y résider. La cessation de résidence emportera donc la perte des droits civils. Mais il faut qu'il y ait cessation totale. Je pense bien qu'une absence momentanée ne suffirait pas pour le priver de ces droits. (Malleville, *idem.*)
Quel est l'état des enfans de l'étranger admis à établir son domicile en France? Je pense qu'ils sont Français du moment de leur naissance.

Merlin, R., v. domicile, § 13. — Il est clair que l'étranger qui a fixé le siége de ses affaires en France, sans l'autorisation du gouvernement, n'y jouit pas des droits civils réservés aux Français. (Rolland de Villargues, v. droits civils, n. 12, *id.*; Duranton, t. 1, n. 141.)

Rolland de Villargues, v. droits civils, n. 14. — L'étranger même autorisé par le Roi à résider en France, ne peut invoquer les lois françaises pour régler son état et sa capacité.

A. Dalloz, v. droits civils, n. 14, 15 et 16. — L'enfant né en France d'un étranger qui jouit des droits civils, en vertu de notre article, n'est pas Français d'origine. (*Contrà*: Delvincourt, t. 1, p. 182, note 1.)

Il faut décider que le père et le fils auront tous les deux la même qualité nationale et les mêmes droits civils, tant qu'ils continueront de résider en France. (Duranton, t. 1, n. 221; Dalloz, t. 6, p. 505, n. 11; Legat, Code des étrangers, p. 7.)

Cette décision doit, à plus forte raison, s'étendre à l'enfant né en France de l'étranger qui s'y est établi sans autorisation, quoiqu'à perpétuelle demeure, et sans esprit de retour dans sa patrie originaire. (Delvincourt, t. 1, p. 14, n. 7; Dalloz, t. 6, p. 505, n. 12. *Contrà* : Proudhon, t. 1, p. 95.)

14. *L'étranger, même non résidant en France, pourra être cité devant les tribunaux français, pour l'exécution des obligations par lui contractées en France avec un Français ; il pourra être traduit devant les tribunaux de France, pour les obligations par lui contractées en pays étrangers envers des Français. (C. de P., art.* 69 *et* 70.)

ff, lib. 2, tit. 4 et 6, passim ; ibid., lib. 5, tit. 1, leg. 2; Cod., de juridict. omnium judicium et de foro competenti; leg. 3, Cod., ubi rem actio exerceri debeat.

Loi du 10 septembre 1807. (Voir décisions des ministres de la justice et des affaires étrangères, du 10 mai 1822, portant que, dans les pays étrangers, les agens consulaires français sont chargés de faire exécuter les arrêts et jugemens rendus en France. Ces actes doivent être revêtus de la légalisation du ministre des affaires étrangères, pour garantir les agens consulaires des surprises auxquelles les expose leur éloignement.)

L'art. 13 du traité du 4 vendémiaire an 12, entre la France et la Suisse, déroge à notre art. 14.

Procès-verbal du Conseil d'Etat, 25 juillet 1801. — Defermon demande si un étranger peut traduire devant un tribunal français un autre étranger qui a contracté envers lui une dette payable en France. — Ce serait d'ailleurs éloigner les étrangers des foires françaises, que de leur refuser le secours des tribunaux, pour exercer leurs droits sur les marchandises des étrangers avec lesquels ils ont traité.

Tronchet répond que le principe général est que le demandeur doit porter son action devant le juge du défendeur; que cependant si des étrangers, ayant procès entre eux, consentaient à plaider devant un tribunal français, le tribunal aurait le droit de juger si sa juridiction n'était pas déclinée. — Quant aux obligations contractées en foire, la nature de ces obligations ôte à l'étranger défendeur le droit de décliner la juridiction des tribunaux français; mais l'article en discussion ne préjuge rien contre ce principe. (Voy. n. 20.)

Boulay, exposé des motifs au Corps législatif, 2 décembre 1801. — Si un étranger a contracté avec un Français, et qu'il s'élève entre eux des difficultés, comment pourront-ils réciproquement se faire rendre justice en France? Cette question peut être envisagée sous différens points de vue : 1° un étranger, après avoir contracté en France avec un Français, peut en être sorti sans avoir rempli son obligation; dans ce cas, s'il laisse, ou s'il acquiert dans la suite en France des biens qui puissent satisfaire à son engagement, n'est-il pas juste d'accorder aux Français la faculté de le traduire devant les tribunaux de la France, pour l'exécution de cet engagement? 2° Un étranger, après avoir contracté dans son pays avec un Français, arrive en France sans avoir satisfait à son obligation; le Français qui s'y trouve ne peut-il pas encore l'y faire condamner personnellement? — Tout cela est à l'avantage des Français; mais réciproquement, si le Français a contracté en pays étranger avec un étranger, nous accordons à celui-ci de le traduire devant les tribunaux de France; car, si nous ne voulons pas que le Français soit victime de la mauvaise foi de l'étranger, nous ne voulons pas non plus que l'étranger soit victime de la mauvaise foi du Français. Delvincourt, t. 1, p. 15, not. 7; A. Dalloz, v. étranger, n. 92; Dalloz aîné, t. 6, p. 460, n. 1, même doctrine.

Delvincourt, t. 1, p. 15, not. 7. — Mais d'après quelles lois les tribunaux français peuvent-ils juger? Il faut distinguer :

Si l'affaire est relative à un immeuble, on suivra la loi du pays où l'immeuble est situé.

Si l'action est mobilière, il faut encore distinguer; si l'action est relative à l'interprétation d'une convention, l'on suivra la loi du pays où le contrat a été passé; si c'est un mode d'exécution, ce sera la loi du pays où le paiement devra être fait, ou l'obligation exécutée.

Si l'affaire est relative à la capacité de la personne, il faudra se conformer à la loi du pays de la personne dont la capacité est contestée.

Enfin, s'il s'agit de la forme d'un acte, il faudra consulter la loi du pays où l'acte a été passé.

Hua. — Nous ne trouvons, dans notre législation actuelle, rien de propre à fixer le choix du tribunal qui devra connaître de l'action contre l'étranger, lorsque l'objet de l'action n'a, par sa nature, aucun caractère de juridiction, telles que celles pour marchés ou foires, qui rendent justiciables du tribunal de commerce du lieu; des matières réelles qui se portent devant le juge de la situation de l'immeuble. Hors ces circonstances, le défendeur doit, suivant les principes reçus, être traduit devant le juge de son domicile. L'étranger n'en ayant point, et même souvent n'ayant jamais eu de résidence, il n'existe point de juridiction compétente. Sans doute il paraîtra convenable d'attribuer la connaissance de la demande respectivement à chacun des tribunaux des lieux où l'étranger aura contracté la dette.

La citation devra être faite au parquet du procureur du roi près le tribunal où sera portée la demande. (Art. 69 du Code de procédure civile.)

Proudhon, t. 1, p. 81. — Si un étranger était cité par un autre étranger, devant un tribunal français, pour tous intérêts privés, il aurait le droit de demander son renvoi pardevant ses juges naturels, et ne serait point, en thèse générale, justiciable des tribunaux de France. (Toullier, t. 1, n. 265; Duranton, t. 1, n. 154.)

Rolland de Villargues, v. étranger, n. 19. — La disposition de cet article cesse d'être applicable, dans le cas où le Français avait son domicile établi en pays étranger, lors de l'assignation.

N. 24. — Cet article ne s'entend pas seulement des obligations volontaires et contractuelles entre un Français et un étranger; mais aussi de toute demande en dommages et intérêts, pour un fait commis dans le pays de cet étranger. (A. Dalloz, v. étranger, n. 97.)

Lorsque deux étrangers consentent à être jugés par un tribunal français, celui-ci est-il *obligé* de connaître de l'affaire? La seule résidence en France soumet-elle un étranger à la juridiction française? Non. (Sirey, 30, 1re partie, pag. 465).

15. *Un Français pourra être traduit devant un tribunal de France, pour les obligations par lui contractées en pays étranger, même avec un étranger.*

Delvincourt, t. 1, note 8 de la page 15. — L'étranger a intérêt de citer le Français devant les tribunaux de France. Autrement, les jugemens que l'étranger obtiendrait dans son propre pays, ne pouvant être exécutés sur les biens de France, qu'après avoir été revus et déclarés exécutoires par un tribunal français, il en résulterait qu'il aurait deux procès à soutenir au lieu d'un. Il est donc plus simple, si le Français a des biens en France, que l'étranger l'assigne d'abord devant les tribunaux de France.

Quant aux crimes commis par un Français hors du territoire français, voir art. 5 et 7, Code d'instruction criminelle.

Duranton, t. 1, n. 153. — L'étranger lésé dans sa personne ou dans ses biens, par un délit commis en France, pourrait aussi demander justice à nos tribunaux.

16. *En toutes matières, autres que celles de commerce, l'étranger qui sera demandeur, sera tenu de donner caution pour le paiement des frais et dommages-intérêts résultant du procès, à moins qu'il ne possède en France des immeubles d'une valeur suffisante pour assurer ce paiement. (C. C., art.* 2040 *et suiv. — C. de P., art.* 166, 167, 423, 517 *et suiv.*)

Instit. de satisdation.; leg. unicâ, Cod., eod. tit.; leg. 46, § 2, ff, de procurat.; toto tit., ff, judicat. solvi; id., lib. 50, tit. 16, leg. 25; id., lib. 2, tit. 8, leg. 1 et 15.

Pothier, des personnes, p. 397. — Cette caution peut être exigée de l'étranger, tant en cause principale que d'appel. (Bacquet, n. 5.) Mais si, en première instance, il était défendeur, et que, par appel, il se fût constitué appelant ou demandeur, on ne la pourra exiger de lui.

Lorsque deux étrangers plaident ensemble, si le défendeur l'exige du demandeur, il ne peut l'y faire condamner qu'il ne l'offre respectivement de son côté. (Merlin, R., v. caution *jud. sol.*, § 1; Rolland de Villargues, v. étranger, n. 33; Duranton, t. 1, n. 166.)

Delvincourt, t. 1, note 6 de la page 15. — Il ne suffit pas que l'étranger fasse la justification de propriété exigée par cet article; il faut, de plus, qu'il soit passé un acte ou rendu un jugement, en vertu duquel le défendeur puisse prendre une inscription hypothécaire.

Les contrats sont du droit des gens : il est donc juste que l'étranger qui aura contracté avec un Français puisse être, par tous les tribunaux, soit nationaux, soit étrangers, rappelé à la sainteté de ses engagemens. Mais s'il demande, il doit donner son gage, sa caution judiciaire, juste garantie contre l'instabilité de son existence sur le territoire. (G...)

Il y a des exceptions pour certaines nations. (Voir traité avec la Suisse, 4 vendémiaire an 12 : le Décret du 7 février 1809, qui assujettit les étrangers à fournier une caution avant d'exécuter les jugemens rendus à leur profit.)

Toullier, t. 1, n. 265. — Le jugement qui ordonne la caution fixe la somme jusqu'à concurrence de laquelle elle sera fournie. Le demandeur qui consigne cette somme ou qui justifie que ses immeubles situés en France, sont suffisans pour en répondre, est dispensé de fournir caution.

Favard, exception, § 1, n. 2. — Il n'est fait d'exception en faveur d'aucun étranger; ainsi, un ambassadeur et même un prince souverain, qui forme une demande devant un tribunal français, est tenu de fournir la caution *judicatum solvi*; il en est de même d'une femme Française qui a épousé un étranger, puisqu'aux termes de l'art. 19, Code civil, elle suit la condition de son mari, et devient étrangère. (Dalloz aîné, v. exception, sect. 1, n. 9.)

Rolland de Villargues, v. étranger, n. 31. — L'étranger, demandeur en expropriation forcée, n'est pas tenu de fournir cette caution.

N. 34. — L'étranger qui se rend partie civile, en matière criminelle, est tenu de fournir cette caution. (Duranton, t. 1, n. 161, *id.*)

Duranton, t. 1, n. 164. — L'étranger, porteur d'un titre *paré*, ne doit pas de caution pour le faire exécuter : il ne demande rien aux tribunaux; c'est le souverain qui ordonne directement aux officiers par lui préposés de prêter leur ministère pour l'exécution du titre, lorsqu'ils en seront légalement requis. Les difficultés qui pourraient s'élever sur cette exécution seraient la matière d'une ordonnance de référé, mais non l'objet d'une demande et d'une condamnation judiciaires, du moins ordinairement.

A. Dalloz, v. exception, n. 11. — L'étranger *défendeur* principal ou intervenant est dispensé du cautionnement, même à raison des demandes reconventionnelles qu'il pourrait former dans le cours de la contestation principale.

N. 27. — La loi exige *des immeubles*. La propriété d'un établissement industriel ou commercial ne suffirait pas. Cependant, il a été jugé que la caution *judicatum solvi* pouvait être fournie par la consignation d'une somme d'argent déclarée suffisante par le juge, aussi bien que par le fidéjusseur; qu'enfin, un dépôt de valeurs mobilières pourrait aussi être admis à titre de cautionnement. (Dalloz, t. 7, p. 582, et même page, n. 14.)

N. 34. — L'exception *judicatum solvi* ne peut être suppléée d'office par le juge; elle doit être proposée par la partie en droit de l'invoquer; elle doit être proposée *in limine litis* et *avant toute exception*. (Art. 166 du Code de procédure.) Cependant, voir Pigeau, t. 1, p. 160; Delvincourt, t. 1, p. 298, et Bériat, p. 228, pensent, d'après l'art. 169 du Code de procédure civile, qu'elle peut être proposée après l'exception d'incompétence. (*Contrà* : Dalloz et Carré.)

Question controversée. — L'étranger, demandeur en matière commerciale, est-il dispensé de donner caution pour le paiement des frais et dommages-intérêts, lorsqu'il plaide contre un autre étranger? Cette question est controversée. *Pour l'affirmative :* Arrêt, Cour royale d'Orléans, 26 juin 1828, Sirey, t. 28, 2ᵉ part., p. 193; Dalloz, 1828, 2ᵉ part., p. 164; Pigeau, Procédure civile, t. 1, p. 220; Duranton, t. 1, n. 166. — *Contrà :* Arrêt, Cour royale de Paris, 28 mars 1832, Dalloz, 32, 2ᵉ part., p. 153; Boncenne, Théorie de la procédure, t. 3, p. 184; Merlin, R., t. 2, p. 104, et t. 16, p. 139; Favard, R., v. exception, § 1, n. 2; Rolland de Villagues, v. étranger; Carré, Lois de la procédure, t. 1, n. 702. (Journal de la magistrature, t. 3, p. 276 à 279.)

Question controversée. — La disposition de cet article peut-elle être invoquée par l'étranger défendeur qui réside en France depuis longues années, et qui y a fixé un établissement, lorsque cet étranger n'a point été admis par le Roi à établir son domicile dans le royaume? *Pour l'affirmative :* Arrêt, Cour royale de Paris, 22 mars 1832, Dalloz, 32, 1ʳᵉ part., p. 152; Merlin, R., v. caution *judicatum solvi*, § 1, n. 7; Favard, R., v. exception, n. 1; Carré, Lois de la procédure, t. 1, p. 432, n. 702; Dalloz, Jur. gén., t. 7, p. 581; Bioche et Gouyet, Dictionnaire de la procédure, v. exception, n. 135. *Contrà :* Arrêt, Orléans, 26 juin 1826, Dalloz, 28, 2ᵉ part., p. 164; Sirey, 28, 2ᵉ part., p. 193; *id.*, arrêt, Cour de Pau, 3 novembre 1836, Recueil périodique des arrêts de la Cour de Pau, t. 1, p. 75; Duranton, t. 1, n. 166; Pigeau, Procédure civile, t. 1, p. 220. (Journal de la magistrature, t. 6, p. 9 à 13.)

CHAPITRE II.

De la Privation des Droits civils.

SECTION PREMIERE.

De la Privation des Droits civils par la perte de la qualité de Français.

17. *La qualité de Français se perdra,*

1° *Par la naturalisation acquise en pays étranger;*

2° *Par l'acceptation, non autorisée par le roi, de fonctions publiques conférées par un gouvernement étranger;*

3° *Enfin, par tout établissement fait en pays étranger, sans esprit de retour.*

Les établissemens de commerce ne pourront jamais être considérés comme ayant été faits sans esprit de retour.

Arg. ex leg. 17 et 19, § 4, ff, de captiv. et post. lim. revers.; ff, lib. 49, tit. 15, leg. 5, 16, 20, 26.

(Décret du 26 août 1811; avis du Conseil d'état, des 14 et 21 janvier 1812, 2 et 22 mai même année, et 21 janvier 1813; décret du 6 avril 1809; *idem* du 31 juillet 1812, du 13 août 1813; *idem* du ¶ janvier 1808.)

Les lettres de naturalisation ne peuvent être délivrées que par l'intermédiaire des référendaires institués par ordonnance du 15 juillet 1814. (Instruction ministérielle du 12 mai 1820.)

Treilhard. — De tous les faits qui indiquent qu'un Français retiré dans un autre pays ne conserve pas l'espoir de retour, la naturalisation est le plus évident, car on ne peut avoir deux patries. Celui qui se donne une patrie nouvelle renonce à la première.

Quant aux fonctions publiques conférées par un gouvernement étranger, le Français qui les accepte contracte envers ce gouvernement des engagemens incompatibles avec la subordination et la fidélité qu'il doit à celui de son pays.

Celui qui accepte un titre héréditaire d'une puissance étrangère est censé naturalisé en pays étranger. Aucun service près de la personne d'un prince étranger ou de sa famille, ni aucune fonction d'administration publique étrangère, ne peuvent être acceptés sans autorisation. (Avis du Conseil d'État du 21 janvier 1812.)

Pothier, des personnes, p. 406. — On doit présumer toujours l'esprit de retour, à moins qu'il n'y ait quelque fait contraire qui détruise une présomption aussi bien fondée, et qui prouve une *volonté certaine de s'expatrier*. Tout autre fait ne peut que faire naître des soupçons qui s'évanouissent si le Français revient dans le royaume, quelque long-temps qu'il ait demeuré en pays étranger; que s'il y était mort, le soupçon croîtrait. (Toullier, t. 1, n. 269, 270.)

Le mariage qu'il y contracterait ne pourrait non plus que faire naître des soupçons : mais il ne serait plus permis de douter de son dessein de s'expatrier, s'il avait établi le centre de sa fortune en pays étranger.

Delvincourt, t. 1, not. 6 de la page 12. — Ce n'est pas au Français à prouver qu'il a conservé l'esprit de retour. Sa qualité de Français forme présomption en sa faveur. Il est Français jusqu'à ce qu'il soit prouvé qu'il a cessé de l'être. C'est donc à celui qui prétend qu'il ne l'est plus à prouver qu'il a perdu l'esprit de retour, et par suite la qualité de Français.

La privation des droits, par la perte de la qualité de Français, est mise sur deux lignes. La première renferme différens cas, qui insinuent un simple oubli de la patrie, et la seconde en suppose avec raison la haine : la bienveillance du législateur a présenté une planche pour l'un et l'autre naufrage. Il a dû montrer plus de rigueur dans le second cas. (G.....)

Pandectes françaises. — Ce sera au juge à décider, d'après les circonstances, quand le Français qui se trouve en pays étranger aura perdu l'esprit de retour.

Merlin, R., Français, § 1, n. 3. — La naturalisation ne peut pas être réputée *acquise*, si elle ne l'est qu'incomplétement, c'est-à-dire si elle ne confère au Français qui l'a obtenue que le privilége d'être traité, à certains égards, comme les naturels du pays; si elle le laisse hors les cas spéciaux sur lesquels elle porte, dans la classe des étrangers.

Rolland de Villargues, v. naturalisation, n. 12. — La naturalisation du père n'emporte pas la naturalisation des enfans qui lui étaient nés antérieurement. (Parlement de Paris, 6 septembre 1611, affaire de Saluces.)

N. 14. — Un décret du 26 août 1811 établit deux espèces de naturalisation : l'une qui serait autorisée par une ordonnance du roi, et l'autre qui ne serait pas autorisée.

N. 15. — La première conserve au Français le droit de posséder et de transmettre des propriétés, ainsi que celui de succéder, quand même les sujets des pays où il est naturalisé ne jouiraient pas de ces droits en France.

N. 16. — La seconde a pour effet de faire perdre les droits civils en France. Cette perte est constatée pardevant la Cour du dernier domicile de l'individu.

N. 17. — Mais c'est une question que de savoir si le décret du 26 août 1811 est encore en vigueur. MM. Delvincourt et Duranton sont pour l'affirmative; mais Proudhon, usufruit, t. 4, n. 1966; Guichard, Traité des droits civils, n. 307, sont d'un sentiment opposé. La jurisprudence est en faveur de l'opinion de Duranton.

Dalloz, droits civils et politiques, sect. 2, art. 2, n. 10. — L'exercice des fonctions ecclésiastiques en pays étranger, fait-il perdre la qualité de Français? Il faut distinguer : si les emplois qu'a occupés le prêtre n'ont eu rapport qu'à ce que le ministère sacerdotal a de spirituel ou de divin, et l'ont ainsi soumis à l'autorité ecclésiastique plutôt qu'à l'autorité civile, il conserve la qualité de Français. Mais est-il réputé par la loi de ce pays fonctionnaire public? Y a-t-il prêté serment de fidélité au monarque? En a-t-il reçu un traitement comme en France? Alors il est censé avoir renoncé à la qualité de Français.

N. 11. — La profession d'avocat, exercée hors de France, n'ôte point la qualité de Français; elle ne constitue pas, à proprement parler, une fonction publique; elle est d'ailleurs entièrement indépendante.

18. *Le Français qui aura perdu sa qualité de Français, pourra toujours la recouvrer en rentrant en France avec l'autorisation du roi, et en déclarant qu'il veut s'y fixer, et qu'il renonce à toute distinction contraire à la loi française.*

Arrêté du 28 vendémiaire an 9, émigrés. Avis du Conseil d'État du 18 fructidor an 13, approuvé le 26. — Ordon. du 21 août 1814, émigrés. Pothier, des personnes, 1re part., tit. 2, sect. 4; Merlin, R., vo absent. — Mort civile, § 1. — Toullier, t. 1, n. 261.

Boulay, exposé des motifs au Corps législatif, 2 décembre 1801. — Si l'on peut supposer qu'un français perde volontairement sa qualité de français, on doit supposer, à plus forte raison, qu'il aura le désir de la recouvrer après l'avoir perdue, et alors la patrie ne doit-elle pas être sensible à ses regrets? Ce ne doit plus être à ses yeux un étranger, mais un enfant qui rentre dans sa famille. C'est d'après cette idée si naturelle que le projet admet le français qui se trouve dans ce cas à recouvrer sa qualité de français, pourvu qu'il rentre en France avec la permission du gouvernement et avec l'intention de s'y fixer. Il pourra toujours la recouvrer, mais sans effet rétroactif, art. 20. (Voir aussi l'art. 21.)

Pandectes françaises. — Cet article n'a lieu que dans la thèse des deux premiers § de l'art. 17. — Le Français qui se trouve dans le cas du troisième § et qui revient, n'a pas besoin de se faire naturaliser. Il n'a point cessé d'être Français. Il n'a été qu'absent. — Il serait absurde de lui opposer la perte de l'esprit de retour, puisqu'il est revenu.

Duranton, t. 1, n. 193. — Cet article ne s'applique qu'aux Français qui ont perdu leur qualité par l'une des trois causes suivantes :

1° Au Français naturalisé, même sans autorisation;

2° Au Français qui a accepté, sans l'autorisation du roi, des fonctions publiques chez l'étranger;

3° Au Français qui a formé en pays étranger un établissement sans esprit de retour.

19. *Une femme française qui épousera un étranger, suivra la condition de son mari. — Si elle devient veuve, elle recouvrera la qualité de française, pourvu qu'elle réside en France ou qu'elle y rentre avec l'autorisation du roi, et en déclarant qu'elle veut s'y fixer.*

Procès-verbal du Conseil d'État, 25 juillet 1801. — Napoléon demande si la femme devenue veuve pourra, en prenant la qualité de française, reprendre aussi les successions qu'elle aurait été appelée à recueillir pendant son mariage, dans le cas où elle n'aurait pas épousé un étranger.

Tronchet et Boulay répondent que l'article lui ôte irrévocablement ces successions; elle ne peut pas s'en plaindre, attendu qu'elle a renoncé spontanément à ses droits civils par le mariage qu'elle a contracté.

Procès-verbal du Conseil d'État, 22 août 1801. — Duchâtel fait observer que dans cet article, la femme française qui épouse un étranger est traitée avec plus de rigueur que sous l'ancienne législation, qui l'admettait à succéder en France.

Rœderer propose de reconnaître la femme pour française dans le cas où elle déciderait son mari à s'établir en France.

Boulay répond qu'on ne peut donner une prime à l'abdication en laissant à la femme qui se l'est permise par son mariage, ses droits civils en France et dans sa nouvelle patrie. — Il est d'ailleurs décidé que la femme française qui épouse un étranger suit la condition de son mari.

Delvincourt, t. 1, note 5 de la pag. 12. — *Quid* à l'égard de la femme Française qui a épousé un Français, mais dont le mari devient étranger, par exemple, par l'effet de la naturalisation non autorisée? Je pense qu'elle conserve sa qualité de française : autrement ce serait la punir d'avoir satisfait à une obligation que lui impose l'art. 214. (Maleville; Duranton, t. 1, n. 189.)

La femme forme la deuxième division de cette section. Liée aux volontés de son mari, enchaînée à son sort, française ou étrangère avec lui, et toujours passive, il est juste que devenue libre, elle puisse recouvrer des droits qu'elle n'est pas censée avoir jamais abjurés. G....

Hua. Qu'elle réside en France. — Cette première hypothèse suppose que la Française, après avoir épousé un étranger, a continué de résider en France. Dans ce cas, elle n'est assujétie, lorsqu'elle devient veuve, à obtenir aucune autorisation du gouvernement, ni à faire de déclaration : l'exercice de ses droits civils aura été seulement suspendu pendant son mariage.

Duranton, t. 1, n. 187. — Si le mariage venait à être annulé, la femme n'aurait jamais perdu la qualité de française : *nam quod nullum, est nullum effectum producit.* Il pourrait seulement y avoir lieu à la question de savoir si elle n'a pas cessé d'être Française, comme ayant formé en pays étranger *un établissement sans esprit de retour.* La solution de cette question dépendrait des circonstances.

N. 189. — De ce que la femme française qui épouse un étranger suit la condition de son mari, il faut en conclure que la femme du Français qui perd cette qualité la perd également.

Si le mari a perdu la qualité de français pour avoir quitté la France sans esprit de retour, et que sa femme l'ait accompagné *en vue aussi de quitter la France à jamais*, tous deux auront perdu la qualité de Français, et leurs enfans conçus depuis seront étrangers, et placés dans la classe des enfans dont parle l'art. 10.

La femme française n'est pas obligée à établir son domicile en France pendant un temps déterminé. (Legat., p. 419.)

20. *Les individus qui recouvreront la qualité de Français, dans les cas prévus par les art. 10, 18 et 19, ne pourront s'en prévaloir qu'après avoir rempli les conditions qui leur sont imposées par ces articles, et seulement pour l'exercice des droits ouverts à leur profit depuis cette époque.*

Argum. ex leg. 75, ff, de reg. jur.

Loi du 4 juillet 1819.

Pothier, des personnes, p. 406. — Le Français qui revient en France ne recouvre les droits de régnicole que du *moment* de son retour; ainsi, il ne peut recueillir les successions qui lui sont échues, ni les dispositions faites à son profit pendant son absence.

Delvincourt, t. 1, p. 14. — La disposition de cet article s'applique aussi à l'enfant né d'un Français qui a perdu cette qualité.

Duranton, t. 1, n. 199. — En indiquant les Français qui ont recouvré leur qualité, mais pour l'avenir seulement, l'art. 20 ne parle pas de l'enfant né en France d'un étranger, et qui a réclamé la qualité de Français en vertu de l'art. 9. Cet enfant est-il appelé à jouir de la qualité de Français sous une condition suspensive, de manière que cette condition une fois accomplie, ait un effet rétroactif au jour de sa naissance? (Art. 1179.)

Nous ne le pensons pas; il y aurait contrariété de vues dans la loi si cet enfant était admis à réclamer la qualité de Français avec effet rétroactif.

21. *Le Français qui, sans autorisation du roi, prendra du service militaire chez l'étranger, ou s'affilierait à une corporation militaire étrangère, perdra sa qualité de Français.*

Il ne pourra rentrer en France qu'avec la permission du roi, et recouvrer la qualité de Français qu'en remplissant les conditions imposées à l'étranger pour devenir citoyen; le tout sans préjudice des peines prononcées par la loi criminelle contre les Français qui ont porté ou porteront les armes contre leur patrie. (C. P., art. 75.)

Argum. ex leg. 17, § 4, ff., de captiv. et post. limin. reversis.

Décret du 6 avril 1809; loi du 3 septembre 1807; décret du 28 août 1811; ordonnance du 27 août 1814; décret du 7 octobre 1806; déclaration du grand-juge, du 22 février 1814; ordonnance des 16 décembre 1814, 20 décembre 1815 et 6 mars 1816. (Militaires au service d'une puissance étrangère.)

Gary, discours au Corps législatif, 8 mars 1803. — L'article assimile à l'étranger et soumet à toutes les conditions qui lui sont imposées, le Français qui, sans autorisation du gouvernement, prendrait du service militaire chez l'étranger, ou s'affilierait à une corporation militaire étrangère. Le Tribunat a applaudi à cette juste sévérité. La politique, l'intérêt de la nation, celui de nos alliés peuvent exiger que des Français aillent servir dans leurs armées. Ceux qui partent avec l'autorisation du gouvernement sont irréprochables : mais ceux là sont coupables qui n'ont point cette autorisation ; ils se placent dans une position qui peut devenir hostile envers leur pays; s'exposent à porter les armes contre leur patrie. Il n'y a que des cœurs ingrats et dénaturés qui bravent un pareil danger.

Pandectes françaises. — Prendre du service ce n'est pas donner un secours momentané ; c'est entrer dans des corps de troupes régulières, y prendre rang, se soumettre à leur discipline.

Rolland de Villargues, v. droits civils, n. 18. — Les expressions de cet article doivent être entendues en ce sens, que les conditions à remplir soient celles que prescrit le Code civil à l'étranger pour acquérir la qualité de *Français*, et non, dans la réalité, celle de *citoyen*, laquelle, d'après nos lois actuelles, est une qualité purement politique. Maleville, même opinion.

SECTION II.

De la Privation des droits civils, par suite de condamnations judiciaires.

22. *Les condamnations à des peines dont l'effet est de priver celui qui est condamné de toute participation aux droits civils ci-après exprimés, emporteront la mort civile. (C. C., articles 26 et 27.)*

Instit., de cap. dim.; ff, leg. 48, tit. 22, de interd. relig.; leg. 7, § 5, de bon. damn.; leg. 2, ff, de pœnis. Ulpian., Fragm., tit. 10, § 5.

Boulay, exposé des motifs au Corps législatif, 2 décembre 1801. — Aux termes de la Constitution, toute peine afflictive ou infamante entraîne la perte des droits politiques ; mais celle des droits civils ne doit résulter que des peines capitales, et tout au plus encore de celles qui s'étendent à toute la durée de la vie. Quand un individu a commis des crimes d'une gravité telle qu'il a dissous, autant qu'il a été en lui, le corps social, il doit en être retranché pour jamais. Il ne peut donc plus participer à aucun de ses avantages; il est exclu de la loi civile; *il est mort civilement*.

L'effet naturel de la mort civile est donc de priver celui qui en est frappé de toute participation aux droits civils désignés dans le projet. La mort civile ne peut résulter que d'une peine capitale ou perpétuelle; et quand cette peine a été prononcée par un jugement contradictoire et définitif, on sent que la société a fait au coupable une justice complète, et que sa condition doit être fixée irrévocablement.

Procès-verbal du Conseil d'État, 4 août 1811. — Portalis fait observer que la condamnation à la peine de mort n'emporte la mort civile que lorsqu'elle est suivie de l'exécution, au moins par effigie.

Napoléon demande si la mort naturelle des condamnés, avant l'exécution du jugement, les soustrait à la mort civile.

Tronchet répond que, dans le temps où les jugemens criminels étaient sujets à l'appel, le condamné qui mourait après l'appel interjeté, et avant ou après le jugement d'appel, mais avant l'exécution par effigie, mourait avec tous ses droits civils, et que ses biens n'étaient pas confisqués; mais qu'aujourd'hui, quoique l'appel ne soit plus admis, le principe peut être encore appliqué au cas du pourvu en cassation.

Delvincourt, t. 1, p. 22. — Quoique la mort civile soit le résultat de la violation des devoirs imposés par l'acte social, elle n'est cependant pas regardée en droit comme une peine, mais comme un état qui est la suite d'une peine à laquelle la loi a attaché la mort civile. Elle n'a donc pas besoin d'être prononcée par jugement.

Toullier, t. 1, n. 272. — La mort civile n'est point une peine, mais seulement la suite ou l'effet de la peine à laquelle l'individu est condamné, et jamais on n'a condamné personne à la mort civile seulement. On ne prononce point la peine de mort civile; elle est encourue de plein droit par une condamnation à une peine à laquelle la loi a attaché cet effet. La mort civile est l'état où se trouve le condamné après l'exécution de son jugement, soit réelle, soit par effigie. (Duranton, t. 1, n. 202.)

Rolland de Villargues, v. droits civils, n. 20. — L'individu, simplement accusé d'un crime, jouit-il toujours, jusqu'au moment de son jugement, de ses droits civils? Oui.

N. 21. — Si l'individu simplement accusé ou prévenu conserve la jouissance de ses droits civils, à plus forte raison conserve-t-il l'administration de ses biens.

A. Dalloz, v. mort civile, n. 37. — Les effets de la mort civile sont-ils restreints à ceux formellement exprimés par la loi, ou bien la mort civile consiste-t-elle dans la privation de tout droit civil? Pour la première opinion, on dit: 1° les incapacités ne doivent résulter que d'un texte précis; 2° notre article limite aux *droits ci-après exprimés* la privation qui constitue la mort civile. *Contrà*: Merlin, R., v. mort civile, § 2, art. 2; Toullier, t. 1, n. 226, 227; Guichard, droits civils, n. 324, 325; Delvincourt, t. 1, p. 24; Duranton, t. 1, n. 243. (Voir Dalloz, t. 6, p. 524, 525, n. 1.)

Boileux. — Cependant, la loi française ne pourrait s'opposer à ce que le mort civilement jouît en pays étranger des droits civils de ce pays. On ne pourrait donc pas attaquer le mariage qu'il aurait contracté en pays étranger, pourvu qu'il n'invoquât pas en France les effets civils de ce mariage.

23. *La condamnation à la mort naturelle emportera la mort civile. (C. C., art. 26, 27, 29. — C. P., art. 12, 17, 18.)*

Leg. 29, ff, de pœn.; id., leg. 12, 19; leg. 37, tit. 4; leg. 48, tit. 19; leg 2, ff, de pub. jud.; Inst., de cap. dim.

Favard, mort civile, § 1, n. 2. — Cet article qui, au premier coup-d'œil, paraît surabondant, était cependant nécessaire; il s'applique au cas où la condamnation à la mort naturelle est prononcée par contumace, et au cas où la condamnation ayant été contradictoire, le condamné parvient à s'évader avant l'exécution. (Malleville.)

24. *Les autres peines afflictives perpétuelles n'emporteront la mort civile qu'autant que la loi y aurait attaché cet effet. (C. P., art. 18.)*

Instit., tit. 32, in principio; ff, lib. 4, tit. 5, leg. 2 et 5.

(Favard, mort civile, § 1, n. 2 et 3.)

Duranton, t. 1, n. 217. — Ces peines sont les travaux forcés à perpétuité et la déportation.

Cependant le gouvernement peut accorder au déporté, mais dans le lieu de la déportation seulement, l'exercice de tous ou de quelques-uns des droits civils. (Code pénal, art. 18.)

(Voir décret du 6 avril 1809, relatif aux Français en service chez l'étranger; la loi du 12 janvier 1816. Les condamnations pour délit militaire, contradictoires ou par contumace, emportent-elles la mort civile? Non, d'après Delvincourt, t. 1, p. 22, note 2. *Contrà*: Merlin, R., v. mort civile, § 1, art. 1, n. 3; Duranton, t. 1, n. 218; A. Dalloz, t. 6, p. 519, n. 6.

25. *Par la mort civile, le condamné perd la propriété de tous les biens qu'il possédait : sa succession est ouverte au profit de ses héritiers, auxquels ses biens sont dévolus, de la même manière que s'il était mort naturellement et sans testament.*

Il ne peut plus ni recueillir aucune succession, ni transmettre à ce titre, les biens qu'il a acquis par la suite.

Il ne peut ni disposer de ses biens, en tout ou en partie, soit par donation entre vifs, soit par testament, ni recevoir, à ce titre, si ce n'est pour cause d'alimens.

Il ne peut être nommé tuteur, ni concourir aux opérations relatives à la tutelle.

Il ne peut être témoin dans un acte solennel ou authentique, ni être admis à porter témoignage en justice.

Il ne peut procéder en justice, ni en défendant, ni en demandant, que sous le nom et par le ministère d'un curateur spécial, qui lui est nommé par le tribunal où l'action est portée.

Il est incapable de contracter un mariage qui produise aucun effet civil.

Le mariage qu'il avait contracté précédemment est dissous, quant à ses effets civils.

Son époux et ses héritiers peuvent exercer respectivement les droits et les actions auxquels sa mort naturelle donnerait ouverture. (C. C., art. 719, 744, 1425, 1441, 1517, 1982, 2003, 227.)

Leg. 10, Cod., de bon. proscript.; Novel. 17, cap. 12; 134, cap. ultim.; authent. bon damnat.; Cod. de bon. prescript.; leg. 13, ff, de bon. possess.; leg. 1, Cod., de hæred. instit.; leg. 17, de pœn.; leg. 12, de jur. fisci; leg. 15, 31, § 4, ff, de donat.; leg. 15, de interdict. et relegat.; leg. 8, § 1, 2, 4, ff, qui testam. facere possunt; leg. 1, § 2, ff, de legatis, 3°; leg. 3, ff, de his quæ pro non script. habentur; leg. 16, de interdictis et relegat.; leg. 10, ff, de cap. minutis; leg. 8, ff, de annuis legatis; leg. 22, § 5, ff, mandati; arg. ex leg. 2, Cod., de legitim. tutelâ; leg. 3, § 5, ff, de testib.; Instit., de testam. ordinandis, § 6; leg. 1, Cod., de repudiis et judicio de morib. sublato.; leg. 5, § 1, ff, de bon. damnator.; arg. ex leg. 22, § 7, ff, solut. matrim.; leg. 13, § 1, ff, de donat. inter vir. et uxor.

Avis du Conseil d'Etat, du 23 fructidor an 13; *id.*, du 12 nivôse an 13.

Delvincourt, t, 1, p. 24, n. 1.—Si cependant l'individu qui a contracté mariage avec le mort civilement avait ignoré l'état de mort civile dans lequel il se trouvait, dans ce cas le mariage produirait son effet à l'égard de l'époux de bonne foi.

Mais quand un jugement de condamnation a reçu toute la publicité possible par l'exécution, l'affiche, etc., peut-il encore y avoir bonne foi de la part de l'autre conjoint?

Je pense qu'en principe général il *peut* y avoir bonne foi.

Les enfans issus d'un mariage contracté de bonne foi avec un mort civilement pourront-ils lui succéder? Je pense qu'ils doivent lui succéder.

Malleville. — La décision portée dans le § 8 n'a passé qu'après de vives contradictions, et la question fut renouvelée sous différens rapports, même après la décision du Conseil.

L'Empereur disait qu'il ne concevait pas qu'une femme, convaincue de l'innocence de son mari, ne pût le suivre sans crime; qu'elle ne pût vivre avec lui sans violer la pudeur; que les enfans qui naîtraient de leur union fussent déclarés bâtards; qu'on ne mît aucune différence entre cette femme et l'être vil qui se prostitue; que, loin de la flétrir, on devait estimer sa vertu, et qu'il ne fallait pas ôter à ces infortunés la consolation de vivre ensemble comme époux légitimes.

Ces raisons firent d'abord impression sur le Conseil; mais enfin on se détermina à passer définitivement l'article, par la considération qu'un homme censé mort devant la loi ne pouvait plus donner de postérité légitime, ni transmettre à ses enfans un état qu'il n'avait pas lui-même.

Il est à regretter qu'on n'ait pas distingué les enfans nés du mariage contracté avant la mort civile, de ceux provenus de mariages contractés depuis.

Hua. — L'exercice de ses droits civils ne cesse qu'à compter du jour de son exécution. Il aurait donc la faculté, dans l'intervalle du temps qui s'écoulera entre le jugement et l'exécution, de recueillir les successions, même de disposer entre vifs, mais non par testament (art. 902 du Code civil); en un mot, il jouit de tous les droits civils. (Voir art. 718, 719, 617.)

S'il était mort sans testament. Il ne faut point induire de ce dernier membre de phrase que le testament fait par le condamné avant l'exécution du jugement soit annulé. La loi fait seulement une comparaison, mais sans exclure aucun des droits qu'elle autorise par d'autres dispositions.

Ne peut ester en justice. Cette prohibition ne frappe que le condamné, et non l'accusé, quoique constitué, par ordonnance de justice, en état de contumace.

Pandectes françaises. — Si l'on maintient les aliénations faites à prix d'argent, c'est que l'acquéreur qui a acheté et payé le prix mérite la protection de la loi. Mais si la vente est faite en fraude, elle est annulée. Elle est censée faite en fraude quand elle est générale et le prix très-modique: si l'accusé est resté en possession et a continué de percevoir les fruits; si la vente est clandestine et faite à vil prix.

Il fut décidé, lors de la discussion du Code, que la mort civile du mari donne ouverture aux gains de survie. La loi ne donnant point, à la mort civile de la femme, un autre effet à l'égard du mari, il s'ensuit qu'elle est uniforme et générale pour un cas comme pour l'autre.

Duranton, t. 1, n. 244, 245. — Nos lois ne peuvent s'opposer à ce que le mort civilement jouisse en pays étranger des droits civils de ce pays.

N. 247. — Cet article attribue textuellement à la mort civile huit principaux effets; mais ce ne sont pas les seuls. (A. Dalloz, mort civile, n. 43.)

N. 252. — Si, par la clémence du souverain, le condamné rentrait dans la vie civile, son mariage n'en aurait pas moins été dissous de plein droit : en conséquence il devrait être réhabilité, renouvelé, pour pouvoir produire des enfans légitimes capables de succéder, à ce titre, aux parens de leurs père et mère, et même à ces derniers.

N. 255. — Quoique tous les liens civils du mariage soient rompus par l'effet de la mort civile, les liens naturels ne le sont pas. Les enfans devraient donc des alimens à leur père *et vice versâ*. (Rolland, v. mort civile, n. 38.)

Les actes d'aliénation faits par l'accusé ne doivent être prescrits que lorsque les circonstances les accusent et qu'ils blessent les droits des tiers. (Dalloz, Recueil alph., t. 6, p. 521, n. 9.)

(Voir Proudhon, usufruit, t. 3, n. 1975 à 1983; Dalloz, Recueil alph., t. 6, p. 525, n. 5; Merlin, R., v. rente viagère, n. 14, 15; légataire, § 2, n. 9 et 11; Duranton, t. 8, n. 173.)

A. Dalloz, v. mort civile, n. 43. — Le condamné perd à la fois la propriété et l'usufruit des biens dont il jouissait avant sa mort civile. (Art. 617 du Code civil.) Si cependant l'usufruit était légué pour *alimens* avant ou après cette mort, il subsisterait nonobstant l'art. 617. (Proudhon, usufruit, t. 3, n. 1975 à 1983; Dalloz, t. 6, p. 525, n. 5; Merlin, R., v. rente viagère, n. 14 et 15; *id.*, v. légataire, § 2, n. 9 et 11; Dalloz, t. 6, p. 525, n. 6.)

N. 59. — Quant au *quantum* des alimens, il se détermine principalement eu égard à la condition du mort civilement et à la fortune de la personne qui les donne. Il doit être réduit en cas d'excès. (Duranton, t. 1, n. 228.)

N. 67. — La bonne foi du conjoint peut-elle donner des effets civils au mariage du mort civilement? Non, d'après Richer. *Contrà* : Dalloz, t. 6, p. 527, n. 21. (Voir Delvincourt, t. 1, p. 24, note; Toullier, t. 1, n. 231; Duranton, t. 1, n. 257; Dalloz, t. 6, p. 527, n. 21. *Contrà* : Merlin.)

N. 71. — Pendant la vie naturelle du mort civilement, son conjoint peut se remarier. (Merlin, R., v. mariage, sect. 2, § 2, n. 3; Locré, Esprit du Code civil, t. 1, p. 304; Delvincourt, t. 1, p. 216 et 382; Proudhon, usufruit, n. 2020; Guichard, Droits civils, n. 330 à 335; Duranton, t. 1, n. 251; Dalloz, t. 6, p. 533, n. 20, et p. 777. *Contrà* : Toullier, Malherbe, Vatar, Corbière, Lesbaupin, Carré, dans une consultation que cite et combat Dalloz, t. 6, pages précitées.)

(Voir Dalloz, t. 6, p. 528, 529, n. 24: Merlin, v. mort civile, § 1, art. 3, n. 10; Dalloz, *loco citato*, n. 27, 28, 29.)

Question controversée. — Le condamné à une peine afflictive et infamante temporaire a-t-il, bien qu'en état d'interdiction légale, le droit de tester pendant la durée de sa peine? Oui, d'après un arrêt de la Cour de Nîmes, du 16 juin 1835; Dalloz, 38, 2e part., p. 165; Sirey, 35, 2e part., p. 485; Rouen, 28 décembre 1822, Dalloz, Jur. gén., t. 5, p. 275; Sirey, 23, 2e part., p. 179; Merlin, Questions, v. testament, § 3 *bis*; A. Dalloz, Dictionnaire général, v. dispositions entre vifs et testamentaires, n. 156. *Contrà* : Duranton, t. 8, n. 181; Carnot, Commentaires sur le Code pénal, § 5, sur l'art. 29; Toullier, t. 1, n. 295.)

26. *Les condamnations contradictoires n'emportent la mort civile qu'à compter du jour de leur exécution, soit réelle, soit par effigie. (C. d'instr. crim., art. 471. — C. P., art. 23.)*

Leg. 10, § 1; leg. 29, ff, de pœn.; leg. 6, § 6, de injust. rupt. et irrit. fact. testament.; ff, lib. 48, tit. 19, leg. 2; Cod., lib. 7, tit. 72, leg. 3 et 29.

Delvincourt, t. 1, p. 22, not. 4. — En général, les jugemens ne peuvent avoir d'effet qu'après qu'ils ont été signifiés. Le jugement en vertu duquel la mort civile est encourue retranche un individu du nombre des membres de la société. Il faut que ce jugement ait été signifié à la société même; et cette signification a lieu par l'exécution. D'ailleurs, la mort civile n'étant que la suite d'une peine, il faut que la peine ait eu lieu pour que la mort civile soit encourue. L'effet ne peut exister avant la cause. Ce raisonnement, que je crois incontestable, me paraît suffisant pour démontrer combien est peu fondée l'opinion de ceux qui prétendent donner à la mort civile un effet rétroactif.

Le condamné qui meurt depuis la prononciation de l'arrêt, mais avant son exécution, n'a point cessé de jouir des effets civils.

Si le condamné s'évade après la prononciation de l'arrêt, mais avant son exécution, celle par effigie opère l'effet de celle réelle. (G.....)

Pandectes françaises. — Le condamné qui meurt avant l'exécution du jugement meurt en possession de son état, mais non *integri statûs.* Sa mort arrête bien l'exécution publique du jugement, mais elle ne le détruit pas. Ce jugement subsiste, et s'exécute quant à toutes ses autres dispositions.

Il n'en est pas de même de la mort de l'accusé avant le jugement, ou avant que ce jugement soit devenu définitif. Elle anéantit l'accusation même. L'accusé, dans ce cas, meurt non seulement en possession de son état civil, mais avec la présomption qu'il était innocent, c'est-à-dire même avec sa réputation *integri statûs.* Il a conservé jusqu'à sa mort non seulement la plénitude de ses droits civils et politiques, mais même de ses droits moraux. La mort a pour lui l'effet d'un jugement d'absolution.

On regarde même comme conservant l'intégrité de son état le condamné qui meurt dans le délai qui lui est accordé pour se pourvoir en cassation.

Merlin, R., v. condamné. — Ces mots, *soit par effigie,* font entendre très-clairement que si un condamné s'évade après la prononciation de son jugement, il doit être exécuté par effigie, et que c'est du jour de cette exécution que doit dater sa mort civile, si d'ailleurs sa condamnation est de nature à le priver de toute participation aux droits civils.

Rolland de Villargues, v. mort civile, n. 10. — Il s'est élevé la question de savoir si la mort civile est encourue *dès le commencement du jour de l'exécution*, ou seulement *du moment de l'exécution.* M. Toullier, pag. 247, adopte le premier parti; il se fonde sur les termes de la loi, et aussi sur ce que la prescription se compte par jours et non par heures (art. 2260 du Code civil); et M. Merlin (Rép., t. 17, p. 165), est aussi de ce sentiment. C'est aussi l'opinion de Desquiron, mort civile, n. 235. Mais M. Duranton, t. 1, n. 221, pense, au contraire, que la mort civile ne commence à courir qu'*au moment de l'exécution.* M. Berriat Saint-Prix (Cours de droit criminel, p. 73), semble partager son opinion, en s'attachant à celle de Richer, qui pensait, par interprétation de l'ordonnance de 1670, disposant comme l'art. 26, que le criminel qui meurt entre la condamnation et l'exécution décède *integri statûs.* (Dalloz, v. droits civils et politiques, sect. 3, art. 1, § 2, n. 3.)

A. Dalloz, mort civile, n. 52. — Les donations entre vifs, faites et dûment acceptées avant la mort civile encourue par un non contumace, sont valables, quoique faites depuis la condamnation, mais avant l'exécution. (Arg. de nos articles. Duranton, t. 8, n. 172.)

Les donations manuelles d'objets mobiliers ne sont pas nulles comme les donations d'immeubles. (Toullier, t. 1, n. 292; Duranton, t. 1, n. 263; Locré, Esprit du Code civil, p. 389. *Contrà :* Delvincourt, t. 1, p. 23, not. 9.)

Lorsque par une commutation, une peine qui n'entraine pas la mort civile est substituée à une peine ayant cet effet, cette mort frappe-t-elle le condamné? Non. (Sirey, 32, 1re part., p. 708.)

27. *Les condamnations par contumace n'emporteront la mort civile qu'après les cinq années qui suivront l'exécution du jugement par effigie, et pendant lesquelles le condamné peut se représenter. (C. d'inst. crim., art 476 et suiv.)*

ff, lib. 48, tit. 17, in integro.

Avis du Conseil d'Etat, du 20 septembre 1809.

Pandectes françaises. — Il suit de là que le condamné par contumace conserve pendant les cinq années qui lui sont accordées pour se présenter, la qualité de citoyen, avec tous les droits qui en dépendent.

Hua. — Néanmoins son épouse pourrait, à compter du jour de la condamnation, obtenir, sans appeler son mari, aux termes de l'article 222, l'autorisation d'ester en jugement sur les actions qui l'intéresseraient.

Delvincourt, t. 1, p. 23, not. 1. — Le jugement par contumace est, en matière criminelle, ce qu'est le jugement par défaut en matière civile. Il a lieu quand il a été rendu contre l'accusé absent et dûment interpellé de comparaître.

Duranton, t. 1, n. 236. — Si le condamné ne se présente pas volontairement ou forcément après les cinq ans, depuis l'exécution du jugement par effigie jusqu'à l'expiration des vingt ans donnés pour purger la contumace, à l'effet de recouvrer la vie civile, et s'il meurt dans ce délai, il meurt en état de mort civile, encourue aussitôt après les cinq ans.

A. Dalloz, v. mort civile, n. 25. — Notre article ne fait commencer la mort civile que cinq ans après l'exécution par effigie, à cause du danger d'une incertitude de cinq années sur l'état de la femme et des enfans du contumace, sur la propriété des biens échus ou à échoir. (Locré, Esprit du Code civil, art. 27.) Les effets de la mort civile ont trop d'importance pour devoir ne subir qu'une organisation provisoire. (Dalloz, t. 6, p. 523, n. 10.)

Mort civile, n. 35. — Le mariage du condamné par contumace à une peine emportant mort civile est dissous par le seul laps de cinq ans, depuis l'exécution par effigie. Il n'est pas nécessaire, pour cette dissolution, que la mort civile soit devenue irrévocable par l'expiration de vingt années. (Dalloz, Recueil alph., t. 6, p. 524; Merlin, R., v. mariage, sect. 2, § 2, n. 3. *Contrà* : Delvincourt, t. 1, p. 27, note; Duranton, t. 1, p. 253, 255.)

Desquiron, mort civile, n. 374. — Pour produire leur effet, les jugemens par contumace doivent être suivis de l'exécution.

28. *Les condamnés par contumace seront, pendant les cinq ans, ou jusqu'à ce qu'ils se représentent ou qu'ils soient arrêtés pendant ce délai, privés de l'exercice des droits civils.*

Leurs biens seront administrés et leurs droits exercés de même que ceux des absens. (C. C., art. 112 à 143, 222, 1427. — C. de P., art. 859, 863, 909 et suiv. — C. d'inst. crim, art. 465, 469, 471, 475.)

Novell. 69, cap. 12; leg. absent., de pœn.; ff, leg 6, Cod., de accusat.

Avis du Conseil d'Etat, des 19 août et 29 septembre 1809; Legraverend, t. 2, p. 575, 576.

Sur les biens des faillis, voyez les instructions du ministre de la justice et du directeur général de l'enregistrement, du 5 septembre 1807, et quant aux biens des condamnés par contumace, voyez Sirey, 1812, décret qui y est cité.

(Voir dans les motifs, opinions de Préameneu, de Treilhard.)

Pothier, Coutume d'Orléans, introduction générale aux Coutumes, n. 32 — Les condamnations à la peine capitale, rendues par contumace, suspendent plutôt l'état civil du condamné qu'elles ne le lui font perdre absolument.

Delvincourt, t. 1, p. 23, not. 4. — Durant le séquestre, il peut être accordé des secours à la femme, aux enfans, au père et à la mère de l'accusé, s'ils sont dans le besoin. Ces secours sont réglés par l'autorité administrative. Quant aux créanciers, ils peuvent poursuivre leurs droits contre la régie, comme représentant leur débiteur, et les jugemens rendus avec elle ont force de chose jugée contre lui. (Toullier, t. 1, n. 277.)

Maleville. — Pour concilier ces deux articles, il faut penser que la privation de l'exercice des droits civils est quelque chose de différent de la mort civile.

Duranton, t. 1, n. 228. — Cet article ne prive pas l'accusé de la *jouissance* du droit civil, mais seulement de l'exercice : c'est une véritable interdiction, qui le prive aussi de l'exercice des droits politiques. Proud'hon, conforme, t. 1, p. 75.

Demoly, absence, n. 795 à 868. — Les biens de tous les contumaces sont administrés et régis comme biens d'absent. Si le contumace a encouru la mort civile, l'administration de ses biens sera dévolue aux mêmes personnes que s'il avait été déclaré absent; si, au contraire, le contumace ne peut pas mourir civilement, l'administration de ses biens sera confiée à un curateur nommé dans les mêmes formes que les curateurs aux interdits, c'est-à-dire par le conseil de famille. (*Contrà* : Legraverend et Delvincourt.)

N. 869. — Nous pensons que ceux qui administreront les biens des contumaces devront, le cas échéant, rendre compte des fruits et revenus de ces biens; ce sont de véritables *negotiorum gestores.* (Voir avis du Conseil d'État, du 19 août 1809) Conforme, Desquiron, mort civile, n. 389.

29. *Lorsque le condamné par contumace se présentera volontairement dans les cinq années, à compter du jour de l'exécution, ou lorsqu'il aura été saisi et constitué prisonnier dans ce*

délai, le jugement sera anéanti de plein droit; l'accusé sera remis en possession de ses biens; il sera jugé de nouveau; et si, par ce nouveau jugement, il est condamné à la même peine ou à une peine différente, emportant également la mort civile, elle n'aura lieu qu'à compter du jour de l'exécution du second jugement. (C. d'inst. crim., art. 471, 476.)

Cod., lib. 9, tit. 2, leg. 6.

Desquiron, mort civile, p. 176 à 181, 225, 226, 382, 383.

Boulay, exposé des motifs au Corps législatif, 2 décembre 1801. — Lorsque le condamné par contumace reparaît dans le délai de cinq ans, quand même le nouveau jugement qu'il doit subir emporterait également la mort civile, tous les effets du premier n'en seraient pas moins anéantis; mais aussi, ce délai passé, ces effets subsisteraient, quand même le condamné par contumace se ferait acquitter: il ne recouvrerait, dans ce cas, l'exercice de ses droits que pour l'avenir. La loi a bien voulu lui accorder un délai, et veiller pendant la durée de ce délai à la conservation de ses droits; mais il n'en a pas profité. Dès lors elle s'arme de toute sa rigueur et ne stipule plus que dans l'intérêt de ceux qui ont recueilli les biens du condamné, en rendant leur propriété certaine et incommutable.

Delvincourt, t. 1, p. 25, not. 4. — Par conséquent, sa succession sera dévolue à ceux qui se trouveront ses héritiers à l'époque de l'exécution du second jugement, et non pas à ceux qui pouvaient l'être à l'époque du premier.

Si le prévenu s'évade pendant l'instruction, il n'en aura pas moins été réintégré dans ses droits, puisque sa comparution aura suffi pour abolir le premier arrêt. Il ne les perdra de nouveau que par l'exécution d'un second arrêt de contumace, qui n'aura lui-même que l'effet éventuel du premier.

Pandectes françaises. — Par une conséquence de cet article, tous les fruits et revenus des biens du condamné, ainsi que le prix des meubles qui auraient pu être vendus, doivent lui être restitués par ceux qui s'en trouveraient saisis.

Toullier, t. 1, n. 278. — Le condamné n'est plus et n'a jamais été qu'un simple accusé; il est remis en possession de ses biens. Les actes qu'il avait faits pendant la contumace qui le constituait dans un état d'interdiction légale, reprennent toute leur force, à l'exception de ceux qui seraient jugés frauduleux.

30. *Lorsque le condamné par contumace, qui ne se sera représenté ou qui n'aura été constitué prisonnier qu'après les cinq ans, sera absous par le nouveau jugement, ou n'aura été condamné qu'à une peine qui n'emportera pas la mort civile, il rentrera dans la plénitude de ses droits civils, pour l'avenir, et à compter du jour où il aura reparu en justice; mais le premier jugement conservera, pour le passé, les effets que la mort civile avait produits dans l'intervalle écoulé depuis l'époque de l'expiration des cinq ans jusqu'au jour de sa comparution en justice. (C. d'inst. crim., art.* 471, 476.)

Cod., lib. 7, tit. 43, leg. 8, per simil.; lib. 9, tit 51, leg. 5; ff, lib. 48, tit. 23, leg. 1; arg. ex leg. 4, ff, de reg. reis vel absentib.; leg. 2, Cod. de reg. reis.

Treilhard, exposé des motifs au Corps législatif, 25 février 1803. — Le contumace peut néanmoins se représenter même après le terme de cinq années. Quelques fortes présomptions que puisse élever contre lui sa longue absence, quoiqu'on ait droit de soupçonner qu'une comparution si tardive n'est due qu'à l'éloignement des témoins à charge, au dépérissement des preuves que le temps amène toujours après lui, à cet affaiblissement des premières impressions qui, disposant les esprits à l'indulgence et à la pitié, peut faire entrevoir au coupable son impunité, l'humanité ne permet cependant pas qu'on refuse d'entendre celui qui ne s'est pas défendu. Il sera jugé, il pourra être absous, il sera absous; mais il ne rentrera dans ses droits que pour l'avenir seulement, et à compter du jour où il aura paru en justice.

Il pourra commencer une nouvelle vie, mais sans troubler l'état des familles ni contester les droits acquis pendant la durée de sa mort civile. Ainsi se trouveront conciliés les intérêts du contumace et les intérêts non moins précieux de toute la société.

Delvincourt, t. 1, p. 25, not. 6. — Si donc il s'est ouvert, depuis l'expiration des cinq ans, des successions auxquelles le condamné aurait eu droit, s'il n'avait pas été mort civilement, mais qui aient été recueillies par d'autres personnes, à son défaut, il ne pourra rien réclamer à cet égard. Mais cela s'étendra-t-il à ses propres biens, de manière que, quoique son innocence ait été reconnue et proclamée, il soit réduit à la mendicité, pendant que ses héritiers jouiront de toute sa fortune? Je ne puis le penser.

Hua. — Sa réintégration dans la prison équivaut à la comparution devant le tribunal, de manière que la date de l'écrou est plutôt à considérer que celle de son interrogatoire, que les occupations du tribunal peuvent retarder. Tout le temps intermédiaire écoulé depuis les cinq ans postérieurs à l'exécution par effigie, jusqu'à la nouvelle mise en jugement sera perdu pour lui, quelque favorable que fût le jugement qui interviendrait ensuite. Ses héritiers conserveront les biens qui leur auront été dévolus, et il recommencera une nouvelle vie civile, qui ne pourra effacer la perte temporaire occasionée par sa contumace.

Duranton, t. 1, n. 238. — Si le condamné meurt après le délai de cinq ans, et après s'être représenté ou avoir été arrêté, il meurt avec la jouissance des droits civils; il meurt *integri statûs* pour le moment.

Nous ne le déciderions pas ainsi, si nous ne consultions que l'article 30; car il ne rend évidemment la vie civile au condamné qu'autant qu'il est *absous* par un nouveau jugement ou *condamné* à une peine n'emportant pas la mort civile. Mais nous le décidons d'après l'art. 476 du Code d'instruction criminelle.

N. 240. — Lors même que le condamné qui a encouru la mort civile obtiendrait grâce, les effets de cette mort ne seraient pas détruits par elle, du moins pour le passé. La grâce ne nuit jamais aux droits acquis à des tiers; cependant on a écrit le contraire.

A. Dalloz, v. mort civile, n. 102. — Cet article s'applique au cas où le condamné est *acquitté* comme au cas où il est absous. L'individu *absous* jouit, aux yeux de la loi, de la même faveur que l'individu acquitté. (Voir Legraverend, t. 2, p. 599; Duranton, t. 1, n. 237; Dalloz, t. 6, p. 533, n. 15.) C'est donc à tort que Carnot donne à l'acquittement un effet rétroactif. L'absolution et l'acquittement établissent une différence dans le mode de prononcer le jugement; mais ils n'influent pas diversement sur l'état civil des personnes. (Voir encore Dubourneuf, Jurisprudence du Code d'instruction criminelle, t. 2, p. 476.)

(Voir art. 476 du Code d'instruction criminelle; Legraverend, t. 2, p. 595; Delvincourt, t. 1, p. 27, not. 8; Duranton, t. 1, n. 238, 241; Dalloz, Recueil alph., t. 6, p. 532, n. 6, 7, 8, 9; p. 533, n. 12, 13, 14, 15, 17, 18; Duranton, t. 8, n. 230, etc., 234, 174; Merlin, Questions de droit, v. émigré, § 4; Proudhon, Usufruit, t. 4, n. 2018; Dalloz, Recueil alph., t. 6, p. 534, n. 22.)

L'accusé qui se représente après les cinq ans et qui est absous par le second jugement, doit, s'il veut vivre légitimement avec la même femme, l'épouser de nouveau. (Delvincourt, t. 1, p. 223.)

31. *Si le condamné par contumace meurt dans le délai de grâce des cinq années sans s'être représenté, ou sans avoir été saisi ou arrêté, il sera réputé mort dans l'intégrité de ses droits. Le jugement de contumace sera anéanti de plein droit, sans préjudice néanmoins de l'action de la partie civile, laquelle ne pourra être intentée contre les héritiers du condamné que par la voie civile. (C. d'inst. crim., art.* 478.)

Arg. ex leg. 13, § 1, ff, qui testam. facere poss.; leg. 13, § 4, ff, de reg. vel absentib. reis; ff, lib. 28, tit. 1, leg. 20; tit. 3, leg. 6; lib. 48, tit. 10, leg 12; ibid., de reg. jur., tit. 22, leg. 32.

Boulay, exposé des motifs au Corps législatif, 2 décembre 1801. — Si le condamné meurt avant l'expiration des cinq ans, la loi le considère comme étant mort dans l'intégrité de ses droits. Il ne sera pas justifié, il est vrai; mais il était encore dans le délai utile pour le faire; et, par une présomption favorable, on suppose qu'il en avait l'intention, et qu'il n'aurait pas manqué de le faire, si la mort ne l'avait prévenu.

Delvincourt, t. 1, p. 24, not. 3. — Tant qu'il reste un moment jusqu'à l'expiration des cinq ans, la loi suppose que le condamné aurait pu se représenter.

Not. 4. — Que deviennent les actes faits par le condamné depuis le premier jugement? Ils sont valables.

P. 25, not. 2. — Il est de principe que la mort du coupable éteint le crime, et par conséquent les poursuites criminelles.

Malleville. — A la question de savoir si les enfans nés pendant les cinq ans seraient légitimes, il fut répondu qu'ils l'étaient de plein droit, puisque la mort civile du père n'est encourue qu'à l'expiration des cinq ans.

On voyait des inconvéniens à admettre que la mort naturelle du condamné avant l'exécution du jugement, et pendant l'instance de son pourvoi en cassation, le soustrait à la mort civile, parce que tous les condamnés ne manquent pas de se pourvoir. Mais ces inconvénions résultaient de même autrefois de l'appel, et on a toujours tenu pour maxime que celui qui mourait pendant l'appel, et avant l'exécution de l'arrêt, soit réelle, soit par effigie, conservait l'intégrité de ses droits.

Enfin on proposa, pendant la discussion, de déclarer frauduleux tous les actes d'aliénation faits par l'accusé d'un crime auquel la loi attache une peine emportant mort civile, lorsqu'il se trouve ensuite condamné à cette peine. On avait en vue de prévenir par là les procès multipliés qu'occasionent ces actes d'aliénation, presque toujours faits en fraude.

Cette proposition fut rejetée comme trop sévère, et comme pouvant empêcher des transactions légitimes et indispensables. On ne pouvait pas laisser à l'accusé tous ses droits civils, à l'exception de celui que réclame le plus fortement l'intérêt de sa famille.

A l'égard des testamens, il résulte des principes que si le testateur est frappé de mort civile lorsqu'il décède, ses dispositions à cause de mort sont absolument nulles. Tous les auteurs ne sont pas de cet avis. (Voir Duranton, t. 8, n. 175 à 179; Delvincourt, t. 1, p. 223, note; Proudhon, Usufruit, t. 4, n. 2020.)

Proudhon, t. 1, p. 75. — Il en serait autrement à l'égard de celui qui aurait été condamné contradictoirement, et qui meurt avant l'exécution de son jugement; il décède *integri statûs*, mais il décède irrévocablement jugé; en conséquence, son jugement tient dans tout ce qui est susceptible d'exécution.

Hua. — *Que par la voie civile.* La preuve testimoniale, pour établir le point de fait d'où résultera la nécessité de l'indemnité, devra être admise. Le demandeur pourra aussi tirer faveur des procès-verbaux dressés par l'officier de police, et des déclarations par lui reçues pour la préparation de l'instruction criminelle. — L'abolition de toutes recherches sur la culpabilité n'annihile point la procédure, et cette modification de notre article nécessite qu'on en laisse tirer, pour l'intérêt civil, les inductions qui en dérivent.

(Voir Merlin, R., v. frais de procédure criminelle, t. 5, p. 309.)

Pandectes françaises. — Les cinq années accordées au contumace pour se représenter, ne courent qu'à compter du jour de l'exécution du jugement de contumace exclusivement: par conséquent le dernier jour de la cinquième année est encore un jour utile.

32. *En aucun cas la prescription de la peine ne réintégrera le condamné dans ses droits civils pour l'avenir.* (*C. d'inst. crim., art.* 635, 641.)

Cod., lib. 9, tit. 22, leg. 12; ff, lib. 29, tit. 5, leg. 13; secùs ff, lib. 48, tit. 9, leg. ultimâ.

Pothier, des personnes, n. 32. — La prescription opère bien une fin de non-recevoir contre les peines qui lui restent à subir; mais elle ne peut abolir celle de la mort civile qu'il a encourue de plein droit.

Boulay, exposé des motifs au Corps législatif, 2 décembre 1801. — Le projet admet la prescription de la peine en faveur du condamné; ainsi le veut l'humanité; mais cette prescription ne s'applique qu'à la peine; l'individu ne reprend pas pour cela l'exercice de ses droits civils: sa mort civile est perpétuelle. Aussi, s'il vient à acquérir des biens depuis l'exécution de son jugement, et qu'il s'en trouve en possession au moment de sa mort naturelle, ces biens ne peuvent pas être transmis à titre de succession ou de testament, puisque cette transmission est un droit civil, mais ils tombent en déshérence dans la main de la nation; et ce n'est que pour satisfaire au vœu de la nation, et pour écarter de l'esprit du Gouvernement toute idée de fiscalité envers les particuliers, que la loi l'autorise à disposer de ces biens en faveur de la veuve, des enfans, ou des parens du condamné.

Delvincourt, t. 1, p. 15, not. 9. — Lorsqu'il n'y a pas eu de jugement, l'action publique et l'action civile, lorsque le crime est de nature à entraîner la peine de mort, ou des peines afflictives perpétuelles, ou toute peine afflictive et infamante, se prescrivent par dix ans révolus, à compter du jour où le crime a été commis, si, dans l'intervalle, il n'a été fait aucun acte d'instruction ni de procédure: sinon, les dix ans ne courent qu'à compter du dernier acte, et ce, même à l'égard des personnes qui ne seraient pas impliquées dans cet acte.

Malleville. — Cet article, contraire à la jurisprudence du Parlement, fut adopté malgré l'opposition, par cette considération qu'il ne fallait pas accorder prime sur prime à la contumace. C'est assez, dit-on, de ne plus rechercher le condamné après vingt ans, pour lui faire subir sa peine; et il serait bizarre que, par le seul fait de sa contumace, un homme, condamné judiciairement aux galères pour toute sa vie, pût rendre purement temporaire une peine qui lui était infligée à perpétuité.

Sur la question de décider si le condamné qui a prescrit sa peine pourrait se représenter pour se faire juger de nouveau, l'affirmative soutenait qu'il n'était pas permis de repousser un homme qui cherchait à se justifier, ne fût-ce que pour recouvrer son honneur. Mais on fit observer qu'il serait inconséquent d'autoriser à se faire juger celui qui ne pouvait plus qu'être absous, et cet avis devint unanime.

Proudhon, t. 1, p. 73. — Si celui qui a été condamné à une peine emportant mort civile, s'échappe et parvient à prescrire contre la peine, en évitant la main de la justice pendant vingt ans, cette prescription ne peut porter sur la mort civile, ni réintégrer le condamné dans les droits de cité pour l'avenir, puisqu'elle est essentiellement perpétuelle dans sa durée.

33. *Les biens acquis par le condamné, depuis la mort civile encourue, et dont il se trouvera en possession au jour de sa mort naturelle, appartiendront à l'État par droit de déshérence.*

Néanmoins il est loisible au roi de faire, au profit de la veuve, des enfans ou parens du condamné, telles dispositions que l'humanité lui suggérera. (*C. C., art.* 25, 28 *et* 539. — *C. d'instr. crim., art.* 475.)

ff, lib. 48, tit. 20, leg. 7, § 5; Cod, lib. 9, tit. 49, leg. 2; leg. 7, in principio.

Les dispositions dont parle notre article emportent-elles obligation de payer les dettes? (Voir Sirey, 1821, 1re part., p. 126.)

Gary, discours au Corps législatif, 8 mars 1803. — Le partage des biens, dit Montesquieu, les lois sur ce partage, les successions après la mort de celui qui a eu ce partage, tout cela ne peut avoir été réglé que par la société, et par conséquent par des lois politiques ou civiles. La transmission des biens appartient donc uniquement et exclusivement à la loi. La nature conserve ses rapports, sans que la loi perde ses droits, et la loi peut fort bien reconnaître des parens dans l'ordre naturel, et méconnaître des héritiers dans l'ordre légal.

Un principe universellement établi, c'est que, pour qu'il y ait transmission de succession, il faut qu'il y ait capacité dans la personne de celui qui transmet, comme dans la personne de celui qui recueille. Sans le concours de ces deux capacités, il n'y a pas de succession. Dans l'espèce qui nous occupe, il y a incapacité dans la personne du condamné: il ne vit pas même aux yeux de la loi. Pourrait-elle le reconnaître capable de transmettre, quand elle méconnaît son existence?

Quant à la confiscation, ni l'idée ni le mot ne peuvent plus se retrouver à côté d'une disposition qui déclare la succession du condamné, à l'instant de sa mort civile, ouverte au profit de sa famille.

Quel sera maintenant le sort des biens qu'il aura postérieurement acquis? Celui des biens laissés par tous ceux qui n'ont pas d'héritiers aux yeux de la loi, lors même qu'ils auraient des parens aux yeux de la nature. Ces biens se confondront dans le domaine public: ils appartiendront à la nation par droit de déshérence: telle est la conséquence nécessaire du principe. Mais, en même temps, le gouvernement est invité par la loi à faire en faveur de la famille toutes les dispositions que l'humanité lui suggérera. Il n'y a ni raison ni intérêt possible qui puissent jamais détourner le gouvernement de déférer à cette invitation. Cette espérance, fondée sur la loi, naîtra dans l'âme du condamné, et lui rendra, s'il en est temps encore, avec l'amour du travail, celui de la vertu. Heureuse disposition, qui, en sauvant un principe rigoureux, mais nécessaire à l'ordre et à la sûreté publique, satisfait en même temps à tout ce que peut exiger l'humanité!

Delvincourt, t. 1, note 2 de la page 24. — Le droit de déshérence est, en général, le droit de succéder à celui qui n'a point d'héritier, soit qu'il n'en ait pas réellement, comme celui qui décède veuf ou célibataire, sans enfans ni parens connus, soit qu'il ne puisse en avoir, comme le mort civilement.

Les biens acquis. Il n'aura pu s'en procurer que par son travail personnel, puisqu'il est devenu incapable de recueillir à titre d'héritier, ni de recevoir. (Art. 25.)

La parenté civile, seul fondement des droits de succession, n'existant plus, le condamné n'a pas d'héritiers. (Dalloz, Recueil alph., t. 6, p. 525, n. 8, 526, n. 9; Duranton, t. 8, n. 172.)

TITRE II.

Des Actes de l'Etat civil.

(Décrété le 11 mars 1803. Promulgué le 21 du même mois.)

CHAPITRE PREMIER.

Dispositions générales.

34. *Les actes de l'état civil énonceront l'année, le jour et l'heure où ils seront reçus, les prénoms, noms, âge, profession et domicile de tous ceux qui y seront dénommés. (C. C., art. 42, 57 et suiv.; 76, 78 et suiv.; 85 et suiv.; 88 et suiv.)*

Ciceron., de leg., lib. 3; Ulpien, lib. 1, § 6; Paul, Sentent., lib. 5, tit. 23, § 5; Novell. 47, cap. 1; Novell. 73, cap. 7; ff, de ventr. in poss. mitt.; ff, leg. 32, de reg. jur.

Ordonnances de 1539, art. 51; de 1667, tit. 20, art. 9: déclaration d'avril 1736; loi du 11 germinal an 11; décret du 20 janvier 1808; *id.*, 22 juillet 1806; intruction ministérielle, 30 juillet 1807; autre du 4 novembre 1814, perte des registres; *id.*, 22 février et 4 juin 1817, tables décennales; *id.*, du 3 juin 1807, mention du titre de légionnaire; *id.*, du 7 août 1819, prohibition du mariage entre oncle et nièce; *id.*, du 20 avril 1820, tenue des registres; *id.*, du 1er juin 1821, actes de notoriété; *id.*, 31 décembre 1823, vérification des registres; *id.*, 20 novembre 1812, lacunes à rectifier.

Siméon, rapport au Tribunat, 8 mars 1803. — La nécessité de conserver et de distinguer les familles a dès long-temps introduit, chez les peuples policés, des registres publics où sont consignés la naissance, le mariage et le décès des citoyens.

On a écarté ainsi la difficulté et le danger des preuves testimoniales; on a donné un titre authentique à la possession, garanti les citoyens contre la perte, les omissions ou l'inexactitude des titres domestiques. La grande famille s'est constituée gardienne et dépositaire des premiers et des plus essentiels titres de l'homme: il ne naît point en effet pour lui seul ni pour sa famille, mais pour l'Etat. En constatant sa naissance, l'Etat pourvoit à la fois à l'intérêt public de la société et à l'intérêt privé de l'individu.

Ces registres sont communs à toutes les familles, par quelque rang, quelques fonctions, quelques richesses qu'elles soient distinguées. Destinés à marquer les trois grandes époques de la vie, ils nous rappellent que nous naissons, que nous nous reproduisons, que nous mourons tous selon les mêmes lois; que la nature nous crée égaux, sans nous faire pourtant semblables, *pares magis quàm similes*; que les dissemblances proviennent d'une organisation plus heureuse ou mieux cultivée, du droit de propriété, des institutions et des conventions sociales, qui, si elles ne sont pas du droit naturel proprement dit, n'en sont ni moins respectables ni moins nécessaires.

Thibaudeau, exposé des motifs au Corps législatif, 12 décembre 1801. — Il n'y a que l'autorité des titres publics et de la possession qui rende l'état civil inébranlable. La loi naturelle a établi la preuve qui naît de la possession; la loi civile a établi la preuve qui naît des registres; la preuve testimoniale seule n'est pas d'un poids ni d'un caractère qui puissent suppléer à ces espèces de preuves, ni leur être opposés.

Toutes les ordonnances, animées de cet esprit, ont donc voulu que la preuve de la naissance fût faite par les registres publics, et, en cas de perte des registres publics, que l'on eût recours aux registres et papiers domestiques des pères et mères décédés, pour ne pas faire dépendre uniquement l'état, la filiation, l'ordre et l'harmonie des familles, de preuves équivoques et dangereuses, telles que la preuve testimoniale seule, dont l'incertitude a toujours effrayé les législateurs.

Delvincourt, t. 1, note 2 de la page 29. — Ces renseignemens sont nécessaires en cas d'inscription de faux; si, par exemple, il était prouvé qu'au moment où l'acte a été passé une des personnes indiquées comme présentes était dans un lieu éloigné. (Duranton, t. 1, n. 283.)

Malleville. — L'énonciation de l'heure est quelquefois utile; elle était prescrite par l'art. 51 de l'ordonnance de 1539, pour les naissances.

Hua. — Toute erreur qui ne serait aperçue qu'après la signature de l'acte ne pourrait être rectifiée qu'en vertu d'un jugement. Quand même toutes les parties et les témoins se réuniraient ultérieurement pour attester l'erreur et en consentir la réforme, l'officier de l'état civil ne saurait se permettre de déférer à leurs désirs. (Art. 99 du Code civil.)

A. Dalloz, v. actes de l'état civil, n. 11. — La loi n'a pas prononcé de nullité pour inobservation de telle ou telle formalité dans la tenue des actes de l'état civil.

(Voir arrêté des Consuls du 8 prairial an 8; autre du 25 vendémiaire an 9; décret du 20 juillet 1807; avis du Conseil d'Etat, des 8 et 12 brumaire an 11, 6 juin et 2 juillet 1807; décret du 13 juillet 1813; loi du 2 germinal an 11.)

(Loi du 2 germinal an 11, sur les prénoms et changemens de noms.)

35. *Les officiers de l'état civil ne pourront rien insérer dans les actes qu'ils recevront, soit par note, soit par énonciation quelconque, que ce qui doit être déclaré par les comparans.*

Loi du 20 septembre 1792, tit. 3, art. 12; décret du 1er mars 1808; avis du Conseil d'Etat, du 30 nivôse an 12.

Les actes de l'état civil, d'une commune, en cas d'empêchement du maire et de son adjoint, doivent être reçus par un membre du conseil municipal, commis par un arrêté spécial du préfet. (Duvergier, Collection des lois, 1828, p. 21.)

(Voir encore loi du 28 pluviôse an 8, art. 13 et 16; celle du 7 vendémiaire an 4, tit. 4, sect. 4, art. 20 et 21; celle du 18 germinal an 10, art. 55; décret du 19 floréal an 11.)

Thibaudeau, exposé des motifs au Corps législatif, 12 décembre 1801. — La loi rappelle aux officiers de l'état civil qu'ils n'ont aucune juridiction, et qu'instrumens passifs des actes, ils ne doivent y insérer que ce qui est déclaré par les comparans; et elle permet à toute personne de se faire délivrer des expéditions des actes de l'état civil. Il était injuste de limiter cette faculté aux parties intéressées: l'état civil des hommes doit être public, et il y avait de l'inconvénient à laisser les officiers civils juges des motifs sur lesquels pouvait être fondée la demande d'une expédition.

Siméon, rapport au Tribunat, 8 mars 1804. — La révolution trouva les registres de l'état civil dans les mains des curés. Il était assez naturel que les mêmes hommes dont on allait demander les bénédictions et les prières aux époques de la naissance, du mariage et du décès, en constatassent les dates, en rédigeassent les procès-verbaux. La société ajouta sa confiance à celle que déjà leur avait accordée la piété chrétienne; seulement on les assujettit à remettre le double de leurs registres aux greffes des tribunaux, protecteurs et juges de l'état civil, dont les prêtres ne pouvaient être que les premiers dépositaires.

Il faut avouer que les registres étaient bien et fidèlement tenus par des hommes dont le ministère exigeait de l'instruction et une probité scrupuleuse. Leur conduite, surveillée par les lois, comme celle de tous les autres citoyens, était garantie par la sanction plus spéciale de la religion qu'ils enseignent. Ils n'ont pas toujours été heureusement remplacés dans cette fonction importante; on a fréquemment remarqué dans plusieurs communes des inexactitudes, des omissions, quelquefois même des infidélités, parce que dans les unes ce n'était plus l'homme le plus capable, et dans les autres le plus moral, qui était chargé des registres.

Néanmoins, on doit espérer que les inconvéniens qu'on a éprouvés disparaîtront. Ils eurent leur cause dans des choix qui s'améliorent à mesure que les citoyens éclairés et propriétaires sont appelés aux emplois.

La religion catholique n'étant plus dominante, on ne peut pas obliger les familles qui ne la suivent pas à recourir à ses ministres, à l'époque des événemens qui excitent le plus leur intérêt. La nation, qui ne doit pas, comme les individus, se diviser en sectes, a dû établir pour tous les citoyens des registres et des officiers dont il pussent tous se servir sans répugnance.

Quand même tous les Français professeraient le même culte, il serait bon encore de marquer fortement que l'état civil et la croyance religieuse n'ont rien de commun; que la religion ne peut ôter ni donner l'état civil; que la même indépendance qu'elle réclame pour ses dogmes et les intérêts spirituels, appartient à la société, pour régler et maintenir l'état civil et les intérêts temporels.

C'est donc avec raison qu'on a conservé l'institution des officiers de l'état civil, conçue par l'Assemblée constituante et exécutée par la Législative.

La loi ne considère ici la naissance, le mariage, le décès, que comme des faits dont la société recueille la preuve au moment où ils arrivent: c'est à d'autres époques qu'on en jugera, s'il y a lieu, la vérité et les conséquences. Rien donc ne doit être inséré dans les registres que ce qui appartient essentiellement à ces faits eux-mêmes. Aucune circonstance qui en altérerait l'uniforme simplicité, qui ferait l'avantage ou le préjudice, soit des parties qui y ont intérêt, soit des tiers qui y sont étrangers, ne doit y trouver place.

Nota. Tous les auteurs n'ont fait que reproduire les principes ci-dessus émis.

Duranton, t. 1, n. 283. — S'ils n'observent pas ce qui est prescrit par la loi, ils s'exposent à être poursuivis par ceux qui auraient à se plaindre des énonciations ou des notes qui ne devaient pas être faites. N. 384. — Ils ne doivent pas, lorsqu'on leur présente un enfant naturel, consigner la déclaration qu'il est né d'un tel, non présent à l'acte.

36. *Dans les cas où les parties intéressées ne seront point obligées de comparaître en personne, elles pourront se faire représenter par un fondé de procuration spéciale et authentique. (C. C., art.* 25, 39, 46, 56, 71 *et* 76. — *C. de P., art.* 28, 42 *et* 43. *)*

Sirey, 1820, p. 493.

Procès-verbal du Conseil d'État, 24 août 1801. — Tronchet dit qu'autrefois on se bornait à faire certifier les procurations; que ce serait engager les parties dans des frais inutiles, que d'exiger d'elles des procurations authentiques.

Thibaudeau répond que les frais des procurations sont peu considérables, et que les tribunaux demandent qu'elles soient authentiques.

Chabot, discours au Corps législatif, 11 mars 1803. — Pour prévenir toute surprise, les individus qui représenteront les parties intéressées non comparantes, seront tenus de rapporter des procurations spéciales et authentiques: ces procurations seront annexées aux actes et déposées ensuite avec le double du registre au greffe du tribunal.

Aucune formalité ne doit paraître inutile ou minutieuse, lorsqu'on considère combien il est important pour la société tout entière que les actes de l'état civil ne contiennent rien que de certain et de vrai, et qu'ils soient mis, par tous les moyens possibles, à l'abri des altérations et des faux.

Hua. — Et authentique. L'authenticité ne résultant que d'un jugement ou d'un acte notarié, le pouvoir simple, quoique la signature en eût été légalisée, paraît insuffisant; la volonté du signataire ne se trouve point aussi formellement exprimée et consacrée que par l'attestation d'un notaire qui a été chargé de la manifester.

Il serait même à désirer qu'on ne reçût que des procurations ayant minute, afin de pouvoir subvenir à la perte de la pièce remise à l'officier de l'état civil. (Voir art. 44 du Code civil.)

Duranton, t. 1, n. 287. — Le mariage ne paraît point être un de ces cas, puisque, suivant l'art. 75, l'officier de l'état civil reçoit de chacune des parties, l'une après l'autre, la déclaration qu'elles veulent se prendre pour mari et femme. Conforme: Delvincourt, t. 1, p. 29, not. 3. — *Contrà:* Merlin, R., v. mariage, sect. 4, § 1, art. 1. Il dit que rien dans le Code ne s'oppose à ce qu'un mariage soit contracté par procureur.

Mais l'opinion de Duranton est plus rationnelle.

37. *Les témoins produits aux actes de l'état civil ne pourront être que du sexe masculin, âgés de vingt et un ans au moins, parens ou autres; et ils seront choisis par les personnes intéressées.*

ff, lib. 32, tit. 5, leg. 3.

Loi du 20 septembre 1792, tit. 13, art. 11.

Procès-verbal du Conseil d'État, 24 août 1801. — Le ministre de la justice demande pourquoi l'article dit que les témoins seront choisis par les personnes intéressées. Ce choix ne peut avoir lieu dans les actes de naissance ou de décès.

Thibaudeau répond qu'il n'y a pas un acte à la rédaction duquel il n'y ait quelqu'un d'intéressé.

Tronchet dit qu'il n'y en a pas, lorsqu'un individu meurt loin du lieu de son domicile et dans un pays où il est inconnu; qu'il en est de même, lorsqu'un enfant nouveau-né a été exposé.

Rœderer demande pourquoi les hommes seuls sont admis à être témoins. Autrefois, les femmes y étaient également admises.

Thibaudeau répond qu'autrefois on ne distinguait pas, dans les actes de naissance, les témoins d'avec les *déclarans*. Mais la loi du 27 septembre 1792 a établi un nouveau système: elle a exigé la déclaration de la naissance et la présence de témoins pour la solennité de l'acte. La déclaration peut être faite par une femme; mais la loi veut que les témoins soient mâles. Il n'y a aucun motif de changer ces dispositions; les actes de l'état civil sont aussi importans que les testamens, pour lesquels les lois l'ont ainsi ordonné. Favard, voir actes de l'état civil, sect. 1, § 2, n. 5; et Malleville, même opinion.

Bigot-Préameneu fait remarquer qu'il serait utile de prononcer formellement que les parens pourront servir de témoins. Les officiers de l'état civil ne les ont pas repoussés jusqu'ici; mais les tribunaux demandent que la capacité des parens soit déclarée par une disposition expresse.

Rœderer demande qu'on substitue le mot *produits* au mot *appelés*, lequel suppose une autorité que n'exercent pas les particuliers par qui les témoins sont présentés.

Delvincourt, t. 1, p. 29, not. 6. — Est-il nécessaire que les témoins jouissent des droits civils en France? Il faut distinguer: le droit d'être témoin dans les actes étant mis expressément au nombre de ceux dont le mort civilement est privé, il est certain qu'il ne pourrait l'être davantage dans les actes de l'état civil. Il en est de même de celui qui a encouru la privation temporaire, portée par l'art. 42 du Code pénal. Mais je ne pense pas que cela doive s'appliquer indistinctement à l'étranger, quand même il ne jouirait d'aucun droit civil en France. Un enfant Français peut avoir des étrangers pour parens, même les plus proches. Peut-on leur interdire le droit d'être témoins dans l'acte de naissance de cet enfant? Je ne le pense pas. Pandectes françaises; Duranton, t. 1, n. 288, conformes.

Hua. — Dans l'usage, ceux dont les déclarations tendent à annoncer les faits relatifs à l'acte civil, deviennent témoins de la véracité de la rédaction de cet acte. Il peut cependant, dans beaucoup de cas, en arriver autrement. Si le père de l'enfant dont la naissance est déclarée se trouve mineur, si elle est indiquée par une femme, ni l'un ni l'autre n'ont capacité pour attester la véracité de l'acte, et il faut le concours d'autres personnes, car la preuve ne se forme que par le concours des témoins.

Merlin, mariage, sect. 4, § 3. — La présence de quatre témoins mâles et majeurs est sans contredit un des élémens de la publicité de la célébration du mariage; mais s'il y a eu sans leur présence une publicité suffisante dans la célébration, le mariage n'en est pas moins valable.

38. *L'officier de l'état civil donnera lecture des actes aux parties comparantes, ou à leur fondé de procuration, et aux témoins. — Il y sera fait mention de l'accomplissement de cette formalité.*

Toullier, t. 1, n. 309.

Delvincourt, t. 1, p. 31.

Proudhon, Droit français, t. 1, p. 102.

Biret, des nullités, t. 1, p. 72, 73.

39. *Ces actes seront signés par l'officier de l'état civil, par les comparans et les témoins; ou mention sera faite de la cause qui empêchera les comparans et les témoins de signer.*

Pothier, contrat de mariage, n. 374.

Biret, nullités, t. 1, p. 74.

Toullier, t. 1, n. 309 et 347.

Les secrétaires attachés aux mairies n'ont aucun caractère public. Avis du Conseil d'État, approuvé le 2 juillet 1807, qui enjoint aux maires de signer tous les actes de leur administration. Instruction du ministre de l'intérieur, du 27 août 1807, qui charge les présidens de tribunaux de ne pas légaliser des signatures d'employés ou secrétaires de mairies.

Un usage général est de mentionner l'interpellation de signer: mais il suffit de constater la déclaration de l'impuissance, et son motif: celle-ci suppose évidemment, ou que l'interpellation a été faite, ou qu'elle eût été inutile.

Pandectes françaises. — L'acte doit être signé d'abord par les comparans et les témoins; il doit l'être ensuite par l'officier qui le dresse; c'est cette signature qui en fait le complément et lui imprime le caractère de l'authenticité.

40. *Les actes de l'état civil seront inscrits, dans chaque commune, sur un ou plusieurs registres tenus doubles. (C. C., art.* 171, 198, 80, 59 *et suiv.)*

Ordonnance de 1667, tit. 20, art. 8; déclaration de 1736, art. 2; décret du 20 septembre 1792, tit. 2, art. 2.

Procès-verbal du Conseil d'État, 24 août 1801. — Cambacérès pense que la multiplicité de registres occasionera beaucoup d'embarras, et propose de faire inscrire sur le même les actes de nature différente.

Thibaudeau et Régnaud combattent cette opinion. Régnaud demande l'établissement de trois registres, et que si l'on persiste à n'en avoir que deux, que le double soit déposé à la préfecture, afin d'éviter un conflit entre les autorités administratives et judiciaires : sans quoi les préfets se trouveraient privés des élémens dont ils ont besoin pour former les tables décennales.

Cambacérès répond qu'il existe des règles certaines pour faire cesser le conflit dont on a parlé; que d'ailleurs, en substituant les officiers civils aux ministres du culte, rien n'a été changé dans la législation à l'égard du jugement des questions d'état, qui reposent toujours sur la validité des actes de l'état civil. Les fonctions des officiers de l'état civil se réduisent à recevoir les actes : c'est à l'autorité judiciaire qu'il appartient de prononcer sur les difficultés qui s'élèvent à raison de ces mêmes actes.

Defermon ajoute que, d'ailleurs, le nombre des registres est un objet purement réglementaire; que la loi doit se borner à décider s'ils seront tenus en double ou en triple.

Thibaudeau, exposé des motifs au Corps législatif, 12 décembre 1801. — La déclaration de 1736 n'avait établi que deux registres, c'est-à-dire un seul pour tous les actes, mais tenu double; la loi de 1792 en établit six, c'est-à-dire trois tenus doubles, un pour les naissances, un pour les mariages, et l'autre pour les décès. Ce fut un tort, et c'est à cette multiplicité de registres qu'il faut attribuer l'état déplorable où ils sont dans un trop grand nombre de communes. Comment, en effet, espérer que des administrateurs municipaux, souvent peu instruits, et chargés gratuitement de la rédaction des actes, ne commissent pas un grand nombre d'erreurs et de confusions? On a pensé qu'il était plus convenable de n'avoir qu'un seul registre tenu double, pour l'inscription des actes de toute espèce, à la suite les uns des autres, et que ce procédé était beaucoup plus simple, exigeait moins d'attention, et exposait à moins d'erreurs.

Toutefois, la règle de l'unité des registres n'est pas posée d'une manière si absolue, que le Gouvernement ne puisse y faire exception pour les villes où les officiers de l'état civil ont plus de lumières, et où la rédaction des actes est plus multipliée.

Delvincourt, t. 1, not. 1re de la pag. 28. — Aux termes de cet article, il peut être tenu un ou plusieurs registres, suivant la population : c'est-à-dire qu'il peut être tenu trois registres séparés; un pour les naissances, un pour les mariages, et un pour les décès; ou bien, tous les actes peuvent être inscrits sur *le même registre*: mais, dans tous les cas, chaque registre doit être tenu double. (Voir art. 192 du Code pénal.)

Ce serait un devoir du fonctionnaire chargé de la tenue des registres, de rédiger les deux doubles, et de les collationner l'un et l'autre en présence des parties : ce soin seul remplira le vœu de notre article. Sans une pareille précaution, il y aura souvent des différences marquées entre les deux registres, et il ne restera plus de moyen pour s'assurer auquel il convient de se référer.

41. *Les registres seront cotés par première et dernière, et paraphés sur chaque feuille, par le président du tribunal de première instance, ou par le juge qui le remplacera.*

Ordonnance de 1667, tit. 10, art. 8; déclaration d'avril 1736, art. 2; décret du 20 septembre 1792, tit. 2, art. 2.

Toullier, t. 1, n. 304; Proudhon, t. 1, p. 100.

Boileux. — Le président doit indiquer, par la première et la dernière feuille, le nombre des feuillets du registre. Par exemple, il écrira sur le premier feuillet : *première feuille*, et sur le dernier : *centième et dernière feuille.* Cette formalité a pour but de prévenir l'intercallation ou la soustraction des feuillets. Il doit en outre parapher chaque feuille, afin qu'on ne puisse les changer. Conformes Duranton, t. 1, n. 278; A. Dalloz, v. actes de l'état civil, n. 6.

42. *Les actes seront inscrits sur les registres, de suite, sans aucun blanc. Les ratures et les renvois seront approuvés et signés de la même manière que le corps de l'acte. Il n'y sera rien écrit par abréviation, et aucune date ne sera mise en chiffres.* (C. C., art. 50.)

Merlin, R., v. abréviation; *ibid.*, t. 16, p. 600; Favard, v. acte de l'état civil, sect. 1, § 2, n. 1; Rolland, v. rature; Duranton, t. 1, n. 282.

Avis du Conseil d'Etat, des 8, 12 brumaire an 11, et 12 thermidor an 12, sur les nouvelles formules des actes de l'état civil. A cet égard, circulaire du ministre de l'intérieur, de thermidor an 12.

Delvincourt, t. 1, note 1re de la page 29. — La loi du 25 ventôse an 11, relative à l'organisation du notariat, n'exige l'approbation que pour les renvois qui se trouvent à la fin de l'acte, et avant la signature des parties; quant à ceux en marge, elle n'exige que la signature ou le paraphe. La raison de différence est que, lorsqu'une partie a paraphé un renvoi qui est en marge, elle ne peut dire qu'elle en a ignoré l'existence; car pourquoi aurait-elle apposé sa signature dans cet endroit? Mais quant aux renvois qui se trouvent à la fin de l'acte, on pourrait penser qu'on a profité d'un blanc qui a pu se trouver entre les dernières lignes de l'acte et les signatures des parties, pour y placer un renvoi. On exige donc qu'ils soient spécialement approuvés. Ici la loi paraît ne pas distinguer, et exiger indistinctement l'approbation pour toute espèce de renvoi. Cependant je pense que la signature ou le paraphe devrait suffire pour les renvois en marge.

Malleville. — On avait d'abord mis, après ces mots, *sans aucun blanc*, ceux-ci : *conformément aux modèles.* Il fut convenu de les rayer, parce qu'on aurait pu en conclure mal à propos que le remplacement d'un mot par un autre, qui aurait été équivalent, entraînerait la nullité d'un acte.

Après une discussion sur les règles de nullité des actes de l'état civil, on convint qu'à l'exception du mariage, qui est précédé et accompagné de formalités essentielles, il est impossible d'établir sur cet objet des règles générales, et que ce serait toujours par les circonstances qu'il faudrait décider de la nullité ou de la validité de l'acte.

43. *Les registres seront clos et arrêtés par l'officier de l'état civil, à la fin de chaque année; et dans le mois, l'un des doubles sera déposé aux archives de la commune, l'autre au greffe du tribunal de première instance.*

Ordonnance du 18 août 1819; instruction du 20 avril 1820 et 1er août 1821; décret du 20 juillet 1807, tables alphabétiques.

Circulaire du grand-juge, du 29 mars 1806, ordonnant aux greffiers de communiquer les registres de l'état civil aux préfets.

Décret du 20 juillet 1807, ordonnant la confection de tables annuelles et décennales des registres.

Ordonnance royale, du 18 août 1819. — Art. 1er. Lorsque des cours ou tribunaux auront ordonné l'apport au greffe des registres courans de l'état civil, sur la signification qui leur en sera faite, ils se procureront, dans la quinzaine au plus tard, de nouveaux registres.

Art. 2. — Aussitôt qu'ils en seront munis, ils cloront et arrêteront les registres dont l'apport aura été ordonné, et ils y mentionneront la cause pour laquelle ils sont clos avant la fin de l'année.

Art. 3. — Les cours et tribunaux comprendront les frais des nouveaux registres dans la liquidation des frais et dépens auxquels doit être condamnée la partie qui succombe. (Voyez circulaire du 20 avril 1820.)

Malleville. — *Dans le mois*, c'est-à-dire dans le mois qui suit l'expiration de chaque année.

44. *Les procurations et les autres pièces qui doivent demeurer annexées aux actes de l'état civil, seront déposées, après qu'elles auront été paraphées par la personne qui les aura produites, et par l'officier de l'état civil, au greffe du tribunal, avec le double des registres dont le dépôt doit avoir lieu audit greffe.*

Paillet, Dictionnaire universel, v. acte de l'état civil, n. 11; Toullier, t. 1, n. 308.

Procès-verbal du Conseil d'Etat, 25 novembre 1801. — Defermon dit qu'il sera impossible d'annexer aux registres de l'état civil les liasses, souvent volumineuses, des pièces; que la disposition doit être bornée à la procuration.

Thibaudeau objecte qu'il est d'autres pièces non moins essentielles que la procuration; tels sont, par exemple, les actes de mainlevée d'opposition, qui mettent à couvert la responsabilité de l'officier de l'état civil.

Régnaud prétend que l'énonciation des pièces dans l'acte doit suffire.

Réal répond qu'elle ne suffit pas, parce que pour décider de la validité de l'acte, il faut voir les pièces mêmes, et juger si elles ne sont pas entachées de faux.

Boileux. — Le paraphe de la personne qui a produit ces pièces est exigé, afin que cette personne ne puisse les dénier en cas de contestation. L'officier de l'état civil doit également y apposer le sien, parce que ces pièces font partie du registre.

45. *Toute personne pourra se faire délivrer, par les dépositaires des registres de l'état civil, des extraits de ces regis-*

tres. Les extraits délivrés conformes aux registres, et légalisés par le président du tribunal de première instance ou par le juge qui le remplacera, feront foi jusqu'à inscription de faux.

Arg. ex leg. 4 et 6, ff, de edendo.

Avis du Conseil d'Etat, du 2 juillet 1807, Bulletin 150, n. 2554, t. 6, 4e série; autres, des 6 juin et 12 janvier 1807.

Les dépositaires, dans les expéditions qu'ils délivrent, doivent faire mention du baptême qui a été administré à l'enfant présenté. (Ceci s'applique aux registres antérieurs à la loi du 20 septembre 1792.) (Instruction, 20 avril 1806; autre du 30 juillet 1807; décret du 12 juillet 1807, concernant les droits à percevoir par les officiers de l'état civil; autre du 9 décembre 1810, relatif au timbre des certificats.)

La légalisation d'un acte de l'état civil n'est point constitutive de son authenticité; elle n'en est que la preuve. (Sirey, t. 13, p. 185.)

Procès-verbal du Conseil d'Etat, 9 septembre 1802. — Jollivet fait observer que jusqu'ici les actes authentiques ont fait foi en justice, sans légalisation, dans l'étendue de l'arrondissement où ils ont été reçus.

Emmery répond que l'article ne contredit point ce principe. Il n'exige, en effet la légalisation que dans le cas où le tribunal ne connaît point la signature de l'officier par lequel l'acte a été reçu.

Delvincourt, t. 1, note 4 de la page 28. — Ces extraits ne peuvent être délivrés que par les dépositaires des registres, c'est-à-dire par l'officier de l'état civil ou par le greffier, pour les doubles déposés au greffe.

Note 5. — La légalisation est un certificat délivré par l'autorité compétente, et constatant que celui qui a reçu ou délivré l'acte dont il s'agit, est réellement revêtu de la fonction qui lui donne le droit de le recevoir ou de le délivrer. Les actes des notaires et ceux de l'état civil doivent être légalisés par le président du tribunal de première instance ou celui qui le remplace. Le préfet légalise les actes administratifs délivrés par les sous-préfets, et même ceux délivrés par les maires, quand ils doivent être employés hors du département; sinon, le certificat du sous-préfet suffit pour les actes délivrés par les maires.

Note 6. — *Jusqu'à inscription de faux*: c'est-à-dire que celui qui les présente n'a pas besoin d'en prouver la vérité. C'est à celui qui les prétend faux à le prouver. Toullier, t. 1, n. 305; Duranton, t. 1, n. 298, conformes.

Les registres tenus par les ministres des cultes ne pourront, dans aucun cas, suppléer les registres de l'état civil. (Voir convention du 23 fructidor an 9, entre la France et le pape.)

Pandectes françaises. — La légalisation n'est nécessaire que quand l'extrait est produit dans un lieu qui se trouve hors du ressort du tribunal de première instance dans lequel est située la municipalité sur les registres de laquelle est l'acte dont il s'agit.

Merlin, état civil, § 2. — A la première vue, on pourrait croire qu'ils ne doivent faire foi que de leur conformité aux actes originaux consignés dans les registres; et ainsi entendu, l'art. 45 laisserait indécise la question de savoir quelle foi est due aux actes originaux eux-mêmes; mais ce serait là une interprétation judaïque. — A quoi servirait l'authenticité des extraits des registres, si les actes que représentent ces extraits ne faisaient pas preuve par eux-mêmes de leur contenu?

D'un autre côté, le législateur a voulu que les registres formassent, non pas des commencemens de preuve, mais des preuves complètes, légales, authentiques de leur contenu.

Si l'on prétend que les extraits ne sont pas conformes aux registres, le juge peut ordonner la représentation de ces registres. (Duranton, t. 1, n. 299, 302, etc.; Toullier, t. 1, n. 306; Dalloz, personne, t. 33, 2e part., p. 72.)

Boileux. — Lorsqu'un acte renferme des énonciations inexactes il n'est pas toujours nécessaire, pour en arrêter les effets, de l'attaquer par inscription de faux. On distingue à cet égard les faits que l'officier de l'état civil atteste comme s'étant passés sous ses yeux, des énonciations qui résultent de fausses déclarations. Toutes les fois que l'officier public fabrique ou altère un acte de l'état civil, il y a lieu de se pourvoir en faux; mais les énonciations résultant de déclarations faites à l'officier de l'état civil ne prennent le caractère de faux qu'autant qu'elles tendent à dénaturer la substance de l'acte, à intervertir le but principal que la loi s'est proposé. — Des énonciations inexactes sur tout autre fait seraient considérées comme mensongères ou comme le résultat d'une erreur; elles pourraient donner lieu à des dommages-intérêts; mais elles n'exposeraient pas à l'application des peines du faux. Ainsi, au lieu d'attaquer l'acte par inscription de faux, une simple dénégation suffirait.

46. *Lorsqu'il n'aura pas existé de registres, ou qu'ils seront perdus, la preuve en sera reçue tant par titres que par témoins; et dans ces cas, les mariages, naissances et décès, pourront être prouvés tant par les registres et papiers émanés des pères et mères décédés, que par témoins. (C. C., art. 53 et suiv.; 99 et suiv.; 194, 323 et 324.)*

Cod., leg. 6, de fide instrument.

Avis du Conseil d'état, des 12 mars 1807 et 5 février 1809. Autre du 12 brumaire an 11, qui enjoint aux procureurs du roi de requérir d'office la rectification des actes de l'état civil, dans les cas qui intéressent l'ordre public. Instructions des 13 novembre 1805 et 13 décembre 1821. Autre du 3 nivôse an 12, approuvée le 4 pluviôse suivant, portant qu'il n'est pas nécessaire d'obtenir l'autorisation pour poursuivre un maire qui commet un crime ou délit comme officier de l'état civil.

Loi du 2 floréal an 3, qui détermine la manière de suppléer aux registres de l'état civil, détruits ou perdus pendant la révolution. A cet égard, ordonnance du roi du 9 janvier 1815; décret du 22 juillet 1806; avis du Conseil d'état, du 8 brumaire an 11, approuvé le 12; autre du 28 frimaire an 12, relatif aux omissions, lacunes, erreurs dans les registres de l'état civil: c'est d'après jugement des tribunaux que ces erreurs doivent être réparées, etc.

Bien remarquer que cet article est démonstratif et non restrictif. (Sirey, t. 20, 1re part., p. 281; t. 31, 1re part., p. 361.)

Est-il nécessaire, pour faire preuve, que les registres et papiers soient authentiques? *Non.* (Sirey, 33, 1re part., p. 794.)

Siméon, rapport au Tribunat, 8 mars 1803. — Si malgré l'injonction de la loi, il n'a pas été tenu de registres; si la malice des hommes ou l'injure des temps les ont soustraits, alors la preuve légale et authentique qu'ils sont destinés à fournir sera suppléée par la preuve testimoniale. Alors, les registres et papiers émanés des père et mère seront consultés, malgré la juste répugnance des lois pour la preuve testimoniale. La première chose, avant tout, c'est l'assurance ou le rétablissement de l'état des hommes.

Delvincourt, t. 1, not. 5 de la page 32. — La possession d'état peut aussi, dans certains cas, être une preuve suffisante (art. 320). Mais il se présente ici une question. L'article dit: *tant par les registres*, etc., que *par témoins*. Faut-il entendre que la preuve testimoniale ne sera admise qu'autant qu'il existera des registres et papiers domestiques, ou bien qu'à défaut des registres et papiers, la preuve testimoniale seule suffira? Les motifs disent expressément que l'article doit être entendu dans le premier sens.

Mais l'on peut dire aussi qu'il s'agit dans cet article de prouver,

1°. La non existence des registres. La preuve peut être faite, ou par titres seulement, ou par témoins seulement, ou par titres et par témoins tout à la fois.

2°. Le fait ou l'époque de la naissance, du mariage ou du décès. Or, en général, un fait peut se prouver par témoins, à moins que la loi ne prohibe ce genre de preuve par une disposition particulière. Si donc, par exemple, dans le cas de perte des registres, une personne demande à faire preuve de sa naissance, et que de cette preuve doive résulter celle de sa filiation, alors la preuve testimoniale ne doit être admise qu'autant qu'elle est accompagnée d'un commencement de preuve par écrit ou de faits dès lors constans, qui rendent vraisemblable l'allégation du fait (art. 323). Mais si l'on suppose que la filiation est constante, et qu'il y a seulement contestation sur l'époque de la naissance, afin de déterminer, par exemple, la majorité, alors la preuve testimoniale seule suffira.

La même preuve suffira pour constater le fait et l'époque du décès.

Je pense que la preuve testimoniale pourra également suffire pour le mariage.

En résumé, la non existence des registres peut se prouver de *quelque manière que ce soit.*

Les naissances, mariages et décès peuvent se prouver par le genre de preuves que la loi permet d'administrer, *suivant la nature du fait* que l'on demande à prouver.

Telle est la manière dont l'art. 46 me paraît devoir être interprété.

Malleville. — Le tribunal d'appel de Lyon fit remarquer que l'article ne parlait point du cas où l'on aurait omis d'inscrire un acte sur les registres. Son observation fut relevée dans le Conseil d'état; mais on crut alors qu'il serait dangereux de fixer des règles pour le cas particulier, et qu'il valait mieux laisser aux tribunaux à y statuer suivant les circonstances.

Hua. — S'il existait des registres, mais que leur contexte annonçât une négligence, des irrégularités graves dans leur tenue, il pourrait dépendre des circonstances de suppléer aux omissions et aux erreurs, de même que s'il n'y avait point de registres. Duranton, t. 1, n. 297, n'ose pas se prononcer sur cette question.

Pandectes françaises. — Les lettres, les actes passés dans les familles, ont le même caractère que les registres et papiers des père et mère, et peuvent aussi servir de fondement à la preuve testimoniale.

Favard, actes de l'état civil, sect. 1, § 4, n. 2. — La disposition de cet article s'étend évidemment au cas où il y a dans les registres quelques feuillets manquans, corrompus ou arrachés, par quelque cause que ce soit, car chaque partie n'a intérêt qu'au feuillet où était l'acte dont elle veut prouver l'existence. Duranton, t. 1, n. 296, conforme.

Toullier, t. 1, n. 345. — Si l'on prétend que les registres de l'état civil sont perdus, ou qu'il n'en a jamais existé, il faut d'abord prouver cette perte ou ce défaut de registres, tant par titres que par témoins. La preuve peut être faite par les déclarations de l'officier civil et du greffier du tribunal, constatant qu'on ne trouve ni dans les archives de la commune, ni au greffe du tribunal, les registres d'un tel temps. Duranton, t. 1, n. 293, même opinion.

La preuve de la non existence ou de la perte des registres étant faite, on peut alors admettre la preuve des mariages, naissances et décès, soit par les registres et papiers des pères et mères décédés, soit par témoins. La loi n'exige pas la cumulation de ces deux preuves: l'expression mitoyenne qu'elle emploie semble choisie exprès pour laisser une sorte d'indécision, afin d'abandonner aux juges la faculté de se contenter d'une seule de ces preuves, ou d'en exiger la cumulation. Duranton, t. 1, n. 294, conforme.

N. 347. — Dans le cas de non existence ou de perte des registres, notre article n'exige point, pour admettre la preuve testimoniale, qu'il y ait des commencemens de preuve; mais il n'en faut pas conclure que toutes les fois qu'il ne se trouve pas des registres, la preuve par témoins doive être nécessairement admise. C'est à la prudence des juges d'admettre cette preuve ou de la refuser, suivant les circonstances.

Duranton, t. 1, n. 295. — Mais si les naissances, les mariages et les décès peuvent se prouver par témoins, il n'est pas également certain que ce genre de preuve soit admissible sans adminicule pour établir la filiation, lorsqu'elle est contestée; car l'art. 46 ne parle que de la naissance et non de la filiation.

N. 297. — Nous n'oserions porter la même décision pour le cas où l'on prétendrait seulement que de simples négligences ou omissions ont été commises dans la tenue des registres; ce serait indirectement admettre la preuve testimoniale en matière de filiation.

47. *Tout acte de l'état civil des Français et des étrangers, fait en pays étranger, fera foi, s'il a été rédigé dans les formes usitées dans ledit pays.* (*C. C., art.* 311, 13, 59 *et suiv.*; 80 *et suiv.*; 999.)

Arg. ex leg. 1, in fine, ff, de testib. liber.; leg. 1, Cod., de emancipat.; lib. 1, § ultim., de inspiciend. ventr.

Merlin, Questions de droit, v. authentique, § 2; R., v. état civil, § 2, t. 16, p. 313, § 1, n. 1 à 5.
Toullier, t. 1, n. 310, 576; t. 10, p. 119, note sous le n. 79.
Merlin, R., p. 513, 317.

Thibaudeau, exposé des motifs au Corps législatif, 12 décembre 1801. — Il était nécessaire de régler ce qui concerne l'état civil des Français qui sont momentanément à l'étranger. La loi leur permet de suivre les formes établies dans le pays où ils se trouvent, ou de profiter du bénéfice de la loi française, en s'adressant aux agens diplomatiques de leur nation, qui sont considérés comme officiers de l'état civil. On a donné à cet égard quelque extension aux dispositions de l'ordonnance de 1681.

Delvincourt, t. 1, note 2 de la page 32. — C'est une application de la règle *locus regit actum*. Toutes les fois qu'il s'agit d'un acte public, il est regardé comme authentique et comme valable, quant à la forme, quand il est revêtu de celles qui sont prescrites pour ces sortes d'actes par les lois du pays où il a été passé. Duranton, t. 1, n. 291, conforme.

Pourvu que l'expédition qui en serait produite en France ait été légalisée par les agens diplomatiques français. Pandectes françaises, conformes.

48. *Tout acte de l'état civil des Français en pays étranger sera valable, s'il a été reçu conformément aux lois françaises, par les agens diplomatiques ou par les consuls.*

Pothier, contrat de mariage, n. 363, 327.
Merlin, R., v. consul français, § 3; état civil, § 2; naissance (acte de), § 8.
Toullier, t. 1, n. 576.
Duranton, t. 1, n. 291, 292; t. 2, n. 234 à 238.

49. *Dans tous les cas où la mention d'un acte relatif à l'état civil devra avoir lieu en marge d'un autre acte déjà inscrit elle sera faite à la requête des parties intéressées, par l'officier de l'état civil, sur les registres courans ou sur ceux qui auront été déposés aux archives de la commune, et par le greffier du tribunal de première instance, sur les registres déposés au greffe; à l'effet de quoi l'officier de l'état civil en donnera avis, dans les trois jours, au procureur du roi près ledit tribunal, qui veillera à ce que la mention soit faite d'une manière uniforme sur les deux registres.* (*C. C., art.* 43, 99 *et suiv.*; 198. — *C. de P., art.* 857.)

Avis du Conseil d'Etat du 4 mars 1808; Toullier, t. 1, n. 312, 342; Duranton, t. 1, n. 278 à 340; Chauveau, Journal des avoués, t. 1, p. 239.

Ce ne pourra être qu'en vertu d'un jugement. L'état des personnes intéresse l'ordre public autant que l'intérêt privé, et ne saurait, sous ce rapport, dépendre de simples consentemens individuels. (Voir art. 99, 100, 101 du Code civil.)

Le jugement doit être remis au fonctionnaire chargé de faire la mention. (Voir art. 857 du Code de procédure civile.)

Favard, rectification d'acte de l'état civil, n. 163 — Si la demande en rectification est principale, le tribunal compétent est celui au greffe duquel le registre a été ou doit être déposé, parce que le registre ne peut être déplacé; que le juge peut avoir besoin de le voir avant de prononcer, et que c'est dans le ressort que se trouvent vraisemblablement les plus proches parens, et les autres personnes qu'il peut être nécessaire de faire entendre avant de statuer sur la rectification.

50. *Toute contravention aux articles précédens de la part des fonctionnaires y dénommés, sera poursuivie devant le tribunal de première instance, et punie d'une amende qui ne pourra excéder cent francs.* (*C. C., art* 190, 192, 199, 200.)

Pailliet, Dictionnaire universel, v. amende, n. 6, 7, 10 et 11; Favard, v. acte de l'état civil, sect. 1, § 3, n. 12 et 14; Toullier, t. 1, n. 312; Duranton, t. 1, n. 335; Vazeille, mariage, t. 1, n. 209.

Avis du Conseil d'Etat, du 4 pluviôse an 12, d'après lequel les tribunaux civils sont compétens pour connaître des contraventions des officiers de l'état civil; instructions du 4 novembre 1805; ordonnance du 26 novembre 1823, pour la vérification des registres; décret du 20 juillet 1807, pour dépôt des registres et tables annuelles, dans le cas contraire, poursuites et amendes; instruction du 14 décembre 1823.

Duchesne, rapport au Tribunat, 23 décembre 1812. — Un principe, reproduit et conservé par le projet de loi, établit la responsabilité des fonctionnaires et autres agens chargés du dépôt des actes de l'état civil.

Ce principe est trop juste pour qu'il soit besoin de faire sentir la nécessité de le maintenir dans toute sa latitude. On ne saurait prendre, en effet, trop de précautions pour assurer la preuve de l'état des personnes; et c'est sur ces précautions que le repos des familles, la transmission légale de leurs biens, ainsi que la conservation de presque tous leurs intérêts civils, sont éminemment fondés.

Mais le projet de loi adoucit, autant qu'il est possible, la sévérité de la règle. Les simples contraventions ne seront pas punies comme les fautes graves, ni celles-ci comme de véritables délits: les contraventions seront réprimées par de simples amendes; les fautes graves, et véritablement préjudiciables aux parties, le seront par des dommages et intérêts: les délits seuls pourront l'être par la rigueur du Code pénal.

Malleville. — Il était convenu, lors de la première rédaction de l'article, d'y ajouter: *sans préjudice de peines plus graves et des dommages-intérêts des parties....* Mais cette responsabilité de peines plus graves et de dommages-intérêts se trouve restreinte par les art. 51 et 52, aux cas d'altération, faux ou inscription des actes sur une feuille volante. Toutes les autres contraventions ne donnent lieu qu'à l'amende.

Boileux. — La condamnation aux amendes est poursuivie civilement par le procureur du roi, qui lui-même pourrait être passible d'une amende, dans le cas où il aurait négligé de se conformer à l'art. 49.

Mais la loi ne frappe pas de nullité l'acte irrégulier; cet acte ne fait pas moins foi jusqu'à inscription de faux; car il eût été trop rigoureux de faire dépendre l'état des citoyens de la malveillance ou de la négligence de l'officier public.

51. *Tout dépositaire des registres sera civilement responsable des altérations qui y surviendront, sauf son recours, s'il y a lieu, contre les auteurs desdites altérations.*

Arg. ex leg. 1, § 16, ff, depositi vel contrà; leg. 42, ff, ad leg. acquil.; leg. 18, § 1, ff, commodat. vel contrà.

Toullier, t. 1, n. 312.

Les officiers de l'état civil, quand ils sont poursuivis en dommages-intérêts, par suite de négligence ou de contravention aux lois de l'état civil, doivent se défendre eux-mêmes, suivant les formalités ordinaires. Dans tout autre cas, ils sont dispensés de constituer avoué: il leur suffit, sur les réclamations des parties, de donner par écrit les motifs pour lesquels ils se refusent à leur demande. (Instruction du ministre des finances, du 2 décembre 1807; Praticien français, t. 1, 2e part.)

Delvincourt, t. 1, note 6 de la page 30. — C'est-à-dire qu'il ne sera pas sujet à l'action criminelle, mais qu'il pourra être poursuivi en dommages-intérêts. Il doit veiller à la conservation des registres, de manière à empêcher qui que ce soit d'y porter frauduleusement la main. Aussi doit-on remarquer qu'il n'est responsable que des altérations, c'est-à-dire des falsifications commises depuis la rédaction de l'acte. Quant aux faux proprement dits, ou ils ont été commis à sa connaissance, et alors il est complice et sujet à l'action criminelle, ou ils ont eu lieu sans sa participation, et alors il n'en est pas responsable.

Maleville. — Le mot *altérations* ne peut guère s'entendre que de celles qui sont faites dans l'écriture du registre; mais il y a parité de raisons pour rendre l'officier civil responsable de l'arrachement d'une feuille et de la substitution d'une autre.

Hua, — *Civilement responsable*. — Sans qu'il soit besoin de prouver que les altérations ont été commises par lui, les dépositaires doivent, au moment où on leur transmet les registres, en vérifier l'état et faire constater les erreurs subsistantes; autrement, ils sont réputés les avoir reçus sans aucune surcharge ni altération.

Pandectes françaises. — La loi n'examine point ici si les prévarications proviennent ou non du fait de l'officier de l'état civil. Quel qu'en soit l'auteur, cet officier sera tenu des dommages-intérêts des parties, parce que ces altérations ne peuvent pas arriver sans qu'il y ait de sa part au moins négligence.

52. *Toute altération, tout faux dans les actes de l'état civil, toute inscription de ces actes faite sur une feuille volante et autrement que sur les registres à ce destinés, donneront lieu aux dommages-intérêts des parties, sans préjudice des peines portées au Code pénal.* (*C. P., art.* 145, 192 *et suiv.*)

Décret du 20 septembre 1790, art. 2, 3 et 4; Merlin, R., v. maternité, t. 17, n. 6: acte de naissance, § 11, n. 1.

Avis du Conseil d'État, du 31 juillet 1806, portant que si l'on craint que certains procureurs du roi ne soient obligés de poursuivre, même pour des irrégularités légères, on peut remédier à cet inconvénient par une mesure qui, pour n'être pas solennelle, n'en sera pas moins efficace: que dans ces vues, il convient d'autoriser le ministre à prescrire aux procureurs du roi de lui faire connaître les poursites qu'ils se proposent d'exercer, afin qu'il arrête celles qui n'auraient pas pour objet des négligencas coupables par leur gravité. (Sirey, 1813, p. 296.)

Delvincourt, t. 1, note 5 de la page 30. — Il y a cette différence entre le faux et l'altération, que le faux se commet au moment de la rédaction de l'acte, soit de la part de l'officier de l'état civil, lorsqu'il insère dans l'acte autre chose que ce qui a été déclaré, soit de la part des parties elles-mêmes, lorsqu'elles font de fausses déclarations ou lorsqu'elles s'y donnent des noms et des qualités qu'elles n'ont pas.

L'altération, au contraire, se commet après coup, lorsque l'acte a été fait valablement dans le principe, et que l'on se permet d'y faire des changemens non autorisés.

Mais quelles seraient les énonciations fausses ou les altérations qui pourraient donner lieu à l'accusation de faux?

Ce sont celles qui tendent à dénaturer la qualité substantielle de l'acte, à changer le but que les parties ou la loi se sont proposé en le souscrivant ou en ordonnant la rédaction.

Mais si la fausse énonciation ou l'altération n'ont pas pour but de changer la filiation, ce sera une simple déclaration mensongère, qui pourra donner lieu à des dommages-intérêts contre celui qui se l'est permise, mais qui ne l'assujettit pas à la peine du faux.

Toullier, t. 1, n. 348. — Si les actes de l'état civil, au lieu d'être inscrits sur les registres, ne l'étaient que sur des feuilles volantes, ces feuilles ne seront point annulées; ce serait à la prudence des tribunaux d'apprécier la preuve qui peut en résulter, lorsqu'elles sont représentées.

Si elles étaient rédigées dans les formes prescrites, elles devraient former une preuve complète, si elles étaient soutenues par une possession d'état publique.

Si elles ne formaient pas une preuve complète, elles pourraient former du moins un commencement de preuve par écrit, ce qui est néanmoins toujours subordonné aux circonstances.

53. *Le procureur du roi au tribunal de première instance sera tenu de vérifier l'état des registres lors du dépôt qui en sera fait au greffe; il dressera un procès-verbal sommaire de la vérification, dénoncera les contraventions ou délits commis par les officiers de l'état civil, et requerra contre eux la condamnation aux amendes.* (*C. C., art.* 99 *et suiv.* — *C. de P., art.* 855.)

Ordonnance du 26 novembre 1823, et le modèle qui y est annexé.

La rectification, en tout ce qui n'est pas *substantiel* à l'acte, peut se faire sans jugement devant le procureur du roi et la partie intéressée. Toullier, t. 1, n. 311, 312; Duranton, t. 1, n. 605, 608, disent ce qu'on entend par substance de l'acte.

Avis du Conseil d'État, des 16 nivôse an 10, 4 pluviôse an 12, et 28 juin 1806.

Instruction du ministre de la justice, du 20 avril 1820, qui recommande aux procureurs du roi la stricte exécution des art. 45 et 53 du Code civil.

Thibaudeau, exposé des motifs au Corps législatif, 12 décembre 1801. — Cette vérification ne donne pas au commissaire du Gouvernement, ni au tribunal, le droit de rien changer d'office à l'état des registres: ils doivent demeurer avec leurs omissions, leurs erreurs ou leurs imperfections: il serait du plus grand danger que, même sous le prétexte de régulariser, de corriger ou de perfectionner, aucune autorité pût porter la main sur les registres. L'allégation d'un vice dans un acte est un fait à prouver; il peut être contesté par les tiers auxquels l'erreur prétendue a acquis des droits; c'est la matière d'un procès.

Siméon, rapport au Tribunat, 8 mars 1803. — A la fin de chaque année, au moment où le double des registres est remis au greffe des tribunaux, le commissaire du Gouvernement les vérifiera; il dénoncera et poursuivra les contraventions, non pour les faire réparer: il faut, dans une matière aussi délicate, attendre la réquisition des parties intéressées; mais il fera punir l'officier négligent.

Delvincourt, t. 1, not. 1 de la pag. 31. — Il ne peut requérir que la condamnation à l'amende. S'il pense qu'il y a lieu à appliquer une peine plus grave, il doit renvoyer devant le juge d'instruction. (Toullier, t. 1, n. 304.)

Malleville. — On décida que les commissaires du Gouvernement seraient sujets aux peines prononcées par les articles précédens, à raison des obligations que la loi leur impose. Sur l'observation que cela pourrait porter atteinte à la dignité de leur ministère, il fut répondu que les ordonnances soumettant les juges à des peines, lorsqu'ils étaient négligens dans l'exercice de leurs fonctions, il n'y avait pas de raison pour en exempter les commissaires.

Duranton, t. 1, n. 280. — En principe, le procureur du roi n'a pas qualité pour *requérir* d'office la rectification des registres, de même que les tribunaux n'ont pas le droit de l'ordonner.

N. 281. — La connaissance des délits commis dans la tenue des registres appartient aux Cours royales, et celles des simples contraventions, aux tribunaux de première instance jugeant civilement, et sauf l'appel, qui est aussi porté à la Cour royale, chambre civile. — (Voyez l'avis du Conseil d'État, approuvé le 4 pluviôse an 12.) Cet avis a de plus décidé que les officiers de l'état civil peuvent être poursuivis *de plano*, sans qu'il soit besoin d'obtenir l'autorisation du Conseil d'État, nécessaire, d'après l'art. 75 de la Constitution de l'an 8, pour pouvoir poursuivre les agens du Gouvernement. Boileux, sur l'article, conforme.

54. *Dans tous les cas où un tribunal de première instance connaîtra des actes relatifs à l'état civil, les parties intéressées pourront se pourvoir contre le jugement.*

Avis du Conseil d'état, du 3 nivôse an 12, approuvé le 4 pluviôse; décret du 12 juillet 1806; avis du Conseil d'état, du 2 juillet 1807.

Merlin, R., t. 4, p. 878.

Malleville. — Soit par opposition, si elles n'avaient pas été parties, soit par appel, si elles l'étaient. (Pandectes françaises.)

Boileux. — Ainsi on pourrait interjeter appel du jugement, lors même que l'amende serait de 100 fr. ou au-dessous.

CHAPITRE II.

Des Actes de naissance.

55. *Les déclarations de naissance seront faites, dans les trois jours de l'accouchement, à l'officier de l'état civil du lieu : l'enfant lui sera présenté.* (*C. C., art.* 59 *et* 92. — *C. P., art.* 346.)

Décrets des 22 janvier 1806, 20 septembre 1792, tit. 3, art. 1 et 5; ordonnance de 1667, tit. 20.

Lorsqu'une déclaration de naissance n'a pas été faite *dans* les trois jours, elle ne peut plus être reçue par l'officier de l'état civil qu'en vertu d'un jugement ordonnant la réparation de l'omission. (Instructions ministérielles des 23 décembre 1815, 20 et 21 août 1816; Sirey, 29, 2e part., p. 28.)

Décret du 4 juillet 1806, relatif au mode de rédaction de l'acte de présentation d'un enfant sans vie.

Delvincourt, t. 1, not. 1 de la page 34. — L'enfant est présenté à l'officier de l'état civil, soit à la maison commune, soit même dans le lieu de l'accouchement, si l'enfant est hors d'état d'être présenté. Favard, v. naissance, n. 1, conforme.

Malleville. — On demanda ce que ferait l'officier civil dans le cas où l'enfant lui serait présenté long-temps après la naissance : doit-il refuser de l'inscrire? Il ne fut pas répondu positivement à cette question ; mais je crois qu'il doit toujours l'inscrire en dressant une sorte de procès-verbal des circonstances. (*Contrà* : Instruction ministérielle. *Suprà*. Il faut un jugement. Sirey, 29, 2e part., p. 28; avis du Conseil d'État, du 12 brumaire an 11.)

Bien que le Code ne rappelle pas la disposition de la loi de septembre 1792, qui autorise l'officier civil à se transporter sur les lieux en cas de péril imminent, rien ne l'empêche de se transporter.

Toullier, t. 1, n. 335. — Le cas d'un enfant mort avant que sa naissance soit enregistrée, n'avait pas été prévu par le Code. Il est réglé par le décret du 4 juillet 1806, qui porte que l'officier de l'état civil n'exprimera pas alors qu'un tel enfant est décédé, mais seulement qu'il lui a été présenté sans vie. Il recevra de plus la déclaration des témoins touchant les noms, prénoms, qualités et demeure des père et mère de l'enfant, et la désignation des jour et heure auxquels l'enfant est sorti du sein de la mère. Cet acte doit être inséré à sa date sur les registres des décès, sans qu'il en résulte aucun préjugé sur la question de savoir si l'enfant a eu vie ou non.

Avis du Conseil d'état, du 12 brumaire an 11. (Voir loi du 12 germinal an 11).

Duranton, t. 1, n. 313.

Dalloz, Recueil alph., t. 1, p. 196, *id.*, Rép., t. 23, 2e part., p. 76.

Toullier, t. 1, p. 286, note.

Boileux. — La déclaration doit être faite dans les trois jours de l'accouchement au plus tard ; ce délai est de rigueur. Si elle n'avait eu lieu qu'après l'expiration des trois jours, l'acte de naissance ne pourrait plus être inscrit qu'en vertu d'un jugement, et la naissance ne prendrait date que du jour de l'obtention de ce jugement.

56. *La naissance de l'enfant sera déclarée par l'enfant, ou, à défaut du père, par les docteurs en médecine ou en chirurgie, sages-femmes, officiers de santé ou autres personnes qui auront assisté à l'accouchement, et lorsque la mère sera accouchée hors de son domicile, par la personne chez qui elle sera accouchée.*

L'acte de naissance sera rédigé de suite, en présence de deux témoins. (*C. C., art.* 37, *etc.*; 59. — *C. P., art.* 346.)

Loi du 20 septembre 1792, tit. 3, art. 2, 3 et 4; décret du 4 juillet 1806.

Hua. — Les lois de police ont des dispositions formelles pour astreindre les accoucheurs, sages-femmes et maîtres d'hôtels garnis à faire les déclarations des naissances auxquelles ils assistent ou qui ont lieu chez eux.

La déclaration de la paternité, faite en l'absence du père ou sans un pouvoir de lui, ne consacrerait point tellement l'état de l'enfant, que celui désigné pour père ne pût le critiquer.

La maternité ne saurait faire un doute, lorsque l'accouchement a été connu des personnes habitant la maison, ou des gens de l'art appelés pour l'aider.

Pandectes françaises. — L'énumération faite par cet article, des personnes par qui la naissance d'un enfant doit être déclarée, n'est point *restrictive*. Cette déclaration peut être faite par toute autre personne que celles dénommées ici.

Duranton, t. 1, n. 312. — Le Code civil ne frappe d'aucune peine l'inobservation des formalités prescrites par les art. 55 et 56; mais le Code pénal a comblé cette lacune par son art. 346.

N. 312. — La sanction donnée par le Code pénal aux dispositions du Code civil est d'autant plus importante, qu'il paraît certain que l'officier de l'état civil ne doit point rédiger ni inscrire sur les registres, même d'après la déclaration des parties, l'acte de naissance d'un enfant qui n'a pas été présenté dans les délais prescrits par la loi, et qu'il faut pour cela obtenir un jugement. Un avis du Conseil d'État, du 12 brumaire an 11, l'a ainsi décidé.

A Dalloz, v. actes de l'état civil, n. 48. — L'obligation de déclarer l'accouchement ne paraît imposée aux personnes dénommées dans cet article, que dans l'ordre qu'il indique. Il serait en effet trop rigoureux de punir de 300 fr. d'amende un individu qui aurait *assisté* à l'accouchement, alors que l'accouchée se trouvait entourée des personnes énumérées dans notre article, et qui avaient mission plus spéciale de faire cette déclaration. (Duranton, t. 1, n. 237, note 30.)

Par *assistans*, on doit entendre les personnes qui ont donné des soins à l'accouchée, et non la simple présence *fortuite* ou momentanée à la délivrance de l'enfant, à moins que la mère ne se trouvât seule ou privée de secours.

57. *L'acte de naissance énoncera le jour, l'heure et le lieu de la naissance, le sexe de l'enfant, et les prénoms qui lui seront donnés; les prénoms, noms, profession et domicile des père et mère, et ceux des témoins.* (*C. C., art.* 34, 35, 81.)

(Voir loi du 11 germinal an 11, relative aux prénoms; le décret du 20 juillet 1808, qui ordonne aux juifs qui n'auraient ni prénoms ni noms de famille d'en adopter, et d'en faire la déclaration devant l'officier de l'état civil; loi du 4 juillet 1805, qui prévoit le cas où l'enfant est présenté mort, et qui trace la conduite que devra en ce cas tenir l'officier de l'état civil.)

Pandectes françaises. — On est libre dans le choix des prénoms à donner à l'enfant, pourvu que ce soient de ceux qui se trouvent dans les calendriers, ou des noms de personnages connus de l'histoire. L'officier de l'état civil ne pourrait en recevoir d'autres.

Toullier, t. 1, n. 316. — Mais de l'obligation de nommer le père, il ne faut pas conclure qu'il doit être nommé s'il ne se déclare pas, ou s'il n'est pas connu par son mariage avec la mère. Le père, lorsqu'elle n'est point mariée, ne doit être nommé qu'en cas qu'il soit présent ou représenté par un fondé de procuration spéciale et authentique; autrement l'officier de l'état civil ne pourrait recevoir ni insérer dans l'acte la déclaration de paternité, faite par les comparans, fût-elle faite même par la mère.

La rectification du registre pourrait être demandée par celui qu'on aurait, sans son aveu, indiqué pour père de l'enfant naturel; et l'officier de l'état civil, ainsi que la mère, si elle avait signé l'acte, pourrait être condamné à des dommages et intérêts, suivant les circonstances, ou tout au moins aux dépens de la procédure et du jugement de rectification. Favard, v. naissance, n. 3, conforme.

Duranton, t. 1, n. 316. — Si un enfant est présenté à l'officier de l'état civil comme né d'une femme non mariée et d'un homme marié qui veut le reconnaître, le nom seul de la mère doit être inscrit dans l'acte, puisque la reconnaissance est interdite dans le cas d'une filiation adultérine. (Art. 335.)

Il faut dire la même chose du cas où l'individu qui se présenterait comme père de l'enfant se déclarerait parent de la mère au degré prohibé par le mariage.

Si l'enfant est présenté comme né d'Elisabeth, mariée à Paul, et que Pierre s'en prétende le père, l'enfant n'en doit pas moins être inscrit sous les noms de sa mère et du mari de celle-ci, sauf à ce dernier à le désavouer, s'il y a lieu. (Art. 312.)

Merlin, Questions de droit, v. faux, § 3; *id.*, Questions d'état, R., mêmes mots; Delvincourt, t. 1, p. 230.

58. *Toute personne qui aura trouvé un enfant nouveau-né, sera tenue de le remettre à l'officier de l'état civil, ainsi que les vêtemens et autres effets trouvés avec l'enfant, et de déclarer toutes les circonstances du temps et du lieu où il aura été trouvé.*

Il en sera dressé un procès-verbal détaillé, qui énoncera en outre l'âge apparent de l'enfant, son sexe, les noms qui lui seront donnés, l'autorité civile à laquelle il sera remis. Ce procès-verbal sera inscrit sur les registres. (C. P., articles 347 à 353.)

Loi du 20 septembre 1792, tit. 3, art. 9. Décret du 19 janvier 1811, contenant réglement sur les secours à donner aux enfans trouvés ou abandonnés.

Siméon, rapport au Tribunat, 8 mars 1803. — L'enfant qui naît dans le mariage est un présent que ses parens font aux mœurs et à l'Etat : fruit et récompense de l'union des époux, il est par eux accueilli avec allégresse et transport; leurs amis, leurs voisins prennent part à leur joie, et la société consigne honorablement dans ses registres son avénement à la vie et l'accroissement d'une famille.

Mais le mariage ne produit pas seul des enfans, il en naît d'unions furtives et illégitimes. Les uns sont avoués par leurs deux parens; à d'autres, il ne reste que leur mère; d'autres enfin, orphelins dès leur naissance, abandonnés par leur père, repoussés du sein qui les porta, paraissent n'appartenir à personne. Ce ne sont pas moins des hommes : plus ils sont isolés, plus la grande famille leur doit de protection et d'assistance.

Quoique le but principal des registres ait été de conserver et de distinguer les familles, de préparer et de former les preuves de la paternité et de la filiation, ils seraient incomplets s'ils ne contenaient la mention de tous ceux qui naissent.

Aussi la loi ordonne d'énoncer avec le même soin et dans les mêmes registres, la naissance des enfans légitimes ou illégitimes, présentés par leurs parens, quels qu'ils soient, ou recueillis par une main bienfaisante ou par la commisération publique.

Si une rigueur justement adoptée pour l'intérêt et le repos des familles interdit à ces enfans la recherche de leur père, la loi n'en prescrit pas moins de décrire avec exactitude tout ce qui leur a été laissé dans leur abandon. Un simple vêtement, un haillon pourra quelquefois aider à un retour de tendresse ou de remords, et à rendre des enfans à des parens qui les voudraient retrouver, ou auxquels un heureux hasard les fera reconnaître. Ici la loi n'est pas seulement prévoyante, elle est affectueuse et paternelle.

Malleville. — On fit sur cet article une observation bien importante : c'est qu'il ne fallait pas autoriser la police à faire des recherches sur les père et mère, de peur de donner lieu à des infanticides.

Pandectes françaises. — L'officier de l'état civil, en faisant remettre l'enfant à l'autorité civile, doit lui envoyer aussi copie du procès-verbal. — Les anciens réglemens prescrivaient de remettre aux hôpitaux, avec l'enfant trouvé, son extrait de baptême.

59. *S'il naît un enfant pendant un voyage de mer, l'acte de naissance sera dressé dans les vingt-quatre heures, en présence du père, s'il est présent, et de deux témoins pris parmi les officiers du bâtiment, ou, à leur défaut, parmi les hommes de l'équipage. Cet acte sera rédigé, savoir : sur les bâtimens du Roi, par l'officier d'administration de la marine; et sur les bâtimens appartenant à un armateur ou négociant, par le capitaine, maître ou patron du navire. L'acte de naissance sera inscrit à la suite du rôle d'équipage. (C. C., art. 34 et suiv.; 86, 87 et 988.)*

Ordonnance de 1681, titre 3, art. 2.

Merlin, R., v. naissance (acte de), § 1, p. 37.

Delvincourt, t. 1, p. 37.

Proudhon, t. 1, p. 109.

Delvincourt, t. 1, note 2 de la page 35. — Lorsque le bâtiment est destiné à un voyage de long cours, le commandant a le titre de *capitaine*; sinon il se nomme *maître* dans l'Océan, et *patron* dans la Méditerranée.

Note 3. — Le rôle d'équipage est l'état dressé avant le départ du bâtiment, de toutes les personnes embarquées.

60. *Au premier port où le bâtiment abordera, soit de relâche, soit pour toute autre cause que celle de son désarmement, les officiers de l'administration de la marine, capitaine, maître ou patron, seront tenus de déposer deux expéditions authentiques des actes de naissance qu'ils auront rédigés, savoir : dans un port français, au bureau du préposé à l'inscription maritime, et dans un port étranger, entre les mains du consul. — L'une de ces expéditions restera déposée au bureau de l'inscription maritime, ou à la chancellerie du consulat; l'autre sera envoyée au ministre de la marine, qui fera parvenir une copie, de lui certifiée, de chacun desdits actes, à l'officier de l'état civil du domicile du père de l'enfant, ou de la mère, si le père est inconnu : cette copie sera inscrite de suite sur les registres. (C. C., art. 87 et 971.)*

Toullier, t. 1, n. 333.

Proudhon, t. 1, p. 102, 109.

Pandectes françaises. — Les expéditions qui doivent être déposées dans tout port où le vaisseau aborde, autre que celui de désarmement, sont des extraits certifiés et signés par ceux qui ont dressé les actes du rôle d'équipage où se trouve l'acte de naissance. Cette signature leur imprime le caractère de l'authenticité, puisqu'ils sont à cet égard officiers publics institués par la loi. Delvincourt, t. 1, p. 35, not. 4, conforme.

61. *A l'arrivée du bâtiment dans le port du désarmement, le rôle d'équipage sera déposé au bureau du préposé à l'inscription maritime, qui enverra une expédition de l'acte de naissance, de lui signée, à l'officier de l'état civil du domicile du père de l'enfant, ou de la mère, si le père est inconnu : cette expédition sera inscrite de suite sur les registres.*

Loi du 4 floréal an 6.

Delvincourt, t. 1, p. 37.

Pandectes françaises. — L'officier de l'état civil qui reçoit cette seconde expédition de l'acte de naissance de la part du préposé à l'inscription maritime, doit vérifier, avant de l'insérer au registre, si elle n'a pas déjà été insérite. En cas d'affirmative, le vœu de la loi est rempli.

62. *L'acte de reconnaissance d'un enfant sera inscrit sur les registres, à sa date; et il en sera fait mention en marge de l'acte de naissance, s'il en existe un. (C. C., art. 334 et suiv.)*

Toullier, t. 1, n. 318; t. 2, n. 955.

Duranton, t. 1, n. 319.

Proudhon, t. 1, p. 109, 116, 216.

Loiseau, enfans naturels, p. 433, 451, 594.

Favard, v. reconnaissance d'un enfant naturel, sect. 1, § 3, article 2, n. 2.

Siméon, rapport au Tribunat, 8 mars 1803. — Des circonstances et des motifs dont il vous sera rendu compte dans le rapport sur le titre de la paternité et de la filiation, laisseront notre législation, à l'égard des enfans naturels, non pas aussi relâchée qu'elle le fut pendant le règne de la Convention, mais moins sévère qu'elle ne l'avait été avant la révolution. Il continuera d'être permis de reconnaître des enfans naturels : cette reconnaissance assure et adoucit leur sort : elle leur donne une naissance civile : elle doit donc se trouver dans les registres de l'état civil.

Hua. — Ainsi, l'officier civil devra remplir deux formalités distinctes : l'acte de reconnaissance sur son registre courant, et la mention en marge de l'acte antérieur qui constate la naissance. Dans le cas où la déclaration de naissance aurait eu lieu devant l'officier civil d'un autre domicile que celui de la personne qui fait la reconnaissance, celui-là devrait envoyer copie certifiée de la reconnaissance au procureur du roi du tribunal dans l'arrondissement duquel se trouve le lieu où la naissance avait été déclarée. On ne prescrit, au surplus, aucune formalité d'assistance de témoins pour la rédaction de l'acte de reconnaissance, et il paraît que le consentement du père suffit. Néanmoins, si l'enfant avait intérêt de refuser cette reconnaissance, la déclaration faite en son absence, et sans son concours, ne pourrait lui préjudicier.

Pandectes françaises. — Il faut faire l'inscription ordonnée par cet article, avec toutes les formalités des autres actes qui se portent sur les registres de l'état civil; c'est-à-dire en présence et sous les signatures de deux témoins ayant qualités requises. Cet acte est vraiment celui qui constitue l'état de l'enfant reconnu. Il doit être environné de toutes les formes requises pour la solennité de ces actes.

La mention ordonnée en marge de l'acte de naissance est pour en rendre la recherche facile.

Boileux. — Lorsque l'aveu de la paternité n'a pas été fait dans l'acte de naissance, le père peut reconnaître son enfant, soit par une déclaration faite devant notaire, par un testament notarié, ou une déclaration reçue par le juge de paix assisté de son greffier; soit par un acte passé devant l'officier de l'état civil, et inscrit à sa date sur les registres, en présence de deux témoins.

La loi exige qu'il soit fait mention de la reconnaissance en marge de l'acte de naissance; mais l'inobservation de cette formalité ne viciérait pas l'acte. Il est même souvent impossible de la remplir: par exemple, lorsque la reconnaissance est insérée dans un testament.

Dans le cas où un enfant légitime aurait été inscrit comme né de père et mère inconnus, la déclaration de ces père et mère, faite dans les formes ci-dessus prescrites, lui conférerait le bénéfice de la légitimité.

CHAPITRE III.

Des Actes de mariage.

63. *Avant la célébration du mariage, l'officier de l'état civil fera deux publications, à huit jours d'intervalle, un jour de dimanche, devant la porte de la maison commune. Ces publications, et l'acte qui en sera dressé, énonceront les prénoms, noms, professions et domiciles des futurs époux, leur qualité de majeurs ou de mineurs, et les prénoms, noms, professions et domiciles de leurs pères et mères. Cet acte énoncera, en outre, les jours, lieux et heures où les publications auront été faites: il sera inscrit sur un seul registre, qui sera coté et paraphé comme il est dit en l'art.* 41, *et déposé, à la fin de chaque année, au greffe du tribunal de l'arrondissement.* (*C. C., art.* 41, 43, 94, 95, 99, 166 *et suiv.*; 192, 193.)

Loi du 30 septembre 1792, tit. 4, sect. 2; décrets des 11 ventôse an 13, 14 juillet 1806, 20 prairial an 11.

Merlin, R., v. bans de mariage, n. 1 et suivans.

Toullier, t. 1, n. 561. 576; t. 7, n. 504.

Duranton, t. 1, n. 277; t. 2, n. 227 à 237.

Pothier, contrat de mariage, n. 69, 70, 71, 74, 75, 76.

(Voir avis du Conseil d'État, 30 mars 1808; il contient un mode pour rectifier, dans le cas de mariage, les erreurs dans les noms ou prénoms des époux, sans recourir aux tribunaux.)

Tronchet dit que la détermination d'un jour fixe est essentielle à la formalité des publications, parce qu'autrement les tiers intéressés n'ont plus de moyens de vigilance.

Siméon, rapport au Tribunat, 8 mars 1803. — Un mariage n'est pas seulement l'affaire des deux individus qui le contractent; il intéresse et leurs familles, et la société; il est susceptible d'opposition et d'empêchement: il doit emporter une possession publique à l'état d'époux: il faut donc qu'il soit connu; il faut qu'il le soit avant même d'être contracté, afin que s'il souffre des obstacles légitimes, ils aient leur effet. — De là vient la nécessité des publications. — Comme les appartenaient autrefois aux curés, qui étaient les ministres du contrat civil de mariage, ainsi qu'ils étaient les dispensateurs du sacrement, maintenant que le contrat est tout-à-fait séparé et indépendant du sacrement, elles appartiennent aux officiers de l'état civil.

La loi de septembre 1792 n'avait exigé qu'une publication; avec raison, la loi présente en impose deux. C'est le supplément de ce qu'il y avait autrefois de plus éclatant et de plus vulgaire, la publication aux prônes. Une grande foule entendait, malgré soi, ce que personne n'était contraint d'aller lire à la porte de la maison commune.

Afin qu'on ne profite pas scandaleusement de publications surannées, ou qu'on n'élude pas des oppositions dont la cause serait postérieure, les publications n'auront valeur que pendant un an.

Hua. — Il n'est point prescrit que la deuxième publication soit faite à l'expiration même des huit jours qui auront suivi la première; on ne voit aucune raison pour obliger à recommencer celle-ci, quoiqu'il se fût écoulé un long intervalle sans qu'on ait procédé à la deuxième. (Voir cependant l'art. 65.)

Pandectes françaises. — Dans le cas où un officier de l'état civil refuserait, sans motif raisonnable, de publier les bans de mariage, il faudrait, après lui avoir fait une sommation, le citer devant le tribunal d'arrondissement, qui pourrait commettre un autre officier de l'état civil pour procéder à cette publication.

Dans les endroits où il n'y a pas de maison commune, c'est celle du maire qui en tient lieu. C'est au devant de la porte que la publication des bans doit être faite; elle ne serait pas valablement faite dans l'intérieur de la maison.

64. *Un extrait de l'acte de publication sera et restera affiché à la porte de la maison commune, pendant les huit jours d'intervalle de l'une à l'autre publication. Le mariage ne pourra être célébré avant le troisième jour, depuis et non compris celui de la seconde publication.* (*C. C., art* 169.)

Loi du 20 septembre 1792, tit. 4, sect. 2.

Toullier, t. 1, n. 566 et la note du n. 577; Duranton, t. 1, n. 229; Vazeille, mariage, t. 1, n. 157, 178.

Non compris celui de la seconde publication. Ce qui ne permet pas, dans les cas ordinaires, de célébrer le mariage avant le onzième jour, compris celui de la première publication. Quant aux militaires, voir l'art. 94.

Boileux. — On peut obtenir, pour des causes graves, dispense de la seconde publication, mais jamais de la première. Cette dispense est accordée par le procureur du roi dans l'arrondissement duquel les parties se proposent de célébrer leur mariage.

65. *Si le mariage n'a pas été célébré dans l'année, à compter de l'expiration du délai des publications, il ne pourra plus être célébré qu'après que de nouvelles publications auront été faites dans la forme ci-dessus prescrite.*

Toullier, t. 1, n. 567; Duranton, t. 1, n. 229; Vazeille, mariage, t. 1, n. 157.

Malleville. — On objecta contre cet article que sa disposition était inutile, parce que si des tiers ont intérêt d'empêcher le mariage, ils auront formé une opposition qui subsistera; mais on répondit qu'il pouvait être survenu de nouvelles causes d'opposition.

Le délai ne commence à courir que du jour de la deuxième publication, quand même elle n'aurait pas été faite aussi promptement que l'art. 63 l'autorise. Il contrasterait avec les dispositions de cet article de faire courir l'année à compter du jour de la première publication, puisqu'il indique l'existence de plusieurs, en se servant du mot publication au pluriel.

66. *Les actes d'opposition au mariage seront signés sur l'original et sur la copie par les opposans ou par leurs fondés de procuration spéciale et authentique; ils seront signifiés, avec la copie de la procuration, à la personne ou au domicile des parties, et à l'officier de l'état civil, qui mettra son visa sur l'original.* (*C. C., art* 172 *et suiv.*; 192.)

Merlin, R., v. opposition à un mariage.

Malleville. — On voulut d'abord exiger que l'opposition fût motivée, afin de contenir ceux qui seraient tentés d'en former trop légèrement ou par la seule envie de nuire; mais il fut répondu que l'officier de l'état civil ne pouvant connaître du mérite de l'opposition, il était inutile d'en exprimer devant lui le motif; que d'ailleurs cette opposition ne serait souvent qu'un moyen pour donner le temps de la réflexion à un jeune homme que sa passion conduit à un mariage avilissant; qu'enfin il pouvait arriver que l'opposition fût fondée sur des causes déshonorantes pour l'un des futurs époux, et qu'il importait de tenir cachées, jusqu'à ce que l'obstination de l'autre forçât à leur donner publicité.

D'après cela on parut convenir alors que les oppositions ne devaient pas être motivées. Cependant l'art. 176 a restreint aux ascendans cette dispense de motiver les oppositions, et les quatre articles précédens ne les avaient permises qu'aux personnes y désignées. Il est fâcheux que, pour les règles à observer dans un acte, on soit obligé de recourir à deux titres différens.

Delvincourt, t. 1, note 5 de la page 57. — Au domicile des parties, au pluriel. Par conséquent l'opposition formée au mariage d'un des futurs époux doit être signifiée à son domicile et à celui de l'autre époux. Mais celui sur lequel l'opposition n'a pas été formée pourrait-il en demander la main-levée? Je ne le pense pas. Si l'autre ne la demande pas, c'est qu'il renonce au mariage.

Note 6. — Il suffit qu'il soit signifié à l'officier de l'une des communes où le mariage a été ou doit être publié.

Si l'huissier omettait de présenter son original au visa, mais que l'officier de l'état civil eût reçu la copie, il devrait également en faire mention et regarder l'opposition comme suffisante pour empêcher la prononciation du mariage.

Pandectes françaises. — Nous pensons que la signification faite à l'officier de l'état civil suffirait pour empêcher la célébration du mariage, quoiqu'il ne l'eût point été aux parties ou à leur domicile; car il suffit que cet officier ait une connaissance légale de l'opposition pour qu'il ne doive pas passer outre. Mais alors l'huissier est répréhensible, et l'opposant peut être condamné à des dommages-intérêts.

Nous estimons aussi que l'opposition qui serait signifiée à la municipalité, aux parties et à l'officier de l'état civil, au moment même de la célébration, devrait l'arrêter.

Boileux. — Il n'est pas nécessaire de signifier l'acte d'opposition aux officiers de l'état civil des diverses communes où les publications ont été faites ; car on ne peut célébrer le mariage que sur le vu d'un certificat délivré par chacun d'eux, constatant qu'il n'a pas été formé d'opposition ou qu'il en a été donné main-levée.

L'officier public doit viser l'original, afin que la seule exhibition de cette pièce, restée entre les mains de l'opposant, établisse que réellement l'opposition a été signifiée à l'officier de l'état civil, au cas où celui-ci voudrait le nier.

Le mariage célébré nonobstant l'opposition ne serait nul qu'autant que l'opposition viendrait à être confirmée par jugement.

67. *L'officier de l'état civil fera, sans délai, une mention sommaire des oppositions sur le registre des publications; il fera aussi mention, en marge de l'inscription desdites oppositions, des jugemens ou des actes de main-levée dont expédition lui aura été remise.*

Delvincourt, t. 1, note 10 de la page 57. — L'acte de main-levée doit être passé devant notaire et avec *minute*.

Malleville. — On demanda que tous les actes relatifs au mariage fussent inscrit sur le même registre. Cette proposition fut rejetée, parce que cela rendrait ce registre trop volumineux, et qu'il importait même que ce qui concernait les oppositions fût placé dans un registre séparé, pour ne pas présenter sans cesse aux yeux du public et des autres époux, les contestations flétrissantes qui auraient précédé certains mariages.

Hua. — Lorsque l'officier de l'état civil aura, en conséquence de l'art. 63, déposé le registre des publications au greffe du tribunal, s'il survient des oppositions relatives à celles qui s'y trouvent constatées, il devra, dans l'impossibilité de faire les mentions prescrites, déclarer sur l'original de l'opposition n'avoir plus le registre en sa possession, et requérir qu'on réitère la dénonciation au greffier dépositaire. L'opposant, prévenu de l'insuffisance du premier acte, aurait à se reprocher son défaut de diligence, s'il ne déférait pas à sa réquisition, et serait privé de tout recours.

Pandectes françaises. — A l'égard des jugemens, l'officier de l'état civil fera sagement d'attendre qu'on les lui signifie ; et si la main-levée de l'opposition est faite par un jugement par défaut, il doit attendre le délai de l'opposition, et exiger, après ce délai, un certificat qu'il n'en est point survenu.

Boileux. — Ainsi la mention des oppositions se fait sur le registre et à la suite des actes des publications, tandis que la mention des jugemens ou des actes de main-levée n'a lieu qu'en marge de l'inscription desdites oppositions.

68. *En cas d'opposition, l'officier de l'état civil ne pourra célébrer le mariage avant qu'on lui en ait remis la main-levée, sous peine de trois cents francs d'amende et de tous dommages-intérêts.*

Vazeille, mariage, t. 1, n. 157, 172, 178.

Pothier, Traité du contrat de mariage, n. 82, 3ᵉ alinéa. — L'opposition, quelque mal fondée qu'elle paraisse, doit empêcher la célébration du mariage, jusqu'à ce qu'il en ait été donné main-levée.

Delvincourt, t. 1, note 7 de la page 57. — Observer cependant que le mariage célébré nonobstant l'opposition, ne serait nul qu'autant que le motif de l'opposition serait suffisant par lui-même pour faire prononcer la nullité. Malleville, conforme.

Pandectes françaises. — L'officier de l'état civil qui aurait passé outre au mariage, nonobstant l'opposition, pourrait en discuter les causes pour se soustraire aux dommages-intérêts de l'opposant : car ces dommages-intérêts sont la réparation du tort qu'il a fait, et il n'en a causé aucun si l'opposition est mal fondée. Mais il n'en sera pas moins passible de l'amende que la loi inflige, qui est la peine de sa désobéissance.

69. *S'il n'y a point d'opposition, il en sera fait mention dans l'acte de mariage; et si les publications ont été faites dans plusieurs communes, les parties remettront un certificat délivré par l'officier de l'état civil de chaque commune, constatant qu'il n'existe point d'opposition.*

Duranton, t. 1, n. 231 ; Vazeille, mariage, t. 1, n. 157, 172, 181 ; Proudhon, t. 1, p. 111, 239.

Delvincourt, t. 1, not. 1 de la page 65. — Cette disposition prouve, ainsi que nous l'avons déjà dit, qu'il suffit que l'opposition soit signifiée à l'officier de l'état civil de l'une des commune où le mariage a été ou doit être publié.

70 *L'officier de l'état civil se fera remettre l'acte de naissance de chacun des futurs époux. Celui des époux qui serait dans l'impossibilité de se le procurer, pourra le suppléer, en rapportant un acte de notoriété délivré par le juge de paix du lieu de sa naissance ou par celui de son domicile. (C. C., article 99. — Tarif, art. 5 et 16.)*

Avis du Conseil d'État, 30 mars 1808 ; instructions ministérielles, des 30 juin 1804, 4 novembre 1814, 23 décembre 1815, 20 août 1816.

Les personnes nées hors France, qui veulent se marier et qui ne peuvent rapporter les actes que la loi exige, doivent faire constater cette impossibilité par un acte de notoriété, qui doit être homologué par le tribunal. (Instruction ministérielle, 1ᵉʳ juin 1821.)

Les indigens obtiennent *gratis* les actes de notoriété. (Instruction ministérielle, 13 mars 1815.)

Quand le domicile des père et mère est inconnu, et quand il y a impossibilité de le prouver, il faut suivre la marche indiquée par l'art. 71. (Instruction ministérielle du 11 messidor an 12.)

Les étrangers qui veulent contracter mariage en France suppléent par des actes de notoriété à ceux qu'ils ne peuvent produire. L'article 70 doit servir de règle pour des cas semblables à celui qui y est exprimé. (Instruction ministérielle du 24 février 1808.)

(Voir Sirey, 1819, p. 84 ; *id.*, 1816, 2ᵉ part., p. 395.)

Thibaudeau, exposé des motifs au Corps législatif, 12 décembre 1801. — Comme la validité du mariage dépend de l'âge des contractans, ils sont tenus de représenter leur extrait de naissance à l'officier de l'état civil ; mais il y a des circonstances où la représentation de cet acte est impossible ; il est juste alors d'y suppléer : la faveur due au mariage l'exige.

On le fera en rapportant un acte de notoriété qui devra être homologué par un tribunal, qui appréciera les causes qui empêchent de rapporter l'acte de naissance.

Chabot. — L'acte authentique du consentement des père et mère, aïeux et aïeules, ou celui de la famille, dans les cas où ils sont requis, ou les actes respectueux, s'il a dû en être fait, seront pareillement remis à l'officier de l'état civil, et il ne pourra célébrer le mariage si les consentemens exigés par la loi n'ont pas été donnés.

Delvincourt, t. 1, note 2 de la page 65. — Si les futurs époux ne pouvaient tous les deux se procurer leur acte de naissance, il faudrait un acte de notoriété pour chacun d'eux.

Malleville. — Cet article ne distingue pas les différentes causes par lesquelles l'un des époux serait dans l'impossibilité de remettre son acte de naissance, si c'est par la perte des registres, parce qu'il n'en aurait pas été tenu, parce qu'on aurait omis de l'inscrire, ou parce que la feuille sur laquelle cet acte devait être inscrit aurait été arrachée ou se serait détachée du registre. La faveur que méritent les mariages et la crainte de les faire manquer par un trop long délai, a sans doute fait passer, dans cette occasion, par dessus les règles ordinaires. Toullier, t. 1, n. 355, conforme.

Toullier, t. 1, n. 358. — C'est là une exception établie uniquement pour favoriser les mariages, et qui ne peut être étendue à d'autres cas. Le but de ces actes de notoriété est de prouver l'âge du requérant, afin de faire voir qu'il est habile à contracter mariage, et nullement de prouver sa filiation, qui ne peut être prouvée qu'en suivant les règles ordinaires. Il ne peut donc s'en servir dans une question d'état, pas même comme d'un commencement de preuve par écrit, car ce n'est dans la réalité qu'une déclaration de témoins. Favard, v. acte de l'état civil, sect. 1, § 4, n. 4, conforme ; Delvincourt, t. 1, p. 65, note 4, *id.* ; Dalloz, Recueil périodique, t. 33, 2ᵉ part., p. 127.

Ces actes néanmoins devraient faire preuve contre ceux qui les auraient signés et contre leurs héritiers.

71. *L'acte de notoriété contiendra la déclaration faite par sept témoins, de l'un ou de l'autre sexe, parens ou non parens, des prénoms, nom, profession et domicile du futur époux, et de ceux de ses père et mère, s'ils sont connus ; le lieu, et, autant que possible, l'époque de sa naissance, et les causes qui*

empêchent d'en rapporter l'acte. Les témoins signeront l'acte de notoriété avec le juge de paix; et s'il en est qui ne puissent ou ne sachent signer, il en sera fait mention. (*C. C., art.* 150. — *Tarif, art.* 5 *et* 16.)

Avis du Conseil d'Etat, 4 thermidor an 13. Les instructions ministérielles, rapportées sous le précédent article, s'appliquent à celui-ci.

Delvincourt, t. 1, n. 3 de la page 65. — L'article dit : *Autant que possible*, l'époque de la naissance. Je n'ai pas cru qu'il fallût entendre par là que l'on ne pût ne faire aucune mention de la naissance; car le but principal de l'acte étant de constater l'âge de l'époux, il doit contenir une désignation au moins approximative de l'époque de sa naissance, ou ce qui est la même chose, de son âge actuel.

Malleville. — On voit que notre article cumule dans le même acte la preuve qu'il n'existe pas de registres, ou qu'ils sont perdus, avec celle de la naissance; au lieu que dans l'art. 46, la preuve de la perte ou du défaut de tenue des registres est exigée séparément et préalablement à celle des mariages, naissances et décès. C'est toujours la faveur des mariages qui a dicté cette facilité.

72. *L'acte de notoriété sera présenté au tribunal de première instance du lieu où doit se célébrer le mariage. Le tribunal, après avoir entendu le procureur du roi, donnera ou refusera son homologation, selon qu'il trouvera suffisantes ou insuffisantes les déclarations des témoins, et les causes qui empêchent de rapporter l'acte de naissance.* (*C. de P. art.* 885 *et suivans.*)

Toullier, t. 1, n. 357 et suiv.; Vazeille, mariage, t. 1, n. 282.

Pandectes françaises. — Il faut présenter l'acte de notorié au tribunal, avec une requête pour lui en demander l'homologation. Le contradicteur naturel de cette demande est le procureur du roi. Cependant toute personne intéressée peut intervenir pour la contester, et alors il s'engage une instance ordinaire qui doit toujours être communiquée au ministère public. Malleville, conforme.

Le jugement qui intervient sur cette demande au tribunal de première instance, soit de la part du demandeur à qui l'homologation est refusée, soit de la part de l'intervenant contre l'opposition duquel elle aurait été accordée, soit de la part du procureur du roi, est sujet à appel. Malleville, conforme.

73. *L'acte authentique du consentement des père et mère ou aïeuls et aïeules, ou, à leur défaut, celui de la famille, contiendra les prénoms, noms, professions et domiciles du futur époux, et de tous ceux qui auront concouru à l'acte, ainsi que leur degré de parenté.* (*C. C., art.* 148 *et suiv.*; 155 *et suiv.*)

Avis du Conseil d'Etat, 4 thermidor an 13; *id.*, 27 messidor an 13, approuvé le 4 thermidor, sur les formalités relatives au mariage.

Delvincourt, t. 1, note 3 de la page 64. — Si les ascendans dont le consentement est requis sont présens, il est inutile de rapporter un acte particulier de leur consentement; il suffira de l'énoncer.

Rolland de Villargues, v. consentement à mariage, n. 24. — Est-il nécessaire que le nom de la personne avec laquelle le mariage doit avoir lieu soit énoncé?

Quoiqu'il paraisse être désirable que cette énonciation ait lieu pour prévenir les mauvais choix que des enfans peuvent faire, néanmoins c'est une formalité que la loi n'exige pas; et on ne pourrait surtout suppléer une nullité qu'elle n'a point prononcée. Ce que nous disons est conforme à l'usage le plus général, du moins à Paris. La plupart des consentemens laissent à l'enfant une liberté entière de choisir l'époux : on déclare s'en rapporter à sa prudence. *Contrà*, Duranton et Vazeille.

N. 25. — Si l'on désigne la personne avec laquelle le mariage doit avoir lieu, il faut avoir soin que cette désignation *ne présente pas d'équivoque*. Il arrive souvent qu'elle donne lieu à des difficultés qui obligent à des rectifications de noms, à des attestations, sur-tout lorsque la personne désignée a des frères ou des sœurs dont les prénoms présentent de l'analogie.

74. *Le mariage sera célébré dans la commune où l'un des deux époux aura son domicile. Ce domicile, quant au mariage, s'établira par six mois d'habitation continue dans la même commune.* (*C. C., art.* 102 *et suiv.*; 165 *et suiv.*; 192 *et suiv.*)

Avis du Conseil d'état, du quatrième complémentaire an 13.

Toullier, t. 1, n. 561, 571.

Duranton, t. 1, n. 210, 219 à 227, 241, 242, 251, 259, 260, 335 à 338.

Vazeille, mariage, t. 1, n. 157, 179, 192 à 196, 250 à 256.

Hua. — On doit remarquer que l'art. 191, en autorisant la demande en nullité des mariages pour lesquels la publicité n'a pas été observée, ne considère pas cette peine comme d'une application rigoureuse, et semble dès lors la subordonner à l'examen des circonstances laissées à l'arbitraire des juges; il indique cette action comme facultative.

Pandectes françaises. — Ces mots *habitation continue* ne doivent pas s'entendre strictement, en sorte qu'il soit nécessaire que la partie ne sorte point de la commune pendant six mois. Un voyage, une absence momentanée n'empêchent pas le domicile.

Le domicile du mariage, pour le mineur, est celui de son père ou de son tuteur, parce que, quelque part que le mineur ait son habitation de fait, son domicile n'est nulle part ailleurs que chez son père ou son tuteur. Il faudra, dans ce cas, faire publier des bans dans la commune de l'habitation de fait; mais l'officier compétent pour la célébration du mariage est celui du domicile du père ou du tuteur.

Merlin, mariage, sect. 3, n. 4. — Si deux époux qui veulent se marier n'ont pas de résidence fixe, c'est l'officier de l'état civil du lieu où elles se trouvent qui doit procéder à la célébration du mariage. Si une d'elles a une résidence fixe, c'est l'officier de l'état civil de cette résidence. Au surplus, on ne peut regarder comme n'ayant pas de domicile celui qui a conservé son domicile d'origine.

Dalloz, mariage, sect. 6, n. 2. — L'individu qui a abdiqué son ancien domicile, et qui, dans le lieu qu'il a choisi, n'a pas encore acquis une résidence continue de six mois, ne pourra, ce me semble, célébrer son mariage ni dans l'une ni dans l'autre commune. En effet, l'ancien domicile est censé n'avoir jamais existé. Le nouveau, bien qu'il soit acquis pour l'exercice des actes de la vie civile, ne l'est point encore par rapport au mariage, pour lequel le législateur exige une résidence continue.

75 *Le jour désigné par les parties après les délais des publications, l'officier de l'état civil, dans la maison commune, en présence de quatre témoins, parens ou non parens, fera lecture aux parties des pièces ci-dessus mentionnées, relatives à leur état et aux formalités du mariage, et du chapitre VI du titre* du Mariage, sur les droits et les devoirs respectifs des époux. *Il recevra de chaque partie, l'une après l'autre, la déclaration qu'elles veulent se prendre pour mari et femme; il prononcera, au nom de la loi, qu'elles sont unies par le mariage, et il en dressera acte sur-le-champ.* (*C. de P., art.* 37, 63 *et suiv.*; 165 *et suiv.*; 191 *et suiv.*; 103 *et suiv.*, 199, 200.)

Loi du 20 septembre 1790, tit. 4, sect. 4, art. 4, 5 et 6; avis du Conseil d'Etat, du 30 nivôse an 12; loi du 18 germinal an 10, art. 54.

Vazeille, mariage, t. 1, n. 178, 183, 184, 250 à 256.

Locré, Eprit du Code civil, sur l'art. 191.

Pothier, Traité du contrat de mariage, n. 375, 2e alinéa. — Il faut que les témoins sachent signer, et qu'ils aient les qualités requises pour être témoins dans les actes civils; c'est-à-dire qu'ils soient mâles, âgés de vingt-et-un ans au moins, domiciliés, jouissant des droits civils, et non notés d'infamie. Il doit être fait mention s'ils sont parens des parties, et à quel degré.

Delvincourt, t. 1, not. 8 de la pag. 65. — Il faut appliquer au défaut de présence de l'officier civil, ce qu'on disait anciennement du défaut de présence du propre curé. La nullité était et est encore telle, qu'elle peut être invoquée par les époux eux-mêmes. (Art. 191.)

Not. 8. — Le défaut de publicité emporte la nullité du mariage : cela est décidé formellement par l'art. 191. Mais on n'est pas aussi généralement d'accord sur l'effet du défaut de célébration dans la maison commune. Quant à moi, je pense que si le défaut de célébration dans la maison commune n'entraîne pas toujours nécessairement la nullité du mariage, il doit, en cas de contestation, *former au moins un violent préjugé que le mariage n'a pas été contracté régulièrement.* Je pense qu'il doit y avoir cette différence entre le mariage contracté dans ou hors la maison commune, que, dans le premier cas, la présomption est pour la publicité et pour la liberté des parties, et que c'est à ceux qui soutiennent le contraire à le prouver d'une manière évidente. Dans le second cas, le mariage doit, jusqu'à preuve contraire, être présumé clandestin ou forcé, et comme tel, entaché de nullité.

Malleville. — On proposa de donner à l'officier civil la faculté de se transporter au domicile des parties pour y célébrer le mariage, dans le cas d'empêchement de l'une d'elles. On répondit que cette permission aurait beaucoup d'inconvéniens; qu'elle deviendrait l'apanage de la puissance et des richesses, et qu'il valait mieux conserver le principe de la publicité. Cependant, il fut convenu de renvoyer cette question au titre du *Mariage*, où l'art. 165 confirme la règle.

(Voir l'art. 54 de la loi du 8 germinal an 10, sur les cultes, qui prescrit aux curés de ne donner la bénédiction nuptiale qu'à ceux qui justifieront avoir contracté mariage devant l'officier civil. Voir art. 199 et 200 du Code pénal.)

76. *On énoncera, dans l'acte de mariage, — 1° les prénoms, noms, professions, âge, lieux de naissance et domiciles des époux; — 2° s'ils sont majeurs ou mineurs; — 3° les prénoms, noms, professions et domiciles des pères et mères; — 4° le consentement des pères et mères, aïeuls et aïeules, et celui de la famille, dans les cas où ils sont requis; — 5° les actes respectueux, s'il en a été fait; — 6° les publications dans les divers domiciles; — 7° les oppositions, s'il y en a eu, leur mainlevée, ou la mention qu'il n'y a point eu d'opposition; — 8° la déclaration des contractans de se prendre pour époux, et le prononcé de leur union par l'officier public; — 9° les prénoms, noms, âge, professions et domiciles des témoins, et leur déclaration s'ils sont parens ou alliés des parties, de quel côté et à quel degré. (C. de P., art. 199, 200.)*

Loi du 20 septembre 1790, tit. 4. sect. 4, art. 7; déclaration de 1736, art. 7; loi du 18 germinal an 10; avis du Conseil d'Etat, du 30 mars 1808.

Merlin, R., v. mariage, sect. 5, § 2 et 4.

Duranton, t. 1, n. 241, 242.

Vazeille, mariage, t. 1, n. 183, 250 à 256.

Le mariage des ecclésiastiques engagés dans les ordres sacrés n'est pas toléré; il est défendu aux officiers de l'état civil de procéder à ces mariages. (Instruction ministérielle, 14 janvier 1806; 30 du même mois 1807.)

Observations du Tribunat, 26 juillet 1802, n. 12. — La section désire l'addition d'un nouveau paragraphe, par lequel on exigerait, dans l'acte de mariage, la mention des actes de réquisition du conseil des parens, dans le cas où il y en aurait eu.

Ces actes étant prescrits par la loi, il en résulte que, lors du mariage, il doit être constant, ou que les parens ont donné leur consentement, ou que leur consentement a été demandé. — On doit avoir la certitude que la loi a été exécutée sur ce point comme sur les autres: et cette certitude ne peut résulter que de la mention de l'exhibition des actes de réquisition. — Cette mention a paru d'autant plus nécessaire, pour assurer en cette partie l'exécution de la loi, que souvent on pourrait cacher le mariage aux pères et mères de majeurs, et que, dès lors, ces pères et mères seraient dans l'impossibilité de former les oppositions auxquelles ils sont autorisés par la loi.

CHAPITRE IV.

Des Actes de décès.

77. *Aucune inhumation ne sera faite sans une autorisation, sur papier libre et sans frais, de l'officier de l'état civil, qui ne pourra la délivrer qu'après s'être transporté auprès de la personne décédée, pour s'assurer du décès, et que vingt-quatre heures après le décès, hors les cas prévus par les réglemens de police. (C. C., art. 81, 96. — C. de P. art. 358, 359.)*

Loi du 20 septembre 1792, tit. 5, art. 2; décrets des 23 prairial an 12, 4 thermidor an 13, 3 janvier 1813, 22 janvier et 4 juillet 1806.

Favard, v. décès, n. 1, 2, 3, 4, 15; Merlin, R., v. cadavre, n. 9; sépulture; Duranton, t. 1, n. 321, 329, 330.

Instruction ministérielle du 20 novembre 1817, qui recommande aux maires de se transporter dans le domicile de la personne décédée pour s'assurer de son décès.

L'acte du décès du mari, nécessaire à la femme pour contracter un nouveau mariage, *ne peut* être suppléé que par un acte de notoriété; il faut un jugement rendu sur enquête, et qui doit être inscrit sur les registres de l'état civil. (Instruction ministérielle du 3 ventôse an 13.)

Les maires doivent, aussitôt le décès des membres de la Légion-d'Honneur, envoyer au procureur du Roi une copie sur papier libre de l'acte qu'ils ont dressé, et ce magistrat doit, sans délai, transmettre cette copie au grand chancelier de l'ordre. (Instruction ministérielle du 26 février 1816.)

Chaque culte doit avoir un lieu d'inhumation particulier. (Décret du 3 prairial an 12, art. 15; instruction ministérielle du 8 messidor an 12.)

(Voir aussi décret du 10 février 1806, sur les sépultures, et celui du 4 thermidor an 13, relatif aux autorisations des officiers de l'état civil pour les inhumations.)

Quant aux consumés dans les incendies et aux noyés dont les corps n'ont pu être retrouvés, leur décès ne peut être constaté que par une enquête. C'est une exception à l'art. 46. (Malleville.)

Siméon, rapport au Tribunal, 8 mars 1803. — En s'assurant de la certitude du décès, l'officier de l'état civil empêche la supposition, et par le délai de vingt-quatre heures qu'il doit faire observer, il écarte les dangers d'une précipitation trop funeste.

S'il y a des signes, des indices ou des soupçons de mort violente, un officier de police sera appelé pour en dresser procès-verbal: car s'il y a un délit, il faut saisir le dernier moment qui reste pour le constater.

Le 23 prairial an 12, il a été fait un réglement sur les sépultures, dont les principales dispositions sont:

Art. 1. Qu'aucune inhumation ne peut avoir lieu dans les églises et autres édifices clos et fermés, où les citoyens se réunissent pour la célébration de leur culte, ni dans l'enceinte des villes et bourgs.

Art. 2. Les terrains spécialement consacrés aux inhumations doivent être à la distance de 35 à 40 mètres au moins de l'enceinte des villes et bourgs.

Art. 14. Toute personne peut être enterrée sur sa propriété, pourvu que ce soit à la distance ci-dessus des villes et bourgs.

Art. 15. Dans les communes où l'on professe plusieurs cultes, chaque culte doit avoir un lieu particulier d'inhumation, et dans le cas où il n'y aurait qu'un seul cimetière, on le partage par des murs, haies ou fossés, en autant de parties qu'il y a de cultes différens.

Malleville. — On demanda que l'officier civil fût assisté d'un officier de santé pour constater le décès, parce qu'il est quelquefois possible de confondre la mort avec la léthargie. Mais il fut observé qu'il ne serait pas toujours facile de trouver à propos des officiers de santé, et que les précautions à prendre étaient du ressort de la police.

Dans les grandes villes, il est d'usage de faire examiner le cadavre par un officier de santé. Il est à désirer de voir cette précaution s'étendre; aucune n'est plus propre à éviter le danger des inhumations précipitées.

Lorsqu'un enfant mort-né est présenté à l'officier de l'état civil, il doit se borner à constater qu'un enfant sans vie lui a été présenté. (Décret du 4 juillet 1806.)

78. *L'acte de décès sera dressé par l'officier de l'état civil, sur la déclaration de deux témoins. Ces témoins seront, s'il est possible, les deux plus proches parens ou voisins, ou, lorsqu'une personne sera décédée hors de son domicile, la personne chez laquelle elle sera décédée, et un parent ou autre. (C. C., art. 34 et suiv.; 50 et suiv.; 82 et suiv.; 96 et suiv.)*

Ordonnance de 1667, tit. 20, art. 9; déclaration de 1736, art. 10; loi du 20 septembre 1792, tit. 5; décret du 4 juillet 1806; autre du 29 fructidor an 3; loi du 4 fructidor an 7; décret du 9 décembre 1794; loi du 21 août 1799.

Toullier, t. 1, n. 309; Duranton, t. 1, n. 321; Sirey, t. 7, 1re part., p. 401.

La mention de l'heure est très-importante; par exemple, dans le cas où deux personnes, dont l'une peut hériter de l'autre, sont mortes le même jour.

Malleville. — On est surpris de ne trouver dans aucun de ces deux articles la formalité de l'énonciation du jour du décès.

L'art. 34 prescrit bien d'énoncer dans tous les actes de l'état civil l'année, le jour et même l'heure où ils sont reçus; et des dispositions de l'art. 77 on doit conclure que, le plus ordinairement, la personne était décédée la veille. Mais comme il est possible que l'inhumation soit faite avant ou après le délai prescrit, et que la déclaration du décès n'arrive pas le jour même du décès, il s'ensuit qu'on ne peut pas positivement s'assurer de sa date.

Cependant, non seulement il est essentiel de savoir le jour, mais il serait souvent nécessaire de savoir l'heure à laquelle une personne est décédée; car l'époque des décès règle l'ordre des successions. Delvincourt, t. 1, p. 36, note 3; Duranton, t. 1, n. 322, conformes.

Boileux. — Les deux personnes dont il s'agit ici cumulent les deux rôles de comparans et de témoins. Elles sont appelées, non pour fortifier la certitude de la mort, car elle est suffisamment acquise par le transport de l'officier de l'état civil sur les lieux, mais pour désigner la personne du défunt.

La loi veut que les témoins soient pris parmi les parens ou les voisins, parce qu'ayant eu des relations avec le défunt, ils sont plus à même de donner les renseignemens utiles à la rédaction de l'acte.

79. *L'acte de décès contiendra les prénoms, nom, âge, profession et domicile de la personne décédée; les prénoms et nom de l'autre époux, si la personne décédée était mariée ou veuve; les prénoms, noms, âge, professions et domiciles des déclarans, et s'ils sont parens, leur degré de parenté.*

Le même acte contiendra de plus, autant qu'on pourra le savoir, les prénoms, noms, profession et domicile des père et mère du décédé, et le lieu de sa naissance. (C. C., art. 34 et suiv.; 50 et suiv.)

Avis du Conseil d'état, du 30 mars 1808.
Toullier, t. 1, n. 330; t. 8, n. 166.

Pandectes françaises. — Les énonciations mentionnées au § 2 de notre article ne doivent jamais être adoptées comme preuves, mais seulement comme renseignemens, qui auront plus ou moins d'importance, suivant les personnes de qui elles émaneront.

Duranton, t. 1, n. 322. — Nonobstant la disposition de l'art. 45, qui porte que les extraits délivrés conformes aux registres, font foi jusqu'à inscription de faux, il ne serait pas nécessaire de s'inscrire en faux contre l'énonciation de l'âge du décédé. L'acte de décès n'a pas pour objet principal de le constater. Cette énonciation doit même nécessairement être fautive dans beaucoup de cas, sur-tout lorsque la personne est décédée hors de son domicile.

80. *En cas de décès dans les hôpitaux militaires, civils ou autres maisons publiques, les supérieurs, directeurs, administrateurs et maîtres de ces maisons, seront tenus d'en donner avis, dans les vingt-quatre heures, à l'officier de l'état civil, qui s'y transportera pour s'assurer du décès, et en dressera l'acte conformément à l'article précédent, sur les déclarations qui lui auront été faites, et sur les renseignemens qu'il aura pris.*

Il sera tenu, en outre, dans lesdits hôpitaux et maisons, des registres destinés à inscrire ces déclarations et ces renseignemens.

L'officier de l'état civil enverra l'acte de décès à celui du dernier domicile de la personne décédée, qui l'inscrira sur les registres. (C. C., art. 34 et suiv.; 96 et suiv. — C. de P., art. 358 et 359.)

Toullier, t. 1, n. 329.
Duranton, t. 1, n. 327.
Delvincourt, t. 1, note 5 de la page 37. — Il n'est pas défendu ici de faire mention du lieu du décès, parce qu'il ne présente rien de déshonorant.

Malleville. — Autrefois, les supérieurs des hôpitaux étaient aussi tenus d'avoir des registres pour y inscrire les décès des personnes qui mouraient dans ces maisons, et alors ces registres faisaient foi comme ceux des communes; mais aujourd'hui ils ne peuvent plus servir que de renseignemens.

Hua. — L'expression, *en outre*, justifie que ces registres, tenus dans des maisons publiques, sont indépendans de celui tenu par l'officier de l'état civil. Dans le cas prévu, il y aura deux actes distincts: celui de l'état civil fera seul preuve complète; l'autre est plutôt d'ordre intérieur et d'administration privée.

81. *Lorsqu'il y aura des signes ou indices de mort violente, ou d'autres circonstances qui donneront lieu de le soupçonner, on ne pourra faire l'inhumation qu'après qu'un officier de police, assisté d'un docteur en médecine ou en chirurgie, aura dressé procès-verbal de l'état du cadavre, et des circonstances y relatives, ainsi que des renseignemens qu'il aura pu recueillir sur les prénoms, nom, âge, profession, lieu de naissance et domicile de la personne décédée. (C. d'inst. cr., art. 44 et suiv. — C. de P., art. 358 et 359. — Tarif crim., art. 121.)*

Merlin, R., v. cadavre, n. 1; *id.*, t. 16, p. 175.
Duranton, t. 1, n. 326.

Malleville. — L'article, dans sa première rédaction, portait que l'officier serait assisté, *autant que possible*, d'un officier de santé. Ces mots furent retranchés, parce qu'il importe absolument que l'officier de police soit accompagné d'un homme de l'art. — La forme du procès-verbal appartient à la procédure criminelle.

De mort violente, quand même elle paraîtrait la conséquence d'un suicide.

Pandectes françaises. — Bien que cet article semble n'être relatif qu'aux cadavres trouvés dans les rues ou endroits publics, il doit également être exécuté à l'égard de ceux des citoyens décédés dans leurs maisons, s'il y a lieu de soupçonner une mort violente.

Le chirurgien, dans son rapport, doit apporter beaucoup d'attention à décrire exactement l'état du cadavre; les signes qui peuvent faire soupçonner la mort violente; s'il y a des blessures, leur place, leur plus ou moins de gravité; indiquer avec quel instrument elles paraissent avoir été faites, et si elles ont pu être une cause prochaine ou éloignée de la mort.

Boileux. — La mort violente comprend également le duel et le suicide.

82. *L'officier de police sera tenu de transmettre de suite à l'officier de l'état civil du lieu où la personne sera décédée, tous les renseignemens énoncés dans son procès-verbal, d'après lesquels l'acte de décès sera rédigé.*

L'officier de l'état civil en enverra une expédition à celui du domicile de la personne décédée, s'il est connu: cette expédition sera inscrite sur les registres.

Duranton, t. 1, n. 326.

Pandectes françaises. — Si le cadavre n'est point connu, on dresse l'acte de décès sur les renseignemens que l'on a pu se procurer, et alors il ne peut y avoir lieu à l'envoi de l'expédition.

S'il est reconnu et réclamé par les parens, il doit leur être rendu, et ce sont eux qui font dresser l'acte, qui est rédigé d'après leurs déclarations.

Boileux. — Le procès-verbal n'est destiné qu'à constater le délit: il ne supplée pas à l'acte de décès. Cet acte ne doit pas moins être rédigé par l'officier de l'état civil. Néanmoins, comme la circonstance de mort violente lui est tout à fait indifférente, puisqu'il ne doit pas en faire mention sur les registres, l'officier de police ne lui transmet que les renseignemens nécessaires pour dresser l'acte; les autres détails restent secrets pendant l'instruction du procès criminel.

83. *Les greffiers criminels seront tenus d'envoyer, dans les vingt-quatre heures de l'exécution des jugemens portant peine de mort, à l'officier de l'état civil du lieu où le condamné aura été exécuté, tous les renseignemens énoncés en l'art. 79, d'après lesquels l'acte de décès sera rédigé. (C. C., art. 78, 79 et 85. — C. d'instr. crim., art. 378.)*

Favard, v. décès, n. 9.
Duranton, t. 1, n. 324.
Proudhon, t. 1, p. 113.
Delvincourt, t. 1, p. 40.

Malleville. — Avant le Code, la preuve du décès des suppliciés se faisait seulement par l'extrait du procès-verbal d'exécution, qui se mettait au bas de la sentence, à moins qu'ils n'eussent eu la sépulture ecclésiastique.

84. *En cas de décès dans les prisons ou maisons de réclusion et de détention, il en sera donné avis sur-le-champ, par les concierges ou gardiens, à l'officier de l'état civil, qui s'y transportera comme il est dit en l'art.* 80, *et rédigera l'acte de décès.* (*C. C., art.* 34, 40, 78, 79 *et* 85. — *C. de P., articles* 358 *et* 359.)

Loi du 20 septembre 1792, tit. 5, art. 5.
Merlin, Questions de droit, v. retrait successoral.
Duranton, t. 1, n. 325.
Décret du 3 janvier 1813, relatif aux noyés.

Boileux. — Dans les cas prévus par ces deux articles, la loi n'exige pas qu'une expédition de l'acte de décès soit envoyée à l'officier de l'état civil du domicile; cependant, il semble qu'il doive en être de ces cas comme de celui de mort violente.

85. *Dans tous les cas de mort violente, ou dans les prisons et maisons de réclusion, ou d'exécution à mort, il ne sera fait sur les registres aucune mention de ces circonstances, et les actes de décès seront simplement rédigés dans les formes prescrites par l'art.* 60.

Décret du 20 janvier 1790; loi du 20 septembre 1790; Merlin, R., v. cadavre, n. 6; *id.*, exécution des jugemens criminels.

Thibaudeau, exposé des motifs au Corps législatif, 12 décembre 1801, n. 20. — L'usage était d'inscrire sur les registres le procès-verbal d'exécution à mort. La loi du 21 janvier 1790 l'abolit, et ordonna qu'il ne serait plus fait sur les registres aucune mention du genre de mort.

On a pensé qu'il fallait étendre cette disposition à trois espèces qui les renferment toutes: la mort violente, qui comprend le duel et le suicide; la mort en prison et autres lieux de détention, et l'exécution à mort par suite d'un jugement.

Quoique, aux yeux de la raison, les peines et la flétrissure qui en résulte soient personnelles, on ne peut pas se dissimuler qu'un préjugé contraire a encore beaucoup d'empire sur le plus grand nombre des hommes; dès lors la loi, qui ne peut l'effacer subitement, doit en adoucir les effets et venir au secours des familles qui auraient à en supporter l'injustice. Elle a donc formellement consacré le principe de celle de 1790, en disposant que, dans tous les cas, les actes de décès seront simplement rédigés dans les formes communes aux décès ordinaires.

Delvincourt, t. 1, n. 2 de la page 37. — Cette sage disposition a pour but d'épargner des désagrémens aux familles. Pour la rendre plus complète, il eût peut-être été à désirer que, dans ce cas, comme dans celui d'exécution à mort, quand le décédé a un domicile connu, les renseignemens eussent été adressés directement à l'officier de l'état civil de ce domicile, qui alors eût été chargé de rédiger l'acte de décès.

Malleville. — On dit lors de la discussion, que le préjugé qui fait rejaillir sur un famille l'ignominie de l'un de ses membres avait son utilité, en ce qu'il engageait à veiller sur la conduite de ses proches; qu'il était même fondé, jusqu'à un certain point, en justice, parce que c'était communément la faute des pères de n'avoir pas prévenu ou arrêté les écarts de leurs enfans. Ces observations n'étaient pas sans fondement, mais l'humanité l'emporta. Il ne faut pas trop facilement condamner les pères; il est des naturels pervers que la douceur ne peut ramener et que la sévérité ne rend que plus féroces.

86. *En cas de décès pendant un voyage de mer, il en sera dressé acte dans les vingt-quatre heures, en présence de deux témoins pris parmi les officiers du bâtiment, ou, à leur défaut, parmi les hommes de l'équipage. Cet acte sera rédigé, savoir, sur les bâtimens du Roi, par l'officier d'administration de la marine, et sur les bâtimens appartenant à un négociant ou armateur, par le capitaine, maître ou patron du navire. L'acte de décès sera inscrit à la suite du rôle de l'équipage.* (*C. C., art.* 34 *et suiv.*; 59 *et suiv.*; 988 *et suiv.* — *C. de P., art.* 558, 559.)

Ordonnance de 1681, liv. 1, tit. 3, art. 2 et 6; Locré, Esprit du Code civil, sur l'art. 60; Proudhon, t. 1, p. 114.

Procès-verbal du Conseil d'Etat, 9 septembre 1802. — Truguet demande comment les décès seront constatés dans le cas où un bâtiment aura péri.

Thibaudeau répond que quand les circonstances ne fourniront pas de preuves, tout se réglera par les dispositions relatives aux absens.

87. *Au premier port où le bâtiment abordera, soit de relâche, soit pour toute autre cause que celle de son désarmement, les officiers de l'administration de la marine, capitaine, maître ou patron, qui auront rédigé des actes de décès, seront tenus d'en déposer deux expéditions, conformément à l'art.* 60.

A l'arrivée du bâtiment dans le port du désarmement, le rôle d'équipage sera déposé au bureau du préposé à l'inscription maritime; il enverra une expédition de l'acte de décès, de lui signée, à l'officier de l'état civil du domicile de la personne décédée: cette expédition sera inscrite de suite sur les registres. (*C. C., art.* 60, 991.)

Delvincourt, t. 1, p. 40; Proudhon, t. 1, p. 140; avis du Conseil d'Etat, du 4e jour complémentaire an 13; autre du 17 germinal même année; arrêté du Directoire, du 22 prairial an 5.

Malleville. — Il n'est pas parlé dans ce chapitre de ceux qui peuvent être consumés dans un incendie ou noyés, sans qu'on ait retrouvé leurs corps, qui ne peuvent ainsi recevoir de sépulture. Il est évident que leur décès ne peut être constaté que par une enquête. C'est une autre exception à la disposition de l'art. 46.

CHAPITRE V.

Des Actes de l'Etat civil concernant les militaires hors du territoire du royaume.

88. *Les actes de l'état civil faits hors du territoire du royaume, concernant des militaires ou autres personnes employées à la suite des armées, seront rédigés dans les formes prescrites par les dispositions précédentes, sauf les exceptions contenues dans les articles suivans.* (*C. C., art.* 34 *et suiv.*; 69, 76, 78 *et suiv.*; 981 *et suiv.*)

Instruction du ministre de la guerre, du 24 brumaire an 12; déclaration des 2 juillet 1716 et 22 nombre 1728; décrets des 16 juin et 3 août 1808; avis du Conseil d'Etat des 21 décembre 1808 et 17 germinal an 13.

Malleville. — Ce chapitre a été ajouté au premier projet de loi, sur les observations de l'Empereur, qui démontra la nécessité d'établir des règles pour les actes relatifs à l'armée, lorsqu'elle se trouve en pays ennemi.

Quelqu'un ayant dit qu'on y avait pourvu par l'art. 47, qui veut que les actes faits à l'étranger soient valables lorsqu'ils se trouveront dans les formes usitées dans le pays, Napoléon répondit que le militaire n'est jamais chez l'étranger, lorsqu'il est sous le drapeau; que là où est le drapeau, là est aussi la France.

En conséquence, la section de législation, réunie à celle de la guerre, rédigea ce cinquième chapitre, qui fut adopté dans les séances des 11 septembre 1801 et 9 septembre 1802.

Il faut bien remarquer que les militaires, tant qu'ils sont en France, doivent se conformer aux lois qui régissent tous les autres citoyens.

La victoire entraîne souvent les armées au-delà de leurs limites, et si les flambeaux d'un hymen respectable doivent luire quelquefois au milieu des camps pour la consolation du guerrier; si quelques naissances y accordent aux braves des successeurs, la mort n'y allume que trop souvent ses torches funèbres. La société doit avoir prévu toutes les chances; partout où le sort d'un individu appelle le secours d'une loi, il faut qu'elle soit près de lui. Ce chapitre 5 a pour objet d'en compléter le système en faveur des militaires, et renferme en soi l'ordre des trois chapitres précédens. (G...)

Un avis du Conseil d'Etat, du 17 germinal an 13, porte qu'on ne peut suppléer par aucun acte de notoriété à l'omission des formalités pour constater le décès des militaires.

Sur la validité du mariage contracté par un militaire en pays étranger, selon les lois du pays, voir Merlin, R., t. 16, p. 325. Duranton et Vazeille partagent l'opinion de Merlin, que l'art. 88 doit être observé. Le contraire a été jugé par les cours royales de Paris et de Colmar, en 1820 et 1824. (Voir Dalloz, Recueil alph., t. 1, p. 191, et Recueil pér., t. 27, 1re part., p. 8; *id.*, 21, 2e part., p. 41.)

89. *Le quartier-maître dans chaque corps d'un ou plusieurs bataillons ou escadrons, et le capitaine commandant dans les autres corps, rempliront les fonctions d'officiers de l'état civil : ces mêmes fonctions seront remplies, pour les officiers sans troupes et pour les employés de l'armée, par l'inspecteur aux revues attaché à l'armée ou au corps d'armée.*

Déclarations des 2 juillet 1716 et 22 novembre 1728; décret du 1er vendémiaire an 12; ordonnance du 29 juillet 1817.

Delvincourt, t. 1, note 3 de la page 39. — Depuis l'institution des majors, un arrêté du 1er vendémiaire an 12 a transporté la tenue des registres à ces derniers.

90. *Il sera tenu, dans chaque corps de troupes, un registre pour les actes de l'état civil relatifs aux individus de ce corps, et un autre à l'état-major de l'armée ou d'un corps d'armée, pour les actes civils relatifs aux officiers sans troupes et aux employés : ces registres seront conservés de la même manière que les autres registres des corps et états-majors, et déposés aux archives de la guerre, à la rentrée des corps ou armées sur le territoire du royaume. (C. C., art. 40 et suivans.)*

Duranton, t. 1, n. 333; Proudhon, t. 1, p. 115.

Delvincourt, t. 1, note 4 de la page 39. — Il paraît, d'après une instruction du ministre de la guerre, qu'il n'est pas nécessaire que ce registre soit tenu *double.*

Un registre. Ce registre suppléant à celui tenu dans chaque commune par l'officier de l'état civil, fait pleine foi.

91. *Les registres seront cotés et paraphés, dans chaque corps, par l'officier qui le commande; et à l'état-major, par le chef de l'état-major général.*

Proudhon, t. 1, p. 115.

Delvincourt, t. 1, note 5 de la page 39. — Il faut remarquer que, dans les détachemens composés de moins d'un bataillon ou escadron, le registre est tenu par le commandant du corps. Il ne paraîtrait donc pas convenable qu'il fût coté et paraphé par lui.

92. *Les déclarations de naissance à l'armée seront faites dans les dix jours qui suivront l'accouchement. (C. C., articles 55 et suiv.)*

Merlin, R., naissance (acte de); Duranton, t. 1, n. 334; Delvincourt, t. 1, p. 42.

93. *L'officier chargé de la tenue du registre de l'état civil devra, dans les dix jours qui suivront l'inscription d'un acte de naissance audit registre, en adresser un extrait à l'officier de l'état civil du dernier domicile du père de l'enfant, ou de la mère, si le père est inconnu.*

Merlin, R., v. abréviation, état civil, § 3, n. 3, t. 16; Duranton, t. 1, n. 334.

Pandectes françaises. — L'officier de l'état civil qui reçoit de pareils actes doit, en les inscrivant, en faire mention sur les registres à leur date, afin d'en rendre la recherche sûre.

94. *Les publications de mariage des militaires et employés à la suite des armées seront faites au lieu de leur dernier domicile : elles seront mises en outre, vingt-cinq jours avant la célébration du mariage, à l'ordre du jour du corps, pour les individus qui tiennent à un corps, et à celui de l'armée ou du corps d'armée, pour les officiers sans troupes et pour les employés qui en font partie. (C. C., art. 63.)*

Loi du 13 janvier 1817; avis du Conseil d'État, du 4e jour complémentaire an 13, et du 21 décembre 1808.

(Voir avis du Conseil d'État du 4e jour complémentaire an 13 (18 septembre 1805), qui déclare que la disposition de cet article ne s'applique qu'aux militaires hors du territoire français. C'est ce qui résulte d'ailleurs de l'intitulé du présent chapitre.

Pandectes françaises. — Bien que le militaire n'acquière pas de véritable domicile dans les endroits où il demeure avec son corps, il y a un domicile de fait quant au mariage. Il faut donc faire les publications dans la commune où il a été en garnison, et, s'il n'y est pas resté six mois, il faut en faire dans celle où il était auparavant; mais non dans les endroits où il n'a fait que passer, et où le séjour n'a point été assez long pour qu'il pût y contracter mariage.

95. *Immédiatement après l'inscription sur le registre de l'acte de célébration du mariage, l'officier chargé de la tenue du registre en enverra une expédition à l'officier de l'état civil du dernier domicile des époux.*

Merlin, v. domicile; Proudhon, t. 1, p. 115; Vazeille, mariage, t. 1, n. 193.

Delvincourt, t. 1, note 1 de la page 40. — Pourquoi l'envoi de l'acte de mariage doit-il être fait immédiatement après la célébration, tandis qu'il est accordé un délai de dix jours pour l'envoi des actes de naissance et de décès? Je pense que c'est parce que les actes de naissance et de décès étant commandés par les circonstances, peuvent être faits dans de tels instans où l'envoi ne pourrait s'en faire commodément.

Cela ne peut s'appliquer aux mariages; on ne choisit pas ordinairement de tels momens pour se marier.

Pandectes françaises. — La célébration du mariage doit se faire devant et par l'officier chargé de la tenue du registre, puisque l'article 89 lui confère les fonctions d'officier de l'état civil. Il devra remplir en conséquence toutes les formalités imposées aux autres officiers de l'état civil.

Si le militaire français épouse une étrangère, on ne doit exiger à l'égard de celle-ci que l'accomplissement des formalités auxquelles elle est obligée par les lois de son pays. Le militaire peut même, dans ce cas, se marier devant le prêtre ou devant l'officier du domicile de la femme qu'il épouse; mais il doit remplir toutes les formalités prescrites par la loi civile française, sinon il court risque de voir prononcer la nullité de son mariage lors de sa rentrée en France.

Duranton, t. 1, n. 335. — Si les époux avaient des domiciles distincts en France, l'expédition devrait être adressée à l'officier du domicile de chacun d'eux.

96. *Les actes de décès seront dressés, dans chaque corps, par le quartier-maître, et pour les officiers sans troupes et les employés, par l'inspecteur aux revues de l'armée, sur l'attestation de trois témoins, et l'extrait de ces registres sera envoyé, dans les dix jours, à l'officier de l'état civil du dernier domicile du décédé. (C. C., art. 46, 77 et suiv.; 88 et 93.)*

Un avis du Conseil d'État, du 17 germinal an 13, porte qu'il *ne faut pas* admettre comme preuve des décès de simples actes de notoriété; qu'ainsi on ne peut déclarer le mariage dissous après un certain nombre d'années.

Delvincourt, t. 1, note 3 de la page 40. — Observez qu'à défaut de tout autre domicile, il faut entendre le lieu de la naissance de l'individu.

Pandectes françaises. — Il faut ajouter, après le quartier-maître, la *capitaine-commandant*; car il est nommé à l'art. 89 comme faisant les fonctions d'officier de l'état civil dans les corps qui ne sont point composés de plusieurs bataillons ou escadrons. Son omission ici n'est qu'un oubli; et comme il doit recevoir les actes de naissances et de mariages, il doit aussi rédiger ceux de décès des membres de son corps.

Boileux. — Extrait des actes de naissance et de décès doit en outre être adressé au ministre de la guerre.

97. *En cas de décès dans les hôpitaux militaires ambulans ou sédentaires, l'acte en sera rédigé par le directeur desdits hô-*

pitaux, et envoyé au quartier-maître du corps, ou à l'inspecteur aux revues de l'armée ou du corps d'armée dont le décédé faisait partie. Ces officiers en feront parvenir une expédition à l'officier de l'état civil du dernier domicile du décédé. (C. C., art. 80, 93, 982.)

Proudhon, t. 1, p. 116; Delvincourt, t. 1, p. 42, 43.

Pandectes françaises. — Les dispositions de ce chapitre ne concernent que l'armée étant hors de France. Les militaires qui sont dans l'intérieur doivent se conformer au droit commun.

98. *L'officier de l'état civil du domicile des parties auquel il aura été envoyé de l'armée expédition d'un acte de l'état civil, sera tenu de l'inscrire de suite sur les registres. (C. C., art. 40 et suiv.; 50 et suiv.)*

Toullier, t. 1, n. 417.
Delvincourt, t. 1, p. 43.
Biret, de l'absence, p. 354.
Vazeille, mariage, t. 1, n. 193.

Pandectes françaises. — Cet officier ne doit jamais négliger de faire mention de cette inscription en marge des registres, à la date de l'acte qu'il aura inscrit, afin d'en faciliter la recherche. Cette mention est d'autant plus nécessaire, que souvent l'acte lui parviendra bien au-delà des dix jours prescrits par la loi.
Les droits à percevoir sur les actes de l'état civil sont établis dans la loi du 12 juillet 1807.

CHAPITRE VI.

De la Rectification des Actes de l'État civil.

99. *Lorsque la rectification d'un acte de l'état civil sera demandée, il y sera statué, sauf l'appel, par le tribunal compétent, et sur les conclusions du procureur du roi. Les parties intéressées seront appelées, s'il y a lieu. (C. C., art. 45, 46, 55 et 198. — C. de P., art. 555 et suiv.)*

Chauveau, Journal des avoués, t. 1, p. 234, 235, 248.
Avis du Conseil d'Etat, du 15 brumaire an 11, portant que les procureurs du roi doivent requérir d'office la rectification des actes de l'état civil, dans les cas qui intéressent l'ordre public. (Instr. min. du 22 brumaire an 14.)
On peut faire faire l'inscription des actes omis en appelant les personnes intéressées; mais il faudrait mieux qu'elles formassent elles-mêmes la demande. Si un acte de l'état civil, porté sur un double, ne l'a pas été sur l'autre, on peut transcrire sur le registre incomplet les actes qui se trouvent sur l'autre. (Instr. min. des 20 et 21 août 1816.)
Avis du Conseil d'Etat, de mars 1808, portant que la rectification n'est pas nécessaire dans le cas où le nom d'un des futurs ne serait pas, dans son acte de naissance, orthographié comme celui de son père: il en serait de même si on avait omis ou interverti quelques-uns des premiers parens. Le témoignage des ascendans sur cela suffirait.

Duchesne, rapport au Tribunat, 23 décembre 1802, n. 35. — Le commissaire du gouvernement auprès de chaque tribunal de première instance est chargé de vérifier l'état matériel du double du registre lors du dépôt qui doit en être fait au greffe, et d'en dresser procès-verbal. Mais aucune autorité ne peut faire des rectifications d'office, soit sur ce registre, soit sur l'autre double, qui doit rester aux archives de chaque commune. Il faut une réquisition préalable de l'une des parties intéressées, et que toutes soient appelées lors du jugement qui l'ordonnera.
Ainsi, soit qu'il s'agisse de réparer dans les actes de l'état civil de simples omissions ou des formes mal observées, soit qu'il s'agisse d'objets plus importans, tels que des altérations ou de fausses désignations dans les noms, il faudra recourir à l'autorité des tribunaux, et appeler tous ceux qui y ont intérêt. L'appel est même réservé aux parties.
Nous remarquons dans l'article un défaut de rédaction, en ce qu'il exige que le jugement soit rendu contradictoirement avec *toutes* les parties intéressées, ce qui sera souvent impossible: il aurait donc fallu dire *contradictoirement* ou en *défaut.*

Delvincourt, t. 1, note 3 de la page 31. — Cet article, en disant que l'affaire est jugée sur les conclusions du ministère public, décide par là implicitement qu'il n'a pas droit de requérir la rectification, et que, par conséquent, elle ne peut être demandée que par les parties intéressées.

Hua. — Si la rectification demandée doit influer sur l'état d'un tiers, on ne peut la prononcer qu'en sa présence ou lui appelé. Le tribunal devrait donc ordonner d'office sa mise en cause, si le demandeur ne s'était point pourvu contre lui. L'art. 856 du Code de procédure civile autorise même le tribunal à faire convoquer le conseil de famille, lorsqu'il le jugera convenable.

Pandectes françaises. — Celui qui demande la rectification d'un acte de l'état civil présente au tribunal une requête, dans laquelle il expose la rectification qu'il veut être faite, les faits qui y donnent lieu, et y joint les pièces sur lesquelles il se fonde. Sur cette requête, le président rend une ordonnance portant qu'elle sera communiquée au procureur du roi.
Si la rectification ne porte que sur quelque erreur dans le prénom, ou dans l'orthographe du nom, soit des père et mère, soit-même du demandeur, en sorte que l'effet de la rectification ne change rien à l'état acquis et constant, il n'y a point de partie intéressée à appeler. — Mais si le changement demandé est plus important; s'il tend à faire entrer dans une famille un individu qui, sans cela, lui serait étranger, alors il faut mettre en cause ceux qui ont intérêt à contester la demande.

100. *Le jugement de rectification ne pourra, dans aucun temps, être opposé aux parties intéressées qui ne l'auraient point requis, ou qui n'y auraient pas été appelées. (C. C., art. 54. — C. de P., art. 895 et suiv.)*

Arg. ex leg. 1, Cod., de res inter alios facta vel jud.; leg. 27, § 4, ff, de pactis.

Avis du Conseil d'État, des 30 mars 1808, 8 brumaire an 11, 28 fructidor an 12, 12 nivôse an 10.
Duranton, t. 1, n. 345 à 347.

Delvincourt, t. 1, note 1 de la page 32. — Par conséquent, elles ne sont point même obligées d'y former tierce-opposition. Le jugement est, à leur égard, comme non avenu. Toullier, t. 1, n. 344, conforme.

101. *Les jugemens de rectification seront inscrits sur les registres de l'état civil, aussitôt qu'ils lui auront été remis; et mention en sera faite en marge de l'acte réformé. (C. C., articles 45 et suiv. — C. de P., art. 857.)*

Avis du Conseil d'Etat, 23 février, 4 et 19 mars 1808.
Merlin, R., v. rectification des actes de l'état civil, n. 1.

Delvincourt, t. 1, not. 9 de la pag. 31. — A l'avenir, l'acte devra être délivré tel qu'il était, mais avec mention des rectifications ordonnées; autrement, ce serait tromper les parties, qui, si elles ne voyaient que l'acte rectifié, ignoreraient qu'il y a eu un jugement de rectification. (Avis du Conseil d'Etat approuvé le 4 mars 1808, bull. n. 3173.)
Le jugement de rectification sera inscrit sur les registres courans, ou déposés aux archives de la commune; et par le greffier du tribunal, sur ceux déposés au greffe. (Art. 49.)

Pandectes françaises. — Une remarque générale à faire sur les actes de l'état civil est qu'ils ne sont jamais nuls. Ils peuvent être défectueux, mais ils font toujours foi de ce qui y est contenu. Les défauts qui peuvent s'y rencontrer donnent lieu à des peines contre les officiers de l'état civil, s'ils proviennent de leur fait, ou attribuent à certaines personnes des droits qu'elles peuvent faire valoir; mais ils n'opèrent point la nullité de l'acte.

Toullier, t. 1, n. 342. — Si la rectification est ordonnée, on ne doit faire aucun changement sur l'acte qui doit être rectifié; mais une expédition du jugement est remise à l'officier de l'état civil, qui doit l'inscrire sur ses registres courans, aussitôt qu'il l'aura reçue, et en faire mention en marge de l'acte réformé; et si cet acte est inscrit sur un registre dont le double soit déposé au greffe, la même mention doit être faite sur ce registre en marge de l'acte, par le greffier du tribunal: à l'effet de quoi l'officier de l'état civil en donnera avis dans les trois jours au procureur du roi dudit tribunal, qui veillera à ce que la mention soit faite d'une manière uniforme sur les deux registres.

TITRE III.

Du Domicile.

(Décrété le 14 mars 1803. Promulgué le 24 du même mois.)

102. *Le domicile de tout Français, quant à l'exercice de ses droits civils, est au lieu où il a son principal établissement. (C. C., art. 7, 9, 10, 13. — C. de P., art. 50, 59, 61, 68 et suiv.; 74, 167 et suiv.; 184, 584 et 781.)*

ff, lib. 50, tit. 1, leg. 17 et 27; Cod., lib. 10, tit. 39, leg. 7.

Décrets des 17 mars 1808, 4 août et 17 janvier 1806.

Merlin, Questions de droit, v. opposition (tierce).

Emmery, exposé des motifs au Corps législatif, 2 mars 1803. — Le maintien de l'ordre social exige qu'il y ait des règles d'après lesquelles on puisse juger du vrai domicile de chaque individu. Il n'appartient qu'à la Constitution de poser celles du domicile politique. Les règles du domicile, considéré relativement à l'exercice des droits civils, sont du ressort de la loi civile. Il n'est ici question que de celles-ci.

Le citoyen cité devant un magistrat est obligé de comparaître; mais cette obligation suppose qu'il a été touché de la citation. Il n'est pas toujours possible de la donner à la personne; on peut toujours la remettre à son domicile.

On entend par là le lieu où une personne jouissant de ses droits a établi sa demeure, le centre de ses affaires, le siége de sa fortune; le lieu d'où cette personne ne s'éloigne qu'avec le désir et l'espoir d'y revenir, dès que la cause de son absence aura cessé.

Pothier, introduction générale aux Coutumes, n. 9. — Il n'est pas toujours nécessaire qu'une personne ait actuellement une demeure dans un lieu, pour que ce soit celui de son domicile; car une personne ne peut, à la vérité, établir son domicile dans un lieu qu'*animo et facto*, en s'y établissant une demeure; mais le domicile une fois établi dans un lieu, peut s'y retenir *animo solo*. C'est ce qui arrive, lorsqu'une personne quitte le lieu de son domicile pour un long voyage, ou pour aller résider dans un lieu où l'appellent des affaires passagères, ou un emploi amovible; car, quoique cette personne ait emporté avec elle tous ses effets, et n'ait conservé aucune demeure dans le lieu de son domicile d'où elle est partie, néanmoins elle est toujours censée conserver *animo* son domicile dans ce lieu.

Delvincourt, t. 1, not. 2, p. 41. — Le domicile civil et le domicile politique peuvent être distincts; mais le domicile politique pourrait, en cas de contestation, servir d'indice pour faire connaître le domicile civil; car ce pourrait être un des caractères de l'établissement principal, comme on l'a observé au Conseil d'État.

Not. 3. — Les dispositions de cet article s'appliqueraient à l'étranger autorisé à résider en France.

Le premier domicile est celui d'origine. Il se forme de plein droit au moment de la naissance; il est le même que celui du père, ou de la mère, si le père est inconnu; et il se conserve ainsi jusqu'à la majorité ou l'émancipation de l'individu.

Mais une fois majeur ou émancipé, il est libre d'en changer.

Merlin, domicile, § 2. — Le domicile n'est pas toujours facile à déterminer. Dans le doute, le domicile d'origine est celui qui obtient la préférence: car, pendant qu'on paraît encore attaché au premier endroit que l'on a habité, il est à présumer que le domicile y est toujours fixé.

Enfin, le principal établissement d'une personne est dans le lieu qui est le centre de ses affaires et le siége de sa fortune, et dont elle ne s'éloigne qu'avec l'espoir et le désir d'y revenir. (Toullier, t. 1, n. 364; Dalloz, t. 6, p. 374, n. 2; Duranton, t. 1, n. 354; Dalloz, t. 6, p. 374, n. 3, 4.)

103. *Le changement de domicile s'opérera par le fait d'une habitation réelle dans un autre lieu, joint à l'intention d'y fixer son principal établissement. (C. C., art. 166 et suiv.)*

ff, lib. 50, tit. 1, leg. 15, 31; Cod., lib. 10, tit. 38, leg. ultimâ; ff, leg. 4, 20, ad municip. et de incol.

(Voir Sirey, t. 3, p. 147.)

Berlier dit que le fait *actuel* de la résidence, avec l'intention de la rendre perpétuelle, est tout ce qui peut raisonnablement constituer le domicile, et que la preuve de l'intention ne doit pas exclusivement dépendre d'un délai quelconque; car tel réside pendant un an dans un lieu où il ne veut évidemment pas prendre de domicile; tandis que tel autre prouve son intention de se domicilier par le seul fait de sa résidence, accompagnée de caractères qui en indiquent la permanence.

Emmery, exposé des motifs au Corps législatif, 2 mars 1803. — L'enfant n'a pas d'autre domicile que celui de son père, et le vieillard, après avoir vécu long-temps loin de la maison paternelle, y conserve encore son domicile, s'il n'a pas manifesté la volonté d'en prendre un autre.

Le fait doit toujours concourir avec l'intention. La résidence la plus longue ne prouve rien, si elle n'est pas accompagnée de volonté; tandis que si l'intention est constante, elle opère avec la résidence la plus courte, celle-ci ne fût-elle que d'un jour.

Toute la difficulté dans cette matière tient à l'embarras de reconnaître avec certitude quand le fait et l'intention se trouvent réunis. Toullier, t. 1, n. 367, conforme.

Pothier, Introduction générale aux Coutumes, n. 14. — Un majeur, usant de ses droits, peut changer de domicile et le transférer dans tel lieu que bon lui semble; mais il faut, pour cette translation, *le concours de la volonté et du fait: Domicilium re et facto transfertur non nudâ contestatione (L. 20, ff, ad municip.)*

C'est pourquoi, quelques signes qu'ait donnés une personne de la volonté qu'elle a de transférer son domicile dans un autre endroit, quelque raison qu'elle ait de l'y transférer, elle demeure sujette à la loi de son ancien domicile, jusqu'à ce qu'elle se soit effectivement transportée sur le lieu où elle veut en établir un nouveau, et qu'elle l'y ait effectivement établi.

Delvincourt, t. 1, note 5 de la page 42. — Il est cependant un cas dans lequel le domicile pourrait être changé, sans qu'il y eût changement d'habitation. Exemple: Une femme, domiciliée à Rouen, épouse un homme domicilié à Paris; quand même elle resterait à Rouen, elle n'en serait pas moins présumée avoir acquis par son mariage un nouveau domicile à Paris, et cela par l'effet de la loi.

Malleville. — Si le demandeur, ignorant le changement de domicile, fait citer le défendeur au précédent domicile, la citation est valable, si elle a été affichée à la porte, et qu'il y ait moins d'un an que l'assigné a changé de domicile. (Voyez Rodier, Coutume de Paris, art. 173.)

Hua. — Joint à l'intention. Il faut que l'intention soit justifiée, soit par la déclaration prescrite par l'article suivant, soit par l'abandon réel d'un établissement pour le transférer ailleurs, sans en laisser dans le lieu où il était d'abord formé.

Merlin, domicile, § 2. — L'autorité municipale peut bien décider administrativement si une personne réside ou non de fait dans telle commune; mais décider que cette personne y a un domicile proprement dit, elle ne le peut pas: ce serait de sa part un empiétement manifeste sur les attributions des tribunaux.

A. Dalloz, v. domicile, n. 67. — C'est, comme on le voit, sans qu'il soit nécessaire d'attendre l'expiration d'aucun délai, ni d'avoir fait aucune déclaration préalable, que s'opèrent, par le seul concours du fait et de l'intention, l'abdication de l'ancien domicile et l'appréhension d'un nouveau. (Dalloz, t. 6, p. 376, n. 14 et 15; Duranton, t. 1, n. 356; Rolland, v. domicile, n. 3.)

La loi, en pareil cas, a abandonné l'appréciation des circonstances à l'appréciation du juge.

104. *La preuve de l'intention résultera d'une déclaration expresse, faite tant à la municipalité du lieu qu'on quittera, qu'à celle du lieu où on aura transféré son domicile.*

ff, lib. 50, tit. 1, leg. 20.

Emmery, exposé des motifs au Corps législatif, 2 mars 1803. — Ce que peut faire ici le législateur, c'est d'offrir à la bonne foi de ceux qui veulent changer de domicile un moyen légal de manifester leur volonté sans équivoque, en sorte qu'il n'y ait plus de prétexte aux argumentations qu'on voudrait leur opposer.

On propose en conséquence de faire résulter la preuve de l'intention d'une déclaration expresse, qui aurait été faite tant à la municipalité du lieu qu'on quitte qu'à celle du lieu où l'on transfère son domicile.

Cette déclaration n'est point obligée; mais l'homme qui n'aura que des motifs honnêtes pour user de sa liberté naturelle en changeant de domicile, ne craindra pas d'annoncer hautement sa volonté, que nul n'a le droit de contrarier. Le fait concourant avec elle, l'évidence se rencontrera des deux côtés.

A défaut de déclaration expresse, la preuve de l'intention dépendra des circonstances dont le juge deviendra l'arbitre. Delvincourt, t. 1; Dalloz aîné, t. 6, p. 376, n. 16, conformes.

Malleville. — Cet article ne veut pas dire que l'intention résultera seulement de la déclaration, puisque l'article suivant admet d'autres circonstances en preuves, mais bien que cette déclaration est une preuve légale de l'intention.

Pandectes françaises. — Il faut toujours que le fait se joigne à l'intention. Si quelqu'un, ayant déclaré à sa municipalité qu'il entend quitter son domicile, et à une autre que son intention est de l'y transférer, continuait néanmoins de demeurer dans l'étendue de la première municipalité, il y conserverait son domicile, et ses déclarations demeureraient sans effet.

Toullier, t. 1, n. 373, 374. — Il faut bien remarquer cette double déclaration exigée par notre article. A défaut de l'une d'elles, la volonté de changer de domicile pourrait n'en être pas moins constante relativement à l'individu qui n'a fait qu'une déclaration; mais cette volonté peut rester douteuse à l'égard des tiers ou leur être inconnue. C'est par cette raison que les exploits notifiés en un lieu qui n'est pas le vrai domicile peuvent être déclarés valides, suivant les circonstances.

105. *A défaut de déclaration expresse, la preuve de l'intention dépendra des circonstances.*

ff, lib. 50, tit. 1, leg. 27, § 1; leg. 6, § 2, et leg. 2, § 2, ff, ad municip. et de in col.

Sirey, 1817, p. 107.

Malleville. — On voulait d'abord déterminer les présomptions de changement de domicile; mais, après une longue discussion, on se décida à laisser toutes ces circonstances à l'arbitrage du juge, qui, dit-on, est souvent moins à craindre que l'arbitraire de la loi. Duranton, t. 1, n. 358, conforme.

Hua. — Dans le cas où un négociant, augmentant ses opérations, forme une maison hors le lieu où il en avait déjà une, sans cesser de travailler dans celui-ci, quand même il ferait la majeure partie de ses opérations dans la nouvelle et y résiderait plus habituellement, on ne pourrait en induire la présomption d'un abandon de domicile, s'il ne réunit point d'autres circonstances. Pandectes françaises conformes.

Pandectes françaises. — Celui qui a deux habitations, l'une à la ville, l'autre à la campagne, sera présumé domicilié à la ville; s'il n'y a qu'un *pied-à-terre*, son domicile est à la campagne.

Toullier, t. 1, n. 377. — S'il exerce ses droits politiques dans le lieu où il a son habitation: car en séparant le domicile civil du domicile politique, on n'entendit pas décider que le domicile politique ne servirait pas à faire reconnaître le domicile civil. L'exercice des droits politiques est au contraire un des caractères de l'établissement principal.

Si l'individu acquitte dans le même lieu des contributions personnelles.

N. 378. — Si la maison d'habitation était située sur les limites des arrondissemens de deux tribunaux différens, ce serait la principale porte d'entrée qui déterminerait le lieu du domicile.

Dans le doute, le domicile d'origine est celui qui doit obtenir la préférence. (Rolland de Villargues, v. domicile, n. 6.)

Merlin, v. domicile, § 7. — Mais de ce qu'aucune de ces circonstances n'est par elle-même un indice certain de l'intention de changer de domicile, elles n'en doivent pas moins servir de régulateur au juge, lorsqu'elles ne sont pas contrariées par d'autres.

106. *Le citoyen appelé à une fonction publique temporaire ou révocable, conservera le domicile qu'il avait auparavant, s'il n'a pas manifesté d'intention contraire.*

Leg. 2, Cod., de incol.

Malherbe, discours au Corps législatif, 14 mars 1803. — Le fonctionnaire public temporaire conserve presque toujours l'esprit de retour dans le lieu où était son domicile, lorsqu'il a été appelé. Sa mission finie, il s'empresse de retourner dans ses foyers, lorsqu'il peut y espérer la récompense de ses services, l'estime de ses concitoyens et la considération publique. Il était juste de lui donner la faculté de conserver son domicile, sans qu'il pût en changer autrement que par l'expression positive de sa volonté.

Le devoir du fonctionnaire public à vie exigeant au contraire sa perpétuelle résidence dans le lieu où ses fonctionnaire l'appellent, ce lieu devait être celui de son domicile. Son principal établissement est là.

Pothier, Introduction générale aux Coutumes, n. 15. — Lorsque la cause qui nous appelle dans un lieu est passagère, telle qu'un emploi amovible, quelque long séjour que nous y ayons fait, quoique nous y soyons décédés sans être retournés au lieu de notre premier domicile depuis que nous en sommes sortis, et quoique nous n'y ayons plus eu de demeure, nous sommes néanmoins censés avoir conservé ce premier domicile (arrêt du 5 avril 1713, t. 6 du Journal des audiences), à moins que notre volonté d'y transférer notre domicile ne paraît par d'autres circonstances; comme si, par exemple, nous y avions acquis des héritages, et que nous eussions aliéné ceux que nous avions au lieu de notre premier domicile.

Pandectes françaises. — Mais quand les personnes dont il s'agit n'ont point conservé leur première habitation, et qu'elles ont emmené leur famille dans le lieu de l'exercice de leurs emplois, on présume facilement l'intention d'y transférer le domicile, sur-tout à l'égard de la compétence des tribunaux; car autrement on ne saurait plus où donner les actions que l'on aurait à exercer contre eux.

Les écoliers n'acquièrent point domicile dans les villes où ils ne séjournent que pour leurs études. — Si cependant ils sont majeurs, c'est dans le lieu de leur demeure qu'il faut notifier les actions judiciaires; mais cela n'influe point sur le lieu de l'ouverture de leur succession.

107. *L'acceptation de fonctions conférées à vie emportera translation immédiate du domicile du fonctionnaire dans le lieu où il doit exercer ses fonctions.*

ff, leg. 23, lib. 50, tit. 1; leg. 22, § 6, ad municip. et de incol.; leg. 8, Cod., de incol.; Cod., lib. 2, tit. 24, leg. 2.

Pothier, Introduction générale aux Coutumes, n. 15, 1er alinéa. — La volonté de transférer notre domicile dans un autre lieu doit être justifiée. Elle n'est pas équivoque, lorsque c'est une charge ou un autre emploi non amovible qui nous y appelle. En ce cas, *dès que nous y sommes arrivés*, nous y acquérons domicile, et nous y perdons l'ancien.

Delvincourt, t. 1, note 3 de la page 42. — Quand l'individu nommé est-il présumé avoir accepté? C'est ordinairement du jour où il a prêté serment. Duranton, t. 1, n. 361, conforme.

Hua. — *Translation immédiate.* Ainsi, les actions qui seront intentées, même dans l'intervalle de temps qui s'écoulera entre l'acceptation et le choix de la demeure dans le lieu des nouvelles fonctions, deviendront de la compétence du tribunal du lieu où ces fonctions exigeront résidence.

Merlin, domicile, § 3, n. 3. — Ces expressions *conférées à vie* ne désignent que les fonctions irrévocables.

A. Dalloz, domicile, n. 99. — Les termes dans lesquels est conçu l'art. 107 interdisent absolument au fonctionnaire à vie la faculté d'avoir son domicile hors du lieu de l'exercice de ses fonctions, et cette prohibition n'a pas besoin non plus d'être justifiée. La loi pouvait en faire une condition de l'acceptation d'un emploi à vie. (Dalloz, t. 6, p. 376, n. 18; t. 6, p. 387.)

108. *La femme mariée n'a point d'autre domicile que celui de son mari. Le mineur non émancipé aura son domicile chez ses père et mère ou tuteur : le majeur interdit aura le sien chez son tuteur.* (*C. C., art.* 12, 19, 234.)

ff, lib. 50. tit. 1, leg. 22, 38; Cod., lib. 10, tit. 39, leg. ultim.; tit. 62, leg. unicâ. Contrà : Leg. 3 et 6, § 1, ff, ad minicip. et de incol.

Malherbe, discours au Corps législatif, 14 mars 1803. — Le domicile étant établi pour fixer le lieu de l'exercice des droits civils actifs et passifs, les personnes qui ne peuvent exercer ces droits que sous l'autorisation ou par le ministère d'un protecteur, ou d'un administrateur légal, doivent avoir le même domicile que lui.

Pothier, contrat de mariage, n. 403. — La femme, en se mariant, perd son domicile et acquiert celui de son mari, et cela aussitôt que le mariage a été célébré, avant qu'elle soit allée dans le lieu du domicile de son mari. Merlin, R., v. domile, n. 1, conforme.

Introduction générale aux Coutumes, n. 10. — Lorsqu'une femme est séparée d'habitation par un jugement qui n'est suspendu par aucun appel ni opposition, elle peut s'établir un domicile qui lui devient propre. Delvincourt, t. 1, p. 42, note 4, conforme.

N. 12. — La femme conserve, étant devenue veuve, le domicile qu'elle tient de son mari, jusqu'à ce qu'elle s'en soit choisi et établi un autre, ou qu'elle se soit remariée.

Delvincourt, t. 1, note 4 de la page 42. — Si la femme mariée fait un commerce séparé de celui de son mari, et avec son consentement au moins tacite, non seulement elle pourra avoir un domicile pour les faits de ce commerce, mais encore on pourra, à raison de ces faits, assigner le mari devant le juge de ce domicile. (Code de procédure, 420.) Pandectes françaises, conformes.

Pandectes françaises. — La femme séparée de corps et de biens n'étant plus soumise, quant à sa personne, au pouvoir de son mari, ni obligée de demeurer avec lui, n'a plus le même domicile. Favard, v. domicile, § 1, n. 3; Duranton, t. 1, n. 365, conformes.

Le mineur émancipé peut avoir un domicile à lui et le constituer où bon lui semble; s'il conserve un domicile de droit chez son curateur, ce n'est que pour le cas du mariage et pour faire publier les bans dans le lieu où demeure ce curateur. Favard, v. domicile, § 1, n. 3, conforme.

Rolland de Villargues, v. domicile, n. 11, 13. — Le mineur qui habite chez sa mère, séparée de corps et chargée de son éducation et de son entretien, continue d'avoir son domicile chez son père. (Mourre, Œuvres judiciaires, p. 482.)

Duranton, t. 1, n. 365, 367. — Si, pour une cause quelconque, le père survivant n'exerçait point la tutelle, le domicile du tuteur serait aussi celui du mineur. L'art. 108 ne le décide pas formellement, mais il nous semble que tel est son esprit.

N. 368. — L'enfant naturel reconnu par son père, et non émancipé, a le domicile de celui-ci. S'il n'a point été reconnu par son père et qu'il l'ait été par sa mère, il a le domicile de cette dernière.

S'il n'a été reconnu ni par l'un ni par l'autre, il a son domicile dans l'hospice où il a été reçu, ou chez la personne qui prend soin de lui, et il le conserve jusqu'à ce qu'il en prenne un nouveau.

A. Dalloz, v. domicile, n. 27, 28. — La séparation de biens judiciaire ou conventionnelle ne peut faire fléchir le principe établi par notre article. (Dalloz, t. 6, p. 375, n. 8; *id.*, p. 379.)

Merlin, R., t. 17, p. 187; Dalloz, t. 375, n. 9, pensent que la femme mariée conserve toujours le domicile du mari, même après la séparation de corps. *Contrà :* Toullier, t. 1, n. 773, et Duranton, t. 1, n. 365.

Boileux. — Si la femme a été nommée tutrice de son mari interdit, c'est alors lui qui a son domicile chez sa femme. Si elle n'est pas investie de la tutelle, elle a toujours le domicile de son mari, bien que lui-même ait le sien chez son tuteur.

109. *Les majeurs qui servent ou travaillent habituellement chez autrui, auront le même domicile que la personne qu'ils servent ou chez laquelle ils travaillent, lorsqu'ils demeureront avec elle dans la même maison.*

ff, leg. 6, § 3; leg. 22, in princip., ad municip., de incol.

Malherbe, discours au Corps législatif, 14 mars 1803. — Notre article établit une distinction pour les majeurs qui servent ou travaillent habituellement chez autrui. Ceux qui ont une habitation séparée de la maison où leur état les appelle, restent soumis à la règle ordinaire pour la fixation de leur domicile. Ceux qui habitent la même maison que les personnes qui les emploient, sortent du droit commun, et ne peuvent pas constituer leur domicile ailleurs. Cette disposition détermine sans équivoque le domicile d'une classe très-nombreuse de la société.

Delvincourt, t. 1, note 2 de la page 42. — Il y a ici le *fait* et l'*intention*. Le *fait*, puisqu'il y a habitation réelle dans la maison de la personne. La preuve légale de l'*intention* résulte du service ou travail habituel chez cette même personne.

Rolland de Villargues, v. domicile, n. 28. — Le militaire qui n'a point de demeure fixe est censé avoir son domicile à la suite de son régiment. Mais s'il est marié, et si sa femme a une résidence fixe, cette résidence, où il est censé avoir son principal établissement, est de droit son véritable domicile. (*L.* 23, *ff*, *ad municip.* Bourjon, t. 1, p. 90.)

Duranton, t. 1, n. 374. — Il ne faut point appliquer cet article aux *vignerons*, *métayers* et *colons partiaires*, quoique ces individus logent dans la maison du maître de la métairie, parce qu'ils ont une habitation distincte de la sienne, et ne peuvent être considérés comme ses domestiques.

Duranton, t. 1, n. 375. — Cette décision s'applique aussi au mineur émancipé qui est en apprentissage; mais il en est autrement à l'égard du mineur non émancipé, domestique ou apprenti, peu importe, car il a nécessairement le domicile de ses père, mère ou tuteur.

110. *Le lieu où la succession s'ouvrira sera déterminé par le domicile.* (*C. C.*, *art.* 793.)

Leg. unic., Cod., ubi hæreditate agitur.

Décret du 17 mars 1808.

Delvincourt, t. 1, note 8 de la page 42. — Cette question peut avoir quelqu'importance, parce que c'est le tribunal du lieu de l'ouverture de la succession qui doit connaître de toutes les opérations du partage, et de toutes les contestations qui peuvent s'élever à cette occasion (822).

Malleville. — Le lieu de l'ouverture de la succession est toujours déterminé par le domicile *du défunt*. Pandectes françaises conformes.

111. *Lorsqu'un acte contiendra, de la part des parties ou de l'une d'elles, élection de domicile pour l'exécution de ce même acte dans un autre lieu que celui du domicile réel, les significations, demandes et poursuites relatives à cet acte, pourront être faites au domicile convenu, et devant le juge de ce domicile.* (*C. C.*, *art.* 1247, 1258, 1264, 2148, 2158. — *C. de P.*, 59, 420, 422, 584.)

ff, lib. 50, tit. 1, leg. 6, et leg. de judiciis; Cod., leg. 29, de pactis.

Avis du Conseil d'Etat, 12 germinal an 13.

Emmery, exposé des motifs au Corps législatif, 2 mars 1803. — On a cru devoir autoriser la convention par laquelle des parties contractantes, ou l'une d'elles, éliraient un domicile spécial et différent du domicile réel, pour l'exécution de tel ou tel acte. La loi ne fait en cela que prêter sa force à la volonté des parties, qui n'a rien que de licite et de raisonnable; seulement on exige que l'élection de domicile soit faite dans l'acte même auquel elle se réfère; et pour qu'on ne puisse pas en abuser, on a soin de restreindre l'effet d'une semblable stipulation aux significations, demandes et poursuites relatives à ce même acte.

Delvincourt, t. 1, note 9 de la page 42. — L'élection de domicile pourrait aussi avoir lieu par un acte postérieur et séparé.

Note 10. — Le droit de faire les significations au domicile élu est purement facultatif dans la personne du demandeur.

Pandectes françaises. — Cela n'est relatif qu'à l'acte dont il s'agit, et seulement pour ce qui est une suite des conventions exprimées dans le contrat, et dans les significations faites au domicile élu, il faut exprimer la demeure réelle de la partie assignée.

La stipulation d'élection de domicile conserve sa force après la mort des contractans et lie les héritiers. (Toullier, t. 1, n. 368.)

Merlin, domicile élu, § 2, n. 4. — La loi n'admet pas d'élection de domicile implicite. — La renonciation à un droit quelconque ne se présume pas; il faut qu'elle soit expresse.

Duranton, t. 1, n. 379. — Un domicile élu pour l'exécution d'un contrat n'est point élu pour l'exécution des jugemens rendus à l'occasion de ce contrat.

N. 380. — Il n'est pas non plus censé élu pour y recevoir la signification du transport de l'obligation. Ce transport n'est point en effet relatif à l'exécution du contrat.

N. 381. — La partie qui a fait élection de domicile pour l'exécution d'un acte, est censée avoir donné un mandat à la personne chez laquelle elle a fait élection, et elle peut le révoquer en notifiant à l'autre partie l'élection d'un nouveau domicile dans le même endroit ou dans la même ville.

A. Dalloz, v. domicile élu, n. 70. — La faculté conférée par cet article est démonstrative et non limitative. Ainsi le domicile élu peut être le même que le domicile réel; en telle sorte que le changement de domicile de la part de la partie ne change pas le lieu de l'exécution de l'acte.

Le domicile élu ne remplace le domicile réel qu'à l'égard des objets pour lesquels il est élu. (Proudhon, t. 1, p. 120.)

L'élection de domicile pour l'exécution d'un acte n'enlève pas au créancier la faculté d'assigner à domicile réel. (Dalloz, t. 7, p. 797; *id.*, p. 796, n. 8.)

Merlin, R., v. déclinatoire, § 1, domicile élu, § 1, n. 8.

Question controversée. — Les significations relatives à une saisie immobilière, et notamment celle du commandement, sont-elles valablement faites au domicile élu dans l'acte en vertu duquel les poursuites ont lieu? Pour l'affirmative, arrêt, Cour royale de Paris, 12 juin 1809, Dalloz, Jurisprudence générale, t. 11, p. 695; Sirey, t. 10, 2ᵉ part., p. 79; cassation, 5 février 1811, Dalloz, *ibid.*, p. 696; Sirey, t. 11, 1ʳᵉ part., p. 98; *id.*, Bourges, Nîmes, Rennes, Sirey, t. 15, 2ᵉ part. p. 138; Dalloz, *ibid.*, p. 695 et 734; Bioche et Gouyet, Dictionnaire de procédure civile, t. 4, v. saisie immobilière, n. 38; ils citent d'autres arrêts plus récens. Bériat Saint-Prix, Procédure civile, t. 2, p. 568, n. 2; Carré, Lois de la procédure, t. 3, n. 2200; Dalloz, Jurisprudence générale, t. 11, p. 695. *Contrà :* Arrêt de Nîmes, 6 juillet 1812, Dalloz, Jurisprudence générale, t. 11, p. 692; Sirey, t. 13, 2ᵉ part., p. 259; Thomines des Mazures, Commentaire sur le Code de procédure civile, t. 2, n. 745. (Journal de la Magistrature, t. 5, p. 203 à 208.)

TITRE IV.

Des Absens.

(Décrété le 13 mars 1803. Promulgué le 25 du même mois.)

CHAPITRE PREMIER.

De la présomption d'absence.

112. *S'il y a nécessité de pourvoir à l'administration de tout ou partie des biens laissés par une personne présumée absente, et qui n'a point de procureur fondé, il y sera statué par le tribunal de première instance, sur la demande des parties intéressées.* (*C. C., art.* 28, 424, 817, 819, 838, 840. — *C. de P., art.* 59, 83, 859.)

Cod., leg. 3, de post. limin. revers.; leg. 149, ff, de verb. signif.

Instruction ministérielle du 6 août 1800; *id.* du 16 décembre 1806; 31 juillet 1807.

Pandectes françaises, Delvincourt, t. 1. 43, note 4; Demoly, de l'absence, n. 74, et Duranton, t. 1, n. 388 et suivans professent sur cet article la même doctrine que celle des auteurs cités *infrà*.

Bigot-Préameneu. — Un temps moral doit s'écouler avant que l'absence établisse la première présomption, et avant que nulle mesure puisse être exercée; autrement on compromettrait les intérêts des citoyens qui ne sont qu'éloignés de leur domicile, en leur faisant appliquer indéfiniment cet article et les deux suivans.

Cambacérès. — Une protection trop précipitée, ou étendue au-delà des besoins de l'absent, lui serait nuisible; trop différée ou trop restreinte, elle lui serait inutile.

Tronchet. — Il n'y a qu'une seule circonstance où la loi doive permettre d'agir pour l'absent non déclaré: c'est lorsque la culture de ses terres demeure abandonnée; alors la loi agit dans l'intérêt de la société entière.

Thibaudeau. — L'état d'une personne qui n'est point au lieu de sa résidence accoutumée, et dont on n'a point de nouvelles, mais dont la disparition n'a point encore duré cinq ans, est la première présomption d'absence.

Le tribun *Leroi.* — Ce n'est qu'au nom d'une impérieuse nécessité que le secret de l'asile et des affaires du présumé absent sera violé, et que des mains étrangères viendront gouverner ses biens.

Législation transitoire. Lois des 16 et 24 août 1790; 29 janvier 1791; décret du 6 mars même année; loi du 29 septembre *id.*; 11 ventôse an 2, relative aux militaires; décret du 3 messidor an 2; loi du 9 fructidor an 2; autre de décembre 1790; arrêté du 22 prairial an 5. Loi du 13 janvier 1817, sur les moyens de constater le sort des militaires absens.

On peut regarder comme incontestable qu'il y a nécessité de pourvoir aux biens du contumace condamné: c'est un véritable absent, lorsque sa peine n'emporte pas celle de la mort civile. (Cass., 20 février 1809.)

Béranger. — Le tribunal du lieu où l'individu habitait est sans contredit celui qui peut le mieux juger s'il doit être réputé absent. Si plusieurs tribunaux étaient admis à pourvoir à l'administration des biens, il y aurait lieu de craindre que leurs décisions ne fussent contradictoires: l'un pourrait déclarer qu'il y a prévention d'absence, et l'autre que cette prévention n'existe pas.

Bigot-Préameneu. — La loi ne peut, pendant les cinq premières années, que s'en rapporter, pour l'intérêt des personnes absentes, à la surveillance du ministère public et à la prudence des juges.

Dans l'impossibilité de donner des règles particulières aux tribunaux, pouvait-elle du moins, par une règle générale, les guider, en leur rappelant son esprit? Elle le pouvait, elle le devait, elle l'a fait. La règle qu'elle a posée est que le tribunal ne se fera pas un système général qu'il appliquera indifféremment à tous les absens présumés; que, par exemple, il ne leur donnera pas indistinctement un curateur; mais que consultant la situation particulière de chaque absent, il mesurera les secours sur les circonstances, les proportionnera aux besoins et ne les étendra pas au-delà.

Malleville. — Parmi les personnes qui ne se trouvent pas à leur domicile, on doit distinguer celles sur l'existence desquelles il ne s'est pas encore élevé des doutes, d'avec celles qui, disparues depuis quelque temps, sans qu'on en ait su de nouvelles, donnent déjà des alarmes à leur famille. C'est à ces dernières que s'applique le chap. 1 de ce titre.

La vie ou la mort de l'absent sont incertaines jusqu'au terme le plus long de la vie; et, comme tout demandeur doit prouver sa demande, c'est à celui qui veut se prévaloir de l'une ou de l'autre à l'établir. Si l'héritier légitime de l'absent veut lui succéder, il faut qu'il prouve qu'il est mort; si quelqu'un veut, par le moyen de l'absent, succéder à un autre, il faut qu'il prouve que l'absent vit; mais comme, en attendant, les biens de l'absent dépériraient, il faut les donner en garde à ceux qui ont le plus d'intérêt à leur conservation, excepté qu'il n'eût placé sa confiance dans un autre.

Delvincourt, t. 1 de la page 43, note 5. — *En tout ou en partie.* Si donc il n'y a nécessité *que pour un objet*, le tribunal ne devra prendre qu'une mesure partielle relative à cet objet, et ne pas s'immiscer dans le reste. (Toullier, t. 1, n. 391.)

Note 6. — Il faut entendre par *parties intéressées*, tous ceux qui ont un *intérêt pécuniaire*. Mais il faut que l'intérêt soit *légal* et *actuel*: un *intérêt éventuel*, comme celui des *héritiers*, ou celui d'*affection*, comme celui des *parens*, des *amis*, ne suffirait pas. Le procureur du roi pourrait aussi provoquer des mesures provisoires dans l'intérêt public: si, par exemple, il s'agissait de prévenir la ruine d'un bâtiment, ou autre événement qui pourrait nuire à la sureté publique. (Toullier, t. 1, n. 394.)

Toullier, t. 1, n. 390. — La présomption d'absence doit être jugée par le tribunal du domicile, et, d'après ce jugement, chaque tribunal doit pourvoir à l'administration des biens situés dans son ressort.

Merlin, curateur, § 5. — On appelle *absence présumée* celle qui a lieu pendant l'intervalle du moment du départ, à l'époque où les héritiers présomptifs sont admis à la faire déclarer par jugement.

Parties intéressées. — Il faut, dit M. Locré, que l'intérêt soit *né actuellement*. Un intérêt éventuel et hypothétique, comme par exemple celui des héritiers, n'autorise pas à agir par voie de réquisition directe pour l'absent présumé. Toullier, t. 1, n. 394, adopte cette opinion. *Contrà*: Malleville, Pigeau et Demoly. Ce dernier dit, n. 108: S'il fallait un intérêt *actuel*, celui des *tiers* ne serait même pas assuré. Le créancier dont la dette n'est pas encore exigible, et qui verrait dépérir la chose à lui due, ou le gage de sa créance, ne pourrait solliciter des mesures pour leur conservation; celui qui aurait la propriété éventuelle d'un immeuble dont l'absent présumé n'avait que le simple usufruit, ne serait pas admis à demander qu'il fût pourvu à l'administration de cet immeuble. Rolland, v. absent, n. 37, partage l'opinion de Malleville, Pigeau, etc.

Le tribunal chargé de statuer sur les demandes autorisées par cet article, est celui du dernier domicile, ou à défaut de domicile celui de la dernière résidence de l'individu qui a disparu. (Demoly, n. 149 à 185. (Voir encore n. 284 à 292.)

Proudhon, t. 1, p. 131. — *Parties intéressées.* Ce sont les créanciers ou associés de l'absent; les communiers possédant quelques biens indivis avec lui; les fermiers à l'égard du maître, et les maîtres à l'égard du fermier; en un mot, tous ceux qui peuvent avoir quelques actions à exercer en concours avec l'absent présumé, ou contre lui.

Proudhon, t. 1, p. 185. — S'il n'existe point de parties intéressées, c'est le ministère public qui aura l'action. (Code de procédure, article 69, § 8.)

Duranton, t. 1, n. 399. — Le Code ne s'explique point sur la nature des mesures à prendre: il n'en admet aucune et n'en repousse aucune, pas même les recherches dans les papiers de l'absent. Seulement, dans un matière aussi délicate, les magistrats doivent apporter la plus grande circonspection. L'examen des papiers ne doit être fait que par le ministère de l'un d'eux, spécialement désigné, et ils ne doivent en distraire que les pièces d'une absolue nécessité.

N. 400. — Le ministère public peut requérir, sauf au tribunal à avoir tel égard que de raison à la réquisition, la nomination d'un curateur; la loi ne le défend pas. Dans beaucoup de cas, cette mesure sera même commandée par les circonstances.

113. *Le tribunal, à la requête de la partie la plus diligente, commettra un notaire pour représenter les présumés absens, dans les inventaires, comptes, partages et liquidations dans lesquels ils seront intéressés.* (*C. C., art.* 134, 138, 819, 838, 840. — *C. de P., art.* 859. — *Tarif, art.* 77, 78.)

Loi du 11 février 1791.

Demoly, absence, p. 43, 44, 49, 89 à 99, 382 à 389.

Biret, absence, p. 9 à 22, 35, 36, 62 à 71, 159, 163, 174. (Voir Sirey, t. 9, 2e part. p. 160.)

Procès-verbal du Conseil d'Etat, 25 novembre 1801. — Defermon fait observer qu'un notaire n'est appelé, dans le cas de cet article, que pour représenter l'absent, et non pour faire le partage.

Thibaudeau répond que les termes de l'article sont les mêmes que ceux de la loi de janvier 1791; que l'art. 6 de celle du 6 octobre est cependant plus conforme au but que l'on se propose, en ce qu'en admettant les notaires à représenter les absens, il porte qu'ils ne pourront en même temps instrumenter dans les opérations qui les concernent. Il propose de rédiger l'article d'après l'amendement de M. Defermon. Merlin, R.; Rolland, v. absent, n. 70; Duranton, t. 1, n. 395, conformes. *Contrà :* Delvincourt, t. 1, p. 84.

N. B. — Le partage avec un absent, représenté par un notaire, ne pourra être fait qu'en justice : il en sera de même de la licitation; le partage ainsi fait sera définitif. (Art. 838, 839 et 840 du Code civil.)

Boileux. — L'existence de l'individu est ici bien incertaine, puisqu'il y a présomption d'absence; comment peut-il se faire qu'il soit intéressé dans un partage? — La loi suppose que les successions se sont ouvertes avant la disparition, ou même qu'elles se sont ouvertes depuis, mais que les cohéritiers de l'absent ne veulent pas user du bénéfice des art. 135 et 136.

Demoly, absence, n. 96. — Les termes de cet article embrassent *tous* inventaires, comptes, partages et liquidations dans lesquels un présumé absent est intéressé, n'importe le genre d'affaires, et le droit dont l'exercice donne lieu à ces opérations. Ainsi, les auteurs qui ont prétendu que notre article n'a trait qu'aux successions, ont payé tribut à l'erreur.

A. Dalloz, absence, n. 131. — Cet article n'a entendu prescrire les formalités qu'il indique que pour les droits échus à l'absent présumé, dès avant ses dernières nouvelles. Ainsi jugé. (Voir Dalloz, t. 33, 2e part., p. 11 et 79; *id.*, Recueil alphabétique, t. 1, p. 24; Talandier, de l'absence, p. 253.)

Question controversée. — La nomination d'un notaire, pour représenter des intéressés absens à la levée des scellés et à un inventaire, doit-elle être ordonnée, lorsque l'existence de ces intéressés, ou supposés tels, n'est pas reconnue? *Oui :* arrêt, Cour de Riom, 20 mai 1816; Dalloz, Jur. gén., t. 1, p. 25; Sirey, t. 18. 2e part., p. 210; Cour de Paris, 20 février 1826, Dalloz, 27, 2e part., p. 20; Delvincourt, t. 1, p. 106; Duranton, t. 1, n. 394. *Contre :* arrêt, Bordeaux, 16 décembre 1835, Dalloz, 36, 2e part., p. 62; *id.*, Cour de Paris, 23 mars 1808, Sirey, 8, 2e part., p. 193; *id.*, Bruxelles, 20 juillet 1808, Sirey, 9, 2e part., p. 160; A. Dalloz, v. absence, n. 131. (Journal de la Magistrature, t. 4, p. 397 à 401.)

114. *Le ministère public est spécialement chargé de veiller aux intérêts des personnes présumées absentes ; et il sera entendu sur toutes les demandes qui les concernent.* (*C. C., article* 126. — *C. de P., art.* 83, 859.)

Cod., leg. 1, si per vim.

Loi du 24 août 1790, tit. 8, art. 3.

Pandectes françaises. — Je pense que cet article ne reçoit d'application qu'après la demande à fin de déclaration d'absence. C'est à cette époque que commence la surveillance du ministère public; et à compter de ce moment, il doit être entendu sur toutes les demandes dirigées contre le citoyen qui ne reparaît point, jusqu'à l'envoi provisoire en possession des biens.

Toullier, t. 1, n. 395. — Les parens et les amis peuvent, par voie de réquisition, stimuler le ministère public d'agir, en l'avertissant que les affaires de l'absent sont en souffrance, et en le laissant ensuite requérir ce qu'il croit le plus convenable. — Ainsi, il a deux fonctions : l'une de former lui-même les demandes qu'il juge convenables pour les intérêts de l'absent; l'autre, d'appuyer ou de contredire les demandes formées par les tiers intéressés.

Duranton, t. 1, n. 407. — Dans le cas où le ministère public succomberait dans son action, les frais seraient supportés par le présumé absent.

Nous pensons qu'il en serait ainsi de ceux qui seraient faits sur la demande d'une *partie intéressée*, dans le cas où le tribunal l'aurait jugée bien fondée et y aurait fait droit. C'est le fait du présumé absent qui a occasioné ces frais, et ils sont d'ailleurs principalement faits dans son intérêt.

A. Dalloz, v. absence, n. 39. — Le ministère public peut provoquer des mesures conservatoires; car le présumé absent peut ne laisser ni parens, ni époux, ni créanciers, ou ceux-ci peuvent être négligens, aussi peu soucieux des intérêts de l'absent que des leurs. (Dalloz, t. 1, p. 4, et Locré, sur l'art. 112.)

Demoly, absence, n. 121 à 147. — Locré et Toullier pensent que cet article donne au ministère public le droit d'agir par voie d'action. Mais c'est une erreur que la lettre et l'esprit de la loi repoussent. En effet, toutes les fois que le législateur a autorisé le ministère public à agir d'office, il l'a dit en termes formels. Les art. 184, 190, 491, 2138, 2294, 406 et 446, en donnent des exemples. (Voir encore, art. 116 et 123, et Merlin, v. ministère public, § 7.)

CHAPITRE PREMIER.

De la Déclaration d'absence.

115. *Lorsqu'une personne aura cessé de paraître au lieu de son domicile ou de sa résidence, et que depuis quatre ans on n'en aura point eu de nouvelles, les parties intéressées pourront se pourvoir devant le tribunal de première instance, afin que l'absence soit déclarée.* (*C. C., art.* 112. — *C. de P., article* 859.)

Bigot-Préameneu, exposé des motifs au Corps législatif, 3 mars 1803. — La seconde période commence par la déclaration d'absence. C'est cette formalité qui doit avoir les conséquences les plus importantes. D'un côté, les biens ne peuvent pas rester dans un plus long abandon; mais, d'un autre côté, un citoyen ne peut pas être dépossédé de sa fortune avant qu'on n'ait employé tous les moyens de découvrir son existence et de lui faire connaître qu'on le met dans son pays au nombre de ceux dont la vie est incertaine.

Delvincourt, t. 1, note 1 de la page 45. — Faut-il compter le délai à partir de la date des dernières nouvelles ou du jour qu'on les a reçues? Il peut y avoir une distance plus ou moins considérable entre les deux époques, à raison de l'éloignement du lieu d'où sont datées les dernières nouvelles. Je pense que le délai doit courir du jour où les nouvelles ont été reçues.

Note 2. — Il ne faut pas prendre ici ces expressions, *les parties intéressées*, dans un sens aussi étendu que dans l'art. 112. Les parties intéressées ici sont seulement celles qui ont notoirement un droit subordonné à la condition du décès de l'absent, tels que son époux ou ses héritiers. Je pense qu'on pourrait mettre de ce nombre le donataire de biens à venir, celui des biens présens à charge d'usufruit. (Toullier, t. 1, n. 397; Duranton, t. 1, n. 416.)

Malleville. — Dans la première rédaction de l'article, on avait dit : *n'en aura point reçu de nouvelles*; ce mot *reçu* a été rayé sur l'observation que, pour faire cesser la déclaration d'absence, il n'était pas nécessaire que l'absent donnât de ses nouvelles, et qu'il suffisait qu'on n'en eût pas d'autres. (Hua, sur l'article; Pandectes françaises; Duranton, t. 1, n. 414; Proudhon, t. 1, p. 131.)

Toullier, t. 1, n. 397. — Pour que la déclaration d'absence puisse être provoquée contre un citoyen, il faut le concours de trois circonstances :

1° Eloignement du domicile et de la résidence; 2° défaut de nouvelles; 3° laps de quatre années, écoulé depuis son éloignement ou depuis ses dernières nouvelles.

A défaut de l'une de ces trois circonstances, la demande en déclaration d'absence doit être rejetée. (Duranton, t. 1, n. 410; Demoly, absence, n. 5.)

Les parties *intéressées* à poursuivre la déclaration d'absence ne sont ni les créanciers ni les autres tiers, qui, n'étant pas obligés d'attendre les formalités lentes, prescrites pour parvenir à la déclaration d'absence, ont une voie plus courte en provoquant, en vertu de l'art. 112, les mesures qu'exige la situation de leurs affaires. Favard, v. absent, sect. 2, n. 1; Rolland de Villargues, v. absent, n. 92; Proudhon, t. 1, p. 144, conformes.

Rolland de Villargues, v. absent, n. 96. — C'est au tribunal du dernier domicile de l'absent que la demande est portée. (Proudhon, Toullier, Duranton, Carré.)

A. Dalloz, v. absent, n. 79. — Les formalités à suivre pour cette demande sont tracées par les articles 859 et 860 du Code de procédure.

Après l'expiration de dix ans sans nouvelles, on pourra, quand bien même la procuration de l'absent durerait encore, provoquer sa déclaration d'absence. (Locré, sur notre article; Toullier, t. 1, n. 424; Duranton, t. 1, n. 412, 415.)

Question controversée. — L'absent est-il présumé mort après la déclaration d'absence? Pour l'affirmative, Duranton, t. 1, n. 434; Proudhon, t. 1, p. 108, notes. *Contrà :* Merlin, R., t. 16, p. 230; Favard, R., t. 1, p. 19. (Journal de la magistrature, t. 3, p. 78 à 82.)

Question controversée. — Le créancier d'un héritier absent peut-il comme exerçant les droits de son débiteur, provoquer la déclaration d'absence? Oui, d'après arrêt de Colmar, 26 juin 1823, Sirey, t. 37, 2ᵉ part., p. 484; Demoly, de l'absence, p. 151 et suivantes; Talandier, de l'absence, p. 117 et suivantes. *Non :* arrêt de Colmar, 30 août 1837, Sirey, t. 37, 1ʳᵉ part., p. 484; *id.* de Metz, 7 août 1823; Dalloz, Jurisprudence générale, t. 9, p. 702; Sirey, t. 26, 2ᵉ part., p. 99; Toullier, t. 1, n. 399; Duranton, t. 1, n. 415; Merlin, R., t. 16, v. absent, p. 9, § 2; Locré, Esprit du Code civil, sur l'art. 115; Delvincourt, t. 1, p. 260. (Journal de la magistrature, t. 6, p. 67 à 77.)

116. *Pour constater l'absence, le tribunal, d'après les pièces et documens produits, ordonnera qu'une enquête soit faite contradictoirement avec le procureur du roi, dans l'arrondissement du domicile, et dans celui de la résidence, s'ils sont distincts l'un de l'autre. (C. C., art. 820. — C. de P., articles* 255, 859, 252 *et* 294.)

Procès-verbal du Conseil d'Etat, 11 septembre 1801. — Tronchet rappelle que les tribunaux ont demandé que les héritiers présomptifs ne pussent être témoins dans l'enquête.

Thibaudeau dit que la section n'a pas cru devoir les exclure, parce que les parens les plus proches sont présumés ordinairement être plus en état d'avoir des nouvelles de l'absent : il n'y a d'ailleurs nul inconvénient, puisque le tribunal jugera de la validité des dispositions contenues dans l'enquête, et qu'il pesera le résultat des preuves. (Delvincourt, t. 1, p. 45, not. 4; Toullier, t. 1, n. 402; Proudhon, t. 1, p. 147.)

Procès-verbal du Conseil d'Etat, 25 novembre 1801. — Après une discussion sur la question de savoir quel tribunal ordonnera l'enquête, Regnier dit que la prévention d'absence doit être déclarée par le tribunal du domicile, et que, d'après ce jugement, chaque tribunal doit pourvoir à l'administration des biens situés dans son ressort.

Hua. — Au moyen de ce que l'enquête est dite contradictoire avec le procureur du roi, il peut requérir d'office l'assignation des témoins que le demandeur aurait négligé de faire citer, s'il pense devoir en résulter plus de lumières. Il résulte aussi de l'art. 121, que le procureur du roi peut et doit faire frapper l'enquête sur la question de l'existence ou non existence d'une procuration de la part de la personne désignée absente, puisque cette circonstance suffirait pour faire rejeter la demande même de simple déclaration d'absence.

Pandectes françaises. — L'enquête sera provoquée par les parties intéressées; elles doivent produire les pièces et documens qui font présumer l'absence. — Le procureur du roi présent à cette enquête pourra, de son côté, faire entendre des témoins.

Il n'y a lieu à faire deux enquêtes que lorsque l'absent avait une résidence distincte et séparée de celle de son domicile. — Les deux enquêtes sont ordonnées par le tribunal du domicile. (Duranton, t. 1, n. 421.)

Duranton, t. 1, n. 423. — Il s'agit ici d'une procédure particulière, qui n'exige pas l'application rigoureuse des art. 252 et suivans du Code de procédure, sur la forme des enquêtes. En conséquence, on doit croire particulièrement qu'il n'y a pas lieu à reprocher, pour une des causes qui, dans les cas ordinaires, seraient le fondement d'un reproche légal, le témoin appelé, soit à la requête des parties intéressées, soit à celle du ministère public.

L'enquête ne doit pas avoir lieu sommairement et à l'audience, mais au contraire en observant les formes ordinaires. (Merlin, R., v. absent, ch. 2.)

Locré. — Si la subtilité, prenant avantage de ce que cet article distingue entre domicile et résidence, se permettait d'élever cette difficulté ridicule, on la repousserait par l'article même, qui n'attache quelque effet à l'éloignement que lorsqu'il est accompagné du défaut de nouvelles : un homme qui habite une de ses terres, à quelque distance qu'on la suppose, n'est pas de ceux dont on n'a pas de nouvelles.

Defermon, Boulay, Thibaudeau. — La demande doit être portée et la double enquête ordonnée par le tribunal du domicile. L'enquête faite à la résidence doit être faite devant le tribunal du lieu, en vertu de commission rogatoire et des autres moyens usités.

Le tribunal du domicile est le *seul* juge de l'absence, et prononce le jugement définitif. Au surplus, l'art. 117 prouve qu'un *seul* tribunal doit juger. Provoquer deux jugemens par des tribunaux différens, c'est s'exposer à obtenir deux résultats. (Proudhon, t. 1, p. 165.)

D'après les pièces et documens. Ce sont les circonstances qui amènent ces pièces; ce sont elles encore qui déterminent le degré de confiance qu'elles méritent. Il était impossible de régler ni la manière de se les procurer, ni le caractère qu'elles doivent avoir.

On peut s'étayer de la preuve testimoniale, des lettres missives, des actes publics et privés, des actes de notoriété dressés par un juge de paix sur l'attestation de sept témoins, etc.

On peut, on doit même entendre des témoins partout où celui dont il s'agit de constater l'absence a pu laisser quelques traces. (Locré, t. 4, p. 453; Demoly, p. 168.)

(Voir aussi Carré, Lois de la procédure, sur l'art. 859 du Code de procédure, quant à la forme de l'enquête.)

Proudhon, t. 1, p. 186. — Le ministère public a droit d'agir par contre-enquête, puisqu'il est chargé de contredire et de combattre l'enquête des demandeurs.

117. *Le tribunal, en statuant sur la demande, aura d'ailleurs égard aux motifs de l'absence, et aux causes qui ont pu empêcher d'avoir des nouvelles de l'individu présumé absent.*

Cambacérès. — On n'a pu préciser tous les cas, et le système de tout législateur éclairé doit être de poser de grands principes, dans lesquels les juges trouvent la base de leurs décisions, et non leurs décisions toutes formées.

Thibaudeau. — Ces principes sont sur-tout applicables à la matière des absens. Le juge doit donc apprécier les faits et se garder d'admettre ceux qui seraient douteux, équivoques ou insuffisans. (Toullier, t. 1, n. 403.)

Huguet, discours au Corps législatif, 15 mars 1803. — Notre article veut que le tribunal, en statuant sur la demande en déclaration d'absence, ait égard aux motif de l'absence et aux causes qui ont pu empêcher d'avoir des nouvelles du présumé absent. — Cette disposition est fondée en justice. Et en effet, un individu est en voyage de long-cours; une guerre maritime ou des circonstances imprévues empêchent son retour et gênent les communications : il serait souverainement injuste de hâter la déclaration d'absence, et par suite, la dépossession des biens.

Procès-verbal du Conseil d'Etat, 3 septembre 1801.

Procès-verbal du Conseil d'Etat, 11 septembre 1801.

Duranton, t. 1, n. 425. — Dans ce cas, ceux qui ont provoqué la déclaration d'absence peuvent appeler du jugement. La matière est d'une valeur indéterminée, et, comme telle, elle est soumise aux deux degrés de juridiction.

Boileux. — Si les circonstances ne paraissent point aux juges suffisantes pour déclarer l'absence, ils peuvent prolonger les délais, sauf à prendre, pour l'administration des biens, les mesures conservatoires autorisées par les art. 112 et suiv. (Duranton, t. 1, n. 424; Proudhon, t. 1, p. 146; Demoly, n. 301; Locré, t. 4, p. 37, 89; Toullier, t. 1, n. 403; Pigeau, t. 2, p. 371.)

118. *Le procureur du roi enverra, aussitôt qu'ils seront rendus, les jugemens, tant préparatoires que définitifs, au ministre de la justice, qui les rendra publics.*

Les jugemens doivent être adressés au ministre aussitôt qu'ils sont rendus. Des extraits sur papier libre suffisent.

Instruction du 7 juillet 1813.

Bigot-Préameneu, exposé des motifs au Corps législatif, 3 mars 1803. — A tous ces moyens de découvrir la vérité, il en a été ajouté un dont on attend des effets avantageux : c'est la publicité que le ministre de la justice est chargé de donner aux jugemens qui auront ordonné les enquêtes pour constater l'absence sans nouvelles. Ce ministre emploiera non seulement la voie des papiers publics, mais encore il provoquera, dans les places de commerce, les correspondances avec toutes les parties du globe.

Cette publication des jugemens deviendra l'enquête la plus solennelle et la plus universelle; les résultats en seront attendus pendant une année entière.

Procès-verbal du Conseil d'Etat, 3 septembre 1801.

Procès-verbal du Conseil d'Etat, 11 septembre 1801.

Huguet, discours au Corps législatif, 15 mars 1803.

Delvincourt, t. 1, not. 6 de la pag. 45. — Le but de cette mesure est d'avertir l'absent, s'il est dans quelque ville étrangère, que son absence va être déclarée, et qu'il ait à donner de ses nouvelles. (Toullier, t. 1, n. 405.)

Malleville. — Cette sage précaution est due à *Napoléon*, qui dit qu'il valait mieux abréger le délai d'après lequel quelqu'un pourrait être déclaré absent, et donner plus de publicité à la demande.

Duranton, t. 1, n. 425. — Le ministère public, selon notre opinion, a droit d'en appeler, s'il croit que l'absence a été déclarée mal à propos. — Il est le défenseur de l'absent.

A. Dalloz, v. absence, n. 101, 102. — L'enquête n'est pas soumise aux règles de détail prescrites par le Code de procédure civile. (Delvincourt, p. 67; Duranton, n. 423.) Ainsi, quant aux délais, il n'y a pas lieu de suivre ceux réglés par le Code de procédure civile. (Demoly, p. 176.)

L'enquête annulée pourrait être recommencée sur une nouvelle requête, nonobstant l'art. 293 du Code de procédure civile; autrement, il n'y aurait pas moyen de faire déclarer l'absence. (Duranton, n. 330; Delvincourt, p. 88.)

119. *Le jugement de déclaration d'absence ne sera rendu qu'un an après le jugement qui aura ordonné l'enquête.*

Conseil d'Etat, procès-verbal du 16 fructidor an 9. — Cependant, comme il eût pu arriver que la suspension eût reculé à six ans l'envoi en possession, si la déclaration d'absence n'eût été prononcée qu'après cinq ans de la disposition, on décida au Conseil d'Etat que l'enquête pourrait se faire après quatre ans d'absence, et que l'envoi en possession serait accordé un an après. (Voyez la première partie de l'art. 115.) Cependant l'envoi en possession peut être prononcé par le jugement qui déclare l'absence. (Cass., 17 novembre 1808.)

Delvincourt, t. 1, note 8 de la page 45. — Si l'absence a pour cause le service militaire, soit de terre, soit de mer, le procureur du roi doit demander, préalablement et par écrit, aux ministres de la guerre ou de la marine, des renseignemens sur le présumé absent; et il doit en être fait mention dans les jugemens, soit préparatoires, soit définitifs. (Circulaire du grand juge, du 16 décembre 1806.)

Rolland de Villargues, v. absent, n. 112. — Il est bien entendu que les jugemens dont il s'agit sont sujets à appel.

N. 113. — Si, après le jugement qui déclare l'absence, une procuration venait à se découvrir, ce jugement devrait être révoqué, comme le fruit de l'erreur, par les juges mêmes dont il serait émané, sur la demande, soit du fondé de pouvoir, soit des parties intéressées ou du ministère public.

La poursuite en déclaration d'absence ne pourrait être reprise qu'après dix ans, à partir des dernières nouvelles, à moins que les pouvoirs du mandataire n'expirassent avant cette époque.

N. 114. — *Quid*, si l'on acquérait la preuve positive de nouvelles données par l'absent, dans l'intervalle des cinq années qui ont précédé le jugement?

La rétractation de ce jugement devrait également être demandée, puisqu'il se trouverait n'avoir plus de base. Ici, c'est encore au ministère public qu'est imposé le devoir d'agir.

N. 115. — Il resterait à examiner, dans ce dernier cas, s'il n'y a pas lieu d'ordonner des mesures conservatoires.

Duranton, t. 1, n. 427. — En disant que le jugement de déclaration d'absence ne sera rendu qu'un an après celui qui a ordonné l'enquête, la loi ne s'explique pas sur la question de savoir si le ministère public peu requérir, et le tribunal ordonner qu'une nouvelle enquête soit faite, afin de s'assurer si l'on n'a pas eu de nouvelles de l'absent pendant l'année. Il nous semble que l'esprit de la loi est d'*autoriser cette réquisition*, et que les tribunaux, selon les circonstances, peuvent ordonner ou refuser une nouvelle enquête.

A. Dalloz, v. absent, n. 105. — Il faut bien, en effet, que le présumé absent ait pu avoir connaissance du jugement qui a ordonné l'enquête et qui a été rendu public. (Art. 118.)

CHAPITRE III.

Des effets de l'Absence.

SECTION PREMIERE.

Des Effets de l'Absence, relativement aux biens que l'absent possédait au jour de sa disparition.

120. *Dans le cas où l'absent n'aurait point laissé de procuration pour l'administration de ses biens, ses héritiers présomptifs au jour de sa disparition ou de ses dernières nouvelles, pourront, en vertu du jugement définitif qui aura déclaré l'absence, se faire envoyer en possession provisoire des biens qui appartenaient à l'absent au jour de son départ ou de ses dernières nouvelles, à la charge de donner caution pour la sûreté de leur administration. (C. C., art. 125 et suiv.; 1988, 2011, 2018 et suiv.; 2040 et suiv. — C. de P., article 860.)*

ff, leg. 12, de possess. bon.; lib. 50, tit. 16, leg. 199; lib. 24, tit. 1, leg. 32, § 14; lib. 49, tit. 15, leg. 18.

Avis du Conseil d'Etat, du 17 germinal an 13; Sirey, 15, 2ᵉ part., p. 242.

Tronchet au Corps législatif. — Il est nécessaire de régler le sort des biens qui sont là et qui forment le patrimoine actuel de l'absent: il faut ou les déclarer vacans, ou les mettre sous le séquestre. Il est utile à l'absent que le séquestre de ses biens soit déféré à ceux qui ont le plus d'intérêt à les conserver: c'est pourquoi, après un certain temps, on accorde l'envoi en possession à ses héritiers.

Bigot-Préameneu. — Lorsque, d'une part, les biens se trouveront dans l'abandon depuis cinq années: lorsque, de l'autre, toutes les recherches possibles sur l'existence de l'absent auront été faites, et tous les moyens de lui transmettre des avis auront été épuisés, la déclaration d'absence ne pourra plus laisser d'inquiétude: elle ne saurait être dès lors, aux yeux du public, qu'un acte de conservation fondé sur une nécessité constante, et pour l'absent lui-même, un acte de protection qui a garanti son patrimoine d'une perte qui devenait inévitable.

Hua. — Héritiers présomptifs ou ceux qui les représenteraient à titre universel. Il arrivera dans plusieurs occasions que, pendant le délai de cinq ans à attendre au moins avant l'envoi en possession provisoire, ceux qui étaient habiles à se porter héritiers de la personne réputée absente seront décédés; mais comme l'effet de l'absence commence avec elle, ils auront laissé dans leur succession ce droit à l'envoi en possession, et leurs représentans l'exerceront à l'exclusion de tous autres, et sauf la préférence réservée dans le cas prévu par l'art. 124 à l'époux.

Pandectes françaises. — Si les héritiers présomptifs au moment de la disparition ou des dernières nouvelles n'existaient pas au moment de la déclaration d'absence, et que l'ordre de la succession eût changé, ce seraient les héritiers en degré lors de cette déclaration qui devraient obtenir l'envoi en possession provisoire. Ils ne pourraient éprouver d'obstacles de la part des héritiers des précédens qu'autant que ceux-ci rapporteraient la preuve du décès de l'absent, arrivé antérieurement à celui de leurs auteurs.

Toullier, t. 1, n. 422. — Il n'est point absolument nécessaire de deux jugemens. Si, lors de la demande en déclaration d'absence, le temps nécessaire pour l'envoi en possession est accompli, rien n'empêche de former les deux demandes en même temps et de les adjuger par le même jugement. (Favard, v. absence, sect. 3, § 1, n. 2; Duranton, t. 1, n. 441.)

N. 423. — Si l'absent, au moment de sa disparition ou de ses dernières nouvelles, n'avait pour héritiers que son père et des collatéraux maternels, ceux-ci partageraient l'envoi en possession avec le père, sans pouvoir être exclus par les frères ou sœurs de l'absent qui seraient nés d'un second mariage contracté par le père depuis la disparition du fils.

Si l'absent avait pour héritiers, au jour de sa disparition et des dernières nouvelles, deux cousins germains, dont l'un serait mort deux ou trois ans après les enfans du cousin décédé, ses héritiers collatéraux, ou même ses héritiers institués ou légataire universels partageraient l'envoi en possession des biens de l'absent avec le cousin survivant, parce qu'ils exercent les droits du dédédé, qui était héritier présomptif au jour de la disparition.

N. 425. — Suivant notre article, l'envoi en possession ne s'étend qu'aux biens qui appartenaient à l'absent au jour de sa disparition ou de ses dernières nouvelles; ce qui semble exclure les successions échues depuis cette époque, puisque les biens qui en dépendent n'appartenaient pas à l'absent lorsqu'il a disparu.

Duranton, t. 1, n. 439. — La loi dit les héritiers présomptifs *au jour de la disparition ou des dernières nouvelles*, et non pas au jour de l'envoi en possession, parce qu'en effet on ne peut fixer la présomption de mort à une autre époque sans le faire arbitrairement et au hasard. (Proudhon, t. 1, p. 153.)

A. Dalloz, absence, n. 155. — Ce n'est pas à titre de succession que la loi leur défère la possession de ces biens, car, à ses yeux, l'absent n'est ni mort ni vivant. Elle les leur confère à titre de dépôt, et les oblige à donner caution pour la sûreté de leur administration, et l'ouverture de la succession n'est que préparatoire. (Demoly, p. 192; Toullier, n. 423.) Duranton, n. 438, 439, n'est pas de cet avis.

(Voir Toullier, n. 422; Proudhon, p. 154; Duranton, n. 351.)

Demoly, absence, n. 712. — La qualité d'héritier présomptif sera justifiée en prouvant que l'on était le plus proche parent de l'absent au moment où l'absence a commencé. Ce fait constaté, on sera admis à demander l'envoi définitif, alors même que l'on n'aurait pas demandé l'envoi provisoire.

Si les héritiers présomptifs ne demandent pas l'envoi en possession, est-il pourvu à l'administration des biens de l'absent, en conformité de l'art. 112? *Non*. (Sirey, 30, 1ʳᵉ part., p. 210.)

Boileux. — Si les envoyés en possession ne peuvent trouver une personne qui réponde pour eux, on les admet à donner un gage en nantissement suffisant.

121. *Si l'absent a laissé une procuration, ses héritiers présomptifs ne pourront poursuivre la déclaration d'absence et l'envoi en possession provisoire, qu'après dix années révolues depuis sa disparition ou depuis ses dernières nouvelles.*

Loi du 13 janvier 1817, relative aux militaires absens.

Thibaudeau. — L'absent qui prend des précautions pour la conservation et l'administration de ses biens, manifeste évidemment l'intention de revenir. On peut donc espérer son retour.

Exposé des motifs. — L'absent qui a pourvu à ses affaires peut se croire dispensé de donner de ses nouvelles. Sa sécurité étant juste, il ne faut pas qu'elle tourne contre lui : on ne peut pas le traiter comme celui qui laisse ses affaires à l'abandon ; il est censé avoir prévu une longue absence, puisqu'il a pourvu au principal besoin qu'elle entraîne ; il est dispensé de la nécessité d'une correspondance, lors même qu'il serait long-temps éloigné.

Mais des présomptions contraires s'élèvent contre celui qui n'a pas laissé de procuration. On croira plutôt qu'il prévoyait une longue absence, que l'on ne supposera qu'il ait omis une précaution aussi nécessaire ; et, lorsqu'il y a manqué, il est au moins mis dans la nécessité d'y suppléer par sa correspondance.

Malleville. — On demanda si la préférence accordée au procureur devait avoir lieu, même après les dix ans dont parle notre article, lorsque la procuration était donnée pour un temps plus long. Cette question, très-controversée, fut perdue de vue dans le vague de la discussion. Mais des termes de l'article, et de cela seul qu'il ne distingue pas la procuration indéfinie ou pour un long-temps fixe, de celle qui a un terme plus court, ni celle donnée à l'un des héritiers présomptifs, de celle que l'absent laisse à un étranger, on peut en conclure que toute procuration perd son effet après les dix ans.

Toullier, t. 1, n. 424. — Le Code ne distingue point si la procuration partielle ou générale est donnée ou non en vue de l'absence ; il d'une procuration quelconque.

Si l'absent avait laissé une procuration motivée sur la longueur de son absence, et ajouté qu'il veut que sa procuration dure vingt ans, elle n'empêcherait pas de provoquer l'absence, mais elle pourrait être un motif pour engager les juges à retarder la déclaration de l'absence, comme ils en ont le droit.

Demoly, absence, n. 231 à 246. — L'existence d'une procuration ne change rien aux conditions de la déclaration d'absence, ni aux formes à suivre pour la faire prononcer. Aussi Locré s'est-il trompé lorsqu'il a dit que, dans ce cas, l'absence ne pouvait plus être *prononcée* après cinq ans, mais seulement après dix.

122. *Il en sera de même si la procuration vient à cesser ; et dans ce cas, il sera pourvu à l'administration des biens de l'absent, comme il est dit au chapitre premier du présent titre.*

Toullier, t. 1, n. 424.

Biret, absence, p. 111 à 116, 192 à 198, 364.

Procès-verbal du Conseil d'Etat, 25 novembre 1801. — Lacuée demande si le délai courra du jour du départ ou du jour de la cessation de la procuration

Thibaudeau répond que l'on avait d'abord proposé d'envoyer les héritiers en possession provisoire des biens aussitôt que la procuration viendrait à cesser. On observa que, par ce moyen, l'absent était traité aussi défavorablement dans le cas de la procuration que lorsqu'il n'en avait pas laissé ; que c'était contrevenir au principe d'après lequel, par respect pour les intentions de l'absent, on maintenait pendant dix ans l'effet de la procuration ; qu'on lui faisait perdre les fruits après quinze ans de sa disparition, comme dans le cas où il n'aurait pas laissé de procuration, ce qui ne paraissait ni juste ni conséquent ; qu'il serait plus convenable, en cas de cessation de la procuration, de pourvoir pendant ce qui resterait à expirer du terme de dix ans, à l'administration des biens, comme dans le cas de simple présomption d'absence. Ces idées ont présidé à la rédaction de l'article.

Malleville. — On a voulu dire que les héritiers présomptifs ne pourront, comme dans le cas de l'article précédent, demander la possession qu'après dix ans d'absence, quoique la procuration que l'absent a laissée ne puisse plus être exécutée, à cause de la mort, de la renonciation du procureur fondé, ou pour toute autre cause ; et que, dans ce cas, pour pourvoir aux intérêts de l'absent, jusqu'à l'échéance des dix ans, on se conformera aux dispositions du chapitre premier. (Duranton, t. 1, n. 411.)

Les héritiers présomptifs n'ont, d'après la lettre et l'esprit de notre article, que le droit de réclamer les mesures conservatoires de la première période de l'absence, afin de remplacer l'administration du mandataire dont la qualité a cessé. (Voir procès-verbal du 24 fructidor an 9.)

123. *Lorsque les héritiers présomptifs auront obtenu l'envoi en possession provisoire, le testament, s'il en existe un, sera ouvert à la réquisition des parties intéressées, ou du procureur du roi près le tribunal ; et les légataires, les donataires, ainsi que tous ceux qui avaient sur les biens de l'absent des droits subordonnés à la condition de son décès, pourront les exercer provisoirement, à la charge de donner caution. (C. C., art. 120, 129, 817, 2011 et suiv. — C. de P., art. 517 et suiv.).*

Leg. 2, § 4, ff, quemadmod. testament. oper. ; leg. 1, § 5, ff, ad. leg. cornel., de falsis.

Bigot-Préameneu, exposé des motifs au Corps législatif. 3 mars 1803. — Il ne saurait y avoir d'enquête plus solennelle que celles qui précéderont l'envoi en possession des biens de l'absent. D'ailleurs, l'ouverture des testamens et leur exécution provisoire doivent être autorisées par les mêmes motifs qui font donner aux héritiers présomptifs la possession des biens. Le droit qu'ils tiennent de la loi, et celui que les légataires tiennent de la volonté de l'absent, ne doivent également s'ouvrir qu'à la mort. Si donc, par l'effet de la déclaration de l'absence, le temps où la mort serait constatée est anticipé par l'envoi en possession des héritiers, il doit l'être également par une délivrance provisoire aux légataires.

Ces principes et ces conséquences s'appliquent à tous ceux qui auraient sur les biens de l'absent des droits subordonnés à son décès ; ils pourront les exercer provisoirement.

Les mêmes précautions seront prises contre eux tous ; ils ne seront, comme les héritiers, que des dépositaires tenus de fournir caution et de rendre des comptes.

Delvincourt, t. 1, not. 8 de la pag. 46. — Il paraîtrait résulter de la rédaction de cet article, que les légataires, donataires, et autres personnes qui ont des droits subordonnés à la condition du décès de l'absent, ne peuvent les exercer qu'après que les héritiers présomptifs ont obtenu l'envoi provisoire. Cependant, il ne faut pas croire que l'article doive être entendu d'une manière aussi restrictive.

Not. 9. — Le propriétaire de la chose dont l'absent avait l'usufruit serait-il tenu de donner caution ? Il n'y a pas de raison de l'en dispenser, puisqu'il serait obligé, en cas de retour de l'absent, de lui rendre la possession de la chose soumise à l'usufruit, et même une portion des fruits. Je regarde, au surplus, ce propriétaire comme étant dans une catégorie particulière ; et je pense qu'il peut, au moment de l'envoi provisoire, réclamer non seulement la restitution de la chose, mais encore celle des fruits échus depuis la disparition.

Pandectes françaises. — Si les héritiers présomptifs ne demandaient pas l'envoi en possession, le légataire qui connaîtrait sa vocation devrait provoquer l'ouverture du testament. Il peut même provoquer la déclaration d'absence.

Rolland de Villargues, v. absent, n. 197. — Le créancier de l'héritier d'un absent ne pourrait exercer, au lieu et place de son débiteur, les droits résultant de l'envoi en possession des biens de l'absent, car la qualité d'administrateur ou de dépositaire est un droit attaché à la personne de l'héritier présomptif.

N. 198. — Mais il pourrait former des saisies-arrêts sur les capitaux, et en demander le dépôt à la caisse des consignations. Il n'en résulterait aucun mal pour l'absent ; l'héritier seul éprouverait une entrave, et la mesure serait *conservatoire* pour le créancier.

A. Dalloz, v. absence, n. 165. — L'envoi en possession dont parle cet article, est une condition sans laquelle l'exercice des droits dont il s'agit ne peut avoir lieu ; que c'est sur-tout dans l'intérêt de l'absent qu'il a été établi, et que le droit de ses héritiers n'est que secondaire. (Locré, t. 2, p. 420 ; Proudhon ; Toullier, n. 435 ; Demoly, p. 235.)

Mais Merlin, R., t. 16, p. 22 ; Delvincourt, t. 1, p. 92 ; Dalloz, t. 1, p. 10 ; Duranton, n. 325 ; Talandier, p. 191 à 196, sont d'un sentiment opposé : ils disent que l'art. 123 n'est pas limitatif ; qu'il ne statue que sur le cas le plus ordinaire.

Les enfans mêmes de l'absent ne sont pas dispensés de donner caution. (Toullier, p. 866, notes ; Merlin, R., t. 16, p. 17 ; Locré, t. 2, p. 393.)

(Voir encore Merlin, R., t. 16, p. 17, et *contrà*, Delvincourt, p. 89.)

Proudhon, t. 1, p. 186. — *Ou du procureur du roi.* Donc il a la même voie d'action que les parties intéressées, pour procurer l'exécution des volontés de l'absent déclaré ; donc il l'a, à plus forte raison, pour la conservation des intérêts de l'absent présumé, puisque la loi l'en charge spécialement.

Il a le droit de contester sur la solvabilité de la caution avant l'envoi en possession provisoire, et non après, parce qu'alors les envoyés ont l'action du maître. (Voir art. 83, § 7, du Code de procédure civile.)

124. *L'époux commun en biens, s'il opte pour la continuation de la communauté, pourra empêcher l'envoi provisoire et l'exercice provisoire de tous les droits subordonnés à la condition du décès de l'absent, et prendre ou conserver par préférence l'administration des biens de l'absent. Si l'époux demande la dissolution provisoire de la communauté, il exercera ses reprises et tous ses droits légaux et conventionnels, à la charge de donner caution pour les choses susceptibles de restitution. — La femme, en optant pour la continuation de la communauté, conservera le droit d'y renoncer ensuite.* (*C. C., art.* 120 *et suiv.*; 129, 140, 122, 1401, 1421, 1427, 1453 *et suiv.*; 1492 *et suiv.*; 2011 *et suiv.*)

ff, lib. 24, tit. 2, leg. 6; Cod., lib. 5, tit. 17, leg. 7.

Pothier, Traité de la communauté, n. 505. — Si l'époux absent reparaissait, quelque partage que l'on eût fait des biens de la communauté, elle serait censée n'avoir jamais été dissoute.

Bigot-Préameneu, exposé des motifs au Corps législatif, 3 mars 1803, n. 23. — Les héritiers n'ont jamais prétendu que l'époux présent fût tenu de rester malgré lui en communauté de biens avec eux. De quel droit le forceraient-ils à la dissoudre, si la continuation lui en était avantageuse? Comment pourrait-on les admettre à contester un droit qui repose sur la foi du contrat de mariage? Si l'incertitude a suffi pour les mettre en possession provisoire des biens, ce n'est pas sur une incertitude que des héritiers, n'ayant qu'un droit précaire et provisoire, peuvent, contre la volonté de l'une des parties, rompre un contrat synallagmatique.

N. 25. — La déclaration qu'aurait faite la femme de renoncer à la communauté, ne doit pas la priver du droit d'y renoncer ensuite. Il est possible que des affaires entreprises avant le départ du mari réussissent mal; et d'ailleurs, les droits que lui donne l'administration des biens de la communauté ne sont pas aussi étendus que ceux du mari. Elle ne peut ni les hypothéquer, ni les aliéner; leur administration, occasionée par l'absence, n'est pour elle qu'une charge, qui ne doit pas la priver d'un droit acquis avant le départ de son mari, par le contrat de mariage ou par la loi.

Delvincourt, t. 1, not. 13 de la pag. 46. — Si c'est la femme qui est présente, comme les biens de la communauté doivent, tant que dure le mariage, être regardés comme appartenant au mari, la femme n'a pas plus de droit à l'égard de ces biens que sur les biens personnels du mari.

Sera-t-elle tenue de donner caution? Je ne le pense pas. (Pandectes françaises.)

La femme doit-elle être autorisée par la justice pour opter pour la continuation ou la dissolution de la communauté? Oui; et si elle opte pour la continuation de la communauté, l'autorisation qu'elle aura obtenue pour faire cette option emportera celle d'administrer. (Favard, v. absent, n. 228.)

Not. 14. — Les droits *légaux* sont ceux qui résultent des dispositions de la loi seule.

Not. 15. — Les droits *conventionnels* sont ceux qui résultent du contrat de mariage, lorsqu'il en a été fait un.

Malleville. — Notre article dit que si l'époux restant demande la dissolution provisoire de la communauté, il sera obligé de donner caution pour la restitution des droits qu'il reprendra; mais il ne dit point que si cet époux opte pour la continuation de la communauté, et qu'il en conserve l'administration, il soit obligé de donner caution, comme les héritiers naturels, et il semblerait, en effet, ne pas devoir y être tenu, puisqu'il ne fait en quelque sorte que gérer sa propre affaire. Cependant, l'art. 129 suppose le contraire, lorsqu'il dit qu'après trente ans écoulés depuis que l'époux commun aura pris l'administration des biens de l'absent, les cautions seront déchargées. Il est donc obligé d'en donner.

En cas de dilapidation, et nonobstant la caution, les héritiers présomptifs de l'époux absent pourraient même demander la dissolution de la communauté, parce qu'il y a soupçon de mort après la déclaration d'absence.

Hua. — Aucun délai n'est fixé pour réaliser la faculté de cette renonciation; elle peut être faite jusqu'à la preuve complète du décès de l'absent, ou jusqu'à l'époque de l'envoi en possession définitive, autorisé par l'art. 129.

L'option est exclusivement réservée à l'époux qui ne s'est point absenté. La rédaction de l'article le prouve; et on peut en donner pour motif que l'envoyé en possession n'étant qu'un administrateur, n'a de capacité que sur ce point, et nullement pour rompre et atténuer une stipulation faite par l'absent. Ce droit de partage de la communauté ne lui compètera qu'après l'envoi en possession définitive.

Toullier, t. 1, n. 462. — Le mari qui a opté pour la continuation demeure, après l'absence déclarée comme auparavant, seul administrateur légal des biens de la communauté: il peut les vendre, les hypothéquer, sans le concours des héritiers de la femme, comme il le pouvait faire sans le consentement de cette dernière, sauf la renonciation que les héritiers de la femme seront libres de faire lors de la dissolution.

Si la femme absente s'était, par contrat de mariage, réservé le droit de toucher sur ses quittances une partie de ses revenus, ou l'administration d'une partie de ses immeubles; si, en excluant de sa communauté tout ou partie de son mobilier, elle s'en était réservé l'administration et la disposition; si la communauté était réduite aux acquêts (art. 1498), le mari, en optant pour la continuation de la communauté, prendrait, de préférence aux héritiers de la femme, l'administration de ses immeubles et du mobilier exclus de la communauté.

Ainsi, en optant pour la continuation de la communauté, le mari conserve l'administration des biens de sa femme, et prend l'administration de ceux qu'elle s'était réservé d'administrer.

Rolland de Villargues, v. absent, n. 223. — De la disposition de cet article il semblerait résulter, à la première vue, que pour exercer l'option, l'époux présent est obligé d'attendre que les héritiers présomptifs aient obtenu l'envoi en possession provisoire. Mais ce serait une erreur; il faut se reporter à l'art. 129.

Duranton, t. 1, n. 451. — Mais si l'époux n'a le droit de prendre ou conserver l'administration des biens de l'absent qu'autant qu'il est *commun en biens*, on peut toutefois demander si le mari dont la femme est absente a du moins celui de conserver, jusqu'à l'envoi définitif ou la dissolution du mariage, la jouissance, et par suite, l'administration de la dot qui lui a été apportée sous un autre régime que celui de la communauté.

N. 452. — Il faut croire que la prétention du mari n'est pas fondée sur l'intention du législateur. En établissant, en principe, que tous ceux qui ont des droits subordonnés à la condition du décès de l'absent, pourront les exercer, à la charge de donner caution (art. 123), et en n'apportant à ce principe qu'une seule exception, le cas *de communauté*, il est évident que la loi a entendu que les biens de la femme absente seraient restitués à qui de droit.

A. Dalloz, v. absence, n. 337. — Le mari et la femme qui optent pour la continuation de la communauté, sont-ils tenus de donner caution? *Non*, d'après Favard, R., v. absent, p. 20; Proudhon, p. 173; Duranton, p. 378; *Contrà*: Toullier, p. 366; Malleville, t. 1, p. 140; Demoly, p. 353; Talandier, p. 164; Biret, v. absence, p. 208. Par conséquent, cet art. 124 est exceptionnel et déroge aux art. 1454 et 1455. (Voir Talandier, p. 170; Duranton, p. 379; Rolland de Villargues, p. 43; Proudhon, p. 173.)

Demoly, v. absence, n. 445 à 602. — L'époux présent peut poursuivre la déclaration d'absence et opter pour la continuation ou pour la dissolution de la communauté, malgré le silence absolu des ayant-cause de l'époux absent. C'est aussi le sentiment de Delvincourt; il pense, de plus, que si les époux étaient mariés sous le régime dotal, s'il y avait entre eux une société d'acquêts, cette société, d'après l'article 1581, étant régie par les mêmes règles que la communauté réduite aux acquêts, l'art. 124 deviendrait applicable.

125. *La possession provisoire ne sera qu'un dépôt, qui donnera à ceux qui l'obtiendront l'administration des biens de l'absent, et qui les rendra comptables envers lui, en cas qu'il reparaisse ou qu'on ait de ses nouvelles.*

Inst., lib. 1, tit. 24, in principio; ff, lib. 27, tit. 7, leg. 3 et 4.

Loi du 28 avril 1816.

Hua. — *Comptables envers lui*, ou envers ceux qui, en prouvant, soit le décès de l'enfant, soit qu'il a donné de ses nouvelles à une époque où eux seuls pouvaient lui succéder, justifieraient que les envoyés en possession provisoire n'ont point été ses héritiers: tel est le sens nécessaire du dernier membre de l'article, qui se trouve d'ailleurs suffisamment établi par le cent trentième.

Rolland de Villargues, v. absent, n. 169. — Remarquez ces expressions, *en cas qu'il reparaisse*: il en résulte bien que l'obligation de rendre compte n'est qu'*éventuelle*. La conséquence ultérieure n'est-elle pas déjà que l'envoi en possession doit provisoirement avoir tous les effets d'une translation d'hérédité? (Proudhon, t. 1, p. 158; Merlin, t. 16, p. 17.)

Toullier, t. 1, n. 426. — Pour obtenir l'envoi en possession, les héritiers doivent s'adresser au tribunal qui a prononcé la déclaration d'absence, et faire prononcer l'envoi en possession par un jugement séparé postérieur au premier, ou bien par le jugement même qui déclare l'absence, si ceux qui l'ont provoqué sont aussi ceux qui doivent être envoyés en possession, et s'ils ont demandé cet envoi par leurs conclusions. Et, comme cette possession provisoire n'est qu'un dépôt, le tribunal ne peut l'accorder qu'aux conditions prescrites par le Code, savoir :

1° De donner, pour sûreté de leur administration, une caution qui sera reçue dans les formes prescrites pour les cautions judiciaires, et dont la solvabilité est discutée par le procureur du roi ;

2° De rendre compte de leur administration, en cas que l'absent reparaisse, ou qu'on ait de ses nouvelles;

3° De faire procéder à l'inventaire du mobilier et des titres de l'absent.

Duranton, t. 1, n. 483. — Cette administration a presque tous les caractères de celle des tuteurs.

Demoly, v. absence, n. 421. — Les termes de cet article embrassent *tous* les cas d'envoi en possession provisoire, ainsi que ceux où cet envoi est remplacé par une administration. Il s'applique aussi, non seulement à ceux qui sont envoyés en possession de tous les biens, mais encore à ceux qui n'obtiennent cet envoi que pour une universalité, ou pour un objet déterminé dans ces biens.

Boileux. — Il convient d'observer ici, pour l'appréciation des fautes, les règles du mandat. Or, comme les envoyés en possession n'administrent pas gratuitement, la responsabilité doit leur être appliquée plus rigoureusement qu'à ceux qui rendent un bon office sans rétribution.

126. *Ceux qui auront obtenu l'envoi provisoire, ou l'époux qui aura opté pour la continuation de la communauté, devront faire procéder à l'inventaire du mobilier et des titres de l'absent, en présence du procureur du roi près le tribunal de première instance, ou d'un juge de paix requis par ledit procureur du roi.*

Le tribunal ordonnera, s'il y a lieu, de vendre tout ou partie du mobilier. Dans le cas de vente, il sera fait emploi du prix, ainsi que des fruits échus.

Ceux qui auront obtenu l'envoi provisoire pourront requérir, pour leur sûreté, qu'il soit procédé, par un expert nommé par le tribunal, à la visite des immeubles, à l'effet d'en constater l'état. Son rapport sera homologué en présence du procureur du roi; les frais en seront pris sur les biens de l'absent. (*C. C., art.* 114, 120, 124, 173. — *C. de P., art* 945, 302.)

ff, lib. 26, tit. 7, leg. 7.

L'assistance des juges de paix à l'inventaire des meubles, effets et titres d'un absent, requise par le procureur du roi, ne doit donner lieu à aucuns frais de transport et vacations pour les juges de paix. L'intention de la loi est que cette assistance soit gratuite. Le tarif d'ailleurs n'alloue rien. (Instruction ministérielle du 22 novembre 1824.)

Delvincourt, t. 1, note 7 de la page 47. — Quels sont les biens sur lesquels doit porter cet inventaire, quand l'époux présent a opté pour la continuation de la communauté? Doit-il comprendre les biens de la communauté, si c'est le mari qui est présent? Oui, sans doute, et même les biens personnels du mari ; car les fruits de ces biens tombent dans la communauté, à laquelle ont droit l'absent ou ses héritiers ; le tout sans préjudice des droits du mari, comme maître de la communauté.

Les héritiers de l'absent doivent-ils, dans ce cas, être appelés à l'inventaire? Cela serait sans doute plus régulier : mais comme la loi n'exige pas cette présence, on ne pourrait arguer l'inventaire de nullité, par cela seul que ces héritiers n'auraient pas été appelés. Mais s'ils demandaient à y intervenir, je pense qu'on ne pourrait les exclure.

A la visite des immeubles. Quoique cette disposition ne soit que facultative, l'envoyé en possession agira sagement en exécutant la mesure indiquée.

Pandectes françaises. — Le § 1er de cet article ne peut s'appliquer au mari, puisqu'il est seul propriétaire de tous les meubles qui sont dans la communauté. On ne peut pas le forcer à vendre des objets qui lui appartiennent.

Comme la femme n'a pas la propriété des effets de la communauté, et qu'elle est sujette à restitution, si le mari reparaît, on peut l'assujettir à la vente, en observant de n'y pas comprendre les objets qui sont nécessaires à son usage, suivant son état, et à l'exploitation du commerce, manufacture ou autre établissement.

Merlin, absent, ch. 3. — L'envoyé en possession provisoire est-il obligé de conserver en nature les meubles dont le tribunal n'a pas expressément ordonné la vente? Non. L'art. 128 ne prohibant que l'aliénation des immeubles, permet par cela seul l'aliénation des effets mobiliers.

Rolland de Villargues, v. absent, n. 165. — Il nous paraît que le tribunal pourrait régler le mode d'emploi, mais il faudrait que des capitaux importans dussent être touchés; que les envoyés fussent insolvables ; qu'il fût possible de prévoir le retour de l'absent. Ce ne serait pas à ses enfans ou ascendans qu'une pareille mesure devrait être prescrite. (Pigeau, t. 2, p. 324.)

N. 166. — Le délai dans lequel l'emploi doit être fait n'étant pas non plus réglé, on pourrait appliquer par analogie les art. 1065, 1066 du Code civil. (Duranton et Delvincourt.)

N. 167. — Au reste, la peine du défaut d'emploi, c'est de tenir compte des intérêts. (*L.* 6, § 12, *ff, de negot. gest.* Toullier, n. 428 ; Duranton, n. 479.)

Toullier, t. 1, n. 427. — Le Code laisse à la prudence du tribunal la faculté d'ordonner la vente de tout ou partie du mobilier, s'il le juge à propos pour l'intérêt de l'absent seulement. Il ne devrait donc pas faire vendre sa bibliothèque, ses collections de tableaux et autres objets d'affection, qu'il n'a peut-être rassemblés qu'avec beaucoup de peines et de dépenses.

La loi n'ordonne point de suivre, pour la vente, les formalités prescrites pour vendre les meubles des mineurs, c'est-à-dire les enchères après affiches. Le tribunal pourrait en dispenser dans les cas où l'intérêt de l'absent pourrait l'exiger.

N. 429. — Les héritiers ne pourraient opposer à l'absent, à son retour, aucune espèce de prescription, à moins qu'elle ne fût acquise avant l'envoi en possession.

Duranton, t. 1, n. 459. — La femme dont le mari est absent a la libre administration des biens de la communauté, de ceux de son mari et des siens propres; elle peut, sans autorisation judiciaire, faire tous les actes relatifs à cette administration. Mais pour les actes d'aliénations d'immeubles, les transactions, etc., soit sur les biens de la communauté, soit sur les siens, elle a besoin d'être autorisée en justice (art. 222 et 1427). Quant à l'aliénation de meubles, nous ne croyons pas qu'elle ait besoin de cette autorisation. (Argument des art. 1449 et 1536.) Il pourrait y avoir exception pour les rentes et créances appartenant au mari ou même à la communauté.

N. 460. — Le mari n'est pas dispensé de faire faire l'inventaire prescrit par l'art. 126.

N. 462. — L'époux présent qui a opté d'abord pour la continuation de la communauté, peut ensuite, selon notre opinion, en demander la dissolution provisoire.

N. 475. — Ceux qui ont obtenu l'envoi provisoire doivent faire, *à leurs frais*, les réparations locatives et celles d'entretien qui sont à la charge de l'usufruitier, parce que ces sortes de réparations sont une charge des fruits; néanmoins, quant à celles d'entretien, ils n'en doivent supporter qu'une part proportionnelle à celle qu'ils ont dans les fruits.

Ils doivent aussi faire faire les grosses réparations ; mais le montant intégral en reste à la charge de l'absent, à moins qu'elles ne soient occasionées par défaut de celles d'entretien, auquel cas ils seraient responsables de ce fait de mauvaise administration.

N. 476. — Les frais d'inventaire sont à la charge de l'absent, comme ceux du rapport de l'expert qui a visité les immeubles.

Demoly, absent, n. 427. — Toutes ces formalités doivent être remplies avant que le jugement qui envoie en possession puisse être exécuté, soit qu'il contienne disposition formelle à cet égard, soit qu'il n'en parle pas.

127. *Ceux qui, par suite de l'envoi provisoire, ou de l'administration légale, auront joui des biens de l'absent, ne seront tenus de lui rendre que le cinquième des revenus, s'il reparaît avant quinze ans révolus depuis le jour de sa disparition; et le dixième, s'il ne reparaît qu'après les quinze ans. — Après trente ans d'absence, la totalité des revenus leur appartiendra.* (*C. C., art.* 138.)

Leg. 54, ff, de diversis reg. jur.

Bigot-Préameneu. — L'existence de l'absent, qui chaque année devient plus incertaine, les malheurs que les héritiers peuvent éprouver, l'accroissement du dépôt, la continuité des soins qu'il serait injuste de laisser aussi long-temps sans aucune indemnité, le refus qui serait fait d'une charge aussi pesante ; tous ces motifs ont fait décider qu'après un certain temps, les héritiers doivent profiter des revenus.

Delvincourt, t. 1, note 2 de la page 48. — On a demandé si le cohéritier qui n'aurait pas été envoyé en possession pourrait demander

sa part dans les jouissances, et l'on a décidé l'affirmative. Je ne suis pas de cet avis, parce que ces jouissances sont le *prix* de l'*administration* des biens dont ce cohéritier n'a pas été chargé.

L'avis précité ne pourrait avoir lieu que dans le cas où, par le dol des envoyés, le cohéritier serait resté dans une ignorance complète de la disparition et de l'envoi en possession.

Note 3. — *Des revenus* échus depuis la déclaration de l'absence. Ceux échus auparavant augmentent la masse des biens, et il doit en être fait emploi.

Note 4. — *Quid*, si l'on a des nouvelles de l'absent, sans néanmoins qu'il reparaisse? La jouissance doit cesser, et l'on commence une nouvelle période d'absence. (Art. 131; Malleville.)

Hua. — ***La totalité des revenus*** même échus pendant les dix ou quinze premières années, quoique sujets à l'événement de représentation pendant ces délais. Cette réflexion s'adapte au cas de la restitution ouverte après l'expiration des dix premières années, et elle ne sera que du dixième, même pour les revenus échus pendant cette première période de temps.

Duranton, t. 1, n. 496. — Cette quotité de fruits appartient également aux donataires, aux légataires, aux substitués, aux donateurs avec stipulation du droit de retour; aux propriétaires de biens dont l'absent avait l'usufruit; en un mot, à tous ceux qui ont joui en vertu d'un envoi en possession spécial ou général.

A. Dalloz, absence, n. 345. — L'époux présent, qui a géré en qualité d'administrateur, a droit aux fruits accordés par notre article, non seulement à l'égard des héritiers de l'absent, s'il ne reparait pas, mais encore à l'égard de l'absent lui-même, s'il reparait, car cet article ne distingue pas, et suppose même que le partage a eu lieu avec lui. C'est une exception aux principes généraux sur la composition de la communauté. (Duranton, p. 376; Demoly, p. 341; Favard, v. absence, p. 21. *Contrà*: Proudhon, p. 174: Rolland de Villargues, v. absence, p. 44.)

(Voir Deferrière, v. absence, *ad. leg.* 22, *familiæ erciscundæ*; Denisart, v. absence.)

On ne peut déduire à l'absent, sur sa part dans les revenus, les frais de la procédure en déclaration d'absence et d'envoi en possession provisoire: les envoyés doivent les supporter, et la part des fruits que la loi leur accorde leur tient lieu de toute indemnité. (Colmar, 4 mars 1815.)

Les fruits doivent être acquis à tous ceux qui, par l'envoi en possession, ont joui des biens de l'absent, et non exclusivement aux héritiers présomptifs. Il en est de même des légataires: ils jouissent par suite de l'envoi en possession. (Cass.)

Demoly, absence, n. 486. — Les revenus qui ne sont pas cédés aux possesseurs provisoires, doivent être rendus avec le patrimoine, soit à l'absent lui-même, soit à ses ayant-droit, soit à ses héritiers, mais toujours conformément à notre article.

128. *Tous ceux qui ne jouiront qu'en vertu de l'envoi provisoire, ne pourront aliéner ni hypothéquer les immeubles de l'absent.* (*C. C., art.* 2126.)

Leg. 54, ff, de reg. jur.; leg. 31, ff, pign. et hyp.

Delvincourt, t. 1, note 11 de la page 47. — Cependant, s'il y avait nécessité d'emprunter, je pense que le tribunal pourrait, en connaissance de cause, autoriser l'hypothèque. (Argument tiré de l'article 457. Duranton, t. 1, n. 483.)

Toullier, t. 1, n. 431. — Il paraît que dans leur administration les héritiers doivent suivre les formalités prescrites pour l'administration des biens d'un mineur.

Il y a néanmoins une différence remarquable entre les tuteurs et les héritiers envoyés en possession. Le ministère des tuteurs est forcé: c'est une charge civile qu'ils ne peuvent refuser. — L'envoi en possession est de pure faculté; il est même demandé par les héritiers, qui, sous ce point de vue, ont des rapports avec un *negotiorum gestor*. Mais ils en diffèrent en un point essentiel: c'est qu'ils ne s'immiscent pas d'eux-mêmes dans l'administration des biens de l'absent; ils y sont envoyés par le magistrat, et leur administration n'est pas gratuite.

Duranton, t. 1, n. 486. — Si, nonobstant la prohibition portée à l'art. 128, les envoyés en possession aliènent les immeubles de l'absent, la vente est nulle, aux termes de l'art. 1599. Mais la nullité ne pourrait être invoquée par eux; ils sont garans de leurs faits.

A. Dalloz, absence, n. 190. — Cet article ne prohibant que l'aliénation des immeubles, il suit que l'héritier envoyé en possession provisoire peut, durant l'administration, aliéner les meubles même incorporels de l'absent. (Merlin, R., t. 16, p. 24; Dalloz, t. 1, p. 11; Demoly, p. 266. *Contrà*, pour les meubles *incorporels seulement*, Duranton, p. 391; Delvincourt, p. 100.)

129. *Si l'absence a continué pendant trente ans depuis l'envoi provisoire, ou depuis l'époque à laquelle l'époux commun aura pris l'administration des biens de l'absent, ou s'il s'est écoulé cent ans révolus depuis la naissance de l'absent, les cautions seront déchargées, tous les ayant-droit pourront demander le partage des biens de l'absent, et faire prononcer l'envoi en possession définitif par le tribunal de première instance.* (*C. C., art.* 120.)

ff, lib. 33, tit. 2, leg. 8; ibid., lib. 7, tit. 1, leg. 56; Cod., lib. 1, tit. 2, leg. 23; lib. 5, tit. 1, argum. ex leg. 5.

Sirey, t. 14, p. 90.

Bigot-Préameneu, exposé des motifs au Corps législatif, 3 mars 1803. — Lorsque trente-cinq ans au moins se sont écoulés depuis la disparition, d'une part le retour serait l'événement le plus extraordinaire; d'une autre part, il faut que le sort des héritiers soit enfin fixé. Il faut enfin que les biens de l'absent puissent rentrer dans le commerce; il faut que toute comptabilité des revenus cesse de la part des héritiers.

On a, par ces motifs, établi comme règle d'ordre public, à laquelle l'intérêt particulier de l'absent doit céder, que si trente ans se sont écoulés depuis que les héritiers ou l'époux survivant ont été mis en possession des biens de l'absent, ils pourront, chacun selon leur droit, demander à la justice l'envoi définitif en possession.

Le tribunal constatera par une enquête contradictoire avec le commissaire du gouvernement, que depuis le premier envoi en possession, l'absence a continué sans qu'on ait eu des nouvelles, et il prononcera l'envoi définitif. (Delvincourt, t. 1, p. 46, 48; Rolland de Villargues, v. absence, n. 172; Toullier, t. 1, n. 144; Duranton, t. 1, n. 501.)

L'effet de cet envoi, à l'égard des héritiers, sera que les revenus leur appartiendront en entier; ils ne seront plus simples dépositaires des biens; la propriété reposera sur leur tête; ils pourront les aliéner.

Delvincourt, t. 1, note 6 de la page 48. — Si la centième année venait à s'écouler avant la déclaration d'absence, l'on pourrait obtenir de suite l'envoi définitif, sans avoir besoin de passer par l'intermédiaire de la possession provisoire. — Toullier, t. 1, n. 445; Locré, t. 2, p, 467, 474, 476; Toullier, t. 1, n. 446; Demoly, p. 403.)

Malleville. — Il n'est pas nécessaire de dire qu'après les époques désignées par notre article, la communauté est aussi dissoute, et qu'on doit procéder à sa liquidation. (Pandectes françaises.)

Hua. — *Pendant trente ans.* — Délai qui ne se supputera point du jour où l'absence a commencé, mais seulement de celui où un jugement, en la reconnaissant, aura pourvu à la gestion des biens.

A. Dalloz, v. absent, n. 242. — Les créanciers, les acquéreurs, les tiers enfin, ne peuvent demander l'envoi en possession. (Talandier, p. 225.)

130. *La succession de l'absent sera ouverte du jour de son décès prouvé, au profit des héritiers les plus proches à cette époque; et ceux qui auraient joui des biens de l'absent seront tenus de les restituer, sous la réserve des fruits par eux acquis en vertu de l'art.* 127.

Cod., lib. 2, tit. 1, passim; leg. 133, ff, de reg. jur.; leg. 193, 194, Cod.; et leg. 30, ff, ex quib. cons. major.

Procès-verbal du Conseil d'Etat, 3 septembre 1801. — Napoléon demande si cet ordre subsistera, même dans le cas où l'on apprendrait que la mort de l'absent est arrivée à une époque où il aurait eu d'autres héritiers que ceux qui ont été envoyés en possession provisoire de ses biens.

Tronchet répond que l'époque de la mort étant certaine, elle règle l'ordre de la succession.

(Voy. Huguet, discours au Corps législatif, 15 mars 1803.)

Observations du Tribunat, 2 août 1801.

Pandectes françaises. — Mais si la mort n'est point prouvée, la présomption est qu'elle est arrivée au moment de l'absence ou des dernières nouvelles. Ce sont alors les héritiers en degré à cette époque qui doivent obtenir l'envoi en possession définitive: et si d'autres qu'eux ont obtenu l'envoi en possession provisoire, les biens doivent leur être rendus. Il faut, néanmoins, que ces héritiers existent au moment de l'envoi en possession définitive, car s'ils sont décédés, et que leurs successeurs ne se trouvent plus appelés de leur chef, ceux-ci ne pourraient réclamer la succession de l'absent qu'en rapportant la preuve qu'il est mort avant leurs auteurs. (Pothier, successions, n. 478.)

Duranton, t. 1, n. 530. — Cet article paraît présenter une contradiction avec l'art. 133, qui n'accorde qu'aux enfans et descendans directs de l'absent le droit de réclamer les biens après l'envoi définitif, et qui même limite la durée de l'action à trente ans depuis cet envoi. On peut cependant concilier ces deux dispositions, en disant que les héritiers, autres que les enfans et descendans, devront, pour pouvoir réclamer les biens après l'envoi définitif, prouver et le décès et leur priorité au jour du décès; tandis que les enfans et descendans n'auront besoin que de prouver leur filiation, parce que c'est un titre supérieur à celui des collatéraux.

A. Dalloz, v. absens, n. 341. — La communauté, si l'absent ne reparaît pas, est censée avoir continué jusqu'à l'envoi définitif. (Talandier, p. 137.)

Mais si l'on acquiert la preuve de son décès, la communauté est légalement dissoute du jour du décès de l'absent. (Voir Duranton, n. 454.)

Demoly, v. absens, n. 698. — M. Toullier remarque que cet article ne paraît pas limité au cas d'envoi en possession provisoire, puisqu'il est placé à la suite de l'art. 129, qui parle de l'envoi définitif. Il y a, dans l'un et l'autre cas, même raison de décider. Delvincourt dit aussi à cet égard : à la charge, toutefois, s'il venait à être prouvé que l'absent est décédé postérieurement, de rendre sa succession à ceux qui étaient ses héritiers au moment du décès effectif. (Arg. des art. 123 et 133.)

131. *Si l'absent reparaît, ou si son existence est prouvée pendant l'envoi provisoire, les effets du jugement qui aura déclaré l'absence cesseront; sans préjudice, s'il y a lieu, des mesures conservatoires prescrites au chapitre premier du présent titre, pour l'administration de ses biens.*

Cod., lib. 2, tit. 51, passim.

Malleville. — Si l'absent ne reparaît pas, quoique son existence soit prouvée, je crois que le parti le plus simple, et le plus conforme aux intérêts de l'absent, serait de continuer la régie aux héritiers présomptifs, en les rendant absolument comptables, sauf à leur donner une partie des fruits, suivant l'art. 127, dans le cas où, après les nouvelles de son existence, l'absent ne reparaîtrait pas dans les cinq ans. Cette preuve de son existence forme en effet une nouvelle époque d'après laquelle les formalités et les présomptions doivent recommencer.

Toullier, t. 1, n. 438. — Ainsi, du jour des nouvelles reçues, les héritiers et autres personnes envoyées en possession, en vertu de la déclaration d'absence, cessent de gagner les 4/5 ou les 9/10 des revenus de l'absent, sans qu'il soit nécessaire qu'on leur ait notifié ces nouvelles, pourvu qu'ils en aient eu connaissance, ou qu'ils n'aient pu raisonnablement les ignorer.

Merlin, R., absent, t. 16, p. 26. — L'absent qui reparaît ne peut, en formant tierce-opposition au jugement qui a déclaré son absence, se faire restituer la totalité des fruits que l'héritier présomptif a touchés pendant l'envoi provisoire. Légalement représenté dans le jugement de déclaration d'absence, par le ministère public, il est censé y avoir été partie, et dès là point de tierce-opposition.

A. Dalloz, absence, n. 255. — Parce qu'ils ne sont propriétaires que sous une condition résolubie. (Talandier, p. 228; Toullier, n. 448.)

A. Dalloz, absence, n. 110. — Ce jugement pourra, sur les conclusions du ministère public, être rapporté par les juges qui l'auront rendu, parce que ce jugement n'est que récognitif de faits et de leurs conséquences définies d'avance par la loi. Si ces faits sont démontrés faux, les conséquences doivent tomber. (Voir Demoly, p. 135 et 136.)

Biret, absence. — La seule présence de l'absent, l'avis de son existence donné par lui-même, un mandat par lui envoyé, ou toute autre nouvelle positive de sa part, fait cesser tous les effets de l'absence. La loi n'exige pas de preuve authentique.

132. *Si l'absent reparaît, ou si son existence est prouvée, même après l'envoi définitif, il recouvrera ses biens dans l'état où ils se trouveront, le prix de ceux qui auraient été aliénés, ou les biens provenant de l'emploi qui aurait été fait du prix de ses biens vendus.* (C. C., art. 126 et suiv.)

Cod., lib. 2, tit. 51, passim, et leg. 5, de restit. milit.

Cambacérès. — Le respect dû à la propriété exige qu'en tout temps l'absent reprenne ses biens; à quelque époque qu'il se présente, il ne doit pas être exproprié par une fin de non-recevoir.

Tronchet. — Autrement, l'absent se trouverait dépouillé de son patrimoine en faveur de ceux que les liens du sang obligeaient à le lui conserver; et, si ces personnes étaient ses enfans, la loi les obligerait-elle à prescrire contre l'auteur de leurs jours? Tous les auteurs s'accordent à dire que jamais l'envoi en possession définitif n'a dispensé de rendre le patrimoine de l'absent, lorsqu'il reparaît.

Biret, absence, p. 205, 206. — Dans ce cas, l'absent ne peut faire résilier les aliénations de ses biens qui ont eu lieu après l'envoi définitif, sauf les cas prévus par la loi, c'est-à-dire pour cause de lésion, de dol, de fraude, etc.; mais ceux qui les ont vendus sont tenus de lui tenir compte du prix, ou des biens qui proviennent de l'emploi de ce prix.

Delvincourt, t. 1, note 3 de la page 49. — Dans l'*état où ils se trouveront*: par conséquent, avec les hypothèques dont ils sont grevés, sauf leur recours contre les envoyés en possession. Quant aux fruits, ils sont irrévocablement acquis aux envoyés en possession, sans aucune distinction entre les revenus payés et ceux encore dus, mais qui étaient échus au moment du retour de l'absent.

Note 4. — Le *prix de ceux aliénés*; mais je pense qu'il faut ajouter la modification, *quatenùs possessores locupletiores facti sunt.* Par conséquent, si le prix était encore dû, l'envoyé en possession serait seulement tenu de céder ses actions contre l'acheteur; et si l'aliénation avait été faite à titre gratuit et sans fraude, l'envoyé en possession ne serait point tenu.

Par la même raison, je ne pense pas qu'il soit tenu des dégradations ou détériorations survenues depuis l'envoi définitif, et dont il n'a pas profité. *Qui rem quasi suam neglexit, nulli culpæ subjectus est.*

Malleville. — Ainsi, l'absent qui reparaît a toute action contre ceux qui avaient été mis en possession de ses biens, mais aucune contre des tiers qui ont contracté avec ceux qu'ils devaient regarder comme vrais propriétaires.

Les hypothèques que les héritiers présomptifs auraient assises sur les biens de l'absent, après l'envoi définitif, continueraient à subsister malgré son retour; car, dès que l'absent ne peut pas quereller même les ventes, à plus fortes raison les simples hypothèques. L'article d'ailleurs décide bien nettement la question, en disant qu'il prendra les biens *dans l'état où ils se trouveront.*

Il recouvrera. — Ainsi, point de prescription en faveur de l'envoyé en possession; le titre de sa jouissance n'est que précaire, et contrasterait avec l'idée d'une possession *animo domini.*

Pandectes françaises. — Il faut décider, dans l'hypothèse de notre article, que l'hypothèque dont l'envoyé en possession aurait pu grever l'immeuble s'évanouit avec sa propriété; car personne ne peut transférer à un autre plus de droits qu'il n'en a lui-même, et l'envoyé en possession n'avait qu'une propriété résoluble.

Toullier, t. 1, n. 449 et 450. — L'absent ne peut faire résoudre les contrats d'aliénation légalement passés par ses héritiers depuis l'envoi définitif. C'est une exception à la règle que personne ne peut transférer plus de droits qu'il n'en a lui-même.

Quant aux revenus des biens perçus par les héritiers, ils leur sont irrévocablement acquis, jusqu'au moment où l'absent a reparu ou donné de ses nouvelles : il ne peut leur en demander aucun compte; mais il semble que l'absent a droit de réclamer les revenus ou fermages arriérés, encore dus par les fermiers ou débiteurs, et même ceux que ses héritiers auraient perçus depuis son retour, puisqu'il reprend ses biens dans l'état où ils se trouvent.

Duranton, t. 1, n. 509. — Il ne faut pas croire que les envoyés en possession soient tenus d'abandonner tous les biens qu'ils ont acquis, en paiement de ceux qu'ils ont aliénés; car très-probablement ils n'auront pas songé, après un aussi long temps, au retour de l'absent, ni à inscrire dans leurs contrats d'acquisition la clause d'emploi ou de remploi : ils ne devraient donc point être forcés, lors même qu'ils opteraient pour l'abandon des biens, de les abandonner *en totalité*, s'ils leur avaient coûté un prix supérieur à celui des biens vendus. Cette disposition, dont au reste l'application aura rarement lieu, ne sera pas sans difficulté dans la pratique. Les juges prononceront *ex æquo et bono.*

Si les fruits n'étaient point échus ou perçus, ils reviendraient à l'absent. (Toullier, n. 450. *Contrà* : Duranton, n. 506, 509, t. 1.)

Quid des biens donnés? Si un possesseur a donné des biens de l'absent à ses enfans, il en devra récompense; car il s'en est servi pour acquitter une dette naturelle et civile, et son patrimoine s'est accru de toute l'importance de la donation. Toute autre donation ne nous semble pas devoir astreindre à une récompense. Le possesseur définitif a pu se croire propriétaire; en donnant, il ne s'est pas enrichi.

133. *Les enfans et descendans directs de l'absent pourront également, dans les trente ans, à compter de l'envoi définitif, demander la restitution de ses biens, comme il est dit dans l'article précédent.*

Bigot-Préameneu, exposé des motifs au Corps législatif, 3 mars 1803. — L'absent pourrait avoir une postérité qui n'aurait point été connue pendant les trente-cinq ans écoulés avant que les autres héritiers présomptifs aient été définitivement envoyés en possession : ses descendans ne doivent pas être dépouillés par les collatéraux sous prétexte de cet envoi définitif; et s'ils prouvent l'existence ou la mort de l'absent, tout droit des collatéraux cesse : s'ils ne prouvent ni l'un ni l'autre de ces faits, ils ont au moins, dans leur qualité de descendans, un titre préférable pour obtenir la possession des biens. — Néanmoins, leur action ne devra plus être admise, s'il s'est encore écoulé trente années depuis l'envoi définitif. Cet envoi a transporté aux collatéraux la propriété des biens, et postérieurement encore, ils auront possédé pendant le plus long temps qui soit requis pour opérer la prescription. Ils doivent avoir le droit de l'opposer même aux descendans de l'absent, qui ne pourront pas se plaindre si, après une révolution de soixante-cinq ans au moins depuis la disparition, ils ne sont plus admis à une recherche qui, comme toutes les actions de droit, doit être soumise à une prescription.

Delvincourt, t. 1, p. 49, not. 2. — Les collatéraux de l'absent, autres que les envoyés en possession, pourraient-ils réclamer sa succession postérieurement à l'envoi définitif, en prouvant qu'il était décédé à cette époque, et qu'ils étaient alors ses héritiers? Je crois que oui : c'est ici une action en pétition d'hérédité, qui ne se prescrit que par trente ans, à compter du décès.

Hua. — Quoique l'article ne désigne que les parens en ligne directe descendante, on ne pourrait refuser aux collatéraux la réintégrande, s'ils justifiaient, par des renseignemens positifs sur l'existence de l'absent, qu'ils sont devenus héritiers, pourvu qu'ils se pourvoient avant l'expiration du délai de prescription admissible contre tous. Le jugement d'envoi définitif ne saurait leur être opposé, puisqu'il n'est point rendu avec eux; et c'est effectivement la prescription qui les déposséderait.

Toullier, t. 1, n. 451. — Si c'étaient des enfans naturels légalement reconnus, ils pourraient réclamer la portion de biens qui leur est attribuée par l'art. 757 du Code civil.

N. 452. — Les héritiers de l'absent ne pourraient invoquer aucune prescription s'ils s'étaient bornés à obtenir l'envoi en possession provisoire sans avoir obtenu l'envoi définitif, parce qu'ils n'auraient pas cessé de n'être que dépositaires; c'est l'envoi en possession définitive qui peut seul faire cesser cette qualité. Si les héritiers ont négligé de provoquer l'envoi en possession définitive, qui n'est accordé qu'après de nouvelles enquêtes, il est à croire qu'il en ont été empêchés par la crainte de voir se découvrir, sur l'existence de l'absent, des nouvelles qui auraient fait cesser les effets de l'envoi en possession provisoire. Ils restent donc toujours dépositaires jusqu'à l'envoi définitif, et les aliénations qu'ils feraient avant de l'avoir obtenu pourraient être attaquées par l'absent ou par ses enfans et descendans. Les acquéreurs ne pourraient s'en plaindre; c'était à eux de s'assurer du titre et des droits de leur vendeur.

A. Dalloz, v. absence, n. 271. — C'est une question de savoir si les trente ans dont il s'agit ne sont qu'un délai préfixe, ou bien une prescription ordinaire qui doive être suspendue par la minorité des enfans ou descendans. Proudhon, p. 182, Delvincourt, p. 104, Duranton, n. 53, pensent que notre article n'accorde qu'un simple délai préfixe; mais Merlin, R., t. 16, p. 27 et 28, Toullier, n. 453, Malleville, p. 146, et Demoly, p. 424, estiment, au contraire, qu'il faut s'en référer aux principes généraux de l'art. 2252 du Code civil.

Les héritiers collatéraux qui n'ont pas formé leur demande d'envoi en possession provisoire, peuvent-ils en former après l'envoi en possession définitive? *Non*, d'après Toullier, n. 454, Merlin, t. 16, p. 17, Proudhon, p. 181, Duranton, n. 511. *Contrà* : Delvincourt et Demoly.

134. *Après le jugement de déclaration d'absence, toute personne qui aurait des droits à exercer contre l'absent, ne pourra les poursuivre que contre ceux qui auront été envoyés en possession des biens, ou qui en auront l'administration légale.*

ff, lib. 33, tit. 5, leg. 1; lib. 36, tit. 1, leg. 49.

Delvincourt, t. 1, not. 4 de la pag. 47. — Quelle est la nature de l'action que les créanciers de l'absent peuvent exercer contre les envoyés en possession? Comme ces envoyés sont *vice hæredum*, les créanciers peuvent exercer contre eux les mêmes actions qu'ils pourraient exercer contre de véritables héritiers; mais comme ils ne sont en même temps que *bonorum possessores*, ils ne peuvent être tenus *ultrà vires*; en un mot, je pense que, relativement aux créanciers du défunt, ils peuvent être, sous presque tous les rapports, assimilés à des héritiers bénéficiaires.

Quid à l'égard de la prescription, si l'absent était majeur et que l'envoyé en possession soit mineur? La prescription sera-t-elle suspendue pendant la minorité de ce dernier? Oui; mais si l'absent reparaît, comme il est certain que le mineur n'avait aucun droit au bien prescrit, la prescription est censée avoir couru pendant tout ce temps, et n'avoir éprouvé aucune espèce de suspension.

Malleville. — Les héritiers présomptifs ou l'époux de l'absent, suivant les circonstances, ont également le droit d'intenter toutes les actions qui lui compètent, même les actions rescisoires.

Hua. — Pendant l'intervalle de temps entre la provocation de la déclaration d'absence et le jugement qui l'admettra, les actions et poursuites s'exerceront directement contre l'obligé; la seule ressource de ceux qui solliciteront la déclaration d'absence, sera de faire proposer par le procureur du roi les moyens qui pourraient exister contre les poursuites. (Art. 114).

Toullier, t. 1, n. 434. — L'un des principaux effets de l'envoi en possession est de faire résider toutes les actions actives et passives de l'absent sur la tête des héritiers qui le représentent.

Duranton, t. 1, n. 492. — La raison est la même quant aux actions actives, toutefois avec une distinction, comme en matière de tutelle. C'est-à-dire que, pour les actions mobilières, les envoyés ont, par la nature de leur mandat, pleine qualité pour les exercer, et ce qui sera jugé avec eux sera jugé avec l'absent lui-même. Mais pour intenter une action immobilière, ils devront, comme un tuteur (art. 468), se faire autoriser, sinon l'absent ne serait pas lié par le jugement qui lui serait contraire : dès lors le défendeur a droit d'exiger que ceux qui le poursuivent aient obtenu cette autorisation.

135. *Quiconque réclamera un droit échu à un individu dont l'existence ne sera pas reconnue, devra prouver que ledit individu existait quand le droit a été ouvert : jusqu'à cette preuve, il sera déclaré non recevable dans sa demande.* (*C. C.*, *articles* 113, 120, 725, 744 *et* 1039.)

Leg. 2, ff, de probat., et leg. 4, Cod., de edendo.

Pothier, Introd. au titre 17 de la Cout. d'Orléans, n. 7. — C'est à celui qui a intérêt que quelqu'un ait succédé à un autre, à prouver qu'il était vivant au temps de l'ouverture de la succession, et qu'en conséquence il l'a recueillie, suivant cette règle de droit : *ei incumbit probatio qui dicit.*

Delvincourt, t. 1, note 5 de la page 49. — Remarquez que le législateur a fait un article pour établir que celui qui veut exercer un droit subordonné à la condition de l'existence d'un individu non présent, est tenu de prouver que cet individu existait à l'époque à laquelle ce droit s'est ouvert; mais il n'existe aucune disposition portant que celui qui voudra exercer un droit subordonné à la condition du décès du même individu, sera obligé de prouver le décès : or, d'où peut résulter cette différence, sinon de ce que la présomption du décès existe dans la loi et par la loi? En conséquence, non seulement elle dispense de toute preuve, mais encore elle oblige celui qui prétend que l'absent a survécu à sa disparition, à le prouver.

Note 6. — Remarquez aussi que, dans les art. 135 et 136, on a évité de se servir du mot *absent*, parce que ce mot se prenant ordinairement, dans ce titre, pour celui dont l'absence est *déclarée*, l'on aurait pu en conclure que les dispositions de ces articles ne devaient s'appliquer qu'aux *déclarés absens*, tandis qu'elles s'appliquent à tous ceux dont l'existence *est incertaine*. (Malleville.)

Malleville. — Si, avant la déclaration d'absence d'un individu il lui échoit une succession, d'après les principes adoptés par le chap. 1, on la recueillera pour lui. Cependant s'il ne revient pas, et qu'on n'ait plus de ses nouvelles, il est constant que mal à propos on lui aura adjugé cette succession, puisque, d'après l'art. 120, il est censé mort du jour de sa disparition, ou de ses dernières nouvelles. Ne faut-il pas, après les trente ans depuis l'envoi en possession provisoire des héritiers, ou après les cent ans révolus depuis la naissance de l'absent, rendre l'hérédité à ceux qu'il en a privés?

Ce cas pourra fréquemment arriver. J'opinerais alors pour la restitution, sans qu'on puisse opposer aucune prescription aux réclamans dans cet intervalle, parce que jusque là ils ne pouvaient pas agir, ou que s'ils le faisaient, on leur dirait, d'après notre art. 135, de prouver la mort de l'absent.

Quiconque. — Même l'envoyé en possession provisoire, ou celui qui aurait obtenu postérieurement l'envoi en possession définitif.

Merlin, R., absent, t. 16, p. 30. — Le motif de cette disposition est palpable : l'absent dont on n'a point de nouvelles n'est présumé ni mort ni vivant : c'est donc à ceux qui réclament des droits sur le fondement de son décès à en rapporter la preuve.

Rolland de Villargues, v. absent, n. 297. — Comme ce n'est que par fin de non-recevoir, *quant à présent*, qu'il sera repoussé, lorsqu'il aura acquis des preuves, il pourra renouveler sa demande sans craindre l'exception de la chose jugée.

Duranton, t. 1, n. 535. — Lorsque l'existence de l'appelé à l'époque où le droit s'est ouvert ne sera pas reconnue par les héritiers présens, ou qu'elle ne sera pas prouvée contre eux, le droit leur sera exclusivement dévolu. A cet égard la loi ne fait aucune distinction entre le cas où l'individu n'était, lors de l'ouverture du droit, qu'en simple présomption d'absence, et celui où il était absent déclaré. La discussion au Conseil d'État à ce sujet, et les nombreux arrêts rendus en ce sens, ne permettent pas le moindre doute sur ce point.

L'application bien entendue des art. 135 et 136 ne doit avoir lieu qu'*après* la déclaration. (Biret, absence, p. 153 à 185.)

136. *S'il s'ouvre une succession à laquelle soit appelé un individu dont l'existence n'est pas reconnue, elle sera dévolue exclusivement à ceux avec lesquels il aurait eu le droit de concourir, ou à ceux qui l'auraient recueillie à son défaut.* (*C. C., art.* 725, 744, 1039.)

ff, lib. 10, tit. 2, leg. 7.

Question. — Peut-on être admis à succéder, par droit de représentation, au lieu et place d'un absent dont l'existence est incertaine? Oui, d'après une consultation de M. Delalleau, avocat au barreau de Paris. On la trouve dans Sirey, 1815, 2e part., p. 45.

Malleville. — C'est toujours le cas de l'individu déclaré absent ; car s'il ne l'était pas, il serait appelé à la succession, et un notaire opérerait pour lui. (Art. 113. Pandectes françaises ; Toullier, t. 1, n. 478.)

Hua. — Il suffit, pour que l'existence de l'individu ne soit pas connue, qu'on ignore où il est, et qu'il ne se présente point pour stipuler ses droits dans l'hérédité. Il n'est pas nécessaire que l'absence ait été déclarée, pour que les autres héritiers appréhendent seuls la succession. Dans ce cas, ceux-ci ne sont même point tenus de solliciter du tribunal la nomination d'un notaire, pour représenter la personne dont l'existence n'est point certaine.

Toullier, t. 1, n. 479. — Ainsi, les héritiers présens ne peuvent méconnaître l'existence de celui qui a le droit de concourir avec eux ou de les exclure, s'il n'est pas dans le cas de l'absence présumée ; c'est-à-dire si son existence n'est pas devenue incertaine par défaut de nouvelles.

N. 480. — Il a été jugé que les héritiers présens, en écartant un absent présumé dont ils refusent de reconnaître l'existence, sont dispensés des mesures conservatoires prescrites par l'art. 819 du Code civil et par les art. 911 et suivans du Code de procédure, telles que le scellé et l'inventaire. — Cette décision paraît conforme à la lettre de notre article, qui prononce contre l'absent une exclusion complète en faveur des présens.

Merlin, R., v. absent, t. 16, p. 30. — L'art. 136 exclut de l'exercice actuel de tout droit successif l'*absent présumé*, ni plus ni moins que l'*absent déclaré*.

Favard, v. absence, sect. 3, § 2, n. 2. — Le sens de l'article qui a été l'objet de diverses interprétations paraît fort clair. Il renferme les deux cas dans lesquels peut se trouver l'absent : ou il a des cosuccessibles, ou il est seul de son degré. Dans le premier cas, la succession est recueillie *exclusivement par ceux avec lesquels il aurait eu le droit de concourir ;* expressions qui excluent positivement le droit de représentation que pourraient réclamer les héritiers de l'absent ; car s'il pouvait y avoir représentation, il ne serait pas vrai de dire que la succession est *exclusivement* dévolue à ceux qui auraient été appelés à concourir avec lui. D'ailleurs, on ne représente que les personnes défuntes (art. 744) ; et l'absent n'est pas même présumé mort. — Si, au contraire, l'absent est seul appelé à recueillir l'hérédité, il y a, comme le disent les derniers mots de l'article, dévolution au degré subséquent. Les héritiers de ce degré succèdent alors *ipso jure*, et non par droit de représentation.

Rolland de Villargues, v. absent, n. 304. — Notez ces expressions, *dont l'existence n'est pas reconnue*. Elles ont été substituées lors de la discussion de la loi, au mot *absent* qui se trouvait dans le projet ; et cela pour exprimer que la dévolution aux héritiers présens aurait lieu exclusivement, même dans le cas où l'absence du cohéritier ne serait que *présumée*, et où elle ne serait pas *déclarée*.

Duranton, t. 1, n. 535. — On doit regarder comme un individu dont l'existence n'est pas reconnue, dans le sens de l'art. 134, celui qui a disparu sans qu'on ait de ses nouvelles, dont on ignore la résidence, et qui n'a point fait connaître les motifs de son absence : à son égard on doit moins s'attacher à la durée de la disparition qu'à ses caractères.

A. Dalloz, absence, n. 143. — Cet article donne lieu à une question importante qui divise les auteurs : Les enfans de l'absent succèdent-ils à son défaut dans la succession de leur oncle, concurremment avec un frère du défunt ? Non, d'après Proudhon, Cours de droit français, p. 192 ; Locré, t. 2, p. 506 ; Favard, R., v. absent, p. 23. Oui, d'après Merlin, R., t. 16, p. 45 ; Delvincourt, not. 547 ; Dalloz, t. 1, p. 35 ; Vilemartin, t. 2. p. 134, n. 5.

(Voir Toullier, n. 478, 479 ; Duranton, n. 536.)

Si le fils absent eût lui-même laissé des enfans, le frère présent les exclurait-il ? *Non*. (Sirey, 12, 2e part., p. 292.)

Question controversée. — La loi du 11 ventôse an 2, qui répute toujours vivans les militaires absens, a-t-elle été abolie par la loi du 13 janvier 1817 ? *Oui*, d'après arrêt de Nanci, 24 janvier 1820, Dalloz, Rec. alph., t. 1, p. 45 ; *id.*, Paris, 27 août 1821, Dalloz, *ibid.*, p. 47 ; Nîmes, 28 janvier 1834, Dalloz, *ibid.*, p. 49 ; Duranton, t. 1, n. 430 ; Favard, R., v. absens, sect. 5 ; Rolland de Villargues, R., t. 1, p. 51. *Contrà :* Cass., 9 mars 1824. Dalloz, v. absence, p. 49 ; Toullier, t. 1, n. 407 ; Talandier, des absens, p. 391 ; Merlin, R., v. absent, sect. 2, n. 5. (Journal de la Magistrature, t. 3, p. 129 à 136.)

137. *Les dispositions des deux articles précédens auront lieu sans préjudice des actions en pétition d'hérédité et d'autres droits, lesquels compéteront à l'absent ou à ses représentans ou ayant-cause, et ne s'éteindront que par le laps de temps établi pour la prescription.* (*C. C., art.* 130 *et suiv. ;* 772.)

Pothier, droit de propriété, n. 416, 438.

L'héritier apparent peut-il vendre avec effet les biens de l'absent ? Duranton, t. 1, n. 388, note *in fine*, 429 à 433, se décide pour la négative contre Merlin.

Delvincourt, t. 1, note 3 de la page 50. — L'article dit formellement que l'action ne s'éteindra que par le laps de temps établi pour la prescription : d'où l'on peut conclure que l'on devra appliquer toutes les règles relatives à l'*interruption* et à la *suspension* de la prescription. Mais de quand courra le délai ? Du jour de l'ouverture de la succession. (Art. 789.)

Rolland de Villargues, v. absent, n. 315. — Lorsque les cohéritiers qui se sont emparés de la part revenant à l'absent invoquent la prescription, ils ne peuvent prétendre avoir prescrit contre l'absent lui-même, à l'égard duquel il y a présomption de mort. La prescription ne peut avoir couru, dans ce cas, que contre les enfans ou représentans de l'absent, qui sont réputés lui avoir succédé.

Duranton, t. 1, n. 553. — L'action en pétition d'hérédité est une action *réelle*, à titre universel, par laquelle un individu demande contre son adversaire d'être reconnu héritier d'une personne, et demande aussi, en conséquence, les choses de l'hérédité possédées par le défendeur.

N. 557. — Cette action a lieu non seulement contre celui qui possède toute l'hérédité ou une part aliquote, mais aussi contre celui qui en possède quelque chose à titre particulier, en qualité d'héritier.

N. 569. — Adoptant, en ce point, les principes des lois romaines, M. Duranton pense, contrairement à l'opinion de M. Merlin, que la pétition d'hérédité peut incontestablement s'exercer contre ceux qui ont acquis du possesseur l'hérédité dont il s'agit.

Boileux. — Cette action doit être portée devant le tribunal du lieu où la succession est ouverte, c'est-à-dire devant le tribunal du domicile du défunt.

138. *Tant que l'absent ne se représentera pas, ou que les actions ne seront point exercées de son chef, ceux qui auront recueilli la succession, gagneront les fruits par eux perçus de bonne foi.* (*C. C., art.* 550 *et suiv. ;* 2268.)

ff, leg. 25, § 11, 15 ; leg. 23, de hæredit. petit.

Pothier, Traité du droit de propriété, n. 395. — Dans cette matière de pétition d'hérédité, on appelle possesseurs de bonne foi ceux qui se sont mis en possession des biens d'une succession qu'ils croient de bonne foi leur appartenir.

N. 396. — Que doit-on décider à l'égard de celui qui croyait de bonne foi que la succession lui appartenait, lorsqu'il s'est mis en possession des biens, mais à qui depuis la connaissance est survenue qu'elle ne lui appartenait pas ? Ulpien décide qu'en suivant l'esprit plutôt que la lettre de la constitution d'Adrien, il est, par cette connaissance qui lui est survenue, devenu possesseur de mauvaise foi.

Delvincourt, t. 1, note 4 de la page 50. — De *bonne foi ;* c'est-à-dire si, au moment où ils les ont perçus, ils ignoraient le décès de l'absent. La bonne foi, du reste, se présume toujours. (Art. 2268; Malleville; Hua; Merlin, absent. t. 16, p. 47. Voy. art. 547 du Code civil.)

Duranton, t. 1, n. 585. — C'est donc, à ce qu'il paraît, l'exercice du droit qui constitue l'héritier apparent en mauvaise foi; ou du moins l'on pourrait croire qu'il faut pour cela un acte qui le mette en demeure. Cependant il n'en est pas ainsi, et cette opinion est repoussée par le droit romain, dont les principes, à cet égard, ne paraissent point avoir été rejetés par le Code, puisqu'il ne s'explique pas sur le cas dont il s'agit, quoiqu'il l'ait fait en matière de donation révoquée pour survenance d'enfant.

SECTION III.

Des Effets de l'absence relativement au mariage.

139. *L'époux absent dont le conjoint a contracté une nouvelle union, sera seul recevable à attaquer ce mariage par lui-même, ou par son fondé de pouvoir, muni de la preuve de son existence. (C. C., art.* 147, 184, 187 *et suiv.;* 312. *)*

Novell. 127, cap. 4, authent. quod hodiè; Cod., de repudiis.

Bigot-Préameneu, exposé des motifs au Corps législatif, 3 mars 1803. — Il est de règle consacrée dans tous les temps qu'on ne peut contracter un second mariage avant la dissolution du premier. Il n'est point de présomption admise comme pouvant suppléer la preuve du décès de l'un des époux. Le plus important de tous les contrats ne saurait dépendre d'une simple présomption.

Si l'époux d'un absent était contrevenu à des règles aussi certaines, s'il avait formé de nouveaux liens sans avoir rapporté la preuve que les premiers n'existaient plus, ce mariage serait nul, et l'absent qui reparaîtrait conserverait seul les droits d'un hymen légitime.

L'état civil de l'enfant né d'un pareil mariage dépend de la bonne foi avec laquelle il a été contracté par ses père et mère, ou même par l'un d'eux. La personne avec laquelle se fait le second mariage peut avoir ignoré que le premier existait; il est possible que l'absent ait cru avoir des preuves de sa mort, qu'il ait été trompé par de faux extraits, ou de toute autre manière.

On a voulu que le mariage contracté pendant l'absence ne pût être attaqué que par l'époux même à son retour, ou par son fondé de pouvoir, muni de la preuve de son existence.

La dignité du mariage ne permet pas de la compromettre pour l'intérêt pécuniaire des collatéraux, et il doit suffire aux enfans nés d'une union contractée de bonne foi, d'exercer leurs droits de légitimité; droit qui, dans ce cas, ne saurait être contesté par les enfans même nés du premier mariage.

Delvincourt, t. 1, note 6 de la page 50. — Si donc le mariage était attaqué par une autre personne, on ne jugerait point le *fond*, c'est-à-dire la question de validité du mariage; mais on déclarerait le demandeur purement et simplement non recevable.

Sera seul recevable. — Les enfants même n'y sont point autorisés. Par une conséquence qui paraît nécessaire, les enfans du premier mariage ne pourront, sous ce prétexte, évincer ceux du deuxième, de la succession de l'époux remarié, puisqu'il faudrait, pour y parvenir, les admettre à examiner la question de légitimité, qui dépend du mariage.

Toullier, t. 1, n. 485. — Le retour de l'époux ne rend ni aux parties intéressées ni au ministère public, le droit d'attaquer le second mariage, à la différence du cas où l'un des époux aurait contracté un second mariage, sans que l'autre époux se trouvât dans le cas de l'absence: ce serait alors la bigamie pure, dont toutes les parties intéressées et le ministère public peuvent se plaindre.

A. Dalloz, absence, n. 369. — Le second mari n'est pas recevable à demander lui-même la nullité de son mariage, s'il ne prouve pas l'existence du premier mari, et cela encore bien que l'absence de ce dernier ne soit pas déclarée. (Arg., art. 136. — *Contrà:* Proudhon, p. 165. Voir Talandier, p. 296; Delvincourt, p. 110; Favard, R., v. absence, p. 23; Duranton, p. 428; Demoly, p. 290. *Contrà:* Merlin, R., t. 16, p. 49; Toullier, t. 1, p. 381; Vazeille, mariage, t. 1, p. 382.)

Demoly, absence, n. 508 à 541. — La nullité du second mariage, résultant de ce que l'époux absent vit encore, pourra, malgré les termes de notre article, être invoquée par les mêmes personnes que celles qui ont le droit d'exciper de cette nullité, d'après *les règles posées au titre du mariage*. Delvincourt, conforme.

Proudhon, t. 1, p. 165. — Si l'incertitude de la mort de l'un des époux ne doit jamais suffire pour autoriser l'autre à contracter une nouvelle union, la même incertitude ne doit pas suffire non plus pour troubler un mariage qui aurait été ainsi contracté: c'est pourquoi l'époux absent est seul recevable à attaquer ce mariage. Mais si le nouveau mariage était contracté *avant* la déclaration d'absence, toutes parties intéressées et même le procureur du roi pourraient l'attaquer au moins pendant la présomption d'absence, et avant que la déclaration en eût été prononcée. (Sirey, 30, 2e part., p. 227; *id.*, 31, 1re part., p. 262.)

140. *Si l'époux absent n'a point laissé de parens habiles à lui succéder, l'autre époux pourra demander l'envoi en possession provisoire des biens. (C. C., art.* 124, 222, 727, 1427.*)*

ff, leg. 6, de divort., et leg. unicâ, undè vir et uxor.

Huguet, Discours au Corps législatif, 15 mars 1803. — Cette disposition n'a pas besoin d'être justifiée. Si, naturellement, à défaut de parens, il est juste que l'époux survivant soit héritier de son autre époux, ce que les lois romaines et notre droit français ont établi en principe, à plus forte raison il doit avoir le droit d'être envoyé en possession des biens de l'époux absent, quand il n'a pas de parens.

Malleville. — C'est que l'autre époux est alors l'héritier légitime de l'absent.

En possession définitive des biens. — Et par suite celle définitive, puisque l'époux écarte le fisc, en cas de non héritiers de son conjoint. (Art. 767.)

Mais s'il y a des parens habiles à succéder, l'époux ne pourra demander l'envoi en possession provisoire des biens. (Toullier, n. 467.)

Boileux. — La loi suppose ici que les époux sont séparés de biens, au moins sous le régime dotal, car sous ces divers régimes les biens ne sont pas confondus. S'ils étaient mariés sous le régime de la communauté, cette demande ne serait pas nécessaire.

CHAPITRE IV.

De la surveillance des enfans mineurs du père qui a disparu.

141. *Si le père a disparu laissant des enfans mineurs issus d'un commun mariage, la mère en aura la surveillance, et elle exercera tous les droits du mari, quant à leur éducation et à l'administration de leurs biens. (C. C., art.* 155, 283, 371 *et suiv.;* 389 *et* 450. *)*

Arg. ex leg. 1, Cod., ubi pupilli educari debeant. — Novell. 117, arg., cap. 7.

Leroy, rapport au Tribunat, 12 mars 1803. — Dans le cas où l'absent laisserait des enfans issus d'un mariage précédent, il en sera agi comme dans le cas des enfans communs et du décès de la mère: l'art. 143, en le réglant ainsi, remet les enfans aux mains de ceux que la nature et la raison désignaient à la loi.

La loi ne se sert pas ici du mot *absent*, mais de ceux-ci: *celui qui a disparu*. Nous devons croire que, n'employant pas les mêmes signes, elle n'a pas entendu les mêmes choses; et en effet, il importe peu que le père soit absent, ou simplement non présent; il suffit qu'il ne paraisse pas, pour qu'il y ait *urgence* en quelque sorte de pourvoir au soin de ses enfans. C'est alors le lieu d'invoquer la loi des tutelles.

Hua. — Les pouvoirs de la mère seront ceux d'un tuteur, à l'égard desquels il est statué par le titre 10; mais ils ne s'étendront point à la puissance du père, réglée par le titre 9. Il semble seulement que la mère peut user de l'autorité individuelle que lui accorde l'art. 381 pour la détention de ses enfans. La disparition de son mari assimile, au moins instantanément, son état à celui de viduité. (Duranton, t. 1, n. 519.)

Nous ne voyons point de disposition qui assujétisse, dans ce cas, la mère à faire nommer un subrogé-tuteur.

Pandectes françaises. — Toutefois cette surveillance accordée par la loi à la mère n'exclut pas les raisons qui pourraient s'opposer à ce qu'elle l'eût: la famille peut la faire valoir, et c'est au tribunal à statuer sur leur validité.

Toullier, t. 1, n. 458. — Il n'est point nommé de subrogé-tuteur à la mère pendant cette première période.

Duranton, t. 1, n. 517. — Cette disposition a son effet non seulement durant la présomption d'absence, mais encore après que l'absence a été déclarée.

N. 520. — Elle exercera la puissance *administrative* du père sur les biens des enfans. Elle n'a pas besoin pour cela d'une autorisation judiciaire spéciale pour chaque acte d'administration, ni d'une autorisation générale.

N. 521. — Quant à la jouissance des biens des enfans, nous croyons, en principe, qu'elle doit avoir lieu au profit de la mère.

Boileux. — Après l'absence déclarée, la mère doit faire nommer un subrogé-tuteur à ses enfans, si elle opte pour la dissolution de la communauté; mais cela n'est pas nécessaire lorsqu'elle opte pour la continuation; car les revenus qu'elle perçoit tombant dans la communauté, elle n'a pas pour le moment d'intérêts opposés à ceux de ses enfans.

142. *Six mois après la disparition du père, si la mère était décédée lors de cette disparition, ou si elle vient à décéder avant que l'absence du père ait été déclarée, la surveillance des enfans sera déférée, par le conseil de famille, aux ascendans les plus proches, et, à leur défaut, à un tuteur provisoire.* (*C. C., art.* 155, 402.)

Toullier, t. 1, p. 390.
Proudhon, t. 1, p. 167.
Biret, absence, p. 229 à 232, 274.
Demoly, absence, p. 22 à 116, 370.
Delvincourt, t. 1, p. 48.
Villemartin, sur l'article.

Malleville. — On suppose que pendant les six premiers mois les voisins auront soin des enfans, et que le ministère public y veillera. Il ne faut pas, en effet, se presser de nommer des tuteurs et de causer des frais à l'absent dont on espère le retour. Locré, Esprit du Code civil, t. 2, p. 517 et 518; Delvincourt, t. 1, 85; Duranton, t. 1, p. 423, mêmes principes.

Aux ascendans les plus proches. — Ce concours est un surcroît de formalité qu'on n'exige point pour les tutelles qui ont lieu pour cause du décès certain des père et mère. (Voir art. 402, 403 et 404.)

Pandectes françaises. — Il n'est pas possible, dans ce cas, d'attendre que l'absence du père soit déclarée; des enfans ne peuvent pas rester à l'abandon. Si la mère n'existe plus, la famille doit être convoquée, soit à la requête d'un de ses membres, soit, en cas de négligence, à celle du procureur du roi, pour statuer sur la surveillance et les soins que les enfans exigent. Cependant la loi permet, sans l'exiger.

Boileux. — La disposition de cet article s'applique également au cas de la disparition de la mère veuve et non remariée.

A. Dalloz, absence, n. 376. — Quant aux militaires absens, voir lois des 11 ventôse, 15 fructidor an 2 et 6 brumaire an 5. La première de ces lois est seule en vigueur aujourd'hui. Mais les lois de 1814 et 1817 ont dérogé aux dispositions de celle restée en vigueur en quelques points. (Voir Merlin, R., t. 16, p. 5; Talandier, p. 365, 369; Merlin, R., t. 1, p. 45; *id.*, t. 17, p. 1er.)

Les aïeules ne peuvent obtenir la tutelle qu'à défaut d'ascendans mâles, et par la dation de la famille. (Code civil, art. 819; Code de procédure, art. 909, 911.)

143. *Il en sera de même dans le cas où l'un des époux qui aura disparu, laissera des enfans mineurs issus d'un mariage précédent.*

Merlin, R., t. 16, p. 140 et suiv.
Proudhon, t. 1, p. 167.
Villemartin, sur l'article.

Pandectes françaises. — Rien n'empêche que le beau-père ou la belle-mère présent ne soit nommé tuteur provisoire des enfans, si la famille n'y voit aucun inconvénient.

Le fondement de la surveillance accordée à l'époux présent, par l'art. 141, n'existe plus dans l'hypothèse de celui-ci; les enfans dont il s'agit ne sont pas les siens. Ils doivent en conséquence rentrer sous la puissance de la famille à laquelle ils appartiennent et dont ils font partie. C'est cette famille qui doit pourvoir à leur éducation et à leur entretien. Malleville, même opinion.

Les termes *il en sera de même* indiquent qu'il faut, à l'égard de ces enfans, se conformer à la disposition de l'art. 142. S'ils ont des ascendans, c'est à eux, ou du moins au plus proche, que la surveillance doit être déférée. S'il n'y en a point, la famille assemblée doit de même leur nommer un tuteur provisoire.

Quant aux militaires absens, voir Biret, absence, chap. 20, p. 340 à 375.

TITRE V
Du Mariage.

(Décrété le 17 mars 1803. Promulgué le 27 du même mois.)

CHAPITRE PREMIER.

Des Qualités et Conditions requises pour pouvoir contracter Mariage.

144. *L'homme avant dix-huit ans révolus, la femme avant quinze ans révolus, ne peuvent contracter mariage.* (*C. C., art.* 63 *et suiv.*; 178, 184 *et* 185.)

Instit., lib. 1, tit. 10; ff, lib. 23, tit. 2, leg. 4 et 5, de rit. nupt.; Cod., leg. 5, quandò à tutores vel ourat.

Arrêté du 20 prairial an 11; décrets des 16 juin, 3 et 28 août, 21 décembre 1808.

Pothier, contrat de mariage, n. 94; Domat, Lois civiles, livre préliminaire, tit. 1, sect. 2, n. 21; Merlin, Questions de droit, v. acquiescement, § 18 et suiv.; R., v. dispense, femme, impubère, mariage, célibat, t. 16, n. 3; empêchement, *ibid*, § 1, n. 4; sourd-muet, n. 2; fiançailles, n. 1; Dalloz, v. mariage, sect. 2, art. 5 et 6; Paillict, Dictionnaire universel, v. agonisant; Toullier, t. 1, n. 499; Massé et Lherbette, Journal du notariat, t. 2, n. 371, 373, etc.; Duranton, t. 2, n. 16 à 22, 34; Proudhon, t. 1, p. 213, 224; t. 2, p. 168; Delvincourt, t. 1, p. 57; Vazeille, mariage, t. 1, n. 58 à 61, 241 à 250; Chardon, dol, t. 3, n. 425 à 427.

Lettre du ministre de la justice qui réprouve le mariage des prêtres, du 14 janvier 1806.

Circulaire du grand-juge, du 18 nivôse an 11, qui prohibe le mariage des blancs et des négresses, et des nègres avec des blanches.

Décret du 3 août 1808, avis du Conseil d'Etat du 22 novembre suivant, sur les formalités exigées pour le mariage des officiers réformés.

Procès-verbal du Conseil d'Etat, 13 septembre 1801. — Réal combat le projet qui fixait l'âge du mariage à treize et quinze ans. Notre ancien droit français, dit-il, conforme au droit romain, fixait la puberté à quatorze ans pour les hommes, et à douze pour les femmes; mais puisqu'on consacre une innovation, faut-il se borner à exiger une année de plus? L'innovation proposée est sans utilité.

En fixant la puberté présumée à douze et à quatorze ans, ou à treize et à quinze, les Romains et les empereurs de Constantinople faisaient une chose raisonnable, et obéissaient à la nature, qui, dans les climats brûlans de l'Italie et de la Grèce, donne une puberté précoce. Devons-nous suivre en ce point leurs lois, nous, habitans de pays tempérés où la nature est plus tardive? On serait plus près de la nature et de la raison, en fixant la puberté présumée pour l'homme à dix-huit ans, et pour la femme à quinze. C'est le vœu des tribunaux de Paris, de Bourges et de Lyon.

Malleville ajoute que des époux trop jeunes n'ont pas la maturité d'esprit et l'expérience nécessaire pour conduire leur maison; et la femme, dont le corps n'est pas encore formé, est en danger de périr aux premières couches. D'ailleurs, c'est le consentement des parens qui forme le mariage, lorsque les époux n'ont pas assez de discernement pour donner un consentement réfléchi; et il importe à l'Etat que les mariages lui donnent des enfans robustes et bien conformés, et que les parens de ceux-ci aient la capacité nécessaire pour les conserver et en diriger la conduite. Toullier, t. 1, n. 489, 498 et 499, même opinion.

Napoléon répond qu'il ne serait pas avantageux que la population toute entière se mariât à treize et quatorze ans: il ne faut donc pas l'y autoriser par une règle générale. Il est préférable d'ériger en règle ce qui est conforme à l'intérêt public, et de ne permettre que par une exception dont l'autorité publique serait juge, ce qui ne sert que l'intérêt particulier. Dans un pays où le divorce est reçu, on ne peut espérer la durée des mariages si on permet de les contracter presqu'au sortir de l'enfance. Il serait bizarre enfin que la loi autorisât des individus à se marier avant l'âge où elle permet de les entendre comme témoins, ou de leur infliger les peines destinées aux crimes commis avec un entier discernement. Ce système serait peut-être le plus sage, qui n'autoriserait le mariage qu'à vingt-un ans pour les hommes et à quinze pour les filles.

Pandectes françaises. — Cette disposition, quant à la fixation de l'âge, est purement de droit positif; quant au principe sur lequel elle porte, elle est de droit naturel.

Duranton, t. 2, n. 2. — Le mariage tient du droit naturel par l'union des sexes.

N. 3. — Le mariage puise aussi ses règles dans le droit des gens, non seulement en ce qu'il est reconnu et respecté par tous les peuples; mais encore parce qu'il se contracte valablement entre des personnes de nations différentes.

N. 10. — Les mariages *in extremis* sont très-valables, s'ils ne sont vicieux pour autre cause.

Dalloz, mariage, sect. 1, art. 1, n. 2. — Il peut se rencontrer, sur-tout dans nos départemens méridionaux, des individus d'une puberté plus précoce; mais pour quelques cas très-rares, environnés d'ailleurs d'une grande incertitude, il ne fallait pas sacrifier le précieux avantage de l'uniformité.

La nullité est d'ordre public. (Duranton, t. 2, n. 315; Dalloz, Recueil alph., t. 10, p. 94, n. 2). Delvincourt est d'une opinion contraire. Se fondant sur l'art. 186, il prétend que l'époux qui avait l'âge compétent n'est pas recevable à attaquer le mariage.

Voir, quant aux dispenses d'âge, arrêté du 20 prairial an 11 (9 juin 1803).

145. *Néanmoins il est loisible au roi d'accorder des dispenses d'âge pour des motifs graves.* (*C. C., art.* 163, 164.)

Décret du 20 prairial an 11: instruction du ministre de la justice, pour la forme à suivre afin d'obtenir des dispenses, 20 février 1806; autre du 16 août 1817, relative au droit de sceau; autres des 21 février 1818, 20 janvier 1820, 4 et 7 septembre 1821, portant qu'on ne peut accorder de dispenses d'âge aux femmes âgées de moins de quatorze ans révolus; autre du 12 mai 1820, les dispenses ne peuvent être délivrées que par l'intermédiaire des référendaires; c'est à eux que doivent s'adresser les parties; autre du 30 mai 1820, portant qu'avant d'être remises aux parties, les dispenses d'âge doivent être enregistrées au greffe du tribunal de première instance.

Favard, mariage, sect. 1, § 1, n. 2; Toullier, t. 1, p. 423; Delvincourt, t. 1, p. 57; Vazeille, t. 1, n. 59; Duranton, t. 2, n. 20, 21; Pothier, contrat de mariage, n. 94; Proudhon, t. 1, p. 234.

Duranton, t. 2, n. 21. — Ces dispenses sont délivrées par une ordonnance du roi, rendue sur le rapport du garde-des-sceaux.

146. *Il n'y a pas de mariage lorsqu'il n'y a point de consentement.* (*C. C., art.* 170, 180, 181, 196, 201 *et* 202. — *C. de P., art.* 354 *et suiv.*)

Leg. 2, 16, § 2, ff, de rit. nupt.; leg. 30, de reg. jur.; leg. 116, ff, § 2, eod. tit.; Cod., lib. 5, tit. 4, leg. 14.

Pothier, contrat de mariage, n. 307; Merlin, R., impuissance, n. 2; Favard, mariage, sect. 3, § 2; sourd-muet, § 2; Duranton, t. 2, n. 22 à 71; Vazeille, t. 1, n. 61 à 75, 239 à 241; Dalloz, mariage, sect. 1, art. 2, § 1 et suivans; Toullier, t. 1, n. 501 et suivans; Delvincourt, t. 1, p. 58.

Arrêté du 20 prairial an 11; décret des 16 juin 1808, 3 et 28 août même année; avis du Conseil d'État du 21 décembre 1808.

Pothier, Traité du contrat de mariage, n. 307. — Le mariage étant un contrat, ne peut, de même que tous les autres contrats, être formé que par le consentement des parties.

Les choses qui sont directement contraires à ce consentement, et qui le détruisent, sont donc des empêchemens dirimans du mariage, qui empêchent qu'il ne puisse être valablement contracté. (Locré, Esprit du Code civil, t. 2, p. 53.)

C'est à la doctrine et à la jurisprudence qu'il appartient de fixer les signes auxquels on reconnaît qu'un consentement est vicieux. (Code civil, art. 1109.)

N. 92. — *Défaut de raison.* — Il est évident que les personnes qui sont entièrement privées de raison, soit par folie ou imbécillité, sont absolument incapables de contracter mariage, puisqu'elles sont incapables de donner un consentement qui est dans l'essence du mariage et de tous les autres contrats.

Lorsque la folie d'une personne a des intervalles lucides, cette personne ayant pendant ce temps l'usage de sa raison, il n'est pas douteux que le mariage qu'elle contracterait pendant ce temps serait valable.

Lorsqu'il est justifié que la folie de la personne dont on attaque le mariage a commencé avant son mariage et continué depuis, c'est à la personne qui oppose que la folie avait des intervalles lucides à en justifier.

N. 93. — Les sourds et muets peuvent contracter mariage; ils peuvent faire entendre le consentement qu'ils donneraient à un mariage: car la validité des mariages ne dépend point des paroles. (Toullier, t. 1, n. 502; Pandectes françaises; orateurs du gouvernement.)

Pandectes francaises. — Il suit de là que les causes qui détruisent le consentement, comme la violence et l'erreur, empêchent le mariage d'exister.

Toutefois, l'erreur qui ne tombe que sur quelque qualité de la personne, ne détruit pas le consentement nécessaire pour la validité du mariage. Elle ne l'empêche pas par conséquent d'être valable. (Locré, t. 4, p. 510; Malleville, t. 1, p. 195; Toullier, t. 1, n. 467; Proudhon, t. 1, p. 227; Duranton, t. 2, n. 58; Vazeille, contrat de mariage, t. 1, n. 65 et suivans; Pothier, contrat de mariage, n. 310; Dalloz, mariage, sect. 1, art. 20, § 1, n. 3.)

Merlin, R., v. impuissance. — Le Code ne s'explique pas sur l'impuissance; doit-on en conclure de là que le législateur a voulu mettre à l'abri de toute attaque le mariage qu'aurait contracté un individu à qui la nature aurait *refusé* les organes nécessaires pour le consommer, ou qui en aurait été *privé*, soit par une opération de l'art, soit par un accident quelconque? On peut dire qu'un tel mariage serait essentiellement vicié, par l'erreur dans laquelle cet individu aurait induit la personne qui aurait cru en faire son époux; car notre article déclare qu'il n'y a point de mariage lorsqu'il n'y a point de consentement; et il n'y a certainement point de consentement lorsqu'il y a erreur sur une qualité de cette nature. (Voir arrêt de Trèves, du 27 janvier 1808, Sirey, t. 8, 2ᵉ part., p. 214, conforme aux principes émis par Merlin. Voir cependant arrêt contraire à celui de Trèves, Sirey, t. 11, 2ᵉ part., p. 193) Mais on ne dit pas dans ce dernier arrêt de quelle espèce était l'impuissance reprochée. Vazeille, mariage, t. 1, n. 89, conforme; Favard, R., t. 3, p. 439; Toullier, t. 1, n. 525, 526, conformes. *Contrà*: Dalloz, mariage, sect. 1, art. 2, § 2, n. 2.

Vazeille, mariage, t. 1, n. 80. — Si un père fait usage de la force physique pour contraindre la volonté de son enfant, s'il le tient en charte privée jusqu'à ce qu'il ait obtenu son consentement au mariage qu'il lui commande, la loi condamne sa violence et frappe de nullité le consentement qu'elle lui a fait accorder. (Duranton, t. 2, n. 47; Delvincourt, t. 1, p. 150; Toullier, t. 1, n. 455; Duranton, t. 2, n. 49, 51.)

(Voir art. 1112, 1113, 1114. *Leg.* 5 *et* 9, *ff, quod met. causâ.* Pothier, mariage, n. 25 et 26.)

N. 83. — *Rapt.* — Le rapt est compris dans les dispositions des articles 146, 148 et 180, et Code pénal, art. 354 et 357. Quand le rapt est violent, il contraint la volonté et est alors une cause de nullité de l'engagement. (Duranton, t. 2, n. 41, 53.)

N. 84. — *La mort civile* annulle le mariage de plein droit; mais elle n'empêche pas les effets de la bonne foi pour celle des parties qui s'est engagée dans l'ignorance de la mort civile de l'autre, et pour les enfans provenant de cette union. (Code civil, art. 25.)

N. 90. — L'interdit est absolument incapable de contracter mariage. (Argument, art. 511.) Il n'en est pas ainsi de l'individu auquel il a été donné un conseil judiciaire. (Art. 499, 513. Pothier, contrat de mariage, n. 92; Duranton, t. 2, n. 28, 30, 31, 33, 34, 53; Delvincourt, p. 114, t. 1, notes.)

N. 95. — Le mariage des prêtres engagés dans les ordres sacrés n'est pas prohibé.

Duranton, t. 2, n. 23. — Si le principe consacré par cet article paraît aussi simple que juste, son application n'est pas cependant toujours facile.

N. 24. — En se bornant à reconnaître ce principe de raison évidente, qu'il n'y a pas de mariage lorsqu'il n'y a pas de consentement, le législateur a rendu les tribunaux appréciateurs souverains des circonstances dans lesquelles est intervenu celui qui a été exprimé, et de la gravité des vices qu'on lui reproche.

147. *On ne peut contracter un second mariage avant la dissolution du premier.* (*C. C., art.* 139, 170, 184, 187 *et suiv.*; 201, 202. — *C. P., art.* 340.)

Leg. 1, in fine, ff, de his qui not. infam.; leg. 2, Cod., de incert. et inutilib. nupt.; leg. 18, Cod., ad. leg. Jul., de adulter.

Loi du 20 septembre 1792, tit. 4, sect. 1, art. 10.

Pothier, contrat de mariage, n. 103; Favard, v. mariage, sect. 1, § 2, n. 2; Toullier, t. 1, p. 409, 446; Delvincourt, t. 1, p. 55, 65, 75; Merlin, R., v. mariage, sect. 4, § 1; Q., v. bigamie, § 2; Dalloz, v. mariage, sect. 2, art. 2; Duranton, t. 1, n. 523 à 528; t. 2, n. 34, 137 à 148; Proudhon, t. 1, p. 229; Vazeille, t. 1, n. 217; Biret, v. absent, p. 216 à 223.

Pothier, contrat de mariage, n. 103, 5ᵉ alinéa. — Le mariage, tant qu'il n'est pas dissous par la mort de l'une des parties, est un empêchement dirimant qui empêche le mari de pouvoir contracter avec une autre femme, et la femme de pouvoir se marier avec un autre homme. (Voir aussi n. 105.)

(Voir avis du Conseil d'État, des 12 et 17 germinal an 13.)

Exposé des motifs. — Suivant une jurisprudence presque universelle, la présomption résultant de l'absence la plus longue et de l'âge le plus avancé, fût-il même de cent ans, n'est point admise comme pouvant suppléer à la preuve du décès de l'un des époux. Le plus important de tous les contrats ne saurait dépendre d'une simple présomption, soit pour déclarer anéanti celui qui aurait été formé, soit pour en former un nouveau, qui ne serait, au retour de l'époux absent, qu'un objet de scandale et de troubles. Si l'époux d'un absent était contrevenu à des règles aussi certaines; s'il avait formé de nouveaux liens sans avoir rapporté la preuve que les premiers n'existaient plus, ce mariage serait nul, et l'absent qui paraîtrait conserverait seul le droit d'un hymen légitime.

(Voir art. 139, qui suppose néanmoins la possibilité d'un second mariage pendant l'existence du premier, et l'art. 340 du Code pénal.)

Delvincourt, t. 1, not. 2 de la pag. 59. — Remarquez que ce n'est pas ici une loi religieuse, mais une loi civile : d'où il résulte qu'elle oblige même les Français sectateurs d'une religion qui permettrait la polygamie, à moins que le bigame ne puisse prouver une bonne foi qui le rende excusable. (Toullier, t. 1, n. 527; Duranton, t. 2, n. 139.)

Proudhon, t. 1, p. 229. — Si, par quelques erreurs ou quelques surprises, un époux déjà engagé par une union précédente en contractait une nouvelle; que le second mariage fût attaqué, et que, pour le soutenir, on alléguât la nullité du premier, c'est la nullité ou la validité de celui-ci qui devrait être examinée et jugée avant de prononcer sur le sort du second. (Code civil, art. 189). Toullier, t. 1, n. 530, conforme.

Boileux. — L'officier public qui aurait prêté son ministère au deuxième mariage, connaissant l'existence du premier, serait, aussi bien que le contractant, passible de la peine de cinq à vingt ans de travaux forcés. (Code pénal, art. 340.)

Sirey, t. 19, 1re part., p. 117; Merlin, R., t. 16, v. mariage (question importante) sur la question de savoir si le mort civilement peut se remarier.

Le prêtre qui renonce à l'exercice du sacerdoce peut-il se marier? *Non.* (Sirey, t. 32, 2e part., p. 65; *id.*, t. 33, 1re part., p. 168.)

148. *Le fils qui n'a pas atteint l'âge de vingt-cinq ans accomplis, la fille qui n'a pas atteint l'âge de vingt et un ans accomplis, ne peuvent contracter mariage sans le consentement de leurs père et mère : en cas de dissentiment, le consentement du père suffit. (C. C., art.* 63, 73, 159 *et suiv.;* 170, 171, 182 *et suiv.;* 488. — *C. P., art.* 193.)

Inst., lib. 1, tit. 5, in principio; ff, lib. 23, tit. 2, leg. 2, 18; lib. 6, tit. 1, arg, leg. 2, § 2; Cod., lib. 5, tit. 4, leg. 12; leg. 34, ff, de tit. nupt.; leg. 2, 5, Cod., de nupt.

Loi du 21 ventôse an 12; décrets des 11 ventôse an 13 et 18 février 1809.

Pothier, contrat de mariage, n. 324, 341, 343; Merlin, R., t. 16, p. 109; Q., acte respectueux, § 3 et suiv.; divorce, § 8; Dalloz, mariage, sect. 1, art. 4; Toullier, t. 1, n. 615; Duranton, t. 2, n. 72 à 118; Proudhon, t. 1, p. 217 et 228; t. 2, p. 127, 128, 324; Delvincourt, t. 1, p. 58, 95; Vazeille, mariage, t. 1, n. 115 à 131, 134 et 244.

(Voir décret du 18 février 1809, relatif aux religieuses.)

Portalis, exposé des motifs au Corps législatif, 10 mars 1803. — La nécessité de ce consentement, reconnue par toutes les lois anciennes, est fondée sur l'amour des parens, sur leur raison et sur l'incertitude de celle de leurs enfans.

Comme il y a un âge propre à l'étude des sciences, il y en a un pour bien saisir la connaissance du monde. Cette connaissance échappe à la jeunesse, qui peut être si facilement abusée par ses propres illusions et trompée par des suggestions étrangères.

Le mariage étant de toutes les actions humaines celle qui intéresse le plus la destinée des hommes, on ne saurait l'environner de trop de précautions. Il faut connaître les engagemens que l'on contracte pour être en droit de les former; il faut, dans un temps utile, par des mesures qui éclairent l'âme, prévenir ces regrets amers qui la brisent.

Dans quelques législations anciennes, c'étaient les magistrats qui avaient, sur le mariage des citoyens, l'inspection qu'il est si raisonnable de laisser aux pères. Mais nulle part les enfans, dans le premier âge des passions, n'ont été abandonnés à eux-mêmes pour l'acte le plus important de leur vie.

La différence que l'on a cru devoir mettre pour le terme de la majorité entre les filles et les mâles, n'a pas besoin d'être expliquée. Tous les législateurs ont établi cette différence, parce que les mêmes raisons ont été senties par tous. La nature se développe plus rapidement dans un sexe que dans l'autre. Une fille qui languirait péniblement dans une trop longue attente, perdrait une partie des attraits qui peuvent favoriser son établissement, et souvent même elle se trouverait exposée à des dangers qui pourraient compromettre sa vertu. On ne peut avoir les mêmes craintes pour notre sexe, qui n'est que trop disposé au célibat, et à qui l'on peut malheureusement adresser le reproche de fuir le mariage comme on fuit la servitude et la gêne.

(Voir art. 160, 488, 159 du Code civil, et 193 du Code pénal.)

Les dispositions de notre article s'appliquent à un premier mariage comme à ceux qui auraient lieu après sa dissolution.

Pandectes françaises. — Le consentement du père et de la mère n'est pas nécessaire quand ils ont perdu l'état civil. La mort civile leur fait perdre tous les droits de famille et ceux de puissance paternelle.

Si le jugement qui opère la mort civile est par contumace, et que le père soit encore dans les cinq ans, la décision doit être la même, puisque, dans cette hypothèse, les biens du condamné sont administrés comme ceux de l'absent. Ainsi, dans le cas même où le condamné se présenterait en temps utile et serait absous, le mariage sera valable, et le père ne pourra point l'attaquer sur le motif du défaut de son consentement, pourvu que l'on ait observé les formalités prescrites pour le cas d'absence du père.

Delvincourt, t. 1, note 4 de la page 53. — L'avis du père doit l'emporter, quand même il serait divorcé. La prééminence est accordée ici au sexe et à la qualité de père, et non à celle d'époux. (Toullier, t. 1, n. 540.)

Vazeille, t. 1, n. 116. — Le consentement des parens ne se donne pas d'une manière générale et indéfinie; il doit être spécial pour un mariage déterminé et avec une personne désignée. (Voir la loi 34, *ff, de tit. nupt.*; Sirey, 18, 2e part., p. 41.)

Dalloz, mariage, sect. 1, art. 4, n. 6. — De cela seul que la loi dit *en cas de dissentiment*, il faut conclure que la mère doit être nécessairement consultée. (Delvincourt, t. 1, p. 115, notes; Duranton, t. 2, n. 77, notes; Vazeille, mariage, t. 1, p. 152.)

N. 7. — Cependant, l'officier de l'état civil ne pourrait pas se refuser à la célébration du mariage, parce qu'on ne représenterait que le consentement du père. Celui de la mère se présume naturellement, et le défaut d'opposition donne une nouvelle force à cette présomption. Mais les circonstances doivent être d'une grande influence sur la détermination à prendre.

149. *Si l'un des deux est mort, ou s'il est dans l'impossibilité de manifester sa volonté, le consentement de l'autre suffit. (C. C., art.* 141, 155, 158 *et suiv.;* 170, 182, 183 *et* 511.)

ff, leg. 9, 10, 11, de rit. nupt.; Cod., leg 25, de nupt.

Pothier, contrat de mariage, n. 331; Merlin, R., absence; Favard, mariage, sect. 1, § 3, n. 2; Dalloz, mariage, sect. 1, art. 4; Rolland, v. consentement à mariage; Toullier, t. 1, p. 455; Delvincourt, t. 1, p. 59, 95; Duranton, t. 1, n. 79; Proudhon, t. 1, p. 217, 228; Vazeille, mariage, t. 1, n. 115, 120 à 131.

Pothier, contrat de mariage, n. 331. — Le consentement du père ou de la mère n'est pas nécessaire, lorsqu'il ont perdu l'état civil, car la mort civile leur fait perdre tous les droits de famille et de puissance paternelle, et les fait réputer comme n'existant plus dans la société civile.

Malleville. — On avait ajouté dans le projet de cet article : « *Encore qu'il ait contracté un second mariage.* » Cette addition fut retranchée, pour ne rien préjuger dans le cas du divorce; mais hors ce cas, qui a ses règles particulières, il est certain que le consentement de l'époux survivant, quoique remarié, suffit pour le mariage de l'enfant, et qu'il est nécessaire.

Lorsque notre article parle de l'époux qui est dans l'impossibilité de manifester sa volonté, il entend le furieux, l'imbécile et l'absent. Quant au condamné à une peine emportant mort civile, il faut distinguer celui qui l'est par coutumace d'avec celui qui est condamné contradictoirement : ce dernier est regardé comme mort, il ne peut pas manifester sa volonté; mais le condamné par coutumace, s'il est encore dans les cinq ans, ne peut pas être considéré comme mort civilement. Si cependant il ne manifeste pas son consentement, par la crainte d'être découvert, ou par toute autre raison, il faut le considérer comme s'il était absent, et le consentement de l'époux restant suffit pour autoriser le mariage.

Pandectes françaises. — Cet article s'applique au cas d'absence du père, car celle de la mère est indifférente quand le père est présent. (Voir, Favard, mariage, sect. 1, § 3, n. 2.)

Il n'est pas absolument nécessaire que l'absence soit déclarée, mais il faut au moins qu'elle soit constatée.

Delvincourt, t. 1, note 6 de la page 53. — *Quid* si la mère est remariée? Malgré la généralité de l'article, je pense que cela peut faire une très-grande question ; et si la mère n'a pas été maintenue dans la tutelle, je regarde comme contraire à tous les principes que son avis puisse l'emporter sur celui de la famille.

Vazeille, t. 1, n. 120. — A la mort du père, ses droits et son autorité passent à la mère, et seule, sans le concours d'aucun parent, sans l'intervention de la justice, elle dirige ses enfans mineurs, autorise leur mariage par son consentement, ou l'empêche par son refus. Qu'elle soit remariée ou qu'elle soit restée veuve, qu'elle ait conservé ou qu'elle ait perdu la tutelle de ses enfans, son autorité subsiste sur leur personne pour le mariage, et son consentement est toujours indispensable.

Le consentement n'est point irrévocable; il peut être révoqué tant qu'il n'a pas reçu son effet par la célébration du mariage.

Duranton, t. 2, n. 82. — S'il a été condamné au bannissement, la loi ne prononce pas, dans ce cas, l'interdiction légale pendant la durée de la peine. On peut néanmoins considérer l'individu comme étant dans l'impossibilité de manifester sa volonté, à raison de son absence et de la cause qui l'a produite. Au surplus, il pourrait donner son consentement par un procureur fondé; mais l'enfant ne doit pas être réduit à l'obligation de le produire : celui de la mère ou des ascendans lui suffira.

150. *Si le père et la mère sont morts, ou s'ils sont dans l'impossibilité de manifester leur volonté, les aieuls et aieules les remplacent : s'il y a dissentiment entre l'aïeul et l'aïeule de la même ligne, il suffit du consentement de l'aïeul. — S'il y a dissentiment entre les deux lignes, ce partage emportera consentement. (C. C., art.* 73, 142, 143, 151, 158 *et suiv.;* 170, 182, 183, 278.)

Instit., lib. 1, tit. 9, § 3; ff, lib. 1, tit. 6, leg. 4.

Avis du Conseil d'Etat des 27 messidor et 4 thermidor an 13.

Merlin, R., absent, puissance maritale, sect. 2, § 2; Q., divorce, § 7.

Dalloz, mariage, sect. 1, art. 4, n. 22 et suiv.; Duranton, t. 2, n. 95 à 100; Proudhon, t. 1, p. 217 à 228; t. 2, p. 128; Delvincourt, t. 1, p. 59; Vazeille, t. 1, n. 115 à 131, 134, 244.

Hua. — Lorsque les aïeuls et aïeules concourent pour donner leur avis, les opinions se supputent à la pluralité des voix de ceux dont le consentement est requis, et non par division de lignes auxquelles les votans appartiennent. Ce mode étant le plus naturel, il faudrait un texte positif pour en faire préférer un autre. D'ailleurs, il y a même raison pour faire valoir chacun des avis individuels, puisque ces parens sont présumés, à raison de leur rang égal de parenté, mus par un sentiment d'intérêt également vif. Aussi la loi se borne-t-elle à statuer sur l'effet des opinions en cas de partage; mais la règle qu'elle pose à cet égard n'empêche point que l'avis de chaque aïeule ait une force égale à celui d'un aïeul, sauf, si les uns et les autres se balancent, à donner la prépondérance à celui des personnes du sexe masculin.

Delvincourt, t. 1, not. 1 de la pag. 54. — Ces mots, *à défaut, etc.*, ne signifient pas, si le père ou la mère ne *veulent pas consentir*; car alors aucun consentement ne peut suppléer le leur, mais *s'ils sont morts, ou dans l'impossibilité de manifester leur volonté.*

Not. 3. — Dans la *même ligne*, et au *même degré*, c'est-à-dire que si, par exemple, l'aïeul paternel consent, le mariage peut avoir lieu, quoique l'aïeule maternelle ne consente pas. Mais s'il n'y a point d'aïeul paternel, le consentement de l'aïeule doit suffire, quand même le bisaïeul paternel ne consentirait pas. (Dalloz, mariage, sect. 1, n. 23; *id.*, Rec. périod., arrêt, t. 30, 2ᵉ part., p. 263. Voir art. 883 du Code de procédure civile; Dalloz, 33, 1ʳᵉ part., p. 129; *id.*, 29, 2ᵉ part., p. 40.)

Duranton, t. 2, n. 98. — Quoique la loi se serve de ces expressions, « en cas de dissentiment entre l'aïeul et l'aïeule de la même ligne, *il suffit du consentement de l'aïeul,* » elle ne veut pas seulement dire que la volonté de l'aïeul suffit au mariage; elle veut dire aussi que sa volonté peut l'*empêcher.*

Le mot *aïeuls* comprend aussi les *bisaïeuls* et *bisaïeules.*

N. 99. — Quand les futurs mariés ne peuvent représenter les actes de décès de leurs père et mère, il suffit que le décès soit attesté par les aïeuls ou aïeules, et qu'il soit fait mention de cette attestation dans l'acte de mariage. (Avis du Conseil d'Etat, approuvé le 4 thermidor an 13.)

Rogron. — Est-il nécessaire d'indiquer la personne avec laquelle l'enfant qui a besoin du consentement se propose de contracter mariage? Plusieurs auteurs soutiennent l'affirmative; mais la négative se base sur l'art. 73, qui ne parle pas de la personne avec laquelle le mariage doit être contracté.

151. *Les enfans de famille ayant atteint la majorité fixée par l'art.* 148, *sont tenus, avant de contracter mariage, de demander, par un acte respectueux et formel, le conseil de leur père et de leur mère, ou celui de leurs aïeuls et aïeules, lorsque leurs père et mère sont décédés, ou dans l'impossibilité de manifester leur volonté. (C. C., art.* 157 *et suiv.;* 182 *et suiv. — Tarif, art.* 168.)

Pothier, contrat de mariage, n. 337; *id.*, des personnes, 1ʳᵉ part., tit. 6, sect. 2; Merlin, R., v. sommation respectueuse; Q., v. acte respectueux, § 2 et suiv.; Favard, même mot, n. 1, 2 et 3; mariage, sect. 2, § 2, n. 4; Dalloz, v. mariage, sect. 1, not. 5; Chauveau, Journal des avoués, t. 1, p. 254 à 292; Paillet, Dictionnaire de droit universel, v. acte respectueux, n. 5, 6, 18 et 19; Toullier, t. 1, n. 548; Duranton, t. 2, n. 104 et suiv.; Proudhon, t. 1, p. 217; Delvincourt, t. 1, p. 59; Vazeille, v. mariage, t. 1, n. 115 à 131, et 134.

Instruction du ministre de la justice, du 20 juin 1804. — Quand les enfans ignorent le domicile de leurs père, mère, aïeuls, aïeules, on peut passer outre à la célébration du mariage en représentant le jugement de déclaration d'absence, ou celui qui aurait ordonné l'enquête; s'il n'y a pas encore de jugement, un acte de notoriété du lieu où l'ascendant a eu son dernier domicile connu. (Code civil, art. 155.) Si le domicile des ascendans est ignoré, il faut produire un acte de notoriété, dans la forme prescrite par l'art. 71 du Code civil.

Portalis, exposé des motifs au Corps législatif, 10 mars 1803. — Quand les enfans, soit naturels, soit légitimes, sont arrivés à leur majorité, ils deviennent eux-mêmes les arbitres de leur propre destinée; leur volonté suffit : ils n'ont besoin du concours d'aucune autre volonté. Les enfans majeurs étaient pourtant autrefois obligés de s'adresser aux auteurs de leurs jours pour requérir leur consentement, quoique la loi eût déclaré qu'il n'était plus nécessaire. Il nous a paru utile aux mœurs de faire revivre cette espèce de culte rendu par la piété filiale au caractère de dignité et de majesté que la nature elle-même semble avoir imprimé sur ceux qui sont pour nous, sur la terre, l'image du Créateur.

Circulaire du Grand-juge, 30 juin 1804. — La loi, en imposant une telle obligation aux enfans, a eu un but très-moral et très-respectable; elle a voulu leur rappeler qu'en aucun âge ils ne sont dispensés du respect et de la déférence qu'ils doivent à ceux de qui ils ont reçu le jour. Mais, d'un autre côté, on ne peut lui supposer l'intention d'avoir voulu mettre des entraves à la conclusion des mariages, et dégoûter, par des difficultés déplacées, les citoyens d'une union qui est tout-à-la-fois la source des bonnes mœurs et la base de la société.

Ainsi, lorsqu'il y a impossibilité dans l'exécution de la loi, on en est dispensé par le fait même; il suffit seulement de faire constater que cette impossibilité existe (art. 70, 149, 150, 151, 159 et 160); car s'il est permis de remplacer par un acte de notoriété un acte de naissance, qui peut quelquefois décider de la validité du mariage, à plus forte raison on doit pouvoir recourir au même expédient pour remplacer des actes dont la production n'est en quelque sorte qu'un accessoire du contrat de mariage, et ne touche nullement à son essence.

Le mariage ne pourrait être annulé à défaut de conseil des ascendans; il n'en est pas ainsi du défaut de leur consentement. (Art. 182.)

Pandectes françaises. — Il faut faire la sommation respectueuse aux aïeuls et aux aïeules des deux lignes. Il faut la faire, quand même ceux d'une des deux lignes auraient consenti sur la sommation qui leur aura été faite, quoique, dans ce cas, le refus des aïeuls de l'autre ligne ne puisse opérer aucun effet. La raison est que ce n'est pas tant pour obtenir ce consentement que la loi exige la sommation respectueuse, que comme une marque du respect que l'enfant doit à ses père et mère ou à ceux qui les remplacent.

Tout ce que nous avons dit jusqu'à présent, à l'égard du consentement, s'applique aux enfans veufs comme à ceux qui n'ont pas encore été mariés. (Vazeille, v. mariage, t. 1, n. 131; Dalloz, Recueil alphab., t. 10, p. 43, n. 35; Duranton, t. 3, n. 308; t. 2, n. 84, 112.)

Delvincourt, not. 8 de la pag. 54. — Remarquez la différence de rédaction des art. 151 et 148. Dans l'art. 148 il est dit : Le fils ou la fille qui n'a pas atteint, etc., *ne peut contracter mariage sans le consentement*, etc. : d'où il résulte que s'ils l'ont contracté de fait, sans ce consentement, la nullité du mariage peut être demandée, quoique l'article n'ait pas dit *à peine de nullité.* Dans l'art. 151, au contraire, il est dit : *Les enfans de famille ayant atteint l'âge de majorité, sont tenus, avant de contracter mariage, de demander le conseil*, etc. Ici la loi est simplement impérative; et comme l'on n'a pas ajouté *à peine de nullité*, il s'ensuit que l'inobservation de cette condition ne porterait pas atteinte à la validité du mariage, mais donnerait seulement lieu à des condamnations contre l'officier de l'état civil.

Vazeille, t. 1, n. 134. — On pense généralement que lorsqu'il existe plus d'un ascendant dont le conseil est nécessaire, la demande de ce conseil doit être adressée à chacun d'eux nominativement, et que s'il peut y avoir un seul original d'acte pour des époux qui habitent ensemble, il doit en être remis une copie à chacun. (Sirey, 1809, 2e part., p. 840; *id.*, 1813, 2e part., p. 157; *id.*. 1816, 2e part., p. 114.)

Cet article ne prescrit point la comparution personnelle de l'enfant qui requiert le conseil et le consentement de ses père et mère. (Sirey, t. 8, 1re part., p. 57; t. 15, 2e part., p. 65; circulaire du ministre de la justice, du 11 messidor an 12, et enfin Sirey, t. 9, 2e part., p. 85, et 1re part., p. 199.)

Duranton, t. 2, n. 106. — L'acte respectueux doit être notifié au père et à la mère, attendu que si, d'une part, le consentement du père prévaut en cas de dissentiment, d'autre part, il faut, pour qu'il y ait dissentiment, qu'ils soient consultés tous deux; en sorte que si, dans le cas où les père et mère sont tous deux dans l'impuissance de manifester leur volonté, il y a plusieurs ascendans au même degré dans une ligne ou dans les deux, il faut notifier l'acte respectueux à chacun de ces ascendans.

L'enfant qui demande par des actes respectueux conseil à ses père mère sur le mariage qu'il projette, peut se faire représenter par un fondé de pouvoirs. (Art. 154; arrêt d'Amiens, 17 frimaire an 12.)

152. *Depuis la majorité fixée par l'art.* 148 *jusqu'à l'âge de trente ans accomplis pour les fils, et jusqu'à l'âge de vingt-cinq ans accomplis pour les filles, l'acte respectueux prescrit par l'article précédent, et sur lequel il n'y aurait pas de consentement au mariage, sera renouvelédeux autres fois, de mois en mois; et ûn mois après le troisième octe, il pourra être passé outre à la célébration du mariage.* (*C. C., art.* 153, 157, 158, 170, 182. — *Tarif, art.* 168.)

ff, lib. 37, tit. 15, leg. 9; tit. 4, arg. lib. 2, leg. 2, et sequent.

Pothier, contrat de mariage, n. 340; *id.*, des personnes, 1re part., tit. 6, sect. 2; Merlin, Q., acte respectueux, § 2 et suiv.; Favard, même mot, n. 8; Dalloz, mariage, sect. 1, art. 5; Rolland, acte respectueux, § 4; Pailliet, Dictionnaire universel, acte respectueux, n. 17, 20; Chauveau, Journal des avoués, t. 1, p. 260, 261, 268, 284 à 992; Duranton, t. 2, n, 107; Massé et l'Herbette, t. 2, n. 406; Proudhon, t. 1, p. 218; t. 2, p. 128; Delvincourt, t. 1, p. 60; Vazeille, t. 1, n. 115 à 131, 134 et 207.

Pandectes françaises.— Il n'est pas nécessaire que le délai fixé entre chaque sommation soit franc. On peut faire la seconde le jour même de l'échéance du mois; mais l'interstice entre la dernière et le mariage doit l'être, parce qu'il est établi en faveur du père, et qu'il faut le laisser entier, pour former son opposition, si bon lui semble. (Cour royale de Paris, 19 octobre 1809.)

Delvincourt, t. 1, note 13 de la page 54. — *De mois en mois*. Si le premier acte a été fait le 20 mai, le second pourra-t-il être fait le 26 juin? On a jugé l'affirmative à Paris, le 19 octobre 1809. Je ne suis pas de l'avis de cet arrêt.

Il paraît bien résulter de la rédaction des art. 152 et 153, et surtout du délai exigé entre la dernière signification et le mariage, que le législateur a voulu qu'il y eût un mois d'intervalle entre chaque signification. Or comme, aux termes de l'art. 1033 du Code de procédure, le jour de la signification et celui de l'échéance ne doivent pas être comptés dans les actes signifiés à personne ou domicile, on doit en conclure que, lorsque la première signification a eu lieu le 20 mai, le mois n'expire que le 20 juin suivant, et que conséquemment la seconde signification ne peut être faite que le 21 juin.

Les actes respectueux ne sont pas d'ailleurs des actes favorables.

Vazeille, t. 1, n. 134. — Quand il existe plus d'un ascendant qui a droit au conseil, si d'un côté il y a refus, et de l'autre consentement, la voix prépondérante qui est pour le mariage en décide aussitôt, et dispense de renouveler les actes respectueux auprès de ceux qui ont voté contre le mariage. (148 et 150.)

Bolleux. — Cette expression *il pourra*, employée dans notre article et dans le suivant, indique suffisamment qu'après le délai prescrit, les ascendans peuvent encore former opposition; mais cette opposition doit être rejetée, si elle n'est pas fondée sur une cause d'empêchement légal.

L'art. 1033 du Code de procédure civile, qui veut que le jour de la notification et celui de l'échéance ne soient pas comptés dans les actes à personne ou domicile, s'applique-t-il aux actes respectueux? *Non.* (Sirey, t. 10, 2e part., p. 271.)

Si les enfans, comme ils en ont le droit, donnent procuration à un tiers de faire faire pour eux les actes respectueux, cette procuration doit-elle être renouvelée pour chaque acte? La question est controversée. Pour l'affirmative, Sirey, t. 28, 2e part., p. 119. *Contrà* : Le même, t. 28, 2e part., p. 51.)

153. *Après l'âge de trente ans, il pourra être, à défaut de consentement sur un acte respectueux, passé outre, un mois après, à la célébration du mariage.*

ff, lib. 23, tit. 2, leg. 25.

Pothier, des personnes, 1re part., tit. 6, sect. 2; contrat de mariage, n. 340; Merlin, Q., acte respectueux, § 2 et suiv.; Favard, *ibid*, n. 5; Dalloz, mariage, sect. 1, art. 5; Rolland, acte respectueux, § 4; Chauveau, Journal des avoués, t. 1, p. 259 et suiv.; 265; Toullier, t. 1, n. 458; Duranton, t. 2, n. 108; Delvincourt, t. 1, p. 60; Vazeille, t. 1, n. 135.

Bigot-Préameneu, exposé des motifs au Corps législatif, 8 mars 1804. — La cause du dissentiment des père et mère étant presque toujours dans la fougue des passions qui entraîne les enfans, et dans leur inexpérience qui les empêche de distinguer leurs véritables intérêts, la loi ne doit plus présumer de pareils motifs lorsqu'une fille est parvenue à vingt-cinq ans et un fils à trente. Elle doit toujours maintenir le respect dû aux père et mère par leurs enfans; mais alors il n'est plus nécessaire que le temps de la suspension du mariage soit aussi long.

Delvincourt, t. 1, n. 1 de la p. 55. — Il paraîtrait résulter de la lettre de cet article que, jusqu'à l'âge de trente ans, les filles sont obligées de faire trois actes respectueux. Mais en comparant cet article avec le 152e et avec la discussion du Conseil d'Etat, il est évident qu'il y a inexactitude dans la rédaction, et que l'article doit être entendu dans le sens que nous lui donnons ici.

Il faut suppléer à cet article et dire : après l'âge de vingt-cinq ans *pour les filles*, etc. Sirey, t. 7, 2e p. 769; Favard, acte respectueux, n. 5, conformes.

Toullier, t. 1, n. 548. — Après l'âge de trente ans *pour les garçons*, et de vingt-cinq ans *pour les filles*, il pourra être, etc.

Remarquez que la loi dit : *il pourra être*. Ainsi, après le délai d'un mois, à compter du premier ou du troisième acte, les ascendans peuvent encore déférer aux tribunaux les motifs de leur refus, en faisant prononcer sur leur opposition.

(Locré, Esprit du Code civil, t. 2, p. 83; Merlin, Q., v. actes respectueux; Proudhon, t. 1, p. 218; Duranton, t. 2, n. 18; Vazeille, mariage, t. 1, n. 135; Dalloz, Recueil alphab., t. 10, p. 20, n. 4; p. 29, n. 1 et 2.)

154. *L'acte respectueux sera notifié à celui ou à ceux des ascendans désignés à l'art.* 151, *par deux notaires, ou par un notaire et deux témoins; et, dans le procès-verbal qui doit en être dressé, il sera fait mention de la réponse.*

Avis du Conseil d'Etat, du 4 thermidor an 13. — Pothier, contrat de mariage, n. 340; *id.*, des personnes, 1re part., tit. 6, sect. 2; Merlin, R., v. notaire, § 1; *id.*, Q., acte respectueux, § 2 et suiv.; adultère, § 10; Favard, acte respectueux, n. 3; Dalloz, mariage, sect. 1, art. 5; Rolland, acte respectueux, §§ 2 et 3; Chauveau, Journal des avoués, t. 1, p. 257 et suiv., 262, 266, 270 à 283, 288; Toullier, t. 1, n. 549; Duranton, t. 2, n. 109 et suiv.; Vazeille, t. 1, n. 136 à 142; Delvincourt, t. 1, p. 60.

Bigot-Préameneu, exposé des motifs au Corps législatif, 8 mars 1804. — Il était important de donner à ces actes la forme la plus respectueuse, et d'éviter l'impression, toujours fâcheuse, que fait le ministère des officiers publics chargés d'exécuter les actes rigoureux de la justice. Les actes *respectueux* ne devront plus être notifiés par des huissiers; on emploiera des notaires : ce sont les officiers publics dépositaires des secrets des familles, ceux dont elles réclament habituellement le ministère pour régler amiablement leurs intérêts. On doit éviter l'expression même de *sommation*, qui désigne mal un acte de soumission et de respect. Cet acte n'aura ni la désignation ni les formes judiciaires; il sera seulement nécessaire que son existence soit constatée par un procès-verbal, qui d'ailleurs apprenne si le consentement est donné. Mais en ordonnant de faire mention de la réponse, on n'a point entendu que les pères et mères dont l'avis serait contraire au mariage fussent obligés d'en donner des motifs. La déclaration de ne pouvoir répondre sera elle-même une réponse suffisante pour manifester la volonté. Toullier, t. 1, n. 549, conforme.

Gillet, rapport au Tribunat, 10 mars 1804. — Déjà les formes des sommations respectueuses se trouvaient tracées dans deux arrêts de règlement, l'un du parlement de Paris, du 27 août 1692, l'autre de Toulouse, du 26 juin 1723. On les a suivies en statuant que le ministère du notaire pourrait être le seul employé à ces sortes d'actes. Mais au surplus, ils se feront désormais avec une gradation de délai et une simplicité de procédure qui distinguent avantageusement le projet d'avec l'ancienne jurisprudence.

(Voy. Observations du Tribunat, 21 février 1804.)

Delvincourt, t. 1, note 11 de la page 54. — L'enfant doit-il être présent? La question est controversée. Il paraît qu'anciennement on exigeait que l'enfant se transportât avec le notaire. Il semble que cela serait plus convenable. L'enfant demande conseil à son père; il faut bien qu'il soit là pour le recevoir. Toullier, t. 2, n. 549, et Duranton, t. 2, n. 110, sont pour la négative; *id.*, Favard; Vazeille, t. 1, n. 138; Malleville; Merlin, Q., acte respectueux. *Contrà* : Pandectes françaises; Pothier, contrat de mariage, n. 340.)

Note 12. — L'acte doit-il être notifié à la personne de l'ascendant? Je ne le pense pas : je crois qu'il suffit qu'il le soit à son domicile. Sirey, 20, 2ᵉ part., p. 116, conforme (arrêt); Duranton, t. 2, n. 110, Toullier, t. 1, n. 549, conformes; l'enfant n'est même pas tenu de se faire représenter par un mandataire. (Dalloz, Recueil alph., t. 10, p. 38, n. 21.)

L'acte n'est parfait qu'autant que l'original et la copie sont également signés par le notaire et les témoins (Sirey, 1, 2ᵉ part., p. 471.)

Favard, acte respectueux, n. 3. — Quelques expressions qui ne seraient pas assez respectueuses, tant blâmables qu'elles pussent être, ne rendraient pas nul l'acte respectueux.

155. *En cas d'absence de l'ascendant auquel eût du être fait l'acte respectueux, il sera passé outre à la célébration du mariage, en représentant le jugement qui aurait été rendu pour déclarer l'absence, ou, à défaut de ce jugement, celui qui aurait ordonné l'enquête, ou, s'il n'y a point encore eu de jugement, un acte de notoriété délivré par le juge de paix du lieu où l'ascendant a eu son dernier domicile connu. Cet acte contiendra la déclaration de quatre témoins appelés d'office par ce juge de paix.* (*C. C., art.* 73, 116, 119, 141 *et suiv.*, 156.)

ff, lib. 23, tit. 2, leg. 9, 10, 11; lib. 49, tit. 15; arg. leg. 12, § 3; leg. 25, Cod., de nupt.

Avis du Conseil d'Etat du 4 thermidor an 13.

Pothier, contrat de mariage, n. 329; Merlin, R., acte de notoriété, absent; Q., acte respectueux, § 3 et suiv.; adultère, § 10; Favard, mariage, sect. 3, § 2, n. 8; Dalloz, mariage, sect. 1, art. 4, n. 16; art. 5, n. 34; Rolland, acte de notoriété, § 3; Toullier, t. 1, n. 543, 544; Duranton, t. 2, n. 112; Carré, Justices de paix, n. 2, 311 et suiv.; Delvincourt, t. 1, p. 60; Vazeille, t. 1, n. 123, 124; Demoly, absence, p. 88; Biret, absence, p. 271, 272. (Voir instruction du ministre, sous l'art. 151.)

Circulaire du ministre de la justice, du 11 messidor an 12.

Bigot-Préameneu, exposé des motifs au Corps législatif, 8 mars 1804. — Lorsque le défaut de consentement n'est plus, à raison de l'âge, un obstacle au mariage, et que l'absence empêche de faire les actes respectueux, le motif de suspendre la célébration du mariage n'existe point; mais il faut que le fait de l'absence soit certain et constaté. Ainsi, on ne regardera point comme absent celui qui, pour ses affaires ou par d'autres motifs, serait éloigné de son domicile sans avoir laissé ignorer le lieu où l'on peut le trouver. Il ne faudrait pas que, sous prétexte d'un simple éloignement, un enfant de famille pût se soustraire à un devoir aussi essentiel.

Vazeille, t. 1, n. 123. — Cet article ne s'applique qu'aux majeurs; mais quant aux mineurs, il faudrait de plus grandes précautions, et la loi n'en commande aucune. Il faudrait un acte de notoriété recommandable par le nombre et la qualité des témoins, ou bien la délibération de l'assemblée de famille. L'avis du Conseil d'Etat de 1805 a reconnu l'imperfection des art. 149, 150 et 158, mais sa décision, qui n'a pas tout prévu, ne paraît pas bien mûrie. (Voir Pothier, mariage, n. 328 et suiv.)

Duranton, t. 2, n. 112. — Il ne faut pas conclure de la rédaction de cet article que, si le père, par exemple, est absent ou non présent, et qu'il y ait un aïeul, soit paternel, soit maternel, l'enfant est dispensé de faire des actes respectueux; car cet article doit se combiner avec l'art. 151, suivant lequel l'aïeul remplace le père qui est dans l'impossibilité de manifester sa volonté. Par conséquent, s'il est vrai de dire, d'une part, que c'est au père qu'aurait dû être fait l'acte respectueux, d'autre part on doit dire aussi que l'aïeul le remplace quant à cet acte, comme il le remplacerait quant au consentement, ainsi que le décide l'art. 150.

Victor Augier, Encyclopédie des juges de paix, v. acte de notoriété. — L'acte qui nous occupe doit avoir pour base la déclaration de quatre témoins, choisis et appelés par le juge lui-même. Cette déclaration ne pouvant porter que sur un seul fait, celui de l'absence, doit être reçue cumulativement et signée par le requérant, les témoins, le juge de paix et le greffier. L'homologation de cet acte n'est pas nécessaire.

156. *Les officiers de l'état civil qui auraient procédé à la célébration des mariages contractés par des fils n'ayant pas atteint l'âge de vingt-cinq ans accomplis, ou par des filles n'ayant pas atteint l'âge de vingt et un ans accomplis, sans que le consentement des pères et mères, celui des aïeuls et aïeules, et celui de la famille, dans le cas où ils sont requis, soient énoncés dans l'acte de mariage, seront, à la diligence des parties intéressées et du procureur du roi près le tribunal de première instance du lieu où le mariage aura été célébré, condamnés à l'amende portée par l'art.* 192, *et, en outre, à un emprisonnement dont la durée ne pourra être moindre de six mois* (*C. C., art.* 73, 76, 148 *et suiv.* — *C. P., art.* 193, 195.)

Merlin, R., autorisation maritale, sect. 7; Paillet, Dictionnaire universel, v. amende, n. 7; Chauveau, Journal des avoués, t. 1, p. 141 et suiv.; Locré, Esprit du Code civil, tit. 5, 5ᵉ part., 3ᵉ subdiv., et sur l'article, 1ʳᵉ question; Toullier, t. 1, n. 545; Duranton, t. 2, p. 103; Proudhon, t. 1, p. 106; Delvincourt, t. 1, p. 59; Vazeille, t. 1, n. 144.

Quant à l'autorisation relative aux militaires, voir décrets des 16 juin, 3 et 28 août 1808, et avis du Conseil d'Etat, du 22 novembre même année.

Bigot-Préameneu. — Les peines proposées contre les officiers de l'état civil sont graduées en raison de la gravité des fautes. Célébrer le mariage d'un fils n'ayant pas vingt-cinq ans, ou d'une fille n'ayant pas vingt et un ans, sans qu'ils aient le consentement exigé, et lorsque ces mariages peuvent, par ces motifs, être attaqués, c'est la plus grande faute dont puissent se rendre coupables ces officiers, dans la mission qui leur est confiée d'exécuter les lois dont dépendent l'état des personnes et les mœurs publiques. S'il s'agit seulement d'actes respectueux dont la représentation n'ait pas été exigée, les conséquences n'en sont pas aussi fâcheuses, puisque les parens ne peuvent, par ce motif, attaquer le mariage.

Notre Code ne pouvait prévoir de cas plus criminel : ce sera au Code pénal à les punir.

Procès-verbal du Conseil d'Etat, 11 février 1804. — Discussion sur la question de savoir si les peines dont l'officier de l'état civil deviendra passible seront déterminées par le Code civil ou par le Code pénal.

Le grand-juge proposa de fixer immédiatement la peine, trouvant peu d'inconvéniens à transporter ensuite la disposition de la loi civile dans le Code criminel. Mais il serait malheureux que, jusqu'à la confection de ce Code, on ne pût plus établir aucune peine.

Pandectes françaises. — Cet article n'empêche point la nullité du mariage des enfans de famille, contracté sans le consentement de ceux de la part desquels il est requis pour sa validité. (Toullier, t. 1, n. 545.)

Remarquez que l'article dit que la peine sera prononcée à la diligence des parties intéressées *et* du procureur du roi. Il en résulte que le ministère public ne doit agir que sur leur provocation: autrement, l'article aurait employé la disjonctive *ou*. En effet, c'est l'intérêt particulier qui est ici principalement blessé, et les ascendans peuvent remettre l'injure qui leur a été faite.

Delvincourt, t. 1, note 7 de la page 54. — *Dans le cas où ils sont requis*. La peine doit avoir lieu par cela seul que le consentement n'est pas énoncé, et ce quand même la nullité du mariage ne serait pas demandée.

Les procureurs du roi peuvent poursuivre *seuls* et sans le concours des familles, les officiers de l'état civil, en application de la peine d'*amende* et d'*emprisonnement*, pour avoir marié un mineur sans constater et énoncer le consentement de la famille. Ce consentement, donné après le mariage, n'atténue pas le délit. La peine serait également applicable quand il y aurait eu, *avant* le mariage, consentement de chaque parent isolé, et sans délibération de famille. A cet égard, aucune excuse d'ignorance ou de bonne foi ne saurait être admise. (Turin, 6 avril 1808.)

Duranton, t. 2, n. 103. — La peine est applicable par cela seul que le consentement des ascendans ou de la famille, dans le cas où il est requis, n'a point été énoncé, encore qu'il eût été donné lors du mariage; ou, dans le cas où il n'aurait pas été donné, lors même que la nullité du mariage n'aurait pas été demandée ou aurait été couverte; le tout sans préjudice des peines plus fortes prononcées en cas de collusion.

Dalloz, mariage, sect. 1, art. 5, n. 35. — Le défaut d'actes respectueux ne vicie nullement le mariage; mais il fallait donner une sanction à la loi.

L'autorisation préalable du gouvernement n'est pas nécessaire pour poursuivre l'officier de l'état civil. (Dalloz, Recueil alph., t. 1 p. 202; *id.*, t. 9, 2ᵉ part., p. 210.)

157. *Lorsqu'il n'y aura pas eu d'actes respectueux, dans les cas où ils sont prescrits, l'officier de l'état civil qui aurait célébré le mariage sera condamné à la même amende, et à un emprisonnement qui ne pourra être moindre d'un mois. (C. P., art.* 193, 195.)

Dalloz, v. mariage, sect. 1, art. 5, n. 35; Duranton, t. 2, n. 113, 126; Proudhon, t. 1, p. 106, 223; Delvincourt, t. 1, p. 61; Vazeille, t. 1, n. 144.

Pandectes françaises. — Il faut conférer cet article avec le précédent, et tenir toujours que la peine ne doit être requise et prononcée que sur la provocation des ascendans dont l'autorité a été méprisée.

Point de doute que l'officier de l'état civil en faute ne puisse être condamné en leurs dommages-intérêts.

Delvincourt, t. 1, note 3 de la pag. 56. — *Quid*, si les actes respectueux ont été faits, mais qu'il n'en ait pas été fait mention dans l'acte de mariage? L'officier public n'est passible d'aucune peine.

Duranton, t. 2, n. 115. — Le mariage ne peut être attaqué pour cette cause.

158. *Les dispositions contenues aux art.* 148 *et* 149, *et les dispositions des art.* 151, 152, 153, 154 *et* 155, *relatives à l'acte respectueux qui doit être fait aux père et mère, dans le cas prévu par ces articles, sont applicables aux enfans naturels légalement reconnus. (C. C., art.* 182, 183, 334 *et suiv.)*

Pothier, contrat de mariage, n. 342; Merlin, R., v. empêchement, § 5, art. 2, n. 10; *ibid.*, t. 16; Favard, actes respectueux, n. 6 et 8; Toullier, t. 1, n. 551; Duranton, t. 2, n. 114 et suivans; Proudhon, t. 1, p. 68, 217, 228; t. 2, p. 106; Delvincourt, t. 1, p. 61.

Portalis, exposé des motifs au Corps législatif, 10 mars 1803. — La protection que la loi accorde aux enfans, en les soumettant à rapporter le consentement de leurs père et mère, était limitée aux enfans légitimes. Les enfans naturels n'y avaient aucune part : ils étaient abandonnés à leur libre arbitre, dans un âge où il est difficile de se défendre contre les autres et contre soi-même. — Le projet de loi consacre des idées plus équitables. La raison indique que c'est non une vaine puissance accordée au père, mais l'intérêt des enfans qui doit motiver la nécessité du consentement paternel.

Sans doute il serait contre les bonnes mœurs que les enfans nés d'un commerce illicite eussent les mêmes prérogatives que les enfans nés d'un mariage légitime; mais l'abandon absolu des enfans naturels serait contre l'humanité. Ces enfans n'appartiennent à aucune famille; mais ils appartiennent à l'Etat : l'Etat doit les protéger.

D'ailleurs, le consentement paternel au mariage des enfans fait partie de la tendre sollicitude que l'on doit apporter à leur entretien, à leur éducation, à leur établissement. La nécessité de ce consentement, qui est fondée sur des raisons naturelles, ne saurait donc être plus étrangère aux enfans naturels qu'aux enfans légitimes.

Malleville. — Cet article ne parle, à l'égard des enfans naturels, que des père et mère, et non des aïeuls et aïeules, parce que la loi ne leur reconnaît pas d'autres ascendans.

Pandectes françaises. — S'il y a dissentiment entre le père et la mère quelle est la volonté qui prévaudra? Il n'y a pas en ce cas de suprématie, puisque c'est le mariage qui la forme et l'établit. — Il faut décider néanmoins que c'est la volonté du père qui aura la prépondérance, parce que l'autorité du père est la première; qu'elle est la plus forte sur les enfans dans l'ordre moral, et qu'en conséquence c'est principalement le consentement du père que la loi exige pour le mariage des enfans.

On demandera peut-être, à l'égard des bâtards adultérins, si l'enfant ne doit pas au moins requérir le consentement de celui de ses père et mère qui n'était pas marié lors de sa conception? La négative ne peut point être douteuse. L'état est indivisible. Le bâtard adultérin est tel à l'égard de l'un et de l'autre.

Duranton, t. 2, n. 115. — Puisqu'il faut que l'enfant soit légalement reconnu, il résulte de là que celui qui ne l'a été que par acte sous seing privé n'est point soumis à ces dispositions; car une telle reconnaissance n'est point légale.

A. Dalloz, mariage, n. 123. — L'enfant naturel reconnu est tenu de demander le consentement de ses père et mère; s'ils sont morts, il ne peut se marier avant vingt-et-un ans, qu'avec le consentement d'un tuteur *ad hoc.* (Dalloz, t. 10, p. 28, n. 28.)

Le même consentement est nécessaire à celui qui n'a pas été reconnu. (Dalloz, *ibid.*, n. 29.)

Victor Augier, Encyclopédie des juges de paix, acte de notoriété. — L'enfant naturel devra suppléer au défaut d'acte respectueux, en cas d'absence de ses père et mère, par un acte de notoriété.

159. *L'enfant naturel qui n'a point été reconnu, et celui qui, après l'avoir été, a perdu ses père et mère, ou dont les père et mère ne peuvent manifester leur volonté, ne pourra, avant l'âge de vingt et un ans révolus, se marier qu'après avoir obtenu le consentement d'un tuteur* ad hoc *qui lui sera nommé. (C. C., art.* 170, 175, 405 *et suiv.)*

Leg. 25, Cod., de nupt.

Loi du 20 septembre 1792, sect. 4, art. 1, tit. 4; décret du 18 février 1809.

Pothier, v. contrat de mariage, n. 342; Merlin, R., v. empêchement, avis de parens, curateur, § 1; Favard, v. enfant naturel, § 4; Toullier, t. 1, n. 551; Duranton, t. 2, n. 116, 117; Delvincourt, t. 1, p. 61, 95; Vazeille, t. 1, n. 269; Loiseau, v. enfant naturel, p. 559, 588 et suiv.

Delvincourt, t. 1, not. 1 de la pag. 56. — Par qui sera nommé ce tuteur? Je pense que s'il a été reconnu, l'on doit appliquer la disposition de l'art. 409, et que le tuteur doit être nommé par un conseil de famille, composé de personnes connues pour avoir eu des relations habituelles d'amitié avec le père ou la mère du mineur. Si l'enfant n'a pas été reconnu, le juge de paix composera le conseil de famille comme il le jugera convenable. (Vazeille, v. mariage, t. 1, n. 131; Duranton, t. 2, n. 117.)

Victor Augier, Encyclopédie des juges de paix, v. enfant naturel, § 3, n. 4. — Ces mots *ad hoc* signifient que le tuteur doit être nommé *exprès* pour consentir au mariage. Si l'enfant naturel avait déjà un tuteur, il faudrait donc qu'il fût autorisé à donner ce consentement (Toullier, t. 1, n. 550, à la note), ou qu'il lui en fût nommé un autre pour cet unique objet.

Par l'art. 159, c'est le consentement du tuteur *ad hoc* qui est requis. L'assemblée d'amis n'a donc pas à délibérer sur les avantages ou les inconvéniens du mariage proposé pour l'enfant naturel, mineur de vingt et un ans. Ce tuteur *ad hoc* une fois nommé, remplace le père; il en a tous les pouvoirs; il a seul droit d'empêcher le mariage projeté ou de l'approuver, et son pouvoir est absolu. Il n'a pas besoin de motiver son avis; et comme le dit M. Merlin, du refus du consentement du conseil de famille (R., v. empêchement, § 5, art. 2, n. 14), l'espèce de magistrature que notre article défère au tuteur *ad hoc* a dans ses mains la même intensité et les mêmes effets que dans les mains du père, de la mère, des aïeuls et aïeules. (Pandectes françaises: Delvincourt, t. 1, p. 56, not. 2.)

Quant aux enfans trouvés ou abandonnés, voir décret du 9 janvier 1811, qui contient un système complet de législation sur les enfans dont l'éducation est confiée à la charité publique.

Les mots *ne pourra* démontrent que le mariage contracté sans le consentement du tuteur *ad hoc* serait nul.

160. *S'il n'y a ni père ni mère, ni aïeuls ni aïeules, ou s'ils se trouvent tous dans l'impossibilité de manifester leur volonté, les fils ou filles mineurs de vingt et un ans ne peuvent contracter mariage sans le consentement du conseil de famille.*

ff, leg. 20, de rit. nupt.; leg. 8, Cod., de nupt.

Avis du Conseil d'Etat, du 4 thermidor an 13.

Pothier, v. contrat de mariage, n. 321, 333, 334, 336; Merlin, R., v. empêchement, avis de parens, curateur, § 1; Rolland de Villargues, v. consentement à mariage; Toullier, t. 1, n. 542; Duranton, t. 2, n. 90; Carré, v. Traité des justices de paix, t. 3, n. 1991, 2024; Delvincourt, t. 1, p. 59, 95, 114; Proudhon, t. 1, p. 229; t. 2, p. 186 à 189; Vazeille, t. 1, n. 128, 244; Biret, v. absent, p. 274.

Gillet, rapport au Tribunat, 14 mars 1803. — On n'aperçoit ni la même puissance, ni la même réunion de motifs pour exiger le consentement des collatéraux : leurs affections plus éloignées sont aussi plus incertaines, et il s'y mêle souvent trop de petits intérêts étrangers au bonheur des deux époux. C'est pourquoi là où manquent les ascendans, le concours de la famille n'est exigé pour le mariage que dans les cas seulement où le contractant, soit par sa minorité, soit par l'insuffisance reconnue de ses facultés intellectuelles, laisse présumer que sa volonté est imparfaite.

(Voy. Portalis, exposé des motifs au Corps législatif, 10 mars 1803.) Observations du Tribunat, 10 août 1802.

Quid, si la famille consultée refuse le consentement? Il n'y aurait dans ce cas aucun recours pour autoriser le mariage, car le tribunal ne peut être saisi que de la connaissance de l'avis de parens, l'adopter ou le refuser; mais il n'est point autorisé à suppléer au défaut du consentement.

Pandectes françaises. — Le tuteur doit convoquer la famille devant le juge de paix de son domicile, et composer l'assemblée des parens du mineur, sur-tout des plus proches.

Il doit rapporter, lors de la célébration du mariage, un extrait du procès-verbal d'assemblée, contenant l'avis qui l'autorise à consentir. La loi ne paraît point exiger que cet avis soit homologué par le tribunal.

Si la famille consultée refusait son consentement, par caprice, à un mariage que le tuteur et le mineur jugeraient avantageux, ils pourraient recourir au juge pour demander qu'il fût passé outre.

Toullier, t. 1, n. 542. — Aux termes de notre article, la nécessité d'obtenir le consentement du conseil de famille ne s'étend pas au-delà de l'âge de vingt et un ans, même pour les garçons, quoiqu'à leur égard l'autorité des père et mère et ascendans s'étende jusqu'à vingt-cinq ans.

Victor Augier, Encyclopédie des juges de paix, v. mariage, § 1.) — Les délibérations du conseil de famille ne doivent pas être motivées. Le refus du conseil peut avoir pour cause d'abord une infinité de raisons minutieuses en apparence, mais qui néanmoins peuvent être de quelque importance lorsqu'il s'agit d'une union qui doit durer toute la vie; et ensuite, des motifs qui pourraient être injurieux à l'autre partie, et exposer peut-être les membres du conseil à une demande en séparation ou en dommages-intérêts. Obliger donc le conseil de famille à donner ses motifs, ce serait l'exposer souvent à consentir à un mariage qu'il ne croirait pas destiné à faire le bonheur de l'individu soumis à son autorité. (Delvincourt.)

Carré adopte cette opinion, et fait observer que l'appel de la délibération qui refuse le consentement au mariage ne sera pas rendu illusoire par le défaut de motifs énoncés, car l'appelant fera lui-même connaître au tribunal les motifs de la majorité du conseil, et lui seul sera responsable des actions en réparation qui pourraient résulter de cette publicité.

161. *En ligne directe, le mariage est prohibé entre tous les ascendans et descendans légitimes ou naturels, et les alliés dans la même ligne. (C. C., art.* 170, 184, 187, 190, 201, 202, 348.*)*

Inst., lib. 1, tit. 10; ff, lib. 23, tit. 2, leg. 14, 17, 52 et ultim.; arg. ex leg. 55; lib. 38, tit. 10, leg. 4, § 6 et 7; Cod., lib. 5, tit. 4, leg. 17.

Pothier, contrat de mariage, n. 132, 153. — Merlin, R., dispense; mariage, sect. 4, § 1: affinité, t. 16, § 1, art. 1: empêchement, § 4, art. 3, n. 3, et art. 4; Favard, mariage, sect. 1, § 2, n. 3; Dalloz, mariage, sect. 2, art. 3; Rolland, alliance; Pailliet, Dictionnaire universel, adultérin et incestueux, n. 14; affinité, n. 3; Toullier, t. 1, n. 533 et suiv.; Duranton, t. 2, n. 119 à 180; Delvincourt, p. 67; Vazeille, t. 1, n. 104 à 114; Loiseau, enfant naturel, p. 559, 576, 577 et suiv.; 598, 746 et 762; appendice, p. 46; Sirey, t. 12, p. 144; Delvincourt; t. 1, p. 64, note 6.

Pothier, Traité du contrat de mariage, n. 153. — L'affinité dans la ligne directe, en quelque degré qu'elle soit, est un empêchement dirimant au mariage, par le droit naturel. La loi du Lévitique punit de mort le mariage ou commerce charnel entre des personnes qui se touchent d'affinité dans cette ligne: *qui dormierit cum novercâ suâ, et revelaverit ignominiam patris sui, morte moriatur.* Levit., 20, v. 11. *Si quis dormierit cum nura suâ, uterque moriatur.* V. 12.

Portalis, exposé des motifs au Corps législatif, 10 mars 1803. — Dans tous les temps, le mariage a été prohibé entre les enfans et les auteurs de leurs jours: il serait souvent inconciliable avec les lois physiques de la nature, il le serait toujours avec les lois de la pudeur; il changerait les rapports essentiels qui doivent exister entre les pères, les mères et leurs enfans; il répugnerait à leur situation respective; il bouleverserait entre eux tous les droits et tous les devoirs; il ferait horreur.

Les causes de cette prohibition sont si fortes et si naturelles, qu'elles ont agi presque par toute la terre, indépendamment de toute communication.

Vazeille, mariage, t. 1, n. 107. — Le père peut épouser la belle-mère de son fils; le fils, la belle-fille de son père. Deux sœurs peuvent être mariées l'une au père et l'autre au fils. Paul, veuf de la fille d'un premier lit d'Alexandre, peut devenir l'époux de la seconde femme, veuve de son beau-père. Le beau-père et le gendre, veufs tous deux, forment de nouveaux nœuds; si le gendre meurt, le beau-père, veuf encore une fois, peut s'unir valablement à la veuve de son gendre. Le second mari de la belle-mère peut être uni à la belle-fille de celle-ci, quand il est veuf.

(Voir art. 335, 340, 341, 342 et 762, 348.)

Duranton, t. 2, n. 155. — Puisque le mariage est prohibé entre tous les ascendans et descendans légitimes ou naturels, et les *alliés* dans la même ligne, il faut conclure de là que l'*affinité* naturelle est un empêchement dans toute la ligne: ainsi, je ne puis épouser la veuve de mon père naturel, ni la veuve du père de celui-ci; comme, *vice versâ*, mon père naturel ne peut épouser ma veuve, ni la veuve de mon fils. (Dalloz, mariage, sect. 2. art. 3, *n.* 9; *id.*, t. 10, p. 46, n. 4.)

N. 160. — Il est indifférent, quant à la prohibition, que la parenté d'où vient l'alliance soit adultérine ou incestueuse, ou naturelle simple: la loi ne distingue pas.

162. *En ligne collatérale, le mariage est prohibé entre le frère et la sœur légitimes ou naturels, et les alliés au même degré. (C. C., art.* 170, 184, 187, 190, 201, 202, 348.*)*

Intit., tit. 10, § 2, lib. 1; ff, lib. 23, tit. 2, leg. 39, 56, 67, § 3; Cod., lib. 5, tit. 5, leg. 5, 8 et ultim.; lib. 5, tit. 4, leg. 19.

Pothier, contrat de mariage, n. 133, 153, 154, 158, 160; Merlin, R. dispense, empêchement de mariage, mariage, sect. 4, § 1; loi, § 10; Favard, mariage, sect. 1, § 2, n. 3; Dalloz, mariage, sect. 2, art. 3; Rolland, alliance; Pailliet, Dictionnaire universel, affinité, n. 4 et 5; Toullier, t. 1, n. 537; Duranton, t. 2, n. 161 à 168; Delvincourt, t. 1, p. 67; Vazeille, t. 1, n. 104 à 114, 228; Loiseau, p. 181, 582; Merlin, R., t. 16, p. 57, 292, 293.

Le mariage est prohibé entre l'oncle et la nièce, mais il ne l'est point entre les alliés au même degré. (Arg. des art. 162 et 163; instruction du ministre de la justice, 17 juin 1819; mais voir la loi du 16 avril 1832. Sirey, t. 15, p. 341.)

Pothier, Traité du contrat de mariage, n. 134. — Par les lois romaines le mariage du neveu avec sa tante, et même sa *grand'tante*, et celui de l'oncle avec sa nièce, et même sa *petite-nièce*, étaient défendus et regardés comme incestueux.

Malleville. — Lors de la discussion, les uns disaient que les prohibitions dont il s'agit devaient être maintenues pour multiplier les alliances, prévenir la corruption des mœurs qui se glisserait facilement à la suite des communications familières, si le mariage pouvait en effacer la honte; et encore pour croiser les races, qui dégénèrent ordinaire- ment à la suite des mariages entre individus de la même famille.

D'autres soutenaient qu'on jetterait de la défaveur sur les mariages contractés depuis la loi de 1792, si on les prohibait maintenant; que les mariages entre beaux-frères et belles-sœurs étaient favorables, parce que c'était donner aux enfans provenus de la première union, un nouveau père ou une nouvelle mère dans le frère ou la sœur de ceux qu'ils avaient perdus. (Toullier, t. 1, n. 537.)

Remarquez que dans les art. 161 et 162, on se sert toujours de l'expression ascendans et descendans *légitimes* ou *naturels*, frères et sœurs *légitimes* ou *naturels*, et les alliés au même degré; au lieu que dans l'art. 163 cette répétition *légitimes* ou *naturels*, ne se trouve plus: d'où l'on peut conclure que ce n'est qu'entre l'oncle et la nièce la tante et le neveu *légitimes* que le mariage est défendu, et non entr les mêmes parens naturels.

Pandectes françaises — Cet article ne s'applique point aux enfans de deux premiers mariages, dont les père et mère se sont unis ensemble en secondes noces. Rien n'empêche le mariage entre ces enfans que les lois romaines appellent *comprovigni*, parce qu'ils ne sont ni parens ni alliés.

A. Dalloz, mariage, n. 172. — Il n'y a aucune différence à cet égard entre les consanguins et les utérins, par rapport aux germains, et les germains entre eux.

163. *Le mariage est encore prohibé entre l'oncle et la nièce, la tante et le neveu. (C. C., art.* 145, 164, 170, 184, 187, 190.*)*

Inst. de nupt.; leg. 39, ff, de rit. nupt. Ulpian., fragm., tit. 5, § 6.

Avis du Conseil d'Etat, des 23 avril et 7 mai 1808; lois des 18 germinal an 10 et 26 messidor an 9; arrêté du 20 prairial an 11.

Pothier, v. contrat de mariage, n. 133, 146, 148, 154, 158, 160, 161 Merlin, R., v. adultère, mariage, sect. 4, § 2; sect. 7, § 2; t. 16; v. empêchement, § 4, art. 1, n. 3, 1°; Favard, v. mariage, sect. 1, n. 2, § 2; n. 3 et 5; Nouveau Ferrière, v. parenté, p. 473; Dalloz, v. mariage, sect. 2, art. 3; Pailliet, Dictionnaire universel, v. affinité, n. 4, 5; Toullier, t. 1, n. 538; Duranton, t. 2, n. 168 et suiv.; Vazeille, v. mariage, t. 1, n. 113, 114, 228; Loiseau, p. 262, 581, 765.

Instruction du ministre de la justice, du 10 mai 1824. — On ne peut accorder de dispense aux hommes avant dix-sept ans révolus, aux femmes avant quatorze ans révolus, sauf le cas de grossesse avant cet âge, etc.

Quant aux dispenses de parenté, voir la loi du 16 avril 1832.

Les étrangers qui se marient en France sont soumis à la nécessité d'obtenir des dispenses d'âge. (Instruction du 18 août 1823). Les dispenses d'âge ou de parenté ne doivent pas demeurer au greffe ; elles doivent être enregistrées, sur les réquisitions du ministère public, en vertu d'une ordonnance du président, sur un registre *ad hoc*. Il en est ensuite délivré expédition pour être annexée à l'acte de mariage. Les lettres-patentes doivent être remises aux impétrans avec la mention de l'enregistrement sur le revers.

Avis (non approuvé) du Conseil d'Etat, du 23 avril 1808. — *Le Conseil d'Etat*, etc., *est d'avis* qu'aucune disposition du Code n'ayant interdit le mariage entre un grand-oncle et sa petite-nièce, il en résulte que ce mariage est permis. Le Code ne prohibe que les mariages entre l'oncle et la nièce, la tante et le neveu ; le législateur n'a pas cru devoir étendre ses défenses aux degrés plus éloignés. Il est vrai qu'il existe souvent une grande disproportion d'âge entre le grand-oncle et la petite-nièce ; mais encore que les mariages disproportionnés pour l'âge ne soient pas favorables, la loi ne les a pas interdits.

Décision du 7 mai 1808, sur le mariage du grand-oncle avec la petite-nièce. Le gouvernement a rendu la décision suivante :

Le mariage entre un grand-oncle et sa petite-nièce ne peut avoir lieu qu'en conséquence de dispenses accordées conformément à ce qui est prescrit par l'art. 164 du Code.

Portalis, exposé des motifs au Corps législatif, 10 mars 1803. — Si les lois de la nature sont inflexibles et invariables, les lois humaines sont susceptibles d'exceptions et de dispenses ; quand on peut le plus on peut le moins. Un législateur qui serait libre de ne pas porter la loi peut, à plus forte raison, déclarer qu'elle cessera en certains cas.

Il ne serait ni sage ni possible que ces cas d'exception fussent toujours spécifiquement déterminés par le législateur. La loi ne doit pas faire par elle-même ce qu'elle ne peut pas bien faire par elle-même ; elle doit confier à la sagesse d'autrui ce qu'elle ne saurait régler d'avance par sa propre sagesse.

De là l'origine des dispenses en matière de mariage. Nous n'avons donc pas hésité d'attribuer au gouvernement le droit d'accorder ces dispenses, quand les circonstances l'exigent ; seulement, nous avons limité ce droit à la prohibition faite du mariage entre l'oncle et la nièce, entre la tante et le neveu.

Cet article ne s'appliquant qu'aux oncles et nièces, tantes et neveux proprement dits, il résulte qu'on ne peut étendre la prohibition qu'il prononce aux alliés au même degré, comme dans le cas de l'article 162. (Instruction du ministre de la justice ; Malleville ; Toullier, t. 1, n. 538 ; Duranton, t. 2, n. 72, et Merlin, R., v. empêchement.

164. *Néanmoins, il est loisible au roi de lever, pour des causes graves, les prohibitions portées au précédent article.* (*C. C., art.* 145.)

ff, lib. 1, arg. ex tit. 4.

Loi du 20 pluviôse an 11 ; arrêté du 20 prairial an 11.

Pothier, v. contrat de mariage, n. 252, 253, 256, 257 et suiv. ; Merlin, R., v. loi, § 10 ; Favard, v. mariage, sect. 1, § 2, n. 3 ; Toullier, t. 1, n. 538 ; Duranton, t. 3, n. 26, 177 ; Delvincourt, t. 1, p. 67 ; Vazeille, t. 1, n. 113, 114. (Voir l'instruction plus haut rapportée).

Cet art. 164 est modifié par la loi déjà citée du 16 avril 1832, promulguée le 17. Cette loi est ainsi conçue :

Article unique. — « Néanmoins, il est loisible au Roi de lever, pour « des causes graves, les prohibitions portées par l'art. 162 aux mariages entre beaux-frères et belles-sœurs ; et par l'art. 163, aux mariages entre l'oncle et la nièce, la tante et le neveu. »

Instruction du ministre de la justice pour l'exécution de cet article de loi. — Il faut des *causes graves*, car la prohibition est *la règle* et les dispenses sont *l'exception*. Il faut éviter d'invoquer le commerce scandaleux ; ce serait un encouragement donné à la corruption des mœurs. Les circonstances qui doivent être prises en considération sont de rendre le mariage profitable aux familles, l'intérêt des enfans qui retrouveraient dans un oncle la protection d'un père, dans une tante les soins d'une mère. Il faut aussi faciliter le mariage qui aurait pour effet de conserver un établissement, une exploitation dont la ruine blesserait des intérêts importans à conserver. Enfin, l'union qui devrait procurer à l'un des époux un état ou des moyens d'existence, celle qui tendrait à prévenir ou à terminer un procès, à empêcher un partage nuisible, à faciliter des arrangemens de famille. Ces règles s'appliquent aux étrangers qui voudraient se marier en France.

Faire connaître au ministre quels sont en réalité les motifs déterminans du mariage ; si l'autorité de la famille ne porterait pas atteinte à la liberté du consentement ; l'impression que devra produire sur l'esprit de la population du pays la célébration du mariage projeté.

Pandectes françaises. — La différence de couleur entre les personnes qui voudraient s'unir est aussi un empêchement au mariage. Il est clair que cet empêchement n'est pas dirimant ; mais les officiers de l'état civil doivent refuser de procéder à la célébration.

Aujourd'hui, ces principes sont sans application, et nous voyons souvent de telles unions.

CHAPITRE II.

Des Formalités relatives à la célébration du Mariage.

165. *Le mariage sera célébré publiquement devant l'officier civil du domicile de l'une des deux parties.* (*C. C., art.* 48, 74, 170 *et* 193. — *C. P., art.* 199, 200.)

Loi du 20 septembre 1792, tit. 4, sect. 4 ; loi du 18 germinal an 10, art. 54 ; avis du Conseil d'Etat, du quatrième jour complémentaire an 13 ; autre du 19 septembre 1803, sur les formalités à observer pour le mariage des militaires.

Pothier, contrat de mariage, n. 349, 355, 358, 359 et suiv. ; Merlin, R., v. domicile, mariage, sect. 4 ; sect. 7, t. 16. Favard, mariage, sect. 3, § 2, n. 4, 5 ; sect. 5, § 1, n. 6, 8 ; Dalloz, mariage, sect. 9, art. 4, n. 7, 10 et suiv ; Locré, Esprit du Code civil, sur l'article ; Toullier, t. 1, n. 572 ; Duranton, t. 2, n. 229, 333 à 346 ; Proudhon, t. 1, p. 219, 232, 240 ; Delvincourt, t. 1, p. 71 ; Vazeille, mariage, t. 1, p. 178 à 196, 250 à 256.

Portalis, exposé des motifs au Corps législatif, 10 mars 1803. — Il importe à la société que le consentement des époux intervienne dans une forme solennelle et régulière. — Le mariage soumet les conjoints à de grandes obligations envers ceux auxquels ils donnent l'être. Il faut donc que l'on puisse connaître ceux qui sont tenus de remplir ces obligations.

Les unions vagues et incertaines sont peu favorables à la propagation. Elles compromettent les mœurs ; elles entraînent des désordres de toute espèce. Cependant, qui garantirait la sûreté des mariages, s'ils étaient contractés obscurément et sans précaution légale ?

Enfin, la société contracte elle-même des obligations envers des époux dont elle doit respecter l'union. Elle est intéressée à protéger contre la licence et l'entreprise des tiers cette union sacrée, qui doit être sous la sauve-garde de tous les gens de bien.

Ces importantes considérations ont déterminé les législateurs à établir des formalités capables de fixer la certitude des mariages, et de leur donner le plus haut degré de publicité.

Delvincourt, t. 1, not. 6 de la pag. 65. — Comme le domicile, quant au mariage, s'établit par six mois d'habitation continue dans la même commune, il s'ensuit que, pour que le mariage puisse être célébré, il faut qu'une des parties au moins réside depuis six mois dans la même commune. Ce principe a été formellement établi dans un avis du Conseil d'Etat, approuvé le quatrième jour complémentaire an 13, concernant les mariages militaires. (Bull., n. 1071.)

Proudhon, t. 1, p. 220. — Régulièrement le mariage doit être célébré dans la maison commune (art. 75) ; néanmoins, comme les mariages *in extremis* ne sont point prohibés par le Code, il n'est pas défendu à l'officier de l'état civil de se transporter dans une habitation particulière, pour y célébrer un mariage, si des circonstances assez graves nécessitent ce déplacement de sa part ; mais il ne doit point sortir du territoire de sa commune. (Art. 74. Pandectes françaises ; Favard, mariage, sect. 5, § 1, n. 6.)

Toullier, t. 1, n. 572, dit que le mariage doit être célébré publiquement dans la maison commune.

Vazeille, t. 1, n. 179. — Le domicile d'exception, qui n'est qu'une résidence, n'exclut pas le droit de faire célébrer son mariage dans le lieu où l'on a son principal établissement. Locré, Toullier, Merlin ; Tronchet, qui dit qu'on ne perd pas le droit de la célébration dans le lieu du domicile, pour l'avoir acquis ailleurs. *Contrà* : Duranton.

Toullier, t. 1, n. 574, dit qu'on peut contracter mariage par procureur. *Contrà* : Vazeille, t. 1, n. 184.

Duranton, t. 2, n. 336. — Le défaut de publicité, dans l'esprit de la loi, ne résulte pas de l'absence de publication considérée isolément, ni du fait de célébration hors de la maison commune, aussi considéré en lui-même ; il résulte de l'absence de divers élémens dont le législateur a fait choix pour faire connaître les mariages aux citoyens : et comme cette omission peut avoir des caractères plus ou moins prononcés, la loi, par l'art. 193, a laissé aux tribunaux le pouvoir d'apprécier, dans leur sagesse et dans leurs lumières, si son vœu a été ou non suffisamment rempli. Tel est l'esprit de la jurisprudence sur ce point important.

Dalloz, v. mariage, sect. 9, art. 4, n. 10. — Le mariage peut être attaqué, par cela seul qu'il a été célébré devant un officier public incompétent.

166. *Les deux publications ordonnées par l'art.* 63, *au titre* des Actes de l'état civil, *seront faites à la municipalité du lieu où chacune des parties contractantes aura son domicile.* (*C. C., art.* 94, 169 *et* 170.)

Décret du 11 ventôse an 13; loi du 20 septembre 1792, tit. 4, sect. 2, art. 1 et 2.

Pothier, contrat de mariage, n. 72; Merlin, R., mariage, sect. 4: domicile; Toullier, t. 1, n. 561; Delvincourt, t. 1, p. 68; Vazeille, t. 1, n. 154.

Avis du Conseil d'Etat, du 2e jour complémentaire an 13. Formalités à observer pour le mariage des militaires résidant en France.

Procès-verbal du Conseil d'Etat, 26 septembre 1801. — Napoléon demande si une personne pourra célébrer son mariage dans le lieu de son domicile, quoique depuis six mois elle ait résidé ailleurs.

Tronchet répond qu'elle le pourra, parce qu'on ne perd pas le droit de célébrer son mariage dans le lieu de son domicile, pour avoir acquis le droit de le célébrer ailleurs.

Bigot-Préameneu fait observer que la célébration du mariage est entourée d'une plus grande publicité, lorsqu'elle est faite dans le lieu de la résidence.

Tronchet répond que la publicité du mariage a pour objet de donner aux personnes intéressées à l'empêcher le moyen de former leur opposition: or, le domicile d'un homme est toujours plus certain et plus connu que sa résidence. La disposition qui permet de célébrer le mariage dans le lieu de la résidence n'est qu'une exception à la règle générale.

Portalis, exposé des motifs au Corps législatif, 10 mars 1803. — Un domicile de six mois suffit pour autoriser la célébration du mariage dans le lieu où l'un des contractans a acquis ce domicile. On n'a rien changé sur ce point à l'ancienne jurisprudence; mais il faut alors que les publications soient faites non seulement dans le lieu du domicile abrégé de six mois, mais encore à la municipalité du dernier domicile.

Si les contractans sont sous la puissance d'autrui, leur prochain mariage est encore publié dans le domicile des personnes sous la puissance desquelles ils se trouvent.

Toullier, t. 1, n. 561. — Le domicile, en ce qui concerne le mariage, s'établit par le seul fait d'une résidence de six mois; mais il faut que ce soit la résidence actuelle et dernière. Si, après avoir résidé pendant six mois entiers dans une même commune, un homme la quittait pour aller résider dans un autre où il habitait depuis peu de temps, ce ne serait pas la précédente résidence qu'il vient de quitter qu'on devrait considérer comme son dernier domicile, relativement au mariage, mais son véritable domicile.

167. *Néanmoins, si le domicile actuel n'est établi que par six mois de résidence, les publications seront faites en outre à la municipalité du dernier domicile.*

Pothier, contrat de mariage, n. 72, 350; Merlin, R., bans de mariage, n. 4 et suiv.; Favard, mariage, sect. 3, § 1, n. 1; Dalloz, mariage, sect. 3; Toullier, t. 1, n. 561; Duranton, t. 2, n. 230; Vazeille, t. 1, n. 154.

Delvincourt, t. 1, note 2 de la page 63. — Jusqu'à quelle époque devra-t-on publier au dernier domicile? Les motifs disent qu'on n'a entendu rien changer à l'ancienne jurisprudence. Or, anciennement, quand on avait changé de diocèse, il fallait avoir demeuré un an dans le nouveau diocèse, pour être dispensé de faire publier les bans dans l'ancien. Par la même raison, je pense que si le futur époux n'a pas un an de résidence dans la commune où il demeure actuellement, les publications doivent être faites, non seulement dans cette commune, mais encore dans toutes celles où il a demeuré depuis un an. C'était l'ancienne jurisprudence, en cas de changement de résidence. (Vazeille, mariage, t. 1, n. 154; *contrà*: Toullier.)

Duranton, t. 2, n. 230. — A quelle époque, après les six mois de résidence avec ou sans domicile réel, cessera l'obligation de faire les publications au dernier domicile? Evidemment la loi n'a pas voulu limiter cette obligation au seul cas d'une résidence de six mois, car la règle ne serait qu'une abstraction; et il suffirait, pour la rendre illusoire, d'attendre un jour de plus pour célébrer le mariage. Elle n'a pas voulu non plus contraindre le futur époux à faire faire les publications à son dernier domicile, quelque longue que fût sa résidence dans le lieu où il veut célébrer son mariage: autrement il eût été inutile de spécifier le cas où la résidence est seulement de six mois. A cet égard nous croyons qu'il faut distinguer: si la résidence est accompagnée d'un véritable domicile, on sera dispensé, après un an depuis qu'il existe, de faire les publications au dernier domicile. Mais si ce n'est qu'une simple résidence, nous croyons qu'à toute époque les publications doivent être faites au domicile réel dûment conservé.

Si un individu, qui a conservé un domicile réel dans telle commune, avait eu successivement, depuis, plusieurs résidences de six mois au moins dans d'autres communes, les publications prescrites par l'art. 167 devraient être faites au lieu du domicile. Ces résidences intermédiaires ne doivent être d'aucune considération.

Les publications au dernier domicile ne sont pas exigées de ceux qui ont acquis une résidence de plus de six mois. Cependant il est plus sage de les multiplier que d'en restreindre le nombre. (Dalloz aîné, t. 10, p. 60, n. 293; Favard, R., v. mariage, t. 3; p. 467. *Contrà* Delvincourt, t. 1. p. 132, note. Voy. la distinction de Duranton, *suprà*.)

168. *Si les parties contractantes, ou l'une d'elles, sont, relativement au mariage, sous la puissance d'autrui, les publications seront encore faites à la municipalité du domicile de ceux sous la puissance desquels elles se trouvent.*

Pothier, contrat de mariage, n. 72, 357; Merlin, R., bans de mariage, n. 4 et suiv.; Toullier, t. 1, n. 562; Duranton, t. 2, n. 230, Vazeille, t. 1, n. 155.

Malleville. — Qu'entend-on par ces mots, *être, relativement au mariage, sous la puissance d'autrui?* Des auteurs récens sont partagés sur cette question: les uns pensent que les descendans y sont à tout âge, tant que leurs père et mère, aïeuls et aïeules vivent; qu'en conséquence il faut toujours, d'après cet article, faire les publications à leur domicile; les autres pensent au contraire que cette puissance cesse lorsque les garçons ont vingt-cinq ans, et les filles vingt-un. *Contrà*: Pandectes françaises.

Je suis de l'avis de ces derniers.

Delvincourt, t. 1, note 3 de la page 63. — Lorsque le mineur n'a aucun ascendant il est alors, pour le mariage, sous la puissance du conseil de famille (160). Ce conseil est composé de diverses personnes pouvant avoir différens domiciles: où se feront, dans ce cas, les publications? Je pense que ce conseil n'ayant d'existence que du moment qu'il est convoqué, on doit considérer comme son domicile le lieu où il a été tenu, et que c'est en conséquence à la municipalité de ce lieu que doivent se faire les publications. (Proudhon, t. 1, p. 217: Dalloz, t. 10, p. 60, n. 5.)

Le défaut de publications préalables n'entraîne point la nullité du mariage. (Dalloz, t. 10, p. 60, n. 6.) L'officier de l'état civil qui l'a célébré est seulement répréhensible. (Pandectes françaises.)

Vazeille, mariage, t. 1, n. 155. — Les publications au domicile des ascendans qui n'ont droit qu'au conseil ne sont pas exigées. Malleville, conforme.

Duranton, t. 2, n. 130. — Si les futurs n'ont ni pères ni mères, ou si ces derniers sont dans l'impossibilité de manifester leur volonté, qu'il y ait des aïeuls ou aïeules dans chacune des deux lignes, ayant leurs domiciles dans des communes distinctes, les publications devront avoir lieu dans chacune de ces communes.

169. *Il est loisible au Roi et aux officiers qu'il préposera à cet effet, de dispenser, pour des causes graves, de la seconde publication.* (*C. C., art.* 145, 163 *et* 164.)

Décret du 20 prairial an 11.

Pothier, contrat de mariage. n. 77, 78; Merlin, R., loi, § 10; Favard, mariage, sect. 3, § 1, n. 5; Duranton, t. 2, n. 228; Vazeille, t. 1, p. 157.

Procès-verbal du Conseil d'Etat, 26 septembre 1801. — Berlier et Regnaud combattent le système des dispenses. Depuis dix ans, l'on n'accorde plus de dispenses, et l'on n'a ouï ni plaintes ni réclamations à ce sujet; on n'en trouve même aucune dans le travail des tribunaux consultés sur le projet du Code. Si le gouvernement délègue la faculté d'accorder dispenses, il est à craindre que ses préposés n'en abusent, et que la plupart des mariages ne deviennent clandestins.

Tronchet dit qu'autrefois l'on prenait des dispenses par un sentiment d'orgueil: on dédaignait de laisser prononcer publiquement son nom. — Ces motifs avaient rendu très-ordinaires les dispenses de deux publications au moins, mais ils n'existent plus, et d'ailleurs le projet exige des causes réelles et puissantes, lorsqu'il dit *pour causes graves*.

Les dispenses sont sur-tout nécessaires pour les mariages *in extremis*. On ne s'est pas encore prononcé sur ces sortes de mariages: or, la question de leur validité se lie à celle des dispenses.

Réal cite d'autres cas d'urgence: par exemple, un militaire, un ambassadeur, un marin, qu'un ordre du gouvernement force à partir sans délai, lorsqu'ils sont près de se marier.

Napoléon ajoute que la loi ne peut vouloir que les femmes soient victimes des formalités, et qu'elles perdent l'occasion de contracter un mariage convenable, parce que le temps manque pour remplir les formes. Il est assez dans les habitudes des hommes de ne terminer leurs affaires qu'au dernier moment. Ainsi, pour se régler sur ces habitudes, on doit établir que la dispense de la seconde publication sera accordée toutes les fois qu'on le jugera nécessaire : elle réduit le délai du mariage à trois jours, ce qui suffit ordinairement. A l'égard de la dispense des deux publications, il importe de déterminer les causes qui pourront la faire obtenir.

Malleville. — Depuis la publication de ce titre, et par un arrêté du 9 juin 1803, le gouvernement a organisé le mode des dispenses. Celles pour se marier avant l'âge fixé par la loi, ou dans les degrés prohibés par l'art. 157, doivent être demandées par une pétition remise au procureur du roi près le tribunal de première instance, qui donne son avis au bas, et l'envoie au ministre de la justice, sur le rapport duquel le gouvernement accorde ou refuse les dispenses.

Celles relatives à la deuxième publication de bans sont accordées par le procureur du roi seul, qui doit cependant en rendre compte au ministre de la justice.

Les dispenses de la première espèce doivent être enregistrées au greffe du tribunal civil dans l'arrondissement duquel le mariage sera célébré, et une expédition doit en être annexée à l'acte de mariage. Celles de la seconde espèce sont remises au secrétariat de la commune où le mariage est aussi célébré, et le secrétaire en délivre une expédition qui est également jointe à l'acte de mariage. (Duranton, t. 2, n. 228.)

Pandectes françaises. — Si quelqu'un avait à se plaindre de la dispense, s'il se croyait en droit de l'attaquer, c'est au Conseil d'Etat qu'il faudrait présenter requête. Le procureur du roi n'aurait fait ici qu'agir comme délégué du souverain.

170. *Le mariage contracté en pays étranger entre Français, et entre Français et étrangers, sera valable, s'il a été célébré dans les formes usitées dans le pays, pourvu qu'il ait été précédé des publications prescrites par l'art.* 63, *au titre* des actes de l'état civil, *et que le Français n'ait point contrevenu aux dispositions contenues au chapitre précédent. (C. C., art.* 47, 48, 144 *et suiv.;* 194, 999.)

Pothier, contrat de mariage, n. 327, 363; Merlin, R., domicile; bans de mariage, n. 1 et 2; t. 16, *ibid.*; Favard, acte de notoriété, n. 3; mariage, sect. 3, § 2, n. 11; Dalloz, mariage, sect. 7; Rolland de Villargues, mariage, § 3; Toullier, t. 1, n. 576 et suiv.; Duranton, t. 2, n. 232 à 240; Delvincourt, t. 1, p. 72; Vazeille, t. 1, n. 185 à 196.

Portalis, exposé des motifs au Corps législatif, 10 mars 1803. — La terre a été donnée en partage aux enfans des hommes. Un citoyen peut se transporter partout, et partout il peut exercer les droits attachés à sa qualité d'homme. Dans le nombre de ces droits, le plus naturel est incontestablement la faculté de contracter mariage. Cette faculté n'est pas locale, elle ne saurait être circonscrite par le territoire ; elle est, pour ainsi dire, universelle comme la nature, qui n'est absente nulle part. Nous ne refusons donc pas aux Français le droit de contracter mariage en pays étranger, ni celui de s'unir à une personne étrangère. La forme du contrat est réglée alors par les lois du lieu où il est passé. Mais tout ce qui touche à la substance même du contrat, aux qualités et aux conditions qui déterminent la capacité des contractans, continue d'être gouverné par les lois françaises. — Il faut même que trois mois après son retour, le Français qui s'est marié ailleurs qu'en France, vienne faire hommage à sa patrie du titre qui l'a rendu époux ou père, et qu'il naturalise ce titre en le faisant inscrire dans un registre national.

Procès-verbal du Conseil d'Etat, 26 septembre 1801. — Réal dit que plusieurs tribunaux, celui de Bruxelles entre autres, ont craint que cet article ne favorisât des abus et des fraudes. Quelques habitans des pays frontières pourraient contracter mariage chez l'étranger et se dispenser de paraître devant l'officier de l'état civil; ils éluderaient ainsi la disposition qui exige les six mois de domicile en France. C'est pour obvier à ces abus que l'on a cru devoir modifier la rédaction et sur-tout insérer la disposition qui termine l'article.

Rolland de Villargues, v. mariage, n. 22. — Quelques auteurs pensent, et du nombre est M. Toullier, que les termes de l'art. 170 ont été peu réfléchis et qu'il doivent être restreints. Il lui semble, ainsi qu'à M. Vazeille, t. 1, p. 314, et à M. Favard, R., t. 3, p. 30, que le défaut absolu de publication n'est pas un plus grand vice pour le mariage contracté en pays étranger, entre Français, que pour les mariages célébrés en France, et qu'on ne peut les annuler pour vice de *clandestinité*, lorsque d'ailleurs la loi ne le prohibe point entre les parties, qu'elles avaient l'âge compétent, et qu'elles n'avaient besoin d'aucun consentement préalable. Mais M. Delvincourt, t. 1, p. 156 et 293, et M. Duranton, t. 2, p. 180, s'attachent à la lettre de l'article qui en fait connaître l'esprit. L'opinion de ces derniers auteurs nous paraît devoir être suivie de préférence dans la pratique, sur-tout lorsqu'il s'agit du mariage de Français qui ne quittent la France, pendant quelques jours, que dans le dessein de faire fraude à la loi française, et de se mettre à l'abri des obstacles et des oppositions qu'ils redoutent.

Toullier, t. 1, n. 577 et 578. — Ce n'est qu'au Français que notre article impose l'obligation de ne point contrevenir aux conditions requises par le Code pour contracter mariage, et non à l'étranger qui contracterait avec un Français. Si donc le mariage se faisait dans un pays où les filles peuvent se marier à 12 ans, le Français pourrait épouser valablement une fille qui n'aurait que cet âge. (Dalloz, mariage, sect. 7, n. 3.)

Le mariage d'un militaire hors de France, est-il nul à défaut de publications faites en France ? Non, d'après arrêts des Cours de Trèves, Paris et Colmar, dont Delvincourt adopte les décisions. Mais il y a nullité d'après Toullier, t. 1, n. 578; Merlin, R., v. bans de mariage. Les arrêts se trouvent dans Dalloz, Recueil alph., t. 1, p. 191, et Recueil pér., t. 24, 2ᵉ part., p. 36; *id.*, 21, 2ᵉ part., p. 41.

Le mariage célébré en pays étranger par deux Français, sans publications en France, est-il nul ? Oui. (Sirey, t. 31, 1ʳᵉ part., p. 142.)

171. *Dans les trois mois après le retour du Français sur le territoire du royaume, l'acte de célébration du mariage contracté en pays étranger sera transcrit sur le registre public des mariages du lieu de son domicile. (C. C., art.* 40 *et suiv.)*

Merlin, R., mariage, sect. 4; Favard, mariage, sect. 3, § 2, n. 12; transcription, n. 18; Dalloz, mariage, sect. 7, n. 9, 10; Toullier, t. 1, n. 579, 580; Duranton, t. 2, n. 239, 240; Vazeille, mariage, t. 1, n. 189 à 196.

Procès-verbal du Conseil d'Etat, 26 septembre 1801. — Defermon demande pourquoi l'exécution de cet article n'est pas assurée par une disposition pénale.

Réal répond que cette disposition pénale n'appartient pas au Code civil, et que sa place naturelle est dans les lois de l'enregistrement, où déjà elle se trouve.

Tronchet voudrait que la peine de la contravention fût une amende, indépendamment du double droit.

Delvincourt, t. 1, note 6 de la page 66. — *Quid*, si cette transcription n'avait pas lieu ? Quoique la loi n'ait pas attaché la peine de nullité à l'inobservation de cette formalité, je pense néanmoins que, dans ce cas, le mariage n'étant pas légalement connu en France, n'aurait aucun effet civil à l'égard des Français ou des biens situés en France.

Pandectes françaises. — Cet acte ne peut être transcrit sur les registres publics français, qu'autant qu'il a été revêtu de toutes les formalités nécessaires pour lui imprimer le caractère de l'authenticité. Il faut qu'il soit légalisé par les autorités diplomatiques françaises.

Toullier, t. 1, n. 579. — Ce délai de trois mois n'est point de rigueur, et la transcription peut être faite après son expiration. Si l'acte n'avait pas été transcrit du vivant des époux, leurs descendans pourraient même le faire transcrire. La loi n'a point attaché la peine de nullité à l'omission de cette transcription, de même qu'elle n'a point dit à la diligence de quelle personne elle serait faite. (Duranton, t. 2, n. 240; Dalloz, mariage, sect. 7, n. 9.)

N. 580. — Jusqu'à la transcription, le mariage n'étant pas légalement connu en France, les collatéraux des époux qui, en vertu de la vocation de la loi, se seraient ressaisis des biens dépendans des successions des deux époux, pourraient, en certains cas, être considérés comme possesseurs de bonne foi; en conséquence, il semble qu'ils gagneraient les fruits perçus avant la demande.

Duranton, t. 2, n. 240. — La femme n'aurait d'hypothèque sur les biens de son mari que du jour de la transcription tardive de son contrat de mariage, et ni elle, ni le mari ne pourraient, en invoquant l'art. 225, demander l'annulation des engagemens qu'elle aurait contractés sans être autorisée.

CHAPITRE III.

Des Oppositions au mariage.

172. *Le droit de former opposition à la célébration du mariage appartient à la personne engagée par mariage avec l'une des deux parties contractantes. (C. C., art.* 66 *et suiv.;* 176 *et suiv.)*

Pothier, contrat de mariage, n. 81; Merlin, R., opposition à un mariage; Favard, mariage, sect. 2, § 1, n. 2, 4; Dalloz, mariage, sect. 4, art. 1; Duranton, t. 2, n. 181 à 189; Delvincourt, t. 1, p. 65; Vazeille, t. 1, n. 159 à 178; Sirey, 6, 2ᵉ part., p. 5; 11, 2ᵉ part., p. 18; 1818, 2ᵉ part., p. 268; 1823, p. 41.

Boutteville, discours au Corps législatif, 17 mars 1803. — Quelque juste qu'il soit de ne pas exposer des contractans à voir le moment de leur union retardé par de perfides et malveillantes oppositions, ce serait au détriment des familles, et souvent à celui des intéressés eux-mêmes, se priver de la connaissance des empêchemens réels, que de ne permettre à personne de les révéler. L'usage des oppositions ne pouvait donc pas être indistinctement proscrit, et vous allez juger si le projet le renferme dans de justes limites.

Les père et mère et ascendans pourront seuls former opposition à un mariage, sans énoncer leurs motifs, et sans s'exposer à une condamnation en dommages et intérêts. Leurs oppositions et leur silence ne procéderont jamais que du cœur et de la tendresse paternelle.

Le frère et la sœur, l'oncle et la tante, le cousin et la cousine pourront former opposition, mais seulement en deux cas déterminés.

Portalis, exposé des motifs au Corps législatif, 10 mars 1803. — Il est plus expédient de prévenir le mal qu'il n'est facile de le réparer. Le droit de pouvoir s'opposer à un mariage a donc été reconnu utile et même indispensable. Mais ce droit doit être limité à certaines personnes et à certains cas, à moins qu'on ne veuille que chaque mariage devienne une occasion de scandale et de trouble dans la société.

Il est juste, par exemple, que l'on puisse s'opposer au second mariage d'un mari ou d'une femme qui ne respecte pas un premier engagement. Il est juste que celui ou celle qui a été partie dans ce premier engagement puisse défendre son titre et réclamer l'exécution de la foi promise.

Pourrait-on raisonnablement refuser aux pères et aux mères, aux aïeuls et aux aïeules, le droit de veiller sur l'intérêt de leurs enfans, même majeurs, lorsque la crainte de les voir se précipiter dans des engagemens honteux ou inconsidérés donne l'éveil à leur sollicitude?

Malleville. — Celui auquel une simple promesse de mariage a été faite n'a pas le droit de former opposition. Bien mieux : si un garçon a promis d'épouser une fille à peine de 10,000 fr., et qu'il manque à sa promesse, cette somme n'est pas due, parce que les mariages doivent être libres. Mais si la partie refusante a occasioné à l'autre des pertes et des dépenses qui étaient faites sous la foi de la promesse, elle doit être condamnée à les payer. (Pandectes françaises; Proudhon, t. 1, p. 237; Duranton, t. 2, n. 187; Delvincourt, t. 1, p. 60, note 2.)

Proudhon, t. 1, p. 237. — Le procureur du roi serait en droit, en cas de bigamie, de former opposition au mariage; mais tout autre, à l'exception des ascendans, n'aurait que la voie de la dénonciation au procureur du roi.

Duranton, t. 2, n. 185. — Quatre sortes de personnes peuvent former opposition au mariage : 1° le conjoint; 2° les ascendans; 3° les collatéraux, sous les distinctions exprimées par la loi; 4° le ministère public en certains cas.

A. Dalloz, mariage, n. 238. — L'opposition au mariage ne peut être formée par celui qui se prétend époux de l'une des parties contractantes, qu'autant qu'il représente un acte de célébration; la simple possession d'état ne suffit point.

173. *Le père, et à défaut du père, la mère, et à défaut de père et mère, les aïeuls et aïeules, peuvent former opposition au mariage de leurs enfans et descendans, encore que ceux-ci aient vingt-cinq ans accomplis. (C. C., art. 176, 179.)*

Merlin, R., v. opposition à un mariage, t. 17, 3° et 4°; Favard, mariage, sect. 2, § 1, n. 1; Dalloz, mariage, sect. 4, art. 1; Toullier, t. 1, n. 584; Duranton, t. 2, n. 188 à 194; Delvincourt, t. 1, p. 61; Vazeille, t. 1, n. 159, 230; Sirey, 13, 2ᵉ part., p. 169.

Proudhon, t. 1, p. 238. — *Aux père et mère*. Parce que la loi présume assez de leur tendresse pour qu'on ne doive pas craindre l'abus du pouvoir qu'elle leur confie. (Voir art. 174, 175, 490.)

Les descendans ne peuvent s'opposer au mariage de leurs ascendans, ni les neveux et nièces à celui de leurs oncles et tantes, par rapport au respect que les enfans doivent à leurs ascendans, ou à ceux qui leur en tiennent lieu. (Dalloz, mariage, sect. 4, art. 1, n. 19.)

Merlin, R., opposition à un mariage, t. 17, p. 238. — Cet article ne limite pas les causes pour lesquelles peuvent être formées les oppositions des descendans.

Duranton, t. 2, n. 190. — Le droit qu'ont les ascendans de former opposition n'est point limité à certaines causes particulières; il est absolu. Il n'est même pas restreint au cas où l'enfant n'aurait point encore atteint la majorité déterminée pour le mariage, vingt et un ans pour les femmes, vingt-cinq ans pour les hommes; il s'étend aussi à celui où l'enfant a acquis sa majorité, quoiqu'il eût précédemment contracté, de l'agrément des ascendans, un mariage qui est venu à se dissoudre. (Toullier, t. 1, n. 584; Dalloz, mariage, t. 10, p. 61, n. 5.)

A. Dalloz, mariage, n. 239. — La loi n'entend parler que du cas où le père est dans l'impossibilité de manifester sa volonté. La mère qui n'aurait pas été consultée peut former opposition au mariage, quoique le père y consente. (Dalloz, t. 10, p. 61, n. 2, 4.)

174. *A défaut d'aucun ascendant, le frère ou la sœur, l'oncle ou la tante, le cousin ou la cousine germains, majeurs, ne peuvent former aucune opposition que dans les deux cas suivans :*

1° Lorsque le consentement du conseil de famille, requis par l'art. 160, n'a pas été obtenu;

2° Lorsque l'opposition est fondée sur l'état de démence du futur époux : cette opposition, dont le tribunal pourra prononcer main-levée pure et simple, ne sera jamais reçue qu'à la charge, par l'opposant, de provoquer l'interdiction, et d'y faire statuer dans le délai qui sera fixé par le jugement. (C. C., art. 179, 489 et suiv. — C. de P., 890 et suiv.)

ff, lib. 23, tit. 8, leg. 2.

Merlin, R., ministère public, § 7; opposition à un mariage, t. 17; Favard, mariage, sect. 2, § 1, n. 3; Dalloz, mariage, sect. 4, art. 1; Toullier, t. 1, n. 502, 585; t. 2, n. 1314, 1354; Duranton, t. 2, n. 193 à 204, 292; Proudhon, t. 1, p. 238, 243; t. 2, p. 314, 324; Vazeille, t. 1, n. 88 à 91, 165, 166, 169.

Procès-verbal du Conseil d'État, du 26 septembre 1801. — Tronchet, sur les observations de Napoléon, dit que les collatéraux désignés dans cet article peuvent exercer leur droit d'opposition ensemble ou séparément.

N. 29. — Defermon demande la suppression de la disposition qui porte que l'opposant se a tenu de provoquer l'interdiction, parce que cette condition pourrait devenir un moyen de suspendre le mariage par une opposition fondée sur une fausse supposition de démence, et par les retards qu'on mettrait à provoquer l'interdiction.

Tronchet répond que le juge, en ce cas, userait du droit qui lui appartient de faire comparaître d'office le prévenu de démence, de l'examiner et de prononcer la main-levée de l'opposition. — Il est libre aux tribunaux de ne pas recevoir l'opposition, et d'ordonner qu'on passera outre; mais pour ne laisser aucune équivoque, la loi pourrait exprimer cette faculté.

Portalis, exposé des motifs au Corps législatif, 10 mars 1803. — Nous avons senti que les collatéraux ne pouvaient avoir la même faveur, parce qu'ils ne sauraient inspirer la même confiance. Cependant il est des occasions où il doit être permis à un frère, à un oncle, à un proche, de parler et de se faire entendre. Il ne faut pas sans doute que ces occasions soient arbitraires. Nous les avons limitées au cas où l'on exciperait de la démence du futur conjoint, et à celui où l'on aurait négligé d'assembler le conseil de famille requis pour les mariages des mineurs qui ont perdu leurs père et mère et autres ascendans. Nous avons pensé que, dans ces occurrences, on ne pouvait étouffer la voix de la nature, puisque les circonstances ne permettaient pas de la confondre avec celle des passions.

Ce droit ne peut être étendu aux parens d'un degré plus éloigné.

Merlin, R., opposition à un mariage, t. 17, p. 246. — Le ministère public ne peut former opposition à un mariage, car à défaut d'attribution spéciale en cette partie, la règle générale qui lui interdit *la voie d'action* conserve toute sa force.

Toullier, t. 1, n. 585. — Le droit d'opposition n'est point accordé aux neveux et nièces, quoique plus proches parens que les cousins et cousines germains, parce qu'en droit on considère les oncles ou tantes comme étant, avec leurs neveux et nièces, dans un rapport qui représente le degré de père et de fils. Pour déterminer les degrés qui donneraient le droit de former opposition, on s'est plus arrêté à la nature des rapports qu'à la proximité du degré.

N. 592. — Si le droit de former opposition aux mariages n'est pas donné au ministère public, c'est peut-être parce qu'il doit dénoncer à l'officier de l'état civil les empêchemens qui s'opposent à la célébration d'un mariage proposé.

Outre la voie d'opposition, accordée à un très-petit nombre de personnes, pour empêcher un mariage illégal, il reste la voie de remettre à l'officier de l'état civil la preuve de l'existence d'un empêchement légal. Toute personne a droit de recourir à ce moyen, et l'officier doit alors refuser de célébrer le mariage.

Duranton, t. 2, n. 194. — On voit que les alliés n'ont pas individuellement le droit de former opposition : l'article ne parle que des parens. Lorsqu'elle a voulu leur assimiler les alliés du même degré, elle l'a dit positivement.

N. 196. — Suffit-il que l'opposant motive son opposition sur l'état de démence, sans être obligé de se pourvoir devant les tribunaux pour faire statuer sur l'interdiction, tant que la demande en main-levée de l'opposition n'est pas formée? Nous le croyons; car tant que celui sur qui porte l'opposition garde le silence, il prouve par cela même qu'elle est bien fondée. Mais dès qu'il en demande la main-levée, alors l'opposant doit provoquer l'interdiction, sinon l'opposition tomberait.

A. Dalloz, mariage, n. 253. — Lorsque l'opposition est fondée sur l'état de démence, l'opposant n'est pas tenu de provoquer l'interdiction immédiatement. Le but de l'opposition est d'arrêter le mariage : or, l'officier de l'état civil ne pourra le célébrer qu'autant qu'on rapportera main-levée. (Dalloz, t. 10, p. 63, n. 9. Voy. Merlin, R., v. opposition; Vazeille, mariage, t. 1, n. 169; Dalloz, t. 10, p. 64, n. 10.)

175. *Dans les deux cas prévus par le précédent article, le tuteur ou curateur ne pourra, pendant la durée de la tutelle ou curatelle, former opposition qu'autant qu'il y aura été autorisé par un conseil de famille, qu'il pourra convoquer. (C. C., art. 159, 174, 406 et suiv.; 450, 468. — C. de P., art. 883 et suiv.)*

ff, lib. 23, tit. 1, leg. 15.

Dalloz, mariage, sect. 4, art. 1; Carré, Justice de paix, t. 3, n. 1992; Duranton, t. 2, n. 199, 200; Delvincourt, t. 1, p. 62; Vazeille, t. 1, n. 107, 168.

Pandectes françaises. — Dans le cas où le mineur n'aurait aucun parent, le tuteur devrait assembler ceux qui auraient concouru à sa nomination.

Delvincourt, t. 1, note 1 de la page 57. — *Quid*, à l'égard de l'enfant naturel non reconnu, ou de celui qui, ayant été reconnu, a perdu ses père et mère? Je ne vois nulle raison pour refuser au tuteur, *même non autorisé*, le droit de former opposition dans le cas prévu par l'art. 172. A quoi bon convoquer un conseil de famille? Le mineur n'en a pas.

Duranton, t. 2, n. 199. — Cet article ne régit pas *deux cas*, mais bien un seul, celui où le futur époux est *mineur*. Sa lettre, nous en convenons, est contraire à cette interprétation; mais l'interprétation opposée renferme un non sens, ou une disposition incompatible avec les vrais principes.

N. 200. — Les parens qui n'ont pas, d'après la loi, qualité pour former opposition, peuvent du moins avertir le ministère public des causes qui motiveraient une nullité d'ordre public; ils peuvent aussi, et c'est même pour eux un devoir, prévenir l'officier de l'état civil, afin qu'il se refuse à procéder à la célébration.

A. Dalloz, mariage, n. 269. — Lorsque le futur époux est majeur et interdit, le tuteur peut seul former opposition, l'art. 175 ne disposant que pour le cas de minorité. *Contrà* : Dalloz, t. 10, p. 67, n. 18.

N. 174. — Du droit d'attaquer un mariage, peut-on en inférer, en faveur du ministère public, celui de s'y opposer dans tous les cas d'empêchemens dirimans et d'ordre public? Oui, d'après Duranton, t. 2, n. 201. *Contrà* : Dalloz, t. 10, p. 67, n. 22; Toullier, t. 1, n. 535, 536, et Merlin, R., v. opposition. La Cour de Paris a jugé en ce sens le 26 avril 1833. (Voir Dalloz, personne, t. 33, 2ᵉ part., p. 207.)

176. *Tout acte d'opposition énoncera la qualité qui donne à l'opposant le droit de la former; il contiendra élection de domicile dans le lieu où le mariage devra être célébré; il devra également, à moins qu'il ne soit fait à la requête d'un ascendant, contenir les motifs de l'opposition : le tout à peine de nullité, et de l'interdiction de l'officier ministériel qui aurait signé l'acte contenant opposition. (C. C, art. 66, 67 et suiv.)*

Merlin, R., opposition à un mariage, t. 17; Dalloz, mariage, sect. 4, art. 2; Toullier, t. 1, n. 546; Duranton, t. 2, n. 203, 205 à 217; Delvincourt, t. 1, p. 62; Vazeille, mariage, t. 1, n. 159, 170, 177 *bis*.

Observations du Tribunat, 10 août 1802. — Il importe que les parties intéressées aient une parfaite connaissance, dès que l'opposition paraît, et des qualités de l'opposant, et des motifs de l'opposition, et que, de plus, on ne soit pas tenu de l'aller chercher dans un autre lieu que celui où le mariage doit être célébré.

(Voy. procès-verbal du Conseil d'État, 26 septembre 1801 : Gillet, rapport au Tribunat, 14 mars 1803; Boutteville, discours au Corps législatif, 17 mars 1803.)

Malleville. — Le législateur n'a pas défendu à l'officier ministériel de signifier l'opposition, lorsque les motifs seraient mauvais ou la personne sans droit pour le faire. Malgré cela, je pense que la défense étant implicite dans la loi, l'acte est nul, et l'huissier sujet à la peine.

Je pense également que l'officier de l'état civil ne doit point passer outre à la célébration du mariage, lorsque l'opposition est illégale. Il n'est pas juge de la validité de l'opposition, et il y aurait du danger à lui confier ce jugement.

Pandectes françaises. — Un auteur enseigne que l'omission de quelqu'une de ces formalités autorise l'officier de l'état civil à passer outre au mariage.

Je ne puis adopter cette décision. Cet officier n'est pas plus le juge des nullités que de l'opposition même. Il doit suspendre jusqu'à ce que le juge ait prononcé sur les unes comme sur la validité de l'autre.

Delvincourt, t. 1, note de la page 57. — *Le droit de former.* A-t-on entendu par ces mots combinés avec la fin de l'article, donner à l'huissier le droit de juger la qualité de celui qui se présente pour former opposition? Je ne puis le penser; mais je crois que cela doit être entendu dans le sens que l'opposition doit énoncer la qualité d'après laquelle l'opposant *se prétend en droit de la former*.

Proudhon, t. 1, p. 240. — Mais comment doit-on remplir l'obligation imposée à l'opposant, de faire élection de domicile dans le lieu où le mariage devra être célébré? Supposons, par exemple, que le père qui veut former opposition au mariage de son fils, soit domicilié à Paris; que ce fils soit domicilié à Mayence, et que la future épouse demeure à Bruxelles : le mariage pourra être également célébré ou à Bruxelles ou à Mayence. Faudra-t-il que le père fasse une double élection de domicile dans l'une et l'autre de ces deux villes? C'est à Mayence seulement que le père devait faire élection de domicile, parce que l'élection de domicile n'est prescrite ici que pour empêcher celui au mariage duquel on s'oppose, d'être distrait de son ressort, afin qu'en sa qualité de demandeur en main-levée, il ne soit pas obligé d'aller plaider devant le tribunal du domicile de l'opposant. (Delvincourt, t. 1, p. 57, not. 2.

On ne peut former une seconde opposition après qu'une première a été annulée; autrement les oppositions se succéderaient, et on parviendrait ainsi à empêcher à volonté la célébration des mariages. Ainsi jugé, Liége, 1802. *Contrà* : Vazeille, t. 1, n. 177. L'opposition au mariage est recevable jusqu'à la célébration. (Delvincourt, t. 1, p. 122, note; Duranton, t. 2, n. 206; Merlin, R., v. opposition, p. 776; Dalloz, t. 10, p. 69, n. 17; p. 70, n. 18, 19, 20.

Duranton, t. 2, n. 206. — Il ne faut pas conclure de ce que le tribunal annulerait l'acte d'opposition pour vice de forme, qu'il pourrait ordonner, dans tous les cas de passer outre à la célébration du mariage. Cela ne pourrait évidemment avoir lieu, si l'opposition était formée par un père ou tout autre ascendant dont le consentement est requis pour la validité du mariage, ni dans le cas de bigamie ou d'inceste, et dans quelques autres.

N. 207. — En disant que l'acte d'opposition doit énoncer la qualité qui donne à l'opposant le droit de la former, la loi n'a pas entendu constituer l'officier ministériel *juge* de cette *qualité*.

A. Dalloz, mariage, n. 277. — *La qualité* de l'opposant, c'est-à-dire la ligne et le degré de sa parenté avec le futur époux. (Merlin, R., v. opposition.)

N. 279 — L'acte d'opposition doit contenir élection de domicile dans le lieu où le mariage devra être célébré. Comme le mariage peut l'être en plusieurs endroits, si les parties ont leur domicile dans des communes distinctes, que devra faire l'opposant? Dalloz pense qu'il sera prudent d'élire domicile dans toutes les communes où le mariage pourra être célébré; mais que par cela seul que l'élection n'aurait eu lieu que dans l'une d'elles, il n'y aurait pas nullité de l'opposition. *Contrà* : Delvincourt, t. 1, p. 172, note 4; Duranton, t. 2, n. 208; Vazeille, mariage, t. 1, n. 170. (Voir Dalloz, t. 10, p. 167, n. 2.)

L'acte d'opposition doit être signé sur l'original comme sur la copie par les opposans. Cette opposition doit être signifiée à chacun des futurs époux indistinctement. (Dalloz, t. 10, p. 68, n. 6.)

177. *Le tribunal de première instance prononcera dans les dix jours sur la demande en main-levée. (C. de P., art. 49.)*

Favard, mariage, sect. 2, n. 3; Dalloz, mariage, sect. 4, art. 2; Delaporte, Cours de procédure civile, note 381, 383 de la page 88; Toullier, t. 1, n. 589; Duranton, t. 2, n. 211 à 214; Delvincourt, t. 1, p. 62; Vazeille, t. 1, n. 159, 169, 174, 175; Sirey, t. 6, 2ᵉ part., p. 398.

Pandectes françaises. — La demande doit être portée devant le juge du domicile de celui au mariage duquel on forme opposition. C'est un axiôme de droit que tout opposant est demandeur.

Je ne pense point que l'époux sur qui ne frappe pas l'opposition ait qualité pour demander la main-levée.

Proudhon, t. 1, p. 242. — *Dans les dix jours*; ce qui doit être entendu non pas en ce sens que le fond doive toujours être décidé dans ce bref délai, parce qu'il est possible que la cause n'en soit pas susceptible; mais qu'on doit au moins statuer préparatoirement, quand on ne peut encore prononcer au fond, comme lorsqu'il s'agit d'une opposition formée à cause de la démence du futur époux, pour l'admission ou le rejet de laquelle il peut être nécessaire de procéder au préalable sur son interdiction, si les faits posés à cet effet sont trouvés pertinens (174). (Duranton, t. 2, n. 213; Dalloz, t. 10, p. 69, n. 16.)

Duranton, t. 2, n. 211. — Le demandeur en main-levée peut demander et doit obtenir la permission d'assigner à bref délai.

Par ces mots, *dans les dix jours*, on doit entendre les dix jours à partir de celui où le tribunal a été saisi de la demande, quoique l'article suivant dise qu'il sera statué sur l'appel dans les dix jours de la *citation*.

178. *S'il y a appel, il y sera statué dans les dix jours de la citation.*

Pothier, contrat de mariage, n. 182; Merlin, R., opposition à un mariage, t. 17; Favard, mariage, sect. 2, § 2, n. 3; Chauveau, Journal des Avoués, t. 1, p. 262, 263; Toullier, t. 1, n. 589, 591; Duranton, t. 2, n. 214 à 217; Delvincourt, t. 1, p. 63; Vazeille, t. 1, n. 159, 169, 175; Pigeau, Procédure civile, t. 1, p. 631.

Pandectes françaises. — L'appel, en ce cas, est suspensif, et quoiqu'il ait été fait main-levée par le tribunal de première instance, on ne peut passer outre au mariage jusqu'à ce que le jugement attaqué soit confirmé.

Rolland de Villargues, v. mariage, n. 30. — Les tribunaux ne peuvent pas, quelles que soient les circonstances de la cause, surseoir pendant un délai quelconque à statuer sur la demande en main-levée de l'opposition.

N. 31. — Le pourvoi en cassation n'est pas suspensif. Quels que soient les inconvéniens de l'exécution provisoire en pareille matière, il n'existe aucun moyen légal d'y mettre obstacle. (Vazeille, t. 2, p. 235.)

Cet article ne déclare point l'instance périmée, faute d'y avoir statué dans les dix jours; et puis le délai n'est qu'en faveur de ceux qui provoquent le mariage. (Denevers, 1807, p. 524; Merlin, R., v. opposition, t. 11, p. 780; Vazeille, mariage, t. 1, n. 175; Favard, mariage, t. 3, n. 3; Toullier, t. 1, n. 533; Dalloz, t. 10, p. 70, n. 20.)

Duranton, t. 2, n. 215. — La loi n'a pas prévu le cas où l'arrêt aurait rejeté l'opposition, et qu'il y aurait pourvoi en cassation. Ce pourvoi est-il suspensif? La raison de le penser se tire de ce que, dans le système contraire, le mariage venant à être célébré, il serait inutile, du moins généralement, que l'arrêt fût cassé.

179. *Si l'opposition est rejetée, les opposans, autres néanmoins que les ascendans, pourront être condamnés à des dommages-intérêts. (C. de P., art. 523.)*

ff, lib. 3, arg. tit. 60; Cod., lib. 9, tit. 46, leg. 2, 3, 10.

Merlin, R., dommages-intérêts; opposition à un mariage, t. 17; Toullier, t. 1, n. 590; Duranton, t. 2, n. 203, 204; Delvincourt, t. 1, p. 63; Vazeille, t. 1, n. 176, 177.

Portalis, exposé des motifs au Corps législatif, 10 mars 1803. — On soumet à des dommages et intérêts ceux qui succombent dans leur opposition, si cette opposition a été funeste à ceux dont elle a différé ou empêché le mariage; car souvent une opposition mal fondée peut mettre un obstacle à une union sortable et légitime. Il existe alors un préjudice grave; ce préjudice doit être réparé. N'importe qu'il n'y ait eu qu'imprudence ou erreur dans la personne qui a cru devoir se rendre opposante; il n'y a point à balancer entre celui qui se trompe et celui qui souffre.

La même rigueur n'est point appliquée aux pères et aux mères ni aux autres ascendans. Les pères et les aïeuls sont toujours magistrats dans leur famille, lors même que vis-à-vis de leurs enfans ils paraissent ne se montrer que comme parties dans les tribunaux. Leur tendresse présumée écarte d'eux tout soupçon de mauvaise foi, et elle fait excuser leur erreur. Après la majorité accomplie de leurs enfans, l'autorité des pères finit; mais leur amour, leur sollicitude ne finit point.

Souvent on n'a aucune raison décisive pour empêcher un mauvais mariage. Mais un père ne peut point renoncer à l'espoir de ramener son enfant par des conseils salutaires; il se rend opposant, parce qu'il sait que le temps est une grande ressource contre les déterminations qui peuvent tenir à la promptitude de l'esprit, à la vivacité du caractère ou à la fougue des passions. Pourrait-on punir ce père, déjà trop malheureux, des espérances qu'il avait conçues et des sages lenteurs sur lesquelles il fondait ses espérances? La conscience, le cœur d'un bon père est un asile qu'il ne faut pas indiscrètement forcer. (Dalloz, t. 10, p. 71, n. 25.)

Les ascendans dont l'opposition est rejetée ne doivent même pas être condamnés aux dépens. (Dalloz, t. 10, p. 63, 71, n. 24.)

Delvincourt, t. 1, note 8 de la page 57. — Les ascendans sont toujours supposés avoir un bon motif; les autres peuvent avoir été mus par un esprit de malveillance.

Duranton, t. 2, n. 216. — La loi laisse aux tribunaux le pouvoir d'apprécier le tort réel qu'a pu causer l'opposition, le motif qui a dirigé l'opposant, sa qualité et toutes les circonstances de la cause.

CHAPITRE IV.

Des demandes en nullité de mariage.

180. *Le mariage qui a été contracté sans le consentement libre des deux époux, ou de l'un d'eux, ne peut être attaqué que par les époux, ou par celui des deux dont le consentement n'a pas été libre.*

Lorsqu'il y a eu erreur dans la personne, le mariage peut être attaqué que par celui des deux époux qui a été induit en erreur. (C. C., art. 146, 170, 199 et suiv. — C. de P., art. 354 et suiv.)

ff, leg. 37, 68, § 1, de rit. nupt.; leg. 116, § 2, de reg.

Pothier, contrat de mariage, n. 308, 310, 444; droit de propriété, n. 233; Merlin, R., empêchement de mariage, § 5, t. 16; mariage, sect. 6, § 1 et suiv.; *ibid.*, t. 17, sect. 1, § 2; Favard, mariage, sect. 1, § 2, n. 8; Dalloz, mariage, sect. 9, art. 1, § 1; Rolland, mariage, § 5; Toullier, t. 1, n. 510, 600 et suiv.; Duranton, t. 2, n. 263 à 270; 273, 295 à 300; pour la violence, n. 42 à 55; pour le rapt, 55 à 270, pour l'erreur et l'impuissance, n. 67 à 71; Delvincourt, t. 1, p. 58, 77; Vazeille, t. 1, n. 63 à 75; violence, n. 76 à 83; rapt, 83, 84; mort civile, n. 84 à 88; insensés et interdits, n. 88 à 91, etc.

Sirey, 1814, 2e part., p. 225.

Pothier, traité du contrat de mariage, n. 308. — L'erreur n'est une cause de nullité de mariage que lorsqu'elle tombe sur la *personne* même que l'on se propose d'épouser. (Delvincourt, t. 1, p. 71; Merlin, R., v. empêchement, § 5; Proudhon, t. 1, p. 224; Malleville.)

N. 310. — Il en est autrement lorsqu'elle ne tombe que sur quelque qualité de la personne. Par exemple, si j'ai épousé Marie, la croyant noble, quoiqu'elle soit de la basse roture; ou la croyant vertueuse, quoiqu'elle se fût prostituée; ou la croyant de bonne renommée, quoiqu'elle ait été flétrie par la justice; dans tous ces cas, le mariage que j'ai contracté avec elle ne laisse pas d'être valable, nonobstant l'erreur dans laquelle j'ai été à son sujet. (Merlin, R., v. empêchement, § 5; Proudhon, t. 1, p. 224; Malleville, *id.*, p. 226, 227.)

Quant à la violence, voir art. 1112, 1111, 1114 du Code civil.

Procès-verbal du Conseil d'État, 26 septembre 1801. — Discussion sur les indices de la violence et les moyens de la constater. Cambacérès dit que la loi pourrait ne pas entrer dans tous ces détails, et laisser aux juges à prononcer d'après les circonstances et les faits particuliers.

Tronchet partage cette opinion. Dans ces matières, dit-il, tout dépend des circonstances et des faits. On peut donc se borner à dire que le recours ne demeurera ouvert que tant que la continuation de la violence sera prouvée.

Napoléon propose un terme de trois mois après la cessation de la violence.

Sur les observations de Napoléon, Réal dit que la section n'a pas dû définir ici la violence, ni établir comment la preuve serait faite: elle laisse à ce mot son acception morale et physique; elle suppose la preuve établie; et alors son objet est uniquement de désigner dans cet article ceux qui, en cas de violence, pourraient réclamer, et à qui la loi donnerait l'action.

28 octobre 1801, n. 6. — Tronchet dit que tous ceux qui sont intéressés à faire annuler un mariage ont droit de proposer la nullité dont il est affecté, et par conséquent celles qui résultent du défaut de consentement, lorsque ces nullités subsistent encore après la mort des époux. Si donc les époux meurent en minorité, et qu'ils ne laissent pas d'ascendans, les frères et les collatéraux sont fondés à attaquer leur mariage. Il n'en est pas ici comme du majeur qui a couvert la nullité par son silence, lequel est considéré comme une ratification tacite. Mais la loi refuse toute action aux tiers, lorsqu'ils n'ont pas un intérêt et un droit actuellement acquis, dans la crainte que des collatéraux turbulens ne viennent mal à propos troubler les mariages contractés par les mineurs.

(Voyez procès verbal du Conseil d'Etat, 26 septembre 1801.)

Boulteville, discours au Corps législatif, 17 mars 1806.

Procès-verbal du Conseil d'État, 13 septembre 1801. — Napoléon dit que le nom, les qualités, la fortune entrent dans les motifs qui déterminent le choix d'un époux ou d'une épouse. L'erreur sur ces circonstances détruit donc le consentement, quoiqu'il n'y ait pas d'erreur sur l'individu.

Ainsi tout se réduit à ceci :

Le mariage est valable lorsque les formes ont été observées, et qu'il n'y a eu violence ni erreur sur la personne.

Le mariage doit être cassé si les formes n'ont pas été observées, ou s'il y a eu violence ou erreur.

Tronchet répond qu'une loi qui déclarerait nuls les mariages pour l'inobservation de toute forme quelconque, serait trop générale, parce que toutes les formes n'étant pas également essentielles, elles ne doivent pas être également prescrites sous peines de nullité.

Réal ajoute que, d'ailleurs, dans la jurisprudence actuelle, l'erreur ne vicie le mariage que lorsqu'elle porte sur l'individu, et non quand elle ne tombe que sur le nom ou sur les qualités.

La violence doit être caractérisée et avoir été susceptible d'intimider. Il n'y a de vice que dans le consentement de celui qui a été contraint.

Proudhon, t. 1, p. 247. — *Que par l'époux.* Parce que nul autre ne peut être juge de son erreur ou de sa contrainte.

Duranton, t. 2, n. 263. — Quels que soient les vices dont soit infecté un mariage, il n'est pas nul de plein droit; il faut en faire prononcer la nullité.

N. 254. — Ce principe s'applique même au cas où l'on prétendrait que l'acte de mariage est nul.

Dalloz, mariage, sect. 9, art. 1, § 1, n. 1. — Ni les ascendans, ni les collatéraux, ni le ministère public ne sont recevables à attaquer un mariage pour un vice qui ne porte pas atteinte à l'ordre social et qu'il leur est impossible d'apprécier; l'époux coupable n'aura non plus aucune action. Ce qui est le propre de la violence et de l'erreur, c'est de ne pouvoir être appréciée et positivement attestée que par celui qui prétend en avoir été l'objet.

L'impuissance est-elle une cause de nullité du mariage ? Des jurisconsultes pensent que l'impuissance constitue une véritable erreur sur la personne physique. Mais le contraire a, avec raison, été formellement décidé. (Sirey, t. 28, 2ᵉ part., p. 226.)

181. *Dans le cas de l'article précédent, la demande en nullité n'est plus recevable, toutes les fois qu'il y a eu cohabitation continuée pendant six mois depuis que l'époux a acquis sa pleine liberté, ou que l'erreur a été par lui reconnue.* (*C. C., art.* 185, 194 *et suiv.*)

Pothier, contrat de mariage, n. 309, 318; Merlin, R., mariage, sect. 6, § 1 et suiv.; sect. 8 et suiv.; Favard, mariage, sect. 5, § 1, n. 2; Toullier, t. 1, n. 522, 525 à la note 2; t. 10, n. 57; Duranton, t. 2, n. 274 à 284, 312; Proudhon, t. 1, p. 225 à 227; Delvincourt, t. 1, p 77; Perrin, nullité, p. 349, 378; Lemerle, fins de non-recevoir, p. 1, 36, 65, 196; Vazeille, t. 1, p. 414, 530.

Boutteville, discours au Corps législatif, 17 mars 1803. — Si le réclamant a continué à cohabiter avec l'époux qui lui a été donné, pendant six mois depuis le moment où il a acquis sa pleine liberté, ou reconnu son erreur, ses plaintes ne pourront plus être écoutées. — Six mois de cohabitation et de silence prouvent que la violence et l'erreur sont faussement alléguées, ou tout au moins qu'il a ratifié l'engagement qu'il avait contracté. (Proudhon, t. 1, p. 148.)

Proudhon, t. 1, p. 226, 227. — La loi voulant que l'époux trompé puisse proposer la nullité de son mariage pendant six mois, à dater, non du jour de sa célébration, mais depuis que l'erreur a été par lui reconnue, suppose que le législateur a entendu parler principalement de l'erreur sur la *personne civile*, parce qu'il ne faudrait qu'un instant pour reconnaître la supposition physique d'un individu au lieu d'un autre.

Duranton, t. 2, n. 277. — C'est au demandeur à prouver que la violence ou l'erreur s'est prolongée jusqu'à telle époque, pour établir que l'action, quoiqu'intentée après les six mois depuis le mariage, l'a cependant été en *temps utile* : car, quoiqu'il ait prouvé l'existence de la violence ou de l'erreur au moment de la célébration, il n'y a néanmoins pas présomption qu'elle s'est continuée : demandeur, il doit donc faire la preuve.

N. 279. — Si la femme devenait enceinte dans les six mois de la cessation de la violence ou de l'erreur, ce fait serait-il considéré comme une approbation de mariage ? Non, à moins qu'à ce fait ne vinssent se joindre d'autres faits caractéristiques d'une approbation volontaire.

N. 280. — La naissance d'un enfant dans les six mois de la cessation de la violence ou de l'erreur, ne serait pas non plus une preuve de la ratification du mariage.

A. Dalloz, mariage, n. 441. — Des faits présentés comme témoignage d'une approbation tacite ne seraient point à considérer : la cohabitation de six mois est indispensable. (Merlin, R., v. mariage, t. 10, p. 669, 671, 691; Toullier, t. 1, p. 495; Duranton, t. 2, n. 276; Vazeille, t. 1, n. 259, 260; Dalloz, Recueil alph., t. 10, p. 84, n. 8.)

182. *Le mariage contracté sans le consentement des père et mère, des ascendant, ou du conseil de famille, dans le cas où ce consentement était nécessaire, ne peut être attaqué que par ceux dont le consentement était requis, ou par celui des deux époux qui avait besoin de ce consentement.* (*C. C., art.* 148 *et suiv;* 201 *et* 202.)

Pothier, contrat de mariage, n. 229, 337, 341, 444, 446, 447; Merlin, Q., légitimation, § 5; Dalloz, mariage, sect. 9, art. 1, § 2; Toullier, t. 1, n. 612, 613; Duranton, t. 2, n. 54, 272, 285 à 303; Delvincourt, t. 1, p. 78; Vazeille, t. 1, n. 244, 257, 263 à 272.

Procès-verbal du Conseil d'Etat, 28 octobre 1801. — Tronchet, répondant aux objections de Réal, dit que l'article ne suppose pas que toute la famille ait le droit d'attaquer le mariage, puisqu'il n'accorde cette faculté qu'à ceux dont le consentement était nécessaire, et qu'à défaut d'ascendans c'est le consentement du corps de la famille qui est exigé par la loi. D'ailleurs il se trouve dans le projet des dispositions qui excluent les collatéraux, pris individuellement, d'attaquer le mariage du vivant des époux. Après leur mort, et lorsque les collatéraux ont des droits successifs actuellement acquis, il ne serait pas juste qu'ils ne pussent les faire valoir, parce que le conseil de famille refuserait d'agir contre le mariage.

L'article est adopté avec la substitution de ces mots : *du conseil de famille*, à ceux-ci : *de la famille*.

Pandectes françaises. Lorsque ceux dont le consentement est nécessaire ont depuis approuvé le mariage contracté sans ce consentement, l'époux à qui il était nécessaire n'a plus la faculté de réclamer.

Si les publications de bans ont été faites au domicile des parens, ils ne peuvent point en prétendre cause d'ignorance, et ils ne peuvent donner leur demande en nullité que pendant l'année; mais s'il n'y a point eu de publications dans le lieu de leur domicile, alors l'époque de la connaissance qu'ils ont eue du mariage dépend des faits et des circonstances.

Delvincourt, t. 1, note 1 de la page 72. — *Quid*, si un enfant naturel mineur, et non reconnu, ou n'ayant ni père ni mère, s'est marié sans le consentement d'un tuteur *ad hoc ?* Il est évident que, dans ce cas, la demande en nullité ne peut être formée que par lui.

Proudhon, t. 1, p. 248. — *De l'époux qui en avait besoin.* Parce que s'ils n'agissent ni les uns ni les autres, ils sont censés ou avoir voulu dans le temps, ou avoir ratifié après.

Merlin, R., sect. 6, § 2. — Il ne suffit pas, pour déclarer un ascendant non recevable, de dire qu'il a gardé le silence soit pendant un an, soit pendant un terme beaucoup plus long : il faut encore établir d'une manière positive qu'il a eu connaissance du mariage, au moins pendant un an avant sa réclamation.

Toullier, t. 1, n. 613. — C'est l'ascendant dont le consentement était requis au moment où le mariage a été contracté qui peut seul, à l'exclusion de tous les autres, proposer la nullité. Cet ascendant venant à mourir avant de l'avoir proposée, son droit ne passe point aux autres, qui n'ont point à venger l'injure faite à leur autorité méprisée.

Si l'époux venait à décéder avant que le conseil de famille eût pris sa délibération, la demande en nullité ne pourrait plus être formée en son nom ; car un individu mort n'a plus ni conseil de famille, ni tuteur.

Duranton, t. 2, n. 272. — Si le consentement des père et mère, etc., a été donné par contrainte ou par erreur tombant sur la personne, ils peuvent demander la nullité du mariage de leur chef, car leur consentement est nul, ou du moins il est susceptible d'être annulé; ce qui ramène, à leur égard, la question à celle du défaut de consentement.

N. 289. — L'action qu'avaient les père et mère, ou l'un d'eux, en nullité du mariage de leur enfant, s'éteint par leur mort, quoiqu'arrivée dans les délais utiles. Elle ne passe point aux ascendans d'un degré supérieur, et bien encore aux collatéraux. (Dalloz, mariage, sect. 9, art. 1, § 2, n. 5; Toullier, t. 1, n. 556; Dalloz, t. 10, p. 85, n. 6; *contrà* : Vazeille.)

183. *L'action en nullité ne peut plus être intentée ni par les époux, ni par les parens dont le consentement était requis, toutes les fois que le mariage a été approuvé expressément ou tacitement par ceux dont le consentement était nécessaire, ou lorsqu'il s'est écoulé une année sans réclamation de leur part, depuis qu'ils ont eu connaissance du mariage. Elle ne peut être intentée non plus par l'époux, lorsqu'il s'est écoulé une année, sans réclamation de sa part, depuis qu'il a atteint l'âge compétent pour consentir par lui-même au mariage. (C. C., articles* 148 *et suiv.;* 201, 202.)

ff, lib. 23, tit. 1, leg. 4; Cod., leg. 2 et 5, de nupt.

Pothier, contrat de mariage, n. 446; Merlin, R., mariage, sect. 6, § 2, t. 16 et 17; Favard, mariage, sect. 5, § 2, n. 3; Dalloz, mariage, sect. 9, art. 1, § 2; Rolland, mariage, § 5; Toullier, t. 1, n. 614 et suiv.; Duranton, t. 2, n. 273, 291, 297 à 312; Perrin, nullité, p. 149, 349, 378; Vazeille, mariage, t. 1, n. 244, 263 *bis*, 264 à 272.

Procès-verbal du Conseil d'État, 27 septembre 1801. — Napoléon dit qu'il serait trop dur de donner aux nullités relatives une durée indéfinie; qu'il faudrait les circonscrire dans un délai déterminé. Par exemple, doit-on écouter la réclamation d'un père qui n'a pas donné de consentement au mariage de son fils mineur, qui cependant l'a connu, et a gardé un long silence?

Tronchet répond que le silence du père sera une exception que fera valoir le fils, parce qu'il équivaut à une ratification tacite du mariage. La loi pourrait déclarer le père non recevable dans tous les cas où il aurait consenti directement ou indirectement au mariage contracté sans son autorité; car la moindre approbation de sa part doit établir une fin de non-recevoir contre lui.

Malleville dit que, suivant le projet, la nullité résultant du défaut de consentement du père ou de la famille est couverte par la majorité des époux; mais cette fin de non-recevoir pourra-t-elle être invoquée par ceux qui ne sont mariés que quelques jours avant leur majorité? Il sera communément impossible que, dans un si court intervalle, les ascendans ou la famille aient le temps de réclamer contre le mariage; et cependant, pour de très-importantes raisons, la loi a voulu que des mineurs ne pussent se marier sans le consentement de leurs ascendans ou de leur famille: et tout mariage contracté sans ce consentement, jusqu'au dernier jour de la majorité, est absolument nul. Le tribunal de cassation propose que la fin de non-recevoir ne soit admise que deux ans après la majorité. Ce délai serait trop long, sans doute; mais il en faut un quelconque.

Tronchet propose d'assigner à la réclamation du père le terme d'un an, à compter du jour où il a eu connaissance du mariage.

Boutteville, discours au Corps législatif, 17 mars 1803. — De cela même que la loi ne voit pas de véritable volonté dans les contractans qui n'ont pas l'âge de la majorité relative au mariage, il suit qu'un mariage contracté sans le consentement des père et mère; ou du conseil de famille, peut être attaqué tout à la fois et par ceux-ci et par les époux eux-mêmes; mais il suit aussi que les parens et les époux ne peuvent plus être écoutés: les premiers, lorsqu'ils ont approuvé expressément ou tacitement le mariage, ou, ce qui emporte approbation, lorsqu'ils ont, sans réclamation, laissé écouler une année depuis qu'ils ont eu connaissance du mariage; les seconds, lorsqu'ils ont également gardé le silence pendant un an, depuis qu'ils ont atteint l'âge compétent pour le contracter.

Malleville. — La connaissance du mariage, et son approbation tacite par les parens, sont des faits qui peuvent être prouvés tant par actes que par témoins, et qui sont laissés à l'arbitrage des juges.

L'époux mineur, relativement au mariage, qui s'est marié sans le consentement de ses parens est non recevable, d'après cet article, à réclamer contre ce mariage, si ses parens l'ont approuvé expressément ou tacitement. Enfin, le mineur devenu majeur peut contracter un nouveau mariage avec celle que ses parens le forcent d'abandonner. (Delvincourt, t. 1, p. 72, note 2.)

Hua. — On ne doit pas perdre de vue que si le futur époux n'a aucun ascendant, il est libre de contracter mariage à vingt-et-un ans sans avoir besoin du concours de la famille; il résulte de cette distinction établie par l'art. 160, qu'en pareil cas la demande en nullité de mariage, fondée sur le défaut d'âge, ne pourrait être intentée après qu'il aurait acquis sa vingt-deuxième année.

Delvincourt, t. 1, note 2 de la page 72. — *Quid* si, avant l'expiration de cette année, l'époux a acquis la majorité requise pour le mariage? Je ne pense pas que cela puisse empêcher la réclamation des ascendans. La loi qui exige leur consentement a été violée: cela suffit pour leur donner le droit d'attaquer le mariage.

Not. 4. — *Dont le consentement était nécessaire.* Le consentement des ascendans exclut toute idée de séduction exercée sur le mineur.

Quid si ce consentement n'intervient qu'après que la demande en nullité a été intentée par l'époux? Je pense que, tant qu'il n'existe pas un jugement passé en force de chose jugée, qui ait déclaré le mariage nul, le consentement des ascendans forme une fin de non-recevoir insurmontable, qui doit faire rejeter la demande de l'époux.

Rolland de Villargues, v. mariage, n. 39. — Quel est *cet âge compétent?* A quel âge les époux peuvent-ils ratifier eux-mêmes leur mariage? C'est, selon nous, à celui de vingt-cinq ans. (Duranton, t. 2, n. 307.)

Proudhon, t. 1, p. 248. — *Par lui-même au mariage:* D'où il résulte que la fin de non-recevoir peut être acquise contre l'époux, après le délai d'un an depuis sa majorité, tandis qu'elle ne le serait pas contre les parens auxquels on aurait dérobé plus long-temps la connaissance du mariage.

La nullité serait perpétuelle, s'il s'agissait du mariage d'un interdit, pour cause d'imbécillité ou de démence, parce que, dans cet état, il aurait été aussi incapable de ratifier après coup, que de consentir dès le principe.

Toullier, t. 1, n. 614. — La ratification est expresse, quand elle est consignée dans des actes publics ou même privés, qui ont pour objet d'approuver le mariage.

Elle est tacite, lorsqu'elle résulte d'actions ou même d'écrits qui supposent nécessairement l'approbation du mariage. Par exemple, lorsqu'un père, pardonnant l'injure faite à son autorité, reçoit dans sa maison son gendre ou sa bru, les traite comme ses enfans et leur donne ce nom, soit dans sa famille et les sociétés, soit dans ses lettres, soit lorsqu'il a souscrit l'acte de naissance d'un enfant né de ce mariage. (Voy. n. 615. Duranton, t. 2, n. 301; Dalloz, mariage, sect. 9, art. 1, n. 13.)

Duranton, t. 2, n. 291. — Si les père et mère étaient tous les deux décédés, ou dans l'impossibilité de manifester leur volonté au moment du mariage, et qu'il y eût des aïeuls ou aïeules dans les deux lignes, chacune des lignes pourrait l'attaquer pour défaut de consentement. Toutefois, le tribunal devrait ordonner la mise en cause de l'autre ligne, afin de connaître sa volonté: car si elle donne son approbation, elle empêche par là l'autre de pouvoir agir, puisque le partage entre lignes vaut consentement, et que la ratification équivaut au consentement donné dès le principe.

N. 298. — L'action des ascendans s'éteindrait-elle par la mort de l'époux arrivée dans le délai utile? Non; car l'autorité des parens a été méprisée, et le vice dont le mariage a été frappé dès le principe ne s'est point effacé par un événement tout-à-fait étranger à leur volonté expresse ou tacite, volonté qui, seule, pouvait la faire disparaître.

A. Dalloz, mariage, n. 471. — D'après Toullier, t. 1, n. 559, et Delvincourt, t. 1, p. 154, note, l'âge compétent pour les hommes est, dans tous les cas, de vingt-et-un ans. Merlin, R., v. mariage, t. 10, p. 670: Duranton, t. 2, n. 307; Vazeille, t. 1, n. 271, distinguent: L'époux avait-il des ascendans? L'âge compétent est de vingt-cinq ans: n'en avait-il pas? Cet âge est de vingt-et-un ans. Dalloz, Rec. alph., t. 10, p. 87, n. 19, partage cette opinion.

(Voir encore Merlin, R., *loco citato*, p. 672; Dalloz, Rec. alphab., t. 10, p. 87, n. 23.)

184. *Tout mariage contracté en contravention aux dispositions contenues aux art.* 144, 147, 161, 162 *et* 163, *peut être attaqué soit par les époux eux-mêmes, soit par tous ceux qui y ont intérêt, soit par le ministère public. (C. C., articles* 139, 201, 202. — *C. P., art.* 354 *et suiv.)*

ff, lib. 23, tit. 2, leg 38; lib. 48, tit. 1, arg. leg 1; Novel 112.

Pothier, contrat de mariage, n. 444, 449, 451; Merlin, R., nullité, § 8; bigamie, § 2; mariage, sect. 6, § 2: § 3, n. 2, t. 16; Q., légitimation, § 5: Favard, mariage, sect. 1, § 2, n. 9; sect. 5, § 1, n. 9; ministère public, n. 8: Dalloz, mariage, sect. 9, art. 2, § 1 et 2: art. 3 et 5; Rolland de Villargues, mariage, § 5; Chauveau, Journal des avoués, t. 1, p. 243; Toullier, t. 1, n. 485, 591, 620, 623, 626, 632 et suivans; 538, 647, 648; t. 7, n. 556, 557; Duranton, t. 1, n. 525 à 528; t. 2, n. 252, 313 à 345; Proudhon, t. 1, p. 166, 183, 249; Demoly, absence, p. 292, 296, 313; Vazeille, t. 1, n. 217, 218, 225, 231, 244 à 246; Biret, nullités, t. 1, p. 74 et suivantes; 112; Sirey 1808, 2ᵉ part., p. 273.

Boutteville, discours au Corps législatif, 17 mars 1803. — C'est dans cet article que sont consignés avec une attention particulière les vices qui touchent si intimement à l'essence du mariage, qu'il en résulte pour les époux eux-mêmes, pour toute personne intéressée et pour le ministère public, le droit de l'attaquer.

Les vices essentiels sont : le défaut d'âge requis par la loi, un premier mariage subsistant, la parenté ou l'alliance dans les degrés prohibés.

La disposition de l'art. 190 marque la sévérité avec laquelle la loi entend proscrire les mariages qui en sont infectés.

(Voyez procès-verbal du Conseil d'Etat, 27 septembre 1801, n. 6, 7 et 8.)

Pandectes françaises. — Il faut remarquer sur toutes les demandes en nullité, que le mariage étant un lien sacré que les parties ne peuvent rompre par leur accord, l'acquiescement que la partie assignée pour en voir prononcer la nullité donnerait à la demande, ne doit pas empêcher le juge d'entrer dans un examen scrupuleux des preuves de l'empêchement que l'on prétend s'être opposées à la validité du mariage ; et malgré cet acquiescement, ce n'est qu'après que cet empêchement aura été pleinement justifié, que le juge peut et doit en prononcer la nullité.

Toullier. — On ne peut voir, dans ce texte, si la loi a voulu comprendre les ascendans dans la classe de ceux qui ont intérêt d'attaquer le mariage. On est porté à croire qu'elle ne l'a pas voulu, si l'on compare cet article avec le 191e, qui comprend nominativement les ascendans au nombre de ceux qui peuvent attaquer un mariage clandestin, quoiqu'il donne aussi ce droit à tous ceux qui ont un intérêt né et actuel. En tous cas, ce droit n'appartiendrait pas à tous les ascendans concurremment, mais graduellement, à défaut les uns des autres, comme le droit d'opposition. (*Contrà* : Vazeille, t. 1, n. 218.)

185. *Néanmoins le mariage contracté par des époux qui n'avaient point encore l'âge requis, ou dont l'un des deux n'avait point atteint cet âge, ne peut plus être attaqué, 1° lorsqu'il s'est écoulé six mois depuis que cet époux ou les époux ont atteint l'age compétent ; 2° lorsque la femme qui n'avait point cet âge a conçu avant l'échéance de six mois.*

Pothier, contrat de mariage, n. 94, 95 ; Merlin, R., mariage, sect. 6, § 2, t. 16 ; Favard, mariage, sect. 5, § 1, not. 2 et 9 ; Dalloz, mariage, sect. 9, art. 3 ; Toullier, t. 1, n. 620 et suivans ; Duranton, t. 2, n. 276, 314, 319 à 321 ; Perrin, nullité, p. 149, 327, 349, 378 ; Vazeille, mariage, t. 1, n. 231, 243 à 245.

Portalis, exposé des motifs au Corps législatif, 10 mars 1803. — Le défaut d'âge est réparable. Il serait donc absurde qu'il servit de prétexte pour attaquer un mariage, lorsqu'il s'est déjà écoulé un délai de six mois après que les époux ont atteint l'âge compétent. Alors la nullité n'existe plus ; l'effet ne doit pas survivre à sa cause. On donne un délai de six mois parce que toutes les fois que la loi donne une action, elle doit laisser un temps utile pour l'exercer.

Il serait donc encore peu raisonnable que l'on pût exciper du défaut d'âge, quand une grossesse survient dans le ménage avant l'échéance des six mois donnés pour exercer l'action en nullité. La loi ne doit pas prétendre être plus sage que la nature ; la fiction doit céder à la réalité.

L'action doit être refusée, dans l'hypothèse dont il s'agit, aux pères, mères, ascendans et à la famille, s'ils ont consenti au mariage avec connaissance de cause. Il ne faut pas qu'ils puissent se jouer de la foi du mariage après s'être joués des lois.

A conçu avant l'échéance des six mois. — Cette fin de non recevoir peut rendre inutile la demande en nullité formée par les ascendans ou par le ministère public. L'épouse impubère pourra toujours soutenir qu'elle est enceinte : et les juges ne pourraient, pour vérifier son allégation, ordonner qu'elle serait visitée ; cette mesure répugnerait à la décence et à nos mœurs. Ordonnera-t-on que l'épouse qui se dit enceinte sera provisoirement séparée de son mari, pour prononcer définitivement, après dix mois révolus, sur la demande en nullité ? Par argument des art. 228 et 315, il semble difficile d'admettre une séparation provisoire des deux époux, qui sont d'accord, uniquement pour s'assurer si le motif de les séparer et de prononcer la nullité de leur mariage est encore existant. Cependant, cette mesure de séparation provisoire paraît conforme à la lettre de l'article 190, qui ordonne au procureur du roi de demander la nullité du mariage, et de faire condamner les époux à se séparer ; elle est aussi conforme à l'esprit des dispositions du Code, qui n'a défendu le mariage avant l'âge fixé par la loi que pour empêcher les individus de détruire leur santé par des unions prématurées.

Toullier, t. 1, n. 620. — Si la femme qui n'avait pas l'âge requis a conçu avant l'époque fixée pour la réclamation, le mariage n'est plus attaquable. La loi limite à ce seul cas la fin de non-recevoir, et on ne peut point l'étendre au cas où la femme pubère, mariée à un impubère, a conçu avant les six mois. Le projet du Code étendait la fin de non-recevoir à ce dernier cas aussi bien qu'au premier ; mais on craignit d'ouvrir à la femme pubère le moyen de maintenir par un crime le mariage illégal contracté avec un mari impubère, et voilà pourquoi notre article limite l'exception.

La loi n'exige point que la femme ait conçu avant la réclamation ; la grossesse peut survenir pendant la litispendance.

(Voyez n. 622.)

Duranton, t. 2, n. 319. — L'on s'est servi de la préposition *de*, qui a un sens absolu, et qui exprime naturellement le délai de six mois à partir du mariage, tandis que c'était la particule *des* qui était le terme propre, parce que ce mot doit se référer aux six mois écoulés *depuis que la femme a atteint l'âge compétent*, ou quinze ans révolus.

L'âge requis dont parle cet article est celui déterminé par l'article 144. (Merlin, R., v. mariage, t. 10, p. 690, 691 ; Malleville, sur l'article ; Toullier, t. 1, n. 564 ; Vazeille, t. 1, p. 376.)

(Voir Duranton, t. 2, n. 519 ; Dalloz, t. 10, p. 94, n. 5, p. 95, n. 6, 9.)

186. *Le père, la mère, les ascendans et la famille qui ont consenti au mariage contracté dans le cas de l'article précédent, ne sont point recevables à en demander la nullité.*

ff, leg. 145, de reg.

Merlin, R., v. nullité, § 3 ; Toullier, t. 1, n. 625, 639, 570, 566 ; Duranton, t. 2, n. 315, 316 ; Delvincourt, t. 1, p. 75 ; Vazeille, t. 1, n. 244, 274, 246, 245, 249 ; Dalloz, t. 10, p. 95, n. 12, 13.

Toullier, t. 1, n. 625. — Il est évident que les ascendans, et même le tuteur autorisé par le conseil de famille de l'époux qui s'est marié avant l'âge requis, peuvent attaquer le mariage contracté sans leur consentement : il se rencontre, en ce cas, deux causes de nullité. Mais s'ils y ont consenti, ils ne sont plus recevables à proposer la nullité résultant du défaut d'âge.

187. *Dans tous les cas où, conformément à l'art. 184, l'action en nullité peut être intentée par tous ceux qui y ont un intérêt, elle ne peut l'être par les parens collatéraux, ou par les enfans nés d'un autre mariage, du vivant des deux époux, mais seulement lorsqu'ils y ont un intérêt né et actuel.*

Pothier, v. contrat de mariage, n. 448 ; Merlin, R., v. mariage, sect. 5 et 6, § 2, t. 16 ; Q., v. légitimité, § 2 ; Favard, v. mariage, sect. 5, § 1, n. 10 ; Dalloz, v. mariage, sect. 9, art. 2, § 1 ; Rolland de Villargues, v. mariage, § 5 ; Toullier, t. 1, n. 627, 636 ; Duranton, t. 2, n. 30, 292, 317, 318, 327 à 329 ; Vazeille, t. 1, n. 217, 225, 226, 245 à 248.

Pothier, Traité du contrat de mariage, n. 448. — Lorsque les circonstances rendent le mariage susceptible d'être attaqué par les parens collatéraux de l'une des parties, on ne peut leur opposer, comme fins de non-recevoir, qu'ils ont paru donner quelques signes d'approbation à son mariage, l'approbation donnée à un acte ne rendant non recevable à l'attaquer que lorsqu'elle a été donnée en un temps où le droit de l'attaquer était ouvert.

Portalis. — En thèse générale, des collatéraux ou des héritiers avides sont écoutés peu favorablement. Ils n'ont en leur faveur ni le préjugé de la nature, ni l'autorité de la loi. L'espérance d'accroître leur patrimoine ou leur fortune est le seul mobile de leur démarche : cette espérance seule les anime. Ils n'ont aucune magistrature domestique à exercer sur des individus qui ne sont pas confiés à leur sollicitude. Ils ne doivent donc pas être admis à troubler un mariage concordant et paisible. Ils ne doivent et ils ne peuvent se montrer que lorsqu'il s'agit de savoir s'ils sont exclus d'une succession par des enfans légitimes, ou s'ils sont fondés à contester l'état de ces enfans, et à prendre leur part dans cette succession. Hors de là, ils n'ont point d'action.

Pandectes françaises. — On sent bien que les termes, *pendant la vie des deux époux*, ne signifient pas que l'action ne peut être ouverte qu'après la mort de l'un et de l'autre époux. Cela veut dire : tant que les époux vivent l'un et l'autre, c'est-à-dire tant que l'union existe.

Si cette demande était fondée sur le défaut de puberté de l'un des conjoints, et que le mariage s'étant prolongé au-delà de l'époque à laquelle elle est fixée, ni les époux, ni leurs parens n'eussent réclamé dans les délais prescrits, il est évident que les collatéraux seraient non recevables.

Delvincourt, t. 1, not. 2 de la pag. 70. — *Quid* à l'égard des ascendans ? Il paraît que, dans tous les cas, ils peuvent demander la nullité, quand même ils n'auraient aucun intérêt. Ils ne sont pas compris dans la prohibition portée par cet article.

Rolland de Villargues, v. mariage, n. 42. — D'où il résulte que si l'époux incestueux ou bigame est exclu, à cause de son indignité, d'une succession à laquelle doivent venir en son lieu et place les enfans d'un second mariage, les collatéraux ont un intérêt né et actuel à faire annuler ce mariage, entaché de bigamie ou d'inceste, pour recueillir, à l'exclusion des enfans auxquels il a donné naissance, la succession qui s'est ouverte.

Proudhon, t. 1, p. 251. — *Aux enfans du premier mariage.* Parce qu'étant obligés d'honorer et respecter leur père et mère, ils ne peuvent être recevables à les flétrir par l'exercice d'une action infamante.

Duranton, t. 2, n. 328. — Cet article ne s'applique pas aux ascendans, relativement à l'*époque* à laquelle nait pour eux le droit d'attaquer le mariage dont il s'agit; mais il en doit être de même que pour les enfans et les collatéraux : l'intérêt doit être *né* et *actuel*; par conséquent, ce ne doit être qu'après la mort de l'époux, leur descendant; sauf, si leur consentement était nécessaire à la validité du mariage, et qu'ils ne l'aient point donné, à faire valoir la nullité pour cette cause.

188. *L'époux au préjudice duquel a été contracté un second mariage, peut en demander la nullité, du vivant même de l'époux qui était engagé avec lui. (C. C., art.* 25, 139, 147, 170 *et suiv. — C. de P., art.* 340.*)*

Pothier, v. contrat de mariage, n. 99, 107; Merlin, Q., v. bigamie, § 2; Duranton, t. 2, n. 326; Delvincourt, t. p. 76; Vazeille, v. mariage, t. 1, n. 223 et suiv.

Portalis, exposé des motifs au Corps législatif, 10 mars 1803. — Il ne faudrait pas ranger dans la classe des collatéraux, ou de toutes autres personnes qui ne peuvent attaquer un mariage nul pendant la vie des conjoints, l'époux qui se prévaut d'un premier engagement contracté en sa faveur, et toujours subsistant, pour faire anéantir un second engagement frauduleux. Cet époux peut incontestablement attaquer le second mariage du vivant même du conjoint qui était uni à lui par un premier lien; car c'est précisément l'existence de ce premier lien qui fait la nullité du second; et le plus grand profit de la demande en nullité est, dans ce cas, de faire disparaître le second mariage pour maintenir et venger le premier.

Dans le concours de deux mariages, si l'époux délaissé peut attaquer le second comme nul, ceux qui ont contracté ce second mariage peuvent également arguer le premier de nullité : ce qui est nul ne produit aucun effet. Un premier mariage non valablement contracté ne peut donc légalement motiver la cassation d'un second mariage valable; conséquemment, la question élevée sur la validité du premier mariage suspend nécessairement le sort du second. Cette question est un préalable qu'il faut vider avant tout.

Rolland de Villargues, v. mariage, n. 44. — Lorsque l'un des époux a contracté un second mariage pendant l'absence de l'autre, si l'absent, de retour, ne l'attaque point, le ministère public peut-il en poursuivre la nullité devant les tribunaux? La question est controversée. A notre égard, nous pensons que les termes de l'art. 184 ne sont pas moins absolus que ceux de l'art. 139, qui le précède; que l'art. 139 ne parle que de l'action privée qu'il concentre dans la personne de l'époux absent revenu dans ses foyers, et que l'art. 184 réserve, dans toute sa plénitude, l'action publique au magistrat qui veille pour le maintien de l'ordre public et les saintes lois du mariage; qu'autrement, fatigués l'un de l'autre, les époux pourraient simuler une absence pour passer à de secondes noces, au préjudice de liens toujours subsistans et indissolubles. (Delvincourt, t. 1, p. 110; Favard, v. absence; Duranton, t. 1, p. 428.)

189. *Si les nouveaux époux opposent la nullité du premier mariage, la validité ou la nullité de ce mariage doit être jugée préalablement.*

Pothier, contrat de mariage, n. 107, 449; Merlin, R., bigamie; inscription de faux, § 1, n. 12; Q., bigamie, § 2; Toullier, t. 1, n. 530, 637, 656; Duranton, t. 2, n. 331; Delvincourt, t. 1, p. 76; Vazeille, t. 1, n. 223 et suivans; Perrin, nullités, p. 226; Lemerle, fins de non recevoir, p. 237, 304, 407.

Pandectes françaises. — Dans le cas même où le second mariage aurait été attaqué par la voie criminelle, il faudrait, sur l'allégation de la nullité du premier mariage, surseoir à toutes poursuites et renvoyer au tribunal civil pour statuer sur la validité ou invalidité du premier mariage. Si ce premier mariage est déclaré nul, la plainte rendue s'évanouit, parce qu'il n'y a plus de délit. Ce n'est que dans le cas contraire que l'on peut reprendre les poursuites.

Delvincourt, t. 1, note 3 de la page 70. — Il ne faut pas conclure de là que l'on puisse légalement contracter un second mariage, lorsque le premier est nul, sans en avoir fait prononcer la nullité

Quelqu'évidente qu'elle soit, l'officier de l'état civil peut et doit refuser son ministère, tant qu'on ne lui représente point un jugement qui ait déclaré le premier mariage nul.

190. *Le procureur du roi, dans tous les cas auxquels s'applique l'art.* 184, *et sous les modifications portées en l'article* 185, *peut et doit demander la nullité du mariage, du vivant des deux époux, et les faire condamner à se séparer. (C. C., art.* 199 *et suiv.)*

Merlin, R., t. 16, p. 49, 784; Favard, absence, sect. 3, § 3; ministère public, n. 8; Dalloz, mariage, sect. 9, art. 5; Chauveau, Journal des avoués, t. 1, p. 243; Toullier, t. 1, n. 591, 592, 628, 633; Duranton, t. 2, n. 314, 330; Delvincourt, t. 1, p. 76; Demoly, absence, p. 192; Vazeille, t. 1, n. 219, 225, 243, 249, 254.

Portalis, exposé des motifs au Corps législatif, 10 mars 1803. — Le commissaire du gouvernement, le ministère public, peut s'élever d'office contre un mariage infecté de quelqu'une des nullités que nous avons énoncées comme appartenant au droit public. L'objet de ce magistrat doit être de faire cesser le scandale d'un tel mariage, et de faire prononcer la séparation des époux. Mais gardons-nous de donner à cette censure, confiée au ministère public pour l'intérêt des mœurs et de la société, une étendue qui la rendrait oppressive et qui la ferait dégénérer en inquisition. Le ministère public ne doit se montrer que quand le vice du mariage est notoire, quand il est subsistant ou quand une longue possession n'a pas mis les époux à l'abri des recherches directes du magistrat. Il y a souvent plus de scandale dans les poursuites indiscrètes d'un délit obscur, ancien ou ignoré, qu'il n'y en a dans le délit même.

Boutteville, discours au Corps législatif, 17 mars 1803. — S'il s'agit d'un mariage infecté de vices essentiels, comme le défaut d'âge, un premier mariage subsistant, la parenté ou l'alliance aux degrés prohibés, la loi ne se borne pas à déférer au commissaire du gouvernement le droit, elle lui impose le devoir de réclamer et de faire séparer les époux, toujours cependant sous la modification relative au défaut d'âge déjà expliqué.

S'il s'agit d'un mariage qui n'aurait pas été contracté avec la publicité voulue par la loi et devant l'officier compétent, le législateur semble laisser à la prudence du magistrat de peser ce que l'intérêt des mœurs et la paix des familles pourraient exiger de la sévérité de son ministère.

Toujours est-il que dans le cas des mariages qui offensent ouvertement les mœurs, la loi dit : « Le commissaire du gouvernement peut et *doit* intervenir et réclamer; » et que, dans le cas de l'art. 191, relatif au défaut de publicité et de présence de l'officier public compétent, la loi dit simplement : « Le mariage *pourra* être attaqué. »

Delvincourt, t. 1, note 6 de la page 70. — *Sont vivans tous deux.* — Si l'un d'eux est *mort*, il n'y a plus de scandale. Il résulte, au surplus, de la combinaison des art. 184, 187, 190 et 191, que, dans les cas y relatés, le mariage peut être attaqué, savoir : par les époux eux-mêmes et par les ascendans, en tout temps; par le ministère public, seulement tant que vivent les deux époux, et par les collatéraux, seulement quand ils ont un intérêt né et actuel. (Favard, mariage, sect. 5, § 1, n. 9.)

Vazeille, t. 1, n. 249. — L'expression *peut* et *doit* est susceptible de se diviser, pour faire rapporter la faculté au cas où la famille a consenti au mariage de l'impubère, et l'obligation au cas contraire, ainsi qu'à ces autres causes de nullité absolue perpétuelle, rappelées par l'art. 184.

Toullier, t. 1, n. 628. — L'action du ministère public n'est plus reçue lorsque la femme a conçu avant l'âge requis, ni lorsque les époux ont atteint cet âge, ni enfin si l'un des deux est mort avant l'action. C'est une règle générale que, lorsqu'une action en nullité n'est accordée que pour l'intérêt des mœurs et de l'ordre public, elle doit être exercée pendant la durée du mariage; elle est éteinte et prohibée après sa dissolution, puisqu'elle devient sans objet.

N. 629. — A la différence de la nullité qui résulte du défaut d'âge requis, celle qui résulte du lien d'un premier mariage subsistant est perpétuelle; elle ne s'efface ni par le laps de temps, ni par aucune ratification expresse ou tacite, même après que le bigame est affranchi du premier engagement, qui seul formait obstacle au sesecond.

Les doubles mariages blessent essentiellement les mœurs et l'ordre public. Les motifs qui les ont fait défendre obligent à se reporter toujours au principe de ces unions scandaleuses. L'espoir que la mort de l'époux délaissé pourrait dans la suite les rendre valables, serait un encouragement à les former. Cet espoir serait déjà criminel et pourrait conduire à des crimes plus grands.

Duranton, t. 2, n. 330. — Le ministère public ne peut plus demander la nullité du mariage après la mort de l'un des deux époux. —

Mais ces mots, *du vivant des deux époux*, dont le sens ne laisse aucun doute dans le cas du défaut d'âge compétent et d'inceste, ne rendent pas suffisamment la pensée de la loi dans celui de bigamie; car ils laissent entendre que le ministère public peut et doit toujours, du *vivant* des deux époux qui ont contracté le mariage réprouvé, attaquer ce mariage. Ce n'est pas ainsi cependant que l'article doit être entendu : l'action n'est accordée au ministère public que pour faire cesser le scandale. Or, le scandale n'a lieu que par l'existence simultanée de deux mariages. Ainsi, l'action du ministère public doit cesser tout aussi bien par la mort de l'époux au préjudice duquel le second mariage a été contracté, que par la mort de l'un des nouveaux époux.

191. *Tout mariage qui n'a point été contracté publiquement, et qui n'a point été célébré devant l'officier public compétent, peut être attaqué par les époux eux-mêmes, par les père et mère, par les ascendans, et par tous ceux qui y ont un intérêt né et actuel, ainsi que par le ministère public.* (C. C., art. 75, 76, 165, 170.)

Pothier, v. contrat de mariage, n. 361, 362, 451; Merlin, R., v. mariage, sect. 4 et 6; *ibid.*, t. 17, sect. 4, § 1, n. 3; sect. 6, § 2; Favard, v. mariage, sect. 5, § 1, n. 6 et 9; ministère public, n. 8; Dalloz, v. mariage, sect. 9, art. 4; Rolland de Villargues, v. mariage, § 5; Chauveau, Journal des avoués, t. 1, p. 243; Toullier, t. 1, p. 626, 641, 642 et suiv.; t. 7, n. 556; Duranton, t. 2, n. 34, 124, 252, 328, 333; Proudhon, t. 1, p. 232 à 234; Delvincourt, t. 1, p. 75, 76; Vazeille, t. 1, n. 218, 250 à 256; Sirey, 1818, 2e part., p. 103.

Portalis, exposé des motifs au Corps législatif, 10 mars 1803. — Ou il faut renoncer à toute législation sur les mariages, ou il faut proscrire la *clandestinité*; car, d'après la définition des jurisconsultes, les mariages clandestins sont ceux que la société n'a jamais connus, qui n'ont été célébrés devant aucun officier public, et qui ont constamment été ensevelis dans le mystère et dans les ténèbres. Cette espèce de mariage clandestin n'est pas la seule : elle est la plus criminelle. On place encore parmi les mariages clandestins ceux qui n'ont point été précédés des publications requises, ou qui n'ont point été célébrés devant l'officier civil que la loi indiquait aux époux, et dans lesquels le consentement des père et mère, des aïeuls et aïeules et des tuteurs, n'est point intervenu. Comme toutes ces précautions ont été prises pour prévenir la clandestinité, il y a lieu au reproche de clandestinité quand on a négligé ces précautions.

La nullité des mariages clandestins est évidente.

Mais un mariage peut être nul sans être clandestin. Ainsi, le défaut d'âge, le défaut de liberté, la parenté des époux au degré prohibé, annullent le mariage, sans lui imprimer d'ailleurs aucuns caractères de clandestinité.

Malleville. — Remarquez que cet article ne fixe pas de délai pour attaquer le mariage, à la différence des art. 181, 183 et 185. Il ne renvoie pas non plus à la mort de l'un des époux (art. 187) l'action pour attaquer le mariage.

Quoique notre article ne désigne pas expressément le conseil de famille parmi ceux qui peuvent attaquer le mariage, il y est bien compris implicitement, puisque tous ceux qui ont intérêt y sont appelés; mais cette action du conseil de famille ne peut avoir lieu que contre le mariage du mineur.

Pandectes françaises. — Le mariage célébré, même en la maison commune, mais dans une autre pièce que celle destinée à cette célébration, ou les portes fermées, ne serait point un mariage célébré publiquement. A plus forte raison doit-on décider la même chose d'un mariage célébré dans la maison particulière des époux, quel que soit le nombre des personnes qui assistent à cette célébration; car la publicité ne dépend pas du nombre des assistans, mais de la faculté qu'a tout le public d'entrer au lieu où se fait la célébration, et d'y être présent.

Rolland de Villargues, v. mariage, n. 47. — Le défaut absolu de publicité est une nullité radicale du mariage; mais il ne résulte que de l'ensemble des circonstances, sans qu'on puisse décider, en général, qu'il n'y a point de publicité, parce qu'il n'y a eu qu'une publication au domicile des parties, ou que le mariage a été célébré par un officier public incompétent. Les cours ont sur ce point de fait un pouvoir discrétionnaire. (Vazeille, t. 1, p. 395.)

Proudhon, t. 1, p. 232. — *Devant l'officier public.* Parce que c'est à ce fonctionnaire qu'on pourrait le moins dérober les fraudes qu'on voudrait commettre, et que tout autre, étant moins à portée de connaître les parties contractantes, serait plus sujet à être trompé sur leurs qualités.

Toullier, t. 1, n. 641 et 642. — D'après les termes de notre article, l'omission des formalités autres que celles qui y sont indiquées, ne peut entraîner la nullité du mariage. Elle expose seulement l'officier public, les parties contractantes, ou les personnes sous la puissance desquelles elles ont agi, à une amende.

N. 642. — Lorsque la peine de nullité n'est pas expressément prononcée par les articles du Code qui prescrivent les formalités du mariage, les juges peuvent annuler ou maintenir les mariages attaqués pour omission de ces formalités, selon que l'intérêt public et celui des familles leur paraissent l'exiger.

Duranton, t. 2, n. 340. — L'officier de l'état civil peut être incompétent sous un double rapport :

Il est incompétent lorsqu'il procède à la célébration de l'union de deux personnes dont aucune n'a son domicile, relativement au mariage, dans la commune où il exerce ses fonctions. Cette incompétence est à raison de la *personne*.

Il est également incompétent lorsqu'il célèbre un mariage hors de cette commune, quoiqu'il soit l'officier de l'une des parties. Cette incompétence est *territoriale*.

Les tribunaux ont un pouvoir discrétionnaire pour apprécier s'il y a ou non publicité suffisante. (Toullier, t. 1, n. 366; Duranton, t. 2, n. 336; Vazeille, t. 1, n. 250; Dalloz, Rec. alphab., t. 10, p. 96, 97, n. 6.)

Le mariage célébré hors de la maison commune serait-il nul? Oui, selon Malleville, sur l'art. 74 du Code civil; *id.* Delvincourt, t. 1, p. 136, note. *Contrà* : Locré, t. 1, p. 97, et Dalloz, Rec. alph., t. 10, p. 97, 98, n. 7. (Voir l'art. 165 du Code civil.)

(Voir Merlin, R., v. mariage, t. 10, p. 500; Dalloz, Rec. alph., t. 10, p. 103, n. 9; p. 104.)

192. *Si le mariage n'a point été précédé des deux publications requises, ou s'il n'a pas été obtenu des dispenses permises par la loi, ou si les intervalles prescrits dans les publications et célébrations n'ont point été observés, le procureur du roi fera prononcer contre l'officier public une amende qui ne pourra excéder trois cents francs, et contre les parties contractantes, ou ceux sous la puissance desquels elles ont agi, une amende proportionnée à leur fortune.*

Loi du 21 ventôse an 12; décret du 11 juin 1808; Merlin, R., bans de mariage, n. 2, t. 16, p. 108, 109; Chauveau, Journal des avoués, t. 1, p. 242, 243; Toullier, t. 1, n. 569, 592, 641, 642; Duranton, t. 2, n. 124, 259, 334, 335; Delvincourt, t. 1, p. 70; Vazeille, t. 1, n. 209, 250 à 256.

Procès-verbal du Conseil d'Etat, 28 octobre 1801. — Tronchet dit qu'il y a des conditions qui tiennent à l'essence du mariage; qu'il y a aussi des formes pour garantir que ces conditions sont remplies, et pour avertir les tiers : dès lors l'omission de ces dernières formes ne blesse point l'essence du mariage. Cette distinction a toujours fait rejeter les réclamations fondées sur la violation des formes, lorsque d'ailleurs les conditions essentielles au mariage se trouvaient respectées.

Lacuée fait observer que l'article rendrait illusoire la précaution prise par les lois, d'ordonner deux publications et des interstices, afin que les tiers intéressés soient avertis du mariage.

Tronchet répond que les rédacteurs du projet avaient prévu que les parties négligeraient quelquefois d'observer les formes, et qu'ils avaient proposé que, dans ce cas, pour maintenir l'autorité de la loi, le ministère public ferait ordonner aux parties de réhabiliter leur mariage; mais en y réfléchissant, on voit que cette garantie serait illusoire, parce que les parties pourraient négliger aussi d'exécuter le jugement qui ordonne la réhabilitation. L'exécution de la loi sera donc mieux assurée par la crainte d'une amende.

Thibaudeau ajoute que d'ailleurs la loi défend encore, sous peine d'amende, à l'officier de l'état civil, de passer outre à la célébration du mariage avant que les certificats de publication lui aient été présentés.

Portalis, exposé des motifs au Corps législatif, 10 mars 1803. — Les publications qui précèdent le mariage ont été introduites pour qu'on puisse être averti, dans un temps convenable, des empêchemens qui pourraient rendre le mariage nul. L'omission de ces publications et l'inobservation des délais dans lesquels elles doivent être faites peuvent opérer la nullité d'un mariage en certains cas; mais, parce que les lois qui ont établi ces formalités n'ont eu en vue que certaines personnes et certaines circonstances, lorsque ces circonstances ne subsistent plus, lorsque l'état des personnes est changé, et que leur volonté est toujours la même, ce qui était nul dans le principe se ratifie dans la suite, et l'on n'applique point au mariage cette maxime qui n'a lieu que dans les testamens : « *Quod ab initio non valet, tractu temporis non convalescit.* »

Pandectes françaises. — La loi punit l'officier de l'état civil de l'inobservation des formalités, lors même qu'elle n'opère pas la nullité du mariage. Quoique personne ne se plaigne, le ministère public doit le faire condamner à une amende plus au moins forte, suivant que la formalité négligée est plus ou moins importante.

A l'égard des parties, l'amende est absolument arbitraire et abandonnée à la conscience du juge.

Proudhon, t. 1, p. 233. — Un mariage serait nul s'il n'avait été précédé d'*aucune* des publications prescrites (170); mais il ne serait pas nul pour n'avoir pas été précédé *cumulativement* des deux publications (192, Code civil.)

193. *Les peines prononcées par l'article précédent seront encourues par les personnes qui y sont désignées, pour toute contravention aux règles prescrites par l'art* 165, *lors même que ces contraventions ne seraient pas jugées suffisantes pour faire prononcer la nullité du mariage.*

Décrets des 6 juin, 3 et 28 août 1808; Merlin, R., mariage, sect. 4, § 1; Favard, mariage, sect. 5, § 1, n. 6 et 8; Toullier, t. 1, n. 592, 642; Duranton, t. 2, n. 34, 335 à 346; Proudhon, t. 1, p. 106, 223; Delvincourt, t. 1, p. 76; Vazeille, t. 1, n. 250 à 256.

On peut, en rapprochant les art. 165, 191, 193, de la jurisprudence de la Cour de cassation, poser en principe que la nullité qui résulte des contraventions aux règles établies par l'art. 165, n'est pas radicale, et qu'elle dépend des circonstances que la prudence des juges peut seule apprécier. (Voy. Malleville, sur l'art. 193.)

Cependant Portalis établit une doctrine contraire (v. exposé des motifs); il dit : La plus grave des nullités est celle qui dérive de ce qu'un mariage n'a pas été célébré publiquement, et en présence de l'officier civil compétent. Cette nullité donne action aux pères et mères, aux époux, au ministère public, et à tous ceux qui y ont intérêt. — *Elle ne peut être couverte par la possession*, ni par aucun acte exprès ou tacite de la volonté des parties. Elle est indéfinie et absolue. Il n'y a pas mariage, mais commerce illicite entre des personnes qui n'ont point formé leur engagement en présence de l'officier civil compétent, témoin nécessaire du contrat. Dans notre législation actuelle, le défaut de présence de l'officier civil compétent a le même effet qu'avait autrefois le défaut de présence du propre curé: le mariage était *radicalement nul*: il n'offrirait qu'un attentat aux droits de la société, et une infraction manifeste des lois de l'État.

Il ne paraît pas que cette doctrine puisse s'accorder avec le texte du Code. Comment croire que cette nullité soit la plus grave des nullités? Plus grave que celle qui résulte de l'inceste et de la bigamie, du défaut de consentement des parties? Comment croire qu'elle ne peut être couverte par la possession, lorsque l'art. 196 dit positivement le contraire à l'égard des époux? Portalis ajoute qu'elle a les mêmes effets qu'avait le défaut de présence du propre curé; mais la nullité qui en résultait pouvait être couverte par des fins de non-recevoir; le ministère public ne pouvait même la faire valoir que pour faire condamner les parties à réhabiliter leur mariage devant le propre curé. (Voy. onzième plaidoyer de Daguesseau; Pothier, contrat de mariage, n. 361, 362, 451.)

Le mineur autorisé à contracter mariage par un conseil de famille illégalement composé, n'est pas recevable à demander la nullité de ce mariage. (Cass., 22 juillet 1807.)

Favard, mariage, sect. 5, § 1, n. 8. — On ne pourrait, sous le Code, attaquer un mariage sous prétexte qu'il aurait été contracté *in extremis*.

194. *Nul ne peut réclamer le titre d'époux et les effets civils du mariage, s'il ne représente un acte de célébration inscrit sur le registre de l'état civil; sauf les cas prévus par l'art.* 46 *au titre* des Actes de l'état civil. *(C. C, art.* 40, 76.)

Leg. 9 et 13, Cod., de nupt.

Merlin, R., t. 15, mariage, sect. 4, § 3, n. 6; *ibid.*, t. 16, sect. 5, § 2; Q., décès, § 1; légitimité, sect. 1, § 2, quest. 1re et suiv.; Dalloz, mariage, sect. 8; Pailliet, Diction. univ., acte de l'état civil, sect. 4; Toullier, t. 1, n. 353, 594; Duranton, t. 2, n. 243 à 262; Proudhon, t. 1, p. 54, 55, 70, 74; Delvincourt, p. 72; Vazeille, t. 1, n. 196, 210.

Observations du Tribunat, 11 août 1802. — Comme la loi du 2 floréal an 7 concerne tout à la fois le cas où il n'existe point de registres de l'état civil, et celui où les registres sont perdus, et comme, d'un autre côté, notre article doit s'appliquer aux deux cas, on propose de dire «dans le cas de la non existence ou de la perte des registres de l'état civil.»

Pandectes françaises. — Un cas non prévu est celui des mariages qui, dans les départemens de l'Ouest et autres, si long-temps agités par la guerre civile, ont été célébrés à l'église seulement, et n'ont point été inscrits sur les registres de l'état civil.

Les époux existans lors de la promulgation du Code civil ont dû faire célébrer leur mariage conformément à cette loi.

Duranton, t. 2, n. 244. — Un acte inscrit sur une feuille volante ne prouverait donc point le mariage.

(Voir Toullier, t. 1, n. 542; Duranton, t. 2, n. 251.) Mais Vazeille, t. 1, n. 202, et Dalloz, Rec. alph., t. 10, p. 80, not. 4, établissent une distinction, qui concilie la divergence qui existe entre les deux premiers auteurs.

195. *La possession d'état ne pourra dispenser les prétendus époux qui l'invoqueront respectivement, de représenter l'acte de célébration du mariage devant l'officier de l'état civil. (C. C., art.* 40, 46 *et suiv.*; 76, 321.)

Leg. 9 et 10, Cod., de nupt.

Merlin, R., v. mariage, sect. 5, § 2; navire, § 2; Toullier, t. 1, n. 595; t. 2, n. 840; Duranton, t. 3, n. 108; Delvincourt, t. 1, p. 72; Vazeille, t. 1, n. 196, 210.

Portalis, exposé des motifs au Corps législatif, 10 mars 1803. — Nul ne peut réclamer le titre d'époux et les effets civils du mariage, s'il ne représente un acte de célébration inscrit sur le registre de l'état civil. On admettait les mariages présumés avant l'Ordonnance de Blois. Cet abus a disparu : il faut un titre écrit, attesté par des témoins et par l'officier public que la loi désigne. La preuve testimoniale et les autres manières de preuves ne sont reçues que dans les cas prévus par la loi sur les actes de l'état civil, et aux conditions prescrites par cette loi. — Aucune possession ne saurait dispenser de représenter le titre. La possession sans titre ne garantit aucun droit; le titre avec la possession devient inattaquable.

Procès-verbal du Conseil d'État, 28 octobre 1801. — Tronchet dit que, dans les grandes villes sur-tout, il n'est pas rare de voir des individus qui, sans être mariés, se font, par rapport au mariage, une sorte de possession d'état; quelquefois même ils la corroborent par un contrat de mariage et les qualités qu'ils prennent dans les actes. Ne pas sévir contre eux, ce serait faciliter le concubinage. Comme jamais un individu ne peut ignorer où il a été marié, il est juste d'exiger d'eux l'acte même de leur mariage pour les admettre à prendre le titre d'époux. (Toullier, t. 1, n. 595.)

Il n'en est pas de même des enfans : il leur est permis d'ignorer où leur père et leur mère ont été mariés. Ainsi, quand tous deux sont décédés, la possession d'état doit suffire aux enfans, pourvu qu'il soit constaté par des titres que les tiers qui l'attaquent ne puissent récuser.

Portalis répond que, sans doute, les époux savent où ils ont été mariés; mais il est dangereux, lorsqu'il y a une possession d'état, que le ministère public puisse les interroger à ce sujet sans avoir été mis en mouvement par une dénonciation préalable. — La répression du concubinage ne peut appartenir au ministère public qu'autant que ce concubinage est accompagné de scandale. Dans nos mœurs, nous ne connaissons point la censure; une telle institution dégénérerait trop facilement en inquisition redoutable. Tant qu'il n'y a point trouble ou scandale pour le public, il doit y avoir tranquillité pour les particuliers.

Pandectes françaises. — Mais s'il n'y avait pas de registres, ou qu'ils ne fussent pas régulièrement tenus, la possession d'état soutenue par un commencement de preuve par écrit ferait admettre la preuve testimoniale.

Duranton, t. 2, n. 245. — La possession la plus longue, la moins contestée, ne suffirait donc pas pour prouver le mariage.

Cette possession seule est aussi sans effet, même à l'égard des prétendus époux entre eux.

196. *Lorsqu'il y a possession d'état, et que l'acte de célébration du mariage devant l'officier de l'état civil est représenté, les époux sont respectivement non recevables à demander la nullité de cet acte. (C. C., art.* 25, 181, 185, 321, 322.)

Merlin, R., mariage, t. 16, sect. 6, § 2; t. 17, sect. 6, § 2; Toullier, t. 1, n. 598, 646; t. 2, n. 846. Duranton, t. 2, n. 250, 251; t. 3, n. 108; Proudhon, t. 1, p. 252, 253; t. 2, p. 77; Delvincourt, t. 1, p. 73. Vazeille, t. 1, n. 242.

Malleville. — Cet article et le précédent renferment une exception à l'art. 191. Mais ils ne statuent qu'entre les deux époux, et laissent subsister l'action pour toutes les autres personnes indiquées dans l'art. 191.

Hua. — *Possession d'état.* En rapprochant cette disposition de l'article 180 et suivans, il faut conclure que cette possession d'état exigée ne se forme point par la simple cohabitation, et qu'à cette circonstance doit se joindre celle de la capacité personnelle des époux pour former une action valable.

Proudhon, t. 1, p. 252. — Par ces expressions, *l'officier de l'état civil*, il faut entendre l'officier de l'état civil *compétent*.

Nous estimons que la possession publique d'état de la part des époux ne peut, à leur égard, suppléer qu'au défaut de publications et à celui de publicité dans l'acte de célébration; mais non pas à celui de compétence dans l'officier de l'état civil.

Il résulte de là que les époux qui n'ont pas la possession publique de leur état acquise, peuvent toujours proposer contre leur mariage les nullités pour violation de formes; qu'il en est de même quand ils ont la possession d'état, et que l'acte de célébration de leur mariage n'est pas représenté; mais que la possession d'état, jointe à la représentation de cet acte, les rendent non recevables à proposer toute autre nullité de formes que celle qui dériverait de l'incompétence de l'officier civil.

Toullier, t. 1, n. 598. — Quelque vicieux que puisse être l'acte représenté, quand même il ne serait inscrit que sur une feuille volante, il suffit, dès qu'il est corroboré par la possession d'état. Toutefois il est des cas exceptionnels où la loi permet expressément de former la demande en nullité; par exemple, dans les cas d'inceste ou de bigamie.

Les époux ne sont dispensés de représenter l'acte de leur mariage que dans le seul cas de non existence des registres. (Art. 46. Delvincourt.)

Duranton, t. 2, n. 250. — Ainsi, l'un des époux n'en pourrait demander la nullité, sur le fondement que les formalités suivant lesquelles il devait être rédigé n'ont pas été observées; que l'un ou plusieurs des témoins n'avaient pas les qualités requises: que leur nombre n'était pas complet; qu'il n'a point été fait mention des consentemens des familles ou des actes respectueux.

N. 251. — Mais nous ne pouvons adopter l'opinion de MM. Delvincourt et Toullier, qui décident transitoirement, il est vrai, que, quand même l'acte n'est inscrit que sur une *feuille volante*, les époux, s'il y a possession d'état, sont non *recevables* à en demander la *nullité;* ce qui revient à dire qu'il prouve le mariage contre eux, et à leur profit.

A. Dalloz. v. mariage, n. 558. — La loi laisse la plus grande latitude aux juges qui, pour quelques formes négligées ou omises, n'admettront pas la clandestinité d'un mariage suivi d'une possession publique. (Toullier, t. 1, n. 589; Dalloz, Rec. alph., t. 10, p. 109, n. 13.)

Sur l'incompétence de l'officier de l'état civil, voir Proudhon, t. 1, p. 200, et Duranton, t. 2, n. 341, qui disent que les fonctions d'officier public sont personnelles; qu'il faut que chacun les remplisse *dans* son territoire, et qu'ailleurs il est incompétent. *Contrà:* Merlin, R., v. mariage, t. 10, p. 591; Vazeille, t. 1, n. 951: Dalloz, Rec. alph., t. 10, p. 105, n. 10; *id.*, p. 109, n. 12. Au surplus, les tribunaux sont appréciateurs des faits.

197. *Si néanmoins, dans le cas des art.* 194 *et* 195, *il existe des enfans issus de deux individus qui ont vécu publiquement comme mari et femme, et qui soient tous deux décédés, la légitimité des enfans ne peut être contestée sous le seul prétexte du défaut de représentation de l'acte de célébration, toutes les fois que cette légitimité est prouvée par une possession d'état qui n'est point contredite par l'acte de naissance.* (*C. C.*, *art.* 319, 320 *et* 322.)

Cod., lib. 5, tit. 4, leg. 9; leg. 14, ff, de probat.

Merlin, R., t. 16, légitimité, sect. 1, § 2, n. 8, 1re quest. et suiv.; Dalloz, filiation, chap. 2, sect. 1, n. 3 et 6; sect. 8, n. 5 et suiv.; Toullier, t. 1, n. 351, 396; t. 2, n. 846; Duranton, t. 2, n. 253 à 256; t. 3, n. 109 à 129; Proudhon, t. 2, p. 56, 61, 71; Vazeille, t. 1, n. 196, 210 à 214.

Portalis, exposé des motifs au Corps législatif, 10 mars 1803. — Autre chose est de juger des preuves d'un mariage pendant la vie des époux, autre chose est d'en juger après leur mort et relativement à l'intérêt des enfans. Pendant la vie des époux, la représentation du titre est nécessaire. Des conjoints ne peuvent raisonnablement ignorer le lieu où ils ont contracté l'acte le plus important de leur vie, et les circonstances qui ont accompagné cet acte; mais, après leur mort, tout change. Des enfans souvent délaissés dès leur premier âge par les auteurs de leurs jours, ou transportés dans des contrées éloignées, ne connaissent et ne peuvent connaître ce qui s'est passé avant leur naissance. S'ils n'ont point reçu de documens, si les papiers domestiques manquent, quelle sera leur ressource? La jurisprudence ne les condamne point au désespoir. Ils sont admis à prouver que les auteurs de leurs jours vivaient comme époux, et qu'ils avaient la possession de leur état. Il suffit même pour les enfans que cette possession de leurs père et mère soit énoncée dans leur acte de naissance: cet acte est leur titre. C'est dans le moment de cet acte que la patrie les a marqués du sceau de ses promesses; c'est sous la foi de cet acte qu'ils ont toujours existé dans le monde; c'est avec cet acte qu'ils peuvent se produire et se faire reconnaître; c'est cet acte qui constate leur nom, leur origine, leur famille; c'est cet acte qui leur donne une cité, et qui les met sous la protection des lois de leur pays. Qu'ont-ils besoin de remonter à des époques qui leur sont étrangères? Pouvaient-ils pourvoir à leur intérêt quand ils n'existaient point encore? Leur destinée n'est-elle pas irrévocablement fixée par l'acte inscrit dans les registres que la loi elle-même a établis pour constater l'état des citoyens, et pour devenir, pour ainsi dire, dans l'ordre civil, le livre des destinées?

Pandectes françaises. — Rien n'est plus fort en matière d'état que l'autorité de la possession. Elle répare la perte des titres; elle rectifie les erreurs qui peuvent s'y être glissées.

Mais il faut que la possession ait le caractère requis pour constituer l'état. Ces qualités sont le nom, les soins de ceux que l'on réclame pour père et mère, et l'opinion publique: *nomen, tractatum et famam.*

Quand la possession a tous ses caractères, celui qui l'a en sa faveur n'est point tenu de rapporter l'acte de célébration de mariage de ses père et mère. C'est alors à ceux qui contestent l'effet de la possession, à démontrer que le titre lui est contraire.

On sent que les faits qui constituent la possession ne peuvent qu'en être prouvés par des témoins; mais il ne suffit pas de les alléguer pour être admis à cette preuve. Il faut administrer d'abord un commencement de preuve par écrit. On ne peut pas conquérir un état par de simples allégations. Quelque graves, quelque circonstanciés que soient les faits que l'on articule, si l'on ne rapporte aucun acte, aucun écrit, aucune pièce qui serve au moins de fondement à la réclamation, on n'obtiendra jamais la permission d'établir ces faits par des dépositions.

On pourrait dire qu'une possession *conforme* à l'acte de naissance et une possession *non contredite* par cet acte ne sont pas la même chose: que l'une suppose un acte de naissance existant, et que l'autre n'en suppose pas: elle suppose seulement que, s'il y en a un, il ne contredit pas la possession. Ce n'est pas là le véritable sens de l'article 197. Cependant il est possible qu'en s'exprimant ainsi, on ait voulu laisser aux juges la faculté de dispenser, sur la seule possession, de prouver le mariage dans des occasions très-favorables. L'article exige, pour dispenser l'enfant de prouver le mariage de ses père et mère, que sa possession ne soit pas contredite par son acte de naissance. Il faut donc prouver qu'elle n'est pas contredite. A qui est-ce de le prouver? Si c'est à l'enfant, les mots une possession *non contredite* sont synonymes d'une possession *conforme* à l'acte de naissance.

Les soins que l'on a reçus d'une personne, les bienfaits que l'on en a obtenus, les marques d'affection, même la tendresse qu'elle a donnée à un individu, ne peuvent pas suffire pour la faire regarder comme père ou mère, si l'individu objet de tant de soins n'a aucun titre, aucun acte qui lui confère le nom de leur auteur, et qu'il ne l'ait jamais porté. (V. arrêt, Cour royale de Paris, 28 avril 1809.)

Merlin, R., légitimité, sect. 1, § 2, quest. 9. — Les termes de cet article annoncent que la légitimité des enfans n'est pas à l'abri de toutes contestations. Elle peut être combattue avec succès par la preuve positive de l'impossibilité que les père et mère aient été mariés légitimement.

Duranton, t. 2, n. 255. — Si l'un des deux époux existe, mais que, pour cause de démence, fureur, imbécillité, il soit dans l'impossibilité de déclarer où il s'est marié, les enfans pourront-ils invoquer le bénéfice de l'art. 197?

Si l'on s'attache rigoureusement aux termes de la loi, il faudra décider la *négative;* mais si l'on consulte l'esprit de l'article et les motifs qui l'ont dicté, l'on devra se prononcer pour l'*affirmative.*

Mais, il faut le dire, la question restera généralement soumise à l'interprétation discrétionnaire des tribunaux.

A. Dalloz, mariage, n. 410. — L'exception de cet article ne doit pas être restreinte au fait du décès des père et mère; les mêmes motifs existent dans le cas de démence, fureur, imbécillité ou absence déclarée des père et mère. (Malleville, sur l'article; Duranton, t. 2, n. 255; Vazeille, t. 1, n. 214; Dalloz, Recueil alph., t. 10, p. 82, n. 8.)

198. *Lorsque la preuve d'une célébration légale du mariage se trouve acquise par le résultat d'une procédure criminelle, l'inscription du jugement sur les registres de l'état civil assure au mariage, à compter du jour de sa célébration, tous les effets civils, tant à l'égard des époux qu'à l'égard des enfans issus de ce mariage.* (*C. C.*, *art.* 40 *et suiv.*; 99 *et suiv.*; 226, 327.)

Merlin, R., bigamie: Pailliet, Dictionnaire universel, action civile, n. 14, 15; Toullier, t. 1, n. 361, 600; t. 2, n. 886; Duranton, t. 1, n. 340; t. 2, n. 259, 260, 261; t. 3, n. 164; Vazeille, t. 1, n. 204, 205.

Portalis, exposé des motifs au Corps législatif, 10 mars 1803. — Des époux dont le titre aurait été falsifié, ou qui auraient rencontré un officier public assez négligent pour ne pas s'acquitter des devoirs de sa place, auraient action pour faire punir le crime et réparer le préjudice. Si l'officier public était décédé, ils auraient l'action en dommages contre ses héritiers.

La preuve acquise de la célébration d'un mariage, soit par la voie extraordinaire, soit par la voie civile, garantit aux époux et aux enfans tous les effets du mariage, à compter du jour de sa célébration; car la preuve d'un titre n'est pas un titre nouveau; elle n'est que la déclaration d'un titre préexistant, dont les effets doivent remonter à l'époque déterminée par sa date; mais nous ne saurions trop le dire, pour constater un mariage, il faut un titre ou l'équivalent.

Delvincourt, t. 1, note 4 de la page 67. — C'est une exception au principe contenu dans les art. 326, 327, portant que les tribunaux civils sont seuls compétens pour statuer sur les réclamations d'état.

Duranton, t. 2, n. 2, dit que cet article s'applique, aussi à l'action correctionnelle; par exemple, lorsqu'il y a eu inscription de l'acte sur une feuille volante; car les mots *action criminelle*, *crime*, sont génériques et embrassent les simples délits.

199. *Si les époux ou l'un d'eux sont décédés sans avoir découvert la fraude, l'action criminelle peut être intentée par tous ceux qui ont intérêt de faire déclarer le mariage valable, et par le procureur du roi.* (*C. C.*, *art.* 190, 192, 326, 327.)

Toullier, t. 1, n. 361, 600; Duranton, t. 2, n. 261; Vazeille, t. 1, n. 205 à 207.

Delvincourt, t. 1, note 5 de la page 67. — *Sans avoir découvert la fraude.* Je pense que ces mots ne sont employés qu'*enuntiativè*, et non dans l'intention d'*exclure les tiers*, dans le cas où les époux ayant découvert la fraude, auraient cependant négligé de la poursuivre.

Vazeille, t. 1, n. 207. — On pourrait induire des expressions de cet article, que la loi ne permet plus de poursuivre la fraude, lorsque, étant connue des époux, l'un des deux est décédé sans qu'ils aient élevé de réclamation. Locré dit que telle n'a pas été l'intention du législateur; car si la faculté de poursuivre la punition d'un délit peut s'éteindre par la mort du coupable, elle ne saurait être effacée par le décès des premières victimes. Ce n'est donc que la rédaction qui est vicieuse. (Duranton, t. 2, n. 261.)

200. *Si l'officier public est décédé lors de la découverte de la fraude, l'action sera dirigée au civil contre ses héritiers, par le procureur du roi, en présence des parties intéressées, et sur leur dénonciation.*

Dalloz, mariage, sect. 8, n. 14, 15, 16; Toullier, t. 1, n. 600; Duranton, t. 1, n. 297; t. 2, n. 262; Perrin, nullités, p. 299. Vazeille, t. 1, n. 208, n'est pas de l'avis de ceux qui soutiennent que l'action civile ne peut être dirigée que par le procureur du roi.

Pandectes françaises. — Il peut paraître étonnant que, tandis que la loi accorde l'action criminelle aux époux, et à tous ceux qui ont intérêt d'acquérir la preuve du mariage, elle leur refuse l'action civile, et ne la permette qu'au ministère public.

Toutefois la loi n'interdit aux parties que l'action tendante à acquérir la preuve du mariage. Elle ne les prive point de celles qui peuvent leur appartenir pour leurs intérêts particuliers. C'est à cause de cela qu'elle veut que l'action soit poursuivie en leur présence. Elles peuvent donc intervenir pour demander les dommages-intérêts qui leur sont dus à raison du délit commis à leur préjudice.

Delvincourt, t. 1, note 1 de la page 68. — Le jugement du tribunal civil aura, dans ce cas, le même effet, relativement à la preuve du mariage, qu'aurait eu le jugement criminel.

Duranton, t. 2, n. 262. — Quoique cet article ne parle que de la mort de l'*officier public*, son application n'en est pas moins restreinte au cas où cet officier était l'auteur du crime; l'art. 51 suppose aussi que d'autres personnes peuvent s'en rendre coupables. Dans ce cas, il est bien certain que l'application de l'art. 200 sera déterminée par la mort du coupable, et non par celle des dépositaires des registres.

Boileux. — Le ministère public ne peut agir d'office, car le crime est éteint par la mort de l'officier public: il faut que la fraude lui ait été dénoncée par les intéressés, et qu'ils soient eux-mêmes en cause, car il s'agit de leurs intérêts.

201. *Le mariage qui a été déclaré nul produit néanmoins les effets civils, tant à l'égard des époux qu'à l'égard des enfans, lorsqu'il a été contracté de bonne foi.* (*C. C.*, *art.* 144, 147, 161 *et suiv.*; 180 *et suiv.*; 188, 190, 192.)

ff, lib. 1, tit. 5, leg. 8; novell. 74, cap. 1.

Pothier, contrat de mariage, n. 107, 419, 437, 438, 441; succession, chap. 1, sect. 2, art. 3, § 4 et 5, quest. 2; Merlin, Q., légitimité, § 5 et 7; R., *ibid.* t. 7, sect. 1, § 1; n. 8, t. 16; Favard, effet rétroactif, n. 7; mariage, sect. 5, § 3; Dalloz, mariage, sect. 10; Rolland, communauté de biens entre époux, sect. 2, § 5; légitimité, § 1; mariage § 5; Toullier, t. 1, n. 284, 486, 633 et suiv.; t. 2, n. 881; Duranton, t. 2, n. 346 à 374; Biret, nullités, t. 1, p. 113; Perrin, nullités, p. 154; Vazeille, t. 1, n. 272 à 286.

Pothier, Traité du contrat de mariage, n. 419. — Un tel mariage peut-il avoir l'effet de légitimer les enfans nés du commerce qu'ont eu les parties avant ce mariage putatif, et dans un temps où elles étaient capables de contracter mariage ensemble? Non.

Portalis, exposé des motifs au Corps législatif, 10 mars 1803. — Quoique régulièrement le seul mariage légitime et véritable puisse faire de véritables époux et produire des enfans légitimes, cependant, par un effet de la faveur des enfans, et par la considération de la bonne foi des époux, il a été reçu, par équité, que s'il y avait quelque empêchement caché qui rendit ensuite le mariage nul, les époux, s'ils avaient ignoré cet empêchement, et les enfans nés de leur union conserveraient toujours le nom et les prérogatives d'époux et d'enfans légitimes, parce que les uns se sont unis, et les autres sont nés sous le voile, sous l'ombre, sous l'apparence du mariage.

De là cette maxime commune, que le mariage *putatif*, c'est-à-dire celui que les conjoints ont cru légitime, a le même effet pour assurer l'état des époux et des enfans qu'un mariage véritablement légitime: maxime originairement introduite par le droit canonique et depuis long-temps adoptée dans nos mœurs.

Quand un seul des conjoints est dans la bonne foi, ce conjoint seul peut réclamer les effets civils du mariage; mais comme l'état des hommes est indivisible, tous les enfans n'en sont pas moins déclarés légitimes.

Delvincourt, t. 1, note 2 de la page 69. — C'est-à-dire que les enfans jouiront des droits des enfans légitimes, et que les époux pourront demander respectivement l'exécution de leurs conventions matrimoniales, comme s'il y avait eu un véritable mariage.

Rolland de Villargues, v. légitimité, n. 10. — Quand le mariage ne porte point avec lui la preuve de la mauvaise foi des conjoints, il faut que cette preuve soit bien claire pour faire déclarer l'illégitimité des enfans.

N. 11. — Lorsque le mariage a été l'effet d'une erreur de droit de la part d'un des conjoints putatifs, cette erreur suffit-elle pour assurer l'état des enfans de ce mariage? En général non, car l'erreur de droit n'excuse pas. Cependant l'on convient qu'il peut se rencontrer des circonstances assez favorables pour déterminer les juges à s'écarter de cette règle. (Merlin.)

Proudhon, t. 2, p. 5 et 6, pense que la bonne foi n'est nécessaire qu'*au moment* du contrat, et que les effets civils du mariage putatif ne cessent qu'après que le mariage a été déclaré nul, et que les époux ont été condamnés à se séparer.

Toullier dit que c'est aller trop loin. Si les époux ont des motifs plausibles de croire leur mariage valide, ils peuvent sans doute rester unis jusqu'au jugement qui leur ordonne de se séparer; mais par exemple, si l'on avait remis à l'époux de bonne foi un acte en forme qui prouvât la célébration d'un premier mariage encore existant entre l'autre époux et une autre personne; si on découvrait que les époux sont frères et sœurs, qu'on leur en remît la preuve, et que malgré cette connaissance acquise, ils s'obstinassent à rester unis, il serait difficile de soutenir que les effets de la bonne foi, qui ne peut plus exister, continuassent néanmoins d'exister.

Duranton, t. 2, n. 348. — Suivant les docteurs, le mariage que les époux ou l'un d'eux a cru légitime en le contractant, s'appelle *matrimonium putativum*, c'est-à-dire un mariage contracté de bonne foi, suivant les formalités ordinaires, mais que la loi repoussait pour une cause inconnue des parties, ou du moins de l'une d'elles.

Ainsi il faut la bonne foi, l'observation des formalités, et que l'erreur ait été préalable; ce qui la fait excuser.

N. 353. — Le plus puissant effet du mariage putatif est de faire considérer les enfans qui en sont issus comme légitimes, malgré le vice de leur naissance; mais, suivant l'opinion commune, il ne *légitime* point les enfans que les époux ont eus ensemble, lorsqu'il y avait entre eux, au moment de la conception de ces enfans, un empêchement de mariage. Ainsi, les effets du mariage annulé ne s'étendront qu'*aux enfans issus de ce mariage.*

N. 358. — Lorsque, postérieurement au mariage, les époux ou l'un d'eux acquièrent la connaissance certaine du vice qui infecte leur mariage, ils doivent se séparer à l'instant, à moins qu'il ne s'agisse d'un vice qui, bien que produisant une nullité d'ordre public, peut néanmoins se *couvrir par le temps*, tel que celui résultant du défaut d'âge compétent. Dans ce cas, les époux ne seraient ni moralement ni légalement obligés de se séparer et de demander la nullité de leur mariage. Toullier, t. 1, p. 654 à 658, même doctrine.

Question controversée. — La bonne foi exigée par la loi pour qu'un mariage nul produise néanmoins des effets civils, peut-elle résulter d'une erreur de droit aussi bien que d'une erreur de fait? Oui, d'après arrêt de la Cour royale de Paris, 18 décembre 1837, Sirey, 2e part., p. 113. *Contrà* : Colmar, 14 juin 1838, Sirey, 38, 2e part., p. 345 ; *id.*, Bourges, 17 mars 1830, Sirey, 30, 2e part., p. 174; Dalloz, 30, 2e part., p. 215; Vazeille, mariage, n. 272, 274. Voir Merlin, R., v. légitimité, sect. 1, § 1; Sirey, t. 10, p. 324; Favard, v. mariage, sect. 5, § 3, n. 2; Delvincourt, t. 1, p. 36, n. 2; Toullier, t. 1, n. 658; *id.*, t. 2, n. 829; Duranton, t. 2, n. 351. Voy. art. 197 et 202 du Code civil. (Journal de la magistrature, t. 7, p. 6 à 11.)

202. *Si la bonne foi n'existe que de la part de l'un des deux époux, le mariage ne produit les effets civils qu'en faveur de cet époux et des enfans issus du mariage.*

Pothier, contrat de mariage, n. 439, 440; communauté, n. 20; Merlin, Q., légitimité, § 5; Favard, effet rétroactif, n. 7; Dalloz, filiation, chap. 1, sect. 1; mariage, sect. 10; Toullier, t. 1, n. 486, 653 à 657 et suiv.; t. 2, n. 881; Duranton, t. 2, n. 134, 135, 346 à 374; t. 3, n. 175; Proudhon, t. 2, p. 2 et 3; Vazeille, t. 1, n. 272 à 286; Sirey, 1816, 1re part., p. 81.

Pothier, Traité du contrat de mariage, n. 440. — Si la bonne foi de l'une des parties donne les effets civils à un mariage *nul*, à plus forte raison peut-elle les donner à un mariage *véritable*, lorsque l'une des parties a ignoré de bonne foi le vice qui *le privait des effets civils;* comme lorsqu'une femme a épousé de bonne foi un homme qui avait perdu l'état civil par une condamnation à la peine capitale, dont la connaissance n'avait pu parvenir à cette femme.

Delvincourt, t. 1, note 5 de la page 69. — Ainsi, les enfans jouiront des droits d'enfans légitimes, à l'égard des deux époux; mais l'exécution des conventions matrimoniales ne pourra être demandée que par l'époux qui n'a pas participé à la fraude. Les enfans succéderont non seulement à l'époux innocent, mais encore à l'époux de mauvaise foi; mais celui-ci n'aura aucun droit à leur succession.

Un mariage putatif a-t-il pour effet de légitimer les enfans que deux individus auraient eus de leur commerce auparavant, comme le ferait un mariage légitime? L'arrêt dit de la Boissière, rendu par le parlement de Paris, le 15 mars 1674, paraît avoir jugé la négative; et l'on pourrait inférer la même chose de ces mots de l'art. 202, *enfans issus du mariage*.

Peut-être conviendrait-il de distinguer si la cause de nullité du mariage existait à l'époque de la conception des enfans. Je serais donc assez porté à penser que les enfans doivent être regardés comme légitimes, toutes les fois que la cause de nullité n'existait pas à l'époque de leur conception; mais que, dans le cas contraire, le mariage putatif n'a aucun effet relativement à la légitimité.

Toullier, t. 1, n. 662, 663 et 664. — Si l'un des époux était de mauvaise foi, il n'aurait rien à prétendre, en aucun cas, aux avantages stipulés en sa faveur, quand même ils auraient été stipulés réciproques, quoiqu'en ce cas l'autre époux conservât tous ses droits, parce que le mariage ne produit aucun effet civil à l'égard des époux de mauvaise foi.

Quant aux droits de chacun des époux sur les biens communs et confondus, l'époux de bonne foi pourrait faire liquider ses droits conformément aux règles établies pour les communautés conjugales, dans le cas où le mariage est valide; mais si ce réglement lui était désavantageux, il pourrait demander à reprendre tous les effets qu'il aurait apportés, et la moitié des acquêts communs. Il conserverait aussi le droit de succéder aux enfans: droit dont l'époux de mauvaise foi serait privé, quoique ses enfans eussent celui de lui succéder. C'est peut-être le seul cas où le droit de succession ne soit pas réciproque. Duranton, t. 2, n. 364, mêmes principes.

CHAPITRE V.

Des Obligations qui naissent du Mariage.

203. *Les époux contractent ensemble, par le fait seul du mariage, l'obligation de nourrir, entretenir et élever leurs enfans.*

(*C. C., art.* 349, 852, 913, 1409, 1448, 1558. — *C. de P., art.* 349 *et suiv.*)

ff, lib. 25, tit. 3, leg. 4, 5, 7 et 8; Cod., lib. 5, tit. 25, leg. 3 et 4. Novel 117.

Avis du Conseil d'Etat, des 11 janvier et 2 février 1808; Pothier, contrat de mariage, n. 381, 391; Merlin, R., alimens, § 1; Favard, *ibid*, n. 1, 2, 5 et 7; enfant naturel, § 1, n. 1; Rolland, alimens, § 1; Toullier, t. 2, n. 612, 1047; Duranton, t. 2, n. 374 à 395; t. 3, n. 398; Proudhon, t. 1, p. 254, 257; *id.*, usufruit, t. 1, n. 163, 185, 237; Delvincourt, t. 1, p. 91; Vazeille, t. 2, n. 387, 406, 479, 481 à 495, 506 à 527.

Pothier, Traité du contrat de mariage, 384. — Les personnes qui se marient contractent par le mariage une obligation mutuelle d'élever les enfans qui naîtront de leur mariage, de leur fournir les alimens nécessaires, et de leur donner une éducation convenable, jusqu'à ce qu'ils soient en état de pourvoir par eux-mêmes à leur subsistance. S'il se trouvait des père et mère qui fussent assez dénaturés pour manquer à ce devoir, le ministère public, sur la dénonciation des parens, pourrait les poursuivre, pour, après information des mauvais traitemens et du refus des choses nécessaires, faire ordonner par le juge ce qu'il estimerait convenable d'ordonner.

Les mauvais traitemens peuvent quelquefois être si grands, et le refus des choses nécessaires porté à un tel point, qu'il serait dangereux de renvoyer les enfans chez les père et mère. Le juge peut en ce cas en confier l'éducation à quelque personne de la famille, et condamner les père et mère à payer la pension.

N. 386. — Cette obligation est une charge de la communauté tant qu'elle existe. Lorsqu'il y a séparation de biens, chacun des époux doit y contribuer pour moitié, s'ils en ont l'un et l'autre le moyen; sinon, celle des deux parties qui en a le moyen en est tenue *seule* pour le *total*. (Merlin, R., v. alimens, § 1, n. 2.)

Portalis, exposé des motifs au Corps législatif, 10 mars 1803. — Le mariage soumet à de grandes obligations ceux qui le contractent. Parmi ces obligations, la première est celle de nourrir, entretenir et élever ceux auxquels on a donné le jour.

Les alimens et l'entretien ont pour objet la conservation et le bien-être de la personne. L'éducation se rapporte à son avantage moral.

Procès-verbal du Conseil d'Etat, 27 septembre 1801. — Boulay dit qu'un père ne doit pas d'alimens à son fils majeur; il n'est tenu que d'*entretenir* et d'*élever* ses enfans. Imposer au père d'autres obligations, ce serait favoriser la paresse dans les enfans.

Cambacérès ne conçoit pas de circonstances qui dispensent le père de fournir la subsistance à un fils dans le besoin. L'obligation générale de nourrir ses enfans comprend nécessairement l'obligation de fournir à leur subsistance dans tous les cas où ce secours leur est nécessaire.

Réal et Boulay combattent cette opinion.

Napoléon leur répond qu'il serait révoltant de laisser à un père riche la faculté de chasser de sa maison ses enfans après les avoir élevés, et de les envoyer pourvoir par eux-mêmes à leur subsistance, fussent-ils même estropiés. Si cette doctrine pouvait être admise, il faudrait aussi défendre aux pères de donner de l'éducation à leurs enfans; car rien ne serait plus malheureux pour ces derniers que de s'arracher aux habitudes de l'opulence et aux goûts que leur aurait donnés leur éducation, pour se livrer à des travaux pénibles ou mécaniques auxquels ils ne seraient pas accoutumés. Pourquoi, si le père était quitte envers eux lorsqu'il les a élevés, ne les priverait-on pas aussi de sa succession? Les alimens ne se mesurent pas seulement sur les besoins physiques, mais encore sur les habitudes: ils doivent être proportionnés à la fortune du père qui les doit, et à l'éducation de l'enfant qui en a besoin.

Tronchet dit que l'obligation imposée au père de fournir des alimens à son fils est absolue; mais que la loi doit se borner à en consacrer le précepte, et laisser le juge l'appliquer suivant les circonstances: la loi ne peut pas poser une règle générale d'application, parce que l'obligation des pères varie selon leur fortune et leur état. Le juge n'a pas besoin de lois pour empêcher un père opulent de chasser son fils, lorsque son éducation est achevée. Les juges doivent encore avoir égard à la position du père. Il est possible, par exemple, qu'un père ait un grand nombre d'enfans, et ait beaucoup dépensé pour leur éducation. — Si l'on descend dans les classes les moins opulentes, l'obligation du père se réduit à mettre ses enfans en état de travailler. Le juge saura faire toutes ces distinctions.

Napoléon ajoute que la loi peut déclarer en général que « le père est tenu de nourrir et d'élever ses enfans mineurs, et de les établir quand ils sont majeurs, ou de leur fournir des alimens » — Discussion à ce sujet.

Tronchet propose de dire que « le père est tenu de nourrir ses enfans, toutes les fois qu'ils sont dans le besoin et que ses facultés le lui permettent. » — Adopté.

Voir avis du Conseil d'Etat, du 11 janvier 1808, qui autorise le ministre de la guerre à permettre la retenue du tiers des pensions ou soldes de retraite des militaires, pour subvenir aux besoins de leurs enfans.

Pandectes françaises. — La même obligation est également imposée aux aïeuls et aïeules envers leurs petits-enfans : mais subsidiairement, et dans le cas seulement où les pères et mères ne sont pas en état de remplir cette obligation, ou n'existent plus. (Rolland, v. alimens, n. 8; Malleville, sur l'art. 205; Locré; Favard, alimens, n. 1; Toullier, t. 1, n. 612 : *lib.* 5, § 2, *ff*, *de agnosc. et alend lib.*)

Une autre différence à remarquer entre les pères et mères et les aïeuls, relativement à cette obligation, c'est que les premiers n'ont jamais la répétition des sommes qu'ils ont fournies pour alimens à leurs enfans. Ils sont toujours censés avoir voulu donner, à moins qu'ils n'aient exprimé une intention contraire; au lieu que les aïeuls et aïeules sont censés n'avoir voulu que prêter, et peuvent réclamer ce qu'ils ont fourni, si les petits-enfans se trouvent par la suite en état de restituer.

Delvincourt, t. 1, note 1 de la page 79. — *Nourrir*, c'est-à-dire leur fournir la nourriture proprement dite, le logement et l'habillement.

Note 2. — *Elever*, c'est-à-dire leur donner l'éducation proportionnée à l'état et aux facultés des parens, ainsi qu'au rang que les enfans devront tenir dans le monde; les mettre, s'il y a lieu, en état de gagner leur vie, en leur faisant apprendre un métier, ou de toute autre manière; mais l'obligation se borne à l'apprentissage. (Duranton, t. 2, n. 376.)

Note 3. — *Quid*, si les enfans sont majeurs? L'obligation de les nourrir subsiste toujours, lorsqu'ils sont dans le besoin, et dans l'impossibilité actuelle de gagner leur vie.

Par le mot *enfant*, il faut entendre tous les *descendans*, sauf que le droit ne peut être exercé qu'en remontant graduellement, et non *omisso medio*.

Rolland de Villargues, v. alimens, n. 8. — Quelque sacrée que soit l'obligation dont il s'agit, elle n'a pas toujours lieu.

Et d'abord, si l'enfant avait été mis en état de gagner sa vie, il ne pourrait réclamer d'alimens qu'autant que, par maladie ou infirmité, il ne pourrait tirer sa subsistance de son travail. En effet, il ne faut pas favoriser la paresse. (*L.* 5, § 7, *de agnosc. et alend. lib.*)

N. 9. — Si l'enfant s'était rendu coupable envers son père d'un fait qui le ferait déclarer indigne de lui succéder, on ne pourrait, sans inconséquence et sans blesser l'esprit général de la loi, reconnaître dans cet enfant le droit d'exiger de son père des alimens. (Duranton.)

Néanmoins, comme l'obligation n'est pas imposée littéralement aux ascendans, ainsi qu'elle l'est aux père et mère, les tribunaux peuvent, selon les circonstances, rejeter l'action alimentaire dirigée par de petits-enfans contre leurs aïeuls ou aïeules, sans craindre la cassation du jugement. (Locré; Toullier, t. 1, n. 612.)

Les principes posés en cet article s'appliquent aux enfans naturels reconnus, parce que l'obligation naturelle subsiste.

204. *L'enfant n'a pas d'action contre ses père et mère pour un établissement par mariage ou autrement.*

Secùs ff, lib. 23, tit. 2, leg. 19; Cod., lib. 3, tit. 28, authent. sed si; leg. 5. § 1, de agn. et alend. lib.; leg ultim., § 5, ff, de bon. quæ lib.

Pothier, communauté, n. 641, 646; Merlin, R., réserve, sect. 3; Pailliet, Dictionnaire universel, alimens, § 6; Toullier, t. 2, n. 613; t. 12, n. 324, 325; t. 14, n. 67, 68; Duranton, t. 2, n. 380; Delvincourt, t. 1, p. 92; Vazeille, t. 1, n. 479, 489; Grenier, donation, t. 2, p. 448.

Procès-verbal du Conseil d'Etat, 27 septembre 1801. — Malleville rappelle qu'en pays de droit écrit, la fille avait action contre son père pour en obtenir une dot. Cette action était aussi autorisée par les lois romaines.

Le tribunal d'appel de Montpellier et plusieurs autres demandent qu'elle soit conservée. Que deviendraient en effet les filles, si, par caprice, ou par un sordide intérêt, un père s'opposait constamment à leur mariage? Elles ne pourraient s'en venger qu'au préjudice des mœurs et à la honte des familles. On sait bien que ces cas seraient rares, mais il suffit qu'ils existent pour que la loi doive y pourvoir.

Cambacérès ajoute que le respect pour la qualité de père doit céder cependant à la vérité des choses. On ne peut toujours mettre l'équité du côté des pères et l'injustice du côté des enfans : il existe des pères avares et injustes. Rien ne serait donc plus bizarre que de donner au père la jouissance des biens de son fils mineur, et de ne pas donner aux filles, à un certain âge, le droit de demander une dot.

Tronchet répond que les rédacteurs du projet de Code ont trouvé en France deux systèmes établis. Dans les pays de droit écrit, la fille avait une action contre son père pour demander une dot : cette jurisprudence était une modification à l'extrême étendue que le droit écrit donne à la puissance paternelle, et voilà pourquoi la fille n'avait pas la même action contre sa mère. — Dans les pays coutumiers, au contraire, on tenait pour maxime que « *ne dote qui ne veut.* »

Une autre considération encore a déterminé les rédacteurs : ils ont réfléchi que la dureté des pères envers leurs enfans est un cas rare, une exception à l'ordre naturel des choses; et ils ont cru devoir s'arrêter davantage aux inconvéniens plus fréquens que produirait la jurisprudence des pays de droit écrit, qu'aux inconvéniens rares que peut avoir l'usage des pays coutumiers. Il faut bien se garder d'armer les enfans contre leur père : l'action qu'on propose de leur donner deviendrait tout au moins un moyen de le gêner, de l'embarrasser, de rompre ses spéculations.

Longue discussion à laquelle prennent part *Napoléon*, *Cambacérès*, *Réal*, *Lacuée*, pour l'opinion de *Malleville*; *Boulay*, *Cretet*, *Portalis*, *Regnaud*, pour l'avis de *Tronchet*.

Regnaud termine en disant qu'on ne pourra empêcher la fille d'user de son action après qu'elle sera mariée, alors qu'elle aura passé sous l'influence d'un mari qui n'a pas naturellement pour le père le même respect et la même tendresse que la fille. Il arriverait de là qu'un homme intéressé épouserait une fille sans dot, dans l'espoir d'en exiger une ensuite du père, qu'il poursuivrait, sous le nom de la fille, sans ménagement.

D'un autre côté, un père se voyant exposé aux poursuites d'enfans que leur âge et leur sexe rendent plus susceptibles de recevoir l'impression de mauvais conseils, dénaturera sa fortune. Ainsi, l'action dont il s'agit deviendrait une cause de plus de l'avilissement des propriétés, puisqu'elle réduirait une classe de citoyens à mettre leur fortune en portefeuille, pour se ménager la facilité de ne doter leurs enfans que suivant la satisfaction qu'ils auraient de leur conduite.

Portalis, exposé des motifs au Corps législatif, 10 mars 1803. — L'action qu'une fille avait, dans les pays de droit écrit, pour obliger son père à la doter, avait peu de danger, parce que dans ces pays, la puissance paternelle était si grande, qu'elle avait tous les moyens possibles de se maintenir contre l'inquiétude et la licence des enfans. Aujourd'hui cette puissance n'est plus ce qu'elle était. Il ne faut pas l'avilir, après l'avoir affaiblie. Il ne faut pas conserver aux enfans les moyens d'attaque, quand on a dépouillé le père de ses moyens de défense. Ce n'est pas dans un temps où tant d'événemens ont relâché tous les liens, qu'il faut achever de les briser tous.

(Voy. arrêt de Bordeaux, du 6 juillet 1832, Dalloz, personne, t. 33, 2e part., p. 25; Dalloz en critique la légalité.)

205. *Les enfans doivent des alimens à leurs père et mère et autres ascendans qui sont dans le besoin.* (*C. C., art.* 349, 384 *et suiv.*; 1558.)

ff, lib. 25, tit. 3, leg. 4, 5, § 10; leg. 5; arg. leg. 6; lib. 50, tit. 16, leg. 234; Cod., lib. 5, tit. 27, leg. 1, 2; lib. 8, leg. 5.

Avis du Conseil d'Etat, du 20 septembre 1809.

Pothier, contrat de mariage, n. 389, 390, 392, 393, 395; Merlin, R., alimens, § 1, 2; Favard, alimens, n. 5; Rolland, alimens, § 1; pension alimentaire, § 3; Pailliet, Dictionnaire universel, alimens, § 2, 3, 4 et 6; Toullier, t. 2, n. 612; t. 5, n. 111; Duranton, t. 2, n. 388 à 402, 424; Vazeille, t. 2, n. 506 à 527, 387, 388, 479, 483, 488 à 495.

Pothier, Traité du contrat de mariage, n. 390. — Pour que la demande en alimens soit fondée, il faut que deux choses concourent : 1° il faut que les père et mère soient sans bien, et hors d'état de pouvoir, par leur travail ou leur industrie, se procurer les alimens nécessaires; 2° il faut que les enfans soient en état de les leur fournir.

Pothier pense que les enfans doivent être condamnés solidairement au paiement de la pension, parce que le nécessaire est quelque chose d'indivisible : *alimentorum causa est individua.* (Des personnes, p. 433, Duranton, t. 2, n. 394; Toullier, t. 1, n. 613 : Pothier, contrat de mariage, n. 391.)

Boutteville, discours au Corps législatif, 17 mars 1803. — Il est laissé à la sagesse des tribunaux de décider quand ceux qui doivent des alimens pourront être dispensés de payer une pension alimentaire, en offrant de recevoir chez eux les personnes auxquelles les alimens seront dus.

Hua. — *Des alimens.* Cette expression s'entend des choses indispensables pour soutenir l'existence; il faut, lorsque la fortune des enfans le permet, étendre les secours de manière à satisfaire les besoins les plus ordinaires que l'éducation, le rang des père et mère dans la société ont fait naître. Cette fixation reste à l'arbitraire du tribunal.

Delvincourt, t. 1, note 5 de la page 79. — *Quid* si la même personne a son père et son fils, tous deux en état de lui fournir des alimens? Le *fils seul est tenu*. Sa dette est plus sacrée.

Rolland de Villargues, v. alimens, n. 17. — Lorsque les père et mère ont quelques biens, mais qui sont insuffisans pour les faire vivre, ils ne sont pas obligés d'en faire l'abandon à leurs enfans, en formant contre eux une demande en alimens. Cela est constant. (Duranton, n. 399; Vazeille, n. 513. *Contrà :* Pothier, n. 390, et Toullier, n. 613.)

Proudhon, t. 1, p. 255. — L'obligation de fournir des alimens est indivisible dans sa substance; si elle pèse sur plusieurs, elle est solidaire. Ainsi, lorsqu'un père pauvre a deux fils, et que l'un d'eux devient insolvable, l'autre doit payer toute la pension alimentaire due à son père. (Favard, alimens, n. 4.)

Quid dans le cas où le grand-père serait opulent, le fils pauvre, et la petite-fille riche? Celle-ci et le grand-père seraient-ils conjointement et solidairement tenus de payer la pension alimentaire, ou l'un d'eux en serait-il passible en premier ordre et préférablement à l'autre?

Si, au lieu d'être pauvre, comme nous le sopposons, le fils était riche et venait à mourir, laissant une succession opulente, c'est sa fille et non son père qui la recueillerait : il paraît donc équitable que, par réciprocité, la fille qui succéderait seule, et non le père qui serait exclu de la succession, reste seule aussi chargée de la pension alimentaire; et tel est le sentiment de plusieurs auteurs. (Duranton, t. 2, n. 395.)

Y a-t-il solidarité entre les enfans pour la dette alimentaire? Dans l'ancienne jurisprudence, Pothier, n. 391, mariage; Merlin, R., v. alimens, § 11; depuis le Code, plusieurs Cours souveraines ont rejeté la solidarité (Sirey, 4, p. 89; Denevers, 1816, p. 170), attendu que la solidarité n'est point établie par la loi nouvelle, entre les enfans qui peuvent être obligés à une pension alimentaire envers leurs parens, puisque chacun n'est tenu de cette obligation qu'en proportion de ses facultés, et que si, dans le cas de solidarité, l'un des coobligés était tenu de la dette de celui qui refuserait de l'acquitter, il pourrait en résulter la ruine de celui qui serait ainsi contraint, ce que le législateur n'a pas voulu. (Sirey, t. 24, 2ᵉ part., p. 11; Cour de Metz). Cependant deux arrêts, l'un de la Cour de Colmar, du 23 février 1813, et l'autre de celle d'Amiens, du 11 décembre 1821, ont décidé le contraire. (Sirey, 13, 2ᵉ part., p. 16 et 374; Toullier et Proudhon conformes). Vazeille, t. 2, n. 393, combat les opinions de ces deux docteurs, et selon nous son raisonnement porte conviction.

Le mort civil a-t-il droit à des alimens? Non, d'après jugement du tribunal de la Seine, 8 mai 1827, Dictionnaire du notariat, v. alimens, n. 19. *Contrà :* Cour royale de Paris, Dalloz, Recueil alphab., t. 1, p. 342; *id.*, pers., t. 1, p. 104.

Quant à la solidarité des débiteurs, v. Pothier, du mariage, n. 391; Proudhon, t. 1, p. 255; Toullier, t. 2, n. 613. Vazeille, t. 2, n. 493, s'élève contre la solidarité; *id.*, Duranton, t. 2, n. 424; Rolland, v. alimens, n. 57, 58. (Voir Dalloz, personne, t. 33, 2ᵉ part., p. 25; *id.*, t. 27, 2ᵉ part., p. 165; *id.*, t. 25, 2ᵉ part., p. 16; Code de procéd., art. 581, 582; Duranton, t. 2, n. 426.)

Suffit-il que les ascendans prouvent que leurs revenus sont insuffisans pour avoir droit à des alimens? *Oui.* (Sirey, 28, 2ᵉ part., p. 120.)

206. *Les gendres et belles-filles doivent également, et dans les mêmes circonstances, des alimens à leurs beau-père et belle-mère; mais cette obligation cesse, 1° lorsque la belle-mère a convolé en secondes noces; 2° lorsque celui des époux qui produisait l'affinité, et les enfans issus de son union avec l'autre époux, sont décédés. (C. C., art.* 1558.*)*

Cod., lib. 2, tit. 19, leg. 15.

Merlin, R., alimens, § 2; t. 16, § 2 *bis*; Rolland, alimens, § 2, 5 et 6; Pailliet, Dictionnaire universel, affinité, n. 7 et suiv.; alimens, § 2 et suiv.; Toullier, t. 2, n. 612, 614; Duranton, t. 2, n. 388, 402, 408, 419, 421 à 423; Proudhon, t. 1, p. 254, 255; *id.*, usufruit, t. 1, n. 410; Vazeille, t. 2, n. 448, 495 à 497, 506 à 527.

Procès-verbal du Conseil d'Etat, 27 septembre 1801 — Cambacérès fait remarquer que si la section a entendu désigner par le mot *alliés* les degrés correspondans à ceux des ascendans, la disposition est trop étendue, puisqu'elle pourrait obliger à fournir des alimens à une marâtre.

Tronchet dit qu'il faudrais se servir des mots *beau-père* et *belle-mère*, et restreindre l'effet de la disposition aux ascendans de l'autre époux.

N. 24. — Cambacérès répond à quelques observations de Berlier, que l'article doit être rédigé dans ce sens, 1° qu'une marâtre ne puisse venir demander des alimens à son beau-fils; 2° que le beau-père ne puisse demander des alimens à son gendre que pendant la vie de la femme de ce dernier, et celle des enfans nés de leur mariage : car si la femme et les enfans sont décédés, le gendre devient étranger à son beau-père, sur-tout lorsque ce gendre s'est remarié.

L'exception n'est prononcée que contre la belle-mère qui convole et non contre la mère, quoiqu'elle fût remariée.

Delvincourt, t. 1, page 79, note 8. — Il semblerait résulter de la rédaction de cet article que, dans tous les cas, lorsqu'il y a des enfans, les alimens sont dus par le gendre ou la belle-fille survivans. Je pense néanmoins qu'il faut distinguer : si les enfans provenant de l'union sont en état de fournir les alimens, ils en sont *tenus seuls ;* les liens qui unissent les petits-enfans à l'aïeule sont bien plus étroits et plus sacrés que ceux qui unissent le gendre ou la belle-fille à ses beau-père ou belle-mère. L'obligation des gendre et belle-fille ne doit donc être, dans ce cas, que *subsidiaire*.

Rolland de Villargues, v. alimens, n. 27. — Nous pensons que l'on doit comprendre dans ces expressions de *beau-père* et de *belle-mère* les ascendans de l'époux, quel que soit leur degré. Notre langue n'a pas de termes particuliers pour désigner, par rapport à l'un des époux, les aïeul et aïeule de l'autre d'avec son père et sa mère, non plus que pour distinguer, par rapport aux ascendans, l'époux du fils ou de la fille d'avec le conjoint du petit-fils ou de la petite-fille. Tout annonce que les qualifications de beau-père et de belle-mère, de gendre et de belle-fille, sont employées par la loi comme elles le sont dans l'usage, pour désigner les ascendans, à quelque degré que ce soit, de la personne à laquelle on est uni par mariage, et aussi les époux des descendans de tout degré. (Delvincourt, t. 1, p. 79, note 6.)

N. 29. — La pauvreté de notre langue nous oblige aussi d'appeler *beau-père* le second mari de notre mère, que les Romains appelaient *vitricus; belle-mère* la seconde femme de notre père, que les Latins appelaient *noverca*, et *beaux-fils* et *belles-filles* les enfans issus du premier mariage de notre mari ou de notre femme, que les Latins appelaient *privigni, privignæ*.

L'obligation des alimens n'existe pas entre ces individus.

Proudhon, t. 1, p. 254. — Le mari doit des alimens au père et à la mère de son épouse, comme la femme en doit au père et à la mère de son mari : d'autre part, les père et mère du fils ou de la fille en doivent au mari de leur fille ou à la femme de leur fils; et comme il n'est pas permis d'étendre la loi positive au-delà de ses expressions, il faut en conclure que cette prestation n'est point exigible entre un des époux et les aïeuls de l'autre, ni entre les enfans et la femme en secondes noces de leur père ou le mari en secondes noces de leur mère. *Contrà :* Delvincourt et Rolland. *Suprà :* Duranton, t. 2, n. 406.

Duranton, t. 2, n. 404. — De ce que le gendre n'aurait reçu aucune dot, ni de sa femme, ni des père et mère de celle-ci, il ne leur devrait pas moins, en principe, des alimens. La loi ne distingue pas. C'est à la qualité de gendre qu'est attachée l'obligation.

N. 421. — Le droit qui s'est éteint dans la personne de la belle-mère par son convol ne renaîtrait pas par la dissolution du second mariage, même en supposant qu'il y eût encore des enfans du premier : l'effet de l'article est *absolu* et *définitif*.

C'est au défendeur à prouver les moyens d'existence du demandeur. (Duranton, t. 2, n. 410; Dalloz, Recueil alphab., t. 1, p. 354; *id.*, personne, t. 1, p. 108; *id.*, t. 14, 2ᵉ part., p. 13.)

(Voy. Dalloz, personne, t. 33, 2ᵉ part., p. 131; Duranton, t. 2, n. 382, 410.)

207. *Les obligations résultant de ces dispositions sont réciproques.*

Tot. tit., ff, de agnosc. et alend. lib.; Cod., de alend. lib. ac parentib.

Pothier, contrat de mariage, n. 385, 387; Merlin, R., alimens, § 2; t. 16, § 2 *bis*, n. 2; Rolland, alimens, § 2; *id.*, pension alimentaire; Pailliet, Dictionnaire universel, affinité, n. 7; alimens, § 6; Delaporte, nouveau Ferrière, alimens, p. 63 et suiv.; Toullier, t. 2, n. 612; Duranton, t. 2, n. 388, 389, 402 à 408, 420; Delvincourt, t. 1, p. 92; Vazeille, t. 2, n. 488, 489, 495, 506 à 527.

Pothier, contrat de mariage, n. 385. — Quoique l'obligation des père et mère cesse lorsque les enfans sont parvenus à l'âge de pourvoir par eux-mêmes à leurs besoins, néanmoins, lorsqu'un enfant qui est parvenu à cet âge se trouve depuis tombé dans l'indigence, et que ses infirmités ne lui permettent pas de pouvoir par son travail se procurer ses alimens, l'obligation des père et mère renaît, et sur la demande que cet enfant peut en ce cas former contre eux, ils doivent être condamnés à lui fournir les alimens nécessaires, selon leurs moyens. (*Leg.* 5, § 7, *ff. de agnosc. et alend. lib.*)

N. 387. — L'obligation des père et mère envers leurs enfans s'étend aussi à leurs petits-enfans; mais elle n'est que subsidiaire; c'est-à-dire qu'elle n'a lieu que dans le cas auquel ces petits-enfans n'auraient ni père ni mère qui fussent en état de subvenir à leurs besoins.

Malleville. — On met en question si les père et mère doivent des alimens à leurs enfans majeurs, et qui sont en état de gagner leur vie, ou si leur obligation se borne à les élever de manière que les enfans puissent y pourvoir eux-mêmes, comme l'Emile de Rousseau. — Il paraît que les obligations dépendaient absolument des circonstances. Les enfans des paysans, des artisans n'ont rien à demander quand ils peuvent pourvoir à leurs alimens par leur travail : mais ceux qui ont reçu une éducation libérale de parens plus fortunés ont droit encore à des secours, lorsque leur éducation est finie.

Il fut convenu que l'on ne doit pas des alimens à sa marâtre.

L'art. 205 impose aux enfans l'obligation de fournir des alimens à leurs père et mère et autres ascendans dans le besoin. Notre art. 207 rend l'obligation réciproque. Malleville, Toullier et Locré disent que le législateur a oublié d'exprimer la réciprocité entre les aïeux et les petits-enfans; mais cette omission ne leur paraît pas propre à faire rejeter la réciprocité, qui est de droit par la nature des choses.

Cependant Locré, et après lui Toullier, croient que le silence qu'ils supposent à la loi, pourrait mettre à l'abri de la cassation le jugement qui aurait condamné, en principe, la demande d'un petit-fils contre son aïeul; mais la Cour de cassation en a décidé autrement le 28 octobre 1807.

Le jugement qui refuserait l'action alimentaire contre les aïeuls et aïeules, en se fondant sur l'absence du droit, encourrait la cassation. (Duranton, t. 2, n. 387; *contrà :* Toullier, t. 2, n. 612.)

Exception en faveur des ascendans supérieurs. (Duranton, t. 2, n. 389, 393; Toullier, t. 2, n. 612; Vazeille, n. 489, 490; Pothier, du mariage, n. 395; Toullier, t. 2, n. 613; Duranton, t. 2, n. 393; Vazeille, t. 1, n, 495.)

A. Dalloz, v. alimens, n. 25 et 26. — Il ne faut pas comprendre sous le nom de belle-mère la seconde femme du père, appelée aussi marâtre. Sous le nom de beau-père et de belle-mère faut-il comprendre seulement le père et la mère de l'un des époux? Ne doit-on pas aussi comprendre les ascendans? Delvincourt et Duranton, n. 408, enseignent, contre l'avis de Proudhon, Toullier et Merlin, que l'action alimentaire compète à tous les ascendans. (Duranton, t. 2, n. 403; Vazeille, t. 1, n. 497.)

208. *Les alimens ne sont accordés que dans la proportion du besoin de celui qui les réclame, et de la fortune de celui qui les doit.*

ff, leg. 5, § 7 et 10, de agnosc. et alend. lib.; leg. 43, de verb. sign.; Cod., eod., leg. 2.

Pothier, contrat de mariage, n. 390, 391; Merlin, R., alimens: Rolland, § 3 et 4; Pailliet, Dictionnaire universel, alimens, § 6; Toullier, alimens, t. 2, n. 613: Duranton, t. 2, n. 384, 408, 409, 416, 424 à 430; t. 3, n. 393; Delvincourt, t. 1, p. 92; Vazeille, t. 2, n. 506 à 527.

Portalis, exposé des motifs au Corps législatif, 10 mars 1803. — Le devoir de fournir des alimens cesse quand celui à qui on les doit recouvre une fortune suffisante, ou quand celui qui en est débiteur tombe dans une indigence qui ne lui permet pas ou qui lui permet à peine de se nourrir lui-même. — Un père et une mère peuvent, suivant les circonstances, refuser de fournir des alimens à leurs enfans, en offrant de les recevoir dans leur maison. C'est au juge à déterminer les cas où l'obligation de fournir des alimens est susceptible de cette modification et de ce tempérament.

Procès-verbal du Conseil d'Etat, 27 septembre 1801. — Boulay trouve le dernier art. 209 inutile, puisque l'obligation de fournir des alimens n'existe que lorsqu'il y a besoin d'un côté et faculté de l'autre.

Réal le tient nécessaire pour détruire le jugement par lequel les alimens ont été accordés.

Portalis. — Les alimens comprennent tout ce qui est nécessaire; mais il faut distinguer deux sortes de nécessaires : *l'absolu* et le *relatif.* L'absolu est réglé par les besoins indispensables de la vie; le relatif par l'état et les circonstances. Le nécessaire relatif n'est donc pas égal pour tous les hommes; l'absolu même ne l'est pas. La vieillesse a plus de besoins que l'enfance, le mariage que le célibat, la faiblesse que la force, la maladie que la santé. Les bornes du nécessaire absolu sont fort étroites. Un peu de justice et de bonne foi suffisent pour les faire connaître. A l'égard du nécessaire relatif, il est à l'arbitrage de l'opinion et de l'équité. (Duranton, t. 2, n. 408; Toullier, t. 1, n, 613.)

(V. Proudhon, usufruit, t. 1, n. 157. *Contrà :* Toullier, t. 2, p. 9.)

L'obligation des père et mère varie suivant leur fortune et leur état, suivant les besoins et les ressources de l'enfant. C'est au magistrat d'étendre ou de resserrer l'obligation, suivant les circonstances. Il est possible que l'enfant n'ait besoin que d'un supplément : ceci s'applique à tous ceux qui réclament des alimens. Dans la classe des personnes pauvres, chez les paysans, chez les artisans, l'obligation se réduit à mettre les enfans en état de travailler et de gagner leur vie. Mais ceux qui sont nés de parens plus favorisés de la fortune ont droit à des secours plus étendus, lors même que leur éducation est finie, et qu'ils ont atteint leur majorité. Telle était la jurisprudence avant le Code, et telle est encore celle des Cours depuis sa promulgation.

Rolland de Villargues, v. alimens, n. 56 — Celui qui réclame des alimens n'est cependant pas obligé, quoique demandeur, de prouver son indigence réelle : du moins, s'il se borne à affirmer ce fait, c'est aux défendeurs à faire la preuve du contraire. (Duranton, t. 2, n. 410.)

L'obligation de fournir des alimens est-elle solidaire ou seulement indivisible? Elle est indivisible. (Sirey, t. 26, 2ᵉ part., p. 290.)

209. *Lorsque celui qui fournit, ou celui qui reçoit des alimens est replacé dans un état tel, que l'un ne puisse plus en donner, ou que l'autre n'en ait plus besoin en tout ou en partie, la décharge ou réduction peut en être demandée.*

Leg. 5, § 10, ff, de agnosc. et alend. lib.; leg. 2, Cod., eod.

Merlin, R., alimens, § 1, t. 16, p. 59 et 82; Favard, enfant naturel, § 1, n. 3; Rolland, alimens, § 6; Toullier, t. 2, n. 614, 746; Duranton, t. 2, n. 416 à 420; Proudhon, t. 1, p. 258; *id.*, usufruit, t. 1, n. 149, 183, 186, 237; Vazeille, t. 2, n. 506 à 527.

Delvincourt, t. 1, note 12 de la page 79. — L'on peut, pour cela, s'adresser au même tribunal qui a accordé les alimens. Cela n'est point contraire au principe de pratique judiciaire, qui ne veut pas qu'un tribunal puisse se réformer lui-même.

Rolland de Villargues, v. alimens, n. 106. — Si celui auquel des alimens ont été adjugés en justice se rendait coupable d'un fait d'ingratitude qui le ferait exclure comme *indigne* de la succession du débiteur, s'il y était appelé, ce dernier pourrait demander sa décharge. (Duranton, n. 418; Vazeille, n. 485.)

N. 108. — Cependant, quelle que fût la faute dont un père se serait rendu coupable envers son fils, il nous semble que celui-ci devrait toujours être condamné à payer des alimens à son père dans le besoin. Jamais des enfans ne peuvent cesser d'être soumis aux devoirs de la piété filiale envers les auteurs de leurs jours. (*L. 50, ff, ad senat. cons. trebell.*; Proudhon, de l'usufruit, n. 156.)

Proudhon, t. 1, p. 258. — Les besoins de l'un étant diminués, ou les ressources de l'autre affaiblies, la prestation doit être réduite dans la même proportion. (Vazeille, mariage, t. 2, n. 519; Merlin, R., alimens, § 1, n. 2.)

210. *Si la personne qui doit fournir des alimens justifie qu'elle ne peut payer la pension alimentaire, le tribunal pourra, en connaissance de cause, ordonner qu'elle recevra dans sa demeure, qu'elle nourrira et entretiendra celui auquel elle devra des alimens.*

Décret du 24 juin 1808.

Merlin, alimens, § 1; Rolland, alimens, n. 71 et suiv.; *id.*, § 5; Toullier, t. 2, n. 613; t. 14, n. 144; Duranton, t. 2, n. 413; Vazeille, t. 2, n. 506 à 527.

Pothier, Traité du contrat de mariage, n. 391. — Lorsque les enfans ne sont pas assez à leur aise pour pouvoir payer une pension à leurs père et mère, si ces enfans tiennent un ménage, ils doivent être condamnés à recevoir en leur maison leurs père et mère, et les admettre à leur table et à leur feu, et à avoir pour eux les égards et les soins qui leur sont dus.

Procès-verbal du Conseil d'Etat, 27 septembre 1801. — Réal dit que ces articles ne font qu'ériger la jurisprudence en loi.

Emmery répond que la faculté de recevoir en sa demeure, de nourrir et d'entretenir celui auquel les alimens sont dus, n'était autrefois admise que dans le cas où celui qui les devait ne pouvait fournir une pension alimentaire. Cette jurisprudence avait pour objet d'empêcher que le père, à qui seul alors les alimens étaient dus, ne les reçût d'une manière trop pénible; mais aujourd'hui que l'obligation de fournir les alimens est étendue au père, il faut qu'il puisse offrir à son fils de le recevoir dans sa demeure et à sa table; autrement, et si le père devait au fils des secours pécuniaires, celui-ci les dissiperait à mesure qu'ils lui seraient payés, et reviendrait sans cesse faire valoir ses besoins.

Idem. — L'offre de fournir des secours dans la maison de celui qui les doit, ne suffit point pour décharger de l'obligation de les fournir en argent : le tribunal pèse les motifs qui peuvent rendre ce mode gênant à l'une des parties.

Delvincourt, t. 1, note 1 de la page 80. — Les père et mère ne sont point assujettis à prouver qu'ils ne peuvent payer la pension alimentaire. L'enfant ne peut jamais être humilié de venir prendre ses alimens dans la maison paternelle.

Rolland de Villargues, v. alimens, n. 73. — En *connaissance de cause.* — En effet, il en coûte bien moins pour faire participer à l'habitation et à la vie commune des personnes à qui l'on doit des alimens, que pour les faire subsister dans une maison séparée. Voilà donc une considération, entre autres, que les magistrats ne doivent pas négliger. (Vazeille, n. 515.)

N. 74. — D'un autre côté, il faut ici quelque circonspection, et examiner si, à raison du caractère et des habitudes de celui qui doit les alimens, et des dispositions dans lesquelles il se trouve, par rapport à la personne à laquelle ils sont dus, celle-ci n'aurait point des humiliations ou des mauvais procédés à souffrir. (Duranton, n. 414.)

Proudhon, t. 1, p. 258. — Quand c'est un ascendant qui se soumet à recevoir son fils ou petit-fils, sa proposition doit être plus facilement admise, soit parce que, régulièrement parlant, il n'est pas permis à l'enfant de quitter la maison paternelle sans la permission de son père, soit parce qu'il serait contraire au respect qu'il doit à ses auteurs, de refuser l'hospitalité qui lui est offerte.

Quand c'est au contraire un fils ou un petit-fils qui fait cette soumission envers son père ou son grand-père, les égards dus à la vieillesse, l'inconvénient de placer, sans nécessité, l'ascendant sous la dépendance du fils ou petit-fils, et peut-être même sous celle d'une belle-fille peu affectionnée pour lui, doivent rendre les tribunaux plus difficiles à accueillir une telle demande. (Duranton, t. 2, n. 414.)

Néanmoins, dans l'un comme dans l'autre cas, si la personne qui doit fournir des alimens justifie qu'elle ne peut payer la pension alimentaire que de cette manière, les juges, en connaissance de cause, peuvent ordonner qu'elle recevra dans sa demeure et y nourrira et entretiendra celui auquel elle doit des alimens.

211. *Le tribunal prononcera également si le père ou la mère qui offrira de recevoir, nourrir et entretenir dans sa demeure, l'enfant à qui il devra des alimens, devra dans ce cas être dispensé de payer la pension alimentaire.*

Dalloz, succession, chap. 6, sect. 2, art. 3 ; Merlin, R., alimens, § 1 ; Favard, alimens, n. 4 ; Rolland, alimens, n. 76 et suiv. ; Toullier, t. 2, n. 613 ; t. 14, n. 144 ; Duranton, t. 2, n. 415 ; Villemartin, sur l'article ; Massé et Lherbette, t. 2, n. 420 ; Vazeille, t. 2, n. 215, 216, 506 à 527 ; Sirey, t. 9, p. 101.

Delvincourt, t. 1, note 13 de la page 79. — Le tribunal prononcera en connaissance de cause ; c'est-à-dire qu'il examinera si l'enfant n'a pas à redouter des mauvais traitemens ou des mauvais exemples, sur-tout si c'est une fille.

Vazeille, t. 2, n. 515. — Ce sont les juges qui, suivant les positions particulières, décident si le père ou la mère qui offre de recevoir, nourrir et entretenir dans sa demeure l'enfant auquel il est dû des alimens, doit être dispensé de lui payer une pension alimentaire. Les juges doivent examiner si la vie commune est possible. (Voy. Sirey, t. 8, 2ᵉ part., p. 107 ; Rolland, v. alimens, n. 77.)

Toullier, t. 1, n. 613. — Notre article laisse aux tribunaux à prononcer si les offres du père ou de la mère doivent les dispenser de payer la pension alimentaire : mais la même faculté n'est point laissée aux tribunaux relativement aux enfans qui offriraient de recevoir, nourrir et entretenir dans leur demeure leur père ou leur mère. Il faudrait pour les faire admettre des causes extrêmement fortes. (Duranton, t. 2, n. 415.)

L'obligation de fournir des alimens ne s'éteint pas par le contrôl du père. (Sirey, 25, 2ᵉ part., p. 304.)

CHAPITRE VI.

Des Droits et des Devoirs respectifs des Époux.

212. *Les époux se doivent mutuellement fidélité, secours, assistance.* (*C. C.*, *art.* 75, 203 *et* 1388.)

ff, lib. 23, tit. 1, leg. 1 ; lib. 24, tit. 1, leg. 32, § 13 ; Instit., lib. 1, tit. 9.

Avis du Conseil d'État, 11 janvier 1808 ; *id.*, du 30 janvier 1809. Merlin, R., simulation, § 2 ; alimens, § 3, n. 5, t. 16 ; Favard, séparation entre époux, sect. 2, § 3, n. 4 ; Rolland, alimens, § 7 ; Toullier, t. 2, n. 780 ; t. 5, n. 60 ; Duranton, t. 2, n. 431 à 435 ; Vazeille, t. 2, n. 287, 288 ; Sirey, 1817, 2ᵉ part., p. 101.

Pothier, Traité du contrat de mariage, n. 379. — Les personnes qui se marient contractent par le mariage, réciproquement l'une envers l'autre, l'obligation de vivre ensemble dans une union perpétuelle et inviolable, pendant tout le temps que durera le mariage ; et en conséquence, de se regarder réciproquement comme n'étant en quelque façon qu'une même personne : *erunt duo in carne unâ.*

Traité de la puissance du mari, n. 1. — La puissance du mari sur la personne de sa femme consiste, par le droit naturel, dans le droit qu'a le mari d'exiger d'elle tous les devoirs de soumission qui sont dus à un supérieur.

Traité du contrat de mariage, n. 382. — La femme doit aimer son mari, lui être soumise, lui obéir dans toutes les choses qui ne sont pas contraires à la loi de Dieu, et supporter ses défauts ; travailler de tout son pouvoir au bien commun du ménage.

Portalis, exposé des motifs au Corps législatif, 10 mars 1803. — L'homme et la femme ont partout des rapports et partout des différences. Ce qu'ils ont de commun est dans l'espèce ; ce qu'ils ont de différent est du sexe. Ils seraient moins disposés à se rapprocher s'ils étaient plus semblables. La nature ne les a faits si différens que pour les unir.

Cette différence, qui existe dans leur être, en suppose dans leurs droits et dans leurs devoirs respectifs. Sans doute, dans le mariage, les deux époux concourent à un objet commun ; mais ils ne sauraient y concourir de la même manière. Ils sont égaux en certaines choses, et ils ne sont pas comparables dans d'autres.

La force et l'audace sont du côté de l'homme ; la timidité et la pudeur du côté de la femme.

L'homme et la femme ne peuvent partager les mêmes travaux, supporter les mêmes fatigues, ni se livrer aux mêmes occupations. Ce ne sont point les lois, c'est la nature même qui a fait le lot de chacun des deux sexes. La femme a besoin de protection, parce qu'elle est plus faible ; l'homme est plus libre, parce qu'il est plus fort.

La prééminence de l'homme est indiquée par la constitution même de son être, qui ne l'assujettit pas à autant de besoins, et qui lui garantit plus d'indépendance pour l'usage de son temps et pour l'exercice de ses facultés. Cette prééminence est la source du pouvoir de protection que le projet de loi reconnaît dans le mari.

L'obéissance de la femme est un hommage rendu au pouvoir qui la protége, et elle une suite nécessaire de la société conjugale, qui ne pourrait subsister si l'un des époux n'était subordonné à l'autre.

Le mari et la femme doivent incontestablement être fidèles à la foi promise ; mais l'infidélité de la femme suppose plus de corruption et a des effets plus dangereux que l'infidélité du mari : aussi l'homme a toujours été jugé moins sévèrement que la femme. Toutes les nations, éclairées en ce point par l'expérience, et par une sorte d'instinct, se sont accordées à croire que le sexe le plus aimable doit encore, pour le bonheur de l'humanité, être le plus vertueux.

Delvincourt, t. 1, note 7 de la page 72. — *Secours.* On entend par là l'obligation de contribuer aux charges du mariage, et même, en cas de nécessité, sur les biens dont la jouissance, d'après les conventions matrimoniales, ne serait pas mise en commun.

Note 8. — *Assistance.* Ainsi, les infirmités, les malheurs et les accidens qui surviennent à l'un des époux, une maladie contagieuse, ne peuvent autoriser une demande en séparation d'habitation. (Duranton, t. 2, n. 431.)

Rolland de Villargues, v. alimens, n. 12. — Nul doute que les époux ne se doivent mutuellement des alimens.

N. 123. — Le mari doit faire vivre sa femme d'une manière convenable, sur-tout sous le rapport du logement ; tellement que les tribunaux décident qu'on mari ne peut forcer sa femme de venir habiter avec lui, lorsqu'il ne lui offre pas un logement convenable.

N. 125. — Lorsque les époux vivent séparés de *fait*, c'est à dire volontairement, les époux n'ont pas, en général, d'action l'un contre l'autre pour des alimens.

N. 127. — Cependant, lorsque c'est le mari qui refuse de recevoir sa femme, celle-ci, après avoir fait constater ce refus par une sommation, peut le faire condamner à lui payer une pension alimentaire, s'il persiste en son refus.

213. *Le mari doit protection à sa femme, la femme doit obéissance à son mari.* (*C. C.*, *art.* 1384, 1388.)

ff, lib. 50, tit. 1, leg. 8 ; Ulpian., fragm., tit. 9.

Pothier, contrat de mariage, n. 102, 382, 400 ; puissance du mari, n. 1 ; Merlin, R., mari, § 2 ; Q., appel, § 10 ; bureau de paix, § 9 ;

adultère, § 7; Favard, alimens, n. 5; Toullier, t. 2, n. 615; Duranton, t. 2, n. 431 à 435; Vazeille, t. 2, p. 287, 288: Desquiron, mort civile, p. 465.

Malleville. — *Protection, obéissance* : ces mots sont durs; ils sont pourtant pris de Saint Paul, et cette autorité en vaut bien une autre.

Duranton, t. 2, n. 432. — Le mari doit défendre sa femme contre toute oppression. Un mari manquerait à son propre devoir, autant qu'il manquerait à sa propre dignité, s'il dédaignait de protéger sa femme, s'il la laissait en but à la persécution. Son indifférence à cet égard serait un tort dont la gravité pourrait, selon la nature des offenses dont son épouse aurait été l'objet, être considérée comme une nouvelle injure faite à celle-ci, et qui l'autoriserait à former une demande en séparation de corps.

214. *La femme est obligée d'habiter avec le mari, de le suivre partout où il juge à propos de résider : le mari est obligé de la recevoir, et de lui fournir tout ce qui est nécessaire pour les besoins de la vie, selon ses facultés et son état. (C. C., art.* 203, 1388, 1448, 1537.*)*

Cod., lib. 10, tit. 62, leg. unic.; ff, leg. 65, de jud. et ub.

Avis du Conseil d'Etat, des 22 décembre 1807, 11 janvier et 2 février 1808.

Pothier, contrat de mariage, n. 102, 379, 380 et suiv.; 401; Merlin, R., mari, § 2, n. 1; Favard, femme, n. 3 et suiv.; Dalloz, mariage, sect. 12, art. 1; Rolland, femme, mariage, § 7; Toullier, t. 2, n. 615, 616, 780; t. 13, n. 109, 110; Duranton, t. 2, n. 434 à 441; Delvincourt, t. 1, p. 79; Bellot, contrat de mariage, p. 73; Le Graverend, Jurisprudence criminelle, t. 1, p. 147; Vazeille, t. 2, n. 289 à 300.

Le procureur du roi est sans droit pour requérir la force publique de réintégrer l'épouse dans le domicile conjugal. Il est également sans droit pour obliger la fille mineure, qui a suivi sa mère, à rentrer dans la maison paternelle. (Instruction minist., 11 juin 1825.)

Sur l'emploi des moyens coercitifs pour forcer la femme à réintégrer le domicile conjugal, voir Sirey, 10, 2ᵉ part., p. 239, 241; 6, 2ᵉ part., p. 15: 8, 2ᵉ part., p. 199; 12, 2ᵉ part., p. 414; et quant au mari, Sirey, 12, 2ᵉ part., p. 63.

Pothier, Traité du contrat de mariage, n. 380. — Le mari est obligé de recevoir chez lui sa femme, de l'y traiter maritalement; c'est-à-dire de lui fournir tout ce qui est nécessaire pour les besoins de la vie, selon ses facultés et son état. Il est obligé d'aimer sa femme, de supporter ses défauts, de faire de son mieux pour les corriger par les voies de douceur; d'avoir pour elle une complaisance raisonnable, sans néanmoins favoriser ses mauvaises inclinations. Lorsque ni lui ni sa femme n'ont pas de biens pour se procurer les choses nécessaires à la vie, il est obligé de travailler aux ouvrages auxquels il est propre, pour lui gagner sa vie autant que pour gagner la sienne.

N. 383. — De l'obligation que la femme contracte par le mariage de suivre son mari, naît une action que le mari a droit de former en justice contre sa femme, lorsqu'elle l'a quitté, pour la faire condamner à retourner avec lui.

N. 381. — La femme peut exercer une semblable action contre son mari, lorsqu'il l'a chassée de chez lui et qu'il refuse de la recevoir. Si le mari refusait d'obéir à la sentence qui l'aurait condamné à recevoir chez lui sa femme, celle-ci serait fondée à demander que le juge décernât contre lui un exécutoire d'une somme d'argent telle que le juge estimerait convenable, au paiement de laquelle il serait contraint, faute d'obéir à la sentence.

Mariage, n. 383. — De l'obligation que la femme contracte par le mariage naît une action que le mari a le droit de former en justice contre elle, lorsqu'elle l'a quitté, pour la faire condamner à rester avec lui. La femme ne peut rien opposer pour se défendre de cette demande. Par exemple, elle n'est pas écoutée à opposer que l'air du lieu où est son mari est contraire à sa santé; qu'il y règne des maladies contagieuses; elle ne l'est pas même à alléguer les mauvais traitemens qu'elle prétendrait que son mari aurait exercés sur elle, à moins qu'elle n'eût formé une demande en séparation de corps, pour raison de ces mauvais traitemens. (Voy. Vazeille, t. 2, n. 289, 290, et Code civil, art. 108.)

Malleville. — La section avait ajouté à cet article que si le mari voulait quitter le sol de la République, sans avoir une mission du Gouvernement, il ne pourrait contraindre sa femme à le suivre.

L'empereur dit que l'obligation de la femme ne peut recevoir aucune modification, et qu'elle doit suivre son mari toutes les fois qu'il l'exige. — On convint de la vérité du principe, avec quelque embarras cependant pour l'exécution. (Devincourt, t. 1, p. 72, not. 10.)

(Voy. avis du Conseil d'Etat, du 11 janvier 1808, qui autorise le ministre de la guerre à permettre la retenue du tiers des pensions et soldes de retraite aux militaires, pour subvenir aux besoins de leurs épouses.)

Le mari doit contraindre sa femme à le suivre en pays étranger, car l'attachement à la patrie ne doit pas prévaloir sur les devoirs de l'époux. Proudhon, t. 1, p. 260, dit qu'il faut excepter le cas où l'émigration serait défendue par les lois politiques, car les intérêts du corps social doivent l'emporter sur ceux du mari.

Quels sont les moyens que devra employer le mari pour obliger la femme à réintégrer le domicile conjugal? La voie de la privation des revenus ou des peines pécuniaires, et non la contrainte personnelle, qui est presque toujours sans résultat; mais on ne peut se dissimuler que la jurisprudence a beaucoup varié sur ce point. (Voy. Sirey, t. 8, 2ᵉ part., p. 199; t. 10, 2ᵉ part., p. 241; t. 18, 2ᵉ part., p. 123; t. 13, 2ᵉ part., p. 239.)

Vazeille, t. 2, n. 291, *in fine*, pense que la contrainte personnelle doit être employée dans les derniers rangs de la société.

Le moyen de contrainte sur le mari n'est pas praticable. Il n'y a que les condamnations pécuniaires qui puissent l'obliger à la cohabitation. (Denevers, 1808, p. 77.) Le mari doit un logement convenable, suivant l'état et la fortune de sa femme. (Sirey, 8, 1ʳᵉ part., p. 145, et Vazeille, t. 2, n. 297 et suiv. V. *infrà*, quest. controversée.)

Le mari est-il autorisé à employer la contrainte personnelle pour ramener la femme au domicile conjugal. ? *Oui.* Vazeille, mariage, t. 2, n. 291: Favard, v. femme, n. 111. *Contrà* : Delvincourt, t. 1, p. 79, note 4; Duranton, t. 2, n. 240. Sur la question, Dalloz, v. mariage, sect. 12, art. 1, n. 6. (Journal de la magistrature, t. 1, p. 112 à 118.) Sirey, 34, 2ᵉ part., p. 128; Vazeille, t. 2, n. 25.

215. *La femme ne peut ester en jugement sans l'autorisation de son mari, quand même elle serait marchande publique, ou non commune, ou séparée de biens. (C. C., art.* 344, 776, 1388, 1449, 1538, 1576. — *C. de P., art.* 861, 863, 878. *)*

Instit., arg., tit. 21; ff, lib. 16, tit. 1.

Pothier, obligations, n. 879; puissance du mari, n. 15, 55, 56, 61, 62; introduction au tit. 10 de la coutume d'Orléans, n. 144; Merlin, R., autorisation maritale, sect. 1 et suiv.; t. 16, sect. 3, § 4; mariage, sect. 5, § 2; séparation de biens, sect. 2, § 5, n. 10; divorce, sect. 4, § 7, 1°; Favard, autorisation de la femme mariée, n. 4, 7 et 9; Dalloz, mariage, sect. 12, art. 2, § 1: Toullier, t. 2, n. 617 et suiv., 635; Massé et Lherbette, Journal du notariat, t. 2, n. 441, 452, 453; Duranton, t. 2, n. 441 à 452; Delvincourt, t. 1, p. 79, 81; Aulanier, quest. p., n. 304; Biret, nullités, t. 1, p. 130, 133; Vazeille, t. 2, n. 300 à 311.

Pothier, Traité de la puissance du mari, n. 75. — Il y a cette différence, à l'égard de la forme de l'autorisation, entre les actes judiciaires et les actes extrajudiciaires, que dans ceux-ci, pour qu'une femme soit censée autorisée, il est nécessaire que le mari ait déclaré *en termes formels qu'il autoriserait sa femme pour un tel acte.* Le terme d'*autoriser* est comme un terme sacramentel, qu'il faut nécessairement employer. La présence du mari au contrat ne tient pas lieu d'autorisation.

Au contraire, dans les actes judiciaires, il n'est pas nécessaire que le mari déclare qu'il autorise sa femme, pour intenter une telle demande, ou pour défendre à une telle demande qui a été intentée contre elle; il est censé suffisamment l'autoriser, lorsqu'il est en qualité dans l'instance, conjointement avec elle.

Portalis, exposé des motifs au Corps législatif, 10 mars 1803. — Il n'y a d'exception à la règle posée dans l'art. 215 que lorsque la femme est poursuivie criminellement, ou pour fait de police. Alors, l'autorité du mari disparaît devant celle de la loi, et la nécessité de la défense naturelle dispense la femme de toute formalité.

Malleville. — Je crois que d'après cet article, la femme ne peut pas même seule citer en conciliation; car le but de cet acte est de transiger; ce qu'elle ne peut pas faire sans le concours de son mari.

Personne n'ignore, d'ailleurs, que si une fille ou veuve se marie pendant le procès, elle doit dès-lors être autorisée par son mari, sans quoi tout ce qui serait fait à la suite serait nul. (Art. 225.)

Delvincourt, t. 1, note 2 de la page 73. — *Soit en demandant, soit en défendant*; mais remarquez que la femme n'est privée que du droit d'ester en jugement; c'est-à-dire de faire des actes qui doivent mener à un jugement. Je pense donc qu'elle peut faire, seule et sans autorisation, tous les actes, même du ministère des huissiers, qui ne sont pas, à proprement parler, actes *judiciaires*, tels que les protêts, etc.

Vazeille, t. 2, n. 301. — La séparation de biens fondée sur le désordre des affaires du mari, ne détruit pas la puissance *du mari*; et comme elle rend plus impérieuse l'assistance que lui doit sa femme, il devient plus intéressé à la conservation des biens qu'elle possède.

Si c'est le mari qui forme une demande contre sa femme, il l'autorise par cela même à se défendre. (Sirey, t. 18, 2ᵉ part., p. 190.) Lorsque la demande de la femme est dirigée contre son mari, elle doit être autorisée par justice à s'en désister. (Sirey, t. 10, 1ʳᵉ part., p. 189.)

La nécessité de l'autorisation est une règle générale qui s'applique pour plaider, comme pour contracter, dans toutes positions et dans toutes circonstances où la loi n'a pas établi d'exception. (Vazeille, t. 2, n. 310.)

Favard, autorisation de la femme mariée, n. 1. — L'autorisation du mari est expresse ou tacite : elle est expresse quand il la donne en termes formels ; elle est tacite lorsqu'elle est la conséquence de quelque fait volontaire de sa part.

Duranton, t. 2, n. 445. — Lorsque le consentement du mari n'est pas donné par écrit, il faut son concours dans l'acte, de manière qu'il n'ait pu ignorer l'engagement de sa femme.

N. 446. — Le consentement peut être donné par acte sous seing privé, lors même qu'il s'agirait, pour la femme, d'un acte qui ne peut être valablement fait qu'en la forme solennelle et authentique, comme l'acceptation d'une donation.

Dalloz, mariage, sect. 12, art. 2, § 1, n. 2. — Il n'est pas indispensable que l'autorisation soit donnée avant le commencement de l'instance. Le défaut étant réparable, ne produit d'abord qu'une exception dilatoire. Un délai est accordé à la femme pour qu'elle se mette en mesure de remplir le vœu de la loi.

N. 3. — Si dans le délai fixé la femme ne rapporte pas l'autorisation sans laquelle elle est incapable d'agir, une fin de non-recevoir insurmontable doit faire rejeter sa demande, et il y aurait nullité de tout jugement qui l'accueillerait.

Question controversée. — La femme séparée de biens peut-elle *compromettre* sans l'autorisation de son mari ou de justice? *Oui.* Carré, Lois de l'organisation et de la compétence, t. 2, p. 228; *contrà :* Mongalvy, de l'arbitrage, t. 1, n. 272; Guerbeau, de l'arbitrage, t. 1, p. 45. (Journal de la magistrature, t. 4, p. 322 à 324.)

216. *L'autorisation du mari n'est pas nécessaire lorsque la femme est poursuivie en matière criminelle ou de police. (C. C., art.* 905, 940, 1422, 1990, 2139, 2194. *)*

ff, lib. 1, tit. 1, leg. 3.

Pothier, puissance du mari, n. 63 et suiv. ; Merlin, R., v. accusé ; autorisation maritale, sect. 7; *ibid.*, t. 16, sect. 7 *bis*, n. 3, 18; Favard, autorisation de la femme, n. 4; Toullier, t. 2, n. 624; t. 9, n. 195; t. 11, n. 39; Duranton, t. 2, n. 454; Biret, nullité, t. 1, p. 131; Vazeille, t. 2, n. 311.

Pothier, Traité de la puissance du mari, n. 63. — Mais lorsqu'une femme veut intenter une accusation criminelle contre quelqu'un, elle doit être autorisée ou par son mari, ou par justice. (Duranton, t. 2, n. 454.) Elle ne pourrait se rendre partie civile dans les affaires criminelles, correctionnelles ou de police sans être autorisée de son mari ou de la justice.

Portalis. — Alors, l'autorité du mari disparaît devant celle de la loi, et la nécessité de la défense naturelle dispense la femme de toute formalité. Il n'en est pas de même de l'action. (Malleville; voir Code civil, 1424 et 1425; Delvincourt, t. 1, p. 73, note 6; Proudhon, t. 1, p. 264.)

217. *La femme, même non commune ou séparée de biens, ne peut donner, aliéner, hypothéquer, acquérir, à titre gratuit ou onéreux, sans le concours du mari dans l'acte, ou son consentement par écrit. (C. C., art.* 776, 905, 934, 940, 942, 1029, 1124 *et suiv.*; 1304, 1388, 1449, 1553, 1538, 1549 *et suiv.*; 1576, 1940, 2126. — *C. de C., art.* 4, 5, 7. *)*

Pothier, puissance du mari, n. 2, 3, 4, 6, 15, 34, 42, 43, 68, 69, 71, 72, 73, 75; obligations, n. 50, 52, 396; communauté, n. 464, 522; Merlin, R., autorisation maritale, sect. 1 et suiv. ; t. 16, sect. 7, n. 7; séparation de biens, sect. 2; Favard, autorisation de la femme, n. 1, 5 et 7; Dalloz, mariage, sect. 12, art. 2, § 2; Rolland, autorisation maritale, n. 12, 15 et 26, § 5, 6 et 8; n. 171 et suiv., § 9; Chabot, Questions transit., v. sénatus-consulte Velléien; Toullier, t. 2, n. 619 et suiv. ; 632, 653; t. 4, n. 408; t. 5, n. 61. 188, 193; Duranton, t. 2, n. 470, 471, 490 à 493; Biret, nullités, t. 1, p. 128, 129; Vazeille, t. 2, n. 307 à 311, 323; Grenier, hypothèques, t. 1, p. 57, 58, 115; Bellot, contrat de mariage, t. 1, p. 254, 461, 464, 471.

Pothier, Traité de la puissance du mari, n. 6. — Cette autorisation n'est pas un simple consentement; le contrat auquel le mari aurait donné son consentement, en y souscrivant, ne sera pas pour cela valable, s'il n'a pas expressément autorisé sa femme pour le faire.

N. 33. — Ces termes, *ne peut aliéner*, comprennent les aliénations de meubles aussi bien que les aliénations d'immeubles; les aliénations nécessaires aussi bien que les volontaires. Une femme mariée ne peut donc, sans autorisation, recevoir valablement le paiement des sommes ou choses qui lui sont dues; car le paiement qui est fait à un créancier, renferme une aliénation de sa créance.

Arrêtés de Lamoignon, art. 69. — L'obligation de la femme, faite sans autorisation du mari, pour victuailles et provisions ordinaires de la maison, pour marchandises de draps, linges et autres étoffes, servant à l'usage ordinaire, est valable. Cette proposition n'est point contrariée par la loi actuelle. Une grande latitude est, en pareil cas, abandonnée à la prudence des juges. (Toullier, t. 1, n. 641; Proudhon; t. 1, p. 263. Voir *L.* 11, *ff, de institoriâ actione.* Proudhon, t. 1, p. 262.) L'excès seul mettrait le mari en droit de refuser le paiement. (Voir Bellot, contrat de mariage, p. 253, 256, 258.)

Procès-verbal du Conseil d'Etat, 27 septembre 1801. — Après une discussion entre Malleville et Portalis, Tronchet dit que le projet du Code civil a été rédigé dans cet esprit : les époux sont entièrement libres dans leurs conventions matrimoniales, quoique le projet règle les effets des stipulations les plus ordinaires et les plus connues; mais il exige, comme une garantie contre les aliénations désavantageuses des biens de la femme, l'autorisation du mari.

Réal répond à une nouvelle objection de Malleville, que la femme non commune ou séparée de biens a la faculté d'aliéner ses meubles sans y être autorisée.

Crétet demande si la femme peut acheter des immeubles sans l'autorisation de son mari.

Tronchet et Régnaud répondent qu'elle ne le peut pas, parce qu'elle aliénerait un capital, ou qu'elle s'obligerait : elle pourrait acheter ou à un prix trop haut, ou des biens d'une nature peu avantageuse. En outre la raison morale qui défend à la femme d'accepter une donation, sans l'autorisation de son mari, doit faire étendre son incapacité au cas où elle veut acquérir; car au lieu de recevoir un immeuble en nature, elle pourrait recevoir l'argent nécessaire pour l'acheter.

Malleville. — Comme l'article ne distingue pas les espèces de biens, il s'ensuivrait que la femme séparée ne peut, sans le consentement de son mari, aliéner ses meubles, ce qui est contraire à l'ancienne jurisprudence. Aussi le rapporteur de la section convint - il que la défense contenue dans cet article ne concernait que les immeubles, et c'est sans doute par oubli que sa disposition n'a pas été restreinte. Il faut bien qu'une femme séparée dispose au moins de ses revenus.

C'est à l'instant même du contrat que le concours du mari ou la justification de son consentement par écrit doit exister : un acquiescement ultérieur de sa part pourrait bien anéantir l'action en nullité de son chef, mais non point de celui de la femme ni de ses héritiers.

Delvincourt, t. 1, note 4, page 73. — *Sans son concours dans l'acte.* Aujourd'hui il suffit que le mari concoure à l'acte. Cela n'aurait pas suffi avant le Code ; il fallait, en outre, l'autorisation formelle : c'était une véritable chicane de mots.

Note 5. — *Ou son consentement par écrit.* Lequel peut avoir lieu postérieurement à l'acte pour lequel il est nécessaire ; et alors il vaut ratification, et rend l'acte inattaquable de la part tant du mari que de la femme, et de leurs héritiers.

Quid si l'acte est dans l'intérêt du mari. Celui-ci pourra-t-il autoriser sa femme? Oui. (Duranton, t. 2, n. 471.)

Toullier, t. 2, n. 622 à 624. — Si la femme prenait, en contractant, la qualité de fille majeure, ou de veuve, le contrat n'en serait pas moins nul ; autrement ce serait ouvrir une voie pour éluder la loi. — Mais si le mariage de cette femme n'était pas connu dans le lieu de sa demeure, si elle passait dans le pays pour fille ou pour veuve, les obligations qu'elle contracterait seraient valables.

Si la femme prenait un faux nom pour tromper celui avec qui elle contracte, si elle présentait un faux acte d'autorisation, elle se rendrait coupable d'escroquerie ou de faux, et deviendrait personnellement obligée.

Question controversée. — L'obligation contractée par la femme, sans l'autorisation de son mari, est-elle validée par l'approbation de ce dernier? *Oui*, d'après Delvincourt, t. 1, p. 79, note 11; Vazeille, mariage, t. 2, n. 379; Rolland, v. autorisation maritale, n. 10; A. Dalloz, Dictionnaire général, t. 1, p. 246. *Non*, arrêt de Rouen, 18 décembre 1825, Sirey, 26, 2ᵉ part., p. 271; Dalloz, 26, 2ᵉ part., p. 98; cass., 12 février 1826, qui confirme; Dalloz, 28, 1ʳᵉ part., p. 127; Sirey, 28, 1ʳᵉ part., p. 356; *id.*, t. 29, 2ᵉ part., p. 28; Dalloz, 29, 2ᵉ part., p. 73 et 207; Duranton, t. 2, n. 518; Benoit, de la dot, t. 1, n. 224. (Journal de la magistrature, t. 4, p. 188 à 197.)

Question controversée. — L'acceptation expresse d'une donation, par la femme non autorisée lie-t-elle le donateur? *Oui.* Duranton, t. 8, n. 435; Toullier, t. 5, n. 193. *Non.* Grenier, donation, t. 1,

p. 220 ; Favard, R., v. donation entre vifs, sect. 2, § 1, n. 4 ; Delvincourt, t. 2, p. 72, note 4. (Journal de la magist., t. 3, p. 108 à 116. Voir Code civil, art. 934.)

218. *Si le mari refuse d'autoriser sa femme à ester en jugement, le juge peut donner l'autorisation.* (*C. C.*, *art.* 861, 862, 1426, 1535, 1538, 1576, 2208. — *C. de P.*, *art.* 86 *et suiv.*)

Avis du Conseil d'Etat, du 3 mai 1808.

Pothier, puissance du mari, n. 57, 59 ; Merlin, R., autorisation maritale, sect. 6, § 4 ; sect. 8, t. 16 ; caution, § 2 ; mariage, sect. 5, § 2 ; Favard, autorisation de la femme, n. 6 et 7 ; Chabot, Questions transit., autorisation maritale, § 1 ; Dalloz, mariage, sect. 12, art. 2, § 3 ; Toullier, t. 2, n. 649 ; Duranton, t. 2, n. 473 ; Vazeille, t. 2, n. 307, 341, 342 à 356.

Pothier, Traité de la puissance du mari, n. 57. — L'autorisation du juge supplée, en ce cas, à celle du mari, et elle habilite la femme à ester en jugement sur cette demande, sans le consentement de son mari.

Procès-verbal du Conseil d'Etat, 27 septembre 1801. — Defermon dit que le mari ne peut pas être suppléé par le juge, puisqu'il s'oblige personnellement par l'autorisation qu'il donne à sa femme.

Tronchet répond qu'il ne s'oblige point envers les tiers ; que seulement il contracte envers sa femme l'obligation de surveiller l'emploi.

Delvincourt, t. 1, note 8 de la page 73. — A quel tribunal doit être demandée l'autorisation ? Il faut distinguer : s'il s'agit de la passation d'un acte, ou d'une demande judiciaire à former par la femme, c'est le tribunal du domicile commun qui doit accorder l'autorisation ; mais s'il s'agit d'un procès dans lequel la femme soit défenderesse, l'autorisation peut être accordée par le tribunal devant lequel la demande est portée.

Vazeille, t. 2, n. 342. — Dans le doute, l'autorisation peut être donnée ; mais elle est refusée quand il est évident que la femme a des prétentions injustes ou mal fondées, ou qu'elle tend à traiter au préjudice de ses droits et de ses intérêts. (Voir le Code civil, art. 221, 224 ; Code de procédure, art. 863.) C'est le tribunal saisi de l'affaire, quelle que soit la nature de sa jurisdiction, qui donne l'autorisation par un jugement d'instruction, ou dans les causes qui se traitent sommairement, par le jugement même qui décide du fond de l'affaire. (Cass., 17 août 1833, Sirey, 13, 1re part., p. 144.)

Question controversée. — Les demandes dirigées contre une femme mariée qui a le droit d'ester en jugement, sont-elles soumises au préliminaire de la conciliation ? *Oui.* Cass., 3 mai 1808. Dalloz, Jurisprudence gén., t. 3, p. 719 ; Sirey, 8, 1re part., p. 310 ; Carré, Lois de la procédure, t. 1, n. 207. *Non.* Favard, v. conciliation, § 1, n. 3 ; Boncenne, Théorie de la procédure, t. 2, p. 17. (Journal de la magistrature, t. 4, p. 335 à 339.)

219. *Si le mari refuse d'autoriser sa femme à passer un acte, la femme peut faire citer son mari directement devant le tribunal de première instance de l'arrondissement du domicile commun, qui peut donner ou refuser une autorisation, après que le mari aura été entendu ou dûment appelé en la chambre du conseil.* (*C. C.*, *art.* 905, 934, 940, 942, 1029, 1096, 1124 *et suiv.* ; 1417, 1426 *et suiv.* ; 1450, 1555. — *C. de P.*, *art.* 861.)

Avis du Conseil d'Etat, du 3 mai 1808.

Pothier, puissance du mari, n. 12 ; Merlin, R., t. 16, autorisation maritale, sect. 8, n. 2 *bis* ; Favard, autorisation de la femme, n. 5 ; Dalloz, mariage, sect. 12, art. 2, § 3 ; Toullier, t. 5, n. 61, 193 ; Duranton, t. 2, n. 470 ; Grenier, donation, t. 1, p. 206, 338 ; Vazeille, t. 2, n. 341 à 356.

Pothier, Traité de la puissance du mari, n. 12. — Le refus du mari doit être constaté par une sommation que la femme lui a fait donner.

Pandectes françaises. — Pour que les juges, en ce cas, puissent se déterminer à donner l'autorisation, il faut qu'il y ait manifestement pour la femme nécessité de faire l'acte pour lequel elle demandera à être autorisée, et injustice évidente de la part du mari. — Si l'on se rendait facile sur de pareilles demandes, il n'y aurait plus de subordination dans les familles ; les maris y perdraient toute leur autorité ; ils n'y seraient plus respectés.

Si l'autorisation est refusée par le tribunal, la femme peut appeler de ce jugement ; la loi n'interdit pas cette faculté, qui est de droit commun. (Vazeille, t. 2, n. 346.)

Boileux. — A cet effet, la femme doit faire sommation au mari ; sur son refus, elle doit présenter une requête au président. Le président rend une ordonnance portant permis de citer le mari, à jour indiqué, à la chambre du conseil, pour déduire les causes de son refus. Le mari entendu, ou faute par lui de se présenter, il est rendu, sur les conclusions du ministère public, un jugement qui statue sur la demande de la femme.

Question controversée. — L'autorisation du mari suffit-elle pour habiliter la femme à contracter une obligation envers lui ? *Oui.* Cour royale de Paris, 12 décembre 1820, Dalloz, t. 10, p. 134 ; Delvincourt, t. 1, p. 79, note 2. *Non.* Arrêt, Besançon, 27 janvier 1807, Dalloz, Recueil alph., t. 10, p. 132 ; *id.*, Cass., 13 octobre 1812, Dalloz, *ibid.*, p. 135 ; Duranton, t. 2, n. 473 ; Vazeille, mariage, t. 2, n. 306 et 354. (Journal de la magistrature, t. 4, p. 210 à 214.)

220. *La femme, si elle est marchande publique, peut, sans l'autorisation de son mari, s'obliger pour ce qui concerne son négoce ; et, audit cas, elle oblige aussi son mari, s'il y a communauté entre eux. — Elle n'est pas réputée marchande publique, si elle ne fait que détailler les marchandises du commerce de son mari, mais seulement quand elle fait un commerce séparé.* (*C. C.*, *art.* 215. — *C. de C.*, *art.* 4, 5 *et* 7.)

Pothier, puissance du mari, n. 20, 22 ; Merlin, R., autorisation maritale, sect. 7 ; Favard, autorisation de la femme, n. 1 ; Dalloz, mariage, sect. 12, art. 2, § 6 ; Rolland, communauté de biens entre époux, n. 355 et suiv. ; Toullier, t. 2, n. 634, 640 ; Duranton, t. 2, n. 474 à 487 ; Grenier, hypothèques, t. 1, p. 64 ; Persil, Questions hyp., t. 1, p. 132, 134 ; Vazeille, n. 328 à 334, 356 à 366.

Pothier, Traité de la puissance du mari, n. 20. — Pour qu'une femme soit marchande publique et dans le cas de l'article, il faut qu'elle fasse publiquement un commerce dont son mari ne se mêle pas, soit que son mari n'en fasse aucun, soit qu'il en fasse un différent de celui de sa femme.

Portalis, exposé des motifs au Corps législatif, 10 mars 1803. — La faveur du commerce a fait regarder la femme marchande publique comme indépendante du pouvoir marital dans tout ce qui concerne les opérations commerciales qu'elle fait. Sous ce rapport, le mari peut devenir la caution de sa femme, mais il cesse d'être son maître.

Procès-verbal du Conseil d'Etat, 27 septembre 1801. — Crétet demande si la femme marchande publique, et qui n'est point commune en biens, soumet son mari à la contrainte par corps, par les engagemens qu'elle contracte.

Tronchet répond que l'acte emportant contrainte par corps, n'y soumet que la personne qui l'a signé ; mais si la femme marchande publique est commune en biens, la communauté peut être affectée pour les dettes qu'elle contracte.

Delvincourt, t. 1, note 1 de la page 74. — *Quid* si la femme est dans l'habitude de signer seule les factures, et même les billets de commerce de son mari ? Cette circonstance se rencontre souvent dans le cas où la femme seule sait écrire. Je pense, avec Pothier, que les effets signés par elle seule valent, *propter bonam fidem*, et obligent le mari. La femme mariée est censée, dans ce cas, fondée de pouvoir de son mari, *quasi ejus institrix*. Obligent-ils la femme ? Cela dépend de la rédaction de l'acte. Si le billet est fait au nom collectif du mari et de la femme, et qu'ils soient dans l'usage de le faire ainsi, il les oblige tous deux.

Note 2. — L'autorisation *tacite* suffit. (Duranton, t. 2, n. 484.)

Vazeille, t. 2, n. 329. — Le consentement du mari ne peut être suppléé par le juge. Il est exclusivement dans le domaine du mari. Un acte exprès et par écrit n'est pas indipensable ; il peut être verbal ou tacite ; il s'induit des circonstances propres à le faire supposer. Il faut que la femme soit majeure. (Pardessus, Cours de droit commercial, n. 63 ; Sirey, 22, 2e part., p. 38.)

Merlin, R., autorisation maritale, sect. 7, n. 6. — Ce n'est pas que le mari perde de ses droits en cette occasion, et qu'il ne puisse bien empêcher sa femme de faire aucun commerce ; mais c'est qu'en lui permettant de commercer, il est présumé l'autoriser à cet effet.

Duranton, t. 2, n. 475. — Il ne suffit pas, pour que la femme soit réputée marchande publique, qu'elle fasse un commerce séparé, il faut encore qu'elle le fasse avec l'autorisation de son mari.

N. 476. — La femme mineure ne peut pas faire le commerce avec la *seule autorisation* de son *mari mineur*, et être personnellement obligée pour les faits de ce commerce.

N. 478. — Le mari mineur ne peut non plus autoriser sa femme, même majeure, à faire le commerce.

221. *Lorsque le mari est frappé d'une condamnation empor-*

tant peine afflictive ou infamante, encore qu'elle n'ait été prononcée que par contumace, la femme, même majeure, ne peut, pendant la durée de la peine, ester en jugement, ni contracter, qu'après s'être fait autoriser par le juge, qui peut, en ce cas, donner l'autorisation, sans que le mari ait été entendu ou appelé. (C. C., art. 215 *et suiv. — C. de P., art.* 7 *et* 8. — *C. P., art.* 27 *et* 28. *)*

Pothier, puissance du mari, n. 23 et 24; Merlin, R., autorisation maritale, sect. 7 et 8; Dalloz, mariage, sect. 12, art. 2, § 3; Rolland, autorisation maritale, § 7; Toullier, t. 2, n. 652; Duranton, t. 2, n. 507; Vazeille, t. 2, n. 341 à 356.

Portalis, exposé des motifs au Corps législatif, 10 mars 1803. — Les droits du mari sont suspendus par son interdiction, son absence ou toute cause qui peut le mettre dans l'impossibilité actuelle de les exercer; et, dans ces hypothèses, l'autorité du mari est remplacée par celle du juge.

L'autorité du juge intervient encore, si le mari est mineur. Comment celui-ci pourrait-il autoriser les autres, quand il a lui-même besoin d'autorisation?

Malleville. — Cet article suppose que le mari frappé d'une condamnation emportant peine afflictive ou infamante, quoique rendue par contumace, ne peut pas autoriser sa femme, tant que la peine dure. Je ne vois pas de motifs raisonnables pour l'opinion contraire, qu'un auteur moderne enseigne cependant.

Hua. — La disposition de cet article a son effet à partir du jour même de l'exécution par effigie, et même pendant le délai de cinq ans (art. 27), accordé au contumax pour se représenter; autrement la femme resterait dans une interdiction légale pour toute espèce d'acte.

Rolland de Villargues, v. autorisation maritale, n. 131. — Lorsque la peine est simplement *infamante* sans être afflictive, comme lorsque le mari est condamné seulement à la dégradation civique (Code pénal, art. 8.), devient-il inhabile à autoriser sa femme? Il faut décider la *négative.* (Vazeille, t. 2, n. 347.)

222. *Si le mari est interdit ou absent, le juge peut, en connaissance de cause, autoriser la femme, soit pour ester en jugement, soit pour contracter. (C. C., art.* 240. — *C. de P., art.* 861 *et suiv.)*

Pothier, puissance du mari, n. 25, 26, 27, 28; Favard, autorisation de la femme, n. 2 et 4; Dalloz, mariage, sect. 12, art. 2, § 3; Toullier, t. 1, n. 469; t. 2, n. 650; Duranton, t. 2, n. 506; Proudhon, t. 1, p. 166, 173, 271; t. 2, p. 334; Biret, nullités, t. 1, p. 131, 132; Vazeille, t. 2, n. 341 à 356; Demoly, absence, p. 455 à 464.

Pothier, Traité de la puissance du mari, n. 26. — Lorsque, dans le cas d'interdiction, la femme est créée curatrice par le juge, à la personne et aux biens de son mari, sa nomination à cette curatelle renferme nécessairement une autorisation pour administrer tant les biens de son mari que les siens. La femme n'a donc pas besoin d'aucune autre autorisation; mais elle ne pourrait, sans une autorisation particulière du juge, aliéner quelqu'un de ses héritages, accepter ou répudier une succession qui lui serait échue, et faire tout autre acte qui excéderait les bornes d'une administration.

N. 27. — Dans le cas d'absence du mari, comme il n'est guère possible que la femme ait recours à l'autorisation du juge, pour chacun des actes qui sont à faire pour l'administration des biens, tant de son mari que d'elle, j'aurais de la peine à ne pas regarder comme valables tous les actes et contrats de pure administration, quoique faits sans son autorisation. Il est pourtant plus sûr que cette femme se fasse autoriser par le juge, pour cette administration.

Procès-verbal du Conseil d'Etat, 27 septembre 1801. — Napoléon demande si l'on veut parler d'un mari seulement absent du lieu où se trouve la femme, ou si l'on parle du mari déclaré absent.

Berlier et Tronchet répondent que la femme serait trop long-temps dans l'impuissance d'agir, si elle ne pouvait obtenir l'autorisation du juge avant que son mari eût été déclaré absent. Au surplus, le tribunal ne donne l'autorisation qu'en connaissance de cause: cette circonstance dissipe toute crainte, et permet de laisser plus de latitude à la disposition. — Il est possible que, quoiqu'un mari ne soit pas éloigné, il y ait cependant tellement urgence que la femme n'ait pas le temps de prendre son autorisation.

Quand même l'absence n'aurait pas encore été déclarée par aucun jugement.

Delvincourt, t. 1, note 9 de la page 73. — D'*absence*, présumée ou déclarée, ou même de non présence, suivant les circonstances. (Rolland, v. autorisation maritale, n. 136; Toullier, t. 1, n. 651; Duranton, t. 2, n. 506; Malleville.)

223. *Toute autorisation générale, même stipulée par contrat de mariage, n'est valable que quant à l'administration des biens de la femme. (C. C., art.* 1388, 1508, 1538, 1988. — *C. de C., art* 4, 5 *et* 7. *)*

Pothier, puissance du mari, n. 67; Merlin, R., autorisation maritale, sect. 6, § 2; sect. 8, procuration, § 2; Rolland, procuration; Toullier, t. 2, n. 636, 643, 661; Proudhon, t. 1, p. 169, 268, 269; t. 2, p. 334; Vazeille, t. 2, n 336 à 341; Bellot, contrat de mariage, t. 1, p. 12, 254, 304, 306, 316, 477; t. 4, p. 298, 299.

Procès-verbal du Conseil d'Etat, 27 septembre 1801. — Malleville demande si une autorisation générale donne à la femme le droit d'ester en jugement.

Tronchet et Boulay répondent que ces effets ne vont pas jusque là, et sont bornés à l'administration des biens de la femme.

Proudhon, t. 1, p. 268. — Le mari peut autoriser par mandat antérieur; il n'est point nécessaire qu'il soit présent, puisqu'il suffit d'avoir son consentement par écrit.

L'autorisation peut être suppléée par ratification postérieure, parce qu'on peut toujours renoncer à une exception qui n'est établie que pour nous-mêmes, mais il faut que cette ratification intervienne tandis que les choses sont encore entières: c'est-à-dire tandis que le consentement de la femme subsiste, car si elle l'avait retiré, il n'y aurait plus d'acte susceptible de ratification de la part du mari. Elle serait tardive après la mort de la femme, parce qu'il n'y a plus d'autorité maritale à exercer.

Vazeille, t. 2, n. 337. — La femme a besoin d'une autorisation spéciale dans chaque procès, en défendant ainsi qu'en demandant.

Toullier, t. 2, n. 656 et 657. — Le créancier qui aurait contracté avec la femme autorisée de justice ne pourrait se faire payer sur les biens de la communauté, si ce n'est jusqu'à concurrence de ce dont la communauté aurait profité de l'affaire pour laquelle la femme aurait contracté l'obligation; sauf à lui à se pourvoir sur la nue propriété des immeubles personnels de la femme pendant la communauté, et sur tous ses biens meubles et immeubles, après la dissolution de la communauté. — Au lieu que si la femme a été autorisée par son mari pour quelque obligation durant le mariage, le mari ayant, par son concours, approuvé l'obligation, le créancier peut poursuivre le paiement tant sur les biens de la communauté que sur ceux du mari et de la femme, sauf la récompense due à la communauté, ou l'indemnité due au mari.

224. *Si le mari est mineur, l'autorisation du juge est nécessaire à la femme, soit pour ester en jugement, soit pour contracter. (C. C., art.* 476, 481, 2208. *)*

ff, leg. 7, de minor.

Pothier, puissance du mari, n. 29, 30, 31; Merlin, R., autorisation maritale, sect. 5, § 1; Rolland, autorisation pour faire le commerce, n. 17 et suiv.; autorisation maritale, § 7; Toullier, t. 2, n. 650; Duranton, t. 2, n. 504; Vazeille, t. 2, n. 341 à 356.

Delvincourt, note 9 de la page 73. — *Quid*, si les époux sont mineurs tous les deux? Comme ils sont *émancipés* par mariage, la femme peut faire, avec l'autorisation de son mari, tous les actes permis au mineur émancipé. Quant aux autres actes, la femme ne peut y procéder qu'avec les formalités et conditions requises à l'égard des mineurs émancipés.

Quid si la femme est mineure et le mari majeur? Je pense que son mari est son curateur de droit, sauf pour les actes auxquels il aurait lui-même intérêt, et, en outre, sauf l'autorisation du conseil de famille.

Portalis, exposé des motifs au Corps législatif, 10 mars 1803. — L'autorité du juge doit intervenir si le mari est mineur. Comment celui-ci pourrait-il autoriser les autres, quand il a lui-même besoin d'autorisation?

Toullier, t. 1, n. 653. — Comme le mineur a néanmoins la puissance maritale sur la personne et sur les biens de sa femme, l'autorisation du juge n'a pour objet que de suppléer à l'incapacité qui résulte de sa minorité; ainsi, le mari doit être consulté. Vazeille, t. 2, n. 348, conforme.

Duranton, t. 2, n. 505. — La disposition de cet article ne s'entend pas en ce sens que la femme dont le mari est mineur *a toujours besoin, pour contracter, de l'autorisation de la justice*; elle s'entend uniquement en ce sens que, lorsque l'autorisation est *nécessaire*, c'est à celle du magistrat que la femme doit recourir.

D'après cela, si elle est séparée de biens, elle peut, quoique mineure, faire tous les actes de pure administration, sans avoir besoin d'autorisation.

225. *La nullité fondée sur le défaut d'autorisation ne peut être opposée que par la femme, par le mari ou par leurs héritiers.* (*C. C., art.* 942, 1125, 1166, 1167, 1235, 1241, 1304, 1312, 1413, 1417 *et suiv.*; 1424, 1449, 1555, 1990.)

Instit., lib. 1, tit. 21, in prœm.

Pothier, puissance du mari, n. 5, 74; Merlin, autorisation maritale, sect. 3 et 6; mariage, sect. 5, § 2; Favart, autorisation de la femme, n. 7 et 9; Dalloz, mariage, sect. 12, art. 2, § 5; Pailliet, Dictionnaire universel, acceptation de donation, n. 14 et suiv.; Rolland, autorisation maritale, § 9; Toullier, t. 2, n. 661; t. 7, n. 566 et suiv.; 571; Duranton, t. 2, n. 464, 509 à 518; Vazeille, t. 2, n. 322, 377 à 386; Perrin, nullités, p. 62, 93.

Pandectes françaises. — Ainsi, la partie qui a traité avec la femme ne peut opposer la nullité; ce qui ne signifie pas que l'acte soit valable en soi, mais parce que cette partie qui a traité avec une femme mariée, sans le concours de son mari, est non recevable à exciper d'une nullité qui est son propre fait, et à laquelle elle s'est exposée volontairement. (Proudhon, t. 1, p. 274.)

(Pothier est d'une opinion contraire; voir Traité de la puissance du mari, sect. 3, § 1, n. 34.)

Rolland de Villargues, v. autorisation maritale, n. 184. — Quand une femme invoque la nullité d'un contrat qu'elle a passé sans l'autorisation de son mari, elle n'a pas besoin de prouver qu'elle a été lésée. Elle diffère en cela du mineur.

N. 188. — Mais, après la mort de la femme, ses héritiers, son mari et les héritiers de ce dernier, ne peuvent attaquer un tel contrat, que lorsqu'ils ont un intérêt personnel. C'est le cas de la règle : Point d'intérêt, point d'action. (Vazeille, n. 378.)

N. 190. — La femme ou ses héritiers ont dix ans, après la dissolution du mariage, pour réclamer la nullité d'un tel acte. — Ses créanciers ne le peuvent jamais.

N. 192. — Il ne faut pas appliquer le même délai au mari, parce que les actes lui sont étrangers. Il peut donc toujours les attaquer par exception, quand on les produit, pour repousser la réclamation de ses droits, s'ils ne sont pas prescrits d'ailleurs. (Vazeille, n. 379.)

N. 201. — Lorsque la femme ou ses héritiers demandent la nullité du contrat, ils doivent restituer ce dont elle a profité par suite de ce contrat.

N. 202. — Mais c'est aux tiers à prouver qu'elle s'est enrichie. (Toullier, Duranton, Bellot.)

Toullier, t. 7, n. 567, confère l'art. 225 avec l'art. 1166, et enseigne que le droit à la nullité est exclusivement attaché à la personne de la femme, ou de ses héritiers, et qu'ainsi il est dans la classe de ceux que les créanciers ne peuvent pas exercer.

Duranton confère aussi ensemble les art. 225, 1166, 1125, 1338 et 2012, et il avance que la loi nouvelle a voulu réduire à la nullité relative un vice qui, auparavant, constituait une nullité absolue.

Vazeille, t. 2, n. 385. — Si la nullité ne portait que sur des actes de la femme, relatifs à des biens qui lui étaient réservés, la nullité, toute personnelle au mari, à cause de sa puissance offensée, ne peut pas servir à ses créanciers; elle n'a pas d'intérêt pour eux.

Proudhon pense que le défaut d'autorisation ne s'applique point à l'acceptation des donations. (Art. 932.) *Contrà* : Toullier, t. 1, n. 661.

Merlin, R. autorisation maritale, sect. 3, § 4. — Il suit de là très-clairement que si une femme a plaidé, soit en demandant, soit en défendant, sans l'autorisation de son mari, et qu'elle ait obtenu gain de cause, le jugement ne peut pas être annulé à son préjudice, sous le seul prétexte de l'absence de cette autorisation.

Duranton, t. 2, n. 512. — De ce que le moyen de nullité est personnel à la femme, au mari ou à leurs héritiers, il n'en faut pas conclure, avec M. Toullier, que les créanciers de la femme n'auraient pas le droit de *le faire valoir* : ce n'est pas là un droit *exclusivement attaché à la personne*, comme le prétend cet auteur, puisqu'il est transmissible aux héritiers.

Question controversée. — Les nullités relatives à la femme mariée et au mineur peuvent-elles être invoquées par leurs créanciers? *Oui.* Duranton, t. 2, n. 512; Vazeille, mariage, t. 2, n. 383; Rolland, R., v. nullité, § 4, n. 48; Dalloz, v. mariage, p. 150; Merlin, Q., v. hypothèque, § 4; Grenier, hypothèque, t. 1, n. 44. *Non.* Arrêt d'Angers, 1er août 1810, Dalloz, v. mariage, p. 150; Cassation, 12 juillet 1816, Sirey, 16, 1re part., p. 320; 11 juillet 1828, Dalloz, 1828, 1re part., p. 271; Toullier, t. 7, n. 566. (Journal de la magistrature, t. 3, p. 320 à 323.)

226. *La femme peut tester sans l'autorisation de son mari.* (*C. C., art.* 905, 940, 2139, 2194, 1449, 1538, 1576, 1990, 1096.)

ff, leg. 5, qui testam. facere poss.

Pothier, puissance du mari, n. 43, 47; Toullier, t. 2, p. 621; Duranton, t. 2, n. 503; Sirey, t. 7, 1re part., p. 115, et Merlin, R., v. testament, sect. 1, § 5, art. 1.

Pothier, puissance du mari, n. 47. — L'autorisation n'est pas non plus nécessaire pour la révocation.

Portalis, exposé des motifs au corps législatif, 10 mars 1803. — La femme peut faire des dispositions testamentaires sans y être autorisée, parce que ces sortes de dispositions, qui ne peuvent avoir d'effet qu'après la mort, c'est-à-dire qu'après que l'union conjugale est dissoute, ne peuvent blesser les lois de cette union. (Proudhon, t. 1, p. 264.)

CHAPITRE VII.

De la dissolution du Mariage.

227. *Le mariage se dissout :*

1° *Par la mort de l'un des époux;*

2° *Par le divorce légalement prononcé;*

3° *par la condamnation devenue définitive de l'un des époux, à une peine emportant mort civile.* (*C. C., art.* 25, 139, 232, 261, 295 *et suiv.*)

ff, lib. 24, tit. 2, leg. 1, 2; leg. 5, § 1 de bon. damn.; leg. 13, § 1, de don. inter vir. et uxor.; leg. 1, Cod., de repudiis, et judic. morib. sublat.; Novell. 22, cap. 13.

Pothier, contrat de mariage, n. 462, 463; Merlin, mariage, sect. 2, et suiv.; t. 16, sect. 2, § 2; sect. 3, § 1; Favard, divorce; mariage, sect. 6; Dalloz, droits civils et politiques, sect. 3, art. 1, § 4, n. 23, 24; Rolland, mariage, § 8; Duranton, t. 1, n. 436; t. 2, n. 519 à 523, à 638; Vazeille, t. 2, n. 527 à 529; Desquiron, mort civile, p. 292, 447.

Procès-verbal du Conseil d'État, 6 octobre 1801. — Cambacérès demande qu'on dise (§ 3), après condamnation, *et devenue définitive*, si toutefois l'on entend conserver le mot *contradictoire*.

Tronchet dit que la contumace devenant définitive après un terme, on peut retrancher le mot *contradictoire*, et dire : « Par une condamnation devenue définitive. » Cette rédaction embrasse les deux cas.

Rolland de Villargues, v. mariage, n. 63. — Le conjoint de l'époux frappé de mort civile peut-il contracter un nouveau mariage avant sa mort naturelle? Nul doute que dans le for intérieur il ne le puisse point, parce que les liens du mariage sont indissolubles, et que le conjoint frappé de mort civile peut revivre civilement, par l'effet d'une grâce entière ou d'une commutation de peine qui le rende à la vie civile. Mais dans le for extérieur, et aux termes de notre article, le mariage serait valable, et les enfans qui en naîtraient seraient légitimes, quand même l'époux condamné recouvrerait ultérieurement la vie civile. (Vazeille, t. 2, p. 372.)

Favard, mariage, sect. 6. — Cette rédaction n'est pas exacte : le mariage n'est anéanti qu'au moment où la mort civile existe, c'est-à-dire à compter du jour de l'exécution réelle ou par effigie pour les condamnations contradictoires (Code civil, art. 26.), et pour les condamnations par contumace, à compter de l'expiration des cinq années qui suivent l'exécution par effigie. (Code civil, art. 27, 30; Code d'instruction criminelle, art. 476.)

Dalloz, mariage, sect. 13, n. 3. — Il est sensible que par les mots *condamnation devenue définitive*, le Conseil d'État a entendu, quant à la mort civile et aux effets qui en résultent, un jugement par contumace, tout aussi bien qu'un jugement contradictoire, puisque le premier devient *définitif* dès que le condamné a laissé expirer cinq ans sans se représenter. (*Vide contrà :* Delvincourt, t. 1, note 13 de la p. 9; Duranton, t. 2, p. 472, n. 521, et Vazeille, t. 2, p. 365, n. 527.)

Question controversée. — Pendant la vie naturelle du mort civilement, son conjoint peut-il se remarier? *Oui* : arrêt, Douai, 3 août

1819; Dalloz, Jurisprudence générale, t. 9, p. 424, 527, n. 23 et 24; Duranton, t. 1, n. 251, note; Merlin, R., v. mariage, sect. 2, § 2, n. 3; Locré, Esprit du Code civil, t. 1, p. 394; Proudhon, usufruit, n. 2029; Guichard, droit civil, n. 330 à 333. *Non :* Toullier, t. 1, n. 285. (Journal de la magistrature, t. 4, p. 303 à 306.)

Question controversée. — Le mariage du condamné par contumace à une peine emportant la mort civile, est-il dissous par le seul laps de cinq ans depuis l'exécution par effigie, sans attendre que la mort civile soit devenue irrévocable par l'expiration de vingt années? *Oui :* arrêt, Douai, 3 août 1819; Dalloz, Jurisprudence générale, t. 6, p. 524; Merlin, R., v. mariage, sect. 2, § 2, n. 3. *Non :* Conclusions du substitut du procureur général de Douai; les voir dans l'arrêt précité; Duranton, t. 1, n. 253. (Journal de la magistrature, t. 6, p. 309 à 315.)

CHAPITRE VIII.

Des seconds mariages.

228. *La femme ne peut contracter un nouveau mariage qu'après dix mois révolus depuis la dissolution du mariage précédent. (C. C, art.* 139, 188, 194, 195, 296, 297, 386. — *C. de P., art.* 194, 195, 340. *)*

ff, lib. 3, tit. 2, leg. 11; Cod., lib. 5, tit. 9, leg. 2.

Pothier, contrat de mariage, n. 530; Merlin, R., mariage, sect. 2 et suiv.; curatelle, § 9; noces (secondes), n. 1, § 2; Favard, mariage, sect. 1, § 2, n. 6; nullités, § 1, n. 2; Dalloz, mariage, sect. 14; Pailliet, Dictionnaire universel, année de deuil; Rolland, mariage, § 9; Toullier, t. 1, n. 651; t. 2, n. 663 et suiv., 701; t. 7, n. 487, 569; Duranton, t. 2, n. 128, 174 à 176; Biret, nullités, t. 1, p. 138 et suiv.; Vazeille, t. 1, n. 98 à 102; Proudhon, t. 2, p. 37; Sirey, t. 6, 2ᵉ part., p. 139.

Procès-verbal du Conseil d'Etat, 6 octobre 1801. — Cambacérès et le ministre de la justice trouvent que le terme de dix mois n'est pas assez long pour la femme, et n'admettent pas la nécessité d'imposer au mari un délai de trois mois.

Tronchet dit que la défense faite à la femme a pour objet de prévenir la confusion de part; qu'en effet, la même raison ne subsiste pas pour le mari, et que le terme proposé serait trop long pour les cultivateurs, pour les artisans, enfin pour une foule d'individus de la classe du peuple, à qui le secours d'une femme est nécessaire par rapport à la conduite de leur ménage.

Napoléon fait remarquer que la confusion de part n'a pas fait impression sur les anciens, puisque l'exemple d'*Auguste* prouve qu'ils épousaient des femmes enceintes. Quant au mari, il faut ou n'en pas parler, et l'abandonner aux mœurs et aux usages, ou lui interdire le mariage pendant un terme plus long : il serait inconvenant que le Code civil se montrât, sur ce point, plus indulgent que l'usage.

Portalis, exposé des motifs au Corps législatif, 10 mars 1803. — Après un premier mariage dissous, on peut en contracter un second. Cette liberté compète au mari qui a perdu sa femme comme à la femme qui a perdu son mari; mais les bonnes mœurs et l'honnêteté publique ne permettent pas que la femme puisse convoler à de secondes noces avant que l'on se soit assuré, par un délai suffisant, que le premier mariage demeure sans aucune suite pour elle, et que sa situation ne saurait plus gêner les actes de sa volonté. Ce délai était autrefois d'un an : on l'appelait l'*an de deuil.* Nous avons cru que dix mois suffisaient pour nous rassurer contre toute présomption capable d'alarmer la décence et l'honnêteté.

Delvincourt, t. 1, p. 59, not. 5. — Mais si, nonobstant la prohibition de la loi, la femme contractait de fait un second mariage, un mois ou deux après la dissolution du premier, et qu'elle vînt à accoucher sept ou huit mois après, à laquelle des deux unions appartiendrait l'enfant? Je pense que cela rentrerait dans le domaine du juge, qui devrait se décider d'après les circonstances, sauf à prendre, toutes choses égales d'ailleurs, le parti le plus utile à l'enfant.

Rolland de Villargues, v. mariage, n. 65. — Le mariage contracté par la femme avant l'expiration des dix mois est-il nul? MM. Proudhon et Delvincourt estiment qu'il est nul, parce que la *prohibition* est *expresse.* Merlin, Toullier, Locré, Duranton et Favard soutiennent au contraire, avec beaucoup de fondement, que la nullité n'étant pas écrite dans la loi, les tribunaux ne peuvent pas en créer une; que d'ailleurs elle serait beaucoup trop rigoureuse.

Sirey, t. 12, 1ʳᵉ part., p. 46. — La peine de nullité n'a pas été attachée à la violation de la disposition de cet article; l'arrêt que rapporte Sirey, *loco citato,* le prouve; mais ce savant arrêtiste combat victorieusement les motifs de la Cour suprême. Il dit :

Ceux qui ne croient pas que de graves inconvéniens puissent résulter de l'inobservation de l'art. 228, ne font sans doute attention qu'au danger de ce qu'on appelle *turbatio sanguinis;* ils ne voient dans l'article 228 qu'une mesure de police ou de décence publique, tendant à soustraire une femme aux embrassemens d'un second mari, pendant qu'elle peut encore être enceinte du premier; et c'est pour cela que la loi a fixé un délai de dix mois, temps après lequel cesse légalement toute présomption de grossesse du fait du premier mari. (Code civil, art. 312.)

Mais l'inobservation de l'art. 228 peut avoir les inconvéniens les plus graves, dans le cas où il détruirait toutes les présomptions légales et humaines de la paternité. Supposons qu'une veuve se remarie huit jours après le décès de son premier mari, et qu'elle accouche ensuite vers la fin du neuvième mois; auquel des deux maris appartiendrait l'enfant? Impossible de l'attribuer à l'un plutôt qu'à l'autre. Or, un tel inconvénient est grave, destructif des fins du mariage, et attentatoire à l'*ordre public.* D'où la conséquence, ou que la formalité est *substantielle*, ou que nos vœux doivent appeler une disposition expresse, qui prononce la nullité d'un mariage fait dans un délai tel qu'il ne puisse y avoir *présomption* de paternité plutôt pour l'un des deux maris que pour l'autre.

Et quant au droit de successibilité? La difficulté devient plus grande. L'enfant succédera-t-il au premier ou bien au second mari, ou bien à tous les deux ensemble? (Voir Sirey, t. 6, 2ᵉ part., p. 189, arrêt de Trèves, qui est dans les principes véritables.)

(Voir Dalloz, Rec. alphab., t. 10, p. 160, et n. 2. Le mariage contracté avant les dix mois serait-il nul? Oui, selon Delvincourt, t. 1, p. 125, notes, et Proudhon, t. 1, p. 231. *Contrà :* Locré, sur l'art. 228, Merlin, R., v. noces (secondes); Toullier, t. 2, n. 664; Duranton; t. 2, n. 174; Vazeille, t. 1, n. 100; Dalloz, Rec. alph., t. 10, p. 160, n. 3.)

TITRE VI.

Du Divorce.

(Décrété le 21 mars 1803. Promulgué le 31 du même mois.)

(Le divorce a été aboli par la loi du 8 mai 1816; la séparation de corps a seule été conservée. Nous nous dispenserons donc de reproduire sur ce titre les opinions des auteurs; mais nous conserverons les annotations indicatives des sources.)

CHAPITRE Iᵉʳ.

Des Causes du Divorce.

229. *Le mari pourra demander le divorce, pour cause d'adultère de sa femme.*

Douze Tables, tab. 6; ff, lib. 24, tit. 2, leg. 2; lib. 48, tit. 5, leg. 11, 13, 29 et passim; leg. 8, § 3, Cod., de repudiis, et jud. de morib. sublat.; Novell. 22, cap. 15, § 2; Novell. 117, cap. 8, § 2.

Loi du 14 avril 1803.

Merlin, Q., adultère, § 5; Favard, divorce; Toullier, t. 2, n. 671; Duranton, t. 2, sur l'ensemble du titre, n. 523 à 638; Proudhon, t. 1, p. 285 à 289; Delvincourt, t. 1, p. 82; Chardon, Traité du dol, t. 2, n. 98, 114 à 126; Vazeille, t. 2, n. 287.

(Voir les rapports de MM. de Bonald, Corbière, Lamoignon et Dubouchage, sur la loi du 8 mai 1816.)

230. *La femme pourra demander le divorce, pour cause d'adultère de son mari, lorsqu'il aura tenu sa concubine dans la maison commune.*

ff, lib. 48, tit. 5, leg. 13; Cod., lib. 5, tit. 17, leg. 8; Novell. 22, cap. 7; 117, cap. 9.

Merlin, R., adultère, n. 8 *bis*; Q., *ibid*; Favard, adultère, § 1, n. 2; divorce; séparation entre époux, sect. 2, art. 15, n. 5; Dalloz, séparation de corps et divorce, ch. 1, sect. 1; Rolland de Villargues, séparation de corps; Toullier, t. 2, n. 671; Chardon, dol, t. 2, n. 98, 106 à 114; Vazeille, t. 2, n. 287, 534 à 537; Sirey, 4, 2ᵉ part., p. 180; 13, 2ᵉ part., p. 33; 7, 2ᵉ part., p. 903; 12, 2ᵉ part., p. 425; 13, 1ʳᵉ part., p. 401.

231. *Les époux pourront réciproquement demander le divorce, pour excès, sévices ou injures graves, de l'un d'eux envers l'autre.*

ff, leg. 22, solut. matrim.; Cod., leg. 8, § 3, de repud. et jub. de morib. sublat.; Novell. 22, cap. 15, § 1; 117, cap. 8 et 9.

Merlin, R., séparation de biens, sect. 2; séparation de corps, § 1 et suiv.; correction, n. 2; Favard, divorce, séparation entre époux, sect. 2, § 1, n. 4; § 2, n. 6; Dalloz, séparation et divorce, ch. 1, sect. 1; Rolland de Villargues, séparation de corps; Toullier, t. 2, n. 764; Duranton, t. 2, n. 575; Vazeille, t. 2, n. 540 à 553.

232. *La condamnation de l'un des époux à une peine infamante, sera pour l'autre une cause de divorce.*

Cod., lib. 5, tit. 17, leg. 1; Novell. 22, cap. 8; arg. cap. 9 et 15; Novell. 117, cap. 8 et 9.

Merlin, R., divorce; séparation de biens, sect. 2; séparation de corps, § 1 et suiv.; Favard, divorce, séparation entre époux, sect. 2, § 1, n. 5; Dalloz, séparation de biens et divorce, ch. 1, sect. 1; Toullier, t. 2, n. 673; t. 8, n. 35, note; Duranton, t. 2, n. 589; Vazeille, t. 2, n. 553 à 561.

233. *Le consentement mutuel et persévérant des époux, exprimé de la manière prescrite par la loi, sous les conditions et après les épreuves qu'elle détermine, prouvera suffisamment que la vie commune leur est insupportable, et qu'il existe par rapport à eux une cause péremptoire du divorce.*

Cod., lib. 5, tit. 17, leg. 5, 9; Novell. 22, cap. 4; Novell. 117, cap. 10; Novell. 134, cap. 11; Novell. 140, cap. unic.

Merlin, R., divorce; séparation de biens, sect. 2; séparation de corps, ch. 1 et suiv.; Favard, divorce; Toullier, t. 2, n. 711.

CHAPITRE II.

Du Divorce pour cause déterminée.

SECTION PREMIÈRE.

Des Formes du Divorce pour cause déterminée.

234. *Quelle que soit la nature des faits ou des délits qui donneront lieu à la demande en divorce pour cause déterminée, cette demande ne pourra être formée qu'au tribunal de l'arrondissement dans lequel les époux auront leur domicile.*

ff, lib. 24, tit. 2, leg. 9; Cod., lib. 5, tit. 17, leg. 8, in princ.

Merlin, R. divorce; chose jugée, § 15; Toullier, t. 1, n. 675, 679; Duranton, t. 1, n. 288; Delvincourt, t. 1, p. 420.

235. *Si quelques-uns des faits allégués par l'époux demandeur donnent lieu à une poursuite criminelle de la part du ministère public, l'action en divorce restera suspendue jusqu'après l'arrêt de la Cour d'assises; alors elle pourra être reprise, sans qu'il soit permis d'inférer de l'arrêt aucune fin de non-recevoir ou exception préjudicielle contre l'époux demandeur.*

Merlin, R., chose jugée, § 15; Dalloz, *ibid.*, sect 2; Toullier, t. 2, n. 676 et suiv.; t. 8, n. 35; t. 10, n. 257; Duranton, t. 2, n. 288.

236. *Toute demande en divorce détaillera les faits; elle sera remise avec les pièces à l'appui, s'il y en a, au président du tribunal ou au juge qui en fera les fonctions, par l'époux demandeur en personne, à moins qu'il n'en soit empêché par maladie; auquel cas, sur sa réquisition et le certificat de deux docteurs en médecine ou en chirurgie, ou de deux officiers de santé, le magistrat se transportera au domicile du demandeur, pour y recevoir sa demande.*

Toullier, t. 2, n. 683; Sirey, 6, 2ᵉ part., p. 572, 528.

237. *Le juge, après avoir entendu le demandeur, et lui avoir fait les observations qu'il croira convenables, paraphera la demande et les pièces, et dressera procès-verbal de la remise du tout en ses mains. Ce procès-verbal sera signé par le juge et par le demandeur, à moins que celui-ci ne sache ou ne puisse signer, auquel cas il en sera fait mention.*

Merlin, R., audience, § 4; nullité, § 11; Toullier, t. 2, n. 684; Proudhon, t. 1, p. 295.

238. *Le juge ordonnera au bas de son procès-verbal que les parties comparaîtront en personne devant lui, au jour et à l'heure qu'il indiquera, et qu'à cet effet, copie de son ordonnance sera par lui adressée à la partie contre laquelle le divorce est demandé.*

Delaporte, Cours de procédure civile, p. 96, n. 421; Toullier, n. 684.

239. *Au jour indiqué, le juge fera aux deux époux, s'ils se présentent, ou au demandeur, s'il est seul comparant, les représentations qu'il croira propres à opérer un rapprochement; s'il ne peut y parvenir, il en dressera procès-verbal, et ordonnera la communication de la demande et des pièces au ministère public, et le référé du tout au tribunal.*

Merlin, R., audience, § 4; nullités, § 11; Toullier, t. 2, n. 685; Proudhon, t. 2, p. 295.

240. *Dans les trois jours qui suivront, le tribunal, sur le rapport du président ou du juge qui en aura fait les fonctions, et sur les conclusions du ministère public, accordera ou suspendra la permission de citer. La suspension ne pourra excéder le terme de vingt jours.*

Delaporte, Nouveau Ferrière, divorce, p. 223; Perrin, nullités, p. 230; Sirey, 13, 1ʳᵉ part., p. 421; 12, 2ᵉ part., p. 106.

241. *Le demandeur, en vertu de la permission du tribunal, fera citer le défendeur dans la forme ordinaire, à comparaître en personne à l'audience, à huis clos, dans le délai de la loi; il fera donner copie, en tête de la citation, de la demande en divorce et des pièces produites à l'appui.*

Merlin, R., audience, § 3; nullités, § 11.

242. *A l'échéance du délai, soit que le défendeur comparaisse ou non, le demandeur en personne, assisté d'un conseil, s'il le juge à propos, exposera ou fera exposer les motifs de sa demande; il représentera les pièces qui l'appuient, et nommera les témoins qu'il se propose de faire entendre.*

Novell. 22, arg. ex cap. 14, in fine.

(Décrets des 26 avril 1808, 20 juin 1806, 19 frimaire an 10 ; avis du Conseil d'Etat, du 4 juillet 1807 ; lois des 10 juin 1793 et 26 nivôse an 11.)

Merlin, R., enquête; interruption de prescription; Proudhon, t. 2, p. 298.

243. *Si le défendeur comparaît en personne ou par un fondé de pouvoir, il pourra proposer ou faire proposer ses observations, tant sur les motifs de la demande que sur les pièces produites par le demandeur, et sur les témoins par lui nommés. Le défendeur nommera, de son côté, les témoins qu'il se propose de faire entendre, et sur lesquels le demandeur fera réciproquement ses observations.*

Merlin, Q., adultère, § 10; *id.*, R., enquête, interruption de prescription.

244. *Il sera dressé procès-verbal des comparutions, dires et observations des parties, ainsi que des aveux que l'une ou l'autre pourra faire. Lecture de ce procès-verbal sera donnée auxdites parties, qui seront requises de le signer; et il sera fait mention expresse de leur signature, ou de leur déclaration de ne pouvoir ou ne vouloir signer.*

Merlin, R., serment; Proudhon, t. 2, p. 299.

245. *Le tribunal renverra les parties à l'audience publique, dont il fixera le jour et l'heure; il ordonnera la communication de la procédure au ministère public, et commettra un rapporteur. Dans le cas où le défendeur n'aurait pas comparu, le demandeur sera tenu de lui faire signifier l'ordonnance du tribunal, dans le délai qu'elle aura déterminé.*

Merlin, R., t. 16, p. 104, 105.

246. *Au jour et à l'heure indiqués, sur le rapport du juge commis, le ministère public entendu, le tribunal statuera d'abord sur les fins de non-recevoir, s'il en a été proposé. En cas qu'elles soient trouvées concluantes, la demande en divorce sera rejetée : dans le cas contraire, ou s'il n'a pas été proposé de fin de non-recevoir, la demande en divorce sera admise.*

Merlin, R., divorce, § 13, 1°, 3°, 4°, 5°.

247. *Immédiatement après l'admission de la demande en divorce, sur le rapport du juge commis, le ministère public entendu, le tribunal statuera au fond. Il fera droit à la demande, si elle lui paraît en état d'être jugée; sinon il admettra le demandeur à la preuve des faits pertinens par lui allégués, et le défendeur à la preuve contraire.*

Merlin, R., divorce, nullités, § 11; Q., adultère, § 10; Proudhon, t. 2, p. 301; Jurisprudence du Code civil, t. 1, p. 351; t. 5, p. 168.

248. *A chaque acte de la cause, les parties pourront, après le rapport du juge, et avant que le ministère public ait pris la parole, proposer ou faire proposer leurs moyens respectifs, d'abord sur les fins de non-recevoir, et ensuite sur le fond; mais en aucun cas le conseil du demandeur ne sera admis si le demandeur n'est pas comparant en personne.*

Toullier, t. 2, n. 248.

249. *Aussitôt après la prononciation du jugement qui ordonnera les enquêtes, le greffier du tribunal donnera lecture de la partie du procès-verbal qui contient la nomination déjà faite des témoins que les parties se proposent de faire entendre. Elles seront averties par le président qu'elles peuvent encore en désigner d'autres, mais qu'après ce moment elles n'y seront plus reçues.*

Merlin, R., enquête; Proudhon, t. 2, p. 303.

250. *Les parties proposeront de suite leurs reproches respectifs contre les témoins qu'elles voudront écarter. Le tribunal statuera sur ces reproches, après avoir entendu le ministère public.*

Merlin, Q., succession, § 14.

251. *Les parens des parties, à l'exception de leurs enfans et descendans, ne sont pas reprochables du chef de la parenté, non plus que les domestiques des époux, en raison de cette qualité; mais le tribunal aura tel égard que de raison aux dépositions des parens et des domestiques.*

Favard, adultère, § 2; enquête, § 3, n. 8; séparation entre époux, sect. 2, § 2, art. 1, n. 9; Dalloz, séparation de corps, chap. 1, sect. 3; Sirey, 1822, 2e part., p. 237.

252. *Tout jugement qui admettra une preuve testimoniale, dénommera les témoins qui seront entendus, et déterminera le jour et l'heure auxquels les parties devront les présenter.*

Sirey, 1808, 1re part., p. 110.

253. *Les dépositions des témoins seront reçues par le tribunal séant à huis clos, en présence du ministère public, des parties, et de leurs conseils ou amis, jusqu'au nombre de trois de chaque côté.*

254. *Les parties, par elles ou par leurs conseils, pourront faire aux témoins telles observations et interpellations qu'elles jugeront à propos, sans pouvoir néanmoins les interrompre dans le cours de leurs dépositions.*

Merlin, R., divorce, § 13, 6°.

255. *Chaque déposition sera rédigée par écrit, ainsi que les dires et observations auxquels elle aura donné lieu. Le procès-verbal d'enquête sera lu tant aux témoins qu'aux parties : les uns et les autres seront requis de le signer, et il sera fait mention de leur signature, ou de leur déclaration qu'ils ne peuvent ou ne veulent signer.*

Merlin, R., dommages-intérêts.

256. *Après la clôture des deux enquêtes ou de celle du demandeur, si le défendeur n'a pas produit de témoins, le tribu-*

nal renverra les parties à l'audience publique, dont il indiquera le jour et l'heure; il ordonnera la communication de la procédure au ministère public, et commettra un rapporteur. Cette ordonnance sera signifiée au défendeur, à la requête du demandeur, dans le délai qu'elle aura déterminé.

Merlin, R., enquête, § 4, art. 2, n. 2, à la note, t. 16, p. 74, 104, 105.

257. *Au jour fixé pour le jugement définitif, le rapport sera fait par le juge commis : les parties pourront ensuite faire par elles-mêmes ou par l'organe de leurs conseils, telles observations qu'elles jugeront utiles à leur cause; après quoi le ministère public donnera ses conclusions.*

Toullier, t. 2, n. 695.

258. *Le jugement définitif sera prononcé publiquement : lorsqu'il admettra le divorce, le demandeur sera autorisé à se retirer devant l'officier de l'état civil pour le faire prononcer.*

Delaporte, Cours de procédure civile, p. 107, n. 475.

259. *Lorsque la demande en divorce aura été formée pour cause d'excès, de sévices, ou d'injures graves, encore qu'elle soit bien établie, les juges pourront ne pas admettre immédiatement le divorce. Dans ce cas, avant de faire droit, ils autoriseront la femme à quitter la compagnie de son mari, sans être tenue de le recevoir si elle ne le juge pas à propos, et ils condamneront le mari à lui payer une pension alimentaire proportionnée à ses facultés, si la femme n'a pas elle-même des revenus suffisans pour fournir à ses besoins.*

Favard, séparation entre époux, sect. 2, § 2, art. 1, n. 10; Duranton, t. 2, n. 610.

260. *Après une année d'épreuve, si les parties ne se sont pas réunies, l'époux demandeur pourra faire citer l'autre époux à comparaître au tribunal, dans les délais de la loi, pour y entendre prononcer le jugement définitif qui, pour lors, admettra le divorce*

Delaporte, Nouveau Ferrière, divorce, n. 225; Dalloz, Recueil périodique, 1825, 2ᵉ part., p. 214.

261. *Lorsque le divorce sera demandé par la raison qu'un des époux est condamné à une peine infamante, les seules formalités à observer consisteront à présenter au tribunal de première instance une expédition en bonne forme du jugement de condamnation, avec un certificat de la Cour d'assises, portant que ce même jugement n'est plus susceptible d'être réformé par aucune voie légale.*

Favard, séparation entre époux, sect. 2, § 2, art. 1, n. 11; Toullier, t. 2, n. 673, 681, 771; t. 8, n. 35, note; Duranton, t. 2, n. 586, 589; Delvincourt, t. 1, p. 83; Vazeille, t. 2, n. 554 à 560.

262. *En cas d'appel du jugement d'admission ou du jugement définitif, rendu par le tribunal de première instance en matière de divorce, la cause sera instruite et jugée par la Cour royale comme affaire urgente.*

Dalloz, séparation de corps et divorce, chap. 1, sect. 2; Vazeille, t. 2, n. 6[illegible].

263. *L'appel ne sera recevable qu'autant qu'il aura été interjeté dans les trois mois, à compter du jour de la signification du jugement rendu contradictoirement ou par défaut. Le délai pour se pourvoir à la Cour de cassation, contre un jugement en dernier ressort, sera aussi de trois mois à compter de la signification. Le pourvoi sera suspensif.*

Merlin, R., t. 16, cass., § 6, n. 5; Toullier, t. 2, n. 698, 699; Duranton, t. 2, n. 609; Proudhon, t. 2, p. 306.

264. *En vertu de tout jugement rendu en dernier ressort, ou passé en force de chose jugée, qui autorisera le divorce, l'époux qui l'aura obtenu sera obligé de se présenter dans le délai de deux mois, devant l'officier de l'état civil, l'autre partie dûment appelée, pour faire prononcer le divorce.*

Merlin, R., adultère, n. 12; *ibid.*, t. 15, p. 12; Toullier, t. 2, n. 701; Proudhon, t. 2, p. 305, 306.

265. *Ces deux mois ne commenceront à courir, à l'égard des jugemens de première instance, qu'après l'expiration du délai d'appel; à l'égard des arrêts rendus par défaut en cause d'appel, qu'après l'expiration du délai d'opposition, et à l'égard des jugemens contradictoires en dernier ressort, qu'après l'expiration du délai du pourvoi en cassation.*

266. *L'époux demandeur qui aura laissé passer le délai de deux mois ci-dessus déterminé, sans appeler l'autre époux devant l'officier de l'état civil, sera déchu du bénéfice du jugement qu'il avait obtenu, et ne pourra reprendre son action en divorce, sinon pour cause nouvelle; auquel cas il pourra néanmoins faire valoir les anciennes causes.*

Instit., lib. 4, tit. 12; ff, lib. 24, tit. 2, leg. 3; lib. 47, tit. 10, leg. 11; lib. 48, tit. 5, leg. 40; Cod., lib. 9, tit. 9, leg. 11.

SECTION DEUXIÈME.

Des Mesures provisoires auxquelles peut donner lieu la demande en divorce pour cause déterminée.

267. *L'administration provisoire des enfans restera au mari demandeur ou défendeur en divorce, à moins qu'il n'en soit autrement ordonné par le tribunal, sur la demande, soit de la mère, soit de la famille, ou du ministère public, pour le plus grand avantage des enfans.*

Toullier, t. 2, n. 702, 777; Carré, Justice de paix, t. 3, n. 1995; Vazeille, t. 2, n. 446.

268. *La femme demanderesse ou défenderesse en divorce, pourra quitter le domicile du mari, pendant la poursuite, et demander une pension alimentaire proportionnée aux facultés du mari. Le tribunal indiquera la maison dans laquelle la femme sera tenue de résider, et fixera, s'il y a lieu, la provision alimentaire que le mari sera obligé de lui payer.*

Merlin, R., aliment, § 3; Favard, séparation entre époux, sect. 2, § 2, art. 1, n. 5, 8; Duranton, t. 2, n. 596; Delvincourt, t. 1, p. 84; Vazeille, t. 2, n. 567 à 573; Sirey, t. 10, 2ᵉ part., p. 551.

269. *La femme sera tenue de justifier de sa résidence dans la maison indiquée, toutes les fois qu'elle en sera requise : à*

défaut de cette justification, le mari pourra refuser la provision alimentaire, et si la femme est demanderesse en divorce, la faire déclarer non recevable à continuer ses poursuites.

Merlin, R., inventaire, § 10; Favard, séparation entre époux, sect. 2, § 2, art. 1, n. 5; Dalloz, séparation de corps, chap. 1, sect. 2; Delvincourt, t. 1, p. 85; Vazeille, t. 2, n. 567 à 573; Sirey, 17, 1re part., p. 8.
Cet article n'est pas applicable à la séparation de corps; il en est de même de l'art. 268. (Sirey, 19, 1re part., p. 168.)

270. *La femme commune en biens, demanderesse ou défenderesse en divorce, pourra, en tout état de cause, à partir de la date de l'ordonnance dont il est fait mention en l'art.* 238, *requérir, pour la conservation de ses droits, l'apposition des scellés sur les effets mobiliers de la communauté. Ces scellés ne seront levés qu'en faisant inventaire avec prisée, et à la charge par le mari de représenter les choses inventoriées, ou de répondre de leur valeur comme gardien judiciaire.*

Merlin, R., inventaire, § 9, *non bis in idem;* Locré, Esprit du Code civil; Toullier, t. 2, n. 776; t. 13, n. 61, 63, 64; Carré, Justice de paix, t. 3, n. 2220 et suiv.; Vazeille, t. 2, n. 573; Pigeau, Commentaire du Code de procédure civile, sur l'art. 878 de ce Code.

271. *Toute obligation contractée par le mari à la charge de la communauté, toute aliénation par lui faite des immeubles qui en dépendent, postérieurement à la date de l'ordonnance dont il est fait mention en l'art.* 238, *sera déclarée nulle, s'il est prouvé d'ailleurs qu'elle ait été faite ou contractée en fraude des droits de la femme.*

Toullier, t. 2, n. 705, 743; Duranton, t. 2, n. 614 à 616; Proudhon, t. 2, p. 296, 323; Vazeille, t. 2, n. 574.

SECTION TROISIÈME.

Des Fins de non-recevoir contre l'action en divorce pour cause déterminée.

272. *L'action en divorce sera éteinte par la réconciliation des époux, survenue, soit depuis les faits qui auraient pu autoriser cette action, soit depuis la demande en divorce.*

Inst., lib. 4, tit 12, leg. 4, 7, ff, de divor. et repud.; lib. 24, tit. 2, leg. 3; lib. 47, tit. 10, leg. 11; lib. 48, tit. 5, leg. 40; Cod., lib. 9, tit. 9, leg. 11.

Merlin, R., adultère; séparation de corps, § 2; Q., adultère, § 5 et 9; Pailliet, Dictionnaire universel, adultère, n. 60 et suiv.; Toullier, t. 2, p. 706; Duranton, t. 2, n. 563 à 580, 596; Delvincourt, t. 1, p. 83; Vazeille, t. 2, n. 575 à 586; Perrin, nullités, p. 212; Chardon, dol, t. 2, n. 116, 117; Delvincourt, t. 1, p. 349, note 10; Chauveau, Journal des avoués, t. 25, p. 291.

273. *Dans l'un et l'autre cas, le demandeur sera déclaré non-recevable dans son action; il pourra néanmoins en intenter une nouvelle pour cause survenue depuis la réconciliation, et alors faire usage des anciennes causes pour appuyer sa nouvelle demande.*

Favard, séparation entre époux, sect. 2, § 2, n. 1 à 6; Pailliet, Dictionnaire universel, adultère, n. 60 et suiv.; Duranton, t. 2, n. 563 à 580; Delvincourt, t. 1, p. 84; Vazeille, t. 2, n. 575 à 586; Sirey, 15, p. 128; 21, p. 344; 13, p. 372; 24, p. 93.

274. *Si le demandeur en divorce nie qu'il y ait eu réconciliation, le défendeur en fera preuve, soit par écrit, soit par témoins, dans la forme prescrite en la première section du présent chapitre.*

Duranton, t. 2, n. 563 à 580; Proudhon, t. 1, p. 300.

CHAPITRE III.

Du divorce par consentement mutuel.

275. *Le consentement mutuel des époux ne sera point admis si le mari a moins de vingt-cinq ans, ou si la femme est mineure de vingt-un ans.*

ff, lib. 48, tit. 5, arg. leg. 15, § 6.

Toullier, t. 2, n. 713; Proudhon, t. 1, p. 308, 309; Perrin, nullités, p. 211.

276. *Le consentement mutuel ne sera admis qu'après deux ans de mariage.*

Toullier, t. 2, n. 714; Proudhon, t. 1, p. 309.

277. *Il ne pourra plus l'être après vingt ans de mariage, ni lorsque la femme aura quarante-cinq ans.*

Toullier, t. 2, n. 715.

278. *Dans aucun cas le consentement mutuel des époux ne suffira s'il n'est autorisé par leurs pères et mères, ou par leurs autres ascendans vivans, suivant les règles prescrites par l'article* 150, *au titre* du Mariage.

Cod., lib. 5, tit. 17, leg. 5, authent. è contrà.

Merlin, Q., divorce, § 7; Toullier, t. 2, p. 716; Locré, Esprit du Code civil, t. 4, p. 403; Sirey, 1811, p. 8.

279. *Les époux déterminés à opérer le divorce par consentement mutuel, seront tenus de faire préalablement inventaire et estimation de tous leurs biens meubles et immeubles, et de régler leurs droits respectifs, sur lesquels il leur sera néanmoins libre de transiger.*

Merlin, R., *non bis in idem*; Q., divorce. § 7; *id.*, t. 6, p. 151, 155; Toullier, t. 2, n. 717; Proudhon, t. 2, p. 310; Denevers, 1810, p. 481.

280. *Ils seront pareillement tenus de constater par écrit leur convention sur les trois points qui suivent :*

1° *A qui les enfans nés de leur union seront confiés, soit pendant le temps des épreuves, soit après le divorce prononcé ;*

2° *Dans quelle maison la femme devra se retirer et résider pendant le temps des épreuves;*

3° *Quelle somme le mari devra payer à sa femme pendant le même temps, si elle n'a pas des revenus suffisans pour fournir à ses besoins.*

Merlin, Q., t. 6, p. 151, 155; Toullier, t. 2, n. 718; Perrin, nullités, p. 200.

281. *Les époux se présenteront ensemble, et en personne,*

devant le président du tribunal civil de leur arrondissement, ou devant le juge qui en fera les fonctions, et lui feront la déclaration de leur volonté, en présence de deux notaires amenés par eux.

Merlin, R., audience, § 4.

282. *Le juge fera aux deux époux réunis, et à chacun d'eux en particulier, en présence des deux notaires, telles représentations et exhortations qu'il croira convenables; il leur donnera lecture du chapitre IV du présent titre, qui règle les* effets du Divorce, *et leur développera toutes les conséquences de leur démarche.*

Merlin, R., audience, § 4; Proudhon, t. 1, p. 311.

283. *Si les époux persistent dans leur résolution, il leur sera donné acte, par le juge, de ce qu'ils demandent le divorce, et y consentent mutuellement; et ils seront tenus de produire et déposer à l'instant, entre les mains des notaires, outre les actes mentionnés aux articles* 279 *et* 280,

1° *Les actes de leur naissance et celui de leur mariage;*

2° *Les actes de naissance et de décès de tous les enfans nés de leur union;*

3° *La déclaration authentique de leurs pères et mères ou autres ascendans vivans, portant que, pour les causes à eux connues, ils autorisent tel* ou *telle, leur fils* ou *fille, petit-fils* ou *petite-fille, marié* ou *mariée à tel* ou *telle, à demander le divorce et à y consentir. Les pères, mères, aïeuls et aïeules des époux, seront présumés vivans jusqu'à la représentation des actes constatant le décès.*

Cod., lib. 5, tit. 17, leg. 5, auth. è contrà.

Avis du Conseil d'état du 4 messidor an 13; Merlin, Q., divorce, § 7; Toullier, t. 2, n. 721; Proudhon, t. 1, p. 309 à 311.

284. *Les notaires dresseront procès-verbal détaillé de tout ce qui aura été dit et fait en exécution des articles précédens; la minute en restera au plus âgé des deux notaires, ainsi que les pièces produites, qui demeureront annexées au procès-verbal, dans lequel il sera fait mention de l'avertissement qui sera donné à la femme de se retirer, dans les vingt-quatre heures, dans la maison convenue entre elle et son mari, et d'y résider jusqu'au divorce prononcé.*

Merlin, R., *non bis in idem*; Delaporte, Cours de procédure civile, p. 111, n. 484.

285. *La déclaration ainsi faite sera renouvelée dans la première quinzaine de chacun des quatrième, septième et dixième mois qui suivront, en observant les mêmes formalités. Les parties seront obligées à rapporter chaque fois la preuve, par acte public, que leurs pères, mères, ou autres ascendans vivans, persistent dans leur première détermination; mais elles ne seront tenues à répéter la production d'aucun autre acte.*

Merlin, Q., divorce, § 7; Toullier, t. 2, n. 723; Sirey, t. 11, 1re part., p. 8.

286. *Dans la quinzaine du jour où sera révolue l'année, à compter de la première déclaration, les époux, assistés chacun de deux amis, personnes notables dans l'arrondissement, âgés de cinquante ans au moins, se présenteront ensemble et en personne devant le président du tribunal ou le juge qui en fera les fonctions; ils lui remettront les expéditions en bonne forme des quatre procès-verbaux contenant leur consentement mutuel, et de tous les actes qui y auront été annexés, et requerront du magistrat, chacun séparément, en présence néanmoins l'un de l'autre et des quatre notables, l'admission du divorce.*

Toullier, t. 2, n. 724; Proudhon, usufruit, t. 1, n. 410.

287. *Après que le juge et les assistans auront fait leurs observations aux époux, s'ils persévèrent, il leur sera donné acte de leur réquisition et de la remise par eux faite des pièces à l'appui: le greffier du tribunal dressera procès-verbal, qui sera signé tant par les parties (à moins qu'elles ne déclarent ne savoir ou ne pouvoir signer, auquel cas il en sera fait mention), que par les quatre assistans, le juge et le greffier.*

Merlin, Q., divorce, § 7.

288. *Le juge mettra de suite, au bas de ce procès-verbal, son ordonnance, portant que, dans les trois jours, il sera par lui référé du tout au tribunal en la chambre du conseil, sur les conclusions par écrit du ministère public, auquel les pièces seront, à cet effet, communiquées par le greffier.*

Merlin, Q., divorce, § 7; Proudhon, t. 1, p. 312.

289. *Si le ministère public trouve dans les pièces la preuve que les deux époux étaient âgés, le mari de vingt-cinq ans, la femme de vingt et un ans, lorsqu'ils ont fait leur première déclaration; qu'à cette époque ils étaient mariés depuis deux ans, que le mariage ne remontait pas à plus de vingt, que la femme avait moins de quarante-cinq ans, que le consentement mutuel a été exprimé quatre fois dans le cours de l'année, après les préalables ci-dessus prescrits et avec toutes les formalités requises par le présent chapitre, notamment avec l'autorisation des pères et mères des époux, ou avec celle de leurs autres ascendans vivans, en cas de prédécès des pères et mères, il donnera ses conclusions en ces termes:* La Loi permet; *dans le cas contraire, ses conclusions seront en ces termes:* La Loi empêche.

290. *Le tribunal, sur le référé, ne pourra faire d'autres vérifications que celles indiquées par l'article précédent. S'il en résulte que, dans l'opinion du tribunal, les parties ont satisfait aux conditions et rempli les formalités déterminées par la loi, il admettra le divorce, et renverra les parties devant l'officier de l'état civil, pour le faire prononcer: dans le cas contraire, le tribunal déclarera qu'il n'y a pas lieu à admettre le divorce, et déduira les motifs de la décision.*

Locré, Esprit du Code civil, sur l'article; Proudhon, t. 1, p. 17, 315.

291. *L'appel du jugement qui aurait déclaré ne pas y avoir lieu à admettre le divorce, ne sera recevable qu'autant qu'il sera interjeté par les deux parties, et néanmoins par actes séparés, dans les dix jours au plus tôt, et au plus tard dans les vingt jours de la date du jugement de première instance.*

Merlin, Q., appel, § 8; Proudhon, t. 1, p. 313; Delaporte, Code de procédure civile, p. 114, n. 495.

292. *Les actes d'appel seront réciproquement signifiés tant à l'autre époux qu'au ministère public près le tribunal de première instance.*

293. *Dans les dix jours, à compter de la signification qui lui aura été faite du second acte d'appel, le ministère public près le tribunal de première instance fera passer au procureur général près la Cour royale l'expédition du jugement, et les pièces sur lesquelles il est intervenu. Le procureur général près la Cour royale donnera ses conclusions par écrit, dans les dix jours qui suivront la réception des pièces : le président, ou le juge qui le suppléera, fera son rapport à la Cour royale, en la chambre du conseil, et il sera statué définitivement dans les dix jours qui suivront la remise des conclusions du procureur général.*

Toullier, t. 2, n. 731.

294. *En vertu de l'arrêt qui admettra le divorce, et dans les vingt jours de sa date, les parties se présenteront ensemble et en personne devant l'officier de l'état civil, pour faire prononcer le divorce. Ce délai passé, le jugement demeurera comme non avenu.*

Delaporte, Cours de procédure civile, p. 116, n. 506, 507; Proudhon, t. 1, p. 117, 314; Sirey, t. 18, p. 30.

CHAPITRE IV.

Des effets du Divorce.

295. *Les époux qui divorceront pour quelque cause que ce soit, ne pourront plus se réunir.*

Secùs ff, lib. 24, tit. 3, leg. 19; lib. 48, tit. 5, leg. 13, § 9; lib. 22, tit. 3, leg. 13; lib. 23, tit. 3, leg. 64.

Merlin, Q., adoption, § 8 et suiv.; Dalloz, lois, sect. 3, art. 2, § 1, n. 19; Toullier, t. 1, n. 556; t. 2, n. 734, 738; Duranton, t. 2, n. 129, 180, 610; Vazeille, t. 1, n. 102, 103.

Les époux divorcés ne peuvent aujourd'hui contracter ensemble une nouvelle union; ils ne le peuvent pas plus avec d'autres. (Instruction de M. de Peyronnet, ministre de la justice.) Depuis, M. le garde des sceaux, Portalis, dit que les tribunaux peuvent seuls décider si cette prohibition a cessé. (Voir consultation de M. Pailliet, Manuel, 8e édition, p. 76.)

296. *Dans le cas de divorce prononcé pour cause déterminée, la femme divorcée ne pourra se remarier que dix mois après le divorce prononcé.*

Novell. 22, cap. 23; ff, lib. 3, tit. 2, leg. 11; Cod., lib. 5, tit. 9, leg. 2.

Proudhon, t. 1, p. 231; Delvincourt, t. 1, p. 65.

297. *Dans le cas de divorce par consentement mutuel, aucun des deux époux ne pourra contracter un nouveau mariage que trois ans après la prononciation du divorce.*

Toullier, t. 1, n. 556; Duranton, t. 2, n. 180.

298. *Dans le cas de divorce admis en justice pour cause d'adultère, l'époux coupable ne pourra jamais se marier avec son complice. La femme adultère sera condamnée par le même jugement, et sur la réquisition du ministère public, à la réclusion dans une maison de correction, pour un temps déterminé, qui ne pourra être moindre de trois mois, ni excéder deux années.*

ff, lib. 48, tit. 5, leg. 11, § 11; leg. 40; Cod., lib. 9, tit. 9, authent. sed hodiè; Novell. 134, cap. 10; Novell. 117, cap. 8, § 2.

Merlin, R., adultère, empêchement de mariage; Q., adultère, § 5; Dalloz, mariage, sect. 2, art. 4; Toullier, t. 1, n. 555, 630; t. 2, n. 737, 738; Duranton, t. 2, n. 129, 177, 178; Proudhon, t. 1, p. 232, 315; Vazeille, t. 1, n. 120 à 124.

299. *Pour quelque cause que le divorce ait lieu, hors le cas du consentement mutuel, l'époux contre lequel le divorce aura été admis perdra tous les avantages que l'autre époux lui avait faits, soit par leur contrat de mariage, soit depuis le mariage contracté.*

Cod., lib. 5, tit. 22, arg. leg. 3; arg. leg. 8, § 4 et 5; leg. 24; Novell. 117, cap. 8 et 9.

Merlin, R., don mobile, indignité, institution contractuelle, § 9; séparation de corps, § 4, n. 5; Q., même mot; Favard, séparation entre époux, sect. 2. § 3, n. 8 et 9; Dalloz, séparation de corps, chap. 1, sect. 4; Pailliet, Dictionnaire universel, adultère, n. 66; Toullier, t. 2, n. 743 et suiv., 781; t. 5, n. 329, 910; Duranton, t. 2, n. 629, 631; Proudhon, t. 1, p. 318 à 323; Delvincourt, t. 1, p. 86; t. 2, p. 114; Vazeille, t. 1, n. 102, 103; t. 2, n. 589, 590.

Question controversée. — La séparation de corps donne-t-elle lieu à l'application de l'art. 299? Delabaye, tutelle et curatelle, p. 296 et suiv. *Oui* : Sirey, t. 13, 2e part., p. 69; t. 20, p. 246; t. 21, p. 323; t. 23, p. 234; Proudhon, t. 1, p. 341. *Non* : Merlin, R., séparation de corps; *id.* Q.: Grenier, donation, t. 1. p. 391; Sirey, t. 22, p. 359; t. 24, p. 30, 356; t. 26, p. 265. (Voir dissertation de Massé et L'herbette, Journal du notariat, t. 2, n. 498, 499; *id.*, t. 7, p. 216.)

300. *L'époux qui aura obtenu le divorce, conservera les avantages à lui faits par l'autre époux, encore qu'ils aient été stipulés réciproques et que la réciprocité n'ait pas lieu.*

Cod., leg. 8, § 4, 5, de repudiis et jud.; Nov. 117, cap. 8 et 9.

Toullier, t. 2, n. 743; t. 5, n. 308, 910; Duranton, t. 2, n. 631; Proudhon, t. 1, p. 318 et suiv.; Delvincourt, t. 1, p. 86; t. 2, p. 114; Vazeille, t. 2, n. 589, 590; Massé et L'herbette, Journal du notariat, t. 2, n. 498, 499; t. 7, p. 216.

301. *Si les époux ne s'étaient fait aucun avantage, ou si ceux stipulés ne paraissaient pas suffisans pour assurer la subsistance de l'époux qui a obtenu le divorce, le tribunal pourra lui accorder, sur les biens de l'autre époux, une pension alimentaire, qui ne pourra excéder le tiers des revenus de cet autre époux. Cette pension sera révocable dans le cas où elle cesserait d'être nécessaire.*

Merlin, R., alimens, § 3, divorce; Favard, séparation entre époux, sect. 2, § 3, n. 4; Toullier, t. 2, n. 746; Duranton, t. 2, n. 632 à 634; Delvincourt, t. 1, p. 89; Vazeille, t. 2, n. 588, 589; Sirey, t. 16, 2e part., p. 142.

302. *Les enfans seront confiés à l'époux qui a obtenu le divorce, à moins que le tribunal, sur la demande de la famille, ou du ministère public, n'ordonne, pour le plus grand avantage des enfans, que tous ou quelques-uns d'eux seront confiés aux soins soit de l'autre époux, soit d'une tierce personne.*

ff, lib. 43, tit. 30, leg. 1; Cod., lib. 5, tit. 24, leg. unic.

Merlin, R., alimens, § 1; éducation; motif des jugemens, n. 20, t. 17; Favard, séparation entre époux, sect. 2, § 3, n. 6; Toullier, t. 2, n. 747, 1076, 1120; Duranton, t. 2, n. 637; Proudhon, t. 1, p. 183, 328, 329; t. 2, p. 209; Delvincourt, t. 1, p. 87.

303. *Quelle que soit la personne à laquelle les enfans seront confiés, les père et mère conserveront respectivement le droit de surveiller l'entretien et l'éducation de leurs enfans, et seront tenus d'y contribuer à proportion de leurs facultés.*

Novell. 117, cap. 7.

Toullier, t. 2, n. 748, 749; Merlin, R., alimens, § 1; Favard, séparation entre époux, sect. 2, § 3, n. 6; Duranton, t. 2, n. 637; Vazeille, t. 2, n. 489, 591.

304. *La dissolution du mariage par le divorce admis en justice ne privera les enfans nés de ce mariage d'aucun des avantages qui leur étaient assurés par les lois, ou par les conventions matrimoniales de leurs père et mère, mais il n'y aura d'ouverture aux droits des enfans que de la même manière et dans les mêmes circonstances où ils se seraient ouverts s'il n'y avait pas eu de divorce.*

Novell., 22, arg. cap. 48; Nov. 117, cap. 7.

Proudhon, t. 1, p. 331; Delvincourt, t. 1, p. 87.

305. *Dans le cas de divorce par consentement mutuel, la propriété de la moitié des biens de chacun des deux époux sera acquise de plein droit, du jour de leur première déclaration, aux enfans nés de leur mariage : les père et mère conserveront néanmoins la jouissance de cette moitié jusqu'à la majorité de leurs enfans, à la charge de pourvoir à leur nourriture, entretien et éducation, conformément à leur fortune et à leur état ; le tout sans préjudice des autres avantages qui pourraient avoir été assurés auxdits enfans par les conventions matrimoniales de leurs père et mère.*

Cod., lib. 5, tit. 17, arg. leg. 8, § 7.

Merlin R., portion disponible; réserve, sect. 5; Toullier, t. 2, n. 751 et suiv.; t. 4, n. 62; t. 5, n. 127 et suiv.; Duranton, t. 3, n. 381 à 383; Proudhon, t. 1, p. 316, 324, 517; *id.*, usufruit, t. 1, n. 140, 147; Grenier, donation, t. 1, p. 451, 453, 454.

306. *Dans le cas où il y a lieu à la demande en divorce pour cause déterminée, il sera libre aux époux de former demande en séparation de corps.*

Pothier, contrat de mariage, n. 381, 507, 508 et suiv., 514, 516, 525; Merlin, R., séparation de biens, sect 2; séparation de corps, § 1 et suiv.; Favard, séparation entre époux, sect. 2, § 1, n. 2; § 2, art. 2, n. 1, 2, 3; Dalloz, séparation de corps et divorce, chap. 1, sect. 1; Pailliet, Dictionnaire universel, adultère, n. 15, 25 et suiv., 36 et suiv.; 59 et suiv.; Toullier, t. 2, n. 756, 757, 767; Duranton, t. 2, n. 528, 549 à 563, 589; Delvincourt, t. 1, p. 82; Chardon, dol, t. 2, n. 98 à 105; Vazeille, t. 2, n. 530, 531.

Quant à la diffamation comme cause de séparation de corps, voir Sirey, t. 6, 2ᵉ part., p. 191; t. 11, 2ᵉ part., p. 236.

Pothier, Traité du contrat de mariage, n. 509. — Les mauvais traitemens que le mari exerce envers sa femme, lorsqu'ils ont été jusqu'à la frapper, ou à la poursuivre pour la frapper, sont une des causes les plus ordinaires de séparation. (Pandectes françaises.)

Le juge, par rapport à cette cause de séparation, doit avoir égard à plusieurs circonstances : 1° il doit avoir égard à la qualité des parties : un soufflet, un coup de poing qu'un homme aura donné à sa femme, qui pourrait être une cause de séparation entre des personnes d'une condition honnête, n'en sera pas une entre des gens du bas peuple, à moins qu'ils n'aient été souvent réitérés; 2° il doit entrer en considération si c'est à propos de rien ou pour des sujets légers que le mari s'est porté à ces excès, ou si ce n'est qu'après que la femme avait, par des discours outrageans, poussé sa patience à bout; 3° enfin, si c'est dans une occasion unique que l'homme s'est porté à ces excès, avant laquelle les parties avaient toujours vécu en bonne union. Le juge, selon les différentes circonstances, doit être plus ou moins facile à accorder la séparation.

N. 511. — Le refus que ferait un mari, par dureté envers sa femme, de lui fournir, dans un état d'infirmité, les choses les plus nécessaires à la vie, quoiqu'il eût le moyen de les lui fournir, est aussi une juste cause de séparation.

Procès-verbal du Conseil d'Etat, 18 octobre 1801. — Boulay fait observer que celui des époux qui a droit de demander le divorce, est autorisé par l'article à se borner à la demande en séparation de corps et de biens. — Cette séparation facultative a été réclamée par la plupart des tribunaux : on peut assurer qu'elle est dans le vœu de la grande majorité du peuple français. Elle lui est dictée par le sentiment de sa religion, qui a consacré l'indissolubilité du mariage; elle a même, abstraction faite de toute opinion religieuse, une base respectable dans un sentiment noble et généreux, qui fait que l'on veut tenir à la foi donnée, lors même que la personne à laquelle on a juré une éternelle fidélité y manque de son côté; et c'est sans doute d'après ce motif que cette séparation facultative est admise dans les pays protestans, où le divorce n'est pas en opposition avec la religion. Tout exige donc de la sagesse et de la politique du législateur français, qu'il accorde cette faculté aux époux à qui le divorce répugne.

Outre cette séparation, qui remplace le divorce, Boulay en admet une autre que l'on peut appeler *séparation d'épreuve*.

S'il est des causes qui anéantissent pour ainsi dire d'un seul coup le mariage, il en est aussi qui, sans produire immédiatement le même effet, le produisent par leur continuité. Ces causes, considérées dans un instant donné, ne sont pas très-graves par leur nature : elles peuvent être l'effet d'un caprice ou d'une passion passagère ; elles sont susceptibles d'oubli : elles diffèrent d'ailleurs par les nuances des caractères, de l'éducation et des conditions. Ainsi, les admettre comme causes immédiates de divorce, ce serait porter une atteinte trop funeste à la sainteté du mariage : il ne faut donc les admettre d'abord que comme causes de séparation. La séparation laisse subsister le mariage : les époux, quoique séparés, restent toujours engagés l'un à l'autre; mais étant séparés, les causes qui avaient altéré leur union peuvent s'anéantir ou s'affaiblir; le temps peut les ramener à des sentimens plus calmes; des parens, des amis, peuvent s'interposer : enfin l'amitié peut renaître, ou du moins la raison se faire entendre, et ramener les époux l'un à l'autre.

Treilhard. — La séparation des pères forme dans la vie des enfans une époque bien funeste ; mais ce n'est pas l'acte de séparation qui fait le mal, c'est le tableau hideux de la guerre intestine qui a rendu ces actes nécessaires. (Pothier, mariage, n. 507.)

(Voir art. 156 du Code d'instruction criminelle ; 338 du Code pénal.)

La condamnation à des peines infamantes entraîne la séparation de corps : c'est une injure grave envers le conjoint. (Discussion au Conseil d'Etat.) C'est un supplice pour un époux vertueux, de vivre avec un époux flétri par la justice. Forcer un époux honnête à vivre avec un infâme, c'est renouveler le supplice d'un cadavre attaché à un corps vivant. (Treilhard. Voir art. 261 du Code civil ; 7 et 8 du Code pénal ; 476 du Code d'instruction criminelle.) Il faut remarquer que la disposition de l'art. 261 du Code civil n'a trait qu'aux jugemens qui, d'après les règles ordinaires, ont acquis la force de la chose jugée.

Proudhon, t. 1, p. 334. — La demande en séparation de corps ne peut être accueillie qu'autant qu'elle serait fondée sur l'adultère, les excès, sévices et injures graves, et sur la condamnation de l'un des époux à une peine infamante.

P. 339. — Le premier effet de la séparation de corps est de dispenser les époux du devoir de la cohabitation ; en sorte que la femme peut avoir un domicile distinct de celui de son mari ; 2° elle dissout la communauté de biens. (311, 1449, 1538, 1576.)

Vazeille, t. 2, n. 532. — Le fait de l'adultère, quoiqu'il ne se lie pas à l'habitude d'une conduite scandaleuse, peut déterminer la séparation de corps. La notoriété du dérèglement de mœurs, sans preuve positive d'adultère, ne doit pas produire le même effet. Cependant les liaisons trop familières et trop manifestes d'une femme avec d'autres hommes que son mari, et qui font naître l'opinion du dérèglement de ses mœurs, donnent la présomption de l'adultère, sur-tout quand le mari s'efforce inutilement d'empêcher ces liaisons. On pourrait trouver dans une telle conduite un injure très-grave envers le mari, qui suffirait pour motiver la séparation de corps.

N. 533. — On porterait trop loin le scrupule, si l'on pensait qu'il n'est permis d'être convaincu de l'adultère que lorsqu'il y a preuve *de visu*. Il n'est point de délit plus mystérieux; il ne laisse pas de traces que la justice puisse vérifier, et l'on ne peut que très-difficilement en obtenir la preuve matérielle. Pour établir le fait indépendamment des écrits de la femme, il suffit de la preuve positive des faits environnans qui décèlent le fait principal, par le rapport évident qui les joint ensemble.

N. 534. — L'adultère du mari ne pourra motiver la séparation de corps qu'autant qu'il aura tenu sa concubine dans l'habitation conjugale. Dans cette position de la complice de son adultère, introduite et protégée au sein de sa famille, il est impossible de supposer que le mari ne soit coupable que d'un simple égarement instantané. Ses torts sont médités; il insulte, il brave trop ouvertement son épouse; et cet outrage, le plus sensible pour une femme chaste et honnête, le plus propre à l'exaspérer, appelle une réparation.

L'expression de maison *commune* employée dans l'art. 230 du Code civil, et celle de maison conjugale dont s'est servi le législateur à l'art. 339 du Code pénal, ont la même signification; elles indiquent celle qu'occupe le mari, et dans laquelle il pourrait contraindre sa femme à venir, et où la femme pourrait exiger qu'il la reçût. (Sirey, 19, 1re part., p. 163; 21, 1re part., p. 349; t. 4, 2e part., p. 180; t. 7, 2e part., p. 203; t. 25, 2e part., p. 7; *Novell.* 117, *cap.* 9; Delvincourt, t. 1, p. 81, note 3; Dalloz, séparation, divorce, chap. 1, sect. 1, n. 11.)

N. 539. — La plainte qui tend à faire infliger une peine correctionnelle au conjoint dénoncé, exclut-elle l'action subséquente en séparation de corps? La plainte ne sera pas regardée, sans doute, comme l'abandon irrévocable de la voie civile. On sent qu'il est convenable qu'en retirant sa plainte, celui qui l'a portée puisse agir en séparation. La difficulté n'existe que pour le cas où la poursuite correctionnelle a déterminé un jugement de condamnation contre l'époux dénoncé. Dans cette position, on peut décider que le plaignant n'a voulu qu'une correction pour ramener à ses devoirs le conjoint qui s'en est écarté, et que, l'ayant obtenue, il n'a plus rien à demander à la justice tant qu'il n'aura point éprouvé que la correction n'a rien opéré, et que l'époux condamné, loin de se corriger, est retombé dans ses fautes.

Duranton, t. 2, n. 533. — La perte de la raison, la fureur, même devenue pour ainsi dire habituelle, n'autorisent point la demande en séparation de corps; il en est ainsi de l'épilepsie, quelque fréquens et quelques violens qu'en soient les accès, et de toute autre maladie, même contagieuse. (Favard, séparation entre époux, sect. 2, § 1, n. 2.)

Les excès, sévices et injures graves de l'un des époux envers l'autre, sont une cause de séparation de corps.

N. 550. — On entend par *excès*, ces faits d'emportement et de fureur qui peuvent mettre la vie de l'époux en *danger*. A cet égard, il n'y a pas, comme pour les injures, à considérer la qualité des personnes.

N. 551. — Les *sévices*, *sevitia*, sont ces actes de cruauté qui, sans mettre la vie de l'époux en danger, lui causent néanmoins un mal réel.

N. 553. — Les *injures* se commettent de plusieurs manières : par des propos insultans, des diffamations par écrit ou verbales, par des calomnies ou des dénonciations.

A. Dalloz, séparation de corps, n. 14. — La communication du mal vénérien de l'un des époux à son conjoint suffit-elle pour motiver la séparation de corps? Sous l'ancien droit, Guyot (R., v. séparation de corps, § 1) penchait pour l'affirmative, en s'apppuyant sur divers arrêts des parlemens. Pothier, au contraire (du mariage, n. 514.), décidait que ce mal n'étant plus un mal incurable, ne pouvait servir de fondement à la séparation. Aujourd'hui tous les auteurs sont unanimes pour déclarer que la communication du mal vénérien, prise isolément et en dehors de toute circonstance aggravante, ne peut être considérée comme une injure grave, mais qu'il en serait autrement si elle se trouvait accompagnée de faits particuliers de nature à lui donner ce caractère. (Dalloz aîné, t. 11, p. 886, n. 7; Merlin; Duranton, t. 2, p. 289.)

N. 50. — La condamnation à une *peine infamante* (232, Code civil), pour amener la séparation, doit résulter d'un jugement qui ne soit plus susceptible d'être réformé par aucune voie légale. Doit-on considérer comme telle une condamnation par contumace? — Une distinction doit être faite : s'il s'agit d'une condamnation par contumace emportant mort civile, la séparation pourra être demandée sur la représentation du certificat constatant que cinq années se sont écoulées depuis la condamnation, sans que le condamné ait reparu; s'il s'agit d'une condamnation n'emportant pas mort civile, la séparation ne sera prononcée qu'après vingt ans à compter de la même époque. (Delvincourt, t. 2, p. 507; Dalloz aîné, t. 11, p. 894, n. 14; *contrà* : Toullier, t. 2, p. 42.)

N. 53. — *Quid* si la condamnation a été encourue par l'un des époux avant le mariage? Si l'autre époux l'avait connue il ne pourrait pas venir alléguer un fait dont il aurait eu connaissance de cause, accepté toutes les conséquences. Il faut donc supposer l'ignorance où il aurait été laissé. Même dans cette hypothèse (Toullier, t. 2, n. 261, et Favard, R., v. séparation de corps, décident qu'il n'y a pas lieu à séparation. Aux termes de l'art. 232, disent-ils, il faut que la condamnation ait été prononcée contre l'un des *époux*; or, avant le mariage il n'y avait pas d'époux. — Duranton combat avec force l'interprétation du mot époux : suivant lui, le Code se sert de cette expression pour exprimer l'époux avant le mariage. Ainsi, dans l'art. 1573 et dans l'art. 232, la loi n'a voulu désigner la personne qu'au moment de la séparation : d'ailleurs, tous les motifs qui ont fait admettre la séparation, se rencontrent ici, et l'on ne voudrait pas condamner un époux innocent à passer ses jours avec un infâme, quel qu'ait été le moment où la condamnation ait été encourue. (Dalloz aîné, t. 11, p. 895, n. 15.)

N. 54. — Indépendamment des causes de séparation écrites dans la loi, il en existe d'autres qui n'en doivent pas moins entraîner la séparation. Tels sont les cas de détention arbitraire, de séquestration arbitraire commise par l'un des époux sur l'autre. (Dalloz aîné, t. 11, p. 895, n. 16.)

307. *Elle sera intentée, instruite et jugée de la même manière que toute autre action civile : elle ne pourra avoir lieu par le consentement mutuel des époux.* (*C. de P., art.* 375 *et suiv.*; 872 *et suiv.*)

Pothier, contrat de mariage, n. 517, 519, 520; Merlin, R., appel, § 14; Favard, enquête, sect. 1, § 3, n. 8; séparation entre époux, sect. 2, § 2, art. 1, n. 1, 9; art. 2, n. 4; Dalloz, séparation de corps, chap. 1, sect. 3 et 4; Toullier, t. 2, p. 758, 759, 765; t. 10, n. 778; Duranton, t. 2, n. 529, 530, 581 à 611; Delaporte, Code de procédure civile, p. 117, n. 511 à 513; Delvincourt, t. 1, p. 62; Vazeille, t. 2, n. 560 à 595; Biret, nullités, t. 1, p. 142 et suiv.

Gillet, discours au Corps législatif, 21 mars 1803. — Les formes de séparation n'ont rien qui les distingue des autres actions civiles qui touchent au droit public; seulement il est aisé de sentir qu'il faudra toujours une preuve solennelle sur les faits allégués, et qu'il ne suffira pas de la reconnaissance et de l'aveu des deux parties; autrement la procédure ne ferait que couvrir un consentement mutuel, qu'au moins on a voulu repousser dans cette sorte d'action.

Treilhard, discours au Corps législatif, 21 mars 1803, n. 6. — Le divorce rompt le mariage : il a donc fallu le soumettre à des formes plus longues et plus embarrassées, à des conditions plus sévères que la séparation de corps, qui relâche, mais pourtant laisse subsister le lien conjugal. Si l'on y adaptait le consentement mutuel, on favoriserait la légèreté, le caprice, l'inconstance, quelquefois la fraude : car des époux de mauvaise foi arriveraient par la séparation de corps, mutuellement consentie, à une séparation de biens qui ruinerait leurs créanciers.

Pandectes françaises. — On ne doit pas regarder comme séparation volontaire celle que le mari laisse juger par forclusion, ou à laquelle il acquiesce tacitement. Dans ces deux cas, le ministère public est le légitime contradicteur de la femme, et le juge, quoique le mari ne se défende pas, n'admet la séparation qu'autant que la preuve des faits est complète.

Delvincourt, t. 1, note 2 de la p. 95. — En fait de séparation de corps comme de biens, l'aveu de l'époux défendeur, *s'il était seul*, ne serait pas regardé comme une preuve suffisante des faits qui peuvent donner lieu à la séparation. (Vazeille, t. 2, p. 563. Combiner l'art. 870 du Code de procédure civile, avec les art. 316 et 307 du Code civil; Favard, séparation entre époux, sect. 2, n. 9; Toullier, t. 2, n. 758.)

Vazeille, t. 2, n. 563. — La loi ne limite point à une seule fois la comparution des époux; il est dans le pouvoir du président médiateur de répéter les épreuves, et de ne renvoyer les parties à se pourvoir devant le tribunal que lorsque, après divers ajournemens, il a reconnu l'impossibilité de la conciliation. (Code de procédure civile, art. 87, 878, etc.)

Proudhon, t. 1, p. 338. — Les domestiques ou parens peuvent, dans la procédure, être entendus comme témoins.

Toullier, t. 2, n. 765. — Il n'est pas exact de dire que l'on suit, en matière de séparation, la procédure ordinaire. Ainsi, dans les affaires ordinaires, c'est devant le juge de paix qu'il faut tenter la conciliation. Dans les demandes en séparation de corps, c'est devant le président du tribunal civil.

La femme n'a pas besoin d'être autorisée, pour présenter sa requête au président, non plus que l'époux mineur. (A. Dalloz, séparation de corps, n. 100.)

Au surplus, la cause est instruite dans les formes établies pour les autres demandes, et jugée sur les conclusions du ministère public.

A. Dalloz, séparation de corps, n. 142. — On a généralement refusé d'étendre à la séparation de corps la disposition du Code qui permet aux juges de surseoir pendant un mois à prononcer leur jugement. (Dalloz aîné, t. 11, p. 907, n. 7.)

Boileux. — Si l'époux défendeur avait acquiescé formellement au jugement, il n'en serait pas moins recevable à se pourvoir en appel, si les délais n'étaient point expirés; car l'ordre public proscrit toutes conventions sur les questions d'état.

Comme la loi ne limite pas aux majeurs le droit de former une demande en séparation de corps, les mineurs peuvent l'intenter sans l'assistance ni l'autorisation de personne.

308. *La femme contre laquelle la séparation de corps sera prononcée pour cause d'adultère, sera condamnée par le même jugement, et sur la réquisition du ministère public, à la réclusion dans une maison de correction pendant un temps déterminé, qui ne pourra être moindre de trois mois, ni excéder deux années.* (*C. P. art.* 336.)

ff, lib. 48, tit. 5, arg. tot. tit.; Cod., lib. 9, tit. 10, leg. 30, auth. sed hodiè; leg. 11, authent. sed novo; leg. ultim.; Nov. 117, cap. 51.

Favard, séparation entre époux, sect. 2, § 3, n, 2: Pailliet, Dictionnaire universel, adultère, n. 16 et suiv.; 36 et suiv.; 59 et suiv.; Duranton, t. 2. n. 535, 538 à 549, 619; Chardon, dol, t. 2, n. 112, 116, 117; Vazeille, t. 2, n. 532, 533, 537 à 539.

Procès-verbal du Conseil d'Etat, 18 octobre 1801. — Napoléon dit que le système de la séparation de corps ne présente aucun moyen de réprimer et de punir la femme adultère, qui continue à vivre dans le désordre et à déshonorer son mari. — Quand le divorce a été prononcé à la suite de l'adultère, l'honneur du mari est satisfait et la femme coupable punie. La femme perd le nom de son époux.

Régnaud appuie cette observation, et ajoute qu'autrefois la femme convaincue d'adultère était *authentiquée*; c'est-à-dire déclarée déchue de ses avantages matrimoniaux, rasée et enfermée dans un couvent, d'où elle ne sortait qu'autant que son mari consentait à la reprendre dans un délai fixé. Aujourd'hui, qu'il n'existe plus de couvens, il faut chercher un autre moyen d'appliquer les peines de l'authentique. Sans cette précaution, on offre au mari, dans la séparation, un moyen dont les résultats lui paraitront trop funestes pour qu'il ose y consentir. Ainsi, il convient ou de renoncer à ce moyen, ou de chercher comment on peut le rétablir d'une façon analogue à l'ancienne législation.

Vazeille, t. 2, n. 576. — La continuation de la cohabitation, après des faits propres à servir de fondement à la séparation, ne fournit pas une preuve certaine de réconciliation. L'époux offensé n'est pas toujours dans une position qui lui permette de quitter aussitôt la maison conjugale, ou de porter sa plainte à la justice; il peut être plus ou moins de temps forcé à la patience; il peut vouloir essayer de la résignation. (Denevers, 1808, p. 181.)

Les jugemens qui ont rejeté des demandes en séparation de corps, bien qu'ils aient acquis la force de la chose jugée, ne font point obstacle à de nouvelles demandes appuyées sur des faits nouveaux. (Sirey, t. 15, 1re part., p. 330.)

A qui doivent être confiés les enfans en cas de séparation de corps? (Voir Sirey, 21, 1re part. p. 333: t. 22, 2e part. p. 161.) Cette question est abandonnée à la prudence des juges, qui ne doivent consulter que le plus grand intérêt des enfans.

Le fait de réunion des époux après la séparation ordonnée et exécutée, est suffisant pour anéantir, quant à la personne des époux, le jugement qui avait prononcé leur séparation. Mais il faut, pour produire tous ses effets, que la renonciation au jugement soit formelle et consentie par un acte authentique. (Sirey, t. 7, 2e part., p. 661.)

A. Dalloz, séparation de corps, n. 198. — Une fois la séparation de corps prononcée, celui qui l'a obtenue peut la faire cesser en notifiant à l'autre époux l'intention où il est de se réunir à lui. (Dalloz aîné, t. 11, p. 915, n. 4; Locré, Esprit du Code civil, t. 4, p. 496; Duranton, t. 2, p. 566; Favard, v. séparation de corps.)

Dans le cas de cet article, les donations révoquées ne revivent pas par l'effet de la réconciliation. (Art. 1451., Delvincourt, t. 1, p. 355, note 10; Pothier, contrat de mariage, n. 524.)

Question controversée. — La séparation de corps fait-elle perdre à l'époux contre lequel elle a été prononcée, les avantages que l'autre époux lui avait faits par son contrat de mariage? *Oui*: arrêt, Rouen, 25 juillet 1829, Dalloz, 30, 2e part., p. 273; Rennes, 21 mai 1808; Dalloz, v, séparation de corps, p. 915; Caen, 22 avril 1812; Dalloz, *ibid.*; Aix, 20 mars, 1827, Dalloz, 1827, 2e part., p. 161; Proudhon, Droit français, t. 1, p. 342. *Contrà*: Cassat, 25 juillet 1833, Dalloz, 1834, 2e part., p. 75; *id.*, 28 avril 1824 et 17 juin 1822, Dalloz, v. séparation de corps, p. 915; Merlin, même mot, p. 466; Toullier, t. 2, n. 781; Favard, v. séparation de corps, p. 118; Duranton, t. 2, n. 629. *Sur* la question: Dalloz, v. séparation de corps, p. 915. (Journal de la magistrature, t. 2, p. 270 à 285. Voir art. 299 du Code civil.)

309. *Le mari restera le maître d'arrêter l'effet de cette condamnation, en consentant à reprendre sa femme.*

Novell. 134, cap. 10.

Pothier, contrat de mariage, n. 524, 526; communauté, n. 507; Merlin, Q., adultère, § 5; Favard, séparation entre époux, sect. 2, § 4; Duranton, t. 2, n. 618, 620, 638; Proudhon, t. 1, p. 340; Delvincourt, t. 1, p. 335, note 10; Vazeille, t. 2, n. 537, 592, 594.

Pandectes françaises. — On voit que l'adultère n'est plus, comme autrefois, l'objet d'une poursuite criminelle et d'un procès extraordinaire. Le mari l'articule seulement comme fait tendant à opérer la séparation, et l'affaire s'instruit comme tout autre demande de la même nature, dans les mêmes formes et au civil.

Delvincourt, t. 1, note 10 de la page 95. — *A la reprendre.* Mais, dans ce cas, les donations révoquées revivent-elles par l'effet de la réconciliation? Je ne le pense pas dans le droit actuel.

310. *Lorsque la séparation de corps prononcée pour toute autre cause que l'adultère de la femme aura duré trois ans, l'époux qui était originairement défendeur pourra demander le divorce au tribunal, qui l'admettra, si le demandeur originaire, présent ou dûment appelé, ne consent pas immédiatement à faire cesser la séparation.*

Pothier, contrat de mariage, n. 524; Merlin, R., séparation de corps, § 4; Toullier, t. 2, n. 779, 780; Proudhon, t. 2, p. 292, 293, 341; Vazeille, t. 2, n. 592; Chardon, dol, t. 2, n. 170. Les enfans qui naissent après la séparation de corps, sont bâtards. *Contrà*: Vazeille, t. 2, n. 586.

Malleville. — Ainsi la femme dont la séparation a été demandée pour cause d'adultère de sa part, ne peut demander le divorce après les trois ans.

Proudhon, t. 1, p. 341. — L'époux demandeur en séparation de corps serait-il fondé à demander que les libéralités qu'il avait faites à l'époux défendeur fussent révoquées, comme dans le cas de l'action en divorce? *Oui.*

311. *La séparation de corps emportera toujours séparation de biens.* (*C. C., art.* 299 *et suiv.*; 1441 *et suiv.*; 1452, 1468, 1518; *C. de C., art.* 66.)

Pothier, contrat de mariage, n. 522; Merlin, R., séparation de corps, § 4; Favard, séparation entre époux, sect. 2, § 3, n. 7: Dalloz, séparation de corps, chap. 1, sect. 4; Toullier, t. 2, n. 773 et suiv.; Duranton, t. 2, n. 621; Massé et L'herbette, Journal du notariat, t. 2, n. 500, t. 7, p. 217; Delvincourt, t. 1, p. 86; Vazeille, t. 2, n. 587, 592 et 594; Sirey, t. 10, p. 362.

Malleville. — Il y a cette grande différence entre la séparation de corps et celle de biens, que la femme séparée de biens n'en doit pas moins demeurer avec son mari, au lieu que celle séparée de corps doit avoir un domicile distinct; et de là il suit que si la femme séparée de corps se réunit avec son mari, la séparation tombe par cela seul, et avec elle, celle des biens, qui n'en était que la conséquence. Mais lorsque la séparation de biens est ordonnée principalement, il faut un acte devant notaire pour rétablir la communauté.

Pandectes françaises. — Si cependant la femme, quoique séparée de corps, menait une conduite licencieuse, le mari pourrait demander qu'il lui fût indiqué une maison où elle serait tenue de demeurer. La séparation ne fait perdre au mari ni sa qualité, ni son droit de surveillance, et le cas arrivant, il pourrait donner la demande pour cause d'adultère.

Merlin, séparation de corps, § 14. — La séparation de corps, considérée par rapport aux effets civils, procure à la femme les mêmes avantages et la place dans le même état que la séparation de biens.

Duranton, t. 2, n. 622. — La dissolution de la communauté remonte au jour de la demande, attendu que le jugement a un effet rétroactif. C'est comme si la demande eût été vérifiée et jugée le jour où elle a été formée. D'après cela, les successions mobilières échues à l'un ou à l'autre des époux pendant l'instance lui seront propres.

Boileux. — Elle laisse néanmoins subsister entre les époux les devoirs qui leur sont imposés par les art. 212 et 213; et le mari demeure soumis à la présomption légale de paternité, sauf, s'il y a lieu, l'action en désaveu.

TITRE VII.

De la Paternité et de la Filiation.

(Décrété le 23 mars 1803. — Promulgué le 2 avril).

CHAPITRE PREMIER.

De la Filiation des enfans légitimes ou nés dans le Mariage.

312. *L'enfant conçu pendant le mariage a pour père le mari. — Néanmoins celui-ci pourra désavouer l'enfant, s'il prouve que, pendant le temps qui a couru depuis le trois centième jusqu'au cent quatre-vingtième jour avant la naissance de cet enfant, il était, soit par cause d'éloignement, soit par l'effet de quelque accident, dans l'impossibilité physique de cohabiter avec sa femme. (C. C., art. 325. — Voir Loi du 1803.)*

Instit., lib. 1, tit. 9; ff, lib. 1, tit. 3, leg. 19, 23; tit. 6, leg. 6; lib. 25, tit. 3, leg. 1, § 4, 14; lib. 1, tit. 5, arg. leg. 24; lib. 28, tit. 2, leg. 29; lib. 38, tit. 16, leg. 3, § 12; leg. 6; Cod., lib. 4, tit. 19, leg. 14; tit. 29, leg. 4; Novell. 39, cap. 12.

Merlin, R., légitimité, sect. 2, § 1 et suiv.; Q., paternité; Favard, paternité, n. 1 et 2; Rolland, légitimité, § 2; Paillict, Dictionnaire universel, accouchement, n. 6; alibi, n. 5; Toullier, t. 1, n. 293, 526; t. 2, n. 787 et suiv., 791, 810, 827 et suiv.; 857, 893, 894, 941; t. 4, n. 97; Duranton, t. 2. n. 632; t. 3, n. 5 à 47; t. 6, n. 71, 72; Proudhon, t. 2, p. 1 à 3, 8 à 10, 14, 22, 23, 25, 41; Delvincourt, t. 1, p. 87, 88; Chardon, dol, t. 2, n. 137 à 140, 151 à 172, 188 à 191; De Richefort, de la paternité, p. 1 à 36; Loiseau, enfant naturel, p. 735.

Bigot-Préameneu, exposé des motifs au Corps législatif, 11 mars 1803. — La nature ayant couvert la paternité d'un voile impénétrable, la loi est forcée de se contenter d'une présomption prise de faits extérieurs : c'est celle que fournit l'institution du mariage. — Cette présomption, rarement trompeuse, et admise chez tous les peuples, est devenue une règle d'ordre public, dont l'origine, comme celle du mariage, se perd dans la nuit des temps.

Cependant, lorsqu'on est forcé d'avouer que cette règle, si nécessaire au maintien de la société, n'est établie que sur des indices, le législateur se mettrait en opposition avec les premiers élémens du droit et de la raison, s'il faisait prévaloir une présomption à une preuve positive ou à une présomption plus forte. Au lieu de soutenir la dignité du mariage, on l'avilirait : on le rendrait odieux, s'il servait de prétexte à légitimer un enfant qui, aux yeux du public, convaincu par des circonstances décisives, n'appartiendrait point au mariage.

Ainsi, lorsque la règle générale se trouve en opposition avec la marche constante de la nature, on croit plutôt à la faiblesse humaine qu'à l'interversion de l'ordre naturel.

La naissance de l'homme est précédée du temps où il se forme dans le sein de sa mère. Ce temps est ordinairement de neuf mois. On voit des exemples assez fréquens de ce que ce terme est avancé ou retardé; mais il est très-rare qu'un enfant soit né avant que six mois de grossesse ne soient écoulés, ou qu'il soit resté dans le sein de sa mère plus de dix mois, ou trois cents jours.

Les naissances avancées ou tardives ont été la matière de procès célèbres. Il a toujours été reconnu que la physiologie n'a aucun moyen de découvrir la vérité relativement à l'enfant qui est l'objet de la contestation. Ces débats ne portaient que sur des recherches plus ou moins scandaleuses, d'exemples que de part et d'autre on alléguait souvent sans preuves. Les juges ne pouvaient recevoir aucunes lumières sur le fait particulier, et chaque tribunal se formait un système différent, plutôt qu'une jurisprudence différente.

Il fallait sortir d'un pareil état. Ce n'était point une vérité absolue que les rédacteurs de la loi avaient à découvrir : il leur suffisait de donner aux juges une règle qui fixât leur incertitude, et ils devaient prendre cette règle dans la marche tellement uniforme de la nature, qu'à peine pût-on lui opposer quelques exceptions.

Procès-verbal du Conseil d'État, 5 novembre 1801. — Tronchet dit que l'esprit du projet est d'anéantir la cause de l'impuissance, parce qu'il est difficile et scandaleux de la prouver. Ce motif n'a pas même permis de l'admettre comme nullité du mariage : à plus forte raison ne doit-on pas avoir égard à l'exception tirée de la maladie du mari; une telle exception serait d'ailleurs démentie par des exemples. Il est prudent de jeter un voile sur des mystères que l'on ne peut pénétrer.

Portalis et Napoléon appuient cette opinion.

Malleville propose d'admettre l'impuissance accidentelle survenue depuis le mariage. Napoléon est de même avis, et trouverait sage, en ce cas, d'obliger le père à adopter l'enfant.

Bigot-Préameneu, exposé des motifs, 20 ventôse an 11. — La loi exige qu'il y ait eu impossibilité pendant le temps qui aura couru depuis le trois centième jusqu'au cent quatre-vingtième jour avant la naissance de l'enfant; le temps le plus long de la grossesse étant de trois cents jours, et le plus court de cent quatre-vingts. Si depuis l'époque où a pu commencer le temps le plus long jusqu'à celui où a pu commencer le temps le plus court, il y a eu impossibilité, il est évident que la présomption qui naît du cours ordinaire de la nature a toute sa force. Duveyrier, tribun, discours au Corps législatif, séance du 2 germinal an 11, émet les mêmes principes.

Soit pour cause d'éloignement. — Il faut que l'absence soit constante, continue, et de telle nature que, dans l'intervalle de temps donné à la possibilité de la conception, l'esprit humain ne puisse concevoir la possibilité d'un seul instant de réunion entre les deux époux. (Duveyrier, *loco citato*.)

Voir Sirey, t. 13. 1re part., p. 310.

Malleville. — La règle *Pater is est quem nuptiæ demonstrant*, n'est fondée que sur la présomption de la fidélité des épouses; aussi dans le droit romain, souffrait-elle plus d'exceptions que dans le Code.

Nous n'en admettons que trois, l'absence du mari, son impuissance accidentelle, et l'adultère prouvé de la femme, joint à la circonstance qu'elle a caché au mari la naissance de l'enfant.

Les lois romaines admettaient de plus l'impuissance naturelle, et toute autre cause qui eût empêché le mari de cohabiter avec sa femme.

Hua. — Celui-ci *pourra*. Il convient de remarquer que dans tous les cas où il peut exister des doutes sur la légitimité de l'enfant, la loi laisse toujours au père la faculté de ne point provoquer l'action. Le silence de celui-ci est un hommage à la nature, un respect pour son épouse; il équivaut à une reconnaissance qu'il fut lui-même cause de la faute que son mariage a réparé.

L'époque de la conception comparée à celle de l'accouchement, peut varier de trois mois, ainsi qu'il résulte de cet article; la séparation des époux doit être prouvée pendant le même intervalle, et leur éloignement avoir été tel pendant tout ce temps, qu'aucune circonstance n'ait permis qu'ils se voient. A cet égard les tribunaux ont une très-grande latitude.

Rolland de Villargues, v. légitimité, n. 23. — Si le mari avait pu franchir en peu de temps la distance qui le séparait de sa femme, et retourner avec la même promptitude dans l'endroit où il a vécu pendant son absence, les témoignages qu'on rapporterait de la continuité de son séjour en cet endroit, ne formeraient pas une preuve d'illégitimité de l'enfant.

Merlin, R., v. légitimité. — L'absence du mari ne peut pas faire cesser la présomption de paternité, si elle ne réunit trois caractères, savoir : la *longueur*, la *certitude* et la *continuité*. Sans l'un d'eux, et pour peu qu'il y ait doute sur ce point, on doit présumer que la mère est innocente, et par conséquent que l'enfant est légitime. *In favorem prolis potiùs inclinamus.* Au surplus, c'est aux tribunaux à apprécier les circonstances sur la possibilité ou l'impossibilité physique de la cohabitation, quelque courte qu'elle ait été ou pu être. (Duranton, t. 3, n. 38.)

Toullier, t. 2, p. 122. — Le mari doit donc prouver quatre mois *entiers* et *continus* d'absence ou d'impuissance accidentelle, à commencer depuis le premier jour du dixième mois jusqu'au premier jour du sixième, avant la naissance de l'enfant.

La séparation de corps judiciaire établit-elle une exception légitime à la présomption de paternité du mari, et peut-elle fonder par suite le désaveu de l'enfant né pendant le temps qui a couru depuis le trois centième jour, époque de la séparation *irrévocablement* prononcée, jusqu'au cent quatre-vingtième jour avant la naissance de cet enfant? *Non*, d'après Merlin et Toullier. M. de Richefort, dans son essai sur la paternité, p. 29 et suiv., combat avec force l'opinion de ces deux grands maîtres. Il dit : Dès qu'un jugement a séparé deux époux, ne doit-on pas présumer que l'un ou l'autre ont obéi à l'injonction de la justice, et alors, ne serait-ce pas à celui qui en excepte à prouver la réunion postérieure pour faire croire à la possibilité physique de cohabitation? Ne paraîtrait-il pas absurde d'imposer au mari la preuve du non rapprochement, parce que c'est un fait négatif dont la justification serait impossible et absolument indifférente? (Voir à l'appui de son raisonnement, arrêt de Rouen, du 28 février 1814, Sirey, t. 15, 2ᵉ part., p. 85; *id.*, t. 10, 1ʳᵉ part., p. 77.)

Duranton, n. 13, 44.—Dans le calcul des cent vingt jours d'impossibilité de réunion écoulés avant le cent quatre-vingtième jour qui a précédé celui de la naissance, on ne doit pas compter contre l'enfant le temps de *momento ad momentum*: on ne doit comprendre ni le jour où l'empêchement a commencé, ni celui où il a fini; ces deux jours lui appartiennent en entier.

Dalloz, filiation, chap. 1, sect. 1, n. 2. — La disposition de l'art. 312 doit être rigoureusement appliquée, et le fait de la naissance tardive ou prématurée étant constaté, le juge appelé à prononcer sur la question d'état ne peut se dispenser de déclarer l'illégitimité.

A. Dalloz, filiation légitime, n. 14. — L'enfant légitime est, en règle générale, celui qui a été conçu pendant le mariage *valable* de ses père et mère. La nullité qui en serait prononcée ne lui ferait point perdre cette légitimité, si les époux ou même l'un d'eux seulement eût été de bonne foi. (Code civil, 201; d'Aguesseau; Dalloz aîné, t. 8, p. 540, n. 23.)

313. *Le mari ne pourra, en alléguant son impuissance naturelle, désavouer l'enfant: il ne pourra le désavouer même pour cause d'adultère, à moins que la naissance ne lui ait été cachée, auquel cas il sera admis à proposer tous les faits propres à justifier qu'il n'en est pas le père.*

ff, lib. 1, tit. 6, leg. 6; lib. 48, tit. 10, leg. 19; leg. 2 et 11, § 9, ad leg. Julian., de adulter.

Merlin, R., légitimité, sect. 2, § 2, n. 4 et 5; Q., paternité; Favard, naissance, n. 6; paternité, n. 3 et 4; Dalloz, filiation, chap. 1, sect. 1, et 2; Rolland, légitimité, § 2; Toullier, t. 2, n. 789, 806, 812 et suiv., 861; Duranton, t. 3, n. 6, 7, 47 à 50; Proudhon, t. 2, p. 10, 24 à 26, 41; Delvincourt, t. 1, p. 88, 89; Chardon, dol, t. 2, n. 140, 173, 174, 180, 181; Richefort, p. 36 à 58; Sirey, t. 12, p. 377.

Hua. — Si on prouvait un évènement qui eût privé le mari de la faculté de procréer des enfans, il faudrait bien se rendre à l'évidence du fait, et admettre le désaveu de la paternité. Notre article ne prohibe que l'allégation de l'impuissance *naturelle*, et il tolère, par cette restriction, celle de l'impuissance *accidentelle*.

Il faut les deux circonstances réunies, l'adultère et le recel de la naissance de l'enfant.

Pandectes françaises.—On ne se détermine à prononcer contre l'enfant que quand les faits sont concluans et bien prouvés. Il ne faut pas perdre de vue que la maxime, *is pater est quem nuptiæ demonstrant*, est le fondement le plus solide de la société civile; qu'on ne peut s'en écarter légèrement sans l'ébranler, et que les argumens les plus vraisemblables ne sont pas toujours invincibles. (Merlin, R., v. légitimité, sect. 2, § 5, n. 4.)

Delvincourt, t. 1, note 4 de la page 76. — Le mari peut alléguer son impuissance *accidentelle*, pour fonder son désaveu. Mais il faudrait que l'accident qui a causé l'impuissance fût postérieur au mariage. Autrement les mêmes raisons qui l'empêcheraient de proposer le moyen tiré de l'impuissance naturelle, l'empêcheraient également d'être admis à proposer le moyen tiré de l'impuissance accidentelle, mais antérieure au mariage. (Rolland, légitimité, n. 24, 25.)

Note 5. — C'est à l'enfant à prouver que le mari a eu connaissance de sa naissance.

Note 6.—*A justifier qu'il n'est pas le père.*—La nature et l'importance de ces faits sont laissés à la prudence du juge. Mais on n'exige pas du mari une preuve aussi rigoureuse que quand il argumente de l'impossibilité de cohabitation. Mais *quid*, à l'égard de l'enfant conçu postérieurement à une demande en séparation de corps? Je pense qu'il y a ici présomption d'impossibilité morale, et que l'enfant doit être déclaré *illégitime*, à moins qu'il ne prouve qu'il y a eu réconciliation.

Rolland, légitimité, n. 26.—L'impuissance doit d'ailleurs être constatée juridiquement; et c'est de là qu'après la mort du mari, ses héritiers ne peuvent attaquer de ce chef l'état d'un enfant né pendant le mariage. (Merlin.)

N. 29.—Il n'est pas nécessaire que l'adultère ait été constaté par un jugement. Le recèlement de la naissance est la seule condition exigée pour rendre l'action en désaveu admissible.

N. 31. — *Quid* si, sans avoir eu connaissance de la naissance de l'enfant, le mari a eu connaissance de la grossesse? Il pourra encore proposer l'exception.

Mais il faut que cette impuissance soit intérieure et cachée. Aussi l'article ne parle-t-il que de l'impuissance *naturelle*; c'est à celle-là seulement qu'il borne la prohibition du désaveu.

Même pour cause d'adultère.—D'Aguesseau, Plaidoyers, t. 3, p. 40.— Quoiqu'il puisse arriver qu'un enfant conçu dans le temps du mariage soit redevable de la vie au seul crime de sa mère, cependant comme il peut se faire aussi qu'il ne la doive qu'à l'union honorable d'une femme avec son mari, on présume toujours que la mère est innocente et le fils légitime, jusqu'à ce que le contraire soit démontré par des preuves évidentes. Il ne suffit pas même de prouver l'infidélité de la mère, pour en conclure que l'enfant est illégitime. La loi s'oppose à cette conséquence injuste, et elle se déclare en faveur de l'enfant. (Toullier, t. 2, n. 789.)

A moins que la naissance ne lui ait été cachée.—Il faut deux conditions pour faire dans ce cas admettre le désaveu, savoir: la naissance cachée et la preuve des faits propres à justifier que le mari n'est pas le père. (Voir Sirey, t. 12, 1ʳᵉ part., p. 377 et suiv.; Toullier, t. 2, p. 127, notes.)

Duranton, t. 3, n. 48.—En vain la mère déclarerait-elle que l'enfant est le fruit de son infidélité; elle ne serait point écoutée. Cette déclaration serait sans force, quoique le fait de l'adultère fût prouvé, car la suppression de l'état des enfans conçus pendant le mariage ne peut dépendre de la déclaration des père et mère, qui peut avoir été concertée, et être le résultat d'une passion aveugle et violente. (Boileux.)

N. 50. — Comme demandeur, le mari doit prouver qu'il est dans le cas prévu par la loi, que la naissance lui a été cachée: ce n'est pas l'obliger à prouver un fait négatif, savoir, qu'il ne l'a pas connue; c'est seulement le soumettre à l'obligation de prouver un fait positif, la soustraction de l'enfant.

Le fait de recel est un point laissé à la prudence des tribunaux.

Question controversée. — L'action en désaveu de paternité n'est-elle recevable que lorsque l'adultère de la femme a été juridiquement constaté? *Oui*: Merlin, R., v. légitimité, sect. 2, § 2, n. 4, note; Malleville, t. 1, p. 309, sur l'article: Locré, Esprit du Code civil, p. 35, sur l'article; Toullier, t. 2, n. 812, 815. *Contrà*: Arrêt, Metz, 29 décembre 1825, Dalloz, t. 27, 2ᵉ part., p. 92; Sirey, t. 27, 2ᵉ part., p. 186; Cassation, 25 janvier 1831, Dalloz, t. 31, 1ʳᵉ part., p. 112; Dalloz, Jurisprudence générale, t. 8, p. 552; Sirey, t. 12, 1ʳᵉ part., p. 377; *id.*, Cour royale de Paris, 29 juillet 1836, Dalloz, t. 27, 2ᵉ part., p. 103; Sirey, t. 27, 2ᵉ part., p. 185; *id.*, Rouen, 5 mars 1828, Dalloz, t. 28, 2ᵉ part., p. 123; Sirey, t. 28, 2ᵉ part., p. 145; Duranton, t. 3, n. 51; Dalloz, Jurisprudence générale, v. filiation, t. 8, p. 548.

314. *L'enfant né avant le cent quatre-vingtième jour du mariage ne pourra être désavoué par le mari, dans les cas suivans:*

1° S'il a eu connaissance de la grossesse avant le mariage;

2° S'il a assisté à l'acte de naissance, et si cet acte est signé de lui, ou contient sa déclaration qu'il ne sait signer;

3° Si l'enfant n'est pas déclaré viable.

Instit., lib. 1, tit. 9; ff, lib. 1, tit. 3, leg. 19, 23; tit. 6, leg. 6; lib. 25, tit. 3, leg. 1, § 4, 14; lib. 1, tit. 5, arg. leg. 24; lib. 28, tit. 2, leg. 29; lib. 38, tit. 16, leg. 3, § 12; leg. 6; Cod., lib. 4, tit. 19, leg. 14; tit. 29, leg. 4; Novell. 39, cap. 12.

Merlin, légitimité, sect. 2, § 1, n. 6; Favard, paternité, n. 5; Dalloz, filiation, chap. 1, sect. 2, n. 12, 13; Rolland, légitimité, § 2; viabilité; Toullier, t. 2, n. 791 et suiv.; 807, 821 et suiv.; t. 10, n. 231; Duranton, t. 3, n. 20 à 35; Richefort, p. 58 à 80; Proudhon, t. 2, p. 18.

Bigot-Préameneu, exposé de motifs au Corps législatif, 11 mars 1803. — La loi ne se borne pas à sonder le cœur et à calculer les véritables intérêts du mari; elle se met en garde contre les passions qui pourraient l'aveugler; elle n'admet point le désaveu qui ne se trouve point d'accord avec sa conduite antérieure. S'il avait toujours cru que l'enfant lui fût étranger, aucun acte ne démentirait une opinion qui depuis la naissance de cet enfant a dû déchirer son âme. S'il a varié dans cette opinion, il n'est plus recevable à critiquer à l'enfant l'état qu'il ne lui a pas toujours contesté.

Ainsi, dans le cas de notre article, le mari ne pourra désavouer, si avant de se marier, il a eu connaissance de la grossesse. On présume alors qu'il n'a contracté le mariage que pour réparer sa faute personnelle; on présume qu'un pareil hymen n'eût jamais été consenti, s'il n'eût été persuadé que la femme portait dans son sein le fruit de leurs amours.

Il faut, à l'égard de la *viabilité*, que les gens de l'art prononcent.— L'enfant vivait dans le sein de la mère. Cette existence peut se prolonger pendant un nombre de jours indéterminé, sans qu'il soit possible qu'il la conserve, et c'est cette possibilité de parcourir la carrière ordinaire de la vie, qu'on entend par l'expression *être viable*.

Lorsque l'enfant n'est pas déclaré viable, la présomption contre la femme n'est plus la même. Il n'y a plus de certitude que ce soit un accouchement naturel qui ait dû être précédé du temps ordinaire de la grossesse. Toute recherche serait scandaleuse et sans objet.

Duveyrier, discours au Tribunat, 23 mars 1803. — L'accouchement précoce peut avoir été accéléré par un accident peu remarquable; l'enfant peut naître avant terme et privé des facultés de la vie. — D'ailleurs, quoiqu'il naisse à un terme qui place toute conception possible au-delà du mariage, l'enfant peut encore appartenir au mari, si le mariage a été précédé d'un fréquentation intime entre les deux époux.

Pour que le désaveu du mari ne soit pas une action scandaleuse, légèrement admise, il faut donc, d'un côté, que le mari n'ait laissé échapper, soit au moment du mariage, soit au moment de la naissance de l'enfant, aucun acte, aucun signe, aucun aveu volontaire, exprès ou tacite de sa paternité: il faut, d'un autre côté, que l'enfant soit né *viable*.

Pandectes françaises. — La femme doit être admise à la preuve par témoins du fait que le mari a eu connaissance de sa grossesse avant le mariage; car il est question d'un fait qui ne peut guère être établi que de cette manière. (De Richefort, puissance paternelle, p. 61 et suiv.; Toullier, t. 2, p. 133, 134.)

Delvincourt, t. 1, note 1re de la page 76. — C'est à ceux qui soutiennent la légitimité, à prouver que le mari a eu connaissance de la grossesse. Comment se fera cette preuve? Le Code ne disant rien à cet égard, il paraît qu'on n'a pas entendu exiger un genre de preuve particulier, et qu'on a entendu remettre le tout à la sagesse des tribunaux, qui devront, au surplus, dans ce cas, se déterminer principalement par les circonstances.

Note 3. — Un enfant n'est pas viable, quand le temps de la gestation n'a pas été suffisant pour le constituer de manière à pouvoir vivre, et ce, quand même il vivrait quelques heures, ou même quelques jours. Mais l'on sent que, dans ce cas, l'époque de la conception étant toujours inconnue, la question de viabilité ne peut être décidée que par les gens de l'art.

Rolland de Villargues, v. légitimité, n. 36. — Ainsi cet article établit une présomption légale de légitimité en faveur de l'enfant né le cent quatre-vingtième jour après le mariage; et cela est conforme à la loi 3, § 12, *ff, de suis et legitimibus hæredibus*, qui exigeait cent quatre-vingt-deux jours.

N. 37. — Mais il résulte du même article que lorsque l'enfant est né avant le cent quatre-vingtième jour, le mari ne peut être obligé de le reconnaître. Il peut au contraire le désavouer.

N. 38. — Ce qu'il importe de remarquer, c'est que l'illégitimité, en ce cas, n'est point *de droit*. Le mari doit faire son désaveu.

Merlin, R., v. légitimité, dit: Que cette preuve ne pourrait avoir d'effet qu'autant que les familiarités eussent un caractère et se rapportassent à une époque qui *forceraient* de supposer qu'elles n'ont *pu avoir lieu* sans la connaissance de la grossesse.

Proudhon, t. 2, p. 18, dit que le tuteur ne peut être admis à prouver les faits de fréquentation intime antérieure au mariage; ce serait indirectement faciliter la recherche de la paternité.

Mais Toullier répond, t. 2, p. 134, note, qu'il y a une grande différence entre l'enfant naturel qui, n'ayant aucune possession d'état, demande à prouver une paternité toujours incertaine, et l'enfant né sous le voile sacré du mariage, que sa naissance a mis en possession de son état; et qui ne fait que défendre sa possession.

S'il a assisté à l'acte de naissance, et *si cet acte est signé de lui*, etc.— Il faut donc le concours de ces deux circonstances; ainsi la présence seule ne suffirait pas.

Si l'enfant n'est pas déclaré viable.—Le mari, dans ce cas, n'aurait aucun intérêt à le désavouer, puisqu'il ne doit point succéder. (Art. 725.—Voir Chabot, successions, t. 1, p. 75, 76; Toullier, t. 2, p. 131 et 162.) Quant aux signes de viabilité, voir Haller, Eléments de physiologie du corps humain, t. 8, liv. 9, p. 422, etc.; Fodéré, Traité de médecine légale, t. 2, p. 130 à 157 et suiv., 204.

Favard, paternité, n. 5. — Mais ces trois cas ne sont pas limitatifs: toute reconnaissance du mari, authentique ou sous seing privé, rend nécessairement le désaveu inadmissible. (Toullier, t. 2, n. 824.)

Merlin, légitimité, sect. 2, § 1, n. 6. — En méditant ce texte, on remarque d'abord qu'il établit une présomption légale de légitimité en faveur de l'enfant né le cent quatre-vingtième jour du mariage.—On voit ensuite qu'à l'égard de l'enfant né avant le cent quatre-vingtième jour du mariage, il admet une présomption d'illégitimité: mais que cette présomption n'a pas le même caractère que la précédente, et qu'elle peut au contraire être combattue par trois présomptions de la paternité du mari.

Duranton, t. 3, n. 23. — La seule preuve qu'ait à faire le demandeur en désaveu, c'est de démontrer que la naissance a eu lieu avant le cent quatre-vingtième jour du mariage. C'est à son adversaire à faire la preuve positive de l'exception opposée au désaveu.

A. Dalloz, filiation légitime, n. 58. — De ce que le mari a *fréquenté* la mère avant la grossesse, résulte-t-il nécessairement, ainsi que cela était admis avant le Code, qu'il l'a connue? *Oui*: Toullier, t. 2, n. 826. *Non*: Proudhon, t. 2, p. 18. Ce n'est là en effet qu'un élément de preuve et non une preuve positive. (Duranton, t. 3, n. 30.)

315. *La légitimité de l'enfant né trois cents jours après la dissolution du mariage pourra être contestée.*

Novell. 39 et les lois romaines citées sous l'article précédent.

Merlin, légitimité, sect. 2, § 3, n. 5; Favard, paternité, n. 6; succession, sect. 1, § 2, n. 3; Dalloz, filiation, chap. 1, sect. 2, n. 14; Rolland, désaveu de paternité, n. 8; légitimité, § 2; Pailliet, Dictionnaire universel, accouchement, n. 4, 5, 9; aliments, n. 49; Toullier, t. 2, n. 791, 797, 829, 941; t. 4, n. 95; Duranton, t. 3, n. 44, 56 à 81; Proudhon, t. 2, p. 27 à 38; Richefort, p. 80 à 87; Chardon, t. 2, n. 188 à 191; Sirey, t. 9, p. 288; t. 12, p. 214; t. 22, p. 318.

Duveyrier, discours au Corps législatif. — L'enfant né trois cents jours après le mariage, n'est pas *de droit* illégitime, parce que tout intérêt particulier ne peut être combattu que par un intérêt contraire. La loi n'est point appelée à réformer ce qu'elle ignore; et si l'état de l'enfant n'est point attaqué, il reste à l'abri du silence que personne n'est intéressé à rompre.

Malleville. — Il faut observer que la loi ne se sert, dans cet article, que du terme *pourra*, et qu'elle ne prononce pas absolument l'illégitimité de l'enfant né avant le cent quatre-vingtième jour du mariage, ou plus de trois cents jours après sa dissolution. Aussi, Bigot-Préameneu dit-il au Corps législatif, que la présomption qui résulte de la naissance tardive ne sera décisive contre l'enfant qu'autant qu'elle ne sera pas affaiblie par d'autres circonstances. Cependant, je crois que les juges se détermineraient difficilement à légitimer un enfant né après le dixième mois depuis la mort du mari: où a certainement, par la fixation des délais, laissé assez de marge aux femmes.

Rolland de Villargues, v. légitimité, n. 47.—D'où l'on peut conclure, *à contrario*, que l'enfant est présumé légitime, lorsqu'il naît avant le trois centième jour depuis la dissolution du mariage.

Merlin, R., v. légitimité. — Le Code n'a pas cru devoir établir sur cette matière une *règle précise*; il s'est borné à dire que la légitimité de l'enfant né trois cents jours après la dissolution du mariage *pourra* être contestée.

Toullier, t. 2, p. 137, 140. — Il ne faut pas confondre l'action en désaveu avec la contestation de légitimité, deux actions de nature fort différente: le désaveu est dirigé par voie d'*action* contre l'enfant qui a eu sa faveur la présomption de légitimité, à cause de la possession provisoire de son état; tandis que la *contestation* de légitimité est opposée *par exception* à l'enfant présumé illégitime, et qui réclame la légitimité. (Voir Dissertation de Sirey, t. 22, 2e part., p. 321.)

La simple contestation rend l'enfant illégitime, et les contestans ne sont assujétis à la moindre preuve pour justifier leur exception. (Sirey, t. 7, 2e part., p. 643; t. 9, 2e part., p. 288; t. 12, 2e part., p. 214.)

Proudhon, t. 2, p. 30. — L'enfant né après le mariage dissous et dont l'état est attaqué, ne peut avoir d'autres exceptions légales à opposer, que celles qui tendraient à établir qu'entre la dissolution du mariage et sa naissance, il ne s'est pas écoulé un laps de trois cents jours entiers; et s'il était avéré en fait que cet intervalle a été de trois cents jours *et plus*, l'illégitimité de sa naissance se trouverait par là même avérée en droit.

Toullier, t. 2, n. 797. — La présomption de paternité n'existe plus en aucune manière en faveur de l'enfant né trois cents jours après celui de la dissolution du mariage, parce que, outre sa conception présumée postérieure à cette dissolution, il n'a pas l'avantage d'être né pendant le mariage. (Voir Duranton, t. 3, n. 58.)

N. 801. — Le fait qu'à l'époque de la conception de l'enfant, les deux époux n'ont pas cohabité ensemble, est un fait négatif qui ne peut s'établir directement par lui-même. Il s'établit indirectement, en prouvant l'impossibilité du fait contraire.

A. Dalloz, filiation légitime, n. 60. — Résulte-t-il de l'expression *pourra*, dont se sert cet article, que les tribunaux aient un pouvoir discrétionnaire pour rejeter ou admettre le désaveu contre un enfant né plus de trois cents jours après la dissolution? *Oui*: Exposé des motifs; Merlin, R., v. légitimité, p. 262; Favard, v. paternité, p. 154. *Non*: Chabot, sur l'art. 725; Toullier, t. 2, p. 156; Proudhon, t. 2, p. 23; Duranton, t. 3, n. 58; t. 6, p. 72; Dalloz aîné, t. 8, p. 550, n. 14. Cette solution négative, qui, nonobstant le mot *pourra*, voit dans l'art. 315 une présomption légale, se fonde sur un passage du discours de Duveyrier.

316. *Dans les divers cas où le mari est autorisé à réclamer, il devra le faire dans le mois, s'il se trouve sur les lieux de la naissance de l'enfant; — Dans les deux mois après son retour, si, à la même époque, il est absent; — Dans les deux mois après la découverte de la fraude, si on lui avait caché la naissance de l'enfant.* (C. C., art. 312, 325 et suiv.)

Secùs, ff, lib. 48, tit. 10, leg. 19; leg. 5, ff, de in jus voc.

Merlin, R., légitimité, § 5; Favard, paternité, n. 7; Dalloz, filiation, chap. 1, sect. 3; Toullier, t. 2, n. 792, 838 et suiv., 908; Duranton, t. 3, n. 22, 84 à 92; Proudhon, t. 2, p. 10, 46; Delvincourt, t. 1, p. 89; Chardon, t. 2, n. 142 à 144, 173, 174; Perrin, nullités, p. 227, 278; Richefort, p. 89, 90; Sirey, t. 22, p. 318.

Duveyrier, discours au Tribunat, 23 mars 1803. — Le sentiment qui porte un mari à désavouer l'enfant dont sa femme est devenue mère, est vif, impétueux, violent même, comme le transport qu'excite la conviction d'un outrage. Ce n'est point un sentiment que le temps affermisse et que la réflexion fortifie; la réflexion le modère et le temps l'efface. Un père qui a souffert près de lui dans sa maison, sans peine et sans répugnance, ou qui a connu sans indignation l'existence d'un enfant que la loi et la société appellent son fils, est raisonnablement supposé n'avoir pas reçu d'offense, ou l'avoir pardonnée; et dans tous les cas, la loi, comme la raison, préfère le pardon à la vengeance.

Delvincourt, t. 1, note 8 de la page 76. — *Il est absent*; c'est-à-dire non présent: il n'est pas nécessaire qu'il soit absent proprement dit. (Toullier, t. 2, n. 830.)

Quid, s'il est fou, furieux, imbécille ou attaqué d'une maladie qui l'empêche de sortir? Je pense que le délai de deux mois ne doit courir que du moment où l'on peut raisonnablement penser qu'il a eu connaissance de l'accouchement. (Malleville.)

Rolland de Villargues, v. désaveu de paternité, n. 6. — Il faut entendre par *héritiers*, non seulement les héritiers légitimes, mais encore les donataires ou légataires universels ou à titre universel; pourvu néanmoins qu'ils agissent pour la conservation de leurs droits attaqués par l'enfant. (Toullier; Duranton.)

De Richefort, paternité, p. 89. — Les délais prescrits doivent courir à compter du jour de la naissance, ou à compter du retour du mari, s'il était absent lors de la naissance, ou à compter de la découverte de la fraude, si la naissance lui avait été cachée, soit qu'il fût ou non sur les lieux. (Voir Sirey, t. 13, 2ᵉ part., p. 310.)

Favard, paternité, n. 7. — Par l'expression *les lieux*, il faut entendre la distance dans laquelle on ne peut ignorer des faits qui intéressent aussi vivement que la grossesse d'une épouse et la naissance d'un enfant.

Duranton, t. 3, n. 84. — Le dernier jour du terme est compris dans *le délai*.

Les mois ne se comptent pas par trente jours, mais de quantième à quantième.

N. 85. — Les mots *sur les lieux* ne sont point employés par opposition à l'éloignement qui rendrait la cohabitation impossible. Il ne s'agit ici que de l'exercice de l'action, et l'on sent qu'un éloignement moins considérable y formerait cependant obstacle. C'est donc un point abandonné à la sagesse des magistrats, qui, attentifs à ce que le délai ne soit pas arbitrairement prolongé, n'accueilleront néanmoins pas l'exception de prescription contre le mari qui aurait été dans l'impuissance d'agir.

317. *Si le mari est mort avant d'avoir fait sa réclamation, mais étant encore dans le délai utile pour la faire, les héritiers auront deux mois pour contester la légitimité de l'enfant, à compter de l'époque où cet enfant se serait mis en possession des biens du mari, ou de l'époque où les héritiers seraient troublés par l'enfant dans cette possession.* (C. C., art. 329, 330, 724.)

ff, lib. 50, tit. 17, leg. 139.

Merlin, Q., légitimité, § 2; Favard, paternité, n. 7, 8, 9; Dalloz, filiation, chap. 1, sect. 3; Rolland, désaveu de paternité; Pailliet, Dictionnaire universel, accouchement, n. 9, 11; Toullier, t. 2, n. 835, 840 et suiv., 908; Duranton, t. 3, n. 84 à 91; Chardon, t. 2, n. 146, 147 à 150; Richefort, p. 90 à 101; Delvincourt, t. 1, p. 365, note 15; Sirey, t. 6, p. 952; t. 17, p. 251; Locré, Esprit du Code civil, sur l'article; Proudhon, t. 2, p. 41, 42; *Contrà*: Toullier.

Procès-verbal du Conseil d'Etat, 5 novembre 1801. — Boulay dit que la section a pensé que le droit d'attaquer la légitimité des enfans doit être réservé exclusivement au mari, qui seul peut avoir la conscience de la paternité. Ce droit ne doit point passer à ses héritiers, ainsi que le propose Cambacérès.

Tronchet répond que le projet du Code transmettait l'action aux héritiers. Les tribunaux ont réclamé contre cette disposition: les uns veulent exclure absolument la réclamation des collatéraux; les autres, que ces héritiers ne puissent réclamer que pendant le temps qui reste à expirer du délai accordé au mari. Quoi qu'il en soit, il est juste que l'action passe aux héritiers.

Cambacérès et Napoléon appuient cette opinion: Boulay et Réal la combattent par ces raisons, que la mort du mari enlève à la femme l'avantage des aveux qu'il aurait pu faire, ainsi que l'espoir du pardon, ou de la reconnaissance tacite de l'enfant.

Hua. — *Auront deux mois*. Ces deux mois accordés pour intenter l'action venant du chef du défunt, ne commencent à courir qu'à compter de l'acceptation de l'hérédité par le réclamant, ou à partir de l'expiration du délai que l'art. 795 accorde pour prendre qualité.

Delvincourt, t. 1, note 10 de la page 76. — *Ses héritiers*. Par conséquent, les autres enfans du mari pourront former le désaveu, du vivant même de leur mère.

Note 11. — Que doit-on entendre par *trouble*? Je pense que cette expression doit s'entendre de *tout fait* qui annonce, de la part de l'enfant, l'intention de venir réclamer un jour l'état et les droits d'enfant légitime.

Voir Sirey, t. 16, 2ᵉ part., p. 364; *id.*, t. 6, 2ᵉ part., p. 953. — La généralité de notre article doit être restreinte aux autres causes de désaveu.

Merlin, R., v. légitimité, dit: Il ne suffit pas d'alléguer l'impuissance du mari pour faire déclarer un enfant illégitime; il faut la constater juridiquement: et comme cela n'est plus possible après la mort du mari, il est clair que ses héritiers ne peuvent pas attaquer de ce chef l'état d'un enfant né pendant son mariage.

Proudhon, t. 2, p. 48. — Les enfans héritiers de leur père seraient recevables à proposer le désaveu contre un frère illégitime, qui se présenterait au partage de l'hérédité paternelle.

P. 51. — Lorsque le mari est décédé sans avoir ouvert l'action en désaveu, mais étant encore dans le délai utile, ses légataires ont le droit de l'intenter. (Voir art. 1012; Toullier, t. 2, n. 841.)

Duranton, t. 3, n. 88. — De là, trois choses:

1° Pour que le délai coure contre les héritiers, il faut que l'enfant se soit mis en possession des biens comme *enfant* du mari, et non à un *autre titre*, ou qu'il les trouble dans leur possession en cette même qualité d'enfant.

2° La connaissance qu'ils auraient de ses prétentions à se faire reconnaître pour l'enfant du mari, de ses démarches et des actes qu'il a faits sans les diriger contre eux, n'est point un trouble de leur possession dans le sens de l'art. 317.

3° Le délai de deux mois n'est point prolongé par l'absence des héritiers du mari, même au temps de sa mort, soit que l'enfant ait été mis ou se soit mis en possession des biens de celui-ci, soit qu'il les trouble lui-même dans la possession qu'ils ont de ces mêmes biens.

N. 89. — Le délai de deux mois court contre les héritiers mineurs, comme contre les majeurs.

A. Dalloz, filiation légitime, n. 69. — Si le mari décède sans avoir désavoué l'enfant pour adultère, mais étant encore dans le délai, ses héritiers peuvent exercer l'action; le décès du mari éteint l'action pénale en adultère, mais non l'action en désaveu. (Toullier, t. 2, n. 840; Dalloz aîné, t. 8, p. 555, n. 4. *Contrà*: Proudhon, t. 2, p. 16, 160.)

N. 70. — Et par héritiers du mari, on comprend même ses héritiers institués ou légataires universels. (Proudhon, Toullier, Duranton, Delvincourt, Dalloz aîné, t. 8, p. 555, n. 5.....) Même les légataires à titre particulier. (Delvincourt.) Mais les héritiers institués ou légataires ne peuvent, suivant Duranton, agir qu'autant qu'ils sont troublés, et par voie d'exception. — Dalloz leur accorde aussi l'action directe.

N. 72. — L'action en désaveu n'appartient qu'à ceux que la loi désigne, et la mère ne pourrait, en dévoilant sa propre turpitude, provoquer contre son enfant une déclaration d'adultérinité. Ce dernier ne serait pas recevable non plus à le faire. (Dalloz aîné, t. 8, p. 555, n. 6. *Contrà*: Duranton, p. 77, n. 79.)

N. 103. — La prise de *possession* des biens de la part de l'enfant, à partir de laquelle l'art. 317 fait courir, contre les héritiers, le délai de deux mois, doit avoir eu lieu en qualité d'enfant du mari. (Dalloz aîné, t. 8, p. 556.)

318. *Tout acte extrajudiciaire contenant le désaveu de la part du mari ou de ses héritiers, sera comme non avenu, s'il n'est suivi, dans le délai d'un mois, d'une action en justice,*

dirigée contre un tuteur ad hoc *donné à l'enfant, et en présence de sa mère. (C. C. art.* 2245. *)*

ff, lib. 22, tit. 3, leg. 2; arg. leg. 18, § 1; leg. 21; Cod., lib. 4, tit. 19, leg. 8, 23; ff, leg. 1, § 5, de Carboniano edicto.

Merlin, Q., légitimité, § 2; Favard, paternité, n. 7, 8, 9; Dalloz, filiation, chap. 1, section 3; Favard, accouchement, n. 12; Paillet, Dict. univ., aliment, n. 49; Toullier, t. 2, n. 825 et suiv.; Duranton. t. 3, n. 92 à 103; Chardon, t. 2, n. 147 et suiv.; Richefort, p. 101 à 104; Journ. des avoués, t. 23, p. 196 et suiv.; *idem*, t. 22, p. 318.

Lahary, rapport au Tribunat, 19 mars 1803. — Il est évident que l'expiration du délai dans lequel l'action doit être intentée n'annulle que l'acte extrajudiciaire, et laisse subsister l'action, si le mari ou ses héritiers sont encore en temps utile. (Delvincourt, t. 1er, p. 76, note 13.)

Procès-verbal du Conseil d'Etat, 16 septembre 1802, n. 12. — Régnaud dit qu'il convient de fournir au mari et à ses héritiers un moyen de faire donner un tuteur à l'enfant. Tronchet répond que cette faculté leur appartient de droit commun.

Malleville. — Il est bien dur d'obliger le mari à faire le procès à sa femme; mais d'un autre côté, les preuves pourraient dépérir, et la question devenir bien plus difficile si le procès était différé.

Hua. — *Tout acte extrajudiciaire*. Cet acte empêche l'effet de la fin de non-recevoir, pourvu qu'il soit suivi dans le mois de l'introduction de la demande.

La nomination de ce tuteur ne peut se faire que suivant les formes prescrites au titre de la tutelle, et par conséquent avec le concours des parens du côté du père et de celui de la mère. En vain exciperait-on de ce que l'état de l'enfant étant dénié par le père, celui-ci tomberait en contradiction s'il appelait ses propres parens. La présomption est en faveur de l'état de l'enfant, et il a dans l'acte civil même un titre de possession. — L'isoler préalablement de la famille de laquelle il s'agit de savoir s'il doit être retranché, ce serait contredire sa possession. (Delvincourt, t. 1er, p. 76, note 15; Toullier, t. 2. n. 843.)

D'après le même principe, l'assemblée se tiendra devant le juge de paix du domicile actuel du père, quand même la mère l'aurait abandonné.

De Richefort, paternité. — La présence de la mère est nécessaire, car elle a son honneur attaqué à défendre. Comme mère, elle a aussi à défendre les droits de son enfant. Personne ne peut aussi bien qu'elle donner à la justice des renseignemens pour la fixer sur le mérite du désaveu formé. Plus que tout autre, elle a été intéressée à se les procurer et à en conserver soigneusement les monumens.

Une telle action est dispensée de l'essai de conciliation, car elle constitue une question d'état. (Code de procédure, art. 49.)

Le tuteur *ad hoc* doit être nommé conformément à l'art. 407, en observant que les parens doivent être pris dans la ligne maternelle; car étant désavoué, l'enfant ne peut avoir de parens paternels. (Voir Sirey, t. 6, 2e part., p. 952.)

Toullier, t. 2, n. 842 et 843. — En désavouant par un acte extrajudiciaire, le dernier jour du délai, le mari ou ses héritiers ont encore un mois pour faire nommer un tuteur à l'enfant, et pour former leur action.

N. 844. — Si les héritiers du mari s'étaient emparés de tout ou de partie des biens de la succession, l'action en désaveu ne pourrait les dispenser d'en restituer la jouissance à l'enfant, fût-il conçu avant le mariage, parce que la provision est en faveur du titre de la possession.

Or, le seul fait de sa naissance le constitue en possession provisoire de légitimité. Le mari lui-même ne peut l'en dépouiller qu'en venant contre lui par voie d'action, et en faisant rendre un jugement qui le déclare illégitime. Il semble, par ce motif, que pendant la litispendance entre lui et les héritiers du mari, cet enfant doit avoir la provision, aussi bien que l'enfant conçu pendant le mariage; pourvu toutefois que les héritiers n'aient pas acquis la possession annale.

Duranton, t. 3 n. 94. — La loi n'ayant point déterminé la forme en laquelle doit être fait l'acte extrajudiciaire contenant le désaveu, on doit conclure de son silence que, même sous seing privé, il porduirait l'effet que lui attribue l'art. 318, pourvu qu'il eût acquis une date certaine, attestant qu'il a été fait dans les délais déterminés par les art. 316 et 317.

N. 95. — Il faut aussi remarquer qu'il n'y a pas nécessité de le faire signifier; la loi ne l'exige point, et elle n'eût point manqué de le dire, si la notification lui avait paru nécessaire.

CHAPITRE II.

Des preuves de la Filiation des Enfans légitimes.

319. *La filiation des enfans légitimes se prouve par les actes de naissance inscrits sur le registre de l'état civil. (C. C., art.* 34, 40 *et suiv.;* 55 *et suiv.;* 197.*)*

Cod., lib. 5; tit. 27, arg. leg. 6; arg. leg. 2, de testib.; leg. 29, ff, de probation.; leg. 4, Cod. eod. tit.; Novell. 117, cap. 2.

Merlin, Q., appel, § 14; compensation, § 9; légitimité, sect. 1, § 2; question d'état, § 1 et suiv.; R., maternité; séparation de corps, § 4; Favard, filiation, § 1, n. 1; naissance, n. 11; Rolland, légitimité, § 3; Dalloz, filiation, chap. 2, sect. 1; Toullier, t. 2, n. 845, 846; Duranton, t. 3, n. 103 à 127; Delvincourt, t. 1, p. 80; Richefort, p. 105 à 112; Sirey, t. 7, p. 84.

Sur les questions d'état, Toullier, t. 10, n. 217 et suiv.; Sirey, t. 10, p. 77; t. 24, p. 261.

Procès-verbal du Conseil d'Etat, 7 novembre 1801. — Boulay fait observer que les quatre principales idées sur lesquelles repose le projet (pour ce chapitre), sont de faire dépendre la preuve de la filiation, d'abord de l'*inscription* sur le registre de l'état civil; à défaut d'inscription, de la *possession d'état*; à défaut de l'une et de l'autre, de la *preuve testimoniale*, appuyée sur un commencement de preuve par écrit; enfin de rendre les *tribunaux* civils seuls juges dans cette matière.

Lahary, rapport au Tribunat, 19 mars 1803.— C'est par l'inscription sur les registres publics, dit Cochin, que l'on fait son entrée dans le monde; c'est à la faveur de ce *passe-port* que l'on peut être admis et reconnu dans une famille.

Aussi depuis l'ordonnance de 1539, qui a établi parmi nous les registres publics, les lois subséquentes et les tribunaux environnaient ces registres d'une telle confiance qu'il n'était permis d'offrir, pour prouver la filiation, aucun autre genre de preuves, si ce n'est dans le cas où il n'existait pas de registres dans le lieu de la naissance, ou bien dans le cas où ceux qui avaient existé auraient été perdus ou détruits.

Observations du Tribunat, 11 octobre 1802. — Un membre propose de supprimer le mot *extrait*, se fondant sur ce que le titre véritable est le registre. L'extrait ne tient lieu du registre qu'autant qu'il en est la copie authentique et fidèle; et s'il y a quelque différence entre l'un et l'autre, il faut recourir au registre et rectifier l'extrait.

Un autre membre propose de substituer aux mots, *extrait du registre*, les mots, *actes de naissance sur les registres de l'état civil*. Sans cette substitution, il semble que le titre de filiation peut être également un acte de mariage ou de décès, puisque le registre de l'état civil contient aussi ces sortes d'actes. Or, quant à la filiation des enfans, les actes de mariage et de décès ne sont qu'énonciatifs du titre, et le seul acte du registre qui puisse avoir aux yeux de la loi le caractère du titre même est l'acte de naissance.

Rolland de Villargues, v. légitimité, n. 52. — Pour que l'acte de naissance fasse un titre complet de filiation, faut-il qu'il soit dit que l'enfant est légitime, ou que ses père et mère sont mariés? La négative est constante; et il est à remarquer que la loi (Code civil, art. 57) n'exige pas même que ces choses soient mentionnées dans l'acte.

N. 53. — Il faut observer que l'acte de naissance, quoiqu'il forme la première des preuves, devient insuffisant lorsque les adversaires de l'enfant, tout en convenant de l'accouchement, soutiennent que l'enfant qui réclame n'est point celui qui est venu au monde. L'enfant doit alors établir son identité, soit par la possession d'état, soit par tous les genres de preuve. (Duranton, t. 3, n. 123.)

Les moyens offerts à l'enfant pour établir son état, sont les registres publics, la possession d'état, les témoins.

La possession d'état se prend naturellement d'une série ou d'une continuité de faits qui supposent l'enfant né de ceux qu'il revendique. Les preuves par témoins sont dans toutes les affaires une ressource dangereuse pour la cause de la vérité: dans les matières moins importantes, la raison commande un commencement de preuve par écrit. L'admission de la preuve sera soumise, en ce cas, aux mêmes conditions, et la preuve faite ne sera point affranchie de la preuve contraire. L'action commencée et non périmée passe, comme tous les autres droits, aux héritiers.

La possession d'état d'enfant légitime conforme à son acte de naissance, est suffisante lorsque le père et la mère sont décédés. (Voir Sirey, t. 10, 1re part., p. 239; t. 11, 2e part., p. 95 et 227; Toullier, t. 2, p. 177; Merlin, R., t. 16, v. légitimité; Sirey, t. 17, 2e part., p. 44; t. 22, 2e part., p, 183; t. 7, 2e part., p. 84.)

Merlin, R., t. 16, v. légitimité. — Dès que l'acte de naissance n'est destiné qu'à constater la filiation, dès qu'il ne peut pas à lui seul former un titre de légitimité, comment pourrait-il à lui seul constituer les père et mère en possession de l'état d'époux ? Comment pourrait-il à lui seul prouver en faveur de l'enfant, que ses père et mère vivaient publiquement comme mari et femme ? Cette doctrine est si étrange qu'à peine pouvons-nous croire que M. Portalis l'ait réellement professée à la tribune du Corps législatif.

Il faut bien remarquer que notre article ne parle que de la filiation, et que l'art. 197 parle de légitimité des enfans.

L'inscription d'un enfant sur les registres de l'état civil (continue M. Merlin), avec la qualité de légitime, est sans doute, de la part de ses père et mère, un fait qui *contribue* à former leur possession de l'état d'époux, mais il ne peut pas le former *seul* : il n'est qu'un des élémens dont elle se compose.

Pour qu'il en fût autrement, il faudrait que l'acte de naissance équipollât à un jugement qui déclarerait que les père et mère de l'enfant inscrit comme légitime, sont véritablement mariés. Or, comment pourrait-il avoir cet effet, alors sur-tout qu'il est difficile à l'officier de l'état civil qui reçoit un acte de naissance, de s'ériger en juge de la déclaration d'après laquelle il rédige? Cinq arrêts de la Cour de cassation ont consacré cette doctrine.

Enfin, tant que les père et mère vivent, ou l'un d'eux, l'enfant à l'aide de son acte de naissance et de sa possession personnelle, ne peut pas réclamer sa filiation légitime, à moins de rapporter la preuve écrite et authentique de la célébration du mariage de ses père et mère, ou de l'inexistence ou perte des registres de l'état civil, conformément aux art. 46, 194, 195 et 197 combinés. — La preuve testimoniale du mariage n'est pas admissible. (Merlin, t. 16, v. légitimité, p. 571 et suiv. ; De Richefort, p. 120, 121.)

Proudhon, t. 2, p. 59. — L'extrait du registre des naissances peut être contredit, parce qu'il est possible d'en contester l'application à l'individu qui, sans aucune possession d'état voudrait se l'approprier, et la seule circonstance de ce qu'il en serait nanti ne suffirait pas pour le dégager de toute autre preuve sur son identité, attendu sur-tout que sa qualité de demandeur lui imposerait l'obligation de dissiper tous les doutes qui accompagnent nécessairement le défaut absolu de possession.

P. 62. — L'acte de naissance, comme la possession d'état, peuvent être l'un et l'autre combattus quand ils sont isolés; mais lorsqu'ils sont réunis et concordans, la foi publique due au titre, jointe à la démonstration d'identité qui résulte de la possession, rendent leur concours tellement puissant, qu'aucune preuve contraire ne peut être admise, soit pour contester à un citoyen l'état dont il jouit avec titre, soit pour l'admettre lui-même à en réclamer un autre que celui qu'il possède conformément à son acte de naissance. (Art. 322.)

Duranton, t. 3, n. 108. — En disant que la filiation des enfans *légitimes* se prouve par l'acte de naissance inscrit sur le registre de l'état civil, l'article suppose que le mariage des père et mère n'est pas *contesté*, ou qu'il est *prouvé*; car la *filiation* et la *légitimité* sont deux choses très distinctes.

L'une est la qualité d'enfant né de *tel* homme et de *telle* femme;

L'autre est la qualité d'enfant issu du mariage de cet homme avec cette femme.

Celui qui l'invoque doit donc prouver le mariage, si l'on en conteste l'existence; par conséquent, il faut recourir aux dispositions des art. 195 et 196 du Code civil. (Favard, filiation, § 1, n. 1; Dalloz, filiation, chap. 2, sect. 1, n. 7.)

320. *A défaut de ce titre, la possession constante de l'état d'enfant légitime suffit.* (*C. C., art.* 46 *et* 195).

Arg. ex leg., 9, 13; Cod., de nupt.; ff, lib. 1, tit. 5, leg. 8; lib. 22, tit. 3, leg 14, 15; lib. 40, tit. 14, leg. ultim; lib. 50, tit. 17, leg. 126, 128; lib. 27, tit. 10, arg. leg. 1 et sequentib.; Cod., lib. 4, t. 19, leg. 2; arg. leg. 22; tit. 21, leg. 6; lib. 5, tit. 4, leg. 13 et 22.

Merlin, Q., question d'état, § 1 et suiv.; Favard, filiation, § 1, n. 2; Dalloz, filiation, chap. 2; Toullier, t. 1er, n. 351; t. 2, n. 870, 871, 912, 970; Duranton, t. 3, n. 110 à 127; Richefort, p. 121 à 129; Sirey, t. 10, 1re part., p. 110.

Duveyrier, discours au Tribunat, 23 mars 1803. — De toutes les preuves qui assurent l'état des hommes, dit *Cochin*, la plus solide et la moins douteuse est la possession publique. L'état n'est autre chose que la place que chacun tient dans la société générale et dans la famille; et quelle preuve plus décisive peut fixer cette place, que la possession publique où l'on est de l'occuper depuis qu'on existe?

Les hommes ne se connaissent entre eux que par cette possession. On a connu son père, sa mère, son frère, ses cousins; on a été de même connu d'eux. Le public a vu cette relation constante. Comment, après plusieurs années, changer ces idées, et détacher un homme de sa famille? Ce serait dissoudre ce qui est pour ainsi dire indissoluble; ce serait séparer les hommes jusque dans les sociétés, qui ne sont établies que pour les unir.

Notre article n'est que la traduction de ces principes incontestables. — Ainsi, si les registres publics n'ont point existé, s'ils sont perdus, si l'on a omis d'y inscrire l'acte de naissance, la possession seule prouvera l'état, pourvu qu'elle soit publique et non interrompue.

Si même, il y a erreur ou fraude dans les registres, la possession d'état suffit encore pour conduire à la réformation nécessaire.

Delvincourt, t. 1, note 2 de la page 77. — *A défaut de ce titre*; c'est-à-dire quand il n'est point présenté d'acte de naissance. L'enfant peut ignorer à quelle municipalité il a été présenté au moment de sa naissance; mais si l'acte est représenté, et qu'il soit contraire à la possession, elle n'est plus d'aucune importance.

De Richefort, p. 122. — Cet article suppose que l'enfant ne peut produire son acte de naissance. Il serait malheureux, en effet, que l'enfant ne pût prétendre au rang que la loi lui assigne dans sa famille, parce qu'il ne représenterait pas son acte de naissance, dont l'inexistence ne peut lui être attribuée, lors sur-tout qu'il réunit toutes les autres preuves de sa filiation légitime.

Toullier, t. 2, n. 970. — La commission chargée de présenter un projet de Code avait proposé d'étendre cette disposition aux enfans naturels, et d'admettre la preuve testimoniale lorsque l'enfant aurait une possession constante de sa qualité de fils naturel de sa mère qu'il réclame.

Mais cette proposition ayant été retranchée, il ne paraît pas que l'enfant naturel puisse présenter, pour commencement de preuve de sa filiation, la possession de son état.

A. Dalloz, filiation légitime, n. 123. — Cette possession est la preuve la plus décisive que l'enfant puisse indiquer.

321. *La possession d'état s'établit par une réunion suffisante de faits qui indiquent le rapport de filiation et de parenté entre un individu et la famille à laquelle il prétend appartenir. — Les principaux de ces faits sont : — Que l'individu a toujours porté le nom du père auquel il prétend appartenir ; — Que le père l'a traité comme son enfant, et a pourvu, en cette qualité, à son éducation, à son entretien et à son établissement ; — Qu'il a été reconnu constamment pour tel dans la société ; — Qu'il a été reconnu pour tel par la famille.*

Cod., lib. 4, tit. 20, leg. 2; tit. 21, leg 6, 27; tit. 1, leg. 2; lib. 2, tit. 45, leg. 2; ff, lib. 22, tit. 3, leg. 16; lib. 25, tit. 3, leg. 1, § 12; Cod., lib. 5, tit. 27; arg. leg. 11, authent., si quis liberos; Cod., lib 5, tit. 4, leg. 9; Novell. 117, cap. 2; Novell. 118, cap. 5.

Merlin, R., faits justificatifs; Q., question d'état, § et suiv.; Favard, filiation, § 1, n. 3; Dalloz, filiation, chap. 2, sect. 2; Toullier, t. 2, n. 869, 870; Duranton, t. 3, n. 131; Proudhon, t. 2, p. 59 à 61; Richefort, p. 121 à 129.

Duveyrier, discours au Corps législatif. — Il n'était pas proposable de rechercher et de classer dans une loi tous les rapports de cette nature; mais il était bien, pour montrer la trace de la vérité, et répandre sur toutes les questions de ce genre une lumière uniforme, de désigner les faits principaux qui démontrent la possession.

En indiquant ces faits principaux, la loi ne veut pas dire que pour démontrer la possession d'état, leur réunion soit indispensable, de manière qu'à défaut d'un seul, tous les autres ensemble dussent être rejetés. Non, elle a voulu seulement, par ces exemples, montrer le caractère et la nature des rapports dont on doit tirer la conséquence exacte et la preuve de la possession d'état. Il est trop évident que *parmi* les faits proposés pour exemple, il en est qui, s'ils sont continuels et manifestes, peuvent seuls compléter la démonstration, *sans le concours d'aucun autre*. (Voy. Sirey, t. 12, 1re part., p. 406; Cass., *id.*, t. 15, 2e part., p. 17; Favard, filiation, § 1, n. 3; Dalloz, filiation, chap. 2, sect. 2, n. 5.)

Enfin il faut que les rapports qui ont existé entre le père et le prétendu fils aient été tels, que personne n'ait raisonnablement pu concevoir l'idée que cet enfant n'appartenait pas légitimement au père dont il portait le nom.

Bigot-Préameneu, exposé des motifs au Corps législatif, 11 mars 1803. — Différente des conventions, qui la plupart ne laissent d'autres traces que l'acte même qui les constate, la possession d'état se prouve par une longue suite de faits extérieurs et notoires, dont l'ensemble ne pourrait jamais exister s'il n'était pas conforme à la vérité.

On ne peut plus douter que l'enfant ne soit né du mariage, quand il prouve que ses père et mère, unis légitimement, l'ont constamment traité comme le sont tous les enfans légitimes.

Cette preuve peut se composer de faits si nombreux et si variés que leur énumération eût été impossible. — La loi se borne à indiquer les principaux.

Elle n'exige point que tous ces faits concourent; l'objet est de prouver que l'enfant a été reconnu et traité comme légitime : il n'importe que la preuve résulte de faits plus ou moins nombreux ; il suffit qu'elle soit certaine.

Lahary, rapport au Tribunat, 23 mars 1803. — Un fait seul et isolé ne pourrait suffire pour prouver une possession d'état, telle que celle qui est requise pour s'établir dans une famille. Il faut un cumul, une réunion suffisante de faits qui indiquent le rapport de filiation et de parenté entre un individu et la famille à laquelle il prétend appartenir.

Toutefois, cette filiation pourra également être établie par des faits semblables, par des faits de même nature; en un mot, par des faits qui, sans être exactement les mêmes que ceux précisés dans l'article, soient néanmoins assez nombreux et assez graves pour qu'il en résulte une véritable possession d'état. Si la loi avait voulu que ces faits fussent les seuls, ou qu'ils composassent l'ensemble de ceux qui doivent constater la preuve de la filiation, elle n'aurait pas dit que ces faits sont les principaux. Dès qu'elle les qualifie ainsi, il est évident que ce sont plutôt des *exemples* qu'elle propose, qu'une limite qu'elle ait entendu poser.

L'appréciation des faits est abandonnée à la prudence des juges. Ces faits peuvent être pris isolément. La preuve de chacun peut opérer la conviction sur le fait de la paternité et de la filiation. (Delvincourt, t. 1, p. 68, note 5.)

322. *Nul ne peut réclamer un état contraire à celui que lui donnent son titre de naissance et la possession conforme à ce titre; — Et réciproquement, nul ne peut contester l'état de celui qui a une possession conforme à son titre de naissance.* (*C. C., art.* 196.)

Favard, filiation § 1, n. 4; maternité; Dalloz, filiation chap. 2, sect. 2; Toullier, t. 2, n. 881, 882, 898 à 900; Duranton, t. 3, n. 116 à 134; Richefort, p. 139 à 133.

Cochin, t. 2, p. 98. Il ne peut jamais se former une question sérieuse sur l'état d'un citoyen, quand les titres et la possession sont d'accord à son égard, soit que ces preuves se réunissent pour former l'état qu'on lui conteste, soit qu'elles se réunissent pour l'exclure de l'état auquel il aspire. Cette vérité se manifeste également dans deux hypothèses que l'on peut former.

1°. Un homme, par son acte de baptême, est déclaré fils légitime d'un tel et d'une telle, sa femme; il a toujours été élevé comme leur fils légitime. Si quelqu'un entreprenait de contester son état, serait-il écouté? Il aurait à combattre en même tems, et la preuve résultant des registres publics, et celle qu'administre la possession. En vain articulerait-il alors des faits, et demanderait-il permission d'en faire preuve; il serait nécessairement accablé par le poids de ces deux preuves réunies.

2°. Un citoyen veut se donner entrée dans une famille; il n'a, pour y parvenir, ni le secours des monumens publics, ni l'avantage de la possession. Arrêté par les obstacles invincibles, qu'il articule des faits, qu'il demande permission d'en faire preuve : cette voie inconnue à la loi, funeste à la société, sera nécessairement rejetée dans tous les tribunaux.

La raison en est sensible : c'est que les deux genres de preuves destinés à fixer l'état des hommes se réunissent, ou pour confirmer l'état de celui qui est troublé, ou pour exclure l'état de celui qui réclame : tout autre genre de preuve est nécessairement impuissant. La loi naturelle a établi la preuve qui naît de la possession publique; la loi civile et politique a établi la preuve qui naît des registres; l'autorité que forme le concours de ces preuves est inébranlable; la preuve testimoniale n'est pas d'un poids et d'un caractère qui puissent leur être opposés.

Bigot Préameneu, exposé des motifs au Corps législatif, 11 mars 1803. — Lorsque les deux principaux moyens de constater l'état civil d'un individu, qui sont le titre de naissance et la possession conforme à ce titre, se réunissent, son état est irrévocablement fixé. Il ne serait même pas admis à réclamer un état contraire, et réciproquement, nul ne serait recevable à le lui contester.

Le titre et la possession d'état ne pourraient être démentis par l'enfant qu'autant qu'il opposerait à ces faits celui de l'accouchement de la femme dont il prétendrait être né, et qu'il prouverait que c'est à lui à qui elle a donné le jour.

Comment, entre des faits contraires, celui qui n'est qu'obscur et isolé, tel que l'accouchement, balancerait-il le fait littéralement prouvé par le titre de naissance, ou cette masse de faits notoires qui établissent la possession d'état?

Mauville. — Il semble résulter de cet article qu'un enfant inscrit sur le registre sous de faux noms, c'est-à-dire comme fils de Pierre et de Marie, tandis qu'il serait fils de Jean et de Louise, et qui aurait été élevé en effet comme enfant des premiers, ne serait pas recevable à prétendre qu'il appartient aux seconds. Cependant le contraire est décidé par l'article suivant. Le commencement de celui-ci a été rédigé d'une manière trop générale.

Delvincourt, t. 1, note 3 de la page 77. — Il résulte de la combinaison des art. 320 et 322, que le titre et la possession réunis sont une preuve complète; mais si l'un des deux manque, l'autre fait-il preuve également, sauf la preuve contraire? Je pense qu'il faut distinguer : celui qui a le titre seul sans la possession, doit encore prouver l'identité; c'est-à-dire qu'il est celui auquel ce titre s'applique; mais celui qui a la possession d'état est dispensé de toute preuve : c'est à celui qui conteste l'état possédé, à prouver qu'il ne lui appartient pas.

Toullier, t. 2, n. 882. — Toutefois, pour rendre vraie, dans tous les cas sans exception, la maxime générale qui forme la deuxième disposition de notre article, il faut supposer un mariage légitime ou de bonne foi. Alors il est rigoureusement vrai que nul ne peut contester l'état de celui qui réunit la preuve d'un mariage légitime ou de bonne foi entre ses père et mère, à l'acte de naissance, et à une possession conforme. Et réciproquement, cet individu ne peut réclamer un état contraire à celui que lui donne son titre de naissance et la possession conforme à ce titre, puisque cet individu réclamerait un état autre que celui de la nature et la loi lui ont donné.

Ainsi entendues comme elles doivent l'être, les deux dispositions de cet article sont des axiômes d'une vérité incontestable.

Duranton, t. 3, n. 133. — Sous l'empire de la législation actuelle, aucune inscription de faux ne serait admissible contre le titre pour isoler la possession et la combattre ensuite. Il n'y aurait pas lieu, non plus, de prétendre que l'enfant est né d'un autre père et d'une autre mère; qu'il a été recueilli dès sa naissance par des individus auxquels il n'appartenait pas, et qu'ainsi, en lui donnant un état qui n'était pas le sien, on a par le fait supprimé son état véritable. Le concours du titre et de la possession constante d'état d'enfant légitime établit une présomption de filiation inattaquable.

N. 134.—Mais ce principe ne pourrait être invoqué avec succès par un enfant issu d'un mariage *nul* que les père et mère auraient contracté *tous deux de mauvaise foi*.

A, Dalloz, filiation légitime, n. 141. — M. Toullier, t. 2, n. 878, admet néanmoins des circonstances où malgré cette réunion la légitimité pourra être contestée; mais cette opinion, qui détruirait toute fixité dans l'état des personnes, ne peut être admise que dans des cas de force majeure. (Dalloz aîné, t. 8, p. 579, n. 6.)

323. *A défaut de titre et de possession constante, ou si l'enfant a été inscrit, soit sous de faux noms, soit comme né de père et de mère inconnus, la preuve de filiation peut se faire par témoins. — Néanmoins cette preuve ne peut être admise que lorsqu'il y a commencement de preuve par écrit, ou lorsque les présomptions ou indices résultant de faits dès lors constans sont assez graves pour déterminer l'admission.* (*C. C., art.* 46, 341.)

ff, lib. 22, tit. 5, leg. 2; Cod., lib. 4, tit. 19, leg. 5; leg. 6, de fide inst.; leg. 7, de nupt.

Merlin, R., naissance (acte de); paternité; question d'état, § 1 et suiv.; légitimité, sect. 2, § 4, n. 7; *ibid.*, t. 16, sect. 3, n. 3; Q., légitimité, § 2; maternité; suppression d'état, § 2; Favard, enfant adultérin, n. 5; filiation, § 1, n. 5; maternité; ministère public, n. 6, 10; naissance, n. 11; reconnaissance d'enfant naturel, sect. 2, § 1, art. 2, n. 2 et 5; Dalloz, filiation, chap. 2, sect. 1, n. 9; sect. 3; sect. 4, art. 2; Rolland, légitimité, § 3; Toullier, t. 1, n. 347, 352; t. 2, n. 863, 833, 885, 888 et suiv., 907, 944; t. 9, n. 55, 151; t. 10, n. 407, 409; Duranton, t. 3, n. 111, note 112, 123 à 140, 163; Chardon, t. 2, n. 136, 182, 183, 186, 187; Richefort, p. 134 à 151.

Une observation qu'il ne faut jamais perdre de vue, dans les causes où les art. 323 et 324 sont applicables, c'est que la preuve testimoniale ne peut jamais être admise quand il s'agit de donner un état à une personne qui n'en a point, ou qui n'en a qu'un équivoque. Toutes les fois que la preuve offerte est combattue par la preuve contraire, qui résulte du titre et de la possession dans laquelle est le réclamant d'un état différent de celui qu'il revendique, la justice doit fermer l'oreille à la demande. Les dépositions de témoins peuvent bien suppléer la preuve légale qui manque, mais elles ne sauraient détruire la preuve légale qui existe.

Procès-verbal du Conseil d'Etat, 7 novembre 1801. — Portalis dit que le projet, afin d'empêcher que les familles ne soient facilement troublées, exige un commencement de preuve par écrit pour admettre la preuve testimoniale. C'est être trop sévère. Autrefois on avait égard au concours des circonstances, lorsqu'il était tel qu'il dût ébranler l'esprit du juge, et lui faire entrevoir la vérité qu'il devenait nécessaire d'éclaircir. Quel commencement de preuve peut-on espérer dans cette matière ? Il n'en est pas ici comme en matière de convention : là les parties existaient au moment où le pacte a été formé ; là elles ont coopéré à sa formation, elles ont pu se ménager des preuves, elles ont agi : on peut donc avoir tenu une correspondance avec elles. L'enfant n'a pas eu ces avantages. — Cependant la preuve testimoniale seule est trop dangereuse pour qu'elle doive suffire au succès de la demande. L'inconvénient de laisser un enfant dans l'obscurité est moins grand que celui d'exposer toutes les familles à être troublées. Il faut donc exiger un commencement de preuve par écrit, dans les cas très-rares où il est possible de l'obtenir ; que s'il n'existe pas, on doit avoir égard à la masse des faits et des circonstances.

Tronchet fait observer que les héritiers du mari peuvent opposer à la réclamation de l'enfant toutes les circonstances qui la combattent. Ainsi, il leur sera permis de soutenir que la preuve de la maternité ne justifie pas que l'enfant appartienne au père. Ils doivent être admis à faire valoir toutes les exceptions, et il convient de laisser une grande latitude aux tribunaux. — Tronchet craint que le système de Portalis n'établisse la preuve testimoniale pour tous les cas.

Observations du Tribunat, 11 octobre 1802. — On observe que depuis un temps immémorial, la jurisprudence de tous les tribunaux a constamment été d'admettre la preuve testimoniale en fait de filiation, sans exiger comme condition absolument indispensable un commencement de preuve écrite. Rien de plus juste, en effet. Si l'enfant n'a recours à la preuve par témoins que parce que des preuves par écrit ont été supprimées, perdues ou soustraites, on ne doit pas se faire un moyen contre lui de ce qu'il ne les a point, puisqu'il n'a pas dépendu de lui de les avoir.

Bigot-Préameneu, exposé des motifs au Corps législatif, 11 mars 1803. — Il ne serait pas nécessaire qu'il y eût un acte par écrit, si le commencement de preuve dont se prévaut l'enfant était fondé sur un fait dont toutes les parties reconnaîtraient la vérité, ou qui serait dès lors constant.

Que le fait qui établit le commencement de preuve soit ou qu'il ne soit pas consigné dans un acte écrit, il suffit que son existence soit démontrée aux juges autrement que par l'enquête demandée.

De possession constante. — Le cumul des deux faits est indispensable dans ce premier cas.

Ce n'est plus ici le cas de l'art. 46, lorsqu'il s'agit d'attribuer à l'enfant une famille : les registres et papiers des père et mère décédés, qui ne forment que la preuve de la naissance, ne suffisent pas dans le cas de notre art. 323.

Pandectes françaises. — Un principe certain, et dont il ne faut point s'écarter ici, c'est que la preuve testimoniale ne doit être admise que pour compléter celle commencée, mais non suffisante pour porter jusqu'à l'évidence des présomptions déjà d'un grand poids.

Rolland de Villargues, v. légitimité, n. 61. — Les cas prévus par cet article sont tous ceux où il y a suppression d'état ; ils se réduisent à quatre : 1° celui où l'enfant n'a point été inscrit sur les registres de naissance ; 2° celui où, après l'avoir fait inscrire, comme né de ses véritables père et mère, on lui a donné une possession d'état contraire ; 3° celui où il a été inscrit sous de faux noms ; 4° celui où il a été inscrit comme né de père et mère inconnus. (Delvincourt, t. 1, p. 77, note 4.)

N. 66. — Les *déclarations* des *père et mère* ne font point par elles-mêmes, ni indépendamment de toute autre circonstance, *une preuve de la légitimité*. (*Leg.* 13, *C. de probat.*) Elles forment seulement un grand préjugé. (*Leg.* 1, § 12, *ff. de agnosc. et al. lib.*)

Voir l'art. 46. — Ce n'est que dans le cas où il n'a pas existé de registres, ou qu'ils sont perdus, que l'enfant peut offrir de prouver, et qu'il peut être admis à prouver sa filiation. Hors ce cas, point de filiation à établir. La raison ne peut concevoir la vraisemblance de l'allégation du réclamant. (Toullier, t. 2, n. 884, et Richefort, p. 135.)

Les présomptions ou indices dont parle notre article, doivent nécessairement être acquis *avant* le jugement qui permet la preuve testimoniale ; car cette preuve n'est admissible que lorsque non seulement ces présomptions ou indices sont assez graves, mais encore lorsqu'ils résultent de faits *dès lors constans*. Ainsi, il faut que ces faits soient avoués ou reconnus existans avant le jugement de l'enquête ; sans quoi, et s'ils pouvaient devenir l'un des objets de cette enquête, ils se trouveraient confondus avec ceux qui doivent établir la filiation ; ce que la loi n'a pas entendu. (Voir Toullier, t. 2, n. 890 ; et Richefort, p. 136 et 137.)

La faculté de tenir pour *constans* les premiers faits, est laissée à l'arbitrage des juges, qui doivent être très-circonspects pour les reconnaître tels, attendu que de là dépend la preuve testimoniale, si dangereuse dans une matière aussi délicate.

Toullier, t. 2, n. 883. — Quand il est prouvé par un acte de naissance régulier qu'un enfant est né pendant le mariage, et qu'il n'y a aucune preuve de son décès, en sorte qu'il ne s'agit que de savoir si celui qui se présente est ce même enfant, on ne peut refuser la preuve testimoniale de cette identité : 1° parce que c'est souvent une preuve nécessaire, et presque toujours la seule à laquelle on puisse recourir ; 2° parce que cette identité s'établit par des faits susceptibles d'être prouvés par témoins, qui peuvent même rarement être prouvés autrement, puisqu'il n'est pas toujours possible au demandeur de se procurer une preuve littérale. (Art. 1348.) C'est l'opinion de D'Aguesseau, t. 2. p. 314. Son discours est en entier le meilleur commentaire de notre article. (Voir Sirey, t. 18, 1re part., p. 149 ; Cassation, *id.*, t. 23, 1re part., p. 394. Voir cependant Merlin, R., t. 16, légitimité, p. 595. Voir encore Toullier, t. 2, n. 289.)

Proudhon, t. 2, p. 64. — Dans le cas d'absence de tout titre, l'enfant qui a un commencement de preuve par écrit, peut aussitôt demander l'enquête, parce qu'il ne rencontre point d'obstacle à l'exercice de son action.

Duranton, t. 3, n. 136. — La loi ne détermine point les *faits* constans d'où doivent résulter les présomptions ou indices graves propres à faire admettre la preuve par témoins. Mais l'on peut regarder comme tel l'accouchement de la femme à une époque qui coïnciderait parfaitement avec l'âge du réclamant, quand d'ailleurs on ne représenterait ni l'enfant dont elle est accouchée, ni l'acte de décès de cet enfant. La réunion de ces faits pourrait, suivant les circonstances, faire accueillir la preuve testimoniale.

324. *Le commencement de preuve par écrit résulte des titres de famille, des registres et papiers domestiques du père ou de la mère, des actes publics et même privés émanés d'une partie engagée dans la contestation, ou qui y aurait intérêt si elle était vivante. (C. C., art. 46.)*

ff, leg. 26, de probat.

Merlin. Q., maternité ; question d'état, § 2 ; Favard, filiation, § 1, n. 5 ; Rolland, légitimité, § 3 ; Toullier, t. 2, n. 892 ; Duranton, t. 3, n. 116, 135 ; Delvincourt, t. 1, p. 90 ; Richefort, p. 150 à 160.

Quels sont les écrits ou actes qui forment le commencement de preuve par écrit ? (Sirey, 1809, p. 112 ; *id.*, t. 12, p. 406.)

Duveyrier, discours au Corps législatif. — Après la mort des père et mère, les écrits antérieurement échappés aux parens héritiers, c'est-à-dire aux personnes directement intéressées à contester la réclamation d'état, pèsent dans la balance autant que les papiers paternels ; et puisqu'il est juste d'admettre les présomptions et les indices résultant de faits déjà constans, il est également juste de ne point rejeter les conséquences nécessaires émanées d'écrits directement relatifs à l'objet, lorsqu'ils sont visiblement l'ouvrage de la bonne foi et d'une autre nécessité que celle de la circonstance.

Lahary, rapport au Tribunat, 19 mars 1803. — Il peut arriver quelquefois que ceux qui avaient des rapports avec les parens de l'enfant se trouvent aussi en avoir avec lui ; il peut se faire qu'il trouve dans la maison paternelle des documens qui indiquent et fassent déjà présumer l'état dont il cherche la preuve. Serait-il juste, en ce cas, que cette faveur de la Providence lui devînt inutile et fût perdue pour lui ? Ce n'est cependant pas sans prendre les plus grandes précautions que le projet de loi admet la preuve testimoniale. Il exige qu'il y ait d'abord un commencement de preuve par écrit, à moins que le réclamant ne produise d'ailleurs un ensemble de présomptions et d'indices résultant de faits dès lors constans et assez graves pour déterminer l'admission de la preuve testimoniale.

Procès-verbal du Conseil d'Etat, 17 novembre 1801, n. 8. — Abrial soutient qu'il serait dangereux de faire un commencement de preuve par écrit de l'inscription aux registres d'un enfant né de la mère réclamée, et duquel le décès n'est point justifié.

Autrement, un aventurier qui trouverait sur les registres l'inscription d'un enfant dont le décès ne serait pas prouvé, pourrait prétendre qu'il est cet enfant, et, à l'aide de quelques témoins subornés, réussir dans sa demande.

Delvincourt, t. 1, note 6 de la page 77. — *Du père ou de la mère*. L'on n'exige pas qu'ils soient décédés, comme dans l'art. 46, parce qu'ici, ces registres et papiers ne font pas *preuve* comme dans ledit article, mais seulement *commencement de preuve*, et encore si le tribunal juge à propos de les admettre.

Rolland de Villargues, v. légitimité, n. 63. — Il est évident qu'un commencement de preuve par écrit résulte de l'acte de naissance d'un enfant qui lui donne pour mère celle qu'il réclame, lorsqu'il n'y a aucune preuve du décès de cet enfant.

Proudhon, t. 2, p. 65. — Quant aux indices résultant de faits connus, constans et assez graves pour déterminer à admettre le complément de la preuve, par la voie des enquêtes, ils peuvent consister, par exemple, dans la possession d'état qui n'aurait duré qu'un temps, ou qui ne serait qu'imparfaite et non unanime; dans les actes de reconnaissance de quelques ascendans dont le suffrage serait jugé grave; dans quelques marques corporelles et visibles qui auraient été observées sur un enfant, et qu'on trouverait les mêmes sur un individu qui réclame les droits de cet enfant; en un mot, dans toutes les circonstances avérées en fait, et déjà assez concluantes par elles-mêmes pour faire violemment présumer l'identité du réclamant.

Favard, filiation, § 1, n. 5. — Un écrit émané d'un individu étranger à la famille ou à la contestation, ou qui n'y avait aucun intérêt, s'il était encore vivant, ne peut jamais servir de commencement de preuve.

Richefort, p. 155. — Avant tout, il faut toujours que l'enfant représente l'acte de célébration du mariage de ses père et mère, ainsi que son acte de naissance ou la preuve qu'il n'a pas existé de registres de l'état civil, ou qu'ils sont perdus (art. 40). Cette première condition est le fondement de sa réclamation pour établir la filiation *légitime*. (Voy. Sirey, t. 12, 1re part., p. 406; *id.*, t. 21, 1re part., p. 249; *id.*, t. 23, 2e part., p. 53; *id.*, t. 16, 1re part., p. 343; *id.*, t. 20, 1re part., p. 320.)

Le commencement de preuve par écrit doit se trouver dans les actes qui ont un rapport direct à la filiation.

325. *La preuve contraire pourra se faire par tous les moyens propres à établir que le réclamant n'est pas l'enfant de la mère qu'il prétend avoir, ou même, la maternité prouvée, qu'il n'est pas l'enfant du mari de la mère.*

Merlin, R., chose jugée, § 15; légitimité, sect. 2, § 4, n. 7; Q., légitimité, § 2, sect. 2; paternité; Favard, enfant adultérin, n. 5; Dalloz, filiation, chap. 2, sect. 3; Rolland, légitimité, § 3; Toullier, t. 1, n. 353; t. 2, n. 820, 893 et suiv; Duranton, t. 2, n. 137, 138; Delvincourt, t. 1, p. 90; Richefort, p. 160 à 166.

Observations du Tribunat, 12 octobre 1802. — Un individu qui n'a ni possession ni titre, réclame contre une famille à laquelle il prétend appartenir. Que fait-il d'abord? Il demande que sa réclamation soit jugée relativement à la personne qu'il dit être sa mère, et dont il soutient être né durant le mariage. S'il parvient à faire juger que cette femme est sa mère, il lui suffit, d'après la jurisprudence encore existante, d'opposer, par rapport au père, la maxime *pater is est*. Cependant il peut arriver que les parens de la femme, soit par négligence, soit par collusion avec le réclamant, aient laissé accueillir une réclamation très peu fondée, ou que les parens du mari se trouvent lésés au dernier point par un jugement dont on prétend conclure que le réclamant était l'enfant du mari, quoiqu'il n'eût été question au procès que de savoir s'il était enfant de la femme. L'article du projet a pour but de parer à cet inconvénient.

Bigot Préameneu, exposé des motifs au Corps législatif, 11 mars 1803. — La preuve de maternité qui aurait été faite contre la femme, n'est pas regardée comme preuve de paternité contre le mari. En effet, la preuve de la maternité s'établissant sur le fait de l'accouchement d'un enfant, le même que celui qui réclame, il n'en résulte aucune possession d'état, aucune reconnaissance du père, aucun titre.

Lahary, rapport au Tribunat, 19 mars 1803.—En réservant ainsi aux parens, soit du père, soit de la mère, la faculté de prouver contre l'enfant qu'il n'est *ni l'enfant de la mère*, *ni même l'enfant du mari de la mère*, la loi n'a fait qu'établir une juste réciprocité. Comment, en effet, en donnant à l'enfant tous les moyens de prouver son état, la loi aurait-elle refusé aux parens le moyen de repousser une prétention qui les dépouillerait de leurs propriétés, et admettrait parmi eux un être qui n'appartiendrait pas à leur famille? L'ancienne jurisprudence, il est vrai, n'accordait pas le même avantage aux héritiers; mais cette innovation était réclamée par la justice.

Malleville. — D'après la première partie de cet article, les adversaires de l'enfant peuvent faire leur preuve contraire, tant par titres que par témoins.

Delvincourt, t. 1, note 7 de la page 77. — La preuve contraire n'a pas besoin d'être ordonnée; elle est de droit, toutes les fois que l'une des parties est admise à la preuve. (Code de procédure, art. 256.)

Note 8.—Par tous les moyens, même par la preuve testimoniale, sauf au juge à en apprécier le mérite. (De Richefort, p. 165.)

Duranton, t. 3, n. 127.—Il est aujourd'hui bien constant qu'à l'égard de l'enfant qui n'a *ni titre ni possession*, la preuve de la maternité de la femme n'emporte plus nécessairement celle de la paternité du mari.

D'où il faut conclure que l'art. 325 se réfère seulement aux deux précédens, et ne s'applique point à l'enfant qui a *titre* ou *possession* d'état.

326. *Les tribunaux civils seront seuls compétens pour statuer sur les réclamations d'état.* (*C. C.*, *art.* 100, 198 *et suiv.* — *C. de P.*, *art.* 83)

Leg. 32, § 6 et 7, ff, de receptis qui arbitrium.

Merlin, R., bigamie; naissance (acte de), et tit. 17; supposition de part, § 2; légitimité, sect. 4, § 3, n. 3; question d'état, n. 2 et 3; *ibid.*, tit. 17, § 1, n. 2 et 6; Q., suppression d'état, § 2; Favard, filiation, § 2; ministère public, n. 6 et 20; question préjudicielle, n. 1, 2; Pailliet, Dictionnaire universel, action civile, n. 14, 15; Toullier, t. 2, n. 901; t. 9, n. 151; Duranton, t. 3, n. 46, 162, 163; Richefort, p. 167 à 174.

Procès-verbal du Conseil d'Etat, 16 septembre 1802. — Tronchet fait remarquer que cette disposition empêche que deux tribunaux ne puissent juger différemment sur le même fait. Au civil, il faudra décider d'abord si la preuve par témoins est admissible. Dans le cas où elle serait admise, il faudrait décider si elle est concluante; et lorsque le tribunal prononcera que la réclamation d'état n'est pas justifiée, il ne pourra plus y avoir lieu à l'action au criminel

Bigot-Préameneu, exposé des motifs au Corps législatif, 11 mars 1803. — La loi craint tellement de faire dépendre entièrement les questions d'état de simples témoignages, qu'elle impose aux juges le devoir de proscrire les moyens indirects que l'on pourrait prendre pour y parvenir. Telles seraient les plaintes en suppression d'état que l'on porterait aux tribunaux criminels avant qu'il y ait eu, par la voie civile, un jugement définitif. — De pareilles plaintes ont toujours été rejetées comme frauduleuses, et les parties ont été renvoyées devant les juges civils.

Toutefois, cette décision est contraire à la règle générale, qui, considérant la punition des crimes comme le plus grand intérêt de l'Etat, suspend les procédures civiles quand il y a lieu à la poursuite criminelle.

Proudhon, t. 2, p. 68. — Dans la crainte que celui qui réclame un état, sans titre ni possession, ne puisse faire sa preuve par témoins, en remplaçant une enquête défendue au civil, par une information permise au criminel, la loi veut que les tribunaux civils soient seuls saisis.

Toullier, t. 2, n. 901. — L'action en réclamation d'état n'est soumise à aucune forme particulière. On y suit les formes prescrites par le Code de procédure pour les autres actions civiles.

327. *L'action criminelle contre un délit de suppression d'état ne pourra commencer qu'après le jugement définitif sur la question d'état.*

Avis du Conseil d'état, 25 juillet 1811.

Merlin, R., délit; état civil; *non bis in idem*; question d'état, § 1 et suiv.; légitimité, sect. 4, § 4, n. 5; naissance (acte de), § 11, n. 2; suppression de part, § 2, n. 2; Q., suppression d'état, § 2; Favard, filiation, § 2; ministère public, n. 6, 1°; présomption, § 2, n. 9; question d'état; question préjudicielle, n. 1, 2; Dalloz, filiation, sect. 4, art. 2; Rolland, légitimité, § 4; Pailliet, Dictionnaire universel, action civile, n. 14, 15; Toullier, t. 1, n. 361; t. 2, n. 822, 902, 903, 905 et suiv.; t. 9, n. 151; Duranton, t. 3, n. 46, 124, 163, 165, 166; Proudhon, t. 2, p. 68, 69; Vazeille, t. 1, n. 204, 205; Lemerle, fins de non-recevoir, p. 237, 407; Richefort, p. 167 à 174; Sirey, t. 13, p. 239; t. 24, p. 181.

Duveyrier, discours au Corps législatif. — Privé, devant les tribunaux civils, de la faculté dangereuse de se composer une preuve avec des témoins, parce qu'il n'avait ni titres, ni possession, ni commencement de preuve, le réclamant portait le fait originaire, sous la qualification de délit, devant les tribunaux criminels, et remplaçait ainsi une enquête impossible par une information indispensable. C'était une subversion de tout ordre judiciaire, et un instrument fatal mis à la portée de tout le monde pour ébranler dans leurs fondemens les familles les plus pures et les plus respectées.

D'ailleurs, le fait qui donne lieu à la réclamation peut sans doute être un fait coupable; mais l'objet de la réclamation est purement civil; mais la partie civile ne peut avoir l'action répressive des délits. L'intérêt de la société est que les crimes soient réprimés, et que les preuves qui conduisent à leur répression ne dépérissent pas; mais un plus grand intérêt commande que le repos de la société ne soit pas troublé sous prétexte de l'affermir. De là la disposition de l'art. 327. La disposition de l'art. 3 du Code d'instruction criminelle ne s'applique pas au cas de suppression d'état. (Richefort, p. 172.) Ces principes s'appliquent au ministère public comme aux parties intéressées (Malleville).

Delvincourt, t. 1, note 2 de la page 78.—Mais l'action criminelle pourrait-elle avoir lieu après le jugement définitif sur la question d'état, si ce jugement avait rejeté la réclamation de l'enfant? Je ne le pense point; ce serait donner ouverture à la fraude : l'enfant commencerait par intenter une action civile qu'il saurait mal fondée, pour pouvoir donner cours ensuite à l'action criminelle et se procurer, par là, un genre de preuve que la loi lui refuse.

Rolland de Villargues, v. légitimité, n. 81. — Cependant, lorsque la possession d'état est présentée comme l'effet de l'un des délits prévus par l'art. 52 du Code civil, elle peut être poursuivie directement par la voie criminelle.

Proudhon, t. 2, p. 68, 69. — *Sur la question civile.* Sans qu'on puisse dire qu'en ce cas la seconde action soit entièrement préjugée, car il reste encore à décider si c'est par accident ou par simple négligence que l'état avait été perdu, ou si c'est par des manœuvres coupables qu'il avait été supprimé.

Lorsque le réclamant est en possession et qu'il se plaint seulement de ce qu'on a voulu porter atteinte à l'état dont il jouit, et préparer sa ruine en altérant ses titres, il peut avoir recours à la voie criminelle pour faire punir les auteurs du délit.

Merlin, R., légitimité, sect. 4, § 4, n. 5. — Il n'y a point de contrariété entre l'art. 198 et l'art. 327. Celui-ci pose une règle générale; celui-là y met une exception.

Toullier, t. 2, n. 906. — Toutefois, cette disposition de notre article ne pourrait arrêter l'action du ministère public, s'il s'agissait d'un délit qui ne fût pas nécessairement lié avec la question d'état, tel, par exemple, que l'exposition d'un enfant. La poursuite d'un pareil délit n'a pas pour objet de rechercher quel est l'état de l'enfant, mais de punir la faute de celui qui l'a exposé à la mort en l'abandonnant. Il s'agit de savoir, dans un tel procès, si telle personne a exposé un enfant en tel endroit, et non pas de savoir quel est cet enfant, à quels parens il doit la naissance. (Duranton, t. 3, n. 165.)

Richefort, p. 170. — Le législateur n'a point voulu que la preuve testimoniale de l'état d'un individu fût admise lorsqu'elle ne devait pas l'être; il n'a pas voulu que la décision criminelle pût exercer d'influence sur la décision civile.

Cependant si, dans une procédure criminelle, on découvre la preuve du mariage des père et mère de l'enfant, cette découverte doit lui profiter pour sa filiation (art. 198). Alors, l'enfant n'a pas besoin de recourir aux tribunaux civils pour faire constater l'existence du mariage de ses père et mère, ni sa validité.

(V. Sirey, t. 14, 1re part., p. 571; *id.*, t. 11, 1re part., p. 14; *id.*, t. 17, 1re part., p. 60.)

328. *L'action en réclamation d'état est imprescriptible à l'égard de l'enfant.*

ff, lib. 40, tit. 15, leg. 1, § 4; lib. 41, tit. 3, leg. 9; Cod., lib. 7, tit. 14, arg. leg. 6; tit. 22, leg. 3; tit. 36, leg. 2.

Merlin, Q., appel, § 14; Dalloz, filiation, ch. 2, sect. 4, art. 1; Rolland de Villargues, légitimité, § 4; Toullier, t. 2, n. 834 et 908; Duranton, t. 3, n. 62 et 154; Proudhon, t. 2, p. 81 et 86; Delvincourt, t. 1, p. 90; Lemerle, fin de non-recevoir, p. 64 et 134; Richefort, p. 175 à 177.

Bigot-Préameneu, exposé des motifs au Corps législatif, 12 mars 1803. — Si la loi se montre sévère sur le genre de preuves qu'elle admet, elle veut que l'accès des tribunaux soit toujours ouvert à l'enfant qui réclame. Elle écarte les obstacles qui s'opposeraient à ce que des actions ordinaires fussent intentées. Celle en réclamation d'état sera imprescriptible à son égard.

La prescription est fondée sur l'intérêt public, qui exige que les propriétés ne restent pas incertaines. — Il ne s'agit pas ici d'une simple propriété : l'état civil affecte la personne et les biens. C'est un intérêt qui doit l'emporter sur tous les autres.

Pour qu'une propriété ordinaire cesse d'être incertaine, il suffit qu'après un certain temps on ne puisse plus l'attaquer. — Pour que l'état civil cesse d'être incertain, il faut que l'on puisse toujours, afin de le fixer, recourir aux tribunaux.

Duveyrier, discours au Tribunat, 23 mars 1803. — Un enfant dépouillé de son état, du titre qui devait l'établir, de la possession qui devait l'assurer, et des preuves qui peuvent le mettre en évidence, vivra long-temps, et mourra peut-être dans cette privation absolue, parce que les chances fortuites de l'avenir peuvent seules le conduire à la découverte.

Il serait injuste de fixer à sa réclamation un délai rigoureux, qu'il n'est point en son pouvoir de rendre utile. La règle établie à cet égard par le projet de loi n'a jamais été contredite : l'action en réclamation d'état est imprescriptible; mais ce privilége n'est établi qu'en faveur de l'enfant. Ses héritiers ne recueillent son action qu'avec les restrictions exigées par l'ordre public, et justement opposées à une action particulière qui n'a plus d'autre motif qu'un intérêt pécuniaire. Cependant, voir les art. 2265 et 2266 du Code civil.

Hua. — Si l'enfant s'est pourvu, et qu'il ait été jugé contre sa réclamation, il n'a plus que les délais communs à toute espèce d'action, pour se pourvoir contre le jugement; et s'il néglige de le faire, son action au fond se trouve éteinte.

Delvincourt, t. 1, not. 4 de la pag. 78. — Remarquez qu'il n'y a que l'action en réclamation d'état qui soit imprescriptible. Les droits pécuniaires qui pourraient résulter en faveur de l'enfant, de l'état qu'il réclame, sont prescriptibles à son égard, comme à l'égard de tout autre.

Proudhon, t. 2, p. 86. — *Est imprescriptible à l'égard de l'enfant.* Donc elle est prescriptible à l'égard de ses héritiers, puisqu'il n'y a que l'enfant au profit duquel la loi consacre le privilége de l'imprescriptibilité. Cette prescription est soumise aux règles du droit commun. (Art. 2262.) Cette prescription commence à courir dès le jour du décès de l'enfant. (Duranton, t. 3, n. 154.)

329. *L'action ne peut être intentée par les héritiers de l'enfant qui n'a pas réclamé, qu'autant qu'il est décédé mineur, ou dans les cinq années après sa majorité.* (*C. C.*, *art.* 317, 274. *C. de P.*, *art* 345.)

ff, lib. 48, tit. 10, leg. 30; lib. 25, tit. 4, leg. 4, arg. à fortiori ex leg. 15, § 13; Cod., lib. 7, tit. 21, arg. leg 21; sic eod. 2, tit. 22, leg. 6, ex mor. rom.

Merlin, R., légitimité, sect. 4, § 1, n. 1, t. 16; *id.*, t. 7, sect. 4, § 2, n. 3; Toullier, t. 2, n. 914; Duranton, t. 3, n. 151 à 158; Richefort, p. 177 à 195.

Duveyrier, discours au Corps législatif. — La transmission héréditaire fait passer aux héritiers de l'enfant son action en réclamation d'état, mais avec les restrictions exigées par l'ordre public, et justement opposées à une action particulière, qui n'a plus d'autre motif qu'un intérêt pécuniaire.

Si l'enfant n'a pas réclamé, pour admettre ses héritiers à intenter l'action non commencée, il faut que l'enfant soit mort mineur, ou dans les cinq années de sa majorité. Si l'enfant est mort dans sa *vingt-septième* année sans avoir réclamé, toute action est abolie.

Si l'enfant a commencé le procès, ses héritiers peuvent le reprendre, le suivre et le faire juger; mais ils perdent encore cette faculté, lorsqu'il y a eu désistement donné par l'enfant, soit par un acte formel, soit par un laps volontaire de trois années sans poursuites.

(Voir Sirey, t. 9, 2e part., p. 272.—Quant à la prescription de l'action des héritiers de l'enfant, elle est de trente ans. V. aussi Toullier, t. 2, n. 913. Richefort, p. 186 et 187, combat l'opinion de Toullier, et soutient que la prescription, pour le cas particulier qui nous occupe, est fixée par l'art. 317, par exception au droit commun.)

(Voir Toullier, t. 2, n. 914; et Merlin R., v. légitimité, sect. 4, § 1, n. 2.)

Bigot Préameneu, exposé de motifs au Corps législatif, 11 mars 1803. —Si l'action en réclamation d'état a été intentée par l'enfant, les héritiers la trouvent au nombre des droits qu'ils ont à exercer dans sa succession. Mais si on peut induire de la conduite de l'enfant qu'il n'ait pas cru avoir des droits, ou qu'il s'en soit désisté, les héritiers ne doivent plus être admis à s'introduire dans une famille à laquelle leur auteur s'est lui-même regardé comme un étranger.

L'intention de se désister sera présumée respectivement aux héritiers, si l'enfant a laissé trois années s'écouler sans donner suite à la procédure commencée. Il sera de même réputé n'avoir jamais eu l'intention de réclamer s'il est mort sans l'avoir fait après cinq années expirées depuis sa majorité.

C'est ainsi que, dans la loi proposée, on a cherché à concilier l'intérêt de ceux qui réclament leur état et celui des familles : il n'est point de demande plus favorable que celle d'un enfant qui veut recouvrer son état civil. Mais aussi les exemples d'enfans qui se trouvent injustement dans cette position malheureuse sont moins nombreux que les exemples d'individus troublant injustement le repos des familles : il y a plus de gens excités par la cupidité, qu'il n'y a de pères et de mères dénaturés.

Malleville. — Ici encore on déroge aux règles ordinaires qui transmettent aux héritiers les droits du défunt : mais c'est que les héritiers n'ont pas la même faveur que l'enfant, et que l'intérêt de la tranquillité des familles l'emporte sur le leur.

Delvincourt, t. 1, note 7 de la page 78.—Mais quel délai auront alors les héritiers? On ne peut disconvenir que le délai de trente ans ne soit fort long. Mais, néanmoins, dans le silence de la loi, on ne peut appliquer ici que l'art. 2263. Bien entendu que les trente ans devront courir du jour du décès de l'enfant.

Toullier, t. 2, n. 914. — L'action en réclamation d'état appartient aux héritiers collatéraux aussi bien qu'aux héritiers directs; aux héritiers testamentaires ou légataires universels aussi bien qu'aux héritiers du sang, avec cette distinction que les collatéraux et les héritiers testamentaires ne peuvent l'exercer que pour recueillir des droits utiles ouverts avant la mort de l'enfant; car l'intérêt est la mesure des actions, et il faut que cet intérêt soit présent et actuel.

Les héritiers directs, au contraire, peuvent exercer cette action, quoiqu'ils n'y aient aucuns droits ouverts avant la mort de l'enfant, car ils ont un très grand intérêt, un intérêt présent et actuel à faire reconnaître l'état de leur auteur, pour le représenter dans les successions qui pourraient s'ouvrir par la suite, et pour jouir de tous les autres droits de famille.

Duranton, t. 3, n. 151.—La disposition de l'article étant absolue, s'applique aussi bien aux enfans qu'aux autres héritiers. Les enfans eux-mêmes seraient donc écartés, encore qu'ils ne prétendissent pas aux biens qu'aurait eus leur père s'il eût réclamé avec succès; qu'ils restreignissent leurs prétentions à l'avantage du nom qu'il avait, selon eux, le droit de porter, et à celui d'entrer dans la famille, afin d'y recueillir les droits qui s'ouvriraient dans la suite.

N. 15.—Mais cet article n'est applicable aux héritiers de l'enfant qui n'a pas réclamé, que lorsqu'il n'a eu de son vivant ni titre ni possession constante, et non aux héritiers de celui dans l'acte duquel il s'est seulement glissé des *erreurs* ou *omissions* : dans ce cas, l'action n'est point celle en réclamation d'état; c'est simplement la demande en rectification des registres.

330. *Les héritiers peuvent suivre cette action lorsqu'elle a été commencée par l'enfant, à moins qu'il ne s'en fût désisté formellement, ou qu'il n'eût laissé passer trois années sans poursuites, à compter du dernier acte de la procédure. (C. C., art.* 317 *et* 724.)

ff, lib. 46, tit. 2, leg. 29; lib. 50, tit. 17, leg. 86, 87 et 139.

Merlin, R., légitimation, sect. 4, § 2, n. 4; Q., décès, § 1; Dalloz, filiation, ch. 2, sect. 4, art. 1; Toullier, t. 2, n. 914; Duranton, t. 3, n. 155 à 158; Proudhon, t. 2, p. 82 à 85; Richefort, p. 177 à 195; A. Dalloz, filiation, légitimation, n. 207, 208, 209 et 211.

Malleville. — Cet article suppose le cas où l'enfant meurt après les cinq années écoulées depuis sa majorité; car, s'il était mort dans la cinquième année de sa majorité, quoiqu'il eût laissé périmer l'action qu'il avait commencée, en vertu de l'article précédent, ses héritiers pourraient l'intenter de nouveau.

Dans les cas ordinaires, la péremption d'instance ne s'acquiert pas de plein droit par le seul défaut de poursuites pendant trois ans; il faut qu'elle soit *demandée*. Et dans le cas de notre article, la cessation de poursuites pendant trois ans suffit pour éteindre le droit en lui-même. C'est qu'il s'agit d'une question d'état. — Il y a, dans ce cas, exception au droit commun.

Delvincourt, t. 1, not. 5 de la pag. 78. — Il faut entendre ici le mot *héritiers* dans le même sens que pour le cas de désaveu ; c'est-à-dire de tous ceux qui peuvent avoir un intérêt pécuniaire à réclamer, tels que les légataires, à quelque titre qu'ils le soient, les donataires, même les créanciers, etc.

Merlin, R., légitimation, sect. 4, § 2, n. 4. — Mais tant que l'enfant vit, le défaut de poursuites pendant trois ans n'élève contre lui aucune fin de non-recevoir.

CHAPITRE III.

Des Enfans naturels.

SECTION Ire.

De la Légitimation des Enfans naturels.

331. *Les enfans nés hors mariage, autres que ceux nés d'un commerce incestueux ou adultérin, pourront être légitimés par le mariage subséquent de leurs père et mère, lorsque ceux-ci les auront légalement reconnus avant leur mariage, ou qu'ils les reconnaîtront dans l'acte même de célébration. (C. C., articles* 334 *et suiv.* ; 342, 756 *et suiv.* ; 762 *et suiv.* — *Décret du* 7 *mai* 1808.)

Cod., lib. 5, tit. 27, leg. 5, 6, 8, authent licet, in fine; leg. 10, 11, authent. sequentes; ff, leg. 6, de in jus vocando; leg. 5, de nat. lib. ; Novell. 12, cap. 4; Novell. 18, cap. 11; Novell. 19, in principio; Novell. 74, in principio, cap. 1, 5 et 6; Novell. 78, cap. 3, 4; Novell. 89, cap. 8; Novell. 91, cap. 15; Novell. 118, cap. ultim.

Pothier, contrat de mariage, n. 408, 410, 411, 412, 414 et suiv. ; 422, 423; Merlin, R., légitimation, sect. 2, § 2; mariage, sect. 5, § 2; réserve, sect. 1, § 1; Favard, légitimation; Dalloz, filiation, ch. 3, sect. 1; Rolland de Villargues, légitimation, § 1, 2 et 3; Paillet, Dictionnaire universel, adultérins, incestueux, n. 11 *bis*; p. 19, n. 28 à 31; Toullier, t. 1, n. 118; t. 2, n. 923 et suiv.; 932, 933, 954; Duranton, t. 2, n. 354; t. 3, n. 24, 26, 167 à 181; Proudhon, t. 2, p. 89 à 96, 107, 108; Delvincourt, t. 1, p. 91; Richefort, p. 196 à 237; Loiseau, p. 239, 245, 249, 257, 260, 262, 275, 278, 280, 293, 295, 297, 298, 303, 305, 364, 759, 821; Merlin, légitimation. *Contrà* : Toullier, t. 2, n. 933.

(Voir Sirey, t. 16, p. 337; 20, p. 641; 7, p. 49; 14, p. 32.)

A. Dalloz, légitimation, n. 5, 11, 24, 23.

Procès-verbal du Conseil d'État, 15 novembre 1801. — Abrial fait observer que l'article semble refuser à la reconnaissance faite postérieurement au mariage l'effet de légitimer les enfans nés avant que le père et la mère fussent mariés. Il est cependant possible que la pudeur, que l'intérêt de ne pas aliéner des parens austères, aient empêché les époux de reconnaître leurs enfans, soit avant, soit lors de la célébration de leur mariage; et alors il n'est plus en leur pouvoir de rendre l'état civil aux fruits prématurés de leur union. Il n'y a d'ailleurs de danger ni pour les mœurs, ni pour les familles à proroger au-delà du mariage la faculté de reconnaître les enfans, et l'intérêt de ces enfans réclame cette faculté.

Tronchet répond que l'enfant ne doit pas obtenir la légitimation, si son état n'a été fixé avant le mariage, ou au moment même ; autrement on faciliterait l'introduction des enfans étrangers, ou du moins d'un seul des époux, qui pourrait obtenir l'aveu de l'autre. La fausse pudeur qui empêcherait de reconnaître ses enfans naturels au moment où l'on épouse la mère ne doit être d'aucune considération pour le législateur.

Napoléon ajoute qu'attribuer des effets à la reconnaissance postérieure au mariage, ce serait laisser les familles dans l'incertitude, et donner la faculté de créer des enfans par consentement mutuel.

Duveyrier, discours au Tribunat, 23 mars 1803. — Les droits de la légitimation par mariage subséquent sont les mêmes que ceux de la légitimité. Il faut seulement observer que leur effet ne remonte pas à l'époque de la naissance des enfans; qu'il ne peut opérer que du moment qu'il existe, et qu'il n'existe qu'avec le mariage qui le produit. Tout ce qui s'est passé dans la famille du père ou de la mère avant le mariage est étranger aux enfans; et c'est ce que le projet de loi exprime bien, en disant que les enfans légitimés par mariage subséquent auront les mêmes droits que s'ils étaient nés de ce mariage. (Toullier, t. 2, n. 930; Sirey, t. 11, 1re part., p. 129.)

Hua. — Le fait seul du mariage ne suffit point pour opérer la légitimation ; le concours de la volonté des époux est indispensable. Leur déclaration doit être formelle, sur-tout à l'égard du père, dont la recherche est interdite. (Art. 340.)

Par le mariage subséquent. Quand même il ne serait contracté que pendant la dernière maladie d'une des personnes qui auraient vécu antérieurement dans un concubinage notoire. On devrait reconnaître le même effet au mariage contracté entre le père et la mère d'enfans naturels, quoique depuis leur naissance, le père ou la mère eût contracté mariage avec un autre, et que celui susceptible de légitimer ces enfans ne le fût que depuis la dissolution du mariage intermédiaire. L'art. 337 ne fait obstacle à la reconnaissance, et par suite à la légitimation, qu'autant qu'il existerait des enfans du mariage intermédiaire.

Rolland de Villargues, v. légitimation, n. 5. — Un enfant naturel doit toujours être réputé *adultérin*, et de là incapable de légitimation par mariage subséquent, quoique ses père et mère, dont l'un était marié à un autre au moment de la *conception*, se trouvent tous les deux libres au moment de la naissance.

N. 8. — Les enfans incestueux sont-ils légitimés par le mariage contracté avec dispense par leurs père et mère? Il nous paraît évident que *oui*. La dispense fait disparaître l'incapacité qui existait entre les époux. (Loiseau, Traité des enfans naturels, p. 261; Toullier, n. 933. Contre: Favard, t. 1, n. 4.)

Toullier, t. 2, n. 924. — La légitimation ne s'opère plus de plein droit comme autrefois. Il est indispensable aujourd'hui que l'enfant soit *d'abord* reconnu pour être *ensuite* légitimé.

Ainsi, dit M. Richefort, p. 212, il suit de là que s'il n'y avait, de la part des père et mère, qu'une reconnaissance de leurs enfans faite avant le mariage, ou dans l'acte même de célébration, *sans déclaration à cette dernière époque qu'ils entendent les légitimer*, ces enfans resteraient dans la classe des enfans naturels, et leur seraient en tout assimilés.

Toullier, t. 2, n. 927, semble admettre une exception à la règle que la reconnaissance ne peut être tacite. M. De Richefort, p. 214, combat avec raison cette opinion, et soutient que la reconnaissance doit être authentique et antérieure au mariage. Or, dit-il, on ne peut appeler authentique la reconnaissance *tacite* dérivant du *silence* ou de la *tolérance* de la femme. (Voir arrêt conforme, Sirey, t. 16, 2ᵉ part., p. 337.)

La reconnaissance ne peut être faite par acte sous seing privé. (Merlin, R., v. légitimation, arg. de l'art. 334.) Il faut un acte authentique.

Les enfans nés d'une personne engagée dans les ordres sacrés ou dans l'état religieux peuvent être légitimés par le mariage subséquent de leurs père et mère. (Merlin, R., t. 16, v. légitimation, et Sirey, t. 12, 1ʳᵉ part., p. 161; discours de Portalis au Corps législatif, le 18 germinal an 16, lors de la présentation du concordat. Voir néanmoins la lettre du secrétaire général du ministère des cultes à l'archevêque de Bordeaux, Sirey, t. 6, 2ᵉ part., p. 71.). Merlin, *loco citato*, dit que cette lettre est *un acte arbitraire* de la part du chef du Gouvernement d'alors. Toullier, n. 560, dit comme Merlin: Tant qu'il n'existera pas de loi prohibitive, le mariage des prêtres sera valide aux yeux de la loi civile; et les enfans qui en naîtront seront légitimes. De Richefort, p. 232, partage cette opinion.

La légitimation peut avoir lieu même par un mariage fait dans les derniers momens du père et de la mère, *in extremis*. (Voir le même orateur Duveyrier.)

Personne ne peut être légitimé malgré soi. (Sirey, t. 5, 1ʳᵉ partie, p. 184.)

Proudhon, t. 2, p. 108. — Les enfans adultérins ou incestueux ne peuvent être légitimés. Les enfans qu'un oncle aurait eus de sa nièce ne pourraient être légitimés par le mariage contracté postérieurement *avec dispense* entre les père et mère, parce que la dispense ne pourrait rétroagir.

Loiseau, Traité des enfans naturels, p. 261. — *Ou adultérin*. Or, l'exception est indéfinie; elle embrasse même le cas où les père et mère sont devenus libres à l'époque de leur mariage subséquent, puisqu'elle ne s'attache qu'à la naissance de ces enfans. Ainsi, il suffit qu'elle soit empoisonnée par le souffle de l'adultère ou de l'inceste, pour les rendre indignes de la légitimation.

Un mariage contracté avec dispense du prince peut-il légitimer un enfant que la loi civile déclarait incestueux? *Non*. (Merlin, R., v. légitimation, sect. 2, § 2, n. 9.) *Oui*, Loiseau, p. 263, parce que les époux qui obtiennent la dispense se trouvent dans le même cas que si la loi n'avait jamais prohibé leur mariage. (Duveyrier, discours au Corps législatif.)

L'enfant d'un moine ou d'un prêtre est-il réputé adultérin, et par conséquent incapable d'être légitimé par le mariage de ses père et mère? Oui, dit Loiseau, p. 263 et suiv., parce que les prêtres, d'après nos lois civiles, ne peuvent se marier. *Contrà*: Merlin, R., v. légitimation et célibat.

P. 279. — Un enfant conçu adultérin ne peut être légitimé, bien que ses père et mère soient devenus libres au moment de leur mariage. (Merlin, R., légitimation, sect. 2, § 2, n. 7.)

P. 280. — Un jeune homme épouse Titia; il a depuis un commerce adultérin avec Mœvia; son mariage étant *déclaré nul*, il épouse cette dernière: il peut légitimer les enfans naturels qu'il a eus avec elle pendant son mariage avec Titia. (Arg. de l'art. 202.)

P. 288. — Un enfant naturel ne peut être légitimé malgré lui. (Merlin, R., v. légitimation, sect. 2, § 2, n. 14.)

Les enfans issus d'un beau-frère et d'une belle-sœur, avant la loi du 16 avril 1832, ont-ils pu être légitimés par leur mariage? *Non*. (Sirey, t. 33, 2ᵉ part., p. 372.) Mais en faveur de la légitimation, le discours de M. Dupin à la Chambre des députés. (Sirey, t. 33, 2ᵉ partie, p. 81.)

Question controversée. — Le mariage entre des personnes qui, à cause de leur parenté, ont été obligées d'obtenir des dispenses préalables, a-t-il pour effet la légitimation des enfans déjà nés? *Oui*: Arrêt, Grenoble, 8 mars 1838, Sirey, t. 38, 2ᵉ part., p. 145; *id.*, Bourges, 17 mars 1809, Sirey, t. 9, 2ᵉ part., p. 306; Cass., 22 janvier 1812, Sirey, t. 12, 1ʳᵉ part., p. 161; Dalloz, Jurisprudence générale, t. 8, p. 609; Toullier, t. 2, n. 933; Dupin, discours à la Chambre des députés, séance du 22 janvier 1833; Loiseau, enfans naturels, p. 261; Malleville, sur l'art. 331. *Contrà*: arrêt, Orléans, 25 avril 1833, Sirey, t. 33, 2ᵉ part., p. 322; Dalloz, t. 34, 2ᵉ part., p. 97; Favard, v. légitimation, § 1, n. 4; Delvincourt, t. 1, p. 219; Merlin, R., v. légitimation, sect. 2, § 2, n. 9; Proudhon, Droit français, t. 2, p. 109. (Journal de la Magistrature, t. 6, p. 263 à 273.)

332. *La légitimation peut avoir lieu, même en faveur des enfans décédés qui ont laissé des descendans; et, dans ce cas, elle profite à ces descendans.*

Instit., lib. 3, tit. 1, § 2.

Pothier, successions, chap. 1, sect. 2, art. 3, quest. 4; Merlin, R.: légitimation, sect. 2, § 2; mariage, sect. 5, § 2; réserve, sect. 1, § 1; bâtard, sect. 2 et suiv.; filiation, § 3; Q., maternité; Favard, légitimation, § 1; reconnaissance d'enfant naturel, sect. 1, § 2, n. 5; Rolland, légitimation, § 2; Toullier, t. 2, n. 931; Duranton, t. 3, n. 181, 264; Loiseau, p. 241, 248, 253, 328, 339; Grenier, donations, t. 1, p. 374; t. 2, p. 263; Richefort, p. 206 à 237; Delvincourt, t. 1, p. 176, n. 14.

Pothier. — Le mariage subséquent des aïeuls légitime les descendans de leurs enfans naturels décédés. La légitimation a été établie non seulement en faveur des enfans nés de l'union que les parties ont eue ensemble avant leur mariage, mais en faveur de tous ceux qui en sont descendus, lesquels ne sont pas moins dignes de cette faveur que ceux qui en sont nés. La loi par la fiction de la légitimation purge le vice de l'union que les parties ont eue ensemble avant le mariage, la fait regarder comme une espèce d'anticipation du mariage qu'elles ont depuis contracté, et par conséquent les enfans qui en sont nés et tous ceux qui en sont descendus comme enfans de ce mariage par anticipation.

Mais cette légitimation ne pourrait profiter à un fils ou autre descendant *naturel* de l'enfant prédécédé.

Les enfans ou descendans d'un enfant *mort civilement* peuvent être légitimés par le mariage de leurs aïeuls. (Loiseau, p. 327.)

Bigot-Préameneu. — L'équité a prescrit cette mesure. La légitimation du père aurait eu sur le sort et sur la fortune de ses enfans une telle influence, qu'elle ne saurait être regardée comme un bienfait qui lui soit personnel. C'est un chef de famille que la loi a voulu créer. Si ce chef n'existe plus, ses descendans doivent être admis à le représenter.

333. *Les enfans légitimés par le mariage subsequent auront les mêmes droits que s'ils étaient nés de ce mariage.* (*C. C., art.* 303, 372, 148, 151, 377, 913, 914, 350, 921, 841, 740, 1098).

Novell. 89, cap. 13.

Pothier, successions, chap. 1, sect. 2, art. 3, § 5, quest. 4; Favard, légitimation, § 3; Rolland, légitimation, § 4; Toullier, t. 1, n. 929, 930; Duranton, t. 3, n. 182; Proudhon, t. 2, p. 108; Grenier, donations, t. 1, p. 374; t. 2, p. 263; Loiseau, p. 242, 248, 254, 329, 331, 333, 334; Richefort, p. 206 à 237; Delvincourt, t. 1, 321, note 11; Sirey, 11, p. 129; 13, p. 88.

Furgole, n. 174. — Le mariage subséquent a un effet rétroactif au jour de la conception des enfans, quant à la légitimité; mais non au préjudice du droit acquis par convention ou testament. (Toullier, t. 2, n. 929, 930.)

Duveyrier, discours au Tribunat, 23 mars 1803. — Les droits de la légitimation, par mariage subséquent, sont les mêmes que ceux de la légitimité. Il faut seulement observer que leur effet ne remonte pas à l'époque de la naissance des enfans; qu'il ne peut opérer que du moment qu'il existe, et qu'il n'existe qu'avec le mariage qui le produit. Tout ce qui s'est passé dans la famille du père ou de la mère avant leur mariage est étranger aux enfans que ce mariage légitime.

Hua. — Cette disposition s'étend aux descendans, dans le cas prévu par l'article précédent, où ils doivent profiter de la reconnaissance.

Cette légitimation n'a point d'effet rétroactif; les enfans doivent prendre les choses dans l'état où ils les trouvent; ils ne pourront attaquer aucun des actes antérieurs au mariage.

Pandectes françaises. — La question de savoir quel est l'aîné des enfans, dans le cas où il y a eu un mariage intermédiaire, a repris de l'intérêt depuis l'établissement des majorats.

Il faut décider cette question comme autrefois, et tenir que les enfans légitimés par le second mariage ne peuvent pas prétendre au droit d'aînesse contre ceux nés du premier, quoique plus âgés que ceux-ci. — La raison est que quoique les enfans légitimés soient venus au monde avant ceux du premier mariage, ils ne sont néanmoins nés à la famille de leur père qu'après eux. D'ailleurs, l'effet de la légitimation opérée par le second mariage, étant de les faire regarder comme enfans de ce mariage, il impliquerait qu'ils fussent les aînés de ceux du premier.

Delvincourt, t. 1, p. 78, note 9.

Rolland de Villargues, v. légitimation, n. 33. — Un enfant légitimé par mariage subséquent, révoque la donation faite par son père ou sa mère, s'il est né depuis cette donation (art. 960 du Code civil), ou même s'il était alors conçu (art. 961).

Favard, légitimation, § 3. — Il suit de là que ces enfans entrent dans la famille de leur père et de leur mère, portent le nom de leur père, participent aux avantages et sont soumis aux obligations qui résultent respectivement de la paternité et de la filiation légitime.

Un mariage nul, mais contracté de bonne foi, suffit-il pour légitimer les enfans précédemment reconnus par les époux? Non, d'après Furgole et Proudhon, t. 2, p. 110.

Un mariage *in extremis* légitime les enfans reconnus. Portalis. L'équité comporte-t-elle que l'on condamne au désespoir un père mourant, dont le cœur déchiré par le remords voudrait, en quittant la vie, assurer l'état d'une compagne qui ne l'a jamais abandonné, ou celui d'une postérité innocente dont il prévoit la misère et le malheur? Pourquoi des enfans qui ont fixé sa tendresse, et une compagne qui a mérité sa reconnaissance, ne pourraient-ils pas, avant de recueillir ses derniers soupirs, faire un appel à la justice? Pourquoi le forcerait-on à être inflexible dans un moment où il a lui même besoin de faire un appel à la miséricorde? En contemplant la misérable situation de ce père, on se dit que la loi ne peut ni ne doit aussi cruellement étouffer la nature.

Duranton, t. 3, n. 183. — Les enfans légitimés n'ont aucun droit sur les successions des parens morts *avant* le mariage qui a produit leur légitimation, quoiqu'ils fussent conçus et même nés lors du décès de ces parens.

334. *La reconnaissance d'un enfant naturel sera faite par un acte authentique, lorsqu'elle ne l'aura pas été dans son acte de naissance. (C. C., art. 62, 319, 320, 323, 338, 1317 et suiv.; 383, 756 et suiv.; 962 et suiv.)*

ff, lib. 40, tit. 11, arg. leg. 4 et 5; Novell. 74, cap. 3; Novell. 8, arg. ex cap. 4, in fine.

Merlin, R., filiation n. 3, 4; t. 16, *ibid.*, n. 6 à 14 et suiv.; alimens, § 1, art. 2, n. 8; Favard, enfant naturel, § 1, n. 4; reconnaissance d'enfant naturel, sect. 1, § 1 et 2, n. 4 et 5; § 3 et 5; Dalloz, filiation, chap. 3, sect. 2, art. 2; Rolland, filiation, reconnaissance d'enfant naturel, § 1, 2, 3 et 4; Toullier, t. 2, n. 949 et suiv.; 976; t. 4, n. 98; Duranton, t. 3, n. 209 à 245; Proudhon, t. 2, p. 14 à 18, 98, 105, 119; Delvincourt, t. 1, p. 36, 94; Biret, nullités, t. 1, p. 159 à 165; Richefort, p. 237 à 285; Malpel, successions, p. 239 à 266, 309; Grenier, donations, t. 2, p. 412; Loiseau, p. 152, 195, 218, 298, 304, 366, 372, 373, 385, 406, 422, 424, 433, 449, 450, 454, 455, 456, 464, 469, 471, 497, 503, 799; et son appendice, p. 3, 22, 30, 67.

Paillet, Manuel, édition de 1832, arrêt qui rapporte ce qu'on entend par *acte authentique*.

Bigot-Préameneu, exposé des motifs au Corps législatif, 11 mars 1803. — L'ordre social a exigé que des prérogatives fussent accordées aux enfans nés de mariages légitimes. La nécessité de maintenir la barrière qui les sépare a été reconnue par tous les peuples; mais la dignité du mariage n'exige point qu'ils soient étrangers à ceux dont ils tiennent la naissance. La loi serait à la fois impuissante et barbare, qui voudrait étouffer le cri de la nature entre ceux qui donnent et ceux qui reçoivent l'existence.

Les pères et mères ont envers leurs enfans naturels des devoirs d'autant plus grands qu'ils ont à se reprocher leur infortune. La loi a seulement été obligée de poser des bornes au-delà desquelles l'institution du mariage serait compromise.

Lahary, rapport au Tribunat, 19 mars 1803. — Un acte aussi précieux, et qui doit servir de titre à l'enfant naturel et aux héritiers de son père, ne pouvait être abandonné à une aussi frêle garantie que celle qui résulte d'un acte privé. Il était digne de la sollicitude du législateur d'exiger qu'il fût conservé dans des dépôts publics.

Hua. — L'acte privé de la mère formerait une forte présomption de la maternité. La preuve n'en serait pas suffisante, mais la déclaration formerait le commencement de preuve par écrit exigé par l'art. 341, pour être admis à prouver par témoins la maternité.

La reconnaissance faite par un mineur, quoique exprimée dans un acte authentique, serait-elle suffisante? Il y a doute. On pourrait objecter le défaut de capacité du mineur pour s'engager, la faiblesse de l'âge qui laisse craindre la suggestion de la fraude. On pourrait répondre que, dans l'hypothèse, il s'agit moins d'un engagement civil que d'une obligation paternelle pour laquelle un enfant pubère a l'aptitude: il peut contracter mariage. Un arrêt de Bruxelles, du 4 février 1811, a décidé dans ce dernier sens.

Proudhon, t. 2, p. 101. — Il faut tenir pour constant qu'un enfant naturel est très-légalement reconnu par la mère qui l'a allaité, nourri et élevé, sans qu'il y ait eu aucun acte authentique de sa part, pour confesser la maternité et pour constater l'identité, autrement que par une possession constante et avérée.

P. 112. — La reconnaissance faite par acte sous seing privé suffit-elle pour autoriser l'enfant naturel qui est dans le besoin à demander des alimens à son père? *Oui*.

Delvincourt, t. 1, note 2 de la page 97. — L'aïeul ne peut reconnaître l'enfant naturel de son fils.

Note 3. — La reconnaissance peut être faite par un fondé de pouvoir authentique et spécial.

La reconnaissance peut être *tacite*, pourvu que l'acte dont on la fait résulter soit authentique.

Un mineur peut reconnaître son enfant naturel; mais il pourrait se faire restituer contre cette reconnaissance. (Sirey, t. 13, 1re part., p. 281.)

Les notaires peuvent dresser l'acte de reconnaissance. (Locré, sur l'article. Art. 1 de la loi du 25 ventôse an 11.) Loiseau, Traité des enfans naturels, p. 458, accorde ce droit aux juges de paix, par argument de l'art. 355 du Code civil. Malleville, sur l'article, conférence. *Contrà:* Merlin, v. filiation, t. 16, p. 349, quant aux juges de paix seulement, parce que c'est un *acte de l'état civil*, et non de jurisdiction volontaire; Sirey, t. 22, 2e part., p. 213, et M. de Richefort, p. 242, 243, combattent l'opinion de Merlin. (Sirey, t. 24, 1re part., p. 338; cass., confirmatif du précité.)

La reconnaissance de l'enfant naturel peut être faite par acte sous signature privée. (Toullier, t. 2, n. 951.) Merlin, R., t. 16, v. filiation, s'élève avec force contre cette opinion. (Par exception quant à la mère, voy. Sirey, t. 13, 1re part., p. 281.)

(Voy. encore Sirey, t. 7, 2e part., p. 4; t. 14, 2e part., p. 2; t. 11, 2e part., p. 12; t. 7, 2e part., p. 937.)

Une reconnaissance sous seing privé, volontairement déposée chez un notaire, avec réquisition signée de l'auteur et reçue par le notaire de la déposer au rang de ses minutes, équivaut à un acte authentique. (Toullier, t. 2, n. 951; Merlin, R., t. 16, p. 357; Sirey, t. 6, 1re part., p. 409. *Contrà:* Loiseau, Traité des enfans naturels.)

Une reconnaissance faite par testament olographe peut-elle être considérée comme authentique? *Non:* Loiseau, p. 465. *Oui:* Merlin, R., *loco citato*, et Toullier, t. 2, n. 953. M. Richefort se réunit à l'opinion de Loiseau. (Voy. p. 259 à 263. Sirey, t. 10, 1re part., p. 289; t. 6, 2e part., p. 728; t. 17, 2e part., p. 423; t. 9, 2e part., p. 377; t. 12, 2e part., p. 237.)

Le père qui a valablement reconnu son enfant naturel, ne peut plus révoquer sa reconnaissance. (Sirey, t. 6, 2e part., p. 8; t. 11, 2e part., p. 105; Proudhon, t. 2, p. 12.)

Le mineur peut, sans assistance de son curateur, reconnaître un enfant naturel. (Sirey, t. 7, 2e part., p. 693; Loiseau, p. 485.)

On peut reconnaître un enfant naturel *avant* sa naissance. (Locré, Esprit du Code civil, p. 179.)

Loiseau, p. 550, dit que la puissance paternelle a lieu sur les enfans naturels, et que leur père a l'usufruit légal de leurs biens, pour l'indemniser des alimens et des soins d'éducation de l'enfant. *Contrà:* Rolland, Traité des enfans naturels, n. 295, et Toullier.

Le père peut-il revendiquer la tutelle légale de son enfant naturel? *Oui:* Rolland et Sirey, t. 13, 2e part., p. 19, et Richefort, p. 277 à 281. *Contrà:* Loiseau, *loco citato*; Sirey, t. 11, 2e part., p. 171.

Merlin, R., filiation, n. 6. — L'art. 334 ne distingue pas entre les actes authentiques entre vifs et les actes authentiques à cause de mort.

Loiseau, p. 485. — L'homme pourvu d'un conseil judiciaire peut reconnaître son enfant naturel. L'homme condamné à une peine afflictive *temporaire* peut valablement faire la reconnaissance de son enfant naturel. (Argument de l'art. 28 du Code pénal.)

La reconnaissance faite par un mort civilement est nulle.

Duranton, t. 3, n. 215. — Le testament olographe ne saurait être considéré comme acte authentique en matière de reconnaissance; il en serait autrement du testament mystique.

Voy. Augier, Encycl., Journal des Juges de paix, enfant naturel, § 1, n. 3. — Les juges de paix ont-ils qualité pour recevoir des reconnaissances volontaires d'enfans naturels?

Les auteurs professent presque tous l'affirmative. (Loiseau, Duranton, t. 3, n. 212; Malleville, sur l'article.) Merlin, seul, t. 16, R., soutient la négative, et Merlin seul a raison. L'article se sert des mots *acte authentique*, et les juges de paix ne peuvent recevoir de semblables actes. Les notaires et ceux qui en remplissent les fonctions dans des circonstances déterminées, sont les seuls officiers publes qui puissent recevoir les reconnaissances volontaires d'enfans naturels.

Augier, Encycl., Journal des Juges de paix, enfant naturel, § 2, n. 3. — Si l'enfant reconnu par ses père et mère est privé de l'un d'eux par la mort, qui aura droit à la tutelle? En principe, la tutelle des enfans naturels est dative et peut être confiée soit au survivant des père et mère, soit à un étranger. (Dissertation de M. Rolland dans Sirey, t. 13, 2ᵉ part., p. 19; Duranton, t. 3, n. 431. Voy. encore Sirey, t. 2, 2ᵉ part., p. 402; t. 11, 2ᵉ part, p. 475; t. 15, 1ʳᵉ part., p. 302; t. 20, 1ʳᵉ part., p. 365; t. 32, 2ᵉ part., p. 58. *Contrà:* le Juge de paix, Journal de M. Augier, et son Encyclopédie des juges de paix, v. enfant naturel, § 2, n. 11.)

Le droit de garde est dans la nature: le père et la mère naturels doivent l'exercer, à moins qu'ils n'en soient pas dignes par leur conduite.

L'administration des biens est une conséquence de la garde naturelle de la personne, tant qu'il n'y a pas d'administrateur nommé par la loi ou par la justice. Ainsi, les père et mère naturels ont l'administration des biens de leurs enfans mineurs, mais plutôt comme *charge* que comme *droit*, plutôt comme *negotiorum gestores* que comme *mandataires légaux*. Ils peuvent donc être dépouillés de cette administration, dès que l'intérêt bien entendu des mineurs l'exige.

Question controversée. — La reconnaissance d'un enfant naturel, faite seulement après sa mort, est-elle valable et donne-t-elle droit à sa succession? *Oui:* Malpel, successions, n. 165; Favard, v. reconnaissance d'enfant naturel, sect. 1, § 2, n. 5; Rolland, R., même mots, n. 28. *Contrà:* arrêt, Cour royale de Paris, 25 mai 1835, Dalloz, 35, 2ᵉ part., p. 107; Delvincourt, t. 1, p. 91, note; Duranton, t. 3, n. 264, 265. (Voy. Sirey, t. 21, 1ʳᵉ part., p. 317. On y trouve l'arrêt dont s'étaie Duranton. Journal de la Magistrature, t. 4, p. 76 à 78. Voir art. 331, 332, 336, 339.)

335. *Cette reconnaissance ne pourra avoir lieu au profit des enfans nés d'un commerce incestueux ou adultérin (C. C., article* 159, 331, 342, 762 *et suiv.)*

Novell. 12, cap. 3, in fine; Novell. 87, cap. 15.

Merlin, R., maternité; filiation; Q., cassation, § 36; Favard, enfant adultérin, n. 1; légitimité; reconnaissance d'enfant naturel, sect. 1, § 2, n. 2, 3; § 3, art. 1, n. 5; testament, n. 20; Dalloz, filiation, chap. 3, sect. 2, art. 1; succession, chap. 4, sect. 1, art. 3; Rolland, enfant naturel, § 1; reconnaissance d'enfant naturel, n. 26 et suiv.; Pailliet, Dictionnaire universel, adultère et inceste, n. 10 *bis*, n. 11, 12, 26 et 32; affinité, n. 3; Toullier, t. 2, n. 967; Duranton, t. 1, n. 285; t. 3, n. 195, 196, 197, 201 à 205, 207, note, 208, 209; Delvincourt, t. 1, p. 94; t. 2, p. 24; Chardon, dol, t. 3, n. 390 à 393. Vazeille, t. 1, n. 107, explique l'antinomie qui existe entre cet article et l'art. 762. Grenier, donations, t. 1, p. 254, 255; t. 2, p. 410; Loiseau, p. 149, 150, 363, 370, 373, 732, 736, 738, 776, et son appendice, p. 61, 64; Malpel, successions, p. 86, 263, 309, 311 à 334; Richefort, p. 285 à 294. (Voir Pailliet, Manuel, sur l'art. 335.)

Procès-verbal du Conseil d'Etat, 17 novembre 1801. — Cambacérès dit que tout enfant a intérêt d'appartenir à quelqu'un. Il serait trop dur d'exclure les adultérins de l'avantage d'être reconnus. L'inconvénient de n'être pas avoués par leur mère est moins considérable.

Tronchet répond que ce système aurait l'inconvénient de donner aux adultérins l'état des bâtards simples; en effet, il suffirait, pour qu'ils le devinssent, que la mère demeurât dans le silence et que le père seul les reconnût.

N. 22. — Berlier demande si l'enfant né d'une mère libre et d'un père marié, sera réputé adultérin. Il pense qu'il est préférable de ne le regarder que comme l'enfant de la mère.

Rœderer dit qu'il faut prévoir ici trois cas:

1° Celui où un enfant est né d'un père libre et d'une mère mariée;
2° Celui où il est né d'un père marié et d'une mère libre;
3° Celui où son père et sa mère sont tous deux engagés dans les liens du mariage.

Dans le premier et dans le troisième cas, il ne faut pas permettre à l'enfant de venir troubler la tranquillité de ceux dont il tient la vie; dans le second, il est juste de le renvoyer à sa mère.

Bigot-Préameneu, exposé des motifs au Corps législatif, 11 mars 1803. — La reconnaissance des enfans adultérins ou incestueux serait, de la part du père et de la mère l'aveu d'un crime. Il a été réglé qu'elle ne pourrait avoir lieu qu'au profit d'enfans nés d'un commerce libre.

On a voulu également éviter le scandale public que causerait l'action judiciaire d'un enfant adultérin ou incestueux qui rechercherait son état dans la preuve du délit de ceux qu'il prétendrait en même temps être les auteurs de ses jours. Ils ne seront dans aucun cas admis à la recherche, soit de la paternité, soit de la maternité.

Duveyrier, discours au Corps législatif. — Cette reconnaissance sera impossible s'il faut l'appuyer sur l'inceste ou sur l'adultère. L'officier public ne la recevra pas; et si malgré lui, l'acte contient le vice qui l'infecte, cette reconnaissance *nulle* ne pourra *profiter* à l'enfant adultérin ou incestueux pour qui elle aura été faite.

Quant aux libéralités faites en faveur des adultérins ou incestueux, elles ne peuvent être annulées, car la recherche de la paternité est interdite. (Sirey, t. 10, 1ʳᵉ part., p. 272; t. 24, 1ʳᵉ part., p. 114; t. 9, 2ᵉ part., p. 310; t. 5, 1ʳᵉ part., p. 357.)

Merlin, R., t. 16, v. filiation, dit que la reconnaissance sous *seing privé*, ne peut pas autoriser l'enfant à réclamer des alimens; il faut une reconnaissance authentique, dont l'effet s'arrête là et ne peut conférer aucun droit de successibilité. (Toullier, t. 2, n. 967); Richefort, p. 293, contraire.

Siméon, discours au Corps législatif, 29 germinal an 11.—Un homme aura signé comme père un acte de naissance, sans faire connaître qu'il est marié à une autre femme que la mère du nouveau-né, ou que la mère est sa sœur; il aura voulu faire fraude à la loi. L'enfant ignorant le vice de sa naissance, se présentera dans sa succession pour y exercer les droits d'un enfant naturel; on le repoussera par la preuve qu'il est né d'un père qui ne pouvait légalement l'avouer: mais l'aveu de fait, écrit dans son acte de naissance, lui restera et lui procurera des alimens. Ainsi, l'opinion de Siméon vient appuyer celles de Merlin et Toullier. *Contrà:* Chabot, successions, art. 762. Mais son opinion tendrait à faire admettre la recherche de la paternité.

Delvincourt, t. 1, note 1 de la page 97.—Il faut entendre cet article dans le sens que les enfans adultérins ou incestueux ne peuvent jamais être reconnus *en cette qualité;* mais la reconnaissance, quelle qu'elle soit, ne peut, dans tous les cas, leur donner droit qu'à des alimens. (Art. 762. Hua, conforme.)

Proudhon, t. 2, p. 104. — Il serait contraire aux bonnes mœurs d'être admis à consigner dans un acte public et authentique, la déclaration de l'inceste et de l'adultère.

Une reconnaissance volontaire, faite par acte authentique, suffit, quoique illégale, pour assurer l'état de l'enfant adultérin. (Jaubert, rapport au Tribunat.)— D'un autre côté, dit-il, l'art. 342 défend bien à l'enfant adultérin ou incestueux de rechercher quel est son père ou sa mère; mais lorsque son père ou sa mère le reconnaissent *volontairement*, cette défense n'a plus d'objet, et c'est à ce cas que s'appliquent les art. 762 et 763. Merlin, R., conforme. *Contrà:* Loiseau, p. 738 et suiv.; Chabot, succession, t. 2, p. 279; Sirey, t. 15, p. 329.

A. Dalloz, filiation naturelle, n. 33. — La reconnaissance d'un enfant naturel par un prêtre est-elle valable? *Oui*, Dalloz aîné, t. 8, p. 628, n. 3.

Question controversée. — La reconnaissance directe et volontaire d'un enfant adultérin lui donne-t-elle le droit de réclamer des alimens contre celui qui en est l'auteur? *Oui:* Toullier, t. 2, n. 967; Merlin, R., v. filiation, n. 6. *Contrà:* Cassation, 6 avril 1820, Dalloz, v. filiation, p. 625; *id.*, Cour royale de Paris, 28 juin 1815. Dalloz, *ibid.*; Duranton, t. 6, n. 330; Chabot, successions, t. 2, p. 279; Malleville, t. 2, p. 243; Dalloz, successions, p. 333. (Journal de la magistrature, t. 3, p. 1 à 13.)

Question controversée. — La reconnaissance d'un enfant adultérin est-elle frappée d'une nullité tellement absolue, qu'on ne puisse pas plus l'opposer à l'enfant, pour lui disputer une libéralité dont il aurait été l'objet de la part de son soi-disant père, que l'enfant ne pourrait s'en prévaloir lui-même? *Oui:* Cassation, 8 février 1836, Dalloz, t. 36, 1ʳᵉ part., p. 81; *id.*, t. 8, p. 623; Sirey, t. 15, 1ʳᵉ part., p. 329; Chabot, successions, t. 2, sur l'art. 762; Dalloz, Jurisprudence générale, t. 8, p. 614; Duranton, t. 3, n. 206, 209, 231; Grenier, donations, t. 1, n. 130 *bis*. *Contrà:* Cassation, 4 janvier 1832, Dalloz, t. 32, 1ʳᵉ part., p. 48; *id.*, t. 35, 1ʳᵉ part., p. 117; *id.*, t. 5, p. 305; Sirey, t. 13, 1ʳᵉ part., p. 361; *id.*, Dalloz, t. 27, 2ᵉ part., p. 154; *id.*, Sirey, t. 27, 2ᵉ part., p. 162; Merlin, R., v. filiation, n. 20. (Journal de la magistrature, t. 4, p. 204 à 279; le même, t. 3, p. 5, et t. 7, p. 72, 73.)

336. *La reconnaissance du père sans l'indication et l'aveu de la mère n'a d'effet qu'à l'égard du père. (C. C., art.* 341.*)*

Merlin, Q., maternité; Favard, reconnaissance d'enfant naturel, sect. 1, § 3, art. 2, n. 8, 9; Rolland, aveu de maternité; Toullier, t. 2, n. 863, 864, 866, 956; Duranton, t. 3, n. 198, 244, 245, 262; Richefort, p. 294 à 299; Loiseau, p. 304, 370, 374, 388, 413, 404, 736.

Duveyrier, discours au Corps législatif. — De l'impossibilité d'obtenir sans un grave inconvénient la déclaration ou l'aveu de la mère, on est parvenu naturellement à la conséquence contraire, c'est-à-dire à la nécessité de n'exiger ni la déclaration, ni l'aveu, ni même la désignation de la mère, en statuant seulement que dans ce cas, la reconnaissance n'aura d'effet qu'à l'égard du père seulement. On voit bien ce que peut produire cette faculté d'une déclaration solitaire.

Mais il vaut mieux, pour la société, de tolérer ce qu'elle ignore, que de connaître ce qu'elle doit punir.

Il faut donc que la mère ait, conjointement avec le père, reconnu l'enfant; ou qu'elle ait fait cette reconnaissance par acte séparé et d'une manière expresse. Quant à l'induction de cette reconnaissance, voir Sirey, t. 24, 1re part., p. 317. Le désaveu de la mère ne porte aucune atteinte à la reconnaissance du père. Locré, Esprit du Code civil, t. 5, p. 272; Toullier, t. 2, n. 956; Malleville, conformes.

Bigot-Préameneu, exposé des motifs au Corps législatif, 11 mars 1803, n. 36. — Il semble, au premier coup-d'œil, que la reconnaissance du père ne devrait être d'aucun effet, quand elle est désavouée par la mère. C'est elle qui doit avoir, plus encore que celui qui se reconnaît pour le père, le secret de la paternité. Mais il est possible que la mère, soit par haine contre le père qui s'est reconnu, soit par d'autres considérations, désavoue cette reconnaissance. On a trouvé qu'il serait trop dur que le cri de la conscience et de la nature, de la part du père, fût étouffé par un seul témoignagne qui pourrait même souvent être suspect.

Il serait d'ailleurs contraire aux mœurs que la reconnaissance du père ne pût être faite sans indiquer la mère, afin qu'elle avoue ou désavoue. Puisqu'il n'a pas besoin de son concours, c'est un motif de plus pour que le désaveu de la mère indiquée ne puisse nuire aux enfans.

Le consentement de la mère est indispensable pour ce qui la concerne. La reconnaissance du père ne la lie pas.

Loiseau, p. 494. — Le père peut reconnaître l'enfant contre le gré de la mère.

P. 413. — La femme mariée peut, sans l'autorisation de son mari ou du juge, reconnaître un enfant qu'elle aurait eu avant son mariage; parce qu'ici il n'y a pas de contrat, mais l'aveu, ou la déclaration d'un fait qui lui est personnel. (Argument des art. 1359, 1382, 1370, 216, 220, 337; Malleville, sur l'art. 337; Delvincourt, t. 1, p. 97, note 10.)

Duranton, t. 3, n. 262. — L'article, en disant que la reconnaissance du père sans l'indication et l'aveu de la mère, n'a d'effet qu'à l'égard du père, n'entend pas établir qu'elle a un effet indestructible par rapport à ce dernier : sa disposition s'explique par celle de l'art. 339, qui attribue à tous ceux qui y ont intérêt, le droit de contester la reconnaissance de la paternité. La mère ne serait même point obligée, pour combattre et détruire celle qui a eu lieu, de signaler un autre individu comme père de l'enfant. Disons donc, en principe, que la déclaration de la mère détruira l'effet de la reconnaissance du prétendu père, sur-tout quand l'intérêt de l'enfant se joindra à ce désaveu, et que ce ne sera que dans des cas très-rares qu'elle ne prévaudra pas sur cette reconnaissance, encore que celui qui l'aura faite offrirait de prouver qu'il a eu des liaisons avec la mère. Des lettres ou autres pièces pourraient toutefois seconder puissamment la prétention de ce dernier. Les tribunaux se décideraient d'après les circonstances.

L'aveu de la mère peut-il résulter des soins donnés par elle à l'enfant, et d'autres circonstances? *Oui :* Dalloz, 1824, 1re part., p. 163.

337. *La reconnaissance faite pendant le mariage, par l'un des époux, au profit d'un enfant naturel qu'il aurait eu, avant son mariage, d'un autre que de son époux, ne pourra nuire ni à celui-ci, ni aux enfans nés de ce mariage. — Néanmoins elle produira son effet après la dissolution de ce mariage, s'il n'en reste pas d'enfans.*

Merlin, R., bâtard, sect. 2, § 2 et suiv.; t. 16, alimens, § 1, art. 2, n. 6, 7, 10; Q., adoption, § 9; Favard, enfant naturel, § 1, n. 1; reconnaissance d'enfant naturel, sect. 2, § 2, n. 2, 3; Rolland, enfant naturel, § 4, art. 1; reconnaissance d'enfant naturel, § 2; Toullier, t. 2, n. 924, 954; Duranton, t. 3. n. 25, 193, 194, 246 à 265; t. 6, n. 279 à 283; Richefort, p. 300 à 307; Vazeille, t. 2, p. 319, 320; Loiseau, p. 149, 198, 220, 371, 374, 415, 434 à 443; appendice, p. 20; Sirey, t. 8, p. 86; Delvincourt, t. 1, p. 399; Sirey, t. 12, p. 13 et 356.

Bigot-Préameneu, exposé des motifs au Corps législatif, 11 mars 1803. — Il est un cas dans lequel un enfant naturel ne pourrait se prévaloir de la reconnaissance du père : c'est celui où elle aurait été donnée par l'un des époux au profit d'un enfant naturel qu'il aurait eu avant son mariage, d'un autre que de son époux. Une pareille reconnaissance ne pourra nuire ni à l'autre époux, ni aux enfans nés de ce mariage. Il ne peut pas dépendre de l'un des époux de changer, après son mariage, le sort de sa famille légitime, en appelant des enfans naturels qui demanderaient une part dans ses biens. Ce serait violer la foi sous laquelle le mariage aurait été contracté. Si l'ordre public ne permet pas que des époux reconnaissent, après leur mariage, leurs propres enfans qu'ils voudraient légitimer, à plus forte raison les enfans qui sont étrangers à l'un deux, ne peuvent-ils acquérir, depuis le mariage, des droits contraires à ceux des enfans légitimes.

Cependant il peut arriver qu'à l'époque de la dissolution de ce mariage, il ne reste pas de descendans. Il n'y a point alors de motifs pour que la reconnaissance ne reçoive pas son exécution, comme elle l'aurait eue, s'il n'y avait point eu d'enfant du mariage.

Hua. — Lorsque le mariage est dissous, l'obstacle cesse : par conséquent, la reconnaissance peut être faite aussi utilement que si le père ou la mère qui la ferait n'avait point été marié.

D'un autre que de son époux. Cette disposition s'applique exclusivement aux enfans naturels nés d'un commerce libre, autre que entre ceux qui se sont mariés depuis.

Ni aux enfans nés de ce mariage. Remarquez que la loi ne défend point la reconnaissance, mais qu'elle se borne à la priver de son effet, quant à l'autre époux et aux enfans nés du mariage : la reconnaissance en elle-même est donc possible et valide vis-à-vis de celui qui l'a faite; et il ne pourrait plus la rétracter. (Rennes, 22 mars 1810.)

S'il n'en reste pas d'enfans. Quand même les enfans issus de ce mariage décéderaient ensuite sans postérité, ceux reconnus n'auraient aucune réclamation à faire sur les biens provenus des successions des père et mère.

Pandectes françaises. — Si le mari et la femme reconnaissent un enfant qu'ils auraient eu de leur commerce antérieur à leur mariage, il ne sera pas légitimé; car l'art. 331 met pour condition à la légitimation que l'enfant sera reconnu au moins par l'acte de célébration. Il n'aura que l'état et les droits d'enfant naturel reconnu.

Delvincourt, t. 1, note 10 de la page 97. — *S'il n'en reste pas d'enfans.* Ceci a besoin d'explication, car il pourrait arriver que, même dans ce cas, la reconnaissance ne produisît aucun effet. Si, par exemple, c'était l'époux innocent qui eût survécu, et qu'il y eût donation universelle en sa faveur, l'enfant ne pourrait rien prétendre, puisque sa reconnaissance ne peut nuire à cet époux. Quant aux alimens, il serait difficile d'en refuser à l'enfant naturel reconnu, même pendant le mariage. Les alimens sont de droit naturel; ils sont dus sur les biens de l'époux qui a reconnu, quand même il existerait des enfans du mariage, ou qu'il y aurait donation universelle au profit de l'autre époux.

Proudhon, t. 2, p. 101. — Mais si l'un des époux reconnaissait, après le mariage contracté, l'enfant qu'il aurait précédemment eu avec l'autre époux, celui-ci ne pourrait pas dire qu'il a été trompé, et la reconnaissance devrait obtenir tous ses effets.

Richefort, p. 300. — La femme qui se marie doit être légalement assurée qu'elle n'aura d'autres héritiers que les enfans qui proviendront de son union. C'est sur la foi de cette certitude légale que le mariage a dû être arrêté dans sa famille. La même garantie était due aux enfans légitimes eux-mêmes.

On doit appliquer la disposition de cet article à la reconnaissance *forcée* sur la réclamation de l'enfant.

Toullier, t. 2, n. 959, dit : Que puisque la loi ne parle que de la reconnaissance *pendant* le mariage, on ne peut l'appliquer à la reconnaissance faite *après* la dissolution du mariage. (Loiseau p. 441.) *Contrà* : Richefort, p. 302 et suiv. Cependant, voir Sirey, t. 8, 1re part., p. 86; t. 12, 1re part., p. 13.

Merlin, R., alimens, § 1, art. 2, n. 6. — Mais cet article ne met pas le père marié et ayant ou non des enfans de son mariage, à l'abri de l'action que son enfant naturel ainsi reconnu intente contre lui à fin d'alimens.

Loiseau, p. 441. — La reconnaissance faite par un époux séparé de corps, ne peut nuire à l'autre époux ni à ses enfans.

A défaut de reconnaissance du père, elle ne peut être faite par l'aïeul au nom de son fils, et en supposant qu'il l'eût faite, cet aïeul pourrait ultérieurement s'en jouer.

Duranton, t. 3, n. 247. — Puisque la loi ne limite les effets que de la reconnaissance faite *pendant* le mariage, on reste dans les termes du droit commun pour celle qui aurait eu lieu *avant* le mariage, encore que le conjoint l'eût ignorée.

A. Dalloz, filiation naturelle, n. 43. — Mais quelle forme sera donnée à la procuration? Duranton, t. 3, n. 222, distingue : La procuration doit être spéciale et authentique, si la reconnaissance est faite devant l'officier civil; si elle est faite devant notaire, un simple pouvoir spécial, même par lettre, suffit. *Contrà :* Dalloz, qui pense qu'elle doit être toujours authentique, ce qui paraît bien rigoureux.

La femme mariée, déclarée, sur les poursuites d'un enfant naturel, mère de cet enfant par jugement, peut-elle être obligée à lui fournir des alimens, même pendant son mariage? *Oui :* Sirey, t. 10, 2e part., p. 255; *id.*, t. 17, 2e part., p. 280; *id.*, t. 12, 1re part., p. 13.

L'enfant naturel dont l'acte de naissance a été rectifié *depuis* le mariage du père, ne peut se prévaloir du jugement de rectification pour faire remonter la date de la reconnaissance à la date de l'acte rectifié. Des enfans naturels ne peuvent se prévaloir d'un jugement de rectification rendu en l'absence des enfans légitimes du père prétendu. (Cassation, 23 juin 1829; Gazette des Tribunaux, du 1er juillet 1829.)

338. *L'enfant naturel reconnu ne pourra réclamer les droits d'enfant légitime. Les droits des enfans naturels seront réglés au titre des successions (Art. 158, 331, 363, 756 et suiv. Loi du 14 floréal an 11.)*

Novell 89, cap. 12.

Merlin, R., réserve, sect. 4; Favard, enfant naturel, § 1, n. 2; reconnaissance d'enfant naturel, sect. 2, § 2, n. 1; Rolland, enfant naturel, § 3 et 4; Toullier, t. 2, n. 972 et suiv.; Duranton, t. 2, n. 377; Grenier, donation, t. 1, p. 405, 406; Loiseau, p. 374, 387, 679; appendice, p. 42, 44, 48; Vazeille, t. 2, n. 499, 500, 501, 502; Richefort, p. 307 à 311; Sirey, t. 11, p. 329.

Duveyrier, discours au Tribunat, 23 mars 1803, n. 45. — La reconnaissance d'un enfant naturel manifeste et rend certains aux yeux de la société les rapports que la nature a mis entre son père et lui. Elle établit devant la loi et leurs droits et leurs devoirs réciproques: pour le père, l'obligation de fournir à son enfant les moyens d'exister; pour l'enfant, l'obligation d'obéir à son père, de le respecter et de le secourir.

Mais là se bornent les effets de la reconnaissance. Tous ceux du mariage, qui seul donne la légitimité, sont étrangers à l'enfant naturel: et, dans aucun cas, cet enfant même reconnu ne peut prétendre à aucun des droits assurés aux enfans légitimes.

Le mariage seul établit et distingue les familles. Les rapports naturels consacrés par la reconnaissance n'existent qu'entre le père ou la mère et l'enfant. Ils ne peuvent atteindre les parens du père ni ceux de la mère. L'enfant naturel n'est pas dans la famille.

Richefort, p. 311. — Ainsi, par exemple, l'adopté jouit des droits de l'enfant légitime, relativement à l'adoptant, et notre art. 338 déclarant que l'enfant naturel reconnu ne pourra réclamer les droits d'enfant légitime, il s'ensuit que l'enfant adopté empêchera l'enfant naturel d'appréhender la succession; il ne recueillera qu'à défaut d'enfans du mariage et des enfans adoptifs.

Merlin, R., réserve, § 4, n. 2. — Cette disposition est seulement relative à la démarcation que la loi a voulu établir entre les enfans naturels et les enfans légitimes. Les droits des uns et des autres ne sont en effet jamais les mêmes; mais il ne reste pas moins des droits aux enfans naturels.

A. Dalloz, filiation naturelle, n. 202. — De droit commun l'enfant naturel a le droit de porter le nom du père qui l'a reconnu.

N. 206. — Les droits des enfans naturels sont réglés par la loi dans l'intérêt public; ils font un accessoire de leur état.

339. *Toute reconnaissance de la part du père ou de la mère, de même que toute réclamation de la part de l'enfant, pourra être contestée par tous ceux qui y auront intérêt.*

Merlin, Q., paternité; Favard, enfant adultérin, n. 115; maternité; reconnaissance d'enfant naturel, sect. 1, § 5, art. 1; sect. 2; Toullier, t. 2, n. 964; t. 4, n. 292; Duranton, t. 3, n. 189, 262; Proudhon, t. 2, p. 103, 119; Loiseau, p. 207, 372, 375, 389, 445, 498, 514, 518, 520; appendice, p. 26; Malpel, successions, p. 252, 304; Richefort, p. 315 à 314.

Procès-verbal du Conseil d'État, 17 novembre 1801. — Portalis, Cambacérès et Regnier établissent que la reconnaissance du père ne doit point être considérée comme une preuve de la paternité. Cette reconnaissance, même dans le cas où elle est appuyée de l'aveu de la mère, peut être contestée par l'enfant, par la famille, et par tous ceux qui peuvent y avoir intérêt. (Favard, reconnaissance d'enfant naturel, sect. 1, § 5.)

Duveyrier, discours au Tribunat, 23 mars 1803. — Nous ne craindrons pas que la disposition générale de notre article puisse étendre la faculté de contester jusqu'à l'abus, toujours trop facile en cette matière. L'objet est simple et le sens est clair. C'est l'acte lui-même qu'il s'agira d'attaquer; sa forme, si elle n'est point authentique, ou si elle est irrégulière; son texte, si le mensonge et la fraude l'ont dicté.

Mais qu'on veuille affaiblir le crédit de ces actes, ou changer ses résultats par l'enquête scandaleuse d'un fait qui serait étranger à l'acte contesté; que des collatéraux, par exemple, pour diminuer la portion que la loi donnera à l'enfant naturel dans la succession de son père, et le réduire aux alimens charitables réservés à l'enfant du crime, prétendent que cet enfant, reconnu par un père libre, est entaché d'adultère du côté de sa mère, inconnue et non désignée dans l'acte, nous devons penser qu'ils ne seront point écoutés.

Malleville. — Cet article peut avoir son application dans le cas où le père ou la mère voudraient reconnaître un enfant adultérin ou incestueux, ou même un enfant qui appartiendrait à un autre: il peut encore être appliqué au cas où quelqu'un voudrait rechercher sa mère pendant le mariage de celle-ci, ou ayant d'autres enfans, ou même au cas où elle connivérait à cette recherche.

Hua. — *Toute réclamation*. Il ne faut entendre ce mot *réclamation* qu'en ce qu'il se rapporte à la postulation de l'état demandé par l'enfant. Ce serait lui donner une extension forcée que d'en induire que les parens peuvent, par exception à la reconnaissance du père, rechercher la maternité pour établir que l'enfant est adultérin.

Delvincourt, t. 1, note 6 de la page 97. — Mais il faut un intérêt né et actuel. (Argument tiré de l'ar. 187.) En conséquence, la reconnaissance ne peut être contestée par les tiers, qu'après la mort de celui qui a reconnu; mais elle peut l'être en tout temps par l'enfant lui-même, parce qu'il a toujours intérêt de n'avoir pas civilement d'autre père ou mère que ceux qui lui ont été donnés par la nature.

Ceux qui ont intérêt, sont toutes les personnes à qui cette reconnaissance peut porter préjudice, et dont elle tend à augmenter ou à diminuer les droits. L'action étant personnelle dure trente ans. (2262, 1304; Toullier, t. 2, n. 964, 965.)

Proudhon, t. 2, p. 104. — *De ceux qui ont intérêt*. Parce qu'on ne peut être admis à blesser impunément les droits d'autrui par la supposition d'une fausse paternité. L'enfant lui-même peut combattre l'acte de sa propre reconnaissance, parce qu'il y est le premier intéressé. L'un des époux peut contredire celle qui serait faite par l'autre, sur-tout si l'enfant était déclaré leur être commun aux deux. Les héritiers de celui qui a fait la reconnaissance peuvent aussi la combattre, mais seulement lors de l'ouverture de la succession. La mère qui aurait reconnu son enfant, qui l'aurait élevé, pourrait contester la reconnaissance de celui qui par suite s'en prétendrait le père, parce que l'enfant naturel suit le sort de la mère qui l'a nourri.

A. Dalloz, filiation naturelle, n. 197. — L'acte de reconnaissance qui fait preuve contre son auteur a-t-il le même effet contre l'enfant, et celui-ci a-t-il besoin de la voie d'inscription de faux pour faire annuler la preuve de paternité qui en résulte? On ne le pense pas.

N. 198. — Sur-tout s'il existe une déclaration contraire de la mère.

N. 199. — A surplus, les circonstances auront une grande influence dans la décision de ces questions.

340. *La recherche de la paternité est interdite. Dans le cas d'enlèvement, lorsque l'époque de cet enlèvement se rapportera à celle de la conception, le ravisseur pourra être, sur la demande des parties intéressées, déclaré père de l'enfant. (C. P., art. 355.)*

ff, lib. 48, tit. 5 (passim); tit. 6, leg. 5; Cod., lib. 1, tit. 3; lib. 9, tit. 13; Novell. 143.

Merlin, R., alimens; filiation; *fornication*, n. 2; Q., paternité, § 2; Favard, enfant adultérin, n. 1, 5; enfant naturel, § 1, n. 4; reconnaissance d'enfant naturel, sect. 2; testament, n. 2; Rolland, enfant naturel, § 2; paternité (recherche de la); reconnaissance d'enfant naturel, § 1; Toullier, t. 2, n. 938 et suiv.; Duranton, t. 1, n. 284; t. 3, n. 190, 195, 206, note, 207, 231 à 233, 246; Proudhon, t. 2, p. 19, 20, 97; Grenier, donations, t. 1, p. 257, 258; Loiseau, p. 269, 375, 379, 402, 410, 428, 429, 459, 579, 802, 803, 804, 811; appendice, p. 22, 27, 52, 61, 64, 79; Biret, nullités, p. 155, 156; Richefort, p. 314 à 327; Malpel, successions, p. 262 à 265, 329, 331, 334; Chardon, dol, t. 3, n. 378, 392, 393; Toullier, t. 2, n. 941.

Procès-verbal du Conseil d'État, 17 novembre 1801. — Cambacérès dit que l'exclusion de la recherche de la paternité non avouée est sans difficulté lorsqu'il n'existe que le seul fait de grossesse; mais qu'il est impossible de ne pas faire une exception à ce principe, lorsque le fait de la grossesse est accompagné de circonstances aggravantes, telles que le viol et le rapt. Il serait immoral qu'un ravisseur, contre lequel la paternité aurait été prouvée à l'effet de le faire condamner à des dommages-intérêts, ne fût pas réputé le père de l'enfant envers lequel il aurait été condamné. Le Conseil voudrait réduire la disposition au seul cas de la grossesse simple.

Tronchet rappelle les motifs du principe en discussion. Autrefois une fille était libre de diriger sa déclaration contre qui elle voulait; et ordinairement, parmi les personnes qui l'avaient fréquentée, elle choisissait le plus riche pour le faire déclarer père de son enfant. Cette manœuvre était presque toujours heureuse, puisqu'il suffisait, pour faire prononcer la paternité, que la fille prouvât qu'il y avait eu fréquentation. Cependant, dans la vérité, il restait des doutes sur la qualité exclusive de père; et, indépendamment du danger d'admettre une preuve aussi incertaine que la preuve testimoniale, c'éétait donner trop de poids à la déclaration de la fille. La règle qu'on propose est donc utile en soi, puisqu'elle détruit ces abus : mais faut-il la modifier par des exceptions? Oui, sans doute, mais seulement lorsqu'il y a viol ou rapt; car on affaiblirait trop le principe, et on donnerait trop à l'arbitraire des juges, si l'on se bornait à dire généralement qu'il doit être modifié pour des cas graves.

Boulay craint qu'une fille ne se procure trop facilement des témoins pour constater le viol : il voudrait que l'action en déclaration de paternité ne pût être fondée que sur un jugement qui aurait déclaré coupable de viol ou de rapt celui contre lequel elle serait dirigée.

Napoléon dit que les exceptions proposées obligeraient celui qui serait attaqué à reconnaître un enfant malgré lui. Cette reconnaissance forcée est contre les principes. La loi doit punir l'individu qui s'est rendu coupable de viol; mais elle ne doit pas aller plus loin.

Duveyrier, discours au Tribunat, 23 mars 1803. — La nature ayant dérobé le mystère de la paternité à la connaissance de l'homme, à ses facultés morales et physiques, aux perceptions les plus subtiles de ses sens, comme aux recherches les plus pénétrantes de sa raison, et le mariage étant établi pour donner à la société, non pas la preuve matérielle, mais, à défaut de cette preuve, la présomption légale de la paternité, il est évident, lorsque le mariage n'existe pas, qu'il n'y a plus ni signe matériel, ni signe légal. Il n'y a plus rien qui puisse faire supposer même la fiction conventionnelle et sociale. La paternité reste ce qu'elle était, aux yeux de la loi comme aux yeux de l'homme, un mystère impénétrable; et il est en même temps injuste et insensé de vouloir qu'un homme soit convaincu malgré lui d'un fait dont la certitude n'est ni dans les combinaisons de la nature, ni dans les institutions de la société.

N. 42. — La règle qui prohibe la recherche de la paternité n'aura qu'une exception; c'est le cas d'un enlèvement, lorsqu'il sera prouvé que l'époque de cet enlèvement se rapporte à l'époque de la conception.

C'est la conséquence d'un crime, et d'un crime prouvé. Il n'y a point de mariage; mais il y a nécessité, ou plutôt supposition nécessaire de mariage. Il n'y a pas de cohabitation publique, mais il y a cohabitation forcée. La paternité ne se décèle encore que par des indices et des conjectures; mais les conjectures et les indices se rassemblent tous sur un seul, et sur un homme criminel. La réparation est due à la victime, et le châtiment au coupable.

Cependant, malgré ces motifs si puissans, la législation restera toujours fidèle au principe fondamental qui la dirige. Ni la preuve de l'enlèvement, ni la coïncidence de son époque avec celle de la conception, ne suffisent pour constater la paternité encore incertaine. Elles suffiront seulement pour autoriser le juge à chercher sa conviction dans tous les rapports, toutes les circonstances, tous les faits qui ont précédé et suivi le crime.

Delvincourt, t. 1, note 5 de la page 96. — Il faut d'abord que le rapt soit prouvé. Je pense qu'il en serait de même en cas de viol.

Note 6. — *A celle de la conception*. Si, par exemple, l'enlèvement a eu lieu pendant le temps qui a couru depuis le trois centième jusqu'au cent quatre-vingtième jour avant la naissance de l'enfant.

Note. 7. — *Peut*, et non pas *sera déclaré*. Il y aura encore connaissance de cause.

Richefort, p. 319. — Il résulte de la discussion au Conseil d'Etat, que la recherche de la paternité n'est permise que lorsqu'il y a eu véritablement *enlèvement*, et non simplement rapt ou viol, comme l'avait d'abord voulu le Tribunat. Il y a une grande différence entre l'un et l'autre.

S'il était prouvé que l'enlèvement d'une fille majeure a eu lieu *par violence*, et non de son consentement, et que l'époque de la conception coïncidât avec cet événement, nous pensons qu'il rendrait nécessaire l'application de notre article. (Voir Sirey, t. 6, 2ᵉ part., p. 570; t. 8, 1ʳᵉ part., p. 231; t. 20, 1ʳᵉ part., p. 222; *id.*, 2ᵉ part., p. 261; t. 21, 1ʳᵉ part., p. 8.)

Merlin, filiation, § 4. — Ce n'est pas seulement par voie d'action, c'est encore par voie d'exception, en un mot, c'est d'une manière absolue, que la recherche de la paternité est interdite hors le cas de rapt.

Loiseau, p. 418. — Il faut, 1° que le rapt soit jugé; 2° qu'il coïncide avec l'époque de la conception; 3° il faut que les juges aient la conviction que le ravisseur est le père.

L'auteur du viol peut, comme l'auteur du rapt, être, suivant les circonstances, déclaré père de l'enfant que met au jour la fille violée.

Duranton, t. 3, n. 234. — Les tribunaux ont un pouvoir discrétionnaire pour déclarer le ravisseur père de l'enfant. Si la femme était en effet accouchée dans les premiers jours du septième mois du rapt, et que l'enfant fût tellement constitué qu'au rapport des gens de l'art, il dût être regardé comme venu au monde au terme ordinaire, ou si l'accouchement n'avait lieu que vers la fin du dixième mois depuis qu'elle a recouvré sa liberté, le ravisseur pourrait n'être pas déclaré le père, attendu que les naissances accélérées, comme les naissances tardives, ne sont que des exceptions aux lois de la nature. On devrait aussi avoir égard aux mœurs de la mère et aux autres circonstances qui ont précédé ou suivi l'enlèvement.

341. *La recherche de la maternité est admise. — L'enfant qui réclamera sa mère sera tenu de prouver qu'il est identiquement le même que l'enfant dont elle est accouchée. — Il ne sera reçu à faire cette preuve par témoins que lorsqu'il aura déjà un commencement de preuve par écrit.* (C. C., art. 335 et 336.)

Arg. ex leg. 4, ff, de in jus vocando.

Merlin, Q., maternité; Favard, maternité; naissance, n. 11; reconnaissance d'enfant naturel, sect. 2, § 1, art. 2; Dalloz, filiation, ch. 3, sect. 2, art. 3; Rolland de Villargues, enfant naturel, § 2; paternité (recherche de); Pailliet, Dictionnaire universel, accouchement, n. 13 à 15; Toullier, t. 2, n. 942 et suiv., 970, 971; t. 4, n. 292; Duranton, t. 3, n. 125, 180, 201, 202, 227 à 241; Delahaye, des tutelles, p. 103; Richefort, p. 227 à 333; Loiseau, p. 195, 304, 369, 376, 410, 412, 416, 417, 426, 437, 799; appendice, p. 28, 79.

Procès-verbal du Conseil d'Etat, 17 novembre 1801. — Berlier dit que ce n'est pas ici comme dans le cas où un enfant réclame les droits de la légitimité : alors toute espèce de preuve doit être admise; mais, si l'on donne la même latitude aux enfans nés hors mariage, on expose la femme à craindre une action flétrissante pendant tout le cours de sa vie. Il est donc nécessaire de modérer cette action, afin qu'elle n'entraîne pas d'abus, et dès lors il convient d'exiger, ou un commencement de preuve par écrit, ou des faits de possession.

7 novembre 1801. — Le *Conseil* adopte, en principe, que les héritiers du mari seront admis à la preuve qu'il n'est pas le père de l'enfant, quoique celui-ci ait justifié qu'il est né de la femme pendant le mariage.

Bigot-Préameneu, exposé des motifs au Corps législatif, 11 mars 1803. — La règle exclusive de la recherche de la paternité ne s'applique point à la mère. Il ne s'agit point à son égard de pénétrer les mystères de la nature : son accouchement et l'identité de l'enfant sont des faits positifs et qui peuvent être constatés.

Cependant, la loi a cru devoir prendre des précautions contre le genre de preuves qui pourra être admis. Si la crainte des vexations et de la diffamation a fait rejeter les recherches de la paternité, ce serait pour les femmes un malheur encore plus grand, si leur honneur pouvait être compromis par quelques témoins complaisans ou subornés. On ne présume point qu'un enfant ait été mis au monde sans qu'il y ait par écrit quelques traces, soit de l'accouchement, soit des soins donnés à cet enfant. Il était donc à la fois de justice particulière et d'honnêteté publique de n'admettre l'enfant à prouver qu'il est identiquement le même que celui dont la mère qu'il réclame est accouchée, que dans le cas où il y aurait déjà un commencement de preuve par écrit.

Duveyrier, discours au Corps législatif. — Il serait barbare, autant qu'impolitique, de refuser à l'enfant le droit de réclamer sa mère, qui se cache, mais que la nature ne refuse jamais de découvrir. Toullier, t. 2, n. 947, dit aussi : Au reste, les enfans naturels, nés avant le mariage de leur mère, peuvent la réclamer, même après le mariage qu'elle a contracté avec un autre individu que leur père. On ne peut admettre une exception ou limitation qui n'existe pas dans le Code.

Malleville. — Le tribunal d'appel de Lyon s'était fortement prononcé contre la recherche de la maternité. Il est certain que la faculté de cette recherche peut causer des infanticides.

Il est du moins une exception qu'il faudrait faire à cet article; c'est lorsque la prétendue mère est mariée. Il serait alors affreux de permettre au premier venu de troubler la tranquillité du mariage, d'enlever à une femme l'amour de son époux et le respect de ses enfans, pour favoriser peut-être la vengeance ou la basse jalousie de quelque intrigant.

Il n'y a pas de parité entre l'inconvénient de laisser un enfant naturel sans mère déclarée, et les malheurs qui doivent nécessairement être la suite de l'aggression de cet enfant. Il faut espérer que cette lacune sera réparée à la première révision du Code.

Hua. — La preuve de l'accouchement serait insuffisante, si elle n'est pas corroborée par celle de l'identité de la personne qui veut se faire reconnaître, avec l'enfant né de la mère qu'il prétend avoir.

De preuve par écrit. L'art. 323 n'exige point d'une manière aussi impérative le commencement de preuves par écrit; il autorise celle testimoniale, pourvu qu'il existe des présomptions ou indices. Cette différence dans la disposition, comparée à celle du présent article, fait connaître combien celle-ci doit être d'une application *stricte*. Il me semble que, par une conséquence, l'acte de naissance indiquant la mère, s'il n'est point signé par elle, ne formerait point le commencement de preuve indispensable pour autoriser celle testimoniale.

Delvincourt, t. 1, note 8 de la page 96. — Remarquez qu'il y a deux choses à prouver : d'abord l'*accouchement* de la mère, et ensuite l'*identité* de l'enfant qui réclame, avec celui dont la mère est accouchée. Ce n'est que pour l'*identité* que la loi exige un commencement de preuve par écrit. Quant à l'*accouchement*, je pense qu'il peut être prouvé par *témoins*, quand même il n'existerait aucun commencement de preuve par écrit. De droit commun, les faits se prouvent par témoins, excepté dans les cas où la loi exige un autre genre de preuve. Or, ici, elle exige bien le commencement de preuve par écrit; mais c'est uniquement pour l'identité. (Richefort, p. 330 ; Proudhon, t. 2, p. 97; Loiseau, p. 411.)

Pater incertus, sed mater certa. Loiseau, p. 411. — Quand l'enfant est saisi d'un commencement de preuve par écrit provenant de sa mère, il peut entamer l'action, parce qu'en laissant échapper l'aveu contre lequel elle voudrait ensuite protester, elle a pour ainsi dire provoqué les recherches et les poursuites auxquelles elle est en butte. Alors, en suivant le fil qu'elle-même a tissu, l'enfant peut s'environner de témoins et de preuves, et parvenir à découvrir sa véritable origine. (Art. 1347.)

P. 416. — Un enfant naturel présenté par la sage-femme, comme né de telle ou telle fille, et élevé depuis par cette dernière, ne doit pas être assimilé à l'enfant légalement reconnu. La possession d'état, l'éducation, ou toute autre approbation, ne peut tenir lieu du commencement de preuve par écrit. (*Sic Jud.* Cass.)

Favard, reconnaissance d'enfant naturel, sect. 2, art. 2, n. 1. — Cet adminicule est tellement indispensable pour l'admission de la preuve, qu'il ne peut y être suppléé *par des présomptions ou indices graves résultant de faits constans*, comme cela a lieu dans le cas de l'art. 323.

Duranton, t. 3, n. 240. — Selon nous, le commencement de preuve par écrit doit porter, et sur le fait de l'*identité*, et sur celui de l'*accouchement*. Les lettres, par exemple, qu'une femme écrirait à son enfant ou à une personne qui en prendrait soin, dans des termes qui rendraient vraisemblable l'identité, indiqueraient par cela même le fait de l'accouchement de cette femme.

Dalloz, filiation, ch. 3, sect. 2, art. 3, n. 3. — La raison dit assez qu'elle ne devait pas être prohibée; les faits qui la constituent sont patens: il y aurait eu injustice à en refuser la preuve à l'enfant qui viendrait réclamer sa mère, à moins que cette recherche ne tendît à la découverte d'une filiation adultérine ou incestueuse.

Des enfans légitimes pourraient-ils rechercher la maternité, pour établir leur droit à la succession d'un frère qu'ils prétendent naturel? Non. (Sirey, 34, 2ᵉ part., p. 185.)

La preuve dont il s'agit dans notre article est-elle celle de l'identité? L'acte de naissance peut-il servir de commencement de preuve par écrit? Oui. (Sirey, 10, 1ʳᵉ part., p. 193.)

Question controversée. — La possession d'état est-elle suffisante, sans la reconnaissance authentique, pour établir la filiation naturelle par rapport à la mère? *Oui*: Arrêt, Bastia, 17 décembre 1834, Sirey, 35, 2ᵉ part., p. 525; Duranton, t. 3, n. 238; Proudhon, Droit français, t. 2, p. 100; Delvincourt, t. 1, p. 93, note; Dalloz, Jurisprudence générale, v. filiation, p. 667. *Contrà*: Toullier, t. 2, n. 970. (Journal de la Magistrature, t. 4, p. 113 à 116; et t. 6, p. 120 à 123.) Il y a un arrêt de Bourges, du 2 mai 1837, en faveur de l'opinion de Toullier. (Voir Sirey, 38, 2ᵉ part., p. 5.)

342. *Un enfant ne sera jamais admis à la recherche soit de la paternité, soit de la maternité, dans le cas où, suivant l'article 335, la reconnaissance n'est pas admise. (C. C., art.* 159, 335, 340.*)*

Merlin, R., maternité; Q., *ibid.* et paternité; Favard, enfant naturel, n. 1, 5; reconnaissance d'enfant naturel, sect. 2, § 1, n. 2; testament, n. 20; Rolland, enfant naturel, § 2; Toullier, t. 2, n. 967, 968; Duranton, t. 3, n. 195, 197 à 206, 235 à 242; Delabaye, tutelle, p. 104, 105; Chardon, dol, t. 3, n. 390 à 393; Grenier, donations, t. 1, p. 255, 256; Vazeille, t. 2, p. 320; Malpel, successions, p. 263, 319, 329 à 334; Loiseau, p. 370, 377, 386, 737; appendice, p. 61; Chabot, successions, sur l'art. 762; Toullier, t. 2, p. 289; t. 4, p. 243.

Procès-verbal du Conseil d'Etat, 17 novembre 1801. — Malleville propose, par amendement, que la preuve de la maternité ne soit pas admise, lorsque la femme contre laquelle elle serait dirigée, est actuellement mariée avec un autre individu que celui dont le réclamant se prétend le fils, et lorsqu'elle est mère d'autres enfans. Il ne faut pas que l'intérêt d'enfans nés hors mariage l'emporte sur l'intérêt du mari, et empêche d'autres enfans de naître.

Berlier, Tronchet et plusieurs autres membres combattent cet amendement, tout entier, selon eux, en faveur des mères dénaturées. Il ne peut, en effet, y avoir de question que lorsqu'elles refusent de remplir leurs devoirs.

Après une vive discussion, le *Conseil* adopte en principe:

1° Que les enfans nés avant le mariage de leur mère peuvent réclamer, après le mariage qu'elle a contracté avec un autre individu que leur père ;

2° Que l'enfant illégitime né clandestinement pendant le mariage, peut établir sa filiation contre sa mère.

Duveyrier, discours au Tribunat, 23 mars 1803, n. 45. — La règle qui permet la recherche de la maternité, aura aussi une exception commandée par un devoir plus saint et plus utile que la règle elle-même, le maintien de l'honnêté publique et des bonnes mœurs, si nécessaire au maintien des bonnes lois.

La recherche de la maternité elle-même ne sera plus permise, lorsqu'elle sera dirigée sur la trace d'un adultère et d'un inceste, toutes les fois que pour la démontrer il faudrait rendre publics et certains ces attentats scandaleux, dont la possibilité mystérieuse et les exemples impunis corrompent et flétrissent les mœurs publiques. La manifestation d'un désordre caché n'est jamais, pour l'intérêt social, compensé par la réparation d'un dommage individuel.

Hua. — En se référant à l'art. 340, on voit que la paternité ne peut être réclamée que contre le ravisseur.

Pandectes françaises. — Toutefois, la recherche de la maternité peut encore être admise pour obtenir l'état d'enfant naturel reconnu, mais non pour se constituer bâtard adultérin ou incestueux.

Rolland de Villargues, v. enfant naturel, n. 38 *bis*. — Il ne résulte pas de là qu'on ne puisse rechercher contre une femme mariée sa maternité naturelle. On le peut, au contraire, s'il s'agit d'un enfant né ou conçu avant le mariage de la femme. (Merlin, v. maternité, n. 7; Duranton, t. 3, n. 255.)

Proudhon, t. 2, p. 104. — Si par la recherche de la paternité ou de la maternité, les enfans naturels découvrent qu'ils sont nés d'un commerce incestueux ou adultérin, toute poursuite ultérieure leur est interdite, parce qu'il ne leur est pas permis de révéler à la justice le crime de leurs père et mère.

TITRE VIII.

De l'Adoption et de la Tutelle officieuse.

(Décrété le 23 mars 1803. — Promulgué le 2 avril).

CHAPITRE PREMIER.

De l'Adoption.

SECTION PREMIÈRE.

De l'Adoption et de ses effets.

343. *L'adoption n'est permise qu'aux personnes de l'un ou de l'autre sexe, âgées de plus de cinquante ans, qui n'auront, à l'époque de l'adoption, ni enfans, ni descendans légitimes, et qui auront au moins quinze ans de plus que les individus qu'elles se proposent d'adopter. (C. C., art.* 361 *et suiv.; loi du* 18 *février* 1792*; id., du* 13 *avril* 1803.*)*

Instit., lib. 1, tit. 2, Gl. in princip., § 4 et 10; ff, lib. 1, tit 7, leg. 1; lib. 28, tit. 2, leg. 23, 15, § 2; leg. 16, 17, § 3; leg. 21, 40, § 1; ff, de adoption. et emancip.; Cod., leg. 5, de adopt.

Merlin, R., adoption, § 1 et 2; t. 16, *ibid.*; Q., *ibid.*; R., révocation d'adoption; Favard, adoption, sect. 2, § 1, n. 1; succession, sect. 3, § 4; Dalloz, adoption, sect. 1, p. 286 à 292 et suiv.; Rolland, adoption, n. 8; Toullier, t. 2, n. 988; Duranton, t. 3, n. 266 à 286; Proudhon, t. 2, p. 121, 122, 126, 131; Delvincourt, t. 1, p. 99; Biret, nullités, t. 1, p. 169 et suiv.; Grenier, adoption; Perrin, nullités,

p. 185; Loiseau, p. 344 à 354: appendice, p. 10 à 13; R***, Traité de l'adoption, p. 41 et suiv., 47 à 57, 88.

Voir Sirey, t. 15, 2e part., p. 213.

Procès-verbal du Conseil d'Etat, 18 novembre 1802. — Bigot-Préameneu dit qu'il a toujours été d'avis de rejeter l'adoption, tant à cause des difficultés qu'elle présente par rapport aux successions, que parce qu'elle lui semble immorale : elle place, en effet, un enfant entre sa fortune et l'abandon de ses parens. Il est d'autres moyens de bienfaisance, qui n'exigent pas de celui qui en est l'objet le sacrifice des devoirs et des sentimens envers sa famille. D'ailleurs, jamais le père adoptif ne trouvera, dans celui qu'il adopte, le dévoûment et la tendresse qu'on a droit d'attendre d'un enfant naturel.

Tronchet combat aussi l'adoption. Au premier coup d'œil, l'adoption flatte l'imagination et la sensibilité; mais dans la réalité, elle n'est plus qu'une manière de frauder la loi qui limite la faculté de disposer. Cette institution, au surplus, n'est ni nécessaire, ni utile : elle n'a d'autre effet que de flatter la vanité de ceux qui veulent perpétuer leur nom.

Napoléon répond que l'adoption a des avantages réels : elle sert à se préparer pour sa vieillesse un appui et des consolations plus sûrs que ceux qu'on attendrait de collatéraux; elle sert au commerçant, au manufacturier privé d'enfans, à se créer un aide et un successeur. Elle ne change rien à nos mœurs, puisqu'elle se borne à régulariser le droit déjà existant de faire porter son nom; elle intéresse la vieillesse à élever la jeunesse, qu'en même temps elle encourage; elle prépare de bons citoyens à l'État; elle est un besoin pour toutes les professions.

L'objection qu'on a faite contre l'adoption des mineurs tombe, puisque les majeurs seuls pourront être adoptés. L'adoption des majeurs n'est bizarre, que quand l'adopté n'a pas été élevé par l'adoptant.

On a parlé des regrets possibles du père adoptif : ce repentir peut devenir la suite de toutes les transactions humaines. On se repent d'une aliénation, d'une donation, d'un mariage. Du moins dans l'adoption, reste-t-il une ressource au père dont l'affection a été trompée : c'est de réduire l'enfant adoptif à sa légitime.

Observations du Tribunat, 6 janvier 1803. — La société doit venir au secours de l'individu qui veut sortir de l'isolement où des circonstances malheureuses l'ont laissé, qui cherche à augmenter ses jouissances en répandant ses bienfaits. Le désir de se voir représenté dans la société, et de laisser des souvenirs, pour ainsi dire vivans de quelques vertus, est encore un sentiment dont le législateur peut s'emparer dans les vues du bien général.

Mais il existe encore un plus grand intérêt pour la société, qui est celui de favoriser le mariage, en ne détournant, par aucune sorte d'institution, du penchant naturel qui y porte les hommes. Les familles forment l'Etat, et le mariage seul forme les familles.

L'adoption serait donc une institution dangereuse, si elle portait le moindre obstacle au développement du désir de se reproduire, qui est le plus fort de ceux que la nature fait éprouver à l'homme. Elle ne doit être qu'un remède au malheur de celui qui n'a pas été sourd à ses salutaires insinuations.

Berlier, exposé des motifs au Corps législatif, 12 mars 1803. — Puisque l'adoption n'est accordée que comme consolation à l'adoptant, il doit non seulement être sans enfans, mais il doit encore avoir passé l'âge où la société invite au mariage. Les droits du mariage et ses vrais intérêts seront suffisamment respectés, quand la faculté d'adopter ne sera accordée qu'aux personnes âgées de plus de 50 ans.

Mais, convient-il d'ajouter à la condition d'âge, celle d'être ou d'avoir été marié? Faut-il refuser le bénéfice de l'adoption aux célibataires?

Les partisans de l'exclusion des célibataires la fondent moins sur les moyens qui, au-delà de 50 ans, peuvent leur rester encore pour se reproduire, que sur la crainte de voir les jeunes gens même s'éloigner du mariage, dans la perspective de la faculté qu'ils auront d'adopter un jour.

C'est trop accorder à la prévoyance de l'homme, et trop peu aux impulsions de la nature. Qu'on s'en fie à celle-ci; et, de même qu'on préfère ses enfans à ceux d'autrui, de même aussi le mariage sera généralement préféré à l'adoption.

Avec ou sans l'adoption, il y aura toujours quelques célibataires, et cette exception dans la société ne devra point sa naissance au calcul qu'on suppose. Tel homme se trouvera parvenu au revers de la vie sans avoir songé au mariage, le plus souvent par insouciance; tel autre s'en sera abstenu pour cause d'infirmités; tel autre peut-être pour soutenir de proches parens auxquels il tiendra lieu de père.

Dans l'espèce la moins favorable, cet homme frivole et insouciant n'a point payé sa dette à la patrie : cela est vrai; mais le temps opportun de la payer sera passé. Pourquoi donc ne pas l'admettre à réparer ses torts par la voie la plus convenable à sa situation? Pourquoi lui interdire un acte de bienfaisance? Lui refuser l'adoption, ne serait-ce pas lui dire : *Tu as été inutile jusqu'à présent; nous te condamnons à l'être toujours*?

Malleville. — J'estime que dans l'impossibilité de rechercher la paternité, s'il est de notoriété publique que l'enfant présenté à l'adoption est né de celui qui veut l'adopter, les tribunaux doivent le refuser; ce qu'ils peuvent d'autant mieux faire, que la loi ne veut pas qu'ils expriment leurs motifs.

A plus forte raison suis-je convaincu que si la paternité a été reconnue, les juges ne peuvent ni ne doivent admettre l'adoption. Ce sont les enfans d'autrui que la loi permet d'adopter, et non ceux qui sont déjà nôtres.

Delvincourt, t. 1, note 5 de la page 102. *Descendans légitimes*. — *Quid*, si l'on en avait d'adoptifs? Cela n'empêcherait pas l'adoption. (Rolland, v. adoption, n. 8; Code civil, art. 348; Toullier, t. 2, n. 986.)

Est-il nécessaire que les enfans soient nés pour empêcher l'adoption? Non; il suffit qu'ils soient *conçus*. La prohibition est établie dans l'intérêt des enfans mêmes. Cependant l'adoption qui aurait lieu pendant la grossesse, ne serait pas nulle *de plano*; elle serait seulement *in suspenso*. Elle serait valable si l'enfant naissait mort ou non viable; et nulle, dans le cas contraire.

Mais à quelle époque la naissance de l'enfant devra-t-elle avoir lieu, pour qu'il soit présumé avoir été conçu au moment de l'adoption? Je pense qu'il doit naître au plus tard le deux cent quatre-vingt dix-neuvième jour après celui de l'adoption, parce que c'est là le terme de la plus longue gestation.

Proudhon, t. 2, p. 138. — L'enfant naturel peut être adopté par les père et mère qui l'ont reconnu.

Un enfant naturel peut-il être adopté et acquérir, par cette voie, le bienfait de la légitimation? Cette question a été vivement controversée; mais aujourd'hui la jurisprudence est fixée sur l'affirmative, et il ne faut pourtant pas se dissimuler qu'il existe de fortes raisons contre.

On peut dire, il est vrai, que c'est une qualité de plus qu'on donne à l'enfant naturel par l'adoption, et que d'insuccessible, de bâtard qu'il était, on veut le rendre légitime; mais c'est précisément ce que la loi ne veut pas : elle n'admet qu'un mode de rendre les enfans naturels à la légitimité; c'est le mariage subséquent avec leur mère. Ce cas excepté, il est impossible de leur transférer une qualité qu'elle leur refuse, et de les rendre successibles, lorsqu'elle leur interdit tout autre moyen direct ou indirect de le devenir. (Toullier, t. 2, n. 988.)

Un enfant adultérin ou incestueux ne peut être adopté, si sa filiation odieuse est devenue publique, certaine, authentique. (Art. 335, 762. L'art. 331 tranche la question.)

Duranton, t. 3, n. 277. — Il faut que celui qui adopte soit Français, n'ayant point perdu cette qualité; ou s'il est étranger non naturalisé, qu'il jouisse au moins des droits civils en France, ou qu'il existe entre la France et la nation à laquelle il appartient, des traités qui autorisent l'adoption. — Tout ce qui a été dit au n. 277 s'applique à l'adopté.

L'adoption est un acte solennel qui établit entre l'adoptant et l'adopté des rapports de paternité et de filiation qui les constituent civilement, l'un envers l'autre, dans un état personnel permanent et irrévocable, un contrat de par *droit civil* du peuple qui l'a admis au nombre de ses institutions, et qui ne peut, par conséquent, avoir lieu qu'entre ceux qui jouissent du bienfait de ces mêmes institutions.

N. 278. — C'est l'existence d'enfans légitimes, et non celle d'enfans *naturels*, qui forme un obstacle à l'adoption, et la survenance d'enfans, même légitimes, n'en détruit pas les effets.

Boileux. — On observe, pour calculer la durée de la grossesse, les dispositions des art. 312 et 315. Toutefois, les dix mois commenceraient non du jour de l'arrêt qui admettrait l'adoption, mais du jour du contrat passé devant le juge de paix, car l'arrêt n'est qu'une homologation. Ainsi, l'enfant né trois cent un jours après l'adoption ne porte pas atteinte au contrat; mais il en détruit les effets, s'il naît le trois centième.

Question controversée. — L'enfant naturel peut-il être adopté par le père ou la mère qui l'ont reconnu? *Non* : Malleville; Delvincourt; Mourre; Chabot, successions, t. 2, n. 34; Loiseau, enfans naturels, p. 10; Favard, R., v. adoption; Treilhard; Toullier; Merlin, R., t. 16, v. adoption; Sirey, t. 4, p. 114, 548. *Oui* : Locré, Esprit du Code civil; Merlin, R., v. adoption, § 3; Toullier, t. 2, 1re édition; Dalloz, v. adoption, t. 1, p. 293; et plusieurs arrêts que cite Sirey dans sa Table triennale.

344. *Nul ne peut être adopté par plusieurs, si ce n'est par deux époux. — Hors le cas de l'art. 366, nul époux ne peut adopter qu'avec le consentement de l'autre conjoint.*

Instit., lib. 1, tit. 2, arg. ex § 7; ff, leg. 15, § 3; leg. 17, § 3, de adop. et emancip.

Dalloz, adoption, sect. 2; Toullier, t. 2, n. 986; Duranton, t. 3,

n. 281 à 292; Proudhon, t. 2, p. 126, 130; Delvincourt, t. 1, p. 199, 200; Grenier, adoption; R*** adoption, p. 46, 47.

Procès-verbal du Conseil d'Etat, 25 décembre 1801. — Cambacérès dit que cet article contrarie l'idée qu'on avait paru annoncer d'abord, de ne permettre qu'aux époux l'adoption en commun et simultanée.

Berlier répond qu'en proposant que l'adoption en commun ne fût permise qu'aux époux, la section n'a jamais entendu que cette faculté spéciale devînt pour eux un mode nécessaire et exclusif de l'adoption séparée, que tous les projets ont admise, en n'y apportant d'autre condition que celle du consentement de l'autre.

En effet, l'un des époux peut n'avoir que des parens éloignés et qu'il affectionne peu, ce qui lui inspirera le désir d'adopter un enfant; désir que peut-être l'autre époux ne partagera point, parce qu'il ne sera pas placé dans la même circonstance.

Napoléon soutient que l'adoption cesserait d'imiter la nature, s'il était permis à l'un des époux de se donner un enfant qui n'appartînt pas à l'autre; qu'elle pourrait même devenir un principe de discussion et de désordre dans la famille.

On conçoit encore que le mari, chef de la famille, ait le droit d'y introduire un enfant qui se trouve ensuite placé sous son autorité; mais comment la femme, qui est sous la tutelle du mari, pourrait-elle se donner un enfant sur lequel elle aurait une autorité indépendante, et sur lequel le mari n'en aurait aucune? D'ailleurs, en permettant au mari d'adopter seul, on lui donne un moyen d'introduire dans la famille ses enfans illégitimes. Il y a moins de difficulté quand la femme choisit ces enfans pour les siens, et qu'ils prennent pour elle les mêmes sentimens qu'ils ont pour le mari.

Observations du Tribunat, 5 janvier 1803. — La section propose la rédaction actuelle de l'article. Le consentement de l'époux de l'adoptant doit être une règle générale; mais, pensant que ce consentement n'est point nécessaire dans le cas de l'adoption testamentaire établie dans l'art. 366, la section a cru à propos, pour ne point laisser de difficulté, d'exprimer cette exception.

La rédaction du Conseil d'Etat semblerait dire qu'il n'est permis aux époux d'adopter le même individu que lorsque l'adoption s'en fait en commun; c'est-à-dire simultanément et dans le même acte: ce qui n'est pas dans l'intention de la loi, qui même permet à l'époux qui n'aura d'abord fait que consentir à l'adoption, d'adopter ensuite le même individu.

L'adoption, dans notre système, pourra être faite séparément par un époux, pourvu que l'autre y consente. Ce consentement essentiel, en pareil cas, placera l'adopté, vis-à-vis de l'époux non adoptant, dans une position à peu près semblable à celle où se trouve vis-à-vis d'un beau-père ou d'une belle-mère, l'enfant né d'un autre mariage; mais avec plus d'avantages peut-être, parce qu'il n'y aura pas près de lui d'autres enfans, objets d'une préférence assez ordinaire de la part de celui des époux à qui ils appartiennent.

Voy. Perreau, rapport au Tribunat, 21 mars 1802, n. 8.

Voy. Procès-verbal du Conseil d'Etat, 5 décembre 1801, n. 12.

Le consentement doit être formel; il ne s'induirait d'aucune circonstance, pas même de la vie commune dans la maison conjugale avec l'adopté portant le nom de l'adoptant.

L'acquiescement donné par l'autre époux n'emporte point de sa part l'adoption du même individu, et procure seulement l'effet à celle opérée par l'autre époux.

Delvincourt, t. 1, note 6 de la page 102. — Ce consentement préjudiciera-t-il aux droits que le conjoint pourrait avoir à exercer sur la succession de l'adoptant; par exemple, à l'effet d'une institution contractuelle, qui aurait été faite en sa faveur par l'adoptant? Je ne le pense pas. Ce serait une donation, *et nemo facilè donare præsumitur*.

Proudhon, t. 2, p. 126. — *De l'autre conjoint*, parce que les conditions de leur association seraient injustement blessées, si cette nouvelle charge n'était consentie par toutes les parties intéressées.

Par les deux époux, parce qu'un individu ne peut avoir plusieurs pères ou plusieurs mères, ni légitimement appartenir à un père et à une mère qui ne seraient pas unis par les liens du mariage.

Duranton, t. 3, n. 290. — Il n'est pas nécessaire que l'adoption faite par deux époux ait lieu simultanément: la loi ne l'exige pas.

N. 291. — De ce qu'un individu ne peut être adopté par plusieurs, si ce n'est par deux époux, il n'en faut pas conclure que la même personne ne puisse avoir plusieurs enfans adoptifs.

Néanmoins le même individu ne pourrait adopter deux époux: ils seraient frère et sœur par adoption; et le mariage qui serait interdit entre eux, s'ils étaient déjà adoptés, est par la même raison un obstacle à l'adoption. Mais rien ne s'opposerait à ce qu'une personne mariée n'adoptât un époux, et que le conjoint de celui-ci ne fût aussi adopté par le conjoint de cette personne.

Si c'est une femme mariée que l'on se propose d'adopter, elle doit pour cela être autorisée de son mari ou de justice.

Voy. Augier, Encyclopédie des juges de paix, adoption. — Dans le cas où le juge de paix reconnaîtrait que l'adoptant et l'adopté, ou l'un des deux, ne sont point dans les conditions requises par les articles 343 et suiv., il ne pourrait refuser de recevoir l'acte de leurs consentemens respectifs, car c'est au tribunal de première instance seul qu'appartient le droit de vérifier si toutes les conditions de la loi sont remplies. *Contrà*, Bousquet, n. 596 (Justice de paix).

345. *La faculté d'adopter ne pourra être exercée qu'envers l'individu à qui l'on aura, dans sa minorité et pendant six ans au moins, fourni des secours et donné des soins non interrompus, ou envers celui qui aurait sauvé la vie à l'adoptant, soit dans un combat, soit en le retirant des flammes ou des flots. — Il suffira, dans ce deuxième cas, que l'adoptant soit majeur, plus âgé que l'adopté, sans enfans ni descendans légitimes; et s'il est marié, que son conjoint consente à l'adoption. (C. C., art. 366 et suiv.)*

ff, leg. 17, de adopt. et emancip.

Merlin, Q., adoption, § 1 et suiv.; Favard, adoption, sect. 2, § 1, n. 3, 4, 5; enfant adultérin, n. 6; Dalloz, adoption, sect. 1; Toullier, t. 2, n. 986 à 989; Duranton, t. 3, n. 283, 284, 293, 294; Proudhon, t. 2, p. 124, 126 à 130; Baveux, Leçons sur le Code pénal, p. 147, 148; Grenier, donation, t. 2, p. 507, 508, 519; R***, adoption, p. 44, 45, 55 à 57.

Berlier, exposé des motifs. — Il est une autre espèce d'adoption dirigée, non envers l'individu à qui on aura donné l'être moral par tous les soins que l'enfance appelle, mais envers celui dont on aura reçu le service extraordinaire de la conservation de sa propre vie, dans des circonstances propres à signaler un grand dévoûment. — Ici le sentiment entraîne, et le premier mouvement porte à rejeter toute entrave, toute condition, dans un cas si favorable.

Cependant, s'il y a des enfans, leurs droits préexistans s'opposent à l'adoption, mais sans exclure tous les autres actes que la reconnaissance admet, qu'elle commande même, et qui deviendraient la propre dette des enfans si leur père était capable de l'oublier, ou hors d'état de la remplir. — Excepté ce cas, et celui où le libérateur serait plus âgé que l'homme à qui il aurait sauvé la vie, il sera permis à celui-ci de l'adopter: cette dernière modification était commandée par la nature même des choses, car on ne peut adopter plus âgé que soi.

Gary, discours au Corps législatif, 23 mars 1803. — La loi accorde des facilités à l'individu qui voudrait se déclarer le père de celui qui, par un grand acte de dévoûment et de courage, aurait sauvé ses jours. Ainsi, il est dispensé de la règle qui veut que l'adoptant soit âgé de plus de cinquante ans; il lui suffira d'être majeur. Il n'est pas soumis à celle qui exige un intervalle de quinze ans entre l'âge de l'adoptant et celui de l'adopté. Il faut cependant qu'il soit plus âgé, car ce serait une monstruosité si le père était plus jeune que le fils. Enfin, le service signalé qu'il a reçu de l'adopté le dispense des soins que lui-même aurait dû lui rendre pendant sa minorité. — On a cependant conservé à son égard la condition de prendre le consentement de son conjoint, s'il est marié, et celle de n'avoir, à l'époque de l'adoption, ni enfans ni descendans légitimes.

Delvincourt, t. 1, note 4 de la page 102. — Six années de tutelle pourraient-elles compter pour l'adoption? Je pense qu'il faut distinguer si le tuteur pouvait *s'excuser* de la tutelle *ou non*. Dans le premier cas, les années de la tutelle peuvent compter; *secùs* dans le second.

Proudhon, t. 2, p. 126. — *De la part de l'adoptant*. Parce qu'il faut que l'expérience des bienfaits d'un côté, et la reconnaissance de l'autre, garantissent dans le père et l'enfant adoptif un attachement mutuel, correspondant aux titres honorables de père et d'enfant.

Pag. 129. — Cette espèce d'adoption étant méritée par un acte éclatant de dévoûment de la part de l'adopté, est soumise à moins de conditions, parce que la loi ne doit pas comprimer les sentimens de reconnaissance inspirés par la nature.

L'adoption rémunératoire est dispensée de trois des conditions requises pour l'adoption gracieuse; mais elle est soumise à toutes les autres. (Code civil, art. 346).

Toullier, t. 2, n. 986. — La personne qui se propose d'adopter doit en outre jouir d'une bonne réputation. Ainsi, non seulement ceux qui auraient subi une peine infamante ne doivent pas être reçus à adopter, mais les tribunaux sont chargés de vérifier si l'adoptant jouit d'une bonne réputation dans l'opinion publique, et dans le cas contraire, ils doivent rejeter l'adoption. C'est un pouvoir censorial que la loi leur confie; et pour y donner plus de latitude, elle les dispense d'énoncer les motifs de rejection. (Voy. art. 355 à 356).

Duranton, t. 3, n. 284. — L'article n'est pas rigoureusement *limi-*

tatif; ce qu'il exige, c'est un *dévoûment généreux* et manifeste dans le but de sauver la vie à l'adoptant qui était en danger de la perdre.

Si la cause était simulée, les héritiers de celui-ci pourraient, après sa mort, attaquer le contrat d'adoption.

A. Dalloz, adoption, n. 8. — Les *secours* et *soins continus* exigés par la loi servent à former entre les individus un lien d'affection et de reconnaissance, cause de l'adoption future. Du reste, le silence de la loi à cet égard laisse aux tribunaux le soin d'apprécier la nature et la continuité des soins qui pourront servir de fondement à l'adoption.

Question controversée. — Sous le Code civil peut-on adopter son enfant naturel reconnu? *Oui :* Plusieurs arrêts de cours souveraines; Grenier, adoption, n. 35; Locré, Esprit du Code civil, t. 4; Proudhon, Droit français, t. 2, p. 138; Duranton, t. 3, n. 293. — *Non :* Merlin, R., v. adoption, § 2 et 3; Malleville sur l'article; Loiseau, appendice au Traité des enfans naturels, p. 10; Delvincourt, t. 1, p. 99, notes; Chabot, successions, t. 2, p. 121; Merlin, Additions au Répertoire, v. adoption; Favard, adoption, sect. 2, § 1, n. 4. (Journal de la Magistrature, t. 1, p. 271 à 295. Voy. Augier, Encyclopédie des juges de paix, v. adoption. Voir A. Dalloz, adoption, n. 30, 31).

346. *L'adoption ne pourra, en aucun cas, avoir lieu avant la majorité de l'adopté. Si l'adopté, ayant encore ses père et mère, ou l'un des deux, n'a point accompli sa vingt-cinquième année, il sera tenu de rapporter le consentement donné à l'adoption par ses père et mère, ou par le survivant; et s'il est majeur de vingt-cinq ans, de requérir leur conseil.* (*C. C., art.* 148 *et suiv.;* 366, 368.)

ff, leg. 5, 33, de adopt et emancip.; arg. leg. 17, 18, 19, eod.; Cod., leg. 2, de adopt.; Upan., fragm., tit. 8, § 5.

Merlin, Q., adoption, § 1 et suiv.; Favard, adoption, sect. 2, n. 2, 4, 5; Rolland, consentement à adoption; Toullier, t. 2, n. 987; Duranton, t. 3, n. 287 et suiv.; Proudhon, t. 2, p. 127 à 130; Delvincourt, t. 1, p. 100; Grenier, donation, t. 2, p. 506, 507; R*** adoption, p. 53 à 55.

Procès-verbal du Conseil d'Etat, 25 décembre 1801. — Abrial dit qu'il est difficile de refuser à un individu donné en adoption sans son consentement, le droit de rompre à sa majorité les liens qu'il n'a pas concouru à former. Le principe de l'irrévocabilité absolue paraît blesser la liberté : un enfant n'est pas une propriété dont on puisse disposer comme on veut.

Réal appuie cette opinion; Cambacérès la combat.

Napoléon ajoute que l'adoption, si elle peut être révoquée, cesse d'être un lien entre le père et le fils : tous deux peuvent redevenir étrangers l'un à l'autre, car la révocabilité devrait être réciproque. Il n'est pas d'homme sensé qui voulût s'exposer à prendre soin de l'éducation d'un enfant, à lui prodiguer ses biens et sa sollicitude, pour en être méconnu lorsque cet enfant aura atteint l'âge ou les passions deviennent si impétueuses. On peut soutenir que l'adoption ne doit pas être admise; mais c'est se contredire soi-même que de l'admettre, et de vouloir cependant qu'elle soit révocable.

Observations du Tribunat, 6 janvier 1803. — La section, en proposant l'addition du deuxième § de cet article, dit qu'il a paru contraire à une saine législation qu'un individu qui a ses père et mère, ou l'un d'eux, pût se donner en adoption sans leur consentement. Il est sage de suivre, dans le cas de l'adoption, les règles établies pour le mariage, soit qu'on envisage l'intérêt des adoptés, qui, dans un acte aussi important, ont besoin de conseils, soit qu'on considère l'intérêt des mœurs, qui exigent cette marque de respect.

D'ailleurs, si ce consentement à l'adoption de la part des père et mère n'était pas nécessaire, il en résulterait souvent que la loi qui prescrit leur consentement au mariage, serait violée indirectement. On pourrait faire, pour la circonstance seulement, une adoption qui, en mettant hors de la puissance des père et mère, dispenserait de leur consentement.

Gary, discours au Corps législatif, 23 mars 1803. — On n'a fait que deux objections contre la première disposition de notre article : la première, prise de ce qu'on ne peut sentir la tendresse paternelle pour l'individu majeur, si, dès sa minorité, on ne l'a regardé et traité comme son enfant : cette objection est résolue; — la seconde, fondée sur la crainte que des majeurs n'abusent de leur empire et de la faiblesse d'un vieillard, pour surprendre un acte d'adoption qui exproprie toute une famille. Mais comment conserver une pareille crainte, quand l'adoption ne peut avoir lieu qu'autant que l'adopté aura reçu de l'adoptant les soins d'un père, à un âge où la faiblesse de sa raison ne lui permet pas de se gouverner lui-même?

Malleville. — On n'a pas imaginé que l'adoptant pût avoir, dans le cas de cet article, des ascendans vivans. Il peut cependant en exister, sur-tout de la part de celui qui adopte par reconnaissance; et il semblerait naturel que celui qui ne pourrait se marier sans requérir leur aveu, ne pût pas non plus, sans la même condition, leur donner une espèce de postérité.

Hua. — *Ou par le survivant.* Si les père et mère sont morts, ou dans l'impossibilité de manifester leur volonté, il n'y a point de nécessité, comme dans le cas du mariage, d'obtenir le consentement des ascendans dans le degré supérieur.

Pour la forme de constater que le conseil a été requis, voir l'article 151. (Duranton, t. 3, n. 280; Toullier, t. 2, n. 987.)

Delvincourt, t. 1, note 10 de la page 102. — Si la mère refusait de consentir, le consentement du père suffirait-il, comme pour le mariage? Je ne le pense pas; l'article paraît exiger le consentement des deux; et d'ailleurs l'adoption n'est pas aussi favorable que le mariage. (Rolland de Villargues, v. consentement à adoption, n. 5; Duranton, t. 3, n. 280.)

Note 11. — Il résulte de cet article que si l'adopté n'a ni père, ni mère, il n'a besoin du consentement de personne, quand même il aurait d'autres ascendans. Dans ce cas, la simple majorité de vingt-et-un ans suffit pour qu'il puisse consentir seul à l'adoption.

Note 12. — Quels doivent être le nombre et la forme des réquisitions? Je crois que la forme doit être la même que celle des actes respectueux pour le mariage. Quant au nombre, la loi ne l'ayant point désigné, je pense qu'une seule réquisition doit suffire, et qu'un mois après l'adoption peut avoir lieu. Pandectes françaises, conforme. (Toullier, t. 2, n. 280.)

Rolland de Villargues, v. consentement à adoption, n. 6. — Si l'un des père et mère était dans l'impossibilité de manifester sa volonté, le consentement de l'autre suffirait. (Duranton, t. 3, n. 280.)

N. 7. — Si la personne que l'on veut adopter est mariée, a-t-elle besoin du consentement de son conjoint? Non, puisque la loi ne l'exige point. (Duranton.)

N. 8. — Cependant la femme doit, pour passer ce contrat, être autorisée comme à l'ordinaire.

La femme, habile plus tôt que l'homme à contracter mariage, n'est pas *avant* lui capable d'être adoptée. (Toullier, t. 2, n. 987.)

Proudhon, t. 2, p. 127. — *De vingt-cinq ans.* Parce qu'il n'appartient qu'au majeur de souscrire un contrat qui opère des engagemens indissolubles. (Grenier, adoption, n. 6.)

Quant au consentement des père et mère de l'adoptant, voir articles 148, 150, 152.

Un étranger pourrait-il être adopté par un Français? La question est controversée; la Cour de cassation s'est prononcée pour la négative. (Sirey, t. 26, 1re partie, p. 142 et 330.)

347. *L'adoption conférera le nom de l'adoptant à l'adopté, en l'ajoutant au nom propre de ce dernier.*

Arg. leg. 1, ff, de adopt. et emancip.

Loi du 3 avril 1803.

Merlin, adoption, § 4, Q.; *ibid.*, § 2 et suiv.; Duranton, t. 3, n. 302; Massé et Lherbette, t. 7, n. 382; Grenier, donations, t. 2, p. 508, 541; R***, adoption, p. 81.

Si l'adoptant est une femme, l'adopté n'en prend pas moins son nom, suivant le Code prussien.

Grenier, adoption, n. 11. — Sans doute l'adoptant doit désirer que l'adopté porte son nom; il s'honore de ce qu'il aime, et il trouve une seconde vie dans l'objet de son affection. La loi ne lui refuse point cette faveur; mais elle ne veut pas qu'il en résulte la disparition du signe récognitif de la famille à laquelle il continue d'appartenir. Ainsi le nom propre garde sa première place, l'autre est seulement ajouté.

348. *L'adopté restera dans sa famille naturelle, et y conservera tous ses droits : néanmoins le mariage est prohibé — Entre l'adoptant, l'adopté et ses descendans; — Entre les enfans adoptifs du même individu; — Entre l'adopté et les enfans qui pourraient survenir à l'adoptant; — Entre l'adopté et le conjoint de l'adoptant, et réciproquement entre l'adoptant et le conjoint de l'adopté.* (*C. C., art.* 161 *et suiv.*, 184.)

ff, lib. 28, tit. 2, leg. 23, 33 et 44; lib. 23, tit. 2,

leg. 22; lib. 38, tit. 8, leg. 1, § 4; tit. 10, leg. 1, § 3; leg. 14 et 17, ff, de ritu nupt.; Cod., de adopt., leg. 10.

Pothier, contrat de mariage, n. 171. 172; Merlin, R., adoption, § 4; empêchement de mariage; Q., adoption, § 2 et suiv.; séparation de corps; Favard, adoption, sect. 2, § 3, n. 1; Rolland de Villargues, alliance; Pailliet, Dictionnaire universel, affinité, n. 5; Toullier, t. 2, n. 983, 986, 1007; Duranton, t. 2, n. 173; t. 3, n. 291, 308, 327; Proudhon, t. 2, p. 123, 137, 141; Grenier, donations, t. 2, p. 508, 509, 524, 528, 541; R***, adoption, p. 81, 85 et suiv.

Proudhon, t. 2, p. 141. — C'est au père naturel et non au père adoptif à consentir au mariage du fils mineur de vingt-cinq ans; car, par l'adoption, le fils n'a point changé de famille, le père naturel a conservé sur lui sa puissance paternelle. (Toullier, t. 2, n. 1017; Duranton, t. 3, n. 308.)

Grenier, adoption, n. 13. — La prohibition ne s'étend pas plus loin, parce que l'adoption n'opère point une transmission de famille. Les droits de successibilité ne sont point réciproques entre l'adopté et l'adoptant. L'adopté succède au père adoptif. (Art. 350.) Ainsi, la réserve légitimaire, établie en faveur des enfans légitimes par la loi sur les donations et testamens, s'applique aux enfans adoptifs.

349. *L'obligation naturelle, qui continuera d'exister entre l'adopte et ses père et mère, de fournir des alimens dans les cas déterminés par la loi, sera considérée comme commune à l'adoptant et à l'adopté, l'un envers l'autre. (C. C., art. 203 et suiv.)*

Arg. Cod., lib. 5, tit. 25; Novell. 98, cap. 2; ff, arg. leg. 5, de agnoscend. et alind. lib.

Merlin, R., adoption, § 4; rapport à succession, § 5; Q., adoption, § 2 et suiv.; Duranton, t. 3, n. 308 à 310; Delvincourt, t. 1, p. 100; Grenier, donations, t. 2, p. 509, 528, 541; Loiseau, appendice, p. 43; R***, adoption, p. 88.

Pandectes françaises. — Le père naturel n'est obligé que subsidiairement, et dans le cas où le père adoptif ne pourrait plus subvenir à la subsistance de l'adopté.

Delvincourt, t. 1, note 9 de la page 103. — Quoique cet article ne rappelle, relativement à la prestation des alimens, que l'obligation qui existe entre l'adopté et ses père et mère, il ne faut pas en conclure que la même obligation ait cessé d'exister entre l'adopté et ses autres descendans.

Grenier, adoption, n. 57. — L'adopté venant à prédécéder, l'adoptant laissant des enfans, ces enfans, du chef de leur père, n'ont pas de droit à la succession de l'adoptant. Les effets de l'adoption ne doivent pas s'étendre au-delà du père adoptant et du fils adopté. (Voir art. 351, 352, 739, 759, 745 et 1082; Locré, t. 4, p. 334, Esprit du Code civil.)

De ce qui vient d'être dit, il résulte également que si l'adoptant prédécédait son père et sa mère, l'adopté n'aurait aucun droit sur leurs biens: ils appartiendraient aux enfans légitimes de l'adoptant, ou à leur défaut, aux héritiers collatéraux. L'adopté doit se contenter de la succession de l'adoptant, s'il n'avait pas d'enfans légitimes, ou d'avoir partagé avec ceux-ci.

350. *L'adopté n'acquerra aucun droit de successibilité sur les biens des parens de l'adoptant; mais il aura sur la succession de l'adoptant les mêmes droits que ceux qu'y aurait l'enfant né en mariage, même quand il y aurait d'autres enfans de cette dernière qualité nés depuis l'adoption. (C. C., articles 360, 745, 747 et 766.)*

Instit., lib. 3, tit. 1, § 12; ff, lib. 1, tit. 7, leg. 23, 27; lib. 37, tit. 4, leg. 3; lib. 5, tit. 2, leg. 8, § 15 et 16.

Merlin, Q., acquiescement, § 5; adoption, § 2 et suiv.; Favard, adoption, sect. 2, § 3, n. 4 à 10; portion disponible, sect. 1, § 1; succession, sect. 3, § 4, n. 1; sect. 7, § 1, n. 59; Dalloz, adoption, sect. 2; Rolland de Villargues, adoption, § 3; Toullier, t. 4, n. 240; t. 5, n. 103; t. 2, n. 1011; Duranton, t. 3, n. 311 à 327; Massé et Lherbette, t. 2, n. 576, 577; t. 7, n. 882; Delvincourt, t. 1, p. 100; Grenier, donations, t. 2, p. 509, 531 à 533; Malpel, succession, p. 184, 191, 203; R***, adoption, p. 88.

Gary, discours au Corps législatif, 23 mars 1803. — Quand la mort a brisé le lien qui unissait l'adoptant et l'adopté, celui-ci exerce sur la succession de l'adoptant les mêmes droits qu'exercerait l'enfant né en mariage, même quand il y aurait d'autres enfans de cette qualité nés depuis l'adoption. On s'est demandé d'abord s'il était juste, dans ce dernier cas, de faire concourir le fils adoptif avec les enfans nés postérieurement, l'image de la nature avec la nature elle-même. Mais on a bientôt reconnu que tout ce qui tient à l'état des hommes doit être immuable et indépendant des événemens postérieurs; on a senti combien serait déplorable et malheureuse la condition du fils adoptif que la survenance d'enfans nés dans le mariage dépouillerait d'un nom que la loi lui avait donné, et frustrerait de toutes les espérances que la loi l'avait autorisé à concevoir.

Pandectes françaises. — On doit inférer des termes de notre article, que l'adopté a droit à une légitime; mais il est évident qu'il ne peut réduire que les donations postérieures à l'adoption.

Delvincourt, t. 1, note 4 de la page 103. — *Sur la succession.* Donc il n'a des droits que sur la *succession*. On peut conclure de là qu'il a un droit de légitime et de réserve sur les biens donnés par testament, mais non sur ceux donnés entre vifs, qui ne font point partie de la succession de l'adoptant.

Proudhon, t. 2, p. 137. — L'adopté n'acquiert aucun droit de successibilité sur les biens des parens de l'adoptant, puisqu'il n'entre pas dans leur famille, et que le contrat de l'adoption n'est que purement personnel entre l'adoptant et l'adopté.

T. 2, p. 140. — L'enfant adoptif a-t-il le droit de réserve légale? Oui, puisqu'il a sur la succession de l'adoptant les mêmes droits que ceux qu'y aurait l'enfant né en mariage.

T. 2, p. 140, 141. — L'adoption peut-elle avoir pour effet d'opérer la révocation des donations, comme par survenance d'enfant? Non, parce que la donation entre vifs est essentiellement irrévocable dans tous les cas non exceptés; que les articles du Code qui la déclarent révocable par survenance d'enfant, ne parlent que des enfans légitimes ou légitimés, mais nés depuis la donation (art. 960, 962, 964), et que ce serait donner un sens forcé à ces expressions, de les entendre de la naissance civile qui a lieu par l'adoption.

Delvincourt, t. 1, p. 96, note 5, prétend que l'adoptant peut, depuis l'adoption, faire des donations entre vifs au préjudice de l'adopté, et sans que celui-ci puisse exercer son droit de réserve sur les biens ainsi donnés à titre gratuit. Il se fonde sur ce que l'art. 350 ne donne à l'adopté de droits que sur la succession de l'adoptant. *Contrà*: Toullier, t. 5, n. 103 et 1011; R., t. 2, Traité de l'adoption; Grenier, adoption, n. 40 et suiv.; Dalloz, adoption, t. 1, p. 310; Sirey, t. 23, p. 295; t. 26, p. 29.

Chabot, dans son Traité préliminaire sur les successions, dit que les enfans de l'adopté ne peuvent venir par représentation de leur père dans la succession de l'adoptant, parce que la loi se tait sur ce point; que la représentation, suivant l'expression de Lebrun, a son fondement dans la nature; que le représentant ne tient pas ses droits du représenté, mais de la loi; que l'adoption n'est qu'un lien d'affection personnelle entre l'adoptant et l'adopté, et que ce lien se trouve rompu par le décès de l'adopté. (Grenier, adoption, n. 57; Delvincourt, t. 1, p. 96, note 6.) *Contrà*: arrêt de la Cour royale de Paris, Dalloz, t. 1, p. 312, v. adoption; autre de cassation, Sirey, 1823, p. 74; Toullier, t. 2, n. 1015; Proudhon, t. 2, p. 139.

Grenier, adoption, supplément, n. 40 *bis*. — On conçoit bien la parenté fictive, formée par l'adoption, entre l'adoptant, son fils adoptif et les descendans de celui-ci; mais on ne conçoit pas que cette parenté fictive ait pu exister entre la descendance adoptive de l'adoptant et le père de l'adoptant ou son aïeul: ces derniers restent étrangers à l'adoption faite par leur fils ou petit-fils; ils n'ont entendu et ils n'ont pu avoir d'autres héritiers que ceux que leur donnaient les liens du sang. *Contrà*: arrêt de Montpellier, du 29 mars 1823; Cass. qui confirme.

M. Grenier dit: Cet arrêt nous a étonnés; nous ne pensions pas qu'on pût donner à une paternité fictive le même effet, la même énergie qu'à la paternité réelle.

Duranton, t. 3, n. 311. — Ce droit de successibilité n'est pas *réciproque*; c'est une exception aux règles générales, sauf le droit de *retour*.

N. 312. — Mais il est plein et entier à l'égard de l'adopté: tellement que celui-ci exclut les ascendans de l'adoptant, qui n'ont pas même droit à une réserve.

N. 313. — L'adopté ne représente pas l'adoptant prédécédé dans la succession des ascendans de celui-ci.

Question controversée. — Les enfans de l'adopté, mort avant son père adoptif, peuvent-ils venir, par représentation, à la succession de celui-ci? *Oui*: Cassat., 2 décembre 1822, Dalloz, 23, 1re partie, p. 74; Toullier, t. 2, n. 1015; Massé et Lherbette, n. 882; Duranton, t. 3, n. 314; Proudhon, Droit français, t. 2, p. 146. *Non*: Delvincourt, t. 1, p. 256; Grenier, donation, t. 2, n. 37. (Journal de la Magistrature, t. 2, p. 413 à 417.)

Question controversée. — La réserve légale qui appartient à l'adopté dans la succession de l'adoptant lui donne-t-elle le droit de faire réduire les donations entre vifs, consenties par ce dernier antérieurement à l'adoption? *Oui:* Cass., 29 juin 1825; Merlin, Q., v. adoption, § 5, n. 3; Sirey, 26, 1re partie, p. 29; Dalloz, 25, 1re partie, p. 222; Rolland de Villargues, v. adoption, § 3, n. 31. *Non :* Grenier, adoption, n. 40 et 40 *bis*; Augier, Conseil des notaires, t. 1, p. 252; Chabot, Questions transitoires, aux mots adoption, § 5; donation, § 3, et réduction, § 6; Favard, adoption, § 3, n. 5; Toullier, t. 5, n. 303. (Journal de la Magistrature, t. 4, p. 7 à 18.)

351. *Si l'adopté meurt sans descendans légitimes, les choses données par l'adoptant, ou recueillies dans sa succession, et qui existeront en nature lors du décès de l'adopté, retourneront à l'adoptant ou à ses descendans, à la charge de contribuer aux dettes et sans préjudice des droits des tiers. — Le surplus des biens de l'adopté appartiendra à ses propres parens; et ceux-ci excluront toujours, pour les objets même spécifiés au présent article, tous héritiers de l'adoptant autres que ses descendans.*

ff, lib. 1, tit. 7, leg. 15, arg. leg. 6, de jur., dot.; Cod., lib. 8, tit 48, leg. 10, 2, de bonis quæ lib.

Merlin, R., réversion, sect. 2, § 2, art. 4; Q., adoption, § 2 et suiv.; Favard, adoption, sect. 2, § 3, art. 10; succession, sect. 3, § 4, n. 2, 3 et 5; sect. 7, § 2, n. 6, 8, 72; Rolland, adoption, § 3; Toullier, t. 2, n. 1013 et suiv.; Duranton, t. 5, n. 314, 321 à 326; Delvincourt, t. 1, p. 101; R***, adoption, p. 78 et suiv.; Grenier, donation, t. 2, p. 510, 511, 519, 528, 531, 544.

(Voir les notes de l'article précédent.)

Grenier, adoption, p. 519 et suiv., établit que le droit de retour en faveur de l'adoptant ou de ses descendans, ne doit s'exécuter que lorsque les choses sont vraiment en nature, et non lorsque le prix serait encore dû, ou l'action en reprise subsistante, parce que, dans cette espèce, le législateur ne s'en est pas expliqué comme dans le cas des art. 746 et 766. Toullier, t. 2, n. 1016, conforme. *Contrà :* Malleville, p. 355; Delvincourt, t. 1, p. 466.

Malleville. — Et qui existeront en nature, etc. Il fallait ajouter ici la disposition qui se trouve dans l'art. 747, sur un pareil droit de retour accordé aux ascendans; c'est-à-dire que si les objets donnés par l'adoptant avaient été aliénés par l'adopté, l'adoptant ou ses descendans eussent le droit de recueillir le prix qui pourrait en être dû, même succéder à l'action en reprise qui pourrait compéter à l'adopté. Cette disposition est même si naturelle que je pense que les tribunaux doivent le juger ainsi, quoique l'article ne le porte pas littéralement.

Delvincourt, t. 1, note 10 de la page 103. — *Quid*, si les biens ont été *aliénés*, mais que le prix en soit encore dû? Je pense que ce prix appartient à l'adoptant, et qu'il en doit être de même dans le cas où il existerait dans la succession de l'adopté une action en reprise de ces mêmes biens. (Argument tiré de l'art. 747. *Contrà :* Hua, sur l'article.)

Grenier, adoption, n. 15. — La loi ne dit pas si le prix de biens vendus et qui en serait dû, et l'action en reprise que le défunt aurait laissée, doivent être assimilés à la chose même trouvée en nature. Au premier coup-d'œil on incline pour l'affirmative: mais le droit de retour sortant de la règle commune, il doit être strictement renfermé dans les limites posées par la loi. (Argument des art. 747, 766.) De là il faut conclure que le législateur n'ayant pas dit la même chose quant à l'art. 351, c'est qu'il ne l'a pas voulu. Sans doute il a regardé ce retour comme moins favorable que les autres.

Le lien de parenté civile par l'effet duquel l'adopté succède à l'adoptant, existe aussi à l'égard des descendans de l'adopté, tellement que ceux-ci ont le droit de recueillir la succession de l'adoptant, par représentation de leur père prédécédé. (Cass., 2 décembre 1822, et Grenier, adoption, supplément, n. 37 *bis*.)

Duranton, t. 3, n. 314. — Si l'adopté meurt avant l'adoptant, ses enfans auront-ils sur la succession de celui-ci les droits qu'il y aurait eus s'il lui eût survécu? On prétend que non, sur le fondement que l'adopté n'a de droit que sur la *succession* de l'adoptant, et que ce droit ne s'ouvrant qu'à sa mort, l'adopté ne l'a pas transmis, puisqu'il ne l'a pas recueilli.

Nous ne saurions partager cette opinion.

Ce n'est point par *transmission*, mais par droit de *représentation*, que les enfans de l'adopté réclament les biens, fiction qui suppose précisément qu'il ne les a pas recueillis.

N. 323. — D'après la règle, *qui actionem habet ad rem recuperandam, rem ipsam habere videtur*, l'adopté qui avait contre des tiers l'action en revendication relativement aux biens provenant de l'adoptant, étant censé avoir eu les biens eux-mêmes, l'adoptant et ses descendans exerceront, par droit de retour, cette action.

L'on doit, à cet égard, assimiler à l'action en revendication, l'action en réméré; celle en rescision pour violence, erreur, dol ou lésion; celle en nullité pour vice de forme, incapacité ou autre cause.

Mais l'adoptant ou ses descendans n'exerceront cette action qu'à la charge de payer, sans répétition envers les héritiers de l'adopté, ce qui pourrait être dû aux acheteurs ou autres, afin de rentrer dans lesdits biens, et même d'indemniser les héritiers de l'adopté du prix qu'ils auraient touché de ces derniers, comme étant encore dû, si l'action en réméré ou en rescision pour cause de lésion, n'eût pas été exercée.

La loi établit-elle entre l'adoptant et les enfans de l'adopté une descendance fictive semblable dans ses effets à la descendance naturelle? *Oui :* Sirey, t. 23, 1re part., p. 74.

352. *Si du vivant de l'adoptant, et après le décès de l'adopté, les enfans ou descendans laissés par celui-ci mouraient eux-mêmes sans postérité, l'adoptant succédera aux choses par lui données comme il est dit en l'article précédent; mais ce droit sera inhérent à la personne de l'adoptant, et non transmissible à ses héritiers, même en ligne descendante.*

Arg. leg. 6, ff, de jur. dot.; et leg. 2, Cod., de bonis quæ liberis.

Merlin, R., réversion, sect. 2, § 2, art. 4; Q., adoption, § 2 et suiv.; Favard, successions, sect. 3, § 4, n. 5; Rolland de Villargues, adoption, § 3; Toullier, t. 2, n. 1016; Duranton, t. 3, n. 321; Proudhon, t. 2, p. 138, 140; Delvincourt, t. 1, p. 101; Grenier, donations, t. 2, p. 512, 528, 531, 541; R***, adoption, p. 90.

Delvincourt, t. 1, note 1re de la page 103. — Je pense que, si l'adopté a laissé plusieurs enfans, l'adoptant ne succédera qu'au *dernier mourant*, et seulement aux choses trouvées en nature dans sa succession.

Rolland de Villargues, v. adoption, n. 29. — Les enfans de l'adopté mort avant l'adoptant le représentent-ils dans la succession de ce dernier?

La question peut paraître délicate, et l'on ne doit pas s'étonner qu'elle divise les auteur. Quoi qu'il en soit, nous nous prononçons pour l'affirmative. L'adoption n'est point une institution d'héritier, dont l'effet ne se recueille qu'à la mort de l'adoptant; c'est une image de la paternité naturelle; l'adopté devient le fils de l'adoptant, comme s'il était né en légitime mariage. Du jour de l'adoption, les rapports de paternité et de filiation établis entre eux sont irrévocables, l'enfant adoptif a tous les droits de l'enfant du mariage. Donc, à sa mort, ses enfans le représentent comme ceux du mariage ont droit de le représenter; donc sa part héréditaire dans la succession de l'adoptant est recueillie par ses enfans, qui prennent son lieu et place. Aussi, telle est l'opinion qu'enseignent Proudhon, Toullier, Duranton; cependant Grenier et Delvincourt professent l'opinion contraire.

Grenier, adoption, n. 16. — Quoique cet article paraisse clair et précis, il laisse cependant quelque embarras. En effet, si l'adopté prédécède l'adoptant, laissant plusieurs enfans, on ne doit pas supposer que ceux-ci meurent tous en même temps. Leur mort arrivant successivement, les frères et sœurs restans à chaque décès ne doivent-ils pas partager entre eux tous les biens laissés par le défunt, même ce qui serait reconnu provenir de l'adoption?

L'affirmative est sans difficulté. Le droit de retour ne s'ouvre qu'à l'instant de la défaillance de toute postérité de l'adopté, du vivant de l'adoptant. Ainsi, supposons que l'adopté eût reçu de l'adoptant 48,000 fr., et qu'il eût laissé trois enfans; chacun d'eux prendrait 16,000 fr.: mais ces enfans mourant successivement, les frères succéderaient pour cette somme, exclusivement à l'adoptant, et celui-ci prendrait ce qu'il aurait donné dans la succession du dernier mourant, et qui s'y trouverait.

N. 41. — L'adoptant n'a point de droit de réserve sur les biens donnés ou légués par l'adopté, parce qu'il n'y a point de successibilité réciproque entre l'adoptant et l'adopté: ce droit n'existe qu'en faveur de l'adopté sur l'adoptant.

Les père et mère de l'adoptant ne peuvent exercer contre l'adopté un droit de réserve sur les biens de l'adoptant. On ne peut considérer l'adoption du même œil qu'une disposition gratuite.

A. Dalloz, adoption, n. 84. — Si l'adoptant ne succède pas à l'action en paiement du prix, succède-t-il aux actions en réméré, en rescision, en nullité? Oui, d'après la règle *qui habet actionem ad rem recuperandam, rem ipsam habere videtur.* En effet, le résultat de ces actions sera de faire rentrer la chose dans la masse héréditaire, tandis que l'action en paiement du prix ne peut avoir cet effet. Conforme: Duranton, t. 3, n. 323, 324. *Contrà :* Grenier, p. 520; Toullier, t. 2, n. 1013. Malleville et Delvincourt accordent action dans les deux cas.

SECTION DEUXIÈME.

Des formes de l'adoption.

353. *La personne qui se proposera d'adopter, et celle qui voudra être adoptée, se présenteront devant le juge de paix du domicile de l'adoptant, pour y passer acte de leurs consentemens respectifs. (C. C., art. 343 et suiv.)*

Instit., lib. 3, tit. 1, § 12; ff, lib. 1, tit. 7, leg. 5, 6, 8, 24, 25 et 38; Cod., lib. 8, tit. 48, 4 et ultim.; leg. 11, de adopt.

Merlin, Q., adoption, § 2 et suiv.: Favard, adoption, sect. 2, § 2, n. 1: successions, sect. 3, § 4; Toullier, t. 2, n. 994; Duranton, t. 3, n. 294, 295, 326 à 332; Proudhon, t. 2, p. 131; Delvincourt, t. 1, p. 102, Grenier, donations, t. 2, p. 513; Levasseur, Justice de paix, p. 151, 152; Loiseau, p. 458, 816; appendice, p. 16; R***, adoption, p. 66, 76.

Procès-verbal du Conseil d'Etat, 7 décembre 1801, n. 5. — Cambacérès pense qu'il est naturel d'employer le ministère du juge de paix, parce que la juridiction gracieuse lui appartient: c'est lui qui reçoit les délibérations de famille relativement aux tutelles et aux affaires des mineurs; il doit également recevoir les demandes en adoption. Sur ces demandes, il fera appeler les témoins, la famille, et dressera un procès-verbal. Si, cependant, il survient des réclamations qui puissent donner lieu à une instance, il les renverra devant un tribunal.

Regnaud fait observer que, dans les campagnes, les juges de paix procèdent fort légèrement; il craint même que quelques-uns d'entre eux ne se prêtent à des collusions. C'est pourquoi il demande que l'instruction soit confiée à une autorité plus imposante, qui vérifie les fraudes avec plus de sévérité, et près de laquelle le commissaire du Gouvernement est le représentant de la société, le surveillant de tous les droits: il faudrait du moins que l'instruction faite devant le juge de paix fût soumise au tribunal civil.

Procès-verbal du Conseil d'Etat, 9 décembre 1802, n. 13. — Sur la demande de Tronchet, Treilhard propose d'exprimer que l'adoption est parfaite du jour du jugement, à la charge de l'inscription qui devra avoir lieu dans un délai déterminé.

Réal dit qu'il faut pourvoir également au cas où le père adoptif viendrait à mourir entre le jugement de première instance et le jugement d'appel: alors les démarches qu'il a faites doivent avoir la même force que son vœu testamentaire.

Berlier propose de donner à l'adoption son effet, depuis la comparution devant le juge de paix.

Malleville voudrait que la procédure fût publique, afin que les parens de l'adoptant pussent faire valoir leurs droits.

Berlier répond que ce n'est pas ici un droit de collatéraux, et que la question ne peut s'élever par rapport aux enfans, puisque l'adoption n'est permise qu'à ceux qui n'en ont pas. Au surplus, le secret de la procédure, utile en ce qu'un examen de moralité ne doit pas avoir lieu sous les yeux du public, ne peut ici donner lieu à aucune surprise, quand les choses se passent dans la localité même où l'enfant a reçu des soins, après une première déclaration devant le juge de paix, et sous l'inspection du commissaire du Gouvernement.

Berlier, exposé de motifs au Corps législatif, 12 mars 1803. — Après une demande d'adoption reçue par le juge de paix, le tribunal de première instance, et ensuite celui d'appel, vérifieront si toutes les conditions de la loi sont remplies. Mais leur mission ne se bornera point à ce simple examen; ils auront aussi à examiner la moralité de l'adoptant, et la réputation dont il jouit. Ainsi, tout individu qui craindrait les regards de la justice ne se présentera point pour adopter, ou du moins il sera repoussé par les tribunaux.

La procédure doit être secrète, et les jugemens rendus sans énonciation de motifs; car si les tribunaux sont appelés à rejeter quelquefois, en cette matière, des demandes imprudentes faites par des hommes sans mœurs, il serait sans utilité de les mulcter par une fâcheuse publicité. Cette publicité commencera quand le tribunal d'appel aura admis l'adoption. C'est alors aussi que l'adoption devra être portée sur les registres de l'état civil, et qu'elle sera véritablement accomplie.

Pandectes françaises. — Suivant le droit romain, les actes de cette nature ne pouvaient se faire par procureur. Mais dans notre droit, il n'y a aucune raison d'empêcher l'adoptant ou l'adopté de se faire représenter par un fondé de pouvoirs, pourvu néanmoins que la procuration soit spéciale. (Delvincourt, t. 1, p. 104, note 2: Favard, adoption, sect. 2, § 2, n. 1.) La procuration doit être annexée à la minute de l'acte d'adoption, après avoir été signée par le mandataire, et il faut en délivrer expédition à la suite de l'acte. (Voir Augier, Encyclopédie des Juges de paix, v. adoption.) Grenier, adoption, n. 18, n'est pas de cette opinion.

Delvincourt, t. 1, note 2 de la page 104. — Un étranger peut-il adopter? Je ne le pense pas, à moins qu'il ne jouisse des droits civils. L'adoption est une institution du pur droit civil, et qui ne tient à rien du droit des gens.

Note 3. — *De leurs consentemens respectifs.* Il paraît que c'est cet acte qui forme le *contrat entre les parties*, tellement qu'il ne serait plus au pouvoir de l'une d'elles de le révoquer sans le consentement de l'autre. (Toullier, t. 2, n. 994.)

Proudhon, t. 2, p. 131. — Tout finirait là, s'il s'agissait d'un contrat ordinaire; mais l'adoption porte sur l'état de la personne, et ce qui appartient à cet état n'est pas à la libre disposition de l'homme; il faut le concours de l'autorité publique pour le régler. De là les dispositions de l'art. 354.

Duranton, t. 3, n. 296. — L'adoption n'est pas un contrat ordinaire; elle attribue des qualités civiles: dès lors, il est nécessaire que ce contrat soit revêtu de la sanction des tribunaux pour lui imprimer un caractère permanent et pur, qui le rende respectable aux yeux de tous les citoyens.

354. *Une expédition de cet acte sera remise, dans les dix jours suivans, par la partie la plus diligente, au procureur du Roi près le tribunal de première instance, dans le ressort duquel se trouvera le domicile de l'adoptant, pour être soumis à l'homologation du ce tribunal.*

Merlin, Q., adoption, § 8; substitution fidéi-commissaire, § 12; Favard, adoption, sect. 2, § 2, n. 2; Toullier, t. 7, n. 503; Duranton, t. 3, n. 296 à 303, 331; Proudhon, t. 2, p. 131; Delvincourt, t. 1, p. 102; Grenier, donations, t. 2, p. 513; Loiseau, p. 814; R***, adoption, p. 67, 68.

Malleville. — L'adoption serait-elle nulle dans le cas où elle serait prononcée, quoique le procès-verbal du juge de paix n'eût été remis au tribunal qu'après les dix jours? La loi ne prononce pas cette nullité, comme elle dit à l'art. 359 que l'adoption restera sans effet, si elle n'est inscrite dans les trois mois qui suivront le jugement du tribunal d'appel. Cependant, il serait prudent de réitérer le procès-verbal du juge de paix.

Pandectes françaises. — Il faut joindre à cette expédition les actes de naissance de l'adoptant et de l'adopté; celui portant le consentement des père et mère de l'adopté, ou la preuve qu'il a requis leur conseil, s'il est majeur de vingt-cinq ans; ou enfin leurs extraits mortuaires, s'ils n'existent plus.

La remise de ces pièces dans les dix jours est de rigueur.

Favard, adoption, sect. 2, § 2, n. 2. — Ce délai n'est pas de rigueur; en sorte que si les diligences n'étaient faites qu'après qu'il est expiré, ce ne serait pas pour le tribunal un motif suffisant de refuser son homologation. (Argument de l'art. 359.)

355. *Le tribunal, réuni en la chambre du conseil, et après s'être procuré les renseignemens convenables, vérifiera,*

1° Si toutes les conditions de la loi sont remplies;

2° Si la personne qui se propose d'adopter jouit d'une bonne réputation.

ff, lib. 1, tit. 7, leg. 16, et tot leg. 17, de adopt.

Merlin, R., juridiction gracieuse; Q., adoption, § 8; Toullier, t. 2, n. 996, 997; Duranton, t. 3, n. 285, 286, 297; Proudhon, t. 2, p. 131, 135; Delvincourt, t. 1, p. 102; Grenier, donation, t. 2, p. 513; Loiseau, p. 815, 822.

Pandectes françaises. — Il faut en conséquence faire une sorte d'information, tant sur les services et secours que l'adoptant doit avoir donnés à l'adopté pendant sa minorité, que sur les véritables motifs de l'adoption, et sur les vie et mœurs de l'adoptant.

Tout à cet égard est abandonné à la prudence du tribunal.

Toullier, t. 2, n. 997. — La vérification dont s'agit au dernier paragraphe de notre article, ne doit pas être faite par une enquête juridique, mais par les renseignemens particuliers que chaque juge peut se procurer, et par ses connaissances personnelles sur les mœurs et sur la probité de l'adoptant.

A. Dalloz, adoption, n. 102. — Les adoptions auraient encore été bien plus rares, si l'on avait laissé à l'adoptant la crainte de voir consigner dans un acte public des allégations de faits honteux ou reprochables, ou même de simples soupçons contre sa moralité. Aussi, dans un acte qui est tout de désintéressement, a-t-on dû prévenir un si grave inconvénient.

356. *Après avoir entendu le procureur du Roi, et sans aucune autre forme de procédure, le tribunal prononcera, sans énoncer de motifs, en ces termes :* Il y a lieu *ou* Il n'y a pas lieu à l'adoption.

ff, lib. 23, de adopt.

Merlin, R., motifs des jugemens; Q., adoption, § 8; substitution fidéi-commissaire, § 12; Favard, adoption, sect. 2, § 1, n. 1; Toullier, t. 2, n. 986, 997; Delvincourt, t. 1, p. 102; Grenier, donation, t. 1, p. 514; R***, p. 68. Le pourvoi rendu contre un arrêt qui a admis l'adoption est-il recevable? *Non*, s'il est formé par l'adoptant ou l'adopté; *Oui*, s'il est formé par les héritiers. Dalloz, adoption, p. 296.

Pandectes françaises.—Lorsque la loi dit que le tribunal prononcera *sans autres formes de procédure*, elle n'entend pas que le tribunal ne doit pas s'éclairer, mais que les parties ne doivent point être appelées, et qu'il ne peut point y avoir de contestation judiciaire et contradictoire.

Delvincourt, t. 1, note 1 de la page 105.— Le tribunal prononce en la chambre du conseil. Il paraît, d'après l'art. 358, qu'il n'y a que le jugement d'appel qui doive être prononcé publiquement, et encore quand il admet l'adoption.

Proudhon, t. 2, p. 131. — Le tribunal ne doit pas motiver son jugement, parce qu'autrement ce serait un acte de diffamation envers celui qui se proposait d'adopter, si le rejet de l'adoption se trouvait fondé sur son inconduite.

Locré, t. 4, p. 348 et 351, Esprit du Code civil. — En général, et dans tous les cas, l'adoption ne peut être contestée que par le défaut de l'une des conditions requises. Or, ces conditions, le tribunal les vérifie. Il ne peut que difficilement être trompé, et il est permis aux parties intéressées de l'éclairer elles-mêmes. Il existe assez de formalités pour leur donner l'éveil, et elles peuvent remettre des mémoires aux magistrats chargés du ministère public. Enfin, quand le tribunal aurait été trompé, l'adoption serait subreptice, et pourrait être attaquée comme prononcée sous un faux exposé.

Grenier, adoption, n. 20. — Le jugement ne doit point contenir de motifs. On a pensé qu'en ce cas le silence, quoique inséparable de l'arbitraire, était préférable à des révélations qui pourraient ternir à jamais l'honneur des parties. On a pensé qu'il valait mieux s'en rapporter, sur ce point, à la délicatesse des juges, que de les exposer à des luttes scandaleuses avec les personnes offensées.

357. *Dans le mois qui suivra le jugement du tribunal de première instance, ce jugement sera, sur les poursuites de la partie la plus diligente, soumis à la Cour royale, qui instruira dans les mêmes formes que le tribunal de première instance, et prononcera, sans énoncer de motifs :* Le jugement est confirmé, *ou* le jugement est réformé; en conséquence, il y a lieu, *ou* il n'y a pas lieu à l'adoption.

Merlin, R., adoption, § 4; Q., *ibid.*, § 8: substitution fidéicommissaire, § 12; Toullier, t. 2, n. 998; Duranton, t. 3, n. 298; Proudhon, t. 2, p. 131, 135; Delvincourt, t. 1, p. 102; Grenier, donation, t. 2, p. 514, 525; Loiseau, appendice, p. 71; Perrin, nullités, p. 240.

Toullier, t. 2, p. 275, 276, pense qu'on doit se pourvoir à la Cour de cassation contre un arrêt qui a confirmé ou rejeté une adoption contraire à la loi. *Contrà :* Grenier, n. 22, et supplément, p. 316.

Duranton, t. 3, n. 303. — Si une demande à fin d'adoption a été rejetée, les mêmes parties peuvent-elles en présenter une nouvelle, soit devant les mêmes tribunaux, soit devant d'autres, si l'adoptant a changé de domicile?

Nous ne voyons rien qui s'y oppose. En cette matière, les magistrats ne motivant pas leur décision, on ne peut savoir quelle a été la cause du rejet, ni par conséquent si cette cause n'a pas *cessé*.

Boileux. — Faute d'avoir, dans le mois, soumis à la Cour royale le jugement du tribunal de première instance, les parties sont présumées avoir renoncé à l'adoption.

On saisit la Cour, en adressant au procureur-général l'expédition de l'acte passé devant le juge de paix, celle de la décision du tribunal et toutes les pièces relatives à l'adoption.

358. *Tout arrêt de la Cour royale qui admettra une adoption sera prononcé à l'audience, et affiché en tels lieux et en tel nombre d'exemplaires que le tribunal jugera convenables.*

Duranton, t. 3, n. 299; Proudhon, t. 2, p. 132; Delvincourt, t. 1, p. 102; Grenier, donation, t. 2, p. 514, 515; Levasseur, Journal de Jurisprudence, p. 153; R***, adoption, p. 75.

Pandectes françaises. — Si le tribunal de première instance a rejeté l'adoption, le recours à la Cour d'appel est purement facultatif. Les parties peuvent s'en tenir au premier jugement; mais l'une d'elles peut exercer ce recours sans le consentement, et même contre le gré de l'autre. La raison est qu'à leur égard l'acte est parfait. Ce n'est pas pour elles, mais pour l'intérêt de la société qu'il doit être confirmé et approuvé par la puissance publique.

Delvincourt, t. 1, note 5 de la page 105. — Y a-t-il lieu au recours en cassation? Je ne le pense pas.

359. *Dans les trois mois qui suivront ce jugement, l'adoption sera inscrite, à la réquisition de l'une ou de l'autre des parties, sur le registre de l'état civil du lieu où l'adoptant sera domicilié. — Cette inscription n'aura lieu que sur le vu d'une expédition en forme du jugement de la Cour royale, et l'adoption restera sans effet si elle n'a été inscrite dans ce délai.*

Merlin, Q., adoption, § 8 et suiv.; Favard, adoption, sect. 2, § 2, n. 125; Rolland, adoption, n. 18 et suiv.; Toullier, t. 2, n. 1000 et suiv., t. 7, n. 503, 504; Duranton, t. 3, n. 300, 301; Proudhon, t. 2, p. 133, 135, 136; Delvincourt, t. 1, p. 35 et 102; Grenier, donation, t. 2, p. 516, 517, 531; R**, adoption, p. 74, 88.

Observations du Tribunat, 6 janvier 1803. — Le projet de loi prescrit le délai dans lequel l'acte d'adoption sera transmis au commissaire du gouvernement, celui de l'envoi du jugement du tribunal de première instance au tribunal d'appel, et enfin le délai dans lequel l'adoption sera inscrite sur les registres de l'état civil; mais aucune peine n'est appliquée à l'inobservation de ces prescriptions. Cependant il doit y en avoir une. La loi ne peut pas seulement conseiller; la peine qu'elle doit prononcer a paru à la section devoir être la déchéance de tout ce qui a été fait, sauf aux parties à recommencer. Ce qui tient à l'état des hommes ne doit pas rester long-temps incertain. D'ailleurs, après avoir abandonné d'abord l'admission d'une adoption, parce que des faits s'y opposeraient, on pourrait la reprendre dans la suite, lorsqu'on croirait qu'il n'existe plus de trace de ces faits.

Rolland de Villargues, v. adoption, n. 19.—L'adoption peut-elle être révoquée par le consentement mutuel des parties et l'emploi des mêmes formalités qui avaient été nécessaires pour la consommer?

L'affirmative est enseignée par Toullier, t. 2, n. 1018, qui se fonde sur le Code Prussien, où ont été puisées, dit-il, les dispositions du Code sur l'adoption.

Mais cette opinion est contraire à celle de MM. Grenier, Merlin, Duranton et Dalloz.

N. 20. — Mais l'adoption ne peut-elle pas être révoquée pour cause d'ingratitude de l'adopté? Il faut encore décider que non.

N. 21. — L'adoption peut-elle être attaquée par les héritiers de l'adoptant, soit en la forme, soit au fond? L'affirmative n'a jamais fait de difficulté.

Proudhon, t. 2, p. 136. — L'adoption n'est véritablement opérée que par l'inscription qui en est faite sur le registre de l'état civil, puisqu'elle n'a aucun effet auparavant; et de là il résulte que c'est à cette époque qu'il faut se fixer pour déterminer la capacité de l'adoptant; que si, par exemple, il lui était survenu un enfant légitime depuis le contrat passé, mais avant la naissance civile de l'enfant adoptif, opérée par l'inscription sur le registre de l'état civil, l'adoption ne pourrait plus être consommée. (Favard, adoption, sect. 2, § 2, n. 5.)

Duranton, t. 3, n. 301. — On voit par là que, jusqu'à l'inscription opérée, les parties peuvent, par leur consentement mutuel, annuler le contrat d'adoption; car ce qu'elles peuvent faire tacitement, en ne faisant point inscrire l'arrêt qui l'a homologué, elles peuvent, par la même raison le faire expressément.

Mais lorsque l'arrêt a été inscrit, l'adoption est accomplie; tout est consommé : les qualités de père et de fils leur sont irrévocablement imprimées.

360. *Si l'adoptant venait à mourir après que l'acte constatant la volonté de former le contrat d'adoption a été reçu par le juge de paix et porté devant les tribunaux, et avant que ceux-ci*

eussent définitivement prononcé, l'instruction sera continuée et l'adoption admise, s'il y a lieu. — Les héritiers de l'adoptant pourront, s'ils croient l'adoption inadmissible, remettre au procureur du Roi tous mémoires et observations à ce sujet.

Merlin, R., action résolutoire; Q., adoption, § 6 et suiv.; Favard, adoption, sect. 2, § 2, n. 6; Toullier, t. 2, n. 1004, 1010; Duranton, t. 3, n. 302; Grenier, donation, t. 2, p. 516, 517; R**, adoption, p. 73, 76.

Procès-verbal du Conseil d'État, 9 décembre 1802. — Réal dit qu'il faut pourvoir au cas où le père adoptif viendrait à mourir entre le jugement de première instance et le jugement d'appel; alors les démarches qu'il a faites doivent avoir la même force que son vœu testamentaire.

Berlier propose de donner à l'adoption son effet depuis la comparution devant le juge de paix.

Gary, discours au Corps législatif, 23 mars 1803. — Quand l'adoptant et l'adopté se présentent devant les tribunaux, et provoquent de concert la sanction du contrat qui doit les unir, nul individu n'a droit ni qualité pour intervenir dans la procédure. Il en est autrement quand l'adoptant est mort après la manifestation de sa volonté devant le juge de paix, et avant que les tribunaux aient définitivement prononcé. On peut alors craindre que l'adoption ne soit le fruit de l'obsession, de l'empire exercé sur un vieillard affaibli par la maladie qui l'a conduit au tombeau. Cette crainte éveille la juste inquiétude de la loi. D'un côté, l'adoptant n'est plus là pour défendre la sagesse et la liberté de son choix; de l'autre, les héritiers du sang ont une qualité qui leur est déférée par l'ouverture de la succession; ils ont un grand intérêt à ne pas être expropriés. Il était donc juste de les mettre à portée de se faire entendre; et sans établir une contradiction judiciaire que ne permet point la nature de la matière, on les autorise à remettre au commissaire du gouvernement les mémoires et observations qu'ils jugeront convenables.

Maleville. — Il faut bien remarquer que ce n'est que dans le cas où l'adoptant mourrait après que l'acte a été reçu par le juge de paix et porté devant les tribunaux, que l'instruction peut être continuée et l'adoption admise; et si le décès de l'adoptant arrivait après l'acte, mais avant qu'il eût été envoyé aux tribunaux, l'adoption demeurerait sans effet.

Hua. — Le concours des deux circonstances est nécessaire : une simple déclaration devant le juge de paix, quoique faisant présumer l'intention de l'adoption, a d'autant moins de force pour convaincre du desir de la consommer, qu'ils ne dépendent que de chacune des parties, suivant l'art. 354, de se pourvoir près du tribunal.

Dans l'adoption, l'ordre commun des procédures n'est point suivi : les héritiers ne pourraient donc former une intervention judiciaire.

Delvincourt, t. 1, note 6 de la page 105. — Quelques personnes ont conclu de la rédaction de cet article que, si le décès de l'adoptant avait lieu dans le délai accordé par l'art. 354, pour porter l'acte devant les tribunaux, l'adoption serait *nulle*. Je ne partage point cette opinion.

Note 7. — Les héritiers auraient aussi le droit de faire annuler, après le décès de l'adoptant, l'adoption, même consommée pendant sa vie, si elle était contraire aux lois; à plus forte raison doivent-ils avoir celui d'en empêcher l'admission dans le même cas.

Toullier, t. 2, n. 1004. — Si la mort même n'a pas la force de rompre le contrat passé devant le juge de paix, ce contrat ne peut, à plus forte raison, être rompu par un changement survenu dans l'état ou dans la capacité de l'adoptant : par exemple, s'il lui survenait un enfant avant que l'adoption fût définitivement admise ou inscrite sur les registres de l'état civil. Cet événement n'empêcherait point l'adopté de faire continuer l'instruction, à moins que la conception de l'enfant ne fût antérieure à l'acte passé devant le juge de paix.

Grenier, adoption, n. 25. — A partir de quand l'adoption prend-elle son effet? A partir de l'acte qui est fait par le juge de paix. Mais cette décision ne doit s'entendre que de l'adopté aux héritiers de l'adoptant; quant aux *tiers*, l'adoption ne doit prendre force que par l'inscription.

A. Dalloz, adoption, n. 95. — Les demandeurs en nullité de l'adoption peuvent offrir de prouver tant par titres que par témoins que les conditions nécessaires pour l'adoption n'ont pas été remplies.

CHAPITRE II.

De la Tutelle officieuse.

361. *Tout individu âgé de plus de cinquante ans, et sans enfans ni descendans légitimes, qui voudra, durant la minorité d'un individu, se l'attacher par un titre légal, pourra devenir son tuteur officieux, en obtenant le consentement des père et mère de l'enfant, ou du survivant d'entre eux, ou, à leur défaut, d'un conseil de famille; ou enfin, si l'enfant n'a point de parens connus, en obtenant le consentement des administrateurs de l'hospice où il aura été recueilli, ou de la municipalité du lieu de sa résidence. (C. C., art. 343 et suiv.)*

Merlin, R., tutelle officieuse; Q., adoption, § 2 et suiv.; Duranton, t. 3, n. 335; Proudhon, t. 2, p. 142 à 144, 168; Delvincourt, t. 1, p. 104; Grenier, donation, t. 2, p. 518, 519, 524, 525; R**, adoption, p. 92, 94.

Hua. — Ou leur défaut. Le défaut de consentement des père et mère ou du survivant d'entre eux, ne suffirait pas pour empêcher d'accorder la tutelle officieuse, si la pluralité des membres composant le conseil de famille soutient l'opinion contraire.

Pandectes françaises. — Cette tutelle n'est point assujétie aux mêmes formes que les tutelles ordinaires. Il suffit, pour l'établir, du consentement des père et mère de l'enfant ou du survivant d'eux.

Il faut étendre sans doute ce qui est dit ici des père et mère aux aïeuls et aïeules; c'est l'intention générale du Code. A défaut d'ascendans, il faut le consentement de la famille, qui s'assemble à cet effet en la forme ordinaire.

Tutelle officieuse. *Ab officio*, d'un bienfait. Elle engage moins que l'adoption, elle y conduit. (Art. 368, 369.) Elle demande les mêmes conditions; mais en ce cas, le consentement du pupille futeur sera entier dans celui des personnes dont il dépend. Cette tutelle pourrait être dite une adoption imparfaite. (*Veluti*, *inst.*, *lib.* 2, *tit.* 16, § 1.)

Le tuteur officieux n'a de commun avec le tutur ordinaire, que l'administration : il est père quant aux charges; tuteur, quant à la responsabilité. Mais ainsi que le père et le tuteur, a-t-il le droit de consentement ou d'opposition au mariage futur de son pupille? Le doute naît des mœurs, et se détruit par le silence de la loi.

L'obligation qui lui est imposée de faire un sort au pupille, passe à ses héritiers.

Ce chapitre avait donc trois objets : les conditions de la tutelle, les obligations du tuteur, celles de ses héritiers.

A. Dalloz, tutelle officieuse, n. 3. — Cette tutelle n'admet pas de subrogé-tuteur. (Duranton, t. 3, p. 340; Dalloz aîné, t. 12, p. 783.)

Boileux. — Il résulte de ces mots, *tout individu*, et des termes de l'article suivant, que la tutelle officieuse n'est point, comme la tutelle ordinaire, interdite aux femmes.

362. *Un époux ne peut devenir tuteur officieux qu'avec le consentement de l'autre conjoint. (C. C., art. 344.)*

Toullier, t. 2, n. 1025, 1026; Duranton, t. 3, n. 307, 332, 335; Proudhon, t. 2, p. 144; Delvincourt, t. 1, p. 104; Grenier, donation, t. 2, p. 518; R***, adoption, p. 93, 94.

Observations du Tribunat, 6 janvier 1803. — La tutelle officieuse ne peut et ne doit avoir d'autre but que l'adoption qu'on projette à l'égard d'un mineur. Elle en est le commencement, le premier acte. A cette considération, la section propose d'établir dans la loi, « qu'un époux ne peut devenir tuteur officieux qu'avec le consentement de l'autre conjoint. »

D'ailleurs, s'il y avait communauté entre les deux époux, la tutelle officieuse deviendrait une charge de communauté pour laquelle il faut leur consentement mutuel.

363. *Le juge de paix du domicile de l'enfant dressera procès-verbal des demandes et consentemens relatifs à la tutelle officieuse. (C. C., art. 344.)*

Toullier, t. 2, n. 1028; Duranton, t. 3, n. 336; Proudhon, t. 2, p. 144; Grenier, donation, t. 2, p. 520; Levasseur, Juges de paix, p. 153; R***, adoption, p. 106.

Hua. — Cette obligation de recourir, pour les actes juridiques, au juge du domicile, ne déroge point à celle imposée par l'art. 361, d'obtenir, dans le cas de non existence des parens, le consentement de la municipalité du lieu de la résidence du mineur. Celle-ci est souvent plus à portée de vérifier ce qui convient le mieux à l'intérêt du mineur; mais aucun motif ne peut autoriser à intervertir l'ordre de juridiction, et l'exception est d'autant moins nécessaire dans la circonstance, que le ministère du juge de paix se borne à rédiger l'acte du consentement respectif.

Pandectes françaises. — Dans cette circonstance, le juge de paix est moins magistrat que notaire. Il reçoit l'acte de consentement des parties, qui peuvent y insérer toutes les conventions qu'elles font ensemble, relativement à la tutelle et au sort de l'enfant dont le tuteur se charge.

Ce procès-verbal doit être rédigé par le greffier de la justice de paix, parce que le juge ne peut jamais agir sans cet officier. (Voyez Augier, Encyclopédie des Juges de paix, tutelle officieuse, n. 4.)

Proudhon, t. 2, p. 144. — On n'est point obligé de recourir à l'homologation des tribunaux, comme pour l'adoption, parce qu'on n'y recourt point pour la dation de la tutelle ordinaire, et que sous le rapport des autres engagemens compris dans la tutelle officieuse, elle n'est qu'un simple contrat sur des secours et des soins qui sont à la disposition de celui qui les promet, et pour lesquels il n'est pas besoin d'intervention de l'autorité publique.

364. *Cette tutelle ne pourra avoir lieu qu'au profit d'enfans âgés de moins de quinze ans. — Elle emportera avec soi, sans préjudice de toutes stipulations particulières, l'obligation de nourrir le pupille, de l'élever, de le mettre en état de gagner sa vie.*

Duranton, t. 3, n. 335, 337; Proudhon, t. 2, p. 144, 146, 149; Delvincourt, t. 1, p. 104; Grenier, donation, t. 2, p. 519.

Procès-verbal du Conseil d'État, 2 décembre 1802. — Cretet dit qu'on pourrait imposer directement au tuteur officieux la condition de nourrir et d'élever l'enfant jusqu'à sa majorité. Si le tuteur était surpris par la mort avant cette époque, l'obligation continuerait de subsister et deviendrait la mesure de l'indemnité qui serait due par ses héritiers.

Treilhard ajoute que celui qui a donné à un enfant une éducation brillante et distinguée, paraît avoir contracté l'obligation de lui laisser au moins des alimens. Ce n'est pas par son choix que l'enfant est sorti de la simplicité de son premier état, et a été rendu incapable de travaux grossiers et pénibles.

Thibaudeau répond que l'institution est dénaturée, si celui qui s'est chargé d'un enfant ne peut ensuite refuser de l'adopter, sans s'exposer à payer une indemnité. Il faut que rien ne gêne la volonté du bienfaiteur, et que, jusqu'à la majorité de l'enfant, il conserve la plus entière indépendance. D'ailleurs l'enfant lui est remis ou par sa famille, ou, à défaut de parens, par l'autorité publique. S'il lui a été confié sans condition, alors on s'en est rapporté à lui; si on lui a fait des conditions, tout est réglé, et le ministère de la loi n'est plus nécessaire.

N. 5. — Napoléon dit qu'on peut permettre d'adopter, à la majorité, l'enfant dont on aura pris soin depuis son bas âge, et l'enfant dont on se sera rendu tuteur officieux. Celui qui se proposera d'adopter, prendra cette dernière qualité; mais il faut que, ni dans l'un ni dans l'autre cas, ce qu'il aura fait pendant la minorité de l'enfant, ne produise l'obligation de l'adopter à sa majorité.

Augier, Encyclopédie des Juges de paix, tutelle officieuse, n. 6. — Il n'est pas au pouvoir du tuteur officieux de s'affranchir de la tutelle avant d'avoir rempli l'obligation qui lui est imposée par cet article. Les père et mère de l'enfant ne pourraient pas non plus la faire cesser sans de graves motifs. Si le tuteur officieux était trop dur à l'égard de l'enfant, ou s'il le laissait manquer des choses nécessaires, on pourrait le faire condamner à le placer, à ses frais, dans une pension ou chez un maître. (Pandectes françaises.)

365. *Si le pupille a quelque bien, et s'il était antérieurement en tutelle, l'administration de ses biens, comme celle de sa personne, passera au tuteur officieux, qui ne pourra néanmoins imputer les dépenses de l'éducation sur les revenus du pupille.*

Favard, tutelle officieuse, n. 3; Toullier, t. 2, n. 1029; Duranton, t. 3, n. 338; Proudhon, t. 2, p. 145, 146; Persil, Régime hypothécaire, sur l'art. 2121, n. 34; Grenier, donation, t. 2, p. 520; R***, adoption, p. 97 et suiv.

Procès-verbal du Conseil d'État, 9 décembre 1802. — Boulay et Bérenger disent que le tuteur officieux doit aussi remplir les fonctions de tuteur ordinaire. Il peut dans la suite échoir des successions à l'enfant qui est actuellement sans fortune. Alors on douterait par qui ses biens doivent être administrés; pour prévenir les incertitudes, il est utile que la loi s'explique.

Cambacérès répond que la tutelle officieuse est une tutelle véritable; qu'elle doit donc donner à la personne qui la gère l'administration de la personne et des biens du mineur. Celui qui s'est chargé d'un enfant sans fortune, inspire nécessairement assez de confiance pour qu'on puisse lui remettre l'administration des biens qui surviennent à cet enfant.

Berlier dit que cette proposition est juste; mais qu'en l'admettant, il importe aussi de statuer que le tuteur officieux ne pourra, comme l'aurait pu le tuteur ordinaire, imputer les dépenses d'éducation sur les revenus du pupille : sans quoi, cette tutelle spéciale n'aurait plus rien d'officieux, et ne serait plus un bienfait.

Pandectes françaises. — Tout autre tuteur doit compte de sa gestion au tuteur officieux. Celui-ci est obligé, quand il reçoit des biens, d'accumuler les revenus au profit du pupille.

Delvincourt, t. 1, note 2 de la page 107. — *Quid*, s'il a ses père et mère, ou tous deux? L'adoption ne détruisant point les liens de famille, la tutelle officieuse peut encore moins y préjudicier; en conséquence, l'enfant reste donc soumis à son père ou à sa mère, en tout ce qui ne porte point atteinte aux droits et aux obligations du tuteur officieux. (Proudhon, t. 2, p. 145.)

Proudhon, t. 2, p. 145. — Il résulte de là que les père et mère qui ont consenti à la tutelle officieuse de leur enfant, ne conservent pas sur lui la tutelle qu'ils avaient précédemment, puisque cette charge passe au tuteur officieux.

A. Dalloz, tutelle officieuse, n. 4. — Le mineur a une hypothèque légale sur le tuteur officieux. (Grenier, n. 261; Duranton, t. 3, p. 341; Dalloz aîné, t. 12, p. 783.

366. *Si le tuteur officieux, après cinq ans révolus depuis la tutelle, et dans la prévoyance de son décès avant la majorité du pupille, lui confère l'adoption par acte testamentaire, cette disposition sera valable, pourvu que le tuteur officieux ne laisse point d'enfans légitimes.* (C. C., art. 343, 347, 350.)

Merlin, Q., adoption, § 2 et suiv.: Toullier, t. 2, p. 278; Duranton, t. 3, n. 304 à 307, 342; Proudhon, t. 1, p. 263; t. 2, p. 124, 130, 133, 149; Delvincourt, t. 1, p. 105; Grenier, donation, t. 2, p. 519, 521; R***, adoption, p. 100, 101.

Perreau, rapport au Tribunat, 21 mars 1803. — Que statuera-t-on dans les cas où, après avoir satisfait à ses obligations pendant cinq années, sans laisser aucun doute sur la vérité de ses sentimens, le tuteur, prévoyant son décès, sera tourmenté par la crainte de ne pas arriver à ce terme de la majorité de son pupille, terme éloigné, que le projet a fixé pour rendre l'adoption irrévocable? La loi l'abandonnera-t-elle sans espoir de consolation à ses inquiétudes? Le laissera-t-elle emporter au tombeau le regret de n'avoir pu couronner l'œuvre de sa bienfaisance? Lui imputera-t-elle à tort cette cruelle fatalité? Des soins si constans n'obtiendront-ils pas leur récompense? Toujours juste, même lorsqu'elle ne paraît qu'indulgente, la loi s'acquittera ici de ce qu'elle doit : elle lui permettra de conférer, par un acte testamentaire, l'adoption et tous ses effets à l'objet de son affection. C'est là le caractère particulier qui distingue du mode ordinaire d'adoption, celui qui peut résulter de la tutelle officieuse.

Gary, discours au Corps législatif, 23 mars 1803. — L'un des effets les plus signalés de la tutelle officieuse, est l'exception qu'elle introduit à la disposition qui veut que les majeurs seuls puissent être adoptés, et la faculté qu'elle donne à celui qui, ayant exercé pendant cinq ans cette tutelle bienfaisante, craindrait d'être surpris par la mort avant la majorité de son pupille, de l'adopter par son testament. Si le tuteur meurt dans cette disposition, l'adoption est valable comme si elle eût été faite entre majeurs; et alors le consentement de l'autre époux n'est plus nécessaire, puisque l'adoption n'a son effet qu'après la dissolution du mariage.

Pandectes françaises. — Cette adoption peut être faite sans le consentement du conjoint du testateur. En effet, ou il était marié lors de la tutelle, ou il ne l'était pas. Dans le premier cas, son conjoint a consenti l'adoption testamentaire en consentant à la tutelle; dans le second cas, il a consenti à l'une et à l'autre en épousant le tuteur. (Duranton, t. 3, n. 307.)

Delvincourt, t. 1, note 6 de la page 108. — *Quid*, si le testament contenant l'adoption est fait avant l'expiration des cinq années, mais que le tuteur ne vienne à mourir qu'après les cinq ans : l'adoption sera-t-elle valable? Je pense qu'elle est valable.

Cette adoption donne au pupille, sur la succession du tuteur, les mêmes droits que si elle eût été faite entre vifs.

Note 7. — Il est bien entendu qu'en ce cas, le consentement du conjoint n'est pas nécessaire. Cette adoption devra-t-elle être inscrite? Je ne le pense pas.

Proudhon, t. 2, p. 133 — *Par acte testamentaire.* Le législateur ne manifestant ici aucune prédilection pour une forme de testament plutôt que pour une autre, il faut en conclure qu'il est permis d'adopter, soit par testament olographe, par acte public, ou par testament mystique. Mais il faut que le testament par lequel on veut adopter soit revêtu de toutes les formes nécessaires à son espèce, pour que l'adoption y renfermée soit valable.

Duranton, t. 3, n. 342, note. — On a écrit que la survenance d'enfans révoque ou annulle l'adoption testamentaire. Si l'on entend dire par là que l'*existence d'enfans au décès de l'adoptant* la résout, ce n'est l'objet d'aucun doute: mais si l'on veut dire que la survenance d'enfans opère la révocation de l'adoption, comme elle opérerait celle d'une donation entre vifs, encore que l'enfant mourût avant le donateur, nous croyons que c'est une erreur qui se réfute par la simple lecture de l'art. 366.

367. *Dans le cas où le tuteur officieux mourrait, soit avant les cinq ans, soit après ce temps, sans avoir adopté son pupille, il sera fourni à celui-ci, durant sa minorité, des moyens de subsister, dont la quotité et l'espèce, s'il n'y a été antérieurement pourvu par une convention formelle, seront réglées soit amiablement entre les représentans respectifs du tuteur et du pupille, soit judiciairement, en cas de contestation.*

Toullier, t. 2, n. 2027, 2029; Duranton, t. 3, n. 343; Proudhon, t. 2, p. 147, 149; Delvincourt, t. 1, p. 105; Grenier, donation, t. 2, p. 521; R***, adoption, p. 102.

Pandectes françaises. — On prendra alors en considération la fortune du tuteur officieux, la nature de l'éducation qu'il a donnée au pupille, et l'espèce d'existence dans laquelle il l'a entretenu. Il est évident que celui qui a reçu une éducation libérale, et qui a été entretenu dans un état d'aisance, a droit à des secours plus étendus que celui qui a été élevé dans la médiocrité et qui n'a été destiné qu'à un art mécanique. (Delvincourt, t. 1, p. 108, note 8.)

Delvincourt, t. 1, note 8 de la page 108. — Si le pupille a d'ailleurs des moyens d'existence, il n'a rien à demander, sauf l'exécution des conventions particulières.

Boileux. — Le pupille dont le tuteur officieux est décédé, peut exiger, durant sa minorité, des moyens de subsister; mais il ne lui est dû que cela. S'il a des biens personnels suffisans, ou si ses père et mère existent encore et qu'ils ne soient pas entièrement dépourvus de fortune, l'enfant n'aura rien à réclamer, car il ne sera plus dans le besoin.

368. *Si, à la majorité du pupille, son tuteur officieux veut l'adopter, et que le premier y consente, il sera procédé à l'adoption selon les formes prescrites au chapitre précédent, et les effets en seront, en tous points, les mêmes.*

Merlin, Q., adoption; Favard, tutelle officieuse, n. 5; Duranton, t. 3, n. 344; Proudhon, t. 2, p. 149; Delvincourt, t. 1, p. 104; R***, adoption, p. 105; Grenier, donation, t. 2, p. 522.

Procès-verbal du Conseil d'Etat, 9 décembre 1802. — Discussion de la question de savoir s'il sera accordé indéfiniment des alimens à l'enfant adoptif. Bigot-Préameneu dit que celui qui s'est chargé de l'enfant doit le mettre en état de pourvoir à ses besoins par son travail; ainsi, les secours qu'il est obligé de donner ne pourront s'étendre au-delà de la majorité de l'enfant; une bonne éducation est déjà une richesse; elle ne peut soumettre ceux qui l'ont donnée à porter plus loin leur munificence: jamais un bienfait n'imposa l'obligation d'un bienfait nouveau. Si l'enfant devenu majeur prétend qu'il est hors de la règle commune, et qu'il lui est dû des dommages et intérêts, les tribunaux prononceront; mais il ne faut pas laisser subsister dans l'article le mot *convenablement*. Cette expression n'est pas exacte, et elle ferait naître une foule de questions.

N. 8. — Cambacérès dit que la discussion de l'article embrassait deux hypothèses.—La première est celle où la personne qui s'est chargée de l'enfant le laisse, en mourant, dans la minorité, et ne l'a pas adopté par son testament. — On a pensé que cet enfant devait recevoir des secours tant qu'il serait mineur. Il ne faut pas, en effet, que l'enfant demeure abandonné; mais aussi il ne lui est dû que des secours, c'est-à-dire ce qui est nécessaire à ses besoins. Ainsi, quand sa famille peut l'élever, il n'est plus dans le besoin, et il ne lui est rien dû.

L'autre hypothèse est celle où le tuteur officieux refuse, à la majorité de l'enfant, de consommer l'adoption. — On a pensé qu'alors il était dû à cet enfant non un état, mais un métier; et que si les parties ne s'accordaient pas sur ce point, les tribunaux deviendraient les arbitres de l'indemnité. Il faut au surplus que l'action résultant de cette obligation se prescrive par un laps de temps fort court.

Observations du Tribunat, 12 janvier 1803. — La section fait remarquer que l'on pourrait induire de la rédaction du projet, que si le tuteur officieux ne refusait pas personnellement d'adopter, mais qu'il fût seulement dans l'impossibilité de le faire par le refus de l'autre époux d'y consentir, dans ce cas, il pourrait ne point y avoir lieu à indemnité. — Cependant l'indemnité est due, dans tous les cas, de la part du tuteur officieux, sauf son recours, s'il y a lieu, contre l'époux refusant de consentir à l'adoption, et qui aurait déjà donné son consentement à la tutelle officieuse.

Berlier, exposé des motifs au Corps législatif, 12 mars 1803. — La loi ne pose ici de règles générales qu'autant que nulle stipulation spéciale n'accompagnerait la tutelle officieuse. — Dans le silence de l'homme, secourir et non enrichir le pupille, tel est le principe qui a paru devoir être suivi, et dont les résultats sont applicables, dans certains cas, aux héritiers mêmes du tuteur officieux.

Malleville. — Dès que cet article veut que l'adoption soit faite selon les formes prescrites au chapitre précédent, il faut aussi que l'adopté, s'il n'a pas vingt-cinq ans, rapporte le consentement de ses père et mère, et s'il a déjà cet âge, qu'il requière leur conseil. (Art. 346.)

Delvincourt, t. 1, note 7 de la page 107. — Pourvu qu'il ne soit point survenu d'obstacle à l'adoption: *putà*, si le tuteur qui n'avait pas d'enfant au moment de la tutelle, se trouve en avoir au moment de la majorité, l'adoption ne pourra avoir lieu. (Arg. tiré de l'art. 366.)

Toullier, t. 2, n. 1032. — Le pupille, parvenu à sa majorité, n'étant engagé à rien, peut refuser l'adoption que voudrait lui conférer le tuteur officieux; et, dans ce cas, il n'a point d'indemnité à prétendre.

369. *Si, dans les trois mois qui suivront la majorité du pupille, les réquisitions par lui faites à son tuteur officieux, à fin d'adoption, sont restées sans effet, et que le pupille ne se trouve point en état de gagner sa vie, le tuteur officieux pourra être condamné à indemniser le pupille de l'incapacité où celui-ci pourrait se trouver de pourvoir à sa subsistance. — Cette indemnité se résoudra en secours propres à lui procurer un métier; le tout sans préjudice des stipulations qui auraient pu avoir lieu dans la prévoyance de ce cas.*

Inst., lib. 1, tit. 11, arg. § 3, sed si; ff, leg. 17, de adopt.

Merlin, R., serment en plaids, § 2; Favard, tutelle officieuse, n. 7 et 8; Toullier, t. 2, n. 1031 et suiv.; Duranton, t. 3, n. 345; Proudhon, t. 2, p. 147, 149; Delvincourt, t. 1, p. 105; Grenier, hypothèques, t. 1, p. 620; donations, t. 2, p. 522; R***, adoption, p. 103, 104 et 105.

Malleville. — Il faut que l'on ait voulu mettre une différence entre *n'être pas en état de gagner sa vie*, et être *dans l'impossibilité de pourvoir à sa subsistance*; autrement, l'on n'aurait pas usé de cette répétition. — Je crois donc que, lors même que le pupille n'est pas en état de gagner sa vie, il n'a droit à aucune indemnité, s'il a d'ailleurs des moyens de subsistance. Au surplus, la disposition de l'article n'est pas absolue, et il dit seulement *pourra*.

Lors encore que l'article dit, *sans préjudice des stipulations*, etc. on ne doit pas croire que l'indemnité soit due indépendamment des stipulations, mais bien que ces stipulations feront cesser l'indemnité, à moins qu'elles n'eussent été faites indépendamment de l'indemnité qui seulement n'aurait pas été réglée.

Delvincourt, t. 1, note 2 de la page 108. — *Sans effet.* Remarquez que l'article ne dit pas, *si le tuteur refuse*, parce que la disposition doit avoir lieu, quelle que soit la cause du défaut d'adoption, si toutefois elle provient du tuteur, et quand même il y aurait impossibilité de sa part. *Putà*, s'il lui est survenu des enfans légitimes; s'il s'est marié depuis la tutelle, et que son conjoint refuse de consentir à l'adoption, etc.

Note 3. — *Pourra* et non pas *devra*, parce qu'il est possible que le pupille ait mené une conduite qui justifie le refus du tuteur; que ce dernier, riche au moment de la tutelle, se trouve ensuite hors d'état de faire aucun sacrifice, etc.

Note 4. — L'obligation de procurer un métier au pupille passe aux héritiers du tuteur officieux. (Toullier, t. 2, n. 1036; Duranton, t. 3, n. 345, note.)

Proudhon, t. 2, p. 147. — Si c'est le mineur lui-même qui, devenu majeur, renonce aux avantages de l'adoption, il ne lui est dû aucune indemnité. Il est censé y avoir renoncé, et n'a plus aucune indemnité à prétendre, si, depuis sa majorité acquise, il a laissé écouler trois mois, sans faire à son tuteur aucune réquisition à fin d'adopter. Si les réquisitions sont restées sans effet, l'indemnité est due, même dans le cas d'un empêchement involontaire de la part du tuteur, parce que sa négligence à mettre le pupille en état de gagner sa vie lui serait toujours imputable.

Pourra être condamné. La loi, par ces expressions, suppose qu'il peut éviter d'être condamné, en prouvant qu'il n'y a point eu de sa faute, et que l'incapacité de son mineur n'est due qu'à lui-même.

Mais si, dans les trois mois donnés au mineur pour requérir l'adoption, et avant aucune action ouverte à ce sujet, le tuteur venait à mourir, ses héritiers seraient passibles de l'indemnité.

370. *Le tuteur officieux qui aurait eu l'administration de quelques biens pupillaires, en devra rendre compte dans tous les cas. (C. C., art. 469 et suiv.)*

Arg., ff, tit. de adm. et per. tut.

Toullier, t. 2, n. 1029; Duranton, t. 3, n. 346; Proudhon, t. 2, p. 145; Delvincourt, t. 1, p. 104; Grenier, hypothèques, t. 1, p. 620; donations, t. 2, p. 522.

Pandectes françaises. — Ainsi, soit qu'il y ait adoption ou non, le tuteur doit rendre compte de l'administration qu'il a eue des biens du pupille. Il ne peut faire entrer dans ce compte aucune des dépenses qu'il a faites pour la personne du pupille, soit pour son entretien, soit pour son éducation.

TITRE IX.

De la Puissance paternelle.

(Décrété le 24 mars 1803. Promulgué le 3 avril.)

371. *L'enfant, à tout âge, doit honneur et respect à ses père et mère. (C. C., art. 1388. — C. P., 334, 335.)*

Tab. 4; Instit., lib. 1, t. 9, § 2 et ultim.; ff, lib. 40, tit. 9, leg. 5; lib. 1, tit. 1, leg. 2; tit 6, leg. 3; lib. 2, tit. 3, leg. 4, 6 et pass.; lib. 8, tit. 47, leg. 5; leg. 173, ff, in princ., de reg. jur.; Novell. 12, cap. 2.

Pothier, contrat de mariage, n. 389; des personnes, 1re part., tit. 6, sect. 2; Merlin, R., puissance paternelle, sect. 2; Dalloz, puissance paternelle, sect. 2; Duranton, t. 3, n. 347 à 351; Proudhon, t. 1, p. 208; t. 2, p. 47, 152; Delvincourt, t. 1, p. 59, 91; Vazeille, t. 2, n. 367 à 429, à 434.

Procès-verbal du Conseil d'Etat, 30 septembre 1802. — Bérenger pense que cet article ne contenant aucune disposition législative, doit être retranché du projet.

Boulay répond qu'on a cru utile de placer à la tête du titre, les devoirs que la qualité de fils impose, de même que dans le titre du mariage, on a inséré un article qui retrace les devoirs des époux.

Bigot-Préameneu ajoute que cet article contient les principes dont les autres ne font que développer et fixer les conséquences; que d'ailleurs, en beaucoup d'occasions, il deviendra un point d'appui pour les juges.

Réal, exposé de motifs au Corps législatif, 14 mars 1803. — Cet article est le seul du projet qui impose à l'enfant un devoir qu'il devra remplir à tout âge; toutes les autres dispositions de ce titre le supposent dans les liens de la minorité. En étendant à la vie entière la durée de cette obligation, le législateur a obéi à la nature et à la morale.

Albisson, discours au Corps législatif, 24 mars 1803. — Ce n'est là, au premier aperçu, qu'un précepte de morale; mais au sortir de la tourmente qui a tant bouleversé de têtes, tant menacé d'une subversion totale toute idée de subordination et de révérence filiale, ce précepte devait précéder des dispositions toutes relatives à une autorité temporaire, pour rappeler sans cesse aux enfans que, si la loi les affranchit, à des époques fixes de leur âge, de l'autorité de leurs parens, il n'est point de moment de leur vie, point de circonstance, point de situation où ils ne leur doivent honneur et respect. On a d'ailleurs sagement remarqué que ce précepte deviendra, pour les juges, un point d'appui en beaucoup d'occasions, telles, par exemple, que des contestations d'intérêt entre des enfans et leurs parens, où ceux-là, passant les bornes que le respect doit leur prescrire, se mettraient dans le cas d'y être ramenés par des admonitions ou des actes d'animadversion plus ou moins sévères, selon la nature de leur offense.

Duranton, t. 3, n. 350. — Ainsi, l'enfant ne peut jamais intenter, contre ses père et mère, une action déshonorante.

Dalloz, puissance paternelle, sect. 2, n. 1. — C'est sur ce seul texte que peut se fonder la jurisprudence, qui refuse aux enfans l'exercice de la contrainte par corps contre leurs père et mère. Au reste, les conséquences n'en ont été jusqu'ici déduites et appliquées qu'avec une extrême réserve.

A. Dalloz, puissance paternelle, n. 8. — La puissance paternelle s'établit par le fait de la procréation des enfans. (Dalloz aîné, t. 11, p. 487, n. 1.)

N. 10. — La participation de la mère à la puissance paternelle souffre deux restrictions: la première, peu importante d'ailleurs, c'est que lorsque la mère l'exerce activement, elle ne le fait pas nécessairement avec la même plénitude que le père (Code civil, art. 381); la seconde, c'est qu'elle ne l'exerce activement qu'à défaut du père et par survivance. (Dalloz aîné, t. 11, p. 487, n. 2.)

372. *Il reste sous leur autorité jusqu'à sa majorité ou son émancipation. (C. C., art. 25, 302 et suiv.; 383, 476, 1884, 1388. — C. de C., art. 2 et suiv. — Décrets des 18 février 1809 et 28 février 1810.)*

Instit., lib. 1, tit. 12; ff, lib. 50, tit. 16, leg. 196, § ultim., an cogi possit; ff, lib. 37, tit. 12, leg. ultim.; Cod., leg. 3, de emancip.

Pothier, contrat de mariage, n. 389, des personnes, 1re part., tit. 5 et 6; Introduction au titre 19 de la Coutume d'Orléans, n. 2; Merlin, R., puissance paternelle, sect. 2; Favard, éducation; émancipation, § 2, n. 1; Dalloz, lois, sect. 3, art. 2, § 1, n. 34; puissance paternelle, sect. 2; Toullier, t. 11, n. 277; Duranton, t. 3, n. 351; Proudhon, t. 2, p. 207, 252, 257; Delvincourt, t. 1, p. 95, 130; Delahaye, tutelle, p. 109 et suiv.; Grenier, donations, t. 1, p. 204; t. 2, p. 400; Loiseau, p. 784; appendice, p. 35.

Procès-verbal du Conseil d'Etat, 17 décembre 1801. — Tronchet dit que la question est de savoir si on établira la puissance paternelle telle qu'elle existe dans les pays de droit civil, ou si elle sera telle que la présente la définition suivante du projet: « La puissance paternelle est un droit fondé sur la nature et confirmé par la loi, qui donne au père et à la mère la surveillance de la personne et l'administration des biens de leurs enfans mineurs et non émancipés par mariage. »

La commission chargée de la rédaction du projet de Code civil, n'a pas cru devoir admettre la jurisprudence des pays de droit écrit, qui dépouille le fils; elle a pensé qu'il est juste de récompenser le père de ses soins, en lui donnant l'usufruit des biens de ses enfans jusqu'à leur majorité. C'est ainsi qu'elle se propose de concilier les deux systèmes du droit écrit et du droit coutumier.

Quant à l'exhérédation, elle avait lieu dans les pays coutumiers comme dans les pays de droit écrit, et absolument pour les mêmes causes. Une de ces causes était l'omission par le fils majeur de requérir le consentement de son père et de sa mère à son mariage: on a cru devoir l'écarter, parce que, pour s'y soustraire, il suffit de remplir la formalité des sommations respectueuses. Il est d'autres de ces causes qu'il faut également abandonner, parce qu'elles ne se concilient plus avec nos mœurs; d'autres qui sont de véritables délits, sur lesquels le père ne pourrait motiver l'exhérédation sans conduire son fils à l'échafaud. Il ne reste donc qu'un petit nombre de causes qu'on puisse conserver.

N. 11. — Boulay trouve le mot *puissance* trop fastueux et hors de proportion avec l'idée qu'il est destiné à exprimer; il voudrait que le projet fût intitulé: *Des droits et des devoirs des pères.*

Tronchet pense qu'il faudrait du moins se servir de l'expression *autorité paternelle*, pour ne pas trop affaiblir l'idée.

Malleville dit que l'expression *puissance paternelle* est le mot reçu: que si la loi ne l'employait pas, on croirait qu'elle n'a pas admis la chose; non qu'il pense qu'il faille établir cette puissance telle qu'on la représente ordinairement pour la rendre odieuse, et telle qu'elle était nécessaire peut-être dans une peuplade originairement composée de brigands et d'esclaves fugitifs. Mais il importe, en général, et sur-tout dans un état libre, de donner un grand ressort à l'autorité paternelle, parce que c'est d'elle que dépend principalement la conservation des mœurs et le maintien de la tranquillité publique.

La puissance paternelle est la providence des familles, comme le gouvernement est la providence de la société. Quel ressort, quelle tension ne faudrait-il pas dans un gouvernement qui serait obligé de surveiller tout par lui-même, et qui ne pourrait pas se reposer sur l'autorité des pères de famille pour suppléer les lois, corriger les mœurs et préparer l'obéissance ?

Après la majorité, la puissance paternelle est toute de conseil et d'assistance ; elle se borne dans ses effets à obtenir du fils de famille des témoignages éternels de respect et de reconnaissance. Elle appartient au père et à la mère ; elle exige le consentement de l'un et de l'autre au mariage du fils de famille ; elle donne à l'un et à l'autre le pouvoir de récompenser la piété filiale, et de punir l'ingratitude.

Delvincourt, t. 1, note 3 de la page 98. — *Quid*, si le père ou la mère est condamné à une peine afflictive ou infamante ? Si c'est la mère, il n'y a point de difficulté : la puissance continue à être exercée par le père ; mais si c'est le père, je pense que cet exercice doit lui être ôté. La puissance paternelle sera donc exercée par la mère, avec le concours des deux plus proches parens paternels. (Argument tiré de l'art. 381.)

Toullier, t. 2, n. 1044. — La puissance paternelle telle qu'elle est établie par le Code, est un droit fondé sur la nature et confirmé par la loi, qui donne au père, et, à son défaut, à la mère, avec un droit de correction sur leurs enfans, la surveillance de leurs personnes, l'administration et la jouissance de leurs biens.

Dalloz, puissance paternelle, sect. 2, n. 2. — La loi ne détermine, comme on le voit, que la durée de cette autorité. La détermination de ses effets, de son étendue, est livrée, et devait l'être, aux mœurs, aux habitudes publiques et privées, à l'appréciation des tribunaux.

373. *Le père seul exerce cette autorité durant le mariage.* (*C. C.*, *art.* 28, 141, 148, 203, 489. — *C. P.*, *art.* 29.)

ff, lib. 1, tit. 5, leg. 19 ; lib. 50, tit. 16, leg. 190, 195.

Pothier, contrat de mariage, n. 399 ; Merlin, R., puissance paternelle, sect. 2 ; Dalloz, puissance paternelle, sect. 1 ; Rolland, puissance paternelle, n. 5 ; Toullier, t. 2, n. 1043 ; t. 11, n. 278 ; Duranton, t. 3, n. 350 ; Proudhon, t. 1, p. 330 ; Delvincourt, t. 1, p. 95, Vazeille, t. 2, n. 387 à 429, 433.

Vesin, rapport au Tribunat, 22 mars 1803. — Le père est considéré comme le chef de la famille ; par les principes déjà admis en traitant du mariage, il est dans l'ordre qu'il en ait les prérogatives. Ce pouvoir, s'il était en même temps partagé entre plusieurs, s'affaiblirait par cela même, et tournerait en sens contraire de l'objet de son institution. — Mais le projet de loi n'entend pas par là ne pas associer la mère à cette magistrature : elle l'exerce à son tour, et prend la place du père, s'il vient à manquer. Son consentement est nécessaire pour le mariage de ses enfans ; et elle a, comme son mari, la jouissance de leurs biens jusqu'à l'âge de dix-huit ans, ou jusqu'à l'émancipation. — Dans l'ancienne jurisprudence, dans les principes du droit romain sur-tout, lorsque la puissance paternelle était une sorte de droit de propriété des pères sur leurs enfans, qui n'étaient pour ainsi dire considérés que comme des choses dont ils pouvaient user et abuser, la femme n'avait pas cessé d'être sous la puissance de son père : il n'était pas étonnant qu'elle ne participât point alors à cette magistrature de famille. Mais ces principes ont changé avec nos mœurs : c'est un pouvoir de protection, d'interêt pour les enfans, et la mère est à juste titre admise à le partager. Ceux qui ont le même intérêt doivent jouir des mêmes droits.

Hua. — Quoique les règles déterminées par le Code pour les enfans légitimes, s'appliquent, dans beaucoup de cas, aux naturels, néanmoins il dépend des circonstances de déterminer auquel du père ou de la mère ceux-ci doivent être confiés pour l'éducation.

Rolland de Villargues, v. puissance paternelle, n. 9. — La puissance paternelle ne passe pas aux ascendans. (Favard, puissance paternelle, sect. 2, § 1, n. 2.)

Merlin, R., puissance paternelle, sect. 2. — Mais une fois le mariage dissous, la puissance paternelle se convertit de plein droit, pour la mère comme pour le père, en tutelle légitime.

Duranton, t. 3, n. 351. — Ainsi, en principe, la mère n'a cette autorité que par survivance, et encore ne l'exerce-t-elle que dans des bornes plus étroites.

Dalloz, puissance paternelle, sect. 1, n. 3. — L'exercice de la puissance paternelle s'ouvre de droit pour la mère par le décès du père, par la mort civile, à quoi il faut assimiler l'interdiction légale qui résulte de l'art. 28 du Code civil et de l'art. 29 du Code pénal ; par l'effet d'une condamnation judiciaire emportant privation spéciale des droits de la puissance paternelle, aux termes de l'art. 335 du Code pénal.

374. *L'enfant ne peut quitter la maison paternelle sans la permission de son père, si ce n'est pour enrôlement volontaire, après l'âge de dix-huit ans révolus.*

Instit., lib. 1, tit. 12, § 4 ; ff, lib. 36, tit. 1, leg. 13, in fine ; leg. 14, in princ. ; lib. 37, tit. 12, leg. 1, § 4 ; Cod., lib. 10, tit. 31, leg. ultim. ; ff, leg. 4, § 11, de re milit.

Pothier, des personnes, 1re part., tit. 6, sect. 2 ; Merlin, R., puissance paternelle, sect. 3, § 6 ; Favard, puissance paternelle, sect. 2, § 1, n. 3 ; Rolland, procuration ; puissance paternelle ; Toullier, t. 2, n. 1046 et suiv. ; Duranton, t. 3, n. 352, 527 ; Delahaye, p. 65.

L'enfant peut obtenir de la justice, pour de *graves motifs*, la permission de quitter la maison paternelle. (Caen, 31 décembre 1811.)

Procès-verbal du Conseil d'Etat, 30 septembre 1802. — Pétiet dit que les lois anciennes exigent que, pour s'enrôler avant l'âge prescrit par les réglemens, le fils mineur obtienne le consentement de son père.

Discussion, proposition de retrancher l'article.

Cambacérès ajoute que la loi rappelée par Pétiet n'est plus en harmonie avec les circonstances ; qu'elle blesse l'esprit des lois relatives à la conscription. On a voulu que la conscription devînt, le moins qu'il serait possible, le moyen de recruter l'armée, et c'est par cette raison qu'on a permis les remplacemens. Par la même raison aussi, il convient de favoriser les enrôlemens volontaires.

Dumas et Treilhard proposent d'exprimer l'exception, et de fixer à dix-huit ans l'âge où le fils pourra s'enrôler sans le consentement de son père. Ils s'arrêtent à l'âge de dix-huit ans, afin d'ôter au fils un prétexte d'interrompre l'éducation qu'il reçoit.

L'amendement de Cambacérès est adopté et ajouté à l'article.

Pandectes françaises. — Un père peut contraindre, même par la force, l'enfant qui a quitté la maison paternelle d'y rentrer.

Si cependant le père maltraitait son fils outre mesure, et se portait à des excès qui donnassent lieu de craindre pour celui-ci, le juge pourrait l'autoriser à demeurer ailleurs que chez son père, et même contraindre ce dernier à l'émanciper. Il en serait de même si la conduite du père était tellement immorale qu'elle pût exposer les mœurs de l'enfant. On peut même admettre la preuve par témoins des faits articulés, quand ils sont capables de faire impression ; mais il faut que les mauvais traitemens soient très-graves et le péril imminent.

L'engagement que le fils aurait souscrit avant l'âge de dix-huit ans révolus serait nul, et son père pourrait le réclamer. (Duranton, t. 3, n. 352 ; Toullier, t. 2, n. 1048.)

Rolland de Villargues, v. puissance paternelle, n. 12. — Il a été décidé qu'un enfant qui a quitté la maison de son père est non recevable à réclamer des alimens, quand même il alléguerait qu'il recevait de mauvais traitemens dans la maison paternelle.

Vazeille, t. 2, n. 419. — Qu'à vingt ans le sort fasse des soldats obligés, c'est la loi du recrutement ; mais qu'avant cet âge, le consentement des parens soit nécessaire, c'est le vœu des familles.

Merlin, R., puissance paternelle, sect. 3, § 6. — Ainsi, la puissance paternelle est, dans la personne de l'enfant qui y est assujéti, un obstacle à ce qu'il se choisisse, malgré son père, un domicile séparé. — Elle est aussi un obstacle à ce que l'enfant non émancipé embrasse une profession quelconque sans le consentement de son père.

A. Dalloz, puissance paternelle, n. 50. — La loi garde le silence sur les moyens coactifs qui peuvent être employés contre l'enfant rebelle. Il faut en conclure qu'elle s'en est référée au droit commun, de l'exécution forcée des jugemens qui autorisent l'intervention de la force publique, à défaut d'efficacité de tous autres moyens. (Dalloz, aîné, t. 11, p. 490, n. 3.)

Boileux. — Le droit de diriger l'éducation des enfans est tellement un attribut de la puissance paternelle, que les père et mère l'exerceraient quand même, à raison de dispenses ou d'excuses, ils ne seraient point chargés de la tutelle.

Cet article s'applique-t-il toujours à l'enfant naturel ? *Non*. (Sirey, t. 30, 2e part., p. 245.)

375. *Le père qui aura des sujets de mécontentement très-graves sur la conduite d'un enfant, aura les moyens de correction suivans.* (*Loi du* 24 *août* 1790.)

Cod., lib. 8, tit. 47, leg. 3, 4 ; arg. à fortiori, ex leg. ultim.

Merlin, R., correction ; puissance paternelle, sect. 3, § 1 ; Duranton, t. 3, n. 353 ; Delvincourt, t. 1, p. 95 ; Legraverend, Législation criminelle, t. 1er, p. 315 ; Vazeille, t. 2, n. 287 à 431. *Quid*, pour l'abus de la puissance paternelle ? N. 429 à 434.

Pandectes françaises. — Il faut que les causes de mécontentement du père soient *très-graves*. Ainsi les fautes ordinaires, et pour ainsi dire communes à tous les enfans, les inclinations vicieuses qui peuvent céder aux réprimandes et aux corrections paternelles, ne peuvent pas servir de fondement à la détention. Cette mesure ne doit être employée que contre ces penchans pervers et malheureux qui donnent des craintes pour l'honneur des familles.

D'où il suit que le père doit exposer les faits qui servent de motif à sa demande, afin que le magistrat puisse en peser la valeur.

Proudhon, t. 2, p. 154. — La détention peut avoir lieu de deux manières : ou directement par la volonté ou le jugement du père, dont le président du tribunal ne fait qu'ordonner l'exécution, sans prendre connaissance de la cause; ou par la voie de réquisition, lorsque, sur la demande du père ou de la mère, ce magistrat, en connaissance de cause, et après s'être fait rendre compte des motifs de la pétition, accorde ou refuse l'arrestation demandée.

La détention par forme directe ne peut frapper que les enfans âgés *de moins* de quinze ans révolus; et la voie de réquisition est établie pour ceux qui ont moins de seize ans commencés, et qui sont en puissance.

Duranton, t. 3, n. 353, note. — Les dames charitables, dites du *refuge Saint-Michel*, reçoivent dans leurs maisons les jeunes personnes qui y sont envoyées par les pères et les conseils de famille, dans les cas prévus par le Code civil. (Décret du 30 septembre 1807, Bulletin 165.)

A. Dalloz, puissance paternelle, n. 62.—Quelquefois le mode d'exercice du droit de correction, sa latitude ou sa limitation, un principe bien constant dans nos lois et nos mœurs et dont fait foi l'expression même employée par le Code, c'est que la loi et la nature n'arment la main du père que pour corriger et non pour punir. (Dalloz aîné, p. 491, n. 6.)

376. *Si l'enfant est âgé de moins de seize ans commencés, le père pourra le faire détenir pendant un temps qui ne pourra excéder un mois ; et, à cet effet, le président du tribunal d'arrondissement devra, sur sa demande, délivrer l'ordre d'arrestation. (Décret du 30 septembre 1807.)*

Arg. ex leg. 3, Cod. de patriâ potest.

Pothier, des personnes, 1re part., tit 6, sect. 2; Toullier, t. 2, n. 1052; Duranton, t. 3, n. 353; Delvincourt, t. 1, p. 96; Vazeille, t. 2, n. 420; Legraverend, t. 1er, p. 315; Loiseau, p. 147, 546.

Berlier ne s'oppose pas au droit que l'on veut accorder au père; mais il ne croit pas que l'exercice de ce droit doive dépendre de la volonté ou du caprice d'un père, sans le concours d'aucune autre autorité; car on ne saurait voir cette autre autorité dans la personne d'un juge qui ne pourrait ni examiner ni refuser la demande en réclusion. Il faut donc à côté de l'autorité paternelle, un pouvoir qui l'éclaire ou la modère, quand il est question d'un acte aussi important que celui dont il s'agit.

Sous le régime royal, il était bien rare que des lettres de cachet relatives à la réclusion d'un fils de famille ne fussent pas précédées d'une délibération de parens : la loi de 1790 avait également reconnu la sagesse de cette précaution; et aujourd'hui plusieurs tribunaux d'appel, notamment ceux de Rennes, Angers, Bruxelles et Poitiers, réclament des limites au droit proposé.

Bigot-Préameneu répond que le projet est fondé sur la juste présomption que le père n'usera de son autorité que par un sentiment d'affection et pour l'intérêt de l'enfant; qu'il n'agira que pour remettre dans le chemin de l'honneur, sans l'entacher, un enfant qu'il aime, mais que cette tendresse même l'oblige de corriger. Ce sera en effet le cas le plus ordinaire, celui par conséquent que la loi doit supposer.

N. 12.—Cambacérès ne veut pas du concours de la famille, attendu que trop souvent les haines et l'intérêt divisent ceux que le sang unit. Il préfère les tribunaux civils, juges impartiaux et naturels de tous les différends. — Il pense aussi qu'un délai de trois jours entre la demande du père et l'ordre d'arrestation serait trop long, lorsqu'il devient nécessaire de prévenir un crime que l'enfant médite, et qu'il menace d'exécuter.

Mais il est important de régler le pouvoir du père par des considérations prises de l'âge de l'enfant et de sa situation. — Un jeune homme de vingt ans et dix mois, qui peut-être a déjà un état dans la société, ne doit pas être exposé à la correction paternelle comme un enfant de quinze ans. Quelque confiance que méritent les pères, la loi ne doit cependant pas être basée sur la fausse supposition que tous sont également bons et vertueux; la loi doit tenir la balance avec équité, et ne pas oublier que les lois dures préparent souvent les révolutions des États.

Le président et le commissaire du tribunal doivent donc être autorisés à peser les motifs d'un père qui veut enfermer, soit un jeune homme au-dessus de seize ans, soit un enfant au-dessous de cet âge, quand le père veut le faire détenir au-delà de quelques jours. — Il doit leur être permis de refuser l'ordre d'arrêter et de fixer la durée de la détention.

Il faudrait encore limiter davantage le pouvoir des pères, lorsque l'enfant a reçu quelque fortune de la libéralité de ses parens ou de ses amis, ou qu'il est parvenu à s'en donner lui-même par son travail et par son industrie. Si cet enfant a pour père un dissipateur, il est hors de doute que le père cherchera à le dépouiller, qu'il se vengera des refus de l'enfant, et que peut-être il lui fera acheter sa liberté. Peut-être même serait-il juste d'autoriser cet enfant à se pourvoir devant le président et le commissaire du tribunal d'appel, contre la décision du président du tribunal de première instance.

Enfin. il y a de grandes difficultés à conserver à la femme remariée sa puissance sur ses enfans. C'est déjà beaucoup de la lui donner lorsqu'elle demeure veuve.

Procès-verbal du Conseil d'Etat, 11 novembre 1802.—Le Brun pense que c'est donner au père un droit trop étendu que de lui permettre de faire enfermer son fils de sa seule autorité. La prudence veut qu'on se défie des passions : or les pères n'en sont pas plus exempts que les autres hommes. Peut-être conviendrait-il de ne confier qu'aux tribunaux le pouvoir d'ordonner la détention. Ils l'exerceraient sur la demande du père, et après avoir entendu le fils. Mais que du moins les enfans ne soient pas envoyés dans une maison de correction; ce serait les envoyer au crime.

Bigot-Préameneu dit que la section ne s'est pas dissimulé que les lieux actuels de détention ne pourraient qu'augmenter la dépravation dans les enfans qui y seraient renfermés; mais elle a supposé qu'on organiserait enfin de véritables maisons de correction.

Cambacérès propose de supprimer de l'article, les mots *dans une maison de correction.*

Réal, exposé de motifs au Corps législatif, 14 mars 1803. — La législation a dû prévoir que quelquefois les exemples, les exhortations d'un père, que la privation qu'il imposera, que les peines légères qu'il fera subir seront insuffisantes, inefficaces pour maintenir dans le devoir un enfant peu heureusement né, pour corriger de perfides inclinations. Il appelle alors l'autorité publique au secours de la magistrature paternelle. Dans certains cas, le magistrat ne fait que légaliser pour ainsi dire, ne fait qu'ordonner l'exécution pure et simple de la volonté du père.

La loi de 1790 établissait dans cette occasion un tribunal de famille, qui pouvait admettre, mais qui pouvait rejeter la plainte du père; la décision de ce tribunal ne pouvait être exécutée qu'en vertu de l'ordonnance du juge, rendue en connaissance de cause.

Cet ordre de chose était inconvenant, inefficace. — Il créait un procès entre le père et le fils; procès que le père ne pouvait perdre sans compromettre son autorité. — Il n'établissait aucune nuance relativement à l'âge et à la situation de l'enfant.

Le projet règle le pouvoir du père par des considérations prises de l'âge de l'enfant et de sa situation.

Mais, dans tous les cas, les motifs de la plainte ne paraîtront jamais dans aucun acte, pas même dans l'ordre d'arrestation. Donner de la publicité à des erreurs, à des faiblesses de jeunesse, en éterniser le souvenir, ce serait marcher directement contre le but qu'on se propose; et de ces punitions mêmes qui ne sont infligées à l'enfance que pour épargner des tourmens à l'âge mûr, ce serait faire naître des chagrins qui flétriraient le reste de la vie.

Dans le cas de l'art. 381, le législateur devait aussi prévoir que la mère, trop faible ou trop légèrement alarmée, pourrait peut-être trop facilement recourir à ces moyens extrêmes; d'un autre côté, il a dû penser qu'une veuve sans défense, dont toutes les actions sont exposées à la critique de la malignité, devait se ménager, dans le concours des deux plus proches parens paternels, des témoins impartiaux qui pussent toujours attester la nécessité de cette mesure de rigueur, et qui fussent les garans de sa bonne administration.

Nota.—Tous les auteurs ne font que développer les motifs ci-dessus exprimés. (Voir Hua, sur l'article et les suivans; Toullier; Vazeille, t. 2, n. 420, et Duranton, t. 3, n. 353.)

377. *Depuis l'âge de seize ans commencés jusqu'à la majorité ou l'émancipation, le père pourra seulement requérir la détention de son enfant pendant six mois au plus ; il s'adressera au président dudit tribunal, qui, après en avoir conféré avec le procureur du roi, délivrera l'ordre d'arrestation ou le refusera, et pourra, dans le premier cas, abréger le temps de la détention requis par le père.*

Duranton, t. 3, n. 354, 358; Proudhon, t. 2, p. 257; Delvincourt, t. 1, p. 96; Vazeille, t. 2, n. 420, 421; Loiseau, p. 546; Legraverend, t. 1, p. 315.

Duranton, t. 3, n. 354. — Le père est obligé, dans ce cas, de faire connaître ses motifs, afin que le magistrat puisse en apprécier la gravité.

Boileux. — Avant de délivrer l'ordre d'arrestation, le président doit peser les raisons du père, et en admettant la demande, il peut abréger le tems de la détention, qui, dans aucun cas, ne peut excéder six mois.

378. *Il n'y aura, dans l'un et l'autre cas, aucune écriture ni formalité judiciaire, si ce n'est l'ordre même d'arrestation, dans lequel les motifs n'en seront pas énoncés. — Le père sera seulement tenu de souscrire une soumission de payer tous les frais, et de fournir les alimens convenables.*

Toullier, t. 2, n. 1055; Duranton, t. 3, n. 356; Proudhon, t. 2, p. 157; Delvincourt, t. 1, p. 97; Legraverend, t. 1, p. 315.

Pandectes françaises. — Il est possible que le retranchement d'une partie des douceurs dans les alimens et des aisances de la vie, entre dans la punition que le père veut infliger. Le magistrat a le droit de se faire rendre compte de sa conduite à cet égard, et d'empêcher que la sévérité ne soit portée trop loin, sur-tout pour ce qui concerne le nécessaire.

Proudhon, t. 2, p. 157. — Il ne doit rester aucune trace de procédure écrite, si ce n'est l'ordre même d'arrestation donné, sans en énoncer les motifs.

Boileux. — La loi n'exige pas que le père consigne les alimens; l'affection qu'il doit avoir pour son enfant est une garantie suffisante. S'il ne fournit pas les alimens, l'autorité y pourvoira, sauf ensuite à faire valoir contre le père la soumission par lui souscrite: mais on ne mettrait pas pour cela le prisonnier en liberté: car la détention a lieu, non dans l'intérêt du père, mais dans l'intérêt de l'enfant, en vue de le corriger.

379. *Le père est toujours maître d'abréger la durée de la détention par lui ordonnée ou requise. Si, après sa sortie, l'enfant tombe dans de nouveaux écarts, la détention pourra être de nouveau ordonnée de la manière prescrite aux articles précédens.*

Duranton, t. 3, n. 357; Proudhon, t. 2, p. 155; Delvincourt, t. 1, p. 97; Legraverend, t. 1, p. 315; Loiseau, p. 546.

Pandectes françaises. — Le père ayant toujours le droit de révoquer le jugement, le directeur en chef de la maison dans laquelle l'enfant aura été placé, peut le lui rendre à sa seule réquisition et sur sa décharge.

Delvincourt, t. 1, note 7 de la page 99. — Quoique l'article paraisse ne donner ce droit qu'au père, je pense cependant, contre M. Proudhon, qu'il n'y a aucune raison de le refuser à la mère ou au tuteur, en observant que ces derniers doivent être assujétis, pour abréger la détention, aux mêmes formalités qui sont exigées pour qu'ils puissent la requérir.

Boileux. — Quatre causes peuvent motiver la mise en liberté:

1° L'expiration du temps pour lequel on avait ordonné la détention;

2° La survenance de la majorité; car la détention ne doit pas continuer lorsque l'enfant a atteint l'âge qui le met hors de la puissance paternelle;

3° La révocation de l'ordre d'arrestation par le père: car ce n'est pas la société, mais le père seul qui punit;

4° La révocation de l'ordre d'arrestation par l'autorité du magistrat supérieur.

380. *Si le père est remarié, il sera tenu, pour faire détenir son enfant du premier lit, lors même qu'il serait âgé de moins de seize ans, de se conformer à l'art. 377.*

Pothier, des personnes, 1re part., tit. 6, sect. 2; Duranton, t. 3, n. 355; Proudhon, t. 2, p. 154; Delvincourt, t. 1, p. 96.

Proudhon, t. 2, p. 154. — *Se conformer à l'art. 377.* Parce qu'il n'est que trop fréquent que le convol à secondes noces du père altère ses sentimens d'affection à l'égard des enfans du mariage précédent.

Duranton, t. 3, n. 355. — On ne voit malheureusement que trop souvent une belle-mère se prévenir contre les enfans d'un premier lit, et se faire d'un mari faible et aveuglé l'instrument docile de ses inimitiés.

381. *La mère survivante et non remariée ne pourra faire détenir un enfant qu'avec le concours des deux plus proches parens paternels, et par voie de réquisition, conformément à l'article 377.*

Favard, puissance paternelle, sect. 2, § 2, n. 5; Toullier, t. 2, n. 1057; Duranton, t. 3, n. 359, 360; Proudhon, t. 1, p. 330; t. 2, p. 156.

Pandectes françaises. — Les aïeuls, les oncles paternels sont appelés en ce cas. Ils doivent l'être préférablement aux frères de l'enfant dont il s'agit, parce qu'il serait dangereux de donner un pareil pouvoir à des frères les uns sur les autres.

Delvincourt, t. 1, note 5 de la page 99. — Si l'un des deux parens ne consentait pas, la détention ne pourrait avoir lieu, au moins par cette voie; mais elle pourrait être requise, soit par le tuteur, soit par la mère même, si elle était tutrice, avec l'autorisation du conseil de famille. (Art. 468. Duranton, t. 3, n. 358.)

Not. 6. — *Quid*, s'il n'y a pas de parens paternels, ou s'ils demeuraient à une distance trop éloignée? Il faudrait alors recourir à l'article 468.

Quid de la mère passée à un second mariage? Le convol la prive du droit de faire détenir ses enfans du premier mariage, même du droit de réquisition. Passant à une domination nouvelle, qui est étrangère à ses enfans, et dont l'influence leur est souvent fatale, elle n'inspire plus aucune sorte de confiance. Cependant, si la tutelle lui est conservée, elle aura sans contredit le droit accordé au tuteur par l'art. 468. Mais, privée de la tutelle, si cette privation n'emporte pas la perte du droit de surveillance et de garde, il faut bien qu'elle puisse exiger le respect et l'obéissance des enfans sujets à ce droit. La loi, prise à la lettre, ne lui donne pas de moyens pour réprimer leur révolte; mais la loi, dans son esprit, doit rendre applicable à la mère qui reste chargée de la garde la disposition faite pour le tuteur. (Duranton, t. 3, n. 359; Toullier, t. 2, n. 1058.)

Par la mort du second mari, la mère redevenue libre doit reprendre le droit de réquisition avec le concours de deux parens paternels. (Vazeille, t. 2, n. 425; Toullier et Proudhon conformes.)

Boileux. — Le concours de la volonté de l'un et de l'autre parens est de rigueur; si l'un n'était pas d'avis de la détention, la demande devrait être rejetée.

382. *Lorsque l'enfant aura des biens personnels, ou lorsqu'il exercera un état, sa détention ne pourra, même au-dessous de seize ans, avoir lieu que par voie de réquisition, en la forme prescrite par l'art. 377. — L'enfant détenu pourra adresser un mémoire au procureur général près la Cour royale. Celui-ci se fera rendre compte par le procureur du roi près le tribunal de première instance, et fera son rapport au président de la Cour royale, qui, après en avoir donné avis au père, et avoir recueilli tous les renseignemens, pourra révoquer ou modifier l'ordre délivré par le président du tribunal de première instance.*

Toullier, t. 2, n. 1053, 1056; Duranton, t. 3, n. 355, 369; Proudhon, t. 2, p. 155, 158; Delvincourt, t. 1, p. 96; Vazeille, t. 2, n. 420, 421, 422; Legraverend, t. 1, p. 315.

Delvincourt, t. 1, note 3 de la page 99. — *L'enfant détenu.* Ces mots prouvent que l'ordre d'arrestation a dû s'exécuter provisoirement, et que le pourvoi de l'enfant n'est pas suspensif.

Vazeille, t. 2, n. 422. — L'enfant condamné par voie de réquisition peut recourir au juge supérieur; mais l'emprisonnement s'opère par provision, et ce n'est que du lieu de sa détention que peut partir sa plainte.

Proudhon, t. 2, p. 155. — *Lorsque l'enfant aura un état.* Parce qu'on doit être plus difficile à ordonner une détention qui porterait atteinte et à son crédit, et aux progrès de son industrie. Dans ces hypothèses, le père ne peut faire arrêter son enfant, même au-dessous de quinze ans révolus, que par voie de réquisition.

Pag. 158. — L'autorité paternelle cesserait d'être aussi respectable qu'elle doit l'être, et serait compromise si, pour corriger un enfant, il fallait entrer en lutte judiciaire avec lui: il ne doit donc point être *préalablement* entendu, et dans tous les cas, l'arrestation doit être exécutée par provision, et avant que l'enfant soit parvenu à réclamer. Il a le recours au procureur général.

Boileux. — Cette dernière disposition est applicable à tous les cas où l'enfant est détenu par voie de réquisition.

383. *Les art.* 376, 377, 378 *et* 379, *seront communs aux pères et mères des enfans naturels légalement reconnus.*

Merlin, R., puissance paternelle, sect. 2; Favard, enfant adultérin, n. 2, 3; enfant naturel, § 2; Dalloz, puissance paternelle, sect. 1; Rolland, enfant naturel, § 3, art. 4; Toullier, t. 2, n. 1073 et suiv.; Proudhon, t. 2, p. 106, 157; Delvincourt, t. 1, p. 98; Vazeille, t. 2, n. 473 à 479.

Les art. 380 et 382 sont applicables aux enfans naturels. Delvincourt, t. 1, p. 439 des notes; Proudhon, conformes; Pailliet, Manuel, sur l'art. 383.

Procès-verbal du Conseil d'État, 30 septembre 1802 — Boulay voudrait borner la puissance paternelle aux enfans légitimes, attendu qu'elle dérive du mariage.

Tronchet dit que la naissance seule établit des devoirs entre les pères et les enfans naturels; que ces enfans doivent être sous une direction quelconque; qu'il est donc juste de les placer sous celle des personnes que la nature oblige à leur donner des soins.

Réal, exposé de motifs au Corps législatif, 14 mars 1803. — Cette disposition ne se retrouvait pas dans le droit romain. L'adoption ou la légitimation pouvait seule, dans ce cas, donner au père la puissance paternelle; c'est toujours la conséquence très-exacte du principe qui, dans leur législation, tirait la puissance paternelle du seul droit civil. Mais le législateur qui a reconnu que cette puissance, uniquement fondée sur la nature, ne recevait de la loi civile qu'une confirmation, a dû, pour être conséquent, accorder au père ou à la mère qui reconnaissent légalement leur enfant naturel, une puissance et des droits semblables à ceux auxquels donne naissance une union légitime. C'est ainsi, et d'après le même principe, que, dans le projet relatif au mariage, le législateur exige de l'enfant naturel qui veut se marier, le consentement du père et de la mère naturels qui l'auront légalement reconnu.

Pandectes françaises. — D'après la disposition de cet article, la puissance de la mère qui a reconnu un enfant naturel, sera aussi étendue que celle du père.

Mais, dans le cas où le père aura fait aussi la reconnaissance et sera depuis décédé, la mère ne sera point obligée, pour user du pouvoir dont il est ici question, d'appeler les deux plus proches parens paternels de l'enfant; car la reconnaissance des enfans naturels ne leur donne point les droits de famille.

Si la mère qui a reconnu un enfant naturel se marie postérieurement, elle perd sa puissance sur cet enfant, comme la femme légitime qui convole à de secondes noces, la perd sur ceux du premier lit.

Rolland de Villargues, v. enfant naturel, n. 56-61. — Les dispositions des art. 371-374 sont applicables aux enfans naturels.

N. 55. — Mais rien n'indique que la puissance paternelle existe à l'égard des enfans naturels.

Augier, tutelle, sect. 1, n. 11. — L'enfant naturel tombe sous la tutelle légale du père ou de la mère qui l'a reconnu. (Loiseau, Traité des enfans naturels, Carré et un arrêt de la Cour de Bruxelles, du 6 février 1811. *Contrà* : Duranton, Pailliet et Biret, qui soutiennent que c'est au conseil de famille à lui donner un tuteur.)

A. Dalloz, puissance paternelle, n. 15. — Les père et mère naturels ont-ils sur leurs enfans légalement reconnus, tous les droits de la puissance paternelle telle qu'elle est attribuée aux père et mère légitimes? Proudhon, Toullier, Delvincourt et Duranton pensent que l'art. 383, qui ne se réfère nommément qu'aux art. 376, 377, 378 et 379, contient une énumération exclusive, et par suite ils refusent aux père et mère naturels l'usufruit légal, et ils soutiennent que l'art. 373 n'étant pas applicable, le père n'exerce pas de droit la puissance paternelle à l'exclusion de la mère, et que les tribunaux peuvent, si l'intérêt de l'enfant l'exige, le confier à la mère.

N. 20. — L'opinion contraire est embrassée par Loiseau, Favard et Dalloz. Ces auteurs pensent qu'on ne peut donner à l'art. 383 cette interprétation judaïque, car elle mènerait à exclure aussi les art. 371, 372, 373, 374, 380, 381, 382; à refuser aux pères et mères, et enfans naturels, la faculté de se demander réciproquement des alimens; à nier que les enfans naturels soient sujets à aucune tutelle, puisque, après tout, aucun texte ne leur a appliqué nommément toutes ces dispositions.

384. *Le père, durant le mariage, et, après la dissolution du mariage, le survivant des père et mère, auront la jouissance des biens de leurs enfans jusqu'à l'âge de dix-huit ans accomplis, ou jusqu'à l'émancipation qui pourrait avoir lieu avant l'âge de dix-huit ans.* (*C. C., art.* 205, 453, 476 *et suiv.*; 730. — *C. P., art.* 384, 335.)

Instit., lib. 2, tit. 9; lib. 3, tit. 29; Cod., lib. 6, tit. 60, leg. 1; tit. 61, leg. 1, 2, passim; lib. 3, tit. 34, leg. ultim.; Novell. 81, cap. 2.

Pothier, garde noble et bourgeoise, article préliminaire, § 1 et 3; sect. 1, § 2 et 4; sect. 4, § 1 et 2; Merlin, R., puissance paternelle, sect. 4; Favard, domaine extraordinaire, sect. 2, § 3, n. 5; enfant naturel, § 2, n. 2; puissance paternelle, sect. 2, § 3, n. 3 et 4; Dalloz, lois, sect. 3, art. 2, § 1, n. 34; usufruit légal ou paternel; Rolland, puissance paternelle, n. 26 et suiv.; usufruit légal ou paternel, § 1, 2, 4; Toullier, t. 2, n. 1061, 1066; t. 3, n. 392, 451; t. 12, n. 15; Duranton, t. 3, n. 361 à 396; Proudhon, t. 1, p. 61, 170, 330; t. 2, p. 159, 161, 257; Delvincourt, t. 1, p. 97, 98, 130, 151; Grenier, hypothèques, t. 1, p. 615; Vazeille, t. 2, n. 434 à 473, 477; Delahaye, p. 113, 114, 117, 118.

Procès-verbal du Conseil d'Etat, 17 décembre 1801. — Tronchet : La commission chargée de la rédaction du projet de Code civil, n'a pas cru devoir admettre la jurisprudence du pays de droit écrit, qui dépouille le fils; elle a pensé qu'il est juste de récompenser le père de ses soins, en lui donnant l'usufruit des biens de ses enfans jusqu'à leur majorité. C'est ainsi qu'elle propose de concilier les deux systèmes du droit écrit et du droit coutumier.

Procès-verbal du Conseil d'Etat, 30 septembre 1802. — Bigot-Préameneu fait observer que si les pères jouissaient des biens des enfans jusqu'à la majorité de ces derniers, on aurait à craindre que, pour conserver cet avantage dans toute son étendue, ils ne se refusassent à émanciper ou à marier leurs enfans.

Cambacérès propose de n'accorder la jouissance aux père et mère, que jusqu'au moment où l'enfant a accompli sa dix-huitième année.

Treilhard propose de faire cesser la jouissance à l'âge où la loi donne aux enfans la capacité de se marier. Par là, le père n'aurait plus d'intérêt à s'opposer à leur mariage.

Réal dit que c'est par une exception de pure faveur que la loi fixe la capacité de se marier à un âge encore tendre, et que le vœu du législateur est que les citoyens contractent le mariage dans un âge plus voisin de la majorité.

Réal, exposé de motifs au Corps législatif, 14 mars 1803. — Le Code distingue ici l'exercice de la puissance paternelle durant le mariage, de l'exercice de cette même puissance après sa dissolution.

Au premier cas, il donne au père la jouissance des biens de ses enfans jusqu'à l'âge de dix-huit ans accomplis, ou jusqu'à l'émancipation. Après la dissolution du mariage, il accorde les mêmes droits au père ou à la mère survivant.

Dans l'un ou l'autre cas, le législateur exige qu'à l'époque où l'enfant aura accompli sa dix-huitième année, les père et mère cessent de conserver la jouissance des biens de leurs enfans, parce que si les pères jouissaient des biens de leurs enfans jusqu'à la majorité de ces derniers, on aurait à craindre que, pour se conserver cet avantage dans toute son étendue, ils ne se refusassent à consentir à une émancipation ou à un mariage dont pourraient dépendre le bonheur et la fortune de leurs enfans.

Enfin, en prononçant par cet article que la mère jouit, dans cette circonstance, des droits qu'il accorde au père, le législateur établit un droit égal, une égale indemnité là où la nature avait établi une égalité de peines, de soins et d'affections; il répare, par cette équitable disposition, l'injustice de plusieurs siècles : il fait, pour ainsi dire, entrer pour la première fois la mère dans la famille, et la rétablit dans les droits imprescriptibles qu'elle tenait de la nature, droits sacrés, trop méprisés par les législations anciennes.

N. 16. — Mais l'intérêt des mœurs exigeait que l'on refusât cette jouissance à l'époux contre lequel le divorce aurait été prononcé. Celui-ci, en effet, a par un délit grave, brisé les nœuds les plus sacrés : pour lui, il n'y a plus de famille.

Procès-verbal du Conseil d'Etat, 30 septembre 1802. — Cambacérès dit que les raisons qui peuvent faire accorder au père remarié la jouissance des biens de ses enfans mineurs, ne militent pas en faveur de la mère. Le père, en se remariant, demeure le chef de la famille; la mère, au contraire, passe, par son second mariage, dans une famille nouvelle. Souffrira-t-on qu'elle y introduise ses enfans?

Réal objecte que souvent une mère ne se remarie que pour conserver à ses enfans l'établissement formé par leur père, que pour mieux assurer les moyens de les élever.

Cambacérès répond qu'on pourrait faire une exception pour le cas dont parle Réal; mais qu'il serait très-extraordinaire d'établir en principe que la mère peut porter dans une autre famille les revenus de ses enfans du premier lit, et enrichir ainsi, à leur préjudice, son nouvel époux.

(Voir Code civil, art. 386, 387 et 730; 601, 453, 795, 1442.)

Hua. — Si le mineur recueille une succession dont il doive ensuite rendre compte et rapporter les fruits aux créanciers, il semble indispensable que le père qui les avait perçus à titre de jouissance, les rende. Celui-ci ne doit profiter que des revenus de son fils; ce serait étendre ce droit au-delà, que de lui attribuer ceux dont celui-ci n'était, pour ainsi dire, que dépositaire.

Il me paraît que, si le survivant des père et mère est destitué de la tutelle, son usufruit doit cesser. (Voir Code civil, art. 390, 386 et 1388.)

Pandectes françaises. — Remarquez que du terme fixé par la loi à la jouissance des père et mère, il ne résulte pas qu'elle passe à cette époque aux enfans, et qu'ils puissent gérer et administrer par eux-mêmes, s'ils ne sont point émancipés.

Il s'ensuit seulement que les père et mère n'acquièrent plus les fruits en propriété. Ils en deviennent comptables.

La disposition de cet article s'applique, sans aucun doute, aux enfans naturels légalement reconnus.

Rolland de Villargues, v. puissance paternelle, n. 28. — Peut-on, en faisant un legs ou une donation à des enfans mineurs, imposer des conditions qui tendent à diminuer ou à restreindre les droits de la puissance paternelle? Non.

N. 30. — Lorsqu'on fait une donation ou un legs à un mineur, est-il permis de stipuler que ses père et mère n'auront pas l'administration des biens donnés, en confiant cette administration à un tiers, jusqu'à la majorité ou l'émancipation de l'enfant?

Cette question est controversée; mais nous pensons qu'une pareille clause doit être maintenue.

Toullier, t. 2, n. 1061 et 1062. — En général, l'usufruit des biens des enfans est un droit utile qui suit la puissance paternelle, à laquelle il est attaché. C'est au père qu'il appartient pendant qu'il vit, et après sa mort, à la mère. Ce droit est indépendant de la tutelle. La mère qui n'accepte point la tutelle de ses enfans, le père dispensé pour excuse légitime, ou exclu à raison d'incapacité ou pour autre cause, ne perdent point le droit d'usufruit sur les biens de leurs enfans. Mais la loi en prive celui des époux qui, à la mort naturelle ou civile de l'autre époux, n'a point fait rapporter inventaire des biens dépendans de la communauté.

Duranton, t. 3, n. 364. — Cette jouissance n'est établie qu'au profit des pères et mères légitimes.

N. 366. — La jouissance légale subsiste à l'égard de chaque enfant individuellement, jusqu'à son émancipation ou l'âge de dix-huit ans, quoique les biens, par exemple, ceux du père ou de la mère prédécédée, soient en commun entre tous les enfans; ce sera un compte particulier à faire avec chacun d'eux.

N. 369. — Cette jouissance comprend tous les produits des biens sur lesquels elle porte.

A. Dalloz, usufruit légal, n. 17. — De ces mots, *après la dissolution du mariage*, qui se trouvent dans l'art. 384, il résulte que l'usufruit légal n'est pas établi au profit des père et mère naturels, encore bien que dans l'intérêt des enfans naturels légalement reconnus, le Code ait accordé à leurs père et mère quelques effets de la puissance paternelle. (Code civil, art. 383; Proudhon, n. 124; Merlin, Q., v. usufruit paternel, § 4; Duranton, n. 364; Dalloz aîné, t. 12, p. 813, n. 2.)

N. 83. — Quoique l'émancipation soit retirée, l'usufruit ne revit pas. (Toullier, t. 2, n. 1303; Duranton, t. 3, p. 2, n. 396; Dalloz aîné, t. 12, p. 818, n. 11. *Contrà*: Proudhon, Cours de droit, t. 2, p. 266.)

N. 85. — Les créanciers du père ou de la mère seraient-ils recevables à faire révoquer l'émancipation, sous le prétexte qu'elle contiendrait une renonciation indirecte et frauduleuse à l'usufruit légal? *Oui*: Merlin, Q., v. usufruit, art. 1, § 1. *Non*: Proudhon, n. 2399; Toullier, t. 6, n. 368; Duranton, t. 3, n. 394; Delvincourt, t. 1, p. 250.

Question controversée. — Les créanciers du père sont-ils recevables à faire révoquer l'émancipation qu'il a conférée à son enfant et qui lui fait perdre la jouissance des biens de celui-ci? *Oui*: Merlin, Q., v. usufruit paternel, § 1. *Non*: Proudhon, usufruit, n. 2399; Toullier, t. 6, n. 368; Duranton, t. 3, n. 394.

Nota. D'après notre Code, cette question ne doit plus souffrir de difficulté, et l'on doit repousser l'action des créanciers. (Journal de la Magistrature, t. 3, p. 22 à 29.)

385. *Les charges de cette jouissance seront, — 1° Celles auxquelles seront tenus les usufruitiers; — 2° La nourriture, l'entretien et l'éducation des enfans, selon leur fortune; — 3° Le paiement des arrérages ou intérêts des capitaux; — 4° Les frais funéraires et ceux de dernière maladie. (C. C., art. 600, 601.)*

Cod., lib. 3, tit. 33, leg. 4, 7, 8, § 4.

Pothier, garde noble et bourgeoise, article préliminaire, § 1, 3; sect. 3, art. 2, § 3; sect. 4, § 1; sect. 3, art. 2, § 5, 6, 7; Merlin, R., usufruit paternel, § 3; Favard, puissance paternelle, sect. 2, § 3, n. 7, 8 et 9; Dalloz, usufruit légal ou paternel; Rolland de Villargues, mêmes mots, § 2; Toullier, t. 2, n. 1069; t. 4, n. 246; Duranton, t. 3, n. 397, 399; Proudhon, usufruit, t. 1, n. 178, 184; t. 4, n. 1900; t. 5, n. 2426, 2693; Delvincourt, t. 1, p. 97; Vazeille, t. 2, n. 406, 431, 433, 434, 438 à 443.

Pour éviter qu'on impute le dépérissement naturel à une mauvaise administration, celui qui aura droit à la jouissance devra faire constater l'état des lieux et le vice de la construction, avant de se mettre en possession, ou du moins dans un temps très-voisin.

Pandectes françaises. — Les frais d'inventaire ne sont point à la charge du survivant qui jouit du bien de ses enfans; mais il doit faire ceux nécessaires pour leur faire nommer un subrogé tuteur.

Si le père ou la mère survivant ne remplissait pas les obligations auxquelles il est assujetti; s'il ne fournissait pas à l'enfant mineur les alimens ou les choses nécessaires à son éducation; s'il dilapidait les biens; si, en un mot, il y avait de sa part malversation grave, il pourrait, sur la plainte de la famille, être déclaré déchu de sa jouissance.

On a vu quelquefois destituer de la *garde* des mères qui vivaient dans une débauche scandaleuse. On pourrait se conduire de même, et par la même raison, à l'égard de la jouissance accordée par le Code.

Delvincourt, t. 1, note 4 de la page 100. — Et *ceux de dernière maladie*. De quels frais entend-on parler ici? Des frais funéraires et de dernière maladie de l'enfant des biens duquel le père ou la mère a la jouissance.

Rolland de Villargues, v. usufruit paternel, n. 49. — Si les revenus des biens des enfans n'étaient pas suffisans pour satisfaire à la charge dont il s'agit, les père et mère seraient tenus d'y pourvoir personnellement et sans espoir de répéter l'excédant sur la dépense. (Proudhon, n. 184.)

N. 56. — *Les frais funéraires et ceux de dernière maladie.*

Ce qui doit s'entendre des frais funéraires et de dernière maladie de celui des époux qui est prédécédé, et de toute autre personne dont la succession serait dévolue en propriété aux enfans mineurs, et en usufruit légal à leur père ou à leur mère.

N. 57. — Et non des frais funéraires et de dernière maladie des enfans eux-mêmes, comme quelques personnes l'ont prétendu.

Toullier, t. 2, n. 1070. — Les père et mère sont obligés de constater, par un inventaire, les choses mobilières soumises à leur usufruit légal, sous peine d'en être privés; mais ils sont dispensés de donner caution.

Duranton, t. 3, n. 397. — Il est clair que les père et mère ne sont personnellement tenus que des charges des biens dont ils ont la jouissance. Il serait injuste qu'ils eussent à supporter, par exemple, les réparations d'entretien et les impôts des biens donnés à l'enfant sous la condition qu'ils n'en auraient pas l'usufruit, ou de ceux d'une succession dont ils ont été écartés pour cause d'indignité.

A. Dalloz, n. 68, § 3. — Cela ne doit s'entendre que des arrérages à échoir depuis l'ouverture de l'usufruit; car ceux échus et non payés forment une dette de la succession à la charge des mineurs. (Rolland de Villargues, v. usufruit, n. 55.) — *Contrà*: la loi ne distingue pas; les uns et les autres sont à la charge de l'usufruitier. (Proudhon, n. 206; Dalloz aîné, *eod.*)

N. 69, § 4. — Ces frais sont ceux occasionés par les dernières maladies et les funérailles des personnes dont la succession est dévolue aux mineurs. (Renusson, *Traité de la garde*, ch. 7, n. 49; Proudhon, n. 211; Toullier, n. 1069; Duranton, t. 3, n. 402; Dalloz aîné, t. 12, p. 768.)

Question controversée. — Le père ou la mère qui a l'usufruit légal des biens de ses enfans est-il tenu du paiement des arrérages ou intérêts des capitaux dus par les mineurs, même quand ces arrérages ou intérêts étaient échus avant l'ouverture de l'usufruit? *Oui*: Proudhon, usufruit, t. 1, n. 206. *Non*: arrêt de Lyon, 16 février 1835, Sirey, 35, 2e part., p. 310; Duranton, t. 3, n. 400, 401; Rolland de Villargues, R., v. usufruit légal, n. 55. (Journal de la Magistrature, t. 3, p. 365 à 368.)

386. *Cette jouissance n'aura pas lieu au profit de celui des père et mère contre lequel le divorce aurait été prononcé; et elle cessera à l'égard de la mère dans le cas d'un second mariage. (C. C., art. 228, 229. — C. P., art. 334, 335.)*

Cod., leg. 6, de bon. quæ lib.

Merlin, R., usufruit paternel, § 3; réserve, sect. 5; Favard, puissance paternelle, sect. 2, § 3, n. 7, 8 et 9; Dalloz, usufruit légitime ou paternel; Rolland, mêmes mots, § 3; Toullier, t. 2, n. 1064, 1071; Duranton, t. 1, n. 634; t. 3, n. 380 à 388; Proudhon, usufruit, t. 1, n. 140, 141, 143: Delvincourt, t. 1, p. 97; Vazeille, t. 2, n. 468; Grenier, hypothèque, t. 1, p. 615; Delahaye, p. 113, 114.

(Voir Sirey, t. 16, p. 354; t. 14, p. 70. *Contrà:* Sirey, t. 3, p. 290; t. 26, p. 169.)

Pandectes françaises. — Il faut également appliquer la première disposition de cet article au conjoint survivant contre lequel la séparation de corps aurait été prononcée, car les principes du divorce sont les mêmes que ceux de cette séparation. Le Code civil a en général établi les mêmes règles à l'égard de l'un et de l'autre. Il y a les mêmes motifs d'indignité.

Delvincourt, t. 1, note 7 de la page 100. — *Quid*, si la femme qui a perdu la jouissance par un second mariage, redevient veuve avant que ses enfans aient atteint l'âge de dix-huit ans, ou aient été émancipés? La jouissance revivra-t-elle à son profit? Je ne le pense pas. La loi ne dit pas que la jouissance est *suspendue*, mais qu'elle *cesse*.

Au surplus, de ce que la femme qui se remarie perd la jouissance, on en a conclu avec assez de fondement, et à plus forte raison, que la femme qui vit dans un déréglement de mœurs notoire, doit en être également privée.

Merlin, R., usufruit paternel, n. 3. — Par là même il décide implicitement qu'un second mariage ne l'a pas fait cesser à l'égard du père.

Duranton, t. 3, n. 380. — Si le divorce a été prononcé contre la mère, le père a naturellement conservé la jouissance.

Si c'est contre lui, la mère ne l'a pas eue pour cela à partir de la dissolution du mariage, puisque la loi ne l'accorde qu'à la mère *survivante* (art. 384), et que d'ailleurs le divorce n'a pas dû être pour elle le moyen de faire un gain: elle ne l'a eue qu'à partir de la mort naturelle ou civile de son mari. Les enfans ont profité des fruits perçus dans l'intervalle, ou de l'extinction absolue de l'usufruit, si leur père a survécu.

N. 384. — D'après l'art. 335 du Code pénal, le père ou la mère qui a excité, favorisé ou facilité la prostitution ou la corruption de ses enfans, est privé des droits et avantages accordés par la loi sur leur personne et leurs biens.

A. Dalloz, usufruit légitime, n. 89. — On ne pourrait, sans arbitraire, étendre au cas de séparation de corps qui ne rompt pas d'ailleurs le mariage, la privation prononcée à l'égard de l'époux contre lequel le divorce a été obtenu. (Proudhon, n. 142; Duranton, t. 3, n. 383; Dalloz aîné, t. 12, p. 819.)

387. *Elle ne s'étendra pas aux biens que les enfans pourront acquérir par un travail et une industrie séparés, ni à ceux qui leur seront donnés ou légués sous la condition expresse que les père et mère n'en jouiront pas.*

Instit., lib. 2, § 1, 2, tit. 9; ff, lib. 37, tit. 6, leg. 1; lib. 15, tit. 1, leg. 39, 49; lib. 49, tit. 17, leg. 11, 12, et toto tit. passim; Cod., lib. 12, tit. 51, leg. unicâ; tit. 37, leg. 1, et toto tit.; lib. 6, tit. 6, leg. 7; lib. 2, tit 7, leg. 8; Novell. 117, cap. 1, in princ.

Merlin, R., puissance paternelle, sect. 5; usufruit paternel, § 2; Favard, tutelle, § 1, n. 1 *bis*; Dalloz, usufruit légitime ou paternel; Rolland, mêmes mots, § 2; Pailliet, Dictionnaire universel, usufruit adventif; Toullier, t. 2, n. 1068, 1089; Duranton, t. 3, n. 373 à 380, 383 à 396; Proudhon, t. 2, p. 160; *id.*, usufruit, t. 1, p. 140, 151, 153, 204.

Rolland de Villargues, v. usufruit paternel, n. 38. — Notez ces mots, *sous la condition expresse.* Ainsi, la prohibition ne pourrait pas s'induire de ce que le père aurait été institué conjointement avec ses enfans mineurs, comme quelques anciens auteurs l'avaient prétendu. (Proudhon, n. 151.)

Duranton, t. 3, n. 374. — De cette disposition il faut conclure que, si les enfans avaient d'autres biens dont jouirait le père, celui-ci ne pourrait imputer sur les frais de nourriture et d'éducation, les revenus de ceux qu'ils ont acquis par un travail et une industrie séparés. S'il n'en était ainsi, l'exception établie par la loi n'aurait que des effets vains et incomplets.

N. 379. — Suivant un avis du Conseil d'Etat, approuvé le 30 janvier 1811, la jouissance légale des père et mère ne s'étend pas aux biens composant les majorats.

A. Dalloz, usufruit légitime, n. 44. — Quoique l'article se serve du mot *expresse*, il ne prescrit pas de terme sacramentel; il suffit que la volonté du testateur résulte des expressions qu'il a employées ou des dispositions qu'il a faites, et dont l'exécution serait incompatible avec l'exercice de l'usufruit: une exclusion formelle ou virtuelle serait suffisante. (Proudhon, n. 153; Dalloz aîné, *eod.*)

TITRE X.

De la Minorité, de la Tutelle et de l'Emancipation.

(Décrété le 26 mars 1803. Promulgué le 5 avril.)

CHAPITRE PREMIER.

De la minorité.

388. *Le mineur est l'individu de l'un et de l'autre sexe qui n'a point encore l'âge de vingt et un ans accomplis.* (*C. C., art.* 37, 76, 108, 144, 148, 224, 345, 346, 364, 372, 442, 903, 942, 980, 1070, 1095, 124 *et suiv.*; 1305 *et suiv.*; 1314, 1995, 2064, 2195. — *C. de P., art.* 285.)

ff, lib. 4, leg. 1, 3, § 3; lib. 26, tot. lib.; Inst., lib. 1, tit. 12.

Loi du 20 septembre 1790, tit. 4, sect. 1, § 2; lois des 19 fructidor an 6 et 25 ventôse an 11.

Pothier, des personnes, 1re part., tit. 5; Dalloz, lois, sect. 3, art. 2, § 1, n. 34; tutelle, minorité, émancipation, chap. 1; Toullier, t. 2, n. 1077 et suiv.; Duranton, t. 3, n. 404 à 413; Proudhon, t. 2, p. 167, 168; Delvincourt, t. 1, p. 103; Delahaye, p. 4 et suiv; Grenier, hypothèques, t. 1, p. 609,

Berlier, exposé des motifs au Corps législatif, 16 mars 1803, n. 3. — Avant la loi du 20 septembre 1792, la minorité durait jusqu'à l'âge de vingt-cinq ans sur presque tous les points du territoire français.

Mais l'exemple de plusieur États voisins, dont les lois faisaient cesser la minorité à un âge moins avancé; celui plus frappant encore de quelques-unes de nos anciennes provinces, comme l'*Anjou* et le *Maine*, où la minorité cessait à vingt ans, sans que l'ordre public ni les intérêts privés en souffrissent; les développemens sur-tout de notre organisation morale, qui se trouvaient avancés en raison des progrès que les lumières avaient faits depuis plusieurs siècles: toutes ces circonstances sollicitaient depuis long-temps une réforme, et peut-être elles n'eussent point prévalu contre d'anciennes habitudes sans la révolution, qui, en ébranlant tout, dut froisser beaucoup d'intérêts, mais détruisit aussi beaucoup de préjugés.

Alors on osa examiner la question, et l'on reconnut que l'incapacité civile résultant de la minorité, portée au-delà du vrai, mettait la société en perte réelle de toute la somme de travaux et de transactions qu'y eût versées l'individu paralysé par la loi.

Duranton, t. 3, n. 406. — Le mineur est soumis à la puissance paternelle ou à l'autorité d'un tuteur, laquelle, dans certains cas, concourt avec la puissance paternelle; ou enfin, s'il est émancipé, il est placé sous l'assistance d'un curateur.

Victor Augier, Encyclopédie des juges de paix, mineur, n. 5. — Les obligations souscrites par le mineur sont-elles nulles ou seulement sujettes à rescision?

Il faut distinguer comme faisait le droit romain. Elles sont nulles, s'ils ont contracté sans l'autorisation de leur tuteur; elles sont valides, et seulement susceptibles de rescision, s'ils ont été légalement autorisés.

Pour que la rescision d'un contrat passé, soit par le mineur assisté de son tuteur, soit par le tuteur lui-même, puisse être prononcée, il ne suffit pas d'invoquer la minorité; il faut encore prouver que le mineur en a reçu quelque préjudice: et encore ne parlons-nous ici que des actes faits par le tuteur hors des limites de son pouvoir légal; car si l'acte appartenait à la catégorie de ceux qu'il a le droit de faire seul, le mineur serait forcé de le respecter, sauf le recours que lui accorde l'art. 450, contre son tuteur, en cas de mauvaise gestion.

CHAPITRE II.

De la tutelle.

SECTION PREMIÈRE.

De la tutelle des père et mère.

389. *Le père est, durant le mariage, administrateur des biens personnels de ses enfans mineurs. — Il est comptable, quant à la propriété et aux revenus, des biens dont il n'a pas la jouissance; et, quant à la propriété seulement, de ceux des biens dont la loi lui donne l'usufruit.* (*C. C., art.* 141, 142, 421, 1388. — *C. P., art.* 334.)

Merlin, R., tutelle, sect. 2, § 2; Favard, même mot, § 1, n. 1 *bis*; Dalloz, tutelle, minorité, émancipation, chap. 2, sect. 1; Rolland, compte d'administration légale, puissance paternelle, tutelle, § 2; Toullier, t. 2, n. 1067, 1068, 1087 et suiv.; t. 12, n. 308; Duranton, t. 3, n. 414, 417; Proudhon, t. 1, p. 168, 169, 171; *id.*, usufruit, t. 1er, n. 125, 132; Delvincourt, t. 1er, p. 105; Persil, hypothèques, sur l'art. 2121, n. 33; Vazeille, t. 2, n. 407, 412, 433, 478; Guichard, Questions hypothécaires, p. 41 à 49; Grenier, hypothèques, t. 1, p. 609.

L'administration du père est-elle assimilée à la tutelle? *Oui :* Sirey, t. 17, p. 201; Merlin, R., hypothèques, § 2, 55, 3, art. 4; Persil, hypothèques, p. 318. *Non :* Sirey, t. 22, p. 80; Gazette des tribunaux, 8 octobre 1827; Sirey, t. 25, p. 152.

Domat, Lois civiles, liv. 2, tit. 1er, sect. 1re, n. 10. — Le père a l'administration des biens de ses enfans, et il leur tient lieu à cet égard de tuteur légitime.

Observations du Tribunat, 16 novembre 1802. — La section pense que le premier article de ce chapitre doit énoncer en termes précis quelle est, durant le mariage, la qualité du père par rapport aux biens personnels de ses enfans mineurs, soit pour ce qui concerne la propriété de ces biens seulement, s'il a droit à la jouissance, soit pour ce qui concerne la jouissance et la propriété, si l'une et l'autre appartiennent à ses enfans. Jamais, jusqu'à ce jour, le père ne fut qualifié de tuteur de ses enfans avant la dissolution du mariage. Si pendant que le mariage existe, la loi n'admettait aucune différence entre le père et le tuteur proprement dit, il faudrait que le père fût, par rapport aux biens personnels de ses enfans, assujéti durant le mariage à toutes les conditions et charges que la loi impose au tuteur. Il faudrait que le père fût sous la surveillance d'un subrogé-tuteur, sous la dépendance d'un conseil de famille, ce qui répugne à tous les principes reçus.

Il paraît évident que jusqu'à la dissolution du mariage, le véritable titre du père, et le seul qu'il puisse avoir dans l'hypothèse dont il est ici question, est celui *d'administrateur*.

C'est sur cette observation qu'est fondée la disposition proposée par la section.

Berlier, Exposé des motifs au Corps législatif, 16 mars 1803. — Tout mineur n'est pas nécessairement en tutelle; celui dont les père et mère sont vivans trouve en eux des protecteurs naturels, et s'il a quelques biens personnels, l'administration en appartient à son père. — La tutelle commence au décès du père ou de la mère; car alors, en perdant un de ses protecteurs naturels, le mineur réclame déjà une protection plus spéciale de la loi.

(Voir art. 442, 141, 384.) — *Des biens personnels de ses enfans.* La disposition de cet article a paru tellement impérative et d'ordre public, que la Cour de Besançon a, par arrêt du 15 novembre 1807, annulé la clause du testament du sieur Magnoncourt qui, en faisant un legs au mineur Henryon, avait ordonné que les biens légués seraient administrés par un autre que le père tuteur. (Voir plus haut l'opinion de Rolland, sur cette question; Toullier, *contrà*; Proudhon, usufruit, n. 249, Delvincourt et Duranton.)

Rolland de Villargues, v. tutelle, n. 21. — La gestion du père, comme administrateur légal, pendant le mariage, des biens de ses enfans mineurs, est en général soumises aux mêmes règles que la tutelle elle-même.

N. 22. — Par conséquent, le père administrateur peut être exclu ou destitué de cette administration, dans les mêmes cas et pour les mêmes causes que le tuteur pourrait l'être de la tutelle; et c'est au conseil de famille qu'appartient le droit de prononcer cette destitution. (Favard, tutelle, § 1, n. 1; Duranton, t. 3, n. 414.)

Duranton, t. 3, n. 417. — Le père ne doit pas rendre son compte à l'époque où cesse sa jouissance, c'est-à-dire à celle où l'enfant a accompli sa dix-huitième année : il doit seulement le rendre à la majorité de l'enfant ou à son émancipation.

S'il y a plusieurs enfans, les principes ci-dessus s'appliquent à chacun d'eux individuellement.

Dalloz, tutelle, ch. 2, sect. 1, n. 1. — Cette tutelle est appelée *légale*, parce qu'elle est déférée par la loi; on la nomme aussi *naturelle*, parce qu'elle est déférée par la nature, qui place les enfans, même *naturels*, sous la garde de leurs père et mère.

N. 9. — Pendant le mariage, la tutelle légale se confond avec la puissance paternelle; mais elle en diffère essentiellement, car celle-ci est instituée en grande partie en faveur des père et mère, au lieu que la tutelle ne l'est qu'en faveur des enfans. L'une est un droit, l'autre une charge. (Toullier, t. 2, n. 1092; Dalloz aîné, t. 12, p. 699, n. 2.)

Victor Augier, Encyclopédie des juges de paix, sect. 1, n. 2. — Lorsque, pendant l'administration du père, il survient une circonstance où ses intérêts sont opposés à ceux de ses enfans, si, par exemple, il leur échoit en commun une succession dont le père voudrait obtenir le partage, il faut qu'il leur fasse nommer un tuteur *ad hoc* avec lequel il procédera. (Arg. de l'art. 318.)

Le père même placé sous l'assistance d'un conseil judiciaire, peut exercer la tutelle légale lorsqu'il survit à la mère. Seulement on nomme un autre tuteur qui exercera tant que la dation du conseil judiciaire n'aura pas été révoquée. (Arg. de l'art. 442.)

Le père en état de faillite ne perd pas ses droits à la tutelle légale de ses enfans. (Arg. de l'art. 442 du Code de commerce.)

Question controversée. — L'administration du père est-elle assimilée à la tutelle? *Oui :* Sirey, t. 17, p. 201; Merlin, v. hypothèque, § 2, 55, 3, art. 4; Persil, Régime hypothécaire, p. 318. *Non :* Sirey, t. 22, p. 80; *id.*, t. 25, p. 152.

390. *Après la dissolution du mariage arrivée par la mort naturelle ou civile de l'un des époux, la tutelle des enfans mineurs et non émancipés appartient de plein droit au survivant des père et mère.* (*C. C., art.* 25, 302, 294 *et suiv.*; 421. — *C. P, art.* 28.)

ff, leg. 1, 5, 11 et 18, de tutel.; Cod., leg. 2, quandò mulier tutelæ officio.

Pothier, des personnes, 1re part., tit. 6, sect. 4, art. 1, § 1; Favard, interdiction, § 2, n. 9; tutelle, § 1, n. 2 et 4; § 4, n. 10; Dalloz, tutelle, minorité, émancipation, chap. 2, sect. 1 et 11; Rolland, tutelle, § 2; Toullier, t. 2, n. 1068; t. 12, n. 308; Duranton, t. 3, n. 339, 418, 431; Proudhon, t. 1, p. 330; t. 2, p. 171; *id.*, usufruit, t. 4, n. 2019; Delvincourt, t. 1, p. 107; Grenier, hypothèques, t. 1, p. 609, 615; Biret, absence, p. 227; Demoly, absence, p. 101.

La tutelle légitime est-elle déférée à la mère d'un enfant naturel reconnu? *Oui :* Sirey, t. 11, p. 475. *Non :* Sirey, t. 11, p. 475. (Voir Pailliet, Manuel, sur l'article.)

Huguet, rapport au Tribunat. — Le droit écrit, appuyé sur des raisons plus analogues à la nature, veut que le père, la mère, les ascendans soient tuteurs-nés, tuteurs légitimes et de droit de leurs enfans. Il autorise la tutelle testamentaire.

Votre section de législation a pensé que le droit écrit devait, à cet égard, l'emporter sur le droit coutumier; que la puissance du père, son autorité, ses sentimens et ses affections naturelles, ne pouvaient, sans faire injure à ce qu'il y avait de plus sacré, être soumis à un jugement; que les tutelles, au lieu d'être datives, doivent, à l'égard des père, mère et ascendans, être de droit : c'est une des principales bases et le système principal du projet de loi.

(Voir Code civil, art. 141, 365, 384, 385 et 444.)

Au survivant des père et mère : sauf le cas où les enfans sont admis dans un hospice. La loi du 15 pluviôse an 13 défère dans ce cas la tutelle à la commission administrative de cette maison, qui jouira des droits attribués aux père et mère tuteurs de leurs enfans.

Pandectes françaises. — La tutelle légitime n'a lieu que pour les enfans légitimes. Il n'y en a point pour les bâtards, quels qu'ils soient, même pour les enfans naturels reconnus.

Rolland de Villargues, v. tutelle, n. 29. — Le père qui a été placé sous l'assistance d'un conseil judiciaire, peut-il encore exercer la tutelle légale, dans le cas où il survit à la mère? Nous croyons qu'il faut décider l'affirmative. Seulement il y a lieu, dans ce cas, de nommer un autre tuteur, qui gérera tant que la dation du conseil judiciaire n'aura pas été révoquée. (*Vide suprà* même opinion émise.)

Merlin, R., tutelle, sect. 2, § 2, art. 1, n. 1. — Cette disposition admet, quant à la mère survivante, plusieurs modifications, mais elle est absolue à l'égard du père.

Duranton, t. 3, n. 431. — Les père et mère des enfans naturels légalement reconnus exercent-ils sur eux la tutelle légale, ou ne peut-il y avoir lieu qu'à la tutelle dative?

Cette question est controversée : la jurisprudence l'a jugée en sens divers.

La loi étant muette sur ce point comme sur plusieurs relatifs aux enfans naturels, il est donc plus sûr, quand la simple garde ne suffit pas, et qu'il y a lieu de mettre l'enfant en tutelle, parce qu'il faudrait représenter dans un acte, dans un procès où il serait intéressé, de recourir à la *tutelle dative*.

Dalloz, tutelle, chap. 2, sect. 1, n. 3. — Ni la disparution du père, ni son interdiction pour démence ou crime, ni sa condamnation par contumace à une peine emportant mort civile, tant que la mort civile n'est pas encourue, ne donnent ouverture à la tutelle de la mère. Celle-ci aura, comme mère, un droit de surveillance ; elle exercera même les droits du père ; mais son pouvoir n'aura pas le caractère de la tutelle proprement dite.

Question controversée. — La tutelle légale d'un enfant naturel appartient-elle de plein droit, par suite de la puissance paternelle, au père ou à la mère qui l'a reconnu ? *Oui :* Grenoble, 21 juillet 1836, Sirey, t. 37, 2ᵉ part., p. 471; Bruxelles, 6 février 1811, Dalloz, t. 11. 2ᵉ part., p. 84; Sirey, t. 11, 2ᵉ part., p. 199 et 476; Colmar, 24 mars 1813, Sirey, t. 14, 2ᵉ part., p. 2; Dalloz, Jurisprudence générale, t. 8, p. 641, n. 7; Victor Augier, Encyclopédie des juges de paix, t. 5, p. 191; Marchand, Code de la minorité, n. 36; Magnin, Traité de la minorité, t. 1, n. 502; Loiseau, des enfans naturels, et Devincourt. *Non :* Amiens, 26 juillet 1814, Dalloz, Jurisprudence générale, t. 12, p. 177; Sirey, t. 15, 1ʳᵉ part., p. 361; Paris, 9 août 1811, Dalloz, *ibid.*; Sirey, t. 11, 2ᵉ part., p. 475; Grenoble, 15 avril 1819, Dalloz, *ibid.*, p. 772; Sirey, t. 20, 1ʳᵉ part., p. 366; Agen, 9 février 1830, Dalloz, t. 31, 2ᵉ part., p. 251; Sirey, t. 32, 2ᵉ part., p. 58; Favard, v. tutelle, § 1, n. 5; Duranton, t. 2, n. 431; Rolland, v. enfant naturel, n. 62. (Journal de la Magistrature, t. 6, p. 94 à 102.)

391. *Pourra néanmoins le père nommer à la mère survivante et tutrice un conseil spécial, sans l'avis duquel elle ne pourra faire aucun acte relatif à la tutelle. — Si le père spécifie les actes pour lesquels le conseil sera nommé, la tutrice sera habile à faire les autres sans son assistance.*

Merlin, R., conseil de tutelle; contrat de mariage, § 3; dot; tutelle, sect. 2, § 2; Dalloz, tutelle, minorité, émancipation, ch. 2, sect. 1; Rolland de Villargues, conseil de tutelle, tutelle, § 2; Toullier, t. 2, n. 1068, 1097; Duranton, t. 3, n. 419; Vazeille, t. 2, p. 245, 276, 277; Sirey, t. 6, p. 301; t. 21, p. 127.

Procès-verbal du Conseil d'État, 17 décembre 1801. — Cambacérès dit qu'il n'est peut-être pas prudent de déférer indistinctement et de plein droit la tutelle à la mère survivante ; elle peut être encore trop jeune et trop inexpérimentée pour exercer une semblable charge.

Tronchet répond qu'à défaut du père, la mère est la personne la plus affectionnée de toutes celles qui peuvent prendre soin du mineur. On lui défère la tutelle par honneur ; mais on ne l'oblige pas à l'accepter, lorsqu'elle trouve cette charge au-dessus de sa force. D'ailleurs il y a des cas spécifiés où la tutelle est refusée à la mère et même au père. Enfin, la loi suppose qu'il y aura toujours un conseil de famille. — Discussion.

Cambacérès ajoute que ce serait réduire le mineur à une condition trop dure, que de l'abandonner à la discrétion de sa mère, lorsqu'il est parvenu à un âge voisin de la majorité. Au reste, dans tous les temps, la mauvaise administration des tutrices a fait naître une foule de procès. L'inconvénient serait encore bien plus grand aujourd'hui, que les mœurs ont perdu de leur gravité. Il convient donc de se rapprocher des lois romaines, et de faire une distinction entre le père et la mère par rapport à la tutelle.

Procès-verbal du Conseil d'État, 14 octobre 1802. — Berlier dit qu'on a craint que l'exclusion de la mère ne diminuât dans les enfans le respect qu'ils lui doivent, et cette considération a déterminé à maintenir l'ordre naturel de la vocation à la tutelle, toutes les fois que la mère n'en sera point exclue par les causes générales qui en rendent indigne ou incapable. — La section s'est encore déterminée à donner la tutelle légitime à la mère, par la considération qu'elle recueille à son profit les revenus de ses enfans mineurs ; et qu'ainsi, en administrant leurs biens, elle administre en quelque sorte sa propre chose. Si cependant la mère, par son inconduite ou son incapacité, mettait les capitaux en péril, la famille serait là, soit pour l'écarter de la tutelle, soit pour la lui retirer, si elle lui avait été déférée.

Cambacérès répond que, dans le système présenté, la mère est appelée à l'exercice d'un pouvoir qui jusqu'ici n'avait appartenu qu'au père. Toutefois, elle ne le partage pas avec lui ; en sorte qu'il n'y aurait pas de contradiction à laisser au père le droit de choisir le tuteur de ses enfans, et à ne faire commencer la tutelle légitime de la mère que lorsqu'il n'y a pas de tutelle testamentaire.

Pour ce qui est de l'intervention de la famille dans l'administration de la tutrice, il y a de l'inconvénient à mettre ainsi la famille aux prises avec la mère. Le père, d'ailleurs, est le meilleur juge de la capacité de sa femme. Il la nommera certainement, s'il est convaincu qu'elle est en état d'administrer ; mais s'il ne la croit pas capable de bien gérer, et qu'il ne puisse cependant lui ôter la tutelle, ses derniers momens seront empoisonnés par le sentiment pénible qu'il laisse ses enfans exposés à de grands dangers.

Treilhard propose, en déférant de plein droit la tutelle à la mère, d'accorder au père le droit de nommer un conseil avec lequel elle serait obligée de se concerter.

Hua. — Un conseil spécial. Lorsque les membres de ce conseil auront été désignés par le père, eux seuls pourront assister la mère ; et s'ils n'acceptent pas cet emploi, il n'appartient pas à la famille de composer un autre conseil. Le père a pu avoir des motifs pour désirer ceux qu'il indiquait, sans penser que d'autres pussent rendre le même service, et sa volonté est ici la règle exclusive. Il en serait autrement, si le père a laissé le choix du conseil spécial à celui de famille.

Pandectes françaises. — Le père peut composer le conseil de tutelle, soit d'une seule, soit de plusieurs personnes, et leur accorder un pouvoir plus ou moins étendu. Mais il ne peut pas priver la mère tutrice de l'administration des biens. Ce serait, en effet, lui ôter la tutelle. Elle est seulement obligée de consulter le conseil pour les actes de cette administration.

La mère ne sera point obligée de prendre l'avis du conseil, pour le mariage de ses enfans. Le consentement au mariage d'un enfant n'est point une simple opération de tutelle ; c'est un acte de la puissance paternelle sur lequel elle ne peut point être gênée. Mais elle est tenue de prendre l'avis du conseil, pour les conventions du contrat ; car, dans cet acte, elle n'agit pas seulement comme mère, mais encore comme tutrice. (Delvincourt, t. 1, p. 110, note 2 ; Toullier, t. 2, n. 1097.)

Rolland de Villargues, v. conseil de tutelle, n. 9. — Le père naturel qui a reconnu son enfant a-t-il aussi reconnu le droit de nommer un conseil à la mère ? Cela nous paraît résulter du principe qui attribue de droit au père ou à la mère la tutelle de leur enfant naturel reconnu.

N. 11. — Les personnes qui peuvent être nommées tuteur, peuvent seules être nommées conseil de tutelle.

N. 16. — Toute personne nommée conseil de tutelle peut refuser.

Augier, Encyclopédie des juges de paix, tutelle, sect. 1, n. 15. — De ce que le mari qui prédécède peut nommer à la veuve un conseil spécial, il ne s'ensuit pas qu'il puisse lui défendre un acte quelconque d'administration que la loi confère à la mère survivante.

N. 16. — Le conseil spécial n'a point qualité pour plaider contre la mère, dans l'intérêt des mineurs, alors même qu'il agirait conjointement avec le subrogé-tuteur.

N. 17. — Si le conseil nommé n'accepte point, ou s'il vient à mourir, la mère rentre dans l'intégrité de ses droits de tutrice, à moins que le père, dans la prévoyance de ce cas, n'eût substitué un second conseil au premier.

A. Dalloz, n. 32. — Le conseil nommé en termes généraux, sans spécification, est censé l'avoir été pour tous les actes de la tutelle. (Magnin, n. 447 ; Dalloz aîné, t. 12, p. 701, n. 5.)

N. 36. — Il ne peut être nommé plusieurs personnes pour conseil. (Rolland de Villargues, v. conseil de tutelle, n. 15 ; Dalloz aîné, t. 12, p. 701, n. 8.)

392. *Cette nomination de conseil ne pourra être faite que de l'une des manières suivantes : — 1° Par acte de dernière volonté ; — 2° Par une déclaration faite ou devant le juge de paix, assisté de son greffier, ou devant notaires. (C. C., art. 398.)*

Leg. 1, 3, 4, ff, de testam., tutel.

Merlin, R., conseil de tutelle; contrat de mariage, § 3; dot ; tutelle, sect. 2, § 2 ; Favard, tutelle, § 2, n. 1 ; Rolland, conseil de tutelle ; Toullier, t. 2, n. 1097 ; Duranton, t. 3, n. 420, 421 ; Delvincourt, t. 1, p. 107, 109.

Observations du Tribunat, 16 novembre 1802. — On pense que la déclaration portant nomination de conseil de la part du père à la mère tutrice, peut valablement être faite devant tout juge de paix, et qu'il n'importe point si le déclarant est ou n'est pas domicilié dans son ressort. Ainsi, au lieu des mots, *devant le juge de paix*, on propose de dire, *devant un juge de paix*. (Toullier, t. 2, n. 1097.)

On propose aussi de dire, *ou devant notaires*, au lieu des mots, *devant deux notaires, ou devant un notaire en présence de deux témoins*, ces détails appartenant à la loi sur l'organisation du notariat, qui doit les régler.

Pandectes françaises. — Si cette nomination se trouvait dans un testament public qui serait nul à raison de l'inobservation de quelque formalité, elle serait cependant valable, parce que le testament public, nul comme tel, n'en est pas moins authentique comme acte notarié, et que la loi n'exige que cela. (Delvincourt, t. 1, p. 110, note 4.)

Duranton, t. 3, n. 421. — Si le conseil nommé ne veut pas accepter, ou si la condition sous laquelle il l'a été ne s'est pas réalisée, ou s'il vient à mourir, la mère exerce pleinement la tutelle, à moins que, dans la prévoyance de ces cas, le père n'ait substitué un second conseil au premier.

393. *Si, lors du décès du mari, la femme est enceinte, il sera nommé un curateur au ventre par le conseil de famille. — A la naissance de l'enfant, la mère en deviendra tutrice, et le curateur en sera de plein droit le subrogé-tuteur.* (*C. C., articles* 405 *et suiv.*; 450, 814, 940. — *C. de P., art.* 49, 83, 126, 132, 135, 853.)

ff, leg. 8, de cur. furioso dandis; leg. 20, de tutor. et cur. datis; leg. 48, de administrat. et pericul.

Pothier, des personnes, 1re part., tit. 6, sect. 5, art. 3; Merlin, R., avis de parens, curateur, § 3; Favard, curateur, n. 5; tutelle, § 1, n. 4; Dalloz, tutelle, minorité, émancipation, chap. 2, sect. 1: Toullier, t. 2, n. 1099, 1100; Carré, Justice de paix, t. 3, n. 1937, 1938; Duranton, t. 3, n. 428 à 431; Delvincourt, t. 1, p. 108, 114.

Domat, Lois civiles, liv. 2, tit. 2, sect. 1re, n. 14. — Si une veuve se trouve grosse au tems de la mort de son mari, on ne peut nommer de tuteur à l'enfant jusqu'à sa naissance. Mais s'il est nécessaire, on nomme un curateur pour la conservation des droits de l'enfant qui pourra naître, et pour l'administration des biens qui pourront lui appartenir. (Voir n. 13, 15, 16, 17, 18; voir aussi sect. 2, n. 2 et 3; sect. 3, n. 1 à 6.)

Pothier, Traité des personnes, p. 458. — Le curateur au ventre ou au posthume, pour l'administration générale des biens qui doivent lui appartenir lorsqu'il sera né, doit rendre compte au tuteur de ce posthume né, ou à ceux à qui les biens appartiendront, s'il arrive qu'il ne naisse pas.

Procès-verbal du Conseil d'État, 14 octobre 1802. — Tronchet demande qu'on emploie dans cet article l'expression *curateur au ventre*. Elle est en usage dans la langue des lois; elle est d'ailleurs plus laconique, et désigne mieux les fonctions de curateur que celle de curateur à l'enfant à naître, qui semble supposer que le curateur ne doive s'occuper de l'enfant qu'après sa naissance, tandis que sa surveillance a également pour objet d'empêcher la supposition d'enfant,

Si la femme est enceinte. Les héritiers ne peuvent demander que la femme soit visitée pour s'assurer du fait de grossesse. (Arrêt, Aix, 19 mars 1807.)

Delvincourt, t. 1, note 12 de la page 110. — *Ou se déclare enceinte*. Il n'est pas nécessaire de recourir aux moyens de vérification, qui pourraient être insuffisans. (Victor Augier, Encyclopédie des juges de paix, § 6, n. 1.)

Note 14. — *Tutrice*. Il est bien entendu qu'il s'agit ici du cas où il n'existe pas d'autres enfans; car alors, comme les enfans déjà nés et le posthume ont le même intérêt, les mesures prises à l'égard des uns suffiront à l'égard de l'autre. Mais si le posthume avait, par événement, un intérêt opposé à celui de ses frères, l'on devrait se conformer à l'art. 393. (Maguin, des tutelles, n. 597; Duranton, t. 3, n. 429.)

394. *La mère n'est point tenue d'accepter la tutelle; néanmoins, et en cas qu'elle la refuse, elle devra en remplir les devoirs jusqu'à ce qu'elle ait fait nommer un tuteur.* (*C. C., art.* 399, 402, 421.)

Leg. 2, § 1 et 2, ff, qui petunt tutor.; leg. 3 et 11; Cod., eod., leg. 2, § 23, ad senatus-consult. Tertul.

Toullier, t. 2, n. 1096; Duranton, t. 3, n. 390, 422, 438, 446; Proudhon, t. 2, p. 172, 207; Delvincourt, t. 1, p. 107, 117; Delahaye, p. 20, 21.

Berlier, exposé de motifs au Corps législatif, 16 mars 1803. — La tutelle est aussi une charge. Une mère pourrait trouver le fardeau trop pesant; un ascendant très-âgé pourra craindre d'y succomber: l'excuse déduite du sexe, ou celle offerte par l'âge viendront à leur secours. Mais leur volonté seule réglera l'exercice ou l'abandon de leurs droits; car il a paru dangereux de les subordonner à la confirmation d'un conseil de famille qui pourrait capricieusement refuser sa sanction à l'ordre tracé par la nature.

Duranton, t. 3, n. 422. — Il faut conclure de la rédaction de cet article, que la mère n'a pas le droit de nommer elle-même le tuteur; que la tutelle ne passe pas aux ascendans, lors même qu'il en existerait en état de l'exercer.

N. 423. — La mère a bien la faculté de refuser la tutelle, mais le Code ne lui donne pas également celle de l'abdiquer sans motifs légitimes après l'avoir acceptée.

A. Dalloz, Tutelle, n. 24. — Mais la mère qui s'est démise de la tutelle légale ne peut plus la réclamer. Seulement si le tuteur qui la remplace vient à cesser ses fonctions pour un motif quelconque, elle pourra être investie de nouveau de la tutelle par le conseil de famille. (Maguin, n. 435.)

395. *Si la mère tutrice veut se remarier, elle devra, avant l'acte de mariage, convoquer le conseil de famille, qui décidera si la tutelle doit lui être conservée. — A défaut de cette convocation, elle perdra la tutelle de plein droit; et son nouveau mari sera solidairement responsable de toutes les suites de la tutelle qu'elle aura indûment conservée.*

Leg. 2, Cod., quandò mulier tutelæ officio; leg. 6, Cod, in quib. caus. pignus vel hypothec. tacitè contrahitur; Novell. 22, cap. 40; Novell. 94, cap. 9; Novell. 118, cap. 5.

Merlin, R., motifs du jugement, t. 17, n. 20; éducation, § 1, n. 4; Favard, tutelle, § 1 n. 3: Dalloz, tutelle, minorité, émancipation, ch. 2, sect. 1, n. 7; Rolland, tutelle, § 2 et 13; Toullier, t. 2, n. 1098; Duranton, t. 3, n. 425, 426, 446; Massé et Lherbette, t. 2, n. 595 et suiv.: 600 et suiv., 630; t. 7, p. 220, 221; Delvincourt t. 1, p. 108, 114; Biret, nullités, t. 1, p. 191 et suiv.; Delahaye, p. 23 et 598; Vazeille, t. 2, n. 408, 469, 470; Bellot, contrat de mariage, t. 3, p. 178 à 183; Grenier, hypothèques, t. 1, p. 615 à 619.

Le mari est assujéti à l'hypothèque légale que l'art. 2135 accorde au mineur sur les biens de son tuteur. (Persil, hypothèques, t. 1, p. 284, n. 29; Merlin, R., hypothèque, sect. 2, § 6, art. 4, n. 2; Sirey, t. 25, p. 51. *Contrà:* Delvincourt, t. 1, p. 428, note 1.)

Domat, Lois civiles, liv. 2, tit. 1, sect. 3, n. 37. — Si la mère, tutrice de ses enfans, convole en secondes noces sans leur avoir fait nommer un tuteur, rendu compte de son administration et acquitté et assuré ce qu'elle pourrait devoir, les biens de son second mari seront hypothéqués envers les mineurs, pour tout ce qui se trouvera leur être dû par le compte, tant du passé que de l'avenir.

Procès-verbal du Conseil d'état, 14 octobre 1802. — Tronchet rappelle que les rédacteurs du projet de Code civil avaient suivi la jurisprudence qui prive toujours de la tutelle la mère remariée, parce que, en effet, de sa part, le convol en secondes noces suppose que sa tendresse pour ses enfans est diminuée.

Un second mariage peut faire douter aussi de l'affection du père, et il est des circonstances où ce doute se convertit en certitude: tel serait le cas où un homme opulent épouserait sa servante. D'après ces considérations, les rédacteurs proposaient d'obliger le père à déclarer à la famille le mariage qu'il se propose de contracter, et d'autoriser la famille à décider s'il doit conserver la tutelle.

Berlier voudrait que la mère ne fût point exposée à perdre la tutelle par le seul fait d'un second mariage. C'est assez, dit-il, qu'en ce cas elles perdent les revenus des biens de leurs enfans. Avec un tel frein, les mères d'enfans riches se remarieront rarement: quant aux veuves d'artisans, laboureurs, etc., il importe qu'elles se remarient, même pour l'intérêt de leurs enfans en bas âge, qui retrouvent un appui dans le second mari de leur mère.

Cambacérès trouve qu'il serait dur d'obliger le père à soumettre à la famille le mariage qu'il se propose de contracter. Au lieu de lui imposer cette humiliante formalité, on pourrait donner une action à la famille ou au ministère public, pour le faire déclarer déchu de la tutelle, si son nouveau mariage compromettait les intérêts de ses enfans.

A l'égard de la mère, le père devrait être autorisé à lui ôter, par son testament, jusqu'au titre de tutrice, dans le cas où elle se remarierait. Si le père n'avait rien statué, il faudrait que la mère fût obligée à consulter la famille sur son mariage, et que l'omission de cette formalité rendit son second mari responsable de la gestion.

Toutefois, il n'est pas juste de confondre le père et la mère, car le mariage du père ne change pas l'état de la famille : elle conserve toujours le même chef, tandis que la mère remariée passe dans une autre famille et sous l'autorité de son second mari.

Observations du Tribunat, 16 novembre 1802. — Il est dit dans cet article que la mère tutrice qui se remarie avant d'avoir convoqué le conseil de famille, perd la tutelle de plein droit. Mais comme l'expression littérale de la loi semblerait autoriser le nouveau mari à prétendre, en pareil cas, qu'il n'est responsable que de l'*indue gestion* qui aurait eu lieu depuis le nouveau mariage, on demande que l'article soit conçu de manière qu'il ne puisse y avoir aucune méprise sur le véritable esprit de la loi, qui est que le mari réponde du défaut de gestion, comme de l'indue gestion.

Berlier, exposé de motifs au Corps législatif, 16 mars 1803. — Sans vouloir frapper de défaveur ces secondes unions, qui dans les campagnes et chez les artisans ont souvent pour objet de rendre un nouveau protecteur à des orphelins, il en résulte toujours que la femme passe dans une nouvelle société, dont le chef est étranger à ses enfans, et si ce fait ne saurait, sans injustice, lui faire perdre la tutelle de plein droit, du moins suffit-il pour appeler la famille à délibérer si elle doit lui être conservée. Dans ce cas encore, si la mère maintenue dans la tutelle choisit un tuteur par son testament, ce choix devra être confirmé par la famille.

Hua. — Après le convol, le père continue de demeurer tuteur sans avoir besoin de se faire confirmer, parce que sa position ne change point comme celle de la femme, puisqu'il conserve la gestion de sa fortune, tandis que celle de la mère remariée passe à son nouveau mari.

Pandectes françaises. — A défaut de la formalité prescrite par notre article, le second mari devient responsable solidairement avec la mère de l'administration de la tutelle, même antérieure au second mariage. En conséquence, les enfans acquièrent hypothèque sur les biens du second mari, pour ce qui leur est dû, à raison de cette gestion antérieure.

Si la mère a convolé en troisièmes noces, les héritiers du second mari et le troisième sont tenus chacun à proportion du temps que le mariage a duré, et de celui du veuvage qui a précédé chaque mariage. La raison est que le second mari étant responsable de l'administration de la tutelle depuis la mort du premier, pendant la première viduité de la mère, il est juste que le troisième réponde de la même administration depuis la mort du second, et pendant la seconde viduité. Il y a même raison.

Delvincourt, t. 1, note 7 de la page 110. — Lorsque la mère est déchue, par l'effet de la présente disposition, et qu'il y a des ascendans, la tutelle leur est-elle déférée de plein droit? Non.

Note 9. — De toutes les *suites*, c'est-à-dire de toute la gestion, même antérieure au mariage, et même du défaut de gestion.

Y aura-t-il lieu, sur les biens du mari, à hypothèque tacite que l'art. 2135 accorde au mineur sur les biens du tuteur? Je ne le pense pas.

Rolland de Villargues, v. conseil de tutelle, n. 37. — De ce que la mère perd la tutelle de plein droit, il s'ensuit que la mère ne peut plus agir, soit dans des actes, soit devant des tribunaux, en qualité de tutrice. Les actes qu'elle passerait seraient nuls.

N. 42. — La mère qui a perdu la tutelle par le convol, peut être réélue par le conseil de famille : c'est un point constant. (Dalloz, tutelle, chap. 2, sect. 1, n. 7.)

Duranton, t. 3, n. 426. — Les biens du nouveau mari sont-ils frappés de l'hypothèque légale du mineur, comme dans le cas de l'article 396?

Nous ne le pensons pas; il n'est point tuteur.

Victor Augier, Encyclopédie des juges de paix, conseil de famille. — C'est au conseil à voir si la nature de cette seconde union, sa moralité, la position du nouvel époux, son caractère, ses antécédens, permettent de laisser la mère tutrice sans compromettre les intérêts du mineur, qui sont les premières choses à considérer dans toutes les délibérations.

Noces, n. 2. — Lorsque la mère a déclaré vouloir se marier, et que le conseil de famille ne l'a pas maintenue dans la tutelle, peut-elle, le mariage venant à manquer, revendiquer son droit de tutrice? Oui; car ce n'est pas pour la punir, c'est pour savoir s'il faut préserver les enfans de l'influence du second mari, que la loi lui ordonne de consulter le conseil de famille. Or, du moment que le projet de mariage est rompu, du moment que cette influence étrangère n'est plus à craindre, le motif qui avait excité la prudente défiance de la loi n'existe plus : la tutelle légale revit ou plutôt continue dans toute sa force.

Mais la mère à qui le conseil de famille a retiré la tutelle pour cause de convol, ne la reprend pas de plein droit à la mort de son second mari, car si le décès du second mari change la position de la femme, il ne détruit pas le fait du convol, et ne saurait, par conséquent, faire renaître un droit anéanti par ce fait.

Le conseil de famille peut investir de la tutelle la mère qui l'a perdue de plein droit pour s'être remariée sans avoir rempli les formalités prescrites par l'art. 395. Conforme, Favard, v. tutelle, § 1, n. 3.

Noces, n. 8. — La mère qui, dans le cas de notre article, a perdu de plein droit la tutelle légale, doit cependant en conserver l'administration jusqu'à la nomination d'un nouveau tuteur, afin de ne pas établir entre l'ancienne et la nouvelle tutelle, une lacune préjudiciable au mineur. Mais elle doit se borner à des actes conservatoires. Elle ne pourrait agir devant les tribunaux en qualité de tutrice, et les obligations qu'elle contracterait en cette qualité seraient nulles, tellement que sa réintégration ultérieure dans la tutelle ne pourrait les valider.

A. Dalloz, tutelle, n. 61. — Cette responsabilité s'étend à la tutelle antérieure comme à la tutelle postérieure. C'est ce qui résulte de ces mots, *toutes les suites*, et de cette maxime reçue en France, suivant laquelle celui qui épouse la veuve, épouse la tutelle. (Rolland, n. 40; Grenier, des hypothèques, n. 280; Duranton, n. 426; Dalloz aîné, t. 12, p. 704.) Et dans ce cas, le mari est justement soumis à l'hypothèque légale. (Grenier, *eod. Contrà :* Duranton, n. 426, et Delvincourt.)

396. *Lorsque le conseil de famille, dûment convoqué, conservera la tutelle à la mère, il lui donnera nécessairement pour cotuteur le second mari, qui deviendra solidairement responsable, avec sa femme, de la gestion postérieure au mariage.*

Leg. 6, Cod., in quib. caus. pignus.

Favard, tutelle, § 1, n. 2; Rolland, tutelle, § 2; Toullier, t. 2, n. 1098; Duranton, t. 3, n. 425, 446; Carré, Justice de paix, t. 3, n. 1931 et suiv.; Delvincourt, t. 1, p. 108; Persil, hypothèques, sur l'art. 2121, n. 29; Bellot, contrat de mariage, t. 3, p. 178, 182; Grenier, hypothèques, t. 1, p. 615 à 619.

Delvincourt, t. 1, note 10 de la page 110. — *Quid*, si le mari gère mal la tutelle, et encourt la destitution? La mère doit cesser également d'être tutrice, sauf, s'il y a lieu, à lui déférer la tutelle de nouveau, après la dissolution du mariage, s'il est prouvé qu'elle n'a participé en rien aux malversations de son mari. (Arrêt, Bruxelles, 18 juillet 1810.)

Duranton, t. 3, n. 425. — Puisqu'il est cotuteur, il est tuteur; en conséquence ses biens sont frappés de l'hypothèque légale du mineur, conformément à l'art. 2135.

Victor Augier, Encyclopédie des juges de paix, cotuteur, n. 2. — La loi ne distingue pas si le second mari est majeur ou mineur; la cotutelle lui appartient dans l'un et l'autre cas. Il s'était élevé des doutes sur ce point, d'après la rédaction de l'art. 442. Mais cet article parle de la *tutelle*, et ne s'applique point au cas particulier de l'art. 396, qui attribue au second mari de la femme maintenue dans la tutelle de ses enfans, non pas la qualité de *tuteur*, mais celle de *cotuteur*. Ainsi, il est de toute évidence que les art. 442 et 396 statuent sur des cas différens. (Favard, tutelle, § 1, n. 2.)

Le second mari cotuteur peut, sans le concours de sa femme, administrer les biens des mineurs. Cela résulte de la solidarité que la loi établit entre le mari et la femme. (*Leg.* 3, *ff., de administ. et pericul. tutor.*) D'ailleurs, dans notre droit, le mari exerce toutes les actions de la femme. (Rolland, tutelle, n. 46.)

Mais la tutelle du second mari ne concerne que l'administration des biens; elle ne modifie pas les droits de la femme sur le gouvernement de la personne des enfans, qui continue de lui appartenir, en vertu de la puissance paternelle. (Favard, tutelle, § 1er, n. 2.)

Si le cotuteur était suspendu de ses fonctions pour incapacité ou autre cause, la tutelle de la mère serait suspendue de plein droit pendant le mariage. (*Vide suprà* Delvincourt.)

Victor Augier, Encyclopédie des juges de paix, noces, n. 9. — Le second mari de la tutrice étant *nécessairement* le cotuteur des enfans du premier lit, son acceptation est inutile pour le soumettre à la responsabilité solidaire de la gestion postérieure au mariage.

A. Dalloz, tutelle, n. 65. — Par ce mot *nécessairement*, le législateur fait entendre que si le conseil conserve la tutelle à la mère tutrice remariée, il n'a pas le pouvoir d'ôter au second mari la qualité de cotuteur. (Maguin, n. 453.)

SECTION II.

De la Tutelle déférée par le Père ou la Mère.

397. *Le droit individuel de choisir un tuteur parent, ou même étranger, n'appartient qu'au dernier mourant des père et mère.* (*C. C., art.* 421, 1055.)

Instit., lib. 2, arg. ex tit. 16; ff, leg. 1, 3 et 4, de testam. tut., et leg. 2, de confirm. tutel.; Cod., leg. 4, de testam. tutel., et leg. 1, de confirm. tut.; ff, lib. 26, tit. 5

Merlin, R., tutelle, sect. 2, § 1; Q., éducation; Favard, interdiction, § 2, n. 9; Tutelle, § 2, n. 2; § 4, n. 10; Dalloz, tutelle, minorité, émancipation, chap. 2, sect. 2; Rolland, tutelle, § 3; Toullier, t. 2, n. 1101 et suiv.; Duranton, t. 3, n. 432 à 443, 446; Delvincourt, t. 1, p. 109; Delahaye, p. 21, 22; Domat, Lois civiles, liv. 2, tit. 1, sect. 1, des tuteurs; A. Dalloz, tutelle, n. 79, 87; Malleville.

Un père peut nommer deux tuteurs, un pour la personne et l'autre pour les biens. (Sirey, t. 14, 2e part., p. 171. *Contrà:* Massé et Lherbette. Voir Journal des notaires, t. 2, p. 605 et suiv.; t. 4, n. 1257.)

Leroy, discours au Corps législatif, 26 mars 1803. — Le projet de loi suppose le père et la mère décédés. Un tuteur aura pu être donné au mineur indifféremment par le dernier mourant. Ainsi, celui des parens que la mort vient arracher au fils dont il était le seul appui sentira des regrets moins déchirans; il lui laisse un ami, le choix de son cœur: il meurt, et sa tendresse vivra encore près de cet enfant que la nature abandonne.

Delvincourt, t. 1, note 1 de la page 112. — Pourvu toutefois qu'ils n'aient point été eux-mêmes exclus ou destitués de la tutelle. (Hua, sur l'article.)

Favard, tutelle, § 2, n. 2. — L'expression *dernier mourant* paraît devoir être considérée ici comme *survivant*, et rien n'annonce dans le Code qu'il ait entendu refuser au survivant des père et mère le droit de se faire remplacer par un tuteur de son choix, en cas d'excuse légitime plutôt qu'en cas de mort.

Toullier, t. 2, n. 1102. — Le survivant des père et mère, qui peut nommer un tuteur pour le remplacer après sa mort dans la tutelle de ses enfans, n'en peut-il aussi nommer un pour le remplacer de son vivant, lorsqu'il a un motif d'excuse légitime pour quitter la tutelle?

On ne voit aucune disposition qui le lui défende. La faculté accordée par notre article n'est point limitée au cas de mort du survivant des père et mère; et on ne trouve pas de raison pour lui refuser le droit de se faire remplacer par un tuteur de son choix, en cas d'excuse légitime plutôt qu'en cas de mort.

N. 1105. — Le survivant des père et mère peut donner à ses enfans un tuteur sous condition ou jusqu'à un certain temps, de manière que la tutelle finisse par l'expiration du temps fixé ou par l'événement de la condition.

Au contraire, le conseil de famille ne peut nommer un tuteur à temps ni sous condition.

Victor Augier, Encyclopédie des juges de paix, sect. 2, n. 2. — La nomination de ce tuteur, qu'on peut appeler testamentaire, n'a d'effet qu'après la mort du tuteur légal. Il n'est pas au pouvoir de celui-ci, lors même qu'il se reconnaîtrait incapable de gérer la tutelle, de se choisir un remplaçant durant sa vie. Il pourrait nommer un mandataire qui gérerait sous sa responsabilité; mais la délégation de la tutelle n'appartient qu'au *dernier mourant*, et pour l'époque où il ne sera plus.

N. 3. — On peut considérer comme dernier mourant le conjoint d'un individu frappé de mort civile, car la mort civile est assimilée à la mort naturelle, quant à l'exercice des droits civils.

N. 4. — Il n'en est pas de même dans le cas de l'interdiction: l'époux de l'interdit n'aurait pas le droit de nommer un tuteur à leurs enfans, avant le décès de son conjoint.

(Voir Code pénal, art. 335. — Code civil, art. 399, 400 et 445.)

N. 7. — Le droit de choisir un tuteur étant une émanation de la puissance paternelle, la mère *non remariée* qui aurait refusé la tutelle de ses enfans, n'en serait pas moins apte à choisir un tuteur. L'art. 397 ne subordonne point l'exercice de ce droit à l'acceptation faite par la femme de la tutelle légale. Même décision quant au père, s'il avait eu de justes motifs pour se faire dispenser ou décharger de la tutelle.

N. 8. — Mais il faut remarquer que le droit accordé par l'art. 397 cessant avec la puissance paternelle, ne peut être exercé après l'époque où les enfans ont atteint leur majorité. C'est donc avec raison que, par jugement du 14 août 1832, le tribunal de la Seine a décidé que le père tuteur de son fils majeur interdit, ne peut désigner dans son testament celui qui doit lui succéder dans la tutelle.

Dalloz, tutelle, chap. 2, sect. 2, n. 3. — Cependant, il semble que la survivance du conjoint mort civilement ne ferait pas obstacle à l'exercice de ce droit, car la mort civile est assimilée à la mort naturelle (Code civ., art. 25, 28), et le mort civilement est déchu de toute puissance paternelle.

398. *Ce droit ne peut être exercé que dans les formes prescrites par l'art.* 392, *et sous les exceptions et modifications ci-après.*

Instit., § 5, qui testam. tutor. dari possunt; ff, leg. 1, 3 et 9, de testam. tutel.; leg. 3, ff, de conf. tut.; leg. 2, Cod., eod.; ff, leg. 8, 23 et 30, de tutel.

Rolland, tutelle, § 3; Duranton, t. 3, n. 433; Delvincourt, t. 1, p. 209; Levasseur, justice de paix, p. 151.

Huguet, rapport au Tribunat, 24 mars 1803. — Ainsi, le droit individuel de choisir un tuteur parent ou étranger n'appartient qu'au dernier mourant des père et mère. Ce sera par testament, ou par acte devant un juge de paix ou un notaire, que ce droit sera exercé.

La mère remariée et non maintenue dans la tutelle ne pourra faire choix de ce tuteur. Si elle a été maintenue, elle pourra faire ce choix; mais il ne sera valable qu'autant qu'il sera confirmé par un conseil de famille.

Le tuteur élu par le père ou la mère n'est pas tenu d'accepter cette tutelle, à moins qu'il ne soit dans la classe de ceux que le conseil de famille aurait pu en charger.

Pandectes françaises. — S'il se rencontre dans la personne du tuteur nommé quelque motif d'exclusion, la famille peut l'opposer et demander qu'il soit écarté.

Je pense que les tuteurs de la classe de ceux dont il est parlé dans cette section doivent prêter serment; car il n'y a que les tuteurs légitimes qui en soient dispensés.

Victor Augier, Encyclopédie des juges de paix, tutelle, sect. 2, n. 10. — La nomination du tuteur par le père ou la mère survivant peut être faite avec une certaine restriction, ou pour un certain temps. Ainsi, le père peut défendre au tuteur qu'il nomme à ses enfans de placer leurs deniers dans les fonds publics. Ainsi, encore, il peut fixer l'époque à laquelle le tuteur cessera ses fonctions.

Le père et la mère d'un enfant naturel reconnu ont, comme les père et mère légitimes, le droit de nommer un tuteur à leur enfant.

A. Dalloz, tutelle, n. 89. — Le choix du père ou de la mère, sauf le cas où la mère remariée a conservé la tutelle, n'est pas soumis à la confirmation du conseil de famille. (Maguin, n. 472.)

399. *La mère remariée, et non maintenue dans la tutelle des enfans de son premier mariage, ne peut leur choisir un tuteur.* (*C. C., art.* 395.)

Arg. ex leg. 2, quandò mulier officio tut. fungi potest.

Dalloz, minorité, tutelle, émancipation, chap. 2, sect. 2; Toullier, t. 2, n. 1102; Duranton, t. 3, n. 436; Proudhon, t. 2, p. 173; Delvincourt, t. 1, p. 109.

Procès-verbal du Conseil d'Etat, 14 octobre 1802. — Cambacérès demande si la mère conserve le droit de nommer le tuteur, lorsqu'elle a été elle-même privée de la tutelle, ou lorsqu'elle est remariée. — Dans ce dernier cas, lui sera-t-il permis de faire porter son choix sur son second mari?

Tronchet propose de n'accorder à la mère le droit de nommer le tuteur que lorsqu'elle-même est tutrice.

Bigot-Préameneu ajoute que le consentement de la famille au mariage ne doit pas empêcher de soumettre à sa confirmation le choix de la mère, si, en mourant, elle nomme son second mari tuteur. En effet, lorsque la famille a consenti à ce que la mère, en se remariant, conservât la tutelle, elle a pû être rassurée par la confiance qu'elle avait en la mère elle-même; on ne doit pas en conclure qu'elle aura nécessairement la même confiance dans le second mari, quand il demeurera seul tuteur.

Proudhon, t. 2, p. 173. — *Un tuteur testamentaire*. Parce qu'il y aurait de l'inconséquence à lui accorder le droit de déléguer à un autre un pouvoir dont elle était déchue elle-même.

Duranton, t. 3, n. 436. — Il en est de même de celui qui a été exclu ou destitué de la tutelle, soit celle de ses enfans, soit tout autre, même pour autre cause que la condamnation à une peine infamante ou la corruption des enfans.

400. *Lorsque la mère remariée, et maintenue dans la tutelle, aura fait choix d'un tuteur aux enfans de son premier mariage, ce choix ne sera valable qu'autant qu'il sera confirmé par le conseil de famille.* (*C. C., art.* 395, 421.)

Rolland, tutelle, § 3; Toullier, t. 2, n. 1103; Duranton, t. 3, n. 430; Delvincourt, t. 1, p. 109, 114.

Proudhon, t. 2, p. 174. — *Par le conseil de famille.* Parce que la loi, toujours en défiance du second mari, dans la cause des enfans du premier lit, ne veut pas que la mère placée sous son influence, puisse nuire à leurs intérêts, en choisissant seule un tuteur qui pourrait être d'intelligence avec lui ; mais dès que le conseil de famille accède à la nomination et justifie la sagesse du choix de la mère, la loi l'adopte, même quand il porterait sur la personne du second mari, puisqu'elle ne le déclare ni incapable ni exclu.

Duranton, t. 3, n. 436. — Il en serait de même, encore qu'elle fût devenue veuve et qu'elle n'eût pas d'enfans de son second mariage. La loi est absolue : c'est une suite de la défaveur attachée aux secondes noces des mères.

Mais quant aux enfans de son second lit, elle peut, si elle a survécu à son nouveau mari, leur choisir un tuteur par l'effet de sa seule puissance.

Victor Augier, Encyclopédie des juges de paix, conseil de famille. — Les droits de la mère ne sont détruits ou limités qu'à l'égard des enfans du premier lit, car le second mariage n'a pu nuire qu'à eux, et non à ceux qui doivent le jour à cette union.

401. *Le tuteur élu par le père ou la mère n'est pas tenu d'accepter la tutelle, s'il n'est d'ailleurs dans la classe des personnes qu'à défaut de cette élection spéciale le conseil de famille eût pu en charger.* (*C. C., art.* 427 *et suiv.*)

ff, leg. 27, 28, § 1 ; leg. 32, 33 et 36, de excusation. tutor.

Toullier, t. 2, n. 1104, 1105; Duranton, t. 3, n. 543; Proudhon, t. 2, p. 174, 195; Delvincourt, t. 1er, p. 109.

Malleville. — On peut ici faire une question dont on ne trouve pas la solution dans le Code.

Suivant les lois romaines, les tuteurs légitimes et datifs ne pouvaient être nommés à jour, ou sous condition. — Comme on ne connaissait guère en France de tutelles purement testamentaires, et qu'elles étaient plutôt mixtes, le tuteur nommé par le testament ayant presque partout besoin d'être confirmé par le magistrat, on ne pratiquait point ces tutelles conditionnelles ou à jour.

Mais aujourd'hui, que les pères et mères peuvent donner directement, et sans l'intervention des parens ni du magistrat, un tuteur à leurs enfans, je ne vois pas sur quel motif on pourrait annuler une nomination faite à jour, ou sous condition, ou pour un certain tems. Les lois romaines le permettent, et le Code ne le défend pas. (Argument tiré de l'art. 391.)

Question controversée. — Lorsque le tuteur nommé par le père ou la mère est excusé ou n'accepte pas, la tutelle se trouve-t-elle déférée *de plein droit* aux ascendans? *Oui* : Bruxelles, 11 mars 1819; Dalloz, v. tutelle, p. 707. 706. *Non* : Toullier, t. 2, n. 1106; Duranton, t. 3, n. 441. (Journal de la Magistrature, t. 2, p. 252 à 256.)

SECTION III.

De la Tutelle des ascendans.

402. *Lorsqu'il n'a pas été choisi au mineur un tuteur par le dernier mourant de ses père et mère, la tutelle appartient de droit à son aïeul paternel ; à défaut de celui-ci, à son aïeul maternel, et ainsi en remontant, de manière que l'ascendant paternel soit toujours préféré à l'ascendant maternel du même degré.* (*C. C., art.* 421, 907.)

Tab. 5; ff, leg. 1, 7, 9 et 10, de legitim. tutel.; leg. 2, Cod. eod.

Pothier, des personnes, 1re part., tit. 6, sect. 4, art. 1, § 1; Merlin, R., tutelle, sect. 2, § 2, art. 1, n. 3; Favard, transaction, § 1, n. 3; tutelle, § 1 et 4, n. 10; Dalloz, tutelle, minorité, émancipation, ch. 2, sect. 3; Toullier, t. 2, n. 1106, 1107; Duranton, t. 3, n. 422, 443 à 448 ; Proudhon, t. 2, p. 173; Delvincourt, t. 1, p. 108; Biret, absens, p. 230; A. Dalloz, tutelle, n. 98, 108.

Domat, Lois civiles, liv. 2, tit. 1, sect. 1, n. 3. — Quoiqu'il soit naturel de nommer, pour la tutelle d'un mineur, celui que la proximité appelle à sa succession, comme il arrive souvent que les plus proches, ou sont incapables d'être tuteurs, ou se trouvent avoir des moyens d'excuse, on peut nommer pour tuteurs des parens plus éloignés, ou faute de parens, des alliés et des étrangers même, s'il ne se trouve pas de parens ou d'alliés qu'on puisse nommer; c'est-à-dire qui soient capables d'être tuteurs, et qui n'aient point d'excuse; et si dans le lieu du domicile du mineur il n'y a personne propre à être tuteur, on peut en choisir dans les lieux voisins.

Malleville. — Dans le projet du Code civil, les *aïeules* n'étaient point exclues de la tutelle légitime; seulement, en cas de concours, la préférence était donnée aux mâles.

Dans le projet de la section de législation, les aïeules étaient exclues de la tutelle légitime ; mais on les admettait à la tutelle dative, si le conseil de famille les en jugeait capables.

De là, deux questions : En défaut d'ascendans mâles, les aïeules seront-elles tutrices de droit ? Si elles ne le sont pas, peuvent-elles au moins être nommées par le conseil de famille ?

On décida d'abord qu'elles ne seraient pas tutrices de droit, parce que souvent leur âge les en rendrait incapables.

Sur la seconde question, on dit que la tutelle était un office viril ; que les considérations qui avaient motivé une exception pour les mères ne s'appliquaient pas avec la même force aux aïeules ; que peut-être même on aurait mieux fait de ne confier aux mères que la garde de leurs enfans.

D'après ces motifs, il semblait que l'aïeule serait exclue de la tutelle dative, comme de la tutelle légitime. Cependant l'art. 442 préjuge bien évidemment le contraire, lorsqu'il dit : *Ne peuvent être tuteurs..... les femmes autres que la mère et les ascendans.*

Delvincourt, t. 1, note 4 de la page 111. — Mais l'ascendant maternel *plus proche*, est préféré à l'ascendant paternel plus éloigné. Ainsi, l'aïeul maternel est préféré au bisaïeul paternel.

Toullier, t. 2, n. 1107. — Mais cette tutelle n'est admise que dans le cas où le survivant des père et mère est mort sans avoir choisi un tuteur. Si le tuteur choisi refuse ou est excusé ; s'il meurt avant la fin de la tutelle; si la mère survivante se remarie et n'est pas maintenue tutrice; si elle refuse la tutelle; dans tous ces cas, il faut recourir à la tutelle dative déférée par le conseil de famille : les ascendans ne sont plus tuteurs de droit.

Duranton, t. 3, n. 447. — D'après ces principes, que lorsque la tutelle légitime trouve une personne pour se reposer sur elle, le degré de la loi est épuisé, encore que cette personne n'exerce pas la tutelle; qu'il ne se fait pas de dévolution à un autre ; que l'ordre successif n'est pas plus admis sous le Code qu'il ne l'était dans le droit romain, nous décidons aussi que si l'ascendant le plus proche, au moment où s'ouvre la tutelle, est incapable, exclu ou excusé, ou que si, après avoir eu la tutelle, il est destitué, elle ne passe pas pour cela à l'ascendant d'un degré ultérieur : bien mieux, qu'elle ne passe même pas à l'aïeul maternel, quand l'aïeul paternel existe, quoiqu'il ne puisse ou ne veuille pas être tuteur, ayant une excuse à faire valoir.

Victor Augier, Encyclopédie des juges de paix, tutelle, sect. 3, n. 2. — C'est une grave question que celle de savoir si, lorsque le tuteur choisi par le père ou la mère n'accepte pas ou est exclu pour un motif quelconque, la légitime tutelle des ascendans reprend son cours, ou si, au contraire, il faut recourir au conseil de famille, pour nommer le tuteur.

Duranton, t. 3, n. 441, et Toullier, t. 2, n. 1107, embrassent cette dernière opinion. *Contrà* : arrêt de Bruxelles, 11 mars 1819, Dalloz, tutelle, p. 706.

N. 3. — Lorsque l'ascendant le plus proche, au moment où s'ouvre la tutelle, est incapable, exclu ou excusé, elle ne passe pas pour cela à l'ascendant que la loi désigne à son défaut, mais elle tombe dans la catégorie des tutelles datives; car, en matière de tutelle, ces mots *à défaut* s'entendent du cas de mort, et non de celui d'excuse ou d'exclusion. *Contrà* : Dalloz, *loco citato.*

N. 4. — Quoique les ascendans n'aient pas la tutelle légitime de leurs enfans majeurs interdits, comme ils ont celle de leurs enfans mineurs, il est néanmoins convenable de la leur déférer. Cette obligation morale est telle, qu'ils peuvent proposer, en tout état de cause, les nullités d'une délibération du conseil de famille qui nomme un étranger pour tuteur.

N. 5. — On remarquera, du reste, que la tutelle légitime n'appartient de plein droit qu'aux ascendans mâles. Dans le cas de concurrence entre l'aïeule paternelle et l'aïeule maternelle, relativement à la tutelle de leurs petits-enfans, le conseil de famille n'est point obligé de préférer l'aïeule paternelle. C'est l'intérêt du mineur qui doit seul diriger le choix du conseil.

403. *Si, à défaut de l'aïeul paternel et de l'aïeul maternel du mineur, la concurrence se trouvait établie entre deux ascendans du degré supérieur qui appartinssent tous deux à la ligne paternelle du mineur, la tutelle passera de droit à celui des deux qui se trouvera être l'aïeul paternel du père du mineur.*

Dalloz, tutelle, minorité, émancipation, chap. 2, sect. 3; Toullier, t. 2, n. 1108; Carré, Justice de paix, t. 3, n. 1935; Proudhon, t. 2, p. 175; Delvincourt, t. 1, p. 108, 109; Biret, absence, p. 230.

404. *Si la même concurrence a lieu entre deux bisaïeuls de la ligne maternelle, la nomination sera faite par le conseil de famille, qui ne pourra néanmoins que choisir l'un de ces deux ascendans.*

Novell. 118, cap. 5.

Dalloz, émancipation, chap. 2, sect. 3; Toullier, t. 2, n. 1108, 1109; Carré, Justice de paix, t. 3, n. 1936; Duranton, t. 3, n. 449; Delvincourt, t. 1, p. 109, 114.

SECTION IV.

De la Tutelle déférée par un conseil de famille.

405. *Lorsqu'un enfant mineur et non émancipé restera sans père ni mère, ni tuteur élu par ses père et mère, ni ascendans mâles, comme aussi lorsque le tuteur de l'une des qualités ci-dessus exprimées se trouvera ou dans le cas des exclusions dont il sera parlé ci-après, ou valablement excusé, il sera pourvu, par un conseil de famille, à la nomination d'un tuteur. (C. C., art. 25, 427 et suiv.; 442 et suiv. — C. de P., art. 882 et suiv.)*

Inst., lib. 1, tit. 20.

Loi du 15 pluviôse an 13, relative à la tutelle des enfans admis dans les hospices. L'exposé des motifs est dans Locré, t. 7, p. 289. (Voir décret du 19 janvier 1811, art. 15.)

Pothier, des personnes, 1re part., tit. 6, sect. 4, art. 1, § 2; Introduction au titre 19 de la Coutume d'Orléans, n. 10 et 11; Merlin, R., tutelle, sect. 2, § 3; Favard, domaine extraordinaire, sect. 2, § 3, n. 5; tutelle, § 1; n. 4., § 4, n. 1, 4, 7 et 10; Dalloz, tutelle, minorité, émancipation, chap. 2, sect. 3 et 4; Rolland, tutelle, § 5; Duranton, t. 3, n. 431, 450, 451; Carré, Justice de paix, t. 3, n. 1944, 1945; Proudhon, t. 1er, p. 330; t. 2, p. 186 à 191, 195; Delvincourt, t. 1, p. 110, 113, 114; Delahaye, tutelle, p. 111; A. Dalloz, tutelle, n. 105, 106, 116.

Berlier, exposé des motifs au Corps législatif, 16 mars 1803. — Un enfant peut rester sans père, mère ni ascendans, et sans que le dernier mourant de ses père et mère lui ait désigné de tuteur. C'est ici qu'en l'absence des personnes présumées lui porter une affection supérieure à toutes les autres affections, le concours des collatéraux deviendra nécessaire, et la tutelle essentiellement dative.

Le Roy, Discours au Corps législatif, 26 mars 1803. — Ce conseil de famille sera convoqué à la première réquisition des parties intéressées, ou même d'office par le juge de paix. Six parens ou alliés le formeront dans les cas ordinaires. Si les parens ou alliés ne se trouvent pas en nombre suffisant sur les lieux; si les distances ou toute autre cause ne permettent pas au juge de paix de les appeler, il est autorisé à la remplacer par des habitans de la commune connus pour avoir eu des relations habituelles d'amitié avec le père ou la mère du mineur. Ainsi, les sentimens les plus affectueux doivent animer l'assemblée, et le juge de paix qui la préside leur donnera la direction de l'impartialité.

Cette bonne composition du conseil de famille nous a paru justifier assez le silence que garde le projet sur les cautions à demander au tuteur, ainsi que l'exigeaient dans certains cas les lois romaines. La tutelle est un fardeau: il était devenu sans motif d'en augmenter le poids. — L'usage qui voulait que les parens nominateurs fussent tenus de la mauvaise administration des tuteurs, en cas d'insolvabilité, n'était pas moins déraisonnable: la famille a rempli son devoir quand elle a fait son choix avec toutes les précautions de la bonne foi, avec tous les soins de la tendresse.

1 Exception quant aux enfans admis dans les hospices.

Victor Augier, Encyclopédie des juges des paix, conseil de famille. — Dans son choix, le conseil de famille est parfaitement libre. Il n'est point tenu de prendre le tuteur parmi les parens du mineur au degré successible, quoiqu'il semble naturel de confier la personne du pupille à ceux qui lui tiennent de plus près par les liens du sang, et d'imposer la charge de soigner les biens à ceux qui peuvent avoir l'avantage de les recueillir un jour. (Arg. de l'art. 432.)

Sect. 4, n. 1er. — Il faut, pour que le conseil de famille ait mission de nommer un tuteur, qu'il ne reste aucun ascendant mâle. La tutelle est pour ainsi dire le patrimoine des ascendans. Tant qu'il en existe un seul, le conseil n'a pas le droit de l'exclure. Il est incontestable que, hormis le cas du tuteur testamentaire, la loi a voulu confier la tutelle aux ascendans plutôt qu'à des collatéraux ou à des étrangers. *Contrà*: Duranton, Toullier, Favard.

Dalloz, tutelle, chap. 2, sect. 4, n. 2. — Il n'est pas obligé de prendre le tuteur dans son sein.

N. 7. — La délibération qui nomme un tuteur n'a pas besoin d'être homologuée; elle est exécutoire par elle-même; c'est ce qu'on induit de l'art. 418.

406. *Ce conseil sera convoqué soit sur la réquisition et à la diligence des parens du mineur, de ses créanciers ou d'autres parties intéressées, soit même d'office et à la poursuite du juge de paix du domicile du mineur. Toute personne pourra dénoncer à ce juge de paix le fait qui donnera lieu à la nomination d'un tuteur. (C. C., art. 108, 410, 420, 422, 454 et suiv.; 1056 et suiv. — C. de P., art. 882, 910.)*

Leg. 2, in princ., ff, qui petunt tutor.; leg. 4, Cod., eod.

Pothier, des personnes, 1re part., tit. 6, sect. 4, art. 1, § 2; Introduction au tit. 9 de la Coutume d'Orléans, n. 11; Merlin, R., tutelle, sect. 2, § 3; curatelle, § 5; ministère public, § 7; légitimité, sect. 4, § 1, n. 3; Favard, tutelle, § 4, n. 4 et 7; Dalloz, tutelle, minorité, émancipation, chap. 2, sect. 5; Rolland, conseil de famille, § 1; Chauveau, Recueil alphabétique, t. 1, p. 12; Toullier, t. 2, n. 1115; Carré, Justice de paix, t. 3, n. 1892 et suiv.; Duranton, t. 3, n. 452, 453; Proudhon, t. 1, p. 121; t. 2, p. 180; Delvincourt, t. 1, p. 110; Levasseur, Juges de paix, p. 119.

Procès-verbal du Conseil d'État, 14 octobre 1802. — Tronchet et Treilhard disent que le juge de paix doit désigner ceux qui doivent former l'assemblée de famille. Ce choix a lieu sur une liste fournie par les parens, c'est-à-dire par ceux qui ont intérêt à la nomination du tuteur.

Delvincourt, t. 1, note 3 de la page 113. — Il n'y a que les parens, les créanciers et autres personnes intéressées qui aient le droit de requérir, et à la réquisition desquels le juge de paix soit tenu de déférer. (Pandectes françaises.)

Victor Augier, Encyclopédie des juges de paix, noces, n. 5. — Si la mère tutrice qui veut se remarier a changé de domicile depuis son veuvage, le conseil de famille chargé de décider si elle sera maintenue dans la tutelle, doit être celui du domicile où la tutelle s'est ouverte, celui qui a nommé le subrogé-tuteur, et il n'en faut pas composer un nouveau dans le lieu où la tutrice est maintenant domiciliée.

§ 3, n. 4, conseil de famille. — La convocation se fait devant le juge de paix du domicile du mineur, c'est-à-dire du domicile où la tutelle s'ouvre pour la première fois, et non de celui où il plairait au tuteur de transporter son domicile, dans un but contraire aux intérêts du mineur. (Toullier; Delvincourt; Favard; Duranton; Carré; Dalloz.)

Même, à la mort du tuteur, le domicile naturel du mineur, c'est-à-dire le domicile de l'ouverture de la tutelle, ou en d'autres termes celui du dernier mourant des père et mère, reprend toute sa force. (Voir Sirey, t. 19, 1re part., p. 325; Dalloz, 1825, 1re part., p. 405.)

A. Dalloz, tutelle, n. 121. — La formation du conseil de famille appartient nécessairement au juge de paix comme président l'assemblée des parens. (Maguin, n. 324.)

N. 164. — Mais le ministère public ne peut provoquer cette nomination, car outre que l'art. 406 est limitatif, le ministère public n'a d'action directe que dans les cas déterminés. (Maguin, n. 323; Dalloz aîné, t. 12, p. 708; Rolland, v. conseil de famille, n. 3.)

N. 167. — Lorsqu'il s'agit de délibérer sur les intérêts d'un mineur pourvu d'un tuteur, le droit de convoquer le conseil n'appartient qu'au tuteur et au subrogé-tuteur (Maguin, n. 321.)

407. *Le conseil de famille sera composé, non compris le juge de paix, de six parens ou alliés, tant dans la commune où la tutelle sera ouverte que dans la distance de deux myriamètres, moitié du côté paternel, moitié du côté maternel, et en suivant l'ordre de proximité dans chaque ligne. — Le parent sera préféré à l'allié du même degré; et, parmi les parens du même degré, le plus âgé à celui qui le sera le moins.* (*C. C.*, *articles* 25, 415, 427 *et suiv.*; 442 *et suiv.* — *C. P.*, *articles* 42, 43 *et* 335.)

Merlin, R., conseil de famille, n. 2; avis de parens, tutelle, sect. 2, § 3, art. 3, n. 7 *bis*; § 5, n. 4, interdiction; Favard, tutelle, § 4, n. 2, 3, 4, 7; § 8, n. 2: Dalloz, tutelle, minorité, émancipation, ch. 2, sect. 5; Rolland de Villargues, conseil de famille, § 1; Chauveau, Journal des Avoués, t. 1, p. 244, 245; Toullier, t. 2, n. 1111 et suiv.; Duranton, t. 3, n. 431, 458, 462, 618; Carré, des justices de paix, t. 3, n. 1863, 2048 et suiv.; Proudhon, t. 2, p. 184, 317; Delvincourt, t. 1, p. 110, 111; Biret, nullités, t. 1, p. 184 et suiv.; Pailliet, Manuel, arrêts qu'il cite sur cet article.

Procès-verbal du Conseil d'Etat, 14 octobre 1802. — Bigot-Préameneu demande que le conseil de famille soit toujours formé en nombre impair.

Cambacérès ne voudrait pas que tous les parens fussent appelés, quel que soit leur degré; il voudrait qu'on appelât les plus proches, fussent-ils même hors de l'arrondissement. Autrement il pourrait arriver que des frères même se trouveraient exclus de l'assemblée, et des parens des degrés plus éloignés ne seraient convoqués que jusqu'à concurrence d'un certain nombre. Les parens résidant hors de l'arrondissement pourraient proposer leur excuse, et seraient remplacés par ceux du degré subséquent. On ferait concourir les parens de chaque ligne dans une proportion aussi égale que possible, et établir le concours entre les degrés de chaque ligne : on pourrait, *v. g.*, appeler ensemble les frères et les oncles.

Observations du Tribunat, 16 novembre 1802. — On a oublié de comprendre dans l'art. 408 (2ᵉ alinéa), les ascendans valablement excusés de la tutelle. Quoiqu'ils ne puissent être contraints d'accepter la qualité de tuteur, ils ne doivent pas pour cela être exclus du conseil de famille. La section pense qu'il est utile que la loi s'explique à cet égard.

Berlier, exposé des motifs au Corps législatif, 16 mars 1803. — Pour parvenir à une bonne organisation des conseils de famille, il a paru nécessaire de les rendre peu nombreux, de n'y admettre que les plus proches parens de chaque ligne, et d'obvier à l'influence d'une ligne sur l'autre, par l'appel d'un nombre égal de parens pris dans chacune. — On appellera donc les trois plus proches parens de chaque. Voilà, sauf le cas des frères germains et majeurs, s'ils excèdent ce nombre, la limite qu'on a cru devoir adopter; elle portera le conseil de famille au nombre de sept, en y comprenant le juge de paix, qui en sera membre et président, et dont le caractère impartial dirigera les résultats vers le bien et l'utilité du mineur.

Ainsi disparaîtront beaucoup d'intrigues, et principalement celles à la faveur desquelles on portait souvent sur un parent éloigné et peu affectionné la charge que devait naturellement supporter le parent le plus proche.

Hua. — On induit des dispositions de cet article, qu'il n'y a point lieu de considérer, pour le choix des parens, s'ils sont domiciliés dans la distance indiquée; leur résidence ou présence, même instantanée, suffit pour les obliger à faire partie du conseil de famille.

Le choix des parens en nombre égal dans chaque ligne est pour l'intérêt du mineur, afin de balancer, autant que possible, la contrariété qui se rencontre dans celui réciproque des deux familles; néanmoins la disposition est tellement précise, qu'on ne doit s'en écarter sous aucun prétexte que celui de l'éloignement des parens; et dans ce dernier cas, il convient de suppléer, à défaut de l'un de ces parens, par un ami, et non par un parent de l'autre ligne.

Pandectes françaises. — S'il y avait moins de six parens ou amis, nul doute qu'il y aurait nullité. Par conséquent, si l'un des parens appelés s'excuse, s'abstient, ou est récusé, il faut en appeler un autre pour compléter le conseil.

Le Code veut que les six parens ou alliés soient pris moitié dans chaque ligne. Il est évident que les germains peuvent être appelés indifféremment pour l'une comme pour l'autre, puisqu'ils tiennent aux deux lignes. Il est également certain que l'alliance se soutient par l'existence des enfans, quand même l'allié devenu veuf aurait contracté un second mariage.

Delvincourt, t. 1, note 4 de la page 113. — Ou *alliés.* L'alliance dure-t-elle encore après la mort de la femme qui la produisait? Oui, si toutefois il reste des enfans du mariage. (Argument tiré de l'article 206.)

Victor Augier, Encyclopédie des juges de paix, conseil de famille, § 5, n. 12. — Les vices dans la composition du conseil de famille, ou dans le mode de délibération, n'entraînent pas la nullité d'actes faits par le tuteur indûment nommé; et les actes faits de bonne foi par les tiers, avec l'emploi des formalités requises, doivent être respectés. (Duranton, t. 3, n. 471; Hua, arrêt de Liége.)

§ 2, n. 7. — Comme le juge de paix peut placer les frères consanguins dans l'une ou l'autre ligne, à son choix, il est convenable qu'il les attribue de préférence à la ligne où il y a moins de parens, sans pourtant qu'on puisse faire de ceci une règle absolue.

Un beau-frère, veuf sans enfans, ne cesse pas d'être l'allié de sa belle-sœur. Ainsi, il doit concourir, de préférence à un ami, à la formation du conseil de famille appelé à donner son avis sur l'interdiction de celle-ci.

Cet article n'est pas applicable, si le mineur est un enfant né hors mariage. Dans ce dernier cas, le mineur n'ayant d'autres parens que ses père et mère, le conseil de famille doit être exclusivement composé d'amis.

Des amis ne peuvent être admis dans un conseil de famille, par préférence à des parens qui demandent à en faire partie, mais qui sont domiciliés hors la distance de deux myriamètres. *Contrà* : Rouen, 29 novembre 1816.

Lorsque les parens les plus proches du mineur ne se sont pas rendus à une première convocation, pour composer le conseil de famille, le juge de paix qui en a convoqué de plus éloignés peut encore rappeler les premiers, s'il le juge à propos; et si les uns et les autres comparaissent, les plus éloignés doivent être exclus de la délibération.

A. Dalloz, tutelle, n. 158. — Dans tous les cas, l'inégalité de nombre des parens de chaque ligne devrait entraîner la nullité de la délibération du conseil. (Dalloz aîné, t. 12, p. 710, n. 10.)

408. *Les frères germains du mineur et les maris des sœurs germaines sont seuls exceptés de la limitation de nombre posée en l'article précédent. — S'ils sont six, ou au-delà, ils seront tous membres du conseil de famille, qu'ils composeront seuls, avec les veuves d'ascendans et les ascendans valablement excusés, s'il y en a. — S'ils sont en nombre inférieur, les autres parens ne seront appelés que pour compléter le conseil.*

Merlin, R., avis de parens, tutelle, sect. 2, § 3; Favard, tutelle, § 4, n. 2 et 7; Dalloz, tutelle, minorité, émancipation, chap. 2, sect. 5; Rolland, conseil de famille, § 1: Delaporte, Nouveau Ferrière, avis de parens, p. 113; Toullier, t. 2, n. 1111; Duranton, t. 3, n. 459, 462; Carré, Justice de paix, t. 3, n. 1864 et suiv.: 1868 et suiv; Proudhon, t. 2, p. 182, 184, 195 et 317; Levasseur, p. 120; Delvincourt, t. 1, p. 110.

Delvincourt, t. 1, note 5 de la page 113. — Il faut lire les *ascendantes veuves*, et non pas les *veuves d'ascendans.* Ce terme m'a paru trop général, en ce qu'il comprendrait même les secondes femmes des ascendans, que le législateur n'a certainement pas eu l'intention d'appeler au conseil de famille convoqué pour les enfans ou descendans du premier lit.

Note 6. — *Et les maris des sœurs germaines.* Si toutefois la femme vit encore, ou s'il reste des enfans du mariage.

Quid, à l'égard des *sœurs filles* ou *veuves*? Elles ne peuvent être appelées. (Art. 442.)

Toullier, t. 2, n. 1111. — Ainsi, les ascendans non valablement excusés font partie du nombre des six parens nécessaires pour composer le conseil de famille.

Si les frères germains sont en nombre inférieur à six, il faut, outre les ascendantes et les ascendans excusés, appeler d'autres parens pour compléter le conseil.—Si le nombre qu'il faudrait appeler était un nombre pair, il conviendrait de prendre un nombre égal dans chaque ligne. S'il était impair, on pourrait en prendre deux dans une ligne et un dans l'autre, car les frères germains appartiennent également aux deux lignes.

Duranton, t. 3, n. 459. — Ces mots, *s'ils sont en nombre inférieur*, se réfèrent, et grammaticalement et par le sens de la loi, seulement aux frères germains et maris des sœurs germaines; d'où il suit que, outre les ascendantes et les ascendans valablement excusés de la tutelle, il faut appeler d'autres parens ou alliés pour compléter le conseil; et ils devront être pris dans chacune des lignes. Si le nombre en est impair, le juge de paix se déterminera par les circonstances, à prendre le nombre supérieur dans une ligne de préférence à l'autre.

N. 460. — Les veuves d'ascendans et les ascendans valablement excusés font bien partie du conseil de famille, mais ils n'y sont appelés que par *déférence* : ils n'en sont point *membres nécessaires.* En conséquence, et nonobstant la généralité de la disposition de l'art. 412, le juge de paix ne devrait point prononcer contre eux l'amende pour ne s'être point rendus à l'assemblée. Il en serait autrement à l'égard des ascendans non valablement excusés de la tutelle; et quant à ceux qui n'y étaient pas appelés par la loi, ils font nécessairement partie du conseil, s'ils n'ont une cause légitime de dispense.

Question controversée. — Hors le cas où les frères et beaux-frères germains du mineur sont six ou au delà, doit-on appeler au conseil de famille les ascendans et ascendantes veuves, indépendamment des six autres membres, parens, alliés ou amis? *Oui*: Marchand, Code de la minorité, p. 127; Duranton, t. 3, p. 459; Toullier, t. 2, n. 1111; Favard, R., v. tutelle, § 4, n. 3; Carré, Justice de paix, t. 3, n. 1869; Victor Augier, journal le Juge de paix, t. 1, p. 60. *Non*: Journal intitulé Conseil des notaires, t. 4, p. 105. (Journal de la Magistrature, t. 5, p. 171 à 174.)

409. *Lorsque les parens ou alliés de l'une ou de l'autre ligne se trouveront en nombre insuffisant sur les lieux, ou dans la distance désignée par l'art.* 407, *le juge de paix appellera, soit des parens ou alliés domiciliés à de plus grandes distances, soit, dans la commune même, des citoyens connus pour avoir eu des relations habituelles d'amitié avec le père ou la mère du mineur.*

Pothier, des personnes, 1re part., tit. 6, sect. 4, art. 1, § 2; Merlin, conseil de famille, n. 2; Chauveau, Journal des Avoués, t. 1, p. 244, 245; Toullier, t. 2, n. 1112; Duranton, t. 3, n. 462; Carré, Juges de paix, t. 3, n. 1870 et suiv.; Proudhon, t. 2, p. 183, 185; Delvincourt, t. 1, p. 111; Loiseau, p. 541, 590; Levasseur, p. 121; Locré, Esprit du Code civil, sur les art. 407, 408 et 409. Observations fort importantes.

Observations du Tribunat, 16 novembre 1802.—Après les mots *lorsque les parens ou alliés*, on propose d'ajouter, *de l'une ou de l'autre ligne*. Cette addition a paru indispensable pour qu'on ne croie pas qu'il est permis de compléter le nombre des parens ou alliés d'une ligne en appelant les parens ou alliés de l'autre ligne.

Procès-verbal du Conseil d'État, 14 octobre 1802. — Cambacérès demande que la convocation ne soit pas étendue aux voisins. Les rapports de voisinage ne sont plus d'aucune considération dans les mœurs actuelles. Or, il serait injuste de soumettre à une responsabilité gênante des citoyens que le hasard fait demeurer quelquefois momentanément au père du père décédé, et qui leur était peut-être inconnu. — Il n'en est pas de même des amis, ou du moins de ceux qui avaient des rapports habituels avec le décédé. Ceux-ci pourraient être appelés; et la commune renommée, ainsi que la déclaration des gens de la maison, suffiraient pour les faire connaître.

Hua. — Celui qui a provoqué le conseil de famille, n'a pas le droit d'appeler lui-même les parens autres que ceux étant sur les lieux; c'est au juge de paix *seul* que ce droit est conféré.

Ce n'est que dans le cas prévu par cet article, que des personnes non parentes du mineur peuvent être appelées au conseil de famille; dans toute autre circonstance, leur concours serait un moyen de nullité qui autoriserait à se pourvoir contre la délibération.

Delvincourt, t. 1, note 9 de la page 113. — *De l'une ou de l'autre ligne*. Ainsi, il suffit qu'une des deux lignes ne soit pas complète, pour qu'on soit obligé d'appeler des amis. On ne peut la compléter avec des parens ou alliés de l'autre ligne. On a voulu éviter l'influence de l'une des lignes sur l'autre.

Proudhon, t. 2, p. 185.—Il y a donc cette différence entre la vocation des parens et celle des amis, que les liens de la parenté imposent aux premiers le devoir de paraître, de quelque distance qu'ils soient appelés, tandis que les amis ne sont obligés de se rendre à la convocation qui leur est faite, qu'autant qu'ils résident dans la commune même où la tutelle est ouverte, ou dans celle de la tenue du conseil.

410. *Le juge de paix pourra, lors même qu'il y aurait sur les lieux un nombre suffisant de parens ou alliés, permettre de citer, à quelque distance qu'ils soient domiciliés, des parens ou alliés plus proches en degrés ou de mêmes degrés que les parens ou alliés présens; de manière, toutefois, que cela s'opère en retranchant quelques-uns de ces derniers, et sans excéder le nombre réglé par les précédens articles.*

Pothier, des personnes, 1re partie, tit. 6, sect. 4, art. 1, § 2; Favard, tutelle, § 4, n. 7; Toullier, t. 2, n. 1112; Duranton, t. 3, n. 443, 462; Proudhon, t. 2, p. 185; Delvincourt, t. 1, p. 111.

Proudhon, t. 2, p. 185. — Le juge de paix peut, suivant l'exigence des intérêts du mineur, permettre de citer, à quelque distance qu'ils soient domiciliés, des parens ou alliés plus proches en degrés, ou de même degré que les parens ou alliés présens, en retranchant un nombre égal sur ceux-ci, pour que le conseil n'excède pas le nombre déterminé. (Malleville.)

Boileux. — La loi ne prétend pas imposer une obligation au juge de paix, mais bien lui accorder une simple faculté. Des parens plus proches que ceux qui sont appelés à composer le conseil de famille, mais domiciliés hors du rayon déterminé, ne pourraient donc forcer le juge de paix à les admettre, à moins qu'ils n'offrissent de faire le voyage à leurs frais, et qu'il ne dût résulter de leur concours aucun retard préjudiciable au mineur.

411. *Le délai pour comparaître sera réglé par le juge de paix à jour fixe, mais de manière qu'il y ait toujours, entre la citation notifiée et le jour indiqué pour la réunion du conseil, un intervalle de trois jours au moins, quand toutes les parties citées résideront dans la commune, ou dans la distance de deux myriamètres. — Toutes les fois que, parmi les parties citées, il s'en trouvera de domiciliées au-delà de cette distance, le délai sera augmenté d'un jour par trois myriamètres.*

Favard, tutelle, § 4, n. 5 et 7; Toullier, t. 2, n. 1115, 1174; Duranton, t. 3, n. 445; Carré, des justices de paix, t. 3, n. 1898 et suiv.; Proudhon, t. 2, p. 180; Delvincourt, t. 1, p. 111; Biret, nullité, t. 1, p. 191, 192; Levasseur, p. 121.

Hua. — *Trois jours au moins.* L'inobservation de ce délai, le plus court possible à indiquer, empêcherait le conseil de délibérer, à moins que tous les parens ne se trouvassent réunis. Lorsque l'art. 415 déclare la présence des trois quarts des membres suffisante, ce n'est que dans la supposition que les autres ont été légalement mis en demeure de comparaître, et on ne saurait le présumer, s'il ne leur a point été laissé d'intervalle nécessaire. Il importe d'autant plus de tenir à la rigueur sur ce point, que la loi a désiré le vote de six parens, et qu'on pourrait, en en écartant plusieurs, préjudicier aux intérêts du mineur.

Delvincourt, t. 1, note 4 de la page 114. — Ce délai de trois jours est accordé, autant pour donner aux personnes convoquées le temps de comparaître, que pour qu'elles puissent réfléchir sur l'objet de la convocation, et apporter un avis plus mûr à la délibération.

Pandectes françaises. — Les parens, lorsqu'ils sont cités, ne peuvent point refuser de venir à l'assemblée, sous prétexte de la distance de leur domicile. Mais ils peuvent s'y faire représenter par un fondé de pouvoir spécial.

Duranton, t. 3, n. 455. — Le jour de la citation et celui de la comparution ne sont pas comptés. (Art. 1033 du Code de procédure.) Le délai de trois jours doit être franc.

Boileux. — Il ne faut pas croire que l'on soit obligé de convoquer tous les parens par un acte d'huissier; ce moyen extrême ne doit être employé qu'envers ceux dont la bonne volonté est douteuse. D'ailleurs, comme les frais tombent à la charge du mineur, il faut, autant que possible, les lui épargner.

412. *Les parens, alliés ou amis, ainsi convoqués, seront tenus de se rendre en personne, ou de se faire représenter par un mandataire spécial. — Le fondé de pouvoir ne peut représenter plus d'une personne.* (*C. C.*, *art.* 1988, 1990.)

Favard, tutelle, § 4, n. 2, 7; Locré, Esprit du Code civil; Toullier, t. 2, n. 1116; Carré, Justice de paix, n. 1901 et suiv.; 2045 et suiv.; Massé et Lherbette, Journal des notaires, t. 2, n. 614, 615; Duranton, t. 3, n. 456, 460; Proudhon, t. 2, p. 181; Delvincourt, t. 1, p. 112; Levasseur, p. 122.

Procès-verbal du Conseil d'Etat, 14 octobre 1802. — Bigot-Préameneu et Cambacérès proposent d'autoriser les parens à comparaître par un fondé de pouvoir; autrement les plus proches parens se trouveraient quelquefois dans l'impossibilité de concourir au choix du tuteur. Toutefois, afin que la nomination ne soit pas remise à l'arbitrage d'un seul ou d'un trop petit nombre d'électeurs, il conviendra de ne pas permettre que plusieurs se fassent représenter par le même fondé de pouvoir. (Proudhon, t. 2, p. 181.)

Berlier voudrait que chaque procuration désignât l'individu qu'entend élire le parent qui la donne

Cambacérès répond que le fondé de pouvoir doit être autorisé à voter, parce que c'est la délibération qui détermine le choix. D'ailleurs, si celui qui est nommé s'excuse, il importe qu'on le remplace aussitôt.

Delvincourt, t. 1, note 5 de la page 114. — Celui qui se fait représenter pourrait-il prescrire à son mandataire d'opiner de telle ou telle manière? Je ne le pense pas; car il suivrait de là que la délibération ne pourrait plus être éclairée par la discussion, puisque, quelles que fussent les lumières qu'on en obtiendrait, le mandataire ne pourrait toujours voter que de la manière qui lui aurait été prescrite. (Duranton, t. 3, n. 456.)

Duranton, t. 3, n. 456. — La loi n'exige pas que la procuration soit en la forme authentique : on reste donc dans les termes du droit commun, d'après lequel le mandat peut être légalement donné par acte sous seing privé. (Art. 1985.)
Mais il doit être enregistré.

413. *Tout parent, allié ou ami, convoqué, et qui, sans excuse légitime, ne comparaîtra point, encourra une amende qui ne pourra excéder cinquante francs, et sera prononcée sans appel par le juge de paix.*

Merlin, R., séparation de biens, sect. 2; Favard, tutelle, § 4, n. 2, 5; Toullier, t. 2, n. 1117; Carré, Justice de paix, t. 3, n. 1859, 1908 et suiv.; Duranton, t. 3, n. 457; Levasseur, p. 122.

Victor Augier, Encyclopédie des Juges de paix, conseil de famille, § 4, n. 3. — L'amende qu'autorise cet article ne peut être prononcée contre le parent, allié ou ami qui a comparu, mais qui a refusé de délibérer, sous prétexte de l'irrégularité du conseil de famille.

414. *S'il y a excuse suffisante, et qu'il convienne, soit d'attendre le membre absent, soit de le remplacer; en ce cas, comme en tout autre où l'intérêt du mineur semblera l'exiger, le juge de paix pourra ajourner l'assemblée ou la proroger.*

Merlin, R., avis de parens; Favard, tutelle, § 4, n. 2; Toullier, t. 2, n. 1118; Duranton, t. 3, n. 457; Carré, Justice de paix, t. 3, n. 1911 et suiv.

Pandectes françaises. — Le Code ne déterminant pas les causes qui peuvent dispenser de se rendre à l'assemblée, les abandonne à la conscience et à la prudence du juge de paix. — Le parent condamné à l'amende peut faire rapporter l'ordonnance du juge, en justifiant d'un empêchement raisonnable.
Pour qu'il puisse être prononcé une amende, il faut qu'il y ait eu citation; car il n'y a point de contumace sans assignation.
Du reste, la citation n'est pas absolument nécessaire à la régularité du conseil de famille.

Delvincourt, t. 1, note 6 de la page 114. — *Ajourner* ou *proroger*. *Ajourner*, quand la remise a lieu, sans indication de jour; si, par exemple, le membre absent est malade et qu'on veuille l'attendre : *proroger*, quand la remise est faite à jour indiqué.

415. *Cette assemblée se tiendra de plein droit chez le juge de paix, à moins qu'il ne désigne lui-même un autre local. La présence des trois quarts au moins de ses membres convoqués sera nécessaire pour qu'elle délibère. (C. C., art. 407, 408.)*

Merlin, R., avis de parens, audience, § 4; Favard, tutelle, § 4, n. 6, 7; Rolland, conseil de famille, § 2; Nouveau Ferrière, p. 113; Toullier, t. 2, n. 1121, 1133; Duranton, t. 3, n. 454, 464 à 466, 477, 479, question importante; Proudhon, t. 2, p. 180, 190; Levasseur, p. 123.

Observations du Tribunat, 16 novembre 1802. — Après ces mots, *la présence des trois quarts au moins de ses membres*, la section pense qu'il conviendrait d'ajouter, *convoqués*. A ce moyen le juge de paix ne serait point compté dans ce nombre, puisque c'est lui qui convoque; et il y aurait toujours au moins trois membres de l'une des deux lignes prenant part à la délibération; car, en n'y comprenant pas le juge de paix, le nombre de délibérans serait nécessairement de cinq au moins. (Delvincourt, t. 1er, p. 114, note 8.)

Hua. — On ne pourrait néanmoins se dispenser de convoquer les six personnes nécessaires pour former, aux termes de l'art. 407, le conseil de famille; ce n'est qu'à défaut de comparution de l'une d'elles, que la délibération peut être prise par un moindre nombre : il importerait de constater le fait par le procès-verbal.

Proudhon, t. 2, p. 190. — Ainsi, pour être autorisée à délibérer, l'assemblée devrait être composée au *moins* de cinq parens ou amis, avec le juge de paix, qui serait le sixième membre; et si, par le concours des frères germains et des maris des sœurs germaines avec les ascendans et les veuves d'ascendans, le nombre total se portait à huit, par exemple, il faudrait la présence de six; comme s'il s'élevait à douze, il en faudrait neuf réunis avec le juge de paix, pour pouvoir régulièrement délibérer.

Duranton, t. 3, n. 454. — Comme il n'est point juge dans cette circonstance, qu'il n'est que le chef de la famille qui délibère avec lui, la séance n'est point publique.

N. 464. — Ainsi, dans les cas ordinaires, où le conseil de famille n'est composé que de six membres, non compris le juge de paix, il en faudrait au moins cinq pour délibérer avec effet, et six dans le cas où il se trouverait composé de sept membres, frères germains, maris de sœurs germaines et ascendantes veuves; car le juge de paix n'est pas *convoqué*; il est désigné par la loi : il n'est pas *membre* du conseil, il en est le président-né. C'est donc abstraction faite du juge de paix que les trois quarts des membres convoqués à l'effet de composer le conseil doivent être présens.

N. 465. — Lorsque l'un des membres convoqués, et *présent*, ne veut pas prendre part à la délibération, elle n'en peut pas moins être prise, quand bien même les trois quarts des personnes convoquées ne se trouveraient plus entiers au moyen de ce refus.

416. *Le conseil de famille sera présidé par le juge de paix, qui y aura voix délibérative, et prépondérante en cas de partage. (C. de P., art. 883, 888 et 889.)*

Merlin, R., conseil de famille, n. 3; Favard, tutelle, § 4, n. 6; Dalloz, tutelle, minorité, émancipation, chap. 2, sect. 5; Toullier, t. 2, n. 1121; Duranton, t. 3, n. 463 à 466, 477; Proudhon, t. 2, p. 191; Delvincourt, t. 1, p. 110, 112; Delahaye, p. 120 et suiv.; Biret, nullités, t. 1, p. 186.

Procès-verbal du Conseil d'Etat, 21 octobre 1802. — Tronchet propose de charger le juge de paix de départager : la nomination du tuteur serait trop différée, s'il fallait s'en rapporter à un autre départageant; car il ne serait pas naturel de choisir un autre membre de l'assemblée, et cependant on ne pourrait appeler, pour départager, une personne absente, sans recommencer la délibération en sa présence.

Hua. — S'il y a plusieurs avis, celui de chaque membre doit être mentionné dans le procès-verbal : chacun peut se pourvoir contre la délibération, en formant la demande contre ceux qui auront été d'avis de la délibération, sans citation préalable. (Code de procédure, art. 883, 888 et 889.)

Delvincourt, t. 1, note 2 de la page 115. — *Quid*, s'il y a sept membres, dont trois, y compris le juge de paix, sont d'un avis, trois d'un autre avis, et un seul d'une opinion mitoyenne? Je ne pense pas qu'il y ait lieu à la prépondérance; autrement ce serait en donner une double à la voix du juge de paix; car d'abord, la prépondérance aurait pour effet de compter quatre voix pour l'opinion à laquelle il s'est rangé.
Mais comme il se trouve encore quatre voix qui ne sont pas de son avis, il faudrait ajouter une seconde prépondérance pour faire pencher la balance. Mais alors comment se formera la délibération? La voix unique devra se ranger du côté de l'une des deux autres opinions. (Code de procédure, art. 117.)

Proudhon, t. 2, p. 191. — *Prépondérance.* C'est-à-dire que si trois des six parens convoqués donnaient leur voix à *un*; deux autres à *un second* candidat, et le sixième à un troisième, le juge de paix réunissant son suffrage en faveur du second, le second serait élu, par rapport à la prépondérance de la voix de ce magistrat; et de là résulte une conséquence bien remarquable : c'est que les délibérations du conseil de famille ne doivent pas nécessairement être prises à la *majorité absolue* des suffrages; qu'il suffit au contraire de la majorité *relative*, parce que la prépondérance donnée à celui du juge de paix, ne peut être applicable qu'à cette dernière espèce de majorité. (Toullier, t. 2, n. 1121.)

Victor Augier, Encyclopédie des juges de paix, conseil de famille, § 4, n. 7. — Le juge de paix doit nécessairement prendre part aux délibérations. S'il ne faisait que présider, la délibération serait nulle.

Boileux. — Il faut observer que la loi ne prononce pas la peine de nullité pour contravention aux dispositions qu'elle a tracées sur la composition du conseil de famille; elle laisse aux tribunaux le soin de décider, d'après l'intérêt du mineur, si les circonstances sont assez graves pour annuler la délibération.
Faut-il que la délibération soit prise à la pluralité absolue des membres présens, ou suffit-il de la pluralité relative? Quand y a-t-il partage dans le conseil de famille? (Sirey, t. 8, 2e part., p. 268.)

417. *Quand le mineur, domicilié en France, possédera des biens dans les colonies, ou réciproquement, l'administration spéciale de ces biens sera donnée à un protuteur. — En ce cas,*

le tuteur et le protuteur seront indépendans, et non responsables l'un envers l'autre pour leur gestion respective.

Leg. 4, ff, de admin. et peric. tut.; leg. 2, Cod., si ex plurib. test.; leg. 2, de peric. tut.; leg. 2, de divid. tutel.

Pothier, Introduction au tit. 9 de la Coutume d'Orléans, n. 12; Merlin, R., avis de parens; Favard, tutelle, § 4, n. 8; Toullier, t. 2, n. 1123; Duranton, t. 3, n. 444, 469; Proudhon, t. 2, p. 187; Carré, des justices de paix, t. 3, n. 1939 et suiv.; Delvincourt, t. 1, p. 115; Persil, régime hypothécaire, sur l'art. 2121, n. 30; Grenier, hypothèques, t. 1, p. 608; Vazeille, t. 2, p. 274.

Procès-verbal du Conseil d'Etat, 21 octobre 1802. — Tronchet propose de faire toujours nommer le tuteur par les membres de la famille résidant au lieu où la succession est ouverte, parce qu'il peut arriver qu'un mineur résidant en France n'ait point de parens dans les colonies où une partie de ses biens est située, et réciproquement.

Cambacérès propose de décider que si le pupille réside en France, ses parens de France nomment le tuteur qui gérera ses biens dans les colonies; que si ce tuteur s'excuse, il sera pourvu sur les lieux à son remplacement.

Delvincourt, t. 1, note 2 de la page 117. — Le protuteur n'a aucun droit sur la personne du mineur.

Note 4. — Il paraît résulter de la discussion qui a eu lieu sur l'article 417, qu'il n'est pas applicable au cas où la tutelle est *légitime*: et ce qui confirme cette opinion, c'est qu'il est placé sous la rubrique de la *tutelle déférée par le conseil de famille*. Or, cette tutelle n'a lieu qu'à défaut de tutelle légitime. (Toullier, t. 2, n. 1123.)

Victor Augier, Encyclopédie des juges de paix, conseil de famille. — Cette nomination appartient au conseil de famille du lieu où la tutelle s'est ouverte. Cependant, il pourrait se faire que les membres du conseil de famille ne connussent personne à qui confier cette mission. Alors ils pourraient déléguer leur pouvoir à un conseil qui serait formé dans la colonie où les biens sont situés. C'est aussi de cette manière qu'on doit pourvoir au remplacement du protuteur nommé, s'il n'accepte pas. On évite ainsi des lenteurs et des frais considérables. (Toullier et Carré.)

Protuteur, n. 2. — Le Code se tait sur la question de savoir si la protutelle doit être surveillée par un subrogé-tuteur. M. Marchand, Traité de la minorité, p. 224, la résout pour l'affirmative.

A. Dalloz, tutelle, n. 113. — Les pouvoirs et les devoirs du protuteur, à l'égard de la gestion des biens du mineur, sont les mêmes que ceux du tuteur; ses biens sont soumis à l'hypothèque légale du mineur. (Grenier, hypothèques, n. 275; Magnin, n. 497.)

418. *Le tuteur agira et administrera, en cette qualité, du jour de sa nomination, si elle a lieu en sa présence; sinon, du jour qu'elle lui aura été notifiée. (C. C., art. 450. — C. de P., art. 882 et suiv.)*

Leg. 1 et 5, § ultim.; ff, de admin. et peric. tutor.; leg. 19, Cod., eod.; leg. 1, ff, de leg. tut.; leg. 24, de tut. et cur. datis.

Favard, tutelle, § 4, n. 9; Locré, Esprit du Code civil, sur l'article, n. 2; Toullier, t. 2, n. 1124; Duranton, t. 3, n. 467, 477, 533; Delvincourt, t. 1, p. 120; Delahaye, p. 15 et suiv.

Favard, tutelle, § 4, n. 10. — Avant de commencer ses fonctions, le tuteur ne doit pas prêter serment, puisque la loi ne l'y oblige pas.

Toullier, t. 2, n. 1124. — La délibération qui nomme le tuteur est exécutoire par elle-même, et sans homologation. Dalloz, conforme.

A. Dalloz, tutelle, n. 372. — Cela ne concerne pas le tuteur légal, puisqu'il tient sa nomination de la loi. (Dalloz aîné, t. 12, p. 739.)

419. *La tutelle est une charge personnelle qui ne passe point aux héritiers du tuteur. Ceux-ci seront seulement responsables de la gestion de leur auteur; et, s'ils sont majeurs, ils seront tenus de la continuer jusqu'à la nomination d'un nouveau tuteur. (C. C., art. 724, 1370.)*

Leg. 16, § 1; ff, de tut.; leg. 1, de fidejussor. et nominat. tutor.; leg. ultim., ff, de administ. et princ. tut.; leg. 5, § 1 et 3, de leg. tut.; leg. 18 et 21, § 5, de tut. et cur. dat.

Rolland, tutelle, n. 284; Toullier, t. 2, n. 1126; Duranton, t. 3, n. 410, 424, 616; Proudhon, t. 2, p. 235, 238; Delvincourt, t. 1, p. 128; Delahaye, p. 24.

Domat, Lois civiles, liv. 2, tit. 1, sect. 4, n. 5. — Les héritiers du tuteur sont tenus de répondre de toute son administration, et même des dommages causés par son dol ou sa négligence, et de ce qu'il peut avoir manqué de gérer, et ils doivent rendre le compte pour lui comme il aurait dû le rendre lui-même.

N. 6. — Quoique les héritiers des tuteurs ne soient pas tuteurs, si l'héritier du tuteur décédé est un homme en âge d'agir, et qui en soit capable, il est obligé de prendre soin des affaires que le tuteur avait commencées, jusqu'à ce qu'il y ait un autre tuteur, ou qu'il y soit autrement pourvu; et s'il y manquait de mauvaise foi, ou par négligence grossière, il en serait tenu. (Voir n. 7, 8 et 9.)

Hua. — *De la continuer*. Cette obligation qui leur est imposée personnellement et non comme représentant le défunt, s'exécute de leur part sans leur attribuer par conséquent aucune qualité d'héritier.

Duranton, t. 3, n. 410. — Cette charge n'est pas à proprement parler publique, parce qu'elle s'exerce au profit d'un particulier.

Mais elle intéresse le bien général, puisqu'il est de l'intérêt général que les mineurs ne restent pas sans défenseurs; qu'ils aient quelqu'un qui les représente et avec lequel les autres citoyens puissent traiter, comme s'ils traitaient avec le maître en état de pleine capacité.

A. Dalloz, tutelle, n. 3. — Une fois acceptée, la tutelle ne peut plus être répudiée sans cause légitime survenue pendant sa durée. (Locré.)

Boileux. — Si les héritiers étaient eux-mêmes mineurs incapables, l'administration et celle des biens du pupille passeraient provisoirement au subrogé-tuteur, qui devrait faire toutes diligences pour hâter la nomination d'un nouveau tuteur.

SECTION V.

Du subrogé-tuteur.

420. *Dans toute tutelle, il y aura un subrogé-tuteur nommé par le conseil de famille. — Ses fonctions consisteront à agir pour les intérêts du mineur, lorsqu'ils seront en opposition avec ceux du tuteur. (C. C., art. 426, 442, 448, 1442, 2137 et suiv.; 2142. — C. de P., art. 444.)*

ff, leg. 3, § 2, de tut.; leg. 5, § 2, ff, de administ. et peric. tut.

Merlin, R., subrogé-tuteur; Dalloz, tutelle, minorité, émancipation, chap. 2, sect. 8; Rolland, subrogé-tuteur, n. 4, 6 et suiv.; Toullier, t. 2, n. 1128; Duranton, t. 3, n. 415 à 422; Proudhon, t. 2, p. 176; *id.*, usufruit, t. 1, n. 165; t. 5, n. 2420; Delvincourt, t. 1, p. 114, 115 et 116; Persil, régime hypothécaire, sur l'art. 2121, n. 24 et suiv.; Levasseur, p. 124; Bellot, contrat de mariage, p. 243.

Delvincourt, t. 1, note 1re de la page 118. — S'il y a tuteur et protuteur, l'on doit nommer un subrogé-tuteur et un subrogé-protuteur. *Quid* en tutelle officieuse? L'article ne fait aucune distinction. La tutelle officieuse est toujours une tutelle. La seule différence, au contraire, c'est que les obligations du tuteur officieux sont plus étendues que celles du tuteur ordinaire.

Proudhon, t. 2, p. 176. — Le mineur peut se trouver en opposition d'intérêts avec son tuteur, qui ne saurait alors le représenter contre lui-même. Cette situation est, dans le cours ordinaire des choses, d'autant moins improbable, que le tuteur étant presque toujours un des plus proches parens du mineur, ils peuvent l'un et l'autre se trouver appelés à la même succession, et engagés dans les débats d'un partage ou d'une liquidation de communauté. C'est pour suppléer à la tutelle directe, dans ces cas, que la loi ordonne la nomination d'un subrogé-tuteur.

Duranton, t. 3, n. 517. — La disposition relative au mode de nomination du subrogé-tuteur, est tellement absolue, que le dernier mourant des père et mère n'a pas le droit de le nommer.

N. 518. — Par le principe même de son institution, le subrogé ne doit pas être dans la dépendance du tuteur, ni, en général, lui être attaché par les liens de la parenté.

Victor Augier, Encyclopédie des juges de paix, subrogé-tuteur, § 1,

n. 1. — D'après cet article, ce n'est pas seulement en cas de tutelle dative, mais encore lorsqu'il y a lieu à la tutelle légale des père et mère, ou à celle des ascendans, ou à la tutelle testamentaire, qu'un subrogé-tuteur, comme une sentinelle vigilante, doit être placé auprès de celui à qui est directement confiée l'administration des biens et de la personne du mineur. Dans toute espèce de tutelle, en effet, il peut y avoir malveillance ou malversation; dans toutes, les intérêts du pupille peuvent se trouver en opposition avec ceux du tuteur: il a donc fallu, dans un cas comme dans l'autre, donner au mineur une sentinelle qui veillât pour lui. (Voir art. 421.)

Lorsqu'il y a urgence, comme dans le cas de présomption de fraude, ou d'exercice anticipé de la tutelle, le juge de paix doit convoquer de suite le conseil de famille. Il ne pourrait même s'y refuser si des plaintes lui étaient portées.

A. Dalloz, tutelle, n. 302. — Les fonctions du subrogé-tuteur sont permanentes; elles ne se bornent pas à agir lorsqu'il y a procès entre le mineur et son tuteur; à cet égard, les divers articles du Code qui tracent les devoirs du subrogé-tuteur, sont plutôt démonstratifs que limitatifs. (Dalloz aîné, t. 12, p. 729; Magnin, n. 573.)

N. 308. — Le subrogé-tuteur ne répondrait pas, à moins que son incurie ne fût grande, de la mauvaise administration du tuteur. (Toullier, n. 1138; Rolland de Villargues, n. 37. *Contrà*: Berlier, exposé des motifs, et ancienne jurisprudence.)

N. 311. — Le subrogé-tuteur ne peut accepter du tuteur une procuration pour s'immiscer dans l'administration de la tutelle; autrement, toute l'économie de la loi qui a institué le subrogé-tuteur pour surveiller l'administration, se trouverait renversée. (Dalloz, t. 12, p. 730. *Contrà*: Rolland, v. subrogé-tuteur, n. 41.)

421. *Lorsque les fonctions du tuteur seront dévolues à une personne de l'une des qualités exprimées aux sections* I, II *et* III *du présent chapitre, ce tuteur devra, avant d'entrer en fonctions, faire convoquer, pour la nomination du subrogé tuteur, un conseil de famille composé comme il est dit dans la section* IV. — *S'il s'est ingéré dans la gestion avant d'avoir rempli cette formalité, le conseil de famille, convoqué, soit sur la réquisition des parens, créanciers ou autres parties intéressées, soit d'office par le juge de paix, pourra, s'il y a eu dol de la part du tuteur, lui retirer la tutelle, sans préjudice des indemnités dues au mineur.*

Pothier, communauté, n. 687; Merlin, R., subrogé-tuteur; Rolland, tutelle, § 8; Toullier, t. 2, n. 1129, 1130; Duranton, t. 3, n. 533; Proudhon, t. 2, p. 178, 196, 208; Delvincourt, t. 1, p. 115; Levasseur, p. 124; Grenier, hypothèques, t. 1, p. 609; Bellot, contrat de mariage, t. 2, p. 244, note; t. 4. p. 346, 347, 352.

Observations du Tribunat, 16 novembre 1802. — (Art. 121.) Après les mots, *sur la réquisition des parens ou créanciers*, on a oublié d'ajouter, *ou autres parties intéressées*. La disposition doit s'étendre à toute personne qui a intérêt que le tuteur soit parfaitement en règle.

422. *Dans les autres tutelles, la nomination du subrogé-tuteur aura lieu immédiatement après celle du tuteur.*

Pothier, des personnes, 1re part., tit. 6, sect. 5, art. 2; Merlin, subrogé-tuteur; Toullier, t. 2, n. 1131, 1137; Delvincourt, t. 1, p. 115; Levasseur, p. 124.

Lorsqu'il y a opposition d'intérêts entre le père et ses enfans, quoique le père soit légitime administrateur du bien de ses enfans, ceux-ci doivent cependant être pourvus d'un tuteur *ad hoc* par le conseil de famille (9 janvier 1811, Turin.)

Hua. — Il est d'usage de nommer le subrogé-tuteur par le procès-verbal même d'élection du tuteur : loin qu'il y ait de l'inconvénient à en agir ainsi, ce mode remplit parfaitement le but de notre article, et on ne saurait mieux faire que de le continuer. Il a d'ailleurs l'avantage d'éviter un second procès-verbal.

Pandectes françaises. — Le tuteur légitime n'est point astreint à un délai pour faire procéder à la nomination du subrogé-tuteur. Il suffit qu'il le fasse avant de s'immiscer dans l'administration de la tutelle. S'il agissait avant d'avoir rempli cette formalité, il s'exposerait à des dommages-intérêts envers le pupille, et même à être destitué de la tutelle, suivant les circonstances.

423. *En aucun cas, le tuteur ne votera pour la nomination du subrogé-tuteur, lequel sera pris, hors le cas de frères germains, dans celle des deux lignes à laquelle le tuteur n'appartiendra point.*

Merlin, R., subrogé-tuteur; Favard, tutelle, § 5, n. 2; Rolland, subrogé-tuteur; Toullier, t. 2, n. 1132, 1133; Duranton, t. 3, n. 428, 515; Proudhon, t. 2, p. 178; Delahaye, p. 22; Levasseur, p. 124.

Delvincourt, t. 1, note 5 de la page 118. — Si la tutelle est dative, et si le tuteur faisait partie du conseil de famille qui l'a nommé, il doit se retirer de l'assemblée, lorsqu'elle procédera à la nomination du subrogé-tuteur.

Proudhon, t. 2, p. 178. — Le subrogé-tuteur étant, par le principe même de son institution, le surveillant et censeur du tuteur, il ne doit point être sous sa dépendance, ni associé à lui par des liens d'intérêts communs.

Favard, tutelle, § 4, n. 2. — Mais la loi n'ayant pas fait la même défense au subrogé-tuteur, elle ne peut lui être étendue, parce que les incapacités sont de droit étroit et ne se suppléent pas.

Victor Augier, Juge de paix, subrogé-tuteur, § 1, n. 6. — Le subrogé-tuteur ne doit jamais être pris dans la même ligne que le tuteur. On a craint que les liens du sang ne rendissent la surveillance moins sévère. Si donc il n'existe de parens que dans une seule ligne, dans la ligne qui a fourni le tuteur, ou si les parens de l'autre ligne ont de justes motifs pour refuser la subrogée-tutelle, s'ils sont frappés d'incapacité ou d'exclusion, on devra nommer un des amis appelés au conseil pour représenter cette ligne. (Toullier, t. 2, n. 1132.)

Mais le choix d'un ami n'est autorisé qu'à défaut de parens ou alliés dans la ligne à laquelle n'appartient pas le tuteur, parce que ce serait non seulement contrevenir à la loi, mais encore faire injure aux parens de la ligne maternelle, que de leur préférer un étranger, qui, malgré toutes les bonnes qualités qu'il pourrait avoir, est cependant exclu par la disposition formelle de la loi.

Quoique le tuteur choisi par le dernier mourant des père et mère soit étranger à la famille, nous pensons qu'on ne doit pas moins observer la règle prescrite par l'art. 423, en ce sens que si le tuteur a été nommé par le père, il faudra prendre le subrogé-tuteur dans la ligne maternelle, et *vice versâ*. C'est le seul moyen d'éviter l'inconvénient de voir une seule ligne cumuler les deux fonctions opposées, soit par un de ses membres, soit par une espèce de mandataire, car le tuteur élu par le dernier mourant est censé le représenter ; il faut donc que le subrogé-tuteur appartienne à la famille de l'autre époux.

A. Dalloz, tutelle, n. 297. — Si le tuteur vient à décéder et que le nouveau tuteur soit choisi dans la ligne du subrogé-tuteur, ce dernier devra être remplacé par un membre de l'autre ligne. (Magnin, p. 563. Dalloz aîné, t. 12, p. 728).

424. *Le subrogé-tuteur ne remplacera pas de plein droit le tuteur, lorsque la tutelle deviendra vacante, ou qu'elle sera abandonnée par absence; mais il devra, en ce cas, sous peines des dommages-intérêts qui pourraient en résulter pour le mineur, provoquer la nomination d'un nouveau tuteur.* (*C. de P., art.* 883.)

Merlin, Q., interdiction, § 5; Favard, tutelle, § 5, n. 3; Rolland de Villargues, subrogé-tuteur, n. 39 et suiv.; Toullier, t. 2, n. 1128; Duranton, t. 3, n. 612; Proudhon, t. 2, p. 177; Delvincourt, t. 1, p. 116.

Après les mots, *lorsque la tutelle deviendra vacante*, on propose d'ajouter : *ou qu'elle sera abandonnée par absence*. — Cette addition présente une idée distincte, et il en résultera que la disposition aura prévu tous les cas qui sont à prévoir.

Pandectes françaises. — Le mot *absence* de notre article doit être pris ici dans sa signification stricte et légale; c'est-à-dire qu'il y ait disparition du tuteur, sans qu'on connaisse son domicile, et qu'on ait preuve de son existence.

Delvincourt, t. 1, note 10 de la page 118. — Devant quel juge de paix doit être convoqué le conseil de famille qui doit procéder au remplacement? Devant le même juge de paix qui a présidé le conseil pour la première fois. Et je pense qu'il en doit être ainsi de tous les conseils de famille qui sont convoqués pendant la minorité. (Hua.)

Rolland de Villargues, v. subrogé-tuteur, n. 41. — Mais le tuteur ne peut-il pas laisser une procuration au subrogé-tuteur? Nous n'y voyons pas d'empêchement, et l'on en voit des exemples assez fréquens.

N. 42. — Les biens des subrogé-tuteurs ne sont grevés d'aucune hypothèque en faveur des mineurs et des interdits.

425. *Les fonctions du subrogé-tuteur cesseront à la même époque que la tutelle.*

Rolland de Villargues, subrogé-tuteur; Toullier, t. 2, n. 1136; Duranton, t. 3, n. 520, 521; Delvincourt, p. 116.

Huguet, discours des orateurs. — On propose de placer immédiatement après l'art. 425 une disposition destinée à remplir une lacune qui se trouve dans le projet. Aucun article ne prévoit les cas où l'on est dispensé d'accepter la qualité de subrogé-tuteur; ceux où l'on doit être exclu de cette qualité; ceux enfin où l'on peut être destitué. Quoique les fonctions de subrogé-tuteur soient plus faciles à remplir que les fonctions de tuteur, on a pensé que, sur tous ces points, les règles devaient être les mêmes; mais il est indispensable de le dire. Autrement, les tribunaux, ne voyant aucune route tracée, continueront de suivre à cet égard leurs anciennes lois ou leurs anciens usages, et l'on serait privé de l'avantage précieux d'une législation fixe et uniforme.

Victor Augier, Encyclopédie des juges de paix, subrogé-tuteur, § 3, n. 2. — Les fonctions du subrogé-tuteur ne cessant point en même temps que celles du tuteur en exercice, mais seulement à l'époque où finit la tutelle, le vague de la rédaction de cet article a fait commettre une grave erreur à Toullier, t. 2, n. 1136, qui pense que les fonctions du subrogé-tuteur n'étant qu'accessoires à la tutelle, devaient cesser toutes les fois que la tutelle devient vacante ou abandonnée par l'absence du tuteur. (Voir art. 424, qui démontre d'autant plus l'erreur de Toullier. Voir encore Delvincourt, Duranton, Marchand.)

426. *Les dispositions contenues dans les sections VI et VII du présent chapitre s'appliqueront aux subrogés-tuteurs. — Néanmoins le tuteur ne pourra provoquer la destitution du subrogé-tuteur, ni voter dans les conseils de famille qui seront convoqués pour cet objet.*

Favard, tutelle, § 5, n. 2; Toullier, t. 2, n. 1134 et suiv.; 1139; Carré, Justice de paix, t. 3, n. 1884 et suiv.; Duranton, t. 3, n. 519; Proudhon, t. 2, p. 178; Delvincourt, t. 1, p. 115, 116.

Toullier, t. 2, n. 1135. — Mais le Code n'ayant pas fait la même défense ni au subrogé-tuteur, ni au juge de paix, chargés d'ailleurs de provoquer la destitution du tuteur qui malverse, ils peuvent voter dans l'assemblée du conseil de famille convoqué pour délibérer sur cette destitution, en supposant que le subrogé-tuteur soit membre du conseil.

Victor Augier, Encyclopédie des juges de paix, conseil de famille, n. 20. — En effet, il arriverait souvent que, plus le subrogé-tuteur ferait son devoir avec soin, plus le tuteur chercherait à s'affranchir d'une surveillance incommode pour lui, mais par cela même précieuse pour la conservation des droits et la défense des intérêts du mineur.

§ 2, n. 16. — Le tuteur ne peut point provoquer la destitution du subrogé-tuteur, qui est son surveillant et son censeur, ni voter dans le conseil de famille qui sera convoqué pour cet objet. Le subrogé-tuteur, au contraire, peut provoquer la destitution du tuteur, et, dans ce cas, il a droit d'assister aux délibérations du conseil de famille et d'y opiner sur la destitution même qu'il a provoquée. Il en est de même du parent qui a provoqué la destitution du tuteur.

Mais il est inconvenant qu'un fils fasse partie d'un conseil de famille appelé à décider si son père doit être exclu, pour cause d'incapacité, de la tutelle et de l'administration des biens de ses enfans mineurs, quoique ce ne soit point là une cause de nullité.

On a demandé si, lorsqu'incidemment à un débat judiciaire, les cours ou tribunaux désirent consulter les parens, ils peuvent déléguer un de leurs membres pour faire partie du conseil de famille, et même pour le présider en remplacement du juge de paix. Bousquet et Carré décident que non, et ils ont raison; car l'organisation des conseils de famille est d'ordre public, et on ne peut changer la loi qui la règle.

N. 4. — Le subrogé-tuteur *peut voter* dans le conseil de famille convoqué à sa diligence pour délibérer sur la destitution du tuteur. (Toullier, t. 2, n. 1135. *Contrà* : Marchand, Code de la minorité et de la tutelle, p. 220.)

SECTION VI.

Des causes qui dispensent de la Tutelle.

427. *Seront dispensés de la tutelle, — Les personnes désignées dans les titres III, V, VI, VII, VIII, IX, X et XI de l'acte du 18 mai 1804; — Les présidens et conseillers à la Cour de cassation, le procureur général et les avocats généraux en la même Cour; — Les préfets; — Tous citoyens exerçant une fonction publique dans un département autre que celui où la tutelle s'établit.*

Instit., lib. 1, tit. 25; ff, lib. 27, tit. 1, leg. 6, § 16; leg. 17, § 5, de excusat. tut.; Cod., leg. 4, qui dari tut.

Avis du Conseil d'Etat, du 20 novembre 1806; loi du 16 septembre 1807, art. 7.

Pothier, introduction générale aux Coutumes, n. 37; Introduction au tit. 9 de la Coutume d'Orléans, n. 14: Merlin, R., tutelle, sect. 4, § 1 et suiv.; Favard, tutelle, § 6, n. 1; Rolland, tutelle, § 6, n. 83; Toullier, t. 2, n. 1144 et suiv.; Duranton, t. 3, n. 408 à 484, 488; Proudhon, t. 2, p. 198; Delvincourt, t. 1, p. 117.

Domat, Lois civiles, liv. 2, tit. 1, sect. 7, n. 10. — La minorité et les infirmités qui rendent incapable de la tutelle en doivent excuser. (Voir n. 1 à 12.)

Note 18. — Les personnes qui, par leurs emplois ou par d'autres causes, ont quelque privilége qui les exempte d'être tuteurs, seront excusées: ce qui dépend, ou de la qualité des emplois, s'ils sont tels que de leur nature ils doivent donner l'exemption d'une tutelle.

N. 19. — Les ecclésiastiques ne peuvent être nommés tuteurs ni curateurs, car la sainteté du ministère qu'ils exercent les oblige, pour y vaquer, à se dégager de tout autre soin, et les éloigne de l'engagement à une administration d'affaires temporelles. (Voir n. 20 à 22.)

Huguet, discours au Corps législatif, 24 mars 1803. — Il est de principe que la tutelle est une charge publique, que généralement on ne peut se dispenser d'accepter et d'en remplir les fonctions; cependant il est des cas où l'intérêt général et des circonstances particulières et majeures nécessitent des exceptions.

Les personnes désignées dans l'acte de mai 1804 sont: les princes du sang, le grand-amiral, les maréchaux de France, les inspecteurs et colonels généraux, les pairs, les conseillers d'Etat, les députés, les membres de la Cour des comptes.

(Voy. Avis du Conseil d'Etat, du 4 novembre 1806, étendant la dispense de tutelle en faveur des ecclésiastiques. Merlin, R., tutelle, sect. 4, § 1, art. 2, n. 2.)

Rolland de Villargues, v. tutelle, n. 84. — La cécité est une cause de *dispense* et non d'*exclusion*.

Victor Augier, Encyclopédie des juges de paix, tutelle, sect. 5, n. 5.— Les notaires étant fonctionnaires publics, peuvent être dispensés de la tutelle. *Contrà* : Favard, v. tutelle: Merlin, R.; mais une circulaire du ministre de la justice, du 27 novembre 1821, porte: Je pense qu'il y a lieu d'accueillir la dispense invoquée par les notaires. (Rolland, tutelle, n. 83; loi du 25 ventôse an 11, et édit du 15 mai 1575.)

428. *Sont également dispensés de la tutelle, — Les militaires en activité de service, et tous autres citoyens qui remplissent, hors du territoire du royaume, une mission du Roi. (C. C., art. 438 et suiv. — C. de P., art. 882 et suiv.)*

Leg. 1, 2, Cod., si tut. vel cur. reipublicæ causâ aberit; leg. 23, 36, 38, § 1; leg. 10, § 2; leg. 3 et 22, § 11; ff., ex quib. causis majores; leg. 4, Cod., qui dari tut. vel cur. possunt.

Merlin, R., tutelle, sect. 4, § 1 et suiv.; Favard, tutelle, § 6, n. 1; Toullier, t. 2, n. 1146, 1147; Duranton, t. 3, n. 485; Delvincourt, t. 1, p. 117.

Procès-verbal du Conseil d'Etat, 21 octobre 1802.—Treilhard trouve trop vague l'art. 429. Un citoyen capable d'être tuteur peut être chargé, au moment de la nomination, d'une mission de très-courte durée. Il ne serait pas juste qu'elle devînt pour lui une excuse. Il y a d'ailleurs des missions secrètes qui ne peuvent être alléguées.

Bérenger dit que l'intérêt public a toujours été un motif de dispenser de la tutelle; il doit sans doute l'emporter sur l'intérêt particulier du mineur. Il est même des circonstances où l'on ne pourrait, sans injustice, faire céder à cet intérêt du mineur l'intérêt du tuteur élu: tel serait le cas où ce dernier ne pourrait gérer la tutelle sans sacrifier son état et la subsistance de sa famille: il conviendrait donc de donner plus de latitude aux motifs de dispense.

Delvincourt, t. 1, note 7 de la page 119. — Je crois qu'une mission dans les colonies françaises serait regardée comme une excuse valable, quoiqu'elle ne fût pas, à proprement parler, hors du territoire du royaume. (Argument tiré de l'art. 417.)

429. *Si la mission est non authentique et contestée, la dispense ne sera prononcée qu'après la représentation faite par le réclamant du certificat du Ministre dans le département duquel se placera la mission articulée comme excuse.*

Merlin, R., tutelle, sect. 4, § 1 et suiv.; Favard, tutelle, § 6, n. 1; Toullier, t. 2, n. 1147; Duranton, t. 3, n. 485; Delvincourt, t. 1, p. 117.

Boileux. — Il ne faut pas croire que le ministre soit obligé de s'expliquer sur l'objet ou sur la durée de la mission; il lui suffit de déclarer qu'elle est de nature à dispenser de la tutelle.

430. *Les citoyens de la qualité exprimée aux articles précédens, qui ont accepté la tutelle postérieurement aux fonctions, services ou missions qui en dispensent, ne seront plus admis à s'en faire décharger pour cette cause.*

Leg. 17, § 5, ff, de excusat. tutor.; leg. 2, Cod., si tut. vel cur. fall. alleg., exc. sit.

Merlin, R., tutelle, sect. 4, § 1 et suiv.; Toullier, t. 2, n. 1148; Duranton, t. 3, n. 486; Proudhon, t. 2, n. 198; Delvincourt, t. 1, p. 117.

Maleville.—Je crois cependant que cette règle doit souffrir une exception, lorsque celui qui a été élu ignorait, lors de son acceptation, le fait qui devait lui servir d'excuse, tel que sa nomination à une fonction qui décharge de la tutelle, la mission que le gouvernement lui a donnée. C'est en effet aussi une règle de droit et d'équité, que l'ignorance d'un fait ne peut être imputée à personne.

431. *Ceux, au contraire, à qui lesdites fonctions, services ou missions, auront été conférés postérieurement à l'acceptation et gestion d'une tutelle, pourront, s'ils ne veulent la conserver, faire convoquer, dans le mois, un conseil de famille, pour y être procédé à leur remplacement. — Si, à l'expiration de ses fonctions, services ou missions, le nouveau tuteur réclame sa décharge, ou que l'ancien redemande la tutelle, elle pourra lui être rendue par le conseil de famille.*

ff., leg. 2, § 4; leg. 17, § 5; leg. 28, de excusat.

Merlin, R., t. 14, p. 283; Toullier, t. 2, n. 1149; Duranton, t. 3, n. 487; Proudhon, t. 2, p. 186, 199, 243; Delvincourt, t. 1er, p. 117; Carré, juge de paix, t. 3, n. 1951.

Victor Augier, Encyclopédie des juges de paix, sect. 5, n. 8. — On voit que c'est là une simple faculté : le conseil n'est point tenu de rendre la tutelle à celui qui s'en est fait exonérer pour des motifs légitimes. Si en effet la tutelle touchait à sa fin, ou si l'administration du tuteur ne laissait rien à désirer, tout changement serait contraire aux intérêts du mineur.

Duranton pense que l'ascendant qui redemanderait la tutelle devrait être écouté. (Duranton, t. 3, n. 487.)

432. *Tout citoyen non parent ni allié ne peut être forcé d'accepter la tutelle, que dans le cas où il n'existerait pas, dans la distance de quatre myriamètres, des parens ou alliés en état de gérer la tutelle. (C. C., art. 438 et suiv. — C. de P., art. 882.)*

Inst., de excusat. tut., § 10.

Favard, tutelle, § 6, n. 2; Merlin, R., t. 1, p. 443; Toullier, t. 2, n. 1150; Duranton, t. 3, n. 443; Delvincourt, t. 1, p. 118; Proudhon, t. 2, p. 199.

Domat, Lois civiles, liv. 2, tit. 1, sect. 7, n. 26. — Ce n'est pas toujours un moyen d'excuse pour celui qui est appelé à une tutelle, de n'être pas habitant du lieu où est le domicile du mineur; car, il peut arriver qu'il ne se trouve point dans ce lieu de personnes qu'on puisse nommer. Et d'ailleurs, il peut être juste et avantageux au mineur qu'on ne s'arrête pas à cet éloignement, lorsqu'il n'est pas tel qu'il rende l'administration trop difficile et trop à charge, ou au mineur, ou bien au tuteur. Ainsi, c'est par les circonstances qu'il faut juger de l'égard qu'on doit avoir à l'éloignement de ces domiciles.

(Voir le n. 27.)

Berlier, exposé des motifs au Corps législatif, 16 mars 1803. — On n'a pas dû ériger en principe que le plus proche parent serait toujours et nécessairement tuteur; c'eût été étendre la tutelle légitime au-delà de ses justes limites, et il est possible que quelquefois un cousin convienne mieux qu'un oncle, ou que l'emploi soit plus onéreux pour lui : on aura toutes les garanties convenables, quand, par son organisation, le conseil de famille offrira intérêt d'affection et esprit de justice.

Observations du Tribunat, 16 novembre 1802. — On a pensé qu'il pourrait souvent arriver que non loin de la commune où la tutelle est ouverte, mais cependant à plus de deux myriamètres, il se trouverait quelque parent en état de gérer la tutelle. Il n'est pas juste, a-t-on dit, qu'un individu, étranger à la famille, soit alors forcé d'accepter la qualité de tuteur. — D'un autre côté, des fonctions si importantes, qui entraînent de si grandes obligations et une si grande responsabilité, ne doivent pas être trop facilement confiées à des étrangers, sur-tout malgré eux. La tutelle est une charge de famille. Cette charge doit donc être naturellement dévolue à un membre de la famille. Quand il ne s'en trouve aucun en état de la remplir, il est indispensable de nommer un étranger. Alors cet étranger tient lieu d'un parent. Mais il n'est pas naturel que l'étranger soit contraint d'accepter, s'il indique un parent qui puisse gérer lui-même. De ces réflexions, on a conclu qu'il fallait tracer un cercle hors duquel seulement l'étranger fût non recevable à réclamer. Quatre myriamètres, à partir de la commune où la tutelle est ouverte, ont paru présenter une distance suffisante. A ce moyen, on ne sera pas obligé d'aller chercher trop loin les parens pour les nommer tuteurs. D'un autre côté, des parens peu éloignés ne pourront pas, sous prétexte qu'ils n'ont pas été appelés au conseil de famille, se décharger de la tutelle sur un étranger.

Delvincourt, t. 1, note 11 de la page 120. — Le parent ou l'allié, à quelque degré que ce soit, ne peut, *stricto jure*, s'excuser sur ce qu'il y a des parens ou alliés plus proches que lui en état de gérer la tutelle.

Nous disons *stricto jure*, parce que les tribunaux auront à examiner si les membres du conseil de famille n'ont pas été uniquement guidés, dans le choix du tuteur, par l'envie de se débarrasser de la tutelle. Les parens les plus proches doivent succéder au mineur; et il paraît assez convenable, comme le dit le droit romain, que, toutes choses égales d'ailleurs, la charge de la tutelle soit déférée à ceux qui ont l'espérance de la succession.

Favard, tutelle, § 6, n. 2. — Il résulte de cette disposition, que le conseil de famille n'est point astreint à prendre le tuteur dans son sein.

Victor Augier, Encyclopédie des juges de paix, tutelle, sect. 5, n. 9. — La Cour de Lyon, par arrêt du 16 mai 1811, a étendu ce motif aux alliés d'un degré éloigné, pour le cas où il existe des parens plus proches qui n'ont point d'excuses valables à présenter.

A. Dalloz, tutelle, n. 237. — Mais une parenté plus proche n'excuse pas le parent qui se trouve à un degré plus éloigné, lorsque, d'ailleurs, les uns et les autres sont sur les lieux. C'est seulement un motif qui devra être pris en considération par le conseil de famille, et en cas de recours par les tribunaux. (Toullier, n. 1122; Dalloz aîné, t. 12, p. 725.)

433. *Tout individu âgé de soixante-cinq ans accomplis peut refuser d'être tuteur. Celui qui aura été nommé avant cet âge pourra, à soixante-dix ans, se faire décharger de la tutelle. (C. C., art. 438 et suiv. — C. de P., art. 882.)*

Leg. 2, ff, de excusat. tut.; leg. unicâ, Cod., qui ætate se excusant; leg. 1, § 2 et 3, de tut.; leg. 11, de legit. tut.; leg. 10, de excusat.

Pothier, des personnes, 1re partie, tit. 6, sect. 4, art. 2; Introduction au tit. 9 de la Coutume d'Orléans, n. 14; Locré, Esprit du Code civil, sur l'article; Toullier, t. 2, n. 1151; Duranton, t. 3, n. 489; Proudhon, t. 2, p. 199; Delvincourt, t. 1, p. 118.

Delvincourt, t. 1, note 5 de la page 119. — Le tuteur qui, ayant soixante-cinq ans accomplis lors de sa nomination, accepte la tutelle, sans présenter son excuse, ne peut plus s'en faire décharger, même à soixante-dix ans.

Note 6. — Faut-il que les soixante-dix ans soient *accomplis*, ou simplement commencés? Je ne crois pas qu'il y ait lieu à s'écarter de la règle *annus inceptus pro completo habetur*. La cause est favorable dans l'intérêt du tuteur, et même dans celui du pupille, auquel il importe que la tutelle ne soit pas administrée par un homme trop affaibli par l'âge. (Hua.)

Favard, tutelle, § 6, n. 2. — La loi ne parle pas de *maladie*, mais d'*infirmités*; ce qui suppose un état continuel de maladie, tel qu'il empêche celui qui en est atteint de vaquer à ses propres affaires.

Duranton, t. 3, n. 489. — On ne doit pas inférer de la seconde disposition de cet article, que celui qui aurait été nommé à l'âge de soixante-cinq ans, et qui aurait cru devoir accepter, ne pourrait se faire décharger de la tutelle à soixante-dix ans : l'article ne dit rien de semblable. *(Contrà : Delvincourt, t. 1, p. 119, note 5. Vide suprà.)*

Victor Augier, Encyclopédie des juges de paix, tutelle, sect. 5. n. 16. — Cet article s'applique à la tutelle légale, comme à toutes autres tutelles.

434. *Tout individu atteint d'une infirmité grave, et dûment justifiée, est dispensé de la tutelle. — Il pourra même s'en faire décharger, si cette infirmité est survenue depuis sa nomination. (C. C., art. 438 et suiv. — C. de P., art 882 et suiv.)*

ff., leg. 10, § 8; leg. 11 et 40, de excusat. tut.; leg. unic., Cod., qui morbo se excusant; leg. pen., ff, de tut.

Merlin, R., aveugle, n. 2; Favard, tutelle, § 6, n. 2; Toullier, t. 2, n. 1152; Proudhon, p. 200; Delvincourt, t. 1, p. 117.

Domat, Lois civiles, liv. 2, tit. 1er, sect. 7, n. 23. — Si après que le tuteur a accepté la tutelle, il tombe dans quelque incapacité, comme s'il devient aveugle, sourd, muet, s'il tombe en démence, ou en d'autres infirmités qui le rendent incapable d'administrer la tutelle, il sera déchargé, et il en sera nommé un autre en sa place. (Voir n. 24, Pandectes françaises; Merlin, R., aveugle, n. 2; Victor Augier, Encyclopédie des juges de paix, tutelle, n. 11.)

Delvincourt, t. 1, note 2 de la page 120. — Toute *infirmité*, et non pas *maladie*. L'infirmité suppose un état *habituel*. La maladie n'est que *passagère : perpetuâ valetudine tenùs*, dit la loi unique, Cod. *qui morbo se excusant.*

435. *Deux tutelles sont, pour toutes personnes, une juste dispense d'en accepter une troisième. — Celui qui, époux ou père, sera déjà chargé d'une tutelle, ne pourra être tenu d'en accepter une seconde, excepté celle de ses enfans. (C. C., article 438 et suiv. — C. de P., art. 882.)*

Leg. 2, § 9; leg. 3, ff, de excusat. tut.; leg. 4, § 1; leg. 5 et 31, in princ., § 2; leg. 4, eodem; Instit., de excusat. tut., § 5.

Favard, tutelle, § 6, n. 3; Locré, Esprit du Code civil, sur l'article; Toullier, t. 2, n. 1153; Duranton, t. 3, n. 491; Delvincourt, t. 1, p. 118; Delahaye, p. 568.

Domat, Lois civiles, liv. 2, tit. 1er, sect. 7, n. 13. — On ne regarde pas comme plusieurs tutelles celles de plusieurs mineurs, lorsque les biens se régissent par une seule administration.

N. 14. — Si une seule tutelle est d'une telle étendue, ou si onéreuse, qu'il fût trop dur d'appeler le tuteur à une seconde, il sera excusé. (Voir nos 14, 15, 16, 17.)

Delvincourt, t. 1, note 7 de la page 120. — Epoux ou père, même d'enfans *majeurs*. Le privilége est attaché à la seule qualité de père, et même d'époux sans enfans.

Favard, tutelle, § 6, n. 3. — La tutelle de plusieurs pupilles qui ont le même intérêt, comme celle de plusieurs frères, ne compte que pour une.

Victor Augier, Encyclopédie des juges de paix, tutelle, sect. 5, n. 12. — Duranton, n. 491, prétend que la charge de deux tutelles dispense le père de la tutelle de ses propres enfans (*Contrà*: Dalloz, v. tutelle, p. 725; Rolland, même mot, § 6, n. 90. Argument de l'article 394 du Code civil.)

436. *Ceux qui ont cinq enfans légitimes, sont dispensés de toute tutelle autre que celle desdits enfans. — Les enfans morts en activité de service dans les armées du roi seront toujours comptés pour opérer cette dispense. — Les autres enfans morts ne seront comptés qu'autant qu'ils auront eux-mêmes laissé des enfans actuellement existans. (C. C., art. 438 et suiv. — C. de P., art. 882 et suiv.)*

Instit., in princip., de excusat. tut. vel curat.; leg. 2, § 2; leg. 4, 6, 7 et 8, ff, de excusat. tut.; leg. 1, Cod., qui numer. lib. se excusant.; leg. 18; ff, de excusat. tut.; leg. 18, de stat. homin.; leg. 231, de verb. signif.; leg. 129, tit. eodem.

Merlin, R., tutelle, sect. 4, § 2, art. 5, n. 6; Favard, tutelle, § 6, n. 3; Toullier, t. 2, n. 1154; Duranton, t. 3, n. 493, 494; Carré, Justice de paix, t. 3, n. 1952, 5°; Proudhon, t. 2, p. 200; Delvincourt, t. 1, p. 118.

Malleville. — On demanda si la disposition du § 2 de l'article était bornée aux pères des militaires morts des suites de leurs blessures. Il fut répondu qu'elle s'appliquait indistinctement aux pères de tous ceux qui sont morts au service militaire de la République, quelle que soit la cause de leur mort. — Je crois de plus que l'article comprend non seulement les militaires proprement dits, mais encore les chirurgiens et autres employés au service des armées. (Hua.)

On a oublié de s'expliquer sur les enfans adoptifs; mais je crois, d'après la nature de notre adoption, assez semblable à celle du temps de Justinien, que ces enfans comptent pour leur père naturel, et non pour leur père adoptif.

Delvincourt, t. 1, note 8 de la page 120. — Il ne suffirait pas que le cinquième enfant fût *conçu*; il faut qu'il existe. La règle, *conceptus pro nato habetur*, n'a lieu que quand il s'agit de l'intérêt de l'enfant, et non pas, comme ici, de celui d'une autre personne. (Toullier, t. 2, n. 1154.)

Note 10. — *Dans les armées du roi, et quelle que soit la cause de leur mort*, dit le procès-verbal de discussion. Ainsi, quand ils seraient morts de maladie, pourvu qu'ils fussent en activité de service, ils compteraient pour l'excuse. *Quid*, si c'est par suite de *duel* ou de *suicide*? Il en est de même. Le genre de mort ne doit pas être constaté.

Merlin, R., tutelle, sect. 4, § 2, art. 5, n. 6. — Les petits-enfans dont le père est prédécédé peuvent-ils servir pour excuser leur aïeul d'une tutelle? Ils le peuvent, mais ils ne sont comptés que pour un. (*Leg. 2, § 7, ff, de excusationibus.*)

437. *La survenance d'enfans pendant la tutelle ne pourra autoriser à l'abdiquer.*

Leg. 2, § 4, 6 et 8, ff, de excusat. tut.

Toullier, t. 2, n. 1154; Proudhon, t. 2, p. 200, 201; Delvincourt, t. 1, p. 118; Lemerle, fins de non-recevoir, p. 39 et 236.

Domat, Lois civiles, liv. 2, tit. 1, sect. 7, n. 25. — Les causes d'excuse qui ne font pas une incapacité, et qui ne surviennent qu'après la nomination du tuteur, ne le déchargent point. Ainsi, le nombre d'enfans survenus et l'âge de soixante-cinq ans accomplis pendant la tutelle, n'en excusent point.

438. *Si le tuteur nommé est présent à la délibération qui lui défère la tutelle, il devra sur-le-champ, et sous peine d'être déclaré non recevable dans toute réclamation ultérieure, proposer ses excuses, sur lesquelles le conseil de famille délibérera.*

Leg. 31, ff, de excusat. tut.; leg. 20, de admin. et peric. tut.; leg. 39, § 6, eodem; leg. 16, Cod., de excusat. tut.

Merlin, R., prescription, sect. 2, § 2; tutelle, sect. 4, § 5; Favard, avis de parens, n. 1; Toullier, t. 2, n. 1155; Duranton, t. 3, n. 423, 494; Carré, Justice de paix, t. 3, n. 1954 et suiv.; Delvincourt, t. 1, p. 114 et 118; Delahaye, p. 17.

Victor Augier, Encyclopédie des juges de paix, conseil de famille, n. 16. — Carré fait remarquer avec raison que le tuteur n'est pas réputé présent dans le sens de cet article, s'il n'est représenté au conseil que par un mandataire; car le mandataire n'est pas censé avoir mission de présenter des excuses ou de faire valoir des dispenses pour le mandant, qui pouvait ne pas prévoir sa nomination. (Delvincourt, t. 1, p. 120, note 12.)

Proudhon, t. 2, p. 200. — La tutelle opère un quasi-contrat entre le tuteur et le pupille; l'obligation qui en dérive une fois formée, lie absolument la volonté de celui qui se l'est imposée : d'où il faut conclure que celui qui, librement et sans réserve a une fois accepté la charge de tuteur, n'est plus admissible à revenir contre son propre fait, en proposant son excuse : la dispense doit donc être demandée dès le principe ; mais jusqu'à ce que son excuse soit acceptée, il doit administrer, jusqu'à ce qu'il soit définitivement déchargé.

439. *Si le tuteur nommé n'a pas assisté à la délibération qui lui a déféré la tutelle, il pourra faire convoquer le conseil de famille pour délibérer sur ses excuses. — Ses diligences à ce sujet devront avoir lieu dans le délai de trois jours, à partir de la notification qui lui aura été faite de sa nomination ; lequel délai sera augmenté d'un jour par trois myriamètres de distance du lieu de son domicile à celui de l'ouverture de la tutelle : passé ce délai, il sera non recevable.*

Arg. ex leg. 1, § 1, ff., de administ. et pericul. tut. ; leg. 1, ff, de tut. et rat. ; leg. 6, Cod., de test. tut.

Merlin, R., prescription, sect. 2, § 2 ; tutelle, sect. 4, § 5 ; Toullier, t. 2, n. 1156 ; Duranton, t. 3, n. 495 à 497 ; Proudhon, t. 2, p. 201 ; Delvincourt, t. 1, p. 118.

Delvincourt, t. 1, note 13 de la page 120. — Si la tutelle est légitime, les trois jours doivent courir du jour où le tuteur a dû avoir connaissance de l'évènement qui a donné lieu à la tutelle.

Note 1re de la page 21. — *Non recevable.* Il ne faut pas entendre par là que le conseil de famille ne pourrait admettre l'excuse après ce délai ; mais cela signifie seulement que le conseil, *qui aurait été tenu d'admettre l'excuse*, si elle eût été présentée dans le délai, ne l'admettra, après l'expiration du délai, *qu'autant qu'il le jugera convenable.*

Duranton, t. 3, n. 496. — Cette notification est valablement faite au domicile ainsi qu'à la personne. Toutefois, la loi ne veut que ce qui est juste : en conséquence, si le tuteur nommé était en voyage au moment où la notification a été faite à son domicile, le délai de trois jours ne commencerait à courir qu'à partir de son retour. Dans les *ajournemens*, la loi n'a aucun égard à cette circonstance ; mais aussi réserve-t-elle la voie d'opposition au jugement rendu par défaut, tandis qu'ici la fin de non-recevoir ayant un effet définitif, il est invraisemblable que l'intention du législateur ait été qu'on pût l'opposer à un citoyen dont rien ne permet de supposer l'acceptation, puisqu'il ignorait sa nomination.

440. *Si ses excuses sont rejetées, il pourra se pourvoir devant les tribunaux pour les faire admettre, mais il sera, pendant le litige, tenu d'administrer provisoirement. (C. de P., art. 135, 882 et suiv.)*

ff, leg. 15, § 11, de excusat. tut.

Toullier, t. 2, n. 1157, 1245 ; Duranton, t. 3, n. 498 ; Proudhon, t. 2, p. 202, 237 ; Delvincourt, t. 1, p. 118 ; Delahaye, p. 18.

441. *S'il parvient à se faire exempter de la tutelle, ceux qui auront rejeté l'excuse pourront être comdamnés aux frais de l'instance. — S'il succombe, il sera condamné lui-même.*

Favard, avis de parens, n. 4 ; Toullier, t. 2, n. 1157, 1181 ; Duranton, t. 3, n. 499, 515 ; Carré, Justice de paix, t. 3, n. 1961, 1962 ; Delvincourt, t. 1, p. 119.

Observations du Tribunat, 16 novembre 1802. — On a observé qu'il pouvait y avoir des cas où les nominateurs contesteraient l'excuse proposée, et succomberaient en définitif, sans mériter d'être condamnés aux frais de l'instance. Si, par exemple, l'individu qui réclame l'exemption n'a pas d'abord produit toutes les preuves dont il justifie ensuite devant les tribunaux, ou si la validité de ces preuves était de nature à ne pouvoir être appréciée que par la justice, en ce cas il serait injuste de condamner les nominateurs aux frais : ceux-ci, en contestant, n'avaient fait que leur devoir.

De cette observation on a conclu que la disposition pénale relative aux nominateurs devait être conçue en termes purement facultatifs, et non en termes impératifs.

Hua. — *Pourront être condamnés aux frais.* Comme cette difficulté intéresse le mineur contre son tuteur, il semble que le procès devrait, d'après l'art. 420, être poursuivi à la requête du subrogé-tuteur. La mise en cause de ceux qui auraient rejeté l'excuse serait nécessaire, puisqu'ils encourent une condamnation personnelle. La condamnation est livrée à l'arbitrage du tribunal, qui doit y apporter, selon les circonstances, le plus de ménagement possible.

Delvincourt, note 2 de la page 121. — Si la délibération n'a pas été *unanime*, ceux-là seuls pourront être poursuivis et condamnés aux dépens, qui auront rejeté l'excuse.

Note 3. — *Peuvent*, et non pas *doivent*. La condamnation aux dépens n'aura lieu, à leur égard, qu'autant que le juge estimera que le rejet a été dicté dans un esprit de *chicane*. Dans le cas contraire, les frais seront à la charge du *mineur*, comme frais de tutelle.

Victor Augier, Encyclopédie des juges de paix, conseil de famille, n. 17. — Cet article consacre une injustice : car n'est-ce donc pas assez que la loi impose aux membres du conseil de famille, sous peine d'amende, l'obligation de vaquer aux fonctions qu'elle leur attribue? Faut-il encore que celui qui, dans l'exercice de ses fonctions, aura commis une erreur, en soit puni par une condamnation personnelle aux frais? Ne devrait-il pas y avoir immunité absolue pour les membres de ce tribunal de famille, comme pour les membres des tribunaux ordinaires ? Mais enfin la loi est là ; il faut y obéir.

Observons cependant que cette condamnation aux frais n'est que facultative, comme l'indique le mot *pourront*. C'est donc aux tribunaux à corriger, dans la pratique, le vice ou la rigueur de la loi, et c'est, il faut le dire, ce qui arrive ordinairement. La sévérité de cet article est réservée pour des cas de faute grave, où il y a passion et non erreur.

SECTION SEPTIÈME.

De l'Incapacité, des Exclusions et Destitutions de la Tutelle.

442. *Ne peuvent être tuteurs, ni membres des conseils de famille :*

1° Les mineurs, excepté le père ou la mère ;

2° Les interdits ;

3° Les femmes, autres que la mère et les ascendantes ;

4° Tous ceux qui ont ou dont les père ou mère ont avec le mineur un procès dans lequel l'état de ce mineur, sa fortune, ou une partie notable de ses biens, sont compromis. (C. C., art. 445, 495 et 507. — C. P., 28, 40, 335.)

Cod., de excus., § 13 ; leg. 5, de legitim. tut. ; leg. 11 et 13, § 1 ; leg. 17, ff, de tutelis ; leg. 2, ff, de reg. jur. ; leg. 1, 2 et 3, Cod., quandò mulier tutelæ officio ; leg. 10, § 8 ; leg. 11 et 40, ff, de excusat. tut. ; leg. 26, in princ. ; leg. 27, § 1, ff, de testam. tutel. ; Novell. 94, cap. 2 ; Novell. 118, cap. 5 ; leg. 6, § 18 ; leg. 20, 21, ff, de excusat. tutel. ; Novell. 72, cap. 2 et 5 ; leg. 3, § 12, ff, de suspect. tut.

Merlin, R., avis de parens, éducation, femme, tutelle, sect. 2 et 3 ; Favard, tutelle, § 1, n. 2 ; § 8, n. 1 et 2 ; Dalloz, tutelle, minorité, émancipation, chap. 2, sect. 5, n. 14 ; Rolland, tutelle, § 7 ; Locré, Esprit du Code civil, sur l'article, n. 3 ; Toullier, t. 2, n. 1161, 1162 ; Massé et Lherbette, Journal des Notaires, t. 2, n. 624 à 626 ; Carré, Justices de paix, t. 3, n. 1877 et suiv. ; 1887 et suiv. ; Delvincourt, t. 1, p. 108, 111, 117, 119 ; Biret, nullités, t. 1, p. 186, 187.

Les art. 442 et 443 sont limitatifs et non démonstratifs. Le juge ne peut y ajouter d'autres causes d'incapacité ou d'indignité. (Sirey, t. 7, p. 473.)

Huguet, rapport au Tribunat, 24 mars 1803. — Les mineurs étant eux-mêmes privés de l'exercice des droits civils, et à cause de la faiblesse de leur âge, sous la puissance d'autrui, sont incapables d'avoir personne dans leur dépendance. (Voir Duranton, t. 3, n. 502.)

Quant à l'exception relative aux père et mère mineurs, elle a éprouvé quelques difficultés dans votre section : ayant admis la tutelle de droit à l'égard des père et mère, il a paru injuste de les en priver, quoique mineurs. D'abord ces circonstances seront fort rares, et il faudrait faire les frais d'une tutelle extraordinaire qui n'aurait d'exercice que pendant un an ou deux.

Le mariage émancipe les père et mère, les met hors de la puissance d'un tuteur, les place chefs d'une famille. Certes, ils peuvent bien, sans inconvénient, être tuteurs de droit de leurs enfans, pendant le court espace de temps qu'ils ont à parcourir pour atteindre leur majorité.

La loi ne dit rien de celui à qui il a été nommé un conseil judiclaire, mais il est évident qu'il ne peut être tuteur. (Argument des art. 513 et 450 du Code civil.)

Rolland de Villargues, v. tutelle, n. 99. — La disposition du § 4 de l'article ne peut être étendue au cas où le procès paraît seulement devoir exister, et est même imminent.

Merlin, R., tutelle, sect. 3, n. 3. — Les seules femmes exceptées de la règle sont la mère et l'aïeule, encore perdent-elles la tutelle de leurs enfans dès qu'elles convolent à un second mariage. Mais pourraient-elles, étant remariées, reprendre la tutelle en vertu d'une nouvelle nomination qui serait faite de leur personne, par les parens assemblés devant le juge? Elles le pourraient sans difficulté, parce qu'il n'existe aucune loi qui défende d'élire une femme remariée pour tutrice à ses enfans du premier lit.

Favard, tutelle, § 7. — Si ces causes d'incapacité surviennent depuis la nomination du tuteur, elles font révoquer la tutelle qui se trouve alors vacante.

Duranton, t. 3, n. 503. — On doit assimiler aux interdits ceux qui, pour faiblesse d'esprit, ont été placés sous l'assistance d'un conseil judiciaire, dans le cas prévu par l'art. 499.

Dalloz, tutelle, ch. 2, sect. 5, n. 14. — Les membres de la famille ne peuvent être exclus du conseil, même pour inconduite notoire, à moins qu'ils n'aient encouru une destitution de tutelle (Code civil, art. 442), ou qu'ils ne soient frappés de mort civile. On a mieux aimé avoir à braver cet inconvénient, qui d'ailleurs peut être affaibli par la vigilance du juge de paix et des magistrats, à supposer que tous les membres fussent mal famés, plutôt que d'autoriser des investigations qui pourraient détourner d'un devoir qui n'exige de la part de ses membres que des sacrifices.

La perte de la qualité de Français empêche d'être tuteur. (Sirey, t. 18, 2ᵉ part., p. 250.)

Victor Augier, Encyclopédie des juges de paix, conseil de famille, n. 15. — La loi a fixé des causes qui *dispensent* certaines personnes du fardeau de la tutelle. Elle prononce aussi des *incapacités* et des *exclusions*. Toutefois, il y a cette différence entre les dispenses et les incapacités ou exclusions, que les incapacités et les exclusions sont absolues et peuvent être opposées en tout temps, tandis que les dispenses sont tout-à-fait relatives, et constituent un privilège auquel celui qui en est l'objet peut renoncer, soit expressément, soit tacitement. (Voir art. 435.)

443. *La condamnation à une peine afflictive ou infamante emporte de plein droit l'exclusion de la tutelle. Elle emporte de même la destitution, dans le cas où il s'agirait d'une tutelle antérieurement déférée. (C. C., art. 25. — C. P., art. 7, 8, 28, 42 et 43.)*

Merlin, R., avis de parens, éducation, femme, tutelle, sect. 3; Toullier, t. 2, n. 1163; Duranton, t. 3, n. 436, 506 à 510; Proudhon, t. 2, p. 183, 196, 204, 205; Delvincourt, t. 1, p. 119.

Observations du Tribunat, 16 novembre 1802. — Un individu peut être à l'abri du reproche d'inconduite notoire, et néanmoins il peut être notoirement insolvable. L'insolvabilité ne doit-elle pas produire le même effet que l'inconduite? Ne doit-on pas dire la même chose à l'égard de l'infidélité dans la gestion?

Ceux qui ont fait faillite et n'ont pas été réhabilités, ont paru aussi devoir être rangés dans la classe des incapables.

Berlier, exposé des motifs au Corps législatif, 16 mars 1803. — Si cependant le tuteur, soit légitime, soit testamentaire, était sans conduite, ou atteint des autres causes qui excluent de la tutelle, le conseil de famille pourra et devra en poursuivre l'application.

C'est ainsi que les intérêts du mineur seront garantis, sans altérer la dévolution légitime, et sans que l'exception se mette à la place du principe.

Rolland de Villargues, v. tutelle, n. 104. — Cependant le condamné peut, après avoir subi sa peine, être nommé par le conseil de famille tuteur de ses enfans. (Dalloz, t. 12, p. 727, n. 9; A. Dalloz, tutelle, n. 248.)

Duranton, t. 3, n. 506. — Cette destitution a lieu de plein droit; le conseil de famille n'est convoqué que pour nommer un nouveau tuteur.

444 *Sont aussi exclus de la tutelle, et même destituables, s'ils sont en exercice, — 1° Les gens d'une inconduite notoire; — 2° Ceux dont la gestion attesterait l'incapacité ou l'infidélité. (C. de P., art. 132. — C. P., art. 42, 43, 335.)*

Leg. 3, § 5, ff, de suspect. tut.; leg. 3, § 17; leg. 4, § 4, ff, eod. tit.; leg. 6, ff, ubi pupill. educari; leg. 9, de tutel.; leg. 12, § 3, de administ. et peric. tut.

Merlin, R., avis de parens, éducation, femme, tutelle, sect. 3; Favard, tutelle, § 8, n. 1, 2; Toullier, t. 2, n. 1164 et suiv., 1171; Duranton, t. 2, n. 388; Proudhon, t. 2, p. 196, 205; usufruit, t. 1, n. 146, 160, 923, 244; t. 5, n. 2425; Delvincourt, t. 1, p. 119; Paillet, Manuel, sur l'article.

Domat, Lois civiles, liv. 2, tit. 1, sect. 6, n. 8. — Le tuteur peut être destitué, si sa mauvaise conduite mérite qu'on lui ôte l'administration: comme s'il prévarique pour faire périr les droits du mineur, s'il abandonne les affaires, s'il s'absente et s'il disparaît, laissant la tutelle dans le désordre; s'il ne fournit aux alimens et à l'entretien du mineur, en ayant le fonds, et généralement s'il y en a d'autres justes causes, quand ce ne serait même qu'une négligence, si elle est telle qu'elle mérite que la tutelle soit mise en d'autres mains.

Hua. — Une cause de destitution non rappelée dans cet article est prévue par l'art. 421.

Malleville. — Notre article n'entre dans aucun détail sur les motifs qui peuvent faire déclarer un tuteur suspect; et en effet, ils doivent être laissés à l'arbitrage des juges.

Delvincourt, t. 1, note 6 de la page 121. — On a mis en question si le père exclu de la tutelle conservait la puissance paternelle. Quelques auteurs, du nombre desquels est M. Proudhon, ont décidé l'affirmative. Mais la tutelle n'est-elle pas la charge d'administrer la personne et les biens du mineur? Et, je le demande, lorsqu'un père est privé, sur-tout par une disposition pénale, du droit d'administrer la personne et les biens de ses enfans, sur quoi pourra s'exercer sa puissance?

Remarquez, au surplus, qu'en parlant de la puissance paternelle, je n'entends parler que des *droits sur la personne*; quant à la jouissance légale, le père ou la mère peuvent l'avoir, sans être tuteurs. Ils n'administreront pas, et le tuteur versera en leurs mains tout ce qui restera des revenus, après l'acquittement de toutes les dépenses qui sont à la charge de cette jouissance.

Pandectes françaises. — Le terme *inconduite*, employé par cet article, ne comprend pas seulement le désordre dans l'administration des affaires. Il s'applique également à la dissolution des mœurs. L'esprit et le cœur du pupille ne sont pas moins précieux pour la société que sa fortune. Si donc la conduite du tuteur exposait l'un et l'autre à la corruption, on pourrait ou l'écarter de la tutelle, ou la lui ôter. (Proudhon, t. 2, p. 204.)

Favard, tutelle, § 8, n. 1. — Toutes les causes d'exclusion et de destitution sont exprimées en termes généraux, et s'appliquent par conséquent à toutes les espèces de tutelle.

Duranton, t. 3, n. 509. — Cet article s'applique aussi aux prodigues, lors même qu'ils ne seraient pas encore placés sous l'assistance d'un conseil judiciaire; car, s'ils l'étaient, évidemment ils ne pourraient gérer la tutelle: celui qui a besoin d'un guide ne peut en servir aux autres.

Victor Augier, Encyclopédie des juges de paix, tutelle, sect. 6, n. 12. — Si l'incapacité qui résulte du défaut de connaissance des affaires n'a rien de répréhensible en elle-même, celui qui a la connaissance de son incapacité a dû faire gérer et administrer par un mandataire capable. Ses fautes graves, dans l'administration de la tutelle, approchent du dol. (Toullier, t. 2, n. 1165.)

La destitution de la tutelle, pour incapacité, peut être prononcée contre le père, tuteur légal, comme contre tout autre tuteur. Seulement, les motifs doivent être plus graves et plus puissans dans ce cas.

Un tuteur est destituable, s'il ne donne pas à sa pupille une éducation convenable, et s'il lui permet de dangereuses fréquentations.

N. 13, § 2. — Toutes les causes d'exclusion sont limitatives; par conséquent, un conseil de famille ne peut prononcer l'exclusion d'un parent, sous des prétextes de moralité. Il ne le peut que dans le cas où il y a incapacité prononcée par la loi.

N. 9, sect. 1. — Le père en état de faillite ne perd pas ses droits à la tutelle légale de ses enfans; car un failli peut être un homme probe et intelligent, un débiteur malheureux et de bonne foi. (Argument de l'art. 442 du Code de commerce.)

Question controversée. — Lorsque la veuve, sans s'être remariée, mène une conduite scandaleuse, perd-elle le bénéfice de l'usufruit légal des biens de ses enfans mineurs? *Oui*: Proudhon, usufruit, t. 1, n. 146; Delvincourt, t. 1, p. 248. *Non*: Aix, 30 juillet 1813; Duranton, t. 3, n. 388; Rolland de Villargues, v. usufruit, § 1, n. 13. (Journal de la Magistrature, t. 2, p. 376 à 378.)

445. *Tout individu qui aura été exclu ou destitué d'une tutelle, ne pourra être membre d'un conseil de famille.*

Inst., de excusat. tut., § 13 ; ff, leg. 6, § 17 et 18, de excusat. ; leg. 21, de tut. et curat. ; leg. 16 et ultim., de tutel. ; leg. 2, de reg. jur.

Merlin, R., avis de parens, éducation, femme, tutelle, sect. 3 ; Favard, tutelle, § 8, n. 2 ; Toullier, t. 2, n. 1168, 1171 ; Carré, Justice de paix, t. 3, n. 1877 et suiv. ; 1867 et suiv. ; Duranton, t. 3, n. 407, 436, 461, 510 et 511 ; Delvincourt, t. 1, p. 111 ; Proudhon, t. 2, p. 183, 205, 207, 208 ; Pailliet, Manuel sur l'article.

Proudhon, t. 2, p. 205. — Lorsque la cause d'indignité existe dès le principe, elle met obstacle même à la tutelle légitime du testamentaire ; et lorsqu'elle survient postérieurement, elle donne lieu à la destitution de tout tuteur indistinctement ; mais dans l'un comme dans l'autre cas, la même cause doit produire les mêmes effets ; en conséquence, l'individu exclu, comme celui qui a été destitué d'une tutelle, est déclaré indigne de jamais figurer dans un conseil de famille.

Lorsque c'est le père ou la mère qui est destitué de la tutelle, il ne doit pas être privé des droits de la puissance paternelle. (Argument des art. 372, 394.)

Duranton, t. 3, n. 511. — Cette disposition ne s'applique point à la mère survivante, qui s'étant remariée sans convoquer le conseil de famille, a perdu de plein droit sa tutelle ; car elle n'est point exclue ni destituée ; elle *perd* seulement la tutelle, comme le dit l'art. 395.

Elle ne s'applique point non plus à la mère remariée qui n'a pas été maintenue par le conseil de famille dans la tutelle des enfans de son premier lit.

Victor Augier, Encyclopédie des juges de paix, tutelle, sect. 6, n. 23. — Cet article ne se rapporte point au cas où l'exclusion de la tutelle a été motivée sur l'existence d'un procès avec le mineur. Cette cause étant purement accidentelle et relative, n'enlève pas à celui qu'elle a privé d'une tutelle, le droit de faire partie du conseil de famille d'un autre mineur, à l'égard duquel le même motif n'existe pas.

Il ne s'applique pas non plus aux individus condamnés temporairement à la privation des droits de famille. Dès que leur peine est expirée, ils peuvent être membres d'un conseil de famille, puisqu'ils pourraient même être tuteurs.

Les parens ou alliés au degré plus proche ne pourraient être exclus ou destitués d'un conseil de famille, pour inconduite notoire ; par exemple, s'ils n'avaient pas été pour cette cause exclus ou destitués d'une tutelle. (Sirey, t. 17, 1re part., p. 473.)

446. *Toutes les fois qu'il y aura lieu à une destitution de tuteur, elle sera prononcée par le conseil de famille, convoqué à la diligence du subrogé-tuteur, ou d'office par le juge de paix. — Celui-ci ne pourra se dispenser de faire cette convocation, quand elle sera formellement requise par un ou plusieurs parens ou alliés du mineur, au degré de cousin germain ou à des degrés plus proches.* (*C. C., art.* 420 *et suiv. — C. de P., art.* 889.)

Arg. ex leg. 1, § 3 et 4, ff, de suspect. tut. ; leg. 6, § 1 ; Cod. eod., leg. 1, § 7, ff, de officio præfect. urb.

Merlin, R., tutelle, sect. 3, § 2, n. 3 ; Rolland, subrogé-tuteur, n. 31, 32 ; tutelle, § 7 ; Locré, Esprit du Code civil, sur l'article, n. 2, § 2 et 3 ; Toullier, t. 2, n. 1128, 1173 ; Duranton, t. 3, n. 512 ; Proudhon, t. 2, p. 177, 206 ; *id*, usufruit, t. 1er, n. 223 ; t. 5, n. 2424 ; Delvincourt, t. 1, p. 116, 119 ; Sirey, t. 12, 2e part., p. 424 ; t. 11, 2e part., p. 86.

Procès-verbal du Conseil d'Etat, 21 octobre 1802. — Cambacérès demande pourquoi la section n'accorde pas aussi l'action en destitution aux parens les plus proches.

Berlier répond qu'on a cru ne devoir imposer qu'au subrogé-tuteur l'obligation de poursuivre la destitution ; mais qu'on n'a pas entendu exclure les parens les plus proches de la faculté d'exercer cette action.

Cambacérès pense qu'il serait utile de déclarer explicitement que les parens, jusqu'au degré de cousin germain inclusivement, ont le droit de poursuivre à leurs frais, devant les tribunaux, la destitution du tuteur. Ils défèreraient aux juges la délibération de la famille, si elle tendait à maintenir la tutelle à celui qui l'exercerait.

Delvincourt, t. 1, note 1re de la page 122. — *A un degré plus proche. Quid*, si le mineur n'a pas de parens au degré de cousin germain ? Il est vrai que toute personne est admise à dénoncer les faits au juge de paix ; mais alors ce dernier n'est pas tenu de déférer à la réquisition. Je crois qu'on a voulu décider simplement que s'il y avait des parens au degré de cousin germain, ou à des degrés plus proches, ceux d'un degré plus éloigné ne pourraient requérir. L'article ainsi entendu n'exclurait pas les cousins issus de germains du droit de requérir, dans le cas, par exemple, où il n'y aurait pas de cousin germain.

Duranton, t. 3, n. 512. — Cet article s'applique également au cas d'exclusion.

Boileux. — Bien que le cas de *destitution* soit seul prévu dans cet article, on doit étendre sa disposition au cas d'*exclusion*.

447. *Toute délibération du conseil de famille qui prononcera l'exclusion ou la destitution du tuteur sera motivée, et ne pourra être prise qu'après avoir entendu ou appelé le tuteur.*

ff, leg. 4, § 1 et 2, de suspect. tut.

Merlin, R., avis de parens, motifs des jugemens, t. 17 ; Favard, tutelle, § 8, n. 3, 4 ; Locré, Esprit du Code civil, sur l'article ; Toullier, t. 2, n. 1174 ; Duranton, t. 3, n. 437, 468, 475, 512, 513 ; Proudhon, t. 2, p. 206 ; Delvincourt, t. 1, p. 114, 120 ; Sirey, t. 14, p. 74 ; t. 22, p. 161.

Delvincourt, t. 1, note 2 de la page 122. — Il est évident que la disposition de cet article ne peut s'appliquer au cas où l'exclusion, ou la destitution a lieu par suite d'une condamnation à une peine afflictive ou infamante, puisqu'alors le conseil de famille peut nommer, *de plano*, un autre tuteur, sans avoir même besoin de prononcer l'exclusion ou la destitution, qui a lieu de plein droit.

Rolland de Villargues, v. tutelle, n. 112. — Le parent qui provoque la destitution du tuteur peut concourir à la délibération qui prononce la destitution.

Toullier, t. 2, n. 1174. — La délibération ne peut être prise qu'après avoir entendu ou appelé le tuteur, qu'il faut citer à comparaître au jour fixé par le juge de paix, en observant les délais prescrits par l'art. 411, de manière qu'il y ait toujours, entre la citation notifiée et le jour indiqué pour comparaître, un intervalle de trois jours au moins, quand le tuteur réside dans la commune ou dans la distance de deux myriamètres. Au-delà de cette distance, le délai est augmenté d'un jour par trois myriamètres.

448. *Si le tuteur adhère à la délibération, il en sera fait mention, et le nouveau entrera aussitôt en fonctions. — S'il y a réclamation, le subrogé-tuteur poursuivra l'homologation de la délibération devant le tribunal de première instance, qui prononcera sauf l'appel. — Le tuteur exclu ou destitué peut lui-même, en ce cas, assigner le subrogé-tuteur pour se faire déclarer maintenu en la tutelle.* (*C. C., art.* 439. — *C. de P. art.* 882, 889.)

Leg. 3, § ultim., de suspect. tutor.

Merlin, Q., appel, § 1 ; conseil de famille, homologation ; Favard, tutelle, § 8, n. 3 ; Dalloz, tutelle, minorité, émancipation, ch. 2, sect. 7, p. 727 ; Toullier, t. 2, n. 1176 à 1178 ; Duranton, t. 3, n. 475, 476, 514 ; Proudhon, t. 2, p. 177, 192, 206 ; Delvincourt, t. 1, p. 120 ; Delahaye, p. 598.

Observations du Tribunat, 16 novembre 1802. — On propose d'ajouter au § 3, le mot *exclu*, et de dire : *Le tuteur exclu ou destitué*. Cette addition a paru nécessaire à cause des tuteurs de droit.

Hua. — Le conseil de famille peut procéder à l'instant même où il prononce l'exclusion ou la destitution d'un tuteur, au choix d'un nouveau ; de cette manière, l'administration de la tutelle n'éprouvera aucune suspension.

Delvincourt, t. 1, note 3 de la page 122. — *Et le nouveau tuteur*. Il paraît, d'après cela, que, soit que l'ancien tuteur réclame, ou adhère à la délibération, le conseil de famille doit toujours procéder de suite à la nomination d'un nouveau tuteur.

Note 6. — Qui administrera pendant le litige ? La loi ne s'est pas prononcée sur ce point. Il semble difficile de supposer que l'ancien tuteur puisse continuer à administrer. D'un autre côté, l'art. 448 paraît décider que le nouveau tuteur ne doit entrer en fonctions qu'autant que l'ancien a adhéré à la délibération. A Rome, l'accusation seule suffisait pour écarter le tuteur de l'administration. Dans tous les cas, et conformément à l'art. 135 du Code de procédure, l'exécution provisoire de la décision du conseil pourra être ordonnée.

Toullier, t. 2, n. 1176, 1177 et 1178. — Si le tuteur n'adhère pas, il doit continuer l'administration jusqu'au jugement à intervenir, puisque ce n'est qu'en cas d'adhésion de sa part que le nouveau tuteur entre *aussitôt* en fonctions.

Si le tuteur était absent, la délibération doit lui être notifiée, à la diligence du membre de l'assemblée qui aura été désigné par elle. (Art. 882 du Code de procédure.) L'art. 883 du Code de procédure dispose aussi que le tuteur qui réclame doit diriger sa demande contre les membres qui ont été d'avis de la délibération.

Si l'homologation de la délibération était poursuivie avant que le tuteur eût formé sa demande, il doit s'opposer à l'homologation.

Victor Augier, Encyclopédie des juges de paix, conseil de famille, n. 19. — Il faut remarquer que le tribunal de première instance ne prononce qu'en premier ressort, et que sa décision est sujette à appel. Le conseil de famille n'est point considéré comme un tribunal devant lequel se soit épuisé le premier degré de jurisdiction. Le fait à apprécier, et qui est en jugement, c'est sa délibération même. Le tribunal en est le premier juge.

Tutelle, sect. 6, n. 25. — Lorsque le tuteur veut se pourvoir contre la délibération qui l'a destitué, il doit diriger son action contre tous les membres du conseil de famille qui composaient la majorité, et non pas contre le subrogé-tuteur, parce que l'art. 883 du Code de procédure civile a dérogé à l'art. 448 du Code civil. (Toullier, t. 2, n. 1178; Delaporte: Demiau-Crouzilhac et Chauveau. *Contrà :* Pigeau, Berlat-Saint-Prix, Duranton, Carré, Favard et un arrêt de cassation du 17 mars 1831.)

Bien qu'un tuteur ordinaire soit incapable d'exercer les fonctions de la tutelle et d'y être réintégré, lorsqu'il a subi une destitution, il en est autrement d'un père, qui tient ses fonctions de la loi et non de la volonté des parens. Cependant cette réintégration ne doit être prononcée qu'avec la plus grande circonspection. Dans tous les cas, le tuteur légal ne peut appeler du jugement qui lui a enlevé la tutelle, sur le fondement que, depuis lors, il a changé de conduite. Il faut qu'il s'adresse au conseil de famille, qui décidera s'il doit être réintégré.

Boileux. — La délibération du conseil de famille qui prononce l'exclusion ou la destitution du tuteur, doit être motivée, quand même elle serait unanime. Si elle n'est point unanime, l'avis de chacun des membres de l'assemblée doit être mentionné au procès-verbal.

449. *Les parens ou alliés qui auront requis la convocation, pourront intervenir dans la cause, qui sera instruite et jugée comme affaire urgente.* (*C. de P.*, *art.* 446, 882, 889.)

Inst., de suspect. tut., § 7; Cod., leg. 7, eodem.

Toullier, t. 2, n. 1180; Duranton, t. 3, n. 514; Proudhon, t. 2, p. 206; Delvincourt, t. 1, p. 120; Grenier, hypothèques, t. 1, p. 61.

Toullier, t. 2, n. 1181. — Le procureur du roi doit toujours être entendu; le jugement est soumis à l'appel. (Duranton, t. 3, n. 514.)

Boileux. — Le Code borne la faculté d'intervenir aux parens ou alliés qui ont requis la convocation; mais l'art. 887 du Code de procédure modifie cette disposition, en donnant à tous les membres de l'assemblée, non seulement le droit d'intervenir, mais encore celui de poursuivre l'homologation de la délibération.

SECTION VIII.

De l'administration du Tuteur.

450. *Le tuteur prendra soin de la personne du mineur, et le représentera dans tous les actes civils. — Il administrera ses biens en bon père de famille, et répondra des dommages-intérêts qui pourraient résulter d'une mauvaise gestion. — Il ne peut ni acheter les biens du mineur, ni les prendre à ferme, à moins que le conseil de famille n'ait autorisé le subrogé-tuteur à lui en passer bail, ni accepter la cession d'aucun droit ou créance contre son pupille.* (*C. C.*, *art.* 417, 418, 455 *et suiv.*; 907, 1370, 1596, 1663, 1718, 2121, 2135. — *C. de P.*, *art.* 132, 144, 905.)

Leg. 12, § 3, ff, de administr. et pericul. tut.; leg. 5, §7; leg. 10 et 33, eod. tit.; leg. 7, Cod., arbitrium tutor.; leg. 1, ff, in princ., de tutel. et rationib. distrahendis; leg. 46, ff, de contrahend. empt.; Novell. 72, cap. 5; leg. 5, Cod., de contrahend. empt.

Pothier, vente, n. 13; Merlin, R., tutelle, sect. 5, § 1: bail, § 10; Q., interdiction, § 5; Favard, bon père de famille, dommages intérêts, n. 10; tutelle, § 9, n. 1, 3, 4, 5, 10 et 11; Dalloz, émancipation, chap 2, sect. 9, art. 1 et 2; sect. 10, § 1; Rolland, tutelle, § 9, 10 et 11, art. 1 et 3; § 12; Toullier, t. 2, n. 1182 et suiv.; 1188, 1208, 1231, 1233; Duranton, t. 3, n. 523 à 533; 544 à 608; t. 10, n. 281, 282; Proudhon, t. 2, p. 202, 209 à 214, 232, 238, 243; Delvincourt, t. 1, p. 120 et suiv.; Grenier, hypothèques, t. 2, p. 465; Delahaye, p. 13 et suiv.; 111, 112, 115, 116, 570, 571, 583 et suiv; Proudhon, usufruit, t. 1, n. 160, 179; t. 3, n. 1313, 1503; A. Dalloz, tutelle, n. 321, 326, 327, 624.

Domat, Lois civiles, liv. 2, tit. 1, sect. 3, n. 14. — Le tuteur ne peut se rendre acheteur des biens de son mineur, ni en son nom, ni par personnes interposées; car, outre qu'il ne peut être vendeur et acheteur de la même chose, il pourrait aisément frauder et avoir à vil prix ce qu'il ferait vendre.

Procès-verbal du Conseil d'Etat, 21 octobre 1802. — Sur les observations de Malleville, Bigot-Préameneu et Tronchet, Jollivet propose de ne pas rendre les nominateurs responsables de la gestion du tuteur. Le mineur trouve une garantie suffisante de leur choix dans l'intérêt qu'ils ont de ne pas exposer à la dilapidation une succession que peut-être ils recueilleront un jour. — D'ailleurs, il ne convient pas de rendre la fortune de plusieurs citoyens incertaine, dans la vue d'assurer celle d'un seul.

Le Roy, discours au Corps législatif, 26 mars 1803. — La bonne composition du conseil de famille nous a paru justifier assez le silence que garde le projet sur les cautions à demander au tuteur, ainsi que l'exigeaient, dans certains cas, les lois romaines. La tutelle est un fardeau; il était devenu sans motif d'en augmenter le poids. — L'usage, qui voulait que les parens nominateurs fussent tenus de la mauvaise administration des tuteurs, n'était pas moins déraisonnable: la famille a rempli son devoir quand elle a fait son choix avec toutes les précautions de la bonne foi, avec tous les soins de la tendresse.

Delvincourt, t. 1, note 2 de la page 123. — Dans tous les actes civils, *excepté le mariage*.

Note 6 de la page 125. — *Quid*, si néanmoins il a accepté pareille cession? Chez les Romains tout était anéanti, la cession et l'obligation cédée, et le pupille était libéré. Je pense qu'il en doit être de même chez nous. C'était l'avis de M. de Lamoignon.

Rolland de Villargues, v. tutelle, n. 147. — De ce que le tuteur doit prendre soin de la personne du mineur, il ne s'ensuit pas néanmoins que son entretien et son éducation soient entièrement à l'arbitraire du tuteur.

Proudhon, t. 2, p. 209. — *Aux besoins du mineur.* Ce qui comprend ses alimens, son vêtement, logement, frais de maladie, les salaires des maîtres et des domestiques, et toutes les dépenses nécessaires pour lui donner une éducation convenable, suivant ses facultés et dans la mesure prescrite par le conseil de famille.

Régulièrement parlant, la mère du pupille doit être chargée des soins de son éducation domestique, sur-tout dans les années de l'enfance, lorsque le père n'existe plus, quand même elle ne serait pas chargée de la tutelle: elle est en droit de l'exiger ainsi, à moins que des circonstances graves ne déterminent le tribunal à en ordonner autrement, sur l'avis des parens, qui doivent toujours être consultés dans les cas de cette espèce. (Argument de l'art. 302.)

Toullier, t. 2, n. 1184. — Si l'on ne trouve aucune disposition particulière sur l'éducation du mineur, dans le cas de la tutelle ordinaire, il n'en faut pas conclure que le tuteur soit en droit de la diriger suivant sa volonté seule et contre le gré des parens; mais seulement que le Code abandonne ce soin important à la prudence du conseil de famille, qui a droit de délibérer sur le lieu où le pupille doit être élevé, et sur l'éducation qu'il convient de lui donner. Sans cela, il ne pourrait régler la somme à laquelle doit s'élever la dépense annuelle du mineur.

Victor Augier. Encyclopédie des juges de paix, tutelle, sect. 8, n. 2. — *Il répondra, etc.* Cette responsabilité ne peut s'étendre à toute espèce de fautes, car il est de principe que lorsqu'un mandat est entièrement en faveur de l'une des parties, l'autre ne doit pas être traitée avec la même sévérité que si elle y trouvait quelque avantage. Or, la tutelle est toute dans l'intérêt du mineur. En pareil cas, l'appréciation du fait et des dommages est abandonnée à la conscience du juge. (Code de procédure civile, art. 132.)

Sect. 7, n. 1, et § 1, n. 2. — Mais le tuteur n'est pas tenu de nourrir le mineur à ses dépens, à moins qu'il ne soit dans la classe des personnes qui lui doivent des alimens. Lors donc que le pupille est dans l'indigence, le tuteur peut ou le mettre en service, ou le placer soit en apprentissage chez un maître qui se chargerait de sa nourriture et de son entretien, moyennant certaines conditions, soit même dans un hospice. Il serait convenable, néanmoins, dans ce dernier cas sur-tout, de prendre préalablement l'avis du conseil de famille. (Dalloz, tutelle, chap. 2, sect. 9, art. 1, n. 6.)

La tutelle ne détruit pas la puissance paternelle. Ainsi, les père et mère, quoiqu'ils ne soient pas tuteurs, pour un motif quelconque autre que leur inconduite, ont le droit d'avoir leurs enfans auprès d'eux et de diriger leur éducation. (Argument des art., 372, 374 du Code civil.)

Quand le mineur est sans père ni mère, le conseil de famille est-il autorisé à régler le mode d'éducation qu'il faut suivre pour lui, et à déterminer le lieu où il doit être placé? *Non :* D'après un arrêt de Turin, du 9 décembre 1808. *Oui :* Toullier, Duranton, Delvincourt, Favard, etc.

A. Dalloz, tutelle, n. 480. — La disposition qui défend au tuteur de se rendre cessionnaire d'aucun droit ou créance contre son pupille, s'applique même aux cas énoncés à l'art. 1701 du Code civil.

Les art. 1429 et 1430 s'appliquent à l'administration du tuteur. (Toullier, t. 2, n. 1206; Delahaye, sur les tutelles, p. 585.)

Le conseil de famille peut, bien que le tuteur n'ait encouru par aucun fait répréhensible la destitution, demander à la justice que l'éducation du pupille soit, dans son intérêt, confiée à une autre personne. (Sirey, t. 15, 1re part., p. 321.)

Cependant, en ce qui concerne le père ou la mère, voir Sirey, t. 11, 2e part., p. 211.

451. *Dans les dix jours qui suivront celui de sa nomination, dûment connue de lui, le tuteur requerra la levée des scellés, s'ils ont été apposés, et fera procéder immédiatement à l'inventaire des biens du mineur, en présence du subrogé-tuteur.*

S'il lui est dû quelque chose par le mineur, il devra le déclarer dans l'inventaire, à peine de déchéance, et ce, sur la réquisition que l'officier public sera tenu de lui en faire, et dont mention sera faite au procès-verbal. (C. de P., art. 931 *et suiv. ;* 942 *et suiv.)*

Leg. 7, in principio, ff, de administr. et pericul. tut.; leg. 22, 24, Cod., de administr. tut. vel curat.; leg. 27, Cod., de episcop. audientiâ; leg. 13, § 1, Cod., arbitrium tutelæ; arg. ex Novell. 72, cap. 5, authent. minores; Cod., qui dari tutores vel curatores.

Loi du 12 décembre 1798, art. 39, et celle du 12 frimaire an 7.

Merlin, R., inventaire, § 5, *non bis in idem ;* Favard, scellés, § 3, n. 3, sur l'art. 932 du Code de procédure civile; tutelle, § 9, n. 6; Dalloz, émancipation, ch. 2, sect. 9, art. 2; Rolland de Villargues, inventaire, n. 111 et suiv.; 124 et suiv.; 234 et suiv.; Toullier, t. 2, n. 1189 et suiv., 1198; Duranton, t. 3, n. 534, 540, 603; Delvincourt, t. 1, p. 116, 121, 124; Delahaye, p. 571, 572; Bellot, contrat de mariage, t. 4, p. 345, 349, à 351; A. Dalloz, tutelle, n. 338, 339.

Domat, Lois civiles, liv. 2, tit. 1, sect. 3, n. 10. — Le premier devoir du tuteur, pour l'administration des biens du mineur, est d'en faire un inventaire par l'autorité de la justice, avant que de s'immiscer dans l'exercice de la tutelle, afin qu'il sache de quoi il est chargé, et qu'il en rende compte quand la tutelle sera finie. Que si, avant l'inventaire, il arrivait quelque affaire qui ne reçût point de retardement, le tuteur y pourvoira selon le besoin.

Pothier, Traité des personnes, p. 446. — Un tuteur doit commencer son administration par faire un inventaire devant notaire de tous les effets mobiliers du mineur, de tous les titres et enseignemens de ces biens. Cet inventaire doit contenir estimation par détail de chacun des effets mobiliers.

Observations du Tribunat, 16 novembre 1802. — Ces mots *requerra la levée des scellés* ont paru inutiles, puisque le tuteur ne peut pas faire procéder à l'inventaire qu'il n'ait fait lever les scellés. On pense aussi que la disposition doit s'appliquer au tuteur de plein droit comme au tuteur élu.

Sur le deuxième paragraphe, on fait observer que la peine de déchéance, telle qu'elle est établie par cet article, est une disposition si rigoureuse, qu'on ne saurait prendre trop de précautions pour mettre chacun dans l'impossibilité de ne pas la connaître. En exigeant que le notaire avertisse le tuteur de cette disposition, et que le procès-verbal en contienne la mention formelle, le tuteur qui, malgré cet avertissement, se sera mis dans le cas de déchéance, n'aura plus à se plaindre de la loi.

Procès-verbal du Conseil d'Etat, 21 octobre 1802. — Tronchet dit que la dernière disposition de cet article paraît sans objet, puisque le tuteur ne peut se prétendre créancier sans rapporter le titre de sa créance.

Jollivet répond qu'on doit pourvoir à ce qu'il ne puisse faire revivre sa créance, en supprimant la quittance qu'il a donnée.

Huguet, rapport au Tribunat, 24 mars 1803. — Un tuteur, créancier légitime de son mineur, pourrait oublier ou négliger de déclarer dans l'inventaire sa créance. Il avait paru d'abord injuste de l'en priver; mais, au moyen de la disposition qui porte qu'il sera interpellé par le notaire de déclarer s'il est créancier de son pupille, il ne pourra plus prétexter de son ignorance ou de son oubli; et s'il est dans le cas de perdre une créance légitime, ce sera par son fait; il n'aura rien à reprocher à la rigueur de la loi.

L'art. 39 de la loi du 22 frimaire an 7 fait supporter personnellement aux tuteurs et aux curateurs les peines encourues faute de déclaration dans les délais utiles, des successions échues à leurs pupilles.

Hua. — A peine de déchéance. La loi ne fait aucune distinction, même à l'égard des créances qui seraient établies par acte public. En effet, elles peuvent avoir été soldées, quoique le titre fût resté entre les mains de celui qu'on a choisi pour tuteur.

Faite au procès-verbal. En cas de non interpellation par l'officier public, le tuteur pourrait être admis à faire valoir contre le mineur ses droits, quoique non déclarés, pourvu qu'ils fussent suffisamment justifiés. La peine de déchéance n'est prononcée que contre le défaut de déclaration provoquée par une interpellation.

Merlin, R., inventaire, § 5, n. 1. — Il en est de même dans le cas où, après la nomination du tuteur, il vient à échoir au mineur une succession, soit testamentaire, soit légitime. Le tuteur ne peut pas se dispenser de faire inventorier cette succession.

Victor Augier, Encyclopédie des juges de paix, subrogé-tuteur, § 2, n. 8. — La déchéance prononcée par cet article contre le tuteur qui aurait omis de déclarer dans l'inventaire ce qui lui est dû par le mineur, est une disposition de droit étroit, qui ne peut être étendue au subrogé-tuteur.

Tutelle, sect. 7, § 2, n. 2. — Toullier prétend que si les scellés n'avaient pas été apposés, le tuteur devrait se hâter de requérir l'apposition. Mais nous n'en voyons pas la nécessité. Cette mesure tardive ne rétroagirait pas sur les soustractions déjà commises, et ne ferait que retarder avec des frais la confection de l'inventaire.

L'inventaire est de rigueur dans tous les cas, et le testateur même n'a pas le droit d'en dispenser le tuteur. (Malleville. *Contrà :* Delvincourt, Toullier, Favard, Duranton.)

Duranton, t. 3, n. 534. — Le tuteur qui s'ingérerait dans la gestion avant d'avoir fait faire l'inventaire, s'exposerait à être destitué, sans préjudice encore des condamnations qui pourraient être prononcées au profit du mineur.

452. *Dans le mois qui suivra la clôture de l'inventaire, le tuteur fera vendre, en présence du subrogé-tuteur, aux enchères reçues par un officier public, et après des affiches ou publications dont le procès-verbal de vente fera mention, tous les meubles autres que ceux que le conseil de famille l'aurait autorisé à conserver en nature. (C. C., art.* 522, 524, 1063, 1064. *— C. de P., art.* 946 *et suiv.)*

Leg. 22 et 24, Cod., de administ. tut. vel curat.; leg. 5, § 9, eod.; leg. 7, § 1; leg. 15, ff, de administ. et peric. tut.; leg. 3, Cod., de per. tut.; leg. 2, Cod., arbitrium tutelæ.

Favard, tutelle, § 9, n. 7; Dalloz, émancipation, ch. 2, sect. 9 art. 2, § 1; Rolland, tutelle, § 9; Toullier, t. 2, n. 1199, 1200; Duranton, t. 3, n. 543, 549, 555; Proudhon, t. 2, p. 216, 221; Delvincourt, t. 1, p. 116, 121, 122.

Loi du 24 mars 1806, relative au transfert d'inscriptions cinq pour cent consolidés, appartenant à des mineurs ou interdits. Avis du Conseil d'Etat du 26 juillet 1806; *id.*, du 8 novembre suivant, qui interprète la loi du 24 mars 1806; décret du 25 septembre 1813.

Domat, Lois civiles, liv. 2, tit. 1, sect. 3, n. 11. — L'inventaire des biens étant fait, tous les titres et papiers sont remis au tuteur, afin qu'il prenne soin des affaires, qu'il exige les dettes, qu'il fasse les diligences qui seront à faire en justice pour les procès, et qu'il veille à tout ce que l'intérêt du mineur pourra exiger. Mais, dans les procès, il ne doit ni en faire pour le mineur, ni soutenir ceux qu'on pourrait lui faire, sans l'avis des personnes de qui il doit prendre le conseil; il doit aussi régler, par ce même conseil, les poursuites contre les débiteurs du mineur, pour n'en pas faire d'inutiles contre les débiteurs insolvables; enfin, dans toutes les choses douteuses, c'est par ce conseil qu'il doit se conduire. (Voir art. 12 et 13.)

Pothier, Traité des personnes, page 446. — Faute par lui de faire cette vente, il est tenu, par forme de dommages-intérêts envers son mineur, de se charger, dans le compte qu'il rendra à son mineur après la tutelle finie, de la crue ou parisis de ladite prisée, qui est le quart en sus.

Page 447. — Les meubles sujets à cette crue faute d'avoir été vendus, sont les meubles meublans, comme les chaises, tables, tapisseries, etc,

Hua. — Il n'est point prescrit de constater l'apposition d'affiches ou publications, par aucun acte; l'énonciation dans le procès-verbal de vente, de l'accomplissement de cette formalité, suffit. Autrement, les frais consommeraient souvent la majeure partie du mobilier.

Rolland de Villargues, v. tutelle, n. 136. — Lorsque l'intérêt même du mineur l'exige, le tuteur peut se dispenser de vendre les meubles dans le mois; par exemple, s'il s'agit du mobilier d'une ferme nécessaire pour la culture.

Duranton, t. 3, n. 549. — Il en doit être ainsi des meubles qui échoient au mineur pendant le cours de la tutelle, par succession, donation, legs ou autrement. (A. Dalloz, tutelle, n. 346.)

Victor Augier, Encyclopédie des juges de paix, tutelle, sect. 7, § 2, n. 6. — Il est évident que cet article ne se rapporte qu'aux meubles proprement dits, et non point aux capitaux ou rentes productifs d'intérêt, que l'art. 529 range dans la classe des meubles par la détermination de la loi.

Boileux. — Cette vente doit être faite ou du moins commencée dans le délai d'un mois, à partir de la clôture de l'inventaire, en présence du subrogé-tuteur, aux enchères, par un commissaire-priseur, un notaire, ou même, à leur défaut, par un huissier que le tuteur choisira, et après des publications et affiches.

Le conseil de famille peut toutefois autoriser le tuteur à conserver en nature certains meubles; par exemple, une bibliothèque, des portraits, des objets rares et précieux.

453. *Les père et mère, tant qu'ils ont la jouissance propre et légale des biens du mineur, sont dispensés de vendre les meubles, s'ils préfèrent de les garder pour les remettre en nature. — Dans ce cas, ils en feront faire, à leurs frais, une estimation à juste valeur, par un expert qui sera nommé par le subrogé-tuteur, et prêtera serment devant le juge de paix. Ils rendront la valeur estimative de ceux des meubles qu'ils ne pourraient représenter en nature.* (*C. C., art.* 384 *et suiv.*; 1063, 1064, 805.)

Favard, tutelle, § 9, n. 8; Dalloz, émancipation, chap. 2, sect. 9, art. 2, § 1; Toullier, t. 2, n. 1070, 1201 et suiv.; t. 7, n. 461; Duranton, t. 3, n. 543; t. 4, n. 171; Delvincourt, t. 1, p. 122; Vazeille, t. 2, n. 411, 418 et 434.

Domat, Lois civiles, liv. 2, tit. 1, sect. 3, n. 15. — Si parmi les choses mobilières il y en a dont l'usage soit nécessaire pour le bien du mineur, comme des bestiaux dans une ferme, des cuves pour les vendanges et autres semblables, ces sortes de meubles seront conservés.

N. 16. — Si la tutelle ne doit durer que peu de temps, le mineur se trouvant proche de sa majorité, et qu'il soit jugé plus utile de garder les meubles qui pourront lui être nécessaires quand il sera devenu majeur, et qu'il faudrait même qu'il achetât, le tuteur pourra être déchargé de les faire vendre. (Voir n. 17, 18, 19, 20 et 21.)

Malleville. — Remarquez bien que les père et mère n'ont ce droit qu'autant qu'ils ont la jouissance légale, et que lorsque leurs enfans ont atteint dix-huit ans, ils ne peuvent plus user du bénéfice de cet article. (Pandectes françaises.)

Delvincourt, t. 1, note 1 de la page 124. — Il n'y a pas lieu à nommer contradictoirement des experts. Il ne s'agit pas, en effet, d'une opération indispensable, comme dans les expertises ordinaires. L'opération dont il est question ici, est toute dans l'intérêt du père ou de la mère, qui sont les maîtres de ne pas prendre les meubles. Toutes les précautions doivent donc être en faveur de l'enfant.

Toullier, t. 2, n. 1201. — Ce droit accordé au survivant des père et mère, de garder les meubles, n'empêcherait pas les créanciers de l'obliger de les vendre pour payer les dettes.

Il résulte de la dernière disposition de notre article, que les père et mère ne peuvent se dispenser de rendre en nature les meubles encore existans au moment de l'émancipation ou de la majorité de leur enfant. Mais s'ils en ont disposé, l'enfant ne pourrait pas les revendiquer vers ceux qui en seraient possesseurs; et si ces meubles avaient été mis à garnir la maison occupée par le survivant des père et mère, ils seraient affectés au privilége que l'art. 2102 accorde au propriétaire sur tout ce qui garnit la maison louée ou la ferme.

Mais le mineur pourrait réclamer les meubles encore existans en nature, de préférence aux autres créanciers, puisqu'il en reste propriétaire, et que le survivant des père et mère n'en est que le gardien, à la charge de les rendre en nature. (Favard, tutelle, § 9, n. 8; Duranton, t. 3, n. 543.)

Question controversée. — La prisée ou estimation des meubles, lors de l'inventaire dressé à la requête du tuteur, dans le cas prévu par l'art. 453, peut-elle être faite par un autre que par un officier priseur? *Oui*: Nîmes, 22 février 1837, Dalloz, t. 38, 2ᵉ part., p. 111; Rennes, 14 janvier 1835, Dalloz, *ibid.*: Victor Augier, Encyclopédie des juges de paix, t. 6, p. 139. *Non*: jugement du tribunal de Lorient, 8 décembre 1834, Dalloz, t. 35, 2ᵉ part., p. 33; Orléans, 24 novembre 1829, Dalloz, Jurisprudence générale, t. 7, p. 657; Bourges, 8 juin 1832, Sirey, t. 32, 2ᵉ part., p. 476; Thomines-Desmazures, Commentaire sur le Code de procédure, t. 2, p. 559; Benou, Code des commissaires-priseurs, t. 1, p. 300. (Journal de la Magistrature, t. 6, p. 349 à 353.)

454. *Lors de l'entrée en exercice de toute tutelle, autre que celle des père et mère, le conseil de famille réglera par aperçu, et selon l'importance des biens régis, la somme à laquelle pourra s'élever la dépense annuelle du mineur, ainsi que celle d'administration de ses biens. — Le même acte spécifiera si le tuteur est autorisé à s'aider, dans sa gestion, d'un ou plusieurs administrateurs particuliers, salariés, et gérant sous sa responsabilité.* — (*C. C., art.* 469.)

Leg. 1, § 1; leg. 3, § 1, 2, 3, 4 et 5, ff, ubi pupill. morari vel educari debeat; leg. 24, in princ.; leg. 47, § 1, de administ. et pericul. tutor; arg. ex leg. 13, § 1, ff, de tutelis.

Merlin, R., avis de parens, bail, § 20, n. 2; Favard, tutelle, § 9, n. 1; Dalloz, émancipation, chap. 2, sect. 9, art. 2, § 1; Rolland, bail à nourriture de personnes, n. 5; tutelle, § 9 et 11, art. 1; Toullier, t. 2, n. 1184, 1221, 1347; Duranton, t. 3, n. 631 à 634; Proudhon, t. 2, p. 211; *id.*, usufruit, t. 1, n. 165, 168; Delvincourt, t. 1, p. 115, 123; Delahaye, p. 27, 574.

Domat, Lois civiles, liv. 2, tit. 1, sect. 2, n. 3. — Le tuteur peut faire toutes les dépenses nécessaires, utiles, honnêtes, pour les affaires, pour des réparations, pour les frais des procès, pour des voyages, et les autres semblables, selon que la qualité des biens, la nature des affaires et les circonstances peuvent l'y obliger. Et dans le doute de l'utilité ou nécessité des dépenses, il les fera régler. Mais les dépenses ne peuvent excéder les revenus, si ce n'est en cas de quelque grande nécessité pour le bien du mineur.

Pothier, Traité des personnes, p. 450. — Cette somme se règle différemment, à mesure que le mineur avance en âge.

Malleville. — Si le tuteur ne fait pas régler la somme à laquelle doit monter la dépense du mineur, et qu'elle se trouve excéder son revenu annuel, l'excédant doit être à la charge du tuteur.

Le tuteur ne peut pas même anticiper sur les capitaux pour fournir des alimens au mineur, sans l'autorisation du conseil de famille, et s'il le fait, il en sera comptable.

Si les revenus du mineur ne suffisent pas à ses alimens, le conseil de famille doit, suivant l'état de l'enfant, ou permettre de prendre sur les capitaux, ou le mettre en service; car il est bien constant que le tuteur ne doit pas le nourrir à ses frais.

Hua. — *Sous sa responsabilité.* Il conviendrait de déterminer cet aperçu dans le procès-verbal même d'élection du tuteur et pendant que le conseil de famille est encore réuni. Le choix de ces administrateurs sera entièrement à la disposition du tuteur.

Pandectes françaises. — Cet article s'applique à toutes les tutelles autres que celles des père et mère; ainsi les tuteurs testamentaires et les ascendans tuteurs légitimes doivent se conformer à cette disposition.

Delvincourt, t. 1, note 2 de la page 125. — *Quid*, si les revenus ne suffisent pas, soit pour la subsistance et l'éducation du mineur, soit pour lui faire apprendre un métier? Le conseil de famille peut l'autoriser à prendre sur les capitaux du mineur, si cela est nécessaire, soit pour payer son apprentissage, ou autre chose semblable. La délibération, dans ce cas, doit être homologuée.

Rolland de Villargues, v. tutelle, n. 142. — La loi ne dit point si le conseil de famille réglera le *maximum* du traitement à donner à ces administrateurs particuliers; il n'est pas douteux qu'il le puisse. Mais, s'il ne l'a pas fait, le tuteur qui, en général, ne peut faire de dépenses qui excèdent le revenu, ne devra accorder que des traitemens qui rentrent dans cette limite.

N. 143. — Puisque les administrateurs particuliers gèrent sous la responsabilité du tuteur, celui-ci peut les nommer et les révoquer à son gré.

Toullier, t. 2, n. 1215. — Le tuteur qui n'a pas colloqué dans les six mois, est présumé avoir employé les deniers à son usage, s'il n'a pas eu le soin de prendre une délibération du conseil de famille qui le dispense de colloquer les deniers, et l'autorise à les garder sans intérêt. Ainsi, faute de collocation ou d'une dispense, l'intérêt dû par le tuteur doit commencer du jour qu'il a reçu, car notre article n'accorde six mois sans intérêt qu'au cas où le tuteur a colloqué.

Duranton, t. 3, n. 632. -Mais de ce que le conseil de famille a fixé la somme à laquelle pouvait s'élever, par aperçu, la dépense annuelle du mineur, le tuteur n'est pas moins obligé de justifier de l'emploi qu'il en a fait, et de porter en *débet* tout ce qu'il n'a pas dépensé de cette somme; car cette fixation n'est point un traité à forfait.

N. 633.—*Et vice versâ.* Le mineur ne pourrait se dispenser de faire raison au tuteur de l'excédant des dépenses sur la somme fixée, quand elles étaient motivées par quelque nécessité urgente; il ne pourrait non plus prétendre n'être pas tenu de ce qui a été sagement dépensé au-delà de ses revenus, et n'excédant pas la taxe.

N. 634. — Mais quand le tuteur, autre que le père ou la mère, n'a pas fait fixer la dépense annuelle, elle ne peut, du moins pour ce qui concerne la simple administration, excéder les revenus; le surplus n'est point passé en taxe.

Victor Augier, Encyclopédie des juges de paix, tutelle, sect. 7, § 2, n. 12.—En général, la dépense du mineur ne doit point excéder son revenu, déduction faite des charges dont il est grevé; mais cette règle n'est point absolue. Des circonstances particulières, telles que des espérances de fortune que peut avoir le mineur, la nature de ses biens peu productifs, mais d'une valeur cependant considérable, un état à lui donner, etc., peuvent autoriser le conseil de famille à s'écarter un peu de la règle. L'intérêt du mineur et les convenances, voilà les seules lois qu'il doive consulter. Ce serait une singulière économie, que celle qui détruirait l'avenir d'un jeune homme, pour lui conserver un capital de quelques milliers de francs. (A. Dalloz, tutelle, n. 356.)

Si le tuteur pense que les biens du mineur ont besoin de réparations, il demandera au conseil l'autorisation de les faire faire, jusqu'à une certaine somme, par des marchés conventionnels. La délibération du conseil n'a pas besoin d'être homologuée.

455. *Ce conseil déterminera positivement la somme à laquelle commencera, pour le tuteur, l'obligation d'employer l'excédant des revenus sur la dépense : cet emploi devra être fait dans le délai de six mois, passé lequel le tuteur devra les intérêts à défaut d'emploi. (C. C., art.* 450, 1065 *et suiv.)*

Leg. 5, in principio; leg. 7, § 3 et 11; leg. 12, § 4; leg. 13, § 1; leg. 15; leg. 50, ff, de administ. et pericul. tutor.; leg. 5, Cod., de usuris pupillaribus.

Merlin, R., avis de parens, intérêts, § 2; mineur, § 4; Favard, tutelle; Dalloz, émancipation, ch. 2, sect. 9, art. 2, § 1, n. 3 et suiv.; Rolland de Villargues, emploi de deniers, intérêts, n. 34 et suiv.; tutelle, § 11, art. 1; Toullier, t. 2, n. 1215 et suiv., 1262; Duranton, t. 3, n. 557 à 571; Proudhon, t. 2, p. 211, 234; Delvincourt, t. 1, p. 123.

Domat, Lois civiles, liv. 2, tit. 1, sect. 3, n. 6. — Les dépenses pour l'éducation doivent être réglées, de sorte que rien d'honnête et de nécessaire ne manque au mineur, selon sa condition et ses revenus, et qu'aussi tous les revenus n'y soient pas consommés; et pour les mineurs même qui ont de plus grands biens, on doit modérer les dépenses de l'éducation. Que si les biens du mineur s'augmentent ou se diminuent, les dépenses de l'éducation pourront être augmentées ou diminuées, en proportion, s'il est nécessaire. (Voir n. 7, 8 et 9.)

N. 24. — Si les revenus du mineur excèdent la dépense, le tuteur est obligé d'accumuler ce qui reste de bon chaque année pour en faire un capital et l'employer en fonds ou en rentes, lorsqu'il y aura une somme qui sera jugée suffisante pour faire cet emploi; et s'il ne le fait pas, il paiera les intérêts du fonds restant de ces revenus. (Voir n. 23, 25 à 31.)

Pothier, Traité des personnes, p. 447. — Le tuteur doit faire emploi des deniers de son mineur, tant de ceux qui proviennent de la vente de ses meubles que de ceux qu'il a reçus de ses débiteurs.

P. 448. — Le tuteur doit les intérêts des deniers du mineur, tant de ceux qu'il a entre ses mains, que de ceux qu'il a dû avoir et qu'il a dû exiger.

Procès-verbal du Conseil d'Etat, 21 octobre 1802. — Bigot-Préameneu rappelle la dernière disposition de notre article, que le droit actuel donne au tuteur un délai de six mois pour faire emploi.

Berlier voudrait que le tuteur pût mettre sa responsabilité à couvert, en soumettant au conseil de famille les obstacles qu'il rencontre à faire emploi avec plus ou moins de célérité.

Cambacérès dit que si l'on ne donne au tuteur un délai suffisant pour chercher un placement sûr et avantageux, on l'expose à mal placer.

Malleville. — Cet article et le suivant ne parlent que de l'emploi de l'excédant des revenus sur la dépense. Mais il peut y avoir aussi d'autres sommes à employer : par exemple, l'argent comptant qui se sera trouvé au décès; celui qui proviendra de la vente des meubles, ou du remboursement des créances.

L'emploi que le tuteur doit en faire est de payer les dettes de la succession, et s'il n'y en a pas, de le placer en fonds ou à rente

Hua. — A défaut d'emploi. Si le tuteur ne trouve aucun emploi qui lui paraisse assez solide, il convoquera le conseil de famille, lui soumettra les empêchemens qu'il éprouve, et s'il y a réellement risque pour le mineur d'effectuer le placement, la délibération du conseil suffira pour justifier la conduite du tuteur, et le dispenser du service des intérêts. (Argument de l'art. 457 du Code civil.)

Rolland de Villargues, v. emploi de deniers, n. 5. — Cette disposition n'a d'autre objet que de fixer la somme qui doit être atteinte pour produire des intérêts; elle est indépendante du mode d'emploi que le tuteur doit encore déterminer par le conseil de famile, s'il veut se mettre à l'abri de toute responsabilité, quant aux placemens qu'il peut faire.

N. 6. — L'emploi que le tuteur fait par hypothèque, pour le mineur, doit être autorisé par le conseil de famille, et la délibération homologuée en justice. C'est le seul moyen de concilier l'intérêt du mineur avec la sécurité du tuteur.

Duranton, t. 3, n. 561. — Cet article doit se combiner avec le précédent, en ce sens que, lorsque la tutelle est exercée par le père ou la mère, ceux-ci ne sont pas plus obligés de faire régler par le conseil de famille la somme à laquelle commencera pour eux l'obligation de faire emploi de l'excédant des rentrées et revenus sur la dépense annuelle, qu'ils ne sont tenus de faire régler celle à laquelle peut s'élever cette dépense. Les raisons qui les dispensent d'appeler la délibération du conseil sur ce point, militent avec la même force quant au premier.

Victor Augier, Encyclopédie des juges de paix, tutelle, sect. 7, § 2, n. 15. — L'intérêt dû par le tuteur ordinaire, qui n'a pas fait déterminer la somme à laquelle doit commencer l'emploi, ne part point du jour où il l'a reçu, comme le dit Toullier, n. 1215, mais seulement du jour où expire le délai de six mois qui est accordé par notre article. (Duranton; Massé, t. 1, p. 152; Rolland de Villargues.)

A. Dalloz, tutelle, n. 361. — Dans l'usage, remarquent Dénizart et Bourjon, on n'assujettit pas le tuteur à faire emploi d'une somme moindre de 1,000 fr.

N. 363. — Si l'emploi avait eu lieu avant le délai, les intérêts couraient au profit du mineur. (*Leg.* 7, § 11, *ff, de admin. et peric. tut.*) Dans ce cas, il suffirait que l'emploi fût constant, quoiqu'il n'apparaîtrait pas d'un acte écrit. (Duranton, t. 3, n. 563; Rolland de Villargues, n. 191; Toullier, n. 1215.) Réciproquement, si le tuteur ne trouvait pas dans le délai fixé un placement solide, il pourrait se faire décharger des intérêts. (Rolland de Villargues, n. 190; Dalloz, aîné, t. 12, p. 739.)

456. *Si le tuteur n'a pas fait déterminer par le conseil de famille la somme à laquelle doit commencer l'emploi, il devra, après le délai exprimé dans l'article précédent, les intérêts de toute somme non employée, quelque modique qu'elle soit. (C. C., art.* 1153 *et suiv.)*

Leg. 7 et 13, ff, de administ. et pericul. tutor.

Merlin, R., intérêt, § 2; mineur, § 4; Favard, dommages-intérêts, § 10; tutelle, § 9; Rolland, compte de tutelle, § 4 : intérêts, n. 34 et suiv.; tutelle, § 11, art. 1er; § 13, n. 285; Toullier, t. 2, n. 1215 et suiv., 1262; Duranton, t. 3, n. 557 à 571; Proudhon, t. 2, p. 211, 234; *id.*, usufruit, t. 1, n. 205; Delvincourt, t. 1, p. 123.

Domat, Lois civiles, liv. 2, tit. 1, sect. 3, n. 22. — Les deniers qui proviendront du rachat des rentes et des autres dettes actives du mineur, et ceux qu'il aura d'ailleurs par succession ou autrement, seront employés comme ceux de la vente des meubles en fonds ou en rentes; et si le tuteur ne fait ses diligences pour cet emploi, ou qu'il tourne à son propre usage les deniers du mineur, il sera tenu des intérêts des sommes qu'il aura manqué d'employer.

Hua. — Cette obligation s'étend aux sommes les plus modiques : il semble qu'on ne doit pas distinguer si les économies au profit du mineur résultent du revenu de sa fortune, ou des intérêts dus par le tuteur. Celui-ci devrait donc les intérêts des intérêts. Telle était la jurisprudence antérieure, sur laquelle le Code ne s'explique pas d'une manière formelle. Néanmoins, il serait trop rigoureux d'en faire produire à ceux qui résulteraient déjà de précédens intérêts.

Pandectes françaises.—Si le conseil de famille n'a pas fixé la somme que le tuteur pourra employer pour les dépenses, il ne peut point excéder les revenus. Le surpus est en pure perte pour lui ; et même si ces revenus étaient considérables, on pourrait, lors du compte, le forcer en recette de ce qu'il serait jugé avoir dépensé de trop.

Lors même que le conseil de famille a fixé les dépenses du mineur, s'il arrive quelque changement dans la fortune du mineur, le tuteur fera sagement d'assembler la famille et de se faire donner de nouveaux pouvoirs pour éviter toute contestation.

Si le père ou la mère, en nommant un tuteur, a fixé les dépenses du pupille, et le terme auquel le tuteur sera obligé de faire emploi, il faut à cet égard exécuter sa volonté.

Le tuteur qui ne trouve pas, dans le délai de six mois, de placement solide et fructueux pour le mineur, peut demander une prorogation.

Rolland de Villargues, v. emploi de deniers, n. 9. — Dans les différens cas où la loi oblige les tuteurs à faire emploi, ceux qui se libèrent entre leurs mains ne sont pas tenus de suivre l'emploi. Leur titre d'administrateur leur donne suffisamment le droit de toucher, et par suite de libérer définitivement les débiteurs, sans que ceux-ci soient astreints à aucune formalité.

Duranton, t. 3, n. 563. — Ce délai étant accordé au tuteur pour qu'il puisse trouver un placement plus sûr et plus avantageux, et non pour lui procurer un bénéfice, il est clair que s'il a placé la somme fixée ou toute somme quelconque, avant le délai déterminé, les intérêts auront couru au profit du mineur ; et s'il n'apparaît aucun emploi en faveur de celui-ci, que cependant il soit prouvé que les fonds ne sont pas restés oisifs entre les mains du tuteur, il sera présumé les avoir employés à son propre usage, et il en devra les intérêts, non pas du jour où il les a touchés, mais du jour où il aura cessé de les avoir disponibles. — Au reste, jusqu'à preuve du contraire, il est présumé avoir eu dans les six mois du jour où la somme à placer s'est complétée, les fonds libres entre ses mains. (Voir Toullier, t. 2, n. 1216, 1217.)

457. *Le tuteur, même le père ou la mère, ne peut emprunter pour le mineur, ni aliéner ou hypothéquer ses biens immeubles, sans y être autorisé par un conseil de famille.— Cette autorisation ne devra être accordée que pour cause d'une nécessité absolue, ou d'un avantage évident. — Dans le premier cas, le conseil de famille n'accordera son autorisation qu'après qu'il aura été constaté, par un compte sommaire présenté par le tuteur, que les deniers, effets mobiliers et revenus du mineur sont insuffisans. — Le conseil de famille indiquera, dans tous les cas, les immeubles qui devront être vendus de préférence, et toutes les conditions qu'il jugera utiles.* (*C. C., art.* 460, 470, 509, 1312, 1314, 1596 *et* 2126.—*C. P., art.* 954.—*C. de C., art.* 2 *et* 6. — *Décret du* 25 *septembre* 1813.)

Leg. 1, § 2 ; leg. 3, § 5 ; leg. 5, § 4, 9, 10, 11 et 13, ff, de reb. eor. qui sub tutel. ; leg. 12 et 18, Cod., de prædiis et aliis reb. minor.

Merlin, R., aliénation, hypothèques, sect. 2, § 3, art. 6 ; mineur, § 3 et 9 : saisie immobilière, § 1 ; transcription, § 3 : Favard, tutelle, § 9, n. 12, 14, 15 et 16 ; vente de biens immobiliers, § 1 ; Dalloz, arbitrage, sect. 1, p. 602 ; Rolland, tutelle, § 11, art. 2 ; Toullier, t. 2, n. 1223, 1227 ; Duranton, t. 3, n. 377 ; Proudhon, t. 2, p. 202, 223, 229, 260, 263, 264, 278, 285 ; Delvincourt, t. 1, p. 125, 126 ; Biret, nullités, t. 1, p. 187 ; Grenier, hypothèques, t. 1, p. 66 ; t. 2, p. 58, 59, 394 ; Persil, Régime hypothécaire, sur l'art. 2124, n. 6 ; Delabaye, p. 34 et suiv., 582, 583.

Pothier. Traité des personnes, page 444. — Si un tuteur avait vendu, sans autorisation du conseil de famille, un immeuble de son mineur, il n'en aurait point transmis la propriété à l'acheteur, et le mineur devenu majeur pourrait, dans les trente ans depuis sa majorité, revendiquer cet immeuble.

Introduction au titre 15 de la Coutume d'Orléans, n. 6. — Les tuteurs, curateurs et autres administrateurs ne peuvent disposer, par donation entre vifs, des biens dont ils ont l'administration. Il leur est néanmoins permis de faire pour leurs mineurs et autres dont ils administrent les biens, certains présens modiques que les règles de la bienséance, en certaines occasions, exigent. (*Leg.* 12, § 3, *ff, de admin. tut.*)

Procès-verbal du Conseil d'Etat, 21 octobre 1802. — Cambacérès trouve l'article du projet trop précis. Il est encore d'autres cas que ceux qu'il spécifie, où l'intérêt du mineur peut exiger l'aliénation d'un immeuble ou un emprunt. La garantie du mineur dépend surtout de l'impuissance où doit être le tuteur d'aliéner ou d'emprunter sans y avoir été autorisé.

Tronchet rappelle que les anciennes lois se bornaient à défendre les aliénations, hors les circonstances où elles étaient commandées par une *nécessité absolue*, ou par un *avantage évident du mineur*. Elles embrassaient ainsi tous les cas. Cette rédaction est adoptée.

Lorsque les formalités prescrites par cet article et par les suivans ont été observées, le mineur n'est point restituable. (Art. 1314.)

(Voir art. 590, 591.) Loi du 3 avril 1806, qui autorise les tuteurs et curateurs à vendre sans formalités et seulement d'après le cours constaté, les inscriptions sur le grand-livre appartenant aux mineurs ou interdits, s'ils n'ont pas au-delà de cinquante francs de rente, et d'après l'autorisation du conseil de famille, lorsqu'il s'agira de plus de cinquante francs.

Delvincourt, t. 1, note 4 de la page 127. — Si cependant l'emprunt avait tourné au profit du mineur, il n'est pas douteux qu'il n'en soit tenu, non par l'effet du contrat, mais d'après cette maxime de l'équité : *Nemo debet cum alterius damno locupletari.* Ainsi, il y a cette différence entre l'emprunt fait par le tuteur autorisé, et l'emprunt fait sans autorisation, que, dans le premier cas, le mineur est tenu, quel que soit l'usage que le tuteur a fait des deniers, ou quand même il les aurait divertis ou appliqués à ses propres affaires ; au lieu que, lorsqu'il n'y a pas eu d'autorisation, le prêteur ne peut agir contre le mineur, qu'en prouvant que l'emprunt a tourné à son profit, *et quatenùs locupletior factus est.*

Rolland de Villargues, v. tutelle, n. 234. — Un tuteur ne peut, sans formalités, consentir que l'hypothèque de ses mineurs soit transférée sur d'autres immeubles que ceux sur lesquels elle portait.

Toullier, t. 2, n. 1224. — Les causes les plus ordinaires pour autoriser l'hypothèque ou l'aliénation des biens des mineurs, outre le paiement d'une dette exigible et pressante, sont les réparations d'une nécessité urgente et constatée, le besoin de procurer au mineur une profession ou un établissement avantageux.

A. Dalloz, tutelle, n. 441. — L'autorisation du conseil est nécessaire pour emprunter, aliéner ou hypothéquer, et dans ces trois cas, la délibération doit être homologuée. (Favard, v. tutelle, § 13 ; Magnin, n. 691 ; Dalloz aîné, t. 12, p. 746, n. 65. *Contrà* : Locré.)

458. *Les délibérations du conseil de famille relatives à cet objet ne seront exécutées qu'après que le tuteur en aura demandé et obtenu l'homologation devant le tribunal de première instance, qui y statuera en la chambre du conseil, et après avoir entendu le procureur du roi.* (*C. C., art.* 509. — *C. de P., art.* 883 *et suiv.* ; 954 *et suiv.* ; 887 *et* 889.)

Leg. 1, § 2 ; leg. 11, ff, de rebus cor. qui sub tutel. vel curat. sunt ; leg. 2 et 18, Cod., de prædiis et aliis reb. minor.

Merlin, R., aliénation, hypothèques, sect. 2, § 3, art. 6 ; mineur, § 3 et 9 ; saisie immobilière, § 1 ; transcription, § 3 ; homologation ; Favard, tutelle, § 9, n. 13, 14, 15 et 16 ; vente de biens meubles, § 1 ; Locré, Esprit du Code civil, sur l'art. 11 et 12, subdivision, p. 318 et suiv. ; Nouveau Ferrière ; Delaporte, aliénation ; Toullier, t. 2, n. 1223 ; Duranton, t. 3, n. 577 ; Proudhon, t. 2, p. 192, 223, 285 ; Delvincourt, t. 1, p. 125 ; Grenier, hypothèques, t. 2, p. 58, 59 ; Delabaye, p. 34 et suiv.

Favard, tutelle, § 9, n. 13. — L'article dit en termes indéfinis que les délibérations du conseil de famille ne peuvent être exécutées qu'après l'homologation du juge. — Il ne distingue point entre les aliénations et les emprunts ou les hypothèques.

Toullier, t. 2, n. 1223. — Le procureur du roi doit s'opposer à l'homologation, lorsqu'il trouve que les formes ont été violées, ou que la délibération est contraire aux intérêts du mineur. — Mais il ne peut en aucun cas se porter appelant du jugement d'homologation, parce qu'au civil il ne peut exercer son ministère par voie d'action, mais seulement par voie de réquisition, dont les tribunaux sont saisis.

Victor Augier, Encyclopédie des juges de paix, conseil de famille, § 5, n. 2. — Il y a lieu aussi à homologation dans les cas prévus par les art. 457, 466, 467, 511 du Code civil, et par les art. 982 et 984 du Code de procédure civile. (Voir art. 885, Code de procédure civile.)

Lorsque les délibérations des conseils de famille ne sont point sujettes à homologation, elles peuvent être attaquées, soit pour vice de forme, soit pour autres causes.

459. *La vente se fera publiquement, en présence du subrogé-tuteur, aux enchères, qui seront reçues par un membre du tribunal de première instance, ou par un notaire à ce commis, et à la suite de trois affiches apposées, par trois dimanches consécutifs, aux lieux accoutumés dans le canton.*

Chacune de ces affiches sera visée et certifiée par le maire des communes où elles auront été apposées. (*C. C., art.* 509, 1312, 1314 *et* 1595. — *C. de P., art.* 955, 956, 962. — *C. de C., art.* 564. — *C. P., art.* 412.)

Leg. 5, § 11, ff, de rebus eorum qui sub tutel. vel curat. sunt.

Merlin, R., saisie immobilière, § 1; Q., vente, § 8; Paillict, Dictionnaire de droit universel, aliénation de biens appartenant à un mineur, n. 6; Toullier, t. 2, n. 1227; Proudhon, t. 2, p. 230, 285; Delvincourt, t. 1, p. 116, 127; Persil, Quest. hyp., t. 1, p. 130, 131; Perrin, nullités, p. 188, 189; Delahaye, p. 43 et suiv.

L'art. 20 de la loi du 25 ventôse an 11 est applicable aux ventes des biens de mineurs faites sur délégation d'un tribunal, en exécution de l'art. 459 du Code civil. Les minutes de ces ventes doivent rester aux notaires, et ne doivent point être déposées au greffe. (Instruction du ministre de la justice, 28 floréal an 12, 18 mai 1804.)

Procès-verbal du Conseil d'Etat, 21 octobre 1802. — Bigot-Préameneu pense qu'il conviendrait d'exiger une estimation préalable.

Réal objecte que cette formalité entraîne des frais trop considérables, sur-tout lorsqu'il faut ensuite entamer une procédure pour obtenir l'autorisation de vendre au-dessous de l'estimation.

Hua. — Si les circonstances faisaient espérer un prix plus avantageux en vendant devant le tribunal de la situation des biens, celui du domicile du mineur pourrait autoriser à y procéder à la vente. Une seule condition est prescrite : c'est la publicité ; en l'observant devant le notaire commis, ou le tribunal délégué, le but de la loi sera rempli.

Pandectes françaises. — Le défaut de ces formalités rend la vente nulle, et susceptible d'être attaquée par le mineur devenu majeur.

460. *Les formalités exigées par les art. 457 et 458, pour l'aliénation des biens du mineur, ne s'appliquent point au cas où un jugement aurait ordonné la licitation sur la provocation d'un copropriétaire par indivis.*

Seulement, et en ce cas, la licitation ne pourra se faire que dans la forme prescrite par l'article précédent : les étrangers y seront nécessairement admis. (*C. C., art.* 465, 509, 823, 827, 838 *et suiv.*; 1687.)

Leg. 1, § 2, in fine, de rebus eorum qui sub tutel. sunt; leg. 17, Cod., de prædiis et aliis rebus minorum; leg. 5, Cod., de communi dividendo; arg. ex leg 21, Cod., mandati.

Favard, vente de biens immeubles, § 1, sur l'art. 964 du Code de procédure civile; Paillict, Dictionnaire universel, vente de biens appartenant à un mineur, n. 6; Locré, Esprit du Code civil, sur l'article, n. 1, § 4; Toullier, t. 2, n. 1229, 1240; Proudhon, t. 2, p. 230 et 285; Delvincourt, t. 1, p. 126: Delahaye, p. 47 et suiv.

Observations du Tribunat, 16 novembre 1802. — Il paraît juste de ne pas rendre applicables à la licitation du mineur les formalités exigées par les art. 457 et 458, pour l'aliénation de ces biens, car il n'est ici question que de la licitation forcée. Mais on estime que toutes celles prescrites par l'art. 459 doivent s'appliquer également aux deux cas, afin de prévenir les collusions frauduleuses, toujours préjudiciables au mineur pour lequel la société doit veiller sans cesse. C'est par le même motif que la disposition doit être conçue, de manière qu'il soit évident que la licitation ne peut avoir lieu si un jugement ne l'a pas ordonnée.

Malleville. — Le mineur ni son tuteur ne peuvent provoquer une licitation; ils doivent seulement la souffrir, lorsqu'un majeur copropriétaire la demande, parce que la licitation est une aliénation.

461. *Le tuteur ne pourra accepter ni répudier une succession échue au mineur sans une autorisation préalable du conseil de famille. L'acceptation n'aura lieu que sous bénéfice d'inventaire.* (*C. C., art.* 776 *et suiv.* — *C. de P., art.* 997.)

Arg. ex leg. 8, ff, de acquir. vel amitt. hæred.; leg. 8, ff, de bon. possess.; leg. 1, § 1, ff, de successario edicto; leg. 7, Cod., qui admitti ad bon. possessionem possunt; leg. 9, § 3, ff, de auctor. et consensu tutor.

Pothier, succession, chap. 3, sect. 3, art. 1, § 2; sect. 4, § 1; Merlin, R., inventaire, § 5; Rolland, tutelle, § 11, art. 2; Toullier, t. 2, n. 1235, 1236; Duranton, t. 3, n. 575, 576, 693; Proudhon, t. 2, p. 134, 219, 259, 279, 286; Delvincourt, t. 1, p. 125; t. 2, p. 29, 35; Delahaye, p. 32, 33, 587, 588; Bellot, contrat de mariage, t. 2, p. 226 à 230; Malpel, succession, p. 357, 358, 387, 682; Chabot, succession, sur l'article 776; Perrin, nullités, p. 59 à 62.

Pothier, Traité des personnes, p. 444. — Le tuteur ne peut accepter ou répudier, pour son mineur, sans une autorisation du conseil de famille, les successions qui lui sont échues; et le mineur est restituable contre cette acceptation ou répudiation.

Procès-verbal du Conseil d'Etat, 21 octobre 1802. — Berlier fait observer que dans cet article la section s'est écartée du projet de Code civil. Elle a pensé que le tuteur ne devait pas avoir le droit de priver, même provisoirement, son pupille d'une succession ou d'une libéralité quelconque.

Tronchet dit que les rédacteurs du projet, en donnant au tuteur le pouvoir de répudier une succession ou une donation, pourvoyaient néanmoins à la sûreté du mineur, en l'autorisant à reprendre la succession ou la donation à sa majorité.

Berlier répond que cette garantie peut être insuffisante, parce que le mineur serait obligé de prendre les choses dans l'état où elles se trouveraient à sa majorité.

Tronchet fait remarquer que si la succession est onéreuse, le mineur, après avoir vu consumer en frais une partie de ses biens actuels, peut demeurer encore chargé des dettes du défunt.

Observations du Tribunat, 16 novembre 1802. — Le bénéfice d'inventaire entraîne à sa suite des formalités si dispendieuses qu'on croit devoir proposer un changement dans la dernière partie de l'art. 461. — Il est incontestable que la loi ne veut pas que le mineur puisse jamais, par une acceptation sans réserve, être considéré comme le majeur qui s'est porté héritier pur et simple. Le moyen de rendre la disposition de la loi d'une exécution plus facile, et son résultat non moins efficace, est, en supprimant les mots, *L'acceptation n'aura lieu que sous bénéfice d'inventaire*, d'y substituer ceux-ci, *L'acceptation n'obligera jamais le mineur au-delà des forces de la succession.*

Hua. — *Accepter ni répudier.* La délibération du conseil de famille devra déclarer formellement le parti à suivre par le tuteur.

Delvincourt, t. 1, note 8 de la page 126. — *Quid*, si le tuteur, autorisé ou non, acceptait purement et simplement? Je pense que cela ne peut préjudicier au mineur, qui n'en sera pas moins réputé héritier bénéficiaire. (Pandectes françaises.)

La délibération du conseil de famille doit-elle être homologuée? Le Code ne s'est pas expliqué à ce sujet. Je pense néanmoins qu'elle doit l'être, soit qu'elle autorise à accepter ou à répudier.

Rolland de Villargues, v. tutelle, n. 213. — Lors même que le tuteur a obligé son pupille aux dettes d'une succession, il peut ultérieurement renoncer à cette succession, avec l'autorisation du conseil de famille.

N. 214. — L'homologation du tribunal n'est pas nécessaire, même pour répudier valablement une succession.

Toullier, t. 2, n. 1236. — Quoique la répudiation d'une succession soit une sorte d'aliénation d'un droit acquis, notre article n'exige point que la délibération qui autorise le tuteur à répudier soit homologuée en justice, comme l'exige l'art. 458. Ainsi, le mineur ne pourrait pas reprendre la succession au préjudice de l'acceptation d'un autre héritier, sous prétexte que la délibération n'a pas été homologuée.

Victor Augier, Encyclopédie des juges de paix, art. 5, n. 2. — Delvincourt pense que la délibération doit être homologuée par le tribunal. Il se fonde sur ce que la répudiation est l'aliénation d'un droit acquis, et sur ce que l'acceptation peut emporter aliénation, puisqu'elle oblige le mineur au rapport, et qu'il peut, en outre, en résulter obligation des biens du mineur. (*Contra :* Duranton, t. 3, n. 577; Cassation, 22 novembre 1815.)

Acceptation de succession. — La disposition de cet article doit s'étendre aux legs universels, ou à titre universel, dont l'acceptation pure et simple entraînerait l'obligation d'acquitter les dettes et charges de l'hérédité. Quant aux legs à titre particulier, faits sans charges, comme le légataire n'est point tenu des dettes de la succession, le défaut d'autorisation du conseil de famille, à l'effet de demander la délivrance du legs, ne peut avoir, pour le mineur, les mêmes conséquences que lorsqu'il s'agit d'une donation. Si les héritiers du testateur se refusaient à la faire pour cette cause, on serait toujours à même d'autoriser le tuteur; et le mineur, devenu majeur, pourrait toujours accepter, ainsi que ses héritiers, dans le cas où il viendrait à mourir, le legs étant transmissible; au lieu que pour la donation, la mort du donateur, ou celle du mineur, ou le changement de volonté du premier avant une acceptation régulière, la rendrait absolument vaine. (Code civil, art. 776, 1012, 1014, 1024, 932.)

L'autorisation du conseil de famille n'a pas besoin d'être homologuée par le tribunal. Ce n'est pas ici le cas des art. 457, 458 et 467 du Code civil. (Duranton, n. 577; Rolland, n. 214; Toullier, t. 2, n. 1236. *Contrà :* Delvincourt.)

L'intérêt du mineur est le seul guide des magistrats qui président les conseils de famille, lorsqu'il s'agit d'accepter ou de répudier une succession. Cet intérêt pourrait être compromis par une répudiation faite légèrement, sans un examen approfondi de la consistance de la succession.

462. *Dans le cas où la succession répudiée au nom du mineur n'aurait pas été acceptée par un autre, elle pourra être reprise soit par le tuteur, autorisé à cet effet par une nouvelle délibération du conseil de famille, soit par le mineur devenu majeur, mais dans l'état où elle se trouvera lors de la reprise, et sans pouvoir attaquer les ventes et autres actes qui auraient été légalement faits durant la vacance.* (*C. C., art.* 790.)

Arg. ex leg. 8, § 6, Cod., de bon. quæ liberis.

Rolland, tutelle, § 11, art. 2; Locré, Esprit du Code civil, sur l'article; Toullier, t. 2, n. 1236; Duranton, t. 3, n. 574, 577, 578, 693; t. 6, n. 506; Proudhon, t. 2, p. 220, 279; Malpel, successions, p. 700; Delvincourt, t. 1, sur l'art. 790.

Duranton, t. 3, n. 578. — Pour que l'article soit applicable, il faut que la succession n'ait pas encore été *acceptée* par un cohéritier de la même ligne, ou par un héritier d'un degré subséquent; mais la simple dévolution légale d'un degré au degré suivant, ni même l'accroissement de la part du renonçant à celle du cohéritier, sans qu'il y ait encore eu d'acceptation, ne font point obstacle à la reprise. S'il en était autrement, la disposition serait illusoire.

463. *La donation faite au mineur ne pourra être acceptée par le tuteur qu'avec l'autorisation du conseil de famille. — Elle aura, à l'égard du mineur, le même effet qu'à l'égard du majeur.* (*C. C., art.* 935, 940, 942, 1095.)

Leg. 26, Cod., de donation.

Merlin, R., mineur, § 7; Favard, donations entre vifs, sect. 2, § 1, n. 1 et 5; Dalloz, dispositions entre vifs et testamentaires, chap. 4, sect. 1, art. 2; Rolland, tutelle, § 11, art. 2; Pailliet, Dictionnaire universel, acceptation de donation, n. 18 et 23; Toullier, t. 2, n. 1237; t. 5, n. 196; Duranton, t. 3, n. 574, 689; t. 8, n. 17; Proudhon, t. 2, p. 220, 279, 285, 287; Delvincourt, t. 1, p. 125; Grenier, donations, t. 1, p. 177 à 205, 211, 212.

Rolland de Villargues, v. tutelle, n. 219. — Quant aux legs universels ou à titre universel, leur acceptation emportant l'obligation d'acquitter les dettes et charges de l'hérédité (Code civil, art. 1009, 1012), l'autorisation du conseil de famille est nécessaire. D'ailleurs, l'acceptation ne peut avoir lieu que sous bénéfice d'inventaire.

Proudhon, t. 2, p. 220. — *Du conseil de famille.* Néamoins, comme elle peut être acceptée par les père et mère du mineur émancipé ou non émancipé, et les autres ascendans, même du vivant des père et mère, quoiqu'ils ne soient ni tuteur, ni curateur du mineur, il faut en conclure que l'autorisation du conseil de famille n'est nécessaire ici qu'au tuteur étranger, parce qu'il serait absurde d'exiger, à l'égard de l'ascendant, quand il est tuteur, une autorisation que la loi ne requiert pas, lors même qu'il n'a pas la qualité de tuteur. (Arg. de l'art. 935.)

Victor Augier, Encyclopédie des juges de paix, acceptation de donations; Merlin, R., additions, mineur, § 7; Delvincourt, t. 2, p. 258, et Grenier, donations, t. 1, n. 61 *bis*, déclarent avec raison, contre l'opinion de Toullier et deux arrêts des Cours de Metz et de Colmar, que la donation acceptée par le mineur sans l'assistance de son tuteur, ou par le tuteur sans l'autorisation du conseil de famille, est nulle de plein droit, et que cette nullité peut être invoquée par le donateur et ses héritiers. (La Cour de cassation s'est prononcée dans le même sens, le 11 juin 1816.)

L'interdit est assimilé au mineur pour sa personne et pour ses biens. Ainsi les lois sur la tutelle des mineurs s'appliquent aux interdits. (Art. 509.)

Si la donation est faite par un tuteur à son pupille, il faudra recourir au subrogé-tuteur qui se fera autoriser par le conseil de famille; s'il n'y avait pas de subrogé-tuteur, on devra en nommer un, ou un curateur *ad hoc*. C'est le tuteur lui-même qui doit surveiller l'accomplissement de ces formalités. (Toullier, t. 5, n. 202; Delvincourt, t. 2, p. 261; Grenier, donations, n. 66.)

La disposition de notre art. 463 ne s'applique qu'au mineur non émancipé; quant au mineur émancipé, il peut accepter avec l'assistance de son curateur. (Voir aussi art. 935.)

464. *Aucun tuteur ne pourra introduire en justice une action relative aux droits immobiliers du mineur, ni acquiescer à une demande relative aux mêmes droits, sans l'autorisation du conseil de famille.* (*C. C., art.* 406 *et suiv.* — *C. de C., art.* 63.)

Leg. 6; arg. ex leg. 9, § 6, ff de administ. et pericul. tut.; leg. 78, § 2, ff, de legat., 2°; leg. 55, ff de eviction.; leg. 7, § 3, ff, pro emptore; leg. 7, ff, quand. ex fact. tut.; leg 3, Cod. eod.

Merlin, R., partage, § 2; tutelle, sect. 5, § 1, à la note; Q., appel, § 1; Favard, tutelle, § 9, n. 20, 21, 22; Dalloz, arbitrage, sect. 1, p. 602; Rolland, tutelle, § 11, art. 1, 2; Chauveau, Journal des avoués, t. 1, p. 246, 247; Toullier, t. 2, n. 1238, 1239; Duranton, t. 3, n. 571; Proudhon, t. 2, p. 218, 220; Delvincourt, t. 1, p. 125; Biret, nullité, t. 1, p. 188; Malpel, succession, p. 281, 364.

Hua. — Comme cette disposition ne paraît avoir pour objet que l'intérêt du mineur, lui seul semble autorisé à se plaindre de son inobservation, de même qu'il est le seul admissible à opposer son incapacité. (Art. 1125 du Code civil. Cassation, 11 décembre 1310.)

Malleville. — On avait, dans le premier projet de cet article, excepté le père de sa disposition. Mais cette exception fut retranchée, par le motif qu'il était interdit aux père et mère, comme aux autres, d'aliéner les biens de leurs enfans mineurs.

D'après la lettre de notre article, on semble autoriser le tuteur à défendre à toute action intentée contre le mineur pour des droits immobiliers: car ce n'est que pour intenter lui-même une pareille action, ou y acquiescer, qu'il doit se faire autoriser par le conseil de famille. C'est une lacune dans la rédaction, qui doit se rectifier, car il est bien constant que si le tuteur s'obstine mal à propos à défendre contre une demande juste et évidente, il doit être condamné aux dépens en son propre et privé nom.

Pandectes françaises. — En aucun cas le tuteur n'a besoin de l'autorisation du conseil de famille pour défendre aux actions, quoiqu'immobilières, intentées contre les mineurs. Mais la loi exige cette autorisation pour acquiescer à ces demandes.

A l'égard des actions purement mobilières, le tuteur a tout pouvoir, tant en demandant qu'en défendant. (Toullier, t. 2, n. 1238, 1239.)

Cela résulte évidemment des termes de notre article.

Delvincourt, t. 1, note 1 de la page 127. — *Droits immobiliers.* On entend par là toute action tendant à revendiquer un immeuble, ou un droit inhérent à un immeuble, comme un usufruit, une servitude.

L'autorisation doit-elle être homologuée? Oui.

Le tuteur pourrait-il seul *défendre* à une action immobilière? L'article n'exigeant l'autorisation que pour l'introduction de l'action, il ne paraît pas douteux, d'après la règle *inclusio unius*, que le tuteur ne puisse y défendre sans autorisation.

Rolland de Villargues, v. tutelle, n. 225. — Le tuteur ou subrogé-tuteur ne peut, sans l'autorisation du conseil de famille, se désister valablement d'un appel qu'il a interjeté pour le mineur, en matière immobilière.

Duranton, t. 3, n. 571. — Le tuteur peut, sans l'autorisation du conseil de famille, faire tous les actes d'administration, au nombre desquels se placent l'exercice des actions possessoires, et l'interruption des prescriptions.

Pour les actions possessoires, quoiqu'elles s'appliquent à des droits immobiliers, la loi les range évidemment dans la classe des actes conservatoires, puisqu'elle les attribue au mari, tout en lui refusant l'exercice des actions réelles (art. 1428) : elle la met, sous ce rapport, sur la même ligne que les actions mobilières.

N. 572. — Et quant à celles interruptives de prescription, il ne saurait y avoir de doute que s'il s'agissait de droits immobiliers, parce que le tuteur ne peut, sans autorisation, exercer les actions de cette nature, et que le tiers attaqué ne doit point être forcé de plaider contre un adversaire dépourvu de pouvoirs suffisans à cet effet : il ne courrait que la chance défavorable. Cela est vrai : aussi peut-il demander au tribunal de surseoir à toutes poursuites ultérieures, jusqu'à ce que le tuteur soit dûment autorisé, et conclure au rejet de la demande après le délai fixé par le tribunal, si le conseil de famille n'a pas donné l'autorisation; mais il ne peut conclure à ce qu'elle soit rejetée *de plano*, ni prétendre qu'elle est nulle pour n'avoir pas été formée avec l'assentiment du conseil; que c'est là une nullité de forme, et conséquemment que la prescription n'en a point été interrompue.

Victor Augier, Encyclopédie des juges de paix, acquiescement. — L'acquiescement du mineur ou de l'interdit est valable, s'il est donné par son tuteur avec l'autorisation du conseil de famille, homologuée par le tribunal, relativement à des objets immobiliers; sans autorisation, quand il s'agit d'une action mobilière.

Tutelle, sect. 7, art. 2, p. 10. — Toutes les actions mobilières entrent dans les attributions du tuteur, sans qu'il soit besoin de l'autorisation du conseil. Il a donc le droit de poursuivre, même par voie d'expropriation forcée, les débiteurs du pupille qui ne paieraient pas une obligation devenue exigible.

Enfin, il faut tenir pour constant que toutes les fois que le tuteur n'a pas excédé les limites de son mandat, ses actes sont obligatoires pour le mineur, et que celui-ci n'en peut demander la nullité ni la rescision pour cause de lésion.

Cet article ne s'applique point au cas où le tuteur ne fait que *répondre* à une action immobilière, régulièrement introduite à une époque antérieure à la tutelle.

465. *La même autorisation sera nécessaire au tuteur pour provoquer un partage; mais il pourra, sans cette autorisation, répondre à une demande en partage dirigée contre le mineur.* (*C. C.*, *art.* 460, 817, 838 *et* 840.)

Leg. 4, § 2, in princip.; leg. 7, in fine, § 1, ff, de reb. eorum qui sub tut. vel curat. sunt; leg. 17, Cod., de prædiis et aliis rebus minorum.

Favard, tutelle, § 9, n. 20; Dalloz, successions, ch. 6, sect. 3, art. 2, § 1; Toullier, t. 2, n. 1240; t. 4, n. 408; Duranton, t. 3, n. 573; Proudhon, t. 2, p. 192, 218; Delvincourt, t. 1, p. 125; Chabot, successions, sur l'art. 817; Malpel, successions, p. 497; Delahaye, p. 200 et suiv.

Procès-verbal du Conseil d'Etat, 21 octobre 1802. — Treilhard demande et obtient le retranchement d'un article du projet, qui réglait les cas où les frais seraient supportés par le mineur. Ce retranchement est motivé sur ce que c'est toujours la chose qui doit en supporter les frais, lorsque le partage est reconnu nécessaire et juste.

Malleville. — La loi met une grande différence entre le partage et la licitation. Le partage, en effet, n'est pas une aliénation, mais une fixation de part.

Delvincourt, t. 1, note 2 de la page 127. — L'autorisation, dans ce cas, devra-t-elle être homologuée? Je ne le pense pas, attendu que le partage doit l'être en définitive.

Rolland de Villargues, v. tutelle, n. 237. — Le tuteur ne peut intenter l'action en bornage, sans l'autorisation du conseil de famille.

N. 228. — L'autorisation du conseil de famille est nécessaire pour le transfert des rentes sur l'État et les actions de la banque excédant 50 fr. de revenu.

Favard, tutelle, § 9, n. 20. — Dans ceux de ces cas où l'autorisation du conseil de famille est requise, l'homologation du juge n'est pas nécessaire, et conséquemment ne doit pas être demandée.

Duranton, t. 3, p. 576. — L'art. 465 présente une antinomie avec l'art. 840, en ce que ce dernier ne regarde comme valables et définitifs les partages faits par les tuteurs, conformément aux règles prescrites, qu'autant que ceux-ci ont été autorisés par le conseil de famille, sans distinguer entre le cas où le tuteur n'a fait que défendre à la demande en partage, et le cas où il l'a provoqué lui-même; tandis que le premier de ces articles fait formellement cette distinction. Mais c'est à celui-ci que l'on doit s'arrêter, comme spécial, comme fondé sur les vrais principes, et comme placé au siége même de la matière, puisqu'il traite, ainsi que le suivant, des partages qui intéressent des mineurs.

Victor Augier, Encyclopédie des juges de paix, tutelle, art. 3, n. 14. — La généralité de cette disposition y fait entrer toute espèce de partages, soit de succession, soit de société ou de communauté, et ceux même où il ne s'agit que de biens meubles. Un partage, en effet, est une espèce d'aliénation, et dans une universalité de meubles, il peut s'en trouver pour l'aliénation desquels le tuteur seul n'aurait pas qualité, comme les rentes au-dessus de 50 fr., etc.

Les autres dispositions du Code civil, qui interdisent au tuteur toute aliénation, tout partage, toute transaction, sans l'accomplissement préalable et complet des formalités qu'elles prescrivent, sont absolues et exclusives de toute exception, même fondée sur l'intérêt du mineur. (Cassat., 26 août 1807.)

466. *Pour obtenir à l'égard du mineur tout l'effet qu'il aurait entre majeurs, le partage devra être fait en justice, et précédé d'une estimation faite par experts nommés par le tribunal de première instance du lieu de l'ouverture de la succession.*

Les experts, après avoir prêté, devant le président du même tribunal ou autre juge par lui délégué, ce serment de bien et fidèlement remplir leur mission, procéderont à la division des héritages et à la formation des lots, qui seront tirés au sort, et en présence soit d'un membre du tribunal, soit d'un notaire par lui commis, lequel fera la délivrance des lots.

Tout autre partage ne sera considéré que comme provisionnel. (*C. C.*, *art.* 819, 829, 830, 838, 834, 1314. — *C. de P.*, *art.* 968 *et suiv.*; 975 *et* 984.)

Leg. 20, ff, de autor. et consensu tut.

Merlin, R., partage provisionnel, mineur, § 4, n. 1; Favard, partage de successions, sect. 2, § 2, n. 1, art. 5, n. 5; rapport d'experts, sect. 1, § 1, n. 3; Locré, Esprit du Code civil, sur l'article; Toullier, t. 2, n. 1298; t. 4, n. 421; Duranton, t. 7, n. 140, 149; Massé et L'Herbette, t. 3, n. 835, 840; Proudhon, t. 2, p. 192, 224, 225 à 228, 278, 285; Delvincourt, t. 2, p. 50; Malpel, successions, p. 523; Grenier, donations, t. 1, p. 202; Delahaye, p. 32.

Malleville. — Par l'ancienne jurisprudence, tout partage fait avec un mineur, quelque précaution que l'on prît, n'était jamais que provisionnel, et le mineur devenu majeur pouvait, dans les dix ans, en demander un autre.

C'est un grand bien que fait notre article, en ordonnant que, moyennant les formalités qu'il prescrit, le partage sera définitif, comme s'il était fait entre majeurs.

Après cet article, on en avait proposé un, portant que lorsque le partage serait provoqué par le mineur, il en supporterait les frais; et que lorsqu'il serait provoqué contre lui, les frais seraient supportés par tous les copartageans. L'article fut rayé par la considération que lorsqu'un partage est nécessaire et juste, c'est la chose qui doit en supporter les frais. Cette raison n'est cependant pas décisive, et il semble que les frais du partage étant augmentés par la qualité du mineur, ses parties ne devraient pas supporter cet excédant, lorsque c'est lui qui le provoque; mais c'est une faveur que l'on a voulu faire au mineur.

Hua. — *Formation des lots.* On sent que la formation des lots n'est possible qu'après avoir précisé les droits des parties sur les biens; s'il y a lieu à des rapports et égalemens, on doit commencer par les opérer; cette fixation est *hors* l'attribution des experts chargés d'examiner exclusivement s'il y a facilité de partage. Ils pourront indiquer la possibilité de la division, mais non pas composer les lots, et ils ne les formeraient que dans le cas où la division ne serait subordonnée à aucune circonstance ni dépendance de calculs préalables.

Comme provisionnel. Le motif qui empêche le partage d'être définitif est purement relatif au mineur; lui seul devrait donc être admis à en demander un autre; néanmoins, la disposition de la loi n'est point conçue en termes restrictifs, de manière à refuser l'action aux majeurs qui y ont aussi stipulé.

Proudhon, t. 2, n. 225, 226. — *Par experts nommés par le tribunal.* L'art. 824, au contraire, porte *par experts choisis par les parties*. — L'antinomie de ces deux textes n'est qu'apparente. On la lève, en appliquant le premier comme le second, seulement au cas que les parties ou quelques-unes d'elles n'auraient pas nommé d'experts, soit qu'elles eussent refusé de le faire, soit qu'elles ne se fussent point accordées dans leur choix. (Voir art. 971 du Code de procédure)

467. *Le tuteur ne pourra transiger au nom du mineur qu'a-*

près y avoir été autorisé par le conseil de famille, et de l'avis de trois jurisconsultes désignés par le procureur du roi près le tribunal de première instance. — La transaction ne sera valable qu'autant qu'elle aura été homologuée par le tribunal de première instance, après avoir entendu le procureur du roi. (*C. C., art.* 1304 *et suiv.*; 1312, 1314, 2045. — *C. de P., art.* 1004. — *C. de C., art.* 63. — *Tarif, art.* 76, 78.)

Leg. 48, § ultim., ff, de admin. et peric. tutor.; leg. 28, § 1, ff, de pactis; leg. 22, Cod., eodem; leg. 7, § 8, ff, pro emptore; leg. 56, § 4, ff, de furtis.

Merlin, R., consultation; homologation; Favard, transaction, § 1, n. 3; tutelle, § 9, n. 24; Dalloz, arbitrage, sect. 1, p. 602; Rolland, tutelle, § 11, art. 2; Toullier, t. 2, n. 1241, 1270; t. 4, n. 401, 428; t. 10, n. 375; Carré, Justice de paix, t. 3, n. 2010, 2011; Proudhon, t. 2, p. 192, 231, 242, 278, 285; Delvincourt, t. 1, p. 125; Delahaye, p. 37 et suiv.; Malpel, p. 388; Perrin, nullités, p. 88.

Domat, Lois civiles, liv. 2, tit. 1, sect. 2, n. 5. — Le tuteur peut toujours faire la condition du mineur plus avantageuse, accepter les donations qui ne soient pas à charge, transiger; en sorte que, si le mineur est créancier, il conserve sa dette, et que, s'il est débiteur, il trouve son avantage, ou par la diminution de la dette, ou par la facilité du paiement; mais le tuteur ne peut donner les biens du mineur, ni transiger en perdant quelque droit ou en le diminuant, ni imposer de nouvelles charges, comme des servitudes aux héritages, ni intenter ni soutenir de mauvais procès, ni déférer le serment à un débiteur, si ce n'est qu'il ne fût pas possible d'établir la dette du mineur, et qu'il ne pût y avoir que cette ressource; il ne peut enfin empirer en rien la condition du mineur.
(Voir encore n. 6 à 12.)

Berlier, exposé des motifs. — Tant de précautions écartent toute espèce de danger; elles subviennent aussi au besoin de la société, qui, en accordant une juste sollicitude aux mineurs, doit aussi considérer les majeurs; elles donnent enfin à l'administration du tuteur son vrai complement. Que serait-ce, en effet, qu'un administrateur qui ne trouverait pas dans la législation un moyen d'éviter un mauvais procès, ni de faire un arrangement utile?

Malleville. — Il faut bien remarquer que cet article n'autorise que les transactions passées de la manière prescrite et non les compromis, qui furent toujours interdits au tuteur. Il y a, en effet, une grande différence de la transaction, qui est une convention certaine, à un compromis, dont l'événement est toujours incertain. (Hua, Rolland, tutelle, n. 243; Duranton, t. 3, n. 597; A. Dalloz, tutelle, n. 460.)

Delvincourt, t. 1, note 3 de la page 127. — Il ne peut transiger, même sur une *action mobilière*. Cependant, il pourrait y acquiescer sans autorisation.

Le tuteur peut-il déférer le serment sans autorisation? Il ne le peut pas si l'action est immobilière; mais je crois qu'il le peut si elle est *mobilière*.

Toullier, t. 2, n. 1241. — En suivant la marche tracée par cet article, le tuteur doit commencer par faire nommer les trois jurisconsultes, prendre après cela leur avis sur les conditions auxquelles il peut transiger, le présenter ensuite au conseil de famille, qui peut alors donner son autorisation en connaissance de cause; puis passer la transaction, et enfin la faire homologuer, sur les conclusions du procureur du roi.

Dans l'usage, l'ordre de cette marche est souvent interverti: le tuteur commence par se faire autoriser du conseil de famille, rédige ensuite le projet de transaction, puis fait nommer trois jurisconsultes pour l'examiner et avoir leur avis. Cette irrégularité n'opère pas la nullité de la transaction, et ne serait pas un motif pour la faire rescinder lorsqu'elle a été homologuée par le tribunal civil, sur les conclusions du procureur du roi, chargé de veiller à l'observation des formes. (Favard, tutelle, § 9, n. 24.)

Victor Augier, Encyclopédie des juges de paix, mineur, § 2, n. 11. — Cet article ne se rapporte qu'aux actions immobilières ou autres que le mineur émancipé ne peut suivre seul, car il lui est permis de transiger sur des objets dont il a la libre disposition; par exemple, sur des dégradations ou des fermages au sujet desquels il existerait un litige entre lui et le fermier.

A. Dalloz, tutelle, n. 470. — Quand le tuteur s'est conformé à toutes les formalités dont il vient d'être parlé, ce qu'il a fait est censé l'avoir été par le mineur lui-même, et c'est alors le cas de la règle *factum tutoris, factum pupilli*; mais s'il ne les a pas observées, les actes sont nuls, comme faits par un individu sans pouvoir, et le mineur a tout le temps de la prescription ordinaire pour faire annuler les actes. (Grenier, des hypothèques, n. 48; Duranton, n. 598. — *Contrà*: Vareille.)

468. *Le tuteur qui aura des sujets de mécontentement graves sur la conduite du mineur, pourra porter ses plaintes à un conseil de famille; et, s'il y est autorisé par ce conseil, provoquer la réclusion du mineur, conformément à ce qui est statué à ce sujet au titre* de la puissance paternelle. (*C. C., art.* 376 *et suiv.*)

Favard, tutelle, § 9, n. 3; Rolland, tutelle, § 10; Toullier, t. 2, n. 1185; Duranton, t. 3, n. 358, 531; Proudhon, t. 2, p. 209; Delvincourt, t. 1, p. 114, 121.

Pandectes françaises. — Il n'est pas douteux que la réclusion, dans le cas de cet article, ne peut avoir lieu que par voie de réquisition et après l'examen du juge.

Le tuteur ni la famille ne jouissent pas de la puissance paternelle sur la personne du mineur. Leur jugement sera sans doute d'un grand poids, mais le magistrat n'est pas tenu de le suivre.

Favard, tutelle, § 9, n. 2. — Là se borne le droit de correction.

N. 3. — La loi défend dès lors d'exercer sur les enfans des violences ou mauvais traitemens.

Duranton, t. 3, n. 531. — Cette disposition s'entend toutefois, sans préjudice du droit attribué au père ou à la mère, qui, n'exerçant point la tutelle pour une juste cause, a néanmoins conservé la puissance paternelle sur l'enfant, et peut, en conséquence, le faire détenir, suivant les règles précédemment expliquées; mais comme le tuteur ordinaire ne peut que *provoquer* la détention du mineur, le concours du magistrat est nécessaire, lors même que l'enfant aurait moins de quinze ans.

SECTION NEUVIÈME.

Des comptes de la tutelle.

469. *Tout tuteur est comptable de sa gestion lorsqu'elle finit.* (*C. C., art.* 384, 389, 907, 1221, 2135, 2141, 2143, 21445. — *C. de P., art.* 527 *et suiv.*)

Leg. 1, § 3, ff, de tutel. et ration. distrahend.; Novell. 72, cap. ultim., authent. quod nunc generale; Cod., de curatore furiosi vel prodigi; Inst., de Attiliano tutore, § 7; leg. 1, Cod., ubi de ratiociniis tùm public. quàm privat.

Merlin, R., tutelle, sect. 5, § 2; Favard, tutelle, § 10, n. 4 et 5; Dalloz, tutelle, minorité, émancipation, chap. 2, sect. 9, art. 3; Rolland, compte de tutelle, § 1 et 2; Toullier, t. 2, n. 1243; Duranton, t. 3, n. 608, 609; Proudhon, t. 2, p. 212, 236 à 238; Delvincourt, t. 1, p. 128; Delahaye, p. 119 et suiv.

Domat, Lois civiles, liv. 2, tit. 1er; sect. 3, n. 32. — Le dernier engagement du tuteur est de rendre compte de son administration, de répondre de ce qu'il aura ou mal géré, ou manqué de faire; d'acquitter les sommes dont il se trouvera reliquataire, avec les intérêts du jour de l'arrêté de compte, et de rendre les fruits dont il aura joui; et l'engagement de rendre compte est si indispensable, que si le père du mineur, nommant un tuteur, l'avait déchargé de rendre compte, il ne laissera pas d'y être obligé: car autrement, les malversations d'un tuteur pourraient être impunies, ce qui blesserait les bonnes mœurs et le droit public.

N. 33. — Les tuteurs ne sont pas seulement tenus de rendre compte après leur charge finie; mais ils y sont encore obligés, lorsque pendant leur administration il arrive quelque occasion qui peut y donner lieu. Ainsi, par exemple, si des créanciers du mineur veulent faire saisir et vendre ses biens, il faut que le tuteur fasse connaître, par un état sommaire de compte, s'il n'y a point de deniers pour acquitter les dettes. (Voir n. 34 à 36.)

Sect. 2, n. 2. — Le pouvoir du tuteur s'étend à tout ce qui peut être nécessaire pour le bon usage de son administration; et les lois le considèrent comme un père de famille, et lui donnent même le nom de maître, mais seulement pour administrer en bon père de famille, et à la charge de rendre compte de l'usage qu'il aura fait du pouvoir qui lui est donné.

Sect. 6, n. 1er. — La charge du tuteur finit par la majorité de celui qui était en tutelle, car étant devenu majeur, il peut prendre lui-même le soin de ses biens et de ses affaires.

N. 4.—Quoique la tutelle finisse à la majorité du mineur, le tuteur n'est pas tellement déchargé par ce changement, qu'il puisse d'abord abandonner toute sorte de soin des affaires; mais il doit continuer son administration en celles qu'il ne pourrait négliger sans causer quelque perte ou dommage : et il doit pourvoir à tout ce qu'il y a de nécessaire, qui ne souffre point de retardement, jusqu'à ce qu'il ait rendu compte, ou qu'en attendant le compte, il remette les affaires et les papiers entre les mains du mineur devenu majeur, afin qu'il soit en état d'y veiller lui-même.

N. 4. — La tutelle finit aussi par la mort du mineur; mais de sorte que le tuteur ne doit pas abandonner ce qui demande ses soins jusqu'à ce que les héritiers du mineur soient en état de l'en décharger.

N. 5. — Si le tuteur meurt pendant la tutelle, elle est finie non seulement à son égard, mais aussi pour ses héritiers, et ils ne seront tenus que selon les règles expliquées plus haut en la sect. 4.

N. 6. — La tutelle finit encore par la mort civile ou du tuteur ou du mineur; car de la part du tuteur, la mort civile le rend incapable de cette charge, et de la part du mineur, elle le met hors d'état d'avoir besoin d'un tuteur, n'étant plus maître de sa personne, et n'ayant plus de biens ; mais le tuteur est obligé, après la mort civile du mineur, de prendre soin des biens pour l'intérêt de ceux à qui il sera obligé d'en rendre compte.

N. 7. — Si le tuteur est déchargé pour quelque excuse, ou destitué pour malversation, sa charge est finie.

Pandectes françaises. — Les père et mère comme les autres doivent ce compte. Le tuteur testamentaire serait inutilement dispensé de cette obligation par le testament.

Seulement les père et mère ne doivent compte des revenus que depuis que les enfans ont atteint l'âge de 18 ans. (Malleville.)

Rolland de Villargues, v. compte de tutelle, n. 4.—S'il y a plusieurs mineurs soumis à la même tutelle, la gestion du tuteur finissant pour chacun d'eux, à sa majorité, à son émancipation ou à sa mort, il doit lui être rendu compte (ou à ses héritiers) de la portion qui lui revient. *(Leg. 37, § 17, ff de administ. et pericul. tut.)*

Victor Augier, Encyclopédie des juges de paix, subrogé-tuteur, § 2, n. 5. — Le tuteur condamné par jugement à rendre compte de la tutelle, ne peut après avoir acquiescé, au jugement, différer de rendre ce compte, sous prétexte qu'un tuteur en exercice ne doit jamais un compte de tutelle, mais de simples états de gestion.

En ce cas, le refus persévérant du tuteur de rendre son compte, fournit au subrogé-tuteur un légitime motif de demander sa suspension. Cette suspension peut être prononcée par le juge, sans délibération préalable du conseil de famille.

470. *Tout tuteur, autre que le père et la mère, peut être tenu, même durant la tutelle, de remettre au subrogé-tuteur des états de situation de sa gestion, aux époques que le conseil de famille aurait jugé à propos de fixer, sans néanmoins que le tuteur puisse être astreint à en fournir plus d'un chaque année. — Ces états de situation seront rédigés et remis, sans frais, sur papier non timbré, et sans aucune formalité de justice.*

Leg. 4, ff. de tutor. et rat. distrahend.; leg. 39, § 17, de administ. et peric. tutor.

Merlin, R., compte ; Favard, tutelle, § 10, n. 1 et 2 ; Toullier, t. 2, n. 1244; Proudhon, t. 2, p. 212 ; Delvincourt, t. 1, p. 116, 128.

Toullier, t. 2, n. 1244. — Il résulte de notre article, que le subrogé-tuteur ne peut exiger les états dont il s'agit, lorsque le conseil de famille n'a pas imposé au tuteur l'obligation d'en remettre à des époques fixées. (Favard, tutelle, § 10, n. 1.)

471. *Le compte définitif de tutelle sera rendu aux dépens du mineur, lorsqu'il aura atteint sa majorité ou obtenu son émancipation. Le tuteur en avancera les frais.—On y allouera au tuteur toutes dépenses suffisamment justifiées, et dont l'objet sera utile. (C. C., art. 476 et suiv. ; 480 et 488. — C. de P., art. 527 et suiv.)*

Leg. 1, in princ., ff de contrariâ tutelæ et utili actione; leg. 2, in princ., § 1, 2 et 3, ff, ubi pupillus educari debent ; leg. 1re, § 8 et 9, ff, de tutel. et rationib. distrahend. ; leg. 3, § 7 et 8, ff eodem ; leg. 3 et 6, Cod., de administ. tut.

Merlin, R., compte ; Dalloz, tutelle, minorité, émancipation, chap. 2, sect. 9, art. 3 ; Rolland, compte de tutelle, § 4 ; tutelle, § 13 ; Toullier, t. 2, n. 1250, 1251, 1260 et 1261 ; Duranton, t. 3, n. 628 à 630 ; Proudhon, t. 2, p. 240 ; Delvincourt, t. 1, p. 129 ; Delahaye, p. 124 ; Rousseau Delacombe, tuteur, sect. 2, § 2, n. 12.

Domat, Lois civiles, liv. 2, tit. 1er, sect. 5, n. 1er.—Les mineurs sont obligés d'approuver et ratifier à leur majorité tout ce que les tuteurs ont géré raisonnablement et de bonne foi.

N. 2.—Le mineur devenu majeur doit allouer à son tuteur, dans le compte de la tutelle, toutes les dépenses qui auront été faites pour sa personne, ses biens et ses affaires, selon qu'il paraîtra d'une nécessité ou d'un emploi utile, ou que les dépenses auront été réglées, dans le cas où le tuteur aura dû les faire régler. (Voir n. 3 à 7.)

Pothier, Traité des personnes, page 453. — Pour que les dépenses faites par le tuteur lui soient allouées, il suffit qu'il les ait d'abord faites *utilement*, quoique par l'événement cette utilité n'ait pas duré ; car personne ne peut répondre des événemens. (Delvincourt, t. 1er, p. 130, note 7 : Rolland, compte de tutelle, n. 63.)

Si le tuteur a fait des voyages pour les affaires du mineur, les frais de ces voyages doivent lui être alloués et estimés suivant sa qualité ; mais on n'alloue au tuteur aucun salaire pour la récompense des soins qu'il a pris dans l'administration de la tutelle.

Les mises du tuteur doivent être justifiées par des quittances, des devis et marchés et autres pièces. Il faut excepter certains articles de mises que le tuteur ne peut justifier par quittances, parce que les personnes à qui il a payé ne savaient pas écrire, et que la modicité de la somme ne méritait pas les frais d'une quittance devant notaire. Le tuteur doit être cru à son serment sur ces sortes de mises, lorsqu'elles sont vraisemblables. (Maleville; Delvincourt, t. 1, p. 130, note 7 ; Rodier et Dumoulin, sur l'ordonnance de 1667 ; Toullier, t. 2, n. 1260; Duranton, t. 3, n. 628.)

N. 66. — Quant à la justification des dépenses, les tribunaux ont, en cas de contestation, une sorte de latitude.

N. 70. — Il est de principe que les tuteurs ne peuvent rien porter en dépense pour *honoraires* ou peines. Cependant, lorsque la gestion du tuteur l'empêche de vaquer à ses affaires et lui porte préjudice, il doit en être *indemnisé*. (Nouveau Denisart.)

Toullier, t. 2, n. 1250. — Si le pupille est encore mineur, quand même il serait émancipé, le compte ne peut être rendu qu'en justice, sauf, après la reddition, à transiger sur les débats dans la forme prescrite par l'art. 467.

Victor Augier, Encyclopédie des juges de paix, tutelle, sect. 9, n. 9. — Les frais dont parle cet article ne peuvent consister que dans les frais de voyage, s'il y a lieu, les vacations de l'avoué qui a mis en ordre les pièces du compte, les grosses et les copies, les frais de présentation et d'affirmation. (Art. 532, 533, 527.)

Question controversée. — Dans le cas où, sur la présentation de la mère tutrice, qui s'est remariée, un nouveau tuteur est nommé à ses enfans mineurs, la présence du subrogé-tuteur est-elle indispensable au compte qui doit alors être rendu? *Oui.* Delvincourt, t. 1er, p. 124, note 3; Proudhon, t. 2, p. 239 ; Toullier, t. 2, n. 1246 ; Duranton, t. 3, p. 615 ; *Contrà* : Paillict, sur notre article.

472. *Tout traité qui pourra intervenir entre le tuteur et le mineur devenu majeur sera nul, s'il n'a été précédé de la reddition d'un compte détaillé, et de la remise des pièces justificatives ; le tout constaté par un récépissé de l'oyant-compte, dix jours au moins avant le traité. (C. C., art. 907, 2045 et suiv.)*

Merlin, R., dot, § 2, n. 7 ; tutelle, sect. 5, § 2, n. 3; Q., tuteur, § 3; Favard, tutelle, § 10, n. 3 et 3 *bis* ; Dalloz, émancipation, ch. 2, sect. 9, art. 3 ; Rolland, compte de tutelle, § 7 ; récépissé, tutelle, § 13 ; Toullier, t. 2, n. 1249, 1270, 1278 ; t. 10, n. 58; Duranton, t. 3, n. 636 à 640 ; Massé et Lherbette, Journal des notaires, t. 2, n. 645, 646 et suiv. ; t. 7, p. 221, 222; Proudhon, t. 2, p. 244 ; Delvincourt, t. 1, p. 129 ; Biret, nullités, t. 1, p. 189, 190 ; Delahaye, p. 126 et suiv., 592; Chardon, dol, t. 1, n. 71, 72, 73 ; Bellot, contrat de mariage, t. 4, p. 51 ; Sirey, t. 12, p. 434 ; t. 19, p. 252; t. 10, p. 380; t. 22, p. 284 ; mais voir Merlin, Q., v. tuteur, § 3.

Pandectes françaises. — Cette disposition fait cesser la division qui existait autrefois entre les auteurs, sur la question de savoir s'il fallait, pour la validité de l'acte, que le tuteur eût payé le reliquat. Il est clair, d'après la rédaction de notre article, que ce paiement n'est pas nécessaire.

Rolland de Villargues, v. compte de tutelle, n. 90. — Notez ces expressions, *tout traité*. Quelle que soit leur généralité, elles ne doivent s'entendre que selon le sujet et la matière dont s'occupe le législateur : *Secundùm subjectam materiam*. Or, la disposition est placée sous la rubrique des comptes de la tutelle : donc, les termes dont il s'agit ne doivent être entendus que de tout traité qui a pour objet la tutelle, la gestion du tuteur, et qui aurait pour résultat de dispenser ce dernier de rendre compte, un compte intégral.

Favard, tutelle, § 16 n. 3. — Cette nullité est absolue et ne peut être couverte par aucune précaution.

Toullier, t. 2, n. 1249. — Ce récépissé doit contenir l'inventaire des pièces communiquées : il ne suffirait pas d'un reçu dans lequel le mineur devenu majeur reconnaîtrait, en général, avoir été ressaisi des pièces justificatives ou de la liasse de son compte.

Duranton, t. 3, n. 637. — Cette disposition s'applique à tout traité *quelconque*, qui devrait avoir pour effet, même indirect, d'affranchir, moyennant la somme ou la chose convenue par le tuteur, celui-ci de l'obligation de rendre compte de sa gestion, quoique l'on n'eût pas spécialement traité sur cette gestion, qu'il n'eût pas été formellement convenu que le tuteur en serait déchargé.

N. 638. — Mais si le traité n'intervient que sur un objet particulier, sans avoir pour effet prévu d'affranchir le tuteur de l'obligation de rendre son compte sans simulation, sans fraude faite aux prohibitions de la loi, ce traité doit être respecté, s'il n'est nul pour autre cause.

N. 639. — Enfin, dans aucun cas, le tuteur ne pourrait se prévaloir de la nullité, parce qu'elle est évidemment introduite dans l'intérêt du mineur devenu majeur. Toutefois, s'il y avait lieu de la prononcer sur la demande du mineur, les choses devraient être remises dans leur état primitif.

A. Dalloz, tutelle, n. 581. — Les dispositions de cet article s'appliquent seulement aux traités ou transactions qui portent sur le compte même de tutelle, et non aux autres contrats étrangers que le tuteur peut faire avec son pupille devenu majeur. (Art. 2045. Brillon, v. tuteur, n. 29; Denizart, v. tutelle, n. 78; Domat, Lois civiles, liv. 2, t. 1, sect. 5, n. 4; Malleville, Delvincourt, Favard, Duranton, t. 3, n. 638; Rolland, t. 2, p. 422, n. 90; Dalloz aîné, t. 12, p. 755. *Contrà* : Merlin, Q., suppl., § 3; Maguin, n. 715.)

Cet article s'applique-t-il au contrat de vente d'un objet particulier? Non. Dalloz, 1822, 1re part., p. 287.

Le tuteur ne peut invoquer, pour obtenir la nullité d'un traité passé entre lui et le pupille, l'inobservation des formalités prescrites par notre article. (Sirey, t. 30, 2e part., p. 121.)

473. *Si le compte donne lieu à des contestations, elles seront poursuivies et jugées comme les autres contestations en matière civile. (C. de P., art.* 527 *et suiv.)*

Toullier, t. 2, n. 1251 et suiv.; Duranton, t. 3, n. 618; Massé et Lherbette, Journal des notaires, t. 2, n. 643, 644; Proudhon, t. 2, p. 241; Delvincourt, t. 1, p. 129.

474. *La somme à laquelle s'élèvera le reliquat dû par le tuteur, portera intérêt sans demande, à compter de la clôture du compte. — Les intérêts de ce qui sera dû au tuteur par le mineur, ne courront que du jour de la sommation de payer qui aura suivi la clôture du compte. (C. C., art.* 1153 *et suiv. — C. de P., art.* 126, 542, 905. *— C. de C., art.* 575, 612.)

Arg. ex leg. 46, § 3, ff, de administrat. et peric. tut.; leg. 7, § 15; leg. 28, § 1, ff, eod.; leg. 41, ff, de usuris; leg. 24, ff, de appellation. et relationib.

Merlin, R., compte, intérêt, § 2; Favard, compte, § 3, n. 3; Rolland, compte de tutelle, § 5; Toullier, t. 2, n. 1273, 1274; Duranton, t. 3, n. 625, 640, 641; Proudhon, t. 2, p. 234, 244; Delvincourt, t. 1, p. 129; Delahaye, p. 128 et suiv.

Hua. — *La clôture du compte.* A moins que les parties n'aient fait à ce sujet des conventions pour le cours des intérêts. Elles dispenseront de l'interpellation judiciaire. Un pareil traité ne saurait être assimilé à ceux défendus entre un tuteur et son pupille : ici la cause serait évidemment à l'abri de tout soupçon, puisque la créance se trouverait établie par le compte non critiqué, que le terme accordé est une faveur, et que l'indemnité des intérêts ne compensera presque toujours que faiblement le préjudice que le retard occasione au tuteur.

Delvincourt, t. 1, note 1 de la page 131. — *A partir de la clôture du compte*. Mais, à partir de la même époque, il ne doit plus les intérêts des intérêts.

Rolland de Villargues, v. compte de tutelle, n. 79. — Lorsque c'est le tuteur qui veut rendre son compte, si le mineur fait défaut, le tuteur, qui se trouve reliquataire par le résultat du compte, garde les fonds comme dépositaire, *sans intérêt* et *sans fournir caution*, quoique les autres comptables soient tenus de donner caution, ou de déposer pour se dispenser de payer les intérêts. (Code de procédure, art. 542.) Et cela, parce que ce n'est point d'après un nouvel engagement que les deniers restent en ses mains, mais en vertu de son ancien mandat et de sa qualité de tuteur, et que le titre de tuteur fait présumer sa fidélité. (Toullier, t. 2, n. 1273; Duranton, t. 3, n. 624.)

Duranton, t. 3, n. 640. — Dans le cas où, après une reddition de compte de tutelle, accompagnée de la remise des pièces justificatives et du récépissé, il est fait un traité sur ce même compte, qu'il n'est rien dit sur les intérêts, ni sur l'hypothèque légale, ces intérêts n'en courront pas moins de plein droit du jour de la clôture du compte, et l'hypothèque légale n'en sera pas moins conservée. La novation ne se présume pas.

475. *Toute action du mineur contre son tuteur, relativement aux faits de la tutelle, se prescrit par dix ans, à compter de la majorité. (C. C., art.* 472, 1304 *et suiv.;* 2045.)

ff, leg. 7, § 2, 4, 5 et 12; leg. 9, § 4; leg. 23 et 39, § 14 et 16; leg. 46 et 54, § 1, 3 et 4, de administ. et pericul tut.: leg. 8, Cod., arbitrium tutel.; leg. 3, Cod., de præscriptione, 30, vel 40 annorum.

Favard, tutelle, § 10, n. 6, 7 et 8; Dalloz, émancipation, ch. 2, sect. 9, art. 3; Rolland de Villargues, compte de tutelle, § 6 et 7; tutelle, § 13; Toullier, t. 2, n. 1275 et suiv.; Duranton, t. 3, n. 642 à 648; Massé et L'Herbette, Journal des Notaires, t. 2, n. 652, 653; t. 7, n. 223 et suiv.; Proudhon, t. 2, p. 246; Delvincourt, t. 2, p. 129; Delahaye, p. 126, 127; A. Dalloz, tutelle, n. 545, 555.

Bertier, exposé des motifs au Corps législatif, 16 mars 1803. — Le projet contient un changement assez grave dans la durée de l'action qui existera contre le tuteur, à raison de son administration. — Jusqu'à ce jour, cette action n'a, en général, reçu pour limites que celles de la plus longue prescription immobilière; prescription dont la mesure était différente selon les pays, mais qui, dans un grand nombre, allait jusqu'à trente ans.

Quelle que doive être désormais la plus longue prescription, il a paru, dans le cas particulier, convenable de s'arrêter à celle de dix ans; car, si le pupille est très-favorable, il est impossible de ne pas prendre en considération aussi la situation du tuteur lui-même. La tutelle fut pour lui, tant qu'elle dura, un acte onéreux, une charge de famille, dont les embarras ne doivent pas être immodérément prolongés contre lui : en accordant au pupille dix ans après sa majorité, pour l'exercice de toutes les actions relatives à la tutelle, on fait assez, et tout excès en cette matière serait un mal réel pour la société toute entière.

Delvincourt, t. 1, note 8 de la page 131. — *Relativement aux faits de la tutelle.* C'est une prescription particulière introduite pour ce genre d'action.

La même prescription peut aussi être opposée au tuteur par le mineur; car il doit y avoir réciprocité. (Hua; Rolland de Villargues, compte de tutelle, n. 82; Toullier, t. 2, n. 1279; Vazeille; Proudhon; Delvincourt; Favard, tutelle, § 10, n. 6.)

Quid, si le compte a été rendu et arrêté? Je pense que l'action en paiement du reliquat doit durer trente ans, à compter du jour de l'arrêté; et ce, tant à l'égard du tuteur que du mineur. (Argument tiré de l'art. 2274.)

Note 9. — *A compter du jour de la majorité.* Par conséquent, si les fonctions du tuteur viennent à cesser pendant la minorité, *putà* par sa mort, sa destitution ou sa démission, les dix ans ne courent que du jour de la majorité. Il en serait de même en cas d'émancipation, et quand le compte aurait été rendu au mineur, assisté de son curateur.

Rolland de Villargues, v. compte de tutelle, n. 82. — Cependant, si le pupille était décédé, il est évident que la prescription courrait dès le moment du décès contre ses héritiers. (Duranton, t. 3, n. 644.)

N. 84. — L'action en rectification des erreurs, omissions, faux ou doubles emplois existant dans le compte nous paraît aussi prescriptible par dix ans, et non par trente ans. (Vazeille. Contre : Toullier, t. 2, n. 1277.)

N. 86. — La prescription de dix ans établie en faveur dut uteur vrait être prorogée jusqu'à trente ans, s'il y avait dol ou fraude de sa part. Le dol fait exception à toutes les règles.

Proudhon, t. 2, p. 246, 247. — Si, après la majorité acquise au mineur, le compte avait été présenté et débattu, et que le tuteur eût été reconnu reliquataire, sans avoir été ensuite poursuivi en paiement, se trouverait-il également libéré par la prescription de dix ans? Il faut décider que non. (Voir art. 2274, 2271, 2272.)

Toullier, t. 2, n. 1276. — Mais cette prescription de dix ans ne s'applique qu'à l'action de compte et aux autres actions pour faits de la tutelle, comme celles qui tendent à rendre le tuteur responsable de sa gestion. Lorsque ces actions ont été exercées, et que le tuteur s'est reconnu débiteur d'une somme, ou a été condamné à la payer, la dette qui en résulte ne se prescrit que par trente ans. La réclamation de cette dette n'est pas relative aux faits de la tutelle, qui ont été discutés; c'est une action qui naît de l'arrêté du compte.

N. 1278. — Quant à l'action en nullité de traités faits entre le tuteur et le mineur devenu majeur, sans avoir observé les formalités prescrites par l'art. 472, elle se prescrit par dix ans, et le délai se compte du jour que le traité a été passé, et non du jour de la majorité. (Art. 1304.)

CHAPITRE III.

De l'Emancipation.

476. *Le mineur est émancipé de plein droit par le mariage. (C. C., 445, 1388.)*

Instit., lib. 1, tit. 6, § 5; tit. 12, § 6 et 7; lib. 3, tit. 2, § 8; ff, lib. 47. tit. 10, leg. 1, § ultim.; lib. 48; tit. 5, leg. 20; Cod., lib. 5, tit. 4, leg. 7; leg. 28, ff, de adopt. et emancip.

Merlin, R. mariage, sect. 5, § 2; puissance paternelle, sect. 6, § 4, t. 16, p. 751; Favard, émancipation, § 2, n. 6; Rolland, curatelle, § 2; émancipation; Toullier, t. 2, n. 1285; Duranton, t. 3, n. 648 à 654; Proudhon, t. 2, p. 202, 251; Delvincourt, p. 150; Vazeille, t. 2, n. 464 à 466; Bellot, contrat de mariage, t. 1, p. 230; t. 4, p. 61; Grenier, hypothèques, t. 1, p. 612, 613.

Huguet, rapport au Tribunat, 24 mars 1803. — Si la minorité doit durer vingt-un ans, si jusqu'à cet âge le mineur est privé de l'exercice de ses droits civils, s'il ne peut aliéner ni hypothéquer ses immeubles, il peut être utile cependant de lui donner avant cet âge la faculté de recevoir ses revenus, de régir et administrer par lui-même ses biens, si sa conduite, si la maturité de sa raison le permettent ainsi: c'est ce qu'on appelle l'*émancipation*, consacrée de tout temps, soit par le droit écrit, soit par le droit coutumier.

Le Roy, discours au Corps législatif, 26 mars 1803. — Il ne s'agit point ici de l'émancipation si fameuse des Romains, et par laquelle un père affranchissait son fils de la puissance paternelle. C'est surtout l'effet que l'émancipation doit avoir relativement aux biens de l'enfant que nous sommes appelés à considérer.

L'émancipation est un état moyen entre la minorité et la majorité. La distinction établie entre ces deux états repose sur la considération que l'homme n'est en général capable de diriger ses affaires qu'à un certain âge. Nous avons fixé cette époque à vingt-un ans. Cette institution, toute positive qu'elle soit, n'en a pas moins son origine dans la nature elle-même, qui nous paraît n'avoir opéré qu'à cet âge le développement des facultés; mais l'instruction nous apprend que ce développement est plus précoce chez quelques-uns. N'est-il pas conséquent de rendre proportionnellement plus précoces aussi les résultats qu'il doit avoir devant les lois?

C'est à quinze ans révolus que l'on pourra être émancipé. Quelque heureuse que soit notre organisation, quelques moyens nouveaux qu'ajoute l'éducation, cet âge manquera toujours de cette connaissance des hommes et des choses, de l'expérience, ce don du temps. La loi devait donc au mineur émancipé un dernier appui dans les momens difficiles de son administration. Dans ce cas aussi elle lui donne un curateur, mais ce n'est plus un maître: c'est un conseil, c'est un ami.

Enfin, le mineur est émancipé de plein droit par le mariage. Comment ne pas reconnaître capable du soin de ses biens celui que l'on a reconnu capable des soins d'époux et de père?

Pandectes françaises. — Le mariage, en émancipant, fait cesser la puissance paternelle absolument et sans retour; en sorte que si l'enfant marié devient veuf, quoiqu'il soit encore mineur, il ne retombe ni en tutelle ni sous la puissance de ses père et mère. Il conserve la jouissance et l'administration de ses biens.

Dans ce cas, il faut lui nommer un curateur. Le père ne l'est pas de droit, car il n'y a point de curatelle légitime; mais l'usage est de l'élire à cette charge. La mère peut aussi être nommée curatrice.

La femme mineure mariée est également émancipée, dans le cas de veuvage.

Rolland de Villargues, v. émancipation, n. 3. — Tellement que la femme qui, en vertu de dispenses accordées par le roi (Code civil, art. 145) se marierait avant l'âge de quinze ans, serait émancipée comme celle qui n'aurait contracté mariage qu'après cet âge; et si elle devenait veuve avant d'avoir accompli sa quinzième année, elle ne rentrerait pas pour cela sous la puissance ni sous la tutelle de son père; car elle en avait été affranchie purement et simplement par la loi. (Duranton, t. 3, n. 653.)

Favard, émancipation. — L'émancipation est expresse ou tacite: tacite, quand elle s'opère *de plein droit*; expresse, quand elle s'opère par la volonté du père, déclarée de la mère ou du conseil de famille.

Boileux. — Le mari mineur est placé comme celui dont l'émancipation a été déclarée, sous l'assistance d'un curateur. Quant à la femme, elle n'a pas d'autre protecteur que son mari: la puissance maritale comprend en effet tous les attributs de la curatelle.

Mais si le mari est lui-même mineur, il ne peut conférer à sa femme d'autres droits que ceux qu'il a lui-même, c'est-à-dire la capacité de faire des actes de pure administration.

Il existe cette différence entre l'émancipation déclarée et l'émancipation par mariage, que l'une peut être retirée au mineur, tandis que l'autre ne peut jamais l'être; car l'état d'époux est incompatible avec celui de mineur en tutelle.

L'émancipation ne cesse pas, quand bien même la femme qui s'était mariée avant l'âge requis pour l'émancipation, deviendrait veuve n'ayant pas encore atteint la majorité. (Dalloz, 1821, 1re part., p. 177.)

477. *Le mineur, même non marié, pourra être émancipé par son père, ou, à défaut de père, par sa mère, lorsqu'il aura atteint l'âge de quinze ans révolus. — Cette émancipation s'opérera par la seule déclaration du père ou de la mère, reçue par le juge de paix assisté de son greffier.*

Cod., lib. 2, tit. 45, leg. 2; Instit., lib. 1, tit. 12, § 6; ff, leg. 7, de reg.

Dalloz, lois, sect. 3, art. 2, § 1, n. 34; tutelle, minorité, émancipation, chap. 3; Rolland, émancipation; Toullier, t. 2, n. 1282, 1287, 1288; Duranton, t. 3, n. 651 à 658; Proudhon, t. 2, p. 252, 254, 255; Delvincourt, t. 1, p. 150; Vazeille, t. 2, n. 464, 465; Grenier, hypothèques, t. 1, p. 612, 613; Levasseur, Justice de paix, p. 154.

Pour les droits de l'acte d'émancipation, art. 68, § 4, n. 2, loi du 22 frimaire an 7. La nomination du curateur n'est passible d'aucun droit particulier, comme étant une suite nécessaire de l'émancipation. (Instruction générale, n. 449.)

A Dalloz, émancipation, n. 4, 13.

Procès-verbal du Conseil d'Etat, 28 octobre 1802.—Portalis et Malleville disent qu'il importe de fixer, pour l'émancipation, un âge au-dessous de dix-huit ans; car l'émancipation ne serait plus qu'un cruel abandon, si elle mettait le mineur hors de tutelle, lorsque sa faiblesse a encore besoin de protection.

Berlier propose de n'accorder qu'aux père et mère le pouvoir d'émanciper le mineur au-dessous de dix-huit ans, pourvu qu'il en ait au moins quinze, en maintenant la condition de l'âge de dix-huit ans à l'égard de la famille.

Cambacérès propose de ne pas admettre l'émancipation de plein droit, mais d'autoriser seulement le mineur à demander son émancipation, lorsqu'il a atteint dix-huit ans, et de faire statuer le tribunal.

Berlier, exposé des motifs au Corps législatif, 16 mars 1803. — Le mineur qui a ses père et mère ne pourra recevoir l'émancipation que de son père; si l'un des deux est mort, le droit d'émanciper appartiendra au survivant. — Si le mineur n'a ni père ni mère, l'émancipation sera accordée par le conseil de famille.

Mais l'émancipation accordée par le père ou la mère différera de celle accordée par le conseil de famille. Ainsi le père ou la mère pourra émanciper le mineur dès l'âge de quinze ans. Les affections de la nature garantissent ici que l'émancipation sera dans l'intérêt de l'enfant; — tandis que le conseil de famille ne pourra émanciper que le mineur âgé de dix-huit ans, parce qu'il y aurait à craindre qu'un simple tuteur, pour se décharger du poids de la tutelle, ne supposât à son pupille une capacité précoce, et qu'il ne le persuadât au conseil de famille.

Malleville. — D'anciens arrêts ont décidé que le père devait être présent à l'acte, et qu'il ne pouvait pas émanciper par procureur. Notre article paraît se conformer à cette jurisprudence. — Je pense aussi, avec les anciens auteurs, que l'émancipation doit être générale, et non pour un seul acte, à temps, ou sous condition.

Hua. — *Par sa mère.* Ce pouvoir n'étant qu'une suite de l'autorité de tutelle maintenue aux père et mère sur leurs enfans, ne doit être admis pour son exercice, quant à l'émancipation, qu'autant qu'ils seraient tuteurs; autrement, ce serait vouloir le plus, lorsqu'on leur aurait refusé le moins. L'article doit être considéré d'autant plus restrictif, que les aïeuls n'y reçoivent point le pouvoir d'émanciper leurs petits-enfans, tandis que par l'art. 402, ils sont appelés à la tutelle légale. *Contrà* : Arrêt de Bruxelles, 6 mai 1808, qui a considéré que l'émancipation est un effet non de la tutelle, mais de la puissance paternelle.

Pandectes françaises. — Ni le père ni la mère ne peuvent être forcés à l'émancipation. Il n'y a d'exception à cette règle que dans le cas où le père maltraite son enfant outre mesure, lui refuse des alimens, ou lui donne de mauvais principes ou des exemples corrupteurs.

A l'égard des mineurs qui sont dans les hospices, l'émancipation se fait en vertu d'une délibération de la commission administrative, par l'un des membres de cette administration désigné à cet effet. L'acte s'en délivre sans autres frais que ceux d'enregistrement et de timbre. — Mais le mineur ne sort point de l'hospice; l'établissement ne continue pas moins de recevoir les revenus, s'il y en a, et de les faire siens, à titre d'indemnité. L'hospice reste de droit curateur du mineur émancipé.

Delvincourt, t. 1, note 1re de la page 132. — *Quid*, si la mère est remariée? Je pense, sur cette question, ainsi que sur toutes celles qui peuvent s'élever sur l'application de cet article, que le principe général, en cette matière, est que le droit d'émanciper n'est accordé aux pères et mères que comme une suite, une conséquence nécessaire de la puissance paternelle, et que, par conséquent, toutes les fois qu'ils sont privés de cette puissance, ils doivent être privés du droit d'émanciper. Or, la mère est privée de la puissance paternelle, par le fait seul de son second mariage. Je pense donc qu'elle ne peut émanciper, quand même elle aurait été maintenue dans la tutelle.

Rolland de Villargues, v. émancipation, n. 8. — L'émancipation peut-elle se faire par un mandataire? — Il faut décider l'affirmative, pourvu que la procuration soit spéciale et authentique.

N. 9. — La femme qui a convolé a-t-elle besoin de l'autorisation de son mari pour émanciper l'enfant du premier mariage? Nous ne le pensons pas.

Toullier, t. 2, n. 1287. — Le père qui refuse la tutelle, le père qui en a été dispensé ou exclu, le père et la mère divorcés, n'en conservent pas moins le droit d'émanciper leurs enfans, parce que ce droit prend sa source dans la puissance paternelle, dont l'émancipation est le terme.

N. 1290. — Le mineur, à quelque âge qu'il soit parvenu, ne peut contraindre ses père ou mère à l'émanciper.

Duranton, t. 3, n. 655. — En disant que le mineur peut être émancipé par sa mère, à défaut de père, la loi ne veut sans doute pas dire que si le père n'entend point émanciper l'enfant, la mère pourra le faire; mais elle n'entend pas dire non plus qu'il faut que le père soit mort, pour que la mère puisse exercer ce droit. L'art. 2 du Code de commerce porte que, en cas d'interdiction ou d'absence du père, la mère peut autoriser le mineur âgé de dix-huit ans à faire le commerce; par conséquent, dans ce cas, elle peut l'émanciper, puisque sans cela il ne pourrait être réputé commerçant. Qui veut la fin, veut les moyens.

N. 657. — On doit appliquer la disposition de l'article à l'enfant naturel reconnu. S'il n'a pas été reconnu, il pourra être émancipé à dix-huit ans par un conseil de famille composé d'amis.

Victor Augier, Encyclopédie des juges de paix, émancipation, § 1, n. 3. — Ces mots *à défaut de père*, s'appliquent-ils non seulement au cas où le père est mort, mais encore à celui où, soit pour cause d'absence, soit pour cause d'interdiction, il serait dans l'impossibilité de manifester sa volonté? M. Rogron dit que la mère doit avoir le droit d'émanciper, lorsque le père ne peut manifester sa volonté. *Contrà* : Rolland et Duranton, qui veulent que la femme de l'absent ou de l'interdit ne puisse émanciper ses enfans que lorsqu'ils ont accompli leur dix-huitième année. M. Augier, qui combat l'opinion de M. Rogron par un raisonnement plein de force et de lucidité, se range à l'opinion de MM. Rolland et Duranton.

La mère qui a convolé n'a pas besoin de l'autorisation de son nouvel époux pour émanciper ses enfans du premier lit.

Un père ne pourrait émanciper son fils par testament. Ce testament serait considéré comme un simple vœu auquel le conseil de famille serait libre de ne pas déférer.

L'émancipation est toute dans l'intérêt du mineur; voilà le principe invariable; mais s'il apparaît que cette émancipation, loin d'être favorable ou profitable au mineur, lui est funeste, qu'elle n'a été conférée que pour favoriser le père, qui en profite pour abuser ensuite de son ascendant sur le mineur, et jouir indirectement de ses revenus, le conseil de famille ne peut-il pas, dans ce cas, demander que le bénéfice d'une telle émancipation soit retiré? *Oui.* (Voir Dalloz, v. tutelle, t. 12, 2e part., p. 477, 1re colonne.) Le tribunal de Jonzac l'a ainsi jugé en novembre 1832, dans l'affaire de M. Duret, substitut du procureur du roi, contre le sieur Léon Duret.

478. Le mineur resté sans père ni mère pourra aussi, mais seulement à l'âge de dix-huit ans accomplis, être émancipé, si le conseil de famille l'en juge capable.

En ce cas, l'émancipation résultera de la délibération qui l'aura autorisée, et de la déclaration que le juge de paix, comme président du conseil de famille, aura faite dans le même acte, que le mineur est émancipé. (C. C., art. 407 et suiv.; 485. — C. de P., art. 883. — C. de C., art. 2 et suiv.)

Cod., lib. 2, tit. 45, leg. 2.

Merlin, R., avis de parens, émancipation : Favard, émancipation, § 1, n. 1, 2 et 3; Dalloz, lois, sect. 3, art. 2, § 1, n. 34; émancipation, ch. 3; Toullier, t. 2, n. 1287, 1288; Duranton, t. 3, n. 651 à 659; Proudhon, t. 2, p. 252 à 255; Delvincourt, t. 1, p. 116, 130; Perrin, nullités, p. 187; Biret, nullités, t. 1, p. 196, 197; Delahaye, p. 130, 131.

Rolland de Villargues, v. émancipation, n. 15. — Cette disposition est aussi applicable à l'enfant naturel qui n'a pas été reconnu ou qui a perdu ses père et mère.

Dalloz, tutelle, émancipation, ch. 3, n. 4. — L'article ne s'explique pas sur la question de savoir si la mère remariée, et qui n'a pas conservé la tutelle, a néanmoins toujours le droit d'accorder l'émancipation. Il semble ne faire aucune distinction, et n'appeler le conseil de famille à délibérer sur l'émancipation qu'autant que le père et la mère du mineur n'existent plus.

N. 5. — Il suit de là que le père même destitué de la tutelle, ou privé de l'administration des biens, pourrait aussi conférer l'émancipation.

A. Dalloz, émancipation, n. 21. — Le conseil de famille pourrait-il, tout en accordant l'émancipation, apporter quelques restrictions aux prérogatives que le Code attache à cette faveur? — Non, l'émancipation doit être inconditionnelle. (Dalloz aîné, t. 12, p. 778, n. 10. *Contrà* : Toullier, t. 2, n. 1300.)

479. Lorsque le tuteur n'aura fait aucune diligence pour l'émancipation du mineur dont il est parlé dans l'article précédent, et qu'un ou plusieurs parens ou alliés de ce mineur, au degré de cousin germain, ou à des degrés plus proches, le jugeront capable d'être émancipé, ils pourront requérir le juge de paix de convoquer le conseil de famille pour délibérer à ce sujet.

Le juge de paix devra déférer à cette réquisition.

Favard, émancipation, § 1, n. 3; Dalloz, émancipation, ch. 3; Rolland de Villargues, émancipation; Toullier, t. 2, n. 1290 et suiv.; Duranton, t. 3, n. 660 à 665; Proudhon, t. 2, p. 253; Delvincourt, t. 1, p. 130.

Le mineur pourrait lui-même faire cette réquisition. (Voir Nouveau Dénisart, émancipation, § 5, n. 4.)

Berlier, exposé des motifs au Corps législatif, 16 mars 1803. — S'il s'agit d'un mineur qui soit sous la tutelle d'un simple parent ou d'un étranger, et que ce tuteur, soit pour se maintenir dans une grande gestion, ou pour tout autre motif, laisse passer à son mineur l'âge de dix-huit ans sans solliciter son émancipation, que l'on suppose méritée par une bonne conduite et une capacité suffisante, tout parent du mineur au degré de cousin germain ou à des degrés plus proches, pourra lui-même provoquer la réunion du conseil de famille pour délibérer sur l'émancipation. — Mais cette faculté n'aura jamais lieu contre un père administrateur ou tuteur, ni contre une mère tutrice, parce qu'ils sont juges suprêmes en cette partie, et que leur autorité ne doit, jusqu'à la majorité de leurs enfans, recevoir d'autres limites que celles qu'y mettra leur propre volonté.

Rolland de Villargues, v. émancipation, n. 17. — Le juge de paix n'a pas le droit, dans ce cas, de convoquer d'office le conseil de famille. (Duranton.)

Favard, émancipation, § 1, n. 3. — Le mineur ne peut contraindre ses père et mère à l'émanciper.

Victor Augier, Encyclopédie des juges de paix, émancipation, § 1, n. 13. — Si un tuteur négligeait de prendre les mesures nécessaires pour amener l'émancipation, le mineur aurait-il le droit de requérir le juge de paix à cet effet? Oui, d'après Toullier. *Contrà* : Duranton. M. Augier, qui partage l'opinion de M. Duranton, motive ainsi la sienne : L'art. 479 ne reconnaît la faculté de requérir la convocation du conseil de famille qu'à ceux des parens ou alliés du mineur au degré de cousin germain, ou à des degrés plus éloignés : et puis le mineur qui se croirait digne de l'émancipation pourrait prier un de ses parens ou alliés de la provoquer ; et si c'est un acte de justice, si elle est vraiment méritée, il est impossible de supposer que tous les membres de la famille refusent leur concours. Ainsi nul inconvénient à refuser au mineur le droit de réquisition. Tandis qu'en le lui accordant, on s'exposerait à des demandes continuelles, qui auraient pour résultat ou de fatiguer inutilement les membres du conseil de famille, ou de leur arracher par obsession un dangereux consentement. (Delvincourt, t. 1, p. 132, note 4; Hua; Dalloz, t. 12, p. 777, n. 8. *Contrà* : Proudhon, t. 2, p. 253.)

Le juge de paix ni le procureur du roi ne peuvent convoquer d'office le conseil. La réquisition d'un parent est absolument nécessaire. (Duranton; Rolland de Villargues.)

480. *Le compte de tutelle sera rendu au mineur émancipé, assisté d'un curateur qui lui sera nommé par le conseil de famille.* (*C. C., art.* 935, 1305 *et suiv.*; 1376 *et suiv.*; 1429, 1430, 1718, 1990. — *C. de P., art.* 910.)

ff, lib. 26, tit. 7, leg. 5, § 5; Cod., lib. 5, tit. 31, leg. 7.

Merlin, R., compte; curateur, § 1; Favard, curateur, n. 1; Dalloz, émancipation, ch. 2, sect. 9, art. 3; ch. 3, notes; Rolland, émancipation; tutelle, § 13, n. 275, 276; Toullier, t. 2, n. 1246; Duranton, t. 3, n. 610, 677, 680, 681; Proudhon, t. 2, p. 239, 241 et 258; Delvincourt, t. 1, p. 114, 128, 131; Persil, Questions hypothécaires, t. 1, p. 224.

Duranton, t. 3, n. 678.— La loi ne nomme point le curateur, comme elle nomme le tuteur; elle confère au conseil de famille le pouvoir de le nommer; en sorte que le père même n'est pas curateur de droit, quoiqu'il n'ait pas exercé la tutelle pour cause de dispense ou d'exclusion.

Victor Augier, Encyclopédie des juges de paix, tutelle, sect. 9, n. 4. — Toullier, t. 2, n. 1250, prétend que dans ce dernier cas, le compte ne peut être rendu qu'en justice, sauf après la reddition à transiger sur les débets, dans la forme prescrite par l'art. 476. (*Contrà* : Duranton, t. 3, n. 610; Proudhon, t. 2, p. 241.) Ces auteurs enseignent que l'intervention de la justice est inutile.

Emancipation, § 2, n. 1.— Ce n'est pas, comme l'observe justement M. Rogron, que le père ou la mère, tuteurs naturels, ne soient pas de plein droit curateurs de l'enfant qu'ils émancipent, mais pour le compte de tutelle le curateur doit toujours être nommé par le conseil de famille. Car, ou bien c'est le père ou la mère qui dépose la tutelle, et dans ce cas il faut bien que le conseil de famille nomme un curateur *ad hoc*, exprès pour recevoir les comptes; ou bien c'est un autre que le père ou la mère, et alors le conseil de famille nomme toujours le curateur. Si l'ancien tuteur est choisi pour remplir ces fonctions, il faut de plus nommer un curateur *ad hoc* pour recevoir son compte. Au reste, la loi n'exige pas que le compte soit rendu en justice, à moins que les parties ne puissent s'entendre sur les éléments qui le composent.

Question controversée. — Le compte de tutelle du mineur émancipé doit-il être *nécessairement* rendu en justice? *Oui* : Agen, 19 février 1824, Sirey, t. 25, 2ᵉ part., p. 93; Dalloz, Jurisprudence générale, t. 12, p. 751; Victor Augier, journal le Juge de paix, t. 7, p. 341; Toullier, t. 2, n. 1250. *Non* : Duranton, t. 3, n. 610; Marchand, Code de la tutelle, p. 358, n. 40; Proudhon, Droit français, t. 2, p. 241. (Journal de la Magistrature, t. 6, p. 34 à 37.)

Question controversée. — La curatelle des mineurs émancipés appartient-elle de droit à leurs père et mère? *Oui* : Marchand, Code de la minorité, p. 396; Delvincourt, t. 1, p. 314; Victor Augier, journal le Juge de paix, t. 8, p. 185; Rogron, Codes annotés, sur l'article 480; Maguin, Traité de la minorité, t. 1, n. 755. *Non* : Limoges, 2 janvier 1821, Dalloz, Jurisprudence générale, t. 11, p. 488; Sirey, t. 21, 2ᵉ part., p. 322; Duranton, t. 3, n. 678; Favard, v. émancipation, § 2, n. 3; Rolland, même mot, n. 24 et 25. (Journal de la Magistrature, t. 6, p. 291 à 295.)

481. *Le mineur émancipé passera les baux dont la durée n'excédera point neuf ans : il recevra ses revenus, en donnera décharge, et fera tous les actes qui ne sont que de pure administration, sans être restituable contre ces actes dans tous les cas où le majeur ne le serait pas lui-même.* (*C. C., art.* 308, 935 *et suiv.*; 1376 *et suiv.*; 1429, 1430, 1718, 1990. — *C. de P., art.* 910.)

Merlin, R., bail, § 19; Favard, émancipation, § 2, n. 2; Dalloz, émancipation, ch. 3, notes; Rolland, bail, § 3, n. 74 et suiv.; compromis, § 2; minorité, § 3; Toullier, t. 2, n. 1296, 1301; Duranton, t. 3, n. 665, à 692; Proudhon, t. 2, p. 202, 278; Delvincourt, t. 1, p. 131; Bellot, contrat de mariage, t. 1, p. 200, 230; t. 3, p. 377, 378; Grenier, hypothèques, t. 1, p. 65, 75, 77; Chardon, dol, t. 1, n. 49 et 70.

Berlier, exposé des motifs au Corps législatif, 16 mars 1803. — Les effets de l'émancipation sont les mêmes pour tous les émancipés. Administrer ses biens et toucher ses revenus, tel est le droit qu'acquerra l'émancipé; mais il sera loin d'avoir tous les droits du majeur.

Ainsi, il ne pourra vendre ni aliéner ses immeubles que selon les formes prescrites pour les autres mineurs, ni recevoir un capital mobilier, sans l'assistance d'un curateur. Il ne pourra même faire d'emprunt : les prêts, fléau de l'inexpérience, ne doivent pas exister pour un mineur, même émancipé.

Cependant, puisqu'il est appelé à l'administration de ses biens, il doit avoir les moyens d'y pourvoir. Il aura donc la faculté d'acheter les choses utiles à son entretien et à l'exploitation de ses biens. Mais, jusque dans l'exercice de cette faculté, il sera placé sous une législation spéciale; car, s'il contractait des obligations immodérées, les tribunaux pourront les réduire, en prenant en considération la fortune de l'émancipé, la nature de ses dépenses et la bonne ou mauvaise foi des personnes qui auront contracté avec lui.

Hua. — *Neuf ans.* Sans distinction de la nature des biens, soit ruraux, soit maisons ou usines. Si le bail fait pour un temps plus long était commencé, le preneur achèverait seulement la période de temps nécessaire pour compléter celle de neuf ans qui se trouverait commencée, soit qu'elle se trouvât la première ou la seconde de pareille durée.

Le renouvellement ne peut se faire plus de trois ans par anticipation, pour les biens ruraux, et plus de deux, pour les maisons. (Art. 1429, 1430, 1718.)

De pure administration. Même les actes judiciaires relatifs à l'administration. Cet article ne fait aucune exception, et le suivant n'exige l'assistance de son curateur que pour les actions immobilières. Il pourra donc plaider seul, toutes les fois qu'il ne s'agira que de répétitions relatives aux fruits, sauf seulement l'intervention du ministère public.

Rolland de Villargues, v. compromis, n. 12. — Le mineur émancipé peut compromettre sur les droits dont il a la libre disposition. Mais, si le compromis embrasse d'autres actes que ceux de pure administration, s'il excède les bornes imposées à la capacité du mineur émancipé, il peut être annulé avec le jugement auquel il servait de base.

Merlin, R., bail, § 19. — Le Code n'exige pas que ces baux soient faits en justice : il suppose, au contraire, qu'ils doivent être faits extra-judiciairement.

Toullier, t. 2, n. 1296. — Le mineur émancipé ayant le droit de recevoir ses revenus et d'en donner décharge, a par conséquent celui de précompter avec ses fermiers, et d'exercer contre eux toutes les poursuites et contraintes nécessaires pour les faire payer.

482. *Il ne pourra intenter une action immobilière, ni y défendre, même recevoir et donner décharge d'un capital mobilier, sans l'assistance de son curateur, qui, au dernier cas, surveillera l'emploi du capital reçu.* (*C. C., art.* 450, 1030, 1034 *et suiv.*)

ff, lib. 4, tit. 4, leg. 6, 8, 9, 10 et 12; Instit, de curat., § 2.

(Loi du 24 mars 1806; décret du 25 septembre 1813.)

Merlin, R., ajournement; mariage, sect. 5, § 2; curateur, § 1, n. 10; t. 16, p. 751; Favard, émancipation, § 2, n. 2 et 3; Rolland, minorité, § 3; Toullier, t. 2, n. 1271, 1296; t. 4, n. 408; Duranton, t. 3, n. 610, 669 à 690; t. 5, p. 105; Proudhon, t. 2, p. 218, 258, 259; Delvincourt, t. 1, p. 131; Grenier, hypothèques, t. 2, p. 466; Bellot, contrat de mariage, t. 1, p. 472; t. 3, p. 377, 378; Delahaye, p. 151 et suiv.

Malleville. — Ce n'est que pour intenter une action immobilière ou y défendre que notre article exige l'assistance du curateur. D'où il semblerait résulter que le mineur n'en a pas besoin pour les actions mobilières; ce qui est contraire au principe qui veut que pour toute sorte de procès le mineur soit assisté d'un curateur : quelquefois en effet une action mobilière a un objet plus considérable que beaucoup d'immobilières.

Je crois que malgré l'induction qu'on pourrait tirer de notre texte, il faut se tenir à l'ancienne jurisprudence, et l'art. 484 y conduit même, lorsqu'il dit que le mineur émancipé ne pourra faire aucun acte autre que ceux de pure administration, sans observer les formes prescrites au mineur non émancipé. Or, plaider et administrer ne sont pas la même chose, et la femme séparée qui peut administrer, ne peut pas plaider sans l'autorisation de son mari. (Pandectes.)

Delvincourt, t. 1, note 8 de la page 132. — Remarquez la différence qui existe entre le mineur en tutelle, et le mineur émancipé. Le premier ne paraît point; c'est le tuteur qui agit seul. Le mineur émancipé, au contraire, paraît et agit toujours; seulement il est assisté de son curateur, dans les cas où cette assistance est requise.

Note 9. — Je ne pense pas qu'il suffise de l'assistance du curateur, quand il s'agit d'intenter une action immobilière; je crois, au contraire, alors même que le mineur est émancipé, que l'autorisation du conseil de famille est nécessaire pour intenter une action immobilière.

Rolland de Villargues, v. mineur, n. 57.—Peu importe que ces capitaux proviennent d'épargnes faites par le mineur sur ses revenus et qu'il aurait placés, (*Contrà :* Toullier, t. 2, n. 1296.)

Duranton, t. 3, n. 669. — En prescrivant au mineur d'être assisté de son curateur pour intenter une action immobilière, ou y défendre, l'art. 482 laisse assez clairement entendre, du moins selon nous, qu'il a la capacité, comme un majeur, d'intenter seul une action mobilière, ou d'y défendre.

Si cependant l'action a pour objet des choses que le mineur émancipé ne peut faire sans l'assistance de son curateur, cette assistance est nécessaire soit en demandant, soit en défendant, et le défendeur peut se refuser à répondre à cette demande, tant que le mineur n'agira pas régulièrement, et conclure purement et simplement à ce qu'il soit déclaré non recevable *quant à présent*, avec dépens.

483. *Le mineur émancipé ne pourra faire d'emprunts, sous aucun prétexte, sans une délibération du conseil de famille, homologuée par le tribunal de première instance, après avoir entendu le procureur du roi. (C. C., art. 1124 et suiv. ; 1305 et suiv. ; 1308 et suiv. — C de P., art. 406.)*

Leg. 3, Cod., de his qui veniam ætatis impetraverunt; ff, lib 14, tit. 6, leg. 7 et 13.

Toullier, t. 2, n. 1298; Duranton, t. 3, n. 610, 670, 696; Proudhon, t. 2, p. 223, 259, 260, 285; Delvincourt, t. 1, p. 131; Bellot, contrat de mariage, t. 3, p. 377, 379; Grenier, hypothèques, t. 1, p. 65, 75.

Toullier, t. 2, n. 1298.—Cet article n'exige pas, comme à l'égard des enfans en tutelle, que la famille n'autorise l'emprunt que lorsqu'il y a *nécessité absolue*, *ou avantage évident* (art. 457). Il suffit qu'il y ait espérance d'un avantage: car s'il s'agit d'un mineur qui peut agir par lui-même, dont il faut aider l'industrie, et dont on ne doit gêner les projets que lorsqu'ils ne sont pas réfléchis, le conseil de famille, qui peut autoriser le mineur à faire le commerce, peut donc l'autoriser à emprunter pour quelque autre entreprise qui paraît profitable.

La somme à laquelle l'emprunt peut s'élever est abandonnée à la prudence du conseil de famille et du tribunal, (Victor Augier, Encyclopédie des juges de paix, § 2, n. 7.)

484. *Il ne pourra non plus vendre ni aliéner ses immeubles, ni faire aucun acte autre que ceux de pure administration, sans observer les formes prescrites au mineur non émancipé.— A l'égard des obligations qu'il aurait contractées par voie d'achats ou autrement, elles seront réductibles en cas d'excès : les tribunaux prendront, à ce sujet, en considération, la fortune du mineur, la bonne ou mauvaise foi des personnes qui auront contracté avec lui, l'utilité ou l'inutilité des dépenses. (C. C., art. 482, 903, 905, 1095, 1241, 1305 et suiv. ; 1312, 1314, 1990, 1306.)*

ff, lib. 4, tit. 4, leg. 7 et 10, passim; leg. 3, cod., de his qui veniam ætatis impetraverunt.

Merlin, R., hypothèques, sect. 2, § 3, art 6; transcription, § 3; enregistrement (droit d'), § 2; Favard, curateur, n. 1; émancipation, § 1, n. 4; Rolland, minorité, § 3; Toullier, t. 2, n. 1296, 1298, 1301; t. 4, n. 320; Duranton, t. 3, n. 396, 610, 671 à 674, 683 à 694; t. 7, n. 105; Proudhon, t. 2, p. 218, 229, 257 à 262, 285 à 289, à 291; Delvincourt, t. 1, p. 131; t. 2, p. 29, 35; Delahaye, p. 133, 134, 137, 138, 139; Grenier, donations, t. 1, p. 203; Bellot, contrat de mariage, t. 2, p. 106, 107, 226; t. 3, p. 377 à 385.

Hua. — *D'achats ou autrement.* Quand même ce serait pour fournitures à crédit. La créance peut avoir au premier aspect moins de défaveur; mais il faut vérifier si celui qui réclame la valeur n'a point déguisé, sous ce prétexte, un contrat onéreux, et abusé de la faiblesse du mineur pour lui faire reconnaître une créance fausse.

D'après la limitation des effets de l'émancipation aux simples actes d'administration, la jurisprudence avait jusqu'alors regardé comme exhorbitans tous engagemens qui excédaient la quotité d'une année des revenus du mineur émancipé; cette règle paraît susceptible d'être maintenue. Néanmoins, il résulte de notre article que les circonstances influeront beaucoup sur la décision.

Pandectes françaises. — L'annulation ou la réduction ne peuvent être prononcées que par les tribunaux. Le conseil de famille n'est point appelé à délibérer à ce sujet.

Au reste, cette disposition consacre le principe des lois romaines, que le mineur ne doit point être restitué contre ses engagemens, en sa seule qualité de mineur, mais seulement quand il est lésé, et jusqu'à concurrence de la lésion qu'il éprouve.

Rolland de Villargues, v. mineur, n. 48. — Un mineur émancipé peut-il aliéner son mobilier (autre que ses créances en capitaux)? L'affirmative paraît certaine.

N. 50.—Il ne faut pas confondre l'aliénation des choses mobilières, avec l'obligation de livrer des choses de cette nature, que le mineur n'aurait pas et que peut-être même il ne pourrait pas avoir. Une pareille obligation, qui pourrait aller jusqu'à le ruiner, rentre dans le cercle de celles qui lui sont interdites, ou qui sont réductibles en cas d'excès.

N. 51. — Il ne peut aliéner une chose qui a le caractère d'un immeuble; par exemple, une futaie, bien qu'elle devienne meuble par la vente.

N. 53. — C'est une question si un mineur émancipé peut hypothéquer ses biens pour sûreté des obligations qu'il a le pouvoir de contracter. L'affirmative est enseignée par MM. Toullier, t. 2, n. 1298, et Duranton, t. 3, n. 673. Mais l'opinion contraire est professée par MM. Proudhon, t. 2, p. 259 à 261, et Grenier, hypothèques, n. 37. Nous adoptons cette dernière opinion.

A. Dalloz, émancipation, n. 38. — Il peut aliéner, mais non donner à titre gratuit (Code civil, art. 904.) son mobilier autre que ses capitaux et créances; car la loi ne l'en a point déclaré incapable, et cela peut être d'une bonne gestion.

A. Dalloz, émancipation, n. 42. — L'assistance du curateur est nécessaire pour céder ou aliéner ses capitaux à quelque titre que ce soit (Duranton, *de oblig.*, n. 199); pour transférer une rente sur l'Etat, ou une action sur la banque au-dessus de 50 francs.

Question controversée. — La vente d'immeubles ou hypothèque consentie par un mineur émancipé, sans l'accomplissement des formalités légales, est-elle frappée d'une *nullité absolue*, et non pas seulement sujette à rescision? *Oui :* Rennes, 17 novembre 1836, Sirey, t. 37, 2e part., p. 354; Dalloz, t. 37, 2e part., p. 56; Cass., Sirey, t. 37, 1re part., p. 102; Dalloz, t. 37, 1re part., p. 62; Troplong, hypothèques, t. 2, n. 492. *Non :* Poitiers, t. 2, messidor an 2, Sirey, t. 3, 2e part., p. 489; Merlin, Q., v. hypothèques, § 4, n. 3; Sirey, t. 37, 2e part., p. 354; Toullier, t. 6, n. 106; t. 7, n. 573; Proudhon, Droit français, t. 2, p. 284; Duranton, t. 10, n. 286, 287; Troplong, vente, t. 1er, n. 166; Maguin, Traité de la minorité, t. 2, n. 1137 et suiv. Ce dernier auteur adopte l'opinion de la Cour de Rennes. (Code civil. Voir art. 1304, 1311, 2012, 464, 457, 458, 1305, 887, 1707, 502, 2124, 2126. — Journal de la Magistrature, t. 7, p. 46 à 52.)

485. *Tout mineur émancipé dont les engagemens auraient été réduits en vertu de l'article précédent, pourra être privé du bénéfice de l'émancipation, laquelle lui sera retirée en suivant les mêmes formes que celles qui auront eu lieu pour la lui conférer. (C. C., art. 477 et suiv.)*

Leg. unicà, Cod., de ingratis liberis, lib. 8, tit. 50; leg. 12, ff, de adoptione et emancipatione.

Dalloz, tutelle, minorité, émancipation, ch. 3; Rolland de Villargues, émancipation; Toullier, t. 2, n. 1302, 1303; Duranton, t. 3, n. 396 à 404; 474 à 476: Proudhon, t. 2, p. 118, 264 à 267; Delvincourt, t. 1, p. 114, 131; Grenier, hypothèques, t. 1, p. 65, 612, 613; Carré, des Justices de paix, t. 3, n. 2018, 2019.)

Pandectes françaises. — Si c'est le père ou la mère qui a émancipé, il peut retirer l'émancipation par une simple déclaration devant le juge de paix.

Si c'est le conseil de famille, il faut une nouvelle assemblée pour rétracter l'émancipation; mais alors le mineur peut réclamer et se pourvoir contre la délibération par les voies ordinaires. (Delvincourt, t. 1, p. 133, note 3.)

Delvincourt, t. 1, note 3 de la page 133. — *Pourra*. L'émancipation n'est pas révoquée de *droit*; c'est au père ou à la mère à statuer, et au conseil de famille à délibérer à ce sujet.

Rolland de Villargues, v. émancipation, n. 31. — Ceci n'est pas applicable à l'émancipation qui a lieu par mariage. (Proudhon, t. 2, p. 264; Toullier, t. 2, n. 1302.)

Victor Augier, Encyclopédie des juges de paix, émancipation, § 3, n. 3. — Une très-grave question s'est élevée au sujet de l'art. 485: L'émancipation par mariage est-elle révocable? Quelques jurisconsultes prétendent que notre article s'exprimant d'une manière absolue, *tout mineur émancipé*, etc., il n'y a pas lieu à faire une exception en faveur du mineur qui est devenu époux et père; ils trouvent même, dans les obligations et les charges qu'impose cette qualité, un motif de plus pour prendre des précautions contre son inexpérience ou sa légèreté.

D'autres, en reconnaissant l'irrévocabilité de l'émancipation tant que dure le mariage, pensent que l'émancipation pourrait être retirée, si le mariage était dissous avant la majorité des conjoints. Mais la Cour de cassation a repoussé l'un et l'autre système, par un arrêt du 21 février 1821.

Conseil de famille, n. 24. — On s'est demandé, à l'occasion de cet article, si ses dispositions pouvaient s'appliquer au mineur émancipé par mariage. Delvincourt soutient l'affirmative; mais Toullier, Proudhon, Duranton et Carré pensent le contraire, et nous adoptons leur avis. Duranton et Carré vont même jusqu'à dire que la dissolution du mariage ne soumettrait pas le mineur à la possibilité de voir révoquer son émancipation, dans le cas d'abus, opinion qui nous semble au moins contestable.

A. Dalloz, émancipation, n. 27. — Les créanciers des père et mère émancipans peuvent-ils faire révoquer l'émancipation? *Oui*: Merlin, Q., v. usufruit particulier, § 1. — *Non*: Toullier, t. 6, n. 368; Proudhon, de l'usufruit, n. 2399,...... Pourvu qu'elle soit loyale et justifiée par la capacité et l'état du mineur. (Dalloz aîné, t. 12, p. 779, n. 13.)

486. *Dès le jour où l'émancipation aura été révoquée, le mineur rentrera en tutelle, et y restera jusqu'à sa majorité accomplie.*

Dalloz, émancipation, ch. 3; Toullier, t. 2, n. 1303; Proudhon, t. 2, p. 118, 235, 265, 266; Delvincourt, t. 1, p. 131; Grenier, hypothèques, t. 1, p. 612, 613; Dalloz, tutelle, émancipation, ch. 5, n. 12.

Pandectes françaises. — Il suit évidemment de cet article que le mineur rentre sous l'autorité du tuteur qu'il avait lors de l'émancipation, car il n'ordonne point une nouvelle nomination.

Je crois même que si ce tuteur est le père ou la mère, et que l'enfant n'ait point encore dix-huit ans, il reprendra la jouissance des biens à laquelle il avait renoncé un émancipant: *cessante causâ, cessat effectus*.

Delvincourt, t. 1, note 5 de la page 133. — Celui qui était tuteur avant l'émancipation le redevient-il de *droit*, après qu'elle a été révoquée? Oui, si le tuteur était un ascendant du mineur; non, si le tuteur est datif ou testamentaire. (Proudhon, t. 2, p. 265, 266.)

Dans tous les cas, l'hypothèque légale, pour raison de la nouvelle gestion, n'aura rang que du jour de l'entrée en gestion de la nouvelle tutelle.

Rolland de Villargues, v. émancipation, n. 34. — Le mineur dont l'émancipation est révoquée rentre non seulement en tutelle, mais encore sous la puissance paternelle.

N. 35. — Le père ou la mère qui avait accordé l'émancipation rentre-t-il dans la jouissance de son usufruit légal, si l'enfant n'a pas encore atteint ses dix-huit ans accomplis? L'affirmative, enseignée par Proudhon, est contredite par Toullier et Duranton.

Proudhon, t. 2, p. 265, 266. — *A sa majorité accomplie*. Cette défense ne concerne point l'émancipation qui a lieu par le mariage. Autrement ce serait constituer en tutelle une personne mariée, tandis que la loi déclare ces deux états incompatibles.

Duranton, t. 3, n. 676. — Puisque le mineur à qui l'émancipation a été retirée rentre en tutelle, il est replacé de plein droit sous celle du tuteur légitime, parce que la vocation de la loi subsiste encore; mais il ne rentre pas de plein droit sous celle du tuteur testamentaire ou du tuteur nommé par le conseil de famille, car elle est terminée: ce serait à leur égard une nouvelle tutelle, qui, par conséquent, ne peut leur appartenir qu'en vertu d'une délibération du conseil.

Au surplus, les père et mère ne recouvrent pas la jouissance légale.

Victor Augier, Encyclopédie des juges de paix, émancipation, § 3, n. 4. — Si la tutelle était légale, le tuteur reprend ses fonctions, parce qu'il les tient de la loi, qui est toujours la même. Si elle était testamentaire ou dative, le conseil de famille doit être assemblé pour nommer un nouveau tuteur, car l'émancipation avait irrévocablement dégagé le premier, dont les pouvoirs ne peuvent revivre que par une nouvelle nomination. (Toullier, t. 2, n. 1303; Proudhon, t. 2, p. 266.)

Le mineur dont l'émancipation est révoquée rentre non seulement en tutelle, mais encore sous la puissance paternelle, et il n'est pas permis de l'émanciper une seconde fois.

N. 6. — L'usufruit légal dont l'émancipation avait privé le père ou la mère qui l'avait conférée revient-il en leur faveur après la révocation, si le mineur n'a pas encore atteint ses dix-huit ans?

Duranton, Toullier et Favard professent la négative. Ils se fondent sur ce que le but de la révocation est de réprimer la mauvaise conduite du mineur qui abusait de ses biens, et non pas d'en transférer le profit à son tuteur naturel, sous l'autorité duquel il va rentrer.

L'opinion contraire, adoptée par Proudhon, nous paraît préférable par plusieurs motifs. D'abord, la cessation de la jouissance légale avait pour cause unique l'émancipation: *cessante causâ, cessat effectus*.

En second lieu, le transfert au mineur de cette jouissance était comme une prime accordée à son intelligence et à sa bonne conduite: il a dû en être privé, quand les tribunaux ont proclamé son inconduite ou son incapacité.

Si enfin, par l'émancipation, le père avait perdu la jouissance des biens de son fils, il avait été en même temps exonéré de la tutelle. Dès qu'on l'oblige à reprendre la charge, il est juste de lui accorder une indemnité.

Les créanciers du père et de la mère ne seraient pas recevables à faire révoquer l'émancipation, sous le prétexte qu'elle contiendrait une renonciation indirecte et frauduleuse à l'usufruit légal. (Toullier, t. 6, n. 368; Proudhon, usufruit, t. 6, n. 2399.)

487. *Le mineur émancipé qui fait un commerce est réputé majeur pour les faits relatifs à ce commerce. (C. C., art. 457, 1308. — C. de C., art. 2 et 7.)*

ff, arg. ex leg. 2, lib. 2, tit. 9, § 1; lib. 3, tit. 29, in princ.; ff, lib. 4, tit. 4, leg. 24, § 1; Cod., lib 2, tit. 42, leg. 1; lib. 4, tit. 28, leg. ultim., in fine.

Merlin, R., mineur, § 9; Favard, commerçans, n. 1 et 2; émancipation, § 2, n. 5: Rolland, autorisation pour faire le commerce, § 2; Toullier, t. 2, n. 1089, 1291; Duranton, t. 3, n. 675, 699 à 701; Proudhon, t. 2, p. 263; Delvincourt, t. 1, p. 132; Delahaye, p. 140, 141; Grenier, hypothèques, t. 1, p. 65, 66.

Sur tout le chapitre de la tutelle et de l'émancipation, il faut consulter la loi du 5 pluviôse an 13, et le décret du 19 janvier 1811, relatifs aux enfans trouvés et à ceux admis dans les hospices.

Pandectes françaises. — Toutefois le mineur commerçant ne peut être réputé majeur qu'autant qu'il a été préalablement émancipé, et spécialement autorisé à faire le négoce.

Il peut être émancipé en la forme ordinaire; mais l'autorisation doit être donnée par les père et mère, ou par le survivant d'eux: à leur défaut, elle ne peut l'être que par le conseil de famille. Il faut de plus que l'acte d'autorisation soit enregistré et affiché au tribunal de commerce du lieu où le mineur a son établissement. Faute de l'une ou de l'autre de ces conditions, il ne jouit point du droit de majorité.

Merlin, R., mineur, § 9, n. 7. — C'est une fiction et une dérogation à la loi générale qui ne doit pas s'étendre au-delà de son cas particulier. Si donc les mineurs se sont obligés pour causes étrangères à leur état de marchand, ils seront restitués contre leurs obligations, parce qu'à cet égard ils sont dans les termes du droit commun.

Toullier, t. 2, n. 1291. — L'émancipation relative aux faits de commerce exige plus de solennités, et ne peut être autorisée, même par les père et mère, avant que le mineur ait atteint dix-huit ans accomplis. (Code de commerce, art. 2.)

Victor Augier, Encyclopédie des juges de paix, émancipation, § 2, n. 8. — L'émancipation fait cesser l'usufruit légal, et par une juste compensation, le père qui a émancipé son fils n'est plus obligé de le nourrir, si celui-ci a des revenus suffisans.

Conseil de famille, n. 26. — On peut observer que le conseil de famille peut, s'il le juge convenable, au lieu de donner l'autorisation illimitée de faire le commerce en général, n'accorder que l'autorisation spéciale de faire un genre de commerce déterminé. Qui peut le plus peut le moins. (Voir Code de commerce, art. 2.)

TITRE XI.

De la Majorité, de l'Interdiction et du Conseil judiciaire.

(Décrété le 29 mars 1803. Promulgué le 8 avril.)

CHAPITRE PREMIER.

De la Majorité.

488. *La majorité est fixée à vingt-un ans accomplis; à cet âge on est capable de tous les actes de la vie civile, sauf la restriction portée au titre* du mariage. *(C. C., art.* 109, 148, 151, 152 *et suiv.;* 346, 372, 377, 783, 819, 933, 1313. — *C. de P., art.* 746, 747, 1013.*)*

Inst., de curator., in princ.; ff, lib. 4, arg. ex tit. 4 et 5.

(Loi du 20 septembre 1792, tit. 4, sect. 1, art. 2; sénatus-consulte du 28 floréal an 12, art. 17.)

Merlin, R., majorité, § 6; émancipation, t. 16, p. 240; Q., acte respectueux, § 3 et suiv.; Favard, majorité; mariage, sect. 2, § 2, n. 4; Toullier, t. 2, n. 304; Duranton, t. 3, n. 702 à 710; Proudhon, t. 2, p. 304; Delvincourt, t. 1, p. 103, 134; Delahaye, p. 59 et suiv.

Emmery, exposé des motifs au Corps législatif, 19 mars 1803. — En vertu de notre article, la majorité resterait fixée à vingt-un ans accomplis. — Les progrès de la civilisation, en bien comme en mal, ont déterminé l'innovation faite sur ce point il y a douze ans; on n'a pas remarqué qu'il en fût résulté des inconvéniens capables de motiver un nouveau changement.

Le majeur de vingt-un ans restera donc capable de tous les actes de la vie civile, à l'exception d'un seul, qui est aussi le plus important de tous: je veux parler du mariage. Il serait superflu que je m'attachasse à reproduire les motifs de cette exception, bien sentis par tous les hommes sages, et déjà développés à cette tribune mieux que je ne pourrais le faire.

Bertrand de Grenille, rapport au Tribunat, 26 mars 1803. — Cette disposition n'est plus une innovation, puisque déjà la loi de septembre 1792 l'a introduite parmi nous: ainsi depuis plus de dix années, elle a plainement produit dans la société tous ses effets civils; elle a servi de base à une multitude de transactions importantes; des partages se sont opérés, des ventes se sont consommées sous ses favorables auspices; et ce serait jeter aujourd'hui l'inquiétude dans l'esprit de ces nombreux contractans, que d'altérer, en quelque sorte, la bonne foi de leurs conventions par l'anéantissement du principe qui les a déterminées, ou sans lequel du moins elles n'auraient jamais été légalement consenties.

D'ailleurs, la majorité de vingt-cinq ans n'était pas même d'un usage général dans toute la France. Les Coutumes de Normandie, d'Amiens, de Bretagne, de Douai, d'Anjou, etc., avaient introduit une majorité précoce de vingt ans, que l'on a pratiquée pendant des siècles sans de graves inconvéniens.

Gardons-nous donc de faire un pas rétrograde: laissons la majorité fixée à vingt-un ans; n'enlevons pas à nos enfans ce grand et utile moyen d'émulation; mais préparons leur jeune cœur, par nos soins affectueux, par de nombreux sacrifices pour le développement de leurs talens, par de sages avis, et sur-tout par de sévères exemples, à recevoir le bienfait de cette nouvelle majorité, et à jouir avantageusement pour la patrie et pour eux-mêmes de l'intégrité de leurs droits civils et politiques.

CHAPITRE II.

De l'Interdiction.

489. *Le majeur qui est dans un état habituel d'imbécillité, de démence ou de fureur, doit être interdit, même lorsque cet état présente des intervalles lucides. (C. C., art.* 512, 901, 1028. — *C. de P., art.* 890 *et suiv.* — *Tarif, art.* 117 *et suiv.)*

Tabula 5; ff, lib. 27, tit. 10, leg. 1; Cod., lib. 5, tit. 70, leg. 6; Instit., de curator., § 3; leg. 1 et 6; Cod., de curatore furiosi vel prodigi; leg. 3, ff, de tutorib.

Merlin, R., interdiction; prodigue, § 7 et suiv.; sourd-muet, n. 1, t. 17, même mot; tutelle, sect. 2, § 1, n. 8; Q., même mot; Favard, interdiction, § 1, n. 2 et 3; Dalloz, interdiction, sect. 1, art. 1; Rolland, démence, § 1; Paillet, Dictionnaire universel, aliénation mentale, § 1; § 5, n. 29 et suiv.; 34 et 37; aliénés; Toullier, t. 2, n. 1308 et suiv.; Duranton, t. 3, n. 712 à 717; Proudhon, t. 2, p. 310 à 313, 328 à 331; Massé et Lherbette, Journal des notaires, t. 2, n. 672, 676; Carré, Justices de paix, t. 3, n. 1975 et suiv.; Delvincourt, t. 1, p. 134; Biret, nullités, t. 1, p. 198; Chardon, dol, t. 3, n. 439, 440.

Domat, Lois civiles, liv. 2, tit. 2, sect. 1, n. 1. — Les insensés étant incapables de la conduite de leurs personnes et de leurs biens, quoiqu'ils soient majeurs, on leur nomme des curateurs qui en prennent soin. (Voir le préambule du titre.)

N. 8. — On nomme des curateurs à toutes les personnes qui, par quelque infirmité, sont incapables de l'administration de leurs affaires et de leurs biens.

Emmery, exposé des motifs au Corps législatif, 19 mars 1803. — Ce n'est pas sur quelques actes isolés, qu'on s'avisera jamais de décider qu'un homme a perdu le sens et la raison: telle est la triste condition de l'humanité, que le plus sage n'est pas exempt d'erreurs. Mais lorsque la raison n'est plus qu'un accident dans la vie de l'homme, lorsqu'elle ne s'y laisse apercevoir que de loin en loin, tandis que les paroles et les actions de tous les jours sont les paroles et les actions d'un insensé, on peut dire qu'il existe un état habituel de démence; c'est alors le cas de l'interdiction.

Le mineur sorti de l'enfance n'est qu'un interdit frappé par une disposition générale de la loi, qui est uniquement fondée sur les défauts ordinaires de la jeunesse, sur son état habituel. Mais il est à présumer que ces défauts s'affaibliront de jour à autre; car, chez le mineur, les progrès de la raison doivent naturellement suivre ceux de l'âge. Il est rare, au contraire, que le majeur, qui a une fois éprouvé des pertes en ce genre, parvienne à les réparer complètement: sa condition est pire que celle du mineur. La loi lui doit au moins la même protection et les mêmes secours. (Rolland, interdiction, n. 3 et 4; Duranton, t. 3, n. 713, 714; Toullier, t. 2, n. 1306, 1311, 1312.)

Bertrand de Grenille, rapport au Tribunat, 26 mars 1803. — Mais l'homme devenu majeur n'est pas à l'abri de tous les maux qui fondent trop souvent sur sa frêle existence. Soit erreur de la nature, soit maladie, tous ses organes, toute la symétrie de son être, toutes les habitudes de son corps, se trouvent quelquefois dans un état de contraction ou d'affaissement; son esprit ne se prête qu'à des conceptions désordonnées; il ne peut plus administrer sa personne ni ses biens: il devient même pour tous ses concitoyens un objet de pitié, de dérision ou de crainte; et s'il demeure habituellement dans cette triste position, son intérêt, celui de la société, s'accordent également pour exiger impérieusement qu'on le prive de l'exercice de ses droits civils, c'est-à-dire qu'il soit pourvu à son interdiction: c'est aussi ce que notre article a sagement et utilement ordonné.

Hua. — *Habituel.* En rapprochant ce membre de phrase de celui qui termine l'article, on voit que les actes propres à caractériser la faiblesse ou l'aliénation totale de l'esprit, s'apprécient par leur fréquence, plutôt que par leur caractère. Il faut réitération fréquente de ces sortes d'actes, pour motiver l'interdiction.

Delvincourt, t. 1, note 2 de la page 135. — L'imbécillité est un affaiblissement de toutes les facultés morales. La démence est un dérangement de ces mêmes facultés. La fureur est une démence portée à l'excès.

Merlin, R., interdiction, § 2, n. 3. — C'est l'état domestique qui doit déterminer; la seule crainte qu'un homme n'abusât de sa liberté ne serait pas un motif légitime.

Proudhon, t. 2, p. 312. — *Habituel.* On ne pourrait donc demander l'interdiction d'un homme, pour avoir fait *quelques* actes de fureur ou de folie, parce que des instans de transport, d'emportement, ou d'ivresse ne caractérisent pas l'état *ordinaire* de celui qui s'y est livré.

Il n'est cependant pas nécessaire que l'imbécillité, la démence ou la fureur soient continuelles et sans intervalle; parce que, pour être dans un état habituel de dérèglement d'esprit, il n'est pas nécessaire d'extravaguer continuellement.

L'état d'imbécillité résulte de la faiblesse des organes et de l'absence des idées; il est ordinairement continuel. La démence provient non de la faiblesse, mais du dérangement des organes ; elle peut être plus ou moins continuelle ou intermittente, suivant que leurs fonctions sont altérées sous un plus ou moins grand nombre de rapports.

La fureur, qui n'est pas l'état de démence porté au plus haut degré, provient tout à la fois et du dérangement, et de la contraction des organes, dont la discordance, dans leurs fonctions, porte le furieux à des mouvemens dangereux pour lui-même et pour les autres. Cet état n'est ordinairement pas continuel, et ne saurait guère l'être, parce que les forces vitales ne pourraient pas suffire à une existence toujours exagérée.

Cependant tout majeur qui se trouve dans l'un ou l'autre de ces cas, doit être interdit, lors même que son état présenterait des intervalles lucides.

P. 215. — Le mineur, même en état de démence, ne doit pas être interdit ; mais il peut l'être, suivant que son intérêt exige ou non le recours à cette voie extraordinaire.

Toullier, t. 2, n. 1312. — Il faut en outre que l'absence de la raison soit relative aux affaires ordinaires de la vie civile, au gouvernement de la personne et des biens de l'individu. Celui qui s'égare dans des idées spéculatives d'une fausseté palpable, un homme à visions, ne devrait pas être interdit, si par ailleurs il gouvernait bien ses affaires, et que le public n'eût rien à craindre de sa déraison.

Victor Augier, Encyclopédie des juges de paix, interdiction, § 1, n. 1. — L'interdiction peut aussi être prononcée contre le mineur non émancipé, car il peut être nécessaire de provoquer l'interdiction pour déjouer les fraudes des individus qui, pour lui faire signer des actes faits en minorité, n'attendraient que le moment où il en sortirait. (Toullier, t. 2, n. 1314; Delvincourt, t. 1, p. 475; Duranton, t. 3, n. 669.)

Les parens, quel que soit leur degré de parenté, peuvent provoquer l'interdiction, mais les alliés n'ont pas ce droit. (Duranton et Proudhon. *Contrà :* Delvincourt, t. 1, p. 478.) La femme qui veut provoquer l'interdiction de son mari, doit se faire autoriser par justice, même quand elle est séparée de corps. (Merlin, R., autorisation ; Duranton ; Delvincourt ; Berriat-Saint-Prix, t. 2, p. 186.)

Conseil de famille, n. 28. — Un mineur peut être interdit aussi bien que le majeur, si la démence, l'imbécillité ou la fureur viennent se joindre à la minorité. On s'est demandé si alors il fallait nommer un nouveau tuteur, ou si la première tutelle continuait. Carré et Proudhon répondent que la tutelle continue. Seulement, à la majorité, il y a lieu de nommer un nouveau tuteur, car l'ancien tuteur n'avait reçu cette charge de la tutelle que pour le temps de la minorité. Il s'agit d'une charge nouvelle plus étendue, quant à la durée, qui peut être confiée à un autre, et qui ne doit, dans tous les cas, peser sur lui qu'autant qu'on la lui imposerait de nouveau.

A. Dalloz, interdiction, n. 18. — De ce que la loi porte que le majeur en démence *doit* être interdit, s'ensuit-il que le mineur *ne puisse* l'être ? *Non :* il peut l'être. (Locré, Esprit du Code civil, t. 5, art. 489 ; Emmery, exposé des motifs ; Delvincourt, t. 1, p. 312 ; Pigeau, Procédure civile, t. 2, p. 484 ; Toullier, t. 2, n. 1314 ; Duranton, t. 3, n. 716 ; Favard, R., v. interdiction ; Proudhon, Droit français, t. 2, p. 313 ; Dalloz aîné, t. 8, p. 529, n. 2.) *Contrà :* Merlin, R., v. interdiction, et tutelle, sect. 2, § 2, n. 8.

490. *Tout parent est recevable à provoquer l'interdiction de son parent. Il en est de même de l'un des époux à l'égard de l'autre.* (*C. de P., art.* 890 *et suiv.* ; 910.)

Leg. 3, Cod., de curatore furiosi, vel prodigi.

Merlin, R., interdiction, prodigue, § 7 ; testament, sect. 1, § 1 ; blessé, § 3 ; vente, § 7 ; Q., interdiction ; prodigue ; Favard, interdiction, § 1, n. 4 ; Dalloz, interdiction, sect. 1, art. 1 ; Toullier, t. 2, n. 1315 et suiv. ; Duranton, t. 3, n. 717 à 722 ; Proudhon, t. 2, p. 315 ; *id.*, usufruit, t. 3, n. 1333 ; t. 5, n. 2500 ; Delvincourt, t. 1, p. 135 ; Massé et Lherbette, Journal des Notaires, t. 2, n. 673, 674.

Emmery, exposé des motifs au Corps législatif, 19 mars 1803. — Par qui l'interdiction peut-elle être provoquée ? Ici la loi distingue le cas d'imbécillité ou de démence, et celui de la fureur. On a pensé que la famille devait rester l'arbitre du sort de celui dont l'état n'intéressait, strictement parlant, que la famille. Lorsque la sûreté publique n'est pas compromise, forcerez-vous le fils, le frère, l'épouse, à proclamer l'humiliation d'un père, d'un frère, d'un époux ? (Proudhon, t. 2, p. 315.)

Si les intéressés à la conservation des biens ne se plaignent pas, personne n'a droit de se plaindre. L'interdiction pour cause d'imbécillité ou de démence ne pourra donc être provoquée que par un parent, ou par l'un des époux à l'égard de l'autre. — Il n'y a qu'un cas d'excepté : c'est celui d'une personne imbécile ou en démence, qui n'aurait ni époux, ni épouse, ni parent connu ; alors, sans imposer à la partie publique l'obligation d'agir, on lui en donne le pouvoir : elle en usera si l'intérêt du malade l'exige ; cependant elle ne sera pas forcée de faire, sans nécessité, un éclat fâcheux.

C'est autre chose, s'il s'agit d'un furieux dont les excès menacent le repos et la sûreté publics : c'est alors pour le commissaire du gouvernement un devoir rigoureux de provoquer l'interdiction de l'être dangereux et nuisible. L'intérêt de tous doit ici prévaloir sur les égards et les ménagemens particuliers.

Voir l'art. 119 de la loi du 18 juin 1811, qui semble rendre les père, mère et époux responsables de leur négligence à provoquer l'interdiction, puisqu'elle donne un recours subsidiaire contre eux en cas d'insuffisance des biens de l'interdit, pour le remboursement des frais faits à la diligence du ministère public pour cette interdiction ; et on pourrait induire de cette disposition qu'ils deviennent garans de la réparation du dommage que la personne susceptible d'être interdite aurait occasioné.

Delvincourt, t. 1, note 3 de la page 136. — La femme doit-elle être autorisée en justice pour provoquer l'interdiction de son mari ? Un arrêt de réglement, du 17 avril 1734, l'ordonnait ainsi. En effet, le principe général est que la femme ne peut ester en justice, sans l'autorisation de son mari. Il n'y a donc pas de raison de la dispenser de cette formalité, quand elle provoque l'interdiction de son mari.

Rolland de Villargues, v. interdiction, n. 9. — Ce droit ne cesse pas, même dans le cas de séparation de corps, parce que le mariage n'est pas détruit, et que les enfans d'ailleurs peuvent avoir un intérêt.

Merlin, interdiction, § 3. — Le ministère public ne pourrait, en prenant pour dénonciation la demande que ferait un particulier de sa propre interdiction, agir d'office à l'effet de la faire prononcer, à moins que ce ne fût pour cause de fureur, ou que, dans le cas d'imbécillité ou de démence, celui qui s'annoncerait comme devant être interdit n'eût ni époux, ni épouse, ni parens connus.

Toullier, t. 2, n. 1315 et 1317. — Les enfans sont admis à provoquer l'interdiction de leurs père et mère, parce que cette action ne devant être fondée que sur la nécessité, ne peut être considérée comme injurieuse.

La même faculté est refusée aux alliés ; ainsi, ils ne peuvent provoquer l'interdiction que dans le nom de leurs femmes ou de leurs enfans. (Duranton, t. 3, n. 718.)

Dalloz, interdiction, sect. 1, art. 2, n. 6. — Un étranger pourrait-il provoquer l'interdiction de son parent français ? Il nous semble que cette faculté ne saurait lui être refusée. C'est principalement dans l'intérêt de la personne en démence que la mesure de l'interdiction a été établie. La provocation à cette mesure est donc, pour *tous* les parens, plutôt un devoir qu'un droit.

A. Dalloz, interdiction, n. 38. — L'expression *tout parent* exclut-elle les alliés ? *Oui.* (Proudhon, Droit français, t. 2, p. 315 ; Toullier, t. 2, n. 1317 ; Duranton, t. 3, p. 671 ; Dalloz aîné, t. 9, p. 533, n. 2.) Cette opinion se fonde sur ce que l'art. 490 est limitatif et n'étend pas, comme le font les art. 206 et 728 du même Code, le droit qu'il accorde aux alliés, sur l'intérêt exclusif des parens ou conjoints à empêcher la dilapidation des biens. — Cependant, selon Dalloz, Toullier et Duranton, les alliés pourraient provoquer l'interdiction au nom de leurs femmes ou enfans. — La négative, fondée sur ce qu'en général, lorsque l'affinité existe encore, soit par l'existence de l'époux, soit par l'existence d'enfans du mariage, il y a presque toujours assimilation des alliés aux parens, est enseignée par Delvincourt, t. 1, p. 322 ; Pigeau, Procédure civile, t. 2, p. 485.

La femme n'a pas besoin d'être autorisée préalablement pour provoquer l'interdiction de son mari. (Demiau Crouzilhac, Traité de procédure civile. *Contrà :* Delvincourt ; Merlin, R., v. autorisation maritale, sect. 7, § 16, et v. interdiction, § 4, n. 6.) La jurisprudence est en faveur de l'opinion de M. Demiau Crouzilhac. (Sirey, t. 23, p. 130.)

491. *Dans le cas de fureur, si l'interdiction n'est provoquée ni par l'époux, ni par les parens, elle doit l'être par le procureur du Roi, qui, dans les cas d'imbécillité ou de démence peut aussi la provoquer contre un individu qui n'a ni époux, ni épouse, ni parens connus.* (*C. de P., art.* 890 *et suiv.* — *C. P., art.* 64, 475, 479. — *Tarif, art.* 117.)

Leg. 1, ff, de curat. furioso et aliis.

Favard, interdiction, § 1, n. 4 ; Locré, Esprit du Code civil, sur l'article ; Toullier, t. 2, n. 1318 ; Duranton, t. 3, n. 723, 724, 803 ; Proudhon, t. 2, p. 313, 337 ; *id.*, usufruit, t. 3, n. 1333 ; t. 5, n. 2500 ; Delvincourt, t. 1, p. 135.

Malleville. — On a justement distingué la fureur d'avec l'imbécillité. Dans le cas de la fureur, il importe à la société que l'individu soit mis hors d'état de lui nuire, et c'est pour cela que l'action en est confiée au ministère public, lorsque les parens se taisent. Mais à l'égard de l'imbécile, le ministère public ne peut s'en occuper que lorsqu'il n'a pas de parens qui puissent prendre sur eux cette sollicitude.

Delvincourt, t. 1, note 4 de la page 136. — *Ni parens connus*, ou que ceux qui existent sont dans l'impossibilité de provoquer l'interdiction; *putà*, s'ils sont mineurs, interdits, absens, domiciliés dans les colonies, etc.

Proudhon, t. 2, p. 315. — Mais un homme peut n'avoir point de famille ; tels sont les enfans nés hors mariage : il est possible aussi que son état de démence n'intéresse pas ses parens; que par des accès de fureur, il trouble la tranquillité publique. Sous ce double rapport, l'action publique doit avoir lieu, soit pour protéger celui qui n'a d'autres parens que les agens de la loi, soit pour arrêter les excès de celui dont l'existence libre serait dangereuse à la société. De là, l'art. 491.

Duranton, t. 3, n. 724. — Un individu ne peut poursuivre lui-même son interdiction.

492. *Toute demande en interdiction sera portée devant le tribunal de première instance.*

Merlin, R., transaction, § 5; *id.*, t. 16, p. 423; Dalloz, sect. 1, art. 3; Rolland, interdiction, § 3; Toullier, t. 2, n. 1319; Duranton, t. 3, n. 725 à 727; Proudhon, t. 2, p. 316; Levasseur, Justices de paix, p. 125.

Emmery, exposé de motifs au Corps législatif, 19 mars 1803. — Toute demande en interdiction sera portée devant le tribunal de première instance de l'arrondissement. Le conseil de famille sera consulté, et pour que son avis soit plus impartial, on écarte du conseil les parens qui ont provoqué l'interdiction. Ils se sont rendus parties; ils ne doivent pas rester parmi les juges.

Cependant on a cru convenable que l'époux ou l'épouse et les enfans de la personne dont l'interdiction est demandée, pussent être admis au conseil de famille sans y avoir voix délibérative, parce que, en général, ils sont plus en état de donner sur les faits et sur les habitudes du malade les éclaircissemens nécessaires; parce que, si l'interdiction était provoquée par d'autres parens plus éloignés, l'époux, l'épouse ou les enfans seraient intéressés personnellement à contredire une démarche qui réfléchirait désagréablement sur eux; parce que, lors même que l'époux, l'épouse ou les enfans, cédant à la nécessité la plus impérieuse, auraient eux-mêmes formé la demande à fin d'interdiction, ils ne voudraient pas toujours associer le public aux révélations qu'ils seraient disposés à faire à la famille, dont l'avis, donné en pleine connaissance de cause, serait ensuite d'un plus grand poids.

Bertrand de Greuille. — Les faits d'imbécillité, de démence ou de fureur articulés, il faut réunir les principaux parens en conseil de famille, pour donner leur avis sur les causes et la nécessité de l'interdiction demandée; mais ceux qui l'auront provoquée n'auront pas voix délibérative dans le conseil; car ils ne peuvent être juges du mérite de leur propre demande, et le défendeur à l'interdiction aura, par ce moyen, plus d'avantage pour résister avec succès aux efforts injustes et possibles d'une cupidité malfaisante et criminelle. Les enfans et l'époux de celui qu'il est question d'interdire seront aussi privés du droit de prendre part à la délibération du conseil. Il eût été en effet inconvenant et peu moral de les mettre dans la cruelle obligation de prononcer contre un père ou un époux malheureux ou humilié, qu'ils doivent uniquement et constamment entourer de soins, de respect et de tendresse.

Tarrible, discours au Corps législatif, 29 mars 1803. — L'interdiction ne détruit pas l'état civil, mais elle en suspend l'exercice relativement aux actes qui exigent le concours de la volonté ou du consentement de celui qui en est frappé. La connaissance d'une matière aussi délicate ne pouvait être confiée qu'aux tribunaux de première instance, dont la juridiction embrasse les intérêts de la plus haute importance.

L'avidité, le dessein coupable de ravir, à l'aide de l'ordre aveugle des successions, des biens que la volonté et une juste prédilection du propriétaire auraient pu transmettre en de plus dignes mains, plusieurs autres causes, pouvaient inspirer une provocation calomnieuse. Il fallait environner ce propriétaire de tous les moyens de défense propres à repousser et à confondre la calomnie. Ils se retrouvent dans les formes tutélaires que le projet de loi a prescrites pour l'exercice de cette action.

Point d'essai de conciliation : il serait impossible avec le véritable insensé; il serait outrageant à l'égard de celui qui aurait conservé l'intégrité de sa raison. Les faits qui caractérisent l'imbécillité, la démence ou la fureur, doivent être articulés par écrit.

Le tribunal en recherche la preuve dans les pièces et les témoignages produits par le provocateur, dans l'opinion du conseil de famille, et enfin, dans les réponses du défendeur lui-même.

Hua. — *Devant le tribunal de première instance.* Suivant la règle ordinaire, ce tribunal ne peut être que celui du domicile de la personne dont l'interdiction est provoquée, et si cette personne est une femme, ce devrait être le tribunal du domicile de son mari. (Art. 108.) Cependant un arrêt de la Cour de Bordeaux, du 10 avril 1805, a décidé que, la loi n'indiquant pas si le tribunal doit être celui du domicile de droit ou *de fait*, il y a plus de facilité pour vérifier les faits devant ce dernier. (*Nota.* Cela se conçoit quand il y a long-temps que la femme, comme dans l'espèce de l'arrêt, habite le même lieu.)

Rolland de Villargues, v. interdiction, n. 14. — Cet article n'explique pas à quel tribunal on doit s'adresser. Mais MM. Toullier et Duranton pensent que c'est au tribunal civil du domicile de la personne qu'on veut interdire. Nous adoptons cette opinion.

493. *Les faits d'imbécillité, de démence ou de fureur, seront articulés par écrit. Ceux qui poursuivront l'interdiction présenteront les témoins et les pièces. (C. de P., art. 880 et suiv.)*

Merlin, R., opposition à un mariage; Dalloz, interdiction, sect. 1, art. 3; Pailliet, Dictionnaire universel, aliénation mentale, § 5; Toullier, t. 2, n. 1319; Duranton, t. 3, n. 725 à 729; Proudhon, t. 2, p. 316; Delvincourt, t. 1, p. 135.

Domat, Lois civiles, liv. 2, tit. 2, sect. 1re, n. 3. — La démence d'un majeur doit être prouvée en justice, pour lui donner un curateur : car, outre qu'il n'y a que l'autorité de la justice qui puisse créer un curateur, il pourrait arriver en de certains cas qu'il y eût quelque feinte de la part de celui qui paraîtrait insensé, ou que, par quelque intérêt, d'autres personnes supposassent une démence contre la vérité. (Voir n. 4 à 7.)

Pandectes françaises. — La requête tendant à l'interdiction doit contenir les faits sur lesquels on fonde la demande.

494. *Le tribunal ordonnera que le conseil de famille, formé selon le mode déterminé à la section IV du chapitre II du titre de la minorité, de la tutelle et de l'émancipation, donne son avis sur l'état de la personne dont l'interdiction est demandée. (C. C., art. 407 et suiv. — C. de P., art. 892.)*

Merlin, R., t. 10, p. 153; t. 14, p. 248; Q., t. 6, p. 450; Favard, interdiction, § 2, n. 3; Dalloz, interdiction, sect. 1, art. 3; Toullier, t. 2, n. 1321; Duranton, t. 3, n. 728, 729; Proudhon, t. 2, p. 237, 316, 317; Carré, Justice de paix, t. 3, n. 1889, 1890, 2020 et suiv.; Delvincourt, t. 1, p. 135; Levasseur, p. 125.

A. Dalloz, interdiction, n. 55. — Résulte-t-il de la fin de cet article que si l'époux ou l'épouse et les enfans n'étaient pas demandeurs, ils y auraient voix délibérative? Non selon Toullier, t. 2, n. 1322; Favard, v. interdiction; Emery, Exposé des motifs; Dalloz aîné, t. 9, p. 536, n. 4. Les personnes capables de donner des renseignemens ne doivent pas prononcer sur le sort de celui qu'ils doivent respecter. *Oui* : Proudhon, t. 2, p. 317; Delvincourt, t. 1er, p. 325; Duranton, t. 3, n. 729; par argument des art. 407 et 494, et de la contexture grammaticale de l'art. 495.

Boileux. — Le poursuivant lève le jugement, et en vertu de ce jugement fait convoquer dans la forme ordinaire le conseil de famille. Ce conseil doit émettre son opinion sur l'état de la personne. Cette opinion est d'un très-grand poids aux yeux du tribunal, car les relations habituelles des parens avec le prétendu insensé les mettent mieux que d'autres à portée de juger son état. Au reste, l'avis du conseil ne lie pas le tribunal.

495. *Ceux qui auront provoqué l'interdiction, ne pourront faire partie du conseil de famille : cependant l'époux ou l'épouse, et les enfans de la personne dont l'interdiction sera provoquée, pourront y être admis sans y avoir voix délibérative. (C. C., art. 442, 507.)*

Merlin, R., avis de parens; Favard, interdiction, § 2, n. 3; Rolland de Villargues, interdiction, n. 19, 20; Dalloz, interdiction, sect. 1, art. 3; Toullier, t. 2, n. 1322; Duranton, t. 3, n. 729; Proudhon, t. 2, p. 317; Delvincourt, t. 1, p. 135.

Proudhon, t. 2, p. 317. — *Voix délibérative.* Ce qui nous paraît devoir être entendu du cas où ils seraient eux-mêmes demandeurs, soit parce que le législateur, après avoir, dans la première partie de cet article, prononcé par forme de règle générale l'exclusion des parens provocateurs, ajoute dans la seconde partie l'exception relative aux époux et aux enfans; soit parce qu'autrement le mari, comme plus proche allié, et les enfans, comme plus proches parens, étant de droit commun les premiers appelés à faire partie du conseil, devraient y avoir voix délibérative, s'ils n'étaient pas provocateurs de l'interdiction.

Duranton, t. 3, n. 729. — Suivant quelques personnes, l'époux, l'épouse et les enfans ne font jamais, *de droit*, partie du conseil de famille, que l'interdiction soit provoquée par d'autres ou par eux, n'importe; on peut seulement les y admettre; et alors même qu'elle l'est par d'autres, ils n'ont pas voix délibérative.

Selon notre sentiment, qui est aussi celui de plusieurs jurisconsultes, tel n'est pas le sens de la loi. L'époux, l'épouse et les enfans ne font pas, il est vrai, nécessairement partie du conseil, quand ils sont demandeurs, et s'ils y sont admis, ils n'y ont pas voix délibérative; mais, lorsque l'interdiction n'est pas provoquée par eux, non seulement ils sont *de droit* membres du conseil, mais ils ont même voix délibérative comme tous autres parens ou alliés.

Question controversée. — Les enfans et l'époux d'une personne dont l'interdiction est poursuivie, ou à laquelle on veut faire nommer un conseil judiciaire, peuvent-ils faire partie, avec voix délibérative, du conseil de famille convoqué pour donner son avis sur l'état de cette personne, alors qu'ils ne soient pas provocateurs de l'interdiction? *Oui:* Proudhon, Droit français, t. 2, p. 317; Delvincourt, t. 1, p. 135; Duranton, t. 3, n. 729; Pigeau, Cours de droit civil, t. 1, p. 174. *Non:* Toullier, t. 2, n. 1323; Favard, R., v. interdiction; Locré, Esprit du Code civil, t. 6, p. 447; *id.*, Législation civile, t. 7, p. 322, 345; Dalloz, v. interdiction, sect. 1, art. 3, n. 4. (Journal de la Magistrature, t. 1, p. 247 à 252.) (Le même, t. 5, reproduit la question, p. 193 à 196.)

496. *Après avoir reçu l'avis du conseil de famille, le tribunal interrogera le défendeur à la chambre du conseil : s'il ne peut s'y présenter, il sera interrogé dans sa demeure, par l'un des juges à ce commis, assisté du greffier. Dans tous les cas, le procureur du roi sera présent à l'interrogatoire.* (*C. de P., art.* 893.)

Instit., lib. 1, tit. 23; ff, leg. 6, de curat. furioso et aliis; Cod., lib. 5, tit. 70, leg. 3.

Favard, interdiction, § 2, n. 4; Pailliet, Dictionnaire universel, aliénation mentale, n. 31; Dalloz, interdiction, sect. 1, art. 3; Duranton, t. 3, n. 730 à 732; Proudhon, t. 2, p. 318; Delvincourt, t. 1, p. 135.

Observations du Tribunat, 1er décembre 1802. — La section propose d'ajouter à la fin de cet article : « *Dans l'un et l'autre cas, le commissaire du Gouvernement sera présent à l'interrogatoire.* »

Il est sans doute peu d'affaires aussi importantes qu'une interdiction; et, en cette matière, l'interrogatoire est la pièce la plus essentielle. Lorsqu'un juge ne peut voir celui dont on provoque l'interdiction, il désire au moins une espèce de tableau de ses mouvemens, de ses traits, de son attitude, de tout ce qui, en un mot, peut peindre son état physique et moral, qu'on ne retrouve souvent qu'imparfaitement dans le récit de ses réponses. Il est donc intéressant que l'interrogatoire se fasse devant tout le tribunal.

Cependant, lorsqu'il est question de se déplacer, il faut, quoiqu'à regret, se contenter d'un juge commis par le tribunal; mais au moins doit-il être assisté du commissaire du Gouvernement, dont la surveillance doit être aussi éclairée qu'active dans une matière aussi importante, sur-tout si on fait attention que, dans plusieurs cas, le commissaire du Gouvernement peut être le moteur, d'après les articles précédens. D'ailleurs l'article du projet, en parlant seulement du tribunal, laissait du doute sur la question de savoir si le commissaire du Gouvernement devait ou non être présent à l'interrogatoire.

Emmery, exposé des motifs au Corps législatif, 19 mars 1803. — Lorsque l'interrogatoire ne peut pas avoir lieu en présence de tout le tribunal, ce n'est pas trop que deux magistrats y assistent et puissent former leur opinion sur d'autres et moins fugitives impressions que celles que laisse après elle la lecture d'un procès-verbal. Le maintien, l'air, le ton, le geste du répondant déterminent autant et quelquefois plus que ses paroles, le véritable sens de sa réponse, qui sera mieux saisie, plus sainement interprétée par ceux qui l'auront vu et entendu faire.

Le tribunal d'appel sera toujours le maître d'interroger ou de faire interroger de nouveau la personne dont l'interdiction est demandée : on ne saurait prendre trop de précautions pour préparer un jugement en dernier ressort sur une question d'état.

Tarrible, discours au Corps législatif, 29 mars 1803. — La religion des juges trouvera de nouveaux traits de lumière dans l'épreuve de l'interrogatoire qui sera fait par le tribunal lui-même dans la chambre du conseil.

C'est, en effet, dans ces communications familières, dégagées d'un appareil imposant et de la présence gênante du public, que l'esprit de l'interrogé conservera toute sa liberté. C'est dans la concordance des réponses avec les questions, dans la chaîne et la liaison des idées, que l'état de sa raison se manifestera.

Hua. — *Par l'un des juges à ce commis.* Dans le cas où le défendeur résiderait hors de l'arrondissement du tribunal de son domicile, on donnerait une commission au tribunal le plus à portée pour faire subir l'interrogatoire.

Rolland de Villargues, v. interdiction, n. 21. — L'interrogatoire doit porter principalement sur les affaires du défendeur et sur ses habitudes; car c'est de la manière qu'il explique ces choses que résulte pour le juge qu'il peut ou non continuer à régir sa fortune et ses biens.

Duranton, t. 3, n. 731. — Il ne convient pas que le demandeur assiste à l'interrogatoire. Sa présence pourrait causer du dérangement dans les fonctions intellectuelles de l'interrogé.

N. 732. — L'interrogatoire doit rouler sur ses habitudes, sur la manière dont il conduit sa maison et ses affaires, et non sur des idées spéculatives ou qui leur sont étrangères. Tel homme, qui peut veiller suffisamment aux affaires domestiques, tombe tout à coup dans des égaremens de raison très-marqués, lorsque son imagination est frappée d'une idée qui l'absorbe et la tourmente. Sur toute autre chose la raison ne l'abandonne pas ou l'abandonne peu, et sur ce point elle est entièrement voilée. Or, l'interdiction n'est pas prononcée pour redresser les écarts de l'esprit. (Rolland de Villargues, interdiction, n. 21.)

L'interrogatoire doit toujours avoir lieu; car c'est le moyen le plus sûr de s'assurer de l'état du défendeur. (Sirey, t. 19, 2e partie p. 167.)

497. *Après le premier interrogatoire, le tribunal commettra, s'il y a lieu, un administrateur provisoire, pour prendre soin de la personne et des biens du défendeur.* (*C. de P., art.* 895.)

Merlin, R., t. 14, p. 251; Q., appel, § 1; Favard, interdiction, § 2, n. 4; Toullier, t. 2, n. 1327, 1328; Duranton, t. 3, n. 735, 736; Proudhon, t. 2, p. 318; Carré, Justice de paix, t. 3, n. 2229 et suiv.; Delvincourt, t. 1, p. 135.

Emmery, exposé des motifs au Corps législatif, 19 mars 1803. — Aussitôt après le premier interrogatoire, le tribunal saisi de la demande peut, s'il y a lieu, commettre un administrateur provisoire pour prendre soin de la personne et des biens du défendeur; mais après le jugement définitif, cette administration provisoire cesse : il faut un tuteur et un protuteur à la personne interdite.

Il peut arriver qu'elle soit en tutelle lors de son interdiction; alors la tutelle continue, sinon le tuteur et le protuteur sont établis dans les formes accoutumées.

Hua. — Celui des parens qui aurait provoqué l'interdiction ne pourrait être choisi comme administrateur. (Arg. de l'art. 495.)

Proudhon, t. 2, p. 318. — *Après le premier interrogatoire.* Ces expressions supposent qu'il est permis au tribunal d'interroger *plusieurs* fois le défendeur, et c'est la conséquence de ce qu'on peut demander l'interdiction d'une personne qui aurait des intervalles lucides, parce qu'un seul examen momentané pourrait être insuffisant pour s'assurer de son état habituel. (Pandectes françaises.)

Favard, interdiction, § 2, n. 4. — Le surplus de l'instruction se fait dans la forme ordinaire.

Toullier, t. 2, n. 1327. — La nomination de l'administrateur provisoire ne doit être faite que dans le cas de nécessité, où il est urgent de pourvoir à cette administration, et lorsqu'on prévoit que le jugement pourra être retardé; car la suite de cette nomination occasione des frais qu'il faut éviter autant que possible.

Si le défendeur a été interrogé dans la chambre du conseil, le tribunal peut, d'office, après avoir entendu le procureur du roi, nommer de suite l'administrateur provisoire : s'il a été interrogé dans sa demeure, l'administrateur provisoire est nommé sur le rapport du juge commis à l'interrogatoire, toujours sur les conclusions du procureur du roi. (Duranton, t. 3, n. 733.)

N. 734. — Dans tous les cas, un interrogatoire au moins est nécessaire : le tribunal ne peut, sur le seul avis de la famille et les conclusions du procureur du roi, prononcer l'interdiction, quand même l'état de démence serait notoire.

Il ne peut pas davantage, sans avoir interrogé le défendeur, et sur l'avis de la famille, même appuyé des conclusions du ministère public, rejeter une demande en interdiction.

Victor Augier, Encyclopédie des juges de paix, interdiction, § 1,

N. 19. — Il arrive souvent que l'interrogatoire, même réitéré, du défendeur, ne peut éclairer complètement les juges. Ils peuvent alors ordonner une enquête en la forme ordinaire : ils peuvent aussi ordonner, si les circonstances l'exigent, que l'enquête sera faite hors de la présence du défendeur ; mais dans ce cas, son conseil pourra le représenter. (Code de procédure, art 893.)

Après une demande en interdiction, quand il n'y a personne auprès du défendeur pour veiller à la conservation de son mobilier, on doit apposer les scellés. (Pigeau.)

498. *Le jugement sur une demande en interdiction ne pourra être rendu qu'à l'audience publique, les parties entendues ou appelées.* (*C. C., art.* 509.)

Merlin, R., t. 10, p. 153 ; t. 16, p. 99 : Favard, interdiction, § 2, n. 6 ; Toullier, t. 2, n. 1328 ; Duranton, t. 3, n. 735, 736 ; Proudhon, t. 2, p. 319 ; Delvincourt, t. 1, p. 136.

Emmery, exposé des motifs au Corps législatif, 19 mars 1803. — Le jugement portant interdiction ou nomination d'un conseil, doit être rendu à l'audience publique. On impose au demandeur l'obligation de le faire lever, signifier à partie, et inscrire dans les dix jours, sur les tableaux qui doivent être affichés dans la salle de l'auditoire, et dans les études des notaires de l'arrondissement. Ces précautions sont prises dans l'intérêt des tiers : il faudra, pour en assurer l'observation, descendre dans quelques détails qui seraient au-dessous de la majesté de la loi. Il y sera pourvu par des réglemens d'administration publique, dès que le notariat sera tout à fait organisé.

Tarrible, discours au Corps législatif, 29 mars 1803. — Après l'interrogatoire et les autres formalités préliminaires, une discussion solennelle déploiera dans toute leur latitude les divers genres de preuves et les moyens de défense. Elle éclairera tout à la fois le tribunal et le public ; elle donnera à l'homme provoqué la plus forte garantie du respect dû à son indépendance. C'est là le but rassurant de notre article.

Malleville. — Il y a une précaution dont les articles précédens ne parlent pas, et qu'on regardait autrefois comme capitale : c'est la visite des médecins et chirurgiens qui sont, mieux que les citoyens ordinaires, en état de juger si l'imbécillité ou la fureur est un état habituel, ou seulement accidentel et curable.

Delvincourt, t. 1, note 2 de la page 137. — Ainsi il faut assigner celui dont l'interdiction est provoquée : il pourra constituer avoué, etc.

Duranton, t. 3, n. 735. — Sur cette demande, si l'assigné constitue avoué, il peut défendre, et l'on poursuit l'audience en la forme ordinaire. S'il n'en constitue pas, les délais expirés, on fait statuer à l'audience, le ministère public entendu, sur les plaidoiries des parties, et non sur le *rapport* du juge précédemment commis, dont les fonctions cessent par le rapport de la requête à fin d'interdiction.

A. Dalloz, interdiction, n. 75. — L'interdit peut ne pas appeler du jugement ; mais peut-il également se priver de la faculté de l'appel par un acquiescement exprès ? Selon Delvincourt, t. 1, p. 324, note, aucune disposition de la loi n'exige que les questions d'état subissent les deux degrés de juridiction. Si un individu ne peut disposer lui-même de son état, en réclamant l'homologation par les tribunaux de l'acte où il s'interdisait l'exercice de ses droits civils, il n'en est pas ainsi dans l'espèce, où l'interdit se soumet déjà au décret qui l'a dépouillé de son état.

N. 76. — En sens contraire, Dalloz aîné, t. 9, p. 537, n. 7. Selon cet auteur, acquiescer c'est, de la part de celui qui acquiesce, s'obliger ; s'obliger c'est faire une convention : or, point de convention permise sur une question d'état. (Code de procédure, art. 48, 1004.)

499. *En rejetant la demande en interdiction, le tribunal pourra néanmoins, si les circonstances l'exigent, ordonner que le défendeur ne pourra désormais plaider, transiger, emprunter, recevoir un capital mobilier, ni en donner décharge, aliéner, ni grever ses biens d'hypothèques, sans l'assistance d'un conseil qui lui sera nommé par le même jugement* (*C. C., art.* 502, 505, 2126. — *C. de P., art.* 897.)

Merlin, R., conseil judiciaire ; hypothèques, sect. 2, § 3, art. 6 ; interdiction ; prodigue, § 8 ; Favard, conseil judiciaire, princip., et n. 1 à 5 ; Dalloz, interdiction, sect. 2 ; Rolland, conseil judiciaire ; Toullier, t. 2, n. 1378 ; Duranton, t. 3, n. 737 à 745 ; Proudhon, t. 2, p. 240 ; Delvincourt, t. 1, p. 136 ; Grenier, hypothèques, t. 1, p. 68 ; t. 2, p. 58, 61 ; *id.*, donation, t. 1, p. 235, 236 ; Bellot, contrat de mariage, p. 163 ; Malpel, succession, p. 682 ; Lemerle, fins de non-recevoir, p. 309.

Observations du Tribunat, 1er décembre 1802, n. 7. — Ces expressions, *intenter procès*, employées dans le projet, ne sont relatives qu'au cas de la demande. Le mot *plaider* comprend ce cas et celui de la défense.

Ensuite la section a pensé que l'interdit devait être assimilé à un mineur non émancipé, et que celui à qui on donne un conseil devait être comparé à un mineur émancipé. Il paraît donc dans l'ordre de prendre, à l'égard de celui qui a un conseil, les mêmes précautions prescrites par rapport au mineur émancipé par le chapitre sur l'*émancipation*, où l'on voit que le mineur émancipé ne peut recevoir et donner décharge d'un capital mobilier, sans l'assistance d'un curateur. Il y a parité de raison.

Emmery, exposé des motifs au Corps législatif, 19 mars 1803. — Il est possible qu'une personne dont l'interdiction aura été demandée pour cause d'imbécillité ou de démence, ne paraisse pas être en cet état, mais qu'il soit bien prouvé qu'à raison de la faiblesse de son esprit, ou de l'ascendant de quelque passion dominante, elle soit peu capable de la direction de ses affaires. Alors le juge serait embarrassé, si la loi ne lui permettait pas d'employer un autre remède que celui de l'interdiction. Mais, en semblables circonstances, il pourra intimer la défense de plaider, transiger, emprunter, recevoir des remboursemens, aliéner ni hypothéquer, sans l'assistance d'un conseil qui sera nommé par le jugement.

Il y a une différence notable entre l'interdiction absolue et le simple assujétissement à prendre, dans certains cas spécifiés, l'avis d'un conseil.

Ceux auxquels on donne un conseil ne sont pas incapables des actes de la vie civile. Ils ne peuvent s'obliger, en contractant dans les cas prévus, sans l'assistance de leur conseil : mais, en général, ils sont habiles à contracter. Ils peuvent se marier, ils peuvent faire un testament ; ce que ne peuvent pas les interdits pour cause d'imbécillité, de démence ou de fureur. (Malleville ; Toullier, t. 2, n. 1378, 1379.)

Hua. — Comme la question se trouvera alors entièrement décidée, rien n'empêchera de nommer pour conseil la personne qui aurait provoqué l'interdiction.

Favard, conseil judiciaire, n. 1. — Ainsi, c'est à la sagacité du juge que la loi s'en rapporte pour décider les cas où un majeur peut être soumis à la direction d'un conseil judiciaire.

Duranton, t. 3, n. 737. — Il n'est pas besoin, pour cela, que le demandeur prenne des conclusions subsidiaires ; elles sont implicitement renfermées en la demande en interdiction. Les juges, une fois saisis de cette demande, peuvent prononcer de leur propre mouvement sur la nomination du conseil. Aussi est-il nommé par eux, et non par délibération de famille.

Victor Augier, Encyclopédie des juges de paix, conseil judiciaire, n. 1. — Il y a lieu à la nomination d'un conseil judiciaire, 1° lorsqu'un individu, sans être précisément dans un état d'imbécillité ou de démence, est d'une raison trop faible pour conduire ses affaires, et se trouve, dès lors, exposé à des actes qui consommeraient sa ruine ; 2° lorsque, dominé par ses passions, il abuse de ses droits pour dissiper ses biens en dépenses excessives et désordonnées, ce qui constitue la prodigalité.

On doit considérer la cause et l'objet des dépenses. Les fausses spéculations ne sont pas considérées comme des actes de prodigalité.

N. 7. — On peut nommer un ou plusieurs conseils. Il faut les choisir autant que possible parmi les magistrats, les jurisconsultes, les notaires ou les avoués les plus recommandables par leur expérience et leur probité.

§ 6. — L'interdiction peut être prononcée contre les mineurs, dans la dernière année de leur minorité, pour les mêmes causes que contre les majeurs. A plus forte raison peut-on leur nommer un conseil judiciaire, puisque la nomination de ce conseil ne forme pas, comme le jugement d'interdiction, un préjugé contre les actes antérieurs, qui restent dans toute leur force, et qui seraient, par conséquent, irréparables, si le prodigue ratifiait, dès sa majorité, tous les emprunts, toutes les ventes qu'il aurait pu souscrire pendant sa minorité.

500. *En cas d'appel du jugement rendu en première instance, la Cour royale pourra, si elle le juge nécessaire, interroger de nouveau, ou faire interroger par un commissaire, la personne dont l'interdiction est demandée.* (*C. de P., art.* 894 *et suiv.*)

Merlin, R., tutelle, sect. 2, § 1 ; Favart, interdiction, § 2, n. 5 ; Toullier, t. 2, n. 1330, 1333 ; Duranton, t. 3, n. 740 à 743 ; Delvincourt, t. 1, p. 136.

Tarrible, discours au Corps législatif, 29 mars 1803. — L'appel est le creuset où s'épure un premier jugement. Il est réservé à la partie qui se croirait lésée ; et le tribunal supérieur est investi du pouvoir de répéter l'épreuve de l'interrogatoire. On ne saurait prendre trop de précautions pour préparer un jugement en dernier ressort sur une question d'état.

Hua. — *La Cour royale pourra.* Cet acte n'étant que de pure précaution supplétive laissée à la prudence de la Cour, rien ne s'oppose à ce que l'interrogatoire soit reçu par un seul de ses membres. (Argument de l'art. 496.)

Pandectes françaises. — Les membres du conseil de famille qui ont été d'avis de l'interdiction, peuvent interjeter appel du jugement qui l'a rejetée. En cas d'appel du jugement qui a nommé un conseil, ce n'est pas lui qu'il faut intimer, mais le parent qui a demandé l'interdiction.

Toullier, t. 2, n. 1330. — Il n'est pas nécessaire que le commissaire soit pris dans le sein de la Cour royale : l'éloignement du défendeur ne le permettrait pas toujours. Le Code abandonne à la prudence de la Cour le soin de choisir, comme elle le trouve convenable, le commissaire qu'elle peut déléguer, soit un juge de paix, soit un des juges de première instance qui n'ont pas connu de l'affaire. La loi n'exige point que le procureur général soit présent à cet interrogatoire.

Duranton, t. 3, n. 741. — L'appel interjeté par celui dont l'interdiction est prononcée, est dirigé contre le provoquant.

L'appel interjeté par le provoquant ou par un des membres de l'assemblée, l'est contre celui dont l'interdiction a été provoquée.

N. 472. — Le ministère public non demandeur en interdiction, ne peut interjeter appel, et ne peut être intimé sur celui qui a été formé, lors même que le défendeur aurait fait défaut.

501. *Tout arrêt ou jugement portant interdiction, ou nomination d'un conseil, sera, à la diligence des demandeurs, levé, signifié à partie, et inscrit, dans les dix jours, sur les tableaux qui doivent être affichés dans la salle de l'auditoire et dans les études des notaires de l'arrondissement. (C. C., article 2003. — C. de P., art. 890, 897. — Tarif, art. 92, 175.)*

(Décret du 16 février 1807 ; loi du 25 ventôse an 11.)

Merlin, R., interdiction, § 6 ; notaire, § 5 ; Q., tableau des interdits, § 1 : Favard, conseil judiciaire, n. 5 : interdiction, § 2, n. 3 ; Rolland, tableau des interdits; Toullier, t. 2, n. 1331, 1384 et suiv. ; Duranton, t. 3, n. 736, 744 ; Proudhon, t. 2, p. 325 ; Delvincourt, t. 1, p. 138.

Procès-verbal du Conseil d'État, 11 novembre 1802. — Bigot-Préameneu pense qu'un jugement sujet à appel ne doit pas être affiché ; qu'il est trop rigoureux de proclamer ainsi le nom d'un citoyen auquel on peut avoir intenté un procès injuste.

Regnault dit que cette formalité est nécessaire pour empêcher des tiers d'être trompés.

Tronchet ajoute que cette considération avait déterminé les rédacteurs du projet de Code civil, à proposer de former un tableau à quatre colonnes, dont l'une aurait contenu le nom de la personne contre laquelle serait intervenu le jugement ; la seconde, son domicile ; la troisième, la mention du jugement de première instance ; la quatrième, la mention du jugement qui, sur l'appel, aurait confirmé ou infirmé le premier. Il est nécessaire, en effet, que le soupçon qui s'élève contre celui dont l'interdiction est poursuivie, soit connu du public.

Emmery fait observer que cet article renvoie les détails d'exécution à un réglement : d'ailleurs l'art. 503 fait apercevoir à quelle époque le jugement d'interdiction aura son effet.

Tarrible, discours au Corps législatif, 29 mars 1803. — Il importe que l'interdiction et la nomination d'un conseil soient connus de ceux qui ont des intérêts à discuter avec l'interdit. L'inscription du jugement sur des tableaux affichés dans la salle de l'auditoire et dans l'étude des notaires de l'arrondissement, les avertira qu'ils ne peuvent traiter validement avec lui les affaires placées sous le sceau de l'interdiction.

Malleville. — Je crois que le défaut de l'affiche rendrait les parens non recevables à quereller un acte qu'un tiers aurait passé de bonne foi avec l'interdit. Il est certain, du moins, que le notaire qui aurait reçu cet acte, quoique l'interdiction lui eût été dénoncée, serait garant de tous dommages et intérêts envers la partie induite en erreur.

Hua. — *Dans les dix jours*, sans attendre même l'expiration du délai pendant lequel l'appel peut être interjeté : il serait à craindre que des tiers éprouvassent, pendant cet intervalle, quelque préjudice, puisque l'incapacité de l'interdit commence du jour même du jugement.

Pandectes françaises. — Le notaire qui a reçu l'acte fait par un interdit, ou par celui qui ne peut agir sans conseil, est garant envers la partie qui a été trompée. C'était à lui à l'instruire de l'incapacité de l'interdit. On n'étend point cette garantie aux notaires qui sont hors de l'arrondissement de l'interdit, parce qu'ils ne sont astreints à avoir, dans leurs études, que le tableau de leur ressort. C'est alors à celui qui contracte avec un interdit à s'imputer sa négligence. (Toullier, t. 2, n. 1332.)

Delvincourt, t. 1, note 3 de la page 139. — Ces formalités ne sont ordonnées que pour prévenir les tiers, et ne sont nullement nécessaires pour la validité de l'interdiction.

502. *L'interdiction, ou la nomination d'un conseil, aura son effet du jour du jugement. Tous actes passés postérieurement par l'interdit, ou sans l'assistance du conseil, seront nuls de droit. (C. C., art. 1124 et suiv.)*

Merlin, R., interdiction, § 6, n. 8 ; délai, sect. 1, § 3, tit. 17 ; Q., tableau des interdits, § 1 ; Favard, conseil judiciaire, n. 5 ; interdiction, § 3, n. 1 et 3 ; testament, n. 11 ; Dalloz, interdiction, sect. 1, art. 4, § 3 ; Rolland de Villargues, démence, § 2 ; interdiction, n. 56 et suiv. ; Toullier, t. 2, n. 1357 ; t. 5, n. 57 ; t. 6, n. 108 ; Duranton, t. 3, n. 738, 739, 760, 767 à 774 ; Proudhon, t. 2, p. 325 ; Delvincourt, t. 1, p. 137 ; t. 2, p. 183 ; Chardon, dol, t. 1, n. 80, 81 ; Grenier, donations, t. 1, p. 232 à 236.

Observations du Tribunat, 1er septembre 1802. — La section propose de substituer à la rédaction du projet la rédaction actuelle de notre article.

La disposition prise dans le projet de loi, relativement à l'interdit, doit avoir également lieu, par rapport à celui à qui il a été nommé un conseil ; et c'est ici le lieu de s'en expliquer, dès qu'un des articles précédens prescrit la nomination d'un conseil, dans les cas où l'on ne croirait pas devoir aller jusqu'à l'interdiction.

Emmery, exposé des motifs au Corps législatif, 19 mars 1803. — Tous actes postérieurs passés par l'interdit sont nuls de droit ; il en est de même de ceux qu'il est défendu de faire sans l'assistance d'un conseil, si la défense n'a pas été respectée.

Les actes antérieurs à la défense de contracter sans conseil sont inattaquables. Quant à ceux antérieurs à l'interdiction, ils peuvent être annulés, si la cause de l'interdiction existait notoirement à l'époque où ils ont été faits. Celui qui contracte avec une personne notoirement imbécile, notoirement en démence, est lui-même notoirement de mauvaise foi.

Hua. — *Aura son effet du jour du jugement.* Même avant la signification prescrite par l'article précédent.

Cette disposition de l'article est néanmoins subordonnée à la connaissance que la personne qui aurait contracté avec l'interdit est présumée avoir eue du jugement, soit à raison de l'accomplissement des formalités, soit de toute autre manière. A défaut de ces circonstances, le tiers exciperait avec avantage de sa bonne foi pour l'exécution du contrat passé avec l'interdit.

Pandectes françaises. — Toutefois, la nullité dont il s'agit n'a lieu qu'autant que le jugement portant interdiction ou nomination du conseil, a été signifié et rendu public dans la forme portée par l'article 501.

Delvincourt, t. 1, note 5 de la page 138. — Du jour *du jugement*, même de première instance, et quand il y aurait appel.

Note 6. — *Nuls de droit.* Les nullités de droit sont, en général, celles qui n'ont pas besoin d'être prononcées. Ce n'est point de cette nullité qu'il s'agit ici. L'acte passé par l'interdit est si peu nul en ce sens, que la nullité doit, *à peine de déchéance*, en être demandée dans les dix ans, à compter de la main-levée de l'interdiction. Je crois donc qu'il faut entendre ces mots, *nuls de droit*, dans ce sens que l'interdit n'a rien à prouver pour faire prononcer la nullité : il lui suffit de justifier qu'il était interdit quand l'acte a été passé. (Rolland de Villargues, interdiction, n. 57 ; Duranton, t. 3, n. 769 ; voir art. 1304 du Code civil.)

Merlin, R., interdiction, § 6, n. 8. — Dès que le jugement est rendu, les obligations que l'on contracte avec le prodigue sont nulles, et cette nullité est absolue, tant à son égard qu'à l'égard de tous ses représentans.

Proudhon, t. 2, p. 325. — *Nuls de droit.* Ainsi, sans être obligé d'articuler aucune lésion, ces actes doivent être déclarés nuls, par le seul motif du défaut de volonté essentiellement inhérent à l'aliénation d'esprit. Mais il en faut faire prononcer la nullité par les tribunaux. (Voir art. 1304.)

Duranton, t. 3, n. 772. — De ce que les actes passés postérieurement à l'interdiction sont nuls de droit, il résulte que la validité de ceux qui, sous seing privé, n'ont pas acquis une date certaine antérieure à l'interdiction, peut être attaquée pour cette cause.

Dalloz, interdiction, sect. 1, art. 4, § 3, n. 2. — Il résulte de la première disposition de cet article, que le jugement déclaratif de démence doit sortir à effet immédiatement après sa prononciation, et par conséquent avant sa signification à la personne interdite. — Cette exception à la règle ordinaire est fondée sur ce que la sentence d'interdiction ne fait que reconnaître une incapacité préexistante. (Merlin, R., v. délai.)

La nullité des actes faits par l'interdit est-elle subordonnée à l'exécution des formalités prescrites par l'art. 501? *Oui*: Malleville; Sirey, t. 11, p. 5. *Non*: Delvincourt, t. 1, p. 485; *id.*, Merlin, R.

Tous les actes qui n'auraient pas de date certaine avant le jugement d'interdiction, de l'une des manières déterminées par l'art. 1328, pourront être attaqués dans l'intérêt de l'interdit; mais, quoique d'une date antérieure à l'interdiction, seront-ils présumés de plein droit postérieurs à ce jugement? *Oui*: Sirey, t. 17, 1re partie, p. 110.

Question controversée. — Le billet à ordre qui porte une date antérieure à l'époque où un conseil judiciaire a été donné au souscripteur, fait-il foi de sa date, tant que l'antidate n'est pas prouvée par le prodigue? *Oui*: Orléans, 25 août 1837, Dalloz, 37, 2e part., p. 146; Cass., 8 mars 1836, Dalloz, 36, 1re part., p. 177; Sirey, 36, 1re part., p. 236; Paris, 20 août 1831, Dalloz, 31, 2e part., p. 137; Sirey, 31, 2e part., p. 288; Bourges, 4 janvier 1831, Dalloz, 31, 2e part., p. 206; Sirey, *ibid.*; Lyon, 5 novembre 1831, Dalloz, 33, 2e part., p. 40. *Non*: Orléans, 3 juillet 1835, Dalloz, 35, 2e part., p. 158; Sirey, 35, 2e part., p. 417; Cass., 4 février 1835, Dalloz, 35, 1re part., p. 83; Rouen, 22 juillet 1828, Dalloz, 29, 2e part., p. 199; Sirey, 29, 2e part., p. 208. (Journal de la Magistrature, t. 6, p. 76 à 80.)

503. *Les actes antérieurs à l'interdiction pourront être annulés, si la cause de l'interdiction existait notoirement à l'époque où ces actes ont été faits.*

Merlin, R., mariage, sect. 6, § 2; prodigue, § 7 et suiv.; testament, sect. 1, § 1 et suiv.; t. 16, p. 749; Favard, interdiction, § 3, n. 1; Dalloz, interdiction, sect. 1, art. 4, § 3; Rolland, démence, § 2 et 3; interdiction, n. 60 et suiv.; testament, sect. 1; Toullier, t. 2, n. 1357 et suiv.; t. 5, n. 57; t. 6, n. 108; Proudhon, t. 2, p. 326, 341, 342; Massé et Lherbette, Journal des Notaires, t. 2, n. 685, 686, 697; t. 3, n. 1026; Delvincourt, t. 1, p. 137; Vazeille, t. 2, n. 239 à 241; Grenier, donation, t. 1, p. 233; A. Dalloz, interdiction, n. 151, 155, 156.

Pothier, Traité des obligations, n. 51. — Tous les contrats prétendus faits par un fou, quoique avant son interdiction, sont nuls, si l'on peut justifier que dès le temps du contrat il était fou: car c'est sa folie qui seule et par elle-même le rend incapable de contracter, indépendamment de la sentence d'interdiction, qui sert seulement à constater sa folie.

Malleville. — Il en est autrement du prodigue; tous les actes qu'il a passés avant son interdiction sont valables; d'où est venue la maxime: *Furiosus statim post furorem, prodigus statim post interdictionem.*

Hua. — *A l'interdiction.* La loi fait en ce cas une distinction entre l'interdiction et la simple nomination du conseil. Il n'y aura point à rechercher si celui à qui on en a nommé un a pu valablement contracter auparavant. Sa capacité est présumée; on ne saurait alléguer à son égard, comme pour l'interdit, que sa position l'empêchait de donner un consentement.

Delvincourt, t. 1, note 8 de la page 138. — *Notoirement.* Je crois que cela peut s'entendre, non seulement de la notoriété absolue, mais encore de la notoriété relative, c'est-à-dire du cas où l'état de l'individu, sans être connu de tous, l'était cependant de celui avec lequel il a contracté: mais, dans ce dernier cas, il faudra prouver que celui qui a traité avec l'individu atteint de démence avait connaissance de son état, tandis qu'il ne serait pas nécessaire de faire *cette preuve*, si la démence était notoire. (Rolland, interdiction, n. 61.)

Rolland de Villargues, v. interdiction, n. 64. — Lorsqu'il s'agit de régler le sort des actes antérieurs à l'interdiction, il faut une enquête spéciale, et les juges ne peuvent pas s'en tenir à celle qui motivait l'interdiction.

N. 65. — Il paraît résulter de l'art. 503 que pour attaquer les actes antérieurs à l'interdiction, il faut que l'interdiction ait été prononcée; mais qu'arriverait-il si l'interdiction n'était pas prononcée, soit parce que l'individu dont l'interdiction était provoquée aurait recouvré sa raison, soit à cause de la négligence de ses parens? S'ensuivrait-il que les actes faits par l'insensé ne pourraient pas être annulés? M. Proudhon pense que l'interdiction est un préalable nécessaire pour attaquer les actes, parce que jusque là celui qui les a faits a joui de son état de capacité. M. Duranton pense, et avec raison, selon nous, qu'il n'y a pas de consentement là où il y a démence, et que le défaut de consentement peut être prouvé en tout temps, parce qu'il frappe d'une nullité radicale les conventions où il n'existe pas.

Favard, interdiction, § 3, n. 1. — C'est à celui qui prétend que la démence était notoire au temps d'un acte à le prouver.

Duranton, t. 3, n. 776. — Il n'est donc pas nécessaire, pour que la nullité des actes puisse être prononcée, que ceux avec lesquels l'interdit a traité aient particulièrement connu son état; il suffit que cet état fût notoirement connu.

N. 777. — Mais si la démence, sans être notoire, était néanmoins connue de celui qui a traité avec lui, l'acte pourrait être annulé: mais ce serait à la charge de prouver que le tiers avait cette connaissance, ce qui n'est pas nécessaire quand la démence était notoire.

N. 778. — Cependant, comme l'acte pourrait avoir été fait durant un intervalle lucide, et que l'individu n'était point encore déclaré incapable de contracter, la loi laisse aux tribunaux le soin de prononcer, dans leur sagesse, sur le sort de ce contrat. Ils auraient à prendre en très-grande considération la bonne ou mauvaise foi de l'autre partie, et toutes les circonstances de la cause. (Toullier, t. 2, n. 1358, 1359, 1360, 1361.)

Dalloz, interdiction, sect. 1, art. 4, § 3, n. 8. — Cet article ne s'applique qu'aux actes passés antérieurement à un jugement d'interdiction. Les actes antérieurs à la défense de contracter sans conseil sont inattaquables, alors même que l'auteur de ces actes a été pourvu d'un conseil judiciaire pour cause de faiblesse d'esprit. (Duranton, t. 3, n. 781. *Contrà*: Delvincourt, t. 1, p. 326.)

504. *Après la mort d'un individu, les actes par lui faits ne pourront être attaqués pour cause de démence, qu'autant que son interdiction aurait été prononcée ou provoquée avant son décès, à moins que la preuve de la démence ne résulte de l'acte même qui est attaqué.*

Instit, arg. ex tit. 18, in princip.; ff, lib. 5, tit. 2, leg. 2; secùs, ff, lib. 40, tit. 15, leg. 1, § 7; tit. 16, leg. 13.

Merlin, R., mariage, sect. 6, § 2; prodigue, § 7 et suiv.; t. 16, p. 749; Q., testament, sect. 1, § 1 et suiv.; sect. 2, § 3, 13 et suiv.; Favard, interdiction, § 3, n. 2 et 3; testament, n. 7 et 10; Rolland de Villargues, démence, § 2; interdiction, n. 66 et suiv.; testament, sect. 1; Toullier, t. 2, n. 1362, 1365; t. 5, n. 56 et 245; Duranton, t. 2, n. 33; t. 3, n. 774 à 788; t. 8, n. 155, 156; Proudhon, t. 2, p. 326, 327; Massé et L'Herbette, Journal des notaires, t. 2, n. 684, 686, 687 et 697; t. 4, n. 1029; Delvincourt, t. 1, p. 137; Vazeille, t. 1, n. 239 à 241; Grenier, donations, t. 1, p. 225 à 227, 233; Chardon, t. 1, n. 83, 84 à 88; pour l'ivresse, p. 154; pour la démence, p. 155 et suiv.

Cette notoriété de la cause de l'interdiction, exigée par l'art. 503, ne concerne que les actes ordinaires autres que les dispositions gratuites, l'art. 901 n'exigeant, pour annuler la disposition, que la preuve qu'au moment où elle fut faite, le disposant n'était pas sain d'esprit. Les art. 503 et 504 ont entre eux une telle connexité, que si celui-ci n'est pas applicable aux dispositions gratuites, il en doit être nécessairement de même de celui-là, etc. (Grenier, donations, p. 289.)

Emmery, exposé des motifs au Corps législatif, 19 mars 1803. — Après la mort d'une personne interdite, on ne peut plus attaquer, pour cause d'imbécillité ou de démence, les actes faits par elle de son vivant. Deux cas sont exceptés:

1° Si l'interdiction avait été sinon prononcée, du moins provoquée avant le décès de cette personne;

2° Si la preuve de la démence résultait de l'acte même qui serait attaqué.

Il faut prendre garde que, dans le premier cas, on ne prescrit pas aux juges l'obligation de rejeter ou d'admettre des actions qui peuvent être légitimes et fondées, et néanmoins paraître suspectes par cela même qu'elles sont tardives. On laisse aux tribunaux le pouvoir de peser les circonstances qui se présentent sous tant de combinaisons différentes, qu'elles mettent en défaut la sagacité du plus habile législateur.

Bertrand de Grenille, rapport au Tribunat, 26 mars 1803. — L'homme pendant la vie duquel et contre lequel on n'a pas cru devoir intenter l'action en interdiction, est censé avoir joui jusqu'au dernier moment de la plénitude de ses facultés. Il ne peut pas être permis de troubler ses cendres, d'injurier sa mémoire par des recherches flétrissantes et rétroactives. Il a contracté, parce qu'il en avait le droit, le pouvoir, la volonté, qui ne lui ont jamais été contestés: d'où il suit que les actes qu'il a souscrits sont nécessairement valides, à moins que la preuve de la démence ne se trouve dans l'acte même que l'on attaque, parce que, dans ce cas, cette preuve de l'incapacité du contractant résulte de son propre fait; qu'elle est claire, précise, irréfragable; qu'elle est indépendante du témoignage incertain des hommes, et qu'il est au surplus impossible que la justice puisse consacrer des dispositions qui appartiennent évidemment à la folie, au lieu d'être le fruit de la raison, de la réflexion, et d'une saine liberté d'esprit.

Tarrible, discours au Corps législatif, 29 mars 1803. — Le projet de loi sépare ici très-judicieusement la cause des interdits d'avec la cause de ceux qui ont été simplement pourvus d'un conseil. — Il garde le silence sur ces derniers, parmi lesquels il faut compter d'avance les prodigues. Ce silence indique clairement que les actes antérieurs au jugement qui donne à un homme faible ou à un prodigue l'assistance d'un conseil, doivent recevoir leur pleine exécution. Et en cela le projet de loi se conforme aux principes de tous les temps, qui, ne reconnaissant dans l'un ni dans l'autre aucune incapacité absolue, ne la font commencer qu'avec le jugement qui la prononce.

Hua. — Qui est attaqué. Cette disposition ne semble point applicable à l'objection qu'on tirerait contre un testament, de la démence du testateur. Quoique son interdiction n'eût point été provoquée, les héritiers seraient admissibles à faire preuve que le défunt ne jouissait pas de la plénitude de sa raison lors de la confection du testament. (Cass., 22 novembre 1810.)

Pandectes françaises. — Cet article ne fait qu'imprimer le sceau de la loi à une jurisprudence assez constante. Autrefois aussi on écartait, par une fin de non-recevoir, ceux qui venaient demander, sous prétexte de démence ou de folie, la nullité d'actes consentis par un individu dont ils n'avaient pas provoqué l'interdiction pendant sa vie. On leur opposait leur silence, ou comme une reconnaissance de la capacité, ou comme un motif d'indignité, puisque, n'étant pas venus au secours de leur parent, ils n'étaient mus que par leur intérêt personnel.

Toutefois, on ne s'attache point rigoureusement à la règle de cet article à l'égard des testamens. On admet l'allégation et la preuve de la démence, quoique l'interdiction n'ait été ni prononcée, ni provoquée pendant la vie du testateur. Bien entendu, cependant, qu'on n'admet pas cette preuve légèrement.

Rolland de Villargues, v. interdiction, n. 68. — Sous la dénomination d'*actes* ne sont pas compris les donations et testamens. Cette observation fut soulevée par M. Emmery au Conseil d'État, et approuvée. (Favard, interdiction, § 3, n. 2; Duranton, t. 3, n. 787.)

A. Dalloz, interdiction, n. 159. — Les héritiers ne peuvent donc se borner à invoquer la notoriété de la démence au temps de l'acte. On a voulu prévenir la preuve testimoniale à l'égard de ces actes. (Duranton, n. 784; Dalloz aîné, t. 9, p. 558, n. 14.)

505. *S'il n'y a pas d'appel du jugement d'interdiction rendu en première instance, ou s'il est confirmé sur l'appel, il sera pourvu à la nomination d'un tuteur et d'un subrogé-tuteur à l'interdit, suivant les règles prescrites au titre* de la Minorité, de la Tutelle et de l'Émancipation. *L'administrateur provisoire cessera ses fonctions, et rendra compte au tuteur, s'il ne l'est pas lui-même.* (*C. C., art.* 405 *et suiv.*; 420 *et suiv.*; 471. — *C. de P., art.* 527 *et suiv.*; 882 *et suiv.*; 894 *et* 895.)

Merlin, hypothèques, sect. 2, § 3, art. 6; interdiction, tutelle, sect. 2, § 1; Favard, interdiction, § 2, n. 8, 9, 10; Dalloz, interdiction, sect. 1, art. 4, § 1 et 2; Rolland de Villargues, interdiction, § 4; Toullier, t. 2, n. 1335, 1336; Duranton, t. 3, p. 747 à 750; Proudhon, t. 2, p. 241, 322, 325, 332; Carré, Justices de paix, t. 3, n. 1973, 1977; Massé et L'Herbette, Journal des notaires, t. 2, n. 688, 689; t. 4, n. 1257; Delvincourt, t. 1, p. 45, 137.

Rolland de Villargues, v. interdiction, n. 34. — Il s'est élevé quelques difficultés sur le sens de cet article. Plusieurs personnes ont conclu que la nomination du tuteur ne pouvait avoir lieu que lorsque le jugement était passé en force de chose jugée, et qu'elle n'était pas valable si elle avait été faite dans les trois mois des délais d'appel, et si cet appel avait en effet eu lieu. MM. Duranton, t. 3, n. 749, et Toullier, t. 2, n. 1335, pensent que la nomination du tuteur faite avant la signification du jugement est nulle; mais qu'à dater de cette signification elle est valable, pourvu que l'appel ne l'ait pas précédé. Toutefois, il faut reconnaître que les fonctions du tuteur sont suspendues par l'appel. (Delvincourt, t. 1, p. 137, note 4.)

A. Dalloz, interdiction, n. 88. — Cet article doit être entendu conformément aux règles ordinaires de l'exécution des jugemens. En conséquence la nomination du tuteur est nulle, si elle est faite avant la signification du jugement au défendeur, ou depuis la signification, mais dans la huitaine de la prononciation; hors ces délais, elle est valable jusqu'à la déclaration d'appel. L'appel intervenu ultérieurement suspendrait la nomination, qui ne serait irrévocable qu'après un arrêt confirmatif du jugement. (Art. 440, 459 du Code de procédure. Duranton, t. 3, n. 749; Proudhon, t. 2, p. 332; Toullier, t. 2, n. 1335; Dalloz aîné, t. 9, p. 545, n. 2.)

506. *Le mari est, de droit, le tuteur de sa femme interdite.*

Cod., lib. 2, tit. 13, arg. ex leg 21; contrar., leg. 2, Cod., qui dare tut. vel curat. possunt; leg. 14, de curat. furioso et aliis.

Favard, interdiction, § 2, n. 9; Toullier, t. 2, n. 1336, 1350, 1351; t. 12, n. 308; Duranton, t. 3, n. 750, 751; Proudhon, t. 2, p. 332; Massé et L'Herbette, Journal des notaires, t. 2, n. 458, 459; Delvincourt, t. 1, p. 137.

Bertrand de Grenille, rapport au Tribunat, 26 mars 1806. — La restriction exprimée en l'art. 507 est un préservatif contre l'inexpérience ordinaire des personnes du sexe dans la régie des biens et dans les affaires qui en sont la suite. Les autres dispositions de cet article et du précédent sont tout à la fois un hommage rendu à la puissance maritale et à la tendresse conjugale. Aussi les auteurs du projet ont tellement présumé de ses soins empressés et touchans, qui seront dictés par le cœur et le sentiment, qu'ils n'ont pas voulu que des époux, des pères, des enfans pussent s'abstenir de conserver la tutelle d'un interdit.

Tarrible, discours au Corps législatif, 29 mars 1803. — Le mari est le protecteur naturel de sa femme: il doit devenir son tuteur lorsqu'elle tombe dans la démence. — Dans le cas contraire, les auteurs du projet ne craignent pas de compromettre la dignité du mari, en autorisant le conseil de famille à déférer la tutelle à son épouse. Ils augurent assez bien de l'amour conjugal pour croire qu'il ne s'éteindra pas avec la vie morale de son objet. — Ils présument que la femme conservera, pour la personne révérée de son époux, ce tendre empressement, ces précautions attentives, ces soins affectueux que son état rend doublement nécessaires, et que nul autre ne saurait imiter.

Mais, en même temps, ils ont senti qu'en retirant ainsi la femme du cercle resserré des occupations domestiques pour l'élever au gouvernement de la famille, il était prudent de l'environner des sages avis de la parenté, qui demeurent néanmoins subordonnés eux-mêmes à la sagesse supérieure des tribunaux.

Hua. — De la femme interdite. Néanmoins s'il était mineur, comme la capacité pour contracter lui manquerait, je pense qu'il ne pourrait être tuteur. (Argument de l'art. 224 du Code civil.)

Delvincourt, t. 1, note 6 de la page 137. — C'est le seul cas où il y a lieu à la tutelle légitime, à l'égard de l'interdit. (Pandectes françaises; Toullier, t. 2, n. 1336.)

Favard, interdiction, § 2, n. 9. — Mais le père n'est point tuteur légal de son fils interdit, et ne peut par conséquent lui nommer un tuteur par acte de dernière volonté.

Duranton, t. 3, n. 750. — C'est en quelque sorte la continuation du pouvoir qu'il a déjà reçu; aussi conserve-t-il la libre administration de la communauté, comme il l'avait avant l'interdiction.

507. *La femme pourra être nommée tutrice de son mari. En ce cas, le conseil de famille réglera la forme et les conditions de l'administration, sauf le recours devant les tribunaux de la part de la femme qui se croirait lésée par l'arrêté de la famille.* (*C. C., art.* 442, 495, 510.)

ff, lib. 27, tit. 10, arg. ex leg. 1, § 1.

Merlin, R., avis de parens; Favard, interdiction, § 2, n. 10 et 11; Rolland, interdiction, § 4; Toullier, t. 2, n. 1337, 1347 et suiv.; t. 12, n. 308; Duranton, t. 3, n. 752 à 754; Proudhon, t. 2, p. 169, 335; Carré, Justice de paix, t. 3, n. 1975, 2232; Massé et L'Herbette, Journal des notaires, t. 2, n. 690 et suiv.; Delvincourt, t. 1, p. 137.

Rolland de Villargues, v. interdiction, n. 39. — La tutelle accordée à la femme ne lui confère pas sur ses biens un droit absolu; car elle ne peut en disposer qu'avec l'autorisation de la justice. Quant à ceux du mari ou ceux de la communauté, l'aliénation n'en peut être faite que suivant les formes prescrites pour celle des biens des mineurs. (Delvincourt, t. 1, p. 138, note 1re; Duranton, t. 3, n. 754.)

Proudhon, t. 2, p. 334. — L'affection d'une épouse pour son mari doit souvent lui mériter la préférence sur toute autre personne: la tutelle n'est pour ainsi dire, ici, que l'exécution des devoirs d'assistance réciproque que la loi impose à ceux qui sont unis par le mariage; et d'ailleurs, dans cette position, l'association pécuniaire qui existe entre le mari et la femme, place celle-ci hors de la condition d'un tuteur étranger, qui n'a aucune communion d'intérêt avec l'interdit, tandis que la femme est procuratrice *in rem suam*.

Victor Augier, Encyclopédie des juges de paix, interdiction, § 1, n. 26. — Le conseil de famille est entièrement maître de conférer la tutelle de l'interdit à qui bon lui semble. Il peut la refuser à sa femme. On peut nommer tuteur celui-là même qui a provoqué l'interdiction. Le fils de l'interdit pourrait être aussi nommé. (Argument de l'art. 508; Sirey, t. 17, 1re part., p. 33.)

508. *Nul, à l'exception des époux, des ascendans et descendans, ne sera tenu de conserver la tutelle d'un interdit au-delà de dix ans. A l'expiration de ce delai, le tuteur pourra demander et devra obtenir son remplacement.*

ff, leg. 1, 2, 4, de curator. furioso et aliis.

Toullier, t. 2, n. 1338; Duranton, t. 3, n. 755, 758; Proudhon, t. 2, p. 333; Delvincourt, t. 1, p. 137.

Emmery, exposé des motifs au Corps législatif, 19 mars 1803. — On a compris que le tuteur d'un interdit, s'il était obligé à porter sa charge tant que durerait l'interdiction, serait de pire condition que le tuteur d'un mineur. — La minorité a son terme certain, marqué par la loi; l'interdiction n'en a d'autre que la vie.

Aussi a-t-on posé en principe qu'après dix ans de gestion, le tuteur de l'interdit serait remplacé, s'il demandait à l'être, à moins que la tutelle ne fût exercée par un mari, par une épouse, par un ascendant ou par un descendant de l'interdit; car la loi n'impose pas à ceux ci un devoir nouveau : l'obligation de protéger, de défendre l'être infortuné qui les touche d'aussi près, vient de la nature; et ils ne voudront pas enfreindre ses sacrés préceptes, tant qu'ils auront la possibilité de les accomplir.

Malleville. — On voit par cet article que le fils peut être tuteur de ses père et mère interdits, et telle était aussi la disposition de la loi romaine. Dans un pareil malheur, on ne regarde pas les convenances, mais l'affection.

509. *L'interdit est assimilé au mineur, pour sa personne et pour ses biens : les lois sur la tutelle des mineurs s'appliqueront à la tutelle des interdits.* (*C. C.*, *art.* 388 *et suiv.*; 450 *et suiv.*; 2121, 2135 *et suiv.*)

Leg. 2, Cod., de curat. furioso et prodigi; leg. 7, ff, de curat. furioso et aliis.

Merlin, R., interdiction, § 6; intérêts, § 2; tutelle, sect. 2, § 1; Q., interdiction, § 5; requête civile, § 1 : Favard, interdiction, § 2, n. 9; § 3, n. 4; Dalloz, interdiction, sect. 1, art. 4, § 2: Toullier, t. 2, n. 1334, 1345, 1352 et suiv.; Duranton, t. 3, n. 754, 757, 759 à 762; t. 10, n. 281; Proudhon, t. 2, p. 241, 322, 338; *id.*, usufruit, t. 2, n. 788, 840; t. 3, n. 1313; t. 5, n. 2165; Delvincourt, t. 1, p. 137; t. 2, p. 35; Biret, nullités, t. 1, p. 202, 203; Malpel, p. 357, 682; Grenier, hypothèques, t. 1, p. 68; t. 2, p. 58.

Bertrand de Greuille, rapport au Tribunat, 26 mars 1803. — L'interdit, ayant perdu la libre jouissance de sa personne et de ses biens, doit nécessairement passer sous la puissance d'un tiers; ce tiers ne peut être autre qu'un tuteur ou un subrogé-tuteur, nommé avec les formes et les précautions indiquées au titre *des tutelles*. Ce tuteur doit recevoir les comptes de l'administrateur provisoire dont il a été parlé plus haut : c'est le premier acte de sa tutelle, parce que lui seul a le droit de stipuler en définitif les intérêts de l'interdit. Mais ce droit est lui-même soumis aux restrictions imposées aux tuteurs des mineurs, puisque l'interdit est placé, par une fiction de la loi, dans l'état de minorité, et qu'ainsi sa personne et ses biens doivent être environnés de la même prévoyance pour en assurer de plus en plus la conservation.

Voir art. 499. — L'interdit n'a de capacité que pour ce qui concerne l'administration, mais il l'a pleine et entière sous ce rapport. (V. articles 904 et 499.)

Pandectes françaises. — Aux termes de cet article, qui n'admet point d'exception, le mari, tuteur de sa femme, sera obligé de faire nommer un subrogé-tuteur.

Merlin, R., interdiction, § 6, n. 1. — La sentence d'interdiction une fois prononcée, ôte à l'interdit la disposition et même l'administration de ses biens. Il n'en peut disposer ni par contrat, ni par donation entre vifs, ni par testament.

Duranton, t. 3, n. 760. — Néanmoins, cette assimilation n'est pas absolue : elle est principalement établie par rapport à la *tutelle*, sur la personne et les biens; elle n'est pas aussi entière quant à la *capacité* des personnes; car le mineur, dûment autorisé, peut se marier, faire ses pactes dotaux et donner à son conjoint par son contrat de mariage. L'interdit ne peut se marier, et en conséquence il ne peut faire aucune convention matrimoniale, aucune donation.

510. *Les revenus d'un interdit doivent être essentiellement employés à adoucir son sort et à accélérer sa guérison. Selon les caractères de sa maladie et l'état de sa fortune, le conseil de famille pourra arrêter qu'il sera traité dans son domicile, ou qu'il sera placé dans une maison de santé, et même dans un hospice.* (*C. C.*, *art.* 407 *et suiv.*; 454 *et* 507.)

Arg. ex leg. 22, § 8, ff, de soluto matrimonio.

Merlin, R., interdiction, § 6; intérêts, § 2; tutelle, § 1; avis de parens; Q., interdiction, § 5; requête civile, § 1; Toullier, t. 2, n. 1340, 1341; Duranton, t. 3, n. 762; Proudhon, t. 2, p. 336 à 338; Delvincourt, t. 1, p. 137.

Emmery, exposé des motifs au Corps législatif, 19 mars 1803. — Les revenus de l'interdit doivent être essentiellement employés à adoucir son sort et à accélérer sa guérison. Cette injonction de la loi n'aurait peut-être pas le même degré d'utilité, si, en pareil cas, le cri de l'humanité n'était pas trop souvent étouffé, et si l'intérêt ne parlait pas beaucoup plus haut qu'elle. Il est bon que les magistrats soient avertis que la loi condamne la sordide économie qu'on voudrait exercer sur l'infortune la plus touchante et la plus digne de pitié.

Bertrand de Greuille, rapport au Tribunat, 26 mars 1803. — Il est expressément recommandé au tuteur d'employer essentiellement les revenus de l'interdit à adoucir son sort et à hâter sa guérison. Cette disposition, équitable en elle-même, a le double avantage d'assurer, d'un côté, à l'interdit l'espèce et la continuité des soins dont il peut avoir besoin; et de l'autre, de prévenir les chicanes trop multipliées que quelques héritiers inquiets et intéressés pourraient susciter à un tuteur attentif, humain et complaisant. Une sage économie est toujours désirable; mais la parcimonie fatigue les malades; ils languissent au milieu des privations et des contrariétés de tout genre. Cet état n'accélère pas le rétablissement de la santé, et sur-tout celui d'un homme en démence ou en fureur, qui a plus que tout autre besoin de tranquillité. On a donc dû laisser, sur ce point, au tuteur une large étendue de pouvoir; on a dû aussi lui imposer l'obligation de ne faire transférer le malade dans une maison de santé, ou même dans un hospice, que sur l'avis du conseil de famille; d'abord parce que les secours qu'il reçoit dans son domicile sont en général plus appropriés à son état, par l'affection et la patience qui les administrent; en second lieu, parce que sa translation dans une maison de santé, et particulièrement dans un hospice, pourrait déplaire à la famille; ce qui porte à croire que le déplacement ne sera effectué, si elle est consultée, que lorsque la nature du mal, ou la modicité de la fortune de l'interdit, en imposeront l'absolue nécessité.

Pandectes françaises. — Le tuteur d'un interdit n'est pas, comme celui du mineur, obligé d'accumuler les revenus et de placer les épargnes. Il peut, il doit même les employer à procurer à l'interdit les aisances de la vie et les agrémens qu'il peut goûter. (Toullier, t. 2, n. 1341.)

Duranton, t. 3, n. 762. — Mais si c'est une femme mariée, le conseil de famille n'a point à régler si elle sera soignée chez elle ou ailleurs; c'est au mari seul à voir le parti qu'il convient de prendre à cet égard.

511. *Lorsqu'il sera question du mariage de l'enfant d'un interdit, la dot, ou l'avancement d'hoirie, et les autres conventions matrimoniales, seront réglés par un avis du conseil de famille, homologué par le tribunal, sur les conclusions du procureur du roi.* (*C. C.*, *art.* 407 *et suiv.* — *C. de P.*, *art.* 883, 885 *et suiv.*)

Leg. 25, Cod., de nuptiis; leg. 28, Cod., de episcopali audientiâ; lib. 5, tit. 4, leg. 25.

Merlin, R., avis de parens; Favard, interdiction, § 3, n. 6; Dalloz, interdiction, sect. 1, art. 4, § 2; Toullier, t. 2, n. 1342, 1343; t. 2, n. 308, 325; Duranton, t. 3, n. 763 à 767; Carré, Justices de paix, n. 2023, 2025; Massé et L'Herbette, Journal des notaires, t. 2, n. 694; t. 5, n. 1484; Proudhon, t. 2, p. 192, 338; Delvincourt, t. 1, p. 138; Perrin, nullités, p. 188, 189.

Bertrand de Greuille, rapport au Tribunat, 26 mars 1803. — Il ne faut pas que les enfans de l'interdit restent victimes de l'humiliant et pénible état de leur père; la loi devait leur faciliter les moyens de s'établir; c'est encore le conseil de famille qui vient, dans ce cas, interposer son officieuse autorité. Il règle la dot, les avantages et toutes les autres conventions matrimoniales; mais cette opération est soumise aux réquisitions du commissaire et à l'homologation du tribunal, qui s'assure, avant de l'accorder, que les sacrifices que l'on exige du père sont basés sur sa fortune, qu'ils ne sont pas exorbitans et tels qu'ils puissent absorber les dépenses nécessaires qu'entraîne la ténacité de la maladie sous laquelle il gémit. (Toullier, t. 2, n. 1342.)

Pandectes françaises. — Ces formalités ne sont requises que relativement aux biens du père ou de la mère interdit, sur lesquels on voudrait prendre tout ou partie de la dot de l'enfant à marier. Il est évident que le conjoint non interdit conserve toute sa liberté. La femme est seulement tenue de se faire autoriser par justice.

Duranton, t. 3, n. 763. — La constitution de dot ne peut jamais être faite par préciput et hors part; ce n'est qu'un avancement d'hoirie, ainsi que le dit l'article.

Si c'est le père qui est interdit, et que la mère dote l'enfant, elle doit être autorisée par le tribunal, quant à l'aliénation de la propriété.

Dalloz, interdiction, sect. 1, art. 4, § 2, n. 12. — L'art. 511 pourrait-il être appliqué au cas du mariage d'un sourd-muet? — Oui, si le sourd-muet est dans l'impossibilité de manifester sa volonté.

N. 124. — Il n'y a qu'une apparente antinomie entre l'art. 511 et l'art. 1398 du Code civil; car l'art. 1398 ne s'applique qu'au cas où l'enfant se dote sur ses propres biens, et l'art. 511 au cas où il est doté sur les biens de l'interdit. (Delvincourt, t. 1, p. 328; Dalloz aîné, t. 9, p. 551, n. 10.)

N. 127. — L'art. 511 ne s'applique pas au petit-fils ou à la petite-fille de l'interdit. La présomption sur laquelle est fondé l'art. 511, c'est-à-dire de la bonne volonté du père ou de la mère de doter leur enfant, n'existe peut-être pas aussi fortement chez l'aïeul ou l'aïeule. (Duranton, t. 3, n. 767; Dalloz aîné, t. 9, p. 552, n. 13.)

512. *L'interdiction cesse avec les causes qui l'ont déterminée: néanmoins la main-levée ne sera prononcée qu'en observant les formalités prescrites pour parvenir à l'interdiction, et l'interdit ne pourra reprendre l'exercice de ses droits qu'après le jugement de main-levée.* (*C. C., art.* 492 *et suiv.* — *C. de P., art.* 891 *et suiv.*)

ff, lib. 27, tit. 10, leg. 1, in princ.; leg. 6, Cod., de curat. furiosi vel prodigi.

Merlin, Q., prodigue; Favard, interdiction, § 3, n. 7; conseil judiciaire, n. 6; Dalloz, interdiction, sect. 1, art. 5; Toullier, t. 2, n. 1365; Duranton, t. 3, n. 788 à 793; Proudhon, t. 2, p. 339; Delvincourt, t. 1, p. 138.

Bertrand de Greuille, rapport au Tribunat, 26 mars 1803. — Cette maladie, cependant, peut céder aux efforts de l'art et de la nature. Alors l'interdit qui a recouvré la santé et la raison doit être admis à reprendre l'exercice de tous ses droits. Mais il convient d'apporter, dans la distribution de cet acte de justice, la même circonspection, la même prudence, qui ont été mises en usage lorsqu'il s'est agi de les lui ravir. Il faut s'assurer de la nouvelle capacité de l'interdit; il ne faut pas se préparer des regrets par une démarche précipitée et uniquement fondée sur des apparences trompeuses ou mensongères. Aussi, dans ce cas, le projet impose-t-il aux juges l'obligation d'observer la même marche et les mêmes formalités que lorsqu'ils ont dû prononcer l'interdiction: par ce moyen on est à l'abri de toute inconsidération, et on a de plus, pour garantie spéciale et particulière de l'équité du jugement, la connaissance personnelle que les juges ont eue de l'état de l'interdit, lorsqu'ils ont été contraints de lui appliquer toute la sévérité de la loi.

Tarrible, discours au Corps législatif, 29 mars 1803. — Le vœu de la loi est que l'interdit recouvre l'usage de sa raison; s'il s'accomplit, l'interdiction doit cesser avec sa cause. Mais il importe que ce rétablissement soit constaté par les mêmes procédés qui ont servi à constater le dérangement: des témoins seront donc entendus, le conseil de famille sera consulté, l'interdit sera interrogé, et il ne pourra reprendre l'exercice de ses droits qu'après le jugement qui aura levé son interdiction.

Pandectes françaises. — L'interdiction ou incapacité naturelle *cesse avec les causes*;.... mais non l'interdiction ou incapacité judiciaire. C'est pour cela que l'article en exige la main-levée; et tout ce que ferait l'interdit avant qu'elle fût prononcée serait nul, quand même il serait constant qu'il jouissait alors de toute sa raison.

Favard, interdiction, § 3, n. 7. — Le tribunal qui prononce sur la demande en main-levée est celui du domicile naturel de l'interdit, c'est-à-dire celui qu'il avait, lorsque l'interdiction a été prononcée.

Duranton, t. 3, n. 791. — Il n'est pas besoin que l'interdit se donne un contradicteur, soit dans la personne de son tuteur, soit dans celle du subrogé-tuteur. Le conseil de famille par son avis, et le ministère public par ses conclusions, sont les seuls contradicteurs légitimes à la demande en main-levée d'interdiction.

N. 792. — Lors même que l'avis du conseil de famille ne serait pas unanime pour la main-levée, l'interdit ne serait point obligé d'appeler les dissidens. (Code de proc., art. 888.)

Dalloz, interdiction, sect. 1, art. 5, n. 4. — Il n'est pas nécessaire que le jugement de main-levée soit rendu public, comme celui qui prononce l'interdiction. Les tiers n'ont pas le même intérêt à connaître la main-levée. L'interdit seul doit avoir à cœur d'instruire de sa nouvelle position ceux qui voudraient traiter avec lui. Or, il pourra leur donner une entière sécurité en leur représentant le jugement de main-levée. (Duranton, t. 3, n. 793; Pigeau, t. 2, p. 490; Delvincourt, t. 1, p. 330.)

CHAPITRE III.

Du Conseil judiciaire.

513. *Il peut être défendu aux prodigues de plaider, de transiger, d'emprunter, de recevoir un capital mobilier et d'en donner décharge, d'aliéner ni de grever leurs biens d'hypothèques, sans l'assistance d'un conseil qui leur est nommé par le tribunal.* (*C. C., art.* 499, 501, 1028, 1124, 1940, 2126. — *C. de P., art.* 894.)

ff, lib. 27, tit. 10, leg. 1, 15, 16; ff, de curator. furios. et aliis; leg. 1, Cod., de curator. furiosi et prodigi.

Merlin, R., conseil judiciaire; don mutuel; hypothèques, sect. 2, § 3, art. 6; prodigue, § 7 et suiv.; t. 16. p. 245 et suiv.; Q., mêmes mots; interdiction, § 6, n. 8; Favard, conseil judiciaire, princip., n. 1 à 15; Dalloz, interdiction, sect. 2; lois, sect. 3, art. 2, § 1, n. 36, 37; Rolland, conseil judiciaire; Toullier, t. 2, n. 1365 et suiv.; t. 6, n. 97; Duranton, t. 2, n. 35, 794 à 810; Proudhon, t. 2, p. 339, 340; Delvincourt, p. 134; Grenier, donations, t. 1, 234, 235; *id.*, hypothèques, t. 1, p. 68; t. 2, p. 58.

Domat, Lois civiles, liv. 2, tit. 2, sect. 1, n. 9. — Ceux qui dissipent leurs biens en folles dépenses, et dont la mauvaise conduite oblige à les déclarer prodigues, et à les interdire en justice, sont dépouillés de la conduite de leurs affaires et du maniement de leurs biens, et on en donne la charge à un curateur.

N. 10. — L'interdiction d'un prodigue ne peut être ordonnée, et le curateur nommé, qu'après que la mauvaise conduite aura été prouvée. (Voir n. 11.)

N. 12. — La charge de curateur d'un prodigue ne finit que lorsque l'interdiction est levée en justice.

Pothier, Traité des personnes, page 456. — L'interdit pour cause de prodigalité n'étant interdit qu'à cause de la mauvaise administration qu'il faisait de ses biens, peut se gouverner lui-même; d'où il suit que le pouvoir et les obligations de son curateur se bornent à l'administration de ses biens, et ne s'étendent point à sa personne.

Procès-verbal du Conseil d'État, 4 novembre 1802. — Treilhard rappelle qu'il y a une espèce de prodigalité qui approche de la démence, et à laquelle on pourrait appliquer la disposition de l'art. 499. Ce serait couvrir d'un voile honnête l'interdiction du dissipateur.

Régnault adopte ce principe, mais il craint que l'application n'en soit difficile. — Comment, en effet, déterminer les véritables caractères de la prodigalité? Peut-on déclarer prodigue celui qui fait de trop grandes libéralités, celui qui administre mal ses biens, celui qui se livre à des spéculations dans lesquelles ses espérances sont trompées? Si l'on parcourt les diverses manières possibles de se ruiner, on sera convaincu qu'il n'en est presqu'aucune qui doive être imputée à une véritable prodigalité et dont on puisse faire une cause d'interdiction. Les procès en interdiction pour prodigalité n'ont presque toujours produit que du scandale dans le public et la division dans les familles.

Cambacérès propose de dire que les faits notoires de prodigalité pourront donner lieu à l'interdiction ou à la nomination d'un conseil.

Emmery, exposé des motifs au Corps législatif, 19 mars 1803. — On a douté long-temps s'il y avait des mesures à prendre contre la prodigalité. — Elle est sans doute l'abus de la propriété; mais la propriété elle-même ne se compose-t-elle pas du droit d'user et du droit d'abuser? Comment punir un homme parce qu'il a joui de son droit, parce qu'il a fait de sa chose non pas le meilleur, non pas même un bon usage, mais enfin un usage qui n'était pas défendu et qui lui convenait à lui propriétaire, maître de disposer de sa propriété selon son bon plaisir?

Cependant l'Etat, intéressé à la conservation des familles, ne peut admettre que le droit de propriété soit pour un citoyen le droit de ruiner sa famille en contentant de misérables fantaisies ou même de honteux caprices. — Sans doute le propriétaire peut impunément abuser de sa chose, et le *jus abutendi* est respecté, puisque l'acte fait par le propriétaire libre est toujours valable. La preuve de prodigalité ne résulte pas d'un seul abus, ni même de plusieurs, en choses de peu d'importance. Mais si l'abus tourne en habitude, il n'y a plus moyen de dissimuler que le dissipateur est une espèce de fou, qui manque de discernement pour se conduire, et auquel il serait dangereux de laisser l'entier et libre exercice d'un droit dont il n'use pas, dont il ne sait pas user, mais dont il abuse continuellement.

La loi romaine disait expressément que le prodigue resterait en curatelle tant que ses habitudes ne seraient pas rectifiées, et que ses mœurs ne seraient pas devenues saines et pures. Par où nous voyons que la loi romaine portait plus son attention et sa sévérité sur le principe des actions du prodigue que sur ses actions mêmes. En effet, la prodigalité est presque toujours la suite d'autres passions pernicieuses, d'autres penchans très-condamnables. Ce sont ces vices qu'on attaque en ôtant au prodigue les moyens d'abuser de sa fortune.

On n'use point à l'égard du prodigue du remède extrême de l'interdiction.

Bertrand de Grenille, rapport au Tribunat, 26 mars 1803. — Les Romains avaient rangé dans la même classe les prodigues et les insensés; ils avaient considéré les uns et les autres comme ne sachant ni acquérir, ni conserver, abusant de tout, dissipant tout, consommant tout, et ils les avaient placés sous l'autorité d'un tuteur, comme s'ils fussent restés en pleine minorité.

Notre projet n'a pas cru devoir traiter les prodigues avec la même rigueur que les insensés. Il a pensé que ceux-ci, totalement privés de leur raison, ne sont susceptibles d'aucune réflexion, d'aucun sentiment qui puisse faire espérer leur retour à des principes d'ordre et à des idées d'économie; tandis que les prodigues, quoique entraînés par des habitudes et un mouvement désordonné, sont parfois accessibles aux représentations de l'amitié, aux combinaisons de l'intérêt personnel, et qu'ainsi le flambeau de l'expérience peut encore luire pour eux et leur faire sentir le besoin d'une conduite plus réservée.

D'ailleurs, si le prodigue excède toute proportion dans ses dépenses, on peut dire au moins qu'il en agit ainsi parce qu'il en a le droit, et sur-tout la volonté bien constante, tandis que l'insensé ne peut rien vouloir par lui-même; car la volonté suppose une pensée qui la précède et la détermine, et l'insensé n'a point de pensée proprement dite; il n'a que les jeux fugitifs d'une imagination incandescente et déréglée.

Or, s'il existe une différence aussi prononcée dans les facultés morales de l'un et de l'autre, la loi doit nécessairement en introduire une dans la manière de les traiter, et c'est ce que fait le projet. — Il prive l'insensé de la jouissance de ses revenus, et il le met dans la position d'un mineur au respect de son tuteur, tandis qu'il enveloppe seulement le prodigue des liens de l'émancipation, et qu'ainsi il lui conserve l'entière jouissance du produit de ses biens, sans pouvoir vendre, aliéner et hypothéquer ses propriétés, hors la présence du conseil qui l'assiste. Cette interdiction partielle est d'une rigoureuse justice, car la loi est l'ennemie du désordre: elle doit donc veiller pour le prodigue qui ne surveille rien et absorbe tout. Elle doit veiller particulièrement pour sa femme et ses enfans, auxquels il doit au moins des alimens; elle doit veiller même pour ses autres parens, qui, par bonheur, par générosité, ou par importunité, peuvent être un jour contraints de réparer son inconduite aux dépens de leur propre aisance.

Delvincourt, t. 1, note 6 de la page 135. — De ce que la loi a énuméré avec soin les actes pour lesquels l'assistance du conseil est nécessaire, il s'ensuit que le prodigue peut faire seul tous les actes non compris dans cette énumération. Il peut donc se *marier, tester*.

Rolland de Villargues, v. conseil judiciaire, n. 3. — Il n'est pas nécessaire, pour arrêter le prodigue, que sa fortune soit *dissipée*. L'ancienne jurisprudence avait établi en principe que pour être déclaré prodigue il fallait avoir aliéné ou dissipé le tiers de sa fortune. On pourrait encore suivre aujourd'hui ces erremens. Toutefois, ce ne peut être une règle absolue (Duranton, t. 3, n. 797, 798.) Le prodigue peut faire tous les actes d'administration. (Dalloz, interdiction, sect. 2, n. 9.)

Toullier, t. 2, n. 1366. — A la différence de l'interdiction, qui opère un véritable changement d'état, la nomination d'un conseil judiciaire n'en opère aucun dans la personne qui s'y trouve soumise: elle continue d'exercer par elle-même toutes ses actions, tous ses droits civils et politiques, de voter dans les assemblées de famille, et dans les assemblées primaires et électorales; de faire, en un mot, tous les actes de la vie civile. *Elle est seulement assujétie à prendre pour certains actes d'exception l'avis du conseil, qui doit la prémunir contre les erreurs et les surprises auxquelles elle est exposée dans la disposition de ses biens et dans la direction de ses affaires.*

A. Dalloz, interdiction, n. 185. — La loi ne définit pas ce que c'est qu'un prodigue; c'est aux juges d'apprécier le caractère de la prodigalité d'après les circonstances et la situation individuelle. (D'Argentré; Merlin, R., v. prodigue; Duranton, t. 3, n. 797, 798; Toullier, t. 2, n. 1370, 1371; Dalloz aîné, t. 9, p. 565, n. 2; Locré, t. 7, p. 331.)

N. 190. — On ne peut provoquer contre soi-même la nomination d'un conseil judiciaire. (Duranton, t. 3, n. 804; Dalloz aîné, t. 9, p. 565, n. 4.) Car c'est toujours d'une partie de son état et de sa liberté qu'il s'agit. — *Contrà*: Toullier, t. 2, n. 1373, qui se fonde sur l'ancienne jurisprudence et sur la possibilité pour les tribunaux de communiquer la demande aux conseils de famille.

N. 202. — De l'énumération des actes défendus au prodigue non assisté par son conseil, résulte pour le prodigue la conservation de la plénitude de ses droits à l'égard des actes non désignés. (Dalloz aîné, t. 9, p. 566, n. 9.)

N. 218. — Le mot *assistance*, employé par l'art. 513, semble indiquer la nécessité de la présence du conseil judiciaire; c'est ainsi que l'entend Delvincourt, t. 1, p. 321, n. 2. Toutefois cette interprétation est rigoureuse, et le simple consentement par acte particulier paraît suffisant, s'il est antérieur à l'acte passé et s'il y demeure annexé. (Dalloz aîné, t. 9, p. 566, n. 13; Toullier, t. 2, n. 1380; Duranton, t. 3, n. 806.)

N. 219. — Si l'acte est antérieur au consentement, il se trouve nul, et l'approbation tardive du conseil ne peut priver le prodigue du bénéfice de cette nullité. Toutefois, le prodigue peut ratifier avec l'avis de son conseil. (Duranton, t. 3, n. 807; Dalloz aîné, t. 9, p. 566, n. 14.)

Un conseil pourrait être donné à une femme prodigue, dont le mari absent est présumé décédé. (Sirey, t. 29, 1re part., p. 278.)

514. *La défense de procéder sans l'assistance d'un conseil, peut être provoquée par ceux qui ont droit de demander l'interdiction; leur demande doit être instruite et jugée de la même manière.*

Cette défense ne peut être levée qu'en observant les mêmes formalités. (*C. C., art.* 490 *et suiv.*; 512. — *C. de P., articles* 890 *et suiv.*)

Merlin, R., conseil judiciaire; don mutuel; hypothèques, sect. 2, § 3, art. 6; prodigue, § 7 et suiv.: Q., mêmes mots; Favard, conseil judiciaire, n. 2 et 6; Dalloz, interdiction, sect. 2; Rolland, conseil judiciaire, § 1; Toullier, t. 2, n. 1386; Duranton, t. 3, n. 802 à 810; Proudhon, t. 2, p. 341; Delvincourt, t. 1, p. 135; Delaporte, Cours de procédure civile, p. 83, n. 361.

Observations du Tribunat, 1er décembre 1802. — La section a émis le vœu que l'interdiction pût être provoquée par le commissaire du Gouvernement, au moins dans certains cas. Mais elle ne pense pas que ce droit doive être conféré à ce magistrat, lorsqu'il ne s'agit que de la provocation de la nomination d'un conseil pour cause de prodigalité. Il y a alors un moindre intérêt pour l'individu et pour la société; et on craindrait, en attribuant cette faculté au commissaire du Gouvernement, de porter quelque atteinte à la liberté individuelle.

Bertrand de Grenille, rapport au Tribunat, 26 mars 1803. — La demande doit en être formée devant les tribunaux, instruite et jugée de la même manière que celle en interdiction, parce qu'il faut mettre l'homme accusé de prodigalité dans la possibilité de justifier que le dérangement de sa fortune appartient non à l'abus qu'il en a fait, mais à de fausses combinaisons, à des spéculations malheureuses, ou à d'autres causes indépendantes de sa volonté. Par ce moyen, la justice est éclairée sur les vrais motifs qui ont déterminé la demande, et elle n'est point exposée à favoriser injustement les avides prétentions de quelques héritiers présomptifs, ou de quelques collatéraux trop empressés.

Favard, conseil judiciaire, n. 2. — *Par ceux qui ont le droit de demander l'interdiction*; à l'exception du procureur du roi, parce qu'il s'agit ici principalement d'un intérêt individuel, et que celui de la société à la nomination d'un conseil n'est que secondaire.

Toullier, t. 2, n. 1386. — Le jugement doit être révoqué, quand le conseil de famille pense que les circonstances ou le caractère de la personne ont tellement changé, qu'il n'y a plus de danger à la laisser agir sans conseil. (Duranton, t. 3, n. 803.)

A. Dalloz, interdiction, n. 193. — Le ministère public peut-il provoquer la nomination d'un conseil judiciaire? — Non. — (Art. 491 du Code civil; Toullier, t. 2, n. 1372; Duranton, t. 3, n. 613.) — Oui. —

Cette opinion est fondée sur la rédaction définitive de l'art. 513 dans ses termes actuels, nonobstant la proposition d'excepter le ministère public du droit qu'il confie. (Dalloz aîné, t. 9, p. 565, n. 3; Locré, *Législ. civ.*, t. 7, p. 347; Delvincourt, t. 1, p. 321.) Ce dernier limite sa décision au cas où le prodigue aurait des enfans mineurs, ou n'aurait ni conjoint, ni proches parens.

N. 208. — Le jugement a son effet du jour de la prononciation. (Dalloz aîné, t. 9, p. 566, n. 11.)

515. ***Aucun jugement en matière d'interdiction, ou de nomination de conseil, ne pourra être rendu, soit en première instance, soit en cause d'appel, que sur les conclusions du ministère public. (C. de P., art. 83, 892.)***

Merlin, R., conseil judiciaire, don mutuel; hypothèques, sect. 2, § 3, art. 6; prodigue, § 7 et suiv.; Carré, Justices de paix, t. 1, n. 125; Duranton, t. 3, n. 811; Proudhon, t. 2, p. 541.

Pandectes françaises. — La disposition de cet article étant prohibitive, le défaut de conclusions du ministère public ne serait pas seulement une ouverture à la requête civile; ce serait une nullité, par conséquent un moyen de cassation.

Le citoyen qui a reçu un conseil en la forme prescrite par le Code n'est point interdit: il conserve son état. Il peut administrer ses biens et recevoir ses revenus comme le mineur émancipé. Il peut se constituer un domicile, et faire un testament. Enfin, il n'est incapable que des actes pour lesquels le conseil lui a été donné, et qui sont spécifiés dans le jugement.

LIVRE II.

Des Biens et des différentes modifications de la propriété.

TITRE I.

De la Distinction des biens.

(Décrété le 25 janvier 1804. Promulgué le 4 février.)

516. *Tous les biens sont meubles ou immeubles.*

Instit., lib. 2, tit. 1 et 2; lib. 33, tit. 7; lib. 19, tit. 1; lib. 50, tit. 16, leg. 93; tit. 32, leg. 4, § 6, 78, 92; lib. 1, tit. 8, de rerum divisione.

Lois des 7 et 19 janvier, 25 mai et 6 août 1791; 19 juillet et 1er septembre 1793; arrêté du 5 vendémiaire an 9; décret du 1er germinal an 13; avis du Conseil d'Etat du 20 août 1811.

Pothier, communauté, n. 27 et 66; Introduction générale aux coutumes, n. 45; Merlin, R., hypothèques, sect. 2, § 3; Toullier, t. 3, n. 6 et suiv.; Duranton, t. 4, n. 1 à 7; Proudhon, usufruit, t. 2, n. 753; t. 8, n. 3550; Delvincourt, t. 1, p. 139.

Toullier, t. 3, n. 7 et 8. — Cette division a le défaut de ne pas comprendre tous les biens. La division en biens *corporels* et *incorporels* est la plus générale, la plus exacte, la plus propre à faire connaître leur véritable nature.

On entend par biens corporels tous ceux qui peuvent être aperçus par les sens, ceux qu'on peut voir et toucher, comme une maison, un champ, un livre, de l'or, des bijoux, etc.

Les biens incorporels sont ceux qui ne s'aperçoivent que par l'entendement, et qui ne frappent point les sens, parce qu'ils n'ont pas de corps; tels sont ceux qui ne consistent que dans un droit: V. G., une obligation, le droit de succession, celui d'usufruit, les servitudes ou droits fonciers, le droit même de propriété. Il n'importe que ces droits s'exercent sur une chose corporelle qu'on peut toucher ou saisir; ils n'en sont pas moins incorporels.

CHAPITRE PREMIER.

Des Immeubles.

517. ***Les biens sont immeubles, ou par leur nature, ou par leur destination, ou par l'objet auquel ils s'appliquent. (C. C., art. 2118, 2133.— C. de P., art 592.)***

Pothier, des choses, 2e part., § 1; Introduction générale aux coutumes, n. 47, 57, 94, 95; Merlin, R., t. 5, p. 42, 897; t. 11, p. 445; expropriation forcée; Favard, immeuble, n. 1, 4; Toullier, t. 3, n. 11; Duranton, t. 4, n. 14 à 18; Delvincourt, t. 1, p. 140; Poncet, Traité des actions, n. 18 à 22 et suiv.

Domat, Lois civiles, livre préliminaire, des choses, t. 3, sect. 1, n. 4. — La terre étant donnée aux hommes pour leur demeure et pour produire toutes les choses nécessaires à tous leurs besoins, on y distingue les portions de la surface de la terre que chacun occupe, et toutes les choses que nous pouvons en séparer pour tous nos usages. Et c'est ce qui fait la distinction de ce que nous appelons immeubles ou meubles, ou choses mobilières. (*Leg.* 1, *ff*, *de æd. ed.*; 93, *de verb. sign.*; *leg*, 8, § 4, *Cod., de bon. quâ lib.*; *leg.* 30, *de jur dot.*)

Treilhard, exposé des motifs au Corps législatif, 16 janvier 1804. — Il est des objets immeubles par leur nature, comme les fonds de terre, les bâtimens. On ne peut pas se méprendre sur leur qualité: elle est sensible. On ne peut pas davantage méconnaître la qualité d'immeubles dans les usines qui font partie d'un bâtiment, dans des tuyaux qui y conduisent les eaux, et dans d'autres objets de la même espèce, qui s'identifient avec l'immeuble et ne font qu'un seul tout avec lui. Il n'est pas moins évident que les récoltes, quand elles sont encore pendantes par les racines, les coupes de bois qui ne sont pas encore abattues, n'ayant pas cessé de faire partie du fonds, sont et restent immeubles jusqu'au moment où elles en seront séparées.

Mais il est quelques objets qui, au premier aperçu, peuvent laisser des doutes sur leur qualité. Regardera-t-on, en effet, comme immeuble un pressoir, par exemple, dont toutes les pièces peuvent être séparées et enlevées sans dégrader le fonds, mais qui y a été placé comme nécessaire à l'exploitation? Mettra-t-on aussi dans la classe des immeubles un droit de passage sur un héritage voisin, l'usufruit d'une terre, une action en revendication d'un immeuble?

Le législateur ne pouvant donner des décisions particulières sur chaque espèce douteuse qui peut se présenter, s'est borné à tracer des règles générales qui renferment des principes de solution pour toutes les questions.

Pour déterminer si un objet doit être ou non considéré comme immeuble, il faut rechercher sa destination, il faut examiner quelle est la chose sur laquelle il s'exerce: voilà deux principes féconds en conséquences, et qui doivent résoudre tous les doutes.

Goupil-Préfeln, rapport au Tribunat, 20 janvier 1804. — Il y aurait de graves inconvéniens à ne pas donner le caractère d'immeubles à quelques objets, mobiliers par leur nature, que le propriétaire a placés sur son domaine pour son service et son exploitation, et qui ne peuvent en être retirés ou enlevés sans rendre impossible l'exploitation de ce domaine, ou sans le détériorer essentiellement. Tels sont les animaux attachés à la culture, les ustensiles aratoires, ceux nécessaires à l'exploitation des grandes usines, les semences que le propriétaire a données à ses fermiers ou colons, qui ont le même droit à la jouissance de ces objets qu'à celle du domaine qu'ils exploitent.

Les autres objets indiqués par le même article sont rapportés, non seulement pour les déclarer immeubles par destination, mais encore comme exemples qui doivent servir au juge de direction et de point de comparaison dans tous les cas non prévus, et qui demeurent subordonnés à la disposition principale de l'article, qui veut que les objets que le propriétaire d'un fonds y a placés pour le service et l'exploitation de ce fonds, soient immeubles par destination. Ainsi, la roue d'un moulin, d'une forge ou d'une papeterie, les chantiers d'une cave, les crèches ou les rateliers d'une étable ou d'une écurie, quoiqu'ils puissent être enlevés sans briser ni détériorer le fonds où ils sont placés, seront immeubles par destination, mais seulement quand ce sera le propriétaire qui les aura fait placer.

Duranton, t. 4, n. 15. — Comme il peut y avoir des différences, en droit, entre ces diverses espèces de biens immobiliers, il convient de ne pas les confondre: par exemple, les immeubles par destination n'étant tels qu'autant que leur destination subsiste, il suit que, dès qu'elle vient à cesser, la chose perd sa qualité d'immeuble.

518 *Les fonds de terre et les bâtimens sont immeubles par leur nature. (C. C., art. 520, 524.)*

Instit. de rerum divisione; ff, leg. 17, § 7, de action. empti et venditi.

Pothier, des choses, 2e part., § 1 ; Introduction générale aux coutumes, n. 47 ; Toullier, t. 3, n. 11 ; Duranton, t. 4, n. 18, 80 ; Delvincourt, t. 1, p. 140 ; Pigeau, Commentaire du Code de procédure civil, t. 2, p. 194.

Domat, Lois civiles, *loco citato*, n. 5. — Les immeubles sont toutes les parties de la surface de la terre, de quelque manière qu'elles soient distinguées, ou en places pour des bâtimens, ou en bois, prés, terres, vignes ou autrement, et à qui que ce soit qu'elles appartiennent. (*Leg.* 1, *ff*, *de æd. ed.*; *leg.* 17, § 8, *de act. empt. et vend.*)

Duranton, t. 4, n. 80. — L'on peut encore établir aujourd'hui des droits de superficie ou d'emphytéose, qui auront, comme anciennement, le caractère de droits immobiliers.

A. Dalloz, choses, n. 6. — Les bâtimens font en quelque sorte partie du fonds sur lequel ils sont édifiés ; mais ouvrages de l'art et non de la nature, il serait plus exact de les qualifier immeubles par accession. (Duranton, t. 4, p. 15.)

Boileux.—Mais si les constructions avaient été simplement posées sur le sol sans fondations ni pilotis, ou pour un usage momentané, elles n'auraient point la qualité d'immeubles : tels seraient, par exemple, un bâtiment construit dans un jardin pour une fête, une boutique élevée pour une foire, etc.

519. *Les moulins à vent ou à eau, fixés sur piliers et faisant partie du bâtiment, sont aussi immeubles par leur nature.* (*C. C., art.* 531.)

ff, lib. 33, tit. 7, leg. 26 ; leg. 18, ff, de action. empti et venditi.

Pothier, des choses, 2e part., § 1 ; Coutume d'Orléans, tit. 17, art. 352 ; Commentaire, n. 37 ; Rolland, meubles-immeubles, § 2, art. 1 ; Toullier, t. 3, n. 11 ; Duranton, t. 4, n. 22 à 25 ; Delvincourt, t. 1, p. 140.

Pandectes françaises. — Les biens immeubles par leur nature se désignent encore par le mot *héritage*. Ce terme indique toute propriété foncière, mais plus particulièrement celles de la campagne, ou les fonds ruraux.

Delvincourt, t. 1, note 3 de la page 141.—*Faisant partie du bâtiment*. Autant toutefois qu'ils ont été bâtis sur le fonds par le propriétaire. Pothier pense, avec raison, qu'un moulin bâti par l'usufruitier sur le fonds dont il a l'usufruit, est *meuble*. Il en serait de même de tout autre édifice ; à plus forte raison si la construction a été faite par le locataire.

Merlin, R., biens, § 1, n. 4. — Il en est différemment de ces petits moulins à bras que l'on construit dans les maisons, lorsqu'on peut les transporter sans les désassembler et les détériorer ; on les met dans la classe des meubles.

Duranton, t. 4, n. 22. — L'article dit, fixés sur piliers *et* faisant partie du bâtiment. Il semble donc exiger, pour que le moulin soit immeuble, la *double condition* qu'il soit fixé sur piliers *et* qu'il fasse partie du bâtiment. Mais il n'est cependant pas douteux que l'une ou l'autre de ces circonstances ne soit suffisante.

Un moulin ou toute autre usine, fixé par des piliers, quoique sur une rivière dépendante du domaine public, doit être regardé comme immeuble. (Hua ; A. Dalloz, v. chose, n. 10 ; Boileux.)

520. *Les récoltes pendantes par les racines, et les fruits des arbres non encore recueillis sont pareillement immeubles.— Dès que les grains sont coupés et les fruits détachés, quoique non enlevés, ils sont meubles. —Si une partie seulement de la récolte est coupée, cette partie seule est meuble.* (*C. C., art.* 548, 2102. — *C. de P., art.* 626 *et suiv.*)

ff, lib. 6, tit. 1 ; leg. 44, de rei vendicat. ; leg. 24, § 6, quos in fraudem creditor. ; leg. 22, Cod., de rei vendicatione ; leg. 17, § 1, ff, de action. empti et venditi.

Pothier, des choses, 2e part., § 1 ; Merlin, R., biens, § 1 ; fruits ; meubles, n. 4 ; taillis ; Favard, commissaire-priseur, n. 6 ; Dalloz, choses, p. 456 ; Rolland, meubles-immeubles, § 2, art. 1 ; prisée, n. 67 et suiv. ; Toullier, t. 3, n. 12 ; Duranton, t. 4, n. 26 à 46 ; 531 ; Delvincourt, t. 1, p. 140 ; Henrion de Pansey, Journal du palais, p. 455.

Pothier, Traité de la communauté, n. 45. — Les fruits et productions de la terre, tant qu'ils y sont encore pendans, font partie de la terre qui les a produits, avec laquelle ils sont censés ne faire qu'un seul et même tout, et une seule et même chose.

Mais aussitôt qu'ils en sont séparés, ils commencent à être une chose particulière, distinguée de la terre dont ils faisaient auparavant partie. (Domat.)

Hua. — *Dès que les grains sont coupés*. Il n'y a point à considérer l'époque habituelle de la maturité de chaque nature de productions, ni même si le propriétaire dévance la récolte, ou la retarde ; un seul point de fait décide, celui de l'existence des fruits encore attachés à la terre, ou de leur séparation.

Cette partie seule est meuble. Au surplus, cette qualification des fruits pendans par racines, n'est relative qu'au propriétaire du fonds ; ils sont, par rapport au fermier, simples meubles à toutes les époques de l'année ; aucun motif ne saurait les faire considérer sous un autre aspect.

Delvincourt, t. 1, note 4 de la page 141. — Cependant, si le propriétaire vend la récolte ou la coupe de bois sur pied, elle devient meuble dans la main de l'acheteur, même avant d'avoir été coupée.

Merlin, R., biens, § 1, n. 11. — Il y a pourtant une différence à faire à cet égard entre un propriétaire et un fermier. Si le propriétaire meurt avant la récolte, l'héritier de ses immeubles succède, comme cela est naturel, aux fruits qui se trouvent encore pendans par racines, au lieu que ces fruits appartiennent à l'héritier mobilier du fermier, qui n'a que le droit de recueillir des fruits, sans pouvoir prétendre au fonds qui les a produits.

Victor Augier, Encyclopédie des juges de paix, meubles, n. 2. — On a demandé si la vente de fruits et récoltes pendans par racines constitue une vente mobilière ou immobilière.

Quoique ces objets soient immobiliers avant leur aliénation, comme ils deviennent meubles pour l'acheteur qui les acquiert séparément du fonds auquel ils appartenaient, il faut décider que la vente est mobilière. Cela résulte de la jurisprudence de la Cour de cassation.

Dalloz, choses, page 456. — On s'est demandé si la diposition de ces articles devait être suivie à la lettre dans tous les cas et à l'égard de toutes personnes. — L'opinion, en doctrine comme en jurisprudence, tient hors de doute que les fruits ou les récoltes ne sont immeubles qu'autant qu'ils ont été compris dans le transport de la propriété ou de l'usufruit du fonds, ou dans la saisie d'un corps immobilier dont ils font partie. (Toullier, t. 3, n. 12 ; voir Sirey, t. 21, 1re part., p. 109 ; Dalloz, 1816, 1re part., p. 340.)

La valeur des récoltes pendantes par racines doit être prise en considération dans l'estimation de la valeur réelle d'un immeuble, lorsqu'il s'agit de décider s'il y a lieu ou non à la rescision d'une vente pour lésion des sept douzièmes, aux termes de l'art. 1674. (Sirey, t. 31, 1re part., p. 33.)

Question controversée. — Les huissiers ont-ils le droit de vendre concurremment avec les notaires, les récoltes sur pied ? *Oui* : Paris, 29 février 1833, Dalloz, t. 33, 2e part., p. 75. *Non* : Paris, 3 avril 1832, Dalloz, t. 32, 2e part., p. 67 ; Casssation, 18 juillet 1826, Dalloz, t. 26, 1re part., p. 419 ; *id.*, 5 décembre 1827, Dalloz, t. 28, 1re part., p. 49. (Journal de la magistrature, t. 2, p. 349, 350.)

521. *Les coupes ordinaires des bois taillis ou de futaies mises en coupes réglées, ne deviennent meubles qu'au fur et à mesure que les arbres sont abattus.* (*C. C., art.* 1403.)

ff, lib. 19, tit. 1, leg. 17, § 1 ; arg. ex leg. 40 ; leg. 66, de contrahend. empt. ; arg. ex leg. 44, ff, de rei vend.

Merlin, R., bois, § 3 ; taillis, n. 2 ; *id.*, t. 17, n. 3 ; Favard, taillis, n. 3 ; Dalloz, choses, p. 456 ; Rolland, meubles-immeubles, § 2, art. 1 ; Toullier, t. 3, n. 11, 12 ; Duranton, t. 4, n. 32 à 46 ; Proudhon, usufruit, t. 2, n. 995 ; Delvincourt, t. 1, p. 140.

Domat, Lois civiles, *loco citato*, n. 9. — Les meubles ou choses mobilières sont toutes celles qui sont séparées de la terre et des eaux, soit qu'elles en aient été détachées, comme les arbres tombés ou coupés, les fruits cueillis, les pierres tirées des carrières, ou qu'elles en soient naturellement séparées, comme les animaux. (*Leg.* 1, *ff*, *de æd. ed.*)

Hua. — *Coupes réglées*. Le tuteur peut y faire procéder en se conformant aux usages, sans avoir besoin d'autorisation. (Art. 457 du Code civil.)

L'hypothèque consentie sur un bois ou forêt, n'empêche point le propriétaire de vendre ou exploiter les coupes ordinaires, pourvu qu'il le fasse sans fraude.

Pandectes françaises. — On appelle *taillis* une certaine étendue de bois que l'on coupe à des époques déterminées. Le terme ordinaire de la coupe des taillis est de dix ans, bien qu'il y en ait qui ne s'abattent que de vingt en vingt ou vingt-cinq ans.

On appelle *futaie* un arbre qui a cinquante ans passés. Jusque là on l'appelle *baliveau* moderne, s'il a deux fois l'âge du taillis ; ou baliveau sur taillis, s'il n'a pas deux fois son âge.

Duranton, t. 4, n. 38. — Une coupe réglée de bois taillis ou de futaie peut être saisie par *saisie-brandon*, comme toute autre espèce de fruits. En disant que cette saisie *ne pourra être faite* que dans les six semaines qui précèdent l'époque ordinaire de la maturité des fruits, l'art. 626 du Code de procédure n'est pas contraire à cette décision: il sera observé, si la saisie a lieu dans l'année où la coupe doit être faite, et dans les six semaines où il est permis de couper les bois, suivant les réglemens.

Au contraire, une futaie non mise en coupe réglée ne peut être saisie principalement; elle ne le peut être qu'avec le fonds, et par conséquent immobilièrement.

522. *Les animaux que le propriétaire du fonds livre au fermier ou au métayer pour la culture, estimés ou non, sont censés immeubles tant qu'ils demeurent attachés au fonds par l'effet de la convention.*

Ceux qu'il donne à cheptel à d'autres qu'au fermier ou métayer sont meubles. (C. C., art. 524, 1063 *et* 1064.)

ff, lib. 35, tit. 17, arg. ex leg. 4 et 8; lib. 33, tit. 7, leg. 1; contrar. leg. 14, ff, de suppellect. legatâ; leg. 2, § 1, ff, de instructo vel instrumento legato; leg. 17, § 3, de actione empti et venditi; leg. 241 et 245, ff, de reg. jur.

Pothier, Introduction générale aux coutumes, n. 47; Rolland, meubles-immeubles, § 2, art. 2; Toullier, t. 3, n. 13; Duranton, t. 4, n. 49 à 59; Delvincourt, t. 1, p. 141; Henrion de Pansey, Justices de paix, p. 456; Guichard, Quest. hyp., p. 117; Grenier, donations, t. 1, p. 346.

Domat, Lois civiles, *loco citato*, n. 11. — Les animaux sont de deux sortes: l'une, de ceux qui sont privés et à l'usage ordinaire des hommes et en leur puissance, comme les chevaux, les bœufs, les moutons et autres; et l'autre, des animaux qui sont dans leur liberté naturelle, hors de la puissance des hommes, comme les bêtes sauvages, les oiseaux et les poissons. Et ceux de cette seconde sorte passent à l'usage et à la puissance des hommes, par la chasse et la pêche, suivant que l'usage en peut être permis. (§ 12, *Inst., de reg. divis.*)

Malleville. — On demanda que la disposition de cet article fût étendue à tous les animaux que le propriétaire donne à cheptel à son fermier ou colon, et il fut répondu que tel en était le sens: c'est-à-dire que tous ces animaux sont réputés immeubles, à la différence du cheptel livré à d'autres qu'au cultivateur des terres de celui qui le donne.

Hua. — *Par l'effet de la convention*. Cette destination est de rigueur, pour faire prendre aux bestiaux la nature d'immeubles.

Pandectes françaises. — Ainsi les créanciers du bailleur ne peuvent point saisir ces bestiaux séparément de la terre et comme meubles; le bailleur ou le preneur obtiendrait main-levée de cette saisie sans difficulté.

Le bailleur a droit de suite pour réclamer, même par la voie de revendication comme immeubles, les têtes de bétail que le fermier aurait vendus sans son consentement.

Delvincourt, t. 1, note 2 de la page 142. — *Par l'effet de la convention*. Si donc le propriétaire les vendait réellement au fermier, ils deviendraient meubles, quand même ils resteraient sur le fonds, parce qu'ils n'y seraient plus par l'effet de la convention primitive. (Duranton, t. 4, n. 53.)

Quid, à l'égard des troupeaux de moutons, ou autres, appartenant au propriétaire, et étant sur un fonds exploité par lui? C'est le cas d'admettre la distinction de la loi 9, *ff, de instructo vel instrumento legato*. Si les troupeaux ont été acquis uniquement pour être revendus après avoir été engraissés, ou pour en vendre le croît, ils sont meubles; mais si c'est dans la vue d'engraisser le fonds, ils sont immeubles.

Rolland de Villargues, v. meubles-immeubles, n. 63. — Les animaux placés pour la culture, par le détenteur précaire, fermier ou autre, sont meubles, et peuvent être saisis sur lui par voie de saisie-exécution.

523. *Les tuyaux servant à la conduite des eaux dans une maison ou autre héritage, sont immeubles, et font partie du fonds auquel ils sont attachés.*

ff, lib. 19, tit. 1, leg. 15.

Toullier, t. 3, n. 15; Duranton, t. 4, n. 19, 20; Delvincourt, t. 1, p. 141.

Domat, Lois civiles, *loco citato*, n. 8. — Tout ce qui tient aux maisons et autres bâtimens, comme ce qui est attaché à fer, plomb, plâtre, ou autrement, à perpétuelle demeure, est présumé immeuble. (*Leg.* 17, *ff, de act. empt. et vend.*, § 3, 7 *et* 9.)

Hua. — *Les tuyaux*, et par une conséquence naturelle, les réservoirs, pierres et vaisseaux destinés à recevoir les eaux, quoiqu'ils ne fussent point scellés.

524. *Les objets que le propriétaire d'un fonds y a placés pour le service et l'exploitation de ce fonds, sont immeubles par destination. — Ainsi, sont immeubles par destination, quand ils ont été placés par le propriétaire pour le service de l'exploitation du fonds, — Les animaux attachés à la culture; — Les ustensiles aratoires; — Les semences données aux fermiers ou colons partiaires; — Les pigeons des colombiers; — Les lapins des garennes; — Les ruches à miel; — Les poissons des étangs; — Les pressoirs, chaudières, alambics, cuves et tonnes; — Les ustensiles nécessaires à l'exploitation des forges, papeteries et autres usines; — Les pailles et engrais. — Sont aussi immeubles par destination tous effets mobiliers que le propriétaire a attachés au fonds à perpétuelle demeure. (C. C., art.* 518, 564, 1064. — *C. de P., art.* 592. — *C. P., art.* 452.)

Instit., lib. 2, tit. 1, § 14; ff lib. 6, tit. 1, arg. ex leg. 59; leg. 17 et 18, ff, de action. empti et vendit.; leg. 2, § 1; leg. 12, § 23; leg. 26, ff de instructo vel instrumento legato; leg. 41, § 9, 10, 11 et 12, ff de legatis et fideicommissis, 1°; leg. 242, § 2 et 3; leg. 244 in princ., de verb. signific.; leg. 15 et 16, ff de action. empt. et vendit.; leg. 3, § 14, ff de acquirend. vel amit. possessione; leg. 14, ff de suppellectile legatâ.

Pothier, communauté, 34, 35, 38, 40, 41 à 63; Merlin, R., abeilles; biens, § 1; colombier: pressoir; gibier, t. 15, n. 8; Favard, garenne; hypothèques, sect. 1, n. 3; immeuble, n. 2; pigeons; Rolland, abeilles; étang, n. 23, 24; meubles-immeubles, § 2, art. 2; pailles et engrais; Toullier, t. 3, n. 13 et suiv.; t. 5, n. 757; t. 11, n. 307, 310 et suiv.; Duranton, t. 4, n. 46 à 71, 529; Proudhon, usufruit. t. 2, n. 533; t. 3, n. 1115; t. 5, n. 2585, 2611; Delvincourt, t. 1, p. 140, 141; Bellot, contrat de mariage, t. 1, p. 91, 92, 94 à 107; Guichard, Quest. hyp., 117; Fournel, voisinage, t. 1, p. 12 à 23; Grenier, hypothèques, p. 296; *id.*, donations, t. 1, p. 345, 346; A. Dalloz, choses, n. 45, 55, 65, 66, 67, 68, 71, 79, 80; Sirey, t. 24, 1re part., p. 60; t. 29, 1re part., p. 301.

Pothier, Traité de la communauté, n. 40. — Si cependant le père de famille était dans l'usage de vendre les pailles et fumiers, plutôt que de les employer à fumer sa terre, ils seraient en ce cas réputés meubles.

N. 52. — Une forge de maréchal ou de serrurier ne pouvant être déplacée du lieu où elle est construite, sans être entièrement démolie, est censée mise à perpétuelle demeure, et faire partie de la maison où elle est construite.

N. 59. — Les rateliers d'une écurie doivent aussi être réputés immeubles.

N. 63. — Les choses attachées ou non attachées à une maison, qui seraient censées en faire partie, si elles y avaient été mises par le propriétaire, ne sont pas censées en faire partie, lorsqu'elles y ont été mises par un usufruitier ou un fermier, lesquels, ou leurs héritiers, ont le droit de les détacher et de les emporter à la fin de l'usufruit ou du bail. (Introduction générale aux coutumes, n. 47.) Mais ces choses seraient censées placées à perpétuelle demeure et faire partie de la maison ou autre héritage, si elles y avaient été mises par un emphytéote.

Procès-verbal du conseil d'Etat, 13 octobre 1803. — Regnault demande que la rédaction de cet article fasse sentir que sa disposition ne s'étend pas aux chaudières et aux alambics employés par les distillateurs.

Treilhard répond que la section n'a entendu appliquer l'article qu'aux chaudières et aux alambics qui servent à l'exploitation des fonds ruraux.

Savoie-Rollin, discours au Tribunat, 25 janvier 1804. — La règle qui établit que les biens sont immeubles par destination est purement fictive. Elle donne au propriétaire d'un fonds le pouvoir de transformer en immeubles les objets qu'il y a placés, et qu'il a destinés au service et à l'exploitation de la terre. — La même règle associe aux immeubles tous les effets mobiliers que le propriétaire a mis dans son fonds à perpétuelle demeure.

Malleville. — D'après la distinction établie dans cet article, les pigeons de volières, les lapins privés et les poissons en réservoirs ne sont pas censés immeubles.

Hua. — La loi du 21 avril 1810 donne un exemple des objets destinés à l'exploitation du fonds, en déclarant, art. 8, immeubles, les bâtimens, machines, puits, galeries et autres travaux établis à demeure.

Par destination. Mais seulement pendant qu'ils sont inhérens à la propriété; ils perdent cette qualité dès qu'ils ont été déplacés, quand même on aurait eu l'intention de les replacer dans leur premier état. (Art. 532 du Code civil.)

Les pailles et engrais. Il n'y a plus de motifs pour les réputer immeubles, si le fermier les a fournis, et s'il a conservé le droit de n'en rendre aucun lors de la fin de sa jouissance. La propriété n'en appartient point au propriétaire du sol; et cette circonstance seule pouvait déterminer l'incorporation, d'où serait résultée la qualification d'immobilier.

Pandectes françaises. — Le propriétaire d'un essaim d'abeilles peut, suivant notre jurisprudence, le suivre partout et le reprendre où il se trouve sans avoir besoin d'aucune permission du juge, tant qu'il ne l'a pas perdu de vue. Mais dès qu'une fois il en a perdu la trace, elles sont regardées comme bêtes fauves, et comme le droit *d'épave* n'existe plus, les abeilles égarées appartiennent au premier occupant.

Delvincourt, t. 1, note 8 de la page 141. — *Que le propriétaire*. Si les mêmes objets étaient placés par le *locataire* ou l'*usufruitier*, ils seraient meubles: ils ne pourraient pas être regardés comme l'accessoire du fonds: et, d'ailleurs, on ne peut supposer que celui qui les a placés, ait eu l'intention qu'ils y restassent attachés perpétuellement.

Note 9. — *A perpétuelle demeure*. Ainsi, une salle construite dans un jardin, même par le propriétaire, mais pour une fête, et pour être abattue ensuite, serait meuble.

Delvincourt, t. 1, note 6 de la page 141. — *Quid*, à l'égard des fleurs, arbustes? Ils sont immeubles s'ils sont plantés en pleine terre; *secùs*, s'ils sont dans des caisses ou des pots, quand même les pots seraient mis en terre. Les oignons de fleurs, même ceux qu'on retire de terre pendant l'hiver, restent toujour immeubles par destination; mais il faut qu'ils aient été mis en terre au moins une fois. Ceux qui auraient été achetés pour être plantés, et qui ne l'auraient pas encore été, conservent leur qualité de meubles.

Rolland de Villargues, v. meubles-immeubles, n. 65. — Faut-il que les semences soient jetées dans la terre pour prendre le caractère certain d'immeubles? Non; il suffit qu'elles soient placées dans le fonds, et que la destination du propriétaire soit constante.

Merlin, R., biens, § 1, n. 9. — Mais si les lapins sont mis dans un endroit particulier, si les pigeons sont dans une volière et les poissons dans un réservoir, ces animaux deviennent des objets particuliers.

N. 8. — Les pailles et engrais sont immeubles par destination, à moins que le propriétaire ne soit dans l'usage de les vendre.

Toullier, t. 3, n. 13. — Les échalas auxquels les vignes sont attachées, ou qui n'en ont été séparés que pour les conserver pendant l'hiver, sont immeubles; mais non ceux qui auraient été nouvellement amenés, et qui n'ont pas encore servi.

N. 14. — Les mines sont immeubles. — Sont aussi immeubles par destination les chevaux, agrès, outils et ustensiles servant à l'exploitation.

On ne considère comme attachés à l'exploitation que les chevaux exclusivement attachés aux travaux intérieurs des mines.

Duranton, t. 4, n. 47. — Si ces objets ont été placés par un *fermier* ou *locataire*, ils ne sont pas immeubles par destination; car ils ont été placés non à perpétuelle demeure, mais seulement pour rendre la jouissance plus agréable ou plus utile.

N. 48. — Il est néanmoins possible que certains objets placés par le non propriétaire soient immeubles sous un autre rapport, par incorporation, du moins à l'égard du propriétaire du fonds, qui a droit de les conserver moyennant indemnité.

N. 57. — Les ustensiles aratoires placés par le fermier sont meubles.

N. 58. — En disant que les semences données au fermier ou colon partiaire par le propriétaire sont immeubles par destination, l'article ne doit pas être entendu dans un sens limitatif: elles sont également immeubles; et, par les mêmes motifs, quoique le propriétaire cultive par lui-même, ou que les fonds appartenant à une femme mariée, il soit cultivé par le mari qui a le droit d'en jouir.

N. 59. — Les animaux placés par l'usufruitier pour la culture du fonds, ainsi que les instrumens aratoires et les semences qu'il a mis sur ce fonds, sont immeubles.

N. 64. — La forge d'un serrurier ou de tout autre forgeron, les cuves et chaudières des brasseurs, des teinturiers, des tanneurs, assises en terre, sont incontestablement immeubles, si elles ont été établies par le propriétatre du fonds; mais elles sont meubles, si elles ont été placées par un locataire.

N. 65. — Quant aux presses d'une imprimerie, aux métiers d'un tisserand, ils ne sont immeubles sous aucun rapport.

N. 67. — Les pailles et engrais ne sont immeubles que lorsqu'ils sont dans un fonds de terre, et non quand ils sont dans les maisons de ville.

On doit regarder comme immeuble par destination le foin nécessaire à la nourriture des animaux attachés à la culture du fonds.

Le foin, la paille et les engrais destinés à être vendus sont meubles.

525. *Le propriétaire est censé avoir attaché à son fonds des effets mobiliers à perpétuelle demeure, quand ils y sont scellés en plâtre ou à chaux ou à ciment, ou lorsqu'ils ne peuvent être détachés sans être fracturés et détériorés, ou sans briser ou détériorer la partie du fonds à laquelle ils sont attachés. — Les glaces d'un appartement sont censées mises à perpétuelle demeure, lorsque le parquet sur lequel elles sont attachées fait corps avec la boiserie. — Il en est de même des tableaux et autres ornemens. — Quant aux statues, elles sont immeubles lorsqu'elles sont placées dans une niche pratiquée exprès pour les recevoir, encore qu'elles puissent être enlevées sans fracture ou détérioration. (C. C., art. 1065.)*

ff, leg. 17, § 3 et 7, de action. empt. et vendit.; lib. 35, tit. 7, leg. 12, § 23; lib. 50, tit. 16, leg. 245; leg. 21, ff, de instructo vel instrum. legato.

Toullier, t. 3, n. 15; Duranton, t. 4, n. 55 à 70; Proudhon, usufruit, t. 5, n. 2585; Delvincourt, t. 1, p. 141; Grenier, hypothèques, t. 1, p. 296.

Pothier, Traité de la communauté, n. 49. — Les choses qui sont tellement attachées à un édifice, qu'il ne serait pas facile de les en détacher, sont présumées y être pour perpétuelle demeure, et faire partie de la maison et édifice où elles sont attachées.

N. 54. — Les marbres et boiseries dont on revêtit un chambranle de cheminée ou les murs d'une chambre, quoiqu'ils puissent être assez facilement détachés, sont censés y être pour perpétuelle demeure.

Traité des choses, p. 477. — Toutes les choses qui font partie d'une maison, d'un édifice, sont censées en faire partie et conservent leur nature d'immeubles, même pendant le temps qu'elles en sont séparées, lorsque cette séparation n'est que momentanée, et que ces choses n'en sont séparées que pour y être replacées.

Treilhard, exposé des motifs au Corps législatif, 16 janvier 1804. — Tout ce qu'un propriétaire place dans son domaine, pour son service et son exploitation, prend la qualité d'immeuble par destination; les choses ainsi placées deviennent en effet une partie du fonds, puisqu'on ne pourrait les enlever sans le détériorer et le dégrader essentiellement, et sans rendre son exploitation impossible. La règle établie sur la destination du propriétaire est donc fondée et sur la justice, et sur l'intérêt évident de la société. Cette règle embrasse dans son esprit tous les objets qu'un propriétaire attache au fonds à perpétuelle demeure, dans l'intention de l'améliorer ou de l'embellir.

Le principe n'est pas nouveau; mais il s'élevait de nombreuses difficultés sur son application: les tribunaux retentissaient de démêlés sur les questions de savoir si des tableaux, des glaces, des statues avaient été placés ou non à perpétuelle demeure, parce que les lois n'établissaient pas de règle précise pour juger cette question de fait. Nous proposons de prévenir à cet égard toute difficulté dans la suite, en fixant les signes caractéristiques d'une intention de placer des meubles à perpétuelle demeure. Ainsi se trouvera tarie la source abondante de procès entre les citoyens, et c'est un grand bien pour la société.

Malleville. — A l'égard des statues, notre article ne les déclare immeubles, que lorsqu'elles sont placées dans des niches pratiquées exprès pour les recevoir. D'où il suit que celles qui sont mises sur bases dans les cours et bâtimens, ou sur des piédestaux dans les jardins, conservent leur qualité de meubles. Il semblait cependant plus naturel de faire suivre à ces statues le sort du bâtiment ou du jardin, dès qu'à l'intention du père de famille, de les placer à perpétuelle demeure, se trouvait joint le fait du placement même; et à moins que le vendeur ne se les réserve expressément, il arrivera souvent que l'acheteur sera trompé, parce qu'il devait croire les acheter avec la maison et le jardin, dès qu'il les trouvait ainsi décorés quand on les a mis en vente.

Delvincourt, t. 1, note 10 de la page 142. — *Pour les recevoir*, pourvu toutefois que tous ces objets aient été placés par le propriétaire.

Rolland de Villargues, v. meubles-immeubles, n. 72. — Les dispositions des art. 524, 525 ne sont pas limitatives; elles sont plutôt données comme exemple et ne repoussent pas d'autres signes caractéristiques et certains, auxquels on puisse reconnaître la destination et la perpétuelle demeure.

Merlin, biens, § 1, n. 7. — Cependant si tous ces objets provenaient de la dépense ou du travail d'un usufruitier ou d'un locataire, ceux-ci pourraient les enlever à la fin du bail ou de l'usufruit, parce que alors ces mêmes objets ne seraient plus censés avoir eu une destination perpétuelle. Mais il serait libre au propriétaire du fonds de les retenir en les payant, suivant qu'ils seraient estimés par des experts. (Toullier, t. 3, n. 16.)

Duranton, t. 4, n. 68. — Les glaces ne cessent pas d'être immeubles par cela seul qu'elles ont été détachées pour être repassées au tain.

On regarde aussi comme immeubles par destination quelques autres objets, qui ne sont cependant pas scellés au fonds: tels sont les volets mobiles d'une boutique, le couvercle d'un puits, les râteliers d'une écurie, et les clefs des appartemens.

A. Dalloz, choses, n. 84. — Quand les glaces sont immeubles, quand elles font corps avec la boiserie, à plus forte raison la boiserie elle-même est-elle immeuble. (Duranton, n. 68.)

526. *Sont immeubles, par l'objet auquel ils s'appliquent,*
L'usufruit des choses immobilières ;
Les servitudes ou services fonciers ;
Les actions qui tendent à revendiquer un immeuble.

Arg. ex leg. 4, ff, de usufructu quemadmodùm.

Pothier, communauté, n. 67 à 71; Introduction générale aux coutumes, n. 49, 51, 53; Merlin, R., expropriation forcée; nantissement, § 1; servitude, § 35; Rolland, meubles-immeubles, § 2, article 3; Toullier, t. 3, n. 393, 718; t. 5, n. 194; Duranton, t. 4, n. 71 à 73, 93 à 102, 502; Carré, Justices de paix, t. 2, n. 1418, 1422, 1423, 1519; Proudhon, usufruit, t. 1, n. 23, 67, 99, 276; t. 2, n. 482, 753, 888; t. 3, n. 1401; t. 5, n. 2512; t. 6, n. 3004; Delvincourt, t. 1, p. 143; Grenier, hypothèques, t. 1, p. 296, 316, 318; Sirey, t. 6, p. 331; Tarrible; Merlin, R., v. expropriation forcée, n. 3; Berriat Saint-Prix, 3ᵉ édition, t. 2, p. 506, note 21; *Contrà :* Pigeau, Procédure civile, 2ᵉ édition, t. 2, p. 207.

Goupil-Préfeln, rapport au Tribunat, 20 janvier 1804. — L'usufruit d'un immeuble et les services fonciers s'appliquent à des immeubles: ils sont donc immeubles. Cependant, il ne faut pas s'y méprendre: l'usufruit ne s'entend ici que du droit réel de jouir d'un immeuble dont la propriété appartient à une autre personne, et non des revenus que l'usufruit procure à celui qui a droit à cette jouissance.

La disposition relative aux actions qui tendent à revendiquer un immeuble est l'application exacte de la maxime : *Qui habet actionem ad rem recuperandam, ipsam rem habere videtur.*

Savoye-Rollin, discours au Tribunat, 25 janvier 1804. — La règle qui déclare les biens immeubles par l'objet auquel ils s'appliquent, dissipe les incertitudes de la jurisprudence sur les choses réelles ou personnelles, corporelles ou incorporelles. — L'action en revendication d'immeuble, l'usufruit d'un immeuble, les services fonciers, sont des droits sur des choses *corporelles*; et puisqu'ils représentent des immeubles, l'analogie réclame qu'ils y soient assimilés.

Hua. — Le droit d'emphytéose est immobilier; il en est de même du droit de péage accordé pour indemnité de ponts ou canaux construits aux frais de celui qui les perçoit. (Voir art. 529.)

Pandectes françaises. — L'action en rescision pour lésion d'outre moitié en matière de vente, est immeuble. Il en est de même de l'action du contrat de vente, pour se faire délivrer l'immeuble vendu, de l'action en pétition d'hérédité, et de toutes les autres semblables.

Rolland de Villargues, v. meubles-immeubles, n. 88. — De ce que les actions qui tendent à revendiquer un immeuble sont *immobilières*, décidera-t-on qu'elles seront soumises à l'expropriation, comme les immeubles? La Cour de cassation a jugé la négative, le 14 mai 1806.

Duranton, t. 4, n. 72. — Le mot *usufruit* n'est pas pris ici dans un sens rigoureusement propre; il s'entend aussi, des droits d'usage et d'habitation, lesquels ne peuvent même exister que sur un immeuble, tandis que l'usufruit peut subsister aussi sur des meubles.

N. 73. — Mais le droit résultant d'un bail à ferme ou à loyer est *mobilier*.

N. 95, 96, 97. — L'action pour obtenir un immeuble légué; celle en réméré, en matière de vente d'immeuble; celle en rescision, pour cause de lésion de plus des sept douzièmes dans le prix de vente d'un immeuble, sont des droits réels immobiliers.

N. 100. — Toutes les actions en nullité ou rescision de contrats translatifs de propriété immobilière, pour violence, dol, erreur, incapacité ou autre cause; celles en révocation des donations d'immeubles, sont aussi des droits immobiliers.

A. Dalloz, choses, n. 88. — Le droit d'usage d'un immeuble et celui d'habitation sont également immobiliers.

N. 104. — Le legs d'un immeuble, *si mieux n'aime* l'héritier payer une somme à la place, donne un droit immobilier. L'héritier a la *faculté* de se libérer, il est vrai, en payant cette somme, mais il ne doit que l'immeuble. (Duranton, n. 98; Toullier, t. 12, n. 103.)

CHAPITRE II.

Des meubles.

527. *Les biens sont meubles par leur nature, ou par la détermination de la loi.* (*C. C.*, *art.* 2119, 2279.)

Favard, immeubles, n. 1; Toullier, t. 3, n. 24; Duranton, t. 4, n. 106 à 115; Poncet, des actions, n. 18 à 22 et suiv.; Henrion de Pansey, Journal du palais, p. 454 et suiv.

Boileux. — En d'autres termes, il y a deux sortes de meubles, les meubles corporels et les meubles incorporels.

528. *Sont meubles par leur nature les corps qui peuvent se transporter d'un lieu à un autre, soit qu'ils se meuvent par eux-mêmes, comme les animaux, soit qu'ils ne puissent changer de place que par l'effet d'une force étrangère, comme les choses inanimées.* (*C. C.*, *art.* 518 *et suiv.*; 565 *et suiv.*; 948, 1606.)

ff, leg. 93, de verb. signif.

Pothier, communauté, n. 28, 29, 39; n. 30, 34; Rolland, pailles et engrais; Duranton, t. 4, n. 107 à 119, 405; Proudhon, usufruit, t. 2, n. 491; Delvincourt, t. 1, p. 139; Grenier, hypothèques, t. 1, p. 350.

Domat, Lois civiles, *loco citato*, n. 10. — Les choses mobilières sont de deux sortes. Il en est qui vivent et se meuvent elles-mêmes, comme les animaux; et les meubles morts sont toutes les choses inanimées. (*Leg.* 1, *ff*, *de æd. ed.*; *leg.* 93, *de verb. signif.*; *leg.* 3, *Cod.*, *de jur. dot.*)

Pothier, Traité des choses, page 472. — Les meubles sont les choses qui se transportent d'un lieu à un autre. La grandeur du volume non plus que la grande valeur d'une chose n'empêchent point qu'elle ne soit meuble: c'est pourquoi on ne doute pas que les navires ne soient meubles.

Treilhard, exposé des motifs au Corps législatif, 16 janvier 1804. — Les choses mobilières qui n'ont acquis la qualité d'immeubles que par leur destination, reprennent leur qualité de meubles lorsque cette destination est changée: ainsi, une glace ou un tableau, enlevés de leur parquet par le père de famille, avec l'intention de ne pas les y replacer, redeviennent meubles; ils n'étaient immeubles que par destination; ils cessent d'être immeubles par une destination contraire.

Les meubles réputés immeubles par destination retombent dans la classe des meubles, lorsque la destination est finie.

Delvincourt, t. 1, note 4 de la page 140. — *Les êtres animés.* Nous avons substitué ces expressions aux mots les *animaux*, afin d'y comprendre les nègres, qui, dans les colonies, sont regardés comme meubles (édit de mars 1685, dit Code noir, art. 44). Cependant, aux termes de l'art. 48, les sucreries, les indigoteries ou habitations, ne peuvent être saisies réellement, sans que l'on y comprenne les esclaves qui y travaillent, depuis l'âge de quatorze ans jusqu'à soixante, lesquels ne peuvent être saisis séparément, sinon pour ce qui resterait dû du prix de leur achat.

Victor Augier, Encyclopédie des juges de paix, meubles, n. 11. — C'est un principe consacré par l'art. 2279, qu'en fait de meubles, la possession vaut titre. Cependant, la présomption légale de propriété qui résulte de la possession n'est pas tellement absolue, qu'elle ne puisse être détruite par des preuves ou même par des présomptions contraires. Ainsi, je puis établir par témoins qu'un meuble d'une valeur inférieure à 150 fr., qui se trouve dans les mains d'un tiers, lui a été remis par moi à titre de prêt, et que par conséquent il ne lui appartient point.

L'action possessoire est admissible pour universalité de meubles. (Henrion de Pansey, Merlin, Guichard, Levasseur, Poncet, Pigeau, Vazeille, Brossard, etc. *Contrà :* Favard, Garnier (actions possessoires), Carré, Droit français, t. 2, n. 1404, Chauveau, Journal des avoués, et Victor Augier, *loco citato.*) Cette question est fort grave.

529. *Sont meubles par la détermination de la loi, les obligations et actions qui ont pour objet des sommes exigibles ou des effets mobiliers, les actions ou intérêts dans les compagnies de finance, de commerce ou d'industrie, encore que des immeubles dépendans de ces entreprises appartiennent aux compagnies. Ces actions ou intérêts sont réputés meubles à l'égard de chaque associé seulement, tant que dure la société.*

Sont aussi meubles par la détermination de la loi, les rentes perpétuelles ou viagères, soit sur l'Etat, soit sur des particuliers. (C. C., art. 524 *et suiv.;* 1968 *et suiv. — Décrets des* 16 *janvier et* 1er *mars* 1808. *— Loi du* 21 *avril* 1810. *— Avis du Conseil d'Etat, du* 8 *mars* 1808.*)*

ff, leg. 93, de verb. signif.

Pothier, communauté, n. 69, 70, 76, 81, 82, 84, 90; Introduction générale aux coutumes, n. 50, 52, 54, 55, 56; Merlin, Q., actionnaire, § 2 et suiv.; action; biens, § 1; billet, § 1; communauté, § 2 et 4; complainte, § 3 et suivans; Répert., rente foncière, § 2; rente viagère; inscription sur le grand-livre, § 3 et suiv.; t. 16, p. 214; Favard, action, § 1, n. 2 et 3; Dalloz, rente, sect. 1 : Rolland, action de commerce, n. 8 et suiv.; office, n. 74 et suiv.; Toullier, t. 2, n. 1199; t. 3, n. 21, 352; t. 12, n. 95 à 111, 214; Duranton, t. 4, n. 102 à 105, 116 à 169; Delvincourt, t. 1, p. 143; Grenier, hypothèques, t. 1, p. 297, 338 à 449; t. 2, p. 67.

Pothier, Traité de la communauté, n. 70. — En matière de vente de bois et d'arbres sur pied, le droit de créance qu'a l'acheteur contre le vendeur, et qui naît de l'obligation que ce dernier a contractée envers lui de les lui laisser abattre et enlever, est un droit *mobilier.*

N. 71. — Il en est de même du droit de créance qu'a le fermier d'un héritage contre le locateur, pour qu'il le fasse jouir.

N. 76. — La créance d'une somme d'argent ou autre chose mobilière, quoiqu'elle soit accompagnée d'un droit d'hypothèque, ne laisse pas d'être un droit mobilier.

Treilhard, exposé des motifs au Corps législatif, 16 janvier 1804. — S'il est difficile qu'il s'élève des difficultés sérieuses sur la question de savoir si une chose est meuble par sa nature, il est permis et même prudent d'en prévoir sur certains objets dont la qualité n'est pas aussi sensible, comme par exemple des obligations, des actions ou intérêts dans les compagnies de finance, de commerce ou d'industrie, et enfin des rentes.

Quant aux obligations, on a placé celles qui ont pour objet des sommes exigibles ou des effets mobiliers, dans la classe des meubles, par le même motif qui fait réputer immeubles les actions tendant à revendiquer un immeuble. — Les actions ou intérêts dans les compagnies de finance, de commerce ou d'industrie, sont aussi rangées dans la même classe, parce que les bénéfices qu'elles procurent sont mobiliers. Et la règle est juste, même lorsque les compagnies ont dû acquérir quelques immeubles pour l'exploitation de l'entreprise. Cette entreprise est toujours le principal objet de l'association dont l'immeuble n'est que l'accessoire, et la qualité d'une chose ne peut être déterminée que par la considération de son objet principal. — Toutefois, les actions ou intérêts dans les compagnies de commerce, d'industrie ou de finance, ne sont réputées meubles qu'à l'égard de chaque associé seulement, et tant que dure la société; car les immeubles appartenant à l'entreprise sont toujours immeubles, sans contredit, à l'égard des créanciers de ces compagnies; et ils sont encore immeubles à l'égard des associés, lorsque, la société étant rompue, il s'agit d'en régler ou d'en partager les bénéfices ou les pertes.

C'était autrefois une question très-controversée de savoir si les rentes constituées étaient meubles ou immeubles. La Coutume de Paris les réputait immeubles; d'autres coutumes les réputaient meubles. Dans cette diversité d'usages, la nature de la rente était réglée par le domicile du créancier à qui elle était due. Il résultait de là que, dans un temps où les héritiers des meubles n'étaient pas toujours héritiers des immeubles, un homme qui ne possédait que des rentes pouvait, sans dénaturer sa fortune, déranger à son gré l'ordre des successions, suivant qu'il lui convenait de fixer son domicile sous l'empire de telle ou telle coutume.

Cette bizarrerie a dû disparaître; et aujourd'hui que l'argent peut produire des intérêts très légitimes, sans qu'il soit besoin de recourir à une aliénation fictive du capital, une rente ne présentant dans son caractère rien d'immobilier, ne peut être déclarée que meuble dans nos lois.

Delvincourt, t. 1, note 4 de la page 144. — *Les actions ou intérêts. L'action* diffère de l'*intérêt*, en ce que l'intéressé est ce qu'on appelle *associé en nom collectif.* Il court tous les risques de l'affaire, et peut être poursuivi sur tous ses biens, pour raison des dettes de la société. L'*actionnaire*, au contraire, n'est jamais qu'associé *commanditaire*; c'est-à-dire qu'il ne peut jamais perdre au-delà de la valeur de son action.

Rolland de Villargues, v. meubles-immeubles, n. 17. — Les offices des avoués, notaires, huissiers, greffiers, sont-ils meubles? Il nous paraît qu'on doit décider l'affirmative.

N. 18. — Il en est de même, quant à la propriété littéraire et à celle des autres productions du talent et de l'industrie.

Merlin, R., rente foncière, § 2, art. 5, n. 2. — Le bail à rente est maintenu par le Code; mais la redevance qui est le produit de ce contrat ne forme plus, à proprement parler, une *rente foncière.* — Cette redevance n'existe plus dans l'immeuble dont elle est le prix; elle n'est plus qu'une rente sur le particulier dans la propriété duquel cet immeuble a passé par le bail à rente; par conséquent elle est comprise dans l'art. 529, qui déclare *meubles les rentes perpétuelles sur des particuliers.*

Duranton, t. 4, n. 102. — Depuis la publication de cet article, divers décrets, qui ont acquis force de loi, ont autorisé l'immobilisation des rentes sur l'Etat, et ont ainsi créé une quatrième classe de biens immobiliers, que, pour cette raison, nous appelons immeubles par la détermination de la loi.

N. 103. — Par celui du 16 janvier 1808, art. 7, les propriétaires d'actions de la banque de France peuvent, en déclarant leur volonté dans la forme du transfert des rentes, leur imprimer le caractère d'immeubles.

N. 104. — D'après le statut du 1er mars 1808, ces actions et les rentes sur l'Etat peuvent aussi être immobilisées pour la formation d'un majorat.

N. 105. — Enfin, par décret du 16 mars 1810, ces dispositions ont été appliquées aux actions des canaux d'Orléans et du Loing.

Victor Augier, Encyclopédie des juges de paix, meubles, n. 8 et 9. — La Cour de cassation a décidé, le 15 mars 1808, que l'action tendant à la représentation du prix d'un immeuble vendu est mobilière, parce qu'elle ne tend qu'à la représentation de deniers qui sont meubles par leur nature.

Toullier enseigne avec raison, t. 3, n. 20, que les obligations qui ont un fait pour objet sont également mobilières, car elles peuvent se résoudre en dommages-intérêts.

Question controversée. — Lorsqu'une donation a pour objet des rentes ou créances sur particuliers, le donataire, au lieu de restituer les contrats et les titres qui lui avaient été remis par le donateur, est-il tenu de garder pour son compte ces obligations, effets ou rentes, et de rapporter en moins prenant la valeur qu'elles avaient au moment de la donation? Pour l'affirmative : Chabot, successions, t. 3, art. 868; Toullier, t. 4, n. 471. *Contrà :* Duranton, t. 7, n. 411; Delvincourt, t. 2, p. 342, note 7. (Journal de la Magistrature, t. 2, p. 345 à 349.)

(Art. 530, décrété le 21 mars 1804. Promulgué le 31 du même mois.)

530. *Toute rente établie à perpétuité pour le prix de la vente d'un immeuble, ou comme condition de la cession à titre onéreux ou gratuit d'un fonds immobilier, est essentiellement rachetable. — Il est néanmoins permis au créancier de régler les clauses et conditions du rachat. — Il lui est aussi permis de stipuler que la rente ne pourra lui être remboursée qu'après un certain terme, lequel ne peut jamais excéder trente ans; toute stipulation contraire est nulle. (Décret du* 29 *décembre* 1790. *— C. C., art.* 2118, 2166, 2167, 2182. *— C. de P., article* 834. *— Loi du* 21 *avril* 1810, *art.* 8.*)*

Leg. ultimâ, ff, et Cod., de jure emphytens.

Pothier, bail à rente, n. 23, 24, 26, 70, 73, 68; constitution de rente, n. 47; communauté, n. 701; Merlin, R., rente constituée, § 2, art. 4, n. 3; § 8, n. 2; rente foncière, § 2, art. 4, n. 3, t. 15; § 1, art. 5, n. 1 et suivans du t. 11; Favard, rente, sect. 1, n. 11; Dalloz, rente, sect. 2; Rolland, bail à convenant; bail emphythéotique; bail à locatairie perpétuelle; meubles-immeubles, § 1, art. 2; rentes, § 3 et suiv.; Toullier, t. 3, n. 21 et suiv.; 352; t. 4, n. 560; t. 6, n. 185, 784; t. 7, n. 478; t. 8, n. 138; t. 12, n. 108, 214; Duranton, t. 3, n. 551; t. 4, n. 117, 128 à 160; Delvincourt, t. 1, p. 144; t. 3, p. 202; Biret, nullités, t. 1, p. 205 à 208; Grenier, hypothèques, t. 1, p. 338 à 343; t. 2, p. 67; Levasseur, p. 31, 32.

Portalis, exposé des motifs au Corps législatif, 20 mars 1804. — Nous réparons une omission importante. On avait oublié de régler le sort des rentes foncières. Ces rentes seront-elles rachetables, ou ne le seront-elles pas? La question avait été vivement controversée dans ces derniers temps : il était nécessaire de la décider.

On appelle *rentes foncières* celles qui sont établies dans l'instant même de la tradition du fonds. Il ne faut pas se dissimuler que ces sortes de rentes ont, dans l'origine, favorisé parmi nous l'utile division des patrimoines. Des hommes qui n'avaient que leurs bras ont pu, sans argent et sans fortune, devenir propriétaires, en consentant à être laborieux. D'autres part, des guerriers, des conquérans, qui avaient acquis par les armes de vastes portions de terrain, ont été invités à les distribuer à des cultivateurs, par la facilité de stipuler une rente non rachetable, qui les associait aux profits de la culture sans leur en faire partager les soins ou les embarras, et qui garantissait à jamais leur fortune et celle de leur postérité.

Mais aujourd'hui que notre agriculture peut prospérer par les secours ordinaires du commerce, et que le commerce s'étend et s'agrandit journellement par les progrès de l'agriculture, nous eussions cru choquer l'esprit général de la nation, sans aucun retour d'utilité, en rétablissant les rentes non rachetables. — On ne peut plus supporter, chez nous, des charges ou des servitudes éternelles; l'imagination inquiète, accablée par la perspective de cette éternité, regarde une servitude ou une charge qui ne doit pas finir comme un mal qui ne peut être compensé par aucun bien. Un premier acquéreur ne voit, dans l'établissement de la rente à laquelle il se soumet, que ce qui la lui rend profitable; ses successeurs ne sont plus sensibles qu'à ce qui peut la leur rendre odieuse.

Hua. — *Ne peut excéder trente ans.* Ce délai ne peut être porté au-delà de dix ans, lorsqu'il s'agit de simples rentes constituées à prix d'argent. (Art. 1911.)

Pandectes françaises. — Les rentes dont il est question dans cet article, sont les rentes *foncières*, appelées encore rentes de bail d'héritage.

Merlin, R., rente foncière, § 2, art. 5, n. 3. — De ce que la rente foncière est assimilée par le Code à la rente créée pour le prix de la vente d'un immeuble, il résulte une conséquence bien importante : c'est qu'elle forme, pour celui à qui elle appartient, une créance aussi privilégiée que l'est, pour le vendeur, la créance du prix du bien qu'il a vendu.

Duranton, t. 3, n. 157. — Le créancier peut-il stipuler que le remboursement lui sera fait à un taux supérieur au taux légal?

Cette question doit se décider par une distinction.

Si le créancier a stipulé le remboursement à un taux évidemment exagéré, afin de le rendre pour ainsi dire impossible par le tort qu'il causerait au débiteur, la clause doit être *réputée non écrite*, et le rachat peut avoir lieu suivant le taux légal, c'est-à-dire moyennant vingt fois le taux de la rente; mais s'il ne l'a stipulée qu'à un taux n'excédant que d'une manière peu considérable le taux ordinaire, par exemple à raison de vingt-deux et même jusqu'à vingt-cinq fois le montant de la rente, la convention doit être respectée.

Ce n'est point là une usure prohibée; c'est la stipulation conditionnelle d'un prix de vente un peu plus élevé que celui qui eût été censé représenté par la rente, tant qu'elle aurait subsisté.

S'il avait été stipulé que le remboursement ne pourrait être fait avant un temps excédant trente années, la clause serait-elle nulle ou simplement réductible, comme en matière de réméré? Elle serait restreinte à trente ans.

A. Dalloz, rente, n. 121. — Le droit de rembourser n'est pas personnel au débiteur; il appartient aux personnes qui sont engagées envers le créancier de la rente, comme les cautions, les tiers détenteurs, etc. (Dalloz aîné, n. 15.)

N. 130. — Le remboursement d'une rente en denrées doit être fait de la manière indiquée au contrat; à défaut de convention la valeur annuelle de la rente paraît devoir être fixée d'après les mercuriales.

Chose, n. 141. — La faculté de rembourser la rente ne s'applique pas (suivant Duranton, n. 145) aux constitutions *temporaires* n'excédant pas quatre-vingt-dix-neuf ans, ou à celles établies au profit de plusieurs têtes n'excédant pas le nombre de trois (loi 18-29 décembre 1790); mais la rente créée pour plus de quatre-vingt-dix-neuf ans serait, quoique temporaire, remboursable comme si elle était établie en perpétuel.

531. *Les bateaux, bacs, navires, moulins et bains sur bateaux, et généralement toutes usines non fixées par des piliers, et ne faisant point partie de la maison, sont meubles : la saisie de quelques-uns de ces objets peut cependant, à cause de leur importance, être soumise à des formes particulières, ainsi qu'il sera expliqué dans le Code de la procédure civile.* (*C. C.*, *art.* 519, 2120. — *C. de P.*, *art.* 620. — *C. de C.*, *art.* 190, 215. — *C. P.*, *art.* 457.)

Pothier, communauté, n. 29, 36; Merlin, R., biens, § 1; Favard, navire; De Laporte, nouveau Ferrière, Moulins, p. 360; Toullier, t. 3, n. 18; Duranton, t. 4, n. 22, 108; Proudhon, usufruit, t. 5, n. 2583, 3591; Delvincourt, t. 1, p. 142; Garnier, régime des eaux, n. 115.

Goupil-Préfeln, rapport au Tribunat, 20 janvier 1804. — Les objets énumérés dans notre article sont souvent d'une telle importance, qu'ils composent la fortune entière d'une ou plusieurs familles; et, dans certains lieux, on aurait pu conclure, de quelques exemples du passé et d'une jurisprudence d'arrêts, que ces objets doivent être réputés immeubles. Le Code a voulu faire cesser toute espèce de doute à cet égard.

Malleville. — Les bacs pour le passage des rivières étaient autrefois réputés immeubles, à cause de leur destination à un service perpétuel.

532. *Les matériaux provenant de la démolition d'un édifice, ceux assemblés pour en construire un nouveau, sont meubles jusqu'à ce qu'ils soient employés par l'ouvrier dans une construction.*

ff, leg. 17, § 10 et 11; leg. 18, § 1, de act. empt. et vendit.

Pothier, communauté, n. 39, 62, 195; des choses, 2e part., § 1, 6e, 30e, 31e alinéa; Merlin, R., meubles, n. 4, à la note; Dalloz, choses, p. 476; Rolland, meubles-immeubles, § 1, art. 1; prisée, § 6; Toullier, t. 3, n. 19; Duranton, t. 4, n. 110 à 116; Delvincourt, t. 1, p. 142; Bellot, contrat de mariage, p. 100 à 107, t. 1; Levasseur, p. 455.

Goupil-Préfeln, rapport au Tribunat, 20 janvier 1804. — La destination du propriétaire aurait pu induire à considérer comme immeubles les matériaux provenant de la démolition d'un édifice, et sur tout ceux assemblés pour en construire un nouveau. Nous avons vu que les objets mobiliers ne sont immeubles que quand ils ont été placés par le propriétaire d'un fonds pour le service ou l'exploitation de ce fonds, et c'est le placement qui prouve la destination; mais l'intention de placer ne se présume point. Ainsi, les matériaux ne seront immeubles que quand ils seront employés par l'ouvrier dans une construction.

Hua. — *En construire un nouveau.* Peu importe la destination, il faut qu'elle ait été réalisée; jusque là, elle peut varier; et comme il n'a point existé d'incorporation à la propriété, aucun motif n'a pu encore faire changer la nature mobilière propre aux matériaux.

Pandectes françaises. — Les matériaux provenant d'une démolition sont meubles quand ils n'ont pas été séparés de l'édifice dont ils proviennent pour y être replacés. S'ils n'ont été ôtés que pour le cas d'une réparation et rentrer presque aussitôt dans le bâtiment, ils continuent d'être censés en faire partie et conservent leur nature d'immeubles. (Delvincourt, t. 1, p. 143, note 1re; Rolland, v. meubles, n. 4; Toullier, t. 3, n. 19; Duranton, t. 3, n. 110.)

Rolland de Villargues, v. meubles-immeubles, n. 3. — Pour l'intelligence exacte de cet article, il faut dire que les matériaux ne prennent réellement la qualité de *meubles*, par suite de démolition, que lorsque l'immeuble dont ils faisaient partie est démoli de manière à ne plus subsister tel qu'il était, soit par l'effet de la volonté du propriétaire, soit même par un événement de force majeure.

Toullier, t. 3, n. 19. — Il en serait autrement des matériaux qui n'y auraient point encore été employés. Ces matériaux, quoiqu'amenés sur le lieu, quoique taillés, conservent leur nature de meubles, jusqu'à ce qu'ils aient été employés et posés dans le bâtiment.

Duranton, t. 3, n. 110. — Ils deviennent immeubles au fur et à mesure de leur adhérence au sol par l'emploi qui en est fait dans la construction.

N. 111. — Les matériaux provenant de la démolition d'un édifice sont meubles, même dans le cas où le propriétaire, en démolissant l'édifice, se serait proposé d'en reconstruire de suite un autre, à la même place, avec les mêmes matériaux.

533. *Le mot* meuble, *employé seul dans les dispositions de la loi ou de l'homme, sans autre addition ni désignation, ne comprend pas l'argent comptant, les pierreries, les dettes actives, les livres, les médailles, les instrumens des sciences, des arts et métiers, le linge de corps, les chevaux, équipages, armes, grains, vins, foins et autres denrées; il ne comprend pas aussi ce qui fait l'objet d'un commerce.*

Toto titulo, ff, de suppellectile legatâ.

Pothier, donation testamentaire, ch. 7, art. 4, § 2 et 9; Favard, commissaire-priseur, n. 6; Dalloz, choses, p. 478; Rolland, meubles-immeubles, § 1, art. 3; Toullier, t. 3, n. 23 à 27; Duranton, t. 4, n. 166 à 182; Proudhon, usufruit, t. 2, n. 473, 493; t. 3, n. 1010; Delvincourt, t. 1, p. 145.

Treilhard, exposé des motifs au Corps législatif, 16 janvier 1804. — Il s'élevait autrefois de grandes contestations sur l'acception des mots *meubles meublans, biens meubles, mobilier, effets mobiliers*, quand ils étaient employés dans les actes. Nous avons cru ne devoir pas laisser subsister une incertitude qui fut quelquefois très-embarrassante pour les juges, et toujours ruineuse pour les plaideurs. Nous avons en conséquence fixé le sens précis de toutes ces expressions. — Nous avons aussi fait disparaître les doutes sur quelques autres points qui nous étaient signalés par les nombreux procès dont ils furent l'objet.

Malleville. — Notre article dit que le mot *meuble* employé seul dans les dispositions de la loi ou de l'homme, sans autre addition ni désignation, ne comprend pas l'argent comptant, etc. Cela est vrai, en général et dans l'usage ordinaire. Si cependant le mot *meubles* était mis par opposition à celui d'*immeubles*; par exemple, si un testateur donne à Jean les meubles, et à Pierre les immeubles; si encore ce testateur disait: *Je donne tous mes meubles*, sans fixation de lieu, sans doute tout ce qui est mobilier serait compris dans la disposition, de même que lorsqu'il emploie les termes *biens meubles, mobilier* ou *effets mobiliers*, dont il est parlé dans l'art. 535. (Delvincourt, t. 1, p. 145, note 7; Rolland, v. meubles-immeubles, n. 27, 28; Toullier, t. 3, n. 23.)

Pandectes françaises. — Ce mot seul de *meubles* ne désigne que ce que nous entendons par meubles meublans: mais quand il est opposé au mot *immeubles*, il prend une signification plus étendue, et comprend alors tous les biens meubles.

Duranton, t. 4, n. 169. — Le mot *meuble*, pour être employé correctement par l'homme ou par la loi, même dans le sens restrictif qu'elle lui attribue ici, doit généralement l'être au *pluriel*, bien que dans cet article il soit employé au singulier; car autrement il n'indiquerait grammaticalement qu'un objet, qu'un meuble, tandis qu'il est destiné, même lorsqu'il est employé seul, sans autre addition ni désignation, à exprimer une classe d'effets mobiliers, au moins les *meubles meublans*.

Nous n'inférons toutefois pas de là que si un testateur disait: *Je lègue à Paul mon meuble*, le legs ne serait censé n'être que d'un seul objet, à prendre parmi ceux qui sont implicitement compris dans le mot *meuble*, employé *seul*; nous croyons, au contraire, qu'il comprendrait tout ce que comprend ce mot d'après l'art. 533, à moins toutefois que l'intention du disposant ne fût contraire; ce qui s'estimerait par le contexte du testament et par les circonstances de la cause.

A. Dalloz, choses, n. 148. — Aucune disposition du Code n'emploie le mot meuble dans le sens limité dont parle cet article. (Delvincourt, t. 1, p. 341; Toullier, t. 3, n. 24; Duranton, n. 171.)

N. 150. — On ne doit pas non plus comprendre dans la signification du mot *meuble*, employé seul, les collections de tableaux ou de porcelaines placées dans des galeries particulières, les portraits de famille, les montres, les nécessaires et autres objets de même nature, l'or et l'argent en lingots, les bœufs, vaches et autres animaux. (Duranton, n. 176.)

N. 152. — On ne doit pas considérer le mot *meuble* comme employé *sans addition ni désignation*, quand il est mis en opposition avec le mot *immeuble*, comme lorsque le testateur lègue ses meubles à Jean et ses immeubles à Paul. (Toullier, t. 3, n. 25; Duranton, n. 172.)

534. *Les mots* meubles meublans *ne comprennent que les meubles destinés à l'usage et à l'ornement des appartemens, comme tapisseries, lits, siéges, glaces, pendules, tables, porcelaines et autres objets de cette nature. — Les tableaux et les statues qui font partie du meuble d'un appartement y sont aussi compris, mais non les collections de tableaux qui peuvent être dans les galeries ou pièces particulières. — Il en est de même des porcelaines: celles seulement qui font partie de la décoration d'un appartement sont comprises sous la dénomination de* meubles meublans.

Merlin, R., biens, § 1 et suiv.; Favard, meubles, § 2; Rolland, meubles-immeubles, § 1, art. 3; Toullier, t. 3, n. 23; t. 6, n. 313; Duranton, t. 4, n. 176 à 182; Delvincourt, p. 145.

Pandectes françaises. — Les bibliothèques, c'est-à-dire les armoires ou rayons qui renferment ou supportent les livres, sont comprises dans l'expression meubles meublans, parce que ces objets font effectivement partie de l'ameublement d'une maison.

Delvincourt, t. 1, note 2 de la page 145. — Les *glaces*, excepté cependant celles dont le parquet fait corps avec la boiserie, et qui sont immeubles, quand elles appartiennent au propriétaire de la maison. (Art. 525.)

Note 3. — Les *statues, tableaux.* Même observation que dans la note précédente.

Rolland de Villargues, v. meubles-immeubles, n. 30. — L'épithète de *meublans*, dit Toullier, n'est évidemment ajoutée que pour limiter le sens trop étendu du mot *meubles*.

N. 31. — L'argenterie fait-elle partie des meubles meublans? La négative est certaine. Il en est de même des livres.

A. Dalloz, choses, n. 157. — La batterie de cuisine, le linge de table, sont compris dans l'expression meubles meublans. (Delvincourt, t. 1, p. 340.)

535. *L'expression* biens meubles, *celle de* mobilier *ou* d'effets mobiliers, *comprennent généralement tout ce qui est censé meuble d'après les règles ci-dessus établies. — La vente ou le don d'une maison meublée ne comprend que les meubles meublans. (C. C., art. 948.)*

Pothier, testament, chap. 7, art. 4, § 2, 3, 4 et 6; Merlin, biens, § 1; meubles (legs de); Favard, navire, § 1, n. 1; Dalloz, choses, p. 479; Toullier, t. 3, n. 23 et suiv.; t. 12, n. 311; Duranton, t. 4, n. 166 à 182; Proudhon, usufruit, t. 2, n. 490, 493; t. 3, n. 1029; Delvincourt, t. 1, p. 144, 145.

Delvincourt, t. 1, note 4 de la page 145. — En effet, par maison meublée, on entend une maison garnie de meubles servant à son usage ou à son ornement.

A. Dalloz, choses, n. 164. — La vente ou le don d'une maison meublée, ne comprend pas les meubles qui ne seraient qu'un dépôt dans la maison. (Delvincourt, t. 1, p. 340.)

536. *La vente ou le don d'une maison, avec tout ce qui s'y trouve, ne comprend pas l'argent comptant, ni les dettes actives, et autres droits dont les titres peuvent être déposés dans la maison; tous les autres effets mobiliers y sont compris.*

ff, lib. 31, tit. 1, leg. 86; leg. 79, § 1, de legatis et fideicommissis, 3°; leg. 92, eod.; leg. 86, de legatis, 2°; leg. 12, § 45, de instructo et instrumento legato.

Pothier, donations testamentaires, ch. 7, art. 4, § 5; Merlin, R., biens, § 1; meubles (legs de); Rolland, meubles-immeubles, § 1, art. 3; Toullier, t. 5, n. 531; Proudhon, usufruit, t. 2, n. 490; t. 3, n. 1114; Delvincourt, t. 1, p. 145; Malpel, p. 619.

Hua. — *Y sont compris* même l'argenterie, les pierreries, bijoux, livres, tableaux, objets de sciences et arts.

Pandectes françaises. — Ainsi, cette vente ou ce don comprend les meubles meublans, la vaisselle, les provisions, les grains, vins, foins, pailles, etc., qui peuvent se trouver dans la maison, ainsi que les collections de livres, de tableaux.

Il n'y a absolument d'excepté que l'argent monnayé et les titres de créances ou de propriété qui peuvent être dans la maison.

Duranton, t. 4, n. 181. — Malgré la généralité de la disposition du § 2 de l'article, nous ne saurions penser que les hardes et le linge de corps du *vendeur*, qui habiterait la maison au moment du contrat, ainsi que ceux de sa famille, dussent être compris dans la vente. Il en est de même de ses pierreries et de celles à l'usage de son épouse.

Si le don était fait par testament, ces objets, mais ceux-là seulement encore qui seraient à l'usage personnel du testateur, se trouveraient aussi compris dans le don; s'il était fait par acte entre vifs, l'art. 948 réglerait la disposition.

CHAPITRE III.

Des Biens dans leurs rapports avec ceux qui les possèdent.

537. *Les particuliers ont la libre disposition des biens qui leur appartiennent, sous les modifications établies par les lois.*

Les biens qui n'appartiennent pas à des particuliers, sont administrés et ne peuvent être aliénés que dans les formes et suivant les règles qui leur sont particulières. (C. C., art. 244 et suiv. ; 554 et 674. — Loi du 16 septembre 1807, dessèchement des marais ; décret du 29 décembre 1810, tabacs.)

Instit., lib. 2, tit. 1; ff, lib. 1, tit. 18; lib. 41, tit. 1 et 2; Instit., lib. 1, tit. 3, arg. ex § 8; Cod., lib. 4, tit. 35, leg. 21; lib. 4, tit. 51, arg. ex leg. ultim.; ff, leg. 1, § 11, de aquâ et aquæ pluviæ arcendæ.

Pothier, droit de propriété, n. 6 et 7; Merlin, R., hypothèques, sect. 2, § 3; chemin public; lais et relais de la mer; rivière, § 1; Q., rivage de la mer; Favard, biens: navigation, sect. 2; servitude, sect. 2, § 1, n. 10: § 6, n. 4: Rolland, aliénation; Toullier, t. 3, n. 51; Duranton, t. 4, n. 182; Proudhon, usufruit, t. 2, n. 808; t. 6, n. 2976, 2984; Delvincourt, t. 1, p. 146.

Procès-verbal du Conseil d'Etat, 13 octobre 1803. — Bérenger demande la suppression de la première partie de cet article, parce que le principe qu'il pose se retrouve dans l'art. 1er du titre suivant. (Article 544.)

Treilhard dit que cet art. 1er (544), définit la propriété en général; mais que, comme les particuliers, l'Etat et les communes ne disposent pas de leurs biens de la même manière, il a fallu exprimer cette différence dans un autre article.

Treilhard, exposé des motifs au Corps législatif, 16 janvier 1804. — Il est nécessaire que l'usage que chacun peut faire de sa propriété soit surveillé par la loi. — Si, par exemple, un particulier s'obstinait à ne pas réparer et à mettre en danger, par cette manière d'user de sa chose, la vie de ceux qui traverseraient la rue, il devrait être forcé par la puissance publique à démolir ou à réparer : il serait facile de citer d'autres abus de propriété qui compromettraient et la sûreté des citoyens, et quelquefois même la tranquillité de la société entière.

Il a donc fallu, en même temps qu'on assurait aux particuliers la libre disposition de leurs biens, ajouter à cette maxime inviolable le principe non moins sacré que cette disposition était néanmoins soumise aux modifications établies par les lois; et c'est par cette précaution sage et prudente que la sûreté et la propriété de tous se trouvent efficacement garanties. Ce n'est pas par des mouvemens capricieux et arbitraires que la faculté de disposer de sa chose pourra être modifiée; c'est par la loi seule, c'est-à-dire par la volonté nationale dont vous êtes les organes, et votre sagesse est un garant que cette volonté n'admet de modifications que pour des motifs d'une haute considération.

Savoye-Rollin, discours au Tribunat, 25 janvier 1804, n. 7. — Cet article porte que les biens qui n'appartiennent pas à des particuliers sont administrés et ne peuvent être aliénés que dans les formes et suivant les règles qui leur sont particulières. La loi se borne à cette énonciation. — En effet, ces sortes de biens so t régis par le droit public : et c'est dans le Code où il est consigné qu'on doit chercher ces règles. Il faut faire la même observation à l'égard des rivages des mers, des fleuves et rivières navigables, et généralement de toutes les portions du territoire national considérées comme dépendantes du domaine public.

538. *Les chemins, routes et rues à la charge de l'Etat, les fleuves et rivières navigables ou flottables, les rivages, lais et relais de la mer, les ports, les hâvres, les rades, et généralement toutes les portions du territoire français qui ne sont pas susceptibles d'une propriété privée, sont considérées comme des dépendances du domaine public. (C. C., art. 644, 650, 714, 715, 2226, 2227.)*

Toto tit., ff, de divisione rerum; de fluminibus; de ripâ muniendâ.

Merlin, R., chemin public, t. 2 et 15; lais et relais de la mer; rivière, § 1 et 2; *ibid.*, t. 17, n. 5; route; Favard, délaissement, § 1, n. 4; vicinalité; Dalloz, compétence, sect. 1, art. 12; propriété, sect. 2; voirie, sect. 1, art. 1, § 4; sect 2, art. 1; Rolland, chemin, § 1 et 4; n. 19 et suiv.; Toullier, t. 3, n. 27, 30, 56, 153, 475, 476: Duranton, eau, t. 4, n. 189 à 202, 318 à 344; Delvincourt, t. 1, p. 145: t. 2, p. 10; Garnier, des chemins, n. 3 et suiv.; 158, 181, 184 à 192, 211 à 223, 229 à 241; *id.*, des eaux, n. 7, 15, 17, 21 et suiv.; 84: Guichard, Questions possessoires, p. 192 à 217; Fournel, Lois rurales, t. 1, p. 159, 237 à 249.

Domat, Lois civiles, livre prélim., des choses, tit. 3, sect. 1re, n. 2 — Les fleuves, les rivières, les rivages, les grands chemins, sont des choses publiques, et qui sont à l'usage de tous les particuliers; et ces sortes de choses n'appartiennent à aucun particulier et sont hors du commerce. L'usage en est réglé par le prince. (*Instit., de rer. div.*, § 2, 4 et 5; *leg.* 2, § 22, *ff, ne quid in loc. public. vel itin.*; *leg.* 2, *ff, de viâ public.*)

Procès-verbal du Conseil d'Etat, 13 octobre 1803. — Régnault fait observer que l'article du projet doit être réformé, en ce qu'il comprend indistinctement dans le domaine public les chemins publics, les rues et places publiques. En effet, dit-il, les lois distinguent entre les grandes routes et les chemins vicinaux; ceux-ci sont la propriété des communes et entretenus par elles. — Quant aux rues et places publiques, elles sont aussi la propriété des communes. Il n'y a d'exception à ce principe que pour les rues et places où passent les grandes routes entretenues par l'Etat.

Treilhard dit qu'en effet les chemins vicinaux et les rues qui ne sont pas grandes routes appartiennent aux communes.

Tronchet fait observer qu'il y a des chemins qui, sans être grandes routes, appartiennent cependant à la nation.

Régnault répond qu'il est facile de distinguer les chemins dont la propriété appartient à la nation : ce sont ceux qu'elle entretient.

La distinction de Régnault est adoptée, et le Conseil déclare les chemins de halage propriété nationale.

Pandectes françaises. — C'est, comme on le voit par les termes de cet article, l'entretien des chemins et des routes qui en détermine la propriété.

Delvincourt, t. 1, note 4 de la page 146. — Les rivages de la *mer*. Les rives des fleuves et rivières peuvent appartenir aux particuliers, à la charge de laisser, s'il y a lieu, le marche-pied ou chemin de halage. Au surplus, on entend par rivage de la mer le terrain qu'elle couvre dans ses plus hautes marées : *quousquè maximus fluctus à mari pervenit.*

Note 5. — *Lais et relais de la mer*, sont les portions de terrain que la mer abandonne en se retirant. Ils appartiennent à l'Etat, à la différence des lais et relais des fleuves et rivières, qui appartiennent aux propriétaires riverains.

Toullier, t. 3, n. 31. — Suivant l'ordonnance de la marine de 1681, on répute bord et rivage de la mer tout ce qu'elle couvre et découvre pendant les nouvelle et pleine lune, et *jusqu'où le grand flot de mars* se peut étendre sur les *grèves*. (Duranton, t. 4, n. 194.)

Duranton, t. 4, n. 193. — C'est à l'autorité administrative à décider si une rivière est navigable, flottable ou non, parce que c'est à elle à déterminer les signes auxquels on reconnaît la propriété publique.

Victor Augier, Encyclopédie des juges de paix, eaux, n. 4, sect. 1. — L'Etat, propriétaire des fleuves et rivières navigables ou flottables, doit l'être également de leurs accessoires. Ainsi, les bras non navigables ni flottables d'une rivière, ayant l'un ou l'autre de ces caractères, sont regardés comme une dépendance du domaine public. (Merlin, R., t. 15, 5e édit.)

Il semblerait qu'il doit en être de même des parties de ces mêmes rivières qui ne peuvent être employées ni à la navigation ni à la flottaison. Le contraire résulte cependant d'une jurisprudence constante.

Il ne faudrait cependant pas conclure de là que les riverains de ces parties ne peuvent détourner ou absorber leurs eaux en tout ou en partie. L'usage de ces eaux est confié à la surveillance de l'administration, qui peut prendre dans l'intérêt public telles mesures de conservation qu'elle juge convenables.

A Dalloz, domaine public, n. 16. — Le domaine public se compose aussi des propriétés qui sont réunies au territoire par des traités ou des conquêtes.

N. 1. — Les biens qui composent le domaine public étant par leur nature placés hors du commerce, et n'étant pas susceptibles d'une propriété privée, sont dès lors inaliénables. (Proudhon, domaine public, 208, 209.)

Les rivières rendues navigables par des travaux d'art entrent dans le domaine public. (Sirey, t. 28, 1re part., p. 431.)

539. *Tous les biens vacans et sans maître, et ceux des personnes qui décèdent sans héritiers, ou dont les successions sont abandonnées, appartiennent au domaine public.* (*C. C, articles* 33, 713, 723, 724, 768, 769 *et* 1712.)

ff, lib. 41, tit. 16, leg. 1, 2 et 3; lib. 49, tit 14, leg. 1, § 2; leg. 13, tot. titul., Cod., de bonis vacantibus; leg. 2, Cod., de petit. bon. sublat.

Pothier, droit de propriété, n. 22; Merlin, R., biens, § 9; Favard, propriété, sect. 1, n. 11; Toullier, t. 3, n. 32; t. 4, n. 32, 50 et suiv.; Duranton, t. 4, n. 268 à 274; Delvincourt, t. 1, p. 166; Fournel, Lois rurales, t. 1, p. 35.

Treilhard, exposé des motifs au Corps législatif, 16 janvier 1804. — Les biens susceptibles de propriété privée peuvent être dans la possession de la nation ou des communes.

Déjà vous avez érigé en loi que les biens qui n'ont pas de maître appartiennent à la nation; conséquence nécessaire de l'abolition du droit du premier occupant, droit inadmissible dans une société organisée. — En vous proposant aujourd'hui de déclarer que les biens vacans et sans maître, et les biens des personnes qui ne laissent pas d'héritiers, appartiennent aussi à la nation, nous ne vous présentons point une disposition nouvelle : c'est une suite naturelle de ce que vous avez déjà sanctionné.

Pandectes françaises. — Les successions abandonnées sont celles que personne ne répudie ni ne réclame. Le domaine s'en empare. — Les créanciers peuvent exercer leurs droits contre lui, et les héritiers réclamer ou revendiquer la succession pendant tout le temps accordé pour exercer l'action en pétition d'hérédité. La main-mise du domaine ne le rend pas, *ipso facto*, propriétaire incommutable. Elle fait seulement courir le temps de la prescription.

A. Dalloz, choses, n. 182. — Il en est de même des forêts nationales, des édifices ou monumens publics qui n'appartiennent pas à des communes, etc. — Ces biens, à la différence de ceux ci-dessus énumérés, sont aliénables, sans qu'il soit pour cela nécessaire qu'ils changent de destination. L'État est, par rapport à eux, comme un citoyen par rapport à son patrimoine. (Duranton, n. 196.)

540. *Les portes, murs, fossés, remparts des places de guerre et des forteresses, font aussi partie du domaine public.* (*C. C, art.* 714.)

Leg. 8, § 2; leg. 9, § 4, de divisione rerum; leg. 3, ff, ne quid in loco sacro fiat. Instit., de divisione rerum, § 6 et 10.

Merlin, R., hypothèques, sect. 2, § 3; Toullier, t. 3, n. 475, 476; Duranton, t. 4, n. 189; Delvincourt, t. 1, p. 145.

Domat, Lois civiles, livre préliminaire, des choses, tit. 3, sect. 1, n. 3. — On met au nombre des choses publiques, et qui sont hors du commerce, celles qui sont à l'usage commun des habitans d'une ville ou d'un autre lieu, et où les particuliers ne peuvent avoir aucun droit de propriété, comme sont les murs, les fossés, les hôtels-de-ville et les places publiques.

Goupil-Préfeln, rapport au Tribunat, 20 janvier 1804. — Les biens sont susceptibles ou non de propriété privée. Ceux qui, quoique susceptibles de propriété privée, n'appartiennent pas à des particuliers, sont administrés et ne peuvent être aliénés que dans des formes et suivant des règles spéciales. Le Code civil est étranger à ces formes et à ces règles.

Les portes, murs, fossés et remparts des places de guerre et des forteresses, sont, par leur nature, des dépendances nécessaires du domaine public; ils sont inaliénables, tant qu'ils conservent cette destination, et conséquemment imprescriptibles, car la prescription est un moyen d'aliénation.

Les terrains des fortifications et remparts des places qui ne sont plus places de guerre, appartiennent à la nation; mais elle peut les aliéner dans les formes et suivant les règles établies par les lois, et la propriété peut en être prescrite contre elle. — Car la propriété d'un bien susceptible de propriété privée peut être prescrite contre la nation, comme elle peut l'être contre les particuliers.

541. *Il en est de même des terrains des fortifications et remparts des places qui ne sont plus places de guerre : ils appartiennent à l'État, s'ils n'ont été valablement aliénés, ou si la propriété n'en a pas été prescrite contre lui.* (*C. C., art.* 2227. — *Edit du mois de septembre* 1681. — *Lois du* 1er *décembre* 1790, § 1, *n.* 5; *du* 22 *novembre même année, et* 16 *juillet* 1815.)

Cod., lib. 8, tit. 12, leg. 14 et 17; leg. 30, ff, de servit. præd. urban.

Favard, inaliénabilité, sect. 2; Rolland, chemin, § 10; Toullier, t. 3, n. 32, 41, 478; t 6, n. 163; Duranton, t. 3, n. 635; t. 4, n. 189; Delvincourt, t. 1, p. 145, 146.

(Loi du 14 ventôse an 7, qui règle les droits des possesseurs d'anciens domaines de l'Etat.)

Malleville. — Il faut remarquer la différence que cet article met entre les murs et remparts des anciennes places de guerre depuis abandonnées, et ceux des places de guerre actuellement existantes. Les premiers sont prescriptibles, mais non les seconds.

Rolland de Villargues, v. chemin, n. 69. — Lorsqu'un chemin public est abandonné par l'Etat ou les communes, pour en établir un autre ou pour transporter le premier dans une autre direction, l'ancien terrain occupé rentre dans la classe des biens de l'Etat ou des communes dont les particuliers peuvent acquérir la propriété par tous les moyens légaux.

Duranton, t. 4, n. 189. — Mais si la destination de tel ou tel de ces biens venait à changer; si, par exemple, un chemin, une route ou une rue à la charge de l'Etat, venait à être supprimée, cet objet deviendrait aliénable et serait susceptible d'être prescrit quoique appartenant à l'Etat.

542. *Les biens communaux sont ceux à la propriété ou au produit desquels les habitans d'une ou plusieurs communes ont un droit acquis.* (*C. C., art.* 2045, 2227. — *Lois du* 3 *juillet* 1806; *du* 2 *janvier* 1817. — *Avis du Conseil d'Etat, du* 26 *avril* 1808.)

Cod., lib. 8, tit. 12, arg. ex leg. 4; leg. 6, ff, de divisione rerum.

Merlin, R., partage, § 10; communaux, § 5; Favard, biens, commune, sect. 4; Rolland, usages, § 5; Duranton, t. 4, n. 203 à 224; t. 5, n. 51 à 70, 441; Proudhon, usufruit, t. 6, n. 2834, 2904; t. 7, n. 3241, 3286; Delvincourt, t. 1, p. 146.

Rolland de Villargues, v. usage, n. 76. — Le droit d'usage établi ou réservé au profit de la généralité des habitans d'un lieu, est un droit communal.

Duranton, t. 4, n. 206. — Lorsque, par mesure administrative, plusieurs communes sont réunies en une seule, les habitans de chacune d'elles conservent exclusivement la propriété ou la jouissance de leurs biens communaux. (Loi du 11 juin 1793.)

N. 209. — Les biens communaux, comme ceux de l'Etat, ne peuvent être aliénés qu'en vertu d'une loi.

Aujourd'hui, la demande en aliénation doit être formée par le conseil municipal, conformément à l'art. 15 de la loi du 28 pluviôse an 8; il faut que, sur cette demande, il intervienne un avis du préfet, qui ne le donne qu'après avoir entendu le sous-préfet.

N. 210. — Les acquisitions que se proposent de faire les communes doivent être précédées de formalités propres à garantir que leurs intérêts ne seront pas sacrifiés par connivence, incurie ou légèreté. Elles sont proposées par le maire; le conseil municipal ordonne, avant d'émettre son avis, qu'une estimation sera faite; le sous-préfet, le préfet, le ministre de l'intérieur sont consultés; le comité de l'intérieur propose un projet d'ordonnance, et le roi accorde l'autorisation en pleine connaissance de cause.

N. 215. — Les communautés des villes, bourgs ou *villages*, ne peuvent suivre aucune action, soit en demandant, soit en défendant, sans y être autorisées par le conseil de préfecture.

L'autorisation est tellement de rigueur, que le jugement doit même en faire mention, sinon elle est réputée n'avoir pas été obtenue.

Boileux. — Les biens communaux sont : 1° ceux dont les communes sont propriétaires : 2° ceux au produit desquels leurs habitans ont un droit acquis. — En effet, la commune peut avoir des droits sur des propriétés particulières; par exemple une servitude, le droit de glandée ou autres appartenant soit à l'Etat, soit à des particuliers.

543. *On peut avoir sur les biens, ou un droit de propriété,*

ou un simple droit de jouissance, ou seulement des services fonciers à prétendre. (*C. C., art.* 548 *et suiv.*; 2108.)

Merlin, R., service foncier; Toullier, t. 3, n. 384, note 1; Duranton, t. 4, n. 80, 224; Proudhon, usufruit, t. 5, n. 2512; t. 8, n. 3703; Delvincourt, t. 1, p. 150.

Treilhard, exposé des motifs au Corps législatif, 16 janvier 1804. — D'après cet article, on ne peut avoir sur les biens que trois sortes de droits : ou un droit de propriété, ou une simple jouissance, ou seulement des services fonciers. Ainsi, notre Code abolit jusqu'au moindre vestige de ce domaine de supériorité jadis connu sous les noms de *seigneurie féodale* et *censuelle*.

Boileux. — On peut avoir, relativement aux biens, deux espèces de droits : le droit dans la chose, dit *jus in re*, ou droit réel; et le droit à la chose, dit *jus ad rem*.

Le droit *dans la chose* est celui qui donne la faculté de poursuivre la chose contre celui qui la possède, quel qu'il soit; de ce droit naît l'*action réelle*. On entend par action réelle, celle par laquelle nous prétendons qu'une chose nous appartient.

Le droit *à la chose* est celui en vertu duquel nous pouvons poursuivre seulement la personne qui a contracté envers nous l'obligation de donner : de ce droit naît l'action personnelle.

Ainsi, l'action personnelle résulte d'une obligation : elle est dirigée contre celui qui a contracté cette obligation ou contre ceux qui le représentent.

Question controversée. — Le droit d'emphytéose, constitué sous le Code civil, est-il susceptible d'hypothèques? *Oui :* Paris, 10 mai 1831, Merlin, R., v. emphytéose, § 1, n. 4; Carré, Lois de l'organisation et de la compétence, t. 2, p. 331; Duranton, t. 4, n. 80; Guichard, Jurisprudence hypothécaire, v. emphytéose, n. 11; Persil, Régime hypothécaire, sur l'art. 2118, n. 15; Battur, hypothèques, t. 1, n. 215; Dalloz, Jurisprudence, v. hypothèques, chap. 11, sect. 1. *Non :* Grenier, hypothèques, t. 1, n. 143; sur la question, Delvincourt, t. 3, p. 93, note. (Journal de la Magistrature, t. 1, p. 49 à 56.)

TITRE II.

De la Propriété.

(Décrété le 27 janvier 1804. Promulgué le 6 février.)

544. *La propriété est le droit de jouir et disposer des choses de la manière la plus absolue, pourvu qu'on n'en fasse pas un usage prohibé par les lois ou par les réglemens.* (*C. C., art.* 537, 636 *et suiv.*; 644, 647 *et suiv.*; 652, 672, 686, 711, 712. — *Lois des* 15 *avril* 1811, 28 *août* 1816. — *Avis du Conseil d'Etat, du* 25 *mars* 1807. — *Arrêté du* 21 *fructidor an* 12.)

ff, leg. 52, de acquirend. rer. dominio; leg. 1, § 4 et 13, de aquâ et aquæ pluv. arcendæ; leg. 21, Cod., mandati.

Pothier, droit de propriété, n. 4, 14; bail à rente, n. 42, 112; Merlin, R., propriété; voisinage, § 4; moulin, § 7, art. 4, n. 3; Favard, alignement; bois, carrières; chasse, n. 20; colombier, n. 1; communes; eaux minérales; essartement des forêts; étang; mines d'or, d'argent, mines; plans des villes; plantations le long des routes; questions préjudicielles, n. 4, 6 et 8; servitudes, sect. 2, § 1, n. 10 et 15; 15 *bis*; § 4, n. 13; § 6, n. 4; Dalloz, propriété, sect. 1, art. 1; sect. 5, art 1 et 2; Rolland, propriété, § 1 et 2; Toullier, t. 3, n. 82, 86, 96, 484; Duranton, t. 4, n. 247 à 267; Proudhon, usufruit, t. 1, n. 4; t. 2, n. 803; t. 6, n. 2947 à 3063; Delvincourt, t. 1, p. 148; Fournel, Lois rurales, t. 1, p. 41, 43, 113; A. Dalloz, propriété, n. 9, 24, 1 et 4.

Pothier, de la propriété, n. 4. — Le droit de propriété, considéré par rapport à ses effets, doit se définir le droit de disposer à son gré d'une chose, sans donner néanmoins atteinte au droit d'autrui, ni aux lois : *Jus de re liberè disponendi.*

Faure, rapport au Tribunat, 21 janvier 1804, n. 3. — Le propriétaire d'une chose a le droit d'en user comme il le juge à propos. Qu'il la conserve ou qu'il la détruise, qu'il la garde ou qu'il la donne, il en est le maître absolu. Sans doute sa liberté peut, en certains cas, être limitée par des lois ou réglemens; mais cette limitation n'a lieu que lorsqu'elle est commandée par un intérêt plus puissant : elle n'est établie que pour le bien général, auquel l'intérêt particulier doit toujours céder.

Si, par exemple, la loi ne permet pas que le propriétaire d'une forêt la fasse défricher, c'est une précaution sage qu'elle prend pour la conservation d'un genre de richesse précieux sous tant de rapports à tous les membres de l'Etat. — De même, si des réglemens de police défendent à tout propriétaire de faire sur son propre terrain des constructions qui obstrueraient la voie publique; s'ils défendent de vendre et ordonnent même de jeter des alimens qui, par leur nature, pourraient occasioner des maladies, ou s'ils prohibent à tout autre qu'à des personnes de l'art de vendre des objets trop dangereux pour être mis indiscrètement à la disposition de tout le monde, ce sont autant de mesures nécessitées par l'intérêt général, et chacun est censé avoir consenti d'avance à ces prohibitions, auxquelles tous sont également intéressés.

Delvincourt, t. 1, note 2 de la page 148. — Il faut bien distinguer le droit de propriété en lui-même, de l'exercice de ce même droit. Ainsi le mineur, l'interdit, la femme mariée, sont bien réellement propriétaires, quoique la loi, pour leur propre intérêt, ou pour des raisons d'ordre public, leur interdise l'exercice des principaux droits attachés à la propriété.

Toullier, t. 3, n. 82. — Le droit de propriété subsiste indépendamment de l'exercice qu'on en peut faire. On n'est pas moins propriétaire, quoiqu'on ne fasse aucun acte de propriété, quoiqu'on soit dans l'impossibilité de les faire, et même quoiqu'un autre les fasse, soit à l'insu, soit contre le gré même du propriétaire. Le droit consiste dans la faculté légale de faire ces actes, par soi ou par autrui, en notre nom. La propriété est considérée comme une qualité inhérente à la chose.

N. 85 et 86. — L'exercice du droit de propriété consiste dans tous les actes qui sont permis au propriétaire, ou plutôt qui ne lui sont pas défendus. On peut les rapporter à ces trois classes, qui répondent aux trois points fondamentaux de la propriété:

Jouissance; — exclusion; — disposition.

La première classe comprend tous les actes qui ont pour but de retirer de la chose tout le profit, toute l'utilité ou l'agrément qu'elle peut procurer; d'en recueillir tous les fruits : en un mot, de la faire servir à tous les usages possibles et non défendus.

La seconde comprend tous les actes qui tendent à interdire aux autres l'usage de la chose, à la revendiquer; à réprimer les troubles qu'on voudrait apporter à la jouissance du propriétaire.

La troisième classe comprend tous les actes relatifs à la disposition de la chose. Disposer d'une chose, c'est en faire tout ce que l'on veut. (Duranton, t. 4, n. 258 à 260.)

545. *Nul ne peut être contraint de céder sa propriété, si ce n'est pour cause d'utilité publique, et moyennant une juste et préalable indemnité.* (*C. C., art.* 643.)

Cod., lib. 8, tit. 12, leg. 9; arg. ex leg. 12, in princip., de religione et sumpt. funer; leg. 14, § 1, ff, quemadmod. servit. et amitt.

Lois des 16 septembre 1807, 8 mars 1810; avis du Conseil d'Etat, du 18 août 1807; décret du 18 août 1810; avis du Conseil d'Etat, du 11 janvier 1811.

Pothier, vente, n. 512; propriété, n. 274; Merlin, Q., biens nationaux, § 1; *id.*, R., propriété, n. 4 *bis*; marais, § 6; Favard, expropriation pour cause d'utilité publique; moulins et usines sur les cours d'eau, n. 5; propriété; serment, sect. 3, § 2, n. 15; Dalloz, propriété, sect. 1, art. 3; Rolland, expropriation pour cause d'utilité publique; Toullier, t. 3, n. 1253 et suiv., 676; Duranton, t. 4, n. 262 à 265; Proudhon, Usufruit, t. 5, n. 2526; t. 6, n. 2926, 2980; t. 7, n. 3388; Delvincourt, t. 1, p. 148; t. 3, p. 87; Garnier, chemins, n. 55 à 84; Pardessus, servitudes, n. 93, 137; Fournel, Lois rurales, t. 1, p. 51, 141.

Pothier, Traité du contrat de vente, n. 512. — Une vente peut être forcée, pour cause de nécessité publique, ou même seulement d'utilité publique. Par exemple, dans les nécessités publiques : dans une disette de grains, ceux qui ont au-delà de leur provision, peuvent être contraints par le juge de police à voiturer leurs grains au marché, et à les y vendre au prix courant.

Il en est de même de toutes les denrées nécessaires à la vie, lorsqu'il y en a disette, comme il peut arriver dans un siége.

Portalis. — Dans le cas de notre article, l'Etat est comme un particulier qui traite avec un autre particulier. C'est bien assez qu'il puisse contraindre un citoyen à lui vendre son héritage, et qu'il lui ôte le grand privilége qu'il tient de la loi naturelle et civile, de ne pouvoir être forcé d'aliéner son bien. Toutefois, pour que l'Etat soit autorisé à disposer des domaines des particuliers, on ne requiert pas cette nécessité rigoureuse et absolue qui donne aux particuliers mêmes quelque droit sur le bien d'autrui. (Art. 682.) Des motifs graves d'utilité publique suffisent, parce que, dans l'intention raisonnablement présumée de ceux qui vivent dans une société civile, il est certain que chacun s'est engagé à rendre possible, par quelque sacrifice personnel, ce qui est utile à tous. Mais le principe de l'indemnité due au citoyen dont on prend la propriété est vrai, dans tous les cas sans exception. Les charges de l'Etat doivent être supportées avec égalité, et dans une juste proportion. Or, toute égalité, toute proportion serait détruite, si un seul ou quelques-uns pouvaient jamais être soumis à faire des sacrifices auxquels les autres citoyens ne contribueraient pas.

Faure, rapport au Tribunat, 21 janvier 1804, n. 4. — Lorsque l'utilité publique exige qu'une propriété soit cédée, celui à qui cette propriété appartient ne peut s'y refuser. Il ne prétendra pas, sans doute, que son intérêt particulier doit prévaloir sur celui de l'État en général. Cette prétention serait en contradiction manifeste avec le pacte social, dont l'obligation est tellement rigoureuse, que personne, sous quelque prétexte que ce soit, ne saurait s'en dispenser. — L'étranger même qui voudrait user de la propriété qu'il possède dans un autre pays que le sien, ne pourrait, en pareil cas, alléguer que, n'ayant point souscrit au pacte, il ne peut être tenu des obligations qu'il entraîne. On lui répondrait avec raison que, par cela seul qu'il est propriétaire, il est soumis, quant à sa propriété, à toutes les lois du pays où elle se trouve.

Enfin, dès que le propriétaire à qui l'Etat demande sa propriété reçoit une indemnité proportionnée au sacrifice qu'il fait : dès qu'il est indemnisé avant d'être dessaisi, ce que l'individu doit à la société et ce que celle-ci doit à l'individu sont également satisfaits.

(Voir la loi du 8 mars 1810, qui oblige les propriétaires au délaissement de leurs terrains, pour certains ouvrages du Gouvernement; celle du 7 juin 1833, sur l'expropriation pour cause d'utilité publique; elle se t[illegible]uve au Bulletin des lois et dans Sirey, t. 33, 2e part., p. 349.)

Pandectes françaises. — Il est aussi des cas où, sans perdre sa propriété, le propriétaire est obligé d'en souffrir l'occupation pendant quelque temps. Tel est celui d'incendie. Le voisin ne peut pas refuser l'entrée de sa maison, lorsqu'elle est nécessaire pour l'administration des secours au bâtiment qui est la proie des flammes. — Tel est encore celui de la guerre. Le propriétaire d'un champ ne peut pas empêcher qu'il ne soit occupé par les troupes que les circonstances rendent nécessaire d'y placer.

Dans ces cas, le propriétaire n'a pas droit à une indemnité, parce que c'est autant pour son intérêt que pour celui des autres citoyens que se font ces dispositions.

Delvincourt, t. 1, note 4 de la page 148. — D'*utilité publique*. Ainsi, il n'est pas nécessaire qu'il y ait *nécessité*, il suffit qu'il y ait utilité. Il y a même des cas où il suffit de l'utilité *particulière*, comme dans les art. 660, 661 et 682.

Rolland de Villargues, v. expropriation pour cause d'utilité publique, n. 1. — L'usufruit peut être exproprié, pour cause d'utilité publique. Il n'en est pas ainsi d'une action en revendication. A l'égard des servitudes, leur perte doit être rangée parmi les torts et dommages causés par les travaux publics.

Merlin, R., propriété, n. 10 *bis*. — Le mot *nul* ne s'entend pas seulement des *individus*, il comprend aussi les *corporations*.

546. *La propriété d'une chose, soit mobilière, soit immobilière, donne droit sur tout ce qu'elle produit, et sur ce qui s'y unit accessoirement, soit naturellement, soit artificiellement. Ce droit s'appelle* droit d'accession. (*C. C., art.* 1018, 2133.)

Leg. 6, ff, de acquirend. rerum domin.; leg 5, § 2, ff, de rei vendicat.

Pothier, propriété, n. 5, 150, 151, 260; Merlin, R., accession; bornage; Favard, chasse, n. 20; eaux minérales: servitude, sect. 2, § 5, n. 2; tabacs, § 2, n. 2; Toullier, t. 3, n. 106; t. 4, n. 4; Duranton, t. 4, n. 344; Delvincourt, t. 2, p. 3; Guichard, Jurisprudence hypothécaire, v. accession; Grenier, hypothèques, t. 1, p. 311; Fournel, Lois rurales, t. 1, p. 23.

Grenier, discours au Corps législatif, 27 janvier 1804. — Il s'agissait de définir ce nouveau droit de propriété, émanant d'une propriété déjà existante, et, à ce sujet, le projet de loi a été amélioré respectivement aux lois romaines. Elles contenaient une foule de distinctions qui ne pouvaient que jeter dans l'embarras. On a remarqué la possibilité d'exprimer tous les différens modes, soit de production, soit de réunion, soit d'incorporation, sous une seule expression générique qui les rend également; c'est celle d'*accession*.

Toullier, t. 3, n. 106. — Le Code distingue deux sortes d'accessions; l'une *naturelle*, l'autre *artificielle*.

Le produit des animaux, les fruits des arbres et des plantes dont la terre est couverte, les différentes matières qu'elle recèle dans son sein; enfin les alluvions, les atterrissemens, et les îles ou îlots formés dans les rivières, sont des exemples d'accession naturelle.

Les opérations de l'art qui unissent une chose à une autre, l'écriture, par exemple, mise sur un papier, la construction d'un bâtiment sur un terrain, forment des accessions artificielles.

Les docteurs en distinguent une troisième espèce qu'ils appellent *mixte*, lorsque la nature et l'art se réunissent pour incorporer une chose à une autre, comme la plantation des arbres.

Boileux. — L'accession est une manière d'acquérir d'après laquelle tout ce qui est un produit ou une dépendance de la chose est acquis par la seule force du droit au propriétaire de cette chose, sauf indemnité, s'il y a lieu.

CHAPITRE PREMIER.

Du droit d'accession sur ce qui est produit par la chose.

547. *Les fruits naturels ou industriels de la terre, — Les fruits civils, — Le croît des animaux, — Appartiennent au propriétaire par droit d'accession.* (*C. C., art.* 583 *et suiv.*)

ff, lib. 41, tit. 10, leg. 4; ff, leg. 6 et 9, de acquir. rer. dominio; leg. 5, § 2, 3, de revendicatione.

Pothier, propriété, n. 151, 153, 154; Merlin, R., accession; Paillet, Dictionnaire universel, accession, § 1; agneau; Toullier, t. 3, n. 108; Duranton, t. 4, n. 349; Delvincourt, t. 2, p. 3.

Faure, rapport au Tribunat, 21 janvier 1804, n. 6. — Les fruits produits par la chose sont rangés dans la première classe des objets auxquels s'applique le droit d'accession.

Le projet en distingue trois espèces : ce sont les fruits naturels; les fruits industriels; les fruits civils.

Au premier cas, la nature agit seule; sa main bienfaisante n'appelle aucuns secours étrangers.

Au second, elle invite l'homme à l'aider de son industrie, et pour prix des travaux qu'elle lui demande, elle étend et multiplie ses jouissances.

Au troisième, elle lui fait retirer d'une masse pécuniaire, c'est-à-dire de signes représentatifs de richesses foncières, un intérêt qui est aux fruits ce que le capital est au fonds.

Dans ces trois cas, l'accessoire est d'autant plus essentiel au principal, que, sans lui, le propriétaire du principal ne serait pas plus avancé que s'il n'avait rien. Il ne pourrait avoir quelque chose qu'en aliénant le fonds ou dissipant la somme qui le représente. — Le même raisonnement est applicable au croît des animaux. Sans leur croît, ils ne forment qu'une propriété stérile. Si, pour qu'elle cesse d'être stérile, on est obligé de l'aliéner ou de la détruire, elle se perd en même temps qu'on en use.

Delvincourt, t. 1, note 3 de la page 176. — Le croît des animaux appartient toujours au propriétaire de la femelle, parce que ce croît *est pars viscerum matris*. Il en est de même dans les îles, à l'égard des enfans des esclaves, quand même le père serait libre et le reconnaîtrait.

Boileux. — Les fruits seraient acquis au propriétaire du sol, quand même ce serait un tiers qui aurait ensemencé et cultivé; car ce n'est pas la culture, mais bien la propriété de la terre qui fait acquérir ces fruits; sauf le recours du tiers pour les frais de labours.

548. *Les fruits produits par la chose n'appartiennent au propriétaire qu'à la charge de rembourser les frais des labours, travaux et semences faits par des tiers.* (*C. C., art.* 2102, *n.* 1, 585.)

ff, leg. 36, § 5, de hæreditatis petitione.

Pothier, propriété, n. 151; Favard, fruits, n. 4; Toullier, t. 3, n. 109; Duranton, t. 4, n. 349; Proudhon, usufruit, t. 3, n. 1151, 1426; t. 4, n. 1787; t. 5, n. 2626; t. 6, n. 2792; Delvincourt, t. 2, p. 3.

Faure, rapport au Tribunat, 21 janvier 1804. — Il arrive souvent que le propriétaire qui recueille les fruits de la chose n'a pas lui-même fait les frais de culture. Nul doute qu'il ne doive les rembourser à celui qui les a faits. Cette obligation est fondée sur une des premières règles d'équité, qui ne veut pas que personne s'enrichisse aux dépens d'autrui.

Malleville. — Il y a une exception relativement à l'usufruitier, qui prend et rend les fonds dans l'état où ils se trouvent. (Delvincourt, t. 1, p. 176, note 4.)

Pandectes françaises. — Le principe exprimé dans cet article est de toute justice. *Non sunt fructus*, dit une règle de droit, *nisi deductis impensis quarum ope percipiuntur.*

Delvincourt, t. 1, note 4 de la page 176. — *Faits par des tiers*, quand même ces tiers auraient été *possesseurs de mauvaise foi*. Et, en effet, le propriétaire eût toujours été obligé de faire ces dépenses, *et locupletior factus est, quatenùs propriœ pecuniœ pepercit.*

Favard, fruit, n. 4. — Il en est de même des réparations et reconstructions nécessaires faites aux maisons, bâtimens et dépendances. Le propriétaire doit tenir compte des frais qu'elles ont occasionés.

Toullier, t. 3, n. 109. — Ceux à qui ce remboursement est dû ont sur les fruits un droit préférable à tous les créanciers du propriétaire.

549. *Le simple possesseur ne fait les fruits siens que dans le cas où il possède de bonne foi : dans le cas contraire, il est tenu de rendre les produits avec la chose du propriétaire qui la revendique.* (*C. C., art.* 550, 555, 1378 *et suiv.*; 2102 *et suiv.*; 2279.)

ff, lib. 7, tit. 4, leg. 13; lib. 22, tit. 1, leg. 25, § 1; lib. 50, tit. 17, leg. 136; lib. 6, tit. 1, leg. 6, § 1; Cod., lib. 3, tit. 32, leg. 22; lib. 10, tit. 1, leg. 4, § 2; ff, leg. 48, in princip., de acquir. rer. domin.; leg. 25, § 2, ff, de usur. et fructibus; leg. 12, Cod., de rei vendicatione.

Pothier, possession, n. 82, 83; prescription, n. 78; propriété, n. 155, 281, 282, 283, 332, 333, 335, 336, 341, 343, 346, 353, 361; Merlin, R., fruits, § 4; Favard, accessoires, sect. 1; fruits, n. 1; vente, sect. 2, n. 7; Dalloz, propriété, sect. 5, art. 2; Rolland, fruits, § 3; Toullier, t. 4, n. 311; t. 6, n. 545; t. 7, n. 31; t. 8, n. 149; Duranton, t. 4, n. 349, 350; Proudhon, usufruit, t. 3, n. 1133, 1427; t. 4, n. 1926; t. 5, n. 2360, 2414; t. 8, n. 3552; Delvincourt, t. 2, p. 3 et 4; Malpel, succession, p. 414, 416, 427, 658, Perrin, nullités, p. 399.

Pothier, Traité de la propriété, n. 335. — Le possesseur de mauvaise foi est tenu de faire raison de tous les fruits de la chose revendiquée qu'il a perçus, non seulement de ceux qu'il a perçus depuis la demande, mais encore de ceux qu'il a perçus depuis son indue possession.

Il est tenu de faire raison, même de ceux qui proviennent des semences qu'il a mises dans les terres revendiquées, et des labours qu'il a faits; sauf que sur le prix desdits fruits, on doit lui faire déduction de ses semences et de ses labours.

N. 337. — Il est tenu de faire aussi raison, non seulement des fruits qu'il a perçus, mais même de ceux qu'il n'a pas perçus, mais que le demandeur eût perçus, s'il lui eût rendu la chose.

Faure, rapport au Tribunat, 21 janvier 1804. — Lorsque la chose est en la possession d'un autre que le propriétaire, le possesseur est tenu de la rendre aussitôt qu'elle est revendiquée. Mais le projet n'exige pas que ce possesseur, s'il est de bonne foi, rende les fruits qu'il a perçus : il l'y astreint, s'il est de mauvaise foi. Cette distinction paraît infiniment juste.

Le possesseur de bonne foi, croyant que la chose lui appartenait, a joui des fruits comme d'un accessoire de sa propriété : on ne peut lui imputer aucune faute; et ce serait le punir comme coupable en le forçant à restituer ce qu'il n'a peut-être plus.

Il n'en est pas ainsi du possesseur de mauvaise foi. Dès qu'il savait, quand il a perçu les fruits, que la chose ne lui appartenait pas, il savait également qu'il n'avait aucun droit aux fruits. Il devait conserver les fruits comme la chose au légitime propriétaire; c'est pour le propriétaire seul qu'il a joui, comme c'est pour lui seul qu'il a possédé, et rien ne doit être excepté de la restitution.

Rolland de Villargues, v. fruits, n. 57. — La mauvaise foi du possesseur l'assujétit à restituer les fruits qu'il a perçus et ceux qu'il aurait pu percevoir et qui ont péri par sa négligence, tant qu'il n'y a pas prescription de la chose.

N. 58. — Le possesseur de bonne foi n'est pas tenu de rendre les fruits qui seraient encore existans et non consommés lors de la demande formée par le propriétaire, quand ils ont été perçus auparavant.

Duranton, t. 4, n. 350. — Comme le trésor n'est pas un fruit, le possesseur serait tenu à la restitution de la moitié qui lui aurait été attribuée comme propriétaire.

Il en serait de même des produits des mines, carrières ou tourbières, qui ne tombent pas dans la jouissance ordinaire, parce que ces mines, carrières ou tourbières n'étaient point encore en exploitation lorsque le possesseur a commencé à posséder le fonds. Dans le cas contraire, il garderait ces mêmes produits.

550. *Le possesseur est de bonne foi quand il possède comme propriétaire, en vertu d'un titre translatif de propriété dont il ignore les vices.*

Il cesse d'être de bonne foi, du moment où ces vices lui sont connus. (*C. C., art.* 549, 555, 1378 *et suiv.*; 2231, 2265. — *C. de P., art.* 129, 526.)

ff, lib. 50, tit. 17, leg. 126 et 131; leg. 109, ff, de verborum significatione; leg. 25, § 2, ff, de hæredit. petit.; leg. 22, Cod., de rei vendicatione.

Pothier, propriété, n. 337, 342, 395 à 397; Merlin, R., fruits; Dalloz, propriété, sect. 5, art. 2; Toullier, t. 3, n. 76; t. 4, n. 312; t. 6, n. 545; t. 8, n. 149; Duranton, t. 4, n. 351 à 367; Proudhon, usufruit, t. 2, n. 753; t. 5, n. 2414, 2493; Delvincourt, t. 2, p. 3.

Portalis, exposé des motifs au Corps législatif, 17 janvier 1804. — La bonne foi est constatée, quand le possesseur jouit de la chose comme propriétaire, et en vertu d'un titre translatif de propriété dont il ignore les vices.

Il est censé ignorer les vices de son titre, tant qu'on ne constate pas qu'il les connaissait. La loi civile ne scrute pas les consciences : les pensées ne sont pas de son ressort : à ses yeux, le bien est toujours prouvé, quand le mal ne l'est pas.

Procès-verbal du Conseil d'État, 13 octobre 1803. — Malleville pense que la règle établie par la dernière partie de l'article est trop vague : elle ferait naître des contestations sur le moment où la bonne foi du possesseur a cessé.

Treilhard répond que les tribunaux jugeront, d'après les circonstances, quand le possesseur a cessé d'être de bonne foi.

Malleville. — Le titre dont parle notre article ne s'entend pas seulement d'un titre d'acquisition personnel au possesseur, mais d'un titre quelconque qui puisse l'autoriser à jouir. Par exemple, celui qui trouve une chose dans une succession testamentaire ou légitime, ne doit les fruits de cette chose que du jour de la revendication, sans avoir besoin de prouver que son auteur l'avait acquise par un titre légal, car la succession est aussi un titre pour lui.

Hua. — *Où ces vices lui sont connus.* Ou du moment où le propriétaire intente son action en réintégrande : quoique la demande puisse n'être point encore justifiée, elle indique au possesseur la possibilité du vice de sa possession, et cela suffit pour l'obliger à rendre les fruits, à compter de ce jour. Au surplus, la présomption est en faveur du possesseur; il est réputé de bonne foi, tant que le contraire n'est point établi; il n'a aucune preuve à faire à cet égard.

Delvincourt, t. 1, note 6 de la page 176. — *Les vices lui sont connus :* par conséquent *même avant la demande.* Cet article rejette donc l'opinion de ceux qui prétendaient que, dans aucun cas, le possesseur ne devait être réputé de mauvaise foi avant la demande; il n'a fait, en cela, que se conformer aux dispositions des lois romaines.

Rolland de Villargues, v. fruits, n. 58. — L'héritier qui recueille une succession à défaut de parens plus proches, qui ne se présentent pas dans les trois mois et quarante jours, est réputé de bonne foi. Il fait les fruits siens jusqu'au moment de la pétition d'hérédité. (Toullier.)

Toullier, t. 3, n. 76. — Quand les vices de la possession sont-ils censés être suffisamment connus du possesseur? Cette question, abandonnée à la prudence du juge, peut occasioner bien des procès, que l'ancienne jurisprudence prévenait. D'ailleurs, notre article n'est point en harmonie avec les autres dispositions du Code, qui n'admettent les intérêts que du jour de la demande; car les fruits et les intérêts sont au fond la même chose.

De quel moment ces vices seront-ils censés connus? C'est une question de fait abandonnée aux tribunaux. (Sirey, 31, 1re partie, p. 24.)

Suffirait-il qu'un tribunal constatât l'indue détention, pour condamner à la restitution des fruits? *Non.* (Sirey, 33, 1re partie, p. 78.)

Les héritiers peuvent-ils être supposés avoir possédé de bonne foi ce que leur auteur possédait de mauvaise foi? *Non.* (Sirey, 28, 2e partie, p. 131.)

CHAPITRE II.

Du Droit d'accession sur ce qui s'unit et s'incorpore à la chose.

551. *Tout ce qui s'unit et s'incorpore à la chose appartient au propriétaire, suivant les règles qui seront ci-après établies.* (*C. C., art.* 546, 1615.)

Instit., lib. 2, tit. 1, § 29.

Pothier, propriété, n. 156; Merlin, R., accession; Toullier, t. 3, n. 111; Duranton, t. 4, n. 80, 344; t. 5, n. 510; Garnier, chemins, n. 51.

Pothier, Traité du droit de propriété, n. 156. — Lorsqu'une chose s'unit avec la chose qui m'appartient, de manière qu'elles ne font ensemble qu'un seul et même tout, dont ma chose fait ce qu'il y a de principal dans ce tout, le domaine que j'ai de ma chose me fait acquérir par droit d'accession, *vi ac potestate rei meæ*, celui de tout ce qui est uni à cette chose, et qui est censé en faire partie.

Pandectes françaises. — Il y a deux sortes d'accessions : l'une naturelle; c'est celle qui se fait sans que l'homme y intervienne, comme la naissance des fruits : l'autre artificielle ; c'est celle qui est la suite des ouvrages de l'homme, comme la construction d'un bâtiment.

SECTION PREMIÈRE.

Du droit d'accession relativement aux choses immobilières.

552. *La propriété du sol emporte la propriété du dessus et du dessous.* — *Le propriétaire peut faire au dessus toutes les plantations et constructions qu'il juge à propos, sauf les exceptions établies au titre* des Servitudes ou Services fonciers. — *Il peut faire au dessous toutes les constructions et fouilles qu'il jugera à propos, et tirer de ces fouilles tous les produits qu'elles peuvent fournir, sauf les modifications résultant des lois et réglemens relatifs aux mines, et des lois et réglemens de police.* (*C. C., art.* 671 *et suiv.*; 678, 1403, 1615, 2118, 2133; 716, 598, 640. — *Lois du* 6 *août* 1809; 21 *avril* 1810, *sur les mines.* — *Avis du Conseil d'Etat,* 5 *juin* 1810. — *Décret,* 6 *mai* 1811; id., 3 *janvier* 1813.)

ff, lib. 8, tit. 2, leg. 1, 24; Cod., lib. 8, tit. 10, leg. 1, 8 et 9, de servit. et aquâ; leg. 21, § 4, ff, quod vi aut clàm.

Merlin, R., cave; voisinage, § 5; Favard, constructions; servitude, sect. 2, § 4, n. 15; Rolland, mines; Toullier, t. 3, n. 122, 123, 147, 484, 518; t. 4, n. 34; t. 12, n. 131; Duranton, t. 4, n. 369 à 400; Proudhon, usufruit, t. 1, n. 155; t. 6, n. 2980, 2983, 2990; Delvincourt, t. 2, p. 8; Garnier, chemin, p. 51; Fournel, voisinage, caves, fouilles, mines; *id.*, Lois rurales, t. 1, p. 21, 58; Guichard, Quest. possessoires, p. 102; Lepage, nouveau Desgodets, 1re part., chap. 3, sect. 2, art. 10.

Pothier, Traité de la communauté, n. 32. — Les édifices qui sont construits sur un fonds de terre, font partie de ce fonds de terre suivant la règle : *Quod solo inœdificatur, solo cedit.*

Portalis, exposé des motifs au Corps législatif, 17 janvier 1804. — On comprend que la propriété serait imparfaite, si le propriétaire n'était libre de mettre à profit pour son usage toutes les parties extérieures et intérieures du sol ou du fonds qui lui appartient, et s'il n'était le maître de tout l'espace que son domaine renferme.

Nous n'avons pourtant pas dissimulé que le droit du propriétaire, quelque étendu qu'il soit, comporte quelques limites que l'état de société rend indispensables.

Vivant avec nos semblables, nous devons respecter leurs droits, comme ils doivent respecter les nôtres. Nous ne devons donc pas nous permettre, même sur notre fonds, des procédés qui pourraient blesser le droit acquis d'un voisin ou de tout autre. La nécessité et la multiplicité de nos communications sociales ont amené, sous le nom de *servitudes* et sous d'autres, des devoirs, des obligations, des services qu'un propriétaire ne pourrait méconnaître sans injustice, et sans rompre les liens de l'association commune.

Il est d'ailleurs des propriétés d'une telle nature que l'intérêt particulier peut se trouver facilement et fréquemment en opposition avec l'intérêt général dans la manière d'user de ces propriétés : on a fait des lois et réglemens pour en diriger l'usage. Tels sont les domaines qui consistent en mines, en forêts, etc. — Un propriétaire doit encore se résigner à subir les gênes que la police lui impose pour le maintien de la sûreté commune.

Dans toutes ces occurrences, il faut soumettre toutes les affections privées, toutes les volontés particulières, à la grande pensée du bien public.

Duranton, t. 4, n. 370. — De ce que la propriété du sol emporte celle du dessus et du dessous, ce n'est pas néanmoins dans tous les cas que le propriétaire du sol est propriétaire du dessus et du dessous : la règle n'est qu'une conséquence légale et ordinaire du droit de propriété, une présomption générale, mais une présomption qui fléchit devant la volonté du maître du fonds.

En effet, dans le Domaine congéable et dans la constitution du droit d'emphytéose et de superficie, les édifices et superfices ne sont point la propriété du maître du sol tant que le droit du domanier, de l'emphytéote ou du superficiaire subsiste : l'un a le domaine *direct* ; l'autre le domaine *utile*; et c'est la superficie qui produit généralement l'utilité de la chose.

A. Dalloz, propriété, n. 138. — Tel est le principe qui domine la matière : c'est la répétition de cet autre principe, l'accessoire suit le principal.

553. *Toutes constructions, plantations et ouvrages sur un terrain ou dans l'intérieur, sont présumés faits par le propriétaire, à ses frais, et lui appartenir, si le contraire n'est prouvé; sans préjudice de la propriété qu'un tiers pourrait avoir acquise ou pourrait acquérir par prescription, soit d'un souterrain sous le bâtiment d'autrui, soit de toute autre partie du bâtiment.* (*C. C., art.* 1350, 1352, 2219 *et suiv.*)

Instit., de rerum divisione; arg. ex leg. 7, § 10, ff, de acquir. rer. domin.

Pothier, propriété, n. 177; Merlin, R., contre-feu; contre-mur; Favard, constructions; Dalloz, propriété, sect. 4, art. 2, § 1; Toullier, t. 3, n. 124, 469; Duranton, t. 4, n. 371; t. 5, n. 148; Delvincourt, t. 2, p. 8; Garnier, chemin, n. 37, 38; Pardessus, servitude, n. 49. 50; Fournel, Lois rurales, t. 1, p. 22; A. Dalloz, propriété, n. 149, 150.

Faure, rapport au Tribunat, 21 janvier 1804. — Les arbres plantés sur un terrain sont présumés l'avoir été aux frais du propriétaire du sol : celui-ci est également présumé propriétaire des arbres. Cette présomption est de droit, et dispense le maître du fonds de prouver d'une autre manière que les arbres lui appartiennent. Quelqu'un lui en conteste-t-il la propriété ? C'est à celui qui réclame de justifier sa réclamation.

Il en est de même des constructions et ouvrages : la loi regarde comme propriétaire de ces objets le maître du fonds où ils se trouvent. Tant que le contraire n'est pas prouvé, la seule force de la loi suffit pour le maintenir dans cette qualité qu'elle lui donne.

Au surplus, la loi n'entend point porter atteinte aux droits des tiers résultant de la prescription. Un tiers qui aurait possédé quelque partie d'un bâtiment pendant le laps de temps suffisant pour que la prescription fût acquise, ne pourrait être écarté à la faveur de la règle générale. Le propriétaire doit s'imputer d'avoir laissé prescrire : par le long silence qu'il a gardé, la loi le considère comme ayant tacitement consenti à ce que la propriété fût transmise au possesseur.

Delvincourt, t. 1, note 4 de la page 181. — *Sous le bâtiment.* Remarquez, 1° qu'il faut supposer que la possession de ce souterrain a pu être connue du propriétaire du bâtiment. Autrement la propriété ne pourrait en être acquise par la prescription, puisque, pour pouvoir prescrire, il faut posséder *publiquement*. (Art. 2229.)

2° Qu'il faut bien distinguer le droit de propriété d'un souterrain sous le bâtiment d'autrui, du droit de passage qu'on pourrait avoir, à titre de servitude, sous le même bâtiment. Cette distinction est importante pour l'acquisition et la conservation du droit. On peut acquérir la propriété par la prescription ; *secùs*, du droit de passage. On perd le droit de passage, par le simple non usage pendant trente ans; *secùs*, du droit de propriété, à moins que, pendant ce temps, la chose n'ait été possédée par un autre.

Duranton, t. 4, n. 372. — Ainsi, les possesseurs de bonne ou mauvaise foi, n'importe, pourront prouver que ce sont eux qui ont fait faire les travaux ; et cette preuve, dans tous ceux qui possédaient pour eux, à titre de propriétaire, emportera, jusqu'à preuve contraire, celle qu'ils les ont fait faire à leurs frais. Ils établiront même l'un et l'autre en prouvant que les travaux ont été faits pendant leur possession.

N. 373. — La preuve que les constructions et travaux ont été faits par un tiers et à ses dépens, s'administrera, soit par les mémoires des ouvriers, soit, à l'égard des fermiers et locataires, par les états de lieux, s'il en a été fait, et même par le témoignage des ouvriers et autres, sur-tout lorsqu'il s'agira d'un possesseur, même de mauvaise foi.

554. *Le propriétaire du sol qui a fait des constructions, plantations et ouvrages avec des matériaux qui ne lui appartenaient pas, doit en payer la valeur; il peut aussi être condamné à des dommages et intérêts, s'il y a lieu : mais le propriétaire des matériaux n'a pas le droit de les enlever.*

ff, lib. 47, tit. 3; lib. 6, tit. 1, leg. 23, § 6 et 7, de rei vendicatione; leg. 1 et 2, de tigno juncto.

Pothier, propriété, n. 78, 170, 171, 172, 178; Merlin, R., arbre, n. 10; dommages-intérêts; Favard, constructions; Dalloz, propriété, sect. 4, art. 2, § 1; Pailliet, Dictionnaire universel, arbre, sect. 16; accession, § 3; Toullier, t. 3, n. 125; Duranton, t. 4, n. 374; Proudhon, usufruit, t. 5, n. 2589; Delvincourt, t. 2, p. 8.

Pothier, Traité du droit de propriété, n. 178. — Dans notre droit, on condamne celui qui a employé dans son bâtiment des matériaux qui ne lui appartenaient pas, à rendre à celui à qui ils appartenaient le prix qu'ils veulent, suivant l'estimation qui doit en être faite par experts.

Faure, rapport au Tribunat, 21 janvier 1804. — Quoique le propriétaire du sol ait planté les arbres, quoiqu'il ait fait les constructions, il peut arriver que les arbres qu'il a employés, que les matériaux dont il s'est servi ne lui appartenaient point, qu'ils appartenaient à une autre personne. — Il ne serait pas juste que ce tiers en souffrît. Il répugnerait à la raison que le propriétaire du sol profitât de ce qui n'était point à lui, sans en tenir compte au légitime propriétaire de ces objets.

Qu'il soit de bonne foi ou qu'il ne le soit pas, il doit également en payer la valeur; mais il ne doit que la valeur, s'il est de bonne foi. Le propriétaire eût-il éprouvé quelque préjudice par la privation de ces objets, ne peut demander davantage : ce qu'il exigerait de plus ne serait point le paiement d'une dette; ce serait la punition d'une faute. Mais lorsqu'il n'y a point de faute, il ne peut y avoir de peine; et l'on n'est pas répréhensible pour avoir fait usage d'objets qu'on croyait être à soi.

Si, quand on a fait cet usage, on savait qu'on n'était pas propriétaire des objets employés, c'est alors qu'on est dans le cas de la mauvaise foi : alors on ne doit pas en être quitte pour payer la valeur de ces objets. Pour peu que celui à qui ils appartenaient en ait éprouvé quelque dommage, le tort qui lui a été fait doit être réparé. La justice doit condamner l'auteur de ce dommage à une réparation proportionnée. Si même les circonstances étaient de nature à faire croire qu'il avait l'intention de voler ces arbres ou ces matériaux, il serait poursuivi comme coupable de vol, et pourrait être puni comme tel.

Mais, dans tous les cas, dans celui de la mauvaise foi comme dans celui de la bonne foi, les objets une fois employés ne peuvent être enlevés par celui qui en était le propriétaire : il serait plutôt reçu à faire vendre la chose, si son débiteur n'avait pas d'ailleurs assez pour le satisfaire. Enlever les arbres serait souvent les détruire; enlever les matériaux, serait dégrader la construction. L'équité ne permet pas de rendre le mal pour le mal, et souvent le résultat serait très-stérile pour celui qui se serait ainsi vengé.

Malleville. — Cette décision est juste en général, et pour ce qu'on entend communément comme matériaux. Mais, si quelqu'un avait employé dans son mur une colonne ou une statue appartenant à autrui, je pense que celui-ci serait fondé à les revendiquer.

Duranton, t. 1, note 4 de la page 181. — Je pense, au surplus, que la créance de la valeur des matériaux doit être privilégiée sur le bâtiment, d'après les § 3 et 4 de l'art. 2102, et même d'après le § 4 de l'art. 2103.

Duranton, t. 4, n. 375. — Il n'y a, quant à l'application de l'article, aucune distinction à faire entre le cas où le propriétaire du sol a employé *sciemment* les matériaux d'autrui, et celui où il l'a fait par erreur : dans les deux cas il en reste le maître, d'après la règle *quod solo inædificatum, solo cedit*. Mais, dans le premier cas, son dol peut entraîner contre lui des condamnations, et même des peines corporelles, suivant la nature des cas. (Toullier, t. 3, n. 125; Delvincourt, t. 1, p. 131, note 6.)

La disposition s'appliquerait également, quand même ce ne serait point le propriétaire, mais un simple possesseur, ou un détenteur à titre précaire, qui aurait employé les matériaux d'autrui.

A. Dalloz, propriété, n. 152. — Le droit de conserver les matériaux lui appartient sans distinction entre la bonne ou la mauvaise foi, dans l'emploi des matériaux d'autrui. (Toullier, t. 3, n. 125; Duranton, t. 4, n. 375; Dalloz aîné, n. 3.)

555. *Lorsque les plantations, constructions et ouvrages ont été faits par un tiers et avec ses matériaux, le propriétaire du fonds a droit ou de les retenir, ou d'obliger ce tiers à les enlever.*

Si le propriétaire du fonds demande la suppression des plantations et constructions, elle est aux frais de celui qui les a faites, sans aucune indemnité pour lui; il peut même être condamné à des dommages et intérêts, s'il y a lieu, pour le préjudice que peut avoir éprouvé le propriétaire du fonds.

Si le propriétaire préfère conserver ces plantations et constructions, il doit le remboursement de la valeur des matériaux et du prix de la main-d'œuvre, sans égard à la plus ou moins grande augmentation de valeur que le fonds a pu recevoir. Néanmoins, si les plantations, constructions et ouvrages ont été faits par un tiers évincé, qui n'aurait pas été condamné à la restitution des fruits, attendu sa bonne foi, le propriétaire ne pourra demander la suppression desdits ouvrages, plantations et constructions; mais il aura le choix, ou de rembourser la valeur des matériaux ou du prix de la main-d'œuvre, ou de rembourser une somme égale à celle dont le fonds a augmenté la valeur.

ff, leg. 37 et 38, de rei vendicat.; leg. 7, § 10, 11 et 12, de acquir. rerum domin.

Pothier, propriété, n. 170, 172, 346, 347; Merlin, R., amélioration; arbre, n. 10; bâtimens; Favard, construction; propriété, n. 8; Dalloz, propriété, sect. 4, art. 2, § 1; Rolland, impenses, n. 12 et suiv.; Pailliet, Dictionnaire universel, accession, § 3; amélioration; arbre, sect. 17 et 18; Toullier, t. 3, n. 128 à 130, 427; t. 5, n. 130, note 3; t. 11, n. 55; Duranton, t. 4, n. 21, 24, 42, 80, 378, 379; Proudhon, usufruit, t. 3, n. 1133, 1426, 1450, 1456; t. 4, n. 1691, 1705, 2090; t. 5, n. 2589, 2620; Delvincourt, t. 2, p. 9; Fournel, voisinage, t. 1, p. 37 à 40; *id.*, Lois rurales, t. 1, p. 129 et 130.

Portalis, exposé des motifs au Corps législatif, 17 janvier 1804. — Il peut arriver qu'un tiers vienne faire des plantations dans le fonds d'autrui, ou y construire un édifice. A qui appartient cet édifice ou cette plantation? Nous supposons le tiers de bonne foi; car s'il ne l'était pas, son procédé ne serait qu'une entreprise, un attentat. Il ne s'agirait point de peser un droit, mais de réprimer un délit.

Les divers jurisconsultes ne se sont point accordés sur cette question. Les uns ont opiné pour le propriétaire du fonds, et les autres pour l'auteur de la plantation. Il en est même qui ont voulu établir une sorte de société entre le planteur et le propriétaire foncier. — A travers les différens systèmes des auteurs, nous sommes remontés au droit romain, qui décide qu'en général tout doit céder au sol qui est immobile; et qu'en conséquence, dans la nécessité de prononcer entre le propriétaire du sol et l'auteur de la plantation, qui ne peuvent demeurer en communauté malgré eux, le propriétaire du sol doit avoir la préférence, et obtenir la propriété des choses qui ont été accidentellement réunies à son fonds.

Nous donnons au propriétaire du sol sur lequel un tiers a fait des plantations la faculté de les conserver, ou d'obliger ce tiers à rétablir les lieux dans leur premier état.

Dans le premier cas, nous soumettons le propriétaire à payer la valeur des plantations qu'il conserve et le salaire de la main-d'œuvre, sans égard à ce que le fonds même peut avoir gagné par la plantation nouvelle. — Dans le second cas, le tiers planteur est obligé de rétablir les lieux à ses propres frais et dépens; il peut même être exposé à des dommages-intérêts.

Nous décidons, par les mêmes principes, les questions relatives aux constructions de bâtimens et autres ouvrages faits par un tiers sur le terrain d'autrui. Nous avons pensé qu'on ne saurait trop avertir les citoyens des risques qu'ils courent, quand ils se permettent des entreprises contraires au droit de propriété.

Nous avons excepté de la règle générale le cas où celui qui aurait planté ou construit dans le fonds d'autrui serait un possesseur de bonne foi, qui aurait été évincé sans être condamné à la restitution des fruits, et qui aurait planté ou construit pendant sa possession. Dans ce cas, le propriétaire est tenu, ou de payer la valeur des constructions ou plantations, ou de payer une somme égale à l'augmentation de valeur que ces plantations ou constructions peuvent avoir apportée au sol.

Malleville. — La décision du premier paragraphe de l'article est sans difficulté, lorsqu'il s'agit d'un corps entier de bâtiment construit sur le fonds d'autrui. Mais il n'en est pas de même, s'il n'est question que d'une anticipation peu considérable et de quelques pieds de terrain faits sur le fonds d'autrui en bâtissant, sans opposition de la part du propriétaire. Il serait alors injuste de l'obliger à démolir et à rendre sa maison difforme, quelquefois inhabitable, parce qu'il n'aura pas bien pris son alignement; et il en doit être de ce cas, comme de celui de l'article précédent, où le propriétaire qui a bâti avec les matériaux d'autrui peut empêcher la démolition, en en payant la valeur. Par la même raison, celui qui a seulement anticipé sans opposition sur le fonds d'autrui, doit en être quitte, en payant la valeur du sol et les dommages-intérêts dus au propriétaire.

Hua. — *De les retenir.* Sans considérer si ou non les matériaux ou plantations peuvent être enlevés, et si les lieux peuvent être remis dans leur premier état. Le tiers n'a point l'option ; il a à s'imputer son action au moins irréfléchie. Au surplus, si le propriétaire conserve les choses, celui qui les avait faites ne perd point, puisque ses dépenses lui sont remboursées.

Attendu sa bonne foi. D'après le membre de phrase qui précède, la bonne foi doit s'établir par un jugement, et toute autre voie pour la prouver est inadmissible.

Delvincourt, t. 1, note 9 de la page 181. — *Tiers de bonne foi.* Il faut entendre par là celui qui possède comme propriétaire, en vertu d'un titre translatif de propriété, dont il ignore les vices. (Toullier, t. 3, n. 129.)

Dalloz, propriété, sect. 4, art. 2, § 1, n. 6. — Le droit que donne cet article au constructeur de réclamer les constructions qu'il a faites n'est pas une créance, ni même un privilége ; c'est une véritable revendication. Il est à remarquer que le Code n'a point fixé le délai dans lequel le tiers constructeur serait tenu d'exercer sa revendication.

A. Dalloz, propriété, n. 168. — Si un immeuble possédé par un tiers est revendiqué par des héritiers, les impenses sont dues au tiers évincé, savoir : pour le capital par les héritiers, et pour les intérêts par l'usufruitier de cet immeuble. (Proudhon, *eod.*, n. 1881.)

L'intérêt minime que semble avoir le propriétaire à demander la démolition des constructions peut-il faire résoudre son droit à une simple indemnité? *Non.* (Dalloz, 1823, 1re partie, p. 205.)

556. *Les attérissemens et accroissemens qui se forment successivement et imperceptiblement aux fonds riverains d'un fleuve ou d'une rivière, s'appellent* alluvion. — *L'alluvion profite au propriétaire riverain, soit qu'il s'agisse d'un fleuve ou d'une rivière navigable, flottable ou non; à la charge, dans le premier cas, de laisser le marche-pied ou chemin de halage, conformément aux réglemens.* (*C. C., art.* 596, 650. — *Décret du* 19 *février* 1811. — *Ordonnance du* 13 *juin* 1821. — *Décret du* 28 *mars* 1807; id. *du* 18 *août suiv.*)

ff, lib. 41, tit. 10, leg. 2; leg. 7, § 1, de acquirend. rer. domin.

Pothier, propriété, n. 157, 159; Merlin, R., alluvion, *in princ.*; Favard, alluvion, n. 1 et 4; Dalloz, propriété, sect. 4, art. 2, § 1; Rolland, chemin; Pailliet, Dictionnaire universel, accession, § 3; alluvion; apanages, sect. 3, § 2; Toullier, t. 3, n. 150; Duranton, t. 4, n. 400 à 418; Delvincourt, t. 2, p. 9; Fournel, alluvion, chemins publics, n. 5; *id.*, Lois rurales, p. 11, 18, 338; Garnier, chemin, n. 8 et suiv., 25 à 28; *id.*, eaux, n. 6 et suiv, 83; Grenier, hypothèques, t. 1, p. 304, 308.

Pothier, Traité du droit de propriété, n. 157. — On appelle *alluvion* l'accrue qu'une rivière a faite à la longue à un champ, par les terres qu'elle y a charroyées d'une façon imperceptible : *Alluvio est incrementum latens quod agro ità adjicitur ut non possit intelligi quantùm quoque temporis momento adjiciatur.* (Instit.)

Portalis. — Il fut établi, avant la révolution, que les alluvions doivent appartenir au propriétaire riverain, par cette maxime naturelle que le profit appartient à celui qui est exposé à souffrir le dommage. Des propriétés riveraines sont menacées plus qu'aucune autre. Il existe pour ainsi dire une sorte de contrat aléatoire entre le propriétaire du fonds riverain et la nature, dont la marche peut à chaque instant ravager ou accroître ce fonds.

Ainsi, nous avons cru devoir rétablir les propriétaires riverains dans l'exercice de leurs droits naturels. Nous les avons seulement soumis, relativement aux fleuves et rivières navigables, à laisser libre l'espace de terrain suffisant pour ne pas nuire aux usages publics.

Faure, rapport au Tribunat, 21 janvier 1804. — Pour que l'alluvion existe, il faut que l'accroissement ait été successif et imperceptible : ces deux conditions sont absolument indispensables. La nature, par une opération si lente, semble s'être complue à gratifier les fonds riverains de ce supplément de richesse. — Le projet ne distingue point si l'alluvion provient d'un fleuve ou si elle provient d'une rivière, si cette rivière est navigable ou si elle ne l'est pas.

Procès-verbal du Conseil d'Etat, 20 octobre 1803. — Defermon rappelle que le Conseil a déclaré le chemin de halage propriété domaniale. Il fait observer que les motifs de cette décision s'appliquent également au marche-pied.

Fourcroy dit que la disposition dont on vient de parler ne doit être étendue qu'aux rivières flottables ou navigables.

Delvincourt, t. 1, note 1re de la page 182. — Le chemin de halage n'est pas propriété publique; il est censé, jusqu'à preuve contraire, appartenir aux propriétaires riverains; l'état n'en jouit qu'à titre de servitude légale. De là il résulte que, si la rivière vient à se retirer, le droit de servitude sur l'ancien chemin s'évanouit, et les propriétaires riverains en recouvrent la jouissance, en laissant toujours un chemin semblable, qui est pris alors sur le terrain abandonné par la rivière.

Rolland de Villargues, v. chemin de halage, n. 46. — L'obligation de laisser un chemin de halage s'applique à toutes les rivières, à tous les fleuves navigables ou flottables, soit que la navigation s'y fasse à trait de chevaux ou d'hommes, ou par l'impulsion du vent, ou à l'aide du flux ou reflux, sauf toutefois la largeur, qui varie suivant les cas. Elle doit être de vingt-quatre pieds pour le trait de chevaux; l'on ne peut cependant planter des arbres, établir des haies ou des clôtures, ou creuser des fossés plus près du bord que quatre pieds. Le contre-chemin de halage doit être de dix pieds sur l'autre bord ou sur chaque, tant qu'il n'y a pas de tirage de chevaux d'établi. Cependant le long des rivières ou ruisseaux où le flottage des bois se fait à bûches perdues, ce marche-pied étant uniquement destiné au passage des employés à la conduite des flots, sa largeur est fixée à quatre pieds seulement. (Voir ordonnances de 1520, 1669, 1672; arrêt du Conseil, de juin 1772; décret du 16 messidor an 13.)

Duranton, t. 4, n. 402. — Le chemin de halage n'appartient pas moins aux riverains, puisqu'autrement l'alluvion, dans les rivières navigables ou flottables, devrait appartenir à l'Etat.

A. Dalloz, propriété, n. 190. — Celui dont l'héritage est séparé de la rivière par un chemin public ne peut profiter de l'alluvion, car c'est l'Etat alors qui est riverain. (Garnier, n. 83; Proudhon, n. 1271, p. 81; Dalloz aîné, *eod.*, n. 16; Dalloz, p. 36, 1re part. *Contrà :* D'Aviel, *cours d'eau.*)

Question controversée. — Les alluvions ou attérissemens qui se forment dans un fleuve ou une rivière, le long d'une grande route ou d'un chemin vicinal, appartiennent-ils, non à l'Etat ou aux communes, mais aux propriétaires dont les fonds se trouvent situés de l'autre côté de ce chemin? *Pour :* Toulouse, 9 janvier 1829, Dalloz, t. 29, 2e part., p. 205; Sirey, t. 29, 2e part., p. 190; *id.*, de la même Cour, 26 novembre 1812, Sirey, t. 22, 2e part., p. 231; Orléans, 24 août 1832, Dalloz, t. 36, 1re part., p. 104; Sirey, t. 36, 1re part., p. 408; d'Aviel, Pratique des cours d'eaux, p. 81; Decamps, Manuel des propriétaires riverains, p. 82, 93, 94. *Contre :* cassation, 16 février 1836, Sirey, t. 36, 1re part., p. 405; Dalloz, t. 36, 1re part., p. 103; *id.*, 12 décembre 1832, Sirey, t. 33, 1re part., p. 5; Dalloz, t. 33, 1re part., p. 102; Garnier, Régime des eaux, n. 83; Chardon, droits d'alluvion, n. 159; Proudhon, domaine public, t. 4, n. 1271. Voir l'art. 538 du Code civ. (Journal de la Magistrature, t. 4, p. 319 à 322.)

557. *Il en est de même des relais que forme l'eau courante qui se retire insensiblement de l'une de ses rives, en se portant sur l'autre; le propriétaire de la rive découverte profite de l'alluvion, sans que le riverain du côté opposé y puisse venir réclamer le terrain qu'il a perdu.*

Ce droit n'a pas lieu à l'égard des relais de la mer.

ff, leg. 7, § 1, de acquirend. rerum domin.

Pothier, propriété, n. 159; Merlin, R., alluvion; Toullier, t. 3, n. 150, 153; Duranton, t. 4, n. 403; Delvincourt, t. 2, p. 9, 10; Garnier, chemins, p. 25 et 31.

Nota. Il faut remarquer les mots *imperceptiblement* et *insensiblement*, dont se servent les art. 556 et 557. Si l'accroissement ou le relais était *subit*, il appartiendrait au propriétaire de l'héritage qui aurait souffert la diminution, parce qu'il est évident que la portion détachée ou abandonnée ferait réellement partie de l'héritage auquel elle tenait évidemment. (Dénisart, v. alluvion.)

Proudhon, usufruit, n. 1377; A. Dalloz, propriété, n. 201.

Faure, rapport au Tribunat, 21 janvier 1804. — Quand le fleuve, en s'éloignant d'un côté de la rive, aurait inondé dans la même proportion les terres de la rive opposée, et s'y serait établi, le propriétaire des terres couvertes par le fleuve ne pourrait réclamer le profit de l'alluvion.

Indépendamment des embarras et difficultés qui seraient la suite inévitable de pareilles réclamations, la préférence doit être accordée au propriétaire le plus voisin de l'alluvion, puisque la partie découverte s'y trouve réunie naturellement : ni l'alluvion, ni l'inondation ne viennent de son fait. Sa propriété, au lieu d'être accrue, pouvait être diminuée; c'est une chance qu'il a courue : personne ne l'aurait dédommagé du mal ; personne ne doit le priver du bien.

Tout ce qui vient d'être dit est applicable aux eaux courantes.

La loi n'étend pas le droit d'alluvion aux relais de la mer. Les rivages de la mer font partie des limites de l'Etat. L'intérêt politique exige, pour tout ce qui concerne la mer et ses rivages, une législation spéciale.

Pandectes françaises. — Le relais ne diffère de l'alluvion qu'en ce qu'il se forme par l'empiétement des eaux du fleuve ou de la rivière sur un de ses côtés, en abandonnant l'autre. Au reste, l'augmentation du fonds situé du côté où se fait le relais doit toujours être insensible, et l'on suit les mêmes principes.

Rien n'empêche le riverain sur lequel le fleuve ou la rivière empiète, de se défendre contre son invasion, par des travaux propres à arrêter ses progrès.

Duranton, t. 4, n. 403. — Par identité de raison, le fermier en jouit aussi.

558. *L'alluvion n'a pas lieu à l'égard des lacs et étangs, dont le propriétaire conserve toujours le terrain que l'eau couvre, quand elle est à la hauteur de la décharge de l'étang, encore que le volume de l'eau vienne à diminuer.*

Réciproquement, le propriétaire de l'étang n'acquiert aucun droit sur les terres riveraines que son eau vient à couvrir dans des crues extraordinaires. (C. P., art. 457 et 479.)

Leg. 7, § 6, et leg. 12, in princip., ff, de acquir. rer. domin.

Favard, complainte, sect. 1, § 2, n. 5; Dalloz, propriété, sect. 4, art. 2, § 1; Rolland, étang; Toullier, t. 3, n. 138, 139, 153; Duranton, t. 4, n. 406 à 417; Delvincourt, t. 2, p. 10; Fournel, voisinage, étang; *id.*, Lois rurales, t. 1, p. 13; Guichard, Questions possessoires, p. 110 à 112, 382.

Faure, rapport au Tribunat, 21 janvier 1804. — Les lacs et étangs ne sont pas non plus sujets au droit d'alluvion. Ce ne sont point des eaux courantes, susceptibles de s'étendre d'un côté et de s'éloigner de l'autre. Le volume de l'eau vient-il à diminuer ? C'est l'effet de la sécheresse, ou d'une déperdition d'eau causée par quelque circonstance locale. Augmente-t-il considérablement? c'est l'effet de pluies abondantes. Si donc l'étang est à sec en quelque partie, le propriétaire de l'étang ne perd rien de ce qui est à découvert. De même, en cas de crue extraordinaire, il ne gagne rien de ce que l'eau vient à couvrir au-delà de son lit.

Malleville. — Cet article suppose un lac ou étang appartenant à un particulier; mais s'il était public, le droit d'alluvion devrait s'y étendre.

Sur les lacs et étangs particuliers même, il peut arriver qu'ils prennent de l'accroissement, non par une cause momentanée, mais permanente, et qu'ainsi ils couvrent habituellement une plus grande partie du fonds environnant. Le propriétaire de ce fonds en serait-il privé? Je crois qu'il faudrait ordonner le mesurage de tous ces lacs en temps ordinaires, en poser les bornes, et ordonner qu'en cas d'extension, le propriétaire environnant y aura part, en raison du terrain envahi.

Delvincourt, t. 1, note 1 de la page 183. — *Dans des crues extraordinaires.* C'est qu'il y a une limite de la propriété, qui est déterminée par la décharge de l'étang.

Rolland de Villargues, v. étang, n. 5. — L'établissement d'un étang n'est soumis par aucune loi à la nécessité d'une autorisation préalable de l'administration. (Garnier, n. 103.)

N. 6. — Il n'en existe pas davantage qui oblige le propriétaire de l'étang à le munir d'un déversoir, et à en faire fixer la hauteur par l'autorité administrative. C'est aux tribunaux qu'il appartient à cet égard de prononcer sur les difficultés des parties. (Grenier, n. 104; Pardessus, n. 80; Toullier, t. 3, n. 138.)

Toullier, t. 3, n. 139. — Les propriétaires riverains ne peuvent acquérir aucune possession utile sur ce terrain que la loi conserve au propriétaire de l'étang. Ainsi, la possession d'y couper de l'herbe, d'y faire paître leurs bestiaux, ne pouvant être que précaire, ne leur attribue aucun droit, ni au possessoire, ni au pétitoire. Par la même raison, l'alluvion n'a pas lieu en faveur des propriétaires riverains d'un étang.

N. 147. — Mais si la source de l'étang ne prend pas naissance dans le fonds du propriétaire, il ne peut pas, plus que tout autre dont une eau courante traverse la propriété, en détourner les eaux, en tout ou en partie, sans les rendre à leur cours ordinaire.

Duranton, t. 4, n. 408. — Chacun peut faire des étangs sur ses héritages, pourvu qu'il n'entreprenne point sur le domaine public ou des particuliers.

En construisant un étang, non seulement on doit le faire d'une manière qu'il ne puisse nuire aux particuliers, ni aux chemins publics ou vicinaux, mais encore il *faut l'entretenir dans cet état.* Dès qu'il manque quelque chose à la chaussée ou à la bonde, dit Boutaric, le propriétaire doit s'empresser de le réparer; sinon, il répond de tous les dommages qu'occasionerait la chûte des eaux.

N. 409. — La loi du 11 septembre 1792 porte que « lorsque les étangs, » d'après les avis et procès-verbaux des gens de l'art, pourront occasioner, par la stagnation de leurs eaux, des maladies épidémiques ou » épizooties, ou que, par leur position, ils seront sujets à des inondations qui envahissent ou ravagent les propriétés inférieures, les » conseils généraux des départemens (aujourd'hui les préfets), sont » autorisés *à en ordonner la destruction*, sur la demande des conseils » généraux des communes (aujourd'hui les conseils municipaux), » et d'après les avis des administrations de district (aujourd'hui les » sous-préfets.) »

Les étangs que l'on veut dessécher sont soumis aux formalités de la loi du 16 septembre 1807.

N. 410. — Lorsqu'un propriétaire veut établir un étang, il convient qu'il élève la chaussée à la hauteur qui lui est nécessaire pour contenir le volume d'eau que l'étang doit renfermer, même dans les grandes crues ; car, suivant ce qu'enseigne Boutaric, le propriétaire ne peut ensuite élever les digues et chaussées sans le consentement des voisins. Cela doit toutefois s'entendre du cas où l'exhaussement donnerait lieu à un amas d'eau dont le volume, dans les crues même extraordinaires, pourrait nuire aux propriétés inférieures ou environnantes.

N. 411. — Il arrive souvent, dit Boutaric, que les étangs sont si voisins les uns des autres, que l'eau de l'étang inférieur touche la chaussée de l'étang supérieur. Dans cette position, le propriétaire de l'étang inférieur est, suivant cet auteur, tenu de donner à l'autre la vidange en temps convenable pour la pêche.

N. 412. — Revel observe que si l'eau d'un étang regorge jusqu'à un chemin qui en est inondé, le propriétaire de l'étang peut être contraint d'y bâtir un pont. Nous ajouterons que si c'est un chemin public ou vicinal, l'administration générale ou communale peut même prendre d'autres mesures à cet égard; par exemple, faire baisser la chaussée de l'étang, ou même en ordonner la destruction, suivant les circonstances. Si c'est un chemin appartenant à un particulier, celui-ci peut également exiger que la chaussée de l'étang soit abaissée, si toutefois l'inondation est fréquente.

N. 413. — Si la chaussée subsistait dans cet état depuis le temps nécessaire pour prescrire, le propriétaire de l'étang aurait acquis par là le droit de la maintenir.

N. 414. — Mais le propriétaire de l'étang ne pourrait prétendre avoir prescrit la propriété du terrain couvert de temps à autre, attendu qu'il n'en a pas joui comme propriétaire : *tantum possessum, tantum præscriptum ;* de telle sorte que, même durant l'inondation, les riverains pourraient toujours envoyer paître leurs troupeaux sur la partie de leur terrain couverte par les eaux.

N. 416. — Le propriétaire d'un étang peut suivre son poisson qui a remonté par une crue ou débordement d'eau, jusque dans la fosse ou auge de l'étang supérieur : et suivant les anciens usages, qui ne nous paraissent pas abrogés sur ce point, il peut faire vider cette fosse dans la huitaine, le propriétaire de l'étang supérieur présent ou dûment appelé.

Victor Augier, Encyclopédie des juges de paix, eaux, sect. 3, n. 9. — La Cour de cassation a jugé, le 23 avril 1811, que la loi ayant conservé pour le propriétaire de l'étang la possession du terrain couvert par les eaux, lorsqu'elles sont à la hauteur de la décharge, la possession invoquée contre le propriétaire riverain, résultant d'un fait de fauchaison, ne pouvait être que précaire.

Nous croyons que la décision devrait être différente, si la possession du riverain de l'étang était telle qu'elle empêchât les eaux de couvrir le terrain objet du litige possessoire ; si, par exemple, le riverain avait construit une digue, élevé un mur : le terrain occupé ne ferait plus alors nécessairement partie du lit, du bassin de l'étang.

N. 11. — Pour fixer le niveau des eaux et mesurer *l'accinct* d'un étang, on doit prendre, pour point de départ, le *seuil* même de la décharge, et non la hauteur des barreaux pris sous le chapeau. C'est, en effet, lorsqu'elles sont arrivées au seuil de la décharge, que les eaux commencent à déverser leur trop plein.

A. Dalloz, propriété, n. 217. — Le droit d'alluvion n'a pas lieu à l'égard des torrens dont le passage n'est que momentané, des canaux creusés de main d'homme, des biefs des moulins et usines. (Chardon, n. 23 et suivans; Dalloz aîné, *eod.*, n. 12; Proudhon, *cod.*, n. 1281.)

559. *Si un fleuve ou une rivière, navigable ou non, enlève par une force subite une partie considérable et reconnaissable d'un champ riverain, et la porte vers un champ inférieur ou sur la rive opposée, le propriétaire de la partie enlevée peut réclamer sa propriété; mais il est tenu de former sa demande dans l'année: après ce délai, il n'y sera plus recevable, à moins que le propriétaire du champ auquel la partie enlevée a été unie, n'eût pas encore pris possession de celle-ci.* (*C. C.*, *art.* 538, 2237.)

ff, lib. 50, tit. 17, leg. 11; lib. 39, tit. 2, leg. 9, § 2, 3 et 4; Cod., lib. 7, tit. 37, leg. 1; *ibid.*, tit. 42; leg. 7, ff, § 2, de acquir. rer. domin.

Pothier, propriété, n. 158, 165; Merlin, R., attérissement; île; Favard, alluvion, n. 1; Dalloz, propriété, sect. 4, art. 2, § 1; Toullier, t. 3, n. 154; Delvincourt, t. 2, p. 9; Fournel, voisinage, attérissement, 1re question; îles et îlots; *id.*, Lois rurales, t. 1, p. 21.

Pothier, Traité du droit de propriété, n. 165. — Lorsque les *pluies* entraînent avec elles les parties les plus grasses de la terre des champs élevés, et les portent dans les champs bas, où ces parties de terre restent et s'incorporent avec lesdits champs, lesdites parties de terre qui s'incorporent ainsi avec le champ bas, avec lequel elles ne font qu'un même tout et qu'une même chose, devenant, de cette manière, des parties accessoires de ce champ, le domaine de ces parties de terre est acquis par le droit d'accession, au propriétaire du champ.

Procès-verbal du Conseil d'Etat, 20 octobre 1803. — Pelet demande si cet article s'applique au cas si fréquent dans les pays de montagnes, où des bâtimens et des bois sont emportés dans la vallée.

Tronchet répond que l'article ne s'applique qu'à l'enlèvement de la superficie, et non au cas où le fonds même a été enlevé. Il est impossible, en effet, à un propriétaire de venir reprendre les terres qui se détachent insensiblement; mais si des arbres et des bâtimens ont été emportés, comme il est facile de les reconnaître, on ne peut refuser au propriétaire la faculté de les reprendre.

Faure, rapport au Tribunat, 21 janvier 1804. — Ce qu'on appelle *alluvion* étant un accroissement successif et imperceptible, il en résulte que les terres enlevées tout à coup par un fleuve ou une rivière navigable ou non, et portées vers un champ inférieur ou sur la rive opposée, ne peuvent être considérées comme terres d'alluvion. Le propriétaire a droit de réclamer sa propriété partout où il la trouve. L'enlèvement de ses terres est l'effet d'une crise violente opposée à la marche ordinaire de la nature. L'on ne peut pas dire que la nature a uni: on doit dire au contraire que la violence a désuni. Tant que le propriétaire du champ auquel la partie enlevée se trouve jointe n'a pas encore pris possession de cette partie, l'ancien propriétaire est recevable à réclamer. Il ne l'est plus s'il a laissé passer un an depuis la prise de possession.

Un plus long terme prolongerait l'incertitude des nouveaux possesseurs, et retarderait la culture de leurs nouvelles terres. Le silence que l'ancien propriétaire a gardé pendant une année suffit pour faire présumer qu'il n'a pas voulu faire usage de son droit de réclamation.

Malleville. — On demande si cet article s'appliquait aux cas où des bâtimens et des bois entiers sont emportés dans les vallées. — Il fut répondu qu'il ne s'appliquait qu'à l'enlèvement de la surface du fonds et non au fonds même.

Cette réponse a été mal rendue sans doute; elle ne résout pas la question, et sans doute le cas qui en est l'objet n'est pas assez fréquent pour mériter une solution particulière. Mais s'il arrivait qu'un orage enlevât une maison ou une vigne, et les fît couler dans le vallon prochain sans les dégrader, sans doute leur propriétaire serait en droit d'en emporter ce qu'il pourrait; mais s'il ne le faisait pas dans le temps prescrit, il serait censé les abandonner au propriétaire du sol sur lequel ils auraient été portés, et ce serait toujours ce dernier qui devrait être censé avoir conservé son terrain originaire avec tous les attributs attachés à la propriété.

Delvincourt, t. 1, note 2 de la page 182. — *Quid*, si le propriétaire du fonds d'où la partie est détachée est mineur? On tient en général que toutes les prescriptions courtes, c'est-à-dire au-dessous de dix ans, courent contre les mineurs, sauf leur recours contre leurs tuteurs. D'ailleurs, ici, cette espèce de prescription tient en quelque sorte à l'ordre public.

Duranton, t. 4, n. 417. — Si, au lieu d'une addition *juxtà-positio*, c'était une superposition, c'est-à-dire une partie de terrain apportée sur un champ, il y aurait lieu au droit d'alluvion comme dans le cas d'accroissement insensible. Il ne serait pas juste, en effet, que le maître du terrain couvert par la partie enlevée en fût dépouillé par cet événement; et c'est ce qui arriverait en réalité dans le système contraire.

A. Dalloz, propriété, n. 226. — L'art. 559 n'autorise pas la revendication des sables, pierres et terres amenés en détail de la rive opposée.

N. 229. — *Dans l'année.* Mais il est entendu que le propriétaire du fonds couvert par la partie transportée, peut, avant l'expiration de l'année, exiger que son champ soit débarrassé des objets qui le couvrent. (Dalloz aîné, n. 21.)

560. *Les îles, îlots, attérissemens, qui se forment dans le lit des fleuves ou des rivières navigables ou flottables, appartiennent à l'Etat, s'il n'y a titre ou prescription contraire.* (*C. C.*, *art.* 538, 2227. — *Décret du* 6 *août* 1808. — *Lois de floréal an* 10 *et* 16 *septembre* 1807.)

Leg. 7, § 3; leg. 29, 56, 65, § 2 et 3, ff, de acquir. rer. domin.

Pothier, propriété, n. 160, 163; Merlin, R., attérissement; île; Favard, alluvion, n. 1; Dalloz, propriété, sect. 4, art. 2, § 1; Pailliet, Dictionnaire universel, alluvion, accession, § 3; Toullier, t. 3, n. 155; Duranton, t. 4, n. 418 à 425; Delvincourt, t. 2, p. 10; Fournel, voir attérissement, 1re question; îles, îlots; Garnier, des eaux, n. 88, 89.

Procès-verbal du Conseil d'Etat, 20 octobre 1803. — Jollivet dit que l'article prononce sur une question qui est encore controversée; car les ordonnances ne décident pas que les îles et les îlots appartiennent à la nation.

Treilhard répond que la question est déjà résolue, puisque le Conseil a décidé que le lit des rivières flottables et navigables appartient au domaine national; il a nécessairement décidé aussi que les îles et îlots, qui font partie du lit, suivent le sort de la chose principale.

Regnault fait observer qu'il serait impossible de s'écarter du principe posé, sans s'exposer à voir le service public empêché par les particuliers propriétaires des îles. La question a pu être controversée autrefois: mais le Conseil a constamment décidé que la nécessité d'établir la flottaison donnait à la nation la libre disposition de tout ce que renferment les rivières flottables et navigables.

Jollivet et Defermon proposent, pour tempérer la forme trop absolue de la disposition, de la réduire au cas où il n'y a ni titre ni possession contraires. Autrement, comme la propriété des fleuves et des rivières ne peut être prescrite, on pourrait en conclure que l'imprescriptibilité s'étend aux îles et îlots.

Tronchet rappelle que la prescription frappe sur tout ce qui, de sa nature, est susceptible d'être possédé: or, quoique, par la nature des choses, les fleuves ne puissent être prescrits, les îles qu'ils renferment peuvent l'être.

Faure, rapport au Tribunat, 21 janvier 1804. — Cette distinction entre les îles des rivières navigables ou flottables, et celles des autres rivières, est fondée sur ce que les rivières de la première classe sont d'une bien plus haute importance pour l'Etat, à cause de l'intérêt du commerce, et que rien de ce qui se forme au milieu de leur cours ne doit être étranger au domaine public.

Delvincourt, t. 1, note 2 de la page 183. — *Attérissemens.* Je crois que l'île diffère de l'attérissement, en ce que l'île est une portion du lit même du fleuve, qu'il laisse à découvert, en s'élargissant d'un côté et de l'autre; au lieu que l'attérissement est un amas de sable que le fleuve amoncelle sur un seul point, et qui finit par s'élever au-dessus de la surface de l'eau.

Duranton, t. 4, n. 418. — Toutefois la règle établie par l'avis du Conseil d'Etat sur ce qu'on doit entendre par rivière flottable, relativement au droit de pêche, doit être également observée quant à la propriété des îles, îlots et attérissemens; c'est-à-dire que ceux qui se forment dans les cours d'eau seulement flottables *à bûches perdues*, n'appartiennent point à l'Etat, mais aux propriétaires riverains.

A. Dalloz, propriété, n. 238. — Les îles formées avant la promulgation du Code civil, dans les rivières qui n'étaient alors que flottables, appartiennent non à l'Etat, mais aux propriétaires riverains. (Proudhon, n. 868.)

561. *Les îles et attérissemens qui se forment dans les rivières non navigables et non flottables appartiennent aux propriétaires riverains du côté où l'île s'est formée : si l'île n'est pas formée d'un seul côté, elle appartient aux propriétaires riverains des deux côtés, à partir de la ligne qu'on suppose tracée au milieu de la rivière. (Loi du 29 floréal an 10. — Avis du Conseil d'Etat, du 30 pluviôse an 13. — Décret du 20 mai 1809.)*

ff, leg. 7, § 3; leg. 29, 56, 65, § 2 et 3; de acquir. rer. domin.

Pothier, droit de propriété, n. 64; Merlin, R., île; Favard, alluvion, n. 3 et 6; Dalloz, propriété, sect. 4, art. 2, § 1; Paillict, Dictionnaire universel, accession, § 3; alluvion; Toullier, t. 3, n. 156; Delvincourt, t. 2, p. 10; Fournel, voir attérissement, 1re question; îles, îlots, rivières.

Pandectes françaises. — Il est de principe que le lit des rivières non navigables ni flottables appartient à ceux sur le terrain desquels elles passent. — D'où cette conséquence, que si la rivière traverse une seule propriété, l'île qui s'y forme lui est acquise entière, n'importe de quel côté elle est née.

Ainsi, il n'y a lieu aux distinctions établies dans notre article, que quand la rivière coule entre divers héritages qui la bordent, parce qu'alors chacun des riverains est propriétaire du lit jusqu'au milieu du cours de l'eau.

Toullier, t. 3, n. 156. — Notre article ne dit point pour quelle portion l'île appartient aux propriétaires riverains. Le droit romain, d'où il est tiré, dit que c'est en raison de l'étendue du front que chaque héritage présente au rivage : « *Pro modo latitudinis cujusque prædii quæ propè ripam sit.* »

Ainsi, il suffit de prolonger la ligne de séparation de chaque héritage, jusqu'à la ligne qui forme le milieu de la rivière, pour connaître la portion que chaque propriétaire riverain doit avoir dans l'île.

Il faut remarquer que si, depuis sa naissance, l'île acquérait de l'accroissement par alluvion, cet accroissement appartiendrait au propriétaire de l'île, du côté où s'est faite l'alluvion, et non pas au propriétaire du fonds riverain au-devant duquel s'étendrait l'accroissement.

Duranton, t. 4, n. 421. — Le partage doit se faire dans la saison où les eaux sont à leur hauteur moyenne.

L'usufruitier, selon nous, doit jouir de l'île.

N. 422. — Le partage une fois opéré, les accroissemens qui peuvent survenir par la suite appartiennent exclusivement, par droit d'accession, aux propriétaires des parties de l'île où ils ont eu lieu, quelles qu'en soient d'ailleurs l'importance et la direction, et quand même ils s'étendraient en face des fonds inférieurs ou supérieurs à ceux devant lesquels elle s'est d'abord formée, et que l'île elle-même s'avancerait jusqu'à l'une ou l'autre rive.

A. Dalloz, propriété, n. 246. — L'usufruitier a droit aux îles; c'est par accession que l'île appartient aux riverains : or, l'accessoire suit le principal pour l'usufruitier comme pour le propriétaire. (Duranton, t. 4, n. 421; Dalloz aîné, n. 26.) *Contrà :* Proudhon, n. 1294, qui se fonde sur la loi 9, *ff, de usuf.*, qui tout en attribuant à l'usufruitier la jouissance de l'alluvion, lui refuse celle de l'île, comme formant un fonds distinct. Mais il faut remarquer que le Code, à la différence des lois romaines, n'attribuant plus aux riverains que les îles nées dans les rivières non navigables ni flottables, il en résulte rarement une propriété importante.

562. *Si une rivière ou un fleuve, en se formant un bras nouveau, coupe et embrasse le champ d'un propriétaire riverain, et en fait une île, ce propriétaire conserve la propriété de son champ, encore que l'île se soit formée dans un fleuve ou dans une rivière navigable ou flottable.*

ff, leg. 7, § 4, de acquir. rer. domin.

Pothier, propriété, n. 162; Toullier, t. 3, n. 157; Duranton, t. 4, n. 423; Delvincourt, t. 2, p. 10; Garnier, des eaux, n. 90.

Faure, rapport au Tribunat, 21 janvier 1804. — Le propriétaire est assez malheureux de voir une partie de sa propriété inondée, et le surplus converti en île. La loi ne veut point aggraver son infortune. D'ailleurs, ce n'est point une île qu'il acquiert, c'est un débris qui lui reste de sa propriété continentale.

Portalis, exposé des motifs au Corps législatif, 17 janvier 1804. — C'est la justice même qui commande cette exception. L'Etat dédaignerait un moyen d'acquérir qui aurait sa source dans la ruine et le malheur du citoyen.

Duranton, t. 4, n. 424. — La disposition de l'art. 559 n'est point applicable à celui dont le champ a été transformé en une île; son droit est intact, et il conserve sa propriété sans avoir besoin de la réclamer dans l'année.

563. *Si un fleuve ou une rivière navigable, flottable ou non, se forme un nouveau cours en abandonnant son ancien lit, les propriétaires des fonds nouvellement occupés prennent, à titre d'indemnité, l'ancien lit abandonné, chacun dans la proportion du terrain qui lui a été enlevé. (Décret du 20 mai 1809.)*

Instit., lib. 2, tit. 1, § 23; contrar. leg. 7, § 5, ff, de acquir. rer. domin.

Pothier, propriété, n. 161, 164; Favard, alluvion, n. 4; servitude, sect, 2, § 1, n. 6; Dalloz, propriété, sect. 4, art. 2, § 1; Rolland, eau, § 2; Toullier, t. 3, n. 158; Duranton, t. 4, n. 425 à 427; Delvincourt, t. 2, p. 10; Proudhon, usufruit, t. 2, n. 530; t. 5, n. 2551; Persil, Régime hypothécaire, sur l'art. 2133, n. 4 et 5; Garnier, eaux, n. 90; Grenier, hypothèques, t. 1, p. 315.

Procès-verbal du Conseil d'Etat, 20 octobre 1803. — Galli fait observer que cet article est contraire au droit romain, à l'équité et à l'usage reçu.

La loi romaine donne la propriété du lit abandonné par un fleuve à ceux *qui juxtà alveum habent sua prædia.* Cette doctrine était fondée sur ce que les riverains ayant souffert les incommodités des inondations et les autres dommages qu'entraine le voisinage du fleuve, il est juste de leur en donner la compensation, en leur abandonnant le lit que le fleuve a délaissé. Ce n'est pas qu'il ne fût aussi à souhaiter qu'on pût accorder une indemnité aux propriétaires des héritages desquels le fleuve s'empare dans son cours nouveau; mais cette indemnité ne doit pas être assignée sur l'ancien lit, au préjudice du droit antérieur qu'y ont les riverains.

Cambacérès répond que l'usage invoqué n'était pas universel. La jurisprudence du parlement de Toulouse, par exemple, était conforme au système de la section. L'équité milite sur-tout pour ceux que le changement du cours du fleuve dépouille de leur propriété. D'ailleurs, les incommodités purement accidentelles et passagères que le voisinage du fleuve donne aux riverains, sont compensées avec usure par les avantages qu'il leur procure, ne fût-ce que la facilité des transports.

Malleville ajoute que la jurisprudence n'a pas confirmé les dispositions du droit romain sur ce sujet. Dans les pays de coutume, on adjugeait le lit abandonné au domaine ou au seigneur haut-justicier, selon que la rivière était ou n'était pas navigable. Dans les pays de droit écrit, on était assez partagé entre la rigueur du principe qui réclamait pour les riverains, et la faveur que méritaient les propriétaires des fonds sur lesquels la rivière établissait son nouveau lit; mais on convenait généralement qu'il serait plus équitable de se décider en faveur des derniers. Maintenant qu'il s'agit de faire une loi nouvelle, c'est cette équité qu'il faut suivre.

Delvincourt, t. 1, note 3 de la page 182. — *Abandonne son lit.* Mais il faut que cet abandon se fasse d'une manière sensible et prompte; car s'il était lent et successif, on pourrait le regarder comme une alluvion.

Duranton, t. 4, n. 427. — Ces principes ne s'appliqueraient pas au cas où il n'y aurait qu'une inondation passagère, quand même elle aurait duré quelque temps, plusieurs mois, à cause de la continuité des pluies. (A. Dalloz, propriété, n. 264.)

Favard, alluvion, n. 4. — Ici ce n'est pas, à proprement parler, une accession; c'est un remplacement réclamé par la justice, et fondé sur l'humanite.

564. *Les pigeons, lapins, poissons, qui passent dans un autre colombier, garenne ou étang, appartiennent au propriétaire de ces objets, pourvu qu'ils n'y aient point été attirés par fraude et artifice. (C. C., art. 524. — C. P., art. 388, 452. — Décret du 4 août 1789; loi du 5 septembre 1791.)*

ff, leg. 3, § 2, de acquirend. rer. domin.

Pothier, propriété, n. 166 à 168, 279; Merlin, R., étang; pigeons; Favard, pigeons; Toullier, t. 4, n. 6, note; Duranton, t. 4, n. 416, 428, 429; Delvincourt, t. 2, p. 2; Fournel, v. colombier; *id.*, Lois rurales, t. 1, p. 31 à 34, 48, 104; Grenier, hypothèques, t. 1, p. 314.

Pothier, du droit de propriété, n. 167. — Nous pouvons acquérir très-légitimement les pigeons qui désertent les colombiers voisins, pour venir dans les nôtres ; mais il n'est pas permis de se servir d'aucunes manœuvres pour les attirer.

N. 168. — Il en est de même des lapins qui passent des garennes voisines dans la mienne, et des poissons qui passent d'un étang voisin dans le mien qui est contigu.

Portalis, exposé des motifs au Corps législatif, 17 janvier 1804. — Les animaux peuvent sans doute devenir un objet de propriété. On distingue leurs différentes espèces.

La première est celle des animaux sauvages; la seconde, celle des animaux domestiques; et la troisième, celle des animaux qui ne sont ni entièrement domestiques ni entièrement sauvages.

Les animaux de la première espèce sont ceux qui ne s'habituent jamais au joug ni à la société de l'homme : le droit de propriété sur ces animaux ne s'acquiert que par l'occupation, et il finit avec l'occupation même.

Les animaux domestiques ne sortent pas de la propriété du maître par la fuite : celui-ci peut toujours les réclamer.

Les animaux de la troisième espèce appartiennent, par droit d'accession, au propriétaire du fonds dans lequel ils ont été se réfugier, à moins qu'ils n'y aient été attirés par artifice.

Hua. — *Par fraude et artifice*. On doit appliquer la même décision aux essaims d'abeilles.

Malleville. — Il y a des pigeons et des lapins privés, comme il y en a de sauvages. C'est de ces derniers seulement que parle notre article ; et si des pigeons de volière, ou des lapins domestiques allaient se joindre à ceux du voisin, il n'y a pas de doute que le premier propriétaire ne fût en droit de les réclamer comme son coq et ses poules.

Quant aux poissons, l'application de l'article est plus difficile, par la difficulté même de les reconnaître.

Duranton, t. 4, n. 428. — Malgré la rédaction douteuse de l'article, ces animaux appartiendraient au propriétaire de leur nouvelle retraite, quand même il les y aurait attirés par fraude ou artifice. Tel était le sentiment de Pothier. Mais, dans ce cas, il serait passible de dommages-intérêts envers l'ancien maître, sans préjudice des peines portées par les lois contre ce genre de délit.

Victor Augier, Encyclopédie des juges de paix, pigeons, n. 7. — On ne doit pas ranger les pigeons dans la classe des *volailles*, qui comprend seulement les oiseaux tenus en état de domesticité, élevés et nourris dans les basses-cours. Il n'existe aucun texte de loi d'où l'on puisse induire formellement le droit de tuer des pigeons qui font du dégât dans une propriété rurale, lorsque l'autorité municipale n'a pris aucune mesure pour empêcher leur sortie. (Voir l'art. 12, tit. 2, de la loi sur la police rurale.) *Contrà* : Cass., 1er août 1829.

Le propriétaire du champ dont la semence ou la récolte a été endommagée par des pigeons est fondé à exercer une action civile en dommages-intérêts contre le propriétaire de ces animaux, lors même que ce dégât aurait eu lieu sans qu'un réglement eût prescrit la clôture des colombiers dans la commune. C'est devant le tribunal de paix que doit être portée la demande, à quelque valeur qu'elle s'élève. Cependant le demandeur pourrait être repoussé, s'il avait tué les pigeons ; car il se serait fait justice à lui-même.

Celui qui, dans un temps où les colombiers doivent être fermés, tue des pigeons sur le terrain du propriétaire du colombier, acquiert la propriété de ces oiseaux, parce qu'alors ils sont gibier. Le propriétaire du terrain n'aurait contre le chasseur que l'action en dommages-intérêts résultant de ce qu'il a chassé sur son terrain sans sa permission.

Mais pour les autres temps il y aurait soustraction frauduleuse. (Art. 379 et 401 du Code Pénal.)

SECTION II.

Du Droit d'accession relativement aux choses mobilières.

565. *Le droit d'accession, quand il a pour objet deux choses mobilières appartenant à deux maîtres différens, est entièrement subordonné aux principes de l'équité naturelle.*

Les règles suivantes serviront d'exemple au juge pour se déterminer, dans les cas non prévus, suivant les circonstances particulières. (C. C., art. 528 *et suiv.)*

Instit., lib. 2, tit. 1, § 27.

Merlin, R., accession; Favard, équité; Rolland, équité; Toullier, t. 3, n. 111; Duranton, t. 4, n. 430 à 435.

Rolland de Villargues, v. équité, n. 1. — L'*équité* est le retour aux principes du droit naturel, dans les cas qui n'ont point été prévus par la loi ou la convention.

Favard, équité. — Une autorité grave s'est élevée et se fortifie tous les jours entre la loi et l'équité du juge ; c'est la jurisprudence des arrêts. Dans les doutes qui viennent assiéger notre intelligence, le moyen le plus naturel est d'appeler les lumières d'autrui à notre secours.

Victor Augier, Encyclopédie des juges de paix, accessoire. — C'est ce qui accompagne une chose principale, ce qui s'y ajoute, ce qui s'y unit. Ainsi, les fers d'un cheval et la bordure d'un tableau sont des accessoires du cheval et du tableau. Les accessoires d'une chose ne sont jugés tels que par l'usage qu'on leur donne, et non par leur valeur, qui peut excéder de beaucoup le prix de la chose même. Des harnais enrichis d'or et de pierreries ne sont que l'accessoire d'un atelage de chevaux, quoique d'une valeur plus considérable que le principal.

Duranton, t. 4, n. 431. — Dans les cas non prévus, le juge doit sans doute se décider par les principes de l'équité naturelle ; mais, pour les appliquer avec plus de certitude, il doit prendre pour guide, ou comme exemple, les règles tracées dans les dispositions suivantes, sans être astreint toutefois à les appliquer littéralement. Au lieu que dans les cas prévus, il doit y subordonner sa décision, sous peine de violer une loi formelle.

A. Dalloz, propriété, n. 275. — Il ne résulte pas de là que le juge, *dans les cas prévus*, ait une appréciation entièrement libre, qui soustrairait sa décision à la censure de la Cour suprême. (Duranton, n. 431.)

566. *Lorsque deux choses appartenant à différens maîtres, qui ont été unies de manière à former un tout, sont néanmoins séparables, en sorte que l'une puisse subsister sans l'autre, le tout appartient au maître de la chose qui forme la partie principale, à la charge de payer à l'autre la valeur de la chose qui a été unie.*

Leg. 26, § 1, ff, de acquir. rerum domin.

Pothier, propriété, n. 169, 170, 179, 180; Toullier, t. 3, n. 112; Duranton, t. 4, n. 435 à 440; t. 6, n. 10; Proudhon, usufruit, t. 4, n. 1882; t. 5, n. 2555; Delvincourt, t. 2, p. 5.

Faure, rapport au Tribunat, 21 janvier 1804. — Deux choses appartenant à différens maîtres sont-elles unies de manière à former un tout? On doit examiner quelle est la partie principale et quel est l'accessoire.

Le projet explique ce que c'est que l'accessoire, en disant que la partie principale est celle à laquelle l'autre n'a été unie que pour l'usage, l'ornement ou le complément de la première.

A qui le tout appartient-il ? Le projet décide que c'est au maître du principal ; mais il ne peut le retenir qu'en payant à l'autre la valeur de ce qui lui appartient.

Quoique les deux choses ne soient point inséparables, quoique l'une puisse subsister sans l'autre, il suffit, dans la règle générale, que toutes deux forment un tout, pour que le maître de l'accessoire ne puisse en exiger la séparation. S'il en était autrement, la séparation ne s'effectuant jamais sans des dégradations sur l'une ou l'autre de ces deux choses, et quelquefois sur toutes deux, il en résulterait une source de difficultés que la loi veut prévenir. — Il est une exception à cette règle : c'est lorsque l'accessoire est beaucoup plus précieux que le principal, et que l'union a été faite sans que le maître de l'accessoire en fût instruit. Ce propriétaire souffrirait trop de l'application rigoureuse du principe général, pour que la loi ne vienne pas à son secours : elle l'autorise à demander la restitution de la chose unie. Quand cet accessoire ne pourrait être séparé sans quelque dégradation de la partie principale, il ne serait pas moins recevable. La loi ne veut pas que le propriétaire d'un objet important puisse en être privé par l'effet d'une union opérée à son insu. Il ne doit pas être victime de ce qu'il n'était pas à portée d'empêcher.

On voit les précautions que prend la loi, afin d'éviter les démembremens que souvent l'humeur provoquerait, et qui d'un tout peut-être fort utile feraient deux parties réduites à peu de chose, par l'effet de dégradations presque toujours inévitables.

Procès-verbal du Conseil d'Etat, 20 octobre 1803. — Ségur et Dupuy disent que l'art. 565 ne contenant que des exemples, doit être retranché ; car, au lieu de prévenir les difficultés, il les ferait naître.

Qu'on suppose une tabatière au lieu d'une bague. S'il s'agit de déterminer l'étendue d'un legs de la totalité des meubles, les diamans exceptés, on prétendra, d'un côté, que la tabatière y doit être comprise, parce que le diamant n'y est employé que comme ornement ; tandis qu'on soutiendra de l'autre qu'elle en doit être exceptée, parce que le diamant, d'après l'article, est toujours la partie principale : on mettra donc en contradiction le principe et l'exemple.

Tronchet répond que les exemples ne sont employés que pour guider dans l'application du principe auquel tout le reste est subordonné : ce serait donc par le principe qu'on jugerait la contestation dont il vient d'être parlé.

Mais l'article y est absolument étranger ; il n'a pas été rédigé pour servir à interpréter les testamens : son objet unique est de présenter une règle pour prononcer entre deux propriétaires, dont l'un a employé les matières de l'autre. Si, par exemple, un bijoutier s'est servi, pour enrichir son travail, de diamans qui ne lui appartenaient pas, il y aura lieu à appliquer l'article ; on jugera alors lequel est le plus précieux des diamans ou du travail auquel ils sont adaptés.

Delvincourt, t. 1, note 1 de la page 178. — Il semblerait résulter de la rédaction de cet article, que le principe qui adjuge le tout formé par deux choses au maître de la chose principale, ne doit avoir lieu que lorsque les deux choses sont séparables ; tandis que c'est un principe *général*, qui s'applique à tous les cas où l'une des deux choses peut être regardée comme la chose principale, soit que la séparation puisse avoir lieu ou non.

Duranton, t. 4, n. 435. — Il est évident que le terme *néanmoins*, qui semble exprimer la condition que les choses soient *séparables*, pour que la règle soit applicable, ne rend pas la pensée de la loi ; car si, même dans ce cas, le principe de l'accession exerce son empire, à combien plus forte raison doit-il l'exercer, lorsque les choses ne sont pas séparables sans inconvénient, ou ne le sont pas du tout? Il faut donc lui substituer ceux-ci, *quoique séparables*.

567. *Est réputée partie principale celle à laquelle l'autre n'a été unie que pour l'usage, l'ornement ou le complément de la première.*

Leg. 26, § 1, ff, de acquirend. rerum domin.

Pothier, propriété, n. 173, 174 ; Toullier, t. 3, n. 113 ; Duranton, t. 4, n. 436 ; Proudhon, usufruit, t. 5, n. 2555 ; Delvincourt, t. 2, p. 5.

Pothier, Traité du droit de propriété, n. 174. — On peut apporter une infinité d'exemples de cette règle.

Lorsqu'on a encadré un tableau, quelque magnifique que soit le cadre, fût-il enrichi de pierreries, et d'un prix plus grand que le tableau, c'est le tableau qui est ce qu'il y a de principal, et dont le domaine fait acquérir au propriétaire du tableau celui du cadre ; car il est évident que le cadre est fait pour le tableau, et non le tableau pour le cadre.

A. Dalloz, propriété, n. 293. — Ainsi la toile ou les papiers ne sont point la partie principale comparée à la peinture ou à l'écriture ; car on n'écrit pas, on ne peint pas pour l'usage, l'ornement ou le complément du papier ou de la toile. Ces objets, au contraire, sont les moyens accessoires de l'écriture ou de la peinture.

568. *Néanmoins, quand la chose unie est beaucoup plus précieuse que la chose principale, et quand elle a été employée à l'insu du propriétaire, celui-ci peut demander que la chose unie soit séparée pour lui être rendue, même quand il pourrait en résulter quelque dégradation de la chose à laquelle elle a été jointe.*

ff, leg. 9, § 2, de acquirend. rerum domin. ; Instit., lib. 2, de rerum divisione, § 1 et 25.

Pothier, propriété, n. 177, 179 ; Merlin, R., accession ; Favard, accession, sect. 2, § 1, n. 1 ; Toullier, t. 3, n. 114 ; Duranton, t. 4, n. 439, 440 ; Delvincourt, t. 2, p. 5.

Delvincourt, t. 1, note 7 de la page 178. — *Résulter quelque dégradation*, et, dans ce cas, sans dommages-intérêts. Il est évident, au reste, que le législateur suppose ici que la chose accessoire a été unie à la chose principale par le propriétaire de cette dernière chose. Mais *quid*, si les deux choses ont été unies par un *tiers*, *à l'insu des deux propriétaires?* Je pense que chacun d'eux a droit de demander la séparation, sauf leur recours, pour les dommages-intérêts, contre celui qui a fait l'union, s'il était de mauvaise foi.

Favard, accession, sect. 2, § 1, n. 1. — Mais il faut pour cela que l'union ait eu lieu à son insu ; car s'il en a eu connaissance et qu'il ne l'ait point empêché, il est présumé y avoir consenti, et alors il est soumis à toutes les conséquences de la maxime *l'accessoire suit le principal*.

Duranton, t. 4, n. 439. — C'est le cas de l'action *ad exhibendum* des Romains, qui avait généralement lieu dans leur droit ; tandis que chez nous elle n'est donnée que lorsque la chose unie est beaucoup plus précieuse que la chose principale.

On appliquerait cette règle au cas où un diamant aurait été placé à la garde d'une épée, et à plus forte raison dans le chaton d'un anneau, sans l'aveu de celui à qui il appartient ; car, bien que l'épée, et même la bague soit la chose principale, le diamant est néanmoins l'objet le plus précieux, du moins généralement.

569. *Si de deux choses unies pour former un seul tout, l'une ne peut point être regardée comme l'accessoire de l'autre, celle-là est réputée principale, qui est la plus considérable en valeur, ou en volume, si les valeurs sont à peu près égales.*

Leg. 27, § 2, ff, de acquir. rer. dom.

Pothier, droit de propriété, n. 175 ; Merlin, R., accession ; Toullier, t. 3, n. 114 ; Duranton, t. 4, n. 424 ; Delvincourt, t. 2, p. 5.

Delvincourt, t. 1, note 4 de la page 178. — *A peu près égales. Quid*, si le tout était égal ou à peu près? Comme il n'y aurait pas de raison d'adjuger la chose à l'un des propriétaires plutôt qu'à l'autre, je pense qu'elle serait *commune*, et devrait être *licitée*. (Duranton, t. 4, n. 440 ; Dalloz, propriété, n. 300.)

570. *Si un artisan ou une personne quelconque a employé une matière qui ne lui appartenait pas, à former une chose d'une nouvelle espèce, soit que la matière puisse ou non reprendre sa première forme, celui qui en était le propriétaire a le droit de réclamer la chose qui en a été formée, en remboursant le prix de la main-d'œuvre. (C. C., art. 1787 et suiv.)*

Leg. 7, § 7 ; leg. 26, in principio, § 3, ff, de acquirend. rerum domin.

Pothier, propriété, n. 181, 186, 188 ; Merlin, R., accession ; Toullier, t. 3, n. 115 ; Duranton, t. 4, n. 448 à 456 ; Delvincourt, t. 2, p. 5.

Portalis, exposé des motifs au Corps législatif, 17 janvier 1804. — Si un artiste a donné une nouvelle forme à une matière qui ne lui appartenait pas, le propriétaire de la matière doit obtenir la préférence en payant la main-d'œuvre.

S'il s'agit pourtant d'une vile toile animée par le pinceau d'un habile peintre, ou d'un bloc de marbre auquel le ciseau d'un sculpteur aura donné la respiration, le mouvement et la vie, dans ce cas et autres semblables, l'industrie l'emporte sur le droit du propriétaire de la matière première.

Faure, rapport au Tribunat, 21 janvier 1804. — Il serait absurde, dit Justinien dans ses *Institutes*, que l'ouvrage d'un *Apelle* ou d'un *Parrhasius* pût être réclamé à droit d'accession par le propriétaire d'une table sur laquelle ce chef-d'œuvre serait peint. — Il décide que la chose peut être retenue par celui qui l'a travaillée, en remboursant le prix de la matière aux propriétaires. — C'est aussi ce que décide le projet de loi.

Toutefois, Justinien fait remarquer que sa disposition ne s'applique qu'au cas où l'artiste qui voudrait retenir la chose aurait possédé de bonne foi la matière qu'il aurait employée ; car, s'il l'avait enlevée, non seulement il ne pourrait se prévaloir de la loi pour prétendre la chose, mais encore il serait sujet à des poursuites.

Duranton, t. 4, n. 453. — C'est mal à propos que l'article dit une *chose d'une nouvelle espèce*. Il n'est pas nécessaire, du moins nous le croyons fermement, pour qu'il y ait lieu d'appliquer l'art. 570, que la nouvelle espèce ait mérité à son auteur un brevet d'invention. Ce n'est pas de cela qu'il s'agit ici, c'est uniquement de la propriété de la chose nouvelle.

Boileux. — Tel serait le cas où l'on aurait fabriqué une pièce de drap avec la laine d'autrui ; celui où un orfèvre aurait fait de la vaisselle avec des lingots d'argent qui ne lui appartenaient pas.

571. *Si cependant la main-d'œuvre était tellement importante qu'elle surpassât de beaucoup la valeur de la matière employée, l'industrie serait alors réputée la partie principale, et l'ouvrier aurait le droit de retenir la chose travaillée, en remboursant le prix de la matière au propriétaire.*

ff, leg. 9, § 1 et 2, de acquirend. rerum domin.

Pothier, propriété, n. 173; Merlin, R., accession: Favard, accession, sect. 2, § 1, n. 2; Toullier, t. 3, n. 116; Duranton, t. 4, n. 451 à 456; Delvincourt, t. 1, p. 6.

Pandectes françaises. — Cet article décide le cas du tableau peint sur une toile étrangère, et de l'ouvrage écrit sur du papier qui n'appartient point à l'auteur. — Il faut de même l'appliquer à la tapisserie que j'aurais faite avec des laines qui vous appartiendraient, et à tous les cas de cette nature.

Delvincourt, t. 1, note 2 de la page 179. — La *chose travaillée.* Cette disposition est extrêmement équitable, quand l'ouvrier est de bonne foi; mais je ne crois pas qu'elle doive être appliquée quand il a employé la matière de mauvaise foi. (Argument tiré de l'art. 577.)

Note 3. — *De la matière;* c'est-à-dire en lui remboursant le prix de la matière, avec dommages-intérêts, s'il y a lieu. (Argument de l'art. 554.)

Duranton, t. 4, n. 454. — Il faut faire une remarque sur le mot *retenir*, qui semble n'accorder au spécificateur, dans le cas même où l'industrie est jugée la partie principale, le droit à la propriété de la chose, qu'autant qu'il en serait détenteur ou possesseur actuel. D'abord, si la chose était dans les mains d'un tiers, même non choisi par l'ouvrier, il n'est pas douteux qu'elle ne dût être remise de préférence à celui-ci, encore que le maître de la matière l'eût fait saisir-arrêter avant lui. Si elle se trouvait dans la main de ce dernier, comme il pourrait invoquer la règle *en fait de meubles la possession vaut titre*, il est clair qu'il aurait par cela même le moyen de la retenir; mais si elle ne lui avait été remise par l'ouvrier que *précairement*, on devrait décider que celui-ci a le droit de se la faire restituer, car c'est sa propriété, à la charge de payer le prix de la matière, condition qu'il offre de remplir. Ainsi ce mot n'exprime pas une condition nécessaire, pour que l'ouvrier ait droit à la propriété de la chose dans le cas donné : il n'est employé que pour résoudre le plus souvent celui où l'ouvrier possède encore la chose.

Victor Augier, Encyclopédie des juges de paix, accessoire. — Ainsi, un sculpteur a fait une statue d'un bloc de marbre ou d'une pièce de bois qui ne lui appartenait pas; ou bien un artisan habile a fait une pièce d'orfévrerie d'un travail précieux : ils peuvent conserver leur ouvrage, en remboursant le prix des matières au propriétaire.

572. *Lorsqu'une personne a employé en partie la matière qui lui appartenait, et en partie celle qui ne lui appartenait pas, à former une chose d'une espèce nouvelle, sans que ni l'une ni l'autre des deux matières soit entièrement détruite, mais de manière qu'elles ne puissent pas se séparer sans inconvénient, la chose est commune aux deux propriétaires, en raison, quant à l'un, de la matière qui lui appartenait, quant à l'autre, en raison à la fois et de la matière qui lui appartenait et du prix de sa main-d'œuvre.*

Leg. 7, § 8, 9; leg. 12, § 1, ff, de acquir. rer. domin.

Pothier, propriété, n. 187; Merlin, R., v. accession; Toullier, t. 3, n. 115; Duranton, t. 4, n. 452 à 456; Delvincourt, t. 2, p. 6; Grenier, hypothèques, t. 1, p. 315.

Delvincourt, t. 1, note 9 de la page 178. — *Quid*, si aucune des deux matières n'appartient à celui qui a fait la nouvelle espèce? Alors, suivant les circonstances, ou elle appartient en commun aux propriétaires des deux matières, à la charge de rembourser à l'ouvrier le prix de sa main-d'œuvre; ou elle appartient au propriétaire de la chose principale, conformément aux art. 571 et 574, à la charge de rembourser le prix de la main-d'œuvre et la valeur de l'autre partie de la matière.

Duranton, t. 4, n. 455. — La généralité des termes de l'article, qui décide indistinctement qu'il y a communauté dans l'hypothèse qu'il prévoit, fait naître une observation. Il est évident que si le prix du travail était la chose principale, la nouvelle espèce appartiendrait au spécificateur, puisqu'elle lui appartiendrait lors même qu'il n'aurait fourni aucune matière. Il ne serait même pas nécessaire, pour cela, comme on l'exige quand il n'a fourni que son travail, que l'industrie surpassât de beaucoup la valeur de la matière, même celle du tiers. Dans l'application, on devrait faire entrer aussi la valeur de la sienne, et décider, en conséquence, la question de propriété en sa faveur. C'est un de ces points laissés à la sagesse du juge.

Victor Augier, Encyclopédie des juges de paix, accessoire. — Exemple : la pièce fabriquée est estimée 100 francs. La portion de matière appartenant à l'ouvrier est estimée 15 francs; celle qui appartient à autre est estimée 25 francs; la main-d'œuvre 60 francs. L'ouvrier est opriétaire des trois quarts de la chose.

573. *Lorsqu'une chose a été formée par le mélange de plusieurs matières appartenant à différens propriétaires, mais dont aucune ne peut être regardée comme la matière principale, si les matières peuvent être séparées, celui à l'insu duquel les matières ont été mélangées peut en demander la division. — Si les matières ne peuvent plus être séparées sans inconvénient, ils en acquièrent en commun la propriété dans la proportion de la quantité, de la qualité et de la valeur des matières appartenant à chacun d'eux.*

Leg. 12, § 1, ff, de acquir. rer. domin.; leg. 5, ff, de rei vendicatione.

Pothier, propriété, n. 175, 190, 191; Merlin, R., accession; Toullier, t. 3, n. 117, 118; Duranton, t. 4, n. 441 à 446; Delvincourt, t. 2, p. 7.

Faure, rapport au Tribunat, 21 janvier 1804. — Lorsque plusieurs matières appartenant à différens propriétaires, ont servi, par leur mélange, à former une chose, le tout appartient au propriétaire de la matière principale. Le principe général reçoit ici son application.

Si aucune des deux ne peut être regardée comme la matière principale, ou l'on peut les séparer sans inconvénient, ou des inconvéniens réels naîtraient de la séparation qui en serait faite.

Si elles peuvent être séparées, celui à l'insu duquel les matières ont été mélangées a le droit d'en demander la division. Dans le cas où le mélange s'est fait à la connaissance de tous, la chose leur appartient en commun dans la proportion de la quantité, de la qualité et de la valeur des matières appartenant à chacun d'eux. — Elle leur appartient aussi en commun dans cette même proportion, lorsque les matières ne peuvent plus être séparées. Il est impossible que cela soit autrement : peu importe que le mélange ait été fait à l'insu de l'un des propriétaires, ou qu'il ait été fait à la connaissance de tous. En vain celui qui prétendrait l'avoir ignoré demanderait la division des matières, puisqu'elles sont devenues inséparables. La loi lui offre une ressource dans les dommages-intérêts qui lui seraient accordés à raison du préjudice qu'il aurait souffert.

Enfin, la même exception qu'on a eu occasion de remarquer plusieurs fois dans le projet, est établie en faveur des propriétaires dont la matière est de beaucoup supérieure à celle de l'autre par le prix et la quantité; s'il veut avoir la chose provenant du mélange, elle ne peut lui être contestée, pourvu qu'il rembourse à l'autre la valeur de sa matière. — C'est à la sagesse des juges qu'il appartient de déterminer les cas où l'une des matières est d'un prix tellement supérieur à l'autre, qu'il convient d'appliquer l'exception plutôt que le principe général.

Duranton, t. 4, n. 441. — Par *mélange* on entend la réunion des choses sèches, ou des choses liquides ou rendues telles, appartenant à plusieurs.

Dans le premier cas, c'est la *commixtion*, ou le mélange proprement dit; dans le second, c'est la *confusion.*

574 *Si la matière appartenant à l'un des propriétaires était de beaucoup supérieure à l'autre par la quantité et le prix, en ce cas le propriétaire de la matière supérieure en valeur pourrait réclamer la chose provenue du mélange, en remboursant à l'autre la valeur de sa matière.*

Arg. ex leg. 27, § 2, ff, de acquir. rer. domin.; Instit., de rer. divis., § 27,

Pothier, propriété, n. 192; Merlin, R., accession; Toullier, t. 3, n. 118; Duranton, t. 4, n. 446; Delvincourt, t. 2, p. 6.

Duranton, t. 4, n. 446. — Il est clair que cette disposition ne doit pas s'entendre du cas où les divers propriétaires ont consenti au mélange; car alors il y a communauté, et leurs droits respectifs se règlent par leur convention. Cet article se combine, en effet, avec le précédent, qui statue sur le cas où le mélange a eu lieu par le fait de l'un des intéressés sans l'aveu de l'autre, ou bien fortuitement.

Il ne s'applique pas non plus au cas où il y aurait spécification proprement dite, parce qu'il serait résulté du mélange une nouvelle espèce; car alors ce seraient les art. 570, 571 et 572 qui régiraient la cause. Cela résulte d'ailleurs de la combinaison de ces diverses dispositions.

575. *Lorsque la chose reste en commun entre les propriétaires des matières dont elle a été formée, elle doit être licitée*

au profit commun. (*C. C., art.* 827, 1686 *et suiv.* — *C. de P., art.* 970 *et suiv.*; 984.)

ff, leg. 5, de rei vendicat.

Pothier, propriété, n. 192; Merlin, R., accession; Favard, accession, sect. 2, § 1, n. 5; Toullier, t. 3, n. 121, 1319; Duranton, t. 4, n. 447; Delvincourt, t. 2, p. 7.

Faure, rapport au Tribunat, 21 janvier 1804. — Lorsqu'il est dit que la chose commune doit être licitée, on suppose que les parties intéressées ne s'accordent point sur un partage amiable, et il est clair que c'est dans ce seul cas que la vente doit être faite en justice. (Favard, accession, sect. 2, § 1, n. 5.)

Delvincourt, t. 1, note 9 de la page 179. — *Licitée*; c'est-à-dire adjugée au plus offrant.

Duranton, t. 4, n. 447. — Chacun des intéressés a droit d'exiger que les tiers soient admis à enchérir (art. 1687) : autrement celui qui n'aurait pas les moyens de se rendre adjudicataire serait à la discrétion de l'autre.

576. *Dans tous les cas où le propriétaire dont la matière a été employée, à son insu, à former une chose d'une autre espèce, peut réclamer la propriété de cette chose, il a le choix de demander la restitution de sa matière en même nature, quantité, poids, mesure et bonté, ou sa valeur.*

ff, leg. 3 § 6 et 32, de usuf. et quemad.

Pothier, propriété, n. 191, 192; Merlin, R., accession; Toullier, t. 3, n. 119; Delvincourt, t. 2, p. 6.

Faure, rapport au Tribunat, 21 janvier 1804. — Toutes les fois qu'un propriétaire peut réclamer la propriété d'une chose formée avec sa matière, et sans qu'il en ait eu connaissance, il est autorisé à demander que pareille matière lui soit délivrée en même nature, quantité, poids, mesure et bonté; s'il aime mieux demander sa valeur, il y est également autorisé.

Rien de plus juste que cette disposition. Dès que le propriétaire n'a point consenti à l'emploi qu'on a fait de sa matière, il ne peut être forcé de la prendre telle qu'elle est devenue par l'effet de l'emploi. Le remplacement de cette matière est une dette que l'autre propriétaire a contractée envers lui dès le moment où il s'est permis d'en faire usage; et si le propriétaire de la matière trouve que le juste remplacement soit plutôt dans la valeur de la matière employée que dans une autre de même nature qui ne réunirait peut-être pas toutes les qualités nécessaires pour équivaloir à celle qu'il avait, il est bien naturel qu'il ait le droit d'en exiger le prix.

Delvincourt, t. 1, note 4 de la page 179. — S'il a connu l'emploi, et que, pouvant l'empêcher, il ne l'ait pas fait, il est censé l'avoir approuvé.

Note 5. — *Mesure et bonté*; le tout avec dommages-intérêts, si l'ouvrier était de mauvaise foi.

577. *Ceux qui auront employé des matières appartenant à d'autres, et à leur insu, pourront aussi être condamnés à des dommages-intérêts, s'il y a lieu, sans préjudice des poursuites par voie extraordinaire, si le cas y échet.*

Favard, construction; Toullier, t. 3, n. 120; Duranton, t. 4, n. 457, 458; Delvincourt, t. 2, p. 7.

Delvincourt, t. 1, note 1re de la page 180. — *Poursuites extraordinaires*; telles que l'accusation de vol ou d'escroquerie.

Duranton, t. 4, n. 457. — La question des dommages-intérêts est généralement subordonnée au cas où celui qui a employé la matière d'autrui sans l'aveu du maître, a agi de mauvaise foi. Dans les autres, le prix de la matière en tient lieu, à moins que, par quelque circonstance particulière, le maître n'ait éprouvé un préjudice plus considérable de l'emploi qui a été fait de sa chose sans sa permission.

Victor Augier, Encyclopédie des juges de paix, accessoire. — La chose faite, en tout ou en partie, avec la matière d'autrui, peut se trouver en mains tierces, par achat ou autrement. Alors il faut distinguer si le propriétaire de la matière l'avait perdue ou si elle lui avait été volée, il conserverait ses droits pendant trois ans à l'égard des tiers, sauf le cas où ceux-ci auraient acheté la chose dans une foire, marché, vente publique ou d'un marchand vendant des choses pareilles; auquel cas le propriétaire ne pourrait revendiquer la chose qu'à la charge de rendre au possesseur le prix qu'il aurait payé pour se la procurer. Si la matière n'a été n perdue ni volée, alors la possession vaut titre, et le propriétaire n'a aucune action contre les tiers. (Art. 2279, 2280 du Code civil.)

A. Dalloz, propriété, n. 302. — Ces dommages-intérêts donnent lieu à une distinction. — La chose d'autrui a-t-elle été employée de bonne foi? Les tribunaux ne condamneront à des dommages-intérêts que rarement et dans le cas d'un préjudice extraordinaire pour le maître de la chose. (Duranton, n. 457.)

N. 303. — Mais y a-t-il eu vol de la matière? L'indemnité s'arbitrera d'après l'art. 51 du Code pénal, qui à la vérité n'est pas souvent appliqué. (Duranton, n. 458.)

TITRE III.

De l'Usufruit, de l'Usage et de l'Habitation.

(Décrété le 30 janvier 1804. Promulgué le 9 février.)

CHAPITRE PREMIER.

De l'usufruit.

578. *L'usufruit est le droit de jouir des choses dont un autre a la propriété, comme le propriétaire lui-même, mais à la charge d'en conserver la substance.* (*C. C., art.* 587 *et suiv.*; 1568, 2108 *et* 2118.)

Inst., lib. 2, tit. 4 et 5; ff, lib. 7; lib. 33, tit. 2, leg. 1, 2 et 4, ff, de usufructu et quemadmod. quis utatur; leg. 25, de verb. signific.; Cod., lib. 3, tit. 33.

Pothier, douaire, n. 194, 209, 215 à 220; vente, n. 548; Merlin, R., usufruit, § 1, n. 3; Favard, usufruit, § 2, n. 2; § 4, n. 1; Dalloz, usufruit, usage et habitation, chap. 1; Rolland, usufruit, § 1 et 7, n. 243 et suiv.; 288 et suiv.; § 8; Toullier, t. 3, n. 387 et suiv.; 467; Duranton, t. 4, n. 73, 74 à 80, 81 à 93, 285, 459 à 475; Proudhon, usufruit, t. 1, n. 67; t. 2, n. 887; t. 3, n. 1111; t. 4, n. 2061; t. 5, n. 2190, 2579; Delvincourt, t. 1, p. 151.

Domat, Lois civiles, liv. 1, tit. 11, sect. 1re, n. 1. — L'usufruit est le droit de jouir d'une chose dont on n'est pas propriétaire, la conservant entière, et sans la détériorer ni la diminuer.

Traité du douaire, n. 216. — Un usufruitier pourrait-il, sans le consentement du propriétaire, exhausser la maison dont il jouit par usufruit? Ulpien tient la négative; car quoiqu'il semble que cet exhaussement, par lequel sa maison est augmentée, soit un avantage pour le propriétaire, il peut avoir des raisons pour s'y opposer.

N. 220. — L'usufruitier ne peut faire servir la chose sujette à l'usufruit à d'autres usages qu'à ceux auxquels elle est destinée.

Gary, discours au Corps législatif, 30 janvier 1804. — Cette définition de l'usufruit, qui rappelle celles qu'en donnaient les lois romaines, est un texte fécond dont toutes les dispositions du projet de loi ne sont que les développemens.

Vous y voyez d'abord la différence entre le propriétaire et l'usufruitier. Le propriétaire *jouit et dispose*; l'usufruitier ne fait que *jouir*. Le propriétaire dissipe ou change à son gré la substance de la chose; l'usufruitier doit la conserver : il ne peut dénaturer, même pour améliorer.

Ce que l'usufruitier a de commun avec le propriétaire, c'est qu'il recueille tous les profits et tous les avantages que la chose peut produire. Il jouit comme le propriétaire, mais comme le propriétaire sage qui n'abuse point de la chose, et qui est intéressé à sa conservation. Son administration doit être celle du père de famille, même vigilant, qui ne sacrifie point l'avenir au présent, mais qui ménage l'un en jouissant sagement de l'autre.

Malleville. — Puisque le Code ajoute à la définition de l'usufruit ces mots, *comme le propriétaire lui-même*, j'aurais désiré qu'on y ajoutât encore la *forme*, de cette manière, *à la charge d'en conserver la forme et la substance*; car on verra que l'usufruitier n'a pas, comme le propriétaire, le droit de changer la forme des choses dont il jouit. (Sirey, t. 18, 2e part., p. 200.)

Delvincourt, t. 1, note 2 de la page 151. — Je crois que l'usufruitier est également tenu de conserver la *forme*. (*L.* 7, § 3; *LL.* 8 *et* 13, § 4 *et* 7, *de usufructu.*) Si cependant l'opposition du propriétaire était évidemment fondée sur des motifs de chicane ou de malveillance, je pense qu'elle pourrait être rejetée; si, par exemple, il s'opposait à ce que l'usufruitier défrichât une lande. *Malitiis non est indulgendum.*

Rolland de Villargues, v. usufruit, n. 7. — Il se forme, par la constitution d'usufruit, une *copropriété* entre l'usufruitier et le nu-propriétaire, une espèce de communion, qui pourtant n'a pas, en général, les conséquences d'une indivision. (Proudhon, n. 7.)

N. 8. — Le droit d'usufruit ne peut être que *temporaire;* car s'il pouvait être perpétuel dans la durée, le droit de propriété ne serait plus rien.

Toullier, t. 3, n. 389. — L'usufruit est un démembrement de la propriété. Comme dans la propriété, ce lien existe entre la personne de l'usufruitier et l'héritage servant, et non pas entre l'usufruitier et le propriétaire de cet héritage. Mais il est tellement attaché à la personne de l'usufruitier qu'il ne passe point à ses successeurs; en sorte qu'il est irrévocablement rompu par sa mort, quand même elle arriverait avant l'expiration du temps fixé pour la durée de l'usufruit, à moins qu'il n'y eût une stipulation contraire, stipulation qui changerait la nature de l'usufruit.

La définition de l'usufruit donnée par le Code est incomplète et convient également au bail à ferme,

Duranton, t. 4, n. 463. — Dans la définition que le Code nous donne de l'usufruit, le mot *substance* a un sens plus étendu qu'il ne l'a ordinairement. En effet, l'usufruit ne doit pas seulement conserver l'être ou le corps sur lequel réside son droit; il ne doit pas non seulement conserver en entier, et sans altération ni mélange, l'élément dont cet être ou ce corps est formé; il doit de plus conserver à cette matière sa qualité spécifique, celle qui en fait la bonté, la valeur; il doit même en conserver la *forme*, quoique assurément la forme ne soit pas la substance.

A. Dalloz, usufruit, n. 15 et 45. — Il ne faut pas confondre le *bail à vie* avec la constitution d'usufruit. (Proudhon, n. 102, 103; Dalloz aîné, n. 5. *Contrà :* Merlin, R., v. usufruit, § 1, n. 3.)

579. *L'usufruit est établi par la loi, ou par la volonté de l'homme.* (*C. C.*, *art.* 384, 399, 917, 949 *et suiv.;* 1403 *et* 1422.)

Leg. 3, in princip.; leg. 6, § 1, ff, de usufructu et quemadmodùm quis utatur. — *Paul*, sentent., lib. 3, tit. 6, § 17.

Pothier, vente, n. 548; Merlin, R., legs, sect. 4, § 3; tiers détenteur; usufruit, § 1 et suiv.; t. 16, p. 613; Favard, usufruit, § 1, n. 1, 3; Dalloz, usufruit, ch. 1, sect. 1; Rolland, usufruit, § 2 et 3; Toullier, t. 3, n. 391; Duranton, t. 4, n. 481, 502; Proudhon, usufruit, t. 1, n. 118, 181; t. 6, n. 2752, 2798; Delvincourt, t. 1, p. 151; Malleville, t. 2, p. 58. *Contrà :* Toullier, t. 3, n. 391.

Pothier, Traité du contrat de vente, n. 548. — Il n'est pas douteux que le propriétaire d'une chose peut en vendre à quelqu'un l'usufruit et en disposer à quelque titre que ce soit.

Galli, exposé des motifs au Corps législatif, 23 janvier 1804. — L'usufruit est établi par la loi, tel que l'usufruit légal appartenant aux père et mère sur le bien de leurs enfans.

Par la volonté de l'homme, tel que celui qui est porté par un testament, par un contrat. C'est cet usufruit qui nous procure, qui nous facilite des libéralités, des actes de bienfaisance et de gratitude. C'est par le moyen de cet usufruit que des transactions des plus épineuses quelquefois se combinent, que les acquisitions les plus importantes et les plus difficiles se font; c'est par lui que les époux se donnent mutuellement les derniers témoignages de leur amour et de leur tendresse. (Favard, usufruit, n. 1; Merlin, R., usufruit, § 1, n. 1; Toullier, t. 3, n. 392.)

Rolland de Villargues, v. usufruit, n. 96. — L'usufruit peut-il être établi par la prescription? Il paraît qu'il faut décider l'affirmative. Le Code civil (art. 2219), consacre, en général, la prescription comme un moyen d'acquérir, et il ne renferme aucune exception pour l'usufruit. Telle était d'ailleurs la disposition des lois romaines (*l.* 12, *C.*, *de præscrip. longi temp.*); telle est l'opinion des auteurs. (Proudhon, Toullier, Duranton.)

Toullier, t. 3, n. 393. — L'usufruit peut s'établir par la prescription de dix ou vingt ans, avec titre et bonne foi; par exemple, lorsque le propriétaire apparent d'un héritage en vend l'usufruit à un acquéreur de bonne foi, qui en jouit publiquement et sans trouble, pendant dix ans entre présens, et vingt ans entre absens. (Duranton, t. 4, n. 502; Dalloz, usufruit, ch. 1, sect. 1, n. 8.)

A. Dalloz, usufruit, n. 12. — L'usufruit se divise encore en usufruit *proprement dit* et en usufruit *improprement dit*, ou *quasi-usufruit.* (Proudhon, n. 119.)

N. 13. — Le premier est celui qui est établi sur des choses dont on peut jouir sans altérer la substance. Tels sont les immeubles et certains meubles.

N. 14. — Le quasi-usufruit est celui qui a pour objet des choses fongibles, c'est-à-dire qui se consomment par le premier usage qu'on en fait, comme le blé et le vin.... Ces choses sont représentées ou compensées par une pareille quantité de choses de même nature.

N. 52. — L'usufruit établi par la volonté de l'homme peut l'être à titre gratuit, ou à titre onéreux.

N. 59. — L'usufruit peut-il s'acquérir par la prescription? — Non, parce que l'usufruit est essentiellement temporaire; qu'il porte toujours avec lui un caractère d'instabilité qui survivrait à la prescription; que la prescription n'a plus dès lors le même objet qu'à l'égard de la propriété, dont elle est destinée à fixer l'incertitude, parce que, d'ailleurs, l'art. 690 du Code civil, tout en disant qu'une servitude peut être prescrite, a gardé le silence sur l'usufruit. (Thémis, t. 6, p. 332.)

N. 60. — *Contrà :* L'usufruit peut être prescrit, car il constitue pour l'usufruitier une propriété réelle et indépendante du fonds. (Cujas, *Observ.*, *l.* 18, *cap.* 24.) Il est immeuble (art. 1526 du Code civil), et il doit pouvoir être prescrit de la même manière et sous les mêmes conditions que tout autre immeuble. L'art. 2219, qui consacre la prescription est général, et le silence de l'art. 690, sur l'usufruit, s'explique par l'affectation que le législateur a mise à ne point donner à ce droit la qualification de *servitude.* (Proudhon, n. 753; Duranton, n. 502; Toullier, n. 393; Dalloz aîné, p. 12, n. 785.)

580. *L'usufruit peut être établi, ou purement, ou à certain jour, ou à condition.*

Leg. 4 et 5, ff, de usufructu et quemadmod. utatur; leg. 1, ff, de usu et usuf.; leg. 3, de usufructu earum rerum.

Merlin, R., usufruit; Dalloz, usufruit, ch. 1, sect. 1; Rolland, usufruit, § 5; Duranton, t. 4, n. 503 à 506; Proudhon, usufruit, t. 1, n. 310, 419; Delvincourt, t. 1, p. 151.

Delvincourt, t. 1, note 6 de la page 141. — *A certain jour ;* ce qui peut s'entendre de deux manières. D'abord, *ex die*, pour ne commencer que tel jour : *Je lègue l'usufruit de ma terre à Pierre, à compter d'un an après ma mort.* L'usufruit commence le premier jour de la seconde année, et finit par les manières ordinaires; ensuite *ad diem*, pour finir tel jour : Je lègue etc., *pendant dix ans.* L'usufruit commence de suite, et finit à l'expiration de la dixième année. On voit, d'ailleurs, que le même usufruit peut être *ex die* et *ad diem.*

Note 7. — *Condition* suspensive ou résolutoire. *Suspensive*, lorsque l'usufruit ne doit avoir lieu qu'autant que tel événement arrivera ou n'arrivera pas. *Résolutoire*, lorsqu'il commence de suite, mais qu'il doit finir dans le cas où tel événement arrivera ou n'arrivera pas.

Rolland de Villargues, v. usufruit, n. 106. — Le legs d'un fonds peut être fait au profit de plusieurs personnes successivement appelées à jouir à diverses époques marquées par le testateur.

Merlin, R., usufruit, § 1, n. 2. — L'usufruit peut être constitué sous toutes les modifications qu'il plaît à celui qui le donne ou le cède d'y apposer.

Dalloz, usufruit, ch. 1, sect. 1, n. 11. — Ainsi, l'usufruit établi jusqu'à ce qu'un tiers ait atteint un âge fixé dure jusqu'à cette époque, quoique le tiers soit mort avant l'âge fixé.

N. 87. — Lorsque l'usufruit est établi *purement et simplement*, le légataire est tenu d'en demander la délivrance; il n'a droit aux revenus que du jour de cette demande. (Art. 1014 du Code civil; Proudhon, n. 393.)

581. *Il peut être établi sur toute espèce de biens meubles ou immeubles.* (*C. C.*, *art.* 582 *et suiv.;* 587 *et* 588)

Leg. 3, § 1; leg. 7, ff, de usufructu et quemadmod. quis utatur.

Merlin, R., usufruit; Dalloz, usufruit, ch. 1, sect. 1; Rolland, usufruit, § 4; Duranton, t. 4, n. 475 à 481; Proudhon, usufruit, t. 1, n. 333.

Galli, exposé des motifs au Corps législatif, 23 janvier 1804. — Remarquez bien qu'on ne dit pas ici ce que d'autres ont dit, que l'usufruit est le droit de jouir d'une chose dont on n'est pas propriétaire, *la conservant entière, sans la détériorer ni la diminuer.* Ces dernières paroles porteraient l'exclusion des choses qui se consument par l'usage, ou qui se diminuent, desquelles cependant on peut avoir l'usufruit sous le nom, comme s'expriment les patriciens, *d'usufruit impropre*, soit *quasi-usus fructus*, comme le dit formellement le texte dans les *Institutes;* et ce par suite de la règle générale que l'usufruit peut s'établir sur toutes les choses qui sont en notre patrimoine, soit qu'elles se conservent, soit qu'elles diminuent, soit qu'elles se consument.

Pandectes françaises. — Il faut pourtant remarquer qu'à l'égard des choses fongibles, il ne peut y avoir qu'un quasi-usufruit, puisqu'on ne peut pas en jouir *salvâ rerum substantiâ.* — C'est pour cela que les lois romaines ne permettaient pas, en ce cas, de remettre l'obligation de fournir caution, parce qu'elle était regardée comme le fonds du droit.

Favard, usufruit, § 1, n. 4. — Les choses même qui se consomment par l'usage, et qu'on appelle choses fongibles, peuvent être la matière d'une constitution d'usufruit.

Dalloz, usufruit, ch. 1, sect. 1, n. 13. — Ainsi une rente viagère, une emphytéose, un bien grevé de substitution, sauf résolution lors de l'ouverture de la substitution; une chose même de pur agrément sont susceptibles d'être grevés d'usufruit. — A plus forte raison pourrait-on grever l'usufruit d'une servitude.

N. 114. — L'usufruit peut être établi sur une chose même de pur agrément, car la loi ne distingue pas entre les diverses espèces de biens. (Proudhon, n. 375.)

N. 141. — Si le testateur léguant à quelqu'un l'usufruit d'un fonds, lui avait accordé la faculté de le vendre, cette seule circonstance ne suffirait pas pour faire dégénérer la disposition en un legs de propriété. (Proudhon, n. 516 et suiv.; Dalloz aîné, t. 12, p. 789, n. 12. — *Contrà* : Voët; Merlin, Quest., v. *condit. de malus.*) — C'est une chose impossible que la coexistence d'un simple droit d'usufruit séparé de la propriété, avec la puissance d'aliéner.

SECTION PREMIÈRE.

Des droits de l'usufruitier.

582. *L'usufruitier a le droit de jouir de toute espèce de fruits, soit naturels, soit industriels, soit civils, que peut produire l'objet dont il a l'usufruit.*

Leg. 1; leg. 7, in princ., § 1; leg. 9 et 15, § 6; leg. 59, § 1; leg. 68, § 1, ff, de usuf. quemad. utatur; Instit., lib. 2, t. 1, § 13.

Pothier, douaire, n. 194, 199, 200; droit de propriété, n. 153; Favard, évêque; Dalloz, usufruit, chap. 1, sect. 2; Rolland, usufruit, § 7; Toullier, t. 3, n. 399; t. 12, n. 121; Duranton, t. 4, n. 512 à 515; Proudhon, usufruit, t. 2, n. 887; t. 3, n. 1031, 1166; Delvincourt, t. 1, p. 151; Lalaure, liv. 1, chap. 6, p. 30.

Domat, Lois civiles, liv. 1, tit. 11, sect. 1re, n. 2. — On peut jouir par usufruit, non seulement des immeubles, mais aussi des meubles; comme d'une tapisserie, d'un troupeau de bétail, et d'autres choses mobilières.

N. 3. — L'usufruit consiste en la jouissance pleine et entière de toutes les espèces de fruits, de revenus, de commodités et d'usage qui peuvent se tirer de la chose dont on a l'usufruit, comme sont les fruits des arbres, la coupe des bois taillis, les arbres qu'on peut tirer d'une pépinière, la laissant en bon état, toutes les récoltes, le miel des abeilles; et généralement l'usufruitier jouit et use de tout sans réserve; et on peut même jouir par usufruit des fonds et des meubles dont il ne se tire pas d'autre usage que le simple divertissement.

Pothier, Traité du douaire, n. 200. — Nous tenons pour règle générale que tous les fruits d'un héritage sujet à un droit d'usufruit, qui sont perçus et séparés de la terre où ils sont pendans, pendant le temps de la jouissance de l'usufruitier, lui appartiennent, de quelque manière qu'ils aient été perçus.

Perreau, rapport au Tribunat, 25 janvier 1804. — Si l'on a bien compris, d'après les premières idées que fait naître sa définition, ce qui constitue l'essence de l'usufruit, on verra qu'il doit être, pour celui à qui la jouissance en est accordée, le droit de se rendre propres tous les fruits qui composent le revenu ordinaire de la chose: les fruits naturels, tels que les produits spontanés de la terre, le produit et le croît des animaux; — Les fruits industriels que donne la culture: — Enfin les fruits civils, ou ceux qui se perçoivent à raison du fonds, tels que les loyers des maisons, les intérêts des sommes exigibles, les arrérages des rentes, les prix des baux à ferme. (Toullier, t. 3, n. 399; Proudhon, usufruit, n. 887; Dalloz, t. 12, p. 793, n. 10.)

Toullier, t. 3, n. 399. — Quelques auteurs pensaient, sous l'ancienne législation, que l'usufruitier n'avait pas le droit de chasse, parce que, disaient-ils, ce droit consistait *magis in honore quàm in quæstu.* Mais cette opinion ne peut être suivie sous l'empire du Code, qui veut que l'usufruitier jouisse généralement *de tous les droits* dont le propriétaire peut jouir, et qu'il en jouisse comme le propriétaire lui-même. (Art. 597.)

Duranton, t. 4, n. 513. — Lorsque l'usufruitier est troublé en sa jouissance, il peut intenter contre celui qui le trouble l'action en complainte, nonobstant la généralité des termes de l'art. 23 du Code de procédure, combiné avec l'art. 2236 du Code civil.

N. 514. — Si quelqu'un a volé les fruits, il a, contre le voleur et ses complices, l'action en revendication de ces mêmes fruits, ou celle en dommages-intérêts. Par la même raison, il a une action en réparation ou indemnité contre ceux qui ont commis du dégât sur le fonds, et ont ainsi nui à sa jouissance.

583. *Les fruits naturels sont ceux qui sont le produit spontané de la terre. Le produit et le croît des animaux sont aussi des fruits naturels.* — *Les fruits industriels d'un fonds sont ceux qu'on obtient par la culture.* (*C. C.*, art. 547, 588, 1802, 1811.)

Leg. 77, ff, de verb. signif.; leg. 36, § 5, ff, de hæred. petit.; leg. 68, § 1, de usuf. et quemad.; ff, lib. 22, tit. 1, leg. 28 et 38; lib. 41, tit. 1, leg. 48, § 2; lib. 45.

Pothier, douaire, n. 196, 199; communauté, n. 205; Merlin, R., fruits; Dalloz, usufruit, chap. 1, sect. 2; Toullier, t. 3, n. 399; t. 12, n. 121; Duranton, t. 4, n. 348, 523; Proudhon, usufruit, t. 1, n. 333; t. 2, n. 902, 995; t. 3, n. 1087; t. 5, n. 2611, 2708; Delvincourt, t. 1, p. 152; Fournel, v. attérissement, 2e quest.

Domat, Lois civiles, liv. 1, tit. 11, sect. 3, n. 2. — Celui qui a l'usufruit universel de tous les biens, a aussi le droit de jouir et user de tous les effets mobiliers selon leur nature, de consommer ce qui se consomme, de tirer des animaux les profits qui en reviennent, de recevoir les rentes des dettes actives qui en produisent, et de se servir de chaque chose selon son usage, ou pour le revenu, ou pour la commodité, ou pour le seul divertissement. (Voir le préambule de cette section.)

Pothier, Traité du douaire, n. 196. — Les fruits naturels d'une chose sont des êtres physiques que cette chose produit et reproduit. Tels sont les blés et autres grains.

N. 199. — On subdivise les fruits naturels des héritages, en fruits purement naturels et en fruits industriels.

Les fruits purement naturels sont ceux que la terre produit d'elle-même sans culture, tels que les foins, la coupe des bois taillis, etc.

Les fruits industriels sont ceux que la terre produit par la culture; tels sont les blés, les fruits des vignes, etc.

Duranton, t. 4, n. 524. — Il est fort indifférent, quant aux droits de l'usufruitier, que les fruits soient purement naturels ou qu'ils soient industriels: dès que les premiers sont rangés dans la classe des fruits, il y a droit comme aux seconds. La distinction n'a d'importance qu'entre les fruits naturels ou industriels d'une part, et les fruits civils d'autre part.

N. 525. — Le travail des animaux est un fruit naturel.

584. *Les fruits civils sont les loyers des maisons, les intérêts des sommes exigibles, les arrérages des rentes.*

Les prix des baux à ferme sont aussi rangés dans la classe des fruits civils. (*C. C.*, art. 586, 588, 1153 *et suiv.*; 1714 *et suiv.*; 1905, 1909 *et* 1980.)

ff, lib. 6, tit. 1, leg. 62; lib. 22, tit. 1, leg. 34; leg. 121, ff, de verb. signif.; leg. 36, ff, de usur. et fructib.; leg. 62, ff, de rei vendic., et leg. 8, § 1, ff, de reb. auctorit. judic. possid.

Pothier, douaire, n. 204, 230; communauté, n. 205; Merlin, R., fruits; douaire; Dalloz, usufruit, ch. 1, sect. 2; Toullier, t. 3, n. 399; Duranton, t. 4, n. 117, note; 348, 526, 532; Proudhon, usufruit, t. 1, n. 205; t. 2, n. 904, 958, 959; t. 3, n. 1031; Delvincourt, t. 1, p. 152.

Pothier, Traité du douaire, n. 204. — Les fruits civils sont les revenus d'une chose, qui n'ont aucun être physique, et ne consistent qu'en un droit ou créances, lesquels subsistent par l'entendement : *fructus civiles sunt qui in jure consistunt*. Tels sont les loyers des maisons.

Hua. — *Les arrérages de rentes*, soit perpétuelles, soit viagères : il n'est fait aucune distinction dans l'art. 529, qui qualifie les unes et les autres de mobilier. (Voir aussi l'art. 588.)

Pandectes françaises. — L'usufruitier d'une rente constituée n'en peut point recevoir le remboursement; car il ne lui est pas permis de détruire le fonds dont il n'a que la jouissance. C'est donc au propriétaire de la rente que le débiteur qui veut se libérer doit offrir le remboursement. S'il le fait à l'usufruitier, il ne se décharge point envers le propriétaire : il a seulement son recours contre l'usufruitier, recours qu'il ne peut exercer qu'à la fin de l'usufruit.

Boileux. — Il importe peu que le prix du bail soit stipulé en une somme d'argent ou en une quantité fixe de grains ou de denrées; par exemple, tant de mesures de blé; la loi ne distingue pas. Mais si le bail était consenti pour une portion aliquote de fruits à prendre en nature sur le fonds, par exemple, la moitié, le tiers, le quart de la récolte, les fruits conserveraient leur caractère; car ils ne seraient point aliénés moyennant un prix annuel, mais seulement partagés entre le bailleur et le preneur : il n'y aurait aucune novation.

585. *Les fruits naturels et industriels, pendans par branches ou par racines au moment où l'usufruit est ouvert, appartiennent à l'usufruitier.*

Ceux qui sont dans le même état au moment où finit l'usufruit, appartiennent au propriétaire, sans récompense de part ni d'autre des labours et des semences, mais aussi sans préjudice de la portion des fruits qui pourrait être acquise au colon partiaire, s'il en existait un au commencement ou à la cessation de l'usufruit. (*C. C.*, *art.* 1571)

ff, lib. 47, tit. 2, leg. 61, § 8; lib. 33, tit. 1, leg. 8; secùs, lib. 50, tit. 16, leg. 121; leg. 27, in principio; leg. 48, § 1; leg. 58, in principio; leg 59, § 1, ff, de usuf. et quemad.; leg. 13, ff, quibus usur. et usufructus amittitur, leg. 32, § 7; leg. 42, ff, de usu et usufructu et reditu legato; leg. 12, § 5; leg. 27 et 48, § 1, de usufructu quemad.

Pothier, douaire, n. 160, 273, 194, 199, 202, 273, 287; comm., n. 206, 207, 211 et suiv.; Merlin, R., fruits; douaire; Favard, usufruit, § 1, n. 2; Dalloz, usufruit, ch. 1, sect. 2; Rolland, frais de labour et semences; usufruit, § 7, n. 274 et suiv.; Toullier, t. 3, n. 400, 401 à 403; t. 12, n. 121, 124, 125; Duranton, t. 4, n. 349, 506 à 511, 517 à 544. Proudhon, usufruit, t. 1, n. 394, 399, 400; t. 2, n. 973, 995; t. 3, n. 1146, 1156; t. 4, n. 1654, 2038, 2121; t. 5, n. 2685; Delvincourt, t. 1, p. 153; Bellot, contrat de mariage, t. 1, p. 138, 140; t. 3, p. 358; t. 4, p. 268, 271, 481.

Domat, Lois civiles, liv. 1, tit. 11, sect. 1, n. 4. — L'usufruitier qui, au moment que son droit lui est acquis et que son usufruit commence à courir, trouve des fruits pendans qui sont en maturité, peut les cueillir, et ils sont à lui; et si l'usufruit venait à finir, ou par sa mort, ou autrement pendant la récolte, la portion des fruits qu'il aura recueillie, quoique restée dans l'héritage, mais séparée du sol, appartiendra à ses héritiers; et ce qui restera sans être cueilli demeurera au propriétaire, et aussi les fruits qui seront tombés d'eux-mêmes, et où l'usufruitier n'aura pas mis la main; car, comme il n'y a qu'un droit de jouir, si ce droit finit avant la jouissance, il n'y a plus rien. Ainsi, lorsque l'usufruitier meurt avant la récolte, ses héritiers n'auront rien aux fruits. (Delvincourt, t. 1, p. 153, note 2; Sirey, t. 18, 1re partie, p. 357.)

Procès-verbal du Conseil d'État, 20 octobre 1803. — Jollivet attaque la disposition de cet article, dans les effets qu'elle aurait par rapport à la communauté. L'usufruit qui appartient à l'un des époux tombe dans la communauté : elle fait donc les frais de culture. Or, il serait très-rigoureux de la priver de la récolte, sans lui faire raison de ses impenses. Aussi, dans l'usage, lui en a-t-on toujours accordé la récompense.

Tronchet répond qu'en pareil cas on n'a jamais accordé de récompense au mari; comme administrateur, il était tenu de cultiver et d'ensemencer; et même en général tout usufruitier est tenu d'entretenir la chose et d'en jouir en bon père de famille. Le bénéfice qui en peut résulter pour lui est subordonné aux effets du hasard. Mais on ne peut s'écarter, en faveur de la communauté, du principe qui déclare immeubles les fruits pendans par les racines.

Treilhard ajoute que si l'usufruitier est exposé à ne pas recueillir ce qu'il a semé, il peut arriver aussi qu'il profite d'une récolte que d'autres ont préparée; car la disposition porte sur l'entrée en jouissance comme sur la cessation de l'usufruit. La chance est donc égale. — Au reste, l'article proposé a été communiqué aux tribunaux, et n'a excité aucune réclamation quant au principe. Les tribunaux ont seulement demandé, pour le colon partiaire, la restriction que la section propose. — Cette approbation tacite et unanime dépose contre l'usage qu'on a prétendu exister.

Gary, discours au Corps législatif, 30 janvier 1804. — Le droit romain statuait, comme le projet, que tous les fruits pendans au moment de l'extinction de l'usufruit appartenaient au propriétaire; mais il accordait à l'usufruitier ou à ses héritiers la répétition des frais de semence et de culture. Le projet exclut au contraire cette répétition. — La loi accordant en effet à l'usufruitier tous les fruits non récoltés à l'époque de l'ouverture de l'usufruit, sans qu'il doive concourir aux frais des travaux, il faut, pour que la chance soit égale, que les fruits non recueillis, lorsque l'usufruit s'éteint, appartiennent au propriétaire affranchi de la même charge. Mais ce qui est sur-tout d'un grand intérêt aux yeux de la loi, et pour le repos de la société, c'est qu'une source féconde de contestations est tarie.

Hua. — *Appartiennent au propriétaire.* On doit appliquer cette règle avec équité : c'est-à-dire que si, dans la prévoyance de la cessation prochaine ou probable de l'usufruit, on coupait les fruits avant leur maturité, le propriétaire du fonds serait fondé à demander une indemnité contre les héritiers de l'usufruitier. Il y aurait dans cette action une fraude, dont la punition devrait astreindre à la restitution de la valeur de la récolte soustraite contre l'ordre de la nature.

Rolland de Villargues, v. usufruit, n. 279. — *Quid*, si les frais de culture et le prix des semences étaient encore dus à un tiers au moment de l'ouverture ou à la fin de l'usufruit? Ce créancier pourrait toujours exercer le privilége que la loi lui accorde pour les fruits (art. 2102 du Code civil); mais, dans le premier cas, l'usufruitier sur lequel on prendrait pour acquitter la dette de l'héritier aurait son recours contre celui-ci; et dans le second, le propriétaire rentré en jouissance aurait pareillement recours contre l'usufruitier ou ses héritiers, dont il aurait de même forcément acquitté la dette personnelle. (Toullier; Proudhon; Duranton, t. 3, n. 530; Dalloz, usufruit, t. 12, n. 21, p. 794; *id.*, p. 793, n. 21; Proudhon, usufruit, n. 1149, 1150.)

Toullier, t. 3, n. 401. — Si l'usufruitier qui jouit par lui-même vend la récolte près de sa maturité, ou une coupe de bois près de l'époque où elle doit être faite, et décède ensuite avant que la coupe soit commencée, la vente subsiste, car l'usufruitier avait le droit de vendre; mais le prix de la vente appartient en entier au propriétaire.

Si l'usufruitier décède après que la coupe est commencée, mais avant qu'elle soit achevée, le prix est partagé entre les héritiers et le propriétaire, en proportion de la valeur de la partie coupée et de celle qui reste à couper.

Duranton, t. 4, n. 532. — Lorsque le fonds, dont les fruits sont encore pendans par branches ou par racines au moment où l'usufruit s'ouvre ou s'éteint, est cultivé par un colon partiaire, les fruits, même *pour la part du bailleur*, ne doivent pas être considérés comme fruits civils, ni être régis, quant aux droits respectifs du propriétaire ou de l'usufruitier, par l'art. 586, mais bien comme fruits industriels, auxquels s'applique l'art. 585.

N. 533. — Mais si le colon partiaire était tenu par son bail de payer, outre la portion de fruits du bailleur, une somme annuelle ou une certaine quantité de denrées, cette somme ou cette quantité de denrées constituerait des fruits civils proprement dits, auxquels serait applicable la règle touchant l'usufruit de cette qualité.

586. *Les fruits civils sont réputés s'acquérir jour par jour,*

et appartiennent à l'usufruitier, à proportion de la durée de son usufruit. Cette règle s'applique aux prix des baux à ferme, comme aux loyers des maisons et aux autres fruits civils. (C. C., art. **1153** *et suiv.;* **1571**, **1714** *et suiv.;* **1905**, **1909**.)

ff, leg. 7, solut. matrimon.; ff, lib. 4, tit. 3, leg. 7, § 1, et sequentib.; leg. 26, Cod., de usufructu; leg. 32, ff, de usu et usufructu.

Pothier, douaire, n. 160, 205, 206; communauté, n. 219, 220, 221; Merlin, R., douaire; fruits; Dalloz, usufruit, chap. 1, sect. 2; Rolland, arrérages; fruits, § 2; usufruit, § 7 et 8; Toullier, t. 3, n. 400; t. 12, n. 110; Duranton, t. 4, n. 576, 522 à 543; Proudhon, usufruit, t. 1, n. 59; t. 2, n. 910, 957 à 959; t. 3, n. 1038, 1216; Delvincourt, t. 1, p. 153.

Domat, Lois civiles, liv. 1, tit. 11, sect. 1re, n. 5. — Si les fruits des héritages sujets à un usufruit étaient donnés à ferme, l'usufruitier qui a son droit acquis au temps de la récolte, recevra du fermier le prix du bail, de même qu'il aurait recueilli les fruits, s'il n'y avait point eu de bail; et quoique l'usufruit vienne à finir entre la récolte et le terme du paiement, l'usufruitier ou ses héritiers auront le prix entier du bail de cette récolte.

N. 6. — Les revenus qui s'acquièrent successivement, et de moment à autre, comme les loyers d'une maison, appartiennent à l'usufruitier, à proportion du temps que dure son droit. Ainsi, lorsqu'un usufruit commence au 1er janvier, et qu'il finit avant la fin de l'année, le propriétaire aura les loyers qui courront après l'usufruit fini, et l'usufruitier ou ses héritiers auront ceux du temps qu'a duré l'usufruit.

N. 7. — L'usufruitier peut cueillir, avant une parfaite maturité, les fruits dont la nature est telle qu'il est, ou de l'usage, ou plus utile de les cueillir prématurément. Ainsi, on n'attend pas la parfaite maturité des olives, du foin, d'un bois taillis; mais l'usufruitier doit attendre la maturité de la moisson et de la vendange.

Pothier, Traité du douaire, n. 206. — Le loyer, du jour de la mort de l'usufruitier, ne lui est pas acquis, à moins qu'on ne le suppose mort précisément au dernier instant de la journée.
Il en est de même des arrérages des rentes.

Gary, discours au Corps législatif, 30 janvier 1804. — C'est ici le lieu de remarquer une différence entre les fruits naturels ou industriels et les fruits civils, quant à l'instant auquel commencent ou se terminent les droits de l'usufruitier sur ces divers genres de fruits.

Pour cela, deux époques sont à considérer : celle de l'ouverture de l'usufruit, et celle de son extinction.

Au moment où l'usufruit s'ouvre, tous les fruits naturels ou industriels, pendans par branches ou par racines, appartiennent à l'usufruitier, tandis qu'il n'a de droits sur les fruits civils qu'à compter du jour où l'usufruit est ouvert, cette dernière nature de fruits s'acquérant jour par jour, et en proportion de la durée de l'usufruit.

La loi romaine disposait pour le prix du bail comme pour les fruits qu'il représente; et de même que ceux-ci appartenaient à l'usufruitier, s'ils avaient été perçus pendant la durée de l'usufruit, ainsi le prix du bail lui était acquis, quoique l'usufruit eût cessé dans l'intervalle de la perception et de l'échéance des termes de paiement. — Le projet de loi en décide autrement. On a pensé que l'usufruitier ayant converti son droit de percevoir les fruits en une rente, il fallait que cette rente subît le sort des loyers de maisons et des autres fruits civils. Cela prévient d'ailleurs les difficultés auxquelles donnait lieu l'application de la loi romaine.

Procès-verbal du Conseil d'État, 20 octobre 1803. — Muraire pense que la seconde partie de l'article est inutile, attendu que l'art. 584 met les prix des baux à ferme au nombre des fruits civils qui tombent dans l'usufruit.

Tronchet dit que cette explication a paru nécessaire pour mieux effacer quelques préjugés anciens. En effet, comme les fruits pendans par les racines sont immeubles, on a quelquefois jugé que le prix de la ferme n'appartient à l'usufruitier que lorsque la récolte des fruits est faite pendant sa jouissance.

Defermont craint qu'il ne s'élève des difficultés lorsque le prix des fermes ne doit être payé, comme dans certains pays, que dix-huit mois après la récolte.

Tronchet répond que toute difficulté est aplanie par la règle qui donne à l'usufruitier le prix de la ferme pour la portion de terre que son usufruit a duré. Il ne pourrait s'élever de difficultés que dans le cas où l'on ferait dépendre le droit de l'usufruitier au prix de la ferme, de l'époque où la récolte qu'il représente aurait été faite; car, comme les fruits de diverses natures ne sont pas récoltés dans le même temps, il faudrait des ventilations et des expertises pour déterminer dans quelle mesure chaque récolte faite pendant la durée de l'usufruit devrait être comptée dans le prix total de la ferme. — La règle simple que l'article établit prévient tous ces débats.

Rolland de Villargues, v. fruits, n. 32. — La disposition de cet article ne s'applique néanmoins qu'aux fruits *civils ordinaires*; et il y a plusieurs espèces particulières de fruits civils irréguliers qui ne s'acquièrent pas jour par jour dans la même proportion. Ainsi celui d'une usine non affermée, et dont le produit se perçoit chaque jour, comme la mouture d'un moulin, le produit d'une scie à eau ou à vent, celui d'une papeterie ou d'une forge, celui qui résulte de l'extraction d'une mine, d'une carrière ou d'une tourbière, sont tous des fruits civils; cependant ils ne sont pas acquis chaque jour pour la trois cent soixante-cinquième partie du revenu annuel. (Proudhon.)

Toullier, t. 3, n. 400. — Ainsi, on divise le prix entier des fermages ou des loyers par les 365 jours de l'année. Si le prix est de 365 francs, c'est un franc qui s'acquiert chaque jour, sans considérer le terme accordé au fermier pour le paiement, soit qu'il paie d'avance, ou seulement après sa jouissance.

Il en serait de même si le prix du bail consistait dans une quantité fixe de grains ou de denrées : on en réduit la valeur en argent, suivant les mercuriales, ou à dire d'experts, et on divise la somme comme les loyers.

Mais il en serait autrement si le bail était consenti pour une portion aliquote des fruits : ce seraient alors des fruits naturels.

587. *Si l'usufruit comprend des choses dont on ne peut faire usage sans les consommer, comme l'argent, les grains, les liqueurs, l'usufruitier a le droit de s'en servir, mais à la charge d'en rendre de pareille quantité, qualité et valeur, ou leur estimation, à la fin de l'usufruit. (C. C., art.* 578, 582, 1532.)

Leg. 7 et 12, ff, de usuf. earum rerum quæ usu consumuntur.

Pothier, donations entre mari et femme, n. 215; Merlin, usufruit, § 4, n. 8; Favard, usufruit, § 2, n. 4; Dalloz, usufruit, chap. 1, sect. 2; Rolland, fonds de commerce; fongible; usufruit, § 7; Toullier, t. 3, n. 396; t. 12, n. 379; Duranton, t. 4, n. 12, 13, 577, 578; Proudhon, usufruit, t. 1, n. 69, 121; t. 7, n. 789; t. 3, n. 1000, 1004, 1012; t. 5, n. 2630; Delvincourt, t. 1, p. 152, 153.

Domat, Lois civiles, liv. 1, tit. 11, sect. 3, n. 7. — L'usufruit des choses qui se consomment par l'usage, emporte la propriété, puisqu'on ne peut en user qu'en les consommant. Mais l'usufruitier est distingué du propriétaire, en ce qu'il est obligé, après l'usufruit fini, de rendre selon la condition de son titre, ou une pareille quantité de même nature que celle qu'il avait reçue, ou la valeur des choses au temps qu'il les a prises; car c'est de cette valeur qu'il a l'usufruit.

N. 8. — Il est égal d'avoir ou l'usufruit des choses qui se consomment lorsqu'on en use, comme de l'argent, des grains, des liqueurs; car celui qui en a l'usage, en jouit autant que celui qui en a l'usufruit, puisqu'il en dispose comme en étant le maître.

N. 9. — L'usage de toutes les autres choses mobilières a ses bornes et son étendue, selon le titre qui l'établit; et il se règle, ou par l'intention des contractants, si le titre est une convention; ou par celle du testateur, si c'est un testament; et on juge de cette intention ou par les termes du titre, ou par les circonstances, comme de la qualité de celui à qui l'usage de ces choses a été donné, du motif de celui qui l'a donné, de l'usage qu'il en faisait lui-même, et des autres semblables. (Voir n. 10.)

Malleville. — Dans l'origine, on ne pouvait pas établir d'usufruit sur les choses dont on ne peut jouir sans les détruire; mais Justinien nous apprend que c'est le sénat qui, pour l'utilité des particuliers, permit d'y constituer un quasi-usufruit, et par l'usufruitier donnant caution d'en rendre de même qualité et valeur à la fin de l'usufruit.

Cette disposition doit être restreinte au cas prévu par notre article. *Contrà :* art. 1403.

Delvincourt, t. 1, note 1 de la page 153. — *Ou l'estimation*. Sur quel pied? Est-ce d'après la valeur de la chose au *commencement* ou à la *fin* de l'usufruit? Il paraît conforme à l'équité que, s'il ne rend pas la chose en nature, il rende une valeur égale à celle qu'a la chose au moment de la restitution, c'est-à-dire à la fin de l'usufruit. (Pandectes françaises.)

Rolland de Villargues, v. usufruit, n. 206. — La simple disposition en usufruit des objets de cette nature, en opère la translation du domaine entre les mains de l'usufruitier qui la reçoit, puisque, dans la restitution qui doit avoir lieu un jour, on ne trouvera que l'échange d'un objet contre un autre. (Proudhon, n. 1001.)

N. 207. — D'où la conséquence que, si ces choses livrées à l'usufruitier viennent à périr, même sans sa faute et par cas fortuit, la perte n'en doit peser que sur lui; de sorte qu'il n'en reste pas moins soumis à l'obligation d'en restituer l'équivalent à la fin de son usufruit; mais si la perte arrivait avant qu'elles fussent livrées à l'usufruitier, il ne devrait souffrir que la privation de sa jouissance.

Duranton, t. 4, n. 557. — Nous pensons que l'article ne constitue pas l'usufruitier débiteur *sous une alternative*, comme on le croit, et comme en effet sa rédaction équivoque, ambiguë, prête à le croire. Nous soutenons qu'il règle seulement *deux modes de restitution* des objets, parce qu'il peut se présenter deux cas dans lesquels elle ne doit pas avoir lieu de la même manière; de plus, dans aucun l'usufruitier n'a le choix que nous lui disputons; il est toujours débiteur d'une seule chose; ou de ce qui lui a été livré, ou du prix de cet objet. Ces deux cas sont prévus par la loi 7, *ff, de usuf. quæ usu-cons.*, et le § 2, *Instit., de usuf.*

Dans le premier cas prévu par cette loi, les choses ne lui sont point livrées *sur estimation* : il en devient sans doute aussi propriétaire, comme dans le second; mais il est constitué débiteur d'une pareille quantité que celle qu'il a reçue, et c'est uniquement ce qu'il doit.

Dans le second cas de cette loi, les choses ont été livrées sur estimation; et alors ce ne sont plus les objets qui doivent être rendus en même qualité, c'est le prix auquel ils ont été évalués.

Il faut donc entendre l'article dans le sens de la loi romaine précitée; c'est-à-dire comme régissant deux cas: l'un, où la chose sujette à usufruit n'a pas été estimée, et l'autre où elle l'a été. Dans le premier cas, l'usufruitier est débiteur d'une pareille quantité que celle qu'il a reçue; dans le second, il est débiteur du prix; mais il ne doit jamais avoir le choix de l'un ou de l'autre de ces deux modes de libération.

A. Dalloz, usufruit, n. 288. — Il résulte de la disposition de cet article que l'usufruitier devient propriétaire des objets de la nature de ceux dont il s'occupe, et sur lesquels est constitué son usufruit. (Proudhon, n. 1001.)

Question controversée. — Est-ce d'après leur valeur à la fin de l'usufruit, et non d'après leur valeur au commencement, que doivent être rendues les choses fongibles dont l'usufruitier ne fait pas la représentation en nature? *Pour :* Delvincourt, t. 1, p. 153, note 2. *Contre :* Proudhon, usufruit, t. 3, n. 5; Toullier, t. 3, n. 398. *Sur* la question : Duranton, t. 4, n. 577; Latailhède, dans une consultation insérée dans le Mémorial de jurisprudence des Cours royales de France, t. 36, p. 308. (Journal de la Magistrature, t. 6, p. 240 à 245.)

588. *L'usufruit d'une rente viagère donne aussi à l'usufruitier, pendant la durée de son usufruit, le droit d'en percevoir les arrérages, sans être tenu à aucune restitution. (C. C., art.* 578, 582 *et* 1568*).*

Pour les lois romaines, voir l'art. 586.

Pothier, douaire, n. 25; donation entre mari et femme, n. 218, 219; communauté, n. 232; Favard, usufruit, § 2, n. 3; Toullier, t. 3, n. 417; t. 12, n. 110; Duranton, t. 3, n. 372; Proudhon, usufruit, t. 1, n. 203, 333; t. 3, n. 1055; t. 4, n. 1817, 1824; Delvincourt, t. 1, p. 153.

Procès-verbal du Conseil d'Etat, 20 octobre 1803. — Muraire fait observer que dans les départemens méridionaux on attache au mot *arrérages* une idée différente de celle qu'il présente ailleurs : là il exprime les arrérages arriérés, c'est-à-dire ceux dus pour les années antérieures à l'année courante. Il paraît nécessaire de faire cesser cette équivoque.

Merlin, usufruit, § 4, n. 7. — Ce que décide ce texte pour les arrérages d'une rente viagère, on doit le décider également pour le produit annuel d'un droit d'usufruit. (Art. 1568 du Code civil.)

A. Dalloz, usufruit, n. 317. — L'usufruitier demeure responsable envers le nu-propriétaire des pertes qui pourraient arriver par défaut de poursuites, soit pour le cas où les débiteurs seraient devenus insolvables, soit pour celui où la prescription leur serait acquise. (Proudhon, n. 1032.)

589. *Si l'usufruit comprend des choses qui, sans se consommer de suite, se détériorent peu à peu par l'usage, comme du linge, des meubles meublans, l'usufruitier a le droit de s'en servir pour l'usage auquel elles sont destinées, et n'est obligé de les rendre, à la fin de l'usufruit, que dans l'état où elles se trouvent, non détériorées par son dol ou par sa faute. (C. C., art.* 950 *et* 1566 *).*

ff, leg. 9, § 3 et 4, usuf. quemadmod. caveat; leg. 15, § 1, 2, 3 et 4, ff de usufruct. et quemad. quis utatur.

Dalloz, usufruit, chap. 1, sect. 2 : Rolland, usufruit, § 7; Toullier, t. 3, n. 405; t. 7, n. 461; Duranton, t. 4, n. 578; Proudhon, usufruit, t. 1, n. 121, 333; t. 2, n. 841; t. 3, n. 1056 à 1061, 1081; t. 4, n. 1726; t. 5, n. 2534, 2651; Delvincourt, t. 1, p. 152; Chardon, dol, n. 319, 320.

Domat, Lois civiles, liv. 1, tit. 11, sect. 3, n. 3. — L'usufruit des choses mobilières qui ne se consomment pas d'abord qu'on en use, consiste au droit d'en jouir et de s'en servir comme ferait le propriétaire, en les mettant à l'usage pour lequel elles sont destinées, sans en abuser, et les conservant en bon père de famille. Ainsi, une tapisserie dont on a l'usufruit peut demeurer tendue, et les autres meubles peuvent de même être employés à leurs usages; et ils seront rendus au propriétaire dans l'état où ils se trouveront après l'usufruit fini, quoique usés et diminués par l'effet de l'usage, pourvu que l'usufruitier n'en ait pas mésusé.

N. 4. — L'usufruitier qui a des animaux dans son usufruit peut en tirer les revenus et les services qu'en tirerait le maître. Ainsi, il peut employer les bœufs au charroi et au labourage, les chevaux à porter et à voiturer, ou à labourer, ou à voyager, selon leur usage; les moutons à engraisser les champs; il en retire aussi les agneaux, le lait et la laine.

Procès-verbal du Conseil d'Etat, 20 octobre 1803. — Tronchet dit qu'il est difficile que les meubles soumis à l'usufruit soient tellement consommés par l'usage qu'il n'en reste absolument rien. Cependant on donnerait à l'usufruiter la facilité de les soustraire à son profit, si on ne l'obligeait pas à représenter ce qu'il en reste. (Toullier, t. 3, n. 405.)

Pandectes françaises. — Si même quelques-unes de ces choses périssent par vétusté, comme des pièces de linge, l'usufruitier n'est pas tenu de les remplacer, pourvu qu'il ne s'en soit pas servi à d'autre usage que celui auquel elles sont destinées: autrement il y aurait dol ou faute.

Pour éviter toute contestation, l'usufruitier de ces sortes de choses fera bien, avant d'entrer en possesion, d'en faire constater l'état.

Delvincourt, t. 1, note 3 de la page 152. — *Quid*, si l'usufruitier ne présente aucun vestige des choses qui se dégradent peu à peu par l'usage, prétendant qu'elles ont été entièrement consommées par le service? Je pense que dans ce cas il est tenu d'en rembourser le prix sur le pied de la valeur des objets, au commencement de l'usufruit. (Argument tiré de l'art. 950.)

Il est bien entendu, au surplus, que si l'usufruitier prétend que les objets soumis à l'usufruit ont péri entièrement par cas fortuit, il doit être admis à le prouver.

Rolland de Villargues, v. usufruit, n. 232. — L'usufruitier n'est point responsable des dégradations qui ne sont que l'ouvrage du temps ou l'effet de l'usage légitimement exercé: et si les choses étaient péries par accident, la perte en serait pour le propriétaire quant à la propriété, comme pour l'usufruitier, quant à la jouissance.

Duranton, t. 4, n. 578. — Ainsi, l'usufruitier est responsable de sa faute: d'où il suit qu'il serait passible de dommages-intérêts s'il employait les objets à un autre usage que celui auquel ils ont été destinés; par exemple s'il portait en ville des habits de théâtre, s'il faisait servir sans relâche les objets de manière à les détruire promptement, ou s'il les prêtait et qu'ils vinssent à périr ou à être grandement détériorés par la faute du tiers. Au reste, la question relative aux fautes est évidemment subordonnée aux circonstances, et par conséquent elle est laissée à la sagesse et aux lumières du juge, qui ne doit pas perdre de vue que si l'usufruitier a le droit de jouir comme le propriétaire, d'autre part il doit jouir en bon père de famille.

590. *Si l'usufruit comprend des bois taillis, l'usufruitier est tenu d'observer l'ordre et la quotité des coupes, conformément à l'aménagement ou à l'usage constant des propriétaires; sans indemnité toutefois en faveur de l'usufruitier ou de ses héritiers, pour les coupes ordinaires, soit de taillis, soit de baliveaux, soit de futaie, qu'il n'aurait pas faites pendant sa jouissance. — Les arbres qu'on peut tirer d'une pépinière sans la dégrader, ne font aussi partie de l'usufruit qu'à la charge par l'usufruitier de se conformer aux usages des lieux pour le remplacement. (C. C., art. 1403.)*

Leg. 9, § 6 et 7, ff, de usuf. et quemad mod. quis utatur; leg. 40, § 4, ff, de contrah. empt.

Pothier, douaire, n. 198; Merlin, R., bois, § 3; pépinière; Favard, usufruit, § 2, n. 2; Dalloz, usufruit, chap. 1, sect. 2, Rolland, bois, § 1; fruits, § 4; pépinière, usufruit, § 7, n. 289 et suiv.; Pailliet, Dictionnaire universel, arbre, sect. 15, § 3; Toullier, t. 3, n. 403, 407; Duranton, t. 4, n. 34, 546 à 560, 565; Proudhon, usufruit, t. 1, n. 294; t. 2, n. 995; t. 3, n. 1163; t. 4, n. 2121; t. 5, n. 2687; Delvincourt, t. 1, p. 153, 154.

Gary, discours au Corps législatif, 30 janvier 1804. — Un principe fécond et lumineux nous a guidés dans l'examen de ces questions; ce principe est dans le respect dû à l'usage ancien des propriétaires. Il ne suffit pas, en effet, que l'usufruitier jouisse en bon père de famille; il faut encore qu'il suive dans sa jouissance la destination du père de famille. Celui qui a constitué l'usufruit est censé, à moins de stipulation contraire, avoir voulu que l'usufruitier jouisse comme lui et ses auteurs ont joui; et ceci nous fait rentrer dans la définition de l'usufruit, qui est le droit de jouir comme le propriétaire.

Procès-verbal du Conseil d'Etat, 20 octobre 1803. — Pelet dit qu'il est contre la nature des choses d'imposer à l'usufruitier l'obligation de remplacer les arbres qu'il tire d'une pépinière. Ces arbres sont les fruits même dont on fait la récolte après trois ans; les remplacer c'est créer une pépinière nouvelle.

Bigot-Préameneu répond que puisque, sur la jouissance des bois taillis, l'on s'en est référé à l'usage, on peut également laisser l'usage déterminer les conditions de l'usufruit établi sur une pépinière.

Perreau, rapport au Tribunat, 25 janvier 1804. — Doit-on donner à l'usufruitier, comme faisant partie de son droit, celui de tirer des arbres d'une pépinière? Oui, pourvu qu'il ne la dégrade pas, et que, selon l'usage du lieu, il soigne le remplacement. (Duranton, t. 4, n. 565.)

Delvincourt, t. 1, note 6 de la page 153. — *Quid*, si l'usufruitier a fait la coupe avant l'époque fixée par l'aménagement ordinaire? La *propriété* de cette coupe est *in suspenso*, et demeure subordonnée à la durée future de l'usufruit. S'il se prolonge jusqu'au moment où les bois auraient eu l'âge prescrit, la coupe appartient à l'usufruitier; sinon, il est dû indemnité au propriétaire; et cette indemnité doit être égale à la différence qui se trouve entre l'âge du bois qui existé au moment de la cessation de l'usufruit, et l'âge qu'il aurait eu si la coupe n'avait pas été faite indûment.

Note 8. — On nomme baliveaux des arbres qui, aux termes des réglemens, doivent être réservés sur chaque coupe, soit de taillis, soit de futaie. Leur nombre est de seize par arpent, ancienne mesure; ils doivent être de la plus belle espèce et de la meilleure qualité. Les baliveaux sur taillis ne peuvent être coupés avant l'âge de 40 ans, et ceux sur futaie avant l'âge de 120 ans. (Arrêt du Conseil d'Etat, du 19 juillet 1723.) Cette mesure a pour objet de conserver des bois de construction, et principalement des bois de marine.

Note 9. *Pendant sa jouissance.* — Si cependant il avait été empêché de faire ces coupes par l'effet d'une force majeure qui lui fût étrangère, *putà*, par une inondation, je ne pense pas qu'il doive en être privé.

Rolland de Villargues, v. usufruit, n. 290. — L'aménagement d'une forêt peuplée de taillis se rapporte à quatre choses principales, qui sont: 1° l'ordre; 2° la quotité; 3° l'âge des coupes; 4° le nombre des baliveaux qui doivent être réservés.

N. 296. — Lorsque l'usufruitier fait une coupe prématurée il n'en devient pas moins propriétaire des arbres coupés (*l.* 48, § 1, *ff., de usuf.*); mais c'est un abus de jouissance auquel le propriétaire est recevable à s'opposer. (Proudhon, n. 1171; Toullier, t. 3, n. 407.)

Duranton, t. 4, n. 546. — Ces dispositions, comme on le voit, présupposent que l'usufruitier, par la nature même de son droit, jouit des bois taillis, puisqu'elles règlent seulement le mode de jouissance qu'il doit observer, en le déclarant exclu de la faculté de faire les coupes qu'il aurait pu faire et qu'il n'a pas faites.

N. 553. — Quand même la coupe aurait été vendue par l'usufruitier, et que le moment de la faire fût alors arrivé, si cette coupe n'était point encore faite à l'extinction de l'usufruit, le prix ne lui en appartiendrait pour aucune portion; et s'il l'avait reçu, il serait, ou ses héritiers, tenu à la restitution envers le propriétaire. Le prix de la vente n'est pas un fruit civil comme le prix du bail: autrement, il faudrait aller jusqu'à dire qu'il est dû en totalité à l'usufruitier, puisque, dans l'espèce, celui-ci avait le droit de faire toute la coupe. Or, aucune disposition du Code ne pourrait autoriser une pareille prétention.

N. 554. — Et si l'exploitation était faite en partie, il y aurait lieu à une ventilation entre l'usufruitier ou ses héritiers et le propriétaire, pour attribuer à ce dernier une part du prix de la vente, en proportion de ce qui resterait à couper relativement au tout.

A Dalloz, usufruit, n. 347. — L'usufruitier pourrait-il compenser les coupes qu'il a négligé de faire avec celles qu'il a faites indûment? Oui, il le peut: l'équité le veut ainsi, malgré que cette solution semble contrarier la rigueur des principes. (Duranton, t. 4, n. 548.)

N. 548. — Non il ne le peut pas; l'art. 590 s'y oppose. (Dalloz aîné, t. 12, p. 800.)

591. *L'usufruitier profite encore, toujours en se conformant aux époques et à l'usage des anciens propriétaires, des parties de bois de haute futaie qui ont été mises en coupes réglées, soit que ces coupes se fassent périodiquement sur une certaine étendue de terrain, soit qu'elles se fassent d'une certaine quantité d'arbres pris indistinctement sur toute la surface du domaine.*

Leg. 9, § 6 et 7, ff, de usuf. et quemad. quis utatur.

Pothier, communauté, n. 96; introduction au titre 10 de la Coutume d'Orléans, n. 100; douaire, n. 198; Merlin, R., bois, § 3; pépinière; dot; Dalloz, usufruit, chap. 1, sect. 2; Rolland, bois, § 1; usufruit, § 7, n. 303, 304; Toullier, t. 3, n. 408; Duranton, t. 4, n. 561, 562; Proudhon, usufruit, t. 3, n. 1180; Delvincourt, t. 1, p. 154.

Malleville. — Les hautes futaies mêmes peuvent devenir des fruits, lorsque le propriétaire les avait mises en coupe réglée; et pour cela, il n'est pas nécessaire de l'usage d'une série d'anciens propriétaires: c'est surtout le procédé et l'intention de celui qui a conféré l'usufruit qu'il faut considérer.

Rolland de Villargues, v. usufruit, n. 304. — Mais il faut que l'usage de ces coupes soit bien constant; car, en général, l'usufruitier n'a pas droit aux futaies, excepté qu'il s'agisse de les employer à des réparations. (Proudhon, usufruit, n. 1180; Dalloz, t. 12, p. 800, n. 25; Duranton.)

592. *Dans tous les autres cas, l'usufruitier ne peut toucher aux arbres de haute futaie : il peut seulement employer, pour faire les réparations dont il est tenu, les arbres arrachés ou brisés par accident ; il peut même, pour cet objet, en faire abattre s'il est nécessaire, mais à la charge d'en faire constater la nécessité avec le propriétaire.*

Leg. 11, 12, in princ., ff, de usuf. et quemad. quis utatur.

Pothier, douaire, n. 198 ; Favard, usufruit, § 2, n. 2 ; Rolland, usufruit, § 7, n. 307 et suiv. ; Pailliet, Dictionnaire universel, arbre, sect. 15, § 1, 5°, 6° ; Toullier, t. 3, n. 408, 410 ; Duranton, t. 4, n. 559, 560, 566 ; Proudhon, usufruit, t. 3, n. 1194 ; t. 8, n. 3518 ; Delvincourt, t. 1, p. 154 ; Perrin, nullités, p. 199.

Domat, Lois civiles, liv. 1, tit. 11, sect. 1, n. 12. — Si les lieux sujets à un usufruit se trouvent avoir besoin de quelque réparation où l'on puisse faire servir le bois des arbres abattus par quelque accident, l'usufruitier pourra s'en servir.

Perreau, rapport au Tribunat, 25 janvier 1804. — Hors des cas spécifiés dans l'article précédent, l'usufruitier ne pourra toucher aux arbres de haute futaie, qui font essentiellement partie intégrante du fonds, et que l'on ne saurait raisonnablement comprendre dans la classe des fruits ordinaires. Il aura cependant la faculté d'employer aux réparations dont il sera tenu, les arbres de cette espèce arrachés ou brisés par accident, et d'en faire abattre, pour cette même fin, avec le consentement du propriétaire ; car rien n'est plus naturel que de faire servir ce qui sort du fonds à son entretien.

Malleville. — Les arbres de haute futaie arrachés ou brisés par accident, appartiennent régulièrement au propriétaire, et seulement l'usufruitier peut s'en servir pour les réparations dont il est tenu, et même s'en faire délivrer d'autres à défaut de ceux-là. Mais les arbres fruitiers qui meurent ou qui sont arrachés ou brisés par le vent, appartiennent à l'usufruitier, à la charge du remplacement.

Notre article ne dit rien des arbres de haute futaie qui meurent ; mais ils doivent sans doute subir le sort de ceux qui sont arrachés ou brisés par accident.

Hua. — *Haute futaie*. En rapprochant cet article du 594°, il ne paraît point que l'usufruitier puisse disposer des arbres de haute futaie qui périraient ; celui-ci n'accorde la disponibilité que pour les arbres fruitiers ; et cette disposition devient exclusive pour l'autre cas. D'ailleurs, notre article, en prévoyant l'événement qui détruirait des arbres futaies, ne les laisse à l'usufruitier que pour l'usage même de la propriété. (Duranton, t. 4, n. 563.)

Delvincourt, t. 1, note 1 de la page 154. — *Par accident*. Donc, hors le cas de réparation, les futaies arrachées ou brisées appartiennent au propriétaire.

Le propriétaire a-t-il le droit, pendant la durée de l'usufruit, de faire couper et vendre les futaies ? Il faut distinguer : si la futaie se couronnait de manière qu'il fût à craindre que les arbres mourussent, l'usufruitier n'a pas le droit de s'opposer à la coupe ; mais autrement, le propriétaire ne peut en disposer.

Toullier, t. 3, n. 408. — L'omission de cette dernière formalité, quoique très-imprudente, pourrait être excusée par l'urgence ou par l'évidence de la nécessité constatée depuis l'abattis.

A. Dalloz, usufruit, n. 361. — Ainsi, l'usufruitier ne peut ni couper ni ébrancher les arbres de haute futaie, pour se faire du bois de chauffage, et comme la loi ne fait ici aucune distinction, peu importe qu'il s'agisse de bois secs ou d'arbres vifs : il ne peut pas plus toucher aux branchages des uns qu'à ceux des autres. (Proudhon, n. 1194.)

593. *Il peut prendre, dans les bois, des échalas pour les vignes ; il peut aussi prendre, sur les arbres, des produits annuels ou périodiques ; le tout suivant l'usage du pays ou la coutume des propriétaires.*

ff, lib. 33, tit. 7, leg. 16 ; leg. 10, ff, de usuf. et quemadmod. quis utatur.

Pothier, douaire, n. 198 ; Dalloz, usufruit, chap. 1, sect. 2 ; Rolland, usufruit, § 7, n. 312 et suiv. ; Pailliet, Dictionnaire universel, arbre, sect. 15, § 1, 7°, 9° alinéa ; Toullier, t. 3, n. 409 ; Duranton, t. 4, n. 34, 564 ; Proudhon, usufruit, t. 3, n. 1196 ; Delvincourt, t. 1, p. 154.

Domat, Lois civiles, liv. 1, tit. 11, sect. 1, n. 13. — L'usufruitier peut tirer des arbres d'un bois de quoi faire des échalas pour les vignes, pourvu que ce soit sans détériorer.

Observations du Tribunat, 9 novembre 1803. — La rédaction proposée aura le double avantage de comprendre le droit de prendre des échalas dans les bois, si tel est l'usage du pays, et celui de prendre les produits annuels ou périodiques de certains arbres qui ne sont ni bois de futaie, ni bois taillis, tels que les saules, peupliers, aunes, bouleaux, bois de liége, etc., pour lesquels le projet de loi présentait une lacune. (Delvincourt, t. 1, p. 154, note 3 ; Rolland de Villargues, usufruit, n. 313 ; A. Dalloz, usufruit, n. 366 ; Proudhon, usufruit, n. 1196 ; Duranton, t. 4, n. 564).

Malleville. — Il fallait dire ici *tous les profits annuels ou périodiques* qu'on peut en retirer, car il est bien constant que tout cela appartient à l'usufruitier, par cela seul que c'est un fruit.

Rolland de Villargues, v. usufruit, n. 314. — Cela doit être entendu des vignes dont l'usufruit est aussi légué par le même testateur.

Duranton, t. 4, n. 564. — En disant que c'est pour les vignes que l'usufruitier peut prendre des échalas dans les bois, l'article nous paraît signifier par là deux choses : 1° qu'il s'agit des vignes du domaine soumis à l'usufruit ; d'où il suit que l'usufruitier ne peut vendre ces échalas, à moins que les bois dans lesquels il les prendrait n'entrassent dans la jouissance ordinaire et principale, suivant la distinction de la *loi* 9, § 7, *ff, de usuf.*, qui est le type de notre texte ; car autrement il n'y aurait pas eu plus de motif d'assigner, comme on l'a fait, l'emploi des échalas, que de déterminer celui des produits annuels ou périodiques à prendre sur les arbres ; 2° quand il ne s'agit de prendre des échalas que pour les vignes du domaine, l'usufruitier peut, suivant cette même loi, les prendre dans les bois où le propriétaire était dans l'usage d'en prendre pour cet objet, encore que ces mêmes bois ne fissent point partie de jouissance directe, parce qu'ils ne seraient pas mis en coupes réglées.

594. *Les arbres fruitiers qui meurent, ceux même qui sont arrachés ou brisés par accident, appartiennent à l'usufruitier, à la charge de les remplacer par d'autres.*

Leg. 12, in princip., de usuf. et quemad.

Pothier, douaire, n. 212 ; Rolland, usufruit, § 7, n. 319, 320 ; Pailliet, Dictionnaire universel, arbres, sect. 15, § 1, 8° ; Toullier, t. 3, n. 410 ; Duranton, t. 4, n. 563, 566 ; Proudhon, usufruit, t. 3, n. 1175, 1199 ; Delvincourt, t. 1, p. 154.

Domat, Lois civiles, liv. 1, tit. 11, sect. 1re, n. 10. — Les arbres abattus par le vent ou par quelque autre accident, appartiennent au propriétaire du fonds dont ils faisaient partie ; ainsi, il est obligé de les enlever à ses frais, afin qu'ils n'incommodent point ; et l'usufruitier n'en profitant pas, il n'est pas obligé d'en planter de nouveaux.

N. 11. — Les arbres morts sont à l'usufruitier comme une espèce de revenu, mais à la charge d'en planter d'autres.

Pandectes françaises. — Ce remplacement est une des charges naturelles de l'usufruit, parce qu'une des obligations de l'usufruitier est d'entretenir. Ainsi, quand même il ne prendrait point les arbres morts ou arrachés, il n'en serait pas moins obligé de les remplacer, et il pourrait y être contraint par le propriétaire ou son héritier.

Il en est de même des souches ou ceps de vigne, qui périssent par quelque cause que ce soit : l'usufruitier doit les remplacer. — Si cependant une vigne entière venait à périr par l'effet d'une gelée, par exemple, l'usufruitier ne serait pas obligé de la replanter. Il perdrait son usufruit sur la vigne par son extinction.

Rolland de Villargues, v. usufruit, n. 320. — Il ne s'agit ici que des arbres fruitiers qui sont plantés et cultivés à mains d'homme, et non des arbres fruitiers sauvages qui croissent spontanément dans les forêts, lesquels sont classés au rang des arbres de réserve par les réglemens forestiers. (Proudhon, n. 1199.)

Toullier, t. 3, n. 410. — Il est à remarquer que la disposition de notre article étant limitée aux arbres fruitiers, on ne doit pas l'étendre aux autres grands arbres morts, abattus ou brisés par la tempête. — L'usufruitier n'y peut rien prétendre; autrement il faudrait dire que si tout un bois était abattu par la violence de la tempête, tous les arbres appartiendraient à l'usufruitier. Il peut contraindre le propriétaire de les enlever, s'ils nuisent à sa jouissance; il peut encore s'en servir pour les réparations des édifices.

Duranton, t. 4, n. 566. — Comme la loi ne fait aucune distinction entre les diverses espèces d'arbres fruitiers, l'usufruitier aurait droit même aux noyers et autres grands arbres, quoique généralement ces arbres, et sur-tout les noyers et les mérisiers, aient beaucoup de valeur, comme étant propres aux services.

595. *L'usufruitier peut jouir par lui-même, donner à ferme à un autre, ou même vendre ou céder son droit à titre gratuit. S'il donne à ferme, il doit se conformer, pour les époques où les baux doivent être renouvelés, et pour leur durée, aux règles établies pour le mari à l'égard des biens de la femme, au titre* du Contrat de Mariage, et des Droits respectifs des époux. *(C. C., art. 1429 et 1430).*

Leg. 12, § 2; leg. 67, de usufruct. et quemad. quis utatur; leg. 9. § 1, ff, locati conducti; leg. 25, § 4, ff, solut. matrim.

Pothier, douaire, n. 195, 220; contrat de louage, n. 43; Merlin, R., bail, § 2, n. 14; Favard, louage, sect. 1, § 1, n. 3; Dalloz, usufruit, chap. 1, sect. 1; Rolland, bail, n. 79 et suiv.; usufruit, § 7; Toullier, t. 3, n. 412; t. 6, n. 436; Duranton, t. 4, n. 486, 555, 584 à 588; Proudhon, usufruit, t. 1, n. 15, 365; t. 3, n. 1061, 1212; Delvincourt, t. 1, p. 155.

Domat, Lois civiles, liv. 1, tit. 11, sect. 1, n. 19. — L'usufruitier peut, ou jouir par lui-même, ou louer et bailler à ferme; il peut même céder, vendre ou donner son usufruit, et la disposition qu'il en fait lui tient lieu de jouissance et conserve son droit.

Pothier, du douaire, n. 195. — L'usufruitier a le droit de percevoir les fruits des héritages sujets à son usufruit, non seulement par lui-même, mais par les personnes à qui il juge à propos de céder son droit, sans qu'il ait besoin pour cela du consentement du propriétaire.

Perreau, rapport au Tribunat, 25 janvier 1804. — Le droit d'usufruit étant un droit personnel, on serait assez disposé à croire, en s'attachant rigoureusement au sens, qu'il ne peut se transmettre; cependant il paraît très raisonnable d'établir que celui qui en jouit puisse l'exercer par lui-même, ou en céder l'exercice, et à quelque titre que ce soit. Dans le cas où il le donne à ferme, notre article l'assujettit très-sagement, pour les époques où il doit renouveler les baux et pour leur durée, aux règles fixées pour les maris à l'égard de leurs femmes. (Art. 1429 et 1430). Si l'intérêt de l'usufruitier veut en effet qu'il puisse jouir pleinement de la chose soumise à l'usufruit, l'intérêt de la société et celui du propriétaire ne permettent pas que, par des baux passés à trop long terme, il annulle ou atténue les droits de ce propriétaire.

Delvincourt, t. 1, note 1 de la page 155. — L'usufruitier serait-il tenu d'entretenir les baux faits par le propriétaire? Oui, sans doute, quelle qu'en soit la durée.

Toullier, t. 3, n. 413 et 414. — Le propriétaire ne peut plus, comme autrefois, expulser à la fin de l'usufruit les fermiers ou locataires; il ne pourrait même pas faire résilier les baux faits par anticipation, si leur exécution avait commencé avant la fin de l'usufruit. — L'usufruitier ne peut également faire résilier les baux passés par le propriétaire, avant le commencement de l'usufruit, quand même ils l'auraient été par anticipation, sauf les cas où l'usufruit aurait été constitué à titre onéreux, tel qu'une vente. (Art. 1743.)

Duranton, t. 4, n. 584. — Mais la jouissance du tiers n'en cessera pas moins à la même époque (et par l'effet des mêmes causes), que celle où prendra fin le droit de l'usufruitier.

N. 585. — L'usufruitier qui a vendu, cédé, loué ou donné son droit, répond des faits de celui qu'il s'est substitué dans la jouissance, et demeure, vis-à-vis du propriétaire, personnellement garant de l'exécution de toutes les obligations qui lui sont imposées comme usufruitier.

A. Dalloz, usufruit, n. 192. — Ainsi, les baux ne peuvent pas excéder neuf ans; ceux faits plus de trois ans avant l'expiration du bail courant, s'il s'agit de biens ruraux, et plus de deux ans avant la même époque, s'il s'agit de maisons, sont nuls, à moins que leur exécution n'ait commencé avant la fin de l'usufruit. (Art. 1429 et 1430 du Code civil; Dalloz aîné, t. 12, p. 789.)

596. *L'usufruitier jouit de l'augmentation survenue par alluvion à l'objet dont il a l'usufruit. (C. C., art. 556.)*

Leg. 9, § 4, ff, de usufruct. et quemadmodum quis utatur.

Pothier, douaire, n. 68; Merlin, R., alluvion; Paillet, Dictionnaire universel, accroissement, § 15; Toullier, t. 3, n. 415; Duranton, t. 4, n. 421, 580; Proudhon, usufruit, t. 2, n. 523; Delvincourt, t. 1, p. 155; Grenier, hypothèques, t. 1, p. 309.

Domat, Lois civiles, liv. 1, tit. 11, sect. 1, n. 8. — L'usufruit s'augmente ou se diminue, à proportion de l'augmentation ou diminution qui peut arriver au fonds sujet à l'usufruit; et comme l'usufruitier souffre la perte ou la diminution de son usufruit, si le fonds périt, ou est endommagé par un débordement, par un incendie, ou autre cas fortuit, il profite aussi des changemens qui peuvent rendre le fonds meilleur ou plus grand; comme si l'événement d'un procès y acquiert une servitude, ou plus d'étendue, ou si le voisinage d'une rivière y a apporté quelque accroissement.

Perreau, rapport au Tribunat, 25 janvier 1804. — Si l'usufruitier est entièrement substitué dans cet exercice de son droit au propriétaire, il doit donc jouir, comme celui-ci, de l'augmentation survenue au fonds par alluvion, de tous les droits de servitude qui peuvent y être attachés, de tous les moyens enfin qui lui sont nécessaires pour profiter de son usufruit. (Art. 578.)

Le droit de chasse et de pêche font partie de l'usufruit. (Loi du 30 janvier 1790, art. 14.)

Pandectes françaises. — Cet article ne parle point de la distinction que fait la loi entre l'alluvion et l'augmentation qui arrive subitement, comme par la naissance d'une île auprès de l'héritage sujet à l'usufruit.

La loi romaine décide que l'usufruitier n'aura point cette augmentation apparente, parce que, bien qu'elle accède à la propriété, c'est néanmoins une espèce de fonds à part, sur lequel l'usufruit n'a point été établi. Je pense qu'il faut suivre cette décision dont la justice est évidente.

Delvincourt, t. 1, note 7 de la page 154. — La disposition qui adjuge la jouissance de l'alluvion à l'usufruitier est fondée sur la loi 9, § 4, *ff, de usufructu*. En serait-il de même de l'île née dans une rivière navigable ou flottable? La même loi décide la négative.

Duranton, t. 4, n. 580. — Selon nous, il doit jouir aussi de l'île, à la différence du droit romain, attendu que, dans notre législation, il ne peut être question à cet égard que des îles ou îlots qui se forment dans des rivières navigables ou flottables.

597. *Il jouit des droits de servitude, de passage, et généra-*

lement de tous les droits dont le propriétaire peut jouir, et il en jouit comme le propriétaire lui-même. (C. C., art. 578 *et suiv.* ; 649.)

ff, lib. 8, tit. 5, leg. 2; leg. 12, ff, communia prædiorum; leg. 20, § 1, si servitus vendicatur; leg. 25, ff, de servitut. præd. rusticorum.

Pothier, douaire, n. 195, 209, 210; Merlin, R., usufruit, § 4, n. 14; chasse, § 3, n. 7; Favard, usufruit, § 2, n. 2; Rolland, usufruit, § 4 et 7, n. 327 et suiv.; Toullier, t. 3, n. 399, 415; Duranton, t. 4, n. 580, 581, 582; Proudhon, usufruit, t. 2, n. 545; t. 3, n. 1117, 1209, 1257; Delvincourt, t. 1, p. 155.

Domat, Lois civiles, liv. 1, tit. 11, sect. 1, n. 15. — Si, dans le cas d'un usufruit légué, il manque à l'usufruitier quelques commodités qui ne soient pas d'une absolue nécessité pour sa jouissance, comme l'est un passage, il ne pourra prétendre que l'héritier doive lui fournir ces sortes de commodités. Ainsi, il ne pourra pas demander qu'on lui donne des jours plus commodes pour une chambre, un passage plus aisé, une prise d'eau : car l'usufruit est borné à la jouissance de la chose telle qu'elle est, quand le droit en est acquis à l'usufruitier. (Voir n. 16.)

N. 17. — L'usufruitier peut faire dans l'héritage sujet à l'usufruit des améliorations ou réparations utiles ou nécessaires, et même pour son seul plaisir, pourvu que ce soit sans rien empirer, ni changer l'état des lieux. — Ainsi, il ne peut hausser un bâtiment, changer les appartemens ni les autres dépendances d'une maison, ni les défigurer, augmenter ou diminuer, non pas même en ajoutant ce qui serait mieux, ou démolissant ce qui serait inutile ; mais il peut, par exemple, prendre des jours et mettre des peintures et autres ornemens.

Pothier, Traité du douaire, n. 209. — L'usufruitier doit avoir aussi la jouissance des choses accessoires à celles des héritages dont il a l'usufruit : c'est-à-dire des choses qui, sans faire partie de l'héritage, y sont pour perpétuelle demeure, afin de servir à son exploitation.

Malleville. — La règle générale est que l'usufruitier a droit à tout ce qui est nécessaire pour jouir de l'usufruit. Ainsi, non seulement il jouit des droits de servitude et de passage qui sont dus au fonds, mais encore il pourrait exiger que le propriétaire lui fournît un chemin pour y aboutir, s'il n'y en avait pas. Il pourrait exiger également les titres nécessaires pour user de son droit et le défendre.

Pandectes françaises. — Le propriétaire ne peut, d'aucune manière, priver l'usufruitier de cette jouissance : d'où il résulte que, pendant la durée de l'usufruit, il ne peut pas remettre les servitudes.

Delvincourt, t. 1, note 11 de la page 154. — L'usufruitier pourrait-il intenter la complainte et autres actions possessoires? Je pense qu'oui, s'il est troublé dans sa jouissance; mais il ne pourrait la former que dans son intérêt, et pour le maintien de son droit seulement; en sorte que le jugement rendu pour ou contre lui serait, à l'égard du propriétaire, *res inter alios acta.* (Pothier, Coutume d'Orléans, tit. 22, sect. 3, § 2.)

Duranton, t. 4, n. 582. — Et si le fonds sur lequel est établi l'usufruit avait son chemin de desserte sur un autre fonds appartenant au même propriétaire, bien que, dans ce cas, ce chemin ne saurait constituer une servitude, puisque *res sua nemini servit*, néanmoins l'usufruitier continuerait d'en jouir : comme, en sens inverse, le propriétaire continuerait de passer sur le fonds soumis à l'usufruit.

598. *Il jouit aussi, de la même manière que le propriétaire, des mines et carrières qui sont en exploitation à l'ouverture de l'usufruit; et néanmoins, s'il s'agit d'une exploitation qui ne puisse être faite sans une concession, l'usufruitier ne pourra en jouir qu'après en avoir obtenu la permission du Roi.* — *Il n'a aucun droit aux mines et carrières non encore ouvertes, ni aux tourbières dont l'exploitation n'est point encore commencée, ni au trésor qui pourrait être découvert pendant la durée de l'usufruit. (C. C., art.* 578, 1403. — *Loi du* 21 *avril* 1810; *décret du* 10 *janvier* 1803; *id.,* 6 *septembre même année.)*

ff, leg. 9, § 2 et 3, de usuf. et quemadmod.; leg. 13, § 5 et 6, eod.

Pothier, douaire, n. 196; communauté, n. 97, 98, 196, 204; Merlin, R., communauté, § 2; Favard, trésor, usufruit, § 2 et suiv.; Rolland, usufruit, n. 321 et suiv.: Toullier, t. 3, n. 416; t. 12, n. 128, 129; Duranton, t. 4, n. 567 à 575, 285 et 313; Proudhon, usufruit, t. 2, n. 543; t. 3, n. 1200, 1202; Delvincourt, t. 1, p. 154; Benoit, dot, t. 1, n. 151 à 155; Bellot, contrat de mariage, t. 1, p. 144, 150.

Domat, Lois civiles, liv. 1, tit. 11, sect. 1, n. 9. — L'usufruitier *peut* ouvrir une carrière (contraire à l'art. 598) dans le fonds dont il a l'usufruit; car les pierres qu'il en tirera tiennent lieu de fruits. Il en est de même des autres matières qu'il pourra en tirer; et il pourra même arracher un plant, comme des vignes, pour y faire quelque changement de cette nature, pourvu que le fonds en devienne meilleur et que le revenu en soit augmenté ; car l'usufruitier peut améliorer, mais il ne peut faire de changement qui empire le droit du propriétaire. Mais, quoique le revenu fût augmenté par un changement de l'état du fonds, si ce n'était que pour un temps, ou si ce changement causait d'ailleurs des incommodités ou des dépenses qui fussent à charge au propriétaire, l'usufruitier en serait tenu, comme ayant passé les bornes de son droit. Ainsi, c'est par les circonstances qu'il faut juger des changements que l'usufruitier peut ou ne peut faire.

Procès-verbal du Conseil d'Etat, 20 octobre 1803. — Defermon demande que les mines de métaux ne soient point soustraites à la jouissance de l'usufruitier. Lorsque le propriétaire a obtenu la concession, il doit lui être permis d'en donner l'usufruit comme celui de tout autre bien.

Treilhard répond que la jouissance des mines n'est conférée que par l'autorité publique : ces sortes de propriétés doivent être surveillées par elle, afin que l'exploitation en soit confiée à ceux-là seuls qui ont les connaissances propres et les facultés nécessaires pour réussir dans de semblables entreprises. La préférence n'est même due au propriétaire du fonds que lorsque toutes choses sont d'ailleurs égales entre lui et ses concurrens. D'ailleurs, notre article ne s'applique pas au cas qui vient d'être cité, mais à celui où une mine a été ouverte pendant la durée de l'usufruit.

Tronchet fait observer qu'il est nécessaire de changer la rédaction de l'article; car, dans les termes qu'il est présenté, il semblerait introduire l'exclusion absolue de l'usufruitier. Cependant les principes rappelés par Treilhard doivent être respectés; et comme en laissant au propriétaire la faculté indéfinie de disposer de l'usufruit de la mine, il serait possible que l'exploitation tombât dans des mains incapables de la diriger, la prudence exige que l'usufruitier ne puisse profiter du don sans l'approbation du gouvernement.

Gary, discours au Corps législatif, 30 janvier 1804. — A l'égard des carrières, la loi romaine accordait à l'usufruitier le droit d'en ouvrir, pourvu que ce ne fût pas dans une partie du terrain qui fût utile, et pourvu d'ailleurs que la culture n'en souffrît pas. Ces conditions, quelque sages qu'elles fussent, devaient être des occasions fréquentes de contestations. On s'est rattaché au principe qui veut que l'usufruitier jouisse comme le propriétaire, et en conservant la substance de la chose, et toutes les difficultés se sont aplanies. Si les mines ou carrières sont ouvertes, ou l'exploitation des tourbières commencée au moment de l'ouverture de l'usufruit, l'usufruitier continuera d'en jouir; mais il ne sera jamais autorisé à en ouvrir, quand le propriétaire ne l'a pas fait, parce qu'il ne doit jouir que comme le propriétaire jouissait, et sans pouvoir dénaturer la substance de l'héritage soumis à l'usufruit.

Pandectes françaises. — Le trésor trouvé dans le fonds soumis au droit d'usufruit ne peut point appartenir à l'usufruitier. Le trésor n'est point un fruit, puisqu'il ne se reproduit pas. Il fait partie du fonds même. Par conséquent, l'usufruitier ne peut y avoir aucune prétention. — Mais si l'usufruitier trouve un trésor dans le fonds dont il a l'usufruit, il est certain que la moitié lui en appartient, non en sa qualité d'usufruitier, mais comme inventeur. (Merlin, R., communauté, § 2, n. 4; Duranton, t. 4, n. 313; Proudhon, usufruit, n. 543; Dalloz, t. 12, p. 793.)

Rolland de Villargues, v. usufruit, n. 324. — *Quid*, si la mine était seulement découverte sans être ouverte ou en exploitation? Les produits n'entreraient pas dans l'exploitation.

Duranton, t. 4, n. 570. — L'usufruitier n'a pas le droit de faire, sans le consentement du propriétaire, ou l'autorisation du gouvernement, des recherches dans le fonds pour y découvrir des mines.

599. *Le propriétaire ne peut, par son fait, ni de quelque manière que ce soit, nuire aux droits de l'usufruitier. — De son côté, l'usufruitier ne peut, à la cessation de l'usufruit, réclamer aucune indemnité pour les améliorations qu'il prétendrait avoir faites, encore que la valeur de la chose en fût augmentée. — Il peut cependant, ou ses héritiers, enlever les glaces, tableaux et autres ornemens qu'il aurait fait placer, mais à la charge de rétablir les lieux dans leur premier état.* (*C. C., art.* 2236.)

ff, leg. 7, § 1 et 12, de usu et usufruct.; leg. 15, § 6 et 7; leg. 16, ff, de usuf. et quemad. quis utatur; leg. 12, ff, de usu et usuf. et reditu legato.

Pothier, douaire, n. 241 à 243, 271, 272, 277 à 279; propriété, n. 12; Favard, usufruit, § 2, n. 7; Dalloz, usufruit, chap. 1, sect. 2; Paillet, Dictionnaire universel, amélioration, n. 17, 18; arbre, sect. 18; Rolland, impenses, n. 29 et suiv.; usufruit, § 13 et 16; Toullier, t. 3, n. 16, 129, 426 à 429, 444; t. 4, n. 231; t. 5, n. 775; Duranton, t. 4, n. 588 à 590, 638 à 674, 379 à 381, 417; Proudhon, usufruit, t. 2, n. 876; t. 3, n. 1108, 1124, 1226, 1228, 1425, 1463; t. 5, n. 2590, 2624; Delvincourt, t. 1, p. 155.

Domat, Lois civiles, liv. 1, tit. 11, sect. 1re, n. 18. — Si l'usufruitier fait des améliorations, ou des réparations soit utiles ou nécessaires, ou pour son plaisir, il ne peut rien démolir de ce qu'il a bâti, ni ôter ou enlever que ce qui peut se conserver étant enlevé.

Sect. 5, n. 1. — Le propriétaire est obligé de livrer à l'usufruitier et à l'usager, les lieux et autres choses sujettes à l'usufruit ou à l'usage: ou de souffrir qu'ils s'en mettent en possession sans qu'il puisse les y troubler ni incommoder, et ceux qui ont ces droits peuvent poursuivre tant le propriétaire que tous les autres possesseurs des choses qui y sont sujettes, pour les laisser jouir.

N. 2. — Le propriétaire ne peut, avant la délivrance, ni après, faire aucun changement dans les lieux et autres choses sujettes à un usufruit ou à un usage, par où il empire la condition de l'usufruitier ou de l'usager, quoique ce fût pour y faire des améliorations. Ainsi, il ne peut hausser un bâtiment, ni en faire un nouveau, dans un fonds où il n'y en avait pas, si ce n'est du consentement de l'usufruitier ou de l'usager. Il peut encore moins dégrader les bois, démolir un édifice, y imposer des servitudes, ni faire d'autres changemens qui nuisent à l'usufruitier ou à l'usager, et s'il l'avait fait, il serait tenu des dommages et intérêts qu'il aurait causés.

N. 3. — Si l'usufruitier ou l'usager ne pouvait jouir par un obstacle que le propriétaire doit faire cesser, il en sera tenu, et des dommages et intérêts de la non jouissance; comme s'il y avait quelque éviction ou autre trouble dont il fût garant, ou s'il refusait à l'usufruitier quelque servitude nécessaire qu'il dût lui donner.

N. 4. — Si l'usufruitier a fait des réparations nécessaires au-delà de celles dont il est tenu, le propriétaire doit l'en rembourser.

N. 5. — Le propriétaire n'est pas tenu de refaire ou de remettre en bon état ce qui se trouve ou démoli, ou endommagé au temps que l'usufruit est acquis, si ce n'est que ce fût par son fait, ou qu'il fût chargé par le titre de remettre les choses en bon état. Mais l'usufruitier est restreint au droit de jouir de la chose en l'état qu'elle est, quand ce droit lui est acquis; de même que celui qui acquiert la propriété d'une chose, ne doit l'avoir que telle qu'elle était lorsqu'il l'a acquise.

Pothier, Traité du douaire, n. 241. — Il n'est pas permis au propriétaire d'une terre grevée d'un usufruit, d'abattre un bois de haute futaie; car il fait un agrément qui fait partie de la jouissance de l'usufruitier; cependant, si le bois était tellement couronné qu'il fût nécessaire de l'abattre pour empêcher le dépérissement et la perte, l'usufruitier ne pourrait en ce cas s'y opposer.

N. 242. — Le propriétaire ne peut, contre le gré de l'usufruitier, faire sur l'héritage chargé d'usufruit aucune construction *non nécessaire*, quand même l'usufruit en serait bonifié.

Gary, discours au Corps législatif, 30 janvier 1804. — Si l'usufruitier a amélioré, il ne peut, à la cessation de l'usufruit, réclamer aucune indemnité, sauf à lui d'enlever les glaces et ornemens qu'il aurait fait placer, en rétablissant les choses dans leur premier état. — L'équité semble d'abord s'opposer à ce que le propriétaire profite, aux dépens de l'usufruitier, de l'amélioration évidente de sa chose. Mais quand on considère que l'usufruitier en a lui-même recueilli les fruits, que cette amélioration n'est d'ailleurs aux yeux de la loi que le résultat naturel d'une jouissance éclairée et d'une administration sage et vigilante; quand on pense qu'il ne doit pas être au pouvoir de l'usufruitier de grever d'avance le propriétaire de répétitions qui pourraient souvent lui être onéreuses; quand on songe enfin aux contestations infinies qu'étouffe dans leur naissance la disposition qui vous est soumise, on ne peut lui refuser son assentiment.

Malleville. — Il y a pourtant un cas où l'équité demande qu'on tienne compte à l'usufruitier de ses améliorations; c'est celui où on lui reprocherait d'avoir dégradé d'autres parties: il est bien naturel alors de compenser l'un avec l'autre.

D'après les lois romaines, l'usufruitier peut embellir la chose sujette à l'usufruit, mais il ne peut agrandir les bâtimens, ni en abattre ce qui est utile, pour y substituer même des choses plus utiles. — Il ne peut pas finir même un bâtiment commencé, ni donner un nouvel étage à la maison. — Il ne peut pas changer l'état des lieux, même lorsque cela devrait donner un plus grand revenu: par exemple, détruire des choses d'agrément pour y substituer une culture productive. — Il pourrait cependant établir des usines et construire un édifice, s'il était nécessaire, pour loger la récolte.

Toullier, t. 3, n. 427. — L'usufruitier ne peut démolir un édifice qu'il aurait fait bâtir pour en enlever les matériaux, et remettre les choses dans le même état.

N. 428. — Si le propriétaire n'est pas obligé de rembourser les impenses faites sans nécessité, et sur lesquelles il n'a pas été consulté, il est tenu d'en souffrir la compensation avec les dégradations qu'il prétendrait avoir été faites par l'usufruitier; car un héritage ne peut être censé détérioré que sous la déduction de ce dont il est amélioré.

Duranton, t. 4, n. 380. — L'usufruitier ne peut-il enlever les *constructions* qu'il a faites, si le propriétaire ne veut pas lui payer au moins la plus-value qui en est résultée pour le fonds? Doit-on lui refuser un droit qui appartient au *prædo* lui-même, bien mieux, au possesseur par violence? Doit-on enfin s'enrichir à ses dépens? Nous ne saurions le penser. Sa réclamation ne saurait être écartée que par une fausse interprétation du sens du mot *améliorations*, employé dans l'art. 599; mot qui ne doit point s'entendre des constructions nouvelles faites par l'usufruitier, mais bien des embellissemens faits à des constructions existantes, ou du changement apporté aux divers modes de culture suivis jusqu'alors.

Dalloz, usufruit, chap. 1, sect. 2, n. 27. — Il résulte de cette disposition, qu'à certains égards et par rapport aux *améliorations* existantes à la cessation de l'usufruit, l'usufruitier ou ses héritiers sont dans une position moins favorable que le tiers possesseur évincé, lors même qu'il serait de mauvaise foi. Cela s'explique d'ailleurs par la différence qui existe entre la cause de l'usufruitier et celle du tiers possesseur: le premier est réputé avoir agi *animo donandi*.

A. Dalloz, usufruit, n. 397. — Ainsi, le propriétaire ne pourrait imposer, au préjudice de l'usufruitier, aucune servitude sur l'héritage grevé d'usufruit, ni faire remise ou abandon de celles qui sont dues à cet héritage (*leg.* 15, § 7, *ff, de usuf.*), parce que sous l'un et l'autre rapport ce serait nuire à la jouissance de l'usufruitier. (Proudhon, n. 876.)

SECTION II.

Des Obligations de l'usufruitier.

600. *L'usufruitier prend les choses dans l'état où elles sont; mais il ne peut entrer en jouissance qu'après avoir fait dresser, en présence du propriétaire, ou lui dûment appelé, un inventaire des meubles et un état des immeubles sujets à l'usufruit.* (*C. C., art.* 385, 585, 586, 686, 950, 1535, 1562, 1580. — *C. de P., art.* 942 *et suiv.*)

Leg. 1, § 4, de usuf. et quemad; *ibid.*, leg. 65, § 1; leg. 12, ff, de usu et usufructu et reditu legato; leg. 1, in principio, et § 4, de usufructuarius quemadmodum caveat; leg. 13, in principio, de usu et fruct. quemadmodum; leg. 4, § 1, Cod., de usufructu et habitatione.

Pothier, douaire, n. 240; donation entre mari et femme, n. 212, 215, 240; Merlin, R., legs, sect. 4, § 3; *non bis in idem;* usufruit, § 2, n. 2; inscription hypothécaire, § 5, n. 8, t. 6, à la note; Favard, action, § 2, n. 7; usufruit, § 3, n. 1; Dalloz, usufruit, ch. 1, sect. 3; Rolland, état d'immeubles, réparations, § 10, art. 2; usufruit, § 6; Toullier, t. 3, n. 381, note 2, n. 390, 398, 419, 420, 424, 443; t. 7, n. 461; Duranton, t. 4, n. 579, 580, 583, 591 à 600, 604 à 606, 616; Proudhon, usufruit, t. 2, n. 792, 793 et suiv.; 800, 813, 814; t. 4, n. 1643, 1677, 1833; t. 5, n. 2594; Delvincourt, t. 2, p. 155, Bellot, contrat de mariage, t. 4, p. 93 à 96, 514; Benoît, dot, t. 1: n. 167, 168, 170.

Domat, Lois civiles, liv. 1, tit. 11, sect. 4, n. 1. — Le premier engagement de l'usufruitier est de se charger des choses dont il a l'usufruit, soit meubles ou immeubles, et d'en faire inventaire en présence des personnes intéressées, ou pour marquer en quoi elles consistent et en quel état il les prend, enfin de régler ce qu'il devra rendre après l'usufruit fini, et en quel état il devait les rendre.

Observations du Tribunat, 9 novembre 1803. — Il paraît nécessaire d'annoncer que c'est seulement pour établir l'état des lieux, et pour les laisser de même, que l'usufruitier doit faire dresser procès-verbal; mais qu'il ne peut s'en servir dans la vue d'aucune répétition contre le propriétaire.

Procès-verbal du Conseil d'État, 20 octobre 1803. — Régnault demande quel serait l'effet de la clause par laquelle un testateur aurait dispensé l'usufruitier de faire inventaire et de donner caution, et déclaré que, dans le cas où l'on voudrait exiger l'accomplissement de ces conditions, il lègue la chose en toute propriété. — Un jugement récent du tribunal d'appel de Paris a décidé que, dans ce cas, le légataire est néanmoins tenu de faire inventaire, mais aux frais de l'héritier qui le requiert pour éviter la contestation après le décès dudit légataire, et les embarras d'un inventaire par commune renommée.

Treilhard et Cambacérès répondent qu'il est évident, en effet, qu'une telle clause est valable; car le testateur, qui pouvait d'abord donner la propriété de la chose, peut, à plus forte raison, dispenser son légataire des conditions ordinaires imposées à la jouissance de l'usufruitier, et ordonner que le legs d'usufruit deviendra un legs en toute propriété, si ses intentions ne sont point respectées.

Malleville. — Si l'usufruitier n'a pas fait d'inventaire dans les cas où il y est tenu, serait-il pour cela privé des fruits? Je crois que la négative résulte naturellement de l'art. 604.

Je pense aussi que l'inventaire peut se faire de commun accord, par écrit double et sans notaires, entre le propriétaire et l'usufruitier; et que si le propriétaire ne veut pas s'y prêter, il suffit à l'usufruitier de le citer par un acte extrajudiciaire, pour venir assister à l'inventaire devant notaire, sans avoir besoin d'obtenir pour cela d'ordonnance du juge.

Hua. — L'usufruitier doit entretenir les baux existans. Il ne peut exiger le rétablissement de ce qui aurait été détruit ou changé avant l'ouverture de l'usufruit. Il serait seulement fondé à exiger les réparations que nécessiteraient l'état actuel des choses, et le mode d'exploitation auquel elles sont destinées.

Il doit provoquer le constat de l'état des choses.

Delvincourt, t. 1, note 5 de la page 155. — *Sujets à l'usufruit.* L'usufruitier pourrait-il se dispenser de faire dresser cet état, sous la seule peine d'être présumé avoir reçu les fonds en bon état, et d'être obligé de les rendre de même? Je ne le pense pas. Cette disposition a pour but de constater non seulement l'état, mais encore la *forme extérieure des héritages que l'usufruitier ne peut changer.* Or, il pourrait changer cette forme et rendre cependant les fonds en bon état.

Aux frais de qui doivent être faits cet état et cet inventaire? Aux frais de l'usufruitier; car c'est à lui qu'est imposée l'obligation. (Rolland, usufruit, n. 128; Proudhon; Toullier, t. 3, n. 419.)

Le testateur pourrait-il dispenser l'usufruitier de l'obligation de faire dresser ces états ou inventaires? Je pense qu'oui, si toutefois il n'y a pas d'héritier à *réserve*, ou que les biens restans soient suffisans pour la fournir.

Toullier, t. 3, n. 419. — Si le propriétaire se refusait à un inventaire amiable, il suffirait de le faire citer par un acte extrajudiciaire, pour assister à l'inventaire qui serait fait devant notaire, sans qu'il fût besoin d'obtenir une ordonnance du juge.

Il faudrait indiquer, dans la citation, l'expert chargé de faire l'estimation des meubles ou l'état des lieux, et sommer le propriétaire d'en nommer un autre, s'il le juge à propos; même de convenir d'un tiers. Si, au jour et à l'heure indiquée, le propriétaire ne se présentait pas, on procéderait sur son défaut; l'usufruitier devrait ensuite retirer une expédition de l'inventaire, et la faire notifier au propriétaire, à personne ou à domicile. Si ce dernier gardait le silence, il serait censé avoir approuvé l'opération.

N. 421. — Si l'usufruitier négligeait de faire dresser un état des immeubles sujets à l'usufruit, il serait censé les avoir reçus en bon état, et obligé de les rendre tels à la fin de l'usufruit. Mais ce n'est ici qu'une présomption qui céderait aux preuves du contraire, que l'on pourrait tirer de l'état des lieux constaté par des experts ou par des témoins.

Duranton, t. 4, n. 579. — L'état des meubles, qui doit être dressé en conformité de cet article, n'est qu'un état *descriptif*, et n'emporte conséquemment point transport de la propriété des objets à l'usufruitier. Comme dans le cas de choses fongibles, c'est toujours un usufruit régulier et ordinaire. Mais, s'ils lui étaient livrés sur estimation, alors il serait besoin de distinguer.

Si le testateur, par exemple, en léguant l'usufruit de ses meubles meublans, a déclaré qu'il en serait fait un état estimatif, dans ce cas, ce sera généralement le legs d'un quasi-usufruit. Le légataire deviendra propriétaire, et, dès lors, les cas fortuits et la détérioration seront à sa charge.

Mais si le testateur avait déclaré que l'estimation par lui prescrite n'emportait point transport de la propriété des objets, ou même si son intention à cet égard pouvait s'induire de l'acte, parce que l'estimation ordonnée ne l'aurait été que pour fixer d'une manière plus positive et plus particulière l'état de ces objets, afin d'éviter, autant que possible, les difficultés lors de leur restitution, ou resterait dans les termes d'un usufruit ordinaire et régulier.

Question controversée. — L'usufruitier peut-il être dispensé par le donateur de dresser inventaire des meubles donnés en usufruit? *Oui :* Agen, 13 nivôse an 14; Dalloz, v. usufruit, p. 802; Bruxelles, 20 juin 1810; Dalloz, *ibid.*; Toullier, t. 3, n. 420; Favard, v. usufruit, § 3, n. 1; Merlin, R., v. usufruit, § 2. n. 11. *Non* : Bruxelles, 18 décembre 1811, Dalloz, v. usufruit, p. 803; Paris, 20 ventôse an 11; Poitiers, 29 avril 1807, Dalloz, *ibid.*; Proudhon, usufruit, t. 2, n. 800; Duranton, t. 4, n. 598; Delvincourt, t. 1, p. 364. (Journal de la Magistrature, t. 3, p. 17 à 22.)

601. *Il donne caution de jouir en bon père de famille, s'il n'en est dispensé par l'acte constitutif de l'usufruit; cependant, les père et mère ayant l'usufruit légal du bien de leurs enfans, le vendeur ou le donateur, sous réserve d'usufruit, ne sont pas tenus de donner caution.* (*C. C., art.* 385, 626, 949, 2118 *et suiv.*; 2040, 2058, 2019. *C. de P., art.* 517 *et suiv.*)

ff, leg. 5, 6, 7, 8 et 10, de usufruct. earum rer.; leg. 1, § 1 et 2; leg. 2 et 5, § 1; leg. 6, 7 et 9, § 2; leg. 11 et 13, de usuf. et quemad.; leg. 1, Cod., de usuf. et habitatione; leg. 7, Cod., ut in possess. legator. vel fideicomm.; leg. 50, ff, ad senat. cons. Trebell.; leg. 8, § 4, in fine, Cod., de bonis quæ liberis.

Pothier, douaire, n. 211 et suiv., 222, 226; Merlin, R., don mutuel, douaire, usufruit, § 2; Favard, bon père de famille, usufruit, § 3, n. 1 et 2; Dalloz, usufruit, chap. 1, sect. 3; Rolland, usufruit, § 6 et 9; Toullier, t. 2, n. 1061, 1070; t. 3, n. 420, note; n. 422, 424, 467, note; Duranton, t. 4, n. 600, 601, 602, 608 à 610; 504 à 506; Proudhon, usufruit, t. 2, n. 800, 819, 822; t. 3, n. 1469; t. 4, n. 2015; Delvincourt, t. 1, p. 156; A. Dalloz, usufruit, n. 459.

Domat, Lois civiles, liv. 1, tit. 11, sect. 4, n. 2. — Le second engagement de l'usufruitier est de donner les sûretés nécessaires au propriétaire, pour la restitution des choses données en usufruit, soit par la simple soumission, en donnant caution, selon qu'il peut y être obligé par le titre de l'usufruit, ou que les circonstances de la nature des choses, de la qualité des personnes et autres le demanderont; comme si c'est un usufruit de choses qui périssent par l'usage, ou qui puissent facilement être endommagées. Et la sûreté de la restitution renferme aussi celle de rendre les choses dans l'état où elles devront être.

N. 3. — Le troisième engagement de l'usufruitier est de conserver les choses dont il a l'usufruit, et d'en avoir le même soin que prend un bon père de famille de ce qui est à lui. Ainsi, celui qui a l'usufruit d'une maison doit veiller à prévenir un incendie; celui qui a un usufruit d'animaux, doit les faire garder et panser.

N. 4. — Le quatrième engagement de l'usufruitier est de jouir en bon père de famille, tirant des choses sujettes à l'usufruit ce qui peut lui en revenir, sans mésuser, sans détériorer ni changer même ce qui est destiné pour le simple agrément, quoique ce fût pour augmenter le revenu. Ainsi, il ne peut couper des arbres plantés en allées pour y faire un potager, ou y semer du blé. (Pothier, douaire, n. 212.)

Perreau, rapport au Tribunat, 25 janvier 1804. — L'usufruitier doit jouir en bon père de famille, et donner caution. Il peut être affranchi de cette dernière condition par l'acte même; il peut aussi en être dispensé par la loi, s'il a l'usufruit légal des biens de ses enfans; si, comme donateur ou vendeur d'un fonds, il s'en réserve l'usufruit.

On découvre aisément la raison de ces exceptions. La loi ne doit pas faire à des parens l'injure de présumer qu'ils puissent détériorer ou négliger de conserver le bien de leurs enfans; elle ne doit pas non plus faire une charge de son bienfait pour le donateur. Quant au vendeur, tout est censé avoir été réglé par l'acte même de la vente.

Malleville. — Lorsque les pères et mères sont usufruitiers des biens de leurs enfans, non en vertu de la puissance légale, mais en vertu des donations qui leur sont faites, soit de l'un à l'autre, soit par des étrangers, sont-ils obligés de donner caution? Notre article ne s'en explique pas, et il n'a été rien dit à ce sujet dans la discussion; mais les lois romaines décidaient positivement la négative à l'égard du père, et à l'égard de la mère légataire de l'usufruit du bien de son mari, excepté qu'elle ne fût remariée. Maintenant que la mère a la même autorité que le père, hors le cas du convol, il semblerait bien raisonnable que l'un et l'autre fussent dispensés de la caution.

Cependant notre article, assujettissant d'abord tous les usufruitiers à donner caution, et n'en dispensant que les père et mère ayant l'usufruit légal du bien de leurs enfans, il faut décider qu'ils y sont obligés pour tout autre usufruit. Delvincourt, t. 1, p. 155, note 8, semble penser le contraire.

Hua. — Le retard de fournir caution ne le prive pas des fruits. (Art. 604.) Le cautionnement sert non seulement de garantie sur le mode de la jouissance, mais aussi pour les réparations qui se trouveraient à faire lors de la fin de l'usufruit.

Delvincourt, t. 1, note 6 de la page 155. — Il *donne caution. Quid*, si l'usufruit est sur des choses fongibles? Comme dans ce cas la jouissance emporte la propriété, la caution doit être du montant total des objets; sinon, l'on appliquera l'art. 602.

Rolland de Villargues, v. usufruit, n. 150. — La dispense de donner caution est-elle si absolue que les circonstances, par exemple l'insolvabilité survenue de l'usufruitier, l'état même de pauvreté dans lequel il se trouve au moment où s'ouvre son droit, la conversion des immeubles en argent, ne puissent autoriser le nu-propriétaire à en exiger une par la suite, ou à demander le séquestre? Non, suivant M. Proudhon, n. 803.

N. 151. — La dispense de donner caution étant une faveur personnelle à celui qui la reçoit, il ne peut en transmettre le bénéfice à d'autres. (*Leg.* 68, *ff de reg. jur.*)

Merlin, usufruit, § 2, n. 2. — Un tiers acquéreur de la nue-propriété est aussi recevable à exiger caution de l'usufruitier, que l'eût été son vendeur, si celui-ci n'eût pas vendu.

Duranton, t. 4, n. 601. — Cette caution, sauf les restrictions que l'acte constitutif de l'usufruit pourrait avoir apportées, par exemple en indiquant telle personne, doit réunir toutes les conditions et qualités exprimées aux art. 2018, 2019 et 2040 combinés, puisqu'elle est exigée par la loi.

N. 602. — Néanmoins, on n'est pas toujours en droit d'exiger d'elle une solvabilité en raison de la valeur totale des biens compris dans l'usufruit, par exemple de la valeur totale des immeubles; mais seulement en raison de tout ce qui est sujet à dépérissement.

Art. 613. — La caution doit aussi être fournie à l'héritier par le débiteur auquel le créancier a légué l'usufruit de la dette; et s'il y a plusieurs héritiers, elle doit être donnée à chacun pour sa part dans la créance.

Question controversée. — L'époux auquel son conjoint fait donation de l'usufruit de la portion des biens réservée aux ascendans du donateur, peut-il être dispensé par celui-ci de fournir caution pour assurer la restitution des biens soumis à l'usufruit? L'art. 601 est-il applicable dans ce cas? *Oui* : Orléans, 19 décembre 1832, Sirey, t. 33, 2ᵉ part., p. 193; Journal le Conseil des Notaires, p. 392. On y trouve une très-savante consultation de MM. Roger, Cremieux, Demante, Ph. Dupin, etc.; Massé, Parfait Notaire, 6ᵉ édit., t. 1, p. 199, n. 3; Pandectes françaises, t. 4, p. 581; Lyon, 15 janvier 1836, Sirey, t. 36, 2ᵉ part., p. 230; Orléans, 14 décembre 1820, 21 juin 1821 et 19 décembre 1822, Sirey, t. 32, 2ᵉ part., p. 193. *Contrà* : Paris, 9 décembre 1836, Sirey, t. 36, 2ᵉ part., p. 536; Nancy, 21 mai 1825, Sirey, t. 25, 2ᵉ part., p. 362; Douai, 20 mars 1833, Sirey, t. 33, 2ᵉ part., p. 196; Proudhon, usuf., t. 2, n. 824; Duranton, t. 4, n. 611. (Journal de la Magistrature, t. 5, p. 111 à 117.)

602. *Si l'usufruitier ne trouve pas de caution, les immeubles sont donnés à ferme ou mis en séquestre;*

Les sommes comprises dans l'usufruit sont placées;

Les denrées sont vendues, et le prix en provenant est pareillement placé.

Les intérêts de ces sommes et les prix des fermes appartiennent, dans ce cas, à l'usufruitier. (*C. C.*, *art.* 796, 805, 826, 1955 *et suiv.*; 2041. — *C. de P.*, *art.* 945 *et suiv.*)

ff, lib. 36, tit. 4, leg. 5.

Pothier, douaire, n. 228; donation entre mari et femme, n. 203; Dalloz, usufruit, ch. 1, sect. 3; Rolland, usufruit, § 6; Toullier, t. 3, n. 423; Duranton, t. 4, n. 603, 604, 610; Proudhon, usufruit, t. 2, n. 833; Delvincourt, t. 1, p. 156.

Procès-verbal du Conseil d'Etat, 20 octobre 1803. — Cambacérès trouve qu'il est toujours rigoureux de priver l'usufruitier même des meubles nécessaires à son usage, lorsqu'il lui a été impossible de fournir une caution.

Treilhard répond que cette rigueur est nécessaire pour la sûreté du propriétaire : qu'au surplus elle ne porte pas préjudice à l'usufruitier, puisqu'il vivra dans l'état où il se trouvait avant la libéralité qui lui a été faite, et qu'il touchera le revenu que produira le prix des meubles.

Cambacérès dit que ces considérations peuvent être d'un grand poids, lorsque l'usufruit est assis sur un mobilier considérable; mais qu'il faut sur-tout calculer l'effet de la disposition, par rapport aux petites fortunes. Dans les campagnes, par exemple, un mari laisse à sa femme l'usufruit du peu de meubles qui composaient leur ménage, et peut-être tout leur patrimoine. Certainement une faible rente ne remplacera pas les avantages que l'usufruitière eût tirés des meubles en nature. Cependant il importe, dans ce cas, de se régler par l'intention du testateur, et de maintenir dans leur réalité les avantages qu'il a entendu procurer.

Hua. — Les précautions indiquées dans les trois dispositions suivantes ayant pour but l'intérêt du propriétaire, en conservant sa chose, il semble en résulter la conséquence que celui-ci doit être appelé pour la passation des baux, l'emploi des capitaux et la vente des choses mobilières.

Rolland de Villargues, v. usufruit, n. 162. — Par qui et en quelle forme les immeubles doivent-ils être donnés à ferme? Il nous semble que c'est à l'usufruitier qu'il appartient de choisir un fermier et de régler le prix du bail. Il peut louer à l'amiable.

Duranton, t. 4, n. 603. — L'usufruitier peut, conformément à l'article 2041, offrir un gage à la place de la caution; car les art. 602 et 603, quoique spéciaux, ne dérogent point au principe général, qui est fondé sur l'équité, et qui concilie parfaitement les intérêts de toutes les parties.

N. 606. — Le placement des sommes doit régulièrement se faire de concert avec le propriétaire, soit en achat de rentes sur l'Etat, soit en prêts faits à des tiers avec hypothèque suffisante.

A. Dalloz, usufruit, n. 468. — Le retard de donner caution ne prive pas l'usufruitier des fruits auxquels il peut avoir droit; ils lui sont dus par le propriétaire depuis l'ouverture de l'usufruit, et il peut les réclamer par une sorte d'action *sine causâ*. (Duranton, n. 607; Proudhon, n. 394; Dalloz aîné, t. 12, p. 814.)

N. 109. — *Contrà :* Les fruits ne lui sont pas dus, du moment où l'usufruit a été ouvert, comme semble le supposer la rédaction inexacte des art. 585 et 604 du Code civil, mais seulement du jour de la demande en délivrance; car, tant que le légataire de l'usufruit ne forme pas sa demande en délivrance, l'héritier est possesseur de bonne foi, et investi de la saisine des objets légués et du droit d'en percevoir tous les fruits. (Art. 1014, 1015 du Code civil. Proudhon, n. 394 et suiv.; Dalloz aîné, *eod.*)

603. *A défaut d'une caution de la part de l'usufruitier, le propriétaire peut exiger que les meubles qui dépérissent par l'usage soient vendus, pour le prix en être placé comme celui des denrées, et alors l'usufruitier jouit de l'intérêt pendant son usufruit; cependant l'usufruitier pourra demander, et les juges pourront ordonner, suivant les circonstances, qu'une partie des meubles nécessaires pour son usage lui soit délaissée sous sa simple caution juratoire, et à la charge de les représenter à l'extinction de l'usufruit.*

Leg. 5, § 1, ff, ut legat. seu fideicommis. servand.

Rolland, usufruit, § 6; Toullier, t. 3, n. 423; t. 6, n. 108; Duranton, t. 4, n. 603 à 606; Proudhon, usufruit, t. 2, n. 841; t. 5, n. 2654; Delvincourt, t. 1, p. 156.

Delvincourt, t. 1, note 1 de la page 156. — La *caution juratoire* est la simple promesse du débiteur, accompagnée de son serment.

Note 2. — De les *représenter*, ou d'en rembourser le prix sur le pied de la valeur qu'avaient les objets au commencement de l'usufruit. (Argument tiré de l'art. 950.)

Duranton, t. 4, n. 604. — Comme l'usufruitier ne remplit pas, à l'égard de ces meubles, la condition de fournir caution qui lui est imposée par la loi, il s'oblige, ainsi que le dit clairement cet article, *à les représenter* à l'extinction de l'usufruit; en sorte que la perte arrivée, même par cas fortuit, le concerne, à la différence du cas où il a fourni caution, différence qui résulte clairement de la combinaison de cet article avec l'art. 589. Mais s'il les représente non détériorés par son dol ou par sa faute, il est libéré; car il en a la jouissance en nature.

604. *Le retard de donner caution ne prive pas l'usufruitier des fruits auxquels il peut avoir droit; ils lui sont dus du moment où l'usufruit a été ouvert.*

Leg. 65, § 1, ff de usuf. et quedmadmod.; leg. 12, de usu et usuf. et reditu legat.

Pothier, donation entre mari et femme, n. 202; Merlin, R., don mutuel, legs, sect. 4, § 3; Rolland, usufruit, § 6; Toullier, t. 3, n. 423; Duranton, t. 4, n. 506, 538, 540 à 611; Proudhon, usufruit, t. 1, n. 394, 401, 402; t. 2, n. 814; t. 4, n. 1654; Delvincourt, t. 1, p. 156.

Malleville. — Il avait été arrêté au Conseil, lors de la discussion de cet article, que l'usufruitier qui n'aurait pu trouver caution, conserverait cependant en nature, et sous sa caution juratoire, les meubles nécessaires à son usage, suivant son état. Mais c'est à la dernière rédaction qu'il faut se tenir.

605. *L'usufruitier n'est tenu qu'aux réparations d'entretien. — Les grosses réparations demeurent à la charge du propriétaire, à moins qu'elles n'aient été occasionées par le défaut de réparations d'entretien depuis l'ouverture de l'usufruit; auquel cas l'usufruitier en est aussi tenu.* (*C. C., art.* 608, 635, 1409.)

Leg. 7, § 2, ff de usuf. et quemad.; leg. 20, de damno infecto; leg. 32, § 5, de usu et usufructu legato; leg. 7, Cod., de servitut. et aquâ.

Pothier, douaire, n. 238, 239, 280; donation entre mari et femme, n. 235, 237; bail à rente, n. 43; Merlin, R., don mutuel; Favard, évêque; Dalloz, usufruit, chap. 1, sect. 3; Rolland, mur, réparation, § 10, art. 1 et 2; usufruit, § 10; Toullier, t. 3, n. 430, 443; Duranton, t. 4, n. 614 à 630, 638 à 647; Proudhon, usufruit, t. 1, n. 401; t. 4, n. 1616, 1647; t. 7, n. 2600; Delvincourt, t. 1, p. 157; Pailliet, Manuel, dissertation sur l'article; Henrion de Pansey, Jurisprudence des juges de paix, p. 332; Benoît, dot., n. 178, 179.

Domat, Lois civiles, liv. 1, tit. 11, sect. 4, n. 6. — Le sixième engagement de l'usufruitier est de faire les dépenses nécessaires pour conserver et tenir en bon état les lieux et autres choses dont il a l'usufruit, comme de faire les menues réparations d'une maison, de planter des arbres au lieu de ceux qui sont morts sur pied, de cultiver et ménager les héritages, et faire les autres réparations et dépenses que peuvent demander la culture et la conservation des lieux. Mais il n'est pas tenu des grosses réparations, comme de rebâtir ce qui est tombé sans qu'il y eut de sa faute.

Pothier, Traité du douaire, n. 238. — L'usufruitier est tenu de toutes les réparations d'entretien, de quelque nature que soient les héritages sujets à l'usufruit, telles que sont le curage des fossés qui environnent les terres, les réparations qui sont à faire à la chaussée ou à la bonde d'un étang, l'entretien d'une digue.

Hua. — *A la charge du propriétaire.* S'il néglige de les faire faire, l'usufruitier peut obtenir l'autorisation d'y procéder, et d'en avancer le coût, ou qu'il soit vendu une partie suffisante de la nue propriété, pour subvenir à leur acquit. Il doit seulement éviter de rien entreprendre sans autorisation.

Delvincourt, t. 1, note 3 de la page 156. — *Réparations d'entretien.* L'usufruitier pourrait-il se décharger de cette obligation en renonçant à l'usufruit? Les lois 48 et 64, *ff de usufruct.*, décident l'affirmative. La loi 65, au contraire, paraît décider la négative; mais je crois qu'elles peuvent se concilier par la distinction suivante : si les réparations à faire sont uniquement le résultat de la jouissance, et non de l'abus, l'usufruitier peut s'en décharger en abandonnant l'usufruit (argument tiré de l'art. 656) : c'est le cas des lois 48 et 64. Mais s'il y a eu abus de la part de l'usufruitier; s'il a négligé de faire en temps utile les réparations d'entretien, et qu'il en soit résulté une détérioration de la chose soumise à l'usufruit, il ne peut être reçu à abandonner l'usufruit pour se décharger de l'obligation de remettre la chose en bon état : c'est le cas de la loi 65.

Quid à l'égard des réparations d'entretien qui sont à faire au moment de la cessation de l'usufruit? Je crois que l'usufruitier, ou sa succession, en est tenu.

N. 4. — L'usufruitier pourrait-il contraindre le propriétaire à faire les grosses réparations? Cela faisait question anciennement. Cependant, je penserais, avec Pothier, du douaire, n. 246, que le propriétaire peut être contraint de faire les réparations qui sont à sa charge.

Duranton, t. 4, n. 605. — On a demandé si l'usufruitier était en droit d'exiger du propriétaire qu'il fit les réparations qui demeurent à sa charge, soit que les réparations fussent déjà devenues nécessaires lors de l'ouverture de l'usufruit, soit qu'elles ne le soient devenues que pendant son cours.

Pour l'affirmative, on peut dire que puisque l'usufruitier est obligé de conserver la chose, il paraît juste, d'autre part, que le propriétaire fasse les réparations qui seraient nécessaires à cet effet, à moins, bien entendu, qu'il n'aimât mieux l'abandonner.

Néanmoins, tel n'est point notre sentiment.

Il est impossible d'admettre qu'après avoir dit que l'usufruitier prend les choses dans l'état où elles sont, les auteurs du Code aient voulu établir, dans un autre article très-rapproché du premier, un principe tout opposé, un principe en vertu duquel l'usufruitier, bien loin de prendre les choses dans l'état où elles seraient, si elles étaient détériorées, forcerait au contraire le propriétaire à les lui remettre en très-bon état. (Dalloz, usufruit, chap. 1, sect. 3, n. 32; Toullier, t. 3, n. 430; *Contrà :* Delvincourt, *suprà*.)

606. *Les grosses réparations sont celles des gros murs et des voûtes, le rétablissement des poutres et des couvertures entières; — Celui des digues et des murs de soutènement et de clôture aussi en entier. — Toutes les autres réparations sont d'entretien.*

Pothier, communauté, n. 271, 272; douaire, n. 238; Rolland, réparation, § 10. art. 1; Proudhon, usufruit, t. 4, n. 1925; Delvincourt, t. 1, p. 157; Bellot, contrat de mariage, t. 1, p. 268, 270; Benoit, dot, t. 1, n. 178; t. 2, n. 225 à 234.

Pothier, douaire, n. 238. — Toutes les dépenses qu'il faut faire pour la jouissance des héritages et pour les tenir en bon état, selon leur différente nature, fermer, garnir d'échalas, provigner, renouveler les vignes quand elles sont vieilles, les cultiver, etc., sont des charges de l'entretien.

Gary, discours au Corps législatif, 30 janvier 1804. — L'usufruitier est tenu des réparations d'entretien. Les héritages sont susceptibles de trois sortes de réparations : les menues ou locatives, qui sont à la charge du locataire ou du fermier; celles d'entretien ou les viagères, qui sont supportées par l'usufruitier; et les grosses réparations, qui sont à la charge du propriétaire. — Le projet de loi, en définissant ce qu'on doit entendre par grosses réparations, range tout ce qui n'y est pas compris parmi les obligations de l'usufruitier.

Pandectes françaises. — On a toujours regardé comme grosses réparations le rétablissement de ces piliers en pierre appelés *chaînes*, quoique souvent ce rétablissement n'exige point de refaire le mur en entier.

Quant au mot *entier*, il faut l'entendre en prenant le mur dans sa hauteur et non dans son étendue. Ainsi, quoiqu'il n'y ait qu'une partie de mur à refaire, s'il faut la reprendre dans ses fondemens, c'est une grosse réparation.

Delvincourt, t. 1, note 5 de la page 156. — Remarquez que le propriétaire est tenu de toutes les réparations des gros murs et des voûtes, même de celles d'entretien, et non de l'entretien des poutres, couvertures, digues, etc.

Toullier, t. 3, n. 429. — L'usufruitier doit toutes les réparations, à l'exception de celles qui sont énumérées dans cet article. — Il faut même remarquer que si une partie seulement des couvertures, des digues, des murs de soutènement ou de clôture a besoin d'être réparée, la réparation est à la charge de l'usufruitier; car ce n'est que le rétablissement *en entier* qui est à la charge du propriétaire. (Voyez n. 443 et 444.)

A. Dalloz, usufruit, n. 517. — On doit conclure que les expressions de la loi sont limitatives, et que toutes les réparations qui n'y sont pas énoncées sont à la charge de l'usufruitier. (Contrairement à cette opinion, voir un arrêt, 10 décembre 1828, Dalloz, t. 29, 1re part., p. 75.)

607. *Ni le propriétaire, ni l'usufruitier, ne sont tenus de rebâtir ce qui est tombé de vétusté, ou ce qui a été détruit par cas fortuit.* (*C. C.*, *art.* 855, 1148, 1733.)

Leg. 6, § 1; leg. 8 et 65, § 1; leg. 46, § 1; leg. 47 et 49, § 1, de usuf. et quemadmod.; leg. 20, de damno infecto.

Pothier, douaire, n. 246, 247; donation entre mari et femme, n. 238; Rolland, usufruit, § 10; Toullier, t. 3, n. 381, note; n. 429, 443; Duranton, t. 4, n. 614, 615 à 630; Proudhon, usufruit, t. 4, n. 1665, 1679; Delvincourt, t. 1, p. 157.

Pandectes françaises. — Le propriétaire n'est point tenu de rebâtir; mais s'il le fait, l'usufruit reprend son cours, et il est obligé de souffrir que l'usufruitier jouisse du bâtiment reconstruit. (Malleville.)

L'usufruitier peut également reconstruire; mais à la fin de l'usufruit, ni lui, ni son héritier ne peuvent demander le remboursement des dépenses faites pour la reconstruction, quoique la valeur de l'héritage en soit augmentée.

Toullier, t. 3, n. 429. — Si une partie de mur était tombée de vétusté ou par les suites d'une saison pluvieuse, l'usufruitier ne serait point tenu à cette réparation; car notre article ne distingue point entre ce qui est tombé en partie et ce qui est tombé en totalité.

608. *L'usufruitier est tenu, pendant sa jouissance, de toutes les charges annuelles de l'héritage, telles que les contributions et autres qui, dans l'usage, sont censées charges des fruits.* (*C. C.*, *art.* 605, 635. — *Avis du Conseil d'Etat, du* 21 *janvier* 1809.)

ff, leg. 27, § 3 et 4; leg. 7, § 2; leg. 52, de usufructu et quemadmod.; leg. 28, de usu et usufructu legato.

Pothier, douaire, n. 231; don entre mari et femme, n. 235, 241, 247, 248; Rolland, usufruit, § 11; Toullier, t. 3, n. 431; Duranton, t. 4, n. 624; Proudhon, usufruit, t. 4, n. 1782, Delvincourt, t. 1, p. 156; Benoit, dot., t. 1, n. 185, 186.

Domat, Lois civiles, liv. 1, tit. 11, sect. 4, n. 5. — Le cinquième engagement de l'usufruitier est d'acquitter les charges des choses dont il a l'ufruit, comme sont les impôts et charges publiques, même celles qui peuvent survenir après que l'usufruit lui a été acquis; les rentes foncières et autres redevances. (Malleville; Delvincourt, t. 1, p. 156, note 7.)

Perreau, rapport au Tribunat, 25 janvier 1804. — Quant aux charges des fonds, le projet distingue avec une grande justesse les charges annuelles et ordinaires, de celles qui sont imposées pendant la durée de l'usufruit. Ainsi, les premières étant des charges de la jouissance, doivent être supportées par l'usufruitier; les autres étant à la fois charges du fonds non prévues et de la jouissance, doivent être supportées par le propriétaire et l'usufruitier : de sorte que si ce dernier en fait les avances, le premier lui remboursera le capital à la fin de l'usufruit, et que, dans le cas inverse, où celui-ci les paiera, l'autre lui tiendra compte des intérêts.

Pandectes françaises. — Il n'est pas douteux que l'usufruitier peut être affranchi de toutes les charges par le titre constitutif de l'usufruit, soit entre vifs, soit à cause de mort.

Duranton, t. 4, n. 624. — Ainsi, il est tenu des centimes additionnels qui sont votés pour charges départementales ou communales.

Il est aussi tenu, seul, des charges, même extraordinaires, qui ne portent que sur les fruits, telles qu'une réquisition de denrées frappée par un corps d'armée ou dans un temps de troubles civils. (Dalloz, usufruit, t. 12, p. 807, n. 33; Proudhon, usufruit, n. 1785.)

609. — *A l'égard des charges qui peuvent être imposées sur la propriété pendant la durée de l'usufruit, l'usufruitier et le propriétaire y contribuent ainsi qu'il suit : — Le propriétaire est obligé de les payer, et l'usufruitier doit lui tenir compte des intérêts. — Si elles sont avancées par l'usufruitier, il a la répétition du capital à la fin de l'usufruit.*

Pothier, douaire, n. 231; donations entre mari et femme, n. 241; Favard, usufruit, § 3, n. 3; Rolland, usufruit, § 11; Dalloz, usufruit, chap. 1, sect. 3; Toullier, t. 3, n. 431, 443; Duranton, t. 4, n. 620, 626; Proudhon, usufruit, t. 2, n. 553; t. 4, n. 1854, 1911; Delvincourt, t. 1, p. 156.

Pandectes françaises. — Le droit de mutation est une charge de la propriété. Il doit être payé intégralement par le nu-propriétaire, sauf à l'usufruitier à lui tenir compte des intérêts pour la portion qui le concerne.

Delvincourt, t. 1, note 8 de la page 156. — Sur la *propriété*. Tel serait un emprunt forcé, imposé sur les propriétaires.

Duranton, t. 4, p. 625. — Si c'était l'usufruitier qui les eût payées pour le propriétaire, afin d'éviter la saisie des fruits, ou pour d'autres motifs, mais en vue d'en faire l'avance pour tout le temps de l'usufruit, il aurait de suite contre lui l'action de gestion d'affaires, sauf à servir annuellement les intérêts de la somme payée.

N. 626. — S'il a acquitté les droits de mutation de propriété, il en a la répétition contre le propriétaire, sans lui devoir les intérêts de la somme restituée. Ce n'est point là une charge de la propriété dans le sens de l'art. 509.

A. Dalloz, usufruit, n. 576. — Il est à remarquer que les termes dont se sert le législateur caractérisent un genre de dépenses qu'on est obligé de faire et auxquelles ont peut être contraint. (Proudhon, n. 1855.)

610. *Le legs fait par un testateur, d'une rente viagère ou pension alimentaire, doit être acquitté par le légataire universel de l'usufruit dans son intégrité, et par le légataire à titre universel de l'usufruit, dans la proportion de sa jouissance, sans aucune répétition de leur part.* (*C. C., art.* 1003 *et suiv.*; 1009, 1017.)

Arg. ex leg. 8, § 4, Cod., de bonis quæ liberis.

Pothier, donation entre mari et femme, n. 220; Rolland, usufruit, § 11; Toullier, t. 3, n. 433; Duranton, t. 4, n. 636, 637; Proudhon, usufruit, t. 4, n. 1811, 1823; Delvincourt, t. 2, p. 96.

Perreau, rapport au Tribunat, 25 janvier 1804. — Comment le légataire de l'usufruit sera-t-il tenu d'acquitter le legs d'une rente viagère ou d'une pension alimentaire? Après avoir fait une distinction très-sage, la loi décide que s'il est légataire universel, il sera tenu d'acquitter le legs dans toute son intégrité; mais qu'il ne l'acquittera que dans la proportion de sa jouissance, s'il n'est légataire qu'à titre universel. (Malleville; Toullier, t. 3, n. 433.)

Pandectes françaises. — Si les legs annuels absorbaient tous les fruits, de manière à réduire l'usufruit à rien, dans ce cas les usufruitiers ne seraient point obligés d'acquitter ces legs, mais ils ne pourraient point empêcher l'héritier de vendre des biens jusqu'à concurrence de la somme nécessaire pour en assurer le paiement.

Toullier, t. 3, n. 433. — Si le legs d'usufruit était d'une quotité des immeubles ou du mobilier, il faudrait faire l'évaluation de tous les biens pour fixer la contribution de l'usufruitier dans la proportion de sa jouissance.

Duranton, t. 4, n. 636. — Par sa nature, ce legs est une charge des fruits : d'où il suit que lorsque l'usufruit vient à s'éteindre, l'usufruitier en est affranchi.

N. 637. — Au surplus, le légataire n'en a pas moins son action contre l'héritier, sauf à celui-ci, lorsqu'il aura payé, son recours contre l'usufruitier.

Mais nous ne voulons pas dire par là que le légataire n'a point directement action contre l'usufruitier : le legs est une véritable charge de son usufruit. Cela évite d'ailleurs le circuit d'actions, si défavorablement vu dans la simplicité de notre droit.

A. Dalloz, usufruit, n. 566. — Cet article est-il limitatif, et faudrait-il adopter une décision contraire à l'égard des rentes ou pensions viagères dont le testateur aurait été lui-même débiteur envers des tiers? — Non. (Proudhon, n. 1812.)

611. *L'usufruitier à titre particulier n'est pas tenu des dettes auxquelles le fonds est hypothéqué : s'il est forcé de les payer, il a son recours contre le propriétaire, sauf ce qui est dit à l'art.* 1020, *au titre* des Donations entre vifs et des Testamens.

Arg. ex leg. 43, ff, de usu et usufructu et reditu legato.

Dalloz, usufruit, ch. 1, sect. 3, n. 35; Rolland, usufruit, § 11 et 12; Toullier, t. 3, n. 432; t. 5, n. 538; Duranton, t. 4, n. 631; Proudhon, usufruit, t. 4, n. 1829, 1843; Delvincourt, t. 2, p. 99; Grenier, donations, t. 1, p. 552, 661.

Procès-verbal du Conseil d'Etat, 20 octobre 1803. — Jollivet demande si cet article dispense l'usufruitier d'acquitter la rente constituée sur le fonds.

Tronchet et Treilhard répondent qu'une telle rente est une charge de l'usufruit.

Pandectes françaises. — Le légataire d'un usufruit à titre particulier n'est pas obligé au paiement des dettes de la succession; mais il ne peut empêcher la vente des biens, jusqu'à concurrence des sommes nécessaires pour acquitter les dettes, car il est soumis à la règle générale des légataires.

Toullier, t. 3, n. 432. — Mais l'usufruitier universel, ou à titre universel, est obligé de contribuer aux dettes avec les héritiers ou légataires du fonds, au même titre, au prorata de son émolument, sans pouvoir néanmoins en être tenu envers les créanciers au-delà de la valeur de l'usufruit; parce qu'à leur égard, il n'est jamais que donataire à titre particulier. (Voy. art. 871.)

A. Dalloz, usufruit, n. 572. — L'usufruitier à titre particulier n'est pas tenu, pendant son usufruit, de servir les arrérages d'une rente constituée en perpétuel avec hypothèque sur le fonds sujet à l'usufruit. (9 décembre 1812, Bruxelles; Dalloz aîné, t. 12, p. 807, n. 2. *Contre :* Proudhon, n. 18, 34 et suiv.)

612. *L'usufruitier, ou universel, ou à titre universel, doit contribuer avec le propriétaire au paiement des dettes, ainsi qu'il suit : — On estime la valeur du fonds sujet à usufruit; on fixe ensuite la contribution aux dettes à raison de cette valeur. — Si l'usufruitier veut avancer la somme pour laquelle le fonds doit contribuer, le capital lui en est restitué à la fin de l'usufruit, sans aucun intérêt. — Si l'ufruitier ne veut pas faire cette avance, le propriétaire a le choix, ou de payer cette somme, et, dans ce cas, l'usufruitier lui tient compte des intérêts pendant la durée de l'usufruit, ou de faire vendre jusqu'à due concurrence une portion des biens soumis à l'usufruit.* (*C. C., art.* 609, 1009, 1012 *et* 1017.)

Pothier, donation entre mari et femme, n. 220, 221, 222 et 234; Merlin, R., don mutuel, usufruit, § 2, n. 10; Favard, usufruit, § 3, n. 3; Rolland, usufruit, § 11, 12; Toullier, t. 3, n. 432, 433; t. 4, n. 553; t. 5, n. 509; t. 12, n. 294; Duranton, t. 4, n. 632, 633, 637, 488; Proudhon, usufruit, t. 2, n. 763; t. 4, n. 1890; Delvincourt, t. 2, p. 95, 96.

Malleville. — Le commencement de cet article ne doit pas être entendu dans le sens qu'il semble présenter d'abord, et qui serait que l'usufruitier fût tenu, indépendamment de la restriction de son droit à ce qui reste de biens, les dettes payées, à contribuer au paiement de ces dettes.

Le paiement des dettes est à la charge de l'héritier ou du donataire à titre universel, qui représentent seuls le défaut, et auxquels appartiennent les biens affectés aux capitaux des dettes. Mais l'usufruitier n'est jamais qu'un donataire à titre particulier; il n'a droit qu'aux fruits affectés au paiement des charges annuelles ou intérêts. (Art. 608.)

Comme il n'y a de biens effectifs que ceux qui restent après les dettes payées, il faut sans doute que l'usufruitier se départe d'une portion de ces biens, à concurrence des dettes et pour leur paiement; et tel était aussi l'usage. Mais il n'en résulte nullement qu'indépendamment de cette portion de biens dont il doit se départir, il doive de plus sortir de sa poche, et payer la moitié ou le tiers, suivant les circonstances, de ces dettes-là mêmes pour l'acquit desquelles il s'est déjà départi de la jouissance d'une portion de biens; cela serait absolument contraire à la justice.

Merlin, usufruit, § 2, n. 10. — La disposition de cet article n'est pas applicable au droit d'enregistrement, qui est dû par les héritiers, à raison de la mutation que la propriété a éprouvée en leur faveur.

Duranton, t. 4, n. 653. — Quand il s'agit de l'usufruit universel, il n'y a pas nécessité, pour fixer la contribution aux dettes, comme semble vouloir le dire cet article par la généralité de ses termes, d'estimer le fonds sujet à usufruit : on prend seulement l'un des trois partis ci-dessus. Il en est de même si l'usufruit est à titre universel, mais d'une quote-part des biens meubles et immeubles indistinctement; par exemple *de la moitié*. La contribution aux dettes est également toute fixée dans ce cas par la nature du legs; elle est de la moitié. Il ne s'agit plus alors que de l'exécution de cette même contribution, et l'on prend aussi l'un des trois partis tracés par cet article.

N. 637. — Au surplus, le légataire n'en a pas moins son action contre l'héritier, sauf à celui-ci, lorsqu'il aura payé, son recours contre l'usufruitier. C'est toujours l'héritier qui représente le défunt, et qui est plus spécialement tenu que tout autre d'exécuter sa volonté.

613. *L'usufruitier n'est tenu que des frais des procès qui concernent la jouissance, et des autres condamnations auxquelles ces procès pourraient donner lieu.*

Leg. 60, ff de usufruct. et quemadmod.; leg. 5, si usufruct.

Rolland, usufruit, § 11; Toullier, t. 3, n. 434; Duranton, t. 4, n. 627; Proudhon, usufruit, t. 3, n. 1262; t. 4, n. 1750, 1759; Delvincourt, t. 1, p. 157; Bellot, contrat de mariage, t. 1, p. 481, 483.

Malleville. — Suivant cet article, l'usufruitier n'est pas tenu de contribuer aux frais des procès qui concerneraient la propriété. Par exemple, si un étranger venait revendiquer les fonds dont il a l'usufruit; mais si en même tems ce tiers demandait aussi la restitution des fruits, comme il est assez ordinaire, du moins depuis l'action, je crois que l'usufruitier devrait contribuer aux frais du procès. (Toullier, t. 3, n. 434; Duranton, t. 4, n. 627; A. Dalloz, usufruit, n. 597; Proudhon, usufruit, n. 1750.)

Pandectes françaises. — L'usufruitier a néanmoins le droit d'intervenir dans les procès qui concernent la propriété, car ils intéressent nécessairement ses jouissances. Mais il ne peut réclamer les frais de son intervention contre le propriétaire.

Toullier, t. 3, n. 434. — Toutefois, si l'usufruit était constitué à titre onéreux; par exemple, si Pierre avait vendu à Paul l'usufruit de sa maison, il est évident qu'il devrait garantir Paul de toute éviction, et par conséquent soutenir seul, et à ses frais, les procès relatifs tant à la propriété du fonds qu'à la jouissance.

614. *Si, pendant la durée de l'usufruit, un tiers commet quelque usurpation sur le fonds, ou attente autrement aux droits du propriétaire, l'usufruitier est tenu de le dénoncer à celui-ci : faute de ce, il est responsable de tout le dommage qui peut en résulter pour le propriétaire, comme il le serait de dégradations commises par lui-même. (C. C., art. 1768.)*

ff, leg. 15, § 7, de usufruct. et quemad.; leg. 1, § 7; leg. 2, ff, usufructuarius quemadm. caveat.

Pothier, douaire, n. 281, 282 (voir note sur l'art. 466); Merlin, R., inscription hypothécaire, § 5, n. 8 à la note; Rolland, usufruit, § 8 et 9; Toullier, t. 3, n. 418, 435; Duranton, t. 4, n. 628; Proudhon, usufruit, t. 1, n. 36; t. 3, n. 1543; t. 4, n. 1672, 1759; t. 5, n. 2580; Delvincourt, t. 1, p. 6, 157.

Pothier, Traité du douaire, n. 282. — Si l'usufruitier laisse perdre, *non utendo*, des droits de servitude, et autres droits dépendant des héritages dont il jouit, il est tenu des dommages-intérêts qui en résultent. (Toullier, t. 3, n. 435.)

Hua. — *Commises par lui-même.* Une disposition pareille se trouve dans l'art. 1768. On y trouve de plus l'obligation de donner l'avertissement dans le délai réglé pour les assignations. Il semble que cette prescription omise dans notre article doive y être étendue.

Pandectes françaises. — L'usufruitier doit interrompre les prescriptions; car, s'il les laisse s'accomplir, c'est par sa faute que la chose est perdue ou diminuée. C'est donc une dégradation qui provient de son fait, et dont il doit indemniser le propriétaire. (Rolland, usufruit, n. 386; Proudhon.)

Delvincourt, t. 1, note 2 de la page 157. — Dans quel délai est-il tenu de faire cette dénonciation? Dans le même délai que celui qui est réglé, en cas d'assignation, suivant la distance des lieux, par les art. 72 et 1033 du Code de procédure; c'est-à-dire huitaine, plus un jour par trois myriamètres de distance. (Argument tiré de l'article 1768.) Il faut que le propriétaire soit averti assez à temps pour intenter l'action possessoire.

Boileux. — L'usufruitier doit veiller avec soin à la conservation du fonds; il est, à cet égard, mandataire légal du propriétaire. Si des accidens avaient occasioné des dégradations considérables qui fussent à la charge du propriétaire, l'usufruitier devrait l'avertir, afin qu'il pût arrêter le cours de plus grands dépérissemens.

615. *Si l'usufruit n'est établi que sur un animal qui vient à périr sans la faute de l'usufruitier, celui-ci n'est pas tenu d'en rendre un autre, ni d'en payer l'estimation. (C. C., art. 617 et suiv.; 623, 624 et 950.)*

ff, leg. 70, § 3, de usufr. et quemadmod.

Toullier, t. 3, n. 436; Duranton, t. 4, n. 629; Proudhon, usufruit, t. 3, n. 1089; t. 5, n. 2655; Delvincourt, t. 1, p. 158.

Domat, Lois civiles, liv. 1, tit. 11, sect. 3, n. 6. — S'il se trouve dans un usufruit des animaux qui ne pourraient produire de quoi remplacer, comme un attelage de chevaux ou de mulets, ou quelque bête seule, l'usufruitier ne sera pas tenu de remplacer ce qui périra, si c'est sans sa faute.

Perreau, rapport au Tribunat, 25 janvier 1804. — Le projet indique ici les règles à suivre, lorsque le droit d'usufruit est établi sur un ou plusieurs animaux.

Dans le premier cas, l'usufruitier n'est tenu de remplacer l'animal qui a péri, ou d'en payer l'estimation, que lorsqu'il en a causé la perte.

Dans le second cas, où il exerce son droit sur un troupeau, et où ce troupeau vient à périr entièrement par un accident qu'on ne peut lui imputer, il n'est tenu que de rendre compte au propriétaire des cuirs ou de leur valeur; car il ne doit répondre que des pertes qu'il a causées. — Mais, si le troupeau ne périt pas entièrement, il est obligé de remplacer, jusqu'à concurrence du croît dont il profite, les têtes des animaux qui ont péri. Cet entretien est étroitement lié à sa jouissance. (Duranton, t. 4, n. 629; Dalloz, t. 12, p. 807, n. 34; Proudhon, usufruit, n. 1689.)

616. *Si le troupeau sur lequel un usufruit a été établi, périt entièrement par accident ou par maladie, et sans la faute de l'usufruitier, celui-ci n'est tenu envers le propriétaire que de lui rendre compte des cuirs ou de leur valeur. — Si le troupeau ne périt pas entièrement, l'usufruitier est tenu de remplacer, jusqu'à concurrence du croît, les têtes des animaux qui ont péri.*

ff, lib. 30, tit. 1, leg. 22; leg. 68, § 2; leg. 69 et 70, § 1, 2, 3, 4 et 5, ff, de usuf. et quemadmod.; Instit., de rerum divisione.

Rolland, usufruit, § 7, n. 240 et suiv.; Toullier, t. 3, n. 436; Duranton, t. 4, n. 630, 688; Proudhon, usufruit, t. 3, n. 1090, 1093, 1094; t. 5, n. 2656; Delvincourt, t. 1, p. 157, 159; A. Dalloz, usufruit, n. 634.

Domat, Lois civiles, liv. 1, tit. 11, sect. 3, n. 5. — Si c'est d'un troupeau de bétail qu'on ait l'usufruit, comme d'un haras, ou d'un troupeau de moutons et de brebis, l'usufruitier aura les poulains, les agneaux, la laine, et tous les services et autres profits, selon la nature et l'usage de ces animaux, à la charge néanmoins de conserver le nombre qu'il aura reçu, et de remplacer autant de têtes qu'il en manquera pour remplir ce nombre; car il lui suffit de jouir des profits qu'il tire des animaux, et d'avoir de plus tout ce qui passe le nombre qu'il doit conserver.

Différence avec l'art. 1809. — Hua : *du croît*. Cette disposition laisse douter si l'usufruitier doit cumuler, pour l'indemnité du propriétaire, le croît qui a eu lieu depuis la perte partielle du troupeau avec celui obtenu antérieurement depuis l'ouverture de l'usufruit. La négative me paraît plus juste.

Malleville. — Mais si l'usufruit venait à cesser avant que l'usufruitier eût eu le tems de remplacer par le croît les bêtes mortes, sera-t-il tenu d'en payer le prix? Oui, il y est tenu à concurrence du croît précédent dont il a profité, mais non, s'il n'y en avait pas eu.

Delvincourt, t. 1, note 4 de la page 158. — De quelle faute est tenu l'usufruitier? Le Code ne s'explique point à cet égard. Je pense qu'il faut distinguer : si l'usufruit a été constitué à titre *onéreux*, je pense que l'usufruitier doit être comparé au vendeur ou au créancier engagiste, et que l'on doit appliquer les art. 1624 et 2080; mais s'il a été constitué à titre *gratuit*, il doit être tenu comme l'emprunteur à usage : appliquer l'art. 1882.

Pandectes françaises. — L'usufruitier est tenu de remplacer non seulement les bêtes qui viennent à périr réellement, mais aussi celles qui deviennent inutiles par vieillesse ou autrement. Ces bêtes remplacées cessent d'appartenir au propriétaire, qui acquiert celles qui leur ont été substituées, et les premières sont à la disposition de l'usufruitier. (Rolland, usufruit, n. 242. *Leg.* 69, *ff de usufrut.*)

Si, lors du croît, il n'est besoin d'aucun remplacement, et que depuis il devienne nécessaire dans un tems où il n'y a pas de croît, l'usufruitier doit faire ce remplacement jusqu'à concurrence du croît dont il a profité, soit de ses fonds, soit du croît qui arrivera postérieurement.

Duranton, t. 4, n. 630. — Cela ne veut pas dire qu'il est obligé de remplacer les têtes mortes avec le *prix* qu'il a pu retirer de celles qu'il a vendues, et qui lui ont ainsi été définitivement acquises comme fruits; cela veut seulement dire qu'il ne devra rien vendre du croît tant que le troupeau ne sera pas revenu au complet : de sorte que lorsqu'il y a eu des pertes qui ont diminué le nombre des têtes qui lui ont été livrées, il doit s'abstenir d'en détacher du troupeau; s'il le fait, il en devra tenir compte, au cas où, à la cessation de l'usufruit, le troupeau serait incomplet. En un mot, il n'a que l'excédant; mais l'excédant lui étant une fois acquis, ne saurait lui être enlevé par un évènement postérieur.

SECTION III.

Comment l'usufruit prend fin.

617. *L'usufruit s'éteint, — Par la mort naturelle et par la mort civile de l'usufruitier; — Par l'expiration du temps pour lequel il a été accordé; — Par la consolidation, ou la réunion sur la même tête, des deux qualités d'usufruitier et de propriétaire; — Par le non-usage du droit pendant trente ans; — Par la perte totale de la chose sur laquelle l'usufruit est etabli. (C. C., art.* 22, 25, 611, 612, 619, 623, 624, 1209, 1300, 1302, 2236, 2238, 2262.)

Instit., de usufructu, § 3; ff, lib. 4, tit. 5, leg. 10; lib. 19, tit. 2; leg. 9, § 1; Cod, lib. 3, tit. 33, leg. 16; ff, lib. 39, tit. 3, leg. 9, in fine; lib. 8, tit. 2, nemini rerum sunt servit.; ità in leg. 26; Instit., lib. 2, tit. 6; ff, lib. 41, tit. 3, leg. 1; lib. 40, tit. 16, leg. 28; Cod., lib. 3, tit. 34, leg. 13; lib. 7, tit. 31, leg. unicâ; tit. 22, arg. ex leg. 2.

Pothier, douaire, n. 74, 248, 249, 250, 254 à 256, 269: donation entre mari et femme, n. 251; Merlin, R., habitation, sect. 1; douaire, mort civile, § 1; usufruit, § 5, art. 1, n. 1; art. 3, n. 3; Favard, usufruit, § 4; Dalloz, usufruit, chap. 1, sect. 4; Rolland, abdication de propriété, n. 20 et suiv.; usufruit, § 14; Toullier, t. 3, n. 388, à la note, 446, 449, 452, 454, 457, 458; t. 6, n. 607; Duranton, t. 4, n. 647 à 682; *id.*, t. 3, n. 391; Proudhon, usufruit, t. 4, n. 1960, 1969; t. 5, n. 2527; t. 8, n. 3693, 3708; Delvincourt, t. 1, p. 158; Grenier, hypothèques, t. 1, p. 309, 311; A. Dalloz, usufruit, n. 648, 663, 665, 668.

Domat, Lois civiles, liv. 1, tit. 11, sect. 6, n. 1. — L'usufruit, l'usage et l'habitation finissent par la mort naturelle et par la mort civile de la personne qui en avait le droit, parce que ce droit était personnel.

N. 2. — Si le titre de l'usufruit, ou de l'usage et de l'habitation, a borné le droit pour commencer ou finir à un certain temps, ou à l'évènement d'une certaine condition, ce droit ne commencera ou ne cessera que lorsque la condition sera arrivée, ou le temps expiré.

N. 4. — Le droit d'usufruit est borné à la chose sur laquelle il est assigné, et n'affecte pas les autres biens. Ainsi il finit lorsque les fonds, ou autre chose qui y est sujette vient à périr avant la mort de l'usufruitier ou de l'usager; comme si un héritage était entraîné par un débordement, ou qu'une maison fût brûlée ou ruinée. En ce dernier cas, l'usufruitier n'aura pas même d'usufruit sur les matériaux, ni sur la place où était la maison; car l'usufruit était spécialement établi sur une maison, il était restreint à ce qui était spécifié dans le titre.

Pothier, douaire, n. 255. — *Par la consolidation*. Le droit d'usufruit qui s'éteint par la consolidation, reprend son existence si l'acquisition de la nue-propriété, faite par l'usufruitier, vient à être rescindée et déclarée nulle.

Perreau, rapport au Tribunat, 25 janvier 1804. — L'usufruit étant un droit personnel, doit s'éteindre par la mort naturelle ou civile de l'usufruitier.

Il cesse aussi tout naturellement par l'expiration du tems pour lequel il a été accordé, par sa réunion à la propriété, selon cette maxime : *Nemini res sua servit*; par la prescription, car il importe à la conservation des biens que la jouissance ne soit pas trop long-temps séparée du domaine. C'est d'après cette considération que les auteurs du projet ont très-sagement limité à 30 ans, pour toutes les espèces, la prescription de ce droit; prescription autrefois portée à 100 ans, lorsqu'il était accordé à une corporation, et sous le ridicule prétexte que l'on devait comparer sous ce rapport une corporation à une seule personne qui jouirait de la plus longue vie.

Malleville. — Mais le propriétaire redevient-il tellement maître de sa chose par la mort civile de l'usufruitier, qu'il ne soit tenu à rien vis-à-vis de celui-ci? Parce qu'on aura légué un plus grand droit à l'usufruitier, sera-t-il d'un état pire que si on ne lui avait donné qu'une simple rente viagère? Il semble que l'équité voudrait que le propriétaire fût obligé à lui fournir des alimens. Aussi la loi 10, *ff de capite min.*, voulait que les droits d'usage et d'habitation, qui se restreignent à peu près aux alimens, ne finissent pas par la mort civile. (Rolland, usufruit, n. 546; argument de l'art. 1982 du Code civil; Duranton, t. 4, n. 651.)

Contrà : Pour les rentes viagères, art. 1982. (Voy. art. 25 et 624 du Code civil; 18 et 27 du Code pénal.)

Pandectes françaises. — La chose est regardée comme périe, lorsque, par un changement absolu de forme, elle devient autre chose que ce qu'elle était auparavant : si, par exemple, le fonds sujet à l'usufruit est occupé par un fleuve, ou par la mer, en sorte qu'il devienne un étang ou un marais. L'usufruit cesse, parce que le fonds n'est plus celui sur lequel l'usufruit a été établi.

Delvincourt, t. 1, note 5 de la page 157. — Suivant la maxime, *resoluto jure dantis, resolvitur jus accipientis*, l'usufruit s'éteint aussi par la résolution du droit de celui qui l'a constitué.

N. 7. — L'usufruit s'éteindrait-il également par la mort civile de l'usufruitier, s'il avait été constitué à titre *onéreux*? La raison de douter se tire de ce que, dans les conventions, le mot de *mort* s'entend toujours *de la mort naturelle seulement*. Peut-être la réponse à cette question devrait-elle dépendre des termes du contrat.

N. 2 de la page 158. — *Pendant 30 ans*. Il ne faut pas conclure de là que l'on ne puisse, dans aucun cas, opposer à l'usufruit d'autre prescription que celle de 30 ans; car si le propriétaire a, par exemple, vendu ou cédé le même usufruit à un tiers de bonne foi, et que celui-ci en ait joui pendant dix ou vingt ans, sans réclamation de la part du premier usufruitier, il est certain que le second acquéreur est devenu propriétaire du droit d'usufruit (art. 2262), et que, par conséquent, le premier usufruitier en est privé. Mais alors l'usufruit n'est pas éteint; il est seulement transféré à une autre personne; au lieu que, dans notre article, il s'agit de l'extinction de l'usufruit, c'est-à-dire de sa réunion à la propriété : ce qui ne peut avoir lieu que par une non jouissance de 30 ans. (Toullier, t. 3, n. 458.)

Rolland de Villargues, v. usufruit, n. 546. — C'est au propriétaire à prouver le décès de l'usufruitier. Il n'en est pas de l'usufruit comme de la rente viagère, dans laquelle c'est à celui qui réclame les arrérages à justifier de l'existence de la personne sur la tête de laquelle la rente a été constituée. (Duranton, t. 4, n. 648.)

Toullier, t. 3, n. 447. — L'usufruit pouvant être constitué sur plusieurs têtes, il ne s'éteint entièrement qu'à la mort de la dernière. — Sur quoi il faut observer que, si l'usufruit est constitué en faveur d'une personne et de ses héritiers, la vocation ne tombe que sur ses héritiers immédiats, et leur mort éteint l'usufruit pour toujours. C'est une exception à la règle que, sous le nom d'*héritier*, on doit comprendre non seulement l'héritier, mais encore les héritiers de l'héritier à l'infini.

N. 448. — Si l'usufruit a été légué à plusieurs personnes conjointement, la mort naturelle ou civile de l'un des colégataires, arrivée avant celle du testateur, donne lieu à l'accroissement en faveur des autres.

Duranton, t. 4, n. 649. — En cas d'absence déclarée de l'usufruitier, le propriétaire peut, en vertu de l'art. 123, demander, par forme d'envoi en possession provisoire, sa rentrée dans les biens soumis à l'usufruit, à moins que l'absent ne fût marié sous le régime de la communauté, et que le conjoint n'en voulût la continuation.

N. 650. — Quand bien même le condamné rentrerait dans la vie civile par l'effet de lettres de grâce, ou par l'effet d'un nouveau jugement qui l'absoudrait, il ne recouvrerait pas pour cela l'usufruit qu'il avait.

N. 667. — Si l'acquisition qui avait produit la consolidation est rescindée, le droit d'usufruit est censé n'avoir jamais été éteint, et l'usufruitier peut l'exercer comme auparavant.

Question controversée. — V. cette question placée sous l'art. 444.

618. *L'usufruit peut aussi cesser par l'abus que l'usufruitier fait de sa jouissance, soit en commettant des dégradations sur le fonds, soit en le laissant dépérir faute d'entretien.*

Les créanciers de l'usufruitier peuvent intervenir dans les contestations, pour la conservation de leurs droits : ils peuvent offrir la réparation des dégradations commises, et des garanties pour l'avenir.

Les juges peuvent, suivant la gravité des circonstances, ou prononcer l'extinction absolue de l'usufruit, ou n'ordonner la rentrée du propriétaire dans la jouissance de l'objet qui en est grevé, que sous la charge de payer annuellement à l'usufruitier, ou à ses ayant-cause, une somme déterminée, jusqu'à l'instant où l'usufruit aurait dû cesser. (*C. C., art.* 614 *et* 1167.)

ff, lib. 39, leg. 9, § ultim.; lib. 36, tit. 1, arg. ex leg. 50; leg. 38, de rei vendicat. Instit., de usufr., § 3; Cod., lib. 3, tit. 27, melius occurrere in tempore, quàm post exitum vendicare; ità in leg. 1.

Pothier, douaire, n. 214, 221, 250; Merlin, R., habitation, section 1; douaire, mort civile, § 1; Favard, usufruit, § 4, n. 8; Dalloz, usufruit, ch. 1, sect. 4; Rolland, usufruit, § 15; Toullier, t. 3, n. 465 à 469; t. 5, n. 782; Duranton, t. 4, n. 694 à 697; Proudhon, usufruit, t. 2, n. 860, 866; t. 3, n. 1479; t. 4, n. 1648; t. 5, n. 2416 et suiv.; t. 8, n. 3488; Delvincourt, t. 1, p. 159; Chardon, dol, t. 2, n. 324 à 328. (Voir Coutume d'Anjou, art. 311.) Merlin, R., usufruit, § 5, art. 4; Pothier, douaire, n. 262.

Procès-verbal du Conseil d'État, 20 octobre 1803. — Portalis fait remarquer que l'article ne statue pas sur le sort des créanciers de l'usufruitier. Lorsqu'il y a renonciation de sa part, point de doute qu'ils doivent être admis à réclamer; mais lorsqu'il y a déchéance, il faut ou les écarter, ou faire continuer l'usufruit à leur profit. Il est nécessaire de statuer sur cette question, qui s'est souvent présentée.

Treilhard répond que les créanciers ne peuvent exercer que les droits de leur débiteur. Il leur est permis d'intervenir et de discuter la demande en extinction d'usufruit formée par le propriétaire, d'offrir des garanties, de demander que la privation de l'usufruit ne soit que partielle. Mais, quand la contestation est jugée, soit avec eux, soit sans eux, il ne leur reste plus de recours; ils doivent s'imputer de n'avoir point surveillé l'usufruitier : avec moins de négligence, ils auraient connu la demande du propriétaire et auraient pu intervenir.

Bigot-Préameneu dit qu'il est possible de pourvoir également à l'intérêt des créanciers et à celui du propriétaire. Le propriétaire n'est pas forcé de les appeler; le jugement rendu sans eux a toute sa force; mais il semble que si, ensuite, ils proposent de réparer les dégradations en indemnités desquelles l'usufruit a été aboli ou éteint, l'usufruit doit revivre à leur profit.

Malleville soutient qu'ils ne seraient plus admissibles après la contestation terminée.

Hua. — *Suivant la gravité des circonstances.* Lorsque l'usufruitier aura donné caution, les tribunaux devront être d'autant plus difficiles à infliger les peines laissées à leur discrétion. Ils ne devront s'y déterminer que lorsqu'il y aura preuve d'une administration si abusive, qu'il en résulte de l'inquiétude sur la destruction de la chose, ou sur la suffisance du cautionnement pour répondre de la détérioration. (Rolland, usufruit, n. 589; Toullier, t. 3, n. 406; Duranton, t. 4, n. 695.)

Delvincourt, t. 1, note 5 de la page 158. — Mais si les créanciers ne sont pas intervenus, ils ne peuvent s'opposer à l'exécution du jugement.

Rolland de Villargues, v. usufruit, n. 593. — L'usufruitier peut mériter la déchéance de son droit, soit pour faute de commission, lorsqu'il dégrade, soit pour faute d'omission, lorsqu'il ne répare pas. (Proudhon.)

Toullier, t. 3, n. 466. — Mais il ne faut pas conclure de la faculté accordée aux créanciers, qu'il suffise de leurs offres pour empêcher que l'extinction ou la modification de l'usufruit soient prononcées. — Les juges peuvent, nonobstant ces offres, et suivant la gravité des circonstances, ou prononcer l'extinction absolue de l'usufruit, ou n'ordonner la rentrée du propriétaire dans la jouissance de l'objet qui en est grevé, que sous la charge de payer annuellement à l'usufruitier ou à ses ayant-cause une somme déterminée jusqu'à l'instant où l'usufruit aurait dû cesser.

N. 469. — L'usufruit légal des père et mère n'est point excepté des dispositions de notre article. Les abus qu'ils feraient de leur jouissance pourraient aussi faire prononcer contre eux l'extinction ou la modification de leur droit.

619. *L'usufruit qui n'est pas accordé à des particuliers ne dure que trente ans.*

ff, leg. 56, de usufructu et quemadmod.; leg. 8, de usu et usufructu et reditu legato; leg. 19, Cod., de sacrasanctis ecclesiis; leg. 68, ff, ad legem falcidiam.

Merlin, R., habitation, sect. 1; mort civile, § 1; Favard, usufruit, § 4, n. 4; Rolland, usufruit, n. 105; Toullier, t. 3, n. 459, 460; t. 5, n. 395; Duranton, t. 4, n. 487 à 489; Delvincourt, t. 1, p. 158.

Malleville. — On a voulu dire par là que l'usufruit accordé à des communes, à des établissemens publics, qui sont censés perpétuels, ne dure que trente ans. Cette manière peu claire de s'exprimer est due à l'attention qu'on a eue de ne pas préjuger la question de savoir si les établissemens publics étaient propriétaires des biens dont ils jouissent.

Toullier, t. 3, n. 459. — Comme les lois n'ont point d'effet rétroactif, cette disposition n'a point d'application aux usufruits établis avant la promulgation du Code.

N. 460. — Suivant le droit romain, la destruction d'une ville était considérée comme une espèce de mort qui éteignait l'usufruit. La suppression d'un établissement public a le même effet; elle éteint l'usufruit qui lui appartenait, quoique les trente ans fixés pour sa durée ne soient pas expirés.

Boileux. — Néanmoins, si le disposant avait assigné à l'usufruit un plus long cours, nous pensons que sa volonté devrait être respectée, car il n'existe aucune loi qui interdise à l'homme le pouvoir d'étendre sa libéralité au-delà de trente ans.

620. *L'usufruit accordé jusqu'à ce qu'un tiers ait atteint*

un âge fixe, dure jusqu'à cette époque, encore que le tiers soit mort avant l'âge fixe.

Cod., leg. 12, de usuf. et habitatione.

Merlin, R., mort civile, § 1, art. 3, n. 11 du t. 17; Toullier, t. 3, n. 450; Duranton, t. 3, n. 392; t. 4, n. 508; Proudhon, usufruit, t. 4, n. 2046; Delvincourt, t. 1, p. 158.

Hua. — *Avant l'âge fixé.* Il en serait autrement si l'usufruit avait été constitué pour durer jusqu'à ce que celui qui y a droit eût atteint un âge déterminé. Quand-même il décéderait avant cet âge, l'usufruit s'éteindrait au moment de son décès.

621. *La vente de la chose sujette à l'usufruit ne fait aucun changement dans le droit de l'usufruitier; il continue de jouir de son usufruit, s'il n'y a pas formellement renoncé.*

ff, lib. 44, tit. 4, leg. 4, § 12; leg. 19, quib. mod. usufruct. vel usu amitt.; leg. 17, § 2, de usuf. et quemad.; arg. ex leg. 34, de reg. jur.

Pothier, douaire, n. 73, 256; Rolland, usufruit, § 14; Toullier, t. 3, n. 389, note 2; n. 438, 463, 464; Duranton, t. 4, n. 690 à 693, 698, 699; Proudhon, usufruit, t. 1, n. 3, 105, 158, 273; t. 2, n. 871, 893; t. 4, n. 1967; t. 5, n. 2173, 2188, 2562; t. 6, n. 2803; Delvincourt, t. 1, p. 155.

Delvincourt, t. 1, note 3 de la page 155. — Ainsi, le simple consentement donné à la vente par l'usufruitier, ne suffirait pas. En effet, la renonciation gratuite à l'usufruit doit être regardée comme une *donation*. Or, *nemo facile donare præsumitur.*

A. Dalloz, usufruit, n. 686. — La renonciation doit être expresse, car elle ne se présume pas. (Dalloz aîné, t. 12, p. 808, n. 43; Duranton, n. 699.)

622. *Les créanciers de l'usufruitier peuvent faire annuler la renonciation qu'il aurait faite à leur préjudice.* (*C. C., art.* 1167.)

ff, lib. 42, tit. 7, leg. 1, 15; leg. 1, 3, § 1, quæ in fraud. creditor.

Merlin, R., douaire; Rolland, usufruit, § 14; Pailliet, Dictionnaire universel, action révocatoire, n. 12, 13; Toullier, t. 3, n. 389 à la note 2, p. 462; t. 6, n. 367; Duranton, t. 4, n. 700 à 704; t. 10, n. 577; Proudhon, usufruit, t. 5, n. 2400; Delvincourt, t. 1, p. 159; Biret, nullités, t. 1, p. 216. (Voyez Merlin, Quest. de droit, usufruit paternel, et Pailliet, Manuel, sur l'article.)

Delvincourt, t. 1, note 1 de la page 159. — Suffit-il qu'il y ait préjudice des créanciers, pour que toute espèce de renonciation soit annulée? Je pense qu'il faut distinguer : si la renonciation est faite à titre *onéreux*; *putà*, si l'usufruitier a reçu du propriétaire le *prix* de sa renonciation, elle ne pourra être annulée qu'autant qu'il y aura *fraude* de la part des *deux parties*; mais si elle est faite à titre *gratuit*, il suffira qu'il y ait *préjudice* pour les créanciers. C'était à peu près la doctrine des Romains (voir aux Pandectes, le titre de *his quæ in fraudem*); le tout, sauf l'action hypothécaire des créanciers auxquels l'usufruit aurait pu être hypothéqué. (Rolland, usufruit, n. 580; Duranton, t. 4, n. 702.)

Duranton, t. 4, n. 701. — Il ne serait pas nécessaire pour cela, si elle était gratuite, qu'elle fût le résultat d'un concert frauduleux entre lui et le propriétaire; le préjudice qu'ils en éprouveraient les autoriserait suffisamment, d'après notre texte, à en demander l'annulation.

N. 703. — Enfin, ceux-là qui étaient créanciers de l'usufruitier au moment de la renonciation peuvent dire qu'elle a été faite à leur préjudice; et en les désintéressant, ou en leur donnant de suffisantes garanties du paiement de leurs créances, le propriétaire écarterait leur demande en annulation.

623. *Si une partie seulement de la chose soumise à l'usufruit est détruite, l'usufruit se conserve sur ce qui reste.* (*C. C., art.* 615 *et suiv.*)

Leg. 34, § 2; leg. 53, ff, de usufructu quemadmodùm.

Pothier, douaire, n. 256; Toullier, t. 3, n. 461; Duranton, t. 4, n. 685, 689; Proudhon, t. 6, n. 2795; Delvincourt, t. 1, p. 158; Grenier, hypothèques, t. 1, p. 312, 313.

Domat, Lois civiles, liv. 1, tit. 11, sect. 6, n. 5. — Si un héritage était inondé, ou par la mer, ou par une rivière, l'usufruit et l'usage ne seraient perdus que pendant la durée de l'inondation, et ils seraient rétablis, si l'héritage ou une partie revenait en état qu'on pût en jouir, parce que le fonds n'aurait pas changé de nature.

N. 6. — S'il arrive qu'une partie de maison vienne à périr, et qu'il en reste une autre partie, l'usufruit se conserve sur ce qui reste, et sur la place où était ce qui a péri; car cette place fait partie de cette maison, et est un accessoire de la portion qui en reste.

Duranton, t. 4, n. 685. — Par conséquent, s'il a été établi sur une maison, et qu'il y ait encore quelque partie de la maison susceptible d'être habitée, l'usufruit continue de subsister sur cette partie, et même sur le sol de la partie détruite.

624. *Si l'usufruit n'est établi que sur un bâtiment, et que ce bâtiment soit détruit par un incendie ou autre accident, ou qu'il s'écroule de vétusté, l'usufruitier n'aura le droit de jouir ni du sol, ni des matériaux.*

Si l'usufruit était établi sur un domaine dont le bâtiment faisait partie, l'usufruitier jouira du sol et des matériaux. (*C. C., art.* 617.)

Leg. 5, § 2; leg. 9 et 10, ff, quibus modis ususfructus vel usus amittitur. — Instit., de usufructu, § 3, in fine.

Pothier, douaire, n. 72, 256; Rolland, usufruit, § 9; Toullier, t. 3, n. 461; Duranton, t. 4, n. 682 à 687; Proudhon, usufruit, t. 1, n. 42, 44; t. 3, n. 1440, 1449; t. 4, n. 1573, 1577, 1608; t. 5, n. 2542, 2546; t. 8, n. 3701; Delvincourt, t. 1, p. 158.

Domat, Lois civiles, liv. 1, tit. 11, sect. 5, n. 7. — Dans le cas où la chose sujette à usufruit vient à périr, il faut remarquer cette différence entre l'usufruit d'une totalité de biens et celui d'une chose particulière, qu'au lieu que l'usufruit particulier d'une maison, par exemple, finit tellement lorsqu'elle périt, ou par une ruine, ou par un incendie, ou autrement, que l'usufruitier n'a plus d'usufruit sur la place qui resté. Si, au contraire, son usufruit était universel sur tous les biens, il aura l'usufruit de la place où était la maison, et des matériaux qui en pourront rester; car ils font partie du total des biens. Et il en serait de même de l'usufruit d'un bien de campagne dont les bâtimens viendraient à périr; car, en ce cas, l'usufruit serait conservé sur la place qui resterait, comme étant un accessoire et faisant partie du total de ce bien.

N. 8. — S'il arrive quelque changement de la chose sujette à usufruit, comme si un étang est mis à sec, si une terre labourable devient un marais, si d'un bois on fait des prés ou des terres labourables; dans tous ces cas et autres semblables, l'usufruit ou finit, ou ne finit point, selon la qualité du titre de l'usufruit, l'intention de ceux qui l'ont établi, le temps où arrivent ces changemens, suivant la nature même des changemens et les autres circonstances, soit que ces changemens arrivent avant que le droit soit acquis à l'usufruitier, ou seulement après. Ainsi, dans un usufruit de tous les biens, aucun changement ne fait périr l'usufruit de ce qui reste; et l'usufruitier jouit de la chose en l'état où elle est réduite. Ainsi, dans un usufruit particulier légué par un testateur sur quelque héritage, s'il change lui-même la face des lieux après son testament, et que d'un pré, par exemple, dont il avait légué l'usufruit, il fasse une maison et un jardin, dans ces cas et autres, où les changemens marquent le changement de volonté, ils anéantissent les legs de l'usufruit, qui était borné à des choses qui ne sont plus. Mais, dans un usufruit acquis par une convention, les changemens ne sont pas libres au propriétaire, et celui qui changerait la nature ou l'état des choses sans le consentement de l'usufruitier, serait tenu de le dédommager. Et pour les changemens qui arrivent par des cas fortuits, soit avant, soit après l'usufruit acquis, le péril ou se conserve suivant les règles précédentes, et ce qui peut être réglé par le titre de l'usufruitier.

N. 9. — Si la chose sujette à un usufruit vient à périr, ou qu'elle soit changée de sorte que l'usufruit ne subsiste plus, ce qui peut en rester appartient au propriétaire. Ainsi, les matériaux d'une maison démolie, les cuirs des bêtes d'un troupeau qui serait péri par quelque accident, doivent être remis au propriétaire, car le droit de l'usufruitier était borné à la jouissance de ce qui était en nature, et il est fini par ce changement. (Voir art. 616.)

Perreau, rapport au Tribunat, 25 janvier 1804. — Si la chose certaine sur laquelle porte le droit d'usufruit vient à périr en partie, il n'est conservé que sur ce qui reste de cette chose. Si, par exemple, il s'agit d'un bâtiment qui a été détruit par accident, l'usufruitier ne peut jouir du sol ni profiter des matériaux; mais il faut décider le contraire, s'il est question de l'usufruit d'un domaine dont ce bâtiment faisait partie.

Delvincourt, t. 1, n. 3 de la page 158. — *Quid*, si la chose ne périt pas, mais vient à changer de nature; *putà*, si, par l'effet d'une inondation, une terre labourable ou un pré devenait un étang, ou *vice versâ?* Par suite de l'art. 703 et du principe qui a dicté la disposition de l'art. 624, il faudrait décider que l'usufruit est éteint; car l'usufruitier ne pourrait plus jouir de la chose, considérée telle qu'elle était au commencement de l'usufruit. C'était aussi la décision des lois romaines. Mais si, avant le délai de trente ans, la chose revient à son premier état, je pense que l'usufruit est rétabli. (*L.* 71, *ff*, *de usufructu.*) En serait-il de même, si la maison écroulée était rebâtie avant les trente ans? Non, l'usufruit ne revivrait pas.

Duranton, t. 4, n. 683. — La disposition du § 2 de l'article serait applicable, quoiqu'il ne s'agit pas d'un bâtiment d'exploitation, mais d'une maison de ville; par exemple, si l'usufruit comprenait la *généralité des biens;* car ces matériaux et ce sol en font partie. Cela s'applique à tous les cas où une des choses comprises dans l'usufruit *universel* vient à périr : l'usufruit subsiste encore sur ce qui reste de cette chose.

N. 684. — Mais si l'usufruit ne comprenait que deux ou plusieurs bâtimens séparés, il cesserait de subsister sur les matériaux et le sol de celui qui viendrait à périr, nonobstant ces mots de l'article, «si l'usufruit n'est établi que *sur un bâtiment;* » car ces expressions doivent se combiner avec celles qui suivent : « si l'usufruit est établi *sur un domaine dont le bâtiment* faisait partie, etc. » Ce qui démontre que quand le bâtiment n'est pas simplement une partie d'une chose formant principalement l'objet de l'usufruit, comme dit la loi romaine, c'est la première, et non la seconde disposition de l'article qui doit être appliquée. Rien n'empêche que l'usufruit ne s'éteigne par partie; cela est même très-fréquent.

CHAPITRE II.

De l'Usage et de l'Habitation.

625. *Les droits d'usage et d'habitation s'établissent et se perdent de la même manière que l'usufruit.* (*C. C., art.* 1127, 2108.)

ff, leg. 1, de usu et habitatione; leg. 3, § 3, ff de usufruct. et quemadmod.; leg. 10, de capite minutis; leg. 11, de alimentis vel cibariis legatis; leg. 3, ff de his quæ pro non scriptis habentur.

Voir sur l'ensemble de ce chap. 2, ff, lib. 7, tit. 8; Cod, lib. 3, tit. 33; et sur cet art. 625 en particulier, ff, lib. 7, tit. 1, leg. 3, § ultim.

Pothier, droit d'habitation, n. 22 et suiv.; Merlin, R., habitation, usage (droit d'), sect 1 et suiv.; Dalloz, usufruit, chap. 2, sect. 3; Rolland, habitation (droit d'), § 1 et 2, superficie (droit de), usage, § 2; Paillet, Dictionnaire universel, appartement, n. 4 à 8; Duranton, t. 5, n. 1 à 17, 42 à 44; Proudhon, usufruit, t. 6, n. 2825; t. 8, n. 3488, 3519, 3698, 3703; Delvincourt, t. 1, p. 159.

Perreau, rapport au Tribunat, 25 janvier 1804. — *L'usage* est le droit de prendre sur les fruits des biens d'autrui ce que l'on peut en consommer pour ses besoins, ou ce qui est accordé par le titre constitutif.

L'habitation est le droit de demeurer pendant sa vie, ou pendant le tems déterminé par le titre constitutif, dans la maison d'autrui.

Les principes qui règlent l'usufruit, quant à la manière dont il s'établit et se perd, qui fixent les obligations pour celui qui en a la jouissance, de faire dresser des états et inventaires, de jouir en bon père de famille, et de donner caution, sont aussi ceux qui règlent l'exercice des droits d'usage et d'habitation, sans gêner d'ailleurs la faculté de les modifier comme il plaît, par l'acte même qui les établit. Mais la loi parle lorsque le titre se tait : elle veut alors que celui qui a l'usage d'un fonds ne puisse en exiger que ce qui est nécessaire pour lui et sa famille. Dans cette expression sont compris les enfants survenus depuis la concession du droit.

Pandectes françaises. — Cet article fait cesser les droits d'usage et d'habitation par la mort civile comme par la mort naturelle, en quoi il est contraire à la loi romaine. Il faut sans doute s'en tenir à la disposition du Code, mais elle est dure.

Merlin, R., habitation, sect. 1, § 3, n. 2. — L'habitation finit toujours par la mort de la personne à qui appartient ce droit: la raison en est qu'il ne forme qu'une servitude personnelle; qualité qui en empêche la transmission aux héritiers.

Rolland de Villargues, v. habitation, n. 6. — Le droit d'habitation est susceptible de s'acquérir par la prescription de dix et vingt ans avec juste titre et bonne foi.

Duranton, t. 5, n. 9. — L'usage est le droit de se servir de la chose d'autrui, mais seulement pour ses besoins journaliers et ceux de sa famille, à la charge d'en conserver la substance.

N. 43. — Nonobstant la généralité des termes de l'art. 625, la disposition de l'art. 619, suivant laquelle l'usufruit qui n'est pas accordé à des particuliers ne dure que trente ans, n'est pas applicable au droit d'usage établi au profit des communes ou communautés.

A. Dalloz, usage, n. 3. — La nature de ce droit a beaucoup de rapports avec l'usufruit; mais il en diffère en ce que l'usufruitier a droit à la totalité des fruits, tandis que l'usager ne peut en exiger que pour ses besoins et ceux de sa famille, sans pouvoir vendre le surplus à son profit. (Proudhon, de l'usufruit, n. 27, 39; Duranton, t. 5, n. 9; Dalloz aîné, t. 12, p. 810, n. 1.)

N. 17. — Il est établi par la loi, dans le cas de l'art. 1465 du Code civ. (Proudhon, n. 2755; Dalloz aîné, t. 12 p. 810). — *Contrà :* Duranton, n. 6, qui ne voit là qu'un droit particulier différent de l'usage.

626. *On ne peut en jouir, comme dans le cas de l'usufruit, sans donner préalablement caution, et sans faire des états et inventaires.* (*C. C., art.* 600 *et suiv.;* 2118 *et suiv.*; 2040 *et suiv.*)

Leg. 13, in princ.; leg. 65, § 1, ff de usuf. et quemadmod.; leg. 12, ff de usuf. et reditu legato; leg. 1, in princ., § 1 et 4, de usuf. quemadmod. cav.; leg. 4, Cod., de usufruct. et habitatione.

Pothier, habitation, n. 20; Merlin, R., usage (droit d'), sect. 1 et suiv.; *non bis in idem.*; Dalloz, usufruit, chap. 2; Rolland, habitation (droit d'), § 4; usage (droit d'), § 4; Duranton, t. 5, n. 27; 35 à 37; Proudhon, usufruit, t. 6, n. 2743; t. 8, n. 3438 et 3519, Delvincourt, t. 1, p. 159.

Delvincourt, t. 1, note 3 de la page 159. — Cependant l'usager ne doit la caution que quand il perçoit les fruits par *lui-même;* car s'il reçoit de la main du propriétaire la portion de fruits nécessaire à ses besoins, il est évident qu'il n'y a pas lieu à exiger de caution.

Rolland de Villargues, v. habitation, n. 39. — Que doit-on décider par rapport au droit d'habitation assuré dans un contrat de mariage au profit de l'époux survivant? est-il soumis à l'obligation du cautionnement?

L'affirmative est enseignée par M. Proudhon.

Duranton, t. 5, n. 36. — De même que le vendeur ou donateur avec réserve d'usufruit est dispensé, de droit commun, de fournir caution, de même aussi le vendeur ou donateur avec réserve du droit d'usage serait dispensé de la fournir.

627. *L'usager, et celui qui a un droit d'habitation, doivent jouir en bons pères de famille.*

Arg. ex leg. 65, ff de usuf. et quemadmod.

Duranton, t. 5, n. 37; Proudhon, t. 8, n. 3438, 3519; Delvincourt, t. 1, p. 160.

628. *Les droits d'usage et d'habitation se règlent par le titre qui les a établis, et reçoivent, d'après ces dispositions, plus ou moins d'étendue.*

Pothier, droit d'habitation, n. 17, 31; Favard, usage, n. 4; Rolland, habitation (droit d'), § 3; Duranton, t. 5, n. 17, 24, 33 à 35, 46; Proudhon, t. 6, n. 2768; t. 7, n. 3145; Delvincourt, t. 1, p. 159.

Delvincourt, t. 1, note 4 de la page 159. — Ainsi, il est possible que l'usage emporte une plus grande quantité de fruits que celle qui est absolument nécessaire pour les besoins de l'usager. Mais ce sera toujours un droit d'usage, tant que la jouissance n'embrassera pas tous les fruits. C'est à peu près la seule différence qui existe entre le droit d'usage et celui d'usufruit.

Favard, usage, n. 4. — *Quid juris*, si la vente du fonds assujetti aux droits d'usage était nécessitée par les dettes de celui qui les avait légués? — Il n'y a aucun doute alors que ces droits deviendraient caducs, suivant cette maxime, *non sunt bona nisi deducto ære alieno.*

Duranton, t. 5, n. 24. — D'après les dispositions de cet article, il nous paraît évident que si le titre autorisait l'usager à vendre, céder ou louer son droit, il pourrait par conséquent le faire. Cette clause n'ayant rien de contraire à l'ordre public, devrait être respectée comme toute autre convention licite.

Seulement, si l'usager cédait son droit à une personne dont les besoins, à raison de la composition de la famille, seraient bien plus considérables que ne le seraient les siens propres; dont la jouissance, en un mot, serait plus onéreuse au propriétaire, on pourrait voir dans cette cession un abus de jouissance qui donnerait lieu à une fixation de fruits plus modérée. Ce serait une interprétation de contrat ou de disposition testamentaire, et la question se résoudrait d'après l'esprit de la clause qui a soustrait, quant à ce point, l'usage ainsi établi à l'application des règles du droit commun.

629. *Si le titre ne s'explique pas sur l'étendue de ces droits, ils sont réglés ainsi qu'il suit.*

Duranton, t. 5, n. 18, 24 à 35, 40, 41, 47.

630. *Celui qui a l'usage des fruits d'un fonds, ne peut en exiger qu'autant qu'il lui en faut pour ses besoins et ceux de sa famille. — Il peut en exiger pour les besoins même des enfants qui lui sont survenus depuis la concession de l'usage.*

ff, leg. 12 et 19; leg. 2, 5, 6, 7, 9, 11, 15 et 16, de usu et habitatione.

Favard, chemin de halage; Dalloz, usufruit, chap. 2; Rolland, usage (droit d'), § 1 et 3; Duranton, t. 5, n. 18, 19, 27 à 33; Proudhon, usufruit, t. 6, n. 2768; t. 7, n. 3158, 3178, 3268; Delvincourt, t. 1, p. 160.

Domat, Lois civiles, liv. 1, tit. 11, sect. 2, préambule. — L'usage est distingué de l'usufruit, en ce qu'au lieu que l'usufruit est le droit de jouir de tous les fruits et revenus que peut produire le fonds qui y est sujet, l'usage ne consiste qu'au droit de prendre sur les fruits du fonds la portion que l'usager peut en consommer, selon ce qui en est nécessaire pour sa personne, ou réglé par son titre, et le surplus appartient au maître du fonds.

N. 1. — Cet usage se règle ou par le titre même, s'il l'a exprimé, ou par la prudence du juge, selon la qualité de l'usager, et l'intention des personnes qui ont établi ce droit ou les usages, s'ils y ont pourvu.

N. 2. — Si les fruits dont l'usager a droit de prendre ce qui lui est nécessaire pour ses besoins, sont si modiques dans le fonds dont il a l'usage, qu'il n'y ait précisément que ce qu'il lui en faut, il aura le tout comme l'usufruitier.

N. 3. — L'usager a la liberté d'aller dans le fonds pour user de son droit, mais sans incommoder le propriétaire.

Gary, discours au Corps législatif, 30 janvier 1804. — Les besoins de l'usager se règlent d'ailleurs sur sa fortune et sur ses habitudes; et comme il est impossible de séparer des besoins d'un individu ceux de sa femme et de ses enfants, il est autorisé à prendre tout ce qui est nécessaire à la substance de sa famille, lors même qu'il n'aurait été ni époux, ni père, à l'époque où le droit a été établi en sa faveur.

Les règles relatives à l'usage sont toutes applicables à l'habitation; car l'habitation n'est autre chose que l'usage d'une maison.

Malleville. — De notre article, il suit que l'usager ne peut pas vendre les fruits du fonds dont il a l'usage. Telle est aussi la décision de la loi 12, § 1, *ff de usu et hab.*

Delvincourt, t. 1, note de la page 159. — Que doit-on entendre par ces mots, *et ceux de sa famille?* D'abord sa femme et ses enfans; puis ceux auxquels, il est tenu d'après la loi, de fournir des alimens. Quant aux autres parens, peut-être pourrait-on distinguer, et lui permettre de prendre des fruits pour les besoins de ceux qu'il avait à sa charge quand le droit d'usage a été établi; *secùs* pour ceux qu'il a pu prendre depuis.

Rolland de Villargues, v. usage, n. 38. — Il est de principe que les usagers doivent user de leurs droits en bons pères de famille.

Duranton, t. 5, n. 19. — On doit entendre ici par *famille*, non seulement le conjoint et les enfants, mais encore les domestiques qui sont nécessaires à l'usager, suivant son état et sa condition.

On doit aussi y comprendre ses enfans naturels reconnus et habitant avec lui; nous en dirons autant de l'enfant adoptif.

Mais les ascendans ne seraient pas, dans le sens de la loi sur le droit d'usage, censés faire partie de la famille de l'usager, encore qu'il leur dût des alimens.

On entend ici par famille celle dont il est le chef: il en serait de même des gendres, lors même qu'ils habiteraient avec l'usager.

A. Dalloz, usage, n. 36.—*Les besoins* de l'usager sont variables comme le nombre des êtres qui composent sa famille; ils doivent être appréciés selon son état, sa qualité (Loi 12, § 1, *de usu et hab.*), et les relations de parenté des parties. (Proudhon, n. 2274; Dalloz aîné, t. 12, p. 810, n. 3.)

631. *L'usager ne peut céder ni louer son droit à un autre.*

ff, leg. 2, 8, 11 et 12, § 5, de usu et habitatione.

Favard, usage, n. 2; Dalloz, usufruit, ch. 2; Rolland de Villargues, usage (droit d'), § 3; Toullier, t. 6, n. 375, 425, *in fine;* Duranton, t. 5, n. 20 à 25, 48; Proudhon, usufruit, t. 6, n. 2755, 2765; Delvincourt, t. 1, p. 160; Perrin, nullité, p. 60.

Domat, Lois civiles, liv. 1, tit. 11, sect. 2, n. 4. — Comme le droit d'usage est borné à la personne de l'usager, il ne peut ni vendre, ni louer, ni donner un droit qui lui est personnel, et qui, passant à une autre personne, pourrait être plus à charge ou plus incommode au propriétaire.

N. 5. — Le droit d'usage, comme celui d'habitation, qui est acquis au mari ou à la femme par un legs, ou autre disposition à cause de mort, se communique de l'un à l'autre, et ils useront ensemble de ce droit pendant la vie de celui à qui il est donné; car celui qui a légué ou un usage, ou une habitation à l'un des conjoints, n'a pas voulu en exclure l'autre. Mais, si un droit d'usage de quelques fruits était légué ou au mari ou à la femme, avant qu'ils fussent mariés, le mariage survenant n'empirerait pas la condition du propriétaire, et l'usage serait borné ainsi qu'il serait réglé par le titre; et il en serait de même, si cet usage était acquis par une convention, soit avant ou après le mariage; et dans tous ces cas, c'est par les circonstances qu'il faut juger de l'effet que doit avoir le titre.

N. 6. — Le droit d'usage n'est pas seulement pour une ou plusieurs années, mais il s'étend à la vie de l'usager, si le titre de ce droit ne le règle autrement.

Gary, discours au Corps législatif, 30 janvier 1804. — L'usager, pas plus que celui qui a un droit d'habitation, ne peuvent céder ni louer leur droit à un autre. En effet, l'étendue et les bornes de ce droit se réglant sur la convenance personnelle de celui auquel il est attribué, il se modifierait nécessairement et deviendrait sujet à d'autres règles en passant d'un individu à l'autre. (Favard, usage, n. 2.)

Duranton, t. 5, n. 22. — Puisque ce droit ne peut être ni cédé, ni loué, qu'il est inhérent à la personne de l'usager, il s'ensuit aussi qu'il ne peut être saisi pour lui; car la saisie amènerait la vente qui est interdite.

N. 23. — Par la même raison, il ne peut être hypothéqué. (Proudhon, usufruit, n. 2750, 2751; Duranton, t. 5, n. 23; Dalloz, t. 12, p. 810.)

N. 24. — Cependant, ainsi que nous l'avons dit à l'art. 628, l'usager pourrait céder son droit, si le titre constitutif l'y autorisait.

632. *Celui qui a un droit d'habitation dans une maison, peut y demeurer avec sa famille, quand même il n'aurait pas été marié à l'époque où ce droit lui a été donné.*

Leg. 2, 3, 4, 5, 6, 7 et 8, ff, de usu et habitatione.

Pothier, habitation, n. 18; Rolland, habitation (droit d'), § 3; Pailliet, Dictionnaire universel, appartement, n. 4 et 6; Duranton, t. 5, n. 19, 45; Proudhon, usufruit, t. 6, n. 2812, 2817; Delvincourt, t. 1, p. 160.

Domat, Lois civiles, liv. 1, tit. 11, sect. 2, n. 7. — L'habitation est le droit d'habiter dans une maison, et celui qui a ce droit l'a comme un usage ou comme un usufruit, selon que son titre étend ou borne le droit d'habiter.

N. 8. — Le droit d'habitation s'étend à toute la famille de celui qui a ce droit; car il ne peut habiter séparément de sa femme, de ses enfans, de ses domestiques; et il en est de même, si ce droit est acquis à la femme; ce qui s'entend de l'habitation même qui était acquise avant le mariage.

Malleville. — Communément on entend par famille le père, la mère, les enfans et les domestiques. Cependant les lois 4 et 5, *ff, de usu et hab.*, disent que la femme peut y loger son beau-père, et le beau-père sa bru. (Rolland, habitation, n. 27.)

Delvincourt, t. 1, note 6 de la page 159. — On tenait anciennement que le droit d'habitation accordé à une femme par son mari s'éteignait par son second mariage. Je pense qu'il en serait encore de même aujourd'hui. C'est à son second mari à la loger.

633. *Le droit d'habitation se restreint à ce qui est nécessaire pour l'habitation de celui à qui ce droit est concédé, et de sa famille.*

Leg. 2, 3, 4, 5, 6, 7 et 8, ff de usu et habitatione.

Pothier, habitation, n. 33; Merlin, R., habitation, sect. 1, § 3, n. 6; Rolland, habitation (droit d'), § 3; Pailliet, Dictionnaire universel, appartement, n. 6; Proudhon, usufruit, t. 3, n. 1111; t. 6, n. 2810; Duranton, t. 5, n. 45; Delvincourt, t. 1, p. 160.

Domat, Lois civiles, liv. 1, tit 11, sect. 2, n. 9. — L'habitation s'étend ou à toute la maison, ou seulement à une partie, selon qu'il paraît réglé par le titre. Que si l'habitation est donnée indéfiniment, sans marquer ni la maison entière, ni quelques lieux, mais seulement ou selon la condition, ou selon le besoin de celui qui a ce droit, elle comprendra les commodités nécessaires, quand il ne resterait rien au propriétaire. Le droit d'habitation dure pendant la vie de celui qui a ce droit.

634. *Le droit d'habitation ne peut être ni cédé ni loué.*

Leg. 8, ff, de usu et habitatione; Contrà, leg. 13, Cod., de usuf. et habitatione; Inst., de usu et hab., § 4 et 5.

Pothier, habitation, n. 18; Toullier, t. 6, n. 378, 425; Duranton, t. 5, n. 46; Proudhon, usufruit, t. 5, n. 2345; t. 6, n. 2796, 2805, 2815; Delvincourt, t. 1, p. 160; Perrin, nullités, p. 60.

Delvincourt, t. 1, note 7 de la page 159. — Je pense cependant qu'il faudrait excepter le cas où l'usage absorberait tous les fruits du fonds, et l'habitation, la maison entière; car alors ce serait vraiment un usufruit; et par conséquent, comme le jouissant serait assujetti à toutes les obligations de l'usufruitier (art. 635), il devrait en avoir tous les droits.

De ce que les droits d'usage et d'habitation ne peuvent être cédés ni vendus, il faut en conclure qu'ils sont *insaisissables*; et en effet, ce sont vraiment des aliments.

Duranton, t. 5, n. 46. — Si cependant le titre constitutif autorise la cession ou la location, alors s'applique ce que nous avons dit à l'article 628, en parlant de l'usage.

635. *Si l'usager absorbe tous les fruits du fonds, ou s'il occupe la totalité de la maison, il est assujetti aux frais de culture, aux réparations d'entretien et au paiement des contributions, comme l'usufruitier.*

S'il ne prend qu'une partie des fruits, ou s'il n'occupe qu'une partie de la maison, il contribue au prorata de ce dont il jouit. (*C. C., art.* 605, 608 *et suiv.*)

ff, leg. 18, de usu et habitatione.

Pothier, habitation, n. 20, 21, 32; Merlin, R., prescriptions, sect. 1, § 3; Dalloz, usufruit, ch. 2; Rolland, habitation (droit d'), n. 43, 44; usage (droit d'), § 4; Duranton, t. 5, n. 27, 38 à 41, 49; Proudhon, usufruit, t. 6, n. 2762, 2786, 2793, 2823; t. 7, n. 3196; Delvincourt, t. 1, p. 160.

Domat, Lois civiles, liv. 1, tit. 11, sect. 4, n. 7. — Tous les engagemens de l'usufruitier sont communs à l'usager, à proportion de son droit d'usage. Ainsi, lorsque son droit lui donne toute la chose, comme s'il a une habitation qui s'étende à une maison entière, il doit se charger de ce qui lui est délivré, donner les sûretés nécessaires, prendre soin des lieux, en jouir sans détériorer et sans mésuser, faire les réparations et porter les autres charges dont l'usufruitier sera tenu. Mais si son droit est borné, comme s'il n'a qu'une partie de la maison, il ne doit des réparations et des autres charges qu'à proportion de ce qu'il occupe. (Voir n. 8.)

Pothier, droit d'habitation, n. 20. — Les héritiers de l'usager peuvent, à la cessation du droit, se faire rembourser les dépenses par lui faites à son entrée, pour réparer la maison qu'il a trouvée en mauvais état.

Duranton, t. 5, n. 39. — Il ne faut pas confondre, sur-tout quant à la contribution aux frais de culture, réparations d'entretien et impôts, la constitution d'une prestation annuelle d'une certaine *quantité* de fruits avec le droit d'usage. Par exemple, si je lègue à Paul vingt mesures de blé annuellement, sa vie durant, à prendre sur le produit de mon domaine A, Paul devra avoir annuellement les vingt mesures de blé, sans être tenu d'aucunes charges. C'est là une véritable rente, et non un droit d'usage proprement dit.

636. *L'usage des bois et forêts est réglé par des lois particulières.* (*C. C., art.* 544.)

Merlin, R., prescription, sect. 1, § 3; usage (droit d'), sect. 1; n. 4; sect. 2, § 1, 2, 3, 4, 5, n. 2 *ter*, 7; *id.*, t. 17, sect. 2, n. 1, sect. 2, n. 1, 1e et 2e; sect. 2, § 3, n. 2; § 4; § 5, art. 1, n. 1, 2 et 3, art. 2 à 7; Q., mêmes mots, § 7; Favard, usage (droit d'); Rolland cantonnement, § 1; pâturage, § 2, 4 et 5; usage, § 2 et suiv.; Toullier, t. 3, ch. 2, p. 325; Proudhon, usufruit, t. 6. n. 2831; t. 8, n. 3536, 3643; Delvincourt, t. 1, p. 160.

Merlin, R., usage (droit d'), sect. 1, n. 4. — Il résulte de ce dernier article que l'ordonnance des eaux et forêts du mois d'août 1669 doit encore régler les droits d'usage qui appartiennent à des particuliers, dans les bois et forêts. (Voir le nouveau Code forestier.)

Question controversée. — Les droits d'usage dans une forêt constituent-ils seulement une servitude discontinue, qui ne participe point à la nature du droit de propriété? *Pour :* Cass., 30 juillet 1838, Dalloz, 38, 1re partie, p. 315; même Cour, 22 novembre 1830, Dalloz, 31, 1re partie, p. 13; Sirey, 31, 1re partie, p. 337; Riom, 24 février 1805, Dalloz, t. 11, p. 250, n. 1; Amiens, 25 juin 1825, Dalloz, 26, 2e partie, p. 58; Sirey, 26, 2e partie, p. 49; Agen, 30 novembre 1830, Dalloz, 31, 2e partie, p. 70; Sirey, 31, 2e partie, p. 272; Grenoble, 25 juillet 1832, Dalloz, 33, 2e partie, p. 231; Favard, v. droits d'usage, n. 4; Fournel, voisinage, t. 2, v. usage, n. 1; Merlin, R., v. usage, § 3; Toullier, t. 3, p. 352. *Contre :* Cass., 19 août 1829, Dalloz, 29, 1re partie, p. 341; Sirey, 29, 1re partie, p. 382; Cass., 17 juillet 1827, Dalloz, 27, 1re partie, p. 314; Sirey, 27, 1re partie, p. 534; Proudhon, usufruit, t. 8, n. 3549. (Journal de la Magistrature, t. 6, p. 394 à 401.)

TITRE IV.

Des Servitudes ou Services fonciers.

(Décrété le 31 janvier 1804, promulgué le 10 février.)

Pandectes françaises, t. 5, p. 341 et suiv.

637. *Une servitude est une charge imposée sur un héritage; pour l'usage et l'utilité d'un héritage appartenant à un autre propriétaire.* (*C. C., art.* 544, 649 *et suiv.*; 686 *et suiv.*, 2177.)

Instit., lib. 2, tit. 3; ff, tot. lib. 8; lib. 43, tit. 24; Cod., lib. 3, tit. 4; ff, lib. 39, tit. 1, leg. 5, arg. ex § 9.

Domat, t. 2, p. 683, L. C., 2e part., liv. 4, tit. 2, sect 4, n. 9; t. 4, p. 191, L. D., lib. 8, tit. 3, n. 7; p. 193, tit. 4, n. 1; p. 194, tit. 5, n. 1; p. 196, tit. 6, n. 10; p. 202; lib. 10, tit. 2, n. 11; p. 266, lib. 19, tit. 2, n. 36. — *Pothier*, introd. au tit. 16 de la Coutume d'Orléans, n. 2, 3 et 4. — *Merlin*, R., v. servitude, § 1 et suiv. — Voisinage. — Q., v. usage (droit d'), § 7. — *Favard*, v. servitude *princip.* — *Rolland de Villargues*, R. N., v. charges personnelles réelles. — Servitude, § 1 et 2. — *Dalloz*, v. servitude, sect. 1. — *Locré*, L., t. 8, p. 383, n. 3. —

CODE CIVIL ANNOTÉ

TYPOGRAPHIE DE A. MARTEVILLE
A RENNES

LE
CODE CIVIL
ANNOTÉ

DES LOIS ROMAINES, DES LOIS, DÉCRETS, ORDONNANCES, AVIS DU CONSEIL D'ÉTAT, DES CIRCULAIRES MINISTÉRIELLES PUBLIÉES DEPUIS SA PROMULGATION JUSQU'A NOS JOURS,

ET

DES OPINIONS DES AUTEURS QUI ONT ÉCRIT SUR LE CODE.

PAR MM. LAHAYE, CHEVALIER DE LA LÉGION D'HONNEUR, PRÉSIDENT DU TRIBUNAL CIVIL DE ROCHEFORT; WALDECK-ROUSSEAU, CH.-AUG.; GIRAUDIAS, PH.-AUG.; DE MORINEAU ET LÉON FAYE, AVOCATS.

PARIS
CHEZ ALEX-GOBELET, RUE SOUFFLOT, N. 4, PRÈS L'ECOLE DE DROIT.

RENNES
CHEZ DUCHESNE, LIBRAIRE, RUE ROYALE, N. 4.
M DCCC XL

INTRODUCTION

Le Code civil est sans contredit le plus beau monument élevé à la civilisation; fruit de consciencieuses recherches et d'une studieuse application, il embrasse tous les intérêts moraux de la société, et lui assure pour l'avenir bonheur et stabilité. Mais plus son plan est vaste, plus il offrait de carrière à l'interprétation, plus il soulevait de questions que le législateur ne pouvait ni ne devait prévoir.

Il était donc réservé aux jurisconsultes amis de la science de développer l'esprit et la pensée qui avaient présidé à l'accomplissement de cette grande œuvre.

Depuis la promulgation de ce Code, de nombreux traités ont été livrés aux méditations de la magistrature et du barreau. Les uns embrassent l'ensemble du Code civil, d'autres sont spécialement consacrés à l'examen d'un seul titre. Aussi les recherches et les investigations devinrent-elles bientôt infiniment longues et quelquefois infructueuses. Pour obvier à cet inconvénient, quelques jurisconsultes s'appliquèrent à indiquer, sous chacun des articles du Code, plusieurs auteurs qui avaient traité la matière : MM. Dard et Pailliet donnèrent leurs soins à ce genre de travail.

M. Dard s'occupa principalement de la conférence du Code civil avec les lois et la jurisprudence ancienne. Son travail sur le droit nouveau se borne à l'annotation de *neuf* auteurs, et sous ce rapport resta incomplet.

M. Pailliet ne suivit pas le même plan : il s'occupa peu du droit ancien, et beaucoup du droit nouveau; mais plus spécialement de l'annotation des arrêts émanés des diverses cours du royaume. Il cita quelques avis du Conseil d'Etat, donna quelques instructions ministérielles, et indiqua plusieurs dispositions étrangères au Code civil.

Nous ne devons pas oublier de mentionner l'ouvrage de M. Rogron, comme ayant contribué à rendre plus populaire l'étude du droit français.

C'est après avoir médité la marche qui a été suivie par ces jurisconsultes, que nous avons pensé que pour atteindre le but que l'on devait se proposer dans un travail d'annotation, il fallait en proportionner le plan avec l'étendue des recherches que l'on pouvait faire.

Il ne s'agissait rien moins que d'étudier tout ce qui avait été écrit sur notre Code civil. Une vie d'homme eût à peine suffi à tant de travaux..... Il nous a donc fallu éviter le défaut d'annotations trop multipliées : nous avons dû faire un choix, mais ce choix n'a pas été tellement restreint, qu'il ne nous ait permis d'analyser près *de cent* ouvrages de nos meilleurs auteurs, de ceux que l'on devrait trouver dans toutes les bibliothèques.

INTRODUCTION

Le législateur avait prévu les besoins de la société à laquelle il donnait des lois; il avait prévu ses besoins les plus ordinaires, ceux de l'époque à laquelle il formulait ses prescriptions, et ceux qu'il lui était donné de connaître pour l'avenir. Mais il était des cas particuliers pour lesquels il fallait aussi des règles spéciales. Cependant il ne pouvait lire dans l'avenir les commotions politiques que nous devions traverser, les modifications qu'elles nécessiteraient dans notre système de législation; car la société civile est trop intimement liée à la société politique, pour que les crises de l'une ne réagissent pas sur l'autre. De là une foule de lois qui ont préparé une transition de l'ancien système de législation au nouveau, et qui ont dérogé à certaines dispositions du Code civil; de là ces ordonnances, ces décrets rendus pour des espèces particulières, afin d'assurer l'exécution des lois et d'en prescrire le mode; de là enfin ces avis du Conseil d'État, ces instructions et circulaires ministérielles, qui servent de conseil et de guides à tous les magistrats, à tous les jurisconsultes.

Ces lois, ces ordonnances sont dispersées dans une foule de recueils, perdues en quelque sorte parmi un grand nombre d'actes du gouvernement, qui leur sont absolument étrangers. Nous les avons extraites de ce cahos, et sous chaque article se trouvent indiquées celles qui leur sont particulières, et dont la connaissance se rattache à l'étude de leurs dispositions.

On nous eût sans doute su mauvais gré de négliger le Corps de droit romain, ce monument de la sagesse de l'antiquité : nous y avons puisé des préceptes de justice et d'équité qu'il était nécessaire de réunir, car s'ils n'ont pas la force de la loi, ils ont toujours l'*autorité de la raison écrite*.

Il n'entrait point dans le cercle que nous nous étions tracé d'interroger l'ancienne doctrine; cependant nous avons dû faire à cette règle, en faveur de *Domat* et de *Pothier*, une exception qui devenait nécessaire, pour mettre sous la main de nos lecteurs tous les éléments de la science du droit. C'est, au surplus, de ces génies si féconds qu'est né le Code civil, et tous les auteurs qui ont écrit depuis sa promulgation n'ont que reproduit les principes émis par ces savants et illustres maîtres.

Voici l'ordre qui nous a paru le plus logique pour rendre ce Commentaire à la fois clair, exact et concis :

1° Indication des lois romaines;

2° Concordance des articles des différents Codes entre eux;

3° Les lois, décrets, ordonnances et avis du Conseil d'État;

4° Le texte des discours des orateurs du gouvernement;

5° Un résumé des dispositions de toutes les instructions et circulaires ministérielles;

6° L'analyse des opinions de tous les auteurs qui ont écrit sur la matière;

7° Enfin, l'indication des questions controversées, avec renvoi aux auteurs où elles sont traitées.

Nous avons travaillé pour les jurisconsultes et pour toutes les personnes qui se livrent à l'étude des lois. Si nos soins, nos efforts pour accomplir une œuvre qui leur soit utile nous méritent un accueil favorable de leur part, nous oublierons les fatigues, les difficultés, les répugnances qu'il nous a fallu surmonter : leur approbation est la seule récompense à laquelle nous ayons aspiré.

ABRÉVIATIONS ET LISTE

PAR ORDRE ALPHABÉTIQUE,

DES AUTEURS CITÉS DANS CET OUVRAGE.

Code civil	CC.
Code de procédure civile	Pr.
Code de commerce	Co.
Code d'instruction criminelle	I.
Code pénal	P.
Page	p.
Numéro	n.
Tome	t.
Verbo	v.
Titre	tit.
Chapitre	ch.
Section	sect.
Partie	part.
Justiniani Institutiones	Instit.
Digestis	ff.
Codice	cod.
Novellæ	Novell.
Cassation	cass.
Augier (Victor), *Encyclopédie des juges de paix.*	V. A. Encycl. J. de P.
— *Journal de la magistrature et du barreau.*	— J. de la mag.
Aulanier, *Questions possessoires*	*Aulanier*, Q. P.
Bacquet, *Du droit d'aubaine.*	
Battur, *Traité des priviléges et des hypothèques.*	
Bavoux, *Leçons préliminaires sur le Code pénal*	*Bavoux*, C. P.
Bellot des Minières, *Traité du Contrat de mariage.*	
Benoit, *Traité de la dot.*	
Biret, *Traité de l'absence*	*Biret*, A.
— *Traité des nullités*	— N.
Blasmand, *Traité des contre-lettres.*	
Carré, *Justices de paix*	*Carré*, J. P.
— *Traité de la Compétence*	— C.
— *Lois de la procédure civile*	— L. P.
Chabot, *Questions transitoires*	*Chabot*, Q. T.
— *Commentaire sur la loi des successions*	— S.
Chardon, *Traité du dol et de la fraude.*	
Chauveau, *Journal des avoués*	*Chauveau*, J. A.
Cottel, *Traité des intérêts.*	
Dalloz.	
Daubanton, *Traité des droits des époux* (1).	
Delahaye, *Tutelles et curatelles.*	
Delaporte (Nouveau Ferrière), ou *Dictionnaire de droit.*	
— *Cours de procédure civile et formules.*	
— *Traité de la prescription*	*Delaporte*, P.
Delassaulx, *Introduction à l'étude du Code civil.*	
Delvincourt.	
Demangeret, *De la contrainte par corps.*	
Démoly, *Traité de l'absence.*	
Desgodets (l'ancien).	
Desquiron, *Traité de la mort civile*	*Desquiron*, M. C.
— *Nouveau Furgole, ou traité des testaments.*	— T.
Domat (2), *Traité des lois*	*Domat*, TL.
— *Lois civiles*	— L. C.
— *Droit public*	— D. P.

(1) On n'a recueilli que quelques annotations de cet auteur.
(2) Édition de M. Remy.

Domat, *legum delectus*	— L. D.
Duranton, *Cours de droit français, jusques et y compris le Contrat de mariage.*	
Duvergier, *Traité de la vente*	*Duvergier*, V.
— *Traité de l'échange*	— Ech.
Favard de Langlade, *Répertoire de jurisprudence.*	
Fournel, *Traité du voisinage*	*Fournel*, V.
— *Lois rurales de la France*	— L. R.
Garnier, *Traité des chemins*	*Garnier*, C.
— *Traité des eaux*	— E.
— *Loi du 28 juillet 1824.*	
Grenier, *Traité des donations*	*Grenier*, D.
— *Traité des hypothèques*	— H.
— *Traité de l'adoption*	— A.
Guichard, *Jurisprudence hypothécaire*	*Guichard*, J. H.
— *Législation hypothécaire*	— L. H.
— *Questions possessoires*	— Q. P.
Huzard, *Des vices rédhibitoires.*	
Jurisprudence du Code civil	Jurisp. du Cod.
Lalaure et Pailliet, *Traité des servitudes.*	
Lebrun, *Essai sur la prestation des fautes.*	
Legraverend, *Législation criminelle.*	
Lemerle, *Fins de non-recevoir.*	
Lepage, *Les lois des bâtiments.*	
Levasseur, *Manuel des juges de paix.*	
Locré, *Législation civile, commerciale, etc.*	*Locré*, L.
— *Esprit du Code civil*	— E. C. C.
Loiseau, *Traité des enfants naturels.*	
Malleville.	
Malpel, *Traité des successions* ab intestat.	
Massé et Lherbette, *Jurisprudence et Style du notariat*	*Massé et Lherbette*, J. N.
Merlin, *Répertoire de jurisprudence*	*Merlin*, R.
— *Questions du répertoire*	— Q. R.
— *Questions de droit*	— Q.
Pailliet, *Manuel du droit français* (1832)	*Pailliet*, M.
— *Dictionnaire universel du droit français*	D. U.
Pandectes françaises.	
Pardessus, *Traité des servitudes.*	
Perrin, *Traité des nullités.*	
Persil, *Régime hypothécaire*	*Persil*, R. H.
— *Questions hypothécaires*	— Q. H.
Pothier.	
Proudhon, *Cours de droit français.*	
Traité des droits d'usufruit, d'usage et d'habitation	*Proudhon*, U.
R*** *Traité de l'adoption.*	
Richefort, *Traité de la paternité et de la filiation.*	
Rolland de Villargues, *Répertoire du Notariat*	*Rolland de Villargues*, R. N.
— *Traité des substitutions prohibées.*	
Sirey, *Recueil des lois et arrêts.*	
Toullier.	
Troplong, *Traité des hypothèques*	*Troplong*, Hyp.
— *Traité de la vente*	— Vente.
— *Traité de l'échange*	— Ech.
Vazeille, *Traité du mariage*	*Vazeille*, M.
— *Traité de la Prescription*	— P.
Villemartin, *Études du droit français.*	

www.ingramcontent.com/pod-product-compliance
Ingram Content Group UK Ltd.
Pitfield, Milton Keynes, MK11 3LW, UK
UKHW012210240726
13966UKWH00002B/673

9 782013 033312